**Execução e
Cumprimento de Sentença**

Execução e Cumprimento de Sentença

2018

Artur César de Souza
Og Fernandes

EXECUÇÃO E CUMPRIMENTO DE SENTENÇA
© Almedina, 2018

Autores: Artur César de Souza / Geraldo Og Nicéas Marques Fernandes
Diagramação: Almedina
Design de Capa: FBA.
ISBN: 978-85-8493-324-2

Dados Internacionais de Catalogação na Publicação (CIP)
(Câmara Brasileira do Livro, SP, Brasil)

Souza, Artur César de
Execução e cumprimento de sentença / Artur César
de Souza, Geraldo Og Nicéas Marques Fernandes. –
São Paulo: Almedina, 2018.
Bibliografia.
ISBN 978-85-8493-324-2
1. Cumprimento da sentença 2. Execução (Direito)
3. Processo civil 4. Processo de execução
I. Fernandes, Geraldo Og Nicéas Marques. II. Título.
Índice para catálogo (conteúdo da ficha)

18-18387
CDU-347.952:331(81)

Índices para catálogo sistemático:

1. Processo civil: Processo de execução: Cumprimento da sentença: Direito civil 347.952:331(81)
Maria Alice Ferreira – Bibliotecária – CRB-8/7964

Este livro segue as regras do novo Acordo Ortográfico da Língua Portuguesa (1990).

Todos os direitos reservados. Nenhuma parte deste livro, protegido por copyright, pode ser reproduzida, armazenada ou transmitida de alguma forma ou por algum meio, seja eletrônico ou mecânico, inclusive fotocópia, gravação ou qualquer sistema de armazenagem de informações, sem a permissão expressa e por escrito da editora.

Agosto, 2018

Editora: Almedina Brasil
Rua José Maria Lisboa, 860, Conj.131 e 132, Jardim Paulista | 01423-001 São Paulo | Brasil
editora@almedina.com.br
www.almedina.com.br

Em memória dos meus amados pais, Artur de Souza e Maria Aparecida de Souza.

À minha amada esposa Geovania e aos meus queridos filhos, Isis e João Henrique pelo apoio e compreensão.

À minha linda e amada neta, Maria Alice de Souza Guazzi.

Agradecemos ao Engenheiro Carlos Pinto, à Sofia Barraca e Carolina Santiago pelo apoio, confiança e pela oportunidade de divulgação deste trabalho na Editora Almedina, bem como a Karen Abuin e Sónia Morgado pela inestimável colaboração na elaboração e divulgação da obra.

Gostaríamos de agradecer, em especial, ao Professor João Braga, mestre em Direito Processual Civil, Assessor no Gabinete do coautor desta obra, Ministro Og Fernandes, e que gentilmente reservou parte de seu precioso tempo para sugerir algumas modificações e correções no texto original, o que muito contribuiu para o aprimoramento do trabalho.

ABREVIATURAS

AC TC – Acórdão Tribunal Constitucional
Ac. – Acórdão
ACO – Ação Civil Ordinária
ACP – Ação Civil Pública
ADI-MC – Medida Cautelar em Ação Direta de Inconstitucionalidade
ADI – Ação Direta de Inconstitucionalidade
ADIN – Ação Direta de Inconstitucionalidade
ADPF – Arguição de Descumprimento de Preceito Fundamental
AG – Agravo
Ag. Int. no REsp – Agravo Interno no Recurso Especial
AGRPET – Agravo em Petição
AResp – Agravo em Recurso Especial
AgR – Agravo Regimental
AGRCR – Agravo Regimental em Carta Rogatória
AgREsp – Agravo em Recurso Especial
AGRRE – Agravo em Recurso Extraordinário
AgRg na APn – Agravo Regimental na Ação Penal
AgRg no Ag – Agravo Regimental no Agravo
AgRg no Ag – Agravo Regimental no Agravo
AgRg no AgRg na SLS – Agravo Regimental no Agravo Regimental na Suspensão Liminar de Sentença
AgRg no AREsp – Agravo Regimental no Agravo em Recurso Especial
AgRg no CC – Agravo no Conflito de Competência
AgR-ED-EI – Agravo Regimental nos Embargos de Declaração na Exceção de Incompetência

AgR-ED-EDV-AGR	– Agravo Regimental em Embargos de Declaração em Embargos de Divergência em Agravo Regimental
AgRg no RMS	– Agravo Regimental no Recurso em Mandado de Segurança
AgRg nos EREsp	– Agravo Regimental nos Embargos em Recurso Especial
AJURIS	– Associação dos Juízes do Rio Grande do Sul
AAGU	– Advocacia Geral da União
AI	– Agravo de Instrumento
AI-QO	– Questão de Ordem no Agravo de Instrumento
AL	– Alínea
ALI	– American Law Institute
AP	– Ação Penal
AR	– Ação Rescisória
ARE	– Recurso Extraordinário com Agravo
Art.	– Artigo
BACENJUD	– Banco Central do Brasil Judiciário
BGB	– Código Civil Alemão
C. Pr. Civil	– Código de Processo Civil
C.C.	– Código Civil
C.C.B.	– Código Civil Brasileiro
C.c.b.	– Código Civil Brasileiro
CEDH	– Convenção Européia sobre Direitos Humanos
C.D.C.	– Código de Defesa do Consumidor
C.E.	– Constituição Europeia
C.E.F.	– Caixa Econômica Federal
C.F.	– Constituição Federal
C.J.F.	– Conselho da Justiça Federal
CJF-RES	– Resolução Conselho da Justiça Federal
C.L.T.	– Consolidação das Leis do Trabalho
C.N.J.	– Conselho Nacional de Justiça
C.P.	– Código Penal
C.P.C.	– Código de Processo Civil
C.P.F.	– Cadastro de Pessoa Física
C.P.M.	– Código Penal Militar
C.P.P.	– Código de Processo Penal
C.T.N.	– Código Tribunal Nacional
Cass.	– Cassação
CC	– Código Civil
CC	– Conflito de Competência

ABREVIATURAS

CDA – Certidão de Dívida Ativa
CDC – Código de Defesa do Consumidor
CE – Constituição Europeia
CEF – Caixa Econômica Federal
CEJ – Centro de Estudos Judiciários
Com. – Comentários
CONFEA – Conselho Federal de Engenharia e Agronomia
Conv. Eur. Dir. Uomo – Convênio Europeu dos Direitos dos Homens
Coord. – Coordenação
CPC – Código de Processo Civil
CPCC – Código de Processo Civil Comentado
CPMF – Contribuição Provisória sobre Movimentação Financeira
CRC – Conselho Regional de Contabilidade
CREAA – Conselho Regional de Engenharia e Agronomia e Arquitetura
CRM – Conselho Regional de Medicina
CRP – Constituição da República Portuguesa
C. Rep – Constituição da República
CSLL – Contribuição Social sobre Lucro Líquido
CTN – Código Tributário Nacional
D – Digesto
D.E. – Diário Eletrônico
DARF – Documento de Arrecadação Fiscal
Dec. – Decreto
Desis – Desistência
DF – Distrito Federal
DI – Direito Internacional
Disp. Trans. – Disposições Transitórias
DIVULG – Divulgação
DJ – Diário da Justiça
DJe – Diário da Justiça Eletrônico
DJU – Diário da Justiça da União
DNA – ácido desoxirribonucléico
DOU – Diário da Justiça da União
DR – Diário da República
EAD – Ensino à Distância
EC – Emenda Constitucional
ECA – Estatuto da Criança e do adolescente

ECT	– Empresa de Correios e Telégrafos
ED	– Embargos de Declaração
EDcl	– Embargos de Declaração
EDcl no AgRg no REsp	– Embargos de Declaração no Agravo Regimental no Recurso Especial
EDcl nos EDcl no AgRg na MC.	– Embargos de Declaração nos Embargos de Declaração no Agravo Regimental na Medida Cautelar
EDcl nos EDcl no RHC	– Embargos de Declaração nos Embargos de Declaração no Recurso em Habeas Corpus
EDcl nos EDcl nos EDcl no AgRg na ExSusp	– Embargos de Declaração nos Embargos de Declaração nos Embargos de Declaração no Agravo Regimental na Exceção de Suspeição
EDcl nos EDcl nos EDcl nos EDcl no AgRg no REsp	– Embargos de declaração nos Embargos de Declaração nos Embargos de Declaração nos Embargos de Declaração no Agravo Regimental no Recurso Especial
EDeclCComp	– Embargos de Declaração em Conflito de Competência
EDcl no CC	– Embargos de Declaração no Conflito de Competência
ED-ED-AgR	– Embargos de Declaração em Embargos de Declaração em Agravo Regimental
EDV	– Embargos de Divergência
EMENT	– Ementário
ENFAM	– Escola Nacional de Formação e Aperfeiçoamento da Magistratura
EOA	– Estatuto da Ordem dos Advogados
e-Proc	– Processo Eletrônico
e-STJ	– Processo Eletrônico do Superior Tribunal de Justiça
FGTS	– Fundo de Garantia por Tempo de Serviço
FUNAI	– Fundação Nacional do Índio
GATT	– Acordo Geral sobre Tarifas e Comércio
GRU	– Guia de Recolhimento da União
HC	– Habeas Corpus
ICMS	– Imposto sobre Circulação de Mercadorias e Serviços
INC.	– Inciso
INCRA	– Instituto Nacional de Colonização e Reforma Agrária

ABREVIATURAS

INFOJUD – Sistemas de Informação ao Judiciário
INSS – Instituto Nacional de Seguridade Social
IRDR – Incidente de Resolução de Demandas Repetitivas
IRPJ – Imposto de Renda Pessoa Jurídica
J. – julgamento
JEF – Juizados Especiais Federais
L. – Lei
LACP – Lei da Ação Civil Pública
LEC – Ley Enjuiciamiento Civil
LEF – Lei de Execuções Fiscais
LC – Lei Complementar
LDi – Lei de Divórcio
LICC – Lei de Introdução ao Código Civil brasileiro
LJEF – Lei dos Juizados Especiais Federais
LMS – Lei de Mandado de Segurança
LOMAN – Lei Orgânica da Magistratura Nacional
LOPJ – Lei Orgânica do Poder Judiciária
MC – Medida Cautelar
MC-REF – Referendo Medida Cautelar
MI – Mandado de Injunção
MIN. – Ministro
M.P. – Ministério Público
MP – Medida Provisória
MPF – Ministério Público Federal
MRE/MF – Ministério das Relações Exteriores/Ministério da Fazenda
MS – Mandado de Segurança
N. – número
NCPC – Novo Código de Processo Civil
OAB – Ordem dos Advogados do Brasil
ONG – Organização não Governamental
ONU – Organização das Nações Unidas
ORTN – Obrigações Reajustáveis do Tesouro Nacional
PET – Petição
PJe – Processo Eletrônico
PIS/PASEP – Programa de Integração Social/Programa de Formação do Patrimônio do Servidor Público
PIDCP – Pacto Internacional sobre Direitos Civis e Políticos
PROJUDI – Processo Judicial

P.U.	– Parágrafo Único
PUBLIC	– Publicação
QO	– Questão de Ordem
RO	– Recurso Ordinário
Rcl	– Reclamação
RCD nos EREsp	– Reconsideração nos Embargos de Divergência em Recurso Especial
RCDESP	– Reconsideração de Despacho
RE	– Recurso Extraordinário
RHC	– Recurso em Habeas Corpus
Rel.	– Relação
Rel.	– Relator
RENAJUD	– Sistema de Restrições Judiciais sobre Veículos Automotores
REsp	– Recurso Especial
Rev.	– Revista
RHC	– Recurso em Habeas Corpus
RISTF	– Regimento Interno do Supremo Tribunal Federal
RISTJ	– Regimento Interno do Superior Tribunal de Justiça
RMS	– Recurso em Mandado de Segurança
RO	– Recurso Originário
RPV	– Requisição de Pequeno Valor
RSTJ	– Revista do Superior Tribunal de Justiça
RT	– Revista dos Tribunais
RTJ	– Revista Trimestral de Jurisprudência
S.T.F.	– Supremo Tribunal Federal
S.T.J.	– Superior Tribunal de Justiça
STJ/GP	– Superior Tribunal de Justiça – Gabinete Presidência
SE	– Sentença Estrangeira
SEC	– Sentença Estrangeira Contestada
SEDEX	– Serviço de Encomenda Expressa
SENT.	– Sentença
SIMP	– Simpósio
SISTCON	– Sistema de Conciliação
SRIP	– Secretaria de Registro e Informação Processual
SSTC	– Sala do Supremo Tribunal Constitucional
STC	– Supremo Tribunal Constitucional
STM	– Superior Tribunal Militar
STEDH	– Sentença do Tribunal Europeu de Direitos Humanos

ABREVIATURAS

SUP – Sistema Unificado de Protocolo
TJSP – Tribunal de Justiça de São Paulo
T.C.F. – Tribunal Constitucional Federal
T.C.U. – Tribunal de Contas da União
T.R.Fs. – Tribunais Regionais Federais
T.R.F.1 – Tribunal Regional Federal da 1ª Região
T.R.F.3 – Tribunal Regional Federal da 3ª Região
T.R.F.4 – Tribunal Regional Federal da 4ª Região
T.R.F.5 – Tribunal Regional Federal da 5ª Região
T.R.T. – Tribunal Regional do Trabalho
T.S.E. – Tribunal Superior Eleitoral
T.S.M. – Tribunal Superior Militar
T.S.T. – Tribunal Superior do Trabalho
TEDH – Tribunal Europeu de Direitos Humanos
TFR – Tribunal Federal de Recurso
TJ/CE – Tribunal de Justiça do Ceará
TJ/MG – Tribunal de Justiça de Minas Gerais
TJ/PR – Tribunal de Justiça do Paraná
TJ/RS – Tribunal de Justiça do Rio Grande do Sul
TJ/SC – Tribunal de Justiça de Santa Catarina
TJ/SP – Tribunal de Justiça de São Paulo
TNU – Turma Nacional de Uniformização
TRF 1ª – Tribunal Regional Federal da 1ª Região
TRF4 – Tribunal Regional Federal da 4ª Região
TR – Turma Recursal
TRT – Tribunal Regional do Trabalho
TRU – Turma Regional de Uniformização
TSE – Tribunal Superior Eleitoral
TST – Tribunal Superior do Trabalho
UERJ – Universidade Estadual do Rio de Janeiro
VOL – Volume
ZPO – Código de Processo Civil Alemão

SUMÁRIO

ABREVIATURAS	9
SUMÁRIO	17
NOTA DOS AUTORES	37
TÍTULO 1 – TEORIA GERAL DA EXECUÇÃO	39
CAPÍTULO 1 – TEORIA GERAL DA EXECUÇÃO	41
1. Considerações gerais	41
2. Direito intertemporal entre o C.P.C/2015 e o C.P.C./1973	46
3. Normas fundamentais do procedimento de cumprimento de sentença e do processo de execução de título executivo extrajudicial	50
3.1. *Nulla executio sine titulo*	52
3.2. Princípio da demanda	54
3.3. Princípio do Contraditório	56
3.4. Princípio da cooperação	58
3.5. Princípio da não surpresa	60
3.6. Princípio da máxima efetividade e da menor onerosidade	64
4. Cognição e execução	67
5. Juízo competente para a execução de título executivo extrajudicial	68
5.1. Domicílio do executado	71
5.2. Foro de eleição	72
5.3. Foro de situação dos bens	74
5.4. Foro do lugar em que se praticou o ato ou ocorreu o fato	75

EXECUÇÃO E CUMPRIMENTO DE SENTENÇA

6. Dos poderes do magistrado no procedimento executivo 75
7. Ato atentatório à dignidade da Justiça no procedimento executivo 81
    7.1.   Fraude à execução 82
    7.2.   Oposição maliciosa à execução 83
    7.3.   Embaraço à realização da penhora 84
    7.4.   Resistência injustificada às ordens judiciais 85
    7.5.   Falta de indicação de bens à penhora 85
    7.6.   Multa 86
8. Desistência da execução 87
9. Extinção da execução por inatividade das partes 90
10. Ressarcimento dos danos ao devedor 92
11. Da legitimidade das partes na execução 93
    11.1.   Sujeito ativo na execução 95
        11.1.1.   Legitimação do credor 95
        11.1.2.   Legitimação ativa do devedor 97
        11.1.3.   Legitimação ativa em decorrência de litisconsórcio 100
        11.1.4.   Legitimação ativa do fiador 102
        11.1.5.   Legitimação ativa do Ministério Público 103
        11.1.6.   Legitimação do assistente 105
        11.1.7.   Legitimidade ativa dos sucessores 107
        11.1.8.   Legitimidade ativa do sub-rogado 109
    11.2.   Sujeito passivo na execução 109
        11.2.1.   Legitimidade passiva do devedor 110
        11.2.2.   Legitimidade passiva do sucessor 111
        11.2.3.   Legitimidade passiva no caso de assunção de dívida 111
        11.2.4.   Legitimidade passiva do fiador 112
        11.2.5.   Legitimidade passiva do terceiro garantidor com garantia real 113
        11.2.6.   Legitimidade passiva do responsável tributário 114
12. Cumulação de execuções 118
13. Forma de cumprimento dos atos executivo 120
14. Inclusão do nome do executado em cadastros de inadimplentes 123

CAPÍTULO 2 – REQUISITOS NECESSÁRIOS PARA A REALIZAÇÃO DE QUALQUER EXECUÇÃO 125
1. Título executivo 125
    1.1.   Natureza jurídica do título executivo 128
    1.2.   Função do título executivo 132

1.3.	Obrigação líquida, certa e exigível	132
	1.3.1. A liquidez da obrigação	133
	1.3.2. A certeza da obrigação	134
	1.3.3. A exigibilidade da obrigação	136

2. Espécies de título executivo extrajudicial — 138

   2.1. Letra de câmbio, nota promissória, duplicata, debênture e o cheque — 140

   2.2. Escritura pública ou outro documento público assinado pelo devedor — 143

   2.3. Documento particular assinado pelo devedor e por 2 (duas) testemunhas — 145

   2.4. O instrumento de transação referendado pelo Ministério Público, pela Defensoria Pública, pela Advocacia Pública, pelos advogados dos transatores ou por conciliador ou mediador credenciado pelo tribunal — 148

   2.5. O contrato garantido por hipoteca, penhor, anticrese ou outro direito real de garantia e aquele garantido por caução — 149

   2.6. O contrato de seguro de vida em caso de morte — 151

   2.7. O crédito decorrente de foro e laudêmio — 152

   2.8. O crédito, documentalmente comprovado, decorrente de aluguel de imóvel, bem como de encargos acessórios, tais como taxas e despesas de condomínio — 154

   2.9. A certidão de dívida ativa da Fazenda Pública da União, dos Estados, do Distrito Federal e dos Municípios, correspondente aos créditos inscritos na forma da lei — 157

   2.10. O crédito referente às contribuições ordinárias ou extraordinárias de condomínio edilício — 158

   2.11. A certidão expedida por serventia notarial ou de registro relativa a valores de emolumentos e demais despesas devidas pelos atos por ela praticados, fixados nas tabelas estabelecidas em lei — 160

   2.12. Todos os demais títulos a que, por disposição expressa, a lei atribuir força executiva — 161

3. Propositura de demanda relativa ao débito e possibilidade de se promover a execução — 161

4. Título executivos extrajudiciais provenientes de países estrangeiros — 162

5. Opção pelo título executivo judicial — 166

6. Exceptio non adimpleti contractus — 166

7. Depósito da prestação ou coisa devida — 168

EXECUÇÃO E CUMPRIMENTO DE SENTENÇA

TÍTULO 2 – RESPONSABILIDADE PATRIMONIAL   169

CAPÍTULO 3 – RESPONSABILIDADE PATRIMONIAL   171
1. Responsabilidade patrimonial do devedor – bens presentes e futuros   171
2. Outras responsabilidades patrimoniais   174
   2.1. Sucessor a título singular – direito real ou obrigação reipersecutória   174
   2.2. Bens do sócio   175
   2.3. Bens do devedor em poder de terceiros   180
   2.4. Bens do cônjuge ou do companheiro/a   181
   2.5. Bens alienados ou gravados com ônus real em fraude à execução   185
   2.6. Bens cuja alienação ou gravação com ônus real tenha sido anulada em razão do reconhecimento, em ação própria, de fraude contra credores   187
   2.7. Bens sobre regime de superfície   188
3. Direito de retenção   188
4. Responsabilidade do fiador   190
5. Responsabilidade do espólio pelas dívidas do falecido   194

TÍTULO 3 – ESPÉCIES DE EXECUÇÃO   195

CAPÍTULO 4 – DIVERSAS ESPÉCIES DE EXECUÇÃO – CONSIDERAÇÕES GERAIS   197
1. A execução deve ser realizada no interesse do exequente   197
2. Requisitos da petição inicial do procedimento executivo   200
3. Documentos que devem instruir a petição inicial do procedimento executivo   204
   3.1. Título executivo extrajudicial   204
   3.2. Demonstrativo de débito atualizado   205
   3.3. A prova da ocorrência da condição ou do termo   207
   3.4. Prova de que o exequente adimpliu a contraprestação que lhe corresponde   208
4. Incumbências do exequente ao promover a execução   209
   4.1. Intimação de terceiros detentores de direitos reais   209
   4.2. Intimação da sociedade   214
   4.3. Requerimento de tutela provisória   214
   4.4. Averbação em registro público do ato de propositura da execução e dos atos de constrição   215
5. Obrigações alternativas – escolha da prestação   215

6. Incompletude da petição inicial da demanda executiva	218
7. Efeitos jurídicos do despacho que ordena a citação no procedimento executivo	221
8. Nulidade da execução	226
8.1. Título executivo extrajudicial que não corresponde a obrigação certa, líquida e exigível	227
8.2. Falta de citação do executado	229
8.3. Não verificação da condição ou da ocorrência do termo	231
9. Medidas executivas menos gravosas ao executado	233

CAPÍTULO 5 – EXECUÇÃO PARA ENTREGA DE COISA — 235

1. Execução para entrega de coisa certa	235
1.1. Entrega da coisa	239
1.2. Alienação da coisa litigiosa	240
1.3. Não entrega da coisa – consequências jurídicas	241
1.4. Indenização de benfeitorias – liquidação prévia	244
2. Entrega de coisa incerta	245
2.1. Impugnação da escolha realizada	248
2.2. Aplicação subsidiária de normas	248

CAPÍTULO 6 – EXECUÇÃO DE OBRIGAÇÃO DE FAZER E NÃO FAZER — 251

1. Execução de obrigação de fazer	251
1.1. Medidas executivas na execução de obrigação de fazer	251
1.2. Resultado prático equivalente – obrigação fungível e infungível	253
1.3. Citação do executado na execução de obrigação de fazer	255
1.4. Da multa coercitiva – *astreintes*	256
1.5. Medidas executivas alternativas diante da resistência do executado em cumprir a determinação judicial	259
1.6. Cumprimento da obrigação por terceiro	261
1.7. Direito de preferência do exequente para execução da obra	264
1.8. Cumprimento da prestação	266
1.9. Obrigação de fazer infungível – perdas e danos	267
2. Execução de obrigação de não fazer	269
2.1. Recusa ou mora do executado	273

CAPÍTULO 7 – EXECUÇÃO POR QUANTIA CERTA — 275

1. Aspectos gerais da execução por quantia certa	275
2. Espécies de expropriação	279

EXECUÇÃO E CUMPRIMENTO DE SENTENÇA

3. Remição da dívida objeto da execução   281
4. Remição dos bens expropriados   282
5. Requisitos da petição inicial e despacho preliminar na execução   284
6. Certidão para fins de averbação da demanda   288
7. Citação do executado para cumprir a obrigação   291
8. Arresto de bens do executado   293

TÍTULO 4 – ATOS PREPARATÓRIOS À EXPROPRIAÇÃO   297

CAPÍTULO 8 – DA PENHORA   299

1. Definição   299
2. Momento processual de concretização da penhora   300
3. Função e efeito da penhora   301
4. Objeto da penhora   302
5. Dos bens impenhoráveis   303
   5.1. Dos bens absolutamente impenhoráveis   307
      5.1.1. Os bens inalienáveis e os declarados, por ato voluntário, não sujeitos à execução   308
      5.1.2. Os móveis, os pertences e as utilidades domésticas que guarnecem a residência do executado, salvo os de elevado valor ou os que ultrapassem as necessidades comuns correspondentes a um médio padrão de vida   312
      5.1.3. Os vestuários, bem como os pertences de uso pessoal do executado, salvo se de elevado valor   314
      5.1.4. Os vencimentos, os subsídios, os soldos, os salários, as remunerações, os proventos de aposentadoria, as pensões, os pecúlios e os montepios, bem como as quantias recebidas por liberalidade de terceiro e destinadas ao sustento do devedor e de sua família, os ganhos de trabalhador autônomo e os honorários de profissional liberal   315
      5.1.5. Os livros, as máquinas, as ferramentas, os utensílios, os instrumentos ou outros bens móveis necessários ou úteis ao exercício da profissão do executado   323
      5.1.6. O seguro de vida   326
      5.1.7. Os materiais necessários para obras em andamento, salvo se essas forem penhoradas   327
      5.1.8. A pequena propriedade rural, assim definida em lei, desde que trabalhada pela família   329

	5.1.9.	Os recursos públicos recebidos por instituições privadas para aplicação compulsória em educação, saúde ou assistência social	334
	5.1.10.	A quantia depositada em caderneta de poupança, até o limite de 40 (quarenta) salários mínimos	336
	5.1.11.	Os recursos públicos do fundo partidário recebidos por partido político, nos termos da lei	340
	5.1.12.	Os créditos oriundos de alienação de unidades imobiliárias, sob regime de incorporação imobiliária, vinculados à execução da obra	341
	5.1.13.	Pagamento de prestação alimentícia e importâncias excedentes a 50 (cinquenta) salários-mínimos mensais	342
	5.1.14.	Penhora das quotas sociais	346
	5.1.15.	Penhora dos frutos e dos rendimentos dos bens inalienáveis	349
6.	A ordem preferencial de penhora		350
	6.1.	Dinheiro, em espécie ou em depósito ou aplicação em instituição financeira	351
	6.2.	Títulos de dívida pública da União, dos Estados e do Distrito Federal com cotação em mercado	354
	6.3.	Títulos e valores mobiliários com cotação em mercado	356
	6.4.	Veículos de via terrestre	357
	6.5.	Bens imóveis	358
	6.6.	Bens móveis em geral	359
	6.7.	Navios e aeronaves	359
	6.8.	Ações e quotas de sociedades simples e empresárias	360
	6.9.	Percentual do faturamento de empresa devedora	363
	6.10.	Pedras e metais preciosos	366
	6.11.	Direitos aquisitivos derivados de promessa de compra e venda e de alienação fiduciária em garantia	366
	6.12.	Outros direitos	367
7.	Penhora em execução de crédito com garantia real		368
8.	Ineficácia da penhora – hipótese em que não se leva a efeito a penhora		369
9.	Descrição dos bens que guarnecem a residência ou o estabelecimento do executado		370
10.	Da documentação e registro da penhora		370
	10.1.	Penhora por meios eletrônicos	370
	10.2.	Termo e auto de penhora	374
11.	Momento processual em que a penhora se torna perfeita, válida e eficaz		378

EXECUÇÃO E CUMPRIMENTO DE SENTENÇA

12. Depósitos preferenciais – local de depósito dos bens penhorados   383
13. Intimação da penhora   386
     13.1.   Intimação do executado da penhora   386
     13.2.   Da intimação da penhora do cônjuge do executado   388
14. Penhora sobre bem indivisível   391
15. Do lugar de realização da penhora   394
     15.1.   Penhora de imóveis e de veículo automotores pôr termo nos autos   398
     15.2.   Penhora por carta precatória   399
16. Ordem de arrombamento e reforço policial   402
17. Substituição do bem penhorado   407
     17.1.   Desobediência à ordem legal   413
     17.2.   Não incidência sobre os bens designados em lei, contrato ou ato judicial para o pagamento   414
     17.3.   Havendo bens no foro da execução, outros tiverem sido penhorados   414
     17.4.   Havendo bens livres, tiver recaído sobre bens já penhorados ou objeto de gravame   414
     17.5.   Incidir sobre bens de baixa liquidez   415
     17.6.   Fracassar a tentativa de alienação judicial do bem   415
     17.7.   O executado não indicar o valor dos bens ou omitir qualquer das indicações previstas em lei   415
18. Redução e ampliação da penhora   416
19. Realização da segunda penhora   416
     19.1.   Anulação da primeira penhora   417
     19.2.   Executados os bens, o produto da alienação não bastar para o pagamento do exequente   417
     19.3.   Exequente desistir da primeira penhora, por serem litigiosos os bens ou por estarem submetidos a constrição judicial   417
20. Alienação antecipada dos bens penhorados   418
21. Dialeticidade no pedido de modificação da penhora   419
22. Da Penhora de dinheiro em depósito ou em aplicação financeira   419
23. Da Penhora de créditos   432
     23.1.   Penhora de títulos de crédito   436
     23.2.   Penhora em direito e ação do executado – sub-rogação   441
     23.3.   Penhora sobre dívidas de dinheiro a juros, de direito a rendas ou de prestações periódicas   444
     23.4.   Penhora sobre direito a prestação ou a restituição de coisa determinada   447
     23.5.   Penhora sobre direito pleiteado em juízo – averbação   447

24. Penhora das quotas ou das ações de sociedades personificadas	448
25. Penhora de empresa, de outros estabelecimentos e de semoventes	452
26. Penhora de empresa que funcione mediante concessão ou autorização	457
27. Penhora de navio ou de aeronave	458
28. Subsidiariedade da penhora	461
29. Penhora de percentual de faturamento de empresa	461
30. Penhora de frutos e rendimentos de coisa móvel ou imóvel	465
30.1. Nomeação de admistrador-depositário e eficácia da penhora em relação a terceiros	467
31. Efeito da penhora	469

CAPÍTULO 9 – DA AVALIAÇÃO — 473

1. Avaliação do bem penhorado	473
2. Dispensa da avaliação	476
2.1. Aceitação das partes	476
2.2. Imóveis hipotecados	476
2.3. Títulos e mercadorias	476
2.4. Títulos de dívida pública, ações e títulos de crédito	477
2.5. Veículos automotores e outros bens	477
3. Requisito da avaliação realizada por oficial de justiça ou avaliador judicial	478
4. Nova avaliação	480
4.1. Erro na avaliação ou dolo do avaliador	480
4.2. Majoração ou diminuição no valor do bem	480
4.3. Fundada dúvida sobre o valor atribuído ao bem	482
5. Diligências após a avaliação	483

TÍTULO 5 – ATOS EXPROPRIATÓRIOS — 485

CAPÍTULO 10 – ADJUDICAÇÃO — 487

1. Definição de adjudicação	487
2. Intimação do executado sobre o pedido de adjudicação	489
3. Valor do crédito inferior ou superior ao dos bens penhorados	490
4. Legitimação para se requerer a adjudicação	491
5. Impugnação à adjudicação	494
6. Penhora de quota social e direito de preferência à adjudicação	495
7. Momento em que se considera prefeita e acabada a adjudicação – auto e carta de adjudicação	495
8. Remição de bem hipotecado	497

EXECUÇÃO E CUMPRIMENTO DE SENTENÇA

9. Remição de bem em caso de falência ou de insolvência do devedor
hipotecário   497
10. Nova oportunidade para adjudicação   498

CAPÍTULO 11 – ALIENAÇÃO FORÇADA   499
1. Definição e natureza jurídica da alienação forçada   499
2. Arrematação – natureza jurídica – modo originário ou derivado
de adquirir a propriedade   502
3. Espécies de alienação   506
   3.1.   Alienação por iniciativa particular   507
      3.1.1.   Prazo e condições para se concluir a alienação por iniciativa
particular   509
         3.1.1.1.   Prazo em que a alienação devará ser efetivada   509
         3.1.1.2.   Forma de publicidade   510
         3.1.1.3.   Preço mínimo   510
         3.1.1.4.   Condições de pagamento   510
         3.1.1.5.   Remuneração do corretor ou do leiloeiro   510
      3.1.2.   Métodos para a formalização da alienação por iniciativa
particular   510
      3.1.3.   Regulamentação da alienação por iniciativa particular
pelos tribunais   512
   3.2.   Alienação via leilão judicial   514
      3.2.1.   Leiloeiro público   515
      3.2.2.   Incumbências do leiloeiro público   516
      3.2.3.   Alienação a cargo de corretores de bolsa de valores   517
   3.3.   Leilão eletrônico ou presencial   518
      3.3.1.   Leilão eletrônico   518
      3.3.2.   Leilão presencial   519
   3.4.   Preço mínimo, condições de pagamento e garantias   520
   3.5.   Edital para publicização do leilão – requisitos   521
   3.6.   Publicação do edital de leilão   524
   3.7.   Nova designação do leilão   527
   3.8.   Cientificarão específica e preferencial da data do leilão   527
   3.9.   Legitimidade para oferecer lance no leilão   531
      3.9.1.   Impedimento para participação em leilão   532
         3.9.1.1.   Os tutores, curadores, testamenteiros,
administradores ou liquidantes, quanto aos bens
confiados à sua guarda e à sua responsabilidade   532

SUMÁRIO

3.9.1.2. Os mandatários, quanto aos bens de cuja administração ou alienação estejam encarregados	533
3.9.1.3. O juiz, o membro do Ministério Público, a Defensoria Pública, o escrivão, o chefe de secretaria e os demais servidores e auxiliares da justiça, em relação aos bens e direitos objeto de alienação na localidade onde servirem ou a que se estender a sua autoridade	533
3.9.1.4. Os servidores públicos em geral, quanto aos bens ou aos direitos da pessoa jurídica a que servirem ou que estejam sob sua administração direta ou indireta	534
3.9.1.5. Os leiloeiros e seus prepostos, quanto aos bens de cuja venda estejam encarregados	535
3.9.1.6. Os advogados de qualquer das partes	535
3.10. Preço vil	535
3.11. Forma de pagamento do valor da arrematação	538
3.12. Arrematação global dos bens	541
3.13. Arremação de imóvel divisível	542
3.14. Aquisição em parcelas do bem arrematado	543
3.15. Arrematação de imóvel de incapaz	547
3.16. Falta de pagamento do lance oferecido na arrematação	548
3.17. Transferência da arrematação ao fiador	551
3.18. Suspensão da alienação judicial	551
3.19. Prosseguimento do leilão	552
3.20. Auto de arrematação e ordem de entrega de bens	552
3.21. Remição de bem hipotecado	554
3.22. Momento em que a arrematação se considera perfeita, acabada e irretratável	555
3.23. Hipóteses de invalidade, de ineficácia e de resolução da arrematação	557
3.23.1. Preço vil ou outro vício de nulidade	558
3.23.2. Ineficácia se não for observado o art. 804 do novo C.P.C.	559
3.23.3. Resolução por falta de pagamento ou prestação de caução	559
3.23.4. Decisão sobre os vícios da arrematação	559
3.24. Desistência da arrematação	565
CAPÍTULO 12 – SATISFAÇÃO DO CRÉDITO	567
1. Satisfação do crédito	567

EXECUÇÃO E CUMPRIMENTO DE SENTENÇA

2. Levantamento do valor depositado   568
3. Pluralidade de credores ou exequentes – ordem de preferência   570
4. Formulação de pretensões pelos exequentes e do recurso legítimo   575
5. Levantamento de dinheiro no plantão judiciário   575
6. Quitação da quantia paga   576
7. Restituição de sobras ao executado   577

TÍTULO 6 – OUTRAS ESPÉCIES DE EXECUÇÃO   579

CAPÍTULO 13 – EXECUÇÃO CONTRA A FAZENDA PÚBLICA   581
1. Execução contra a Fazenda Pública – título judicial e extrajudicial   581
2. Definição de Fazenda Pública   581
3. Representação jurídica da Fazenda Pública   582
4. Não oposição de embargos ou sua rejeição – expedição de precatório
ou requisição de pequeno valor – art. 100 da C.F.   583
5. Matérias que a Fazenda Pública poderá alegar em embargos à execução   584
    5.1.   A inexigibilidade do título executivo   585
    5.2.   Excesso de execução   586
    5.3   Cumulação indevida de execução   588
    5.4.   Qualquer causa impeditiva, modificativa ou extintiva da obrigação,
       como pagamento, novação, compensação, transação ou prescrição   590
    5.5.   Qualquer outra matéria de defesa   590

CAPÍTULO 14 – EXECUÇÃO DE ALIMENTOS   591
1. Execução de obrigação alimentar   591
2. Execução de alimentos mediante utilização de meios coercitivos
– prisão do devedor   594
3. Prisão – pena ou coerção   596
4. Juízo competente para decretar a prisão   600
5. Legitimidade para se requerer a prisão   601
6. Desconto em folha de pagamento de pessoal da importância da prestação
alimentícia   601
7. Outra modalidade de execução de obrigação alimentar   602

TÍTULO 7 – CONTRADITÓRIO NO PROCESSO DE EXECUÇÃO   607

CAPÍTULO 15 – EMBARGOS À EXECUÇÃO   609
1. Considerações gerais   609

2. Natureza jurídica dos embargos à execução	612
3. Legitimação ativa e passiva nos embargos à execução	613
4. Embargos à execução independentemente de penhora, depósito ou caução	615
5. Distribuição por dependência	616
6. Embargos à execução na execução por carta	617
7. Prazo e contagem do prazo para oferecimento dos embargos à execução	619
7.1. Contagem de prazo quando houver mais de um executado	621
7.2. Peremptoriedade e preclusividade do prazo dos embargos à execução	621
8. Do parcelamento do débito	623
9. Matérias que podem ser alegadas nos embargos à execução	626
9.1. Iinexequibilidade do título ou inexigibilidade da obrigação	628
9.2. Penhora incorreta ou avaliação errônea	630
9.3. Excesso de execução	630
9.3.1. O exequente pleiteia quantia superior à do título	631
9.3.2. Recai sobre coisa diversa daquela declarada no título	631
9.3.3. Esta se processa de modo diferente do que foi determinado no título	632
9.3.4. O exequente, sem cumprir a prestação que lhe corresponde, exige o adimplemento da prestação do executado	632
9.3.5. O exequente não prova que a condição se realizou	634
9.4. Cumulação indevida de execução	634
9.5. Retenção por benfeitorias necessárias ou úteis, nos casos de execução para entrega de coisa certa	636
9.6. Incompetência absoluta ou relativa do juízo da execução	638
9.7. Qualquer matéria que lhe seria lícito deduzir como defesa em processo de conhecimento	639
9.8. Incorreção da penhora ou da avaliação – alegação	640
9.9. Arguição de impedimento ou suspeição	640
10. Rejeição liminar dos embargos	640
10.1. Intempestividade	641
10.2. Nos casos de indeferimento da petição inicial e de improcedência liminar do pedido	643
10.3. Manifestamente protelatórios	645
11. Efeitos jurídicos decorrentes da interposição dos embargos à execução	646
12. Impugnação aos embargos de execução	652
13. Julgamento dos embargos de execução	655

EXECUÇÃO E CUMPRIMENTO DE SENTENÇA

14. Natureza jurídica da sentença proferida nos embargos de execução   656

15. Fixação das verbas de sucumbências nos embargos de execução   659

TÍTULO 8 – SUSPENSÃO E EXTINÇÃO DO PROCESSO DE EXECUÇÃO   663

CAPÍTULO 16 – SUSPENSÃO DO PROCESSO DE EXECUÇÃO   665

1. Suspensão e extinção do processo de execução   665
2. Causas de suspensão da execução   665
   - 2.1. Nas hipóteses dos arts. 313 e 315 do novo C.P.C.   666
   - 2.2. No todo ou em parte, quando recebidos com efeito suspensivo os embargos à execução   668
   - 2.3. Quando concedido efeito suspensivo aos embargos de terceiro   669
   - 2.4. Quando o executado não possuir bens penhoráveis   669
   - 2.5. Se a alienação dos bens penhorados não se realizar por falta de licitantes e o exequente, em 15 (quinze) dias, não requerer a adjudicação nem indicar outros bens penhoráveis   670
   - 2.6. Quando concedido o parcelamento de que trata o art. 916 do novo C.P.C.   670
   - 2.7. Suspensão da execução em razão de concessão de moratória ao executado   671
3. Suspensão da prescrição e arquivamento dos autos   672
4. Medidas urgentes e a suspensão da execução   674

CAPÍTULO 17 – EXTINÇÃO DO PROCESSO DE EXECUÇÃO   677

1. Causas de extinção da execução   677
   - 1.1. Indeferimento da petição inicial   679
   - 1.2. A obrigação for satisfeita   679
   - 1.3. O executado obtiver, por qualquer outro meio, a extinção total da dívida   680
   - 1.4. O exequente renunciar ao crédito   680
   - 1.5. Ocorrer a prescrição intercorrente   683
2. Declaração da extinção da execução por *sentença*   685

TÍTULO 9 – CUMPRIMENTO DE SENTENÇA   689

CAPÍTULO 18 – CUMPRIMENTO DE SENTENÇA   691

1. Considerações Gerais   691
2. Provocação do exequente   693

3. Cumprimento de sentença em face do fiador, do coobrigado ou do corresponsável ... 694
4. Formas de intimação do devedor/executado ... 696
    4.1. Pelo Diário da Justiça, na pessoa do advogado do devedor constituído nos autos ... 697
    4.2. Por carta com aviso de recebimento, quando o devedor estiver representado pela Defensoria Pública ou quando não tiver procurador constituído nos autos, ressalvada a hipótese do inc. IV do §2º do art. 513 do novo C.P.C. ... 699
    4.3. Por meio eletrônico, quando, no caso do § 1º do art. 246 do novo C.P.C., não tiver procurador constituído nos autos ... 701
    4.4. Por edital, quando, citado na forma do art. 256 do novo C.P.C., tiver sido revel na fase de conhecimento ... 701
5. Hipóteses de necessidade de nova citação do devedor ... 702
6. Decisão sujeita a condição ou a termo ... 702
7. Espécies de título executivo judicial ... 703
    7.1. As decisões proferidas no processo civil que reconheçam a exigibilidade de obrigação de pagar quantia, de fazer, de não fazer ou de entregar coisa ... 704
    7.2. A decisão homologatória de autocomposição judicial e a decisão homologatória de autocomposição extrajudicial de qualquer natureza ... 706
    7.3. O formal e a certidão de partilha, exclusivamente em relação ao inventariante, aos herdeiros e aos sucessores a título singular ou universal ... 707
    7.4. O crédito de auxiliar de justiça, quando as custas, emolumentos ou honorários tiverem sido aprovados por decisão judicial ... 708
    7.5. A sentença penal condenatória transitada em julgado ... 709
    7.6. A sentença arbitral ... 711
    7.7. A sentença estrangeira homologada pelo Superior Tribunal de Justiça e a decisão interlocutória estrangeira, após a concessão do exequatur à carta rogatória pelo Superior Tribunal de Justiça ... 712
    7.8. O acórdão proferido pelo Tribunal Marítimo quando do julgamento de acidentes e fatos da navegação ... 713
8. Juízo competente para o cumprimento de sentença ... 713
9. Protesto da decisão judicial ... 715
10. Da liquidação ... 717

EXECUÇÃO E CUMPRIMENTO DE SENTENÇA

CAPÍTULO 19 – CONTRADITÓRIO NO CUMPRIMENTO DE SENTENÇA   723

1. Considerações gerais   723
2. Prazo para interposição da impugnação no procedimento de cumprimento de sentença   729
3. Matérias que poderão ser alegadas na impugnação ao cumprimento de sentença   729
    3.1. Falta ou nulidade de citação, se, na fase de conhecimento, o processo correu à revelia   730
    3.2. Ilegitimidade de parte   730
    3.3. Inexequibilidade do título ou inexigibilidade da obrigação   731
    3.4. Inexigibilidade da obrigação contida em título judicial em face de decisão proferida pelo S.T.F.   733
    3.5. Penhora incorreta ou avaliação errônea   735
    3.6. Excesso de execução ou cumulação indevida de execuções   736
    3.7. Incompetência absoluta ou relativa do juízo de execução   738
    3.8. Qualquer causa modificativa ou extintiva da obrigação, como pagamento, novação, compensação, transação ou prescrição, desde que supervenientes à sentença   738
4. Concessão de efeito suspensivo ao cumprimento de sentença   740
5. Questões relativas a fato superveniente   741

CAPÍTULO 20 – CUMPRIMENTO PROVISÓRIO DA SENTENÇA QUE RECONHECE A EXIGIBILIDADE DE OBRIGAÇÃO DE PAGAR QUANTIA CERTA   743

1. Considerações gerais   743
2. Requisitos da petição inicial   744
3. Reparação dos danos   745
4. Perda dos efeitos sobrevindo decisão posterior   745
5. Levantamento de depósito em dinheiro e a prática de atos que importem a transferência de direitos ou causem grave dano ao executado   747
6. Dispensa de caução na hipótese de cumprimento provisório de sentença   748
    6.1. Crédito alimentar   749
    6.2. Situação de necessidade   749
    6.3. Pendência de agravo do art. 1.042 do novo C.P.C.   749
    6.4. Decisão em consonância com súmula da jurisprudência do Supremo Tribunal Federal ou do Superior Tribunal de Justiça ou em conformidade com acórdão proferido no julgamento de casos repetitivos   750

SUMÁRIO

6.5. Dispensa de caução e manifesto risco de grave dano de difícil
ou incerta reparação — 751

7. Impugnação ao cumprimento provisório de sentença — 751

8. Incidência de multa pelo não pagamento do débito — 751

9. Depósito do valor e consequências jurídicas processuais — 752

10. Aplicação do capítulo do cumprimento provisório de sentença
às decisões concessivas de tutela provisória — 752

CAPÍTULO 21 – CUMPRIMENTO DEFINITIVO DA SENTENÇA QUE RECONHECE A EXIGIBILIDADE DE OBRIGAÇÃO DE PAGAR QUANTIA CERTA — 755

1. Considerações gerais — 755

2. Ritualística procedimental do cumprimento definitivo de sentença — 757

3. Intimação do executado para cumprimento da sentença condenatória
de quantia certa — 758

4. Prazo processual para que o executado cumpra voluntariamente
a obrigação — 760

5. Incidência de multa e de honorários de advogado de dez por cento — 762

6. Demais requisitos procedimentais do requerimento para cumprimento
definitivo de sentença — 765

7. Demonstrativo de débito/Memória de cálculo — 767

8. Expedição de mandado de penhora — 769

9. Impugnação ao cumprimento definitivo de sentença — 769

10. Execução invertida – pagamento voluntário da obrigação pelo
devedor — 770

CAPÍTULO 22 – CUMPRIMENTO DE SENTENÇA QUE RECONHEÇA A EXIBILIDADE DE OBRIGAÇÃO DE PRESTAR ALIMENTOS — 775

1. Considerações gerais — 775

2. Intimação do executado para pagamento em três dias – consequências — 777

3. Impugnação do executado — 777

4. Protesto judicial do título — 781

5. Da prisão do devedor — 781

6. Opção pela execução de decisão alimentar por *sub-rogação* e não
por *coerção* — 791

7. Desconto em folha de pagamento — 793

8. Consequências pelo não cumprimento da obrigação alimentar — 794

9. Procedimento aplicado aos alimentos definitivos e provisórios — 794

EXECUÇÃO E CUMPRIMENTO DE SENTENÇA

10. Delito de abandono material	797
11. Prestação de alimentos decorrente de ato ilícito	798

CAPÍTULO 23 – CUMPRIMENTO DE SENTENÇA QUE RECONHEÇA A EXIBILIDADE DE OBRIGAÇÃO DE PAGAR QUANTIA CERTA PELA FAZENDA PÚBLICA

	801
1. Significado de Fazenda Pública	801
2. Trânsito em julgado da decisão	802
3. Honorários de advogado e cumprimento de sentença não impugnada	803
4. Demonstrativo de débito	808
4.1. O nome completo, o número de inscrição no Cadastro de Pessoas Físicas ou no Cadastro Nacional da Pessoa Jurídica do exequente	808
4.2. Índice de correção monetária adotado	808
4.3. Os juros aplicados e respectivas taxas	811
4.4. Periodicidade de capitalização dos juros, se for o caso	812
4.5. Especificação dos eventuais descontos obrigatórios realizados	814
4.6. Pluralidade de exequentes	814
5. Multa pelo não cumprimento da obrigação	815
6. Intimação da Fazenda Pública para impugnação da execução	815
6.1. Prazo para Fazenda Pública impugnar a execução	817
6.2. Matéria que pode ser arguida na impugnação	818
6.2.1. Falta ou nulidade da citação se, na fase de conhecimento, o processo correu à revelia	818
6.2.2. Ilegitimidade de parte	819
6.2.3. Inexequibilidade do título ou inexigibilidade da obrigação	820
6.2.4. Inexigibilidade do título executivo judicial baseado em lei ou ato normativo considerados inconstitucionais pelo S.T.F.	822
6.2.5. Excesso de execução ou cumulação indevida de execuções	822
6.2.6. Incompetência absoluta ou relativa do juízo da execução	824
6.2.7. Qualquer causa modificativa ou extintiva da obrigação, como pagamento, novação, compensação, transação ou prescrição, desde que supervenientes ao trânsito em julgado da sentença	825
6.3. Consequências jurídicas pela falta de impugnação – expedição de precatório ou de requisição de pequeno valor – RPV	827

SUMÁRIO

CAPÍTULO 24 – CUMPRIMENTO DE SENTENÇA QUE
RECONHEÇA A EXIBILIDADE DE OBRIGAÇÃO DE FAZER,
DE NÃO FAZER E ENTREGAR COISA ... 829
1. Considerações gerais ... 829
2. Cumprimento de sentença que tenha por objeto obrigação de fazer
   ou de não fazer ... 832
3. Espécies de medidas coercitivas ... 835
4. Mandado de busca e apreensão ... 837
5. Intervenção judicial em atividade empresarial ... 837
6. Litigância de má-fé ... 838
7. Deveres de fazer e de não fazer não obrigacional ... 840
8. Multa periódica ... 840

CAPÍTULO 25 – CUMPRIMENTO DE SENTENÇA QUE
RECONHEÇA A EXIGIBILIDADE DE OBRIGAÇÃO
DE ENTREGAR COISA ... 845
1. Considerações gerais ... 845
2. Benfeitorias na coisa a ser entregue ... 846
3. Aplicação subsidiária das disposições do cumprimento de fazer
   e não fazer ... 846

REFERÊNCIAS BIBLIOGRÁFICAS ... 851

NOTA DOS AUTORES

O Objetivo da publicação da Coleção sobre o Novo C.P.C., pela Editora Almedina, com sede em Portugal, encontra-se em possibilitar ao aluno e aos demais profissionais da área jurídica uma nova opção para conhecer de determinados institutos temáticos do processo civil brasileiro, sem que se valha do nosso Código de Processo Civil Comentado, Anotado e Interpretado.

Se a intenção do aluno ou do profissional do direito é verificar um comentário de artigos por artigos, o Código de Processo Civil – Anotado, Comentado e Interpretado será suficiente para os objetivos propostos.

Porém, sendo a intenção do aluno ou do profissional da ciência jurídica apenas conhecer de determinados e específicos temas do processo civil brasileiro, terá a opção de adquirir obras temáticas específicas publicadas na Coleção sobre o novo C.P.C. da Editora Almedina, sempre com o intuito de facilitar e expandir o conhecimento e a compreensão das mudanças existentes no novo C.P.C. brasileiro.

Este livro é mais uma opção dada do aluno e ao profissional da ciência jurídica para analisar e compreender as mudanças operadas na legislação processual civil brasileira, especificamente no âmbito da *execução ou do cumprimento de sentença*.

Trata-se de mais uma opção para aqueles que não desejam adquirir um código comentado.

TÍTULO 1

TEORIA GERAL DA EXECUÇÃO

Capítulo 1
Teoria Geral da Execução

1. Considerações gerais

Não sendo a obrigação voluntariamente cumprida, o credor tem o direito de exigir judicialmente o seu cumprimento e de *executar* o patrimônio do devedor, se for o caso, nos termos do ordenamento jurídico.

Conforme ensina o autor português, Fernando Amâncio Ferreira, o ordenamento jurídico coloca à disposição do credor, quando a obrigação não for voluntariamente cumprida, duas pretensões bem singulares: a de cumprimento e a de *execução*[1].

Portanto, a falta de cumprimento voluntário da obrigação, permite ao credor provocar o Poder Judiciário para, mediante atos materiais, promover a execução da obrigação assumida pelo devedor.

A etimologia da palavra 'executar' vem do verbo latim *exsèqui*. Provém de uma forma românica, *executare*, donde também saído do espanhol *ejecutar* e do francês *exécuter*. A raiz *seq* ou *séc*, encerra a ideia de *seguir*, pertencendo à sua família, ainda, as palavras 'séquito', 'seguinte', 'sequaz', 'sequência', 'conseguir', 'consequência, 'perseguir', 'perseguição', 'prosseguir, 'exéquias', 'prossecução' 'consecução', 'execução'.[2]

Em sua acepção comum, o vocábulo *execução* alude à ação e ao efeito de executar. Executar é *"realizar, cumprir, satisfazer, fazer efetivo e dar realidade a um fato"*.[3]

---

[1] FERREIRA, Fernando Amâncio. *Curso de processo de execução*. 3ª ed. Coimbra: Almedina, 2002. p. 13.

[2] LIMA, Alcides de Mendonça. *Comentários ao código de processo civil*. Vol. VI. Tomo I. 3ª ed. Rio de Janeiro: Forense, 1979. p. 1.

[3] COUTURE, Eduardo J. *Fundamentos del derecho procesal civil*. Buenos Aires: Editorial IbdeF, 4ª ed., 2009. p. 357.

Execução, consequentemente, é o ato ou a pretensão de *executar* a lei, o mandado, a ordem, a sentença.

A execução (de título executivo extrajudicial) surge em nosso ordenamento jurídico com a denominada *ação de assinação de dez dias*, de origem lusitana, e expressamente prevista no Regulamento 737 de 25 de novembro de 1850, em seu art. 246: *"Consiste esta ação de assinação judicial de dez dias para o réu pagar, ou dentro deles alegar e provar em embargos que tiver"*. Esta ação era utilizada para a cobrança dos seguintes títulos: escrituras públicas e instrumentos às mesmas equiparados; contratos comerciais; letras de câmbio e similares pelo Código Comercial; conhecimentos de fretes; apólices ou letras de seguro; faturas e contas de gêneros vendidos em grosso (art. 247, §§1º e 7º). Havia, também, a *ação executiva* para determinados créditos, não assegurados pela ação de assinação de dez dias, a saber: fretes de navios; despesas com transporte por água e por terra; despesas e comissões de corretagem (art. 308 e §§1º a 3º)[4]

O C.P.C. de 1939, Decreto-lei n. 1.608, de 18 de setembro de 1939, com vigência a partir de 1º de março de 1940, acolheu o sistema do Código mineiro e do Rio de Janeiro, possivelmente pelo fato de que seu principal autor, Pedro Baptista Martins, era livre-docente da Faculdade de Direito de Minas Gerais. Este diploma legislativo dividiu o processo executivo em duas formas: a) *a ação executiva*; b) *a execução de sentença*. Extinguiu totalmente a denominada ação de assinação de 10 dias, ainda em vigor em alguns Códigos estaduais. A *ação executiva* destinava-se à cobrança de crédito sem um denominador comum preciso, exceto sua presunção de validade, favorecendo sua exigibilidade, como instrumentos públicos; documentos particulares com duas testemunhas, títulos cambiários; custas, aluguéis; direitos reais de garantia etc. Iniciava-se com mandado para pagamento ou penhora, em 24 horas. Havendo penhora, o réu podia defender-se por contestação (não por embargos). Com ou sem contestação, a causa seguia os trâmites normais do procedimento ordinário, passando para a fase cognitiva. Era considerada um misto de processo declarativo e processo acautelatório. Julgada procedente a demanda, e como já havia ocorrido a penhora, a execução da sentença deveria processar-se, normalmente, com a avaliação ou, se já houvesse sido avaliado o bem, com a publicação de editais para a hasta pública. Já a *execução de sentença* tinha por fundamento a sentença transitada em julgado, embora em algumas situações era permitida a execução provisória quando o recurso era recebido apenas no efeito devolutivo. Aplicava-se à execução por quantia certa; para entrega de coisa certa ou

---

[4] LIMA, A., M., op. cit., p. 41 e 42.

em espécie; de obrigações de fazer ou não fazer. A defesa, em qualquer das espécies, era por meio de embargos. A execução da sentença era denominada por Pontes de Miranda como *actio iudicati*, embora não mantivesse identificação com o interdito romano.[5]

O C.P.C. de 1973, Lei 5.869, de 11 de janeiro de 1973, tendo como seu mentor principal o Prof. Alfredo Buzaid, catedrático de Direito Processual Civil da Faculdade Paulista de Direito, da Pontifícia Universidade Católica de São Paulo e da Faculdade de Direito da Universidade de São Paulo, manteve a execução como atividade jurisdicional a ser desenvolvida no processo civil brasileiro.

O C.P.C. de 1973 unificou o processo de execução, desaparecendo a antiga ação executiva como categoria autônoma. Passou-se a adotar um só 'processo de execução', embora a diversidade dos títulos executivos.[6]

Em que pese o C.P.C. de 1973 tenha unificado o processo de execução para títulos executivos judiciais e extrajudiciais, o certo é que manteve a autonomia de cada título segundo a forma de sua constituição, razão pela qual se o exequente dispusesse de um título executivo extrajudicial, não teria interesse em promover um processo de conhecimento para a obtenção de um título executivo judicial.[7]

A unificação do processo de execução de títulos executivos judiciais e extrajudiciais perdurou até a vigência da Lei 11.232/2005. A partir dessa data, com a inserção do art. 475-J no C.P.C. de 1973, o processo autônomo de execução ficou restrito aos títulos executivos extrajudiciais. A execução dos títulos executivos judiciais passou a ocorrer pela sistemática do cumprimento de sentença (sincretismo entre cognição e execução).

A Lei 13.105, de 16 de março de 2015 (Novo C.P.C. brasileiro), manteve a sistemática procedimental introduzida pela Lei 11.232/2005, ou seja, processo de execução autônomo para os títulos executivos extrajudiciais e cumprimento de sentença para os título executivos judiciais.

A execução de título executivo judicial encontra-se regulada no novo C.P.C. brasileiro em sua Parte Especial, Livro I, Título II (Do Cumprimento da Sentença).

---

[5] LIMA, A. M., idem, p. 57/61.

[6] LIMA, A. M., idem, p. 65.

[7] Contudo, ainda sob a égide do C.P.C. 1973, houve o entendimento de que o credor poderia optar em ingressar com a execução de título extrajudicial ou optar por ingressar com ação de conhecimento a fim de obter uma das formas dos artigos 461, 461-A ou 475-J. (STJ-3T. Resp n. 717.276/PR: *"A parte que dispõe de título extrajudicial pode optar entre as formas de tutela, vale dizer: a tutela de conhecimento com pedido de antecipação ou a tutela executiva."*

Já o processo autônomo de execução de título executivo extrajudicial encontra-se regulado no novo C.P.C. em sua Parte Especial, Livro II (Do Processo de Execução).

O processo de execução é, com efeito, o segundo das duas grandes modalidades existentes no processo civil brasileiro. Se o processo é, genericamente falando, aquela instituição jurídica pela qual se dá satisfação a pretensões da parte, a figura assume a 'modalidade executiva' quando o que a parte pretende não é uma declaração de vontade, senão uma conduta física, um ato real ou material, que pode ser designado com o nome específico de manifestação de vontade, para distingui-lo das declarações propriamente ditas. Por isso, *"enquanto que no processo de cognição a pretensão processual se satisfaz positivamente, isto é, se atua, declarando o juiz aquilo que o pretendente solicita, no processo de execução a pretensão processual não é satisfeita positivamente, isto é, atuada, se o juiz não realiza uma conduta física, distinta do mero declarar, que provoca não uma mudança ideal na situação existente entre as partes, senão uma mudança física, real ou material, em relação ao que anteriormente existia".*[8]

Ao contrário do que prescrevia o C.P.C. de 1973, não existe mais uma terceira modalidade de processo, denominado de processo autônomo cautelar, uma vez que a tutela cautelar passou a ser espécie de tutela provisória de urgência concedida no âmbito do processo de conhecimento ou do processo de execução.

O novo Código de Processo Civil brasileiro, na Parte Especial, Livro II, dedica-se ao processo de execução de título extrajudicial, movendo-se segundo uma perspectiva tradicional e tomando por base somente as situações substanciais individualizadas como 'crédito' ou como 'direito a prestações determinadas'. Tal livro é constituído de quatro títulos, a saber: Título I – da execução em geral; Título II – das diversas espécies de execução; Título III – dos embargos à execução; Título IV – Da suspensão e da extinção do processo de execução.

O Livro II do atual C.P.C., na esteira do C.P.C. de 1973 (modificado pela Lei 11.232 de 2005), excluiu do processo de execução autônomo o procedimento de cumprimento de sentença.

O cumprimento da sentença será realizado de acordo com a natureza da obrigação imposta na decisão, observando-se as normas procedimentais previstas na Parte Especial, Livro I, Título II, do novo C.P.C.

---

[8] GUASP, Jaime; ARAGONESES, Pedro. *Derecho procesal civil.* Tomo II – Parte Especial – procesos declarativos y de ejecución. Séptima edición. Navarra: Thomson Civitas, 2006. p. 585.

TEORIA GERAL DA EXECUÇÃO

Diante do *sincretismo* existente entre a cognição e a execução do título judicial (denominada atualmente por cumprimento de sentença), o cumprimento da decisão judicial se dá no mesmo processo em que ela foi proferida.

Após a vigência da Lei 11.232/05, alterando o C.P.C. de 1973, num mesmo processo o juiz prolata a decisão e promove seu cumprimento.[9]

De acordo com a natureza da obrigação objeto da decisão condenatória, o cumprimento da sentença ocorre mediante aplicação, no que couber e de forma subsidiária, das regras estabelecidas na Parte Especial do Livro II do atual C.P.C., que tratam especificamente do processo autônomo de execução de título executivo extrajudicial.

Assim, muito embora haja um Livro específico para o procedimento de cumprimento de sentença, devem-se aplicar, subsidiariamente, os dispositivos que tratam do processo autônomo de execução de título extrajudicial, assim como os dispositivos reguladores do processo de conhecimento, naquilo que não sejam conflitantes.

O art. 771 do novo C.P.C., ao mesmo tempo que determina a aplicação subsidiária das disposições regulamentadoras do procedimento da execução fundada em título extrajudicial, aos atos executivos realizados no procedimento de cumprimento de sentença, também sugere que se apliquem essas regras normativas aos procedimentos especiais de execução, assim como aos efeitos de atos ou fatos processuais a que a lei atribuir força executiva. Dentre esses atos ou fatos processuais que o novo C.P.C. atribui força executiva, encontram-se as tutelas provisórias de urgências e tutelas de evidência de natureza satisfativa.

Pode-se afirmar, ainda em sede inicial de análise do tema, que o processo de execução por 'antonomásia' é aquele decorrente de 'expropriação forçada', que tem aplicação geral no âmbito das diversas execuções, tendo por finalidade a

---

[9] Para alguns doutrinadores, a expressão *'cumprimento de sentença'* não tem o condão de alterar a natureza jurídica da atividade jurisdicional desenvolvida pelo juiz, que nada mais é do que a atividade de execução da sentença não cumprida voluntariamente pelo devedor. O que muda no âmbito do cumprimento de sentença, é que esses atos executivos não são mais realizados em um processo autônomo, mas num procedimento específico previsto logo após a prolação da decisão a ser executada. Para essa corrente doutrinária, ainda sob a égide do C.P.C. de 1973, haveria necessidade de se distinguir o *cumprimento de sentença pelo réu*, que se realiza antes de iniciada a atividade executiva, quando se evita a incidência de eventuais sanções processuais, e a *execução da sentença*, que se verifica após a apresentação de requerimento pelo exequente. (MEDINA, José Miguel Garcia. *Execução*. Processo civil moderno. N. 03. São Paulo: Editora Revista dos Tribunais, 2008. p. 214. No mesmo sentido, MOREIRA, José Carlos Barbosa. Cumprimento e execução de sentença: necessidade de esclarecimentos conceituais. *Temas de direito processual*. 9ª Série. São Paulo: Saraiva, 2007. p. 315 e ss.).

EXECUÇÃO E CUMPRIMENTO DE SENTENÇA

satisfação dos direitos de crédito mediante agressão e liquidação em dinheiro dos bens particulares do devedor; enquanto que os processos de execução para entrega de coisa ou para cumprimento de obrigação de fazer ou não fazer dizem respeito às situações mais específicas, em que se trata de atividades práticas para dar satisfação ao direito a uma prestação que se justifica ou em relação a um bem determinado (a coisa a ser consignada) ou, ainda, a uma particular atividade, ou também a um *'pati'*, a que se comprometeu o sujeito passivo da obrigação. Por essa razão fala-se, em relação a esses últimos processos, em execução *em forma específica*.[10]

Ressalte-se que a ordem metodológica de análise dos institutos da execução a ser desenvolvida neste trabalho é sincronizada e sistêmica.

Num primeiro momento, tratar-se-á especificamente do procedimento de execução fundado em título executivo extrajudicial, para num segundo momento ingressar-se na execução denominada de cumprimento de sentença, em face do 'sincretismo' então existente no ordenamento jurídico brasileiro entre conhecimento e execução (cumprimento de sentença).

A opção por se tratar em primeiro lugar do procedimento de execução fundado em título executivo extrajudicial judicial decorre da circunstância de que suas disposições (mais abrangentes) aplicam-se, também, no que couber, aos procedimentos especiais de execução, aos atos executivos realizados no procedimento de cumprimento de sentença, assim como aos efeitos de atos ou fatos processuais a que a lei atribuir força executiva.[11]

Após a análise das circunstâncias normativas sobre a execução de título extrajudicial, será feita uma análise dos aspectos processuais da execução de título judicial realizada por meio do cumprimento de sentença.

2. Direito intertemporal entre o C.P.C/2015 e o C.P.C./1973

Tendo em vista que o objetivo proposto é justamente percorrer e avaliar a execução de título executivo judicial ou extrajudicial no novo C.P.C. (Lei 13.105 de 2015), tal pretensão não poderia ser realizada sem antes indagar sobre o direito intertemporal na aplicação das normas jurídicas entre o novo C.P.C. e o C.P.C. revogado.

Poderão existir dúvidas sobre a aplicação do direito intertemporal entre o C.P.C. de 1973 e o C.P.C. de 2015, em especial, qual norma jurídica processual

---

[10] VERDE, Giovanni; CAPPONI, Bruno. *Profili del processo civile*. 3. Processo di esecuzione e procedimenti speciali. Napoli: Jovene Editore Napoli, 2006. p. 5.

[11] É certo que se aplicam subsidiariamente ao procedimento de execução de título extrajudicial as disposições do Livro I da Parte Especial, em particular, as disposições do cumprimento de sentença.

deverá ser aplicada no cumprimento de sentença ou no processo de execução autônomo de título executivo extrajudicial, quando da entrada em vigor da Lei 13.105 de 2015, ocorrida em 18 de março de 2016.

O novo C.P.C., em relação ao direito intertemporal, preconiza em seu art. 14, de forma abrangente e geral, que a norma processual não retroagirá e será aplicável imediatamente aos processos em curso, respeitados os atos processuais praticados e as situações jurídicas consolidadas sob a vigência da norma revogada.

Em complementação ao art. 14, estabelece o art. 1.046 do novo C.P.C. que ao entrar em vigor a nova legislação processual, suas disposições serão aplicadas desde logo aos processos pendentes, ficando revogada a Lei nº 5.869, de 11 de janeiro de 1973.

Diante dessas objetivas normatizações processuais, o S.T.J. editou o Enunciado Administrativo n. 4: *Nos feitos de competência civil originária e recursal do STJ, os atos processuais que vierem a ser praticados por julgadores, partes, Ministério Público, procuradores, serventuários e auxiliares da Justiça a partir de 18 de março de 2016, deverão observar os novos procedimentos trazidos pelo CPC/2015, sem prejuízo do disposto em legislação processual especial.*

O Código de Processo Civil português, Lei 41/2013, de 26 de junho, apresenta disposição similar ao nosso, porém, com mais especificidade em relação às execuções pendentes. Estabelece o art. 6º do C.P.C. português;

> *Artigo 6.º Ação executiva*
>
> *1 – O disposto no Código de Processo Civil, aprovado em anexo à presente lei, aplica-se, com as necessárias adaptações, a todas as execuções pendentes à data da sua entrada em vigor.*
>
> *2 – Nas execuções instauradas antes de 15 de setembro de 2003 os atos que, ao abrigo do Código de Processo Civil, aprovado em anexo à presente lei, são da competência do agente de execução competem a oficial de justiça.*
>
> *3 – O disposto no Código de Processo Civil, aprovado em anexo à presente lei, relativamente aos títulos executivos, às formas do processo executivo, ao requerimento executivo e à tramitação da fase introdutória só se aplica às execuções iniciadas após a sua entrada em vigor.*
>
> *4 – O disposto no Código de Processo Civil, aprovado em anexo à presente lei, relativamente aos procedimentos e incidentes de natureza declarativa apenas se aplica aos que sejam deduzidos a partir da data de entrada em vigor da presente lei.*

Quando da entrada em vigor do novo C.P.C. português, Lei 41/2013, de 26 de junho, Pedro Pinheiros Torres assim avaliou a transição dos estatutos processuais em relação ao processo de execução:

"Consequência de sua entrada em vigor nas ações executivas pendentes.

Tal como para as ações declarativas, o NCPC será, também, aplicável de imediato, e com as necessárias adaptações, a todas as execuções pendentes à data da sua entrada em vigor (n. 1º do artigo 6º da Lei n. 41/2013, de 26 de junho).

Nesta aplicação, estão expressamente previstas as seguintes adaptações:

– Nas execuções instauradas antes de 15 de setembro de 2013, os atos que, nos termos do CPC, sejam de competência de agente de execução serão praticados por oficial de justiça.

O NCPC não se aplica às execuções pendentes em matéria de títulos executivos, formas de processo executivo, requerimento executivo e tramitação de fase introdutória.

O NCPC não se aplica aos procedimentos e incidentes de natureza declarativa deduzidos antes da sua entrada em vigor".[12]

Havendo eventuais alterações no âmbito do cumprimento de decisão ou no processo de execução autônomo de título executivo extrajudicial, em razão da modificação da legislação processual brasileira ocorrida em 18 de março de 2016, a questão do direito intertemporal será analisada com base no princípio da irretroatividade da norma processual para atingir atos jurídicos processuais perfeitos e situações jurídicas consolidadas. Salvo nessas hipóteses, a nova ordem processual deverá ser aplicada de imediato em relação aos processos em curso.

Pelo que estabelece o art. 1.046 do novo C.P.C., pode-se afirmar que, em regra, a norma de natureza processual tem aplicação imediata aos processos em curso.

Contudo, por mais que a lei processual seja aplicada imediatamente aos processos pendentes, deve-se compreender que o processo é constituído por uma série continua de ato processuais, denominado pela doutrina de "Teoria dos Atos Processuais Isolados", em que cada ato deve ser considerado separadamente dos demais para o fim de se determinar qual a lei que o rege, recaindo sobre ele a preclusão consumativa, ou seja, a lei que rege o ato processual é aquela em vigor no momento em que ele é praticado.

Adota-se, portanto, a 'teoria dos atos processuais isolados' e do princípio *tempus regit actum.*

Tendo em vista que o procedimento utilizado para a execução de título executivo judicial (cumprimento de decisão), assim como para o procedimento aplicado para execução de título executivo extrajudicial (processo autônomo),

---

[12] TORRES, Pedro Pinheiro. *Guia para o novo código de processo civil – correspondência e comparação de normas.* Editora Almedina: 2013. p. 9.

não sofreram importantes modificações no atual C.P.C., não se observa na transição dos estatutos processuais a problemática de direito intertemporal que ordenamento jurídico brasileiro vivenciou quando da entrada em vigor da Lei 11.232/05, que modificou radicalmente o processo de execução de título executivo judicial, introduzindo em nosso sistema o sincretismo entre cognição e execução. A partir dessa legislação, a execução passou a ser uma fase sequencial do momento da prolação da decisão, denominada de cumprimento de sentença. Portanto, o novo sistema de cumprimento de sentença seria compatível com o sistema antigo (1939) de processo executivo de título executivo judicial.[13]

Porém, é possível observar na transição entre o C.P.C. de 1973 e o C.P.C. de 2015 algumas modificações pontuais procedimentais que demandarão uma avaliação sob a ótica do direito intertemporal.

O S.T.J., por exemplo, em recente decisão estabeleceu que a regra sobre prescrição intercorrente, que dispensa a notificação do credor após o transcurso de um ano da suspensão da execução (por falta de bens), deve incidir apenas nas execuções propostas após a entrada em vigor do novo C.P.C. e, nos processos em curso, a partir da suspensão da execução. O entendimento é da Quarta Turma no REsp n. 1620919 interposto contra acórdão do Tribunal de Justiça do Paraná.

---

[13] Segundo Nelson Nery Jr: *"Ajuizada a ação de execução fundada em título judicial antes da entrada em vigor da Lei 11.232/2005, que ocorreu em 24.06.2006, o regime jurídico dessa ação deverá ser o do Livro II do CPC: petição inicial, citação do devedor, penhora, intimação da penhora, embargos do devedor, apelação contra a sentença que julgar os embargos. Uma vez iniciado o processo de execução sob o regime da lei anterior, não se poderá modificar o procedimento no curso da ação. Isto porque o novo sistema, introduzido no processo civil brasileiro com a entrada em vigor da Lei 11. 232/2005, é absolutamente incompatível com o velho sistema(...). O legislador da Lei 11.232/2005 não teve a preocupação de regular as situações de direito intertemporal e de direito transitório que poderão advir com o novo sistema. Nada obstante, podemos aplicar por extensão a sistemática introduzida pela Lei 11. 101/2005 (Nova Lei de Falências), porque as situações em tudo e por tudo se assemelham. Com efeito, diz a Nova Lei de Falência: 'Art. 192. Esta Lei não se aplica aos processos de falência ou de concordata ajuizados anteriormente ao início de sua vigência, que serão concluídos nos termos do Decreto-lei 7.661, de 21 de junho de 1945'. Esse dispositivo traz regra absolutamente correta, porque são completamente diferentes os sistemas da antiga Lei de Falências (DL 7.661/45) e da Nova Lei de Recuperação de Empresas e de Falências (Lei 11. 101/2005). Iniciado o processo de concordata ou de falências pela lei antiga, o processo falencial permanecerá regido pela Lei antiga até o seu término (...). Essa solução deve ser dada em face da incompatibilidade entre os regimes da antiga execução de sentença e do vigente instituto do cumprimento de sentença".* (NERY Jr. Nelson. Tempus regit processum: apontamentos sobre direito transitório processual (recursos, cumprimento da sentença e execução de título extrajudicial). In: *Execução Civil* – estudos em homenagem ao professor Humberto Theodoro Júnior. Coord. Ernane Fidélis dos Santos, Luiz Rodrigues Wambier, Nelson Nery Jr, Teresa Arruda Alvim Wambier. São Paulo: Revista dos Tribunais, 2007., p. 904.).

A questão pontual sobre a problemática específica do direito intertemporal na execução foi trata com minúcia em nossa obra *Disposições Finais e Direito Transitório – Análise das Normas Complementares e do Direito Intertemporal*, publicada em 2016, nesta Coleção da Editora Almedina, para a qual remetemos o leitor.

3. Normas fundamentais do procedimento de cumprimento de sentença e do processo de execução de título executivo extrajudicial

No contexto da nossa atual realidade constitucional, o fundamento da execução alicerça-se no *direito de acesso aos tribunais* decorrente do art. 5º, inc. XXXV, da C.F., o qual se configura como um subprincípio do Estado de direito democrático acolhido na nossa norma fundamental. Por isso, inclui-se no âmbito do acesso à justiça o *direito a um processo ou procedimento de execução*, ou seja, *o direito a que, através do órgão jurisdicional, efetive-se a 'sanção' contida na sentença condenatória proferida pelo tribunal ou que a lei a considere integrada no título executivo negocial.*[14]

A atividade do Poder Judiciário consistente na realização de atos materiais necessários para a efetiva reparação do direito violado do credor não resulta da delegação de poderes por parte deste, mas, sim, dos poderes originários que integram a função jurisdicional provenientes do princípio do acesso à justiça.

Mas para que o fundamento da execução se concretize, torna-se necessária a discriminação das normas fundamentais que garantam aos cidadãos brasileiros um processo e uma decisão justa.

Os arts. 1º a 12 da Lei 13.105/16 (novo C.P.C.) tratam das normas fundamentais do processo civil brasileiro. Essas normas são de caráter geral e de aplicação ampla, abrangendo tanto o processo de conhecimento, com o seu sincretismo executório, assim como o processo de execução autônomo de título executivo extrajudicial.

A aplicação das normas fundamentais do processo civil brasileiro deverá observar os aspectos particularizados do procedimento de cumprimento de sentença e do processo de execução autônomo de título executivo extrajudicial.

Por isso, o procedimento de cumprimento de sentença e o processo de execução autônomo de título executivo extrajudicial deverão observar as seguintes normas fundamentais: a) o procedimento de cumprimento de

---

[14] "Algo semelhante, e a título de exemplo, ocorre em Itália onde, perante o art. 24º da sua lei fundamental, se sustenta que o direito de acção e defesa aí previsto compreende também a tutela executiva. Refere-se que a norma constitucional tem um alcance mais vasto do que o seu elemento literal pode sugerir, uma vez garante o direito a uma tutela judicial eficaz, manifestada por todas as formas necessárias à satisfação dos vários direitos, nomeadamente através dos processos de declaração e de execução" (FERREIRA, F. A., op. cit., p. 16.).

sentença e o processo de execução autônomo de título executivo extrajudicial serão ordenados, disciplinados e interpretados conforme os valores e as normas fundamentais estabelecidos na Constituição da República Federativa do Brasil; b) o procedimento de cumprimento de sentença e o processo de execução autônomo de título executivo extrajudicial começam por iniciativa da parte e se desenvolvem por impulso oficial, salvo exceções previstas em lei; c) não se excluirá da apreciação jurisdicional ameaça ou lesão a direito; d) as partes têm o direito de obter em prazo razoável a atividade satisfativa decorrente do procedimento de cumprimento de sentença ou do processo de execução autônomo de título executivo extrajudicial; e) aquele que de qualquer forma participa do procedimento de cumprimento de sentença ou do processo de execução autônomo de título executivo extrajudicial deve comportar-se de acordo com a boa-fé; f) todos os sujeitos do procedimento de cumprimento de sentença ou do processo de execução autônomo de título executivo extrajudicial devem cooperar entre si para que se obtenha, em tempo razoável, decisão de mérito justa e efetiva (no caso, decisão de mérito de satisfação do crédito ou do direito a determinada prestação, que ensejará a extinção do cumprimento de sentença ou da execução autônoma); g) é assegurada ao exequente e ao executado paridade de tratamento em relação ao exercício de direitos e faculdades processuais, aos meios de defesa (restrita no âmbito da execução), aos ônus, aos deveres e à aplicação de sanções processuais, competindo ao juiz zelar pelo efetivo contraditório *rarefeito* existente no procedimento de cumprimento de sentença ou no processo de execução autônomo de título executivo extrajudicial; h) ao aplicar o ordenamento jurídico, no âmbito do cumprimento de sentença ou no processo de execução autônomo de título executivo extrajudicial, o juiz atenderá aos fins sociais e às exigências do bem comum, resguardando e promovendo a dignidade da pessoa humana e observando a proporcionalidade, a razoabilidade, a legalidade, a publicidade e eficiência; i) o juiz, no procedimento de cumprimento de sentença ou no processo de execução autônomo de título executivo extrajudicial não proferirá decisão contra uma das partes sem que ela seja previamente ouvida (ressalvado eventuais medidas de tutela provisória de urgência); j) o juiz, no procedimento de cumprimento de sentença ou no processo autônomo de execução de título executivo extrajudicial, não poderá decidir com base em fundamento a respeito do qual não se tenha dado às partes oportunidade de se manifestar, ainda que se trate de matéria sobre a qual deva decidir de ofício; l) todas as decisões proferidas no procedimento do cumprimento de sentença ou no processo de execução autônomo de título executivo extrajudicial serão públicas, e fundamentadas, sob pena de nulidade (exceto em se tratando de segredo de justiça) m) os juízes deverão preferencialmente dar andamento ao procedimento de cumprimento de sentença ou ao processo de execução autônomo de título executivo extrajudicial, segundo a ordem cronológica de conclusão para sentença ou despacho, salvo as exceções previstas no §2º do art. 12 do novo C.P.C.

3.1. *Nulla executio sine titulo*

Sabe-se que o processo civil italiano do século passado, amparado nas lições de Giuseppe Chiovenda, tinha por norma o princípio *nulla executio sine titulo*, ou seja, não haveria execução sem título.

Na realidade, toda execução tem por base um título, pelo qual se determinam o fim e os limites da demanda executiva.

O título executivo caracteriza-se por ser a condição necessária e suficiente à instauração da demanda executiva ou, dito de outra forma, pressuposto ou condição geral de qualquer execução: *Nulla executio sine titulo*".[15]

E o título executivo judicial, por excelência, sentença condenatória, para sua perfectibilização, necessita de certos elementos, em especial da declaração da existência do direito nele corporificado.

Assim, somente haveria pretensão à execução quando o direito fosse devidamente reconhecido num processo de cognição mediante um amplo contraditório.

Um dos efeitos importantes do princípio *nulla executio sine titulo* era justamente impedir atos executivos com base na simples *verossimilhança*, sem a devida certeza jurídica.

Por isso, entendia a doutrina italiana que toda tutela jurisdicional de caráter provisório prestada antes de uma sentença tinha natureza de *cautelaridade*, razão pela qual não se poderia falar em *executividade* dessas decisões antecipadas e urgentes, justamente pela inexistência de título (*nulla executio sine titulo*).

Conforme, segundo Chiovenda, a execução não poderia ocorrer antes do trânsito em julgado da decisão proferida no processo de conhecimento. Contudo, entendia Chiovenda que era possível a execução na pendência do recurso de cassação, justamente porque este recurso era recebido apenas no efeito devolutivo e não suspensivo. Dizia o mestre italiano que poderia ocorrer a hipótese de uma sentença não definitiva, mas executória. É justamente a hipótese de uma condenação confirmada ou proferida em grau de apelação.

---

[15] FERREIRA, F.A., idem, p. 19.

E isso ocorre uma vez que o recurso dessa decisão (recurso de cassação), não tem efeito suspensivo. Apesar disso, essa hipótese de execução é uma *figura anormal*, porque nos apresenta uma ação executória descoincidente, de fato, de certeza jurídica.[16]

O C.P.C. de 1973, na sua perspectiva reducionista, apresentava certa logicidade ao disciplinar o processo de execução, pois não só considerava apenas os créditos e os direitos a prestações 'determinadas', mas também desejava que tais créditos e direitos somente poderiam legitimar uma demanda executiva quando *encartados* em um documento típico, que se definia como *título executivo*. Por isso, a exigência da existência de um título executivo, como fundamento da execução, sob pena de *nulla executio sine titulo*, colocava em xeque a execução de uma decisão interlocutória, como, por exemplo, o cumprimento de uma tutela antecipada. Para contornar a perspectiva reducionista do código revogado, a doutrina encontrou um outro princípio denominado de *execução sem título permitido*, para o fim de inserir no âmbito da execução decisões judiciais sem natureza de sentença, uma vez que o C.P.C. de 1973, em seu art. 584, com exceção do formal de partilha, somente considerava como título executivo judicial o ato processual do juiz denominado de *sentença*.

O novo C.P.C. brasileiro está estruturado igualmente pelo princípio *nulla executio sine titulo*.

Porém, ao contrário do C.P.C. de 1973, o novo C.P.C. insere as decisões interlocutórias também como espécie de título executivo judicial, conforme estabelece o inc. I do art. 515, *in verbis: (...). I – as decisões proferidas no processo civil que reconheçam a exigibilidade de obrigação de pagar quantia, de fazer, de não fazer ou de entregar coisa; (...).*

Percebe-se que o art. 515, inc. I, do novo C.P.C., não mais restringe a natureza de título executivo judicial somente às *sentenças*, mas abrange igualmente *as decisões* proferidas no processo civil que reconheçam a exigibilidade de obrigação de pagar quantia certa, de fazer, de não fazer ou de entregar coisa.

O princípio *nulla executio sine titulo* foi, portanto, pouco a pouco sendo relativizado, até o ponto de se compreender que é possível a prática de atos executivos em face de atos ou fatos processuais (sem natureza de sentença) a que a lei atribua força executiva. Assim, nem todas as tutelas jurisdicionais exteriorizadas em decisões antes da sentença final podem ser caracterizadas como tutelas de natureza *cautelar*. Surgem, portanto, as tutelas provisórias de

---

[16] CHIOVENDA, Giuseppe. *Instituições de direito processual civil*. Trad. J. Guimarães Menegale. São Paulo: Edições Saraiva, 1965. p. 234.

natureza *satisfativa*, as quais a lei confere força executiva, não obstante sejam outorgadas simplesmente com base no princípio da *probabilidade do direito*.

3.2. Princípio da demanda

A instauração do processo jurisdicional, salvo exceções legais, está condicionada à iniciativa da parte. Nesse sentido é o disposto no art. 2º do novo C.P.C.: *O processo começa por iniciativa da parte e se desenvolve por impulso oficial, salvo as exceções previstas em lei.*

A regra vale indubitavelmente ao processo de execução autônomo de título executivo extrajudicial.

Muito embora o art. 2º do novo C.P.C. faça referência a 'processo', o princípio da demanda também se aplica ao cumprimento de sentença, em que pese nessa hipótese não se esteja diante de um novo processo em decorrência do sincretismo existente entre conhecimento e execução.

A exigência de iniciativa da parte para a instauração do procedimento de cumprimento de sentença é expressa no art. 523 do novo C.P.C.: *No caso de condenação em quantia certa, ou já fixada em liquidação, e no caso de decisão sobre parcela incontroversa, o cumprimento definitivo da sentença far-se-á **a requerimento do exequente**, sendo o executado intimado para pagar o débito, no prazo de 15 (quinze) dias, acrescido de custas, se houver.*

A necessidade de requerimento do exequente para a instauração da demanda executiva (cumprimento de sentença), além de ser uma exigência do princípio da demanda, também decorre do princípio dispositivo que igualmente se aplica na execução, uma vez que o exequente tem a prerrogativa de promover a execução com base na integralidade do título ou parcialmente. Portanto, é o exequente que deve indicar a abrangência da execução em relação ao título executivo judicial ou extrajudicial.

É bem verdade que a doutrina italiana já questionou a natureza jurisdicional da execução, o que atualmente não prevalece mais. Sobre esse aspecto, já teve oportunidade de aduzir Giovanni Verde e Bruno Capponi: *"Podemos, então, ficar surpresos se alguém duvidou do próprio caráter jurisdicional do processo de execução forçada? (...).Progressivamente, encontra-se maturada a plena consciência do fato de que o processo executivo é exercício de genuína atividade jurisdicional, muito embora desenvolva-se de forma diversa daquela da cognição".*[17]

Progressivamente, a doutrina italiana passou a ter plena consciência do fato de que o processo executivo é exercício de genuína atividade jurisdicional,

---

[17] VERDE, G; BRUNO, C.; op. cit., p. 9.

em que pese seja desenvolvido de forma diversa daquela exercida no processo de conhecimento.

O caráter jurisdicional do juízo da execução foi expressamente reconhecido pela Corte Europeia dos Direitos do Homem, que, para os fins de aplicação do art. 6, §1º, da *Convenção para salvaguarda dos direitos do Homem e das liberdades fundamentais* mais de uma vez estabeleceu que o processo de execução, enquanto processo jurisdicional, não pode ser considerado diversamente daquele de cognição, tendo ambos os processos por finalidade a *realização efetiva* dos direitos (*sentt. 26 febbraio 1993, Billi; 23 novembre 1993, Scopelliti; 21 maggio 1996, Ausiello; 26 settembre 1996, Di Pede e Zappia*).[18]

Tal concepção tornou mais óbvia e estreita a relação entre a execução forçada e as disposições gerais do código de processo civil, sendo que ninguém mais duvida de que também o processo de execução se inspira nos princípios fundamentais do processo, civil, em especial o princípio da demanda.

Uma das consequências jurídicas do princípio dispositivo encontra-se delineada no art. 775 do novo C.P.C., ao permitir que o exequente possa desistir de toda a execução ou de apenas alguma medida executiva.

A questão que se pode colocar é se o princípio da demanda também se aplica ao cumprimento de sentença de obrigação de fazer ou não fazer ou de entrega de coisa.

Giovanni Verde e Bruno Capponi, comentando o direito italiano, asseveram: *"De fato, pois, a lei processual individualiza o ato inicial da execução somente em relação ao processo de expropriação (para crédito em dinheiro), quando no art. 491 prevê que esta última (inicia-se com a penhora). Consequentemente, a doutrina e a jurisprudência ocupam-se em traçar os atos de início do processo de execução em forma específica e, em regra, fazem referência ao ato de investidura do oficial judiciário na execução para entrega de bens móveis ou imóveis (art. 606 c.p.c. italiano) ou o ato de investidura do juiz para que determine as modalidades concretas da execução de obrigação de fazer ou não fazer (art. 612, inc. 1, do c.p.c.italiano).*[19]

Da mesma forma, o novo C.P.C. brasileiro somente faz referência ao ato inicial da execução (cumprimento de sentença) em relação à execução por quantia certa (art. 523).

Em relação ao cumprimento de sentença de obrigação de fazer ou não fazer, prescreve o art. 536 do novo C.P.C.: *No cumprimento de sentença que reconheça a exigibilidade de obrigação de fazer ou de não fazer, o juiz poderá, de ofício ou*

---

[18] VERDE, G.; CAPPONI, B., idem., p. 10.
[19] VERDE, G.; CAPPONI, B., idem, p 11.

EXECUÇÃO E CUMPRIMENTO DE SENTENÇA

a requerimento, para a efetivação da tutela específica ou a obtenção de tutela pelo resultado prático equivalente, determinar as medidas necessárias à satisfação do exequente.

Por sua vez, no que concerne à obrigação de entregar coisa, aduz o art. 538 do novo C.P.C.: *Não cumprida a obrigação de entregar coisa no prazo estabelecido na sentença, será expedido mandado de busca e apreensão ou de imissão na posse em favor do credor, conforme se tratar de coisa móvel ou imóvel.*

Assim, conforme entende a doutrina italiana, pode-se dizer que em relação às execuções indiretas ou de forma específica, o princípio da demanda encontra-se relativizado, pois o juiz, em se tratando de obrigação de fazer ou não fazer, poderá, de ofício, determinar as medidas necessárias à satisfação do exequente.

Da mesma forma em relação à execução para cumprimento de sentença que tenha por objeto a entrega de coisa, pois, uma vez não cumprida a obrigação de entregar coisa no prazo estabelecido em sentença, o juiz, de ofício, expedirá mandado de busca e apreensão ou de imissão de posse em favor do credor, conforme se trate de coisa móvel ou imóvel.

É certo que se o juiz não adotar as medidas previstas no art. 536, §1º, do novo C.P.C., determinando de ofício as medidas executivas para o cumprimento de obrigação de fazer, não fazer ou entrega de coisa, deverá a parte estar atenta a este fato, pois a inércia em se iniciar a execução poderá ensejar a prescrição da pretensão executiva.

É evidente que em se tratando de obrigação de fazer ou não fazer ou, ainda, de entrega de coisa prevista em título executivo extrajudicial, o princípio da demanda deverá ter inteira aplicação, pois o juiz não poderá iniciar de ofício a execução.

3.3. Princípio do Contraditório

Estabelecido que o exercício da atividade do juiz na execução é uma prestação de tutela jurisdicional, isso significa dizer que o procedimento executivo instrumentaliza-se por meio do 'processo'.

Por sua vez, a Constituição Federal de 1988 indicou a essência do processo jurisdicional no Estado Democrático de direito, em seu art. 5º, inc. LV, da C.F.: *aos litigantes, em processo judicial ou administrativo, e aos acusados em geral são assegurados o contraditório e ampla defesa, com os meios e recursos a ela inerentes.* Consequentemente, o fundamento do princípio do contraditório no processo jurisdicional encontra-se previsto no art. 5º, inc. LV., da C.F.

O 'processo', portanto, no sistema democrático brasileiro, define-se como sendo *o instrumento do poder realizado por meio de uma relação jurídica inserida num procedimento desenvolvido em contraditório'*

TEORIA GERAL DA EXECUÇÃO

É o contraditório a 'essência' do processo jurisdicional brasileiro, uma vez que esse fenômeno democrático permite a efetiva participação das pessoas no instituto jurídico em que estarão sujeitas ao exercício da atividade jurisdicional.

O novo C.P.C. apresenta como norma fundamental do processo civil o princípio do contraditório, conforme estabelece o seu art. 7º: *É assegurada às partes paridade de tratamento em relação ao exercício de direitos e faculdades processuais, aos meios de defesa, aos ônus, aos deveres e à aplicação de sanções processuais,* ***competindo ao juiz zelar pelo efetivo contraditório.***

É importante salientar que o *efetivo contraditório* não se limita à citação/ intimação do executado para participar do procedimento executivo, uma vez que o contraditório deve permear todo o arco do procedimento ou a complexa atividade processual.

Em relação à abrangência do contraditório na complexa atividade processual, assim preceitua o art. 6º do C.P.C. francês: *"o juiz deve, em toda circunstância, fazer observar e observar ele próprio o princípio do contraditório".*

Portanto, o princípio do contraditório deve ser observado igualmente no processo em que se desenvolve o procedimento executivo, seja decorrente de um processo autônomo de execução de título executivo extrajudicial, seja decorrente de um procedimento de cumprimento de sentença.

É bem verdade que o princípio do contraditório a ser observado no âmbito do procedimento executivo apresenta suas particularidades. ´

É certo que os atos executivos são praticados, muitas vezes, a prescindir da vontade do devedor, sendo que por vezes contra essa própria vontade. É fato que isso também ocorre no âmbito do processo de conhecimento. Na realidade *"isso deriva do fato de que o processo executivo em vez de proceder, segundo um fio contínuo, por 'audiência', desenvolve-se segundo 'fases' preconfiguradas pelo legislador, em relação às quais, de volta em vota, estabelece-se isso que é necessário aos fins do contraditório".*[20]

No direito processual civil brasileiro, o contraditório no processo executivo ou no procedimento de cumprimento de sentença, muito embora configurado para uma realidade própria da execução, não deixa de ser efetivo, pois tanto o exequente quanto o executado terão direito a ter ciência do procedimento executivo, mediante possibilidade de participação efetiva no processo de execução de título executivo extrajudicial ou mediante intimação na fase do cumprimento de sentença; o executado, por exemplo, deverá, ainda, exercer o contraditório e a ampla defesa mediante apresentação de impugnação no

---

[20] Verde, G.; Capponi, B., idem, p. 14.

EXECUÇÃO E CUMPRIMENTO DE SENTENÇA

caso de cumprimento de sentença ou embargos à execução na hipótese de execução de título executivo extrajudicial; também haverá o exercício do contraditório quando houver prática de qualquer ato executivo que possa restringir os bens do devedor.

A observância do princípio do contraditório na execução não se limita, portanto, a um aspecto meramente formal, mas implica que as partes do processo executivo sejam ouvidas na fase de reconhecimento dos pressupostos dos singulares provimentos, visando a uma aplicação não somente 'legítima', isto é, correspondente à abstrata previsão legal, mas igualmente 'justa' e 'oportuna' em referência às singulares situações concretas. [21]

3.4. Princípio da cooperação
Sendo o processo desenvolvido por meio de uma relação jurídica, pode-se afirmar que os atos processuais nele praticados e produzidos têm um objetivo comum, isto é, corresponde a uma mútua colaboração (partes e juiz) para a concretização do fim último da atividade jurisdicional que é a realização da Justiça.

O princípio da cooperação encontra-se expressamente previsto no art. 7º do C.P.C. português:

> *Artigo 7.º Princípio da cooperação*
>
> *1 – Na condução e intervenção no processo, devem os magistrados, os mandatários judiciais e as próprias partes cooperar entre si, concorrendo para se obter, com brevidade e eficácia, a justa composição do litígio.*
>
> *2 – O juiz pode, em qualquer altura do processo, ouvir as partes, seus representantes ou mandatários judiciais, convidando-os a fornecer os esclarecimentos sobre a matéria de facto ou de direito que se afigurem pertinentes e dando-se conhecimento à outra parte dos resultados da diligência.*
>
> *3 – As pessoas referidas no número anterior são obrigadas a comparecer sempre que para isso forem notificadas e a prestar os esclarecimentos que lhes forem pedidos, sem prejuízo do disposto no n.º 3 do artigo 417.º.*
>
> *4 – Sempre que alguma das partes alegue justificadamente dificuldade séria em obter documento ou informação que condicione o eficaz exercício de faculdade ou o cumprimento de ónus ou dever processual, deve o juiz, sempre que possível, providenciar pela remoção do obstáculo.*

---

[21] VERDE, G.; CAPPONI, B., idem, p. 15.

Por sua vez, estabelece o art. 8º do C.P.C. português:

Artigo 8.º Dever de boa-fé processual
As partes devem agir de boa-fé e observar os deveres de cooperação resultantes do preceituado no artigo anterior.

O princípio da Cooperação foi incorporado ao processo civil português na reforma ocorrida em 1995 e 1996.

O novo C.P.C. brasileiro, Lei n. 13.105/15, também incorporou o *princípio da cooperação* em seu art. 6º, *in verbis: Todos os sujeitos do processo devem cooperar entre si para que se obtenha, em tempo razoável, decisão de mérito justa e efetiva.*[22]

As partes, bem como os demais sujeitos processuais, devem participar ativamente do processo, cooperando entre si, fornecendo subsídio para uma rápida e justa decisão.

No Projeto originário do novo C.P.C. brasileiro, n. 166/2010, estabelecia-se que a cooperação não se dava apenas entre a parte e o juiz, mas também entre as próprias partes. Essa determinação de cooperação entre as partes foi retirada do Relatório-Geral apresentado pelo Senador Pereira quando do seu encaminhamento à Câmara dos Deputados.

Agora, pelo que tudo indica, o novo C.P.C. restabelece a cooperação também entre as partes, não obstante seus interesses possam ser contrapostos.

Assim, *todos os sujeitos do processo devem colaborar entre si.*

Além das partes, a cooperação ou contribuição para a rápida solução da lide configura também um *dever* dos procuradores/advogados que atuam na relação jurídica processual.

Na realidade, como é público e notório, os procuradores/advogados são os que, diante do conhecimento técnico e especializado do ordenamento jurídico, ou em decorrência de artimanhas processuais, mais podem contribuir para rápida ou lenta solução da lide.

O princípio Constitucional da celeridade processual, previsto no artigo 5º, inciso LXXVII, da Constituição Federal brasileira, que estabelece que *"a todos, no âmbito judicial e administrativo, são assegurados a razoável duração do processo e os meios que garantam a celeridade de sua tramitação". (Incluído pela Emenda*

---

[22] Não se diga que o art. 6º do novo C.P.C. aplica-se somente ao processo de conhecimento, uma vez que faz expressa referência à decisão de 'mérito'.
Porém, abrangendo o mérito a pretensão formulada pela parte por meio do pedido, isso significa dizer que no âmbito do procedimento executivo também será proferida uma decisão de mérito, ainda que seja para declarar cumprida a obrigação.

EXECUÇÃO E CUMPRIMENTO DE SENTENÇA

Constitucional nº 45, de 2004), somente se justifica se houver por parte dos procuradores e das próprias partes que compõem a relação jurídica processual um específico fim de contribuição e cooperação com o juízo para que a solução da causa se concretize o mais rapidamente possível. De nada valerá esse direito constitucional fundamental à celeridade processual, se, pragmaticamente, as partes ou seus procuradores, ao invés de agirem com esse espírito colaborativo, promovam chicanas ou atos protelatórios que possam retardar o andamento processual.

No procedimento executivo, observam-se disposições normativas que indicam a essência do princípio da cooperação, a saber: a) o juiz pode, em qualquer momento do processo, ordenar o comparecimento das partes ou que sujeitos indicados pelo exequente forneçam informações em geral relacionadas ao objeto da execução, tais como documentos e dados que tenham em seu poder, assinando-lhe prazo razoável (art. 772, incs. I e III); b) considera-se atentatória à dignidade da justiça a conduta comissiva ou omissiva do executado que se opõe maliciosamente à execução, empregando ardis e meios artificiosos, dificulta ou embaraça a realização da penhora, resiste injustificadamente às ordens judiciais, intimado, não indica ao juiz quais são e onde estão os bens sujeitos à penhora e os respectivos valores, nem exibe prova de sua propriedade e, se for o caso, certidão negativa de ônus, fraude a execução (art. 774, incs. I a V); além de outros previsto no C.P.C., são deveres das partes, de seus procuradores e de todos aqueles que de qualquer forma participem do processo expor os fatos em juízo conforme a verdade, não formular pretensão ou apresentar defesa quando cientes de que são destituídas de fundamento, não produzir provas e não praticar atos inúteis ou desnecessários à declaração ou à defesa do direito, cumprir com exatidão as decisões jurisdicionais, de natureza provisória ou final, e não criar embaraços à sua efetivação, declinar, no primeiro momento que lhes couber falar nos autos, o endereço residencial ou profissional onde receberão intimações, atualizando essa informação sempre que ocorrer qualquer modificação temporária ou definitiva, não praticar inovação ilegal no estado de fato de bem ou direito litigioso (art. 77, incs. I a VI).

Na realidade, os princípios que regem o processo civil moderno, os da igualdade e da cooperação, fazem com que o processo judicial em curso se transforme numa comunidade de trabalho.

3.5. Princípio da não surpresa
Pelo princípio da 'não surpresa', o juiz não poderá preferir decisão contra uma das partes sem que ela seja previamente ouvida, salvo na hipótese

de concessão de tutela provisória de urgência (art. 9º, p.u., inc. I, do novo C.P.C.).

Ainda pelo princípio da não surpresa, o juiz não poderá decidir, em grau algum de jurisdição, com base em fundamento a respeito do qual não se tenha dado às partes oportunidade de se manifestar, ainda que se trate de matéria sobre a qual deva decidir de ofício (art. 10 do novo C.P.C.).

Não foi por outro motivo que a reforma do C.P.C. italiano de 2009, por levar em conta a exigência do princípio do contraditório, acrescentou o inc. 2º ao art. 101 do Código de Processo Civil italiano, prevendo expressamente que o juiz, caso entenda por inserir um fundamento na decisão que tenha alcançado em razão de sua atividade de ofício, *sob pena de nulidade*, deverá conceder um prazo para o depósito de memoriais sobre a referida questão.[23]

A proibição da prolação de *decisão-surpresa* há muito já era prevista no direito português, estando consignada no preâmbulo do Decreto-lei n. 329-A/95, não sendo lícito aos tribunais decidir questões de fato ou de direito, mesmo que de conhecimento oficioso, sem que seja previamente oportunizada às partes a possibilidade de sobre elas se pronunciarem.[24]

O novo C.P.C. português, Lei 41/2013, manteve o princípio de proibição da prolação de *decisão-surpresa* em seu art. 3º, n. 3º: *O juiz deve observar e fazer cumprir, ao longo de todo o processo, o princípio do contraditório, não lhe sendo lícito, salvo caso de manifesta desnecessidade, decidir questões de direito ou de facto, mesmo que de conhecimento oficioso, sem que as partes tenham tido a possibilidade de sobre elas se pronunciarem.*

Conforme anota Rui Pinto, *"em consequência, são proibidas as 'decisões surpresas', i.e., sem participação ou audição das partes, não sendo o juiz lícito, 'decidir questões de direito ou de facto, mesmo que de conhecimento oficioso, sem que as partes tenham tido a possibilidade de sobre elas se pronunciarem. Uma decisão-surpresa é, salvo manifesta necessidade, uma decisão nula, em princípio, nos termos do art. 195º pois pôde influir no exame ou na decisão da causa".*[25]

Em relação a esse normativo, introduzido na reforma processual portuguesa de 1995/1996, anota Lebre de Freitas:

---

[23] BALENA, Giampiero. *Istituzioni di diritto processuale civile – i princìpi*. Primo Volume. Seconda Edizione. Bari: Cacucci Editore, 2012. p. 65.

[24] RODRIGUES, Fernando Pereira. *O novo processo civil – os princípios estruturantes*. Coimbra: Almedina, 2013. p. 47.

[25] PINTO, Rui. *Notas ao código de processo civil*. Coimbra: Coimbra Editora, 2014. p. 17.

"Mas a proibição da chamada decisão-surpresa tem sobretudo interesse para as questões, de direito material ou de direito processual, de que o tribunal pode conhecer oficiosamente (...); se nenhuma das partes as tiver suscitado, com concessão à parte contrária do direito de resposta, o juiz – ou o relator do tribunal do recurso – que nelas entenda dever basear a decisão, seja mediante o conhecimento do mérito da causa seja no plano meramente processual, deve previamente convidar ambas as partes a sobre elas tomarem posição, só estando dispensado de o fazer em casos de manifesta desnecessidade (art. 3-3) (...). Não basta, pois, para que esta vertente do princípio do contraditório seja assegurada, que às partes, em igualdade (...) seja dada a possibilidade de , antes da decisão, alegarem de direito (arts. 657, 790-1 e 796-2, respetivamente para o processo ordinário e sumário, em 1ª instância; (arts. 690, 705 e 743, em instância de recurso). É preciso que, mesmo depois desta alegação, possam faze-lo ainda quanto a questões de direito novas, isto é, ainda não discutida no processo...".[26]

Conforme já teve oportunidade de decidir o tribunal português – STJ 27 – Ste. – 2011/61/11.7UFLSB (Maia Costa): *"O direito de audiência consubstancia no direito do interessado a conhecer, previamente à decisão, o sentido provável desta, e a poder expor sobre ele o seu ponto de vista, direito que tem apoio no art. 267º, n. 5, da CRP. Para poder exercer o seu direito, o interessado deverá ser notificado dos 'elementos de facto e de direito relevantes da decisão', pois sem esses elementos seria impossível ao interessado apresentar os seus argumentos"*. Eis, também a seguinte decisão do STJ 27 – Set-2011 2005/03.0TVLSB.L1. S1 (Gabriel Catarino): *"O juiz tem o dever de participar na decisão do litígio, participando na indagação do direito – 'iura novit curia' – , sem que esteja peado ou confinado à alegação de direito feita pelas partes. Porém, a indagação do direito sofre constrangimentos endoprocessuais que atinam com a configuração factológica que as partes pretendam conferir ao processo. Há surpresa se o juiz de forma absolutamente inopinada e apartado de qualquer aportamento factual ou jurídico enevera por uma solução que os sujeitos processuais não quiseram submeter ao seu juízo, ainda que possa ser a solução que mais se adeque a uma correta e afinidade decisão do litígio"*.[27]

Na realidade, o princípio do contraditório determina que ambas as partes possam pronunciar-se sobre o ato ou os fatos introduzidos pelo juiz no processo, razão pela qual, antes que seja proferida qualquer decisão que possa afetar o interesse das partes, é importante e decorre do princípio do contraditório, que o tribunal confira a ela a oportunidade de se pronunciar.

---

[26] Apud RODRIGUES, F. P., op. cit., p. 47 e 48.
[27] PINTO, R., op. cit., p. 17 e 18.

TEORIA GERAL DA EXECUÇÃO

Assim, seja qual for o tipo de processo ou de procedimento, será vedada a prolação de decisão ou sentença sem a prévia oitiva da parte eventualmente prejudicada pela decisão. Ao contrário senso, se a decisão lhe for favorável, não será necessária a sua prévia oitiva.

O desenvolvimento ulterior dessa constatação são múltiplos, conforme aduzem Comoglio, Ferri e Taruffo em relação ao processo civil italiano, a saber:

"a) para os fins do contraditório inicial, basta que ao réu seja assegurado, com uma tempestiva e válida forma de 'vacatio in jus', a mera possibilidade de constituir-se e de defender-se em juízo, para fazer valer, se assim desejar, suas próprias razões;

b) não obstante a plena legitimidade da contumácia, a garantia do artigo 101 da Constituição Italiana não implica jamais, como necessária, um efetivo comparecimento ou uma efetiva defesa do réu, mas, somente, de por aquele em grau de fazê-lo ou de não fazê-lo, por sua própria conta e risco, com uma adequada notícia ou comunicação da demanda ou do processo;

c) portanto, o contraditório, uniformizando-se aos cânones puros e abstratos do modelo processual 'dispositivo', parece delinear-se como pressuposto mínimo (e imprescindível) de uma ampla garantia, a qual compreende outra, e mais articulada, possibilidade de efetiva defesa do réu no curso do juízo.

d) a sua observância, em outras palavras, não está subordinada a alguma efetiva identificação da denominada 'justa parte', realmente dotada de 'legitimatio ad causam', segundo a natureza da relação jurídica litigiosa, cuja presença em juízo será apenas para permitir, em definitivo, uma pronuncia sobre o mérito da demanda proposta;

e) a inobservância de tal garantia mínima, repercutindo-se de modo direto sobre o momento da decisão, torna em todo caso inválida toda 'decisão' do juiz sobre a demanda, pois determina a nulidade absoluta da sentença (que é um vício dedutível e relevável, também de ofício, em todo estado e grau do processo, salvo eventual preclusão decorrente de uma eventual coisa julgada interna do processo formada sobre a questão;

f) a possibilidade de uma válida 'decisão' sobre a demanda, sem a preventiva 'citação' (e ou preventivo comparecimento) daquele cujo confronto há de formar-se, restringe-se apenas às hipóteses normativas, nas quais excepcionalmente a instauração do contraditório não seja inicial e preventiva, mas seja deferida a uma fase subseqüente, ativada sob a iniciativa (quase sempre necessária, e imposta entre termos peremptórios) de quem age ou em seguida de oposição eventualmente proposta por aquele que entende de resistir e defender-se;

g) a adequação funcional da possibilidade de defesa técnica mediante a assistência de um defensor profissionalmente qualificado;

h) a adequação qualitativa da possibilidade de fazer-se ouvir em juízo, em condição de igualdade, com o exercício de idôneos poderes (de alegação, de dedução, de exceção e de prova), capaz de incidir sobre a formação do convencimento decisório do próprio juiz.

i) o direito a uma adequada e tempestiva notificação ou comunicação dos atos processuais de maior relevância, como condição essencial de legalidade e de correção do procedimento, para uma participação efetiva de todas as partes na dialética processual;[28]

Em face do princípio da não-surpresa, por exemplo, antes de o juiz da execução pronunciar a prescrição intercorrente, deve o credor-exequente ser intimado, a fim de que, no exercício regular do contraditório, tenha a oportunidade de comprovar a eventual existência de fatos impeditivos à incidência da prescrição.

3.6. Princípio da máxima efetividade e da menor onerosidade

Segundo estabelece o art. 4º do novo C.P.C., as partes têm o direito de obter em prazo razoável a solução integral do mérito, incluída a atividade satisfativa.

No âmbito do procedimento executivo, realizam-se muitas atividades que buscam dar satisfatividade à pretensão formulada pelo exequente, em especial, penhora e alienação de bens, busca e apreensão de bens móveis e imóveis, determinação de cumprimento *in natura* de obrigação de fazer ou não fazer.

Portanto, o credor/exequente somente conseguirá que sua pretensão executiva seja integralmente atendida, se a atividade jurisdicional for prestada em tempo razoável e com a máxima efetividade, sob pena de se pôr em risco a satisfatividade exigida no procedimento executivo.

Em decorrência do princípio da máxima efetividade da tutela satisfativa, é que a execução se realiza no interesse do exequente (art. 797 do novo C.P.C.).

Em que pese a execução seja realizada no interesse do exequente, devendo a atividade jurisdicional ser exercida com base na máxima efetividade da tutela satisfativa, o certo é que o sacrifício do devedor não poderá ultrapassar o necessário para a satisfação do crédito. Isso significa dizer que o juiz da execução deve evitar praticar atos executivos que possam onerar o devedor para além do necessário à satisfação do crédito.

Aplica-se, portanto, no âmbito do procedimento executivo, o princípio da 'menor onerosidade', o qual se encontra expressamente consignado no art. 805 e p.u. do novo C.P.C., *in verbis:*

---

[28] COMOGLIO, Luigi; FERRI, Corrado; TARUFFO, Michele. *Lezioni sul processo ordinario – il processo ordinario di cognizione.* Bologna: Il Mulino, 2006,, p. 72, 73 e 76.

Art. 805. Quando por vários meios o exequente puder promover a execução, o juiz mandará que se faça pelo modo menos gravoso para o executado.

Parágrafo único. Ao executado que alegar ser a medida executiva mais gravosa incumbe indicar outros meios mais eficazes e menos onerosos, sob pena de manutenção dos atos executivos já determinados.

Diante do que dispõe o art. 805 do novo C.P.C., e havendo a possibilidade de se utilizar meios menos gravosos para a esfera jurídica do executado, assim deverá o juiz da execução proceder.

Porém, se a alegação de que a medida executiva é gravosa for proveniente do próprio executado, a ele incumbe indicar outros meios mais eficazes e menos onerosos, sob pena de manutenção dos atos executivos já determinados.

Eis algumas situações em que a observância do princípio da menor onerosidade foi reconhecida ou não:

a) O advento do artigo 1.026 do Código Civil relativizou a penhorabilidade das quotas sociais, que só deve ser efetuada acaso superadas as demais possibilidades conferidas pelo dispositivo mencionado, consagrando o princípio da conservação da empresa ao restringir a adoção de solução que possa provocar a dissolução da sociedade empresária e maior onerosidade da execução, visto que a liquidação parcial da sociedade empresária, por débito estranho à empresa, implica sua descapitalização, afetando os interesses dos demais sócios, empregados, fornecedores e credores. Sem dúvida, a opção entre fazer a execução recair sobre o que ao sócio couber no lucro da sociedade ou na parte em que lhe tocar em dissolução orienta-se pelos princípios da menor onerosidade e da função social da empresa. Enunciado 387 da IV Jornada de Direito Civil do CJF. (AgInt no REsp 1346712 / RJ, Rel. Min. Luis Felipe Salomão);

b) A jurisprudência do S.T.J. é no sentido de que a substituição da garantia em dinheiro por carta de fiança somente deve ser admitida em hipóteses excepcionais e desde que não ocasione prejuízo ao exequente, sem que isso enseje afronta ao princípio da menor onerosidade da execução para o devedor. Incidência da Súmula 83 do STJ. (AgRg no AREsp 363755 / SP, Rel. Min. Marco Buzzi). Obs: É importante salientar que o §2º do art. 835 do novo C.P.C., assim estabelece: *"Para fins de substituição da penhora, equiparam-se a dinheiro a fiança bancária e o seguro garantia judicial, desde que em valor não inferior ao do débito constante da inicial, acrescido de trinta por cento";*

c) Não ofende o princípio da menor onerosidade para o executado a recusa em aceitar a indicação à penhora de títulos da dívida pública com baixa liquidez. (AgInt no AREsp 979825 / SC. Rel. Min. Ricardo Villas Bôas Cueva);

d) A jurisprudência da Primeira Seção do STJ, ratificada em julgamento submetido ao regime do art. 543-C do CPC de 1973, é no sentido de que a Fazenda Pública pode recusar o bem oferecido à penhora, se não observada a ordem legal dos bens penhoráveis, pois inexiste preponderância, em abstrato, do princípio da menor onerosidade para o devedor sobre o da efetividade da tutela executiva. (REsp 1.337.790/PR, Rel. Ministro Herman Benjamin).

e) Conquanto seja possível a nomeação à penhora das debêntures da CVRD, em razão de sua baixa liquidez e difícil alienação, é válida a recusa da parte exequente, diante da ordem de preferência estabelecida no art. 11 da Lei 6.830/80, o que não importa violação do princípio da menor onerosidade (art. 620 do CPC de 1973), tendo em vista que a execução se dá também no interesse da satisfação do credor. Entendimento firmado pela Primeira Seção do Superior Tribunal de Justiça. (AgRg no AREsp 848.279/SP, Rel. Ministra Regina Helena Costa)

f) A Primeira Seção do STJ, ao julgar o REsp 1.337.790/PR, submetido ao rito do art. 543-C do CPC de 1973, ratificou o entendimento no sentido de que é legítima a recusa por parte da Fazenda quando não observada a ordem legal do art. 11 da Lei nº 6.830/80. Outrossim, no mesmo julgado repetitivo, firmou-se a compreensão pela "inexistência de preponderância, em abstrato, do princípio da menor onerosidade para o devedor sobre o da efetividade da tutela executiva. (AgInt no REsp 1615089 / SP, Rel. Min. Sergio Kukina);

g) Inviável aplicar parâmetro percentual para a penhora de bens da firma ou empresário individual, uma vez que essa limitação não encontra respaldo legal ou jurisprudencial. Medida que não atende aos princípios da maior utilidade da execução e da menor onerosidade. (REsp 1355000 / SP, Rel. Min. Marco Buzzi).

h) No julgamento do recurso especial n. 1.337.790/PR, submetido ao rito do art. 543-C do CPC/1973, a Primeira Seção do S.T.J. consolidou o entendimento de que a Fazenda Pública pode recusar bem oferecido à penhora quando não observada a ordem legal do art. 11 da Lei

n. 6.830/1980 e do art. 655 do CPC/1973, decidindo-se, também, que cabe ao executado demonstrar a imperiosa necessidade de afastamento da ordem legal, sendo insuficiente a mera invocação genérica do art. 620 do CPC/1973 (princípio da menor onerosidade). (AgRg no AREsp 820855 / SP, Rel. Min. Gurgel de Faria).

i) O entendimento do S.T.J. é pela possibilidade de penhora de dinheiro, em espécie ou em depósito e aplicação financeira, sem que isso implique violação do princípio da menor onerosidade para o devedor, art. 620 do CPC/73. (AgRg no AREsp 459216 / SP, Rel. Min. Marco Buzzi)

4. Cognição e execução

O exame das relações entre 'cognição' e 'execução' insere-se no âmbito de um dos aspectos mais controvertidos do processo de execução forçada, tendo em vista que tanto o legislador de 1973 quanto o do atual C.P.C. de 2015 concebe o procedimento executivo não como sede idônea para conhecer da subsistência dos direitos substanciais, mas, sim, como um *complexo de atividade operativa e prática que encontra o seu fundamento, exclusivo e suficiente, no documento que justifica o exercício 'abstrato' da demanda executiva: o 'título executivo'.*[29]

Com base nessa coerência de pensamento, muitos doutrinadores resolvem essa problemática em termos de absoluta e recíproca alteridade, ou seja, a cognição 'precede' a execução, enquanto atividade própria do juiz que, em tese, haja formado o título executivo judicial. Giovanni Verde e Bruno Capponi questionam tal afirmação, uma vez que nem sempre a 'cognição', o acertamento da relação jurídica substancial, precede a execução, como ocorre com os títulos executivos extrajudiciais, uma vez que nessa hipótese não existe cognição que precede a sua formulação. Assim, a 'abstração' da demanda execução e a inidoneidade do processo de execução para acertar a existência (ou certo modo de ser) do direito não depende, ou não dependem sempre, do fato de que uma cognição se é verificada fora e antes da execução.[30]

Também não se sustenta a afirmação de que a 'cognição' seria estruturalmente estranha ao processo executivo, porque o sistema das oposições insere eventual incidente impugnativo e cognitivo para fora do procedimento executivo como fase de cognição estruturalmente autônoma, em que pese devidamente coordenada com o procedimento executivo em curso. Também nessa hipótese se observa uma argumentação frágil e à margem da realidade atual do procedimento executivo.

---

[29] VERDE, G.; CAPPONI, B., op. cit. p. 16.
[30] VERDE, G.; CAPPONI, B., idem p. 17.

No âmbito do processo de execução de título executivo extrajudicial, os embargos à execução, como meio de oposição à execução, são, ainda hoje, constituídos como um incidente autônomo ao processo de execução. Porém, em se tratando de procedimento executivo de título executivo judicial, denominado de 'cumprimento de sentença', a impugnação será ofertada no próprio processo em que se desenvolve o procedimento executivo. Além do mais, mesmo diante do processo executivo autônomo de título executivo judicial, admite-se a interposição de 'exceção de pré-executividade' dentro do processo de execução, trazendo para o procedimento executivo a atividade cognitiva quanto à configuração da pretensão material objeto da execução.

Na realidade, o juiz da execução procede com base em uma atividade 'cognitiva', porque durante todo o procedimento executivo deve promover o acertamento da subsistência dos pressupostos dos singulares provimentos; referidos pressupostos são constituídos com base em um modelo processual plenamente dialético, respeitando em todo o arco do procedimento o princípio do contraditório, na medida em que todos os interessados, especialmente o executado, estão autorizados a fazer observações, pedidos e impugnações, e, em geral, a colaborar na individualização da complexa situação em que deverão incidir os singulares atos do processo.[31]

5. Juízo competente para a execução de título executivo extrajudicial

Os requisitos subjetivos da execução exigem, em primeiro lugar, a indicação da pessoa que irá realizar a atividade jurisdicional executiva em prol do credor. Essa intervenção se dá através de um órgão jurisdicional, investido na jurisdição, tendo em vista que a jurisdição não é senão a função do Estado que se realiza mediante intervenção em um processo.

Em segundo lugar, na execução há que se exigir a competência do órgão jurisdicional que intervém no processo respectivo. Essa competência, da mesma forma que nos juízos declarativos, estabelece-se tanto numa dimensão vertical ou hierárquica, como numa dimensão horizontal funcional ou territorial.

Normas de competência, na realidade, são aquelas que regulam a repartição do poder jurisdicional entre os diversos órgãos do Poder Judiciário.

Seja no processo de execução de título executivo extrajudicial, seja em relação ao procedimento executivo denominado de cumprimento de sentença, apresenta-se a problemática referente ao juízo competente para promover os

---

[31] VERDE, G.; CAPPONI, B., idem, p. 18.

atos executivos, isto é, a individualização do ofício judiciário para exercer a atividade jurisdicional.

A infração às normas de competência reveste-se de dupla modalidade: *incompetência absoluta* e *incompetência relativa*. A não observância das regras de competência em razão da matéria e da hierarquia e das regras de competência internacional, enseja a incompetência absoluta do órgão jurisdicional. Já a infração às regras de competência fundadas no valor da causa ou na divisão territorial, enseja a incompetência relativa.

O órgão jurisdicional somente poderá conhecer de ofício da *incompetência absoluta* e não da incompetência relativa.

No sistema processual italiano, para se ter uma ideia, a expropriação forçada é realizada por um juiz, segundo estabelece o art. 484, inc. 1º, do c.p.c. italiano. Porém, no âmbito da execução forçada, somente a expropriação é efetivamente organizada como um processo que se desenvolve perante um magistrado. O ofício executivo pertence igualmente ao 'cancelliere', muito embora sua competência seja limitada à expedição, em forma executiva, do título executivo (art. 475 c.p.c. italiano) e a realização de outros atos especificados em lei.

Pelo atual sistema do código de processo civil brasileiro, as regras de competência são específicas para os casos de cumprimento de sentença e de execução por título executivo extrajudicial.

Enquanto o art. 516 do atual C.P.C. trata da competência do juízo para o cumprimento de sentença, o art. 781 do atual C.P.C. estabelece o critério de competência de juízo para o processamento da execução fundada em título executivo extrajudicial.

Observa-se, portanto, que há certa impossibilidade de unificação normativa total entre a execução de título judicial e extrajudicial.

A execução fundada em título extrajudicial será processada perante o juízo competente, observando-se o seguinte (art. 781 do novo C.P.C.): I – a execução poderá ser proposta no foro de domicílio do executado, de eleição constante do título ou, ainda, de situação dos bens a ela sujeitos; II – tendo mais de um domicílio, o executado poderá ser demandado no foro de qualquer deles; III – sendo incerto ou desconhecido o domicílio do executado, a execução poderá ser proposta no lugar onde for encontrado ou no foro de domicílio do exequente; IV – havendo mais de um devedor, com diferentes domicílios, a execução será proposta no foro de qualquer deles, à escolha do exequente; V – a execução poderá ser proposta no foro do lugar em que se praticou o ato ou em que ocorreu o fato que deu origem ao título, mesmo que nele não mais resida o executado.

A competência do órgão jurisdicional para conhecer da execução de título executivo extrajudicial é *relativa*, uma vez que poderá ser proposta em mais de um juízo, além daquele em que se encontra domiciliado o executado.

Assim, em se tratando de execução por quantia certa, fazer ou não fazer, a regra geral de competência será a do domicílio do executado, salvo se houver eleição de foro.

Porém, em se tratando de dar ou entregar coisa, a execução poderá ser proposta no foro de situação dos bens a ela sujeitos.

O novo C.P.C., em seu art. 781 e incisos, optou por discriminar as hipóteses concernentes ao juízo competente para apreciar a execução de título executivo extrajudicial.

A competência para execução de título executivo extrajudicial, prevista no novo C.P.C., não difere substancialmente das regras de competência do processo de conhecimento. Na realidade, a noção da competência no processo executivo tem a mesma razão de ser e o mesmo conteúdo que no processo de conhecimento.

Em relação à competência internacional, não existe no novo C.P.C. brasileiro nenhuma norma que diretamente estabeleça as regras de competência internacional do Poder Judiciário brasileiro no que concerne à execução de título executivo extrajudicial.

Assim, para analisar a competência internacional dos órgãos do Poder Judiciário brasileiro deve-se socorrer dos tratados ou acordos internacionais ou de legislação nacional específica.

Não existindo tratados ou acordos internacionais ou legislação especial que trate do assunto, deve-se buscar subsídios no novo C.P.C. no capítulo da competência internacional inserido no processo de conhecimento – arts. 21 a 25.

Assim, são os seguintes princípios que devem ser avaliados na questão da competência do Brasil para promover execução de títulos executivos extrajudiciais provenientes do exterior:

a) domicílio do executado – compete à autoridade judiciária brasileira processar e julgar as ações em que o executado, qualquer que seja a sua nacionalidade, estiver domiciliado no Brasil. Considera-se domiciliada no Brasil a pessoa jurídica estrangeira que nele tiver agência, filial ou sucursal. Consagra-se o critério do *domicílio*, em prejuízo do da *nacionalidade*, nos termos do art. 2º da Convenção de Bruxelas de 1968..;

b) cumprimento da obrigação – no Brasil tiver de ser cumprida a obrigação ou o fundamento seja fato ocorrido ou ato praticado no Brasil (causalidade);

TEORIA GERAL DA EXECUÇÃO

c) alimentos – o credor tiver domicílio ou residência no Brasil;

d) alimentos – o executado tiver vínculos no Brasil, tais como posse ou propriedade de bens, recebimento de renda ou obtenção de benefícios econômicos;

e) consumo – quando o consumidor tiver domicílio ou residência no Brasil;

f) submissão das partes – quando as partes, expressamente ou tacitamente, se submeterem à jurisdição nacional;

g) em relação a imóveis – quando o objeto da execução for imóveis situados no Brasil;

h) sucessão hereditária – execução sobre inventário ou partilha de bens situados no Brasil, ainda que o autor da herança seja de nacionalidade estrangeira ou tenha domicílio fora do território nacional;

i) divórcio, separação ou dissolução de união estável – execução sobre partilha de bens situados no Brasil, ainda que o titular seja de nacionalidade estrangeira ou tenha domicílio fora do território nacional.

A ação proposta perante tribunal estrangeiro não induz litispendência e não obsta a que a autoridade judiciária brasileira conheça da mesma causa e das que lhe são conexas, ressalvadas as disposições em contrário de tratados internacionais e acordos bilaterais em vigor no Brasil.

Não compete à autoridade judiciária brasileira o processamento e julgamento de demanda executiva quando houver cláusula de eleição de foro exclusivo estrangeiro em contrato internacional, arguida pelo executado em embargos à execução. Tal assertiva não se aplicada quando se trata de competência exclusiva da autoridade brasileira.

5.1. Domicílio do executado

A execução poderá ser proposta no foro do *domicílio do executado, de eleição constante do título ou, ainda, de situação dos bens a ela sujeitos.*

A competência territorial é a que resulta da atribuição de uma certa circunscrição territorial, para conhecimento de pleitos judiciais, aos vários órgãos do Poder Judiciário da mesma espécie e do mesmo grau de jurisdição. Diz respeito a uma competência *subjetiva*, pois fixa o poder de julgar de cada órgão do Poder Judiciário em concreto, entre os vários que constituem as diversas ordens de jurisdição.[32]

---

[32] Ferreira, F. A., op. cit. p. 76

A competência territorial tem por finalidade repartir as causas cíveis entre os diversos órgãos jurisdicionais igualmente competentes para análise da matéria posta em juízo. Segundo Giuseppe Tarzia, dois são os critérios fundamentais que o legislador teve presente ao ditar as regras de competência territorial: em primeiro lugar, a necessidade de se facilitar a defesa das partes, em particular modo aquela do réu, que se encontra exposto à iniciativa judiciária do autor que escolhe o juízo diante do qual a demanda será proposta; em segundo lugar, a necessidade de que em alguns casos venha indicado como competente aquele juiz que, pela sua colocação territorial, aparece como o mais idôneo a decidir a controvérsia.[33]

A competência territorial simples, que se determina pela garantia do direito de defesa, centra-se, em regra geral, no foro do domicílio do executado.

Tendo mais de um domicílio, o executado poderá ser demandado no foro de qualquer deles.

Sendo incerto ou desconhecido o domicílio do executado, a execução poderá ser proposta no lugar onde for encontrado ou no domicílio do exequente.

Regra similar encontra-se no art. 73 do C.c.b: *"Ter-se-á por domicílio da pessoa natural, que não tenha residência habitual, o lugar onde for encontrada".*

Havendo mais de um devedor, com diferentes domicílios, a execução será proposta em qualquer deles, à escolha do exequente.

Havendo dois ou mais executados (litisconsórcio) com diferentes domicílios, serão demandados no foro de qualquer deles, à escolha do exequente.

A competência territorial com base no domicílio do réu é *relativa* e não *absoluta*, razão pela qual não poderá ser conhecida de ofício.

O domicílio do executado também poderá ser um critério para fixação da competência internacional, conforme estabelece o art. 21, letra 'a', do novo C.P.C.

5.2. Foro de eleição

Aplica-se subsidiariamente à execução de título executivo extrajudicial os preceitos normativos previstos nos arts. 62 e 63 do atual C.P.C.

O acordo de eleição de foro, porém, só produz efeito quando constar de instrumento escrito no próprio título e aludir expressamente a determinado negócio.

---

[33] TARZIA, Giuseppe. *Lineamenti del processo civile di cognizione.* Seconda edizione. Milano: Dott. A. Giuffre Editore, 2002., p. 48.

O foro contratual obriga os herdeiros e sucessores das partes.

Antes da citação, a cláusula de eleição de foro, se abusiva, pode ser reputada ineficaz de ofício pelo juiz, que determinará a remessa dos autos ao juízo do foro de domicílio do réu/executado.

É bem verdade que de acordo com a Súmula 33 do S.T.J., o magistrado não pode reconhecer de ofício a sua incompetência relativa. Contudo, em razão da nulidade absoluta (ineficácia) da cláusula de eleição de foro, a jurisprudência admite o reconhecimento de ofício da competência territorial do juízo que a reconheceu. Nesse sentido é a decisão proferida pelo STJ, 2ºS., CC 21,433-RN, Rel. Min. Sálvio de Figueiredo Teixeira, j. em 11.11.1998.

Ainda sobre o tema, assim já decidiu o S.T.J.:

AGRAVO REGIMENTAL NO CONFLITO DE COMPETÊNCIA. AÇÃO DE EXECUÇÃO DE TÍTULO EXTRAJUDICIAL. INEXISTÊNCIA DE RELAÇÃO DE CONSUMO. COMPETÊNCIA DO FORO DE ELEIÇÃO. RECURSO DESPROVIDO.

1. Tendo sido o contrato firmado entre duas pessoas jurídicas, com o escopo de atender às necessidades financeiras de uma delas, não se pode inferir dos autos a hipossuficiência da comprometente cedente.

Trata-se de relação mercantil e não consumerista. Ainda que se pudesse mitigar a aplicação de tal regra, no caso, não há razão para o afastamento da cláusula de eleição de foro, ante a ausência de quaisquer elementos que denotem a existência de desigualdade entre os contratantes, ou mesmo evidenciem a dificuldade dos réus em litigar no foro eleito.

2. Agravo regimental a que se nega provimento.

(AgRg no CC 144.124/SP, Rel. Ministro MARCO AURÉLIO BELLIZZE, unânime, DJe de 1º.4.2016)

PROCESSUAL CIVIL. AGRAVO REGIMENTAL. CONFLITO POSITIVO. AÇÃO DE DAÇÃO EM PAGAMENTO E EXECUÇÃO. CONTRATO DE MÚTUO. HIPOSSUFICIÊNCIA INEXISTENTE. CDC. INAPLICABILIDADE. FORO DE ELEIÇÃO. PREVALÊNCIA.

I. Devem ser processadas perante o foro de eleição as ações decorrentes de contrato de mútuo de vultoso valor, eis que a natureza da operação afasta a hipossuficiência dos devedores, inaplicável à espécie, por isso, a regra privilegiada de foro do CDC. Precedentes.

II. Agravo regimental desprovido.

(AgRg no CC 101.275/SC, Rel. Ministro ALDIR PASSARINHO JUNIOR, unânime, DJe de 10.6.2009)

5.3. Foro de situação dos bens

A execução poderá, ainda, ser proposta no foro de situação dos bens a ela sujeitos.

Nesse sentido é o art. 26 do C.P.C. italiano: *Para a execução forçada sobre coisa móvel ou imóvel é competente o juiz do lugar no qual se encontram as coisas...*No direito italiano, essa regra vale tanto para a execução por quantia certa como para a execução para entrega de coisa.[34]

É possível que a prestação constante do título executivo extrajudicial tenha por objeto bens imóveis ou móveis.

Em se tratando de dar ou entregar coisa, a execução poderá ser proposta no foro de situação dos bens a ela sujeitos. Entendo que, ao contrário do direito processual civil italiano, essa possibilidade de deslocamento de competência não se aplica à execução por quantia certa com expropriação de bens em geral.

A execução também poderá ter por objeto bens dados em garantia real ao cumprimento da obrigação, ou, ainda, questões concernentes a direito real sobre bens imóveis. São exemplos dessas espécies de título: a hipoteca, o penhor rural, comercial ou industrial, o compromisso de compra e venda; a instituição de servidão; a execução para manifestação de vontade concernente à alienação de bens imóveis etc.

Nesses casos, como o título teve por origem a garantia específica desses bens, a execução poderá ser proposta no foro de sua situação.

Em sentido similar, prescreve o art. 47 do atual C.P.C.: *"Nas ações fundadas em direito real sobre imóveis é competente o foro da situação da coisa.*

Por sua vez, prescreve o §1º do art. 47 do atual C.P.C., que entendo ser aplicável subsidiariamente na execução de título extrajudicial: *O autor pode optar pelo foro de domicílio do réu ou pelo foro de eleição se o litígio não recair sobre direito de propriedade, vizinhança, servidão, divisão e demarcação de terras e de nunciação de obra nova.*

Porém, se a execução de título executivo extrajudicial disser respeito à propriedade, vizinhança, servidão, divisão e demarcação de terras e nunciação de obra nova, a execução deverá obrigatoriamente ser proposta no foro de situação da coisa, tendo nessa hipótese natureza de competência absoluta.

É entendimento pacífico do S.T.J. que, *"na hipótese de o litígio versar sobre direito de propriedade, vizinhança, servidão, posse, divisão e demarcação de terras e nunciação de obra nova, a ação correspondente deverá necessariamente ser proposta na comarca em que situado o bem imóvel, porque a competência é absoluta. Por outro*

---

[34] Verde, G.; Capponi, B., op. cit. p. 24

lado, a ação, ainda que se refira a um direito real sobre imóvel, poderá ser ajuizada pelo autor no foro do domicílio do réu ou, se o caso, no foro eleito pelas partes, se não disser respeito a nenhum daqueles direitos especificados na segunda parte do art. 95 do CPC, haja vista se tratar de competência relativa" (REsp 1051652/TO, Rel. Ministra NANCY ANDRIGHI, DJe 03/10/2011).

5.4. Foro do lugar em que se praticou o ato ou ocorreu o fato

A execução poderá ainda ser proposta no foro do lugar em que se praticou o ato ou em que ocorreu o fato que deu origem ao título, embora nele não mais resida o executado.

Conforme preconiza o art. 53, inc. III, letra 'd', do novo C.P.C., é competente o foro do lugar onde a obrigação deve ser satisfeita, para a ação em que se lhe exigir o cumprimento.

Em complemento, preconiza o art. 72 do C.C.b. que é também domicílio da pessoa natural, quanto às relações concernentes à profissão, o lugar onde esta é exercida.

Se a pessoa exercitar profissão em lugares diversos, cada um deles constituirá domicílio para as relações que lhe corresponderem".

Assim, muito embora o executado tenha alterado seu domicílio, poderá o exequente promover a execução no foro do lugar em que se praticou o ato ou ocorreu o fato que deu origem ao título.

Busca-se, portanto, o lugar da causa originária do título executivo para estabelecer a competência do juízo da execução, especialmente quando se está diante de obrigação de fazer ou não fazer como objeto do título executivo extrajudicial.

Nessa hipótese, o exequente poderá escolher entre o foro do domicílio do executado ou do lugar em que se praticou o ato ou ocorreu o fato que deu origem ao título.

6. Dos poderes do magistrado no procedimento executivo

Segundo estabelece o art. 35 do Código Ibero-Americano de Ética Judicial, *o fim último da atividade judicial é realizar a justiça por meio do Direito.*

Para que o magistrado possa cumprir esse preceito ético normativo, ou seja, realizar a justiça por meio do Direito, é necessário que adote e promova medidas de caráter processual com o intuito de, especificamente no âmbito do procedimento executivo, satisfazer a pretensão do exequente de forma justa, ou seja, de forma ampla, e com menor onerosidade possível ao devedor.

EXECUÇÃO E CUMPRIMENTO DE SENTENÇA

O novo C.P.C. expressamente indica quais são os poderes que o magistrado poderá exercer durante o transcurso da relação jurídica processual executiva.

De forma genérica, ou seja, abrangente para qualquer tipo de processo, o magistrado poderá dirigir o processo, incumbindo-lhe, nos termos do art. 139 do novo C.P.C.: I – assegurar às partes igualdade de tratamento; II – velar pela duração razoável do processo; III – prevenir ou reprimir qualquer ato contrário à dignidade da justiça e indeferir postulações meramente protelatórias; IV – determinar todas as medidas indutivas, coercitivas, mandamentais ou sub-rogatórias necessárias para assegurar o cumprimento de ordem judicial, inclusive nas ações que tenham por objeto prestação pecuniária; V – promover, a qualquer tempo, a autocomposição, preferencialmente com auxílio de conciliadores e mediadores judiciais; VI – dilatar os prazos processuais e alterar a ordem de produção dos meios de prova, adequando-os às necessidades do conflito de modo a conferir maior efetividade à tutela do direito; VII – exercer o poder de polícia, requisitando, quando necessário, força policial, além da segurança interna dos fóruns e tribunais; VIII – determinar, a qualquer tempo, o comparecimento pessoal das partes, para inquiri-las sobre os fatos da causa, hipótese em que não incidirá a pena de confesso; IX – determinar o suprimento de pressupostos processuais e o saneamento de outros vícios processuais; X – quando se deparar com diversas demandas individuais repetitivas, oficiar o Ministério Público, a Defensoria Pública e, na medida do possível, outros legitimados a que se referem o art. 5º da Lei no 7.347, de 24 de julho de 1985, e o art. 82 da Lei no 8.078, de 11 de setembro de 1990, para, se for o caso, promover a propositura da ação coletiva respectiva.

O art. 139 aplica-se, salvo situações específicas do processo de conhecimento, também ao processo ou procedimento executivo.

Recentemente, o S.T.J., no julgamento do RHC 97876, e com base no que dispõe o art. 139, inc. IV, do novo C.P.C., ao mesmo tempo em que proibiu a retenção do passaporte, permitiu a apreensão da carteira nacional de habilitação do devedor, como forma de obrigá-lo a indicar bens para a penhora. Sobre o tema, eis a notícia publicada no site do S.T.J.: http://www.stj.jus.br/sites/STJ/default/pt_BR/Comunica%C3%A7%C3%A3o/noticias/Not%C3%ADcias/Quarta-Turma-n%C3%A3o-admite-suspens%C3%A3o-de-passaporte-para-coa%C3%A7%C3%A3o-de-devedor:

> *Quarta Turma não admite suspensão de passaporte para coação de devedor*
> *Para a Quarta Turma do Superior Tribunal de Justiça (STJ), foi desproporcional*
> *a suspensão do passaporte de um devedor, determinada nos autos de execução de título*

extrajudicial como forma de coagi-lo ao pagamento da dívida. Por unanimidade, o colegiado deu parcial provimento ao recurso em habeas corpus para desconstituir a medida.

A turma entendeu que a suspensão do passaporte, no caso, violou o direito constitucional de ir e vir e o princípio da legalidade.

O recurso foi apresentado ao STJ em razão de decisão da 3ª Vara Cível da Comarca de Sumaré (SP) que, nos autos da execução de título extrajudicial proposta por uma instituição de ensino, deferiu os pedidos de suspensão do passaporte e da Carteira Nacional de Habilitação (CNH) do executado – até a liquidação da dívida no valor de R$ 16.859,10.

Medida possível

Segundo o relator, ministro Luis Felipe Salomão, a retenção do passaporte é medida possível, mas deve ser fundamentada e analisada caso a caso. O ministro afirmou que, no caso julgado, a coação à liberdade de locomoção foi caracterizada pela decisão judicial de apreensão do passaporte como forma de coerção para pagamento de dívida.

Para Salomão, as circunstâncias fáticas do caso mostraram que faltou proporcionalidade e razoabilidade entre o direito submetido (liberdade de locomoção) e aquele que se pretendia favorecer (adimplemento de dívida civil).

"Tenho por necessária a concessão da ordem, com determinação de restituição do documento a seu titular, por considerar a medida coercitiva ilegal e arbitrária, uma vez que restringiu o direito fundamental de ir e vir de forma desproporcional e não razoável", afirmou.

Medidas atípicas

Salomão afirmou ser necessária a fixação, por parte do STJ, de diretrizes a respeito da interpretação do artigo 139, IV, do Código de Processo Civil de 2015.

De acordo com o ministro, o fato de o legislador ter disposto no CPC que o juiz pode determinar todas as medidas indutivas, coercitivas, mandamentais ou sub-rogatórias, "não pode significar franquia à determinação de medidas capazes de alcançar a liberdade pessoal do devedor, de forma desarrazoada, considerado o sistema jurídico em sua totalidade".

"Ainda que a sistemática do código de 2015 tenha admitido a imposição de medidas coercitivas atípicas, não se pode perder de vista que a base estrutural do ordenamento jurídico é a Constituição Federal, que resguarda de maneira absoluta o direito de ir e vir, em seu artigo 5º, XV", frisou o relator.

Mesmo assim, o ministro afirmou que a incorporação do artigo 139 ao CPC de 2015 foi recebida com entusiasmo pelo mundo jurídico, pois representou "um instrumento importante para viabilizar a satisfação da obrigação exequenda, homenageando o princípio do resultado na execução".

CNH

Em relação à suspensão da CNH do devedor, o ministro disse que a jurisprudência do STJ já se posicionou no sentido de que referida medida não ocasiona ofensa ao direito de ir e vir. Para Salomão, neste ponto, o recurso não deve nem ser conhecido, já que o habeas corpus existe para proteger o direito de locomoção.

"Inquestionavelmente, com a decretação da medida, segue o detentor da habilitação com capacidade de ir e vir, para todo e qualquer lugar, desde que não o faça como condutor do veículo", afirmou Salomão.

O ministro admitiu que a retenção da CNH poderia causar problemas graves para quem usasse o documento profissionalmente, mas disse que, nesses casos, a possibilidade de impugnação da decisão seria certa, porém por outra via diversa do habeas corpus, "porque sua razão não será a coação ilegal ou arbitrária ao direito de locomoção".

Outros casos

O relator destacou que o reconhecimento da ilegalidade da medida consistente na suspensão do passaporte do paciente, na hipótese em análise, não significa afirmar a impossibilidade dessa providência coercitiva em outros casos.

"A medida poderá eventualmente ser utilizada, desde que obedecido o contraditório e fundamentada e adequada a decisão, verificada também a proporcionalidade da providência", destacou.

Em complemento ao art. 139 do novo C.P.C., o art. 772 do mesmo estatuto processual apresenta poderes específicos que o juiz pode exercer no processo ou procedimento executivo, a saber: I – ordenar o comparecimento das partes; II – advertir o executado de que seu procedimento constitui ato atentatório à dignidade da justiça; III – determinar que sujeitos indicados pelo exequente forneçam informações em geral relacionadas ao objeto da execução, tais como documentos e dados que tenham em seu poder, assinando-lhes prazo razoável.

Regra similar encontra-se no art. 485 do C.P.C. italiano, *in verbis:*

Art. 485 (audiência dos interessados)

Quando a lei determina ou o juiz entende por necessário que as partes e eventualmente outros interessados sejam ouvidos, o próprio juiz fixará por meio de decreto a audiência na qual o credor 'pignorante', os credores intervenientes, o devedor e eventualmente os outros interessados devam comparecer diante dele.

(...).

A possibilidade de o juiz exercer determinados poderes durante o transcurso da relação jurídica processual demonstra que o juiz no processo de execução não é um simples observador de uma espécie de jogo legal e executório a ser realizado entre credor e devedor. Ao contrário, a importância de uma interferência firme e consistente do magistrado durante o desenrolar da relação jurídica processual, no sentido de garantir ao mesmo tempo a efetividade da tutela executiva, sem se descurar da menor onerosidade possível em relação aos bens do devedor, é a base da moderna atividade do juiz, seja no campo do cumprimento da sentença, seja no âmbito do processo executivo autônomo.

A possibilidade de o juiz ordenar o comparecimento das partes em qualquer fase do processo (inc. I do art. 772 do atual C.P.C.) já era prevista no art. 599, inc. I do C.P.C. de 1973, com a redação dada pela Lei 5.925, de 1º de outubro de 1973.

Tal prerrogativa normativa tem por objetivo evitar excessos do credor e medidas protelatórias do devedor.

Trata-se de uma faculdade que o juiz dispõe, seja para tentar uma conciliação com as partes, mesmo na fase executiva, seja para verificar a melhor forma possível para a prática dos atos executivos, sempre com os olhos voltados para os princípios da efetividade da tutela jurisdicional e da menor onerosidade possível em relação ao devedor.

O juiz pode, em qualquer momento do processo, advertir o executado de que o seu procedimento constitui ato atentatório à dignidade da justiça.

Muito embora prevaleça no processo civil moderno o princípio dispositivo, o juiz tem poderes para evitar que a parte pratique qualquer ato contra a *dignidade da justiça*.

O art. 774 do atual C.P.C. faz referência às hipóteses em que o ato do sujeito passivo pode ser considerado contrário à dignidade da justiça. Contudo, penso que essa advertência deve ser feita não somente ao executado, mas também ao exequente, uma vez que o credor também poderá realizar procedimento atentatório à dignidade da justiça.

Também poderá o juiz determinar que sujeitos indicados pelo exequente, pessoas naturais ou jurídicas, forneçam informações em geral relacionadas ao objeto da execução, tais como documentos e dados que tenham em seu poder, assinando-lhes prazo razoável.

É possível que pessoas físicas ou jurídicas estejam na posse de informações relacionadas ao objeto da execução (no que concerne, por exemplo, ao direito de crédito representativo da execução), sendo que essas pessoas podem estar na posse de documentos e dados que interessam ao processo de execução ou mesmo ao cumprimento de sentença.

Na realidade, ninguém pode se eximir do dever de colaborar com o Poder Judiciário para o descobrimento da verdade, incumbindo-se ao terceiro informar ao juiz os fatos e as circunstâncias de que tenha conhecimento, assim como a exibição de coisa ou documento que esteja em seu poder.

O dever de colaboração é expressamente previsto no art. 591 do Código de Processo Civil Espanhol, *in verbis:*

> *Art. 591. Dever de colaboração.*
>
> *1. Todas as pessoas e entidades pública e privadas estão obrigadas a prestar sua colaboração nos atos de execução e a entregar ao Secretário judicial encarregado da execução ou ao procurador do exequente, quando assim o solicite seu representado e à suas custas, quantos documentos e dados tenham em seu poder, e cuja entrega haja sido acordada pelo Secretário judicial, sem mais limitações a não ser aquelas que são impostas para o respeito dos direitos fundamentais ou aos limites que, para casos determinados, expressamente imponham as leis. Quando ditas pessoas ou entidades alegarem razões legais ou de respeito aos direitos fundamentais para não realizar a entrega, deixando sem atender a colaboração que lhes houver sido requerida, o Secretário judicial dará conta ao Tribunal para que este provenha como lhe aprouver.*
>
> *2. O Tribunal, mediante prévia audiência dos interessados, poderá, em peça separada, acordar a imposição de multas coercitivas periódicas às pessoas e entidades que não prestem a colaboração que o Tribunal lhes tenha requerido com base no parágrafo anterior. Na aplicação destas sanções, o Tribunal levará em conta os critérios previstos no parágrafo terceiro do artigo 589.*
>
> *3. As sanções impostas com amparo neste artigo se submetem ao regime de recursos previsto no Título V do Livro VII da Lei Orgânica do Poder Judiciário.*

Na realidade, as partes, e, com elas, os seus procuradores e advogados, têm o dever de colaborar com o magistrado e seus auxiliares na realização da justiça, fim último da atividade jurisdicional, na apuração da verdade e no regular andamento do feito (REsp 4835/SP, Rel. Min. Waldemar Zveiter, Terceira Turma, julgado em 27.11.1990, DJ 17.12.1990, p. 15374).

Evidentemente, esse dever de colaboração deverá ser concretizado dentro de um prazo razoável fixado pelo juiz de acordo com o seu prudente arbítrio e de acordo com a dificuldade material em se cumprir a determinação.

É importante salientar que o juiz poderá, de ofício ou a requerimento, determinar as medidas necessárias ao cumprimento da ordem de entrega de documentos e dados. Dentre essas medidas de cumprimento encontram-se a imposição de multas ou outras medidas indutivas, coercitivas, mandamentais ou sub-rogatórias, nos termos do parágrafo único do art. 380 do atual C.P.C.

Quando o juiz receber dados sigilosos, aos fins da execução, deverá adotar as medidas necessárias para assegurar a confidencialidade (p.u. do art. 773 do novo C.P.C.).

É possível que o terceiro que deva colaborar com o juízo da execução tenha em seu poder documentos e dados que, ao mesmo tempo em que interessam à execução, contenham informações específicas a registros alheios aos fins da tutela executiva jurisdicional. Nesse caso, o juiz deverá adotar todas as medidas necessárias para resguardar o direito ao sigilo das informações que digam respeito a dados alheios, assegurando sua confidencialidade, uma vez que o terceiro não é parte da relação jurídica processual executiva, não podendo sofrer mácula ao seu direito fundamental ao sigilo.

O mesmo procedimento deverá adotar o magistrado ao receber documentos que possam expor o direito à intimidade das partes, resguardando por meio do sigilo tal direito fundamental.

7. Ato atentatório à dignidade da Justiça no procedimento executivo

Visando a resguardar o princípio da boa-fé processual e a idoneidade do comportamento praticado pelo executado no transcurso do procedimento executivo, o juiz poderá adverti-lo de que o seu procedimento, comisso ou omissivo, constitui *ato atentatório à dignidade da justiça*.

É certo, porém, que a expressão *dignidade da justiça* corresponde a uma cláusula geral aberta, que permite abrangente interpretação para a conformatação de seu conteúdo.

Em razão dessa generalidade, o legislador do novo C.P.C. optou por descrever, no art. 774 do atual C.P.C., quais seriam as hipóteses normativas que justificariam a configuração de ato atentatório à dignidade da justiça.

A finalidade da indicação dos atos que contrariam a dignidade de justiça tem natureza eminentemente ética, pois tenta impedir que condutas omissivas ou comissivas afetem a *dignidade* da justiça, justiça aqui entendida de forma abrangente, não apenas no sentido restritivo da palavra.

O projeto do *Código de Procedimiento Civil* do Uruguai, elaborado por Eduardo J. Couture, em 1945, em cumprimento da Lei 10.418, de 11 de março de 1943, continha dispositivo similar nos seguintes termos: *"Princípio de Probidade – O juiz deverá tomar, de ofício ou por petição da parte, todas as medidas necessárias estabelecidas em lei, tendentes a prevenir ou sancionar qualquer ato contrário à dignidade da justiça, ao respeito que mutuamente se devem os litigantes e as faltas de lealdade e probidade nos debates".*

É importante salientar que o art. 774 do atual C.P.C. não traz todas as hipóteses de ato atentatório à dignidade da justiça. Trata-se, portanto, de indicação meramente exemplificativa.

O art. 903, §6º, do atual C.P.C. que trata das hipóteses de nulidade da arrematação, também indica fato que pode ser considerado como atentatório à dignidade da justiça. Estabelece o referido §6º: *Considera-se ato atentatório à dignidade da justiça a suscitação infundada de vício com o objetivo de ensejar a desistência do arrematante...*

7.1. Fraude à execução

A primeira hipótese de *ato atentatório à dignidade da Justiça* corresponde à prática de conduta em fraude *à execução*.

Fraudar significa frustrar, inutilizar, malograr, tornar sem efeito.

Os casos de fraude à execução, por sua vez, estão discriminados no art. 792 do atual C.P.C.

Em matéria tributária, a fraude à execução é tratada de forma diversa no art. 185 do Código Tributário Nacional.[35]

A diferença entre a fraude à execução que tenha por objeto crédito tributário e as demais espécies de crédito, é que naquela a fraude se concretiza após a inscrição em dívida ativa, enquanto que nas demais, em regra, já deve ter sido instaurada a ação judicial contra o executado.

Assim, ocorrendo qualquer das hipóteses previstas no art. 792 do atual C.P.C. (hipóteses de fraude à execução), o executado praticará ato contrário à dignidade da justiça.

---

[35] *PROCESSUAL CIVIL. TRIBUTÁRIO. AGRAVO INTERNO NO RECURSO ESPECIAL. EXECUÇÃO FISCAL. ALIENAÇÃO DE BEM IMÓVEL. ADQUIRENTE DE BOA-FÉ. INSCRIÇÃO EM DÍVIDA ATIVA. FRAUDE À EXECUÇÃO. PRESUNÇÃO ABSOLUTA. INAPLICABILIDADE DA SÚMULA 375/STJ.*

1. Para hipótese ocorrida antes da vigência da Lei Complementar n. 118, de 9/6/2005, considerava-se absoluta a presunção de fraude à execução quando a alienação do bem se dava em momento posterior à mera citação da alienante nos autos de execução fiscal contra ela movida. 2. Com o advento da Lei Complementar n. 118/2005, que conferiu nova redação ao art. 185 do Código Tributário Nacional, convencionou-se que a mera alienação de bens pelo sujeito passivo com débitos inscritos na dívida ativa, sem a reserva de meios para a satisfação dos referidos débitos, pressupõe a existência de fraude à execução ante a primazia do interesse público na arrecadação dos recursos para o uso da coletividade.

3. Registre-se, por oportuno, que a Primeira Seção deste Superior Tribunal, no julgamento do Recurso Especial n. 1.141.990/PR, de relatoria do em. Ministro Luiz Fux, submetido ao rito dos recursos repetitivos, nos termos do art. 543-C do CPC e da Resolução STJ n. 8/2008, consolidou entendimento segundo o qual não se aplica à execução fiscal a Súmula 375/STJ: "O reconhecimento da fraude à execução depende do registro da penhora do bem alienado ou da prova de má-fé do terceiro adquirente." 4. Agravo interno a que se nega provimento. (AgInt no REsp 1448833/CE, Rel. Ministro OG FERNANDES, SEGUNDA TURMA, julgado em 05/12/2017, DJe 13/12/2017)

O art. 792 do atual C.P.C. trata especificamente do instituto denominado *fraude à execução*, o qual visa a realizar um balanceamento entre o direito de propriedade (usar, gozar e dispor) e a responsabilidade patrimonial dos bens (presentes e futuros) do devedor, que garantem o cumprimento das obrigações por ele assumidas.

Com base no direito de propriedade, o proprietário pode dispor de seus bens, ainda que esteja sujeito ao cumprimento de determinada obrigação (salvo se o fizer em fraude contra credores).

Porém, se a alienação ou oneração se der de acordo com algumas das hipóteses do art. 792 do atual C.P.C., deve prevalecer a responsabilidade patrimonial, tornando-se ineficaz este ato (considerado fraudulento) em relação ao exequente de obrigação pendente de cumprimento.

Havendo alienação ou concessão de direito real sobre bens do devedor em fraude à execução, essa transferência ou inserção de ônus real é *ineficaz* em relação ao credor, cuja obrigação foi constituída antes do ato considerado fraudulento.

Por sua vez, a alienação ou oneração, ainda que com o intuito de fraudar, por si só, não caracteriza fraude à execução se o devedor comprovar que não se tornou *insolvente*, razão pela qual deve-se conjugar a fraude com o dano ao credor. Isso não ocorre na hipótese de direito real ou nas obrigações reipersecutórias, uma vez que nesse caso, em princípio, somente o bem vinculado é que satisfaz o credor, salvo se ele renunciar à garantia real que lhe foi concedida.

7.2. Oposição maliciosa à execução

A segunda hipótese de ato atentatório à dignidade da Justiça ocorre quando o devedor/executado *se opõe maliciosamente à execução, empregando ardis e meios artificiosos.*

A simples oposição como meio de defesa é permitida, pois não se pode exigir do devedor que aceite pacientemente e resignado todo e qualquer ato executivo contra seu patrimônio.

O que se proíbe, configurando-se como ato atentatório à dignidade da Justiça, é justamente o *ato malicioso*, ou seja, a conduta maliciosa que visa a impedir o andamento da execução. Para tanto, o devedor emprega ardis ou outros meios artificiosos.

Aliás, o dever de lealdade das partes está expressamente consignado no art. 77, inc. I do atual C.P.C.

Evidentemente, a malícia depende da comprovação de alguns elementos objetivos, pois não pode ser configurada apenas pelo simples arbítrio do julgador.

Por isso, alguns atos praticados pelo executado podem ser caracterizados como maliciosos, a saber: a) indica os bens em locais onde eles não se encontram; b) indica bens pertencentes a terceiros como se fosse seu; c) sonega informação importante sobre a qualidade e quantidade dos bens para o oficial de justiça; d) esconde-se para não ser citado ou intimado de eventual penhora; e) impugna a avaliação sem motivo justo e razoável; f) ingressa com defesa totalmente infundada ou em relação a matéria que já fora definitivamente julgada.

7.3. Embaraço à realização da penhora

A terceira hipótese de ato atentatório da dignidade à Justiça ocorre quando o devedor/executado dificulta ou embaraça a realização da penhora.

O art. 767º do Código de Processo Civil português indica alguns métodos utilizados pelo executado para causar obstáculos à realização da penhora, a saber:

> *Artigo 767.º Obstáculos à realização da penhora*
>
> *1 – Se o executado, ou quem o represente, se recusar a abrir quaisquer portas ou móveis, ou se a casa estiver deserta e as portas e móveis se encontrarem fechados, observa-se o disposto no artigo 757.º.*
>
> *2 – O executado ou a pessoa que ocultar alguma coisa com o fim de a subtrair à penhora fica sujeito às sanções correspondentes à litigância de má-fé, sem prejuízo da responsabilidade criminal em que possa incorrer.*
>
> *3 – O agente de execução que, no ato da penhora, suspeite da sonegação, insta pela apresentação das coisas ocultadas e adverte a pessoa da responsabilidade em que incorre com o facto da ocultação.*

Muito embora o devedor possa se opor à execução por meios legítimos, isso não lhe dá o direito de dificultar ou embaraçar a realização da penhora. Esses atos que possam dificultar ou embaraçar a penhora não necessitam ser maliciosos ou decorrentes de ardis. Podem decorrer de ato direto e ostensivo para caracterizar ato atentatório à dignidade da justiça. Exemplos desses atos: a) agressão, inclusive verbal, ou violência contra aquele que irá realizar a penhora; b) tentativa de retirar o bem já penhorado das mãos daquele que realizou a penhora ou de seu depositário; c) altera deliberadamente o local em que se encontram os bens para impedir a realização da penhora; d) insere diversos obstáculos para que a penhora possa ser realizada.

TEORIA GERAL DA EXECUÇÃO

Evidentemente, somente a oposição injustificada é que caracterizará ato atentatório à dignidade da Justiça.

7.4. Resistência injustificada às ordens judiciais

A quarta hipótese de ato atentatório à dignidade da Justiça ocorre quando o devedor/executado resiste injustificadamente às ordens judiciais.

Na realidade, são deveres das partes, de seus procuradores e de todos aqueles que de qualquer forma participem do processo, cumprir com exatidão as decisões judiciais, de natureza provisória ou final, e não criar embaraço à sua efetivação.

O executado, como toda e qualquer parte que atue no processo, deverá cumprir sem resistência as ordens judiciais, ou seja, as decisões de caráter mandamental expedidas pelo juízo da execução.

A única hipótese em que o não atendimento à ordem judicial não caracterizará ato atentatório à dignidade da justiça ocorre quando a recusa for *justificada*, ou seja, *legitimada pelo ordenamento jurídico*, mesmo em se tratando de uma ordem judicial. E a legitimação ocorre quando a ordem judicial é ilegal ou fere os direitos e garantias fundamentais previstos na Constituição Federal, ou, ainda, quando materialmente falando o executado não possa mais cumprir a determinação judicial.

7.5. Falta de indicação de bens à penhora

A quinta hipótese de ato atentatório à dignidade da Justiça ocorre quando o devedor/executado, intimado, não indica ao juiz quais são e onde estão os bens sujeitos à penhora e os respectivos valores, nem exibe prova de sua propriedade e, se for o caso, certidão negativa de ônus.

Havia previsão similar no art. 600, inc.IV do C.P.C. de 1973.

O art. 750º, n. 1, do Código de Processo Civil português preconiza que senão forem encontrados bens penhoráveis no prazo de três meses a contar da notificação prevista no n.º 1 do artigo 748.º, o agente de execução notifica o exequente para especificar quais os bens que pretende ver penhorados na execução; simultaneamente, é notificado o executado para indicar bens à penhora, com a cominação de que a omissão ou falsa declaração importa a sua sujeição a sanção pecuniária compulsória, no montante de 5 % da dívida ao mês, com o limite mínimo global de 10 UC, se ocorrer ulterior renovação da instância executiva e aí se apurar a existência de bens penhoráveis.

Sob a égide do C.P.C. português anterior, a indicação dos bens à penhora por parte do executado inspirava-se no princípio do *favor debitoris*, que foi sempre tradicional no direito processual civil português, como se verifica dos arts. 811º do CPC de 1876 e 834º do CPC de 1939. Com base nessa justificação, leciona Alberto dos Reis: *"A execução, meio de satisfação coactiva do direito do exequente, não deve sacrificar o executado além do que for necessário para a realização do fim em vista. A satisfação coactiva deve, quanto possível, aproximar-se da satisfação voluntária. Ora, assim como o devedor quando precise de vender bens para pagar aos seus credores, escolhe os que quer sacrificar, também na execução se reconhece ao executado o direito de indicar os bens que hão-de ser penhorados e posteriormente vendidos"*.[36]

Essa faculdade outorgada ao executado era a regra prevista no C.P.C. brasileiro de 1973, na sua redação originária, antes da vigência da Lei n. 11.382/06.

Porém, como a prática forense demonstrava, era raríssimo o executado usar da faculdade de proceder à nomeação de bens.

O novo C.P.C. brasileiro de 2015 houve por bem outorgar a indicação dos bens, logo com a inicial da demanda executiva, ao próprio exequente, que poderá de imediato indicar os bens que possam ser penhorados na hipótese do não cumprimento da obrigação. Nesse sentido é o disposto no art. 798, inc. II, c), do novo C.P.C.

Porém, se o exequente não se utilizar de sua prerrogativa de indicar bens à penhora, poderá requerer ao juiz que determine ao executado a indicação do lugar em que se encontram os bens sujeitos à penhora, assim como os respectivos valores.

Se o executado silenciar ou não indicar os bens, praticará ato atentatório à dignidade da justiça.

A obrigação de o executado indicar bens à penhora decorre do princípio da cooperação que deve reger a participação das partes na relação jurídica processual.

Somente se o executado demonstrar 'justa causa' para não indicação de bens à penhora, é que sua conduta poderá deixar de ser considerada como atentatória à dignidade da justiça.

7.6. Multa

Existindo ato atentatório à dignidade da justiça, o juiz aplicará uma multa ao executado em montante não superior a vinte por cento do valor atualizado do débito em execução (e não do valor da causa), a qual será revertida em proveito do exequente.

---

[36] Apud. FERREIRA, F. A., op. cit.. p. 168.

A multa aplicada será exigida na própria demanda executiva.

A incidência dessa sanção processual não impede a aplicação de outras de natureza processual ou material, como aquelas que estão previstas nos arts. 77, §§ 2º, 81, 84, todos do atual C.P.C., além da apuração de eventuais indenizações por perdas e danos acarretadas ao exequente.

Contudo, entendemos que não se poderá aplicar mais de uma sanção (idêntica) sobre o mesmo fato em favor da mesma pessoa física ou jurídica, sob pena de ferir o princípio do não *bis in idem*.

O parágrafo único do art. 601 do C.P.C. de 1973 preceituava que o juiz relevaria a pena, se o devedor se comprometesse a não mais praticar quaisquer dos atos definidos no art. 600 do mesmo preceito normativo e desse fiador idôneo, que responderia ao credor pela dívida principal, juros, despesas e honorários advocatícios. *(Redação dada pela Lei nº 5.925, de 1º.10.1973)*

Essa faculdade concedida ao juiz de relevar a pena não foi mencionada no novo C.P.C. de 2015

A cobrança de multa ou de indenização decorrentes de litigância de má-fé ou de prática de ato atentatório à dignidade da justiça, conforme estabelece o art. 777 do novo C.P.C., será promovida nos próprios autos do processo executivo.

8. Desistência da execução

Salvo na hipótese da legislação do trabalho, art. 878 e 878-A da C.LT., o juiz não poderá iniciar a execução *ex officio*.

Somente o credor tem a faculdade de promover a demanda executiva, pois em nosso processo civil incide o princípio *dispositivo*, especialmente em se tratando de execução.

Interposta a demanda executiva, em regra, a relação obrigacional extingue--se com o cumprimento da prestação, quando o juiz proferirá uma decisão de mérito, declarando cumprida a obrigação.

Porém, diante do princípio dispositivo, o credor poderá *renunciar* ao seu direito de promover os meios executivos antes da propositura da demanda para fazer valer seu direito à prestação representada no título.

Além da renúncia, o credor, após interposta a demanda executiva, poderá igualmente *desistir* de toda a execução ou de apenas alguma medida executiva, conforme faculdade que lhe foi outorgada pelo disposto no art. 775 do novo C.P.C.

A desistência do exequente também extingue a execução.

Preceito similar ao disposto no art. 775 do novo C.P.C. encontra-se, respectivamente, no art. 848º do C.P.C. português e no art. 629 do C.P.C. italiano, *in verbis:*

Artigo 848.º Desistência do exequente
1 – A desistência do exequente extingue a execução; mas, se já tiverem sido vendidos ou adjudicados bens sobre cujo produto hajam sido graduados outros credores, a estes é paga a parte que lhes couber nesse produto.
2 – Se estiverem pendentes embargos de executado, a desistência da instância depende da aceitação do embargante.

Art. 629. (Renúncia)
O processo extingue-se se, antes da adjudicação ou cessão, o credor pignorante e aqueles que intervieram munidos de título executivo renunciam aos atos.
Depois da venda, o processo extingue-se se renunciam aos atos todos os credores concorrentes.
Enquanto possível, aplicam-se as disposições do artigo 306.

Sobre a renúncia (no nosso caso desistência) do processo executivo no processo civil italiano, anotam Luigi Paolo Comoglio, Corrado Ferri e Michele Taruffo: *"O processo executivo procede mediante impulso da parte e se esse vem menos o processo extingue-se. Analogamente ao que é estabelecido para o processo de conhecimento, a lei apresenta duas ordens de motivos que estão interligadas ao referido impulso. Primeiramente, o processo extingue-se pela renúncia pessoal do credor ou dos credores que intervém no processo, se munidos de título executivo (porém, se a renúncia ocorre sucessivamente à venda forçada, deve ser requerida por todos os credores). Em segundo lugar, a extinção do processo pode ter lugar igualmente pela inatividade das partes ou por defeito de atos de impulso, quando a lei e o juiz estabelecem prazos peremptórios".*[37]

No direito processual civil português, ocorrendo a desistência depois da venda ou adjudicação dos bens, sobre cujo produto hajam sido graduados outros credores, a estes será paga a parte que lhes couber nesse produto.

No processo civil brasileiro, a lei permite que a parte possa desistir da demanda cognitiva ou da execução.

---

[37] COMOGLIO, Luigi Paolo; FERRI, Corrado; TARUFFO, Michele. *Lezioni sul processo civile. II. Procedimenti speciali, cautelari ed esecutiv.* Bologna: Il Mulino, 2011. p. 339.

Em relação à desistência da ação (demanda) referente ao processo de conhecimento, estabelece o §4º do art. 485 do atual C.P.C.: *"Oferecida a contestação, o autor não poderá, sem o consentimento do réu, desistir da ação.*

Portanto, no âmbito do processo de conhecimento, a parte poderá desistir da demanda sem o consentimento do réu, até o oferecimento da contestação. Após o oferecimento da contestação, a desistência ficará condicionada ao consentimento do réu.

É importante salientar que a desistência da ação (demanda) acarreta apenas efeitos restritivos processuais, não impedindo que o autor ingresse novamente com a demanda.

Se a intenção do autor é gerar efeito sobre o direito material propriamente dito, aí não basta a simples desistência. Haverá necessidade de renúncia sobre o qual se fundamenta a ação (demanda).

O art. 775 do atual C.P.C. trata da desistência da execução ou de algumas medidas executivas, não se confundindo com a renúncia ao direito de crédito objeto da execução.

O exequente, conforme lhe permite o art. 775 do atual C.P.C., poderá desistir de toda a execução.

Se a desistência ocorrer no âmbito do processo de execução fundado em título executivo extrajudicial, o processo será extinto sem resolução de mérito. Tratando-se de cumprimento de sentença, entendo que o processo conhecimento/execução deverá ser arquivado, podendo ser reaberto enquanto não ocorrer a prescrição. Na primeira hipótese, o devedor poderá obter certidão negativa do foro, pois o processo de execução por título extrajudicial foi extinto. Na segunda hipótese, a certidão será positiva em relação ao processo de conhecimento que foi arquivado. O devedor somente será exonerado da indicação positiva da certidão após operar-se a prescrição da pretensão executória do crédito.

O art. 775 do atual C.P.C. também permite que o credor desista, não do processo ou da ação/demanda executiva, mas, sim, de *algumas medidas executivas.*

Entende-se por *medidas executivas, "aquelas de que dispõem os órgãos jurisdicionais para assegurar ao credor o bem (em sentido amplo) que lhe cabe para satisfação de seu direito".*[38]

É possível que determinada execução gere medidas de coação ou de sub-rogação, sendo a coação muitas vezes aplicada mediante a incidência de multa diária. Nada impede que o credor desista dessa medida executiva coativa.

---

[38] LIMA, A. M., op. cit., p. 179.

Em se tratando de dívida alimentar, o credor poderá desistir do pedido de prisão do devedor, conformando-se apenas com as medidas executivas expropriatórias de bens do devedor.

Como essas medidas executivas muitas vezes são outorgadas no interesse do credor, nada impede que ele as requeira e posteriormente delas desista.

É importante salientar, ao contrário do que possa ocorrer com a desistência de toda a execução, a desistência de algumas medidas executivas não depende de autorização do devedor, mesmo que já tenha ingressado com embargos do devedor ou impugnação ao cumprimento de sentença. E isso ocorre tendo em vista que a desistência dessas medidas executivas somente vem beneficiar o devedor, razão pela qual lhe faltaria interesse em impugnar a faculdade outorgada pela lei ao credor.

A desistência da ação/demanda executiva somente produzirá efeito depois de homologada por sentença, nos termos do art. 198, p.u., do atual C.P.C.

O parágrafo único do art. 775 do atual C.P.C., por sua vez, estabelece alguns critérios para a desistência da execução, a saber: I – serão extintos a impugnação e os embargos que versarem apenas sobre questões processuais, pagando o exequente as custas e os honorários advocatícios; II – nos demais casos, a extinção dependerá da concordância do impugnante ou embargante.

Os requisitos exigidos para a desistência da execução previstos no p.u. do art. 775 do atual C.P.C. aplica-se à execução fundada em título executivo extrajudicial como em relação à execução realizada por meio de cumprimento de sentença.

O credor poderá desistir da execução, ainda que o devedor já tenha ingressado com embargos à execução ou com impugnação ao cumprimento de sentença, sem necessidade de consentimento do executado, desde que essas peças de defesa digam respeito apenas a questões processuais (pressupostos processuais da execução), e desde que ele, exequente, pague as custas processuais e os honorários de advogado.

Contudo, nos demais casos de defesa (mérito ou condição da demanda), como, por exemplo, falta ou nulidade de citação no processo de conhecimento, inexigibilidade do título, pagamento, novação, prescrição etc.) a extinção dependerá da concordância do embargante ou do impugnante.

9. Extinção da execução por inatividade das partes

No direito italiano, a extinção da execução poderá ocorrer pela *inatividade das partes*.

A jurisprudência italiana é firme no sentido de que a extinção do processo executivo por *inatividade das partes* é prevista somente nas hipóteses taxativas indicadas no art. 630 do c.p.c. italiano.

A *extinção por inatividade* tem lugar, portanto, quando as partes não prosseguem ou não reassumem o processo dentro do prazo peremptório estabelecido pela lei ou pelo juiz. Assim, na hipótese de suspensão do processo executivo, e se depois da decisão suspensiva nenhuma das partes der impulso ao juízo de oposição dentro do prazo peremptório, a extinção do processo pode ser declarada de ofício pelo juiz.[39]

No direito processual civil português, haverá extinção do processo de execução quando ocorrer a *deserção de instância*, independentemente de qualquer decisão judicial, quando, por negligência das partes, o processo se encontre a aguardar impulso processual há mais de seis meses.

No âmbito do processo civil brasileiro, o art. 485, incs. II e III, do novo C.P.C. estabelece que o juiz não resolverá o mérito quando: a) o processo ficar parado durante mais de 1 (um) ano por negligência das partes; b) – por não promover os atos e as diligências que lhe incumbir, o autor abandonar a causa por mais de 30 (trinta) dias.

Tendo em vista que as regras processuais do processo de conhecimento aplicam-se subsidiariamente ao processo de execução, isso significa dizer que o juiz da execução poderá extinguir o procedimento executivo se o processo ficar parado por mais de 1 (um) ano em decorrência de negligência das partes ou se o exequente não promover os atos e as diligências que lhe incumbir, abandonando a causa por mais de 30 (trinta) dias.

Porém, para efeito de extinção do procedimento executivo por inatividade processual, o juiz deverá intimar o exequente, tendo em vista que nas hipóteses descritas nos incs. II e III do art. 485 do novo C.P.C., a parte deverá ser intimada pessoalmente para suprir a falta no prazo de 5 (cinco) dias, conforme preconiza o §1º do art. 485 do novo C.P.C.

Além do mais, segundo estabelece a Súmula 240 do S.T.J.." *A extinção do processo, por abandono da causa pelo autor, depende de requerimento do réu*".

Contudo, o próprio S.T.J., em recente decisão, acolheu a extinção da execução por abandono da causa, aduzindo, ainda, a desnecessidade de requerimento do executado para tal fim. (REsp 1616495/PR, Rel. Ministro HERMAN BENJAMIN, SEGUNDA TURMA, julgado em 20/09/2016, REPDJe 01/12/2016, DJe 10/10/2016).

---

[39] COMOGLIO, L. P.; FERRI, C.; TARUFFO, M., op. Cit., loc. cit.

Na realidade, havendo a intimação pessoal do exequente para dar prosseguimento ao feito e permanecendo ele inerte, cabe ao juiz determinar a extinção do processo, sem julgamento de mérito, por abandono de causa. STJ, AgRg nos EDcl no REsp 1.351.378/RJ, Rel. Ministro BENEDITO GONÇALVES, PRIMEIRA TURMA, DJe de 18/02/2014).

Mesmo em se tratando de execução fiscal, o S.T.J. entendeu que prescinde de requerimento do executado a extinção de execução fiscal por abandono da causa, *in verbis:*

> *DIREITO PROCESSUAL CIVIL E TRIBUTÁRIO. PRESCINDIBILIDADE DE REQUERIMENTO DO RÉU PARA A EXTINÇÃO DE EXECUÇÃO FISCAL POR ABANDONO DA CAUSA.*
>
> *Se a Fazenda Pública – tendo sido intimada pessoalmente para se manifestar sobre seu interesse no prosseguimento de execução fiscal não embargada – permanecer inerte por mais de trinta dias, não será necessário requerimento do executado para que o juiz determine, ex officio, a extinção do processo sem julgamento de mérito (art. 267, III, do CPC), afastando-se, nesse caso, a incidência da Súmula 240 do STJ. Precedente citado: REsp 1.120.097-SP, Primeira Seção, DJe 26/10/2010 (julgado sob o procedimento dos Recursos Repetitivos).*
>
> (AgRg no REsp 1.450.799-RN, Rel. Min. Assusete Magalhães, julgado em 21/8/2014).

10. Ressarcimento dos danos ao devedor

A execução de título judicial ou extrajudicial será proposta em benefício e no interesse do credor, respeitando-se o princípio da menor onerosidade possível em relação ao devedor.

Porém, muito embora a execução seja proposta em proveito do credor, poderá ele ser responsabilizado por eventuais danos que possa causar ao executado, caso a obrigação que ensejou a execução seja declarada, no todo ou em parte, inexistente (art. 776 do novo C.P.C.).

O reconhecimento de inexistência de obrigação deverá dar-se por 'sentença', seja ela proferida no procedimento executivo de cumprimento de sentença ou no processo de execução autônomo de título executivo extrajudicial.

Na realidade, e numa situação normal, o juiz deverá declarar a inexistência, no todo ou em parte, da obrigação quando decidir impugnação ao cumprimento de sentença, com base no art. 535 do novo C.P.C. ou quando decidir embargos à execução, nos termos do art. 915 do novo C.P.C.

TEORIA GERAL DA EXECUÇÃO

Também poderá ser declarada inexistente a obrigação por meio de ação própria ou quando o juiz analisar exceção de pré-executividade.

Evidentemente, se houver a prolação de sentença na execução reconhecendo a inexistência, no todo ou em parte, da obrigação que ensejou a execução, tendo por fundamento a prescrição, a compensação, o pagamento, a novação etc., eventuais danos que possa ter sofrido o executado deverão ser ressarcidos, sejam danos materiais ou morais.

Pense-se na hipótese em que é penhorado e retirado da disposição do devedor o uso de um táxi, sendo que este veículo servia de sustento do executado. Nesse caso, o executado, tendo em seu favor uma sentença que reconheceu no todo ou em parte a inexistência da obrigação, poderá, nos próprios autos de execução, requerer a liquidação dos danos sofridos pela efetivação das medidas executivas expropriatórias.

Os danos serão apurados nos próprios autos que deram origem à execução extinta.

A responsabilidade do exequente, nessa hipótese, é objetiva, pois basta ao executado demonstrar o nexo de causalidade entre as medidas executivas e o dano a ele causado.

Regra similar encontra-se, respectivamente, nos arts. 866º do C.P.C. português e no §945 do C.P.C. alemão, a saber:

> *Artigo 866.º Responsabilidade do exequente*
>
> *Procedendo a oposição à execução que se funde em título extrajudicial, o exequente responde pelos danos culposamente causados ao executado e incorre em multa correspondente a 10 % do valor da execução, mas não inferior a 10 UC nem superior ao dobro do máximo da taxa de justiça, quando não tenha agido com a prudência normal, sem prejuízo da responsabilidade criminal em que possa também incorrer.*
>
> *O §945 do Zivilprozessordnung alemã preceitua:*
>
> *"Obrigação de ressarcimento de dano*
>
> *Se a ordem de seqüestro ou de uma providência de urgência se revela privada de causa desde o início ou se a medida ordenada vem a ser revogada nos termos do §926, inc. 2, ou do §942 inc. 3, a parte que obteve o provimento de urgência é obrigada a ressarcir à contraparte o dano que lhe foi imposto pela execução da medida ordenada ou da prestação de garantia para impedir a execução ou para obter a revogação da medida".*

11. Da legitimidade das partes na execução

Em relação à legitimidade das partes no âmbito do procedimento executivo, a doutrina portuguesa faz a distinção entre *partes principais* e *partes acessórias*.

O conceito de partes principais e partes acessórias de certa forma coincide na demanda cognitiva e na demanda executiva.

Segundo anota Fernando Amâncio Ferreira, *"partes principais são as pessoas que pedem a composição de um litígio e aquelas em relação às quais tal composição é pedida, ou, dito de outra forma, as que requerem uma determinada providência e aquelas contra quem a providência é solicitada, ou, ainda, as que propõem a demanda e aquelas relativamente às quais a demanda é proposta.*

O conceito de parte deriva do conceito de relação processual, origina-se na demanda e não na relação material que é objecto do litígio.

Partes acessórias são as pessoas portadoras de certos interesses conexos com os interesses em causa num processo, admitidas a nele apenas para a coadjuvar, mantendo-se, consequentemente em relação a ela numa posição subalterna. A sua actuação faz-se por um direito alheio.

No processo de execução, são necessariamente partes principais as pessoas que promovem e contra quem é promovida a execução. Aquelas denominam-se exeqüentes e estas executados e correspondem, respectivamente, aos autores e réus, no processo de declaração.

Como partes acessórias, à semelhança do que ocorre no processo de declaração, figuram, no processo de execução, se bem que aqui sem grande projecção, os assistentes. Podem, sobretudo, surgir, com interesse relevante, nos processos declarativos enxertados, como de embargos de executado, ou de embargos de terceiro ou o da reclamação e verificação dos direitos reais caducáveis"[40]

No âmbito da doutrina processual civil brasileira, não se utiliza a terminologia de 'parte acessória', pois os sujeitos que nela se inserem são considerados 'terceiros' no âmbito da relação jurídica processual.

O certo é que somente poderá promover a demanda executiva aquele sujeito que tiver 'legitimatio ad causam' para figurar como exequente na demanda executiva.

Por outro lado, a demanda executiva somente poderá ser promovida contra aquele que tiver 'legitimatio ad causam' para figurar na demanda como 'executado'.

Questão frequentemente delicada diz respeito à individualização do sujeito habilitado a promover a demanda executiva ou a ser destinatário dela como sujeito passivo.

Em regra geral, descortinar quem são os credores e devedores que poderão ser sujeitos ativos e passivos do procedimento executivo, por vezes não parece ser uma tarefa fácil.

---

[40] FERREIRA, F. A., op. cit., p. 47.

Tendo em vista a natureza abstrata da demanda executiva, a legitimação para participação na execução decorre daquilo que emerge da análise do título executivo.

Conforme anota Giampiero Balena, *"o problema surge, todavia, quando o direito resultante do título tenha súbito, no âmbito substancial, sofrido modificação do lado ativo ou passivo, seja no início da execução ou no curso do processo de cognição, ou, ainda, durante o processo de execução já iniciado; devendo-se, portanto, estabelecer-se em qual medida tais modificações reagem sobre o processo executivo, isto é, que o processo executivo seja 'intrapreso' ou 'prosseguido' em relação aos sujeitos diversos daqueles indicados no título, tendo em vista a sucessão ocorrida em relação ao direito ou à obrigação inseridos como base do próprio título".*[41]

Na realidade, no âmbito do processo civil brasileiro, somente duas disposições tratam da eficácia subjetiva do título executivo, ou seja, os arts. 778 e 779 do novo C.P.C.

Vejamos, então, a sujeição ativa e passiva da execução.

11.1. Sujeito ativo na execução
11.1.1. Legitimação do credor

A tutela jurisdicional dos direitos está sempre condicionada a uma iniciativa da parte legítima para assim proceder.

Essa legitimação, no âmbito da execução, compete ao credor, denominado tecnicamente como exequente.

Segundo estabelece o art. 53º do C.P.C. português de 2013, a execução tem de ser promovida pela pessoa que no título executivo figure como credor, sendo que se o título for ao portador, será a execução promovida pelo portador do título.

Analisando o art. 55º, n. 1º do C.P.C. português de 1963, atual art. 53º do C.P.C. português de 2013, anota Fernando Amâncio Ferreira: *"Diz-se no n. 1 do art. 55º que a execução deve ser promovida pela pessoa que no título executivo figure como credor... Não se diz no preceito em causa que são partes legítimas, como exequente e executado, o credor e o devedor, respectivamente, mas aqueles que no título figurem nessas qualidades. O que vale por dizer que uma pessoa pode aparecer no título na posição de credor ou devedor sem que seja realmente titular de um direito de crédito ou sujeito de uma obrigação. Apenas o título executivo 'faz presumir' a existência de um crédito e de um a dívida. Como nos diz Alberto dos Reis, 'figurar no título como credor não é o mesmo que*

---

[41] BALENA, Giampiero. *Istituzioni di diritto processuale civile.* I processi speciali e l'esecuzione forzata. Seconda Edizione. Volume Terzo. Bari: Cacucci Editore, 2012. p. 84.

ser credor... Também, segundo os ensinamentos do mesmo Mestre, os vocábulos 'credor' e 'devedor' estão empregados em sentido amplo abrangendo, pelo lado activo, não somente o titular de um direito de crédito propriamente dito, mas também o titular de um direito real, e, pelo lado passivo, tanto o sujeito passivo de um vínculo obrigacional como aquele que praticou um acto ofensivo de um direito real".[42]

É importante salientar que nem sempre aquele cujo nome originalmente consta no título será o exequente no processo de execução. O art. 54º do C.P.C. português faz referência aos 'desvios à regral geral de determinação da legitimidade' na execução, estabelecendo que *"tendo havido sucessão no direito ou na obrigação, deve a execução correr entre os sucessores das pessoas que no título figuram como credor ou devedor da obrigação exeqüenda"..*

Segundo estabelece o art. 778 do atual C.P.C. brasileiro, poderá promover a execução forçada o credor a quem a lei confere título executivo.

É possível que o credor tenha legitimidade *ad causam* para estar em juízo, mas não tenha legitimidade *ad processum* para se fazer representar na relação jurídica processual. É o caso da criança que pode ser credora (legitimatio ad causam), mas precisa ver suprida sua *legitimatio ad processum* pelo seu representante legal.

Em regra, o credor/exequente está munido de um título judicial (transitado ou não em julgado), ou um título para o qual a lei confere força executiva.

O credor-exequente assume a mesma posição do autor no processo de conhecimento.

Nem todo credor poderá promover a execução, pois somente aquele que possui um título com força executiva conferida pela lei poderá fazê-lo.

A legitimação ativa na execução pressupõe o preenchimento de alguns requisitos. O credor/exequente deve ser capaz, ou estar representado ou assistido; ser representado por advogado se não possuir capacidade postulatória etc. Esses pressupostos devem ser observados em qualquer espécie de execução, ou seja, de título executivo extrajudicial ou em cumprimento de sentença.

José Alberto dos Reis, reportando-se ao art. 55 do Código de Processo Civil português revogado, faz nítida distinção entre o exequente legítimo e o credor real: *"o art. 55 foi redigido cautelosamente, de modo a evitar-se a confusão entre exeqüente legítimo e credor real, entre executado legítimo e verdadeiro devedor. Não se diz no art. que é parte legítima como exeqüente o credor; o que se diz é que a*

---

[42] FERREIRA, F. A., op. cit., p. 51 e 52.

execução tem de ser promovida pela pessoa que, no título executivo, 'figurar' como credor, o que equivale a dizer que essa pessoa é parte legítima como exeqüente, e deve sê-lo contra a pessoa que, no mesmo título, 'tiver a posição' de devedor, o que significa que esta pessoa é parte legítima como executado. 'Figurar' no título como credor não é o mesmo que 'ser' credor; ter no título a 'posição' de devedor é coisa diversa de ser realmente devedor".[43]

É bem verdade que para fins processuais, somente interessa a avaliação formal, sem que haja uma efetiva e definitiva correspondência com a avaliação material do crédito.

Assim, observa-se que a expressão credor foi inserida no código apenas por uma questão formal de legitimação ativa na execução.

11.1.2. Legitimação ativa do devedor

A legislação processual somente confere legitimação ativa na execução para o credor e não para o devedor.

No âmbito do processo cognitivo, a legitimação ativa pode também ser do devedor quando ele ingressa com a reconvenção.

É bem verdade que o C.P.C. de 1973 apresentava a seguinte faculdade conferida ao devedor e prevista no art. 570: *o devedor pode requerer ao juiz que mande citar o credor a receber em juízo o que lhe cabe conforme o título executivo judicial; neste caso, o devedor assume, no processo, posição idêntica do exeqüente".*

O art. 570 do C.P.C. de 1973 foi revogado pela Lei 11.232, de 2005, não tendo sido repetido pelo atual C.P.C.

É certo que o art. 509 do novo C.P.C. estabelece que *quando a sentença condenar ao pagamento de quantia ilíquida, proceder-se-á à sua liquidação, a requerimento do credor ou do devedor.*

Pela nova ordem jurídica processual, o devedor poderá requerer ao juiz a realização da liquidação por arbitramento ou por artigos para o fins de cumprir com a obrigação que lhe foi imposta no título executivo judicial.

A doutrina e a jurisprudência tem admitido a chamada *execução inversa ou invertida*, ou seja, a possibilidade de o devedor, antes de qualquer medida concreta realizada pelo credor no sentido de promover o cumprimento de sentença, realizar voluntariamente o cumprimento da decisão, inclusive mediante apresentação de memória de cálculo para efeito de expedição de

---

[43] Reis, José Alberto dos. *Código de Processo Civil português: Anotado*, 3ª ed., Coimbra: Coimbra, 1948, p. 5, n. 3.

EXECUÇÃO E CUMPRIMENTO DE SENTENÇA

precatório ou de requisitório de pequeno valor, quando o sujeito passivo da demanda for a Fazenda Pública.[44]

[44] **DECISÃO:** *Trata-se de agravo de instrumento, com pedido de efeito suspensivo, interposto pelo INSS contra decisão que, nos autos de cumprimento de sentença, deferiu pedido de fixação de honorários advocatícios em favor do procurador da parte autora, nas seguintes letras (evento 1 – OUT10): "1. Registre-se como cumprimento de sentença e intime-se a Fazenda Pública na pessoa de seu representante judicial, por carga, remessa ou meio eletrônico, para querendo, no prazo de 30 dias e nos próprios autos, impugnar a execução. 2. Sobre os honorários advocatícios: Segundo art. 1º-D, da Lei nº 9.494/97, 'Não serão devidos honorários advocatícios no cumprimento de sentença' e, segundo § 7º, do mesmo artigo, 'Não serão devidos honorários no cumprimento de sentença contra a Fazenda Pública que enseje expedição de precatório, desde que não tenha sido impugnada.' A compreensão possível de ambos dispositivos permite concluir que: a) Havendo impugnação/embargos, são devidos honorários advocatícios, em qualquer caso. b) Não havendo impugnação/embargos, não são devidos os honorários advocatícios quando houver necessidade de expedição de precatório. c) Havendo execução/cumprimento de sentença contra a Fazenda Pública quando não houver impugnação/embargos e tratar-se de situação que enseja expedição de RPV, são devidos os honorários advocatícios. (...) Portanto, superada a questão, passo a adotar nos processos da natureza em questão a seguinte orientação: a) Havendo impugnação/embargos, são devidos honorários advocatícios, em qualquer caso. b) Não havendo impugnação/embargos, não são devidos os honorários advocatícios quando houver necessidade de expedição de precatório. c) Havendo execução/cumprimento de sentença contra a Fazenda Pública quando não houver impugnação/embargos e tratar-se de situação que enseja expedição de RPV, são devidos os honorários advocatícios. No caso dos autos, tratando-se de processo cujo pagamento processa-se por intermédio de RPV, incidem os honorários advocatícios na fase de cumprimento de sentença, nos termos do art. 85, § 1º, do novo CPC, que fixo em 10% sobre o valor atualizado do débito, fulcro no art. 85, § 3º, inciso I, do novo CPC. O valor dos honorários, se devidos, se devidos nos termos da fundamentação supra, devem integrar o cálculo para todos os efeitos. Intimem-se." A parte agravante sustenta, em apertada síntese, que houve, in casu, o procedimento chamado de execução invertida, quando os cálculos são apresentados pelo próprio devedor. Aduz, dessa forma, ter dado início, espontaneamente, ao cumprimento de sentença, assegurando a efetividade e celeridade processuais, razão pela qual não são cabíveis os honorários advocatícios fixados para essa fase, mormente considerando-se a concordância da parte autora com os cálculos da autarquia. Relatei. Decido. Em princípio, são devidos honorários advocatícios em execução/cumprimento de sentença contra a Fazenda Pública envolvendo crédito sob o regime de RPV, como previsto no § 1º do art. 85, sendo ressalvada no § 7º a hipótese que enseje a expedição de precatório, desde que não tenha havido impugnação. A esse propósito, confira-se (os grifos não pertencem ao original): "PREVIDENCIÁRIO. EXECUÇÃO. HONORÁRIOS ADVOCATÍCIOS. MP 2.180-35/2001. PRECATÓRIO. RPV. Segundo o entendimento sufragado pelo STF: a) são devidos honorários advocatícios nas execuções propostas contra a Fazenda Pública, de qualquer valor, iniciadas antes da edição da MP n. 2.180-35/2001, mesmo quando não opostos embargos; b) são devidos honorários nas execuções contra a Fazenda Pública, ainda que não embargadas e iniciadas após a edição da MP n. 2.180-35/2001, nos casos em que o pagamento deva ser feito via requisição de pequeno valor (débitos inferiores a sessenta salários mínimos); c) não são devidos honorários nas execuções propostas contra a Fazenda Pública, quando não embargadas e iniciadas posteriormente à edição da MP n. 2.180-35/2001, nos casos em que o pagamento deva ser feito via precatório (débitos superiores a sessenta salários mínimos)." (TRF4, AGRAVO DE INSTRUMENTO Nº 5027438-10.2013.404.0000, 6ª TURMA, Juiz Federal ALCIDES VETTORAZZI, POR UNANIMIDADE, JUNTADO AOS AUTOS EM 23/01/2014) No presente caso, todavia, a situação envolve a chamada "execução invertida" de crédito pagável por meio de RPV, em que o INSS apresentou os cálculos, tendo havido concordância da parte credora (evento 1 – OUT8 e OUT9 deste processo). Logo, caberia ao MM. Juízo a quo apenas expedir o ofício à autoridade competente, para cumprimento da sentença, como*

TEORIA GERAL DA EXECUÇÃO

preconiza o art. 17 da Lei 10.259/2001, preceito legal essencialmente replicado pelo art. 535, § 3º, II, do CPC: "Art. 535. A Fazenda Pública será intimada na pessoa de seu representante judicial, por carga, remessa ou meio eletrônico, para, querendo, no prazo de 30 (trinta) dias e nos próprios autos, impugnar a execução, podendo arguir: (...) § 3º Não impugnada a execução ou rejeitadas as arguições da executada: I – expedir-se-á, por intermédio do presidente do tribunal competente, precatório em favor do exequente, observando-se o disposto na Constituição Federal; II – por ordem do juiz, dirigida à autoridade na pessoa de quem o ente público foi citado para o processo, o pagamento de obrigação de pequeno valor será realizado no prazo de 2 (dois) meses contado da entrega da requisição, mediante depósito na agência de banco oficial mais próxima da residência do exequente. (grifou-se) Tem-se, então, que o executado tomou todas as providências necessárias ao cumprimento do julgado, restando, pois, afastada a sua sucumbência (princípio da causalidade). Nesse sentido remansou a jurisprudência do Superior Tribunal de Justiça, como denotam os seguintes julgados (os grifos não pertencem ao original): "PROCESSUAL CIVIL. AGRAVO INTERNO NO RECURSO ESPECIAL. EXECUÇÃO DE TÍTULO JUDICIAL CONTRA A FAZENDA PÚBLICA. OBRIGAÇÃO DE PEQUENO VALOR. EXECUÇÃO INVERTIDA. HONORÁRIOS ADVOCATÍCIOS. DESCABIMENTO. PRECEDENTES DO STJ. 1. Esta Corte firmou entendimento no sentido de que o cumprimento espontâneo da obrigação de pequeno valor, pelo ente público devedor – na chamada execução invertida – afasta a condenação em honorários de advogado. 2. Agravo interno não provido." (AgRg no REsp 1579310/RS, Rel. Ministro MAURO CAMPBELL MARQUES, SEGUNDA TURMA, julgado em 07/04/2016, DJe 15/04/2016). "PROCESSUAL CIVIL. AGRAVO REGIMENTAL EM AGRAVO EM RECURSO ESPECIAL. OFENSA AO ARTIGO 535 DO CPC. INEXISTÊNCIA. EXECUÇÃO INVERTIDA. IMPOSSIBILIDADE DE FIXAÇÃO DE HONORÁRIOS ADVOCATÍCIOS. PROVIMENTO DO RECURSO. 1. O acórdão recorrido não padece de omissão, contradição ou obscuridade, tendo em vista que analisou de maneira suficiente e fundamentada todas as questões relevantes à solução da controvérsia, não sendo os embargos de declaração veículo adequado para mero inconformismo da parte. 2. Hipótese de 'execução invertida' em que a Fazenda Pública condenada em obrigação de pagar quantia certa, mediante RPV, antecipa-se ao credor cumprindo espontaneamente a obrigação e apresentando os cálculos da quantia devida, sem oposição da parte contrária. 3. É entendimento do STJ 'segundo o qual não cabe a fixação de honorários advocatícios na hipótese em que o devedor apresenta os cálculos para expedição da correspondente requisição de pequeno valor, caso o credor concorde com o valor apresentado (denominada execução invertida)' (AgRg nos EDcl no AgRg no REsp 1525325/RS, Rel. Ministra REGINA HELENA COSTA, PRIMEIRA TURMA, julgado em 04/08/2015, DJe 14/08/2015). 4. Agravo regimental provido para, reconsiderando a decisão agravada, conhecer do agravo e dar provimento ao recurso especial." (AgRg no AREsp 605.340/RS, Rel. Ministro OLINDO MENEZES (DESEMBARGADOR CONVOCADO DO TRF 1ª REGIÃO), PRIMEIRA TURMA, julgado em 24/11/2015, DJe 09/12/2015) Na mesma linha, os seguintes julgados desta Corte (os grifos não pertencem ao original): "AGRAVO DE INSTRUMENTO. CUMPRIMENTO DE SENTENÇA. CRÉDITO SUJEITO A PAGAMENTO POR RPV. CUMPRIMENTO ESPONTÂNEO DA OBRIGAÇÃO. HONORÁRIOS ADVOCATÍCIOS DE EXECUÇÃO. DESCABIMENTO. Ainda que o valor do débito seja inferior a sessenta salários mínimos, não são devidos honorários advocatícios no cumprimento de sentença quando quem toma a iniciativa de liquidar é o próprio devedor, restringindo-se a atividade do credor à mera concordância com a memória de cálculo apresentada. Precedentes desta Corte e do Superior Tribunal de Justiça." (TRF4, AGRAVO DE INSTRUMENTO Nº 5053204-60.2016.404.0000, 5ª TURMA, Des. Federal ROGERIO FAVRETO, POR UNANIMIDADE, JUNTADO AOS AUTOS EM 17/04/2017) "EXECUÇÃO DE SENTENÇA. PROCESSUAL CIVIL. HONORÁRIOS ADVOCATÍCIOS NA EXECUÇÃO. INICIATIVA DO DEVEDOR. MERA CONCORDÂNCIA DO CREDOR. Não são devidos honorários advocatícios na execução quando quem toma

EXECUÇÃO E CUMPRIMENTO DE SENTENÇA

11.1.3. Legitimação ativa em decorrência de litisconsórcio

A legitimidade ativa na execução pode ser configurada por meio de litisconsórcio, ou seja, quando essa legitimidade é conferida a mais de um credor.

É de se ressaltar que na execução não há litisconsórcio necessário, apenas facultativo.

a iniciativa de liquidar é o próprio devedor, restringindo-se a atividade do credor à mera concordância com a memória de cálculo apresentada." (TRF4, AGRAVO DE INSTRUMENTO Nº 5005222-16.2017.404.0000, 6ª TURMA, Des. Federal SALISE MONTEIRO SANCHOTENE, POR UNANIMIDADE, JUNTADO AOS AUTOS EM 24/04/2017) "AGRAVO DE INSTRUMENTO. PREVIDENCIÁRIO. EXECUÇÃO INVERSA. PAGAMENTO POR MEIO DE RPV. FIXAÇÃO DE HONORÁRIOS ADVOCATÍCIOS. DESCABIMENTO. 1. A princípio, são devidos honorários advocatícios em execução/cumprimento de sentença contra a Fazenda Pública envolvendo crédito sob o regime da RPV. 2. No presente caso, todavia, a rigor, sequer seria necessária a execução/cumprimento de sentença, propriamente dita, pois o INSS apresentou os cálculos, tendo havido concordância da parte credora. 3. Logo, caberia ao MM. Juízo a quo apenas expedir a requisição de pequeno valor – RPV, para cumprimento da sentença, como preconiza o art. 17 da Lei 10.259/2001, dispositivo legal que deve ser aplicado de forma subsidiária aos processos da jurisdição comum, mesmo porque é a forma estabelecida para o cumprimento, não havendo, no caso, qualquer resistência do INSS em relação ao pagamento." (TRF4, Agravo de Instrumento Nº 5055364-58.2016.404.0000, 6ª TURMA, (Auxílio Vânia) Juiz Federal HERMES S DA CONCEIÇÃO JR, POR UNANIMIDADE, JUNTADO AOS AUTOS EM 24/02/2017) PREVIDENCIÁRIO. AUXÍLIO-DOENÇA. APOSENTADORIA POR INVALIDEZ. INCAPACIDADE LABORAL. TUTELA ANTECIPADA. HONORÁRIOS PERICIAIS. MEDICINA. FIXAÇÃO NOS TERMOS DA RESOLUÇÃO 558 DO CJF. HONORÁRIOS ADVOCATÍCIOS. JUROS. CORREÇÃO MONETÁRIA. 1. Comprovada a incapacidade total e permanente do segurado para o exercício de sua atividade laboral é devida a concessão de aposentadoria por invalidez. 2. No caso dos autos, ficou comprovado que a parte autora está total e permanentemente incapacitada para suas atividades laborais, razão pela qual é devida a concessão de auxílio-doença desde a data do requerimento administrativo, com sua conversão em aposentadoria por invalidez a partir da data do laudo pericial. 3. Declarada pelo Supremo Tribunal Federal a inconstitucionalidade do art. 1º-F da Lei nº 9.494/97, com a redação dada pela Lei nº 11.960/2009, os juros moratórios devem ser equivalentes aos índices de juros aplicáveis à caderneta de poupança (STJ, REsp 1.270.439/PR, 1ª Seção, Relator Ministro Castro Meira, 26/06/2013). No que tange à correção monetária, permanece a aplicação da TR, como estabelecido naquela lei e demais índices oficiais consagrados pela jurisprudência. 4. Os honorários periciais na área médica devem ser fixados de acordo com a Resolução 558 do Conselho da Justiça Federal, vigente à época da perícia, podendo o limite máximo ser ultrapassado em até 3 (três) vezes, quando houver justificativa razoável. 5. A execução invertida, com a intimação do INSS para apresentar os cálculos do que entende devido, não viola o art. 730 do CPC, consubstanciando-se em mera oportunidade para cumprimento espontâneo do julgado (limitada à apresentação da conta) a qual obstará a incidência de honorários advocatícios da fase executiva. (TRF4, AC 0002478- 51.2013.404.9999, QUINTA TURMA, Relator LUIZ ANTONIO BONAT, D.E. 11/11/2015) Logo, a irresignação veiculada no presente recurso merece prosperar. Frente ao exposto, defiro o pedido de concessão de efeito suspensivo. Comunique-se ao Juízo a quo, dando-lhe ciência do inteiro teor desta decisão. Intimem-se, a parte agravada para, querendo, apresentar resposta. Após, voltem os autos conclusos para julgamento do agravo de instrumento. (TRF4, AG 5052870-89.2017.404.0000, SEXTA TURMA, Relator ARTUR CÉSAR DE SOUZA, juntado aos autos em 26/09/2017)

É certo, porém, que o S.T.J., na decisão abaixo, entendeu que há litiscon-sórcio necessário entre o advogado substabelecido e o advogado substabelecente com reservas de poderes para efeito de execução dos honorários sucumbenciais:

RECURSO ESPECIAL – EXECUÇÃO DE HONORÁRIOS ADVOCATÍCIOS SUCUMBENCIAIS PROMOVIDA PELO ADVOGADO SUBSTABELECIDO, COM RESERVA DE PODERES, SEM A ANUÊNCIA DO PROCURADOR SUBSTABELECENTE – EXCEÇÃO DE PRÉ-EXECUTIVIDADE ACOLHIDA PELO MAGISTRADO DE PRIMEIRO GRAU – SENTENÇA REFORMADA PELO TRIBUNAL DE ORIGEM – ACORDO CELEBRADO ENTRE AS PARTES ORIGINÁRIAS – IMPOSSIBILIDADE DE ALCANÇAR OS HONORÁRIOS SUCUMBENCIAIS – INSURGÊNCIA DOS EXECUTADOS – RECURSO ESPECIAL PROVIDO EM PARTE.

Hipótese em que a ação executiva é promovida pelo advogado substabelecido, com reserva de poderes, sem a anuência do procurador substabelecente, com o intuito de receber honorários advocatícios sucumbenciais.

Sentença reformada pelo Tribunal de origem, afastando a declaração de inexistência de pressuposto de desenvolvimento válido do processo, bem como considerando inoponível ao exequente a celebração de transação firmada entre as a partes originárias.

1. O art. 26 da Lei n. 8.906/94 é claro em vedar qualquer cobrança de honorários advocatícios por parte do advogado substabelecido, com reserva de poderes, sem a anuência do procurador substabelecente.

Incide, portanto, a clássica a regra de hermenêutica, segundo a qual onde a lei não distingue, não pode o intérprete distinguir.

1.1. Ademais, pouco importa tratar-se de execução de honorários sucumbenciais, pois não se divisa a existência de peculiaridade a justificar a não aplicação da jurisprudência desta Corte Superior, que exige a observância do referido preceptivo legal, porque, embora o título executado seja certo e líquido, ainda se faz necessário aquilatar a existência de eventual acordo entre os procuradores representantes da parte vencedora a respeito da verba executada.

1.2. Tratando-se de um litisconsórcio necessário, curial a intervenção do procurador substabelecente, para, nos termos do parágrafo único do artigo 47 do Código de Processo Civil, determinar-se a citação deste.

2. "A verba honorária constitui direito autônomo do advogado, integra o seu patrimônio, não podendo ser objeto de transação entre as partes sem a sua aquiescência." (REsp 468.949/ MA, Rel. Ministro BARROS MONTEIRO, QUARTA TURMA, julgado em 18/02/2003, DJ 14/04/2003, p. 231) 3. O art. 26 da Lei n. 8.906/94 visa impedir o locupletamento

EXECUÇÃO E CUMPRIMENTO DE SENTENÇA

ilícito por parte do advogado substabelecido, pois a aquiescência do procurador substabe-lecente mostra-se fundamental para o escorreito cumprimento do pacto celebrado entre os causídicos, a fim de que o patrono substabelecido, ao cobrar os honorários advocatícios, não o faça sem dar saber ao outro profissional que manteve reserva de poderes.

4. Independente da razão pela qual o advogado substabelecente não tenha composto inicialmente o polo ativo da demanda, sua ausência não enseja a imediata extinção do feito, sem julgamento de mérito.

Nos termos do parágrafo único do artigo 47 do Código de Processo Civil, deve o juiz, ainda que de ofício, determinar a citação daquele (Precedentes).

5. Ademais, não se afigura correta a extinção da presente execução, como requerido pelos ora recorrentes, eis que a formalidade exigida pelo o art. 26 da Lei n. 8.906/94 é facilmente atendida pelo retorno dos autos à origem, para que o exequente promova a citação do procu-rador substabelecente, a fim de que este tome ciência a respeito do processo executivo. Tal solução do caso atende a finalidade ética da norma em análise, bem como preserva os atos processuais até então praticados, em atenção aos princípios da instrumentalidade do processo e da inafastabilidade da jurisdição.

6. Recurso especial adesivo interposto por GENÉSIO NEILÔR FINGER – ESPÓLIO não conhecido. Apelo extremo aviado por CEREALISTA PALOTINENSE LTDA. e OUTROS provido parcialmente, a fim de determinar o retorno dos autos ao Juízo de Direito de origem, para se intimar o exequente, no intuito de que este promova a citação do procu-rador substabelecente em 20 (vinte) dias, nos termos do parágrafo único do art. 47 do Código de Processo Civil.

(REsp 1068355/PR, Rel. Ministro MARCO BUZZI, QUARTA TURMA, julgado em 15/10/2013, DJe 06/12/2013).

O litisconsórcio pode ser ativo ou passivo, inicial ou sucessivo.

O litisconsórcio ativo sucessivo ocorre no concurso de credores.

O art. 56º do C.P.C português prevê a hipótese de execução por vários credores coligados ou em litisconsórcio.

11.1.4. Legitimação ativa do fiador

Ao conceito de credor também pode ser associada a figura do fiador, uma vez que quando o credor, sem justa causa, demorar a execução iniciada contra o devedor, poderá o fiador promover-lhe o andamento (art. 834 do C.c.b.).

O fiador, nessa hipótese, agirá em nome próprio mas no interesse do credor, razão pela qual ele age como substituto processual. Nesse sentido é o ensina-mento de Clóvis Beviláqua: *"Iniciada a execução contra o devedor...Para evitar que, em tal circunstância, o credor proceda, injustamente, retardando o processo iniciado, o Código confere ao fiador o direito de promover-lhe o andamento, substituindo-se ao autor desidioso ou de má fé".*[45]

É evidente que o art. 834 do C.c.b. somente será invocável se o fiador não for também devedor solidário.

Diante dessas considerações, pode ocorrer a seguintes situações: *"a) ou o fiador já ingressara na ação de cognição (a terminar em sentença exequenda) ou nos embargos do devedor (de título judicial ou extrajudicial), como litisconsorte, e, aí, a sua posição já lhe permite mais facilmente provocar o andamento da causa, se o credor se omitir; b) ou o fiador não foi citado e nem, espontaneamente, interveio em qualquer daquelas ações, caso em que, mesmo assim, poderá ter interesse em que o feito ande, para que obrigação afiançada venha a ser solvida o mais rapidamente possível pelo devedor, requerendo, então, a efetivação de todos os atos que, normalmente, caberiam ao credor, se esse não se tornasse impassível, independentemente do motivo 'para assim comportar-se".*[46]

O fiador, evidentemente, não é representante do credor, mas age como substituto processual. Está-se diante da aplicação da teoria carneluttiana de parte em sentido formal e parte em sentido material. O fiador é parte ativa em sentido formal, mas não é parte em sentido material.

11.1.5. Legitimação ativa do Ministério Público

No âmbito do C.P.C português, art. 57º, o Ministério Público apresenta legitimidade para promover a execução por custas e multas judiciais impostas em qualquer processo, estabelecendo uma legitimação restrita ao Fiscal da Lei.

No direito processual civil brasileiro, nas causas em que o Ministério Público atua como parte processual ou como fiscal da ordem jurídica, poderá ele exercer, em todos os graus de jurisdição, o direito de ação em conformidade com suas atribuições constitucionais, especialmente o direito de promover o cumprimento de sentença ou de promover a execução de título executivo extrajudicial, principalmente naquelas demandas em que ele atuou, homologando acordo extrajudiciais envolvendo interesse público ou social.

Na execução, o Ministério Público atua com *legitimatio extraordine*, ou seja, como *substituto processual*. Atua em nome próprio para proteção de interesses alheios.

---

[45] Beviláqua, Clóvis, *Código civil dos estados unidos do brasil*. Vol. V. Tomo 2. São Paulo: Livraria Francisco Alves, 1919. p. 250.
[46] Lima, A. M., op. cit., p. 109.

É possível ao Ministério Público promover o cumprimento de sentença em favor de incapaz ou de criança ou adolescente, mesmo que não tenha atuado como parte no processo principal. Nessas demandas, mesmo que o Ministério Público somente atue como fiscal do ordenamento jurídico, poderá atuar como substituto processual para fazer valer no âmbito concreto o conteúdo da decisão.

O art. 15 da Lei 7.347 de 1985 que trata da Ação Civil Pública, assim prescreve: *"Decorridos sessenta dais do trânsito em julgado da sentença condenatória, sem que a associação autora lhe promova a execução, deverá fazê-lo o Ministério Público, facultada igual iniciativa aos demais legitimados".*

O Ministério Público também pode promover a execução nas ações coletivas (arts. 98 a 100 da Lei 8.078/90).

O Ministério Público pode promover também a execução de sentença que condena o réu ao pagamento de alimentos, quando o pedido é cumulado com o de investigação de paternidade, bem como, no âmbito penal, a de reparação de danos quando a pessoa é pobre (art. 68 do C.P.P.).

Por outro lado, o Ministério Público não tem legitimidade para a execução de sentença de multa criminal.

O Ministério Público também não tem legitimidade para a execução de título executivo extrajudicial proveniente de decisão do Tribunal de Contas. Nesse sentido é o seguinte precedente do S.T.J.:

DIREITO PROCESSUAL CIVIL. LEGITIMIDADE PARA A EXECUÇÃO DE TÍTULO EXECUTIVO EXTRAJUDICIAL PROVENIENTE DE DECISÃO DO TRIBUNAL DE CONTAS.

A execução de título executivo extrajudicial decorrente de condenação patrimonial proferida por tribunal de contas somente pode ser proposta pelo ente público beneficiário da condenação, não possuindo o Ministério Público legitimidade ativa para tanto. De fato, a Primeira Seção do STJ pacificou o entendimento no sentido de que o Ministério Público teria legitimidade, ainda que em caráter excepcional, para promover execução de título executivo extrajudicial decorrente de decisão de tribunal de contas, nas hipóteses de falha do sistema de legitimação ordinária de defesa do erário (REsp 1.119.377-SP, DJe 4/9/2009). Entretanto, o Pleno do STF, em julgamento de recurso submetido ao rito de repercussão geral, estabeleceu que a execução de título executivo extrajudicial decorrente de decisão de condenação patrimonial proferida por tribunal de contas pode ser proposta apenas pelo ente público beneficiário da condenação, bem como expressamente afastou a legitimidade ativa do Ministério Público para a referida execução (ARE 823.347-MA, DJe 28/10/2014). Além disso, a Primeira Turma do STJ também já se manifestou neste último sentido (REsp 1.194.670-MA, DJe 2/8/2013). Precedentes citados do STF: RE 791.575-MA

AgR, Primeira Turma, DJe 27/6/2014; e ARE 791.577-MA AgR, Segunda Turma, DJe 21/8/2014.

(REsp 1.464.226-MA, Rel. Min. Mauro Campbell Marques, julgado em 20/11/2014).

11.1.6. Legitimação do assistente

Segundo estabelece o art. 119 do novo C.P.C., pendendo causa entre 2 (duas) ou mais pessoas, o terceiro juridicamente interessado em que a sentença seja favorável a uma delas poderá intervir no processo para assisti-la.

A assistência será admitida em qualquer procedimento e em todos os graus de jurisdição (p.u. do art. 119 do novo C.P.C.).

Porém, a admissibilidade do assistente no processo de execução há muito vem gerando diversos questionamentos.

Esse questionamento continua em face do que dispõe o art. 119 do novo C.P.C.

Para Ernani Fidélis dos Santos[47], Nelson Nery Júnior[48] e Celso Agrícola Barbi[49] é justificável a intervenção da assistência adesiva no processo de execução.

Já Humberto Theodoro Júnior[50], Alexandre Freitas Câmara[51], Athos Gusmão Carneiro[52] não admitem a assistência no processo de execução.

Na verdade, a assistência somente tem sentido no processo cognitivo, no qual será resolvida determinada questão ou litígio. A solidariedade do assistente cessa com a prolação da sentença, a qual gerará reflexo sobre as partes principais.

Com efeito, formado o título executivo judicial, ficam definidas as partes da relação processual na execução. Somente entre elas é que se poderia falar em título líquido, certo e exigível. Na fase de conhecimento ficam acertados os direitos e os respectivos deveres e na fase de execução a atividade jurisdicional

---

[47] SANTOS, Ernani Fidélis. *Manual de direito processual civil.* 5ª ed. Vol. 1. São Paulo: Editora Saraiva, 1997, p. 82.

[48] NERY JÚNIOR, Nelson. *Código de processo civil comentado e legislação processual civil extravagante em vigor.* 4ª ed., São Paulo: Ed. R.T., p. 479.

[49] BARBY, Celso Agrícola. *Comentários ao código de processo civil.* 10ª ed. Vol.1. Rio de Janeiro: Forense, p. 215

[50] THEODORO JÚNIOR, Humberto. *Curso de direito processual civil.* 32ª ed., Vol. I Rio de Janeiro: Forense, 2000. p. 67.

[51] CÂMARA, Alexandre Freitas. *Lições de direito processual civil.* 6ª ed. Vol. 1. Rio de Janeiro: Ed. Lúmen Júris, 2001. p. 163.

[52] CARNEIRO, Athos Gusmão. *Intervenção de terceiros.* 8ª ed. São Paulo: Saraiva, 1999. p. 221.

é voltada primordialmente para a satisfação do direito do credor, caso o devedor não cumpra espontaneamente o que lhe cabia. Admitir o contrário constituiria até mesmo ofensa à coisa julgada, pois é na fase de conhecimento, após o exercício do contraditório e ampla oportunidade de defesa, é que se determina a quem o devedor tem de pagar. Uma vez formado o título, não se poderia surpreender o devedor com a ampliação do polo ativo e a apresentação de novas alegações, a exigir atividade cognitiva incompatível com a fase executiva.

Sobre a questão, em recentes decisões assim já se manifestou o S.T.J.:

> *DIREITO PROCESSUAL CIVIL. ASSISTÊNCIA AO EXEQUENTE. CÓDIGO DE PROCESSO CIVIL, ART. 50. INVIABILIDADE DA INTERVENÇÃO EM FASE DE EXECUÇÃO. TÍTULO EXECUTIVO JUDICIAL DESCONSTITUÍDO EM AÇÃO RESCISÓRIA. FALTA DE INTERESSE EM RECORRER DO ACÓRDÃO PROFERIDO NOS AUTOS DA EXECUÇÃO. AUSÊNCIA DE UTILIDADE DO PROVIMENTO PRETENDIDO.*
>
> *1. É requisito da assistência que haja causa pendente. É, portanto, inviável a assistência em processo de execução, no qual não se realiza atividade jurisdicional cognitiva e apenas se busca alteração no mundo dos fatos a fim de que seja satisfeito o crédito.*
>
> *2. A execução pressupõe a existência de título líquido, certo e exigível, atributos que não aproveitam àquele que não participou do processo de conhecimento.*
>
> *3. Dada a ausência de utilidade do provimento pretendido no recurso especial, é o caso de se reconhecer a falta de interesse em recorrer. No caso, o acórdão recorrido indeferiu o pedido de ingresso do recorrente como assistente em processo de execução; o título executivo judicial foi objeto de ação rescisória, cujo pedido foi julgado procedente. Desconstituído o título que embasava a execução, não mais se verifica o interesse do recorrente em integrar o polo ativo, aplicando-se ao caso o princípio nulla executio sine titulo.*
>
> *4. Agravo interno a que se nega provimento.*
>
> (AgInt no REsp 1552014/ES, Rel. Ministra MARIA ISABEL GALLOTTI, QUARTA TURMA, julgado em 25/04/2017, DJe 04/05/2017)

> *PROCESSUAL CIVIL. VIOLAÇÃO AO ART. 535 DO CPC/1973. INEXISTÊNCIA. UNIÃO. INTERVENÇÃO ANÔMALA NO PROCESSO EXECUTÓRIO. IMPOSSIBILIDADE.*
>
> *1. O Plenário do STJ decidiu que "aos recursos interpostos com fundamento no CPC/1973 (relativos a decisões publicadas até 17 de março de 2016) devem ser exigidos os requisitos de admissibilidade na forma nele prevista, com as interpretações dadas até então pela jurisprudência do Superior Tribunal de Justiça" (Enunciado Administrativo n. 2).*

2. O Superior Tribunal de Justiça firmou o entendimento de que não há violação ao art. 535, II, do CPC/1973, muito menos negativa de prestação jurisdicional, quando o acórdão "adota, para a resolução da causa, fundamentação suficiente, porém diversa da pretendida pela parte recorrente, para decidir de modo integral a controvérsia posta" (AgRg no REsp 1340652/SC, Rel. Ministro RICARDO VILLAS BÔAS CUEVA, TERCEIRA TURMA, julgado em 10/11/2015, DJe 13/11/2015).

3. A intervenção de terceiros prevista no art. 50, parágrafo único, do CPC/1973 não se confunde com aquela de que cuida o art. 5º, parágrafo único, da Lei n. 9.469/1997, visto que, nesta última, a intervenção legitima-se com o desiderato de demonstrar interesse econômico e não jurídico, como naquela.

4. Esta Corte Superior tem reputado inviável a intervenção de terceiros no processo executivo, salvo na ação cognitiva incidental de embargos, visto que a execução não objetiva a obtenção de sentença, mas a concretização do título executivo.

5. Caso em que a União, intimada para tomar ciência de acordo celebrado com empresa pública federal envolvendo valores superiores ao prescrito naquele diploma (R$ 1.360.000,00 – um milhão e trezentos e sessenta mil reais), manifestou discordância do cálculo apresentado pelo particular e pleiteou integrar a lide na condição de assistente, requerendo a sustação da transação e da penhora efetivada.

6. Manifesto aquele intento quando já se achava o feito na fase de liquidação de sentença e mostrando-se incompatível a intervenção anômala com o processo executório, mantém-se o acórdão recorrido que decidiu alinhado com a orientação preconizada neste Tribunal.

7. Recurso desprovido.

(REsp 1398613/SP, Rel. Ministro GURGEL DE FARIA, PRIMEIRA TURMA, julgado em 02/06/2016, DJe 29/06/2016)

Em se tratando de embargos à execução ou de impugnação ao cumprimento de sentença, entendo que é permitido o instituto da assistência adesiva, tendo em vista que o juiz poderá proferir uma sentença para solucionar eventuais questões que possam ser trazidas a esse tipo de procedimento cognitivo.

Nos embargos, a assistência poderá ser simples ou litisconsorcial.

11.1.7. Legitimidade ativa dos sucessores

A execução pode se dar entre os sucessores das pessoas que figuram no título como credor ou devedor da obrigação exequenda.

A sucessão poderá ser *mortis causa* ou entre vivos.

Trata-se da *habilitação-legitimidade*.

Havendo sucessão no direito de crédito, a habilitação visa legitimar o exequente.[53]

Poderão promover a execução o espólio, os herdeiros ou os sucessores do credor, o cessionário e o sub-rogado.

Os incs. II, III e IV do §1º do art. 778 do atual C.P.C. tratam de uma situação derivada ou superveniente.

Os sucessores *inter vivos* ou *causa mortis*, ainda que não constem no título, podem promover o cumprimento de sentença ou o processo de execução autônomo de título executivo extrajudicial. Com a sucessão, qualquer deles torna-se credor.

Os sucessores também podem no cumprimento de sentença ou no processo de execução autônomo prosseguir, ou seja, continuar na demanda já iniciada pelo primitivo credor.

No processo de execução ou no cumprimento de sentença pode ocorrer a substituição ou sucessão do credor originário, alterando a sujeição subjetiva. A mudança pode ser *formal ou substancial*. Exemplos: no primeiro caso, quando o menor, como autor ou réu, torna-se maior, dispensando, daí por diante, a representação, em juízo, de seu pai, tutor etc; no segundo caso: cessionário, sub-rogatório, legatária ou herdeiro substituem qualquer das partes, ou, de modo amplo, quando houver sucessão na relação jurídica controvertida. Essa mudança subjetiva do credor ocorre tanto no cumprimento de sentença quanto na execução autônoma de título extrajudicial[54].

O cessionário também pode promover ou prosseguir na execução quando o direito resultante do título executivo lhe foi transferido por ato entre vivos.

Observa-se, portanto, que no caso de sucessão *causa mortis*, a legitimidade ativa é tratada no inc. II do §1º do art. 778 do atual C.P.C., já o cessionário, como sucessor singular inter-vivos do credor está inserido o inc. III do mesmo diploma legal.

A sucessão poderá ocorrer também quando já proposta a execução. Se isso ocorrer, os sucessores legitimados ingressarão no processo pelo instituto da habilitação.

No âmbito do processo de conhecimento, se o objeto da pretensão de direito material disser respeito a direito que não possa ser transmitido por sucessão, como no caso de direito personalíssimo, não haverá a possibilidade de sucessão.

---

[53] FERREIRA, F. A., op .cit. p. 52.
[54] LIMA, A. M., op. cit., p. 126.

Porém, em se tratando de processo de execução, assim já decidiu o S.T.J.:

> *PROCESSUAL CIVIL. AGRAVO REGIMENTAL EM EXECUÇÃO EM MANDADO DE SEGURANÇA. HABILITAÇÃO DE HERDEIROS. DECISÃO ANTERIOR DEFERINDO A HABILITAÇÃO PARA OUTROS LITISCONSORTES. ISONOMIA. HABILITAÇÃO DIRETA DOS HERDEIROS. POSSIBILIDADE.*
>
> *1. Agravo regimental interposto contra decisão que autorizou a habilitação de herdeiros em mandado de segurança.*
>
> **2. A jurisprudência do Superior Tribunal de Justiça é firme no sentido de que não é cabível a sucessão de partes, ante o caráter mandamental e a natureza personalíssima da demanda, admitindo-se a habilitação, todavia, caso o feito esteja na fase de execução.**
>
> **Precedentes.**
>
> *(...).*
>
> (AgRg no ExeMS 115/DF, Rel. Ministro HUMBERTO MARTINS, PRIMEIRA SEÇÃO, julgado em 08/04/2015, DJe 15/04/2015)

11.1.8. Legitimidade ativa do sub-rogado

A legislação processual também permite que promova a execução forçada ou nela prossiga o sub-rogado na hipótese de sub-rogação legal ou convencional.

As hipóteses de sub-rogação estão previstas nos artigos 346 a 351 do C.c.b.

Por sua vez, o fiador que pagar integralmente a dívida fica sub-rogado nos direitos do credor; mas só poderá demandar a cada um dos outros fiadores pela respectiva quota (art. 831 do C.c.b.). A parte do fiador insolvente distribuir-se-á pelos outros (p.u. do art. 831 do C.c.b.).

Na sub-rogação, ao contrário da cessão de crédito, seus efeitos são imediatos, não exigindo formalidades especiais, muito menos notificação ao devedor.

A hipótese de sub-rogação convencional prevista no inc. I do art. 347 regula-se pelas normas de cessão de crédito.

Estabelece o §2º do art. 778 do atual C.P.C. que a sucessão prevista no §1º independe de consentimento do executado.

11.2. Sujeito passivo na execução

Assim como o exequente tem que ter legitimidade ativa para dar início ao procedimento executivo, a execução somente poderá ser promovida contra aquele que possui legitimação para figurar no polo passivo.

A sujeição passiva dar-se-á em relação ao devedor propriamente dito ou em relação aos demais sujeitos considerados sucessores ou responsáveis pelo cumprimento da obrigação.

No âmbito do processo civil brasileiro, a execução poderá ser promovida ou ter prosseguimento em relação às pessoas citadas no art. 779 do atual C.P.C. Note-se que muitas das hipóteses ali discriminadas dizem respeito ao prosseguimento de execução e não ao seu início.

11.2.1. Legitimidade passiva do devedor

A execução pode ser promovida contra o *devedor, reconhecido como tal no título executivo.*

Dispositivo similar encontra-se no art. 53, n.1, do Código de Processo Civil português:

> *Artigo 53.º Legitimidade do exequente e do executado*
> *1 – A execução tem de ser promovida pela pessoa que no título executivo figure como credor e deve ser instaurada contra a pessoa que no título tenha a posição de devedor.*

Em regra, o devedor reconhecido como tal no título executivo trata-se daquele que é devedor originário na relação jurídica de direito material.

A palavra – *devedor* – constante do inc. I do art. 777 do atual C.P.C., é mais técnica do que a expressão – *vencido* – uma vez que em se tratando de título executivo extrajudicial não há vencido propriamente dito.

Na hipótese de cumprimento de sentença, o devedor, nessa fase processual, poderá ou não ser o réu na fase do procedimento cognitivo. Poderá ocorrer que o réu na fase de conhecimento seja credor no cumprimento de sentença, enquanto que o autor se torna devedor. Pense-se na hipótese de a demanda ter sido julgada improcedente, havendo condenação de honorários e custas judiciais por parte do autor. Nessa hipótese, o autor passa a ser devedor na fase de cumprimento de sentença.

Em se tratando de *obrigações solidárias*, a responsabilidade pelo pagamento poderá ser exigida pelo credor contra todos ou apenas contra um ou alguns dos responsáveis/devedores, conforme preconiza o art. 275 do C.c.b.

Se apenas um dos devedores solidários for chamado para compor o polo passivo da execução, poderá ele se valer da intervenção de terceiro, denominada de *chamamento ao processo*, prevista no art. 130, inc. III, do atual C.P.C.

Porém, o S.T.J. tem entendimento que não cabe o chamamento ao processo no âmbito da execução. Nesse sentido é o seguinte precedente:

COMERCIAL E PROCESSUAL CIVIL. AGRAVO REGIMENTAL. AGRAVO DE INSTRUMENTO. CERCEAMENTO DE DEFESA. INOCORRÊNCIA. DUPLICATA. PROTESTO. ENTREGA DE MERCADORIA. EXIGIBILIDADE DO TÍTULO EXECUTIVO. INCIDÊNCIA DA SÚMULA Nº 7/STJ. RECURSO NÃO PROVIDO.

1 – Se a questão trazida à discussão foi dirimida, pelo Tribunal de origem, valendo-se de fundamentação idônea e suficiente à solução da controvérsia, deve ser afastada a alegada ofensa ao art. 535 do Código de Processo Civil.

2 – Este Superior Tribunal tem se posicionado no sentido de não ser cabível o chamamento ao processo em fase de execução. Precedentes do STJ.

3 – Honorários advocatícios fixados de forma razoável e de acordo com os parâmetros previstos no art. 20, §§ 3º e 4º, do CPC.

4 – Agravo regimental a que se nega provimento.

(AgRg no Ag 703.565/RS, Rel. Ministra MARIA ISABEL GALLOTTI, QUARTA TURMA, julgado em 20/11/2012, DJe 04/12/2012)

11.2.2. Legitimidade passiva do sucessor

Nos termos da normatização processual, a execução pode ser promovida contra *o espólio, os herdeiros ou os sucessores do devedor.*

A execução forçada pode produzir efeitos na esfera jurídica daquele que não é nominalmente indicado no título como credor e devedor: no confronto com um *terceiro*. São 'terceiros', nessa acepção, os sucessores do credor, os herdeiros do devedor etc. [55]

Havendo o falecimento do devedor originário, ou seja, daquele reconhecido originariamente no título, deve-se em primeiro lugar verificar se o falecimento ocorreu antes ou depois da execução ter sido iniciada.

Ocorrendo o falecimento do devedor antes do início da execução, esta somente poderá ser direcionada contra o espólio, herdeiros ou o legatário do devedor, dependendo das circunstâncias.

Se o falecimento do devedor originário ocorreu durante o transcurso da execução, haverá necessidade de se promover a *habilitação*, nos termos dos arts. 687 a 692 do atual C.P.C.

11.2.3. Legitimidade passiva no caso de assunção de dívida

A execução pode ser promovida também contra *o novo devedor que assumiu, com o consentimento do credor, a obrigação resultante do título executivo.*

---

[55] Luiso, Francisco Paolo. *L'execuzione 'ultra partes'*. Milano: Dott. A. Giuffrè Editore, 1984. p. 1.

EXECUÇÃO E CUMPRIMENTO DE SENTENÇA

O C.c.b. denomina o instituto em que o *novo devedor* assume, com o consentimento do credor, a obrigação resultante do título executivo, como sendo *assunção de dívida*, cuja regulamentação encontra-se nos arts. 299 a 303 do mesmo diploma legal.

A assunção de dívida ocorre por ato contratual entre o devedor originário e o novo devedor, ou, ainda, mediante ato unilateral daquele que pretende assumir a dívida. Contudo, em qualquer das duas hipóteses, haverá necessidade de expressa concordância do credor.

A assunção de dívida pode ocorrer em qualquer espécie de execução, seja em cumprimento de sentença, seja em execução de título extrajudicial, podendo abranger obrigação de entrega de coisa certa ou incerta, obrigação de fazer ou não fazer, obrigação por quantia certa.

11.2.4. Legitimidade passiva do fiador

A execução pode ser promovida, igualmente, contra o *fiador do débito constante em título extrajudicial.*

A fiança pode ser contratual, legal ou judicial.

O fiador não está entre os devedores reconhecidos como tais no título e referido no inc. I do art. 779 do atual C.P.C., uma vez que ele não é considerado devedor em relação ao débito originário.

Na figura do fiador verifica-se perfeitamente a diferença existente entre *debitum (Schuld)* e *obligatio (Haftung).*

O fiador, no caso, não participa do vínculo obrigacional entre o credor e o devedor (Schuld), mas assume a obrigação de pagar a dívida (Haftung).

A fiança é uma espécie de contrato de garantia denominado de 'caução', podendo esta ser real ou fidejussória.

A garantia real pode ser hipoteca, penhor ou anticrese; já a fidejussória é a fiança ou outra garantia pessoal, como é o caso do aval.

Pelo contrato de fiança, uma pessoa garante satisfazer ao credor uma obrigação assumida pelo devedor, caso este não a cumpra (art. 818 do C.c.b.).

A execução somente poderá ser promovida contra o fiador na hipótese de ele constar em título executivo extrajudicial. Se não constar em título executivo extrajudicial, não poderá ser contra ele dirigida a execução.

Por isso, a fiança dar-se por escrito (art. 819 do C.c.b.).

É bem verdade que o art. 821 do C.c.b. preconiza que as dívidas futuras poderão ser objeto de fiança; mas o fiador, nesse caso, não será demandado senão depois que se fizer certa e líquida a obrigação do principal devedor.

É importante salientar que em se tratando de título judicial sujeito a eventual cumprimento de sentença, a execução somente poderá ser promovida contra o fiador se ele também fez parte do processo cognitivo. Nesse sentido dispõe o §5º do art. 513 do novo C.P.C: *O cumprimento da sentença não poderá ser promovido em face do fiador, do coobrigado ou do corresponsável que não tiver participado da fase de conhecimento.*

11.2.5. Legitimidade passiva do terceiro garantidor com garantia real

A execução pode ser promovida contra *o responsável, titular do bem vinculado por garantia real, ao pagamento do débito.* [56]

O responsável no presente caso é aquele que é titular do bem vinculado por garantida real ao pagamento do débito.

São espécies de garantia real: a hipoteca, a anticrese e o penhor.

Nas dívidas garantidas por penhor, anticrese ou hipoteca, o bem dado em garantia fica sujeito, por vínculo real, ao cumprimento da obrigação (art. 1.419 do C.c.b.).

Quando excutido o penhor ou executada a hipoteca, o produto não bastar para pagamento da dívida e despesas judiciais, continuará o devedor obrigado pessoalmente pelo restante (art. 1.430 do C.c.b.).

Segundo anota Fernando Amâncio Ferreira, três faculdades são aqui concedidas ao exequente: *"a) Demandar apenas o devedor, prescindindo da garantia; b) intentar a acção executiva unicamente contra o terceiro, a fim de fazer valer a garantia; c) instaurar a acção directamente contra o terceiro, para também fazer valer a demanda, e demandar o devedor, de início ou depois de reconhecida a insuficiência dos bens onerados, entretanto penhorados"*.[57]

Cumpre ao exequente avaliar, em termos concretos e pragmáticos quais as vantagens e inconvenientes que emergem de efetivar o seu direito no confronto de todos aqueles interessados passivos, ou de apenas de algum ou de alguns deles.

Segundo afirma Fernando Amâncio Ferreira, ao analisar o direito processual civil português: *"Sabendo-se que o caso julgado entre credor e devedor não pode ser oposto ao terceiro que deu a garantia real, apesar deste poder invocá--lo em seu benefício, como resulta do disposto nos arts. 635º, n. 1, 667º, n. 2 e 717,*

---

[56] ENUNCIADO 97 da I Jornada de Direito Processual Civil do Centro de Estudos Judiciários: *A execução pode ser promovida apenas contra o titular do bem oferecido em garantia real, cabendo, nesse caso, somente a intimação de eventual coproprietário que não tenha outorgado a garantia.*

[57] FERREIRA, F.A., op. cit. p. 54

EXECUÇÃO E CUMPRIMENTO DE SENTENÇA

n. 2 todos do CC, para que a sentença condenatória sirva de suporte à execução contra aquele terceiro, haverá necessidade de demandá-lo na respectiva acção de condenação.

Tratando-se de título executivo extrajudicial, o terceiro que onerou os seus bens para garantir o cumprimento de obrigação alheia pode ser demandado, apesar de não figurar no título. Se tal ocorrer, tem o terceiro legitimidade para deduzir embargos de execução, à semelhança do devedor, por não ter tido também a oportunidade de se defender em acção declarativa".[58]

11.2.6. Legitimidade passiva do responsável tributário

A execução pode, por fim, ser promovida contra o *responsável tributário, assim definido em lei.*

A obrigação tributária é um pressuposto do lançamento que é a constituição do crédito tributário.

O responsável tributário obriga-se por determinação legal e não pela constituição do lançamento.

O sucessor *inter vivos* obriga-se pelo pagamento do tributo por um critério de *adesão ao objeto da imposição,* ou seja, fá-lo em decorrência de um *ato negocial* (aquisição de estabelecimento ou do imóvel, fusão, transformação, incorporação societária).

Já o *responsável tributário* obriga-se por determinação legal; trata-se de um caso de sub-rogação ou imputação legal, ao contrário do *sucessor inter vivos,* que se obriga em decorrência de uma relação negocial.

A responsabilidade tributária, em nosso ordenamento jurídico, está descrita no Capítulo V do Código Tributário Nacional, especificamente nos arts. 128 a 135.[59]

---

[58] FERREIRA, F. A., idem, p. 54 e 55.

[59] O S.T.J., no âmbito da responsabilidade tributária, entende que o redirecionamento da execução fiscal contra o sócio gerente não exclui a responsabilidade tributária da pessoa jurídica:
DIREITO PROCESSUAL CIVIL E TRIBUTÁRIO. PERMANÊNCIA DA RESPONSABILIDADE DA PESSOA JURÍDICA APESAR DO REDIRECIONAMENTO DE EXECUÇÃO FISCAL PARA SÓCIO-GERENTE.
Nos casos de dissolução irregular da sociedade empresária, o redirecionamento da Execução Fiscal para o sócio-gerente não constitui causa de exclusão da responsabilidade tributária da pessoa jurídica. O STJ possui entendimento consolidado de que "Os diretores não respondem pessoalmente pelas obrigações contraídas em nome da sociedade, mas respondem para com esta e para com terceiros solidária e ilimitadamente pelo excesso de mandato e pelos atos praticados com violação do estatuto ou lei" (EREsp 174.532-PR, Primeira Seção, DJe 20/8/2001). Isso, por si só, já seria suficiente para conduzir ao entendimento de que persiste a responsabilidade da pessoa jurídica. Além disso, atente-se para o fato de que nada impede que a Execução Fiscal seja promovida

É importante salientar que a obrigação tributária não se confunde com o crédito tributário, pois, conforme estabelece o art. 139 do C.T.N.: *O crédito tributário decorre da obrigação principal e tem a mesma natureza desta.*

Se a obrigação principal advém antes da constituição do crédito tributário, pois o crédito tributário decorre da obrigação principal, isso significa dizer que o responsável tributário não é sujeito passivo da *obrigação principal*, mas, sim, sujeito passivo para efeitos de pagamento do crédito tributário. E isso está expressamente consignado no art. 135, *caput*, do C.T.N., quando diz que os diretores, gerentes ou representante são pessoalmente responsáveis pelos créditos correspondentes a obrigações tributárias resultantes de atos praticados com excesso de poderes ou infração de lei, contrato social ou estatutos. Note-se que o dispositivo fala em responsabilidade pelos *créditos* e não pela *obrigação tributária*.

O redirecionamento da execução fiscal, e seus consectários legais, em relação ao sócio-gerente da empresa, somente é cabível quando reste demonstrado que este agiu com excesso de poderes, infração à lei ou contra o estatuto, ou na hipótese de dissolução irregular da empresa, não se incluindo o simples inadimplemento de obrigações tributárias.

A jurisprudência da Primeira Seção do S.T.J., ao concluir o julgamento do ERESP n.º 702.232/RS, da relatoria do e. Ministro Castro Meira, publicado no DJ de 26.09.2005, assentou que: *se a execução fiscal foi ajuizada somente contra a pessoa jurídica e, após o ajuizamento, foi requerido o seu redirecionamento*

---

contra sujeitos distintos, por cumulação subjetiva em regime de litisconsórcio. Com efeito, são distintas as causas que deram ensejo à responsabilidade tributária e, por consequência, à definição do polo passivo da demanda: a) no caso da pessoa jurídica, a responsabilidade decorre da concretização, no mundo material, dos elementos integralmente previstos em abstrato na norma que define a hipótese de incidência do tributo; b) em relação ao sócio-gerente, o "fato gerador" de sua responsabilidade, conforme acima demonstrado, não é o simples inadimplemento da obrigação tributária, mas a dissolução irregular (ato ilícito). Além do mais, não há sentido em concluir que a prática, pelo sócio-gerente, de ato ilícito (dissolução irregular) constitui causa de exclusão da responsabilidade tributária da pessoa jurídica, fundada em circunstância independente. Em primeiro lugar, porque a legislação de Direito Material (CTN e legislação esparsa) não contém previsão legal nesse sentido. Ademais, a prática de ato ilícito imputável a um terceiro, posterior à ocorrência do fato gerador, não afasta a inadimplência (que é imputável à pessoa jurídica, e não ao respectivo sócio-gerente) nem anula ou invalida o surgimento da obrigação tributária e a constituição do respectivo crédito, o qual, portanto, subsiste normalmente. Entender de modo diverso, seria concluir que o ordenamento jurídico conteria a paradoxal previsão de que um ato ilícito – dissolução irregular –, ao fim, implicaria permissão para a pessoa jurídica (beneficiária direta da aludida dissolução) proceder ao arquivamento e ao registro de sua baixa societária, uma vez que não mais subsistiria débito tributário a ela imputável, em detrimento de terceiros de boa-fé (Fazenda Pública e demais credores). REsp 1.455.490-PR, Rel. Min. Herman Benjamin, julgado em 26/8/2014.

contra o sócio-gerente, incumbe ao Fisco a prova da ocorrência de alguns dos requisitos do art. 135, do CTN: a) quando reste demonstrado que este agiu com excesso de poderes, infração à lei ou contra o estatuto, ou na hipótese de dissolução irregular da empresa; b) constando o nome do sócio-gerente como co-responsável tributário na CDA cabe a ele o ônus de provar a ausência dos requisitos do art. 135 do CTN, independentemente se a ação executiva foi proposta contra a pessoa jurídica e contra o sócio ou somente contra a empresa, tendo em vista que a CDA goza de presunção relativa de liquidez e certeza, nos termos do art. 204 do CTN c/c o art. 3º da Lei n.º 6.830/80.

Diante dessa decisão , chega-se à conclusão de que uma vez iniciada a execução contra a pessoa jurídica e, posteriormente, redirecionada contra o sócio-gerente, que não constava da CDA, cabe ao Fisco demonstrar a presença de um dos requisitos do art. 135 do CTN. Se a Fazenda Pública, ao propor a ação, não visualizava qualquer fato capaz de estender a responsabilidade ao sócio-gerente e, posteriormente, pretende voltar-se também contra o seu patrimônio, deverá demonstrar infração à lei, ao contrato social ou aos estatutos ou, ainda, dissolução irregular da sociedade.

Porém, se a execução foi proposta contra a pessoa jurídica e contra o sócio-gerente, a este compete o ônus da prova, já que a CDA goza de presunção relativa de liquidez e certeza, nos termos do art. 204 do CTN c/c o art. 3º da Lei n.º 6.830/80.

O S.T.J. tem entendido que a 'dissolução irregular' da sociedade, ainda que ausente o dolo, é circunstância fática legitimadora para o redirecionamento da execução fiscal contra o sócio-gerente. Nesse sentido, eis o seguinte precedente:

DIREITO PROCESSUAL CIVIL. HIPÓTESE DE REDIRECIONAMENTO DE EXECUÇÃO FISCAL DE DÍVIDA ATIVA NÃO-TRIBUTÁRIA CONTRA REPRESENTANTE LEGAL DA SOCIEDADE EMPRESÁRIA EXECUTADA. RECURSO REPETITIVO (ART. 543-C DO CPC E RES. 8/2008-STJ).

Quando a sociedade empresária for dissolvida irregularmente, é possível o redirecionamento de execução fiscal de dívida ativa não-tributária contra o sócio-gerente da pessoa jurídica executada, independentemente da existência de dolo. Na esteira do entendimento firmado na Súmula 435 do STJ, a qual foi concebida no âmbito de execução fiscal de dívida tributária, a dissolução irregular da sociedade empresária é causa suficiente para o redirecionamento da execução fiscal contra o sócio-gerente. Isso porque o sócio-gerente tem o dever de manter atualizados os registros empresariais e comerciais, em especial quanto à localização da sociedade empresária e a sua dissolução. Caso não proceda assim, ocorrerá presunção de ilícito, uma vez que a ilicitude se dá justamente pela inobservância do rito próprio para a dissolução da sociedade empresarial, nos termos das Leis 8.934/1994 e 11.101/2005 e dos arts. 1.033 a 1.038 e 1.102 a 1.112 do CC. Desse modo, é obrigação dos gestores das sociedades empresárias manter atualizados os respectivos cadastros, incluindo os atos relativos à mudança de endereço dos estabelecimentos e, especialmente, os referentes à dissolução da sociedade. Nessa linha intelectiva, não se pode conceber que a dissolução irregular da sociedade seja considerada "infração à lei" para efeito do art. 135 do CTN e assim não seja para efeito do art. 10 do Decreto 3.078/1919. Aliás, cabe registrar que o art. 135, III, do CTN traz similar comando ao do art. 10 do referido Decreto, sendo que a única diferença entre eles é que, enquanto o CTN enfatiza a exceção – a responsabilização dos sócios em situações excepcionais –, o Decreto enfatiza a regra – a ausência de responsabilização dos sócios em situações regulares. Ademais, ambos trazem a previsão de que os atos praticados em nome da sociedade com excesso de poder (mandato), em violação a lei, contrato ou estatutos sociais ensejam a responsabilização dos sócios perante terceiros (redirecionamento) e a própria sociedade da qual fazem parte, não havendo em nenhum dos casos a exigência de dolo. Precedentes citados: REsp 697.108-MG, Primeira Turma, DJe 13/5/2009; e AgRg no AREsp 8.509-SC, Segunda Turma, DJe 4/10/2011.

(REsp 1.371.128-RS, Rel. Min. Mauro Campbell Marques, julgado em 10/9/2014).

É certo, porém, que a Primeira Seção do Superior Tribunal de Justiça (STJ) decidirá, sob o rito dos recursos repetitivos no RECURSO ESPECIAL Nº 1.645.333 –, de que forma pode ser redirecionada a execução fiscal quando ocorre a dissolução irregular de sociedade. O tema a ser julgado pelos ministros é o seguinte: *"À luz do artigo 135, III, do Código Tributário Nacional (CTN), o pedido de redirecionamento da execução fiscal, quando fundado na hipótese de dissolução irregular da sociedade empresária executada ou de presunção de sua ocorrência (Súmula 435/STJ), pode ser autorizado contra: (i) o sócio com poderes de administração da sociedade na data em que configurada a sua dissolução irregular ou a presunção de sua ocorrência (Súmula 435/STJ), e que, concomitantemente, tenha exercido poderes de gerência na data em que ocorrido o fato gerador da obrigação tributária não adimplida; ou (ii) o sócio com poderes de administração da sociedade na data em que configurada a sua dissolução irregular ou a presunção de sua ocorrência (Súmula 435/STJ), ainda que não tenha exercido poderes de gerência na data em que ocorrido o fato gerador do tributo não adimplido."*

Os ministros determinaram ainda a suspensão de todos os processos que versem sobre o tema no território nacional. Até o momento, 278 demandas foram sobrestadas e aguardam o julgamento do repetitivo. Segundo a ministra Assusete Magalhães, que propôs a afetação, é preciso pacificar a questão, já que há decisões conflitantes a respeito do assunto.

No caso escolhido como representativo da controvérsia, a Fazenda Nacional pretende redirecionar a execução contra o sócio, ao argumento de que mesmo que ele tenha entrado no quadro social após o fato gerador do tributo, detinha poderes de administração à época em que foi configurada a dissolução irregular da sociedade, sendo cabível sua inclusão no polo passivo da execução.

A decisão de afetação seguiu as regras previstas no artigo 1.036 do novo Código de Processo Civil (CPC) e do artigo 256-I do Regimento Interno do STJ (RISTJ). O tema está cadastrado com o número 981 na página de repetitivos do STJ, onde podem ser obtidas outras informações sobre a tramitação do processo.

12. Cumulação de execuções

No processo executivo, haverá litisconsórcio quando a prestação exigida por vários exequentes, ou a vários executados, for a mesma.

No litisconsórcio executivo, sempre haverá *unidade de obrigação*. Processualmente é como se houvesse, não vários exequentes ou executados, mas um só *grupo de credor* ou um só *grupo de devedor*.

Por sua vez, haverá cumulação de execuções, quando o mesmo credor promover contra o mesmo devedor mais do que uma execução no mesmo processo ou procedimento. Haverá aqui a unidade de processo com pluralidade de execuções.

A cumulação de execução assenta-se no princípio da econômica processual.

No procedimento executivo, portanto, o exequente poderá cumular várias execuções, ainda que fundadas em títulos diversos, quando o executado for o mesmo e desde que para todas elas seja competente o mesmo juízo e idêntico o procedimento.

São requisitos para a cumulação de execuções: a) competente o mesmo juízo para conhecer dos diversos títulos executivos; b) mesmo executado; c) idêntico o procedimento.

A exigência de que a cumulação da execução observe o mesmo procedimento, impede que o credor cumule o procedimento de cumprimento de sentença com o procedimento de execução de título extrajudicial.

Por sua vez, somente será possível cumular execução de título extrajudicial se o procedimento for idêntico para todas as execuções. Em razão disso, não será possível a cumulação entre execução de pagar quantia certa e execução para entrega de coisa, ou entre essas e a execução de obrigação de fazer ou não fazer.

TEORIA GERAL DA EXECUÇÃO

Já em relação à execução de título executivo judicial, mostra-se plausível a cumulação de execução de obrigação de fazer com a obrigação de pagar quantia certa constante do mesmo título executivo.

No âmbito das ações previdenciárias há um exemplo clássico de cumulação de execução de título executivo judicial. No título executivo judicial surgem a obrigação de fazer (implantação para frente do benefício previdenciário) e a de pagar (parcelas atrasadas).

A obrigação de implantar benefício para o futuro é obrigação de fazer, na classificação do Código de Processo Civil, decorrendo do pedido de tutela específica de concessão do benefício ou revisão da renda mensal, tendo natureza mandamental a respectiva ordem; nesse sentido o julgado proferido pelo Tribunal Regional Federal da 4ª Região na Apelação/Remessa Necessária Nº 5044256-14.2012.404.7100 (Terceira Seção, Juiz Federal Marcelo de Nardi). Portanto, é possível determinar a imediata implantação do benefício independente da execução de pagar, mas isso não significa que as execuções/ cumprimento não possam ser concomitantes, porquanto não são incompatíveis, sendo, ao contrário, complementares do ponto de vista de efetividade da prestação jurisdicional, ademais de concorrer para a celeridade processual. A análise e a solução de eventuais impugnações devem, evidentemente, observar as peculiaridades ritualísticas.

Neste sentido são os seguintes precedentes:

ADMINISTRATIVO. EXTINÇÃO DA EXECUÇÃO. AUSÊNCIA DE ADAPTAÇÃO DO RITO. CUMULAÇÃO DE EXECUÇÕES. OBRIGAÇÃO DE FAZER E OBRIGAÇÃO DE PAGAR. POSSIBILIDADE.

1. Consoante entendimento consagrado no c. STJ, nos termos do art. 573 do CPC/73, é cabível a cumulação das execuções das obrigações de fazer – implantação do reajuste – e de pagar quantia certa – pagamento dos valores vencidos –, calcadas em título executivo oriundo de ação ajuizada contra a Fazenda Pública visando a percepção de reajuste de vencimentos, em homenagem aos princípios da efetividade e da celeridade da prestação jurisdicional. (Resp 952.126/RS, julgado em 18/08/2011, DJe 01/09/2011).

2. No caso dos autos, a exequente, simultaneamente, requereu a execução da obrigação de fazer e da obrigação de pagar, tendo anexado o cálculo dos valores devidos. Logo, é incorreta a restrição, de ofício, do objeto da execução ao cumprimento de obrigação de fazer, assim como intimação da exequente para reformular seus pedidos e a consequente extinção do feito executivo por ausência de adaptação do rito processual.

3. Apelação parcialmente provida.

(TRF4, APELAÇÃO CÍVEL Nº 5001980-80.2013.404.7116, 4ª TURMA, Des. Federal CÂNDIDO ALFREDO SILVA LEAL JÚNIOR)

> *ADMINISTRATIVO. PROCESSUAL CIVIL. SUPOSTA VIOLAÇÃO AO ART. 292 E 573 DO CÓDIGO DE PROCESSO CIVIL. NÃO OCORRÊNCIA. AÇÃO DE COBRANÇA DE REAJUSTE DE VENCIMENTOS. CUMULAÇÃO DAS EXECUÇÕES DAS OBRIGAÇÕES DE DAR E FAZER EM FACE DA FAZENDA PÚBLICA. POSSIBILIDADE.*
>
> *1. Nos termos do art. 573 do Código de Processo Civil, é cabível a cumulação das execuções das obrigações de fazer – implantação do reajuste – e de pagar quantia certa – pagamento dos valores vencidos –, calcadas em título executivo oriundo de ação ajuizada contra a Fazenda Pública visando a percepção de reajuste de vencimentos, em homenagem aos princípios da efetividade e da celeridade da prestação jurisdicional. Precedentes do STJ.*
>
> *2. Recurso especial conhecido e desprovido.*
>
> (REsp 952.126/RS, Rel. Ministra LAURITA VAZ, QUINTA TURMA, julgado em 18/08/2011, DJe 01/09/2011)

> *ADMINISTRATIVO E PROCESSO CIVIL. SERVIDOR PÚBLICO. CUMULAÇÃO DE EXECUÇÃO POR QUANTIA CERTA E OBRIGAÇÃO DE FAZER. POSSIBILIDADE.*
>
> *1. Tratando-se de execução de sentença que concede a servidores públicos reajustes salariais, é possível cumular-se a execução por quantia certa, para haver as prestações vencidas, com a obrigação de fazer, para implementar o percentual aos vencimentos do executante.*
>
> *2. Recurso não provido.*
>
> (Superior Tribunal de Justiça, Segunda Turma, REsp 1263294/RR, Rel. Ministra DIVA MALERBI (DESEMBARGADORA CONVOCADA TRF 3ª REGIÃO), p. DJE 23-11-2012.)

13. Forma de cumprimento dos atos executivo

Atos executivos, segundo Liebman, seriam as várias operações jurídicas e práticas previstas por lei para a realização da execução.[60]

A espécie ou a modalidade de atos executivos depende do tipo de execução a ser realizada.

As recentes reformas do processo civil italiano ampliaram de forma substancial a competência dos oficiais judiciários para realização de atos executivos, permitindo-se que eles assumam inciativa de ofício ou mediante pedido do credor no âmbito do procedimento de penhora.

---

[60] LIEBMAN, Enrico Túllio. *Processo de execução.* 5ª ed. São Paulo: Saraiva, 1986. n. 12. p. 28.

TEORIA GERAL DA EXECUÇÃO

Segundo anotam Luigi Paolo Comoglio, Corrado Ferri e Michele Taruffo, *"em relação às execuções diretas, é o oficial judiciário que pesquisa as coisas objeto de reivindicação e transfere a posse, e é ainda o oficial judiciário que concede a imissão na posse do imóvel...Função essencial desenvolve o oficial judiciário também na execução forçada de obrigação de fazer ou não fazer, posto que o juiz da execução, depois de haver pronunciado o provimento com o qual são determinadas as modalidades da execução, deve designar o oficial judiciário para proceder à execução. Confere-se, portanto, ao oficial judiciário a realização da execução segundo as modalidades indicadas".*[61]

No processo executivo brasileiro, o cumprimento dos atos executivos, em regra, será realizado pelo oficial de justiça, principalmente o arresto e a penhora de bens.

A obrigação de o oficial de justiça cumprir os atos determinados pelo juiz está regrada no art. 154 do atual C.P.C.

Por sua vez, o art. 155, inc. I, do atual C.P.C., prescreve que o oficial de justiça será civil e regressivamente responsabilizado, quando, sem justo motivo, se recusar a cumprir no prazo os atos impostos pela lei ou pelo juiz a que está subordinado.

Evidentemente, em razão dos meios informatizados e eletrônicos atualmente disponíveis aos órgãos do Poder Judiciário, muitos atos executivos são cumpridos diretamente pelo juiz, como é o caso do BACENJUD, RENAJUD e o INFOJUD, ou mesmo por servidor da secretaria do juízo.

Não sendo possível ao juiz cumprir pessoalmente os atos executivos, ou por meio de seus auxiliares de cartório, o oficial de justiça apresenta-se como órgão auxiliar do juízo apto a promover os atos executivos determinados na execução.

O oficial de justiça poderá cumprir os atos executivos determinados pelo juiz também nas comarcas contíguas, de fácil comunicação, e nas que se situem na mesma região metropolitana.

Tal possibilidade vem ao encontro do princípio da celeridade e da economia processual, evitando-se a expedição de carta precatória ou outra forma de cooperação nacional entre juízes quando houver, no âmbito da Justiça Estadual, a existência de comarcas contíguas, de fácil comunicação, e nas que se situem na mesma região metropolitana.

Nas comarcas contíguas de fácil comunicação e nas que se situem na mesma região metropolitana, o oficial de justiça poderá efetuar, em qualquer

---

[61] COMOGLIO, Luigi Paolo; FERRI, Corrado; TARUFFO, Michele. *Lezioni sul processo civile. II. Procedimenti speciali, cautelari ed esecutivo.* Bologna: Il Mulino. 2011. p. 338.

delas, citações, intimações, notificações, penhoras e quaisquer outros atos executivos.

Em se tratando da Justiça Federal, não se fala em comarca, mas, sim, em seção ou subseção judiciária, cuja extensão territorial é maior.

Contudo, o oficial de justiça, servidor público federal, deverá cumprir o mandado em toda a seção ou subseção judiciária, pois suas atribuições não estão restritas à sede da Justiça Federal.

É importante salientar que a noção de *contiguidade* é geográfica, enquanto que a noção *fácil comunicação* é apreciável caso a caso.

Atualmente há constituição legal de regiões metropolitanas. Nesse caso, o oficial deverá cumprir o mandado nas comarcas pertencentes à mesma região metropolitana.

Essa responsabilidade do Oficial de Justiça também se estende às UAA (Unidades Avançadas Autônomas) da Justiça Federal.

Havendo necessidade de emprego de força policial, o oficial de justiça requisitará tal prerrogativa ao juiz da causa.

Em regra, o cumprimento dos atos executivos pelo oficial de justiça ocorre de forma pacífica e mediante a adesão e colaboração voluntária do executado. Contudo, constatando o oficial de justiça que para efetivar o ato executivo possa haver risco à sua integridade, à integridade de terceiros ou mesmo do próprio executado, poderá o órgão auxiliar requisitar ao juiz o auxílio e o emprego de força policial.

Salvo em caso de flagrante delito, não poderá o oficial de justiça requisitar pessoalmente a força policial, sem que haja efetiva intervenção do juízo da execução.

A autorização ou não da força policial deverá ser avaliada pelo juiz com base no princípio da prudência e razoabilidade, mediante verificação de cada caso concreto.

Diferentemente do que ocorre em outros ordenamentos jurídicos, salvo exceções, o exequente não poderá realizar os atos executivos sem que haja a determinação do juiz da execução. Cabe ao exequente requerer e ao juiz deferir ou não a sua realização.

Contudo, como o juiz atualmente tem uma participação muito mais efetiva para a concretização material da tutela jurisdicional, também poderá determinar de ofício a realização de alguns atos executivos, sem que isso implique mácula ao princípio *nemo procedat iudex ex officio*.

TEORIA GERAL DA EXECUÇÃO

14. Inclusão do nome do executado em cadastros de inadimplentes

O juiz poderá determinar a inclusão do nome do executado em cadastros de inadimplentes.[62]

Se o exequente requerer, o juiz poderá determinar a inclusão do nome do devedor nos cadastros de inadimplentes, como, por exemplo SPC, SERASA etc.

A inscrição será cancelada imediatamente se for efetuado o pagamento, garantida a execução ou se a execução for extinta por qualquer outro motivo.

Trata-se de uma medida coativa permitida pela legislação processual para estimular o executado ao cumprimento da obrigação, uma vez que a inclusão de seu nome em cadastros de inadimplentes poderá ensejar inúmeros dissabores, como, por exemplo, restrição ao crédito.

O juiz poderá determinar a inscrição do nome do executado em cadastros de inadimplentes tanto em execução de título executivo extrajudicial quanto no cumprimento de título executivo judicial.

Antes mesmo da entrada em vigor do novo C.P.C., o S.T.J. já vinha admitindo a inclusão no SERASA de dívida de natureza tributária (RMS 31.859/GO, Rel. Ministro HERMAN BENJAMIN, SEGUNDA TURMA, julgado em 08/06/2010, DJe 01/07/2010)

Agora, segundo o novo C.P.C., essa prerrogativa ampliou-se para as dívidas de natureza civil.

Em se tratando de dívida alimentar, caso o executado não pague a dívida no prazo estabelecido pela lei processual ou não apresente justificativa da impossibilidade de efetuá-lo, o juiz mandará protestar o pronunciamento judicial.

---

[62] ENUNCIADO 98 da I Jornada de Direito Processual Civil do Centro de Estudos Judiciários: *O art. 782, § 3º, do CPC não veda a possibilidade de o credor, ou mesmo o órgão de proteção ao crédito, fazer a inclusão extrajudicial do nome do executado em cadastros de inadimplentes.*
ENUNCIADO 99 da I Jornada de Direito Processual Civil do Centro de Estudos Judiciários: *A inclusão do nome do executado em cadastros de inadimplentes poderá se dar na execução definitiva de título judicial ou extrajudicial.*

Capítulo 2
Requisitos necessários para a realização de qualquer execução

1. Título executivo

Toda a execução tem por base um título executivo judicial ou extrajudicial, no qual se determinam o fim e os limites da execução.

O título executivo é considerado como condição necessária e suficiente para a instauração da demanda executiva. Trata-se de um pressuposto ou condição geral de qualquer execução: *Nulla executio sine titulo*".[63]

O credor não poderá dar início ao procedimento executivo a não ser que esteja na posse de um título executivo, *entendido como documento que contém um ato com vários conteúdos e que é de acertamento judicial, na hipótese de título de formação judicial, e que é de prova documental e de instrumento de legitimação do exercício de ação executiva, no caso de título de formação negocial*".[64]

O título executivo é definido por Manuel de Andrade, como o documento de ato constitutivo ou certificativo de obrigações, a que a lei reconhece a eficácia de servir de base ao processo executivo.[65]

O título, como documento de cartularidade, que deve ser necessariamente notificado ao devedor no procedimento executivo, é um pressuposto comum a todas e diversas formas de tutela executiva, seja aquela por expropriação seja aquela em forma específica.

---

[63] FERREIRA, F. A., op. cit. p. 19.
[64] COMOGLIO, L. P.; FERRI, C.; TARUFFO, M., op. cit., p. 307.
[65] Apud FERREIRA, F. A., p. 19.

Pode acontecer que exista o título executivo, mas não exista o direito material. Segundo afirma Fernando Amâncio Ferreira: *"Basta ao credor estar munido do título executivo para poder exercitar a acção executiva. E pode acontecer que exista o título executivo e não exista o direito material, hipótese mais susceptível de ocorrer quando o título respeita a um acto negocial ou extrajudicial (o título pode ser falso, o acto jurídico que dele consta pode estar viciado por incapacidade, erro, dolo ou coacção). Mesmo que se trate de título executivo judicial pode o certificado neste não coincidir com a existência do direito de crédito. Pense-se na hipótese condenatória não transitada em julgado de que se interpôs recurso com efeito meramente devolutivo e que mais tarde é modificada ou revogada pelo tribunal superior. Atente-se ainda que posteriormente à formação do título executivo (judicial ou extrajudicial) a realidade jurídica pode alterar--se por virtude duma circunstância superveniente, como o cumprimento da prestação".*[66]

Pense-se ainda na hipótese de sentenças transitadas em julgado que venham a ser rescindidas em ação rescisória.

Portanto, o título executivo não garante em absoluto a existência do crédito.

Nos termos do art. 783 do novo C.P.C. brasileiro, a execução para cobrança de crédito fundar-se-á sempre em título de obrigação certa, líquida e exigível.

Preceito similar encontra-se no art .713º do C.P.C. português que estabelece que a execução principia pelas diligências requeridas pelo exequente, destinadas a tornar a obrigação certa, exigível e líquida, se o não for em face do título executivo.

Da mesma forma preconiza o art. 474 do C.P.C. italiano que execução forçada não poderá ter lugar a não ser em virtude de um título executivo por um direito certo, líquido e exigível.

Portanto, não se pode proceder à execução senão diante da posse de um título executivo, uma vez que o direito do credor se encontra representado, pelo qual se procede, ou encontra-se indicado e 'acertado' no título executivo, título executivo que deve existir no momento do início da execução e não deve advir menos ao final de sua conclusão.[67]

Para que um ato/fato jurídico possa fundamentar o processo de execução, é indispensável que na sua formação tenham sido observados os requisitos formais exigidos para sua regularidade. Por isso, pode-se dizer que há requisitos *formais*, que dizem respeito ao ato em si, e *substanciais*, referentes ao conteúdo do ato. O único requisito *formal* comum a todos os títulos executivos é *a forma escrita*. Quando se fala em forma escrita, significa dizer que os

---

[66] FERREIRA, F. A., idem,. p. 17.
[67] COMOGLIO, L. P.; FERRI, C.; TARUFFO, M., op. cit., loc. cit.

documentos instrumentalizadores do título devem ser escritos no vernáculo. Já o conteúdo *substancial* diz respeito à precisa individualização do direito a que o ato se refere.[68]

Uma característica importante de um título executivo é a sua *abstração*.

Quem se encontra na posse de um título executivo não tem o dever de demonstrar a *atual* existência do direito material representado no título. Eventuais fatos extintivos, modificativos ou impeditivos do direito, sucessivos à formação do título executivo, devem ser eventualmente deduzidos pelo sujeito passivo mediante oposição à execução.

Outro aspecto importante do título executivo é a sua *documentação*.

Evidentemente, para que um documento possa ser caracterizado como título executivo apto à procedência da pretensão executiva deve consubstanciar-se na existência material de um crédito. Assim, os títulos executivos extrajudiciais nada mais são do que atos ou documentos que invocam 'certa probabilidade da existência do direito'.[69]

Os títulos executivos extrajudiciais são assim configurados pelo legislador de acordo com as necessidades sociais, econômicas e culturais de determinada sociedade.

Contudo, não obstante essa diversidade de base interdisciplinar para a escolha de determinado documento como título executivo extrajudicial, o certo é que esses títulos somente podem ser assim considerados por força de lei.

Daí por que o rol de títulos executivos extrajudiciais previsto no atual C.P.C. é *taxativo,* ou seja, no sentido de que somente a lei poderá criar títulos executivos judiciais e não as partes por meio de simples manifestação de vontade. Aplica-se, portanto, o princípio *nullus titulus sine lege* ou da *tipicidade dos títulos executivos.*

Conforme ensina Fernando Amâncio Ferreira, *"A enumeração dos títulos executivos é 'taxativa', como resulta da introdução do advérbio 'apenas' no proêmio do artigo, que não constava no texto do CPC39.*

Daí não serem válidas as convenções negociais pelas quais as partes conferem força executiva a outros documentos. Mas não se considera como excluída a validade das cláusulas pelas quais os particulares privam de força executiva os títulos negociais constantes da enumeração legal".[70]

---

[68] DINAMARCO. Cândido Rangel. *Execução civil.* 3ª ed. São Paulo: Malheiros, 1993. p. 480 e 482.

[69] MARINONI, Luiz Guilherme; ARENHART, Sérgio Cruz. *Execução.* 4ª ed. São Paulo: Editora Revista dos Tribunais, 2012. p. 435.

[70] "Pronunciam-se contra a possibilidade de os particulares retirarem força a um documento que a lei qualifica como título executivo, Teixeira de Sousa, 'Acção Executiva Singular', 1998, PP 65 e

Para Cândido Rangel Dinamarco, a exigência de título executivo previsto em lei, sem a qual não se admite execução, é consequência do reconhecimento de que a esfera jurídica do indivíduo não deve ser invadida, senão quando existir uma situação de tão elevado grau de *probabilidade* de existência de um preceito jurídico material descumprido, ou de tamanha preponderância de outro interesse sobre o seu. Essa seria a razão ética pela qual a generalidade dos ordenamentos jurídicos institui e exige o título executivo. Permitir a execução sem título, como o fez a lei suíça, constituiria um perigo muito grande, seja no plano político, seja no econômico.[71]

1.1. Natureza jurídica do título executivo

Discute-se na doutrina a real essência do título executivo, procurando-se estabelecer a fixação de um conceito unitário que compreenda tanto os títulos judiciais como os extrajudiciais.[72]

Entre os escritos italianos, para alguns o título executivo é um elemento constitutivo da execução (Liebman); para outros é uma condição requerida para o exercício da ação (Zanzucchi); para outros é um pressuposto de procedibilidade (Furno); para outros, ainda, é a prova documental do crédito (Carnelutti).

Na realidade, duas teses fundamentais se confrontam quanto à natureza jurídica do título executivo: a de Carnelutti e a de Liebman. Para o primeiro, que tomou com ponto de partida o título extrajudicial, o título executivo é o próprio documento; para o segundo, que tomou como ponto de partida o título judicial, o título executivo é o ato documentado.[73]

Tudo se resume em se perquirir sobre a *natureza* do título executivo: a) como 'documento', servindo como 'prova legal' (Carnelutti); ou b) como 'ato jurídico' (Liebman). O primeiro considera que o título apresenta eficácia *probatória*; e o segundo eficácia *constitutiva*.

---

seg e Lebre de Freitas, João Redinha e Rui Pinto, 'Código de Processo Civil Anotado, Vol. 1º, 1999, p. 90" (FERREIRA, F.A., op. cit., p.20).

[71] DINAMARCO, Cândido Rangel. *Execução civil*. 3ª Ed., São Paulo: Malheiros, 1993. p. 455.

[72] Cf: REIS, Alberto dos. *Processo de execução*. Vol. I. p. 98; FREITAS, José Lebre. *A acção executiva*. 2ª ed., p. 56; BAPTISTA, José João. *Acção executiva*. 6ª ed. P. 84.
Para Proto Pisani, seria inútil procurar individuar sob o plano da 'natureza' algo que possa unificar os vários títulos executivos. É inútil tendo em vista que à base da atribuição da qualidade do título executivo a um provimento, ato ou documento, é sempre uma escolha política altamente discricionária do legislador, ainda que tal escolha leve quase sempre a especificidade da situação substancial, e exigência de economia processual, do sistema de meio de impugnação acolhido. (PISANI, Andrea Proto. *Lezioni di diritto processuale civile*. Terza Edizione. Napoli: Casa Editrice Dott. Eugenio Jovene, 1999. , p. 43).

[73] FERREIRA, F.A., op. cit. p. 43.

Para Carnelutti, o órgão executivo apenas compete apreciar se o título apresentado reúne os requisitos legais necessários para ter força executiva, não sendo lícito recusá-lo, como fundamento da execução, com base em dúvidas sobre a existência do direito do exequente.[74]

Já para Liebman, a ação executiva é autônoma e independente do direito substancial do exequente. O título é fonte autônoma da ação no sentido de que a liberta do direito substancial do exequente, fazendo-a viver uma existência própria e separada.[75]

Na concepção de Fernando Amâncio Ferreira, as duas teses não satisfazem plenamente, pelos seguintes motivos: *"No que concerne à Carnelutti, por não explicar a razão por que a sentença de mera apreciação não constitui título executivo, apesar de assegurar um grau de certeza do direito que não detêm nem os títulos extrajudiciais nem a sentença de condenação pendente de recurso. No que tange à de Liebman, por não explicar a força executiva dos títulos extrajudiciais, dado estes não exprimirem nenhuma vontade sancionadora do Estado de que se proceda a determinada execução, mas antes a declaração de vontade pela qual o devedor se obriga".[76]*

Para Alcides Mendonça Lima, as duas teses não se repelem, mas, ao contrário, se complementam. A mistura de ambas cria teoria mais racional, se for afastado o absolutismo de conceitos de cada uma daquelas correntes.[77]

Na perspectiva de Cândido Rangel Dinamarco, a *concepção documental* parte de uma confusão entre *prova* e *forma* do ato ou negócio jurídico. Existem atos que a lei somente confere eficácia, inclusive executiva, se revestirem a forma escrita, o que não significa dizer que os efeitos jurídicos advenham do documento escrito e não do ato em si. A compra e venda é exemplo significativo dessa diferenciação. Além do mais, no Código de Processo Civil de 1939 eram considerados títulos executivos extrajudiciais certos acontecimentos que não se consumavam mediante escrita em um papel, como o contrato de locação verbal ou as relações de parentesco, fonte de direito a alimentos (art. 298, incs. IX e XI). Estes títulos não subsistem mais entre nós, mas a sua lembrança serve para demonstrar que o documento escrito não pode ser considerado, *sub specie aeternitatis*, elemento essencial integrante do conceito do título executivo.[78]

---

[74] FERREIRA, F.A., idem, ibidem.

[75] FERREIRA, F. A., idem, ibidem.

[76] FERREIRA, F. A., idem, p. 43 e 44.

[77] LIMA, Alcides Mendonça. *Comentários ao código de processo civil*. VI Vol. Tomo I, art. 566 a 585. Rio de Janeiro: Editora Forense, 1979. p. 299 e 300.

[78] DINAMARCO, C.R., op. cit. p. 470 e 471.

EXECUÇÃO E CUMPRIMENTO DE SENTENÇA

Cândido Rangel Dinamarco põe em xeque a teoria documental do título executivo, fazendo referência à cópia do título. Para ele, se prevalecesse a simples teoria documental, cada cópia do título poderia ensejar uma execução autônoma.[79]

Na realidade, não se pode afirmar que o título sirva peremptoriamente de 'prova legal', como defendia Carnelutti, pois se isso se confirmasse a execução deixaria de ter caráter *abstrato*, pois somente teria direito à sua instauração quem já pudesse provar que era, realmente, credor. Haveria como um prejulgamento da pretensão formulada em juízo.[80]

Para a outra teoria, denominada de *ato ou negócio jurídico*, defendida por Liebman, o título executivo seria um ato ao qual a lei liga a eficácia de aplicar a vontade sancionatória.

Dinamarco, adotando a teoria do ato ou fato jurídico, conceitua o título executivo (judicial ou extrajudicial) como o *ato ou fato jurídico do qual resulta a aplicação da sanção executiva*.[81]

Contudo, também não se pode aceitar a ideia de Liebman de que o título seja apenas um 'ato jurídico', pois, na realidade, o documento, que é o próprio título executivo, serve de continente do ato jurídico ou do negócio jurídico, que é o conteúdo. Por isso, o título, como documento, não vincula a permissibilidade de poder ser iniciado o processo executivo ao resultado do julgamento da pretensão do credor. É situação semelhante à que ocorre com o autor da demanda de conhecimento, em que o cumprimento dos pressupostos processuais e nem mesmo a ocorrência das condições da ação induzem, obrigatoriamente, à procedência do pedido, acolhendo a pretensão. Somente pela possibilidade de iniciar o processo executivo, que é em torno de uma pretensão insatisfeita,

---

[79] *"A jurisprudência brasileira sempre foi muito cautelosa quanto à cópia do instrumento dos títulos executivos, especialmente no que diz respeito às cambiais. A tendência tradicional é no sentido de negar eficácia executiva ao título instrumentalizado em cópia. Essa orientação tem sua razão de ser, porque seria extremamente perigoso deixar o credor à vontade para possivelmente promover mais de uma execução com base no mesmo título, bastando extrair cópias: haveria também o risco de fazer circular o título de crédito e promover-lhe a execução pela cópia. Ao princípio da literalidade dos títulos de crédito repugna realmente que a cópia valha pela cártula. Mas algumas atenuações racionais têm surgido: 'a jurisprudência vai admitindo a propositura de execução contra os avalistas mediante exibição de fotocópia autenticada do título executivo, apesar de habilitado o mesmo crédito na falência do emitente e estando comprovadamente nos autos originais. Obviamente, fora do campo dos títulos de crédito as cautelas são menores porque inexiste o instituto do endosso e nenhuma insegurança traz para a parte a propositura da execução com base em cópia do documento original. (DINAMARCO, C. R., idem, p. 473.).*
[80] LIMA, A. M., op. cit., p. 300 e 301.
[81] DINAMARCO, C. R., op. cit., p. 477.

130

e não apenas contestada, o credor se acha em posição mais fortalecida do que o autor ao ajuizar o processo de conhecimento. O credor, com o título, tem forte dose de presuntividade que emerge deste. Contudo, esta presuntividade relativa é meramente formal, pois o título admite e justifica o processo executivo, sem que interfira com a existência ou não do direito substancial que emana do ato. Se, porém, o sujeito ativo da execução se intitula credor, sem que realmente o seja, e se o devedor consegue provar tal situação nos embargos que apresentar, caracteriza-se uma execução indevida, pois não existe direito algum a favor do credor. Contudo, o devedor não impediu a execução, exatamente porque o credor podia intentá-la, legitimado processualmente pelo título. Apenas por via de embargos é que o devedor conseguiu provar a ausência do direito material que formava o ato (Liebman) contido no documento (Carnelutti). [82]

Por outro lado, se o título desaparece, nem por isso o ato ou negócio jurídico, que no mesmo se contém, deixa de surtir efeito. Poderá a obrigação ser provada por qualquer outro modo, mas não exigida em processo executivo e sim pleiteada em processo cognitivo. E, se o ato ou negócio jurídico nunca existiu ou não mais existe, seja em razão da extinção da obrigação por um dos modos previstos em direito, isso não impede o exercício da execução, se bem que possa ser frustrada pela ação incidente dos embargos do executado. Na primeira hipótese, desapareceu o documento, mas ficou o ato ou negócio jurídico; na segunda hipótese, ficou o documento, mas desapareceu o ato ou negócio jurídico. [83]

Por isso, pode-se afirmar que o título participa das duas naturezas, ou seja, é em determinadas situações documento e ato ou negócio jurídico, e, em outras, somente documento ou somente ato ou negócio jurídico.

Sendo documento, é *pressuposto processual* da execução. Sendo ato ou negócio jurídico, é *pressuposto substancial* da execução. [84]

A execução, no Brasil, deve pautar-se num *título*, como documento.

Segundo afirma Alcides de Mendonça Lima, *título executivo* é o documento necessário e suficiente para a instauração do processo executivo, sendo, portanto, um *pressuposto processual*. [85]

---

[82] LIMA, A. M., op. cit., p. 300, 301, 304 e 305.

[83] LIMA, A. M., idem, p. 307.

[84] LIMA, A. M., idem, ibidem.

[85] LIMA, Alcides Mendonça. *Comentários ao código de processo civil*. VI Vol. Tomo I, art. 566 a 585. Rio de Janeiro: Editora Forense, 1979. p. 298.

1.2. Função do título executivo

Segundo aduz Alcides Mendonça Lima, a *função* do título executivo é *"legitimar a ação executiva como ação 'abstrata', desvinculada tanto da dedução quanto da prova da ocorrência fática e jurídica que há conduzido à formação do ato"*.[86]

Por isso, enquanto quem age em sede de cognição afirma-se titular de um direito, projeta uma situação de fato e a sua recondução a uma determinada *fattispecie* jurídica em grau de justificar, uma vez produzida a prova dos elementos relevantes e controvertidos, uma pronunciação de acolhimento do pedido, e com esse a afirmação de uma determinada tutela; quem age em sede executiva em razão da posse de um título executivo não tem o ônus de deduzir o acontecimento que determinou a formação do título, nem o ônus de provar a existência do direito/obrigação (certo, líquido e exigível) que do mesmo documento resulta: toda possível atividade nesse sentido é absorvida pelo próprio título executivo, cuja função, por definição, é dinâmica, voltada à prática e concreta realização do direito, e não se exaure na sua representação estática.[87]

1.3. Obrigação líquida, certa e exigível

A execução para cobrança de crédito fundar-se-á sempre em título de obrigação certa, líquida e exigível.

A execução terá por objeto um título executivo, o qual, por sua vez, terá por fundamento uma *obrigação certa, líquida e exigível*.

Regra similar a do artigo 783 do atual C.P.C. brasileiro há no art. 474 do Código de Processo Civil italiano, quando afirma que qualquer espécie de execução forçada 'não poderá ter lugar a não ser em virtude de um título executivo de um direito certo, líquido e exigível.

Em relação ao direito italiano, anotam Comoglio, Ferri e Taruffo, que se deve sublinhar que o direito identificado no título deve possuir as características previstas no art. 474, inc. I, do C.P.C. italiano, segundo o qual a execução forçada não pode ter lugar a não ser em virtude de um título executivo em relação a um direito 'certo, líquido e exigível'.[88]

O artigo 783 do atual C.P.C. brasileiro não se refere a direito, mas, sim, a obrigação certa, líquida e exigível.

---

[86] LIMA, A. M., idem, ibidem.
[87] VERDE, G., CAPPONI, B., op. cit., p. 38.
[88] COMOGLIO, L.P.; FERRI, C.; TARUFFO, M., op. cit., p. 307.

A ordem dos fatores, contudo, não altera o produto, uma vez que sob a ótica do exequente haverá um direito líquido, certo e exigível; já sob a ótica do executado haverá uma obrigação líquida, certa e exigível.

Para se colocar em movimento um procedimento de execução forçada não é suficiente, como nos processos de cognição plena, a afirmação da existência de um direito, tendo em vista que se deve demonstrar a existência de um título executivo que tenha por objeto um direito ou uma obrigação certa, líquida e exigível. Daí por que a noção de título executivo é uma noção central para a compreensão da estrutura do processo de execução forçada.[89]

Sintetizando esses requisitos, anota Crisanto Mandrioli: *"A execução forçada não pode ter lugar a não ser em virtude de um título executivo, enuncia a norma em discurso, sendo que de imediato precisa: por um direito certo, líquido e exigível. Líquido significa expressão do crédito em dinheiro (ou em outra coisa fungível) em uma medida determinada, assim permanecendo excluído todo crédito expresso de modo genérico; exigibilidade significa que a eventual condição deve ter sido já realizada e eventual termo já encerrado. Ambos requisitos devem não somente existir, mas resultar do título, com a finalidade de estabelecer a sua função de individuar (documentar) o direito exequível pelo órgão executivo, o qual deve somente levá-lo à execução sem necessidade de valoração jurídica. O requisito certeza, ao invés, mais que resultar do título, é uma consequência da existência do próprio título. Mais precisamente, em relação ao fato que o título contém, como ele decorre de um ato de declaração, se poderá dizer que o direito resulta 'certo' naquela concreta medida que o ordenamento há determinado e indicado como suficiente, no momento em que disciplinam os singulares atos que constituem título executivo, atribui àqueles atos a qualidade de título executivo. Não evidentemente a certeza absoluta, nem mesmo aquele grau de certeza que se reveste a coisa julgada, mas uma certeza que o ordenamento jurídico entende por suficiente para fundamentar uma execução forçada, no momento em que enuncia que determinado ato constitui título executivo."*.[90]

1.3.1. A liquidez da obrigação

A obrigação é considerada líquida quando o seu quantitativo encontra-se devidamente determinado.[91]

---

[89] PISANI, Andrea Proto. *Lezioni di diritto processuale civile*. Terza Edizione. Napoli: Casa Editrice Dott. Eugenio Jovene, 1999. p. 759.

[90] MANDRIOLI, Crisanto. *Corso di diritto processuale civile*. Vol. III, Quinta edizione. Torino: G. Giappichelli Editore, 2006. p. 31 e 32.

[91] PISANI, A. P., op. cit., loc. cit.

EXECUÇÃO E CUMPRIMENTO DE SENTENÇA

Liquidez significa quantificado em medida determinada ou de todo modo constatável mediante um mero cálculo aritmético sob a base de dados constantes do próprio título executivo.

No que concerne à obrigação de não fazer e sua possível violação, por liquidez deverá entender-se a descrição exata das prestações exigidas do devedor para implementar a reintegração do comando contido no título executivo.

Por outro lado, será *ilíquida* a obrigação para efeitos de execução, quando o seu quantitativo não se encontra ainda determinado, dependendo essa quantificação da realização de uma liquidação por arbitramento ou pelo procedimento cognitivo.

A iliquidez, muito embora normalmente se verifique nas obrigações pecuniárias, pode, pois, ocorrer nas prestações de *dare*.[92]

1.3.2. A certeza da obrigação

Problemática é a individualização do requisito *certeza*, pois em razão da diversidade existente de títulos executivos, o grau de certeza também varia de acordo com o título específico.

A certeza da obrigação relaciona-se com a própria prestação ou com o seu objeto (e não também com o quantitativo da prestação, pois este se reporta à obrigação *liquida*).[93]

Certeza não significa incontestabilidade ou certeza absoluta, mas somente relativa, no sentido de que a obrigação deve resultar nos seus limites, sejam objetivos ou subjetivos, delineados no próprio título.[94]

A certeza está relacionada à determinação do objeto da prestação assumida. Por isso, são nulos os negócios jurídicos de objeto *indeterminável*, mas não os de objeto *indeterminado*.[95]

Sobre o plano da certeza, o único dado comum aos títulos executivos pode ser individuado na certeza de que esses oferecem quanto à existência dos fatos constitutivos do crédito: embora isso possa ser considerado muito redutor.[96]

O requisito *certeza* da obrigação, segundo Jaime Guasp e Pedro Aragoneses, impõe a total determinação do objeto que se reclama, que não poderá ser um conceito mais ou menos vago, senão totalmente preciso, pois todas as

---

[92] FERREIRA, F. A., op. cit. p. 95.

[93] FERREIRA, F. A., idem, p. 89.

[94] COMOGLIO, L.P.; FERRI, C.; TARUFFO, M., op. cit., p. 307 e 308.

[95] FERREIRA, F. A., op. cit., p. 89.

[96] PISANI, A. P., op. cit. loc. cit.

prescrições da lei neste ponto revelam que a exatidão da reclamação é requisito necessário da pretensão executiva.[97]

É bem verdade que o requisito certeza deve ser relativizado, uma vez que nas obrigações de dar coisa incerta e nas obrigações alternativas descaracteriza-se em parte a exigência imposta pela lei do processo, sem que se possa dizer, de modo absoluto, que se trate de obrigações incertas. É mais adequado considerar uma incerteza meramente relativa, que o sistema processual tolera e oferece meios para eliminar.[98]

Dentre as possíveis classificações das obrigações quanto ao objeto, interessa-nos neste momento, as que distinguem entre *obrigações específicas* e *obrigações genéricas* (classificação circunscrita às obrigações de *prestações de coisas*) e entre *obrigações cumulativas* e *obrigações alternativas* (classificação respeitante às obrigações de *prestações de coisas* ou de *fatos*). Diz *específica* a obrigação cujo objeto da prestação é descrito de forma individualizado ou concretamente (ex: entrega de determinado automóvel, a restituição do livro emprestado). Diz-se *genérica* a obrigação cujo objeto da prestação se encontra apenas determinado pelo seu *gênero* (através das notas essenciais, em maior ou menor número, que o distingue) e pela sua *quantidade* (ex: a compra de cem garrafas de vinho, dum quadro inespecificado de Goya etc).[99]

Assim, a individualização ou determinação do objeto da prestação (*concentração*), necessária à passagem da obrigação genérica a específica caracteriza uma fase do procedimento executivo, sem afetar a certeza da obrigação constante do título executivo.

As obrigações *complexas ou múltiplas* (quando o objeto da prestação é plural, abrangendo vários fatos, várias coisas ou, ao mesmo tempo, um ou mais fatos e uma ou várias coisas), subdividem-se em *obrigações cumulativas* (quando os vários objetos sobre que incidem devem ser efetivamente prestados – entrega de um automóvel e construção de um muro) e *obrigações alternativas* (que compreende duas ou mais prestações, mas em que o devedor se exonera efetuando aquela que, por escolha, vier a ser designada).

Da mesma forma como ocorre com as obrigações genéricas, também nas alternativas a determinação de prestação (concentração) caracteriza-se por ser uma fase da execução.

---

[97] GUASP, Jaime; ARAGONESES, Pedro. *Derecho procesal civil*. Tomo II. Parte especial – procesos declarativos y de ejecución. Navarra: Thomson Civitas, 2006. p. 716.

[98] DINAMARCO, C. R., *Execução civil*. 3ª ed. São Paulo: Malheiros, 1993, p. 488.

[99] FERREIRA, F. A., op. cit. p. 90.

Dessa forma, *"pode definir-se como 'certa' a obrigação cujo objecto se encontra determinado; por vezes, na sequência de uma operação de escolha".*[100]

1.3.3. A exigibilidade da obrigação

Como terceiro requisito, a norma fala em exigibilidade da obrigação.

Em regra, a obrigação é *exigível* desde que se encontre vencida.

Portanto, para que um documento possa ser considerado título executivo é necessário que a obrigação nele inserida seja exigível, ou seja, que o prazo nele estipulado ou a condição nele prevista já tenha ocorrido sem o seu efetivo adimplemento.

A exigibilidade diz respeito ao tempo do vencimento das obrigações.

Surgem, portanto, dois tipos de obrigações: *obrigações puras* e *obrigações a prazo, a termo ou a condição.*

Segundo Fernando Amâncio Ferreira: *"Nas 'obrigações puras', o credor tem o direito de exigir a todo o tempo o cumprimento da obrigação, assim como o devedor pode a todo o tempo exonerar-se dela. Dá-se o nome técnico-jurídico de 'interpelação' ao acto pelo qual o credor exige ou reclama do devedor o cumprimento da obrigação. E a inexigibilidade da obrigação pode resultar precisamente desta falta de interpelação, uma vez que a obrigação pura só se considera vencida a partir dela. Nas 'obrigações a prazo', há um termo de vencimento, estabelecido pelas partes ou pela lei ou fixado pelo tribunal. Vencem-se, portanto, automaticamente, sem necessidade de interpelação do credor...".*[101]

Nas obrigações a prazo, até o dia do vencimento a prestação é inexigível.

A exigibilidade também tem a ver com as obrigações sujeitas a condição suspensiva, que é uma cláusula acessória possível de ser incorporada na generalidade dos negócios jurídicos.

Entende-se por condição suspensiva a cláusula que subordina o cumprimento da prestação a evento futuro e incerto. Disso resulta que o objeto do negócio jurídico pode ser desde logo certo; porém sua eficácia fica subordinada à verificação da condição. A condição suspensiva projeta-se apenas sobre a eficácia do negócio, pois dela depende o início da produção dos seus efeitos.[102]

Diante dessa característica da condição suspensiva, discorda Fernando Amâncio Ferreira dos autores portugueses Alberto dos Reis e Pereira Coelho quando consideram como obrigações incertas, e não como obrigações inexigíveis, as obrigações sob condição suspensiva, tendo em vista que essas,

---

[100] FERREIRA, F. A., idem, p. 91.
[101] FERREIRA, F. A., idem, p. 92.
[102] FERREIRA, F.A., idem, p. 93.

diversamente do que aqueles Mestres sustentam, existirem antes da verificação da condição. Com efeito, as obrigações existem, o seu objeto é certo, apenas a produção dos efeitos do negócio jurídico ainda se não iniciou.[103]

Disso resulta afirmar que a obrigação sob condição suspensiva só é exigível depois de a condição se verificar.

Para Cândido Rangel Dinamarco, a *exigibilidade* é estranha ao conceito de configuração do título executivo, pois a exigibilidade do bem devido em nada concorre para identificar o direito que vai à execução, nem, de forma alguma, para estabelecer contornos do processo executivo; ela diz apenas que é chegado o momento da satisfação da vontade concreta da lei, sem que haja mais qualquer impedimento legal.[104]

Na verdade, para Dinamarco a exigibilidade da obrigação é caracterizadora do *interesse-necessidade*. Portanto, só assim se explica a existência de títulos que se constituem antes da exigibilidade do direito, como sucede na hipótese de condenação para o futuro e como é corriqueiro entre os títulos extrajudiciais. No tocante à exigibilidade, deve o título apenas propiciar ao juiz a apreciação de sua ocorrência no momento da execução, isto é, indicar as *condições de exigibilidade*, de modo que à primeira vista se saiba se o débito está ou não vencido, há ou não condições.[105]

É certo que Chiovenda acreditava que o título precisava ser definitivo, completo e *incondicionado*, residindo neste último adjetivo o requisito de que ele fosse exigível. Essa opinião era compartilhada por José Frederico Marques.[106]

O conceito de exigibilidade pertence exclusivamente ao direito material e não ao direito processual. Daí por que será no âmbito do direito substancial que se deverá verificar, em cada caso concreto, se já ocorreu a exigibilidade da obrigação. Assim, constituem problemas substanciais o do momento do vencimento da dívida, do local em que ela deve ser paga, ou da escolha do bem nas obrigações alternativas etc.[107]

Sobre o momento em que ocorre o *inadimplemento* da obrigação, e por consequência a sua exigibilidade, estabelece o art. 397 do C.c.b.: *"O inadimplemento da obrigação, positiva e líquida, no seu termo, constitui de pleno direito em mora o devedor"*.

---

[103] Ferreira, F. A., idem, ibidem.
[104] Dinamarco, C. R. op. cit. p. 483.
[105] Dinamarco, C.R., idem, ibidem.
[106] Dinamarco, C.R., idem, ibidem.
[107] Dinamarco, Cândido, op. Cit., *execução civil*, p. 408 e 409

Não havendo termo, a mora se constitui mediante interpelação judicial ou extrajudicial (p.u. do art. 397 do C.c.b.).

Por sua vez, segundo estabelece o art. 398 do C.c.b.: *"nas obrigações provenientes de ato ilícito, considera-se o devedor em mora, desde que o praticou"*.

A não satisfação de obrigação certa, líquida e exigível é pressuposto lógico necessário para configurar o interesse/necessidade do credor em promover a execução.

O C.P.C. de 1973 não inseria a exigibilidade como requisito da execução, mas, sim, o inadimplemento. Esta opção feita pelo legislador do código revogado não ficou à margem das críticas de Dinamarco, a saber: *"Ao incluir o inadimplemento entre os 'requisitos para realizar qualquer execução', cometeu o Código de Processo Civil ao menos uma impropriedade, ficando incoerente consigo mesmo e com o sistema que contém: se o inadimplemento fosse realmente condição da ação executiva, dele haveria o juiz de conhecer de-ofício e não somente mediante embargos do executado"*.[108]

O art. 786 do atual C.P.C. coerentemente distingue a *exigibilidade* da pretensão insatisfeita= *inadimplemento*.

O devedor deve satisfazer a obrigação líquida e certa no termo estabelecido ou após a implementação da condição que justifica a sua satisfação.

A execução pode ser instaurada caso o devedor não satisfaça a obrigação certa, líquida e exigível. Se faltar qualquer um desses requisitos, o juiz deverá julgar o exequente carecedor de ação.

Já o adimplemento é causa de extinção da obrigação e motivo de improcedência da demanda executiva e não de carência de ação.

Quem recebeu o que lhe era devido não possui mais pretensão de direito material que alega possuir, sendo isso matéria de análise do mérito da demanda executiva; assim, ocorrendo o adimplemento, quem era credor já não o é mais e a sua pretensão a receber pela segunda vez não merece ser satisfeita pela via executiva nem por qualquer outra.[109]

2. Espécies de título executivo extrajudicial

Muito embora a sentença seja ainda o título executivo por excelência, o certo é que desde a idade média houve a necessidade de se outorgar força executiva a determinados documentos.

Tendo em vista o progresso das instituições processuais e a força vinculante do princípio da *nulla executio sine titulo* e do *nullo titulus sine lege*, o legislador

---

[108] DINAMARCO, C., idem, ibidem.
[109] DINAMARCO, C., idem, ibidem.

teve a necessidade de descrever quais seriam os títulos executivos extrajudiciais que poderiam legitimar o processo executivo autônomo.

Não seria prudente que o legislador outorgasse força executiva a títulos que não proviessem do Estado ou de outra entidade idônea, preparados por procedimento satisfatório (a legitimação pelo procedimento), ou que não decorressem do reconhecimento da obrigação ou responsabilidade pelo próprio sujeito legitimado a suportar a execução.[110]

O atual C.P.C. apresenta um alentado rol de títulos executivos, sem precedentes em nenhum outro ordenamento jurídico. Contudo, elenco maior de títulos observava-se no C.P.C. de 1939, que foi de certa forma reduzido pelo C.P.C. de 1973.

É bem verdade que o elenco dos títulos executivos extrajudiciais, previsto no atual art. 784 do C.P.C., apesar de seguir o princípio *nullo titulus sine lege*, está longe de ser exaustivo, principalmente pela existência de inúmeras leis especiais que preveem outros títulos executivos extrajudiciais.

É possível, porém, afirmar que o rol dos títulos executivo extrajudicial é *taxativo* ou de *numerus clausus*, no sentido de que somente o legislador pode constituí-los com força executiva, razão pela qual não serem válidas as convenções negociais pelas quais as partes conferem força executiva a outros documentos. Mas, *"não se considera como excluída a validade das cláusulas pelas quais os particulares privam de força executiva os títulos negociais constantes da enumeração legal".*[111]

Dentre os títulos executivo extrajudiciais incluem-se os documentos exarados ou autenticados por notário, os documentos particulares, os documentos a que seja atribuída força executiva e os títulos exarados em país estrangeiro.

Segundo a síntese formulada por Alcides de Mendonça Lima, das lições de Chiovenda, Sérgio Costa, José Alberto dos Reis, os títulos executivos extrajudiciais classificam-se em: a) *particulares*; b) *públicos*, sendo que estes últimos podem ser subdivididos em b.1.) *autoritários* e b.2) *administrativos ou fiscais*. Os autoritários são aqueles em que se nota a participação, mesmo que indireta, do poder público: intervenção do oficial público; e os administrativos, porque provêem diretamente do poder público, mediante a certidão de dívida ativa fiscal.[112]

---

[110] DINAMARCO, C. R., op. cit., p. 458.

[111] *"Pronunciam-se contra a possibilidade de os particulares retirarem força a um documento que a lei qualifica como título executivo, Teixeira de Sousa, 'Acção Executiva Singular', 1998, pp 67 e seg. e Lebre de Freitas, João Redinha e Rui Pinto, 'Código de Processo Civil Anotado, vol. 1, 1999, p. 90"* (FERREIRA, F.A., op. cit., p. 20).

[112] LIMA, A. M., op. cit., p. 362.

O art. 474 do C.P.C. italiano prescreve que a execução forçada não tem lugar a não ser em virtude de um título executivo de um direito certo, líquido e exigível. São título executivos: *(...). os documentos privados autenticados, relativamente às obrigações de somas de dinheiro nesse contidas, as cambiais, e também os outros títulos de crédito aos quais a lei atribui expressamente a mesma eficácia; os atos provenientes de notários ou de outro oficial público autorizado pela lei a expedi-los. A execução forçada de entrega de coisa ou de obrigação de 'rilascio' não pode ter lugar a não ser em virtude dos títulos executivos indicados acima.*

Comentando o art. 474 do C.P.C. italiano,[113] aduzem Comoglio, Ferri e Taruffo, que as outras duas categorias de títulos executivos são constituídas de atos que não são formados em uma nova controvérsia, mas são de *formação negocial*. Alguns desses são títulos de crédito, como as cambiais e similares, outros são atos públicos. Verifica-se, talvez, uma característica comum diante da presença de uma declaração em sentido lato de confissão do sujeito obrigado, reconhecendo, portanto, no título um conjunto de prova de um consenso documentado. Tudo isso pode ser verdadeiro para as cambiais e alguns atos notariais, mas não se aplica a todos os títulos executivos extrajudiciais. Apenas para o fim de um esclarecimento adicional, pode-se delinear uma prospectiva segundo a qual os atos indicados no art. 474, incisos 2, n.3, do C.P.C. italiano contenham um conjunto de documentação que atestam sua formação pela 'via negocial' (portanto, de natureza diversa daquela proveniente de cognição judicial) da existência de um direito, mediante particular forma documental, em relação à qual a lei pressupõe a subsistência dos requisitos de certeza e de individualização do direito e como suficientemente exequível e idôneo a fundamentar a execução forçada.[114]

São espécies de título executivo extrajudicial:

2.1. Letra de câmbio, nota promissória, duplicata, debênture e o cheque

Considera-se título executivo extrajudicial os títulos de crédito, como a letra de câmbio, a nota promissória, a duplicata, a debênture e o cheque.

Trata-se de uma categoria de documentos tendencialmente particulares que incorporam a própria obrigação e que oferecem elevada segurança formal

---

[113] O art. 474 c.p.c.italiano individualiza os títulos executivos, que são: a) as sentenças, e os provimentos a que a lei atribui expressamente eficácia executiva; b) as cambiais, bem como os outros títulos de crédito e os documentos aos quais a lei atribui expressamente a mesma eficácia; c) os documentos recebidos por notários ou por outros oficiais públicos autorizados pela lei a recebê-los, relativamente às obrigações de soma em dinheiro.

[114] COMOGLIO, L.P.; FERRI, C.; TARUFFO, M., op. cit., p. 310.

e substantiva, dotados, aliás, de força executiva prevista nas respectivas leis especiais, *máxime*, as leis uniformes da letra de câmbio, da nota promissória e do cheque.[115]

A letra de câmbio, a nota promissória, a debênture e o cheque, salvo a duplicata que é criação brasileira, aparecem em vários ordenamentos estrangeiros com a mesma força executiva, como se verifica pelo conteúdo normativo do art. 474, n. 2, do C.P.C. italiano.

A certeza, liquidez e exigibilidade devem surgir *prima facie* nesses documentos representativos de obrigação cambial.

Essa previsão já havia no inc. I do art. 585 do C.P.C. de 1973.

A definição de *letra de câmbio* está prevista no art. 1º do Decreto n. 2044 de 31 de dezembro de 1908, sendo que o Decreto n. 57.663, de 24.1.1966 promulgou a Convenção de Genebra para a adoção de uma lei uniforme em matéria de letras de câmbio e notas promissórias.

A definição de *nota promissória* está prevista no art. 54 do Decreto n. 2044 de 1908.

A definição de *duplicata* encontra-se nos arts. 1º, 2º e 3º da Lei 5.474 de 18 de julho de 1968.

Pode-se dizer que em relação às *debêntures*, a sua normatização teve início ainda no Século XIX, com as Leis nº 3.150 de 1882, que disciplinou as sociedades por ações, e nº 8.821, do mesmo ano, na qual foi mencionada pela primeira vez a expressão debênture como sinônimo de obrigação ao portador.

Debênture, expressão inglesa, significa valores mobiliários emitidos pelas sociedades anônimas, representativas de empréstimos contraídos pela própria sociedade, sendo que cada título confere ao debenturista idênticos direitos de crédito contra a sociedade que emitiu os títulos.

O Decreto nº 177-A de 1893 diz respeito à base legal para emissões de debêntures até o ano de 1976.

Surge a Lei nº 6.404/76, que regulamentou as sociedades anônimas, com as alterações preconizadas pelas Leis nos 9.457/97 e 10.303/01.

Segundo estabelece o art. 52 da Lei 6.404/76, *"A companhia poderá emitir debêntures que conferirão aos seus titulares direito de crédito contra ela, nas condições constantes da escritura de emissão e, se houver, do certificado"*.

A formatação do *cheque* é regulada no art. 1º da Lei 7.357, de 2 de setembro de 1985.

---

[115] Pinto, Rui. *Notas ao código de processo civil*. Coimbra: Coimbra Editora, 2014, p. 467.

O título, a que falte qualquer dos requisitos enumerados no art. 1º da Lei 7.357/85, não vale como cheque.

Prescrito o título de crédito pode ele ainda ser executado enquanto documento particular – *quirógrafo?*

No direito comparado, em especial no direito português, uma linha jurisprudencial e doutrinária majoritária propugnava que o credor pudesse executar já não a obrigação cartular, mas a obrigação subjacente fazendo uso do mesmo documento, agora como simples *reconhecimento particular de dívida*, nos termos do art. 458º CC: entre outros, os ACS. RP 26-1-2000/0030011 (OLIVEIRA VASCONCELOS, RP 16-1-2000/0031430 (NORBERTO BRANDÃO), STJ 23-1-2001/00A22488 (AFONSO MELO), RP 2-4-2001/0051753 (MACEDO DOMINGUES. Naturalmente que se exigiam certos pressupostos: a) *pressuposto formal*: uma letra prescrita pode valer como título executivo desde que *satisfaça os requisitos dos 'outros escritos particulares', i.e.,* em sede de C.P.C. português revogado, estar assinado pelo devedor; b) – b.1.) *pressupostos materiais objetivos*: enunciação da concreta e determinada relação causal ou subjacente – obrigação de pagamento, *i. e.,* que contenha ou represente um ato jurídico por virtude do qual alguém se tenha constituído em obrigação de pagar determinada quantia a outrem, no título de crédito, ou, ao menos, por alegação no requerimento executivo; b.2.) *natureza não formal da relação subjacente,* uma vez que, sendo a causa do negócio jurídico um seu elemento essencial, se o título prescrito não seguir a forma devida não poderá constituir título executivo; c) *pressuposto material subjetivo*: o valor de reconhecimento da dívida *só pode valer nas relações imediatas,* no caso dos títulos de crédito. Como bem sintetiza o AC. STJ 27-11-2007/07B3685 (SANTOS BERNARDINO) *"extinta, por prescrição, a obrigação cambiária incorporada no cheque, este pode continuar a valer como título executivo, enquanto 'documento particular assinado pelo devedor', no quadro das 'relações credor originário/devedor originário'* e para execução da respectiva obrigação subjacente ou fundamental, desde que, nesse caso, *'o exequente haja alegado, no requerimento executivo, essa obrigação (a relação causal) e que esta não constitua um negócio jurídico formal".*[116]

Rui Pinto critica essa posição da jurisprudência portuguesa, ao afirmar: *"Parece-nos abusivo afirmar uma vontade negocial de reconhecimento da dívida subjacente. A assinatura da letra, livrança ou cheque é somente constitutiva da respectiva obrigação, sendo uma ordem de pagamento ao sacado, no caso do cheque. Atribuir-se uma vontade de reconhecer uma dívida equivale a ultrapassar os limites e inerentes*

---

[116] Pinto, R., idem, p. 468 e 469.

seguranças do título de crédito e dos seus limites temporais... Seguimos, assim, LOPES CARDOSO para quem o credor perde o título e, como não contém a causa da obrigação, nem sequer como reconhecimento de dívida subjacente pode sobreviver. Na verdade ' a letra prescrica (e, 'mutatis mutandis', os demais títulos cartulares) não pode continuar a titular por si só, a obrigação originária, sob pena de ficar totalmente inútil a lei que estabelece a prescrição (MAEx, 3ª ed. 1968 (2ª reimp. por Álvaro Lopes-Cardoso, 1996), 72). O título prescrição não é sequer documento suficiente para 'provar por si só' a obrigação subjacente: como ele 'o autor apenas provará a sua emissão, cumprindo-lhe provar ainda, além da existência da obrigação que a fez nascer', entre outros elementos (MAEx cit., 73 e 75). Repare-se que a sujeição do credor ao ônus probatório comum – ônus que é invertido na dourina dominante – é razoável, atenta a circunstância dele ter deixado correr os prazos de caducidade autônoma. Por outras palavras: não pode o credor alegar os factos constitutivos da obrigação subjacente e juntar prova ao mesmo. O requerimento executivo tem como função apresentar um título à execção; não, constituir o título de execução... Esta posição evitaria resultados desrazoáveis como os a que se chegou em sede de AC. STJ 10-11-2011/124/07.3TBMTRA.L1.S1 (MARTINS DE SOUSA): a exequente, portadora de uma livrança com datas de emissão e de vencimento de 27.07.1994 e 30.03.1995, respetivamente, e instaurara execução a 16.04.2007, portanto 'decorridos 12 anos sobre o vencimento da livrança', mas apesar da executada invocar 'abuso de direito'...".[117]

A reforma do C.P.C. português de 2013 pretendeu 'eliminar' a polêmica sobre este tema, ao consagrar a posição majoritária na segunda parte da alínea c) do art. 703º. Vê-se que de fato pode passar a ser possível executar qualquer crédito titulado por letra, livrança ou cheque ainda que já prescrito.

No direito processual civil brasileiro, o título de crédito prescrito não poderá ser objeto do procedimento executivo, mas, sim, de um procedimento especial denominado de demanda *monitória*, regulado nos arts. 700 a 702 do novo C.P.C.

2.2. Escritura pública ou outro documento público assinado pelo devedor

Configura título executivo extrajudicial a escritura pública ou outro documento público assinado pelo devedor.

A norma processual dá ênfase à escritura pública como título executivo extrajudicial.

Três características observam-se na lavratura de uma escritura pública: a) é confeccionada por ato de tabelião ou notário; b) desfruta da característica

---

[117] PINTO, R., idem, p. 469.

de fé pública; c) apresenta predicativo de se impor como prova plena, ou seja, apresenta presunção *iuris tantum*.

Já os documentos públicos extrajudiciais são aqueles confeccionados por tabelião ou oficial, a quem a lei confere fé pública. Poderão ser expedidos, ainda, por agentes públicos dos Poderes Executivos, Legislativos ou do próprio Judiciário.

Evidentemente, por vezes as expressões documentos públicos e escritura pública são utilizadas como sinônimos pela doutrina e pela jurisprudência.

Na realidade, o documento público é gênero, enquanto que a escritura pública é espécie.

Como já se afirmou, na escritura pública deve intervir obrigatoriamente o tabelião ou o notário, lavrando-a em livro próprio, enquanto que no documento público essa exigência não é a regra, uma vez que pode ser outro oficial ou outra autoridade que irá participar na elaboração do documento.

Assim, toda escritura pública é um documento público; mas nem todo documento público é uma escritura pública.

Na realidade, *"o 'documento público' vem merecendo o acolhimento do direito comparado como título executivo, sem que se cinja, apenas, à escritura pública. A extensão tem sido gradativamente dilatada, em benefício da eficácia da declaração de vontade das partes, desde que proclamada perante quem seja investido, em função do mesmo. Não é, evidentemente, qualquer funcionário público, mas quem, normalmente, seja considerado como 'autoridade'"*.[118]

É importante salientar que a redação originária do art. 585, inc. II, do C.P.C. de 1973, restringia a execução de escritura pública ou outro documento público somente às hipóteses de obrigação de pagar quantia determinada ou de entregar coisa fungível.

O novo C.P.C. permite que o título executivo (escritura pública ou outro documento público) abranja qualquer tipo de obrigação (de pagar quantia determinada, de entregar coisa certa ou incerta, de fazer ou de não fazer).

Assim, constitui título executivo extrajudicial a escritura pública ou outro documento público no qual o devedor se obriga a entregar, em certa data, quantidade certa de gado, no peso mencionado, que recebeu para engordar, em regime de pastoreio (STJ – 4ª T. Resp 90.307-PR, rel. Min. Ruy Rosado, j. 25.06.96. p. 31.087).

Para Alcides de Mendonça Lima, a cláusula contratual de reconhecimento de dívida líquida, certa e exigível inserida em *testamento público* pelo testador

[118] LIMA, A. M., op. cit. p. 384.

REQUISITOS NECESSÁRIOS PARA A REALIZAÇÃO DE QUALQUER EXECUÇÃO

é título executivo extrajudicial e pode ser exigida pelo credor ainda em vida do devedor, como depois da morte, executando a herança. A declaração de dívida seria tanto título extrajudicial como qualquer outro documento.[119]

Já Pontes de Miranda nega a possibilidade de cobrança por ação executiva da dívida declarada em testamento público antes da morte do testador.[120]

O testamento, quer o público quer o cerrado, no direito português, é considerado título executivo, não na parte referente à transmissão de bens, mas naquela em que o testador confessa uma dívida própria ou impõe uma dívida ao herdeiro ou legatário.[121]

Os italianos, por sua vez, negam a força executiva do testamento.

2.3. Documento particular assinado pelo devedor e por 2 (duas) testemunhas

O novo C.P.C. português de 2013, em seu art. 703º, não prevê mais o documento particular assinado pelo devedor como título executivo extrajudicial.

Comentando o art. 703º do C.P.C. português, anota Rui Pinto, *"os meros documentos particulares assinados pelo devedor, constitutivos ou recognitivos, de obrigações deixaram de ter força executiva. A medida é aparentemente compreensível em face da dificuldade de, com segurança, se apurar que documento titula a dívida e que a dívida está efetivamente titulada, quando o credor apresenta à execução um complexo documental.... Todavia, terá andado menos bem o legislador ao desconsiderar que muitas relações contratuais entre credores e devedores estão equilibradas por reconhecimento de dívida, produzidos ao abrigo das regras gerais do artigo 458º CC: esses equilíbrios foram postergados pela nova solução. Porventura, uma solução possível teria sido manter a força executiva para 'os documentos particulares constituídos até 31 de agosto de 2013...*

Claro que se manteve a força executiva de documentos particulares previstos em disposição especial. É o caso de 'acta de reunião de condomínio', nas condições do art. 6º n. 1 DL 268/94, de 25 de Outubro, nomeadamente indicando o devedor (STJ 10-6-2008/08ª1057 (URBANO DIAS)".[122]

O direito processual civil brasileiro, por sua vez, caracteriza como título executivo extrajudicial, ao lado da escritura pública ou de outro documento público, o documento particular assinado pelo devedor e por duas testemunhas.

---

[119] LIMA, A. M., idem, p. 396 e 397.

[120] PONTES DE MIRANDA. *Comentários ao C.P.C. de 1973.* Vol. IX. Rio de Janeiro: Forense, s/d., p. 292, n. 12.

[121] FERREIRA, A. F., op. Cit. p. 29.

[122] PINTO, Rui. *Notas ao código de processo civil.* Coimbra: Coimbra Editora, 2014. p. 466.

O documento particular assinado pelo devedor e por duas testemunhas será considerado título executivo extrajudicial, independentemente de reconhecimento de firma do devedor ou das testemunhas. Contudo, para se evitar dúvida ou alegação de fraude em relação ao documento, é pertinente o reconhecimento de firma, até para comprovar com maior segurança eventual data da realização da avença.

O contrato não subscrito por duas testemunhas não é título executivo extrajudicial.

Como não há exigência de que as testemunhas presenciem o ato (STJ REsp nºs 1.127/SP e 8.849/DF), basta a sua assinatura no documento para caracterizá-lo como título executivo extrajudicial.

A falta de identificação das testemunhas que subscrevem o título executivo não o torna nulo, somente sendo relevante essa circunstância se o executado aponta falsidade do documento ou da declaração nele contida.

Entendo que não se pode admitir a assinatura a rogo do devedor ou das testemunhas. Se alguém não souber ou não puder assinar, o título executivo deverá ser elabora por escritura pública.

O S.T.J. apresenta entendimento de que o contrato particular de abertura de crédito a pessoa física para financiamento de aquisição de material de construção (CONSTRUCARD) não configura título executivo extrajudicial. Nesse sentido, eis o seguinte precedente:

> *RECURSO ESPECIAL. PROCESSUAL CIVIL. CONTRATO PARTICULAR DE ABERTURA DE CRÉDITO A PESSOA FÍSICA PARA FINANCIAMENTO PARA AQUISIÇÃO DE MATERIAL DE CONSTRUÇÃO. CONSTRUCARD. TÍTULO EXECUTIVO EXTRAJUDICIAL INEXISTENTE.*
>
> *1. O contrato particular de abertura de crédito a pessoa física visando financiamento para aquisição de material de construção – Construcard, ainda que acompanhado de demonstrativo de débito e nota promissória, não é título executivo extrajudicial.*
>
> *2. A ausência de executividade desta modalidade de crédito decorre do fato de que, quando da assinatura do instrumento pelo consumidor – ocasião em que a obrigação nasce para a instituição financeira, de disponibilizar determinada quantia ao seu cliente –, não há dívida líquida e certa, sendo que os valores eventualmente utilizados são documentados unilateralmente pela própria instituição, sem qualquer participação, muito menos consentimento, do cliente.*
>
> *3. Recurso especial provido.*
>
> *(REsp 1323951/PR, Rel. Ministro LUIS FELIPE SALOMÃO, QUARTA TURMA, julgado em 16/05/2017, DJe 14/06/2017)*

O S.T.J., em recente decisão, entendeu que o contrato eletrônico de mútuo, assinado digitalmente, pode ser considerado como título executivo extrajudicial, ainda que não assinado por duas testemunhas. Nesse sentido, eis o seguinte precedente:

RECURSO ESPECIAL. CIVIL E PROCESSUAL CIVIL. EXECUÇÃO DE TÍTULO EXTRAJUDICIAL. EXECUTIVIDADE DE CONTRATO ELETRÔNICO DE MÚTUO ASSINADO DIGITALMENTE (CRIPTOGRAFIA ASSIMÉTRICA) EM CONFORMIDADE COM A INFRAESTRUTURA DE CHAVES PÚBLICAS BRASILEIRA. TAXATIVIDADE DOS TÍTULOS EXECUTIVOS. POSSIBILIDADE, EM FACE DAS PECULIARIDADES DA CONSTITUIÇÃO DO CRÉDITO, DE SER EXCEPCIONADO O DISPOSTO NO ART. 585, INCISO II, DO CPC/73 (ART. 784, INCISO III, DO CPC/2015). QUANDO A EXISTÊNCIA E A HIGIDEZ DO NEGÓCIO PUDEREM SER VERIFICADAS DE OUTRAS FORMAS, QUE NÃO MEDIANTE TESTEMUNHAS, RECONHECENDO-SE EXECUTIVIDADE AO CONTRATO ELETRÔNICO. PRECEDENTES.

1. Controvérsia acerca da condição de título executivo extrajudicial de contrato eletrônico de mútuo celebrado sem a assinatura de duas testemunhas.

2. O rol de títulos executivos extrajudiciais, previsto na legislação federal em "numerus clausus", deve ser interpretado restritivamente, em conformidade com a orientação tranquila da jurisprudência desta Corte Superior.

3. Possibilidade, no entanto, de excepcional reconhecimento da executividade de determinados títulos (contratos eletrônicos) quando atendidos especiais requisitos, em face da nova realidade comercial com o intenso intercâmbio de bens e serviços em sede virtual.

4. Nem o Código Civil, nem o Código de Processo Civil, inclusive o de 2015, mostraram-se permeáveis à realidade negocial vigente e, especialmente, à revolução tecnológica que tem sido vivida no que toca aos modernos meios de celebração de negócios, que deixaram de se servir unicamente do papel, passando a se consubstanciar em meio eletrônico.

5. A assinatura digital de contrato eletrônico tem a vocação de certificar, através de terceiro desinteressado (autoridade certificadora), que determinado usuário de certa assinatura a utilizara e, assim, está efetivamente a firmar o documento eletrônico e a garantir serem os mesmos os dados do documento assinado que estão a ser sigilosamente enviados.

6. Em face destes novos instrumentos de verificação de autenticidade e presencialidade do contratante, possível o reconhecimento da executividade dos contratos eletrônicos.

7. Caso concreto em que o executado sequer fora citado para responder a execução, oportunidade em que poderá suscitar a defesa que entenda pertinente, inclusive acerca da regularidade formal do documento eletrônico, seja em exceção de pré-executividade, seja em sede de embargos à execução.

EXECUÇÃO E CUMPRIMENTO DE SENTENÇA

8. RECURSO ESPECIAL PROVIDO.

(REsp 1495920/DF, Rel. Ministro PAULO DE TARSO SANSEVERINO, TERCEIRA TURMA, julgado em 15/05/2018, DJe 07/06/2018)

2.4. O instrumento de transação referendado pelo Ministério Público, pela Defensoria Pública, pela Advocacia Pública, pelos advogados dos transatores ou por conciliador ou mediador credenciado pelo tribunal

A transação tem por finalidade prevenir ou terminar o litígio mediante concessão mútua.

O instrumento de transação pode ser particular ou por instrumento público nos casos em que a lei o exige.

A transação é regulada nos arts. 840 a 850 do atual c.c.b.

O instrumento de transação somente poderá ser considerado como título executivo extrajudicial se for referendado pelo Ministério Público, pela Defensoria Pública, pela Advocacia Pública, pelos advogados dos transatores ou por conciliadores ou mediadores credenciados pelo Tribunal.

Em relação ao Ministério Público, além do novo C.P.C., encontra-se disposição similar no art.57 e seu parágrafo único da Lei 9.099/95, a saber:

> *"Art. 57. O acordo extrajudicial, de qualquer natureza ou valor, poderá ser homologado, nos juízos competente, independentemente de termo, valendo a sentença como título executivo judicial.*
>
> *Parágrafo único. Valerá como título extrajudicial o acordo celebrado pelas partes, por instrumento escrito, referendado pelo órgão competente do Ministério Público.*

Em relação à Defensoria Pública, estabelece o art. 4º, §4º, da Lei Complementar n. 80 de 12 de janeiro de 1994, que trata da organização da Defensoria Pública da União, do Distrito Federal e dos Territórios:

> *Art. 4º São funções institucionais da Defensoria Pública, entre outras:*
>
> *(...).*
>
> *§4º O instrumento de transação, mediação ou conciliação referendado pelo Defensor Público valerá como título executivo extrajudicial, inclusive quando celebrado com a pessoa jurídica de direito público.*

O novo C.P.C. também confere natureza de título executivo extrajudicial à transação referendada pela Advocacia Pública.

É certo que a advocacia pública, numa maneira geral, apenas trata de direitos indisponíveis.

Porém, nas hipóteses em que a lei permita a realização de transações entre entes públicos ou entre ente público e particular, poderá a Advocacia Pública referendar a transação, gerando com o seu ato um título executivo extrajudicial.

Sobre a possibilidade de transação envolvendo a Administração Pública, eis o seguinte precedente do S.T.F.:

EMENTA: Poder Público. Transação. Validade. Em regra, os bens e o interesse público são indisponíveis, porque pertencem à coletividade. É, por isso, o Administrador, mero gestor da coisa pública, não tem disponibilidade sobre os interesses confiados à sua guarda e realização. Todavia, há casos em que o princípio da indisponibilidade do interesse público deve ser atenuado, mormente quando se tem em vista que a solução adotada pela Administração é a que melhor atenderá à ultimação deste interesse. Assim, tendo o acórdão recorrido concluído pela não onerosidade do acordo celebrado, decidir de forma diversa implicaria o reexame da matéria fático-probatória, o que é vedado nesta instância recursal (Súm. 279/STF). Recurso extraordinário não conhecido.

(RE 253885, Relator(a): Min. ELLEN GRACIE, Primeira Turma, julgado em 04/06/2002, DJ 21-06-2002 PP-00118 EMENT VOL-02074-04 PP-00796)

Também valerá o instrumento de transação como título executivo extrajudicial quando for assinado pelos advogados dos transatores.

Inova o novo C.P.C. ao configurar como título executivo extrajudicial o instrumento de transação referendado por *conciliadores ou mediadores credenciados pelo tribunal*, sem necessidade de homologação judicial.

Entendo que essa prerrogativa existe tanto em relação a transação sobre questão já judicializada, assim como em relação a questão ainda não judicializada.

2.5. O contrato garantido por hipoteca, penhor, anticrese ou outro direito real de garantia e aquele garantido por caução

São títulos executivos extrajudiciais os contratos garantidos por hipoteca, penhor, anticrese e caução.

Trata-se de cauções reais (hipoteca, penhor e anticrese) e das cauções pessoais (fiança e caução em dinheiro).

É importante salientar que nas dívidas garantidas por penhor, anticrese ou hipoteca, o bem dado em garantia fica sujeito, por vínculo real, ao cumprimento da obrigação (art. 1.419 do C.c.b.).

Os contratos de penhor, anticrese ou hipoteca declararão, sob pena de não terem eficácia: a) o valor do crédito, sua estimação, ou valor máximo; b) o prazo fixado para pagamento; c) a taxa de juros, se houver; d) o bem dado em garantia com as suas especificações.

Do Penhor: Constitui-se o penhor pela transferência efetiva da posse que, em garantia do débito ou a quem o represente, faz o devedor, ou alguém por ele, de uma coisa móvel, suscetível de alienação (art. 1.431 do C.c.b.).

Já no penhor rural, industrial, mercantil e de veículos, as coisas empenhadas continuam em poder do devedor, que as deve guardar e conservar (p.u. do art. 1.431 do C.c.b.).

O instrumento do penhor deverá ser levado a registro, por qualquer dos contratantes; o do penhor comum será registrado no Cartório de Títulos e Documentos (art. 1.432 do C.c.b.).

Da hipoteca: O direito brasileiro não aceita a denominada hipoteca abstrata, ou seja, aquela que existe sobre si, independentemente de um crédito.

O contrato de hipoteca exige duas relações jurídicas bem definidas: a) a de direito pessoal, ou seja, a obrigação em si mesma; b) a de direito real, qual seja, a do próprio ônus hipotecário.

Normalmente, a relação jurídica principal diz respeito a um contrato de mútuo. Contudo, também pode ser objeto contrato que preveja obrigação de dar, fazer ou mesmo de não fazer.

A hipoteca pode ser: a) convencional; b) legal; d) judicial.

O Código, contudo, somente confere natureza de título executivo extra-judicial à hipoteca que garanta um *contrato.*

A hipoteca judicial não pode ser executada, pois o que será executada é a sentença que deu origem à hipoteca judicial como medida acautelatória, incidindo a expropriação sobre o bem dado em hipoteca judicial.

Anticrese: Pode o devedor ou outrem por ele, com a entrega do imóvel ao credor, ceder-lhe o direito de perceber, em compensação da dívida, os frutos e rendimentos (art. 1.506 do C.c.b.).

Havendo recusa do devedor em entregar o imóvel para que haja o pagamento da dívida, poderá o credor executar o respectivo contrato, podendo optar pela execução da dívida ou pela entrega do bem dado em garantia. Na primeira hipótese, haverá execução por quantia certa, sendo que na segunda haverá execução para entrega de coisa certa.

Caução: A palavra caução procede do vocábulo latino *cautio,* derivado do verbo *cavere,* cuja significação é tomar cuidado, prevenir-se, precaver-se. Em razão dessa acepção originária, o termo evoluiu para alcançar a significação de dar garantia e segurança a alguém, com a finalidade de resguardá-lo de algum dano ou prejuízo. Por isso, o conceito de caução está vinculado ao ato de garantia ou segurança dada.[123]

A caução pode ser real ou pessoal.

A caução real é o penhor, a hipoteca e a anticrese.

A caução *pessoal* ou *fidejussória*, é aquela em que uma pessoa se torna garantidor do pagamento da prestação, devendo ser chamada de fiadora.

Contudo, a caução é gênero, sendo a fiança uma das espécies de caução.

Há também a caução monetária prestada em dinheiro.

2.6. O contrato de seguro de vida em caso de morte

Pelo contrato de seguro, o segurador obriga-se, mediante o pagamento do prêmio, a garantir interesse legítimo do segurado, relativo a pessoa ou a coisa, contra riscos determinados.

O contrato de seguro prova-se com a exibição da apólice ou do bilhete do seguro, e, na falta deles, por documento comprobatório do pagamento do respectivo prêmio (art. 758 do C.c.b.). Assim, se não chegou a ser expedida a apólice de seguro, é incabível a execução por título extrajudicial (RTJ 115/720).

Segundo precedente do S.T.F., a Lei 6.194, de 19.12.74, art. 10, determinou que fosse observado o procedimento sumaríssimo nas ações decorrentes de danos pessoais causados por veículo, retirando, desta maneira, a executividade ao seguro de acidentes pessoais (STF – RT 489/254).

Contudo, como o novo C.P.C. extinguiu o procedimento sumário (salvo a regra de transição), entendemos que retorna a executividade dos contratos de seguro de vida, prevalecendo o disposto no atual C.P.C., que revogou o art.10 da Lei 6.194/74, com base no princípio de que lei posterior revoga lei anterior com ela incompatível.

Somente a lei pode prescrever quais são os títulos executivos, fixando-lhes as características formais peculiares. Logo, apenas os documentos descritos pelo legislador, seja em códigos ou em leis especiais, é que são dotados de força executiva, não podendo as partes convencionarem a respeito.

Quanto aos seguros, somente os contratos de seguro de vida dotados de liquidez, certeza e exigibilidade são títulos executivos extrajudiciais, podendo ser utilizada, pois, a via da ação executiva. Logo, a apólice de seguro de automóveis não pode ser considerada título executivo extrajudicial. Para o seguro de automóveis, na ocorrência de danos causados em acidente de veículo, a ação

---

[123] LIMA, A. M., op. cit., p. 418.

EXECUÇÃO E CUMPRIMENTO DE SENTENÇA

a ser proposta é, necessariamente, a de conhecimento pelo rito comum, já que é destituído de executividade e as situações nele envolvidas comumente não se enquadram no conceito de obrigação líquida, certa e exigível, sendo imprescindível, nessa hipótese, a prévia condenação do devedor e a constituição de título judicial.

Há entendimento de que são excluídos da executividade os contratos de seguro de acidentes pessoais de que resulta incapacidade, justamente pelo fato de que a incapacidade depende de prova, o que não se coaduna com o processo de execução de título extrajudicial.

Sobre a regulação do seguro de pessoa, especialmente o seguro de vida, ver arts. 789 a 802 do C.c.b.

Muito embora o inc. VI do art. 784 do atual C.P.C. não mencione como título executivo extrajudicial o prêmio devido pelo segurado à seguradora, essa previsão de executividade encontra-se no art. 27 do Dec.-Lei n. 73/966.

2.7. O crédito decorrente de foro e laudêmio
Considera-se título executivo extrajudicial o crédito decorrente de foro e laudêmio.

O foro e o laudêmio são institutos jurídicos provenientes do contrato de enfiteuse, previsto no Código Civil de 1916.

O atual Código Civil brasileiro extinguiu a enfiteuse por ser um instituto superado, retrógrado e, praticamente, sem existência atual nenhuma, a não ser, em regra, nos terrenos da marinha, como bens da União, que podem ser aforados.

É importante salientar que em se tratando de foro ou laudêmio de titularidade da União, Estados, Distrito Federal e Municípios, deve-se aplicar a regra estabelecida no art. 39, §2º, da Lei 4.320 de 17 de março de 1964, *in verbis:*

> *Art. 39. Os créditos da Fazenda Pública, de natureza tributária ou não tributária, serão escriturados como receita do exercício em que forem arrecadados, nas respectivas rubricas orçamentárias. (Redação dada pelo Decreto Lei nº 1.735, de 1979)*
>
> *§ 1º – Os créditos de que trata este artigo, exigíveis pelo transcurso do prazo para pagamento, serão inscritos, na forma da legislação própria, como Dívida Ativa, em registro próprio, após apurada a sua liquidez e certeza, e a respectiva receita será escriturada a esse título. (Incluído pelo Decreto Lei nº 1.735, de 1979)*
>
> *§ 2º – Dívida Ativa Tributária é o crédito da Fazenda Pública dessa natureza, proveniente de obrigação legal relativa a tributos e respectivos adicionais e multas, e Dívida Ativa*

não Tributária são os demais créditos da Fazenda Pública, tais como os provenientes de empréstimos compulsórios, contribuições estabelecidas em lei, multa de qualquer origem ou natureza, exceto as tributárias, foros, laudêmios, alugueis ou taxas de ocupação, custas processuais, preços de serviços prestados por estabelecimentos públicos, indenizações, reposições, restituições, alcances dos responsáveis definitivamente julgados, bem assim os créditos decorrentes de obrigações em moeda estrangeira, de sub-rogação de hipoteca, fiança, aval ou outra garantia, de contratos em geral ou de outras obrigações legais. (Incluído pelo Decreto Lei nº 1.735, de 1979)

Portanto, se a titularidade do foro ou do laudêmio for da Fazenda Pública, a forma de cobrança desses créditos será pela via da execução fiscal.

O art. 2038, inserido nas disposições finais transitórias, do Livro Complementar do Código civil brasileiro prescreve:

> *"Art. 2038. Fica proibida a constituição de enfiteuses e subenfiteuses, subordinando-se as existentes, até sua extinção, às disposições do Código Civil anterior, Lei n. 3.071, de 1º de janeiro de 1916, e leis posteriores.*
>
> *§1º Nos aforamentos a que se refere este artigo é defeso:*
>
> *I – cobrar laudêmio ou prestação análoga nas transmissões de bem aforado, sobre o valor das construções ou plantações;*
>
> *II – constituir subenfiteuse.*
>
> *§2º A enfiteuse dos terrenos da marinha e acrescidos regula-se por lei especial.*

Em que pese o novo Código Civil brasileiro tenha proibido a constituição de novas enfiteuses, o certo é que as existentes permanecem válidas até a sua derradeira extinção.

Por isso, serão considerados títulos executivos extrajudiciais o crédito de foro ou laudêmio das enfiteuses ainda existentes.

Dá-se a enfiteuse, aforamento, ou emprazamento, quando por ato entre vivos, ou de última vontade, o proprietário atribui a outrem o domínio útil do imóvel, pagando a pessoa, que o adquire, e assim se constitui enfiteuta, ao senhor direto uma pensão, ou foro, anual, certo e invariável (art. 678 do C.c.b. de 1916).

O foro consiste na retribuição a ser paga pela enfiteuta (ou foreiro) ao proprietário (ou senhorio direto), a qual é também denominada de *canon*. Em razão desse liame entre o enfiteuta e o senhorio direto, o contrato de enfiteuse não pode ser verbal.

EXECUÇÃO E CUMPRIMENTO DE SENTENÇA

O laudêmio, por sua vez, é a compensação devida ao proprietário, se este não usar do direito de opção para adquirir o domínio útil que o enfiteuta pretenda alienar onerosamente (art. 686 do Código Civil de 1916).

2.8. O crédito, documentalmente comprovado, decorrente de aluguel de imóvel, bem como de encargos acessórios, tais como taxas e despesas de condomínio

São títulos executivos extrajudiciais o crédito, documentalmente comprovado, decorrente de aluguel de imóvel, bem como de encargos acessórios, tais como taxas e despesas de condomínio.

Somente o crédito de aluguéis sobre imóveis é que pode ser cobrado pela via executiva, e não os de aluguéis decorrentes de bens móveis, a não ser que esse crédito se enquadre em outra espécie de título executivo extrajudicial.

Os alugueres ou rendas de imóvel são frutos civis decorrentes do seu uso.

É importante não confundir aluguéis ou rendas de imóveis com rendas sobre imóveis.

Tradicionalmente, a expressão aluguel é utilizada para as locações de imóveis urbanos, enquanto arrendamento é utilizado para locações de imóveis rurais.

A questão que se coloca é se o arrendamento encontra-se ou não abrangido pelo termo aluguel previsto no inc. VIII do art. 784 do atual C.P.C.

Segundo anota Alcides de Mendonça Lima, a disposição legal abrange qualquer espécie de locação, seja ela urbana ou rural. No mesmo sentido Pontes de Miranda e Humberto Theodoro Júnior.[124]

No direito antigo luso-brasileiro, estabelecia-se a possibilidade de execução de crédito proveniente de contrato escrito ou *verbal* (art. 298, IX).

O atual C.P.C., assim como era no C.P.C. de 1973, preconiza que somente será objeto de execução o crédito de aluguel que estiver *documentalmente comprovado*. Torna-se requisito da execução a existência de contrato de locação realizado por *escrito*, ou, pelo menos, a existência de um documento que comprove o reconhecimento pelo locatário do crédito de aluguel em favor do locador.

Não há necessidade de que o contrato de locação seja assinado por duas testemunhas para ser caracterizado como título execução.[125]

---

[124] LIMA, A. M., op. cit., p. 433 e 434.

[125] *PROCESSUAL CIVIL. AGRAVO INTERNO. AGRAVO EM RECURSO ESPECIAL. CONTRATO DE LOCAÇÃO. TÍTULO EXECUTIVO EXTRAJUDICIAL. ASSINATURAS DE DUAS TESTEMUNHAS. DESNECESSIDADE.*

1. O contrato de locação não precisa estar assinado por duas testemunhas para servir como título executivo extrajudicial.

O S.T.J. (Resp n. 87910/ES, 58.657/MG, 23.700/MG) compreende que constitui título executivo extrajudicial o contrato de locação escrito, ainda que vencido e prorrogado por prazo indeterminado, tendo em vista que findo o prazo contratado por escrito, e presumindo-se prorrogado o acordo com as condições anteriormente ajustadas, o locador continua a ter título executivo extrajudicial, para a cobrança dos aluguéis.[126]

Evidentemente, se o locador não tiver contrato escrito de locação, deverá preferir a propositura de ação de despejo, em face de falta de pagamento, forçando a purgação da mora.

O crédito decorrente de aluguel proveniente de sublocação, desde que comprovado por escrito, também poderá ser objeto de execução. Nesse caso, somente será sujeito ativo da demanda o sublocador e não o locador originário, pois este não tem qualquer relação jurídica de direito material em face do sublocatário.

A questão que se coloca é se pode o fiador ser executado com base em título executivo extrajudicial, ou seja, com base em contrato de locação por escrito no qual ele figura como garantidor do pagamento do aluguel.

---

2. *Agravo interno a que se nega provimento.*
(AgInt no AREsp 970.755/RS, Rel. Ministra MARIA ISABEL GALLOTTI, QUARTA TURMA, julgado em 21/03/2017, DJe 07/04/2017)

[126] *AGRAVO INTERNO NO AGRAVO EM RECURSO ESPECIAL. LOCAÇÃO. RESPONSABILIDADE DO FIADOR. CLÁUSULA EXPRESSA DE RESPONSABILIDADE ATÉ A ENTREGA DAS CHAVES. RESPONSABILIDADE DO GARANTE. REVISÃO. SÚMULAS 5 E 7/STJ. DISSÍDIO JURISPRUDENCIAL. ANÁLISE PREJUDICADA. AGRAVO REGIMENTAL DESPROVIDO.*
1. A prorrogação por prazo indeterminado do contrato de locação não retira sua eficácia como título executivo extrajudicial. Precedente.
2. O entendimento do Tribunal local está em consonância com a pacífica jurisprudência desta eg. Corte Superior, a qual estabelece que "continuam os fiadores responsáveis pelos débitos locatícios posteriores à prorrogação legal do contrato se anuíram expressamente a essa possibilidade e não se exoneraram nas formas dos artigos 1.500 do CC/16 ou 835 do CC/02, a depender da época que firmaram a avença" (EREsp 566.633/CE, Terceira Seção, Rel. Min. PAULO MEDINA, DJe de 12/3/2008).
3. O Tribunal de origem fundamentou que o fiador deve responder pela prorrogação do contrato de locação, pois, "na espécie, foi expressamente previsto no contrato que as obrigações dos fiadores persistiria até a efetiva entrega das chaves".
4. A alteração da conclusão do Tribunal a quo quanto à previsão contratual encontra óbice nas Súmulas 5 e 7 desta Corte.| 5. Agravo interno a que se nega provimento.
(AgInt no AgInt no AREsp 981.181/RS, Rel. Ministro RAUL ARAÚJO, QUARTA TURMA, julgado em 21/03/2017, DJe 07/04/2017)

Entendemos que se o fiador assina o contrato de locação no qual é reconhecido crédito de aluguel e assume a posição de garantidor, a execução de título executivo extrajudicial pode ser direcionada contra ele.

É importante salientar que a responsabilidade do fiador vai até a entrega das chaves pelo locatário, mesmo nos casos em que haja a prorrogação verbal do contrato de locação, desde que o fiador tenha assumido expressamente essa responsabilidade.

Também configura como título executivo extrajudicial o crédito, documentalmente comprovado, decorrente dos encargos acessórios do imóvel, no caso, taxas e despesas de condomínio.

Referidas taxas e despesas de condomínio são aquelas que, em virtude de contrato de locação, o inquilino assumiu o seu pagamento e tornou-se inadimplente. Nesse caso, o locador poderá cobrar pela via executiva os acessórios e as despesas de condomínio assumidas pelo locatário no contrato de locação ou em outro documento firmado por escrito.

Quando a responsabilidade pelas despesas de condomínio é do próprio locador ou do condômino, a execução poderá ser proposta pelo condomínio, nos termos do inc. X do art. 784 do novo C.P.C.

A nova Lei do Inquilinato impõe aos locadores e locatários do imóvel urbano, em seus arts. 22 e 23, uma série de deveres e de obrigações impostas às partes contratantes, que não podem ser por elas afastadas mediante livre disposição contratual, salvo nas hipóteses em que a própria lei expressamente admita. É o que estabelece o inc. VIII, do art. 22, da Lei de Locação: *VIII – pagar os impostos e taxas, e ainda o prêmio de seguro complementar contra fogo, que incidam ou venham a incidir sobre o imóvel, salvo disposições expressa em sentido contrário".*

Disso resulta dizer que a regra contida no inc. X do art. 22 da Lei 8.245/91, no que tange à obrigação do locador pelo pagamento das despesas extraordinárias de condomínio, consubstancia norma de natureza cogente, que limita o poder de livre disposição das partes contratantes, por impor uma responsabilidade cujo ônus não pode ser invertido por estipulação contratual. Assim, não é possível transferir para o locatário e seus fiadores a obrigação pelo pagamento das despesas extraordinárias de condomínio.

Em se tratando de despesas extraordinárias, o condomínio tem ação executiva contra o locador e não contra o locatário, ainda que haja cláusula contratual invertendo essa responsabilidade prevista em lei.

2.9. A certidão de dívida ativa da Fazenda Pública da União, dos Estados, do Distrito Federal e dos Municípios, correspondente aos créditos inscritos na forma da lei

Em regra, a certidão de dívida ativa é expedida em razão de créditos tributários, incluindo neste gênero as custas ou taxas judiciárias.

Contudo, havendo condenação da parte por sentença judicial às custas processuais, a exigência das custas poderá ser realizada por meio de cumprimento de sentença, sem necessidade de expedição de certidão de dívida ativa.

A jurisprudência do STJ comunga do entendimento de que não se aplica a Lei 6.830/1980 à execução de decisão condenatória do Tribunal de Contas da União quando não houver inscrição em dívida ativa. Tais decisões já são títulos executivos extrajudiciais, de modo que prescindem da emissão de Certidão de Dívida Ativa – CDA, o que determina a adoção do rito do CPC quando o administrador discricionariamente opta pela não inscrição (AgRg no REsp 1.322.774/SE, Rel. Ministro Mauro Campbell Marques, Segunda Turma, DJe de 6.8.2012). (REsp 1671860/RJ, Rel. Ministro HERMAN BENJAMIN, SEGUNDA TURMA, julgado em 08/08/2017, DJe 12/09/2017)

A dívida ativa da Fazenda Pública é regulada pelos arts. 201 a 204 do C.T.N. e arts. 2º e 3º da Lei 6.830 de 22 de setembro de 1980 (Lei de Execuções Fiscais).

Certidão da Dívida Ativa conterá os mesmos elementos do Termo de Inscrição e será autenticada pela autoridade competente.

É importante salientar que a Dívida Ativa da Fazenda Pública compreende as dívidas tributárias e a não tributárias, abrangendo atualização monetária, juros e multa de mora e demais encargos previstos em lei.

É certo que não é toda dívida em favor da Fazenda Pública que pode ser inscrita em certidão de dívida ativa, conforme bem esclareceu o S.T.J. no seguinte precedente:

PROCESSUAL CIVIL E TRIBUTÁRIO. RECURSO ESPECIAL REPRESENTATIVO DA CONTROVÉRSIA (ART. 543-C, DO CPC). BENEFÍCIO PREVIDENCIÁRIO INDEVIDAMENTE PAGO QUALIFICADO COMO ENRIQUECIMENTO ILÍCITO. ART. 154, §2º, DO DECRETO N. 3.048/99 QUE EXTRAPOLA O ART. 115, II, DA LEI N. 8.213/91. IMPOSSIBILIDADE DE INSCRIÇÃO EM DÍVIDA ATIVA POR AUSÊNCIA DE LEI EXPRESSA. NÃO INCLUSÃO NO CONCEITO DE DÍVIDA ATIVA NÃO TRIBUTÁRIA. EXECUÇÃO FISCAL. IMPOSSIBILIDADE. NECESSIDADE DE AJUIZAMENTO DE AÇÃO PRÓPRIA.

(...).

EXECUÇÃO E CUMPRIMENTO DE SENTENÇA

2. À mingua de lei expressa, a inscrição em dívida ativa não é a forma de cobrança adequada para os valores indevidamente recebidos a título de benefício previdenciário previstos no art. 115, II, da Lei n. 8.213/91 que devem submeter-se a ação de cobrança por enriquecimento ilícito para apuração da responsabilidade civil. Precedentes: REsp. nº 867.718 – PR, Primeira Turma, Rel. Min. Teori Albino Zavascki, julgado em 18.12.2008; REsp. nº 440.540 – SC, Primeira Turma, Rel. Min. Humberto Gomes de Barros, julgado em 6.11.2003; AgRg no AREsp. n. 225.034/BA, Segunda Turma, Rel. Min. Humberto Martins, julgado em 07.02.2013; AgRg no AREsp. 252.328/CE, Segunda Turma, Rel. Min. Humberto Martins, julgado em 18.12.2012; REsp. 132.2051/RO, Segunda Turma, Rel. Min. Herman Benjamin, julgado em 23.10.2012; AgRg no AREsp 188047/AM, Primeira Turma, Rel. Min. Benedito Gonçalves, julgado em 04.10.2012; AgRg no REsp. n. 800.405 – SC, Segunda Turma, Rel. Min. Mauro Campbell Marques, julgado em 01.12.2009.

3. Situação em que a Procuradoria-Geral Federal – PGF defende a possibilidade de inscrição em dívida ativa de benefício previdenciário indevidamente recebido por particular, qualificado na certidão de inscrição em divida ativa na hipótese prevista no art. 115, II, da Lei n. 8.213/91, que se refere a benefício pago além do devido, art. 154, §2º, do Decreto n. 3.048/99, que se refere à restituição de uma só vez nos casos de dolo, fraude ou má-fé, e artigos 876, 884 e 885, do CC/2002, que se referem a enriquecimento ilícito.

4. Não há na lei própria do INSS (Lei n. 8.213/91) dispositivo legal semelhante ao que consta do parágrafo único do art. 47, da Lei n. 8.112/90. Sendo assim, o art. 154, §4º, II, do Decreto n. 3.048/99 que determina a inscrição em dívida ativa de benefício previdenciário pago indevidamente não encontra amparo legal.

5. Recurso especial não provido. Acórdão submetido ao regime do art. 543-C do CPC e da Resolução STJ 08/2008.

(REsp 1350804/PR, Rel. Ministro MAURO CAMPBELL MARQUES, PRIMEIRA SEÇÃO, julgado em 12/06/2013, DJe 28/06/2013)

2.10. O crédito referente às contribuições ordinárias ou extraordinárias de condomínio edilício

Segundo estabelece o art. 1.315 do C.c.b., o condômino é obrigado, na proporção de sua parte, a concorrer para as despesas de conservação ou divisão da coisa, e a suportar o ônus a que estiver sujeita. No mesmo sentido prescreve o inc. I do art. 1.336 do C.c.b.: *"São deveres do condômino: contribuir para as despesas do condomínio na proporção das suas frações ideais, salvo disposição em contrário na convenção.*[127]

---

[127] ENUNCIADO 100 da I Jornada de Direito Processual Civil do Centro de Estudos Judiciários: *Interpreta-se a expressão condomínio edilício do art. 784, X, do CPC de forma a compreender tanto os condomínios verticais, quanto os horizontais de lotes, nos termos do art. 1.358-A do Código Civil.*

Nos termos do art. 1.334, inc. I, do C.c.b., a convenção de condomínio determinará a quota proporcional e o modo de pagamento das contribuições dos condôminos para atender às despesas ordinárias e extraordinárias do condomínio.

Assim, o condômino deve arcar com a água, luz, coleta de lixo etc., uma vez que se trata de *obrigação propter rem.*

O encargo de condomínio compreende as despesas realizadas no imóvel na área comum, entre elas as despesas de conservação e manutenção de escadas, corredores, piscinas, cozinha comunitária, jardins etc. incluindo as taxas. Na execução desses encargos incluem-se também eventual pagamento de multas ou juros de mora pelo atraso no pagamento.

É bem verdade que o crédito do encargo de condomínio, para que possa ser objeto de execução extrajudicial, deverá ser comprovado em documento escrito. Não é necessária a manifestação expressa do condômino em relação ao demonstrativo das despesas.

Na realidade, as planilhas de débitos, elaboradas pelo Condomínio, contendo as despesas condominiais, constituem prova escrita apta para instruir o procedimento monitório, independentemente de não haver assinatura do condômino-devedor. A prova escrita não precisa demonstrar a certeza do crédito, relacionando-se apenas a um juízo de probabilidade da pretensão do credor.

A expressão *documentalmente comprovado* diz respeito ao comunicado encaminhado mensalmente aos condôminos sobre o rateio das despesas ou boleto bancário, acompanhado da planilha de despesa do condomínio, tudo de acordo com o que foi estabelecido na convenção do condomínio.

Sobre a responsabilidade do arrematante pelas despesas do condomínio, eis os seguintes precedentes do S.T.J.:

> *AGRAVO INTERNO NO AGRAVO EM RECURSO ESPECIAL. EXECUÇÃO. DESPESAS CONDOMINIAIS. HASTA PÚBLICA. ARREMATAÇÃO. SUCESSÃO PROCESSUAL DO EXECUTADO ORIGINÁRIO PELO ARREMATANTE. IMPOSSIBILIDADE. AUSÊNCIA DE PREVISÃO NO EDITAL. PRECEDENTES. ENUNCIADO N. 83 DA SÚMULA DO STJ. AGRAVO INTERNO IMPROVIDO.*
>
> *1. Nas hipóteses em que não existe, no edital da hasta pública, previsão acerca da responsabilidade do arrematante pelos débitos condominiais anteriores à praça, esse não responderá por tais obrigações, as quais serão satisfeitas pela quantia arrecadada, em atenção aos princípios da segurança jurídica e da proteção da confiança.*

EXECUÇÃO E CUMPRIMENTO DE SENTENÇA

2. *Agravo interno improvido.*
(AgInt no AREsp 890.657/SP, Rel. Ministro MARCO AURÉLIO BELLIZZE, Terceira Turma, DJe 19/9/2016l)

AGRAVO REGIMENTAL NO RECURSO ESPECIAL – AÇÃO DE COBRANÇA – ARREMATAÇÃO – DESPESAS CONDOMINIAIS – EXPRESSA PREVISÃO NO EDITAL DE ARREMATAÇÃO – INCIDÊNCIA DA SÚMULA 83/STJ – DECISÃO MONOCRÁTICA NEGANDO SEGUIMENTO AO RECLAMO. IRRESIGNAÇÃO DO AUTOR.

1. Havendo expressa previsão no edital de praça que os imóveis seriam vendidos livres de quaisquer ônus que antecedessem à venda, impossível imputar ao arrematante a responsabilidade pelo pagamento. 2. Agravo regimental desprovido.
(AgRg no REsp 1.257.987/RS, Rel. Ministro MARCO BUZZI, Quarta Turma, DJe 26/10/2015 – sem destaque no original)

2.11. A certidão expedida por serventia notarial ou de registro relativa a valores de emolumentos e demais despesas devidas pelos atos por ela praticados, fixados nas tabelas estabelecidas em lei

Os emolumentos são taxas criadas pela União para remunerar os serviços públicos notariais e registrais delegados pelo Poder Público, cabendo aos Estados, por expressa autorização legal, apenas fixar os valores respectivos (com observância dos ditames da Lei Federal), ficando reservado à União o poder de estabelecer hipóteses de não incidência ou isenção, pois isso diz respeito ao exercício pleno da competência tributária.

Os emolumentos recebidos pelo notários e registradores titulares de serventias dizem respeito à remuneração pelos serviços prestados, em razão da delegação recebida do Poder Público.

Antes da vigência do novo C.P.C., o S.T.J. já entendia que o valor relativo aos emolumentos e às demais despesas cartorárias referentes ao protesto do título de crédito poderiam ser incluídos no montante a ser executado (art. 19 da Lei n. 9.492/1997). (AgRg no REsp 1068133/DF, Rel. Ministro ANTONIO CARLOS FERREIRA, QUARTA TURMA, julgado em 27/08/2013, DJe 05/09/2013).

Agora, pelo novo C.P.C., os valores de emolumentos e demais despesas devidas pelos atos praticados pelos serventuários notariais ou de registros, desde que constantes de certidão expedida por estes serventuários, poderão ser objeto de execução de título executivo extrajudicial.

2.12. Todos os demais títulos a que, por disposição expressa, a lei atribuir força executiva

O art. 703º do C.P.C. português de 2013 estabelece como espécies de títulos executivos *os documentos a que, por disposição especial, seja atribuída força executiva*.

Da mesma forma a ordem processual brasileira preconiza que são títulos executivos extrajudiciais todos os demais títulos a que, por disposição expressa, a lei atribuir força executiva. No caso, somente a lei e não a convenção das partes pode configurar outros documentos como títulos executivos.

Eis alguns títulos que por disposição expressa de lei são atribuídos força executiva: a) prometendo pagar em dinheiro a dívida, que garante com penhor rural, o devedor poderá emitir, em favor do credor, cédula rural pignoratícia, na forma determinada pela lei especial (p.u. do art. 1.438 do C.c.b.); b) prometendo pagar em dinheiro a dívida, que garante com penhor industrial ou mercantil, o devedor poderá emitir, em favor do credor, cédula do respectivo crédito, na forma e para os fins que a lei específica determinar (p.u. do art. 1.448 do C.c.b.); c) prometendo pagar em dinheiro a dívida garantida com o penhor, poderá o devedor emitir cédula de crédito, na forma e para fins que a lei especial determinar (p.u. do art. 1.462 do C.c.b.).; d) termo de conciliação derivado de acordo celebrado perante comissão de conciliação prévia (art. 625 –E da C.L.T.).; e) contrato escrito de honorários de advogado (art. 24 da Lei 8.906/94); f) saldo devedor previsto em contrato de alienação fiduciária em garantia (art. 5º do Decreto-lei n. 911/59; f) contrato de câmbio (art. 75 da Lei 4.728/65; g) adicional de frete para renovação da marinha mercante (art. 15, §§ 3º e 4º do Decreto-lei n. 1.801/80; g) multas impostas pelo Tribunal de Contas da União (art. 3º da Lei n. 6.822/90; h) boletim de subscrição de cotas de fundo imobiliário (art. 13, p.u. da Lei 8.668/93; h) decisões e julgado do CADE (art. 15, inc. III da Lei 12.529/2011) etc.

3. Propositura de demanda relativa ao débito e possibilidade de se promover a execução

Geralmente, a defesa a ser apresentada diante de uma execução de título executivo extrajudicial é através de embargos ao devedor, uma espécie de demanda incidental ao processo executivo; por sua vez, em se tratando de cumprimento de sentença, a defesa a ser apresentada é por meio de impugnação nos próprios autos executivos.

É possível ao devedor valer-se também de qualquer outra demanda a fim de questionar o débito, a saber: demanda anulatória de débito, também conhecida como demanda declaratória negativa em que se pretende a inexistência de crédito em favor do credor; em se tratando de crédito fiscal, é possível também o ingresso de mandado de segurança contra o lançamento fiscal.

Contudo, a propositura de qualquer demanda autônoma, que tenha por objetivo discutir o débito, não impede o credor de promover a respectiva execução do título executivo.

E o fundamento para que o credor possa promover a execução do título executivo está justamente no princípio Constitucional do direito de ação, ou seja, no princípio de que a lei não poderá excluir da apreciação do poder judiciário lesão ou ameaça de lesão a direitos.

Assim como o devedor possui o direito de defesa para impugnar a legitimidade do crédito, também o credor detém o poder de promover a demanda executiva.

Portanto, não é pelo fato de existir uma demanda declaratória negativa do débito que o credor estará impedido de promover a tutela jurisdicional que entender adequada à sua cobrança.

Nem mesmo a propositura de demanda consignatória pelo devedor impede que o credor promova a execução de seu crédito.

A única hipótese em que o devedor poderá impedir o credor de promover a execução apresenta-se quando o devedor tenha sido beneficiado por uma antecipação de tutela que retire provisoriamente a exigibilidade, liquidez ou certeza da obrigação constante do título executivo.

4. Título executivos extrajudiciais provenientes de países estrangeiros

Diversamente do que ocorre com as sentenças estrangeiras que necessitam de ser confirmadas por um tribunal brasileiro (S.T.J.) para que possam ser executadas no Brasil, os títulos executivos extrajudiciais exarados em país estrangeiro não carecem de revisão para serem exequíveis. Nesse sentido estabelece o §2º do art. 784 do novo C.P.C.: *Os títulos executivos extrajudiciais oriundos de país estrangeiro não dependem de homologação para serem executados.*

Compreende-se a diferença de regime, pois *"ao executado no caso de execução baseada em título extrajudicial são dadas maiores garantias para se defender (todas as garantias de um processo declaratório) do que no caso de a execução se basear em sentença..."*.[128]

O ordenamento jurídico processual brasileiro reconhece total eficácia aos títulos executivos extrajudiciais oriundos de países estrangeiros, aos quais empresta força executiva. Mas para que isso ocorra, é necessário que

---

[128] FERREIRA, F.A., op. cit., p. 35.

o título seja traduzido para a língua portuguesa, convertendo-se o valor da moeda estrangeira em real no momento da propositura da demanda, uma vez que é nulo de pleno direito o título que estipule o pagamento em moeda estrangeira.

Estabelece o art. 192, p.u., do novo C.P.C. brasileiro:

> *Art. 192. Em todos os atos e termos do processo é obrigatório o uso da língua portuguesa.*
>
> *Parágrafo único. O documento redigido em língua estrangeira somente poderá ser juntado aos autos quando acompanhado de versão para a língua portuguesa tramitada por via diplomática ou pela autoridade central, ou firmada por tradutor juramentado.*

Não existindo previsão expressa no título executivo 'como lugar de pagamento o Brasil' isso muitas vezes inviabiliza o ajuizamento, no Brasil, da execução de título estrangeiro.

O ideal seria que o novo C.P.C. apenas exigisse que o devedor tivesse domicílio no Brasil, ou que aqui se encontrassem seus bens de raiz.

Nesse sentido, aliás, já decidiu o S.T.J.:

> *PROCESSUAL CIVIL. EXECUÇÃO DE TÍTULO EXTRAJUDICIAL. CONFISSÃO DE DÍVIDA EM MOEDA ESTRANGEIRA. EXCEÇÃO AUTORIZADA PELO ART 2º, I e IV, DO DECRETO 23.501/1933. CLÁUSULA QUE INDICA A NECESSIDADE DE PAGAMENTO EM CONTA CORRENTE NO EXTERIOR. DOMICÍLIO DO DEVEDOR NO BRASIL. EXEQÜIBILIDADE. INTERPRETAÇÃO DO ART. 585, § 2º, CPC.*
>
> *– A confissão de dívida em moeda estrangeira não se mostra ilegal quando o negócio jurídico diz respeito à importação e o credor reside no exterior. Aplicam-se à hipótese as exceções do art. 2º, I e IV, do Decreto 23.501/1933.*
>
> *– A melhor interpretação do art. 585, §2º, CPC, indica que o Brasil é "o lugar de cumprimento da obrigação" quando o pagamento é feito por complexas transferências eletrônicas de fundos, a pedido do devedor, domiciliado no Brasil, a credor, residente no exterior.*
>
> *Aceita-se, portanto, a eficácia executiva do título com tais características.*
>
> *Recurso Especial não conhecido.*
>
> (REsp 1080046/SP, Rel. Ministra NANCY ANDRIGHI, TERCEIRA TURMA, julgado em 23/09/2008, DJe 10/12/2008)

No voto proferido pela Min. Nancy Andrigui, encontra-se a seguinte afirmação:

A confissão de dívida celebrada pelas partes indicou que o pagamento deveria ser efetuado pela devedora "através de remessa do numerário para a credora no exterior, para o Dresdner Bank AG/Dortmund (...)" (fls. 24) e daí se discutir acerca da aplicação do art. 585, §2º, CPC. A aplicação do art. 585, §2º, CPC, tem gerado alguma controvérsia na jurisprudência. No meu sentir, isso se deve à redação da lei, que exige, como condição de "eficácia executiva", a indicação do Brasil "como o lugar de cumprimento da obrigação". Com efeito, o avanço da dinâmica social impõe dificuldades na interpretação do que seja "o lugar de cumprimento da obrigação". Nos dias atuais, sobretudo no que diz respeito a complexas relações internacionais, é impensável imaginar que o pagamento seja feito pessoalmente, mediante a entrega do numerário contratado. Isto porque é caro e inseguro que portadores atravessem o globo portando elevadas quantias em dinheiro e, do ponto de vista legal, tal conduta pode configurar crime de evasão de divisas. Não se pode esperar, por outro lado, que todos aqueles que exportem ao Brasil, aqui estabeleçam subsidiárias ou obtenham um CNPJ para abrir contas bancárias como forma de viabilizar o recebimento daquilo que, segundo as leis brasileiras, lhes é devido. É no mínimo curioso constatar que, nos tempos da moeda eletrônica e plástica, ainda se possa falar em local de pagamento. Afinal, até em simples transações cotidianas a moeda do pagamento é entregue ao credor, em sua conta corrente, a pedido do devedor, por meio de uma ou inúmeras instituições financeiras. É nesse limbo digital que é feito o pagamento e só se poderia falar em local do pagamento por presunção legal. Assim, o anacronismo da norma deixa o Poder Judiciário diante de duas únicas alternativas: (i) pode exigir que o título exeqüendo traga, inarredavelmente, uma cláusula que indique o Brasil como local de pagamento, sabendo-se que esta formalidade jamais corresponderá aos fatos, pois a forma eletrônica de pagamento é a regra fática; (ii) pode modernizar o conceito do lugar de pagamento, para adaptá-lo à nova realidade. A primeira solução não é adequada porque nega o papel da jurisprudência no ordenamento jurídico. A segunda, ao contrário, é razoável, pois residindo o devedor em território nacional, é aqui que dará a ordem à instituição financeira, fazendo com que seus recursos sejam entregues na conta que o credor indicar. Desta forma, devem permanecer hígidas as conclusões do Tribunal origem. O instrumento de confissão de dívida, a eleição de foro em São Paulo, o domicílio dos devedores no Brasil e o local de emissão da cambial são fatos que autorizam a constatação de que também aqui se dá o cumprimento desta obrigação.

Os tribunais brasileiros devem atribuir a esses documentos, desde que passados em conformidade com a lei do país onde foram exarados, todo o seu valor probatório, independentemente de legalização. A exequibilidade dos documentos estrangeiros afere-se pela *Lex fori*.[129]

---

[129] Ferreira, F. A., idem, p. 36.

Documentos estrangeiros emitidos no território dos países signatários destinados ao Brasil deverão ser apostilados no Exterior. A autoridade gestora, no Brasil, do sistema de apostilamento é o Conselho Nacional de Justiça (CNJ).

Para surtir efeitos contra terceiros no Brasil, documentos oriundos de países estrangeiros que não são parte da referida Convenção de Apostilamento devem ser legalizados, unicamente, junto às Repartições Consulares do Brasil no exterior. O Ministério das Relações Exteriores em Brasília, bem como seus Escritórios Regionais em nove capitais brasileiras, não têm competência legal para efetuar legalização em documentos emitidos em países estrangeiros.

A legalização consular é efetuada, mediante a cobrança de emolumentos consulares, na Embaixada ou Consulado do Brasil que possui jurisdição sobre a localidade em que os documentos foram emitidos. A legalização consular do documento é feita por reconhecimento de assinatura ou autenticação do próprio documento. A legalização consular é um registro notarial concebido para comprovar que o documento realmente foi assinado por funcionário integrante de determinada repartição pública estrangeira.

Após o procedimento de legalização consular, os documentos precisarão ser traduzidos para a língua portuguesa por tradutor público juramentado brasileiro. A Lei n. 6.015, de 31 de dezembro de 1973, art. 129, dispõe: "Estão sujeitos a registro, no Registro de Títulos e Documentos, para surtir efeitos em relação a terceiros: ... 6º) todos os documentos de procedência estrangeira, acompanhados das respectivas traduções, para produzirem efeitos em repartições da União, dos Estados, do Distrito Federal, dos Territórios e dos Municípios ou em qualquer instância, juízo ou tribunal".

Cabe mencionar que somente as juntas comerciais estaduais e do Distrito Federal dispõem da lista de profissionais legalmente habilitados a realizar traduções juramentadas nos vários idiomas estrangeiros. Assim, para obter o contato dos tradutores públicos juramentados deve-se procurar a junta comercial competente.

Segundo anota Fernando Amâncio Ferreira, em relação ao direito processual civil português, *"ante o estatuído no art. 50º das Convenções de Bruxelas e de Lugano, os documentos autênticos exarados num Estado contratante (não os documentos particulares) e que aí tenham força executiva são declarados executórios noutro Estado contratante, mesmo que aqui não fossem exequíveis, mediante requerimento do interessado, em situação paralela à que ocorre com a declaração de executoriedade das sentenças. A declaração de executoriedade só poderá ser recusada*

EXECUÇÃO E CUMPRIMENTO DE SENTENÇA

se a execução do acto autêntico documentado for contrária à ordem pública do Estado requerido".[130]

5. Opção pelo título executivo judicial

Se o credor tiver uma decisão judicial condenatória em seu favor, não poderá ingressar com nova demanda de condenação com o mesmo pedido e a mesma causa de pedir, sob pena de macular a coisa julgada

Porém, se o credor tiver em seu favor um título executivo extrajudicial, poderá valer-se do processo de conhecimento, a fim de obter um título mais completo e seguro, no caso, uma decisão judicial.

Sob a égide do C.P.C. de 1973, a jurisprudência vinha se manifestando pela possibilidade de o credor, mesmo na posse de um título executivo extrajudicial, optar pela obtenção de um título extrajudicial.

Agora, pelo novo C.P.C., a existência de título executivo extrajudicial não impede que a parte opte pelo processo de conhecimento, a fim de obter título executivo judicial (art.785 do novo C.P.C.).

Também o direito português permite tal faculdade, sem correr o risco de ver o autor a sua pretensão indeferida ou voltada ao insucesso.[131]

E isso por vezes se justifica, tendo em vista que o juiz terá maior liberdade no uso de medidas executivas para dar efetividade material num procedimento executivo que tenha por objeto título executivo judicial do que em relação ao procedimento executivo de título executivo extrajudicial.

6. Exceptio non adimpleti contractus

Pode ocorrer que a relação jurídica realizada entre credor e devedor subordine o adimplemento da prestação devida pelo devedor a uma contraprestação do credor.

Diante da existência dessa condicionante, o devedor não estará obrigado a satisfazer sua prestação se o credor não comprovar que adimpliu sua contraprestação. A falta de comprovação afeta a exigibilidade da obrigação.

---

[130] FERREIRA, F. A., idem, ibidem.

[131] "Pode apontar-se como exemplo de um caso em que o autor tem necessidade de usar o processo de declaração, não obstante se encontrar munido de título com manifesta força executiva, o da dívida da responsabilidade de ambos os cônjuges, mas em relação à qual o credor apenas é detentor de título executivo quanto a um deles Aqui há todo o interesse em que a acção declarativa seja intentada contra ambos os cônjuges, nos termos do art. 28º-A, n. 3, para ambos serem declarados responsáveis e resolverem-se as questões susceptíveis de basearem a oposição à execução por parte do obrigado do título" (FERREIRA, F. A., idem, p. 45.).

Está-se diante da *exceptio non adimpleti contractus* prevista nos arts. 476 e 477 do C.c.b.

Como o próprio nome diz, a *excepto non adimpleti contractus* constitui uma das modalidades das exceções substanciais. Faz parte das exceções dilatórias, pois se o exequente não provar que cumpriu com sua contraprestação, o juiz extinguirá o processo *sem julgamento de mérito* por falta de exigibilidade da obrigação. A exceção não tranca definitivamente a possibilidade de nova execução. De qualquer forma, a alegação da exceção paralisa a demanda do autor ante a alegação do executado de não ter recebido a contraprestação que lhe era devida.[132]

Não se discute o mérito propriamente dito do crédito pretendido, pois o executado não nega a obrigação. O que se alega é a falta de *exigibilidade*, em razão de um fundamento inerente à própria relação jurídica de direito material.

Embora vencida a obrigação, não há exigibilidade pela falta de cumprimento da contraprestação.

A oposição da *exceptio*, exigindo a realização das prestações, depende da simultaneidade do adimplemento das respectivas obrigações, *toma lá, dá cá*. Se elas forem realizáveis sem essa sincronização temporal, já não há, de regra, base para a arguição da *exceptio*.[133]

Evidentemente, se o devedor encontrar-se em mora para receber a prestação que deve ser ofertada pelo credor, aquele não poderá alegar a *exceptio* quando promovida a execução por este último.

A *exceptio non adimpleti contractus* deve ser oposta pelo executado, salvo se o próprio título prever cláusula que condicione a promoção da demanda executiva a uma contraprestação do credor, quando então o juiz poderá conhecer de ofício tal questão. Aliás, o art. 796, inc. I, letra d), prescreve que cumpre ao credor, ao requerer a execução, instruir a petição inicial com a prova, se for o caso, de que adimpliu a contraprestação que lhe corresponde ou que lhe assegura o cumprimento, se o executado não for obrigado a satisfazer a sua prestação senão mediante a contraprestação do credor.

Se assim não for, segundo ensina Alcides Mendonça Lima, *"dificilmente o juiz, por ato de ofício, obstará a execução, mas aguardará que, por via de embargos, o devedor levante o problema"*.[134]

---

[132] SERPA LOPES, Miguel Maria de. *Exceções substanciais: exceção de contrato não cumprido*. Rio de Janeiro: Livraria Freitas Bastos S.A., 1959. p. 135.

[133] SERPA LOPES, M.M., idem, p. 271.

[134] LIMA, Alcides de Mendonça. *Comentários ao código de processo civil*. Vol. VI, Tomo I. Rio de Janeiro: Forense, 1979. p. 290.

7. Depósito da prestação ou coisa devida

Na hipótese de o juiz determinar o transcurso normal da execução, por não perceber ou não se apresentar visível a possibilidade de arguição da cláusula *exceptio non adimpleti contractus*, determinando a citação do executado, este, ao invés de simplesmente alegar a exceção dilatória, poderá requerer ao juiz o depósito judicial da prestação, que poderá ser uma coisa móvel ou imóvel. Neste caso, o juiz não permitirá que o credor receba o bem sem que antes comprove o cumprimento de sua contraprestação.

A possibilidade do depósito da prestação gera os mesmos efeitos jurídicos de uma consignação em pagamento, liberando o devedor de sua obrigação.

Depositada a prestação, o juiz suspenderá a execução, intimando o credor para que comprove o cumprimento da sua contraprestação a fim de levantar o depósito.

O credor, evidentemente, poderá recusar o recebimento da prestação, podendo alegar que ela não é completa ou que foi realizada após o devedor encontrar-se em mora, ou, ainda, que não está de acordo com o que foi estabelecido no título executivo. O ônus da prova dessas situações compete ao credor. Acolhido o argumento, o devedor não será considerado liberado da sua obrigação, pois o credor não é obrigado a receber outra prestação que não aquela que lhe é devida.

O credor, conforme lhe permite o art. 788 do atual C.P.C., poderá recusar o recebimento da prestação, se ela não corresponder ao direito ou à obrigação contida no título executivo.

Aliás, é isso que expressamente prevê o art. 313 do C.c.b.: *"O credor não é obrigado a receber prestação diversa da que lhe é devida, ainda que mais valiosa"*.

Ainda que a obrigação tenha por objeto prestação divisível, não pode o credor ser obrigado a receber por partes, se assim não se ajustou (art. 314 do C.c.b.). Não se trata de valor, quantidade ou qualidade, mas de cumprimento exato daquilo que se convencionou.

Diante dessa regra, também o devedor não é obrigado a realizar prestação, ainda que menos valiosa do que a original.

Por isso, não basta que o devedor tenha a pretensão de cumprir a obrigação, mas é necessário que a prestação corresponda ao direito ou à obrigação assumida, solvendo-se integralmente, salvo se houver conciliação ou transação entre as partes.

TÍTULO 2

RESPONSABILIDADE PATRIMONIAL

Capítulo 3
Responsabilidade Patrimonial

1. Responsabilidade patrimonial do devedor – bens presentes e futuros
O devedor responde com todos os seus bens presentes e futuros para o cumprimento de suas obrigações, salvo as restrições estabelecidas em lei.

O C.P.C. português apresenta preceito similar em seu art. 735, que assim dispõe:

> *Artigo 735.º Objeto da execução*
> *1 – Estão sujeitos à execução todos os bens do devedor suscetíveis de penhora que, nos termos da lei substantiva, respondem pela dívida exequenda.*
> *(...).*

A mesma regra processual encontra-se no art. 2.740 do Código Civil italiano, que assim estabelece: *"o devedor responde pelo adimplemento das obrigações com todos os seus bens presentes e futuros".*

Na realidade, a inserção do executado no procedimento de cumprimento de sentença ou na execução autônoma de título executivo extrajudicial gera um efeito importante e sancionatório consistente na responsabilidade patrimonial de seus bens para cumprimento da obrigação liquida, certa e exigível constante do título executivo.

É certo que essa sanção de natureza processual não agrava, não substitui e não altera a obrigação material correspondente.

A pendência do processo executivo ou do cumprimento de sentença caracteriza um estado de sujeição do executado que leva à constrição de seu patrimônio para o fim de cumprir com a obrigação líquida, certa e exigível.

A responsabilidade patrimonial (ou executiva) corresponde a uma situação meramente potencial, caracterizada pela sujeitabilidade do patrimônio de alguém às medidas executivas destinadas à atuação da vontade concreta do direito material. Daí por que dizer-se que é princípio, em matéria de responsabilidade, que o *devedor responde por suas obrigações com os bens que se encontram em seu patrimônio no momento da execução* ou que possam vir a ser adquiridos futuramente[135].

O conjunto dos bens de uma pessoa forma o seu patrimônio, sendo que, para efeitos de responsabilidade pelo cumprimento da obrigação, somente os bens que tenham valor pecuniário é que poderão compor o objeto sobre o qual incide a responsabilidade do devedor no âmbito da execução forçada.

Trata-se de uma responsabilidade material e processual, pela qual a obrigação que não foi satisfeita voluntariamente será cumprida coercitivamente através dos bens presentes e futuros do devedor. Assim, o princípio de que o devedor tem de solver sua obrigação assumida perante o credor é de direito material que se completa com os meios processuais de que se pode utilizar o credor para tornar efetiva a responsabilidade do devedor.[136]

Em tese, todo patrimônio do devedor sujeita-se à execução.

Porém, na hipótese em que determinado bem garante o cumprimento da obrigação, como no caso da hipoteca, do penhor ou da anticrese, a execução ficará vinculada aos aludidos bens, salvo se eles não forem suficientes para a solvência total da prestação, quando então os demais bens do devedor ficarão vinculados ao cumprimento da obrigação.

Há, contudo, situações em que o patrimônio é responsável pelo cumprimento da obrigação, sem que o sujeito passivo da execução seja considerado devedor. Trata-se da hipótese do fiador. Verifica-se tal situação também em relação aos direitos reais em garantia, quando os bens são oferecidos por terceiro. Diante dessas exceções, reforça-se a tese de que não se pode confundir *obrigação (Schuld)* com *responsabilidade* pelo cumprimento da obrigação (*Haftung*).

Quando a norma processual menciona que os bens futuros também ficarão vinculados ao cumprimento da obrigação assumida no passado, isso significa dizer que, em caso de inadimplemento da obrigação, os bens eventualmente

---

[135] DINAMARCO, Cândido Rangel. *Execução civil*. 3ª ed. São Paulo: Malheiros, 1993. p. 241 e 242.
[136] LIMA, Alcides de Mendonça. *Comentários ao código de processo civil*. 3ª ed. Vol. VII. Tomo II (arts. 586 a 645). Rio de Janeiro: Forense, 1979. p. 522.

adquiridos pelo devedor, seja por ato *entre vivos* ou *causa mortis*, ficarão sujeitos à execução.

Mesmo na hipótese em que o bem venha a ser adquirido após a execução, por exemplo, o bem do devedor é levado à arrematação, sendo que o próprio devedor, durante o procedimento licitatório, arremata o bem. Nesse caso, configurar-se-á no mesmo ato jurídico processual a perda e a aquisição originária da propriedade.

Assim, enquanto houver inadimplemento, o patrimônio do devedor responderá pelo cumprimento da obrigação, não importando o momento em que o bem fora adquirido pelo devedor.

Esse princípio aplica-se não só nas obrigações próprias de pagar quantia certa, mas também nas obrigações de fazer e não fazer, pois essas obrigações podem converter-se em perdas e danos.

Há necessidade de se fazer uma diferenciação entre a prestação devida e a responsabilidade patrimonial pelo cumprimento da obrigação.

A obrigação assumida não gera, por si só, diretamente, um direito para o credor sobre o total dos bens do devedor, uma vez que esse apenas se comprometeu a uma prestação (pagar, entregar, fazer ou não fazer), que é o objetivo do credor. Os bens são mero sucedâneo da prestação que não foi cumprida, quando houver necessidade de ser exigido o cumprimento em juízo. Somente se não cumprida a obrigação assumida é que surge para o credor o direito de exigir a efetivação da responsabilidade pelos meios processuais condizentes.[137]

Daí por que não haver impedimento de o devedor alienar seus bens, a não ser na hipótese que isso venha caracterizar fraude a credores ou fraude à execução.

Outro aspecto importante é que muito embora a responsabilidade do devedor incida sobre a totalidade de seus bens, presentes ou futuros, isso não significa dizer que o credor terá direito sobre o próprio bem, uma vez que o seu direito incide sobre o valor obtido com a alienação do bem, salvo se o credor fizer opção pela adjudicação.

A responsabilidade patrimonial somente não será admitida se houver restrição legal.

Isso pode ocorrer quando normas de direito material se refletem na situação de direito processual, como, por exemplo, se houver inserção de cláusula de inalienabilidade e impenhorabilidade do bem por ato de vontade estipulado em doação ou testamento.

---

[137] LIMA, A. M., op. cit., p. 523.

O mesmo ocorre quando o bem for considerado *bem de família*, nos termos da Lei n. 8.009/90.

Também os bens que carecem de valor econômico não podem ser objeto da responsabilidade patrimonial pelo cumprimento das obrigações, como, por exemplo, os bens personalíssimos, os direitos autorais morais etc.

O C.P.C. também traz restrições a essa responsabilidade, quando indica os bens impenhoráveis no art. 833 do atual C.P.C.

Contudo, o bem penhorado não é impenhorável, razão pela qual ele pode ser objeto de nova penhora.

2. Outras responsabilidades patrimoniais

Além dos bens presentes e futuros do devedor responderem pelo cumprimento de suas obrigações, também ficam sujeitos à execução, nos termos do art. 790 do novo C.P.C., os bens: I – do sucessor a título singular, tratando-se de execução fundada em direito real ou obrigação reipersecutória; II – do sócio, nos termos da lei; III – do devedor, ainda que em poder de terceiros; IV – do cônjuge ou companheiro, nos casos em que seus bens próprios ou de sua meação respondem pela dívida; V – alienados ou gravados com ônus real em fraude à execução; VI – cuja alienação ou gravação com ônus real tenha sido anulada em razão do reconhecimento, em ação própria, de fraude contra credores; VII – do responsável, nos casos de desconsideração da personalidade jurídica.

Vejamos cada uma dessas hipóteses:

2.1. Sucessor a título singular – direito real ou obrigação reipersecutória

Ficam sujeitos à execução os bens do sucessor a título singular, tratando-se de execução fundada em direito real ou obrigação reipersecutória.

Se o título executivo judicial ou extrajudicial tiver por objeto um direito real, como, por exemplo, compromisso de compra e venda, penhor, hipoteca, anticrese, usufruto, servidão, concessão de uso especial para fins de moradia etc, o bem que é objeto desse direito real estará sujeito às medidas executivas, respondendo, portanto, pelo cumprimento da obrigação que fora assumida e que ensejou a existência do direito real.

O mesmo ocorre em relação às obrigações reipersecutórias, que muito se assemelham, no que concerne aos efeitos jurídicos, aos direitos reais. Entre elas encontram-se as denominadas obrigações *propter rem* ou obrigações reipersecutórias, sem se esquecer do *ônus real*.

A diferença entre obrigações *propter rem* e o *ônus real*, é que no ônus real a responsabilidade pelo cumprimento da obrigação recai e se exaure no próprio bem sobre o qual incide o ônus real (exemplo, imposto sobre propriedade rural ou urbana). Na obrigação *propter rem*, não sendo suficiente para o pagamento o valor apurado pela alienação do bem vinculado à obrigação (exemplo, dívida de condomínio), outros bens do devedor poderão sofrer medidas executivas.

A obrigação *propter rem* decorre de um dever jurídico de causa real, sendo a causa remota desse tipo de obrigação apenas e tão somente a titularidade de uma situação jurídica de direito das coisas.[138]

Trata-se, portanto, de uma situação jurídica dotada de *inerência*, ou seja, de uma profunda vinculação com a coisa.

É importante salientar que as obrigações *propter rem* são taxativas, apesar de terem natureza obrigacional.

São exemplos de obrigações reipersecutórias, a taxa condominial, o pagamento de laudêmio pelo enfiteuta, recuperação dos danos ambientais causados ao solo.

Existem obrigações *propter rem* que se exaurem no simples ato de informar, como, por exemplo, nos casos de dar preferência ao locatário, na hipótese de alienação da coisa na constância da locação (Lei de Locação art. 27), ao condômino na hipótese de venda da parte ideal no condomínio indivisível.[139]

O credor, na hipótese de direito real, deve promover a execução contra o devedor, penhorando o bem integrado no patrimônio do terceiro (sucessor a título singular), pois a sucessão não ocorre na obrigação, mas, sim, na responsabilidade patrimonial.

A exceção ocorrerá se o credor autorizar a substituição do devedor originário pelo sucessor no âmbito da relação jurídica processual executiva.

Por outro lado, em se tratando de obrigações reipersecutórias, o credor deverá mover a demanda contra o atual possuidor do bem, uma vez que não se trata de simples transferência da responsabilidade patrimonial, mas, sim, da própria obrigação existente.

2.2. Bens do sócio

Ficam sujeitos à execução os bens *do sócio, nos termos da lei.*

Quando a relação jurídica de direito material for realizada entre determinada pessoa e uma determinada sociedade empresarial ou simples, a obrigação e a responsabilidade pelo cumprimento da obrigação são da própria pessoa

---

[138] PENTEADO, Luciano de Camargo. *Direito das coisas.* São Paulo: Editora Revista dos Tribunais, 2008. p. 116.
[139] PENTEADO, L. C., idem, p. 117.

jurídica, sendo que o seu patrimônio se torna responsável pelo adimplemento da obrigação.

Contudo, pode ocorrer que a responsabilização pelas dívidas da sociedade seja direcionada contra o sócio gerente ou administrador da sociedade, nas hipóteses previstas em lei.

Em relação aos sócios gerentes e administradores, o Decreto 3.708/19 (revogado **D-007.799-2012**), que tratava das sociedade por quotas de responsabilidade limitada, previa em seu artigo 10: *"os sócios-gerentes ou que derem o nome à firma não respondem pessoalmente pelas obrigações contraídas em nome da sociedade, mas respondem para com esta e para com terceiros solidária e ilimitadamente pelo excesso de mandato e pelos atos praticados com violação do contrato ou da lei"*.

Atualmente, a responsabilidade do sócio é regulada pelo Código Civil brasileiro, que no capítulo que trata da sociedade simples, assim estabelece em seu art. 1.016: *"Os administradores respondem solidariamente perante a sociedade e os terceiros prejudicados, por culpa no desempenho de suas funções"*.

Por sua vez, o art. 1.053 do C.c.b. conclui: *"A sociedade limitada rege-se, nas omissões deste Capítulo, pelas normas da sociedade simples"*.

Assim, seja na sociedade simples como na sociedade por quotas de responsabilidade limitada, os bens do sócio respondem pelas dívidas da sociedade quando o sócio, na administração da sociedade empresarial ou sociedade simples, agir com culpa (lato senso) no desempenho de suas funções.

É importante salientar que os bens particulares dos sócios não podem ser executados por dívidas da sociedade, senão depois de executados os bens sociais (art. 1.024 do C.c.b.).

Em relação à obrigação tributária, a responsabilidade do sócio é regulada pelo art. 135, inc. III do C.T.N., que diz *"são pessoalmente responsáveis pelos créditos correspondentes a obrigações tributárias resultantes de atos praticados com excesso de poderes ou infração da lei, contrato social ou estatutos – III – os diretores, gerentes ou representantes de pessoas jurídicas de direito privado.*

O art. 135, inc. III do C.T.N. aplica-se a qualquer tipo de sociedade, responsabilizando o sócio gerente e não o sócio quotista.

A regra do art. 135, inc. III do C.T.N. é repetida no art. 158, inc. II da Lei 6.404/76 (S.A.)

Muito embora não se trate especificamente de sociedade, é necessário traçar alguns critérios sobre a matéria em relação à denominada empresa individual limitada, a qual se encontra regulada no art. 980-A do C.c.b.

A empresa individual limitada é composta apenas por um empresário, razão pela qual não pode ser considerada como uma sociedade, pois não há pluralidade de pessoas.

Assim, no caso de empresa individual limitada, a responsabilidade do empresário individual pelas dívidas da empresa estará limitada à integralização do capital social, o qual não poderá ser inferior 100 (cem vezes) o maior salário mínimo vigente no Brasil.

Poderá, contudo, a responsabilidade tornar-se solidária se o empresário individual agir com excesso de poderes ou com culpa na administração da empresa, assim como ocorre na sociedade simples e na sociedade empresarial por quotas de responsabilidade limitada.

Portanto, a lei ou o contrato é que define a corresponsabilidade dos sócios em face das dívidas da sociedade.

Assim, mesmo no caso de sociedade em nome coletivo, na qual todos os sócios são responsáveis solidariamente e ilimitadamente pelas dívidas da sociedade, isso não significa que o credor possa pedir, indiferentemente, o pagamento da dívida à sociedade ou a seus integrantes.

A regra do art. 795 do atual C.P.C. tem de ser respeitada, ou seja, primeiramente excutir-se-ão os bens da sociedade; na falta ou na insuficiência é que respondem os bens dos sócios; salvo na hipótese do art. 990 do C.c.b.[140]

É evidente que para se excutir bens do sócio é necessário que ele também participe do procedimento executivo, devendo ser citado para tal fim. Assim, se o sócio não foi citado desde o início juntamente com a pessoa jurídica, deverá ser citado posteriormente para integrar a relação jurídica processual.

Nos termos do §1º do art. 795 do atual C.P.C., o sócio executado, quando responsável pelo pagamento da dívida da sociedade, tem o direito de exigir que primeiro sejam excutidos os bens da sociedade.

Está-se diante do *benefício de ordem*, igualmente aplicável ao fiador.

Muito embora não haja norma expressa, penso que também se pode aplicar em relação ao sócio, por analogia, a regra do fiador que lhe permite renunciar a este benefício.

Preceito similar encontra-se no art. 1.024 do C.c.b.: *Os bens particulares dos sócios não podem ser executados por dívidas da sociedade, senão depois de executados os bens sociais".*

A responsabilidade do sócio é *secundária, subsidiária ou acessória*, no sentido de que seus bens somente responderão pela obrigação se o devedor

---

[140] LIMA, A. M., op. cit., p. 592.

principal (sociedade) não puder solvê-la com seus próprios bens. A posição do sócio, em regra, é de segundo plano em relação ao devedor; isso advém do princípio da *equidade*, pois não seria justo que os bens do sócio fossem levados à alienação judicial quando o devedor principal possui bens suficientes, livres e desembaraçados, na comarca em que corre a demanda contra o sócio. Enquanto o devedor puder suportar a execução, a penhora deverá recair sobre seus bens.

Incumbe ao sócio que alegar o benefício de ordem nomear quantos bens da sociedade situados na mesma comarca, livres e desembaraçados, bastem para pagar o débito.

Trata-se da mesma obrigação imposta ao fiador quando se utiliza do *benefício de ordem*, ou seja, para que o sócio possa exigir que a constrição judicial recaia sobre bens da sociedade, antes de a execução dirigir-se contra seus bens particulares, deve ele (sócio) nomear bens da sociedade situados na mesma comarca, livres e desembaraçados para pagar o débito.

Note-se que somente se existirem bens livres e desembaraçados é que a alegação do benefício de ordem terá eficácia, sendo que será ela refutada: a) quando se verificar que os bens não estão livres ou desembaraçados; b) não forem suficientes para pagar a dívida no momento da nomeação ou quando de sua avaliação; c) oposição de embargos de terceiros.

A oportunidade para o sócio nomear bens do devedor originário normalmente ocorre no prazo fixado em lei para que o executado, uma vez citado, pague a dívida. Contudo, se o sócio não fizer a nomeação neste prazo, isso não significa dizer que ele renunciou ao benefício, uma vez que o Código Civil, em seu art. 828, inc. I (que deve ser aplicado por analogia), estabelece que essa renúncia deve ser expressa.

Pode ocorrer que no momento da contestação da lide no processo cognitivo ou no momento da penhora de bens do sócio, a sociedade não possua bens suficientes e desembaraçados na comarca em que tramitou a demanda para pagamento do credor, vindo a adquiri-los posteriormente. Nesse caso, evidentemente, não se poderia adotar de forma rigorosa o marco legal para efeitos de o sócio indicar bens do devedor originário, podendo ele indicá-los após ter conhecimento da aquisição desses bens pela sociedade, e antes, evidentemente, da realização do ato de alienação dos bens penhorados, pois uma vez arrematados os bens do sócio, ele não poderá mais invocar o benefício de ordem.

O sócio que pagar a dívida poderá executar a sociedade nos autos do mesmo processo.

Este privilégio também é concedido ao fiador em relação ao afiançado.

A possibilidade de o sócio promover a execução da sociedade nos autos do mesmo processo valoriza o princípio da economia processual, evitando que o sócio, após o pagamento da dívida, seja obrigado a promover novo processo (executivo ou não) em relação ao devedor principal.

A execução promovida pelo sócio poderá ser de toda a dívida ou da parte que ele haja sido responsabilizado, como no caso em que parte da penhora recaiu sobre bens do sócio e parte sobre os bens do devedor principal. Em tal hipótese, o sócio irá executar apenas o valor correspondente à garantia prestada pelos seus bens e não àquela que incidiu sobre os bens do próprio devedor.

É importante salientar que o sócio, quando demandado pelo pagamento da dívida, poderá ainda se utilizar do instituto de intervenção de terceiro denominado de *chamamento ao processo*.

Pode o sócio demandado, e sendo a sua responsabilidade caracterizada como solidária, chamar ao processo os demais sócios gerentes solidários para reaver a parte que lhe cabia em relação aos outros sócios gerentes.

Contudo, esse chamamento ao processo, segundo o S.T.J., somente poderá ocorrer em demandas cognitivas e não em processo de execução. (REsp 70.547/SP, Rel. Ministro JOSÉ ARNALDO DA FONSECA, QUINTA TURMA, julgado em 05/11/1996, DJ 02/12/1996, p. 47700); (AgRg no Ag 703.565/RS, Rel. Ministra MARIA ISABEL GALLOTTI, QUARTA TURMA, julgado em 20/11/2012, DJe 04/12/2012).

Preceitua o §4º do art. 795 do atual C.P.C. que para a desconsideração da personalidade jurídica é obrigatória a observância do incidente previsto no novo C.P.C.

Não se pode confundir a responsabilidade legal ou contratual do sócio gerente ou administrador pelo pagamento das dívidas da sociedade, com a hipótese legal de desconsideração da personalidade jurídica da própria sociedade.

O art. 133 do novo C.P.C. afirma que qualquer das partes e o Ministério Público (nos casos em que deva intervir no processo ou no procedimento) poderão requerer ao juiz a desconsideração da personalidade jurídica, dando a entender que o juiz, de ofício, não poderá declarar a desconsideração da personalidade jurídica.

Como a desconsideração da personalidade jurídica é realizada por um incidente processual, deve-se observar os princípios constitucionais de *devido processo legal, do contraditório e da ampla defesa*. Em observância a esses princípios, o art. 135 do novo C.P.C. estabelece que sendo a desconsideração requerida, o sócio ou a pessoa jurídica será citado para, no prazo de quinze dias, se manifestar e requerer provas cabíveis. No caso, todos os sócios, inclusive os quotistas devem ser citados. Já em relação às sociedades anônimas, a citação deve ser restrita aos componentes da diretoria, salvo se algum acionista estiver envolvido diretamente no *abuso de direito ou no instituto jurídico*.

É importante salientar que no âmbito do processo de execução comum ou de execução fiscal, abrir-se instrução probatória poderá desnaturar procedimentalmente o próprio processo de execução, razão pela qual, sendo o incidente processado em separado tal tumultuo processual deixaria de existir.

A decisão que resolve o incidente de despersonalização da pessoa jurídica tem natureza de *decisão interlocutória*, uma vez que não encerra a fase cognitiva do processo de conhecimento ou mesmo a execução, sujeitando-se a recurso de *agravo de instrumento*.

2.3. Bens do devedor em poder de terceiros

Estabelece o art. 747º do Código de Processo Civil português:

> *Artigo 747.º Apreensão de bens em poder de terceiro*
>
> *1 – Os bens do executado são apreendidos ainda que, por qualquer título, se encontrem em poder de terceiro, sem prejuízo, porém, dos direitos que a este seja lícito opor ao exequente.*
>
> *2 – No ato de apreensão, verifica-se se o terceiro tem os bens em seu poder por via de penhor ou de direito de retenção e, em caso afirmativo, procede-se imediatamente à sua citação.*
>
> *3 – Quando a citação referida no número anterior não possa ser feita regular e imediatamente, é anotado o respetivo domicílio para efeito de posterior citação.*

Regra similar encontra-se no sistema jurídico brasileiro, que permite a extensão da execução aos bens *do devedor, ainda que em poder de terceiros*.

Nessa hipótese, o bem pertence ao devedor, mas se encontra em poder de terceiro de forma legítima ou ilegítima. O terceiro, nesse caso, é mero detentor ou possuidor do bem do devedor, como na hipótese de comodatário, locatário, depositário etc. As medidas executivas, nesses casos, somente incidem sobre o bem do devedor, não podendo alcançar bens próprios do terceiro.

Aduz Rui Pinto que o Oficial de Justiça, se for o caso, deve indagar a que título o terceiro detém a coisa. Se o título for o penhor ou o direito de retenção, fará constar do auto de penhora o domicílio do credor, para posterior citação para a reclamação de créditos.[141]

---

[141] PINTO, Rui. *Notas ao código de processo civil*. Coimbra: Coimbra Editora, 2014. p. 547.

RESPONSABILIDADE PATRIMONIAL

Como o terceiro não é atingido pela execução, pois a penhora não incide sobre bem de sua propriedade, ele não participa da relação jurídica processual. Poderá ser intimado para entregar o bem objeto de medidas executivas, ou mesmo permanecer como fiel depositário do bem penhorado.

Se o terceiro entender que a apreensão do bem por determinação judicial é ilegítima, poderá ingressar com embargos de terceiro, uma vez que detém a posse do bem.

Aliás, nos termos do que dispõe o art. 675, p.u., do novo C.P.C., caso identifique a existência de terceiro titular de interesse em embargar o ato, o juiz mandará intimá-lo pessoalmente.

Comentando o art. 747º do Código de Processo Civil português, anota Rui Pinto: *"Constituem exemplos, entre outros, de direito de terceiro que não impedem a penhora: o direito de retenção de terceiro..., o direito do promitente comprador com eficácia real sobre de imóvel..., o penhor de terceiro sobre a coisa penhorada em execução movida por terceiro credor...."*.[142]

2.4. Bens do cônjuge ou do companheiro/a

Sobre a penhora dos bens do cônjuge, anota o art. 740ºdo C.P.C. português:

Artigo 740.º Penhora de bens comuns em execução movida contra um dos cônjuges

1 – Quando, em execução movida contra um só dos cônjuges, forem penhorados bens comuns do casal, por não se conhecerem bens suficientes próprios do executado, é o cônjuge do executado citado para, no prazo de 20 dias, requerer a separação de bens ou juntar certidão comprovativa da pendência de ação em que a separação já tenha sido requerida, sob pena de a execução prosseguir sobre os bens comuns.

2 – Apensado o requerimento de separação ou junta a certidão, a execução fica suspensa até à partilha; se, por esta, os bens penhorados não couberem ao executado, podem ser penhorados outros que lhe tenham cabido, permanecendo a anterior penhora até à nova apreensão.

Comentando o direito português, Fernando Amâncio Ferreira assim ensina: *"Enquanto nos regimes de separação os 'bens comuns' são objecto duma relação de 'compropriedade', nos regimes de comunhão constituem um 'património colectivo de afectação especial', por deles serem simultaneamente titulares marido e mulher e se encontrarem vinculados à satisfação das necessidades da sociedade conjugal. Respondem, por isso, pelas dívidas de ambos os cônjuges, nos termos do art. 1695º do CC. Por estas dívidas respondem, também, na falta ou insuficiência daqueles bens, solidariamente (ou conjuntamente, se o regimento for o de separação de bens), os 'bens próprios' de qualquer cônjuge. No que respeita*

---

[142] PINTO, R., idem, p. 548.

às dívidas da exclusiva responsabilidade de um dos cônjuges respondem, em primeiro lugar, os bens 'próprios' do cônjuge devedor e, subsidiariamente, a sua meação nos bens comuns, de harmonia com o disposto no n. 1 o art. 1696º do CC. Na execução movida somente contra o cônjuge obrigado no título, apenas se podem penhorar, em princípio, os bens próprios do executado e a sua meação nos bens comuns.".[143]

No sistema jurídico processual brasileiro, ficam sujeitos à execução os bens do cônjuge ou companheiro, nos casos em que os seus bens próprios ou de sua meação respondem pela dívida.

Em regra, os bens próprios ou a meação dos cônjuges ou companheiros não respondem pelas dívidas constituídas pelo outro cônjuge ou companheiro/a, quando essa obrigação é realizada de forma individual e no interesse exclusivo do cônjuge ou companheiro.

Assim, por exemplo, se o marido adquire numa joalheria um relógio de pulso para sua utilização pessoal, os bens da esposa, sejam eles particulares ou de sua meação, não irão responder pela aquisição efetuada, salvo se a esposa comparecer na relação jurídica material como codevedora.

Se o regime de bens é o da separação total, somente se obrigam os bens do cônjuge que contraiu a dívida ou os bens que respondem pela dívida; se é de comunhão parcial ou universal, apenas se obrigam os bens que pertencem à meação do cônjuge devedor, se esses bens também responderem pela dívida.

Da mesma forma ocorre em relação à união estável, ou seja, os bens próprios ou a meação do companheiro/companheira não respondem pelas obrigações assumidas pelo outro, salvo se esses bens também se obrigarem pela dívida assumida.[144]

No processo civil português, se a dívida for de responsabilidade de ambos os cônjuges/companheiros e o credor quiser executar os bens comuns do casal, terá de se munir de um título executivo onde ambos figurem como devedores; se somente tiver título contra um deles, terá de obter também título contra o outro (v.g., sentença condenatória).[145]

---

[143] FERREIRA, F. A., op. cit., p. 152.

[144] Em relação à meação do companheiro/a, cumpre ressaltar que recentemente o S.T.J. passou a entender que na união estável, a partir da Lei n. 9.278/96, os bens adquiridos onerosamente pertencem a ambos os companheiros, independentemente de esforço conjunto para a sua aquisição(*REsp 1021166/PE, Rel. Ministro RICARDO VIL.LAS BÔAS CUEVA, TERCEIRA TURMA, julgado em 02/10/2012, DJe 08/10/2012*)

[145] FERREIRA, F.A., op. cit., p. 153.

RESPONSABILIDADE PATRIMONIAL

Essa regra procedimental também se aplica ao direito processual civil brasileiro, uma vez que não se pode direcionar (salvo na hipótese de responsável legal) a execução e responsabilidade o patrimônio individual contra quem não for sujeito de um título executivo judicial ou extrajudicial.

Quando a dívida contraída por um dos cônjuges ou um dos companheiros é em *prol da unidade familiar,* ambos os cônjuges (independentemente do regime de bens) e companheiros devem responder, solidariamente, pela obrigação assumida por apenas um deles, a fim de se evitar, inclusive, o enriquecimento ilícito da própria família. Aliás, nesse sentido estabelecem os art. 1.643 e 1.644 do C.c.b.

Dependendo da dívida realizada pelo cônjuge ou companheiro/a, haverá presunção *relativa* de que foi contraída em proveito da unidade familiar, como, por exemplo, a compra realizada num supermercado, a aquisição de uma geladeira, de um fogão etc. Nesse caso, caberá ao cônjuge ou companheiro/a provar que a dívida não foi realizada em proveito da família.[146]

Por sua vez, no exemplo acima do relógio, a presunção relativa é de que o bem foi adquirido no interesse exclusivo do cônjuge ou companheiro, razão

---

[146] *"AGRAVO REGIMENTAL. AGRAVO DE INSTRUMENTO. MEAÇÃO. **DÍVIDA CONTRAÍDA** PELO CÔNJUGE VARÃO. BENEFÍCIO DA FAMÍLIA. ÔNUS DA PROVA. NÃO PROVIMENTO.*
*1. A mulher casada responde com sua meação, pela **dívida contraída** exclusivamente pelo marido, desde que em benefício da família. Compete ao cônjuge do executado, para excluir da penhora a meação,*
*provar que a **dívida** não foi **contraída** em benefício da família."*
(AgR-AgR-AG n. 594.642/MG, Rel. Min. Humberto Gomes de Barros, DJU de 08.05.2006); (AgRg no Ag n. 1.322.189/SP, Relatora Ministra MARIA ISABEL GALLOTTI, QUARTA TURMA, julgado em 17/11/2011, DJe 24/11/2011.)
*"**EXECUÇÃO.** PENHORA. MEAÇÃO DA MULHER. **DÍVIDA CONTRAÍDA** PELO MARIDO. BENEFÍCIO DA FAMÍLIA. ÔNUS DA PROVA.*
*– A mulher casada responde com sua meação, pela **dívida contraída** exclusivamente pelo marido, desde que em benefício da família.*
*– Compete ao cônjuge do executado, para excluir da penhora a meação, provar que a **dívida** não foi **contraída** em benefício da família".*
(AgRg no AgRg no Ag n. 594.642/MG, Relator Ministro HUMBERTO GOMES DE BARROS, TERCEIRA TURMA, julgado em 21/2/2006, DJ 8/5/2006, p. 197.)
"PROCESSUAL CIVIL. AGRAVO INTERNO NO AGRAVO EM RECURSO ESPECIAL.
***EXECUÇÃO.** CÔNJUGE. EMBARGOS DE TERCEIRO. MEAÇÃO. LEGITIMIDADE.*
***DÍVIDA.** BENEFÍCIO DA FAMÍLIA. SÚMULA N. 7/STJ. DECISÃO MANTIDA.*
(...)
*2. "Tratando-se de **dívida contraída** por um dos **cônjuges,** a regra geral é a de que cabe ao meeiro o ônus da prova de que a **dívida** não beneficiou a família, haja vista a solidariedade entre o **casal"***
(AgRg no AREsp n. 427.980/PR, Relator Ministro LUIS FELIPE SALOMÃO, QUARTA TURMA, julgado em 18/2/2014, DJe 25/2/2014).

pela qual caberá ao credor comprovar que tal aquisição deu-se no interesse da família.

No âmbito da relação jurídica tributária, estabelece a Súmula 251 do S.T.J.: *A meação só responde pelo ato ilícito quando o credor, na execução fiscal, provar que o enriquecimento dele resultante aproveitou ao casal.*

Em relação à prática de ato ilícito pelo cônjuge, assim já se posicionou o S.T.J.:

> *Direito civil e processual civil. Meação. Execução de título judicial decorrente de ato ilícito. Acidente de trânsito. Devedor casado. Penhora de bens e sua posterior adjudicação, sem a ressalva da meação do cônjuge. Ação anulatória para defesa da meação.*
>
> *(...).*
>
> *– Apenas a título de complementação, convém registrar que a meação do cônjuge responde pelas obrigações do outro somente quando contraídas em benefício da família, conforme disposto no art. 592, inc. IV, do CPC, em interpretação conjugada com os arts. 1.643 e 1.644, do CC/02, configurada, nessas circunstâncias, a solidariedade passiva entre os cônjuges. Em tais situações, há presunção de comunicabilidade das dívidas assumidas por apenas um dos cônjuges, que deve ser elidida por aquele que pretende ver resguardada sua meação.*
>
> *– Tratando-se, porém, de dívida oriunda de ato ilícito praticado por apenas um dos cônjuges, ou seja, apresentando a obrigação que motivou o título executivo, natureza pessoal, demarcada pelas particularidades ínsitas à relação jurídica subjacente, a meação do outro só responde mediante a prova, cujo ônus é do credor, de que se beneficiou com o produto oriundo da infração, o que é notoriamente descartado na hipótese de ilícito decorrente de acidente de trânsito, do qual não se cogita em aproveitamento econômico àquele que o causou.*
>
> *Recurso especial conhecido e provido.*
>
> (REsp 874.273/RS, Rel. Ministra NANCY ANDRIGHI, TERCEIRA TURMA, julgado em 03/12/2009, DJe 18/12/2009)

Outro aspecto importante quanto ao resguardo da meação, diz respeito à penhora de bens indivisíveis.

É possível que a dívida contraída por um dos cônjuges ou companheiros não tenha sido em prol da unidade familiar. Contudo, apresenta-se apenas um único bem indivisível como suscetível de penhora para pagamento da dívida contraída.

Na hipótese de penhora de bem indivisível de ambos os cônjuges ou companheiros, haveria grande inconveniência em se penhorar apenas a *metade* do bem, o que prejudicaria sua eventual arrematação, uma vez que ninguém deseja permanecer em condomínio com pessoa estranha.

RESPONSABILIDADE PATRIMONIAL

A solução encontrada foi levar a leilão a totalidade do bem, resguardando a meação com base no percentual correspondente à metade do valor apurado na alienação. Nesse sentido é o teor do art. 843 do atual C.P.C.: *Tratando-se de penhora de bem indivisível, o equivalente à quota-parte do coproprietário ou do cônjuge alheio à execução recairá sobre o produto da alienação do bem.*

É importante salientar que nos termos do §2º do art. 843 do atual C.P.C. não será levada a efeito expropriação por preço inferior ao da avaliação na qual o valor auferido seja incapaz de garantir, ao coproprietário ou ao cônjuge alheio à execução, o correspondente à sua quota parte calculado sobre o *valor da avaliação.*

No direito português, se pelas dívidas de responsabilidade de ambos os cônjuges tiverem respondidos bens de um só deles, designadamente por só contra ele ter sido instaurada a execução, torna-se este credor do outro pelo que haja satisfeito a mais. Contudo, a não ser que vigore o regime de separação, a compensação devida não pode ser exigida de imediato, mas apenas no momento da partilha dos bens do casal (art. 1697º, n. 1 do CC), que pode ocorrer com a simples separação judicial de bens (art. 1770º do CC), e que não coincide com a dissolução ou anulação da sociedade conjugal. Se, inversamente, responderem bens comuns pelas dívidas da exclusiva responsabilidade de um dos cônjuges, surge um crédito de compensação do patrimônio comum sobre o patrimônio do cônjuge devedor, a levar em consideração também no momento da partilha.[147]

2.5. Bens alienados ou gravados com ônus real em fraude à execução

Alienação ou gravame real imposto aos bens é decorrente, em regra, de atos negociais, cuja eficácia primária é a própria transferência do domínio ou constituição de ônus sobre o bem (penhor, anticrese ou hipoteca). Daí por que nas dívidas garantidas por penhor, anticrese ou hipoteca, o bem dado em garantia fica sujeito, por vínculo real, ao cumprimento da obrigação (art. 1.419 do c.c.b.).

Dentre os efeitos secundários dos negócios jurídicos de alienação ou oneração de bens, há o de excluir o bem alienado daquele acervo que constitui a garantia geral pelas obrigações do alienante. Esse efeito, em regra, passa a ser um efeito natural da alienação ou da oneração de bens, não havendo nada de irregular a sua manifestação nos negócios jurídicos.

---

[147] FERREIRA, F. A., op. cit. p. 154.

Contudo, a norma imposta pelo legislador, avaliando determinadas situações concretas e específicas, pode impedir que essa alienação ou oneração de bens gere o efeito secundário de afastar o bem da responsabilidade patrimonial do devedor alienante/constituinte de direito real em garantia. E no caso específico, o legislador procurou afastar o efeito secundário do negócio jurídico em questão, nas hipóteses de fraude à execução, impedindo desta forma que o devedor desfalque seu patrimônio justamente para afastar a garantia patrimonial existente em favor de seus credores.

Portanto, não terá qualquer eficácia a alienação ou a constituição de ônus real em favor de terceiro quando isso ocorrer em fraude à execução, caracterizando tal fato dano ao exequente.[148]

Em relação ao direito italiano e a alienação de bens penhorados, aduzem Giovanni Verde e Bruno Capponi que o art. 2.913 C.C. italiano claramente estabelece que não tem efeito em prejuízo do credor que penhorou o bem e dos credores que intervenham na execução os atos de alienação dos bens objeto da penhora, salvo os efeitos da posse de boa-fé para os móveis não inscritos em registros públicos. Assim, os atos de disposição são perfeitamente válidos e eficazes, fora do processo; no processo executivo, ineficácia apresenta características estritamente *subjetiva*, uma vez que são apenas beneficiários de tal particular regime substancial os credores que realizaram a penhora e os intervenientes, ou seja, aqueles que resultam imediatamente interessados na expropriação em curso. Segundo os autores italianos: *"A norma fala de 'alienação', mas não há dúvida que a ineficácia também será opinível em relação aos atos de disposição, diversos da alienação, dos quais derivem substancial alteração da consistência econômica dos bens penhorados; por exemplo, a constituição de direito real de gozo ou de garantia; a entrega dos bens à sociedade, à associação ou a consórcio; o contrato estimatório, a transação, enquanto efetivamente prejudicial às razões dos credores... Também*

---

[148] *"A fraude não priva o negocio jurídico 'integralmente' de sua eficácia. A doutrina construiu com muita propriedade o conceito da 'eficácia parcial', ou 'infra-eficácia' e isso é que efetivamente torna útil toda a teoria da ineficácia e autoriza afastar a idéia da invalidade, em muitos casos. É como aqui. Se o negócio fraudulento fosse de total ineficácia, isso significaria não ter produzido efeito algum, nem mesmo o de transmitir o domínio, sendo portanto indiferente ao comércio jurídico. E isso é um atributo do ato nulo, 'nec-ullus', atingido pelo vício radical. A teoria da nulidade não permite considerar que alguns efeitos o negócio nulo possa produzir e especialmente o seu mais importante efeito programado, típico. Mas o negócio fraudulento produz o efeito de transmitir o domínio e razão alguma existe para que esse efeito lhe seja depois subtraído, quer se trata de fraude a credores ou de execução, ou mesmo de alienação de bem constrito. Em qualquer dessas hipóteses a ineficácia é apenas parcial. É preciso dar o devido valor ao fim do direito, o que conduz à interpretação teleológica de suas normas e institutos".* (DINAMARCO, C. R., op. cit., p. 254 e 255).

devem ser entendidas como compreendidas na disposição legal os atos a título gratuito, como a doação, a liberalidade, as cessões".[149]

2.6. Bens cuja alienação ou gravação com ônus real tenha sido anulada em razão do reconhecimento, em ação própria, de fraude contra credores

Ficam sujeitos à execução os bens cuja alienação ou gravação com ônus real tenha sido anulada em razão do reconhecimento, em ação própria, de fraude contra credores.

Já dissemos no tópico anterior o que significa gravar com ônus real.

No tópico anterior, discorreu-se sobre a fraude à execução, e sua ineficácia em relação ao credor.

Agora está-se diante de um novo instituto, diverso da fraude à execução.

Trata-se do instituto jurídico denominado *fraude contra credores*, regulado nos arts. 158 a 165 do C.c.b.

Tanto a fraude contra credores quanto a fraude à execução têm por pressuposto a *insolvência* do devedor, pois, se não houver insolvência, não há falar, pelo menos na hipótese em análise, de fraude contra credores ou fraude à execução.

Cândido Rangel Dinamarco aduz que também o instituto de fraude contra credores gera a *ineficácia do negócio jurídico*, embora varie a configuração da ineficácia do ato em fraude pauliana ou em fraude de execução.[150]

Contudo, o art. 158 do atual C.c.b. fala especificamente em anulabilidade e não simples ineficácia do ato lesivo pelos credores quirografários.

A fraude à execução poderá ser alegada no próprio processo executivo ou em cumprimento de sentença, autorizando-se a penhora desde logo.

Já o reconhecimento da fraude contra credores depende de demanda própria, denominada de ação pauliana, nos termos do art.161 do C.c.b.: *"A ação, nos casos dos arts. 158 e 159, poderá ser intentada contra o devedor insolvente, a pessoa que com ele celebrou a estipulação considerada fraudulenta, ou terceiros adquirentes que hajam procedido de má-fé".*

Assim, observa-se que o negócio jurídico realizado em fraude contra credores é eficaz desde a sua constituição, somente perdendo essa eficácia quando for anulado por decisão judicial proferida na demanda pauliana. Aliás, essa eficácia pode se tornar definitiva, caso ocorra o prazo decadencial previsto

---

[149] VERDE, Giovanni; CAPPONI, Bruno. *Profili del processo civile – processo di esecuzione e procedimenti speciali.* Napoli: Jovene Editore, 2006. p. 85.

[150] DINAMARCO, C. R., op. cit., p. 259.

no art. 178, inc. II do C.c.b.: *"É de quatro anos o prazo de decadência para pleitear-se a anulação do negócio jurídico, contado: no de erro, dolo, fraude contra credores, estado de perigo ou lesão, do dia em que se realizou o negócio jurídico";* enquanto que o ato praticado em fraude à execução não gera qualquer eficácia jurídica perante o credor prejudicado.

Reconhecida a nulidade da alienação ou da concessão de direitos reais em garantia em razão do reconhecimento, em ação pauliana, de fraude contra credores, os bens alienados ou gravados voltam para o patrimônio do devedor, a fim de responderem pelas dívidas até então existentes quando da alienação ou do gravame.

2.7. Bens sobre regime de superfície

O direito real de superfície está regulado nos arts. 1.369 a 1.375 do C.c.b.

Se a execução tiver por objeto obrigação de que seja sujeito passivo o proprietário de terreno submetido ao regime do direito de superfície, ou o superficiário, responderá pela dívida, exclusivamente, o direito real do qual é titular o executado, recaindo a penhora ou outros atos de constrição exclusivamente sobre o terreno, no primeiro caso, ou sobre a construção ou plantação, no segundo caso.

Assim, se for sujeito passivo da execução o proprietário, a penhora recaíra sobre a propriedade do terreno; se for sujeito passivo da execução o superficiário, a penhora recaíra sobre o direito real de superfície.

Portanto, há um desmembramento do direito real propriedade/terreno/superfície para efeito de penhora, assim como para efeito de registro da constrição.

Os atos de constrição serão averbados separadamente na matrícula do imóvel, com a identificação do executado, do valor do crédito e do objeto sobre o qual recai o gravame, devendo o oficial destacar o bem que responde pela dívida, se o terreno, a construção ou a plantação, de modo a assegurar a publicidade da responsabilidade patrimonial de cada um deles pelas dívidas e obrigações que a eles estão vinculadas (*§1º do art. 791* do atual C.P.C.).

Aplica-se, no que couber, o disposto no art. 791 do atual C.P.C., à concessão de uso especial para fins de moradia e à concessão de direito real de uso (*§2º do art.791* do atual C.P.C.).

3. Direito de retenção

O *direito de retenção*, de uma maneira geral, significa o direito de conservar alguma coisa de outrem, e que se possui por título legítimo, até que aquele satisfaça alguma obrigação que assumiu em favor de quem detém o bem.

Contudo, é pressuposto para se legitimar o *direito de retenção* que a obrigação tenha vínculo com o bem possuído.

No código civil brasileiro, o direito de retenção aparece em normas jurídicas especiais, como, por exemplo, art. 578, art. 644, art. 1.219, art. 1.423, art. 1.433, art. 1.507. Observa-se também o direito de retenção no art. 35 da Lei 8.245/91.

O art. 793 do atual C.P.C. disciplina a execução promovida por aquele que possui o direito de retenção, justamente para receber aquilo que lhe é devido pelo possuidor ou proprietário do bem, obrigação essa que está intimamente relacionada com a coisa retida.

Pelo que estabelece o novo C.P.C., o credor poderá desde logo indicar os bens que poderão ser objeto de penhora. Porém, esse direito do credor sofre limitação justamente pela regra estabelecida no art. 793 do atual C.P.C.

No caso do direito de retenção, promovendo o exequente a execução, deverá inicialmente requerer a penhora justamente sobre a coisa que se achar em seu poder, levando-a a expropriação. Somente se o valor apurado pela avaliação ou na alienação da coisa não for suficiente para o pagamento da prestação, é que o exequente poderá direcionar as medidas executivas para outros bens do devedor. Também poderá direcionar as medidas executivas sobre outros bens, se o bem retido for *impenhorável*.

Essa limitação ao direito do credor em indicar o bem encontra-se também no Código de Processo Civil alemão, especificamente em seu § 777: "*Se o credor tem a posse de um bem móvel do devedor, sobre o qual lhe é assegurado um direito de penhor ou de retenção para o seu crédito, o devedor pode opor-se à execução forçada em relação ao restante do seu patrimônio nos termos do § 766 no caso em que o crédito esteja coberto pelo valor do bem*".

Trata-se de um benefício ético que visa a proteger o devedor, evitando que o credor, por simples ato de vingança ou prepotência, promova a penhora em outros bens que não aquele que se encontre em sua posse.

A limitação prevista no art. 793 do atual C.P.C. aplica-se a qualquer espécie de execução (título executivo judicial ou extrajudicial) e a qualquer espécie de bens, imóveis, móveis ou semoventes. No C.P.C. de 1939 somente havia a previsão sobre coisa móvel (art. 894).

Questão que se coloca é se o devedor pode opor-se à penhora realizada no bem objeto da retenção. Penso que muito embora a lei determine que a penhora recaia obrigatoriamente sobre o bem objeto do direito de retenção, isso não significa dizer que o devedor não possa também usufruir de seu direito de requerer a substituição do bem penhorado, inclusive por caução em dinheiro. Nesse caso, como a execução também deve ser promovida de modo menos oneroso ao devedor, e sendo o dinheiro uma garantia mais eficaz para o credor, nada impede que haja a substituição da penhora.

4. Responsabilidade do fiador

O contrato de fiança é regulado pelos artigos 818 a 839 do C.c.b.

Pelo contrato de fiança, uma pessoa garante satisfazer ao credor uma obrigação assumida pelo devedor, caso este não a cumpra (art. 818 do C.c.b.).

No contrato de fiança apresentam-se questões *sui generis*, ou seja, existe uma dívida (do devedor principal) e duas responsabilidades (do devedor principal e do fiador). No caso, o fiador não é o devedor da obrigação, mas, sim, responsável pelo seu pagamento mediante vinculação de seu patrimônio. Essa garantia perfectibiliza-se no próprio instrumento constitutivo da obrigação principal ou em contrato escrito separado.

Dentre os efeitos da fiança, encontra-se o denominado *benefício de ordem*, que significa que *o fiador demandado pelo pagamento da dívida tem direito a exigir, até a contestação da lide, que sejam primeiro executados os bens do devedor"* (art. 827 do C.c.b.).

O 'benefício de ordem' somente não terá aplicação se o fiador houver renunciado a tal benefício.

A responsabilidade do fiador, se não houver renúncia ao benefício de ordem, é *secundária, subsidiária ou acessória*, no sentido de que seus bens somente responderão pela obrigação se o devedor principal não puder solvê-la com seus próprios bens. A posição do fiador, em regra, é de segundo plano em relação ao devedor; isso advém do princípio da *equidade*, pois não seria justo que os bens do fiador fossem levados à alienação judicial quando o devedor possui bens suficientes, livres e desembaraçados, na comarca em que corre a demanda contra o fiador. Enquanto o devedor puder suportar a execução, a penhora deverá recair sobre seus bens.[151]

Por sua vez, o fiador que alegar o benefício de ordem, a que se refere o art. 827 do C.c.b., deverá nomear bens do devedor, sitos no mesmo município, livres e desembaraçados (p.u. do art. 827). Esse limite à subsidiariedade também é imposto pelo art. 793 do atual C.P.C., no sentido de que o fiador deve indicar bens do devedor situados na mesma comarca, livres e desembaraçados, caso contrário a penhora recairá sobre seus bens.

---

[151] LIMA, A. M., op. cit., p. 582.

RESPONSABILIDADE PATRIMONIAL

Note-se que somente se existirem bens livres e desembaraçados é que a alegação do benefício de ordem terá eficácia, sendo que será ela refutada: a) quando se verificar que os bens não estão livres ou desembaraçados; b) não forem suficientes para pagar a dívida no momento da nomeação ou quando de sua avaliação; c) oposição de embargos de terceiro.[152]

A oportunidade para o fiador nomear bens do devedor normalmente ocorre no prazo fixado em lei para que o executado, uma vez citado, pague a dívida. Contudo, se o fiador não fizer a nomeação neste prazo, isso não significa dizer que ele renunciou ao benefício, uma vez que o Código Civil, em seu art. 828, inc. I, estabelece que essa renúncia deve ser expressa.

É certo que o art. 827 do C.c.b. estabelece que o prazo que tem o fiador para nomear bens do devedor vai até *a contestação da lide.*

Na hipótese de execução, pode-se interpretar que este marco delimitativo (contestação da lide) significa o prazo para apresentação de embargos do devedor (na hipótese de título executivo extrajudicial) ou da impugnação das medidas executivas em cumprimento de sentença (na hipótese de titulo executivo judicial). Assim, poderá o fiador nomear bens do devedor, mediante indicação nos embargos do devedor ou na impugnação ao cumprimento de sentença.

Não se tratando de execução, mas, sim, de demanda cognitiva, entende a doutrina que o fiador terá oportunidade de indicar bens do devedor até o término do prazo para *contestação da lide*, sob pena de não mais poder fazê-lo no âmbito executivo.[153]

Contudo, pode ocorrer que no momento da contestação da lide no processo cognitivo ou no momento da penhora de bens do fiador, o devedor não possuísse bens suficientes e desembaraçados na comarca em que tramitou a demanda para pagamento do credor, vindo a adquirir bens posteriormente. Nesse caso, evidentemente, não se poderia adotar de forma rigorosa o marco legal para efeitos de o fiador indicar bens do devedor, podendo ele indicá-los após ter conhecimento da aquisição destes bens, e antes, evidentemente, da realização do ato de alienação dos bens penhorados, pois uma vez arrematados os bens do fiador, não poderá mais invocar o benefício de ordem.

Outra questão a ser avaliada decorre do fato de o credor promover a execução somente contra o fiador, deixando de fora o devedor principal. Nesse caso,

---

[152] LIMA, A. M., idem, p. 587.

[153] CARVALHO SANTOS. J. J. de. *Código civil brasileiro interpretado*. Direto das Coisas. 7ª ed. Vol. XIX, São Paulo: Livraria Freitas Bastos, 1958. p. 462

havendo o fiador arguido o benefício de ordem, deverá o credor promover a execução também contra o devedor principal a fim de que a penhora recaia sobre seus bens. Consequentemente, antes de o juiz determinar a penhora do devedor principal, deverá determinar a sua citação para cumprir a obrigação, sob pena de penhora.

De qualquer sorte, o benefício de ordem não poderá ser utilizado pelo fiador nas hipóteses elencadas no art. 828 do C.c.b., ou seja: a) se ele o renunciou expressamente; b) se se obrigou como principal pagador, ou devedor solidário; c) se o devedor for insolvente, ou falido.

A *caput* do art. 794 do atual C.P.C. fala no fiador *executado*, razão pela qual deve-se entender os limites e o alcance dessa expressão jurídica.

Se o fiador assumir sua responsabilidade por meio de um título executivo extrajudicial, o credor poderá promover a execução contra ele, de imediato. Contudo, se a fiança não estiver vinculada a uma obrigação líquida, certa e exigível representada num título executivo extrajudicial, o instituto do cumprimento de sentença somente poderá ser direcionado contra o fiador se ele também fizer parte do processo de conhecimento e for condenado pela sentença ali proferida. Assim, se no processo de conhecimento apenas o devedor principal foi citado, o título judicial não abrange o fiador, razão pela qual o cumprimento de sentença não poderá contra ele ser direcionado. Nessa hipótese, se o cumprimento de sentença não surtir efeito contra o devedor originário, por falta de patrimônio, o credor deverá promover novo processo de cognição contra o fiador, a fim de que possa ser beneficiado por uma sentença condenatória sujeita a cumprimento executivo.

Nos termos do que ensina a doutrina, pode, pois, o credor optar por qualquer destas soluções: a) demandar somente o devedor, sem fiador; b) demandar simultaneamente o devedor e o fiador, sem prejuízo da demanda de regresso deste contra aquele; c) demandar somente o fiador, sem prejuízo, por igual, do direito de regresso.[154]

Os bens do fiador ficarão sujeitos à execução se os do devedor, situados na mesma comarca que os seus, forem insuficientes à satisfação do direito do credor.

O *caput* do art. 794 do atual C.P.C. não deixa dúvida de que o fiador somente poderá exercer o benefício de ordem se indicar bens livres e desembaraçados do devedor e que estejam situados na mesma comarca.

Porém, se os bens indicados pelo fiador não forem suficientes para o cumprimento da obrigação, o juiz poderá determinar a penhora ou outra medida de

---

[154] CARVALHO SANTOS, J. J. de. idem, ibidem.

constrição contra bens do próprio fiador, pois, neste caso, a indicação feita pelo fiador não foi suficiente para a garantia do credor.

O fiador que pagar a dívida poderá executar o afiançado nos autos do mesmo processo.

Como já se afirmou, a dívida não é do fiador, mas, sim, do devedor principal. O fiador é apenas responsável jurídico pelo cumprimento da obrigação.

Uma vez paga a dívida pelo fiador, ele fica sub-rogado nos direitos do credor, conforme estabelece o art. 831 do C.c.b.: *"O fiador que pagar integralmente a dívida fica sub-rogado nos direitos do credor, mas só poderá demandar a cada um dos outros fiadores pela respectiva quota"*.

A parte do fiador insolvente distribuir-se-á pelos outros (p.u. do art. 831 do C.c.b.).

Aliás, estabelece o art. 349 do C.c.b. que a *sub-rogação* transfere ao novo credor todos os direitos, ações, privilégios e garantias do primitivo, em relação à dívida, contra o devedor principal e os fiadores.

Trata-se de um preceito normativo que privilegia o princípio da economia processual, evitando que o fiador, após o pagamento da dívida, seja obrigado a promover novo processo (executivo ou não) em relação ao devedor principal.

A execução promovida pelo fiador poderá ser de toda a dívida ou pela parte que ele haja sido responsabilizado, como no caso em que parte da penhora recaiu sobre bens do fiador e parte sobre os bens de devedor principal. Nesse caso, o fiador irá executar apenas o valor correspondente à garantia prestada pelos seus bens e não aquela que incidiu sobre os bens do próprio devedor.

É importante salientar que o fiador, quando demandado pelo pagamento da dívida, poderá ainda se utilizar do instituto *chamamento ao processo*.

Evidentemente que o chamamento é por parte do fiador em relação ao devedor principal e não o contrário.

Pode o fiador demandado, e sendo a fiança caracterizada como solidária, chamar ao processo os demais fiadores solidários para reaver a parte que lhe cabe em relação aos outros fiadores.

Aliás, segundo prescreve o art. 831 do C.c.b., o fiador que pagar integralmente a dívida fica sub-rogado nos direitos do credor; mas só poderá demandar a cada um dos outros fiadores pela respectiva quota.

É importante salientar que o S.T.J. já entendeu que não é possível a utilização do instituto do chamamento ao processo na execução (REsp 70.547/SP, Rel. Ministro JOSÉ ARNALDO DA FONSECA, QUINTA TURMA, julgado em 05/11/1996, DJ 02/12/1996, p. 47700).

5. Responsabilidade do espólio pelas dívidas do falecido

A herança responde pelo pagamento das dívidas do falecido; mas, feita a partilha, só respondem os herdeiros, cada qual em proporção da parte que na herança lhe coube (art. 1.997 do C.c.b.).

Pode ocorrer que a execução forçada produza efeitos na esfera jurídica daquele que não é nominalmente indicado no título como credor e devedor: no confronto com um *terceiro*. São 'terceiros', nesta acepção, os sucessores do credor, os herdeiros do devedor etc.[155]

Havendo o falecimento do devedor originário, ou seja, daquele reconhecido no título, deve-se em primeiro lugar verificar se o falecimento ocorreu antes ou depois da execução ter sido iniciada.

Se o falecimento ocorreu antes do início da execução, esta somente poderá ser direcionada contra o espólio (representado pelo inventariante), herdeiros ou o legatário do devedor, dependendo das circunstâncias.

Se o falecimento do devedor originário ocorreu durante o transcurso da execução, há necessidade de se promover a *habilitação* nos termos do novo C.P.C.

Em qualquer situação, a responsabilidade pelo pagamento das dívidas do falecido é do espólio, enquanto não realizada a partilha dos bens entre os herdeiros; após a realização da partilha, a responsabilidade passa ao herdeiro, sendo que nesse caso o herdeiro responderá dentro das forças da herança e na proporção da parte que lhe couber, isto é, o herdeiro ou legatário somente responde pelos *bens que houver recebido do autor da herança*.[156]

Os herdeiros, após a partilha, não são executados solidariamente, mas a responsabilidade é de cada um em relação aos bens que hajam recebidos do falecido.

Nesse sentido, aliás, é que prescreve o art. 744.º, 1, do C.P.C. português.: *Na execução movida contra o herdeiro só podem penhorar-se os bens que ele tenha recebido do autor da herança.*

Se o herdeiro receber bens com cláusula de *inalienabilidade ou impenhorabilidade*, os efeitos dessa cláusula somente atingirão as dívidas pessoais dos herdeiros e não as dívidas do espólio.

Evidentemente, se o falecido não deixou bens, a dívida tornar-se-á definitivamente inadimplida, sem que isso caracterize qualquer responsabilidade dos herdeiros.

---

[155] Luiso, Francisco Paolo. *L'execuzione 'ultra partes'*. Milano: Dott. A. Giuffrè Editore, 1984. p. 1.
[156] Lima, A. M., op. cit., p. 597.

TÍTULO 3

ESPÉCIES DE EXECUÇÃO

Capítulo 4
Diversas Espécies de Execução – Considerações Gerais

1. A execução deve ser realizada no interesse do exequente

O art. 797 do atual C.P.C. preconiza que a execução deve ser realizada no *interesse do exequente.*

Segundo o referido preceito normativo, quem promove a execução assume papel relevante e, de certa forma, privilegiado, pois as medidas executivas devem ser realizadas de acordo com o seu interesse em remover a insatisfação da pretensão mediante o cumprimento da obrigação representada por obrigação líquida, certa e exigível prevista em determinado título executivo.

Contudo, não se pode esquecer que o processo de execução ou mesmo o cumprimento de sentença é exercício genuíno da atividade jurisdicional, apesar de se desenvolver de forma diversa daquele realizado no processo de conhecimento. Sendo uma atividade jurisdicional, as fundamentais garantias do processo civil previstas pelas normas constitucionais encontram aplicação também no processo ou procedimento executivo, enquadrado no sistema unitário da tutela dos próprios direitos. Por isso, a exigência da celeridade e efetividade da tutela executiva não pode sobrepor-se aos direitos irrenunciáveis do sujeito passivo da execução, o qual tem direito de sofrer uma execução não somente legítima, isto é, conforme as normas que regulam os singulares processos e procedimentos de execução forçada, mas também 'justa' e 'oportuna'. À luz de tais considerações, não se pode deixar de apreciar a orientação da Corte Europeia de direitos do homem, que para os fins da aplicação do art. 6º, par. 1º, da Convenção para a salvaguarda dos direitos do Homem e das liberdades fundamentais, há por diversas vezes preconizado

EXECUÇÃO E CUMPRIMENTO DE SENTENÇA

que o processo de execução, enquanto processo jurisdicional, não pode ser considerado diversamente daquele de cognição, pois ambos os processos, ao final, resultam da *realização efetiva dos direitos* (sentt. 26 de fevereiro de 1993, Billi; 23 de novembro de 1993, Scopelliti; 21 de maio de 1996, Ausiello; 26 de setembro de 1996, Di Pede e Zappia).[157]

Assim, muito embora a execução deva ser realizada no *interesse do exequente*, tal afirmativa não pode confrontar com os princípios e garantias fundamentais que devem reger o processo civil, seja de qual espécie for.

Além do mais, apesar de a execução realizar-se no *interesse do exequente*, ela também deve ser realizada de maneira tal que onere o menos possível o devedor.

Haverá necessidade, portanto, de o juiz, diante das medidas executivas que deve promover no processo de execução ou no cumprimento de sentença, avaliar os princípios e as garantias fundamentais do processo civil, a fim de que ele promova uma execução *justa e équo*.

Um dos efeitos principais de ser a execução realizada no interesse do credor é que, salvo em se tratando de concurso de credores, ele *adquire, pela penhora, o direito de preferência sobre os bens penhorados*.

Na concepção de Fernando Amâncio Ferreira, a penhora atribui ao exequente um direito real de garantia sobre os bens penhorados, razão pela qual o atributo de preferência que lhe é conferido pelo n. 1 do art. 822º do CC: *o exequente adquire pela penhora o direito de ser pago com preferência a qualquer outro credor que não tenha garantia*. Esta garantia real anterior, se for a hipoteca, por exemplo, deverá estar registrada para ser oponível à preferência resultante da penhora.[158]

Geralmente a penhora confere ao credor prioridade na *execução por quantia certa*. Porém, quando se revela a insolvência do devedor, a execução, apesar de ser por quantia certa, modifica-se para beneficiar todos os demais credores por via do 'concurso universal'.

Não se tratando de devedor insolvente, a penhora, portanto, resulta para o credor/exequente no direito de preferência nos produtos dos bens penhorados, em relação a qualquer outro credor que não tenha garantia real. Essa preferência dá-se em relação às penhoras posteriores nos mesmos bens ou com arresto ou hipoteca judicial, legal ou contratual posteriores.

---

[157] VERDE, Giovanni; CAPPONI, Bruno. *Profili del processo civile – processo di esecuzione e procedimenti speciali*. Napoli: Jovene Editore, 2006, p. 10.
[158] FERREIRA, F. A., op. cit., p. 224.

Esse direito de preferência decorre da *ordem da penhora*. Assim, quem realizou a primeira penhora receberá integralmente seu crédito, passando para o segundo, se houver sobra, e assim sucessivamente.

Esse critério de *prelação* não causa prejuízo a ninguém, pois se está diante de devedor *solvente*. Esse critério apenas favorece ao credor que foi diligente e antecipou-se na penhora do bem. Havendo insolvência do devedor, instaura-se o concurso de credores. (É importante salientar que nos termos do art. 1.052 do novo C.P.C., até a edição de lei específica, as execuções contra devedor insolvente, em curso ou que venham a ser propostas, permanecem reguladas pelo Livro II, Título IV, da Lei nº 5.869, de 11 de janeiro de 1973).[159]

Um aspecto importante para gerar o direito de *prelação*, segundo entende Alcides de Mendonça Lima, é que a penhora deverá estar inscrita no registro público, pois somente desta maneira ela poderá ser oposta contra terceiros. Por isso, se o credor A realizou a penhora em seu processo de execução, mas não fez a inscrição da penhora nos registros públicos e o credor B, apesar de ter realizado penhora posteriormente, fez em primeiro lugar a inscrição, este terá direito de preferência de penhora e de pagamento do crédito. Se os dois mandados de penhora forem levados a registro no mesmo dia, prevalecerá a ordem de prenotação nos registros públicos.[160]

---

[159] O S.T.J. assim distingue a insolvência civil da falência:
DIREITO EMPRESARIAL. PEDIDO DE FALÊNCIA FUNDADO EM IMPONTUALIDADE INJUSTIFICADA.
Em pedido de falência requerido com fundamento na impontualidade injustificada (art. 94, I, da Lei 11.101/2005), é desnecessária a demonstração da insolvência econômica do devedor, independentemente de sua condição econômica. Os dois sistemas de execução por concurso universal existentes no direito pátrio – insolvência civil e falência –, entre outras diferenças, distanciam-se um do outro no tocante à concepção do que seja estado de insolvência, necessário em ambos. O processo de insolvência civil apoia-se no pressuposto da insolvência econômica, que consiste na presença de ativo deficitário para fazer frente ao passivo do devedor, nos termos do art. 748 do CPC: "Dá-se a insolvência toda vez que as dívidas excederem à importância dos bens do devedor". O sistema falimentar, ao contrário, não tem alicerce na insolvência econômica. O pressuposto para a instauração de processo de falência é a insolvência jurídica, que é caracterizada a partir de situações objetivamente apontadas pelo ordenamento jurídico. No direito brasileiro, caracteriza a insolvência jurídica, nos termos do art. 94 da Lei 11.101/2005, a impontualidade injustificada (inciso I), execução frustrada (inciso II) e a prática de atos de falência (inciso III). Nesse sentido, a insolvência que autoriza a decretação de falência é presumida, uma vez que a lei decanta a insolvência econômica de atos caracterizadores da insolvência jurídica, pois se presume que o empresário individual ou a sociedade empresária que se encontram em uma das situações apontadas pela norma estão em estado pré-falimentar. É bem por isso que se mostra possível a decretação de falência independentemente de comprovação da insolvência econômica.
(REsp 1.433.652-RJ, Rel. Min. Luis Felipe Salomão, julgado em 18/9/2014).
[160] LIMA, A. M., op. cit., p. 715.

Em se tratando de bens imóveis, a inscrição deverá ser realizada no cartório de registro de imóveis. No caso de bens móveis, a inscrição da penhora deverá ocorrer no cartório de registro de título e documentos. Em se tratando de veículo, o S.T.J. entende que o registro deve ser feito no departamento de trânsito ((REsp 200.663/SP, Rel. Ministro BARROS MONTEIRO, QUARTA TURMA, julgado em 02/03/2004, DJ 17/05/2004, p. 228).

Apesar da posição de Alcides de Mendonça Lima, no RESP n. 2258, vencido o Ministro Athos Gusmão Carneiro, o S.T.J. entendeu que a preferência não se dá pelo registro, mas, sim, pela penhora efetivamente realizada anteriormente.

Contudo, a importância do registro da penhora é de tal grandeza, que havendo duas penhoras registradas, e tendo o bem imóvel sido arrematado no processo no qual houve o registro da segunda penhora, sem a intimação do exequente que primeiro registrou a penhora, tal arrematação não terá eficácia em relação ao credor da primeira penhora, pois a averbação da penhora registrada com anterioridade não se cancela no caso de arrematação, cuja hasta pública tenha se realizado sem intimação do anterior credor-penhorante.

2. Requisitos da petição inicial do procedimento executivo

A propositura de toda e qualquer demanda judicial, em razão do princípio da inércia da jurisdição, depende da iniciava da parte interessada, concretizando-se com a apresentação da *petição inicial*.

Por isso, em face de que o juiz não pode iniciar de ofício a execução (salvo trabalhista), cumpre ao exequente requerer a execução de título executivo extrajudicial ou o cumprimento de sentença.

Tendo em vista que o art. 771, parágrafo único, do atual C.P.C., estabelece que se aplicam subsidiariamente à execução as disposições dos Livros I, Parte Especial, do novo C.P.C., isso significa dizer que a petição inicial de um processo de execução de título executivo extrajudicial, além dos requisitos estabelecidos no art. 798 do atual C.P.C., deverá conter também os requisitos previstos no art. 319 incisos I a VII do atual C.P.C., a saber: I – o juízo ou tribunal a que é dirigida, segundo a regra de competência estabelecida no art. 779 do atual C.P.C. II – os nomes, os prenomes, o estado civil, a profissão, o número no cadastro de pessoas físicas ou do cadastro nacional de pessoas jurídicas, o endereço eletrônico, o domicílio e a residência do exequente e do executado. III – o fato e os fundamentos jurídicos do pedido: no caso, o fato é o inadimplemento da obrigação, enquanto que o fundamento jurídico do pedido é a existência de uma obrigação liquida, certa e exigível consubstanciada num título executivo extrajudicial; IV – o pedido com as suas especificações. É de se considerar aqui a sua acepção *mediata* e *imediata*. De maneira *mediata*, o exequente pleiteia o bem jurídico assegurado no título (*corpus, genus* e *facere*). Assim, se o credor pede comissão de permanência, ao invés de correção e juros, sucederá adstrição do juiz ao pedido da parte. Mas, para alcançar o objetivo visado, há o credor de pedir, *imediatamente*, a atuação de determinado meio executório (pedido imediato). Este pedido distancia-se daquele formulado no processo de conhecimento, porque toda execução está inclinada à realização prática de direitos, razão pela qual a providência jurisdicional reclamada não se esgota na abstração intelectual da sentença. Ela se amplia na efetivação de atos coercitivos.[161]

Evidentemente, deverá acompanhar a petição inicial o título executivo extrajudicial, pois se trata de documento indispensável para a propositura da demanda executiva.

Preceito similar encontra-se nos arts. 549 e 550 do Código de Processo Civil espanhol, a saber:

> *Art. 549. Demanda executiva. Conteúdo.*
>
> *1. Somente se despachará a execução mediante requerimento da parte, em forma de demanda, na qual se expressam:*
>
> *O título em que se funda o executante.*
>
> *A tutela executiva que se pretende, em relação com o título executivo que se aduz, precisando, se for o caso, a quantidade que se reclama conforme o disposto no art. 575 desta Lei.*
>
> *Os bens do executado suscetível de penhora e de que tiver conhecimento e, sem for o caso, se os considera suficientes para o fim da execução.*
>
> *Se for o caso, as medidas de localização e investigação que interesse ao amparo do art. 590 desta Lei.*
>
> *A pessoa ou pessoas, com expressão de suas circunstâncias identificáveis, frente às que se pretende o despacho de execução, por aparecer no título como devedora ou por estar sujeita à execução segundo o disposto nos arts. 538 a 544 desta Lei.*
>
> *2. Quando o título executivo seja uma resolução do Secretário judicial ou uma sentença ou resolução ditada pelo Tribunal competente para conhecer da execução, a demanda executiva poderá limitar-se à solicitação de que se despache a execução, identificando a sentença ou resolução cuja execução se pretenda.*
>
> *3. Na sentença condenatória de despejo será suficiente para a execução direta da sentença sem necessidade de nenhum outro trâmite para proceder ao lançamento no dia e hora assinalados na própria sentença ou na data que se houver fixado ao ordenar a citação do demandado.*

---

[161] Assis, Araken. *Manual do processo de execução.* 8ª ed. São Paulo: Editora Revista dos Tribunais, 2002. p. 378.

4. O prazo de espera legal a que se refere o artigo anterior não será de aplicação na execução de resoluções de condenação de despejo por falta de pagamento de aluguel ou quantidades devidas, o por expiração legal ou contratual do prazo, que se regerá pelo previsto em tais casos.

Art. 550. Documentos que tem de acompanhar à demanda executiva.

1. À demanda executiva se acompanharão:

O título executivo, salvo que a execução se funde em sentença, decreto, acordo ou transação que conste nos autos. Quando o título for um laudo, o acompanharão, ademais, o convênio arbitral e os documentos demonstrativos da notificação daquela às partes. Quando o título for um acordo de mediação realizado mediante escritura pública, o acompanhará, ademais, cópia das atas da sessão constitutiva e final do procedimento.

O poder outorgado a procurador, sempre que a representação não se conferir apud acta ou não conste já nas autuações, quando se pedir a execução de sentenças, transações ou acordos aprovados judicialmente.

Os documentos que demonstrem os preços ou cotizações aplicadas para o cômputo em dinheiro de dividas não em quantia certa, quando não se trate de dados oficiais ou de conhecimento público.

Os demais documentos que a lei exija para o despacho da execução.

2. Também poderão acompanhar-se à demanda executiva quantos documentos considere o executante úteis ou convenientes para o melhor desenvolvimento da execução e contenham dados de interesse para despachá-la.

Em se tratando de execução de título executivo extrajudicial, o promovente da demanda deverá indicar na petição inicial os nomes completos do exequente e do executado e seus números de inscrição no Cadastro de Pessoas Físicas ou no Cadastro Nacional da Pessoa Jurídica. Esse requisito tem por finalidade identificar os sujeitos ativos e passivos do processo executivo. Tais requisitos não são exigidos no âmbito de cumprimento de sentença, tendo em vista que a identificação das partes já foi realizada quando da propositura da demanda cognitiva.

É de suma importância a indicação pelo exequente do meio executório que pretende ver utilizado, pois há obrigações que admitem mais de um meio, como ocorre com a obrigação alimentar.

Na execução de obrigação de fazer fungível, haja vista comportar tanto coerção patrimonial quanto transformação, e um meio executório excluir o outro, ao credor toca esclarecer qual deles utilizará, sob pena de inépcia da inicial.[162]

---

[162] Assis, A. idem, p. 379.

A petição inicial também deverá indicar o valor da causa, pois, a toda causa será atribuído um valor certo, ainda que não tenha conteúdo econômico imediato.

Em regra, o valor da causa será o da quantia, o do bem ou o da obrigação de fazer ou não fazer pretendida; se a obrigação for de valor inestimável, poderá ser declarado o benefício econômico estimado no processo.

É importante salientar que o juiz poderá corrigir de *ofício* e por arbitramento o valor da causa quando: I – verificar que o valor atribuído não corresponder ao conteúdo patrimonial em discussão ou ao proveito econômico perseguido pelo autor, caso em que se procederá ao recolhimento das custas correspondentes; II – a causa não tiver conteúdo econômico imediato.

No âmbito da execução de título executivo extrajudicial, a petição inicial deverá conter o requerimento para citação do executado.

Cumpre ao credor, ao requerer a execução, *pedir na petição inicial a citação do executado*, pois sem a citação não haverá contraditório que é a essência do processo judicial. E não havendo contraditório, o processo não existe para o requerido ou executado.

A citação será feita: a) pelo correio;[163] b) por oficial de justiça; c) pelo escrivão ou chefe de secretaria, se o citando comparecer em cartório; d) por edital; e) por meio eletrônico, conforme regulado em lei.

Admite-se citação por *hora certa* em execução.

Em se tratando de cumprimento de sentença condenatória em quantia certa, ou já fixada em liquidação, haverá necessidade de requerimento de intimação do executado para pagar o débito, no prazo de 15 (quinze) dias, nos termos do art. 523 do novo C.P.C.

---

[163] ENUNCIADO 85 da I Jornada de Direito Processual Civil do Centro de Estudos Judiciários: *Na execução de título extrajudicial ou judicial (art. 515, § 1º, do CPC) é cabível a citação postal.*
Em relação à citação pelo correio do executado na execução fiscal, assim já se manifetou o S.T.J.:
(...).
1. O art. 8º, II, da Lei 6.830/80 estabelece como regra, na execução fiscal, a citação pelo correio, com aviso de recepção, sendo certo que, como lex specialis, prevalece sobre os arts. 222, "d", e 224, do CPC, por isso que a pessoalidade da citação é dispensada, sendo despicienda, inclusive, a assinatura do aviso de recebimento pelo próprio executado, bastando que reste inequívoca a entrega no seu endereço.
2. A norma insculpida no art. 12. III, da Lei 6.830/80 considera a prescindibilidade da citação pessoal, determinando que, nas hipóteses em que o AR não contiver a assinatura do executado ou de seu representante legal, impõe-se que a intimação da penhora seja feita pessoalmente, corroborando o entendimento supra.
(...).
(REsp 857.614/SP, Rel. Ministro LUIZ FUX, PRIMEIRA TURMA, julgado em 04/03/2008, DJe 30/04/2008)

Não haverá necessidade de se requerer as provas para demonstrar a verdade dos fatos alegados, uma vez que no processo de execução não há instrução probatória. Contudo, para Sérgio La China é possível deparar-se com situações que demandam comprovação no âmbito do processo executivo, como, por exemplo, comprovar que o executado detém o domínio dos bens que ele porventura indicar; ou que o imóvel não lhe serve de residência para efeitos de impenhorabilidade (art. 1º da Lei 8.009/90).[164]

A petição inicial deverá, sempre que possível, também indicar os bens suscetíveis de penhora.

3. Documentos que devem instruir a petição inicial do procedimento executivo

O art. 320 do atual C.P.C. estabelece que a *petição inicial será instruída com os documentos indispensáveis à propositura da ação.*

No caso de petição inicial para instauração de processo de execução de título extrajudicial, o art. 798, inc. I, letras a), b), c) e d) preconiza quais seriam os documentos indispensáveis à propositura da demanda.

3.1. Título executivo extrajudicial

A petição inicial de uma demanda executiva de título executivo extrajudicial deve ser instruída com o título executivo, conforme preconiza o art. 798, inc. I, letra a). Na realidade, não se pode proceder à execução forçada sem que haja um título executivo.

Trata-se da aplicação do aforismo *nulla executio sine título.*

Quem promove uma execução com base num título executivo não tem a necessidade ou o ônus de deduzir a questão de direito material que deu origem à formação do título, nem o ônus de provar a existência do direito material, tendo em vista o princípio da 'abstração' dos títulos executivos.

Assim, o juiz deve perquirir sobre a existência do título executivo, mas não sobre a existência do direito material nele representado.

O título executivo extrajudicial pode ser apresentado no original ou por cópia, devendo-se ter uma preocupação especial em relação às cambiais, tendo em vista que elas podem circular.

Tendo em vista que atualmente o processo judicial tornou-se eletrônico, o título não será apresentado mais no seu conteúdo original, mas mediante o sistema de scanner, a não ser que seja um título constituído eletronicamente

---

[164] Assis, A., op. cit., p. 380.

com a assinatura também eletrônica, podendo ser considerado como originalmente virtual.

É certo, porém, que o art. 11 da Lei 11.419/06 preconiza que os documentos produzidos eletronicamente e juntados aos processos eletrônicos com garantia da origem e de seu signatário, na forma estabelecida nesta Lei, serão considerados originais para todos os efeitos legais.

Um outro aspecto que deve ser dito em relação à necessidade de juntada do título executivo com a inicial, é que esse requisito não ocorre apenas no âmbito da execução por título extrajudicial, uma vez que haverá situação em que o exequente também deverá apresentar o título judicial para efeito de cumprimento de sentença. Isso ocorre em relação à sentença penal para cumprimento perante juízo cível ou em relação à sentença estrangeira homologada pelo Superior Tribunal de Justiça, bem como no caso de sentença arbitral.

3.2. Demonstrativo de débito atualizado

A petição inicial deve ser instruída com o demonstrativo do débito atualizado até a data da propositura da demanda, quando se tratar de execução por quantia certa.

Como não há mais o denominado *cálculo pelo contador*, quando a execução tiver por objeto quantia certa, o exequente deverá juntar com a inicial o *demonstrativo de débito* atualizado até a data da propositura da execução.

O demonstrativo de débito, nos termos do que dispõe o parágrafo único do art. 798 do atual C.P.C., deverá conter: I – o índice de correção monetária adotado; II – a taxa de juros aplicada; [165] III – os termos inicial e final de incidência do índice de correção monetária e da taxa de juros utilizados;

---

[165] *PROCESSUAL CIVIL. EMBARGOS DE DIVERGÊNCIA. JUÍZO DE RETRATAÇÃO. ART. 1.030, II, DO CPC/2015. EXECUÇÃO CONTRA A FAZENDA PÚBLICA. RPV. JUROS DE MORA. PERÍODO COMPREENDIDO ENTRE A DATA DA ELABORAÇÃO DA CONTA DE LIQUIDAÇÃO E A EXPEDIÇÃO DO REQUISITÓRIO. INCIDÊNCIA. JULGAMENTO PROFERIDO PELO STF NO RE 579.431/RS, EM REGIME DE REPERCUSSÃO GERAL. EMBARGOS DE DIVERGÊNCIA PROVIDOS.*
1. A Corte Especial do STJ, no julgamento do REsp 1.143.677/RS, Rel. Min. Luiz Fux, sob o regime do art. 543-C do CPC, havia consolidado o entendimento de que não incidem juros moratórios entre a data da elaboração da conta de liquidação e a do efetivo pagamento do precatório ou da requisição de pequeno valor (RPV), tendo sido decidida a presente demanda com base nesse entendimento.
2. Em face da interposição de recurso extraordinário, o feito foi sobrestado pela Vice-presidência desta Corte Superior, a fim de aguardar o julgamento do RE 579.431/RS, pelo Supremo Tribunal Federal.
3. No julgamento dessa matéria, o STF firmou entendimento em sentido diametralmente oposto ao do STJ, tendo sido fixada a seguinte tese de repercussão geral: "Incidem os juros da mora no período compreendido entre a data da realização dos cálculos e a da requisição ou do precatório".

IV – a periodicidade da capitalização dos juros, se for o caso; V – a especificação de desconto obrigatório realizado.[166]

Essa nova forma de liquidação por cálculo efetuada pelo próprio exequente ocorre sempre que a liquidez se obtenha por simples cálculo aritmético. Nesse caso, o exequente utiliza-se dos dados do próprio título para atualizar o valor da execução na data da propositura da demanda, mediante a inserção de correção monetária, juros de mora, multa etc.

É certo que o devedor somente irá se manifestar sobre o demonstrativo de débito após citado para pagar, ou mesmo, após a penhora de seus bens, ou quando ingressar com embargos à execução. Por isso, muitas vezes o cálculo pode não representar o valor correto, seja por erro ou mesmo má-fé do credor/ exequente. Aliás, na teoria, a incongruência entre as diretrizes do título e a planilha de cálculo, gerando excesso de execução, representa pedido sem título, passível de controle, *ex officio*, pelo juiz.[167] Nessa hipótese, a jurisprudência tem permitido que o juiz, no caso de dúvida objetiva sobre o cálculo, possa remeter os autos ao contador judicial antes de determinar a citação do executado para pagar o débito, a fim de que o órgão auxiliar do juízo faça uma análise do demonstrativo de débito juntado com a inicial. Também se admite o emprego do contador judicial quando o credor for hipossuficiente, tendo inúmeras dificuldades para contratar um perito ou mesmo um contador a fim de confeccionar o demonstrativo de débito. Poderá, ainda, o juiz determinar que o executado apresente o cálculo, quando ele se encontre com os documentos ou informações necessárias para a apresentação do demonstrativo de débito, conforme acontece nas execuções de concessão ou revisão de benefícios previdenciários em que a totalidade de documentos e informações sobre o cálculo encontram-se com o INSS.

---

4. Em juízo de retratação, com fundamento no art. 1.030, II, do CPC/2015, fica reformado o julgado desta Corte Especial, proferido nestes autos, e o próprio julgado embargado, prolatado no âmbito da eg. Quinta Turma.
5. Embargos de divergência providos.
(EREsp 1150549/RS, Rel. Ministro OG FERNANDES, CORTE ESPECIAL, julgado em 29/11/2017, DJe 12/12/2017)

[166] ENUNCIADO 86 da I Jornada de Direito Processual Civil do Centro de Estudos Judiciários: *As prestações vincendas até o efetivo cumprimento da obrigação incluem-se na execução de título executivo extrajudicial (arts. 323 e 318, parágrafo único, do CPC).*

[167] Assis, Araken de. *Manual do processo de execução.* 8ª ed. São Paulo: Editora Revista dos Tribunais, 2002. p. 339.

É possível, ainda, aplicar por analogia o que dispõem os §§1º, 2º, 3º, 4º e 5º do art. 524 do atual C.P.C. que trata do cumprimento de sentença por quantia certa.[168]

Evidentemente, uma vez utilizada a contadoria judicial para a confecção ou conferência do cálculo, deverá o exequente ser intimado para se manifestar antes da citação do devedor, uma vez que a Constituição Federal e o novo C.P.C. brasileiro lhe garantem o contraditório. Se o exequente concordar com a revisão apresentada pela contadoria judicial, o juiz determinará a citação do requerido com base no cálculo da contadoria, caso contrário, havendo impugnação do exequente, o juiz determinará a citação do executado com base no cálculo apresentado pelo exequente, mas a penhora terá por base a importância que o juiz entender adequada com base nas informações apresentadas pela contadoria judicial.

A controvérsia do valor deverá ser objeto de impugnação por meio de embargos, sendo que se o devedor silenciar, isso significa que aceitou o cálculo apresentado originariamente pelo exequente, cabendo ao magistrado determinar o reforço de penhora.

3.3. A prova da ocorrência da condição ou do termo

A petição inicial deve ser instruída com a prova de que se verificou a condição ou ocorreu o termo, se for o caso.

Conforme estabelece o art. 514 do atual C.P.C., que trata do cumprimento de sentença, quando o juiz decidir relação jurídica sujeita a condição ou termo, o cumprimento da sentença dependerá de demonstração de que se realizou a condição ou de que ocorreu o termo.

Da mesma forma acontece em relação à execução de título executivo extrajudicial, ou seja, para que o credor/exequente possa promover a execução deverá comprovar que se verificou a condição ou ocorreu o termo, até mesmo para demonstrar o inadimplemento da obrigação, assim como sua exigibilidade.

A obrigação pode ser líquida e certa, mas ainda não ser exigível, seja pelo fato de existência de condição suspensiva ou resolutiva, seja porque ainda não ocorreu o termo do seu vencimento.

---

[168] ENUNCIADO 91 da I Jornada de Direito Processual Civil do Centro de Estudos Judiciários: *Interpreta-se o art. 524 do CPC e seus parágrafos no sentido de permitir que a parte patrocinada pela Defensoria Pública continue a valer-se da contadoria judicial para elaborar cálculos para execução ou cumprimento de sentença.*

O Código Civil brasileiro, em seus artigos 121 a 135, regula especificamente as modalidades do negócio jurídico denominadas de *condição* e *termo*.

Assim, é nula a execução instaurada antes de se verificar a condição ou de ter ocorrido o termo.

3.4. Prova de que o exequente adimpliu a contraprestação que lhe corresponde

A petição inicial deve ser acompanhada, ainda, pela prova, se for o caso, de que o exequente adimpliu a contraprestação que lhe corresponde ou que lhe assegura o cumprimento, se o executado não for obrigado a satisfazer a sua prestação senão mediante a contraprestação do exequente.

Pode ocorrer que a relação jurídica realizada entre credor e devedor subordine o adimplemento da prestação devida pelo devedor a uma contraprestação do credor.

Assim, o devedor não será obrigado a satisfazer sua prestação se o credor não comprovar que adimpliu sua contraprestação ao requerer a execução, sob pena de extinção do processo sem resolução de mérito.

Está-se diante da *exceptio non adimpleti contractus* prevista nos arts. 476 e 477 do C.c.b.

Como o próprio nome diz, a *excepto non adimpleti contractus* constitui uma das modalidades das exceções substanciais. Faz parte das exceções dilatórias, pois o próprio art. 787 do atual C.P.C. estabelece que se o exequente não comprovar que cumpriu com sua obrigação, o juiz extinguirá o processo de execução. Assim, a exceção não tranca definitivamente a possibilidade de nova demanda. De qualquer forma, a alegação da exceção paralisa a demanda do exequente ante a alegação do executado de não ter recebido a contraprestação que lhe era devida.[169]

Não se discute o mérito propriamente dito do direito pretendido, pois o executado não nega a obrigação.

O que há é refutação da *exigibilidade*, em razão de um fundamento inerente à própria relação jurídica de direito material.

Embora vencida a obrigação, não há exigibilidade em razão da *exceptio non adimpleti contractus*.

Diante dessa característica da *exceptio*, pode-se afirmar que somente poderá ser veiculada nas relações sinalagmáticas.

---

[169] SERPA LOPES, Miguel Maria de. *Exceções substanciais: exceção de contrato não cumprido.* Rio de Janeiro: Livraria Freitas Bastos S.A., 1959. p. 135.

DIVERSAS ESPÉCIES DE EXECUÇÃO – CONSIDERAÇÕES GERAIS

Cabe, no caso, ao exequente comprovar logo com a inicial o cumprimento da sua obrigação, a fim de evitar que o executado argua a *exceptio.*

4. Incumbências do exequente ao promover a execução
4.1. Intimação de terceiros detentores de direitos reais

O credor/exequente, além de promover a execução mediante apresentação de uma petição inicial que preencha os requisitos do art. 798 do novo C.P.C., deverá requerer a intimação de terceiros, caso a penhora recaia sobre bem objeto de direito real concedido a terceiro não envolvido no âmbito da execução.

A intimação dos credores terceiros à execução deve conter os elementos essenciais para a identificação do procedimento executivo.

No mesmo sentido estabelece o art. 498 (aviso aos credores inscritos) do C.P.C. italiano, *in verbis:*

> *Devem ser advertidos da expropriação os credores que sobre bens penhorados tenham um direito de preleção em razão de registros públicos.*
>
> *Para tal fim será notificado qualquer deles, mediante expedição por parte do credor que realizou a penhora, e dentro de cinco dias deste ato, de um aviso contendo a indicação do credor que realizou a penhora, do crédito pelo qual ela foi procedida, do título e das coisas penhoradas. Na falta de prova de tal notificação, o juiz não pode proceder a cessão ou venda do bem.*

Comentando o art. 498 do C.P.C. italiano, anotam Luca Ariola *et all: "Destinatários do aviso são, ainda, os credores 'titulares de hipoteca ou de direitos reais do gozo' ou credores assistidos por privilégios especiais sobre o bem penhorado".* [170]

Nos termos do art. 799 do novo C.P.C., incumbe ao exequente:

a) requerer a intimação do credor pignoratício, hipotecário, anticrético ou fiduciário, quando a penhora recair sobre bens gravados por penhor, hipoteca, anticrese ou alienação fiduciária;

b) requerer a intimação do titular de usufruto, uso ou habitação, quando a penhora recair sobre bem gravado por usufruto, uso ou habitação;

c) requerer a intimação do promitente comprador, quando a penhora recair sobre bem em relação ao qual haja promessa de compra e venda registrada;

---

[170] ARIOLA, Luca *et all. Codice di procedura civile operativo.* Annotato con dottrina e giurisprudenza. Napoli: Edizioni Giuridiche Simone, 2015. p 1.509.

EXECUÇÃO E CUMPRIMENTO DE SENTENÇA

d) requerer a intimação do promitente vendedor, quando a penhora recair sobre direito aquisitivo derivado de promessa de compra e venda registrada;

e) requerer a intimação do superficiário, enfiteuta ou concessionário, em caso de direito de superfície, enfiteuse, concessão de uso especial para fins de moradia ou concessão de direito real de uso, quando a penhora recair sobre imóvel submetido ao regime do direito de superfície, enfiteuse ou concessão;

f) requerer a intimação do proprietário de terreno com regime de direito de superfície, enfiteuse, concessão de uso especial para fins de moradia ou concessão de direito real de uso, quando a penhora recair sobre direitos do superficiário, do enfiteuta ou do concessionário;

g) requerer a intimação do titular da construção-base, bem como, se for o caso, do titular de lajes anteriores, quando a penhora recair sobre o direito real de laje (Lei 13.465, de 2017)

h) requerer a intimação do titular das lajes, quando a penhora recair sobre a construção-base (Lei 13.465, de 2017).

Trata-se de específica intimação de terceiro para lhe dar ciência sobre eventual penhora de bem que está sujeito a direito real.

Com a intimação dos detentores de direito real, poderá ser arguido eventual direito de preferência, pois, mesmo com a alienação do bem, o gravame não desaparece em face do direito de sequela previsto no art. 1.419 do C.c.b.: *"nas dívidas garantidas por penhor, anticrese ou hipoteca, o bem dado em garantia fica sujeito, por vínculo real, ao cumprimento da obrigação"*.

Além do mais, conforme estabelece o art. 1422 do C.c.b., o credor hipotecário e o pignoratício têm o direito de excutir a coisa hipotecada ou empenhada, e preferir, no pagamento, a outros credores, observada, quanto à hipoteca, a prioridade no registro.

Já o credor anticrético tem direito de reter em seu poder o bem, enquanto a dívida não for paga (art. 1.424 do C.c.b.).

É importante salientar que a norma processual determina a intimação do terceiro logo que efetuada a penhora do bem gravado com penhor, hipoteca, anticrese ou usufruto.

De qualquer sorte, se não houver a intimação dos detentores de direito real sobre o bem objeto da execução, eventual alienação do bem poderá ser declarada nula.

DIVERSAS ESPÉCIES DE EXECUÇÃO – CONSIDERAÇÕES GERAIS

Há precedentes do S.T.J. que não fala em nulidade da arrematação, mas de sua ineficácia perante os credores com direito ou garantia real (REsp 1269474/ SP, Rel. Ministra NANCY ANDRIGHI, TERCEIRA TURMA, julgado em 06/12/2011, DJe 13/12/2011).

Estabelece o art. 804 do novo C.P.C.:

> *Art. 804. A alienação de bem gravado por penhor, hipoteca ou anticrese será ineficaz em relação ao credor pignoratício, hipotecário ou anticrético não intimado.*
>
> *§ 1º A alienação de bem objeto de promessa de compra e venda ou de cessão registrada será ineficaz em relação ao promitente comprador ou ao cessionário não intimado.*
>
> *§ 2º A alienação de bem sobre o qual tenha sido instituído direito de superfície, seja do solo, da plantação ou da construção, será ineficaz em relação ao concedente ou ao concessionário não intimado.*
>
> *§ 3º A alienação de direito aquisitivo de bem objeto de promessa de venda, de promessa de cessão ou de alienação fiduciária será ineficaz em relação ao promitente vendedor, ao promitente cedente ou ao proprietário fiduciário não intimado.*
>
> *§ 4º A alienação de imóvel sobre o qual tenha sido instituída enfiteuse, concessão de uso especial para fins de moradia ou concessão de direito real de uso será ineficaz em relação ao enfiteuta ou ao concessionário não intimado.*
>
> *§ 5º A alienação de direitos do enfiteuta, do concessionário de direito real de uso ou do concessionário de uso especial para fins de moradia será ineficaz em relação ao proprietário do respectivo imóvel não intimado.*
>
> *§ 6º A alienação de bem sobre o qual tenha sido instituído usufruto, uso ou habitação será ineficaz em relação ao titular desses direitos reais não intimado.*

Muito embora não conste expressamente do art. 804 do novo C.P.C., também será declarada a ineficácia da alienação em relação ao titular da construção-base, bem como, se for o caso, do titular de lajes anteriores, quando a penhora recair sobre o direito real de laje (Lei 13.465, de 2017) e do titular das lajes, quando a penhora recair sobre a construção-base (Lei 13.465, de 2017).

Saliente-se que o art. 804 do novo C.P.C. não fala em nulidade da alienação por falta de intimação das pessoas nele indicadas, mas, sim, em *ineficácia da alienação*.

Preceituar-se que a alienação é meramente *ineficaz* em relação às pessoas indicadas no art. 804 do novo C.P.C., significa dizer que a alienação considerar-se-á perfeita (válida), mas *ineficaz*, podendo as pessoas indicadas no art. 804 do atual C.P.C. manter seu título de preferência (como é o caso do senhorio direto que tem prelação sobre o domínio útil do enfiteuta) exercendo sua

EXECUÇÃO E CUMPRIMENTO DE SENTENÇA

preferência na aquisição do bem ou levar novamente o bem à alienação em outro processo de execução.

A intimação das pessoas indicadas no art. 804 do atual C.P.C. deverá ocorrer logo que recaia a penhora sobre o bem gravado, ou na hipótese em que o exequente indique este bem à penhora na petição inicial. Aliás, se há nos autos documento que já revele a existência de pessoas indicas no art. 804 do novo C.P.C., o juiz poderá determinar a intimação delas de ofício.

Na concepção de Alcides Mendonça Lima, se a intimação já ocorrer no início da execução, inclusive do senhorio direto, será dispensada nova intimação no momento da alienação.[171]

Penso que a norma processual estabeleceu dois momentos específicos para a intimação das pessoas indicadas no art. 804 do novo C.P.C. Um quando da indicação à penhora do bem gravado, outro cinco dias antes da alienação. Em regra, uma intimação não supre a outra.

É certo que, na falta de intimação do credor com garantia real, somente será declarada a ineficácia da alienação caso haja efetivo prejuízo ao credor.

Além do mais, é importante salientar que ao credor *quirografário* somente se mostra lícito penhorar o bem gravado com garantia real na hipótese de inexistência de outros bens do devedor comum; caso contrário, o credor com garantia real poderá defender o bem gravado por meio de embargos de terceiro para o fim de obstar a constrição.

O art. 804 do atual C.P.C., contudo, não faz referência ao inc. VII do art. 799 do atual C.P.C., que trata da intimação da sociedade, no caso de penhora de quota social ou de ação de sociedade anônima fechada, para o fim do art. 876, §7º, do novo C.P.C.

Assim, muito embora o art. 799, inc. VII do atual C.P.C. determine a intimação da sociedade, no caso de penhora de quota social ou de ação de sociedade anônima fechada, para fim de adjudicação, o art. 804 não diz que a falta de intimação caracterizará a *ineficácia de eventual alienação*.

Portanto, se a sociedade não for intimada, nos termos do art. 799, inc. VII do atual C.P.C., isso significa que qualquer sócio poderá requerer a adjudicação, desde que ainda não tenham sido alienadas as quotas sociais.

É certo que, se não houver a intimação da sociedade, nos termos do art. 876, §7º, do novo C.P.C., eventual arrematação do bem será considerada nula.

No âmbito do direito processual civil italiano, segundo a Corte de Cassação, Cass. 11-6-03, n. 9394; Cass 27-8-14, n. 18336), a jurisprudência entende que

---

[171] LIMA, A. M., op. cit., p. 752.

a venda ou a 'assegnazione' realizada sem a intimação do credor detentor de direito real é validade, 'salvo a responsabilidade pelos danos que o credor/exequente causou ao credor não notificado, tendo em vista que a falta de notificação caracteriza um fato ilícito extracontratual.

A determinação de intimação do terceiro detentor de direito real, nos termos do art. 799 do novo C.P.C., deverá ocorrer logo que recaia a penhora sobre esses bens, ou de imediato quando o exequente, logo com a petição inicial, indique esses bens à penhora.

Aliás, se há nos autos documentos que revelem a existência de direito real incidente sobre o bem, o juiz deverá determinar a intimação dos credores de ofício.

Na concepção de Alcides Mendonça Lima, se a intimação já ocorrer no início da execução, inclusive do senhorio direto, será dispensada no momento da alienação.[172]

Penso que a norma processual estabeleceu dois momentos específico para a intimação dos credores com garantia real ou do senhorio direto. Uma quando da indicação ou penhora do bem gravado, outra cinco dias antes da alienação.[173] Em regra, uma não supre outra. É certo que, se falta a intimação do credor com garantia real ou do senhorio direto na primeira hipótese, somente será declarada nula a execução ou a ineficácia da alienação caso haja efetivo prejuízo ao credor.

Porém, se faltar a intimação com antecedência mínima de cinco dias da alienação, em tese o prejuízo estará configurado, razão pela qual a alienação será ineficaz em relação ao senhorio direto e ao credor com garantia real.

Além do mais, é importante salientar que ao credor *quirografário* somente se mostra lícito penhorar o bem gravado em se verificando a inexistência de outros bens livres no patrimônio do devedor comum. Caso contrário, o credor com garantia real poderá defender o bem gravado por meio de embargos de terceiro para o fim de obstar a constrição.

O S.T.J. já teve oportunidade de se manifestar no sentido de que a falta de intimação do senhorio direto ou dos credores com garantia real, em casos especiais, como é a do crédito tributário exigido por meio de execução fiscal,

---

[172] LIMA, A. M., idem, p. 752.

[173] No direito processual civil italiano, o prazo de 5 (cinco) dias indicado pela norma não é peremptório, porém, a falta de intimação impede que o juiz da execução promova a venda do bem. (ARIOLA, L., *et all*, op. Cit., p. 1509).

somente ensejará ineficácia da alienação se houver demonstração de prejuízo (Resp. n. 440.111/RS, Relator Min. Teori Albino Zavascki).

Nenhuma responsabilidade processual pode ser atribuída ao exequente pela não intimação de um credor inscrito nos registros imobiliários, se essa inscrição deu-se muitos meses depois do início do procedimento executivo.

Por sua vez, a intimação advém supérflua se o detentor de direito real intervém espontaneamente no procedimento executivo.

4.2. Intimação da sociedade

Deverá ser intimada, também, nos termos do inc. VII do art. 799 do atual C.P.C., a sociedade, no caso de penhora de quota social ou de ação de sociedade anônima fechada, para os fins previstos no art. 876, § 7º.

No caso de penhora de quota social ou ação de sociedade anônima fechada, a própria sociedade será intimada, ficando responsável por informar aos sócios da ocorrência da penhora, assegurando-se a estes a preferência.

Portanto, a responsabilidade para comunicar os sócios é da sociedade e não do juízo da execução.

4.3. Requerimento de tutela provisória

Cumpre ainda ao credor requerer a tutela provisória de urgência antecipada ou cautelar, se for o caso.

É necessário diferenciar-se execução para segurança da segurança para a execução.

Trata-se de concessão no âmbito do processo de execução das medidas urgentes satisfativas ou cautelares.

Nesse caso, o juiz poderá determinar as medidas que considerar adequadas quando houver fundado receio de que uma parte, antes do julgamento da lide, cause ao direito de outra lesão grave e de difícil reparação.

A tutela de urgência, satisfativa ou cautelar, será concedida quando forem demonstrados elementos que evidenciem a plausibilidade do direito, bem como o risco de dano irreparável ou de difícil reparação na prestação da tutela jurisdicional.

Dentre as medidas de urgência cautelar que podem ser requeridas pelo credor logo no início da execução, podemos citar: a) busca e apreensão; b) indisponibilidade de bens (inserção no prontuário do veículo, impedimento de alienação); c) quebra de sigilo fiscal, bancário etc.

Para alguns, o próprio arresto feito pelo oficial de justiça ao não encontrar o devedor para citação caracteriza uma tutela de urgência cautelar.

Também se considera uma medida de urgência cautelar o sequestro inicial do bem que será objeto de execução para entrega de coisa.

É também possível a concessão de medidas de urgência satisfativa no âmbito do processo de execução, como, por exemplo, nas execuções de alimentos em que o juiz libera de plano algum valor do montante apreendido para que o credor possa manter a sua sobrevivência.

Há, também, a alienação prévia de bens sujeitos a deterioração, ou para se aproveitar condições favoráveis de mercado.

4.4. Averbação em registro público do ato de propositura da execução e dos atos de constrição

Incumbe, ainda, ao exequente, proceder à averbação em registro público do ato de propositura da execução e dos atos de constrição realizados, para conhecimento de terceiros.[174]

O registro da certidão expedida pelo cartório de distribuição torna-se ainda mais necessário em face do que dispõe o art. 54 da Lei 13.097/2015.

A importância de o exequente/credor promover a averbação desse registro é justamente para se garantir de eventual *fraude à execução*, nos termos do art. 792, inc. II, do atual C.P.C.

Por isso, uma vez averbada a propositura da demanda ou eventual constrição judicial que possa ter incidido sobre o bem, qualquer alienação ou oneração do bem a *posteriori* caracteriza fraude à execução, sendo essa disponibilidade *ineficaz* em relação ao credor/exequente.

E certo que, em relação a bens que não disponham de registro, incumbe ao terceiro adquirente comprovar que adotou as cautelas necessárias para a aquisição, mediante a exibição das certidões pertinentes, obtidas no domicílio do vendedor.

5. Obrigações alternativas – escolha da prestação

As obrigações alternativas são reguladas nos arts. 252 a 256 do C.c.b.

Toda obrigação poderá se tornar alternativa quando for da *vontade* do credor, ou da do devedor, ou da de terceiro, que decide qual das duas ou mais prestações deve ser cumprida. Ficam excluídos aqueles casos em que não há alternância das prestações decidível pela escolha, e sim pelo advento de alguma

---

[174] ENUNCIADO 104 da I Jornada de Direito Processual Civil do Centro de Estudos Judiciários – *O fornecimento de certidão para fins de averbação premonitória (art. 799, IX, do CPC) independe de prévio despacho ou autorização do juiz.*

circunstância, por exemplo, quando um objeto deveria ser prestado e, se não o for, outro deve substituí-lo (perdas e danos, valor da coisa entregue ao reivindicante). Nessa hipótese, o art. 800 do atual C.P.C. não incide.[175]

Nas obrigações alternativas, a indeterminação diz respeito ao conteúdo (há mais de um objeto que o pode determinar) e não à obrigação em si, por isso não se trata de obrigação condicional. A prestação é como uma *cápsula* que um desses objetos vai preencher. Cada um dos objetos pode ser indicado individualmente (coisa certa) ou pelo gênero (quantia certa, em espécie).[176]

Não há alternatividade quando o contrato diz: *"entregar o animal 'a', se estiver vivo, ou se não desapareceu, ou o valor 'b', se morreu ou desapareceu', não há alternatividade das prestações, o que há é substituição"*.[177]

Percebe-se, pois, que é o direito material que indica a quem compete realizar a escolha de obrigações alternativas, enquanto que o art. 800 do atual C.P.C. estabelece a forma da execução.

Se compete ao devedor realizar a escolha do conteúdo da prestação, este será citado para em um único ato exercer a escolha e realizar a prestação no prazo de dez dias. Se o devedor faz a opção, mas não realiza a prestação, a execução prossegue, expedindo-se mandado de penhora, de imissão de posse, de busca apreensão, ou ainda de pagamento de multa ou perdas e danos.

Sobre o tema, anota Pontes de Miranda: *"O devedor é citado para optar (escolher) e prestar. Ou opta e presta, ou opta e não presta, ou nem opta nem presta. Se tivesse prestado, implicitamente teria optado. Se não optou, a opção passa ao credor, se optou e não prestou, está citado para prestar, e a ação executiva prossegue porque já se angularizou a relação jurídica"*.[178]

Com a escolha, a indeterminação e a alternatividade desaparece.

Se a lei ou o contrato estabelece outro prazo para que o devedor faça a escolha, deverá prevalecer o prazo legal ou contratual e não o prazo processual, conforme determina a parte final do art. 800 do atual C.P.C.

O fato de o devedor realizar a escolha do conteúdo da obrigação não caracteriza renúncia ao seu direito de defesa, podendo ele, após a escolha e o depósito do bem, ingressar com embargos à execução.[179]

---

[175] PONTES DE MIRANDA. *Comentários ao código de processo civil* de 1973. Tomo IX (arts. 566-611). Rio de Janeiro: Forense, 1976. p. 119 e 120.
[176] PONTES DE MIRANDA, idem, p. 120.
[177] PONTES DE MIRANDA, idem, p. 128.
[178] PONTES DE MIRANDA, idem, p. 122 e 126.
[179] PONTES DE MIRANDA, idem, p. 123.

DIVERSAS ESPÉCIES DE EXECUÇÃO – CONSIDERAÇÕES GERAIS

Em relação à escolha por terceiro, estabelece o art. 252, §4º do C.c.b.: *Se o título deferir a opção a terceiro, e este não quiser, ou não puder exercê-la, caberá ao juiz a escolha se não houver acordo entre as partes.*

Havendo indicação no título ou na lei que a escolha compete a um terceiro, este deverá ser intimado pelo juiz para que exerça a opção, a fim de que o devedor, que será devidamente citado posteriormente, realize a prestação. Se não há prazo fixado pela lei ou pelo contrato para a opção do terceiro, este deverá realizá-la no prazo de dez dias conforme estabelece o *caput* do art. 800 do atual C.P.C.

Se o terceiro não quiser ou não puder realizar a escolha, caberá ao juiz fazê-la, se não houver acordo entre as partes.

Se a escolha couber a um ou a alguns dos devedores litisconsortes e não a terceiros, a escolha por um ou por alguns é eficaz para todos, bem assim a omissão no escolher. Se a escolha era de um ou de alguns, os outros não podem escolher. Na hipótese de a lei ou o contrato não ter previsto qual dos litisconsortes deveria realizar a opção, a solução é de se considerar necessária a declaração de todos. Se um escolheu e os outros permaneceram em silêncio, deve-se considerar como aceitação tácita. Se há divergência ou empate, a escolha passa ao credor.[180]

Se o devedor não exercer a escolha no prazo determinado, devolver-se-á ao credor a opção.

Se o executado não fez a opção no prazo estabelecido no contrato ou na lei, ou nos dez dias estabelecidos no *caput* do art. 800, essa manifestação de vontade devolver-se-á ao credor. Nessa hipótese, o executado perdeu o direito de realizar a escolha do conteúdo da prestação, passando esse direito ao credor.

Cabendo a escolha ao credor, este deverá indicá-la na petição inicial.

Pode o contrato ou a lei estabelecer que a escolha da obrigação alternativa compete ao credor. Nesse caso, o credor deverá realizá-la na petição inicial do processo de execução.

Não há prazo para o credor realizar a opção. Assim, se a obrigação é de coisa certa, ou de gênero, ou de outra natureza, a citação do devedor deverá ser realizada de acordo com cada espécie de execução.

Se a escolha cabia a um ou a alguns dos credores, e estes se recusam a escolher, ensina Pontes de Miranda, *"havemos de entender que, se o credor que tinha de escolher, ou os credores que tenha de escolher, se recusam, temos, por analogia,*

---

[180] PONTES DE MIRANDA, idem, p. 124.

EXECUÇÃO E CUMPRIMENTO DE SENTENÇA

de considerar transferida ao devedor a escolha, se esse, ao ser citado, verifica que os credores não optaram".[181]

Quando a escolha couber ao credor e uma das prestações tornar-se impossível por culpa do devedor, o credor terá direito de exigir a prestação subsistente ou o valor da outra, com perdas e danos; se, por culpa do devedor, ambas as prestações se tornarem inexequíveis, poderá o credor reclamar o valor de qualquer das duas, além da indenização por perdas e danos (art. 255 do C.c.b.).

Se todas as prestações se tornarem impossíveis sem culpa do devedor, extinguir-se-á a obrigação (art. 256 do C.c.b.).

No direito português existe a seguinte regra no código de processo civil português sobre a escolha de obrigação alternativa:

> *Artigo 714.º Escolha da prestação na obrigação alternativa*
>
> *1 – Quando a obrigação seja alternativa e pertença ao devedor a escolha da prestação, a citação do executado para se opor à execução inclui a notificação para, no mesmo prazo da oposição, se outro não tiver sido fixado pelas partes, declarar por qual das prestações opta.*
>
> *2 – Cabendo a escolha a terceiro, este é notificado para a efetuar, nos termos do número anterior.*
>
> *3 – Na falta de escolha pelo devedor ou por terceiro, bem como no caso de haver vários devedores e não ser possível formar maioria quanto à escolha, esta é efetuada pelo credor.*

6. Incompletude da petição inicial da demanda executiva

Verificando-se que a petição inicial da demanda executiva se encontra incompleta ou que não está acompanhada dos documentos indispensáveis à propositura da execução, o juiz determinará que o exequente a corrija, no prazo de 15 (quinze) dias, sob pena de indeferimento.

Conforme anota Alcides Mendonça Lima, *"somente por excesso de formalismo, a petição inicial (ou qualquer outro documento processual de comunicação das partes) pode ser indeferida por defeitos ou irregularidades, ou, por outro modo, quando os pressupostos processuais não se acham observado".*[182]

Portanto, não se deve extinguir o processo executivo logo de início pela falta de completude da petição inicial apresentada. Recomenda-se que

---

[181] PONTES DE MIRANDA, idem, p. 125.

[182] LIMA, A. M., op. cit., p. 703.

DIVERSAS ESPÉCIES DE EXECUÇÃO – CONSIDERAÇÕES GERAIS

o juiz conceda um prazo para que o exequente emende a petição inicial ou a complete com os documentos indispensáveis para a propositura da demanda.

Muito embora o art. 801 do atual C.P.C. não o diga, deve o juiz também no procedimento executivo *indicar com precisão o que deve ser corrigido*, ou seja, o que falta na petição inicial (denominação completa das partes, valor da causa, pedido de citação do executado, indicação da espécie de execução que se deseja utilizar etc.) ou qual documento necessário que não a acompanhou (o próprio título executivo, demonstrativo de débito, a prova de que a condição ou o termo se efetivou, a prova de que o credor adimpliu a contraprestação). A primeira hipótese diz respeito à situação interna da petição inicial, a segunda fala de sua situação externa.

Se o credor indicar uma espécie de execução diversa daquela permitida pela característica do título, nada impede que o juiz determine (respeitando o princípio a demanda)[183] a emenda da inicial para que haja a conversão do procedimento, alterando-se as medidas executivas a serem empregadas. Isso pode ocorrer nas execuções de alimentos.

Contudo, conforme ensina Araken de Assis: *"diverso se afigura o caso de o credor necessitar alterar a própria função processual. Existem diferenças estruturais profundas no concernente à função. Elas impossibilitam a conversão. O próprio pedido mediato se transformaria radicalmente, acentua Calmon de Passos, recebendo aplauso de Theodoro Jr., o que veda a modificação. Assim, se o credor propõe demanda executória, na ilusão de que dispõe de título executivo, e o juiz entende que o documento oferecido não se enquadra no catálogo legal, a conversão do procedimento impróprio, atinente ao processo de execução, para o procedimento próprio, regulado no processo de conhecimento, é inadmissível. Toda vez, portanto, que a conversão implicar troca de estrutura o juiz poderá indeferir liminarmente a inicial..."*.[184]

O S.T.J., inclusive, já decidiu que não é possível a conversão da demanda executiva em demanda monitória, conforme preconiza o seguinte precedente:

---

[183] *"A tutela jurisdicional dos direitos está sempre condicionada a uma iniciativa da parte... A regra vale também para o processo de execução forçada"* (VERDE, Giovanni; CAPPONI, Bruno. *Profili del processo civile* 3. Processo di esecuzione e procedimenti speciali . Napoli: Jovene Editore, 2006. p. 12.

[184] ASSIS, A. op. cit., p. 392.

AGRAVO REGIMENTAL. DECISÃO EM RECURSO ESPECIAL. CONTRATO DE ABERTURA DE CRÉDITO EM CONTA-CORRENTE. EXECUÇÃO. AUSÊNCIA DE TÍTULO EXECUTIVO. CONVERSÃO EM AÇÃO MONITÓRIA. IMPOSSIBILIDADE. MATÉRIA DEFINIDA EM RECURSO REPETITIVO.

1. "Para fins do art. 543-C, do Código de Processo Civil, é inadmissível a conversão, de ofício ou a requerimento das partes, da execução em ação monitória após ter ocorrido a citação, em razão da estabilização da relação processual a partir do referido ato;".

Entendimento pacificado pela Segunda Seção, em sede de recurso repetitivo, com o julgamento do REsp 1.129.938/PE (2ª Seção, Rel. Ministro Massami Uyeda, unânime, DJe de 28.3.2012).

2. Características como a executividade do título, que é requisito essencial para a possibilidade jurídica da execução, constituem matéria de direito, não de fato.

3. Agravo regimental a que se nega provimento.

(AgRg no REsp 1235799/SP, Rel. Ministra MARIA ISABEL GALLOTTI, QUARTA TURMA, julgado em 25/11/2014, DJe 10/12/2014)

Se o credor/exequente *não completar a petição inicial* (seus requisitos intrínsecos ou/e extrínsecos) no prazo de quinze dias, o juiz a indeferirá, nos termos da parte final do art. 801 do atual C.P.C.

A mesma regra encontra-se no parágrafo único do art. 321 do atual C.P.C., que trata do processo de conhecimento: *"Se o autor não cumprir a diligência, o juiz indeferirá a petição inicial".*

É importante salientar que se aplica subsidiariamente à execução o disposto no art. 330 do atual C.P.C., a saber:

> *Art. 330. A petição inicial será indeferida quando:*
> *I – for inepta;*
> *II – a parte for manifestamente ilegítima;*
> *III – o autor carecer de interesse processual;*
> *IV – não atendidas as prescrições dos arts. 106 e 321.*

Uma demanda não poderá ter seguimento se não preencher os pressupostos de validade e de existência do desenvolvimento da relação jurídica processual (sejam positivos ou negativos=litispendência, perempção e coisa julgada), das condições para análise do mérito da demanda e do próprio elemento componente do mérito (pedido e causa de pedir).

Faltando qualquer desses elementos, ao juiz cumpre indeferir a petição inicial, extinguindo o processo sem resolução de mérito.

DIVERSAS ESPÉCIES DE EXECUÇÃO – CONSIDERAÇÕES GERAIS

Indeferida a petição inicial, o exequente poderá apelar, nos termos do art. 331 do atual C.P.C., facultado ao juiz, no prazo de cinco dias, retratar-se. Se o juiz não se retratar, mandará citar o executado para responder ao recurso (§1º do art. 331 do atual C.P.C.).

Sendo a sentença reformada pelo Tribunal, o prazo para pagar ou exercer qualquer outra medida executória começara a correr a contar da intimação do retorno dos autos (§2º do art. 331 do atual C.P.C.).

7. Efeitos jurídicos do despacho que ordena a citação no procedimento executivo

Aplica-se ao processo de execução o disposto no art. 240 do novo C.P.C. que assim dispõe: *A citação válida, ainda quando ordenada por juízo incompetente, induz litispendência, torna litigiosa a coisa e constitui em mora o devedor, ressalvado o disposto nos arts. 397 e 398 da Lei nº 10.406, de 10 de janeiro de 2002 (Código Civil).*

O art. 240 (que se aplica à execução) regula os efeitos da citação válida que são de natureza processual (litispendência) e material (objeto litigioso e constituição em mora do devedor).

Estes efeitos somente ocorrem se a citação for válida, ou seja, realizada de acordo com as determinações normativas.

Contudo, a norma processual abre exceção em relação aos efeitos materiais, pois ainda que a citação seja ordenada por *juiz incompetente*, produzirá efeitos no sentido de *constituir em mora o devedor,* ressalvando-se o disposto no art. 397 do C.c.b. que assim dispõe: *O inadimplemento da obrigação, positiva e líquida, no seu termo, constitui de pleno direito em mora o devedor.*

Parágrafo único. Não havendo termo, a mora se constitui mediante interpelação judicial ou extrajudicial.

É importante salientar que a norma processual não distingue entre juiz absolutamente ou relativamente incompetente, razão pela qual os efeitos materiais ocorrem em qualquer dessas hipóteses.

A competência do juízo somente será relevante para a concretização dos efeitos processuais da citação.

O art. 802 do atual C.P.C., ao tratar da prescrição, preconiza que o *despacho* que ordena a citação interrompe a prescrição, ainda que proferido por juízo incompetente. Este dispositivo está tratando, evidentemente, da execução de título executivo extrajudicial, uma vez que nessa espécie de execução há prolação de despacho ordenando a citação.

Porém, é possível aplicar a 'ratio legis' do art. 802 do novo C.P.C. também no âmbito de cumprimento de sentença, para efeito de se considerar o despacho

EXECUÇÃO E CUMPRIMENTO DE SENTENÇA

que determina a intimação do devedor para pagar em 15 (quinze) dias (art. 523 do novo C.P.C.), como ato processual interruptivo da pretensão executiva existente no cumprimento de sentença.[185]

Portanto, o despacho que determina a citação ou intimação, ainda que ordenada por juiz incompetente, *interrompe a prescrição*. É isso que diz especificamente o art. 802 do atual C.P.C.

O despacho da citação ou intimação para pagamento interrompe a prescrição da pretensão executiva.[186]

---

[185] PROCESSUAL CIVIL. AGRAVO INTERNO NO RECURSO ESPECIAL. CÓDIGO DE PROCESSO CIVIL DE 2015. APLICABILIDADE. EXECUÇÃO CONTRA A FAZENDA PÚBLICA. *PEDIDO DE COMPENSAÇÃO PELA VIA ADMINISTRATIVA NÃO INTERROMPE O PRAZO PRESCRICIONAL DA PRETENSÃO EXECUTIVA. ARGUMENTOS INSUFICIENTES PARA DESCONSTITUIR A DECISÃO ATACADA. APLICAÇÃO DE MULTA. ART. 1.021, § 4º, DO CÓDIGO DE PROCESSO CIVIL DE 2015.*
DESCABIMENTO.
I – Consoante o decidido pelo Plenário desta Corte na sessão realizada em 09.03.2016, o regime recursal será determinado pela data da publicação do provimento jurisdicional impugnado. In casu, aplica-se o Código de Processo Civil de 2015.
II – O pedido administrativo de compensação não tem o condão de interromper o prazo prescricional para ajuizamento da respectiva ação de execução.
III – A Agravante não apresenta, no agravo, argumentos suficientes para desconstituir a decisão recorrida.
IV – Em regra, descabe a imposição da multa prevista no art. 1.021, § 4º, do Código de Processo Civil de 2015 em razão do mero desprovimento do Agravo Interno em votação unânime, sendo necessária a configuração da manifesta inadmissibilidade ou improcedência do recurso a autorizar sua aplicação, o que não ocorreu no caso.
V – Agravo Interno improvido.
(AgInt no REsp 1659490/RS, Rel. Ministra REGINA HELENA COSTA, PRIMEIRA TURMA, julgado em 12/12/2017, DJe 15/12/2017)
[186] *TRIBUTÁRIO E PROCESSUAL CIVIL. AGRAVO INTERNO. EXECUÇÃO FISCAL. PRESCRIÇÃO. AJUIZAMENTO ANTES DA LC 118/2005. DEMORA NA CITAÇÃO IMPUTADA AO CREDOR. REVISÃO. SÚMULA 7/STJ. NÃO PROVIMENTO.*
1. Em processo de execução fiscal ajuizado anteriormente à LC 118/2005, é pacífica a orientação do STJ de que o despacho que ordena a citação não interrompe o prazo prescricional, pois somente a citação pessoal produz esse efeito, devendo prevalecer o disposto no art. 174 do CTN sobre o art. 8º, § 2º, da LEF.
2. Ajuizada a demanda dentro do prazo prescricional e realizada a citação do executado fora dele, o marco interruptivo deve retroagir à data do ajuizamento do feito somente quando a demora na citação for imputada ao mecanismo da Justiça (REsp 1.120.295/SP, Rel.
Ministro Luiz Fux, Primeira Seção, DJe 21/5/2010).
3. Nos casos em que a demora na citação, ou sua não efetivação, não é imputada aos mecanismos do Poder Judiciário – conclusão a que chegou o Tribunal de origem –, descabe a retroatividade da interrupção da prescrição à data da propositura do executivo fiscal.
Para alterar tal entendimento, exige-se o reexame de provas, o que é inviável em recurso especial, nos termos da Súmula 7 do STJ.

DIVERSAS ESPÉCIES DE EXECUÇÃO – CONSIDERAÇÕES GERAIS

É importante salientar que a interrupção da prescrição somente ocorrerá se o exequente adotar, no prazo de 10 (dez) dias, as providências necessárias para viabilizar a citação ou intimação. Se o exequente não adotar as providências necessárias, não haverá a interrupção da prescrição.

Assim, por exemplo, se o exequente deve pagar as despesas processuais, e não paga as despesas para expedição da carta precatória, ou, se o exequente deve proceder à indicação correta do endereço para a citação, e não o faz, não há interrupção do prazo prescricional.

Contudo, se a demora for imputável exclusivamente ao serviço judiciário, a parte não será prejudicada (§3º do art. 240 do novo C.P.C.). Nesse sentido, aliás, é o teor da Súmula 106 do S.T.J.: *proposta a ação no prazo fixado para o seu exercício, a demora na citação, por motivos inerentes ao mecanismo da justiça, não justifica o acolhimento da arguição de prescrição ou decadência.*

Somente se a demora for imputável exclusivamente ao Poder Judiciário é que se aplica o §3º do art. 240 do novo C.P.C. Se a parte contribuiu de alguma forma para a demora do ato de citação, não haverá a interrupção da prescrição.

Muito embora se trate de matéria de direito material, o prazo para o cumprimento de sentença (título executivo judicial) é o mesmo da pretensão cognitiva, conforme estabelece a Súmula 150 do S.T.F. *"Prescreve a execução no mesmo prazo de prescrição da ação".*[187]

---

4. Agravo interno a que se nega provimento.
(AgInt no REsp 1352016/RS, Rel. Ministro OG FERNANDES, SEGUNDA TURMA, julgado em 06/02/2018, DJe 16/02/2018)

[187] *TRIBUTÁRIO E PROCESSUAL CIVIL. AGRAVO INTERNO. EXECUÇÃO FISCAL. PRESCRIÇÃO. AJUIZAMENTO ANTES DA LC 118/2005. DEMORA NA CITAÇÃO IMPUTADA AO CREDOR. REVISÃO. SÚMULA 7/STJ. NÃO PROVIMENTO.*

1. Em processo de execução fiscal ajuizado anteriormente à LC 118/2005, é pacífica a orientação do STJ de que o despacho que ordena a citação não interrompe o prazo prescricional, pois somente a citação pessoal produz esse efeito, devendo prevalecer o disposto no art. 174 do CTN sobre o art. 8º, § 2º, da LEF.

2. Ajuizada a demanda dentro do prazo prescricional e realizada a citação do executado fora dele, o marco interruptivo deve retroagir à data do ajuizamento do feito somente quando a demora na citação for imputada ao mecanismo da Justiça (REsp 1.120.295/SP, Rel.
Ministro Luiz Fux, Primeira Seção, DJe 21/5/2010).

3. Nos casos em que a demora na citação, ou sua não efetivação, não é imputada aos mecanismos do Poder Judiciário – conclusão a que chegou o Tribunal de origem –, descabe a retroatividade da interrupção da prescrição à data da propositura do executivo fiscal.
Para alterar tal entendimento, exige-se o reexame de provas, o que é inviável em recurso especial, nos termos da Súmula 7 do STJ.

4. Agravo interno a que se nega provimento.
(AgInt no REsp 1352016/RS, Rel. Ministro OG FERNANDES, SEGUNDA TURMA, julgado em 06/02/2018, DJe 16/02/2018)

EXECUÇÃO E CUMPRIMENTO DE SENTENÇA

Portanto, no caso de cumprimento de sentença, a interrupção da prescrição não se dá pelo despacho que ordena a citação, mas pelo despacho que determinada a intimação do executado para cumprir a obrigação (art. 523 do novo C.P.C.)

É importante salientar que o S.T.J., em recente decisão, adotou o entendimento de que a citação do fiador não interrompe a prescrição em relação ao devedor originário. Nesse sentido é a seguinte notícia inserida no : http://www.stj.jus.br/sites/STJ/default/pt_BR/Comunica%C3%A7%C3%A3º/noticias/Not%C3%ADcias/Cita%C3%A7%C3%A3º-de-fiador-n%C3%A3º-interrompe-prescri%C3%A7%C3%A3º-em-rela%C3%A7%C3%A3º-ao-devedor-principal:

> *"A interrupção operada contra o fiador não prejudica o devedor afiançado, haja vista que o principal não acompanha o destino do acessório."*
>
> *A decisão é da Quarta Turma do Superior Tribunal de Justiça (STJ), tomada em julgamento de recurso especial contra acórdão que extinguiu uma execução relativa à cobrança de aluguéis atrasados, em razão do reconhecimento de prescrição da ação contra a devedora principal.*
>
> *No caso, o credor entrou com a execução apenas contra os fiadores, mas como a responsabilidade deles era restrita ao prazo determinado no contrato, foi ajuizada depois nova execução contra a devedora principal, para cobrar o período em que ela permaneceu no imóvel após o fim do contrato.*
>
> *Sem reciprocidade*
>
> *A segunda execução foi declarada prescrita, e o credor recorreu ao STJ. Sustentou que, como há interrupção do prazo prescricional com a citação de um devedor solidário, a citação do fiador também deveria alcançar o devedor principal para interromper a contagem do prazo.*
>
> *O relator, ministro Luis Felipe Salomão, votou para negar o pedido, no que foi acompanhado de forma unânime pela turma. Segundo ele, apesar de a prescrição contra o devedor principal alcançar o fiador, a recíproca não é verdadeira. Isso porque, segundo o ministro, é o acessório que segue o principal, e não o contrário.*
>
> *Salomão ressalvou que, excepcionalmente, a interrupção contra o fiador poderá prejudicar o devedor principal, mas apenas nas hipóteses em que a relação for reconhecida como de devedores solidários.*
>
> *"A análise de eventual renúncia à fiança ou de que os fiadores teriam se obrigado como devedores solidários demandaria a interpretação de cláusula contratual e revolvimento fático-probatório, o que é vedado no âmbito desta corte pela incidência das Súmulas 5 e 7 do STJ", concluiu o ministro.*

A prescrição da pretensão executória dos títulos executivos extrajudiciais ocorre de acordo com as normas previstas no Código Civil brasileiro, arts. 206 e seguintes, e em leis especiais, como é o caso da prescrição da pretensão decorrente de títulos de crédito.

Assim, a prescrição da pretensão executiva que tenha por fundamento título executivo extrajudicial nasce no momento em que há violação do direito à percepção da prestação objeto da obrigação assumida pelo devedor, ou seja, deixa de ser satisfeita.

É certo que a prescrição poderá ser suspensa ou interrompida, inclusive pela citação ou intimação válida na execução, com retroação.

Uma vez interrompida, o prazo da prescrição poderá voltar a correr se o credor tornar-se inerte no âmbito da relação jurídica processual, podendo o juiz reconhecer a *prescrição intercorrente*.

É importante salientar que *a interrupção da prescrição retroagirá à data da proposi-tura da demanda (parágrafo único do art. 802 do novo C.P.C.)*. Com isso evita-se que eventual demora na concretização da citação por culpa do judiciário ou por dolo do próprio executado permita a consumação da prescrição.

O juiz poderá reconhecer de ofício a prescrição, nos termos do art. 487, inc. II, do novo C.P.C.[188]

Na realidade, o juiz, independentemente da citação do réu, julgará liminar-mente improcedente o pedido formulado na execução, nos termos do art. 332, §1º, do novo C.P.C.

O juiz, ao reconhecer a prescrição da pretensão executiva, proferirá decisão de mérito, nos termos do art. 487, inc. II, do novo C.P.C., a saber:

---

[188] TRIBUTÁRIO E PROCESSO CIVIL. ART. 535, II, DO CPC/1973. AUSÊNCIA DE VIOLAÇÃO. EXECUÇÃO FISCAL. PRESCRIÇÃO. ANTERIOR À PROPOSITURA DA AÇÃO. SÚMULA 409/STJ. ART. 219, § 5º, DO CPC. DECRETAÇÃO EX OFFICIO.

(...).

2. Nos termos da Súmula 409 desta Corte, em "execução fiscal, a prescrição ocorrida antes da propositura da ação pode ser decretada de ofício (art. 219, § 5º, do CPC)".

3. Na hipótese, verifica-se que os créditos tributários foram definitivamente constituídos em 28/5/1999 e que a execução fiscal foi proposta em 10/8/2006. Dessa forma, o caso em exame não se enquadra nas hipóteses de prescrição intercorrente, as quais ocorrem após o arquivamento dos autos, nos termos do art. 40, § 4º, da Lei n. 6.830/1980, mas, sim, de prescrição para a propositura da ação, nos moldes do art. 219, § 5º, do CPC.

4. Não há falar em aplicação da Súmula 106/STJ ao caso em tela, uma vez que a prescrição se deu em momento anterior à citação.

5. Recurso especial a que se nega provimento.

(REsp 1696846/GO, Rel. Ministro OG FERNANDES, SEGUNDA TURMA, julgado em 12/12/2017, DJe 19/12/2017)

Art. 487. Haverá resolução de mérito quando o juiz:

I – acolher ou rejeitar o pedido formulado na ação ou na reconvenção;

II – decidir, de ofício ou a requerimento, sobre a ocorrência de decadência ou prescrição.

8. Nulidade da execução

Em que pese o art. 803 do novo C.P.C. traga algumas hipóteses de nulidade da execução, aplica-se também ao procedimento executivo, no que for pertinente, as disciplinas sobre nulidades previstas nos arts. 276 a 283 do atual C.P.C.

Ato nulo é aquele que, muito embora não seja inexistente, contem vício extremamente grave, impedindo a propagação de alguns efeitos dele decorrentes.

É importante salientar que mesmo nulo, o ato processual produz alguns efeitos, até que a nulidade seja declarada pelo órgão jurisdicional competente.

Segundo parte da doutrina (Galeno Lacerda), sempre que a norma tutelar um interesse público, sobre o qual a parte não tem poder de disposição, eventual vício do ato acarretará sua nulidade absoluta. É o que ocorre com a competência em razão da matéria e a funcional.

Pode-se afirmar ainda que haverá nulidade absoluta sempre que o ato processual macular direitos fundamentais previstos na Constituição Federal. Daí por que a penhora de bem de família acarreta nulidade absoluta, podendo ser alegada a qualquer momento no processo de execução, pelo menos até à arrematação final do bem.

Existem nulidades que são cominadas e outras que não são cominadas.

As nulidades cominadas são aquelas explícitas, em que a norma estipula de plano sua consequência. Já as nulidades não cominadas são todos os vícios indicados pela norma, mas que não apresentam uma consequência expressa e determinada.

O art. 803 do atual C.P.C. trata de *nulidades cominadas*, pois expressamente reconhece a nulidade para determinados vícios do processo de execução. Este preceito normativo aplica-se a qualquer espécie de execução.

Nos termos do art. 278 do novo C.P.C., a nulidade dos atos deve ser alegada na primeira oportunidade em que a parte couber falar nos autos, sob pena de preclusão.

Porém, não se aplica o disposto no art. 278 às nulidades que o juiz deve decretar de ofício (p.u. do art. 278), como são as hipóteses do art. 803 do novo C.P.C., sendo que a parte poderá alegá-las independentemente de embargos à execução.

Anulado o ato, como por exemplo, a falta de citação, consideram-se de nenhum efeito todos os subsequentes que dele dependam. Todavia, a nulidade

DIVERSAS ESPÉCIES DE EXECUÇÃO – CONSIDERAÇÕES GERAIS

de uma parte do ato não prejudicará as outras que dela sejam independentes (art. 281 do novo C.P.C.).

Ao pronunciar a nulidade, o juiz declarará que atos são atingidos e ordenará, se for possível, as providências necessárias a fim de que sejam repetidos ou retificados (art. 282 do novo C.P.C.).

Vejamos as hipóteses normativas de nulidade da execução:

8.1. Título executivo extrajudicial que não corresponde a obrigação certa, líquida e exigível

A primeira causa importante de nulidade ocorre *se o título executivo extrajudicial não corresponder a obrigação certa, líquida e exigível.*

É requisito necessário para a realização de qualquer execução a existência de um título de obrigação certa, líquida e exigível.

O título correspondente a uma obrigação líquida, certa e exigível é o fundamento de toda e qualquer execução.

Segundo prescreve Eduardo Couture, são pressupostos de uma execução: a) um título executivo; b) uma ação executiva; c) um patrimônio executável.[189]

De certa forma, é uma manifestação importante do preceito *nulla executio sine título*, não obstante esse princípio tenha sido relativizado em nosso ordenamento jurídico.

Trata-se de um pressuposto processual de validade da relação jurídica processual executiva, uma vez que o processo de execução deve observar os requisitos exigidos pelas normas cogentes.[190]

Tais atributos, conforme já afirmara Carnelutti, devem ser verificados no momento da inicial da execução forçada e não naquele em que se formou o título.

A lição de Carnelutti aplica-se especialmente para os requisitos de liquidez e exigibilidade, uma vez que esses requisitos poderão ser definidos em etapa posterior à constituição do título, como no caso de termo fixado para o futuro, ou a própria liquidação da obrigação.

Como se disse, o juiz poderá reconhecer de ofício a nulidade, assim como o executado poderá argui-la em embargos à execução ou mesmo por exceção de pré-executividade.

---

[189] COUTURE, Eduardo J. *Fundamentos del derecho procesal civil.* Buenos Aires: Editoral IbdeF, 4ª ed., 2009. p.365.

[190] Já Alcides Mendonça Lima ente que o requisito título executivo configura *condição da execução*, em paridade com as condições da ação. A infringência desse requisito torna o credor parte ilegítima para mover a ação, porque ele não será titular da pretensão executiva. (LIMA, A. M., op. cit., p. 744.).

EXECUÇÃO E CUMPRIMENTO DE SENTENÇA

O juiz, nessa hipótese, declarará extinto o processo de execução sem resolução de mérito, podendo o credor promover nova execução quando estiver na posse de um título que preencha os requisitos estipulados pelas normas processuais.[191]

É importante salientar que a nulidade da execução pela inexistência de título executivo extrajudicial que não corresponda a obrigação certa, líquida e exigível, poderá ser alegada a qualquer momento, independentemente de interposição de embargos.

Porém, uma vez realizada a arrematação e a extinção da execução pelo pagamento, tal alegação não poderá mais ser feita nos autos de execução.

A extinção da execução, ainda que por vício *in judicando*, e uma vez transitada em julgado a respectiva decisão, não legitima a sua abertura superveniente sob a alegação de nulidade da execução, porquanto a isso corresponderia transformar simples *petitio* em ação rescisória imune ao prazo decadencial.

Na hipótese do trânsito em julgado da decisão que extinguiu a execução pelo pagamento, poderá o executado promover a respectiva demanda rescisória uma vez comprovada a inexistência de título executivo extrajudicial que não corresponda a obrigação certa, líquida e exigível, nos termos do art. 966, inc. V, do novo C.P.C.

Sobre a possibilidade de demanda rescisória contra sentença proferida em processo executivo, assim se manifestou o S.T.J.:

---

[191] O S.T.J. entende que o contrato particular de abertura de crédito a pessoa física para financiamento para aquisição de material de construção (CONSTRUCARD) não configura título executivo por falta de liquidez da obrigação. Nesse sentido é o seguinte precedente:
RECURSO ESPECIAL. PROCESSUAL CIVIL. CONTRATO PARTICULAR DE ABERTURA DE CRÉDITO A PESSOA FÍSICA PARA FINANCIAMENTO PARA AQUISIÇÃO DE MATERIAL DE CONSTRUÇÃO. CONSTRUCARD. TÍTULO EXECUTIVO EXTRAJUDICIAL INEXISTENTE.
1. O contrato particular de abertura de crédito a pessoa física visando financiamento para aquisição de material de construção – Construcard, ainda que acompanhado de demonstrativo de débito e nota promissória, não é título executivo extrajudicial.
2. A ausência de executividade desta modalidade de crédito decorre do fato de que, quando da assinatura do instrumento pelo consumidor – ocasião em que a obrigação nasce para a instituição financeira, de disponibilizar determinada quantia ao seu cliente –, não há dívida líquida e certa, sendo que os valores eventualmente utilizados são documentados unilateralmente pela própria instituição, sem qualquer participação, muito menos consentimento, do cliente.
3. Recurso especial provido.
(REsp 1323951/PR, Rel. Ministro LUIS FELIPE SALOMÃO, QUARTA TURMA, julgado em 16/05/2017, DJe 14/06/2017)

PROCESSUAL CIVIL. AÇÃO RESCISÓRIA. ACÓRDÃO CONFIRMATÓRIO DE SENTENÇA QUE EXTINGUIU EXECUÇÃO PELO PAGAMENTO. POSSIBILIDADE. CONTEÚDO MATERIAL DO JULGADO. VIOLAÇÃO AO ART. 485 DO CPC NÃO CONFIGURADA.

RECURSO NÃO CONHECIDO.

1. Para verificar o cabimento da ação rescisória em uma sentença extintiva de execução, deve se aferir se o provimento jurisdicional produziu efeitos na órbita do direito material, gerando, portanto, coisa julgada material, ou se seus reflexos restringem-se, unicamente, ao âmbito processual, caso em que haveria coisa julgada formal.

2. No caso, julgador monocrático declarou extinta a execução por entender que o INSS já havia feito o pagamento integral do débito, tendo fundamentado sua decisão no artigo 794, I, do Código de Processo Civil, que dispõe extinguir-se a execução quando "o devedor satisfaz a obrigação".

3. A decisão que extingue execução pelo pagamento, reveste-se de conteúdo material, sendo, portanto atacável pela ação rescisória.

4. Recurso especial não conhecido.

(REsp 238.059/RN, Rel. Ministro FERNANDO GONÇALVES, SEXTA TURMA, julgado em 21/03/2000, DJ 10/04/2000, p. 144)

A demanda rescisória, porém, não irá afetar a arrematação, uma vez que, nos termos do art. 903 do novo C.P.C., qualquer que seja a modalidade de leilão, assinado o auto pelo juiz, pelo arrematante e pelo leiloeiro, a arrematação será considerada perfeita, acabada e irretratável, ainda que venham a ser julgados procedentes os embargos do executado ou a ação autônoma de que trata o §4º do mesmo dispositivo processual, assegurado ao executado a possibilidade de reparação pelos prejuízos sofridos em face do exequente.

8.2. Falta de citação do executado

Outra hipótese de nulidade da execução ocorre quando o *executado não for regularmente citado.*

As citações serão nulas quando feitas sem observâncias das prescrições legais (art. 280 do novo C.P.C.)

A bilateralidade de partes na relação jurídica processual é mais do que um simples pressuposto processual para o seu desenvolvimento válido e regular, é, acima de tudo, uma manifestação do princípio Constitucional do devido processo legal, nele incluído a essência do processo jurisdicional que é o contraditório.

Se a parte não é citada para comparecer à relação jurídica processual, processo não existe para ela, uma vez que a essência do processo é justamente a concretização do contraditório.

A citação do devedor no processo de execução caracteriza um pressuposto, ao mesmo tempo, de validade e de existência da relação jurídica processual.

Em relação ao exequente, a falta de citação acarreta nulidade da relação jurídica processual. Já em relação ao devedor, a falta de citação acarreta a inexistência do processo.

Do ponto de vista processual, a parte não citada não é parte, mas, sim, terceiro em relação ao processo. Aliás, essa é a interpretação que se pode adotar da parte final do art. 312 do atual C.P.C., que assim dispõe: *Considera-se proposta a ação quando a petição inicial for protocolada, todavia, a propositura da ação só produz quanto ao réu os efeitos mencionados no art. 240 depois que for validamente citado.*

Pode-se afirmar que o protocolo da petição inicial equivale ao antigo conceito de *ajuizamento*, pois somente com a citação do réu é que a demanda será considerada verdadeiramente proposta contra o réu.[192]

A citação nula vicia todos os atos do processo que forem praticados após o vício. Pode-se dizer que é um elemento constitutivo de existência dos demais atos processuais, segundo Liebman.[193] Para Araken de Assis a hipótese mais se afeiçoa à ineficácia.[194]

Uma vez proferida sentença de extinção da execução pelo pagamento, havendo falta de citação do executado, o processo executivo, em relação ao devedor, deve ser considerado inexistente, razão pela qual a alegação de falta de citação poderá ser alegada a qualquer momento, independentemente de ação rescisória.

O controle das nulidades processuais, em nosso sistema jurídico, comporta dois momentos distintos: o primeiro, de natureza incidental, é realizado no curso do processo, a requerimento das partes, ou de ofício, a depender do grau de nulidade. O segundo é feito após o trânsito em julgado, de modo excepcional, por meio de impugnações autônomas. As pretensões possíveis, visando ao reconhecimento de nulidades absolutas, são a ação *querela nullitatis* e a ação rescisória, cabíveis conforme o grau de nulidade no processo originário.

---

[192] LIMA, A. M., op. cit., p. 735.

[193] LIEBMAN, Enrico Tullio. *Manual de direito processual civil.* Trad. Cândido R. Dinamarco. Rio de Janeiro: Forense, 1984. p. 262.

[194] ASSIS, A., op. cit., p. 307.

A nulidade absoluta insanável – por ausência dos pressupostos de existência – é vício que, por sua gravidade, pode ser reconhecido mesmo após o trânsito em julgado, mediante simples ação declaratória de inexistência de relação jurídica (o processo), não sujeita a prazo prescricional ou decadencial e fora das hipóteses taxativas da norma que regula a ação rescisória.

A chamada *querela nullitatis insanabilis* é de competência do juízo monocrático, pois não se pretende a rescisão da coisa julgada, mas apenas o reconhecimento de que a relação processual e a sentença jamais existiram.

A doutrina e a jurisprudência são unânimes em afirmar que a ausência de citação ou a citação inválida configuram nulidade absoluta insanável por ausência de pressuposto de existência da relação processual, o que possibilita a declaração de sua inexistência por meio da ação *querela nullitatis*.

Na hipótese de falta de citação, eventual procedência da ação declaratória de nulidade, atingirá igualmente a arrematação realizada nos autos de execução, uma vez que pela Constituição Federal, ninguém será privado de seu patrimônio sem o devido processo legal.

8.3. Não verificação da condição ou da ocorrência do termo

A terceira hipótese de nulidade da execução ocorre quando a execução for *instaurada antes de se verificar a condição ou de ocorrer o termo*.

Parece-me que essa hipótese de certa forma já se encontra prevista no inc. I do art. 803 do atual C.P.C., pois enquanto não se realizar a condição *suspensiva* ou *resolutiva*, ou não ocorrido o *termo* (v.g., data do vencimento da obrigação), o título não é *exigível*, e, portanto, a execução é nula.

Aliás, cumpre ao exequente instruir a petição inicial com a prova, se for o caso, de que se verificou a condição ou ocorreu o termo.

É importante salientar que o momento apropriado para se apreciar a existência de pressupostos processuais ou as condições de análise do mérito da demanda não é somente por ocasião da propositura da demanda, mas, também, quando da prolação da sentença com ou sem resolução do mérito.

Se no momento da propositura da demanda executiva não havia ainda ocorrido o termo (vencimento da obrigação), mas no momento da apreciação da alegação de nulidade, o termo se efetivou sem o devido adimplemento da prestação, o juiz deverá levar em conta este fato novo, para o fim de não decretar a nulidade da execução, pois o título preenche os requisitos necessários para a realização dos demais atos executivos.

A nulidade estabelecida no art. 803 do novo C.P.C. será pronunciada pelo juiz, de ofício ou a requerimento da parte, independentemente de embargos à execução.

As hipóteses de vício estabelecidas no art. 803 do novo C.P.C. geram a nulidade absoluta da execução, razão pela qual, além de serem alegadas pela própria parte em petição juntada nos autos executivos (ou como exceção de pré-executividade), poderão também ser declaradas de ofício pelo juiz.

É importante salientar que a nulidade da execução pela falta de verificação da condição ou da ocorrência do termo poderá ser alegada a qualquer momento, independentemente de interposição de embargos.

Porém, uma vez realizada a arrematação e a extinção da execução pelo pagamento, tal alegação não poderá mais ser feita nos autos de execução.

A extinção da execução, ainda que por vício *in judicando*, e uma vez transitada em julgado a respectiva decisão, não legitima a sua abertura superveniente sob a alegação de nulidade da execução, porquanto a isso corresponderia transformar simples *petitio* em ação rescisória imune ao prazo decadencial.

Na hipótese do trânsito em julgado da decisão que extinguiu a execução pelo pagamento, poderá o executado promover a respectiva demanda rescisória uma vez comprovada a falta de verificação da condição ou da ocorrência do termo, nos termos do art. 966, inc. V, do novo C.P.C.

Sobre a possibilidade de demanda rescisória contra sentença proferida em processo executivo, assim se manifestou o S.T.J.:

> *PROCESSUAL CIVIL. AÇÃO RESCISÓRIA. ACÓRDÃO CONFIRMATÓRIO DE SENTENÇA QUE EXTINGUIU EXECUÇÃO PELO PAGAMENTO. POSSIBILIDADE. CONTEÚDO MATERIAL DO JULGADO. VIOLAÇÃO AO ART. 485 DO CPC NÃO CONFIGURADA.*
>
> *RECURSO NÃO CONHECIDO.*
>
> *1. Para verificar o cabimento da ação rescisória em uma sentença extintiva de execução, deve se aferir se o provimento jurisdicional produziu efeitos na órbita do direito material, gerando, portanto, coisa julgada material, ou se seus reflexos restringem-se, unicamente, ao âmbito processual, caso em que haveria coisa julgada formal.*
>
> *2. No caso, julgador monocrático declarou extinta a execução por entender que o INSS já havia feito o pagamento integral do débito, tendo fundamentado sua decisão no artigo 794, I, do Código de Processo Civil, que dispõe extinguir-se a execução quando "o devedor satisfaz a obrigação".*
>
> *3. A decisão que extingue execução pelo pagamento, reveste-se de conteúdo material, sendo, portanto atacável pela ação rescisória.*

4. Recurso especial não conhecido.

(REsp 238.059/RN, Rel. Ministro FERNANDO GONÇALVES, SEXTA TURMA, julgado em 21/03/2000, DJ 10/04/2000, p. 144)

A demanda rescisória, porém, não irá afetar a arrematação, uma vez que, nos termos do art. 903 do novo C.P.C., qualquer que seja a modalidade de leilão, assinado o auto pelo juiz, pelo arrematante e pelo leiloeiro, a arrematação será considerada perfeita, acabada e irretratável, ainda que venham a ser julgados procedentes os embargos do executado ou a ação autônoma de que trata o §4º do mesmo dispositivo processual, assegurado ao executado a possibilidade de reparação pelos prejuízos sofridos em face do exequente.

9. Medidas executivas menos gravosas ao executado

Não obstante a execução deve ser realizada no *interesse do credor*, o art. 805 relativiza essa atuação ao estabelecer que quando por vários meios o exequente puder promover a execução, o juiz mandará que se faça pelo modo menos gravoso para o executado.

Trata-se de um limite ético estabelecido pelo legislador ao resguardar o executado contra medidas executivas mais gravosas.

Como bem ensina Cândido Rangel Dinamarco: *"Nem o zelo pela integral realização da missão jurisdicional pacificadora, nem o interesse pela observância de seus preceitos substanciais, poderiam levar o Estado à inflexível imposição dos rigores da execução forçada, sem limites e sem medir sacrifícios. Isso não seria tolerável e, em muitos casos, sequer possível seria"*.[195]

Dentre os limites possíveis, encontra-se a necessidade de avaliação do bem a ser alienado pelo valor de mercado; a impossibilidade de alienação pelo preço vil; ao invés de se levar a leilão o imóvel sede da empresa, dar-se-á preferência, sempre que possível, pela penhora sobre parte do faturamento; na possibilidade de se realizar a penhora sobre diversos bens, que se dê preferência àqueles que não representem maiores prejuízos ao executado ou à sua família.

É bem verdade que na espécie de execução em que a própria liberdade do devedor pode sofrer a sanção executiva, o juiz não poderá optar por um modo de execução menos oneroso. É o caso da demanda de alimentos, em que o credor poderá requerer a prisão do devedor pelo pagamento dos três últimos débitos, muito embora pudesse o credor de alimentos optar pela execução por quantia certa, mediante expropriação de bens.

---

[195] DINAMARCO, C. R., *execução civil*, op. cit., p. 291.

Capítulo 5
Execução para Entrega de Coisa

1. Execução para entrega de coisa certa

A demanda executiva para entrega de coisa certa ocorre quando em face de um título com força executiva, uma pessoa se obriga a entregar a outrem coisa certa, mesmo que esta já não mais exista.

O art. 806 do atual C.P.C. trata da hipótese em que o devedor se obrigou por meio de um título executivo extrajudicial a entregar determinada coisa certa, mas que não cumpre com o que fora estabelecido.

Nessa espécie de execução, ao credor é permitido valer-se do Poder Judiciário para a entrega de uma coisa (móvel ou imóvel) a que o devedor se comprometeu a entregar.

Não obsta ao emprego da execução para entrega de coisa certa, a circunstância de se tornar necessário proceder a operações de contagem, pesagem ou mediação visando a determinação exata da prestação do devedor, e não a individualização do objeto da sua obrigação.[196]

Essa espécie de execução aplica-se quer na hipótese de tornar efetivo um direito de crédito (por exemplo, devolução da coisa entregue por força de um contrato de depósito) quer um direito real (entrega de coisa decorrente do direito de propriedade).

Segundo anota Fernando Amâncio Ferreira: *"a execução para entrega de coisa configura-se como uma execução específica (in natura), visando a apreensão da coisa que o devedor está obrigado a prestar ao credor, donde este não fazer valer nesta execução,*

---

[196] Ferreira, F. A., op. cit., p. 341.

EXECUÇÃO E CUMPRIMENTO DE SENTENÇA

num primeiro momento, a garantia patrimonial do seu crédito. Só se a coisa não puder ser entregue, se procederá à execução por equivalente, transformando-se a execução para entrega de coisa certa em execução para pagamento duma indemnização pecuniária".[197]

A execução para entrega de coisa certa, assim como a de obrigação de fazer ou não fazer, pertence à espécie de execução 'direta' ou 'específica', pois somente se satisfazem com o cumprimento da própria prestação estabelecida no título executivo extrajudicial. Se não for possível o cumprimento da obrigação contratada, o máximo que o credor poderá requerer é a sua conversão em perdas e danos.

A execução prevista no art. 806 do atual C.P.C. abrange qualquer espécie de coisa, móvel, imóvel ou semovente, excepcionando apenas a entrega de coisa em dinheiro, tendo em vista que nessa hipótese o exequente deve utilizar-se do processo de execução para pagamento de quantia certa.[198]

Na execução por quantia certa, haverá, em regra, expropriação do bem para pagamento da obrigação constante no título, enquanto na execução para entrega de coisa a transferência será apenas da posse, pois a propriedade ou outro direito real incidente sobre o bem já se encontra com o credor.

A coisa certa a ser entregue pode já existir quando da realização da relação jurídica de direito material ou ser coisa futura.

A coisa referida no art. 806 deve ser certa.

Segundo estabelece Pontes de Miranda, *"coisa certa é a coisa individuada. As características apontadas só as tem a coisa que se há de prestar. Noutros termos: os sinais distintivos bastam para a 'identificação'. Não há outro que os tenha a todos. Pelo menos um há de faltar às outras coisas do mesmo gênero. Se a coisa que se há de prestar foi indicada com características que, em sua totalidade, outras coisas têm, é uma dentro do gênero; não é coisa certa".*[199]

O atual C.P.C. trata a execução para entrega de coisa incerta nos arts. 811 a 813.

O devedor de obrigação de entrega de coisa certa, constante de título executivo extrajudicial, *será citado para, em quinze dias, satisfazer a obrigação.*

A citação é o ato pelo qual são convocados o réu, o executado ou o interessado para integrar a relação jurídica processual.

---

[197] FERREIRA, F. A., idem, p. 342.

[198] Em se tratando de *pessoa*, a execução não será de entrega de coisa, mas, sim, de cumprimento de obrigação de *fazer*, não obstante na Alemanha, Kisch, Goldschmidt e Rosenberg; e, no Brasil, Lopes da Costa, Amílcar de Castro e Gabriel Resende estendiam a execução de dar às pessoas. (LIMA, A. M., op. cit., p. 763).

[199] PONTES DE MIRANDA. *Comentário ao C.P.C. de 1973.* Vol. X. Rio de Janeiro: Forense, s/d., p. 48.

O comparecimento espontâneo do executado supre a falta ou nulidade de citação.

O devedor é citado para cumprir a obrigação no prazo de *quinze dias*, ao contrário do que estabelece o art. 538 (cumprimento de sentença condenatório de obrigação para entrega de coisa), em que o prazo para o devedor cumprir a obrigação é aquele estabelecido na sentença.

Tendo em vista que se trata de prazo processual, a contagem do prazo será em dias úteis.

Em se tratando de título executivo extrajudicial, o devedor será citado para cumprir a obrigação dentro do prazo de quinze dias. Evidentemente que o prazo será de quinze dias se o devedor já se encontrar em mora para a entrega da coisa, isto é, se já expirou o prazo pactuado e previsto expressamente no título executivo extrajudicial.

Do mandado de citação constará a ordem para imissão na posse ou busca e apreensão, conforme se tratar de imóvel ou de móvel, cujo cumprimento se dará de imediato, se o executado não satisfizer a prestação no prazo que lhe foi designado.

Se o executado não cumprir a obrigação no prazo de quinze dias, ou seja, não entregar ou liberar, respectivamente, o bem móvel ou imóvel, o oficial imitirá o credor na posse do imóvel, ou promoverá a busca e apreensão do bem móvel.

Diante do não cumprimento voluntário da prestação, realizam-se medidas constritivas para satisfazer a obrigação prevista no título executivo extrajudicial.

Uma vez entregue a coisa móvel ao exequente, ou sendo ele imitido na posse do bem imóvel, encerra-se a execução, salvo se o devedor interpôs embargos à execução.

A citação do executado pode ocorrer por qualquer meio permitido pelo C.P.C., ou seja, por mandado, por carta, por edital, por meio eletrônico e por hora certa.

Em se tratando de citação por edital, o mandado de imissão de posse ou de busca e apreensão será expedido após transcorrido o prazo de citação estabelecido no edital.

Comparecendo o oficial no dia e hora designados no mandado (com aplicação analógica do art. 603 do C.P.C. italiano), fará a imissão da posse do imóvel com entrega das chaves e dos documentos. Se não houver chaves, o oficial levará consigo um chaveiro que arrombará as portas e providenciará a modificação da fechadura, recebendo o credor as novas chaves.

O oficial, mediante autorização da autoridade competente executiva, poderá valer-se da força policial para cumprir a ordem de imissão de posse ou de busca e apreensão da coisa móvel.

O art. 621 do C.P.C. de 1973, com a redação dada pela Lei 10.444, de 7.5.2002, estabelecia que o devedor seria citado para, dentro de *10 (dez) dias*, satisfazer a obrigação, ou, segundo o juízo (art. 737, II do C.P.C. de 1973), apresentar embargos.

Como se pode observar, o art. 806 do atual C.P.C. não traz a oportunidade de o devedor, ao invés de simplesmente entregar a coisa ao credor, requerer o seu depósito para fins de apresentar embargos do devedor.

E isso tem sua razão de ser.

É que pelo atual C.P.C., a apresentação dos embargos à execução ocorre independentemente da entrega do bem, conforme estabelece o art. 914: *"O executado, independentemente de penhora, depósito ou caução, poderá se opor à execução por meio de embargos"*. E complementa o art. 915 do atual C.P.C.: *"Os embargos serão oferecidos no prazo de 15 (quinze) dias, contados, conforme o caso, na forma do art. 231.*

Assim, o prazo para apresentação dos embargos se dá de acordo com o art. 231 do atual C.P.C., independentemente do depósito do bem objeto da execução para entrega de coisa certa.

Além do mais, em regra, a interposição dos embargos do devedor *não tem efeito suspensivo* (art. 919 do atual C.P.C.), razão pela qual o exequente poderá requerer a entrega da coisa certa, salvo se presentes os requisitos para a concessão de efeito suspensivo aos embargos.

Uma vez concedido efeito suspensivo aos embargos, o credor poderá concordar que o devedor permaneça como depositário do bem, mas com todos os ônus e responsabilidade de qualquer depositário judicial. Caso contrário, o bem será entregue a um depositário judicial ou ao próprio credor, dependendo das circunstâncias.

A requerimento do credor ou de ofício, e para a efetivação da tutela específica que consiste na obrigação de entrega de coisa certa, o juiz poderá determinar as medidas necessárias para satisfação da prestação, podendo conceder, entre outras medidas, a imposição de multa por dia de atraso no cumprimento da obrigação.

Ao despachar a inicial, o juiz poderá fixar multa por dia de atraso no cumprimento da obrigação de entrega da coisa, ficando o respectivo valor sujeito a alteração, caso se revele insuficiente ou excessivo.

Há medidas coercitivas práticas e eficazes para que o juiz, no procedimento de execução de título executivo extrajudicial que tenha por objeto obrigação de entrega de coisa certa, dê plena eficácia à execução.

A função das *astreintes* é vencer a obstinação do devedor ao cumprimento da obrigação e incide a partir da ciência do obrigado e da sua recalcitrância.

Independentemente de pedido do credor, o juiz poderá fixar multa periódica ao devedor. Essa imposição de *astreintes* poderá se dar na execução, desde que seja suficiente e compatível com a obrigação de entregar coisa certa.

1.1. Entrega da coisa

Se o executado não entregar voluntariamente a coisa, no prazo de 15 dias a contar da citação, a entrega será feita coercitivamente, procedendo-se à sua apreensão, realizando-se as buscas e outras diligências necessárias para tal fim.

É importante salientar que essa apreensão não produz os mesmos efeitos da penhora, muito menos exerce sua função.

Em se tratando de coisa móvel, e após a busca e apreensão realizada pelo oficial de justiça, a coisa será entregue ao exequente.

Na hipótese de coisa imóvel, a apreensão é simbólica, mediante a investidura do exequente na posse do bem, entregando-lhe o servidor público os documentos e a chave, se os houver.

Se a coisa pertencer em compropriedade ou composse, a coisa será entregue ao exequente somente em relação à sua quota-parte.

No direito processual civil português, visando a execução a entrega de habitação principal do executado, estabelece o art. 864º do C.P.C. português:

> *Art. 864º – Deferimento da desocupação de imóvel arrendado para habitação*
>
> *1 – No caso de imóvel arrendado para habitação, dentro do prazo de oposição à execução, o executado pode requerer o diferimento da desocupação, por razões sociais imperiosas, devendo logo oferecer as provas disponíveis e indicar as testemunhas apresentar, até ao limite de três...*

Uma vez entregue voluntariamente a coisa pelo executado, lavrar-se-á o respectivo termo, dando-se por finda a execução.

A execução também dar-se-á por finda quando a entrega ou liberação do bem ocorrer pelo cumprimento do mandado de busca e apreensão do bem móvel ou quando houver a imissão de posse do bem imóvel.

O art. 807 do atual C.P.C., porém, disse menos do que deveria dizer, pois aduz que a execução somente não estaria finda se ela tiver que prosseguir para pagamento de frutos ou para ressarcimento de prejuízos.

Ocorre que, também não estará finda a execução se o devedor interpuser *embargos à execução*, especialmente se esses embargos forem recebidos no efeito suspensivo.

1.2. Alienação da coisa litigiosa

A coisa torna-se litigiosa com a citação válida, ainda que ordenada por juiz incompetente.

Como a pretensão processual na execução para entrega de coisa certa é a coisa móvel, imóvel ou semovente, sua alienação a terceiro, após a citação válida do executado, não impede que o exequente a recupere.

O exequente somente poderá requerer que o mandado de busca e apreensão ou de imissão de possa seja expedido contra o terceiro adquirente, quando a coisa certa tenha sido alienada após sua configuração como 'coisa litigiosa', ou seja, quando já tiver ocorrido a citação válida do executado.

Segundo entende Alcides de Mendonça Lima, e em se tratando de bem imóvel, a citação deverá ter sido inscrita no Registro de Imóveis, para a devida publicidade e ciência do terceiro.[200]

É evidente que muitas vezes a execução para entrega da coisa imóvel decorre justamente pelo fato de ser o exequente/credor o verdadeiro proprietário do bem. Neste caso, o terceiro já está ciente de que o devedor não é mais o proprietário do bem, pois a propriedade decorre da transcrição no registro de imóveis.

Poderá ocorrer que hajam sucessivos adquirentes após a coisa se tornar litigiosa. Neste caso, o mandado de busca e apreensão (coisa móvel) ou de imissão de posse (coisa imóvel) deverá ser expedido contra o último adquirente na cadeia de sucessão.

E importante salientar que a alienação da coisa, quando sobre ela pender demanda fundada em direito real ou obrigação reipersecutória, desde que haja o devido registro, caracteriza fraude à execução.

Na hipótese de fraude à execução, a alienação da coisa litigiosa torna-se ineficaz em relação ao exequente, razão pela qual o mandado de imissão de posse ou de busca e apreensão será expedido inclusive contra o terceiro adquirente.

Tenha-se em mente que o direito brasileiro adota o princípio da não modificabilidade das partes ou da perpetuatio legitimationis, e o adotou justamente com vistas à alienação da coisa litigiosa, aspecto mais relevante que pode conduzir à modificação das partes.[201]

---

[200] LIMA, A. M., op. cit., p. 792.

[201] ALVIM, Arruda. O terceiro adquirente de bem imóvel do réu, pendente ação reivindicatória não inscrita no registro de imóveis, e a eficácia da sentença em relação a esse terceiro, no direito brasileiro. *In:* Repro n. 31, ano 8, julho-setembro, 1983. p. 192.

Se a coisa for daquelas em que não há registro, o terceiro adquirente tem o ônus de provar que adotou as cautelas necessárias para a aquisição, mediante a exibição das certidões pertinentes, obtidas no domicílio do devedor.

O adquirente que porventura perder a coisa, poderá voltar-se com base em direito regressivo contra o alienante.

Se ocorrer a alienação antes de se tornar litigiosa a coisa, não se deve expedir mandado diretamente contra o terceiro, devendo o credor, nessa hipótese, promover demanda própria contra o terceiro adquirente, especialmente a ação pauliana ou de reintegração ou imissão de posse.

A parte final do art. 808 do atual C.P.C. afirma que o terceiro adquirente somente será ouvido após depositar a coisa.

Tenho dúvidas sobre a constitucionalidade desse dispositivo, uma vez que não se pode utilizar o contraditório, que é a essência do processo jurisdicional, como moeda de troca ou como mecanismo de pressão para que o terceiro entregue o bem que porventura tenha adquirido.

O art. 808 do novo C.P.C. estaria de acordo com a Constituição Federal se se permitisse a prévia oitiva do terceiro, sem prejuízo da expedição de mandado de busca e apreensão ou de imissão de posse em favor do credor, justamente pelo fato de que a alienação do bem ocorreu após ter a coisa se tornado litigiosa.

O depósito da coisa dependerá da concordância do credor, pois este poderá pedir a conversão da execução de 'entrega de coisa certa' para 'pagamento de quantia certa', com base no valor da coisa e das perdas e danos, conforme lhe autoriza o art. 809 do atual C.P.C. Assim, o credor terá a faculdade de não reclamar a coisa em poder do terceiro adquirente.

1.3. Não entrega da coisa – consequências jurídicas

O credor não é obrigado a receber prestação diversa da que lhe é devida, ainda que mais valiosa.

Nas execuções específicas, o exequente somente será satisfeito na sua pretensão originária quando o devedor entregar a coisa certa, objeto da prestação assumida e inserida em título executivo extrajudicial.

O art. 809 do atual C.P.C. trata justamente da *excepcionalidade*, isto é, da conversão da execução propriamente dita em perdas e danos, incluindo nessas perdas e danos o valor da coisa que não foi entregue. Ocorrendo algumas das hipóteses do referido artigo, isto é, deterioração da coisa, podendo abranger a impossibilidade física ou jurídica para a entrega da coisa (aquele que assumiu a obrigação da entrega da coisa não cra seu proprietário ou não poderia transmitir a posse ou a propriedade); a coisa não foi encontrada; o credor não quis reclamar a coisa que se encontra em poder de terceiro adquirente, poderá o credor requerer a *conversão do meio executório*, para o efeito de alterar a execução de entrega de coisa para pagamento de quantia certa que abrangerá além das perdas e danos (lucro cessantes e danos emergentes) também o valor da coisa.

Nesse sentido é o teor do art. 867.º do C.P.C. português:

> *1 – Quando não seja encontrada a coisa que o exequente devia receber, este pode, no mesmo processo, fazer liquidar o seu valor e o prejuízo resultante da falta da entrega, observando-se o disposto nos artigos 358.º, 360.º e 716.º, com as necessárias adaptações.*
>
> *2 – Feita a liquidação, procede-se à penhora dos bens necessários para o pagamento da quantia apurada, seguindo-se os demais termos do processo de execução para pagamento de quantia certa.*

O credor, contudo, não poderá desde logo requerer a *conversão da execução*, sem que haja efetiva demonstração da deterioração, falta de localização da coisa ou de que ela tenha sido alienada a terceiro. Somente após a constatação desses pressupostos é que o credor poderá requerer a execução por quantia certa, abrangendo perdas e danos e o valor da coisa certa.

Em relação ao processo civil português, assim ensina Fernando Amâncio Ferreira:

> *"Mesmo que o exequente saiba que a execução específica se frustrará, não poderá deixar de instaurar execução para entrega de coisa certa. Ao tribunal compete apurar que se tornou impossível a execução específica.*
>
> *Essa impossibilidade pode ocorrer por algum dos seguintes motivos: a) a coisa ter deixado de existir; b) a coisa não ser encontrada, apesar de continuar a existir; c) sobre a coisa incidir direito de terceiro que, por oponível ao exequente, obsta ao investimento material ou jurídico na posse.*
>
> *Perante a impossibilidade de o exequente receber a prestação a que tinha direito, faculta-lhe o tribunal a oportunidade de receber uma prestação equivalente, ou seja, uma indemnização compensatória. Donde a execução só se tornar efectivamente impossível se o executado não tiver bens para satisfação da indemnização".* [202]

Se a coisa tiver sido desapropriada, o crédito do exequente sub-rogar-se- -á no preço da indenização. Assim também ocorrerá se a coisa for objeto de sinistro, sem culpa do devedor, e houver cobertura de seguro.

---

[202] FERREIRA, F. A., op. cit., p. 347 e 348.

EXECUÇÃO PARA ENTREGA DE COISA

O art. 809 do atual C.P.C. deve observar evidentemente as normas relativas de direito material sobre a questão da impossibilidade de cumprimento *in natura* da obrigação de dar coisa certa.

Se a coisa perecer, sem culpa do devedor, antes da tradição, ou pendente a condição suspensiva, fica resolvida a obrigação para ambas as partes; se a perda resultar de culpa do devedor, responderá pelo equivalente e mais perdas e danos (art. 234 do atual C.c.b.).

Se a obrigação for de restituir coisa certa, e esta, sem culpa do devedor, se perder antes da tradição, sofrerá o credor a perda, e a obrigação se resolverá, ressalvados os seus direitos até o dia da perda (art. 238 do C.c.b.). Se a coisa se perder por culpa do devedor, responderá este pelo equivalente, mais perdas e danos (art. 239 do C.c.b.).

Deteriorada a coisa, não sendo o devedor culpado, poderá o credor resolver a obrigação, ou aceitar a coisa, abatido de seu preço o valor que perdeu (art. 235 do C.c.b.). Sendo culpado o devedor, poderá o credor exigir o equivalente, ou aceitar a coisa no estado em que se acha, com direito a reclamar, em um ou em outro caso, indenização por perdas e danos (art. 236 do C.c.b.).

Se a coisa restituível deteriorar-se sem culpa do devedor, recebê-la-á o credor, tal qual se ache, sem direito a indenização; se por culpa do devedor, observar-se-á o disposto no art. 239 do C.c.b. (art. 240 do C.c.b.).

Não constando do título executivo o valor da coisa e sendo impossível sua avaliação, o exequente apresentará a estimativa, sujeitando-a ao arbitramento judicial.

Daí a importância de se inserir no título executivo extrajudicial o valor da coisa para efeitos de transformação dos meios executivos.

Constando do título o valor da coisa, a execução por quantia certa deverá prosseguir pelo valor atribuído, devidamente corrigido, encaminhando-se para a liquidação pelo procedimento comum ou arbitramento apenas a apuração das perdas e danos.

Não constando o valor, *e sendo impossível a sua avaliação,* a execução por quantia certa deverá ter por base a *estimativa* apresentada pelo exequente quando do pedido da conversão, sujeitando-se ao arbitramento judicial se o juiz apurar que a estimativa do credor for excessiva e desproporcional ao valor real da coisa.

Como o valor da execução deve corresponder ao valor do bem (trata-se, portanto, da correspondência entre o valor do título e a execução), poderá o juiz promover a *estimativa* de ofício ou mediante a requerimento do devedor.

Serão apurados em liquidação o valor da coisa e os prejuízos.

EXECUÇÃO E CUMPRIMENTO DE SENTENÇA

Sendo possível a avaliação, não será caso de o credor apresentar sua *estimativa*, pois o valor da coisa e dos prejuízos será apurado por liquidação.

No caso, a liquidação será pelo procedimento comum, quando depender de provas específicas, ou por arbitramento, podendo o juiz valer-se de um *expert* para arbitrar o valor da coisa certa.

Uma vez liquidado ou estimado o valor da coisa, acrescido das perdas e danos, o credor promovera a execução mediante o cumprimento de decisão para pagamento de quantia certa.

1.4. Indenização de benfeitorias – liquidação prévia

Dentre as hipóteses de defesa que o executado na execução para entrega de coisa certa poderá deduzir há, especificamente, nos termos do art. 917, inc. IV, do novo C.P.C., a retenção por benfeitorias necessárias ou úteis.

Não obstante o credor tenha o direito de receber a coisa que lhe deve ser entregue pelo devedor, isso não significa dizer que possa se locupletar injustamente às custas do próprio devedor ou de terceiros que porventura venha a adquirir a coisa certa.

Assim, dependendo das circunstâncias, o devedor ou o terceiro adquirente terá direito à indenização das benfeitorias que realizou na coisa, ou reter o bem até que sejam indenizadas.

Havendo benfeitorias úteis ou necessárias realizadas na coisa pelo executado ou por terceiros de cujo poder ela houver sido tirada, a liquidação prévia para apuração do valor das benfeitorias é obrigatória, nos termos do art. 810 do novo C.P.C.

A norma processual não indica a espécie de liquidação prévia que deverá ser realizada, o que, por dedução, somente pode ser por *arbitramento ou pelo procedimento comum*.

Havendo saldo em favor do executado ou de terceiros, o exequente o depositará ao requerer a entrega da coisa; se o saldo for em favor do exequente, este poderá cobrá-lo nos autos do mesmo processo.

Se o devedor ou terceiro exerceu seu direito de retenção a tempo, e, após a *liquidação prévia*, apurar-se saldo em favor do devedor ou de terceiro, o credor o depositará ao requerer a entrega da coisa.

O exequente poderá, ao invés de depositar a diferença, requerer a compensação do saldo credor em favor do devedor ou de terceiros com o dos frutos ou dos danos considerados devidos pelo executado ou pelo terceiro, nos termos do §5º do art. 917 do atual C.P.C.

EXECUÇÃO PARA ENTREGA DE COISA

Não se pode esquecer que na indenização deferida ao possuidor de má-fé pelas benfeitorias necessárias, o exequente terá o direito de optar pelo seu valor atual ou de seu custo. Já em relação ao possuidor de boa-fé, a indenização será de acordo com o valor atual da benfeitoria (art. 1.222 do C.c.b.).

Por fim, se houver saldo em favor do credor, este poderá cobrá-lo no mesmo processo, prosseguindo com o cumprimento de sentença ou decisão por quantia certa.

Uma questão importante deve ser analisada.

O art. 810 do atual C.P.C. faz referência apenas às benfeitorias indenizáveis.

Contudo, poderá o devedor ou o terceiro adquirente que perdeu o bem ter realizado na coisa, não benfeitorias, mas *acessões naturais*.

Não se deve confundir *benfeitoria* com *acessão*.

O art. 810 do atual C.P.C. disse menos do que deveria dizer, razão pela qual merece uma interpretação extensiva, para ali também constar como indenizáveis as acessões, construção ou plantação, quando realizadas pelo devedor ou por terceiro adquirente de *boa-fé*.

2. Entrega de coisa incerta

Quando o processo de execução tem por objeto uma pretensão dirigida a obter do órgão jurisdicional uma 'entrega', porém, 'não em dinheiro', senão de coisa distinta, fala-se em execução *satisfativa*.

A execução satisfativa é, pois *"aquele processo de execução em que se persegue uma dação, porém, não uma dação em dinheiro, senão de coisa diferente, especialmente de uma coisa específica, ainda que também possa pretender-se uma coisa 'genérica', que diretamente reclama o titular da pretensão".* [203]

A ordem jurídica processual civil brasileira manteve a distinção existente entre as duas espécies de execução para entrega de coisa.

Na Seção I do Capítulo II do novo C.P.C., tratou da entrega de coisa certa; na Seção II do Capítulo II regula a entrega de coisa incerta.

Em relação ao direito espanhol, estabelece o art. 702 do C.P.C. espanhol:

> *Art. 702. Entrega de coisas genéricas ou indeterminadas.*
>
> *1. Se o título executivo se refere à entrega de coisa genéricas ou indeterminadas, que podem ser adquiridas nos mercados e, passado o prazo, não se houver cumprido o requerimento, o executante poderá instar solicitar ao Secretário judicial que lhe ponha na possa das*

---

[203] GUASP, Jaime; ARAGONESES, Pedro. *Derecho procesal civil*. Tomo II. Parte especial: procesos declarativos y de ejecución. Navarra: Thomson Civitas, 2006. p. 685.

EXECUÇÃO E CUMPRIMENTO DE SENTENÇA

coisas devidas ou que se lhe faculte para que as adquira, a custa do executado, ordenando, ao mesmo tempo, o embargo de bens suficientes par apagar a aquisição, da qual o executante dará conta justificada.

2. Se o executante manifestar que a aquisição tardia das coisas genéricas ou indeterminadas com base no parágrafo anterior não satisfaz já seu interesse legítimo, determinar-se-á o equivalente pecuniário, com os danos e prejuízos que houver podido causar-se ao executante, que se liquidarão com base aos artigos 712 e seguintes.

Sobre a entrega de coisa genérica ou indeterminada, ensinam Jaime Guasp e Pedro Aragoneses: *"Se o título executivo refere-se a 'coisas genéricas ou indeterminadas' que possam ser adquiridas nos mercados e, passado o prazo não se houve cumprido a determinação judicial, o exequente poderá instar a que se lhe ponha em posse das coisas devidas ou que se lhe faculte para que as adquira, a custa do executado, ordenando ao mesmo tempo o embargo de bens suficientes para a aquisição da coisa, dos quais o exequente dará conta justificada. Se o exequente manifestar que a aquisição tardia das coisas genéricas ou indeterminadas não satisfaz mais seus interesses legítimos, o tribunal determinará, mediante providência, o equivalente pecuinário..."*.[204]

Segundo anota Pontes de Miranda, o adjetivo incerto está empregado como sinônimo de indeterminado, ou melhor, ainda não determinado.[205]

No caso, a prestação da obrigação tem por objeto *coisa indeterminada*.

Em regra, a obrigação de entregar refere-se a coisa certa e determinada. Contudo, pode o título ou o contrato estabelecer a entrega de coisa incerta ou indeterminada.

A coisa incerta abrange tanto as chamadas obrigações genéricas, quanto também as obrigações alternativas quando o aludido ato de vontade deve consistir na opção entre coisas diversas, cada uma delas perfeitamente caracterizada.[206]

O elemento comum entre ambas as obrigações é que a escolha e determinação da obrigação genérica ou alternativa ficarão para um momento futuro da constituição da obrigação.

Conforme preconiza o art. 243 do C.c.b.: *"A coisa incerta será indicada, ao menos, pelo gênero e pela quantidade"*. Pelo gênero (espécie de cavalo), quantidade (um, dois, três etc).

---

[204] GUASP. J.; ARAGONESES, P., idem, p.. 688.
[205] PONTES DE MIRANDA, *Comentários ao Código de Processo Civil de 1973*. Vol. VIII. n. 228, Rio de Janeiro: Forense, s/d., *pág. 166*.
[206] COUTO E SILVA, Clóvis. *Comentários ao código de processo civil*. Tomo I, Vol. XI. São Paulo: Editora Revista dos Tribunais, 1977. p. 37.

EXECUÇÃO PARA ENTREGA DE COISA

A coisa incerta ou indeterminada pode incidir sobre coisa infungível, como, por exemplo, a escolha de um veículo da marca 'tal'.

Por sua vez, nas coisas determinadas pelo gênero e pela quantidade, a escolha pertence ao devedor, se o contrário não resultar do título da obrigação (art. 244 do C.c.b.). Antes da escolha, não poderá o devedor alegar perda ou deterioração da coisa, ainda que por força maior ou caso fortuito (art. 246 do C.c.b.).

Tendo o título estabelecido que compete ao credor a escolha de coisa incerta ou indeterminada, este deverá realizá-la no prazo estabelecido no título ou no contrato firmado entre as partes. Poderá, ainda, exercer a escolha no âmbito da petição inicial que instaurar a execução para entrega de coisa incerta.

Na execução para entrega de coisa certa, o executado é citado para em quinze dias satisfazer a obrigação.

Na execução para entrega de coisa incerta, o executado é citado para também satisfazer a obrigação, mediante a entrega individualizada da coisa, se lhe couber a escolha, ou, se a escolha couber ao credor, este, de imediato, a indicará na petição inicial.

Muito embora o art. 811 do novo C.P.C. brasileiro não diga expressamente qual é o prazo para o executado entregar a coisa individualizada, o certo é que se aplica aquele estabelecido no art. 806 do atual C.P.C., ou seja, quinze dias para satisfazer a obrigação. Porém, nada impede que o juiz estime outro prazo para que se promova a entrega da coisa incerta, nos termos do que dispõe o art. 218, §1º do novo C.P.C., de acordo com a complexidade do ato.

Se o executado não indicar a coisa no prazo de quinze dias após a citação, a escolha retorna ao credor, sendo que, uma vez feita a escolha, o juiz expedirá mandado de busca e apreensão se se tratar de bem móvel ou de imissão de posse em se tratando de bem imóvel. É importante constar no mandado de citação esta advertência.

Se a escolha couber ao credor e este já a fez com a inicial, do mandado de citação do devedor para entrega da coisa indicada no prazo de quinze dias constará a ordem para imissão na posse ou busca e apreensão, conforme se tratar de bem imóvel ou de bem móvel, cujo cumprimento se dará de imediato, se o devedor não realizar a prestação no prazo que lhe foi assinalado.

Contudo, se o devedor já exerceu seu direito de escolha da coisa, comunicando expressamente ao credor, penso que sua futura alienação ou oneração permitirá ao credor, desde que presentes os pressupostos legais, buscar a coisa no patrimônio de terceiro.

Se o credor não exercita a escolha que lhe foi outorgada no prazo estabelecido, comunicando expressamente ao devedor, este não poderá adimplir a

EXECUÇÃO E CUMPRIMENTO DE SENTENÇA

obrigação, razão pela qual presume-se com esse ato a recusa ou omissão do credor em escolher, gerando ao devedor a pretensão de consignar a coisa em juízo. A falta de escolha caracteriza a *mora accipiendi*.

2.1. Impugnação da escolha realizada

Havendo impugnação à escolha realizada, essa necessita ser fundamentada, especialmente se a escolha não ocorreu de acordo com o estabelecido em lei ou no contrato.

O credor não é obrigado a receber coisa pior ou melhor, mas simplesmente aquela que foi indicada na relação jurídica de direito material. Também o devedor não está obrigado a entregar a coisa melhor ou pior.

Se a questão da impugnação não demandar especial conhecimento, o juiz poderá decidir de plano. Caso contrário, nomeará perito de sua confiança para que este órgão auxiliar do juízo apresente parecer técnico. É evidente que as partes poderão se manifestar sobre o parecer técnico apresentado pelo perito, valendo-se, se necessário, de assistentes técnicos.

Poderá o juiz, ainda, valer-se da inspeção judicial, se necessário.

2.2. Aplicação subsidiária de normas

O art. 813 do novo C.P.C. determina a aplicação subsidiária dos dispositivos que regulam a execução para entrega de coisa certa (arts. 806 a 810 do atual C.P.C.), naquilo que couber.

Dentre as regras aplicáveis encontram-se: a) o art. 806, por exemplo, aplica--se à entrega de coisa incerta para estabelecer o prazo que possui o executado, após a citação, para realizar a escolha da coisa incerta e promover sua entrega ou depósito; b) ao despachar a inicial, o juiz poderá fixar multa por dia de atraso no cumprimento da obrigação, ficando o respectivo valor sujeito a alteração, caso se revele insuficiente ou excessivo (§1º do art. 806); c) se o devedor não indicar a coisa no prazo de quinze dias após a citação, a escolha retorna ao credor, sendo que, uma vez feita a escolha, o juiz expedirá mandado de busca e apreensão se se tratar de bem móvel ou de imissão de posse em se tratando de bem imóvel. Se a escolha couber ao exequente, e este já indicou a coisa com a inicial, do mandado de citação do devedor para entrega da coisa, no prazo de quinze dias, constará a ordem para imissão na posse ou busca e apreensão, conforme se tratar de bem imóvel ou de bem móvel, cujo cumprimento se dará de imediato, se o devedor não realizar a prestação no prazo que lhe foi designado (§2º do art. 806); d) se o executado entregar a coisa, será lavrado o respectivo termo e dar-se-á por finda a execução, salvo se esta tiver de prosseguir para o pagamento de frutos ou o ressarcimento de prejuízos (art. 807); e) alienada a coisa quando já litigiosa, será expedido mandado contra o terceiro adquirente, que somente será ouvido após depositá-la (art. 808); f) o exequente tem direito a receber, além de perdas e danos, o valor da coisa quando esta se deteriorar, não lhe for entregue, não for encontrada ou não for reclamada do poder de terceiro adquirente (art. 809). §1º Não constando do título o valor da coisa ou sendo impossível a sua avaliação, o exequente far-lhe--á a estimativa, sujeitando-se ao arbitramento judicial. §2º Serão apurados em liquidação o valor da coisa e os prejuízos; g) havendo benfeitorias indenizáveis realizadas na coisa pelo devedor ou por terceiros de cujo poder ela houver sido tirada, a liquidação prévia é obrigatória (art. 810). Parágrafo único. Se houver saldo em favor do devedor ou de terceiros, o credor o depositará ao requerer a entrega da coisa; se houver saldo em favor do credor, este poderá cobrá-lo nos autos do mesmo processo.

Capítulo 6
Execução de Obrigação de Fazer e Não Fazer

1. Execução de obrigação de fazer

A demanda executiva para a realização de uma obrigação de fazer decorre de um título executivo no qual preveja uma imposição ao devedor de uma prestação de um fato.

Pense-se na hipótese em que o devedor se obriga a construir um muro, pintar um quadro, escrever um livro ou fazer uma cirurgia.

Nos limites em que as normas do ordenamento jurídico consentem que uma pessoa se obrigue para com outra a fazer alguma coisa, qualquer forma da atividade humana pode constituir objeto de obrigação.

O objeto da obrigação de fazer pode consistir num 'ato', 'serviço' ou 'obra', entre outras situações fáticas.

A normatização brasileira em relação às obrigações de fazer e não fazer encontra-se prevista nos artigos 247 a 251 do C.c.brasileiro

1.1. Medidas executivas na execução de obrigação de fazer

Em se tratando de demanda que tenha por objeto o cumprimento de sentença de obrigação de fazer ou não fazer, o juiz, ao despachar a inicial, concederá a tutela específica da obrigação ou determinará providências que assegurem o resultado prático equivalente ao do adimplemento, ou, ainda, determinará as medidas necessárias à satisfação do exequente (art. 536 do novo C.P.C.).

O art. 536 do atual C.P.C. estabelece a forma pela qual se dá o cumprimento da obrigação da sentença condenatória de prestação de fazer ou de não fazer. Aliás, este dispositivo permite a interpretação de que no cumprimento de sentença que tenha por objeto o cumprimento de obrigação de fazer ou de não fazer, o juiz atuará no sentido de propiciar ao exequente, nesta ordem: a) tutela específica; b) resultado prático equivalente; c) medidas necessárias à satisfação do exequente; c) indenização por perdas e danos.

Quanto à indenização por perdas e danos, prescreve o art. 499 do atual C.C.b. que *a obrigação somente será convertida em perdas e danos se o autor o requerer ou se impossível a tutela específica ou a obtenção de tutela pelo resultado prático equivalente.*

Tendo em vista que o art. 771, parágrafo único, do atual C.P.C., expressamente determina a aplicação subsidiária à execução de título executivo extrajudicial das disposições do Livro I da Parte Especial do novo C.P.C., isso significa dizer que o juiz, ao despachar a petição inicial de uma execução de título executivo extrajudicial que tenha por objeto obrigação de fazer, concederá a tutela específica da obrigação de fazer assumida no título executivo extrajudicial ou determinará providências que assegurem o resultado prático equivalente ao do adimplemento, ou, ainda, determinará as medidas necessárias à satisfação do exequente.

O juiz, ao conceder a *tutela específica*, entregará ao exequente a própria prestação prevista no título executivo extrajudicial.

Por sua vez, ao entregar o *resultado prático equivalente*, o juiz da execução proporcionará ao exequente a concessão de outro objeto prestacional (que não seja indenização em dinheiro) que equivalha à tutela executiva a ser prestada de acordo com o título executivo extrajudicial, inclusive podendo ser realizado por terceiro.

A requerimento do credor, ou de ofício, e para a efetivação da tutela específica ou a obtenção do resultado prático equivalente, o juiz poderá determinar as medidas necessárias para satisfação da prestação, podendo o juiz aplicar, entre outras medidas, a imposição de multa por período de atraso, a busca e apreensão, a remoção de pessoas e coisas, o desfazimento de obras, a intervenção judicial em atividade empresarial ou similar e o impedimento de atividade nociva, podendo, caso necessário, requisitar o auxílio de força policial (§1º do art. 536 do atual C.P.C.).

As medidas executivas indicadas no §1º do art. 536 do novo C.P.C. são meramente exemplificativas.

Contudo, não poderá o juiz se valer da prisão civil como meio coercitivo para o cumprimento de dever ou obrigação de fazer ou não fazer, por força do art. 5º, inc. LXVII da C.F.

O nosso ordenamento jurídico não adotou o *Contempt of Court* do direito anglo-saxão, no qual o desrespeito à ordem judicial permite a prisão civil até que ela seja cumprida integralmente.

São, portanto, abundantes as medidas executivas que podem ser operadas pelo juiz, com base no §1º do art. 536 do atual C.P.C.

Poderá também o executado ser processado por crime de desobediência na hipótese de descumprimento das medidas executivas impostas pelo juiz com base no §1º do art. 536 do novo C.P.C.

Contudo, o juiz, ao adotar as medidas necessárias para a realização da tutela específica na execução de obrigação de fazer, deverá observar o princípio de que a tutela do direito deve dar-se de modo menos gravoso ao devedor, ou seja, a medida executiva imposta ao executado não poderá causar gravame desproporcional ou não razoável maior do que aquele necessário para a concretização do resultado prático pretendido.

1.2. Resultado prático equivalente – obrigação fungível e infungível

Não sendo o caso de se buscar a obtenção de tutela específica, deve o órgão jurisdicional atuar no sentido de conceder ao exequente uma tutela que preveja a execução de um *resultado prático equivalente.*

No âmbito da busca do resultado prático equivalente, tem especial relevo a diferenciação entre a prestação de fato fungível da prestação de fato infungível.

A prestação disse-se fungível quando pode ser realizada por pessoa distinta da do devedor, sem que daí resulte prejudicado o interesse do credor (construir um muro, fazer um móvel, cortar a grama).[207]

Por sua vez, considera-se infungível a prestação sempre que o devedor não possa ser substituído no cumprimento por terceiro.

O resultado prático equivalente não encontra maiores dificuldades quando se trata de obrigação de fazer que tenha por objeto uma prestação *fungível.*[208]

O problema surge quando se está diante de uma obrigação que tenha por objeto uma prestação *infungível.*

---

[207] FERREIRA, A. F., op. cit., p. 352.

[208] ENUNCIADO 103 da I Jornada de Direito Processual Civil do Centro de Estudos Judiciários: *Pode o exequente – em execução de obrigação de fazer fungível, decorrente do inadimplemento relativo, voluntário e inescusável do executado – requerer a satisfação da obrigação por terceiro, cumuladamente ou não com perdas e danos, considerando que o caput do art. 816 do CPC não derrogou o caput do art. 249 do Código Civil.*

Em relação à *infungibilidade,* deve-se distinguir, para o efeito de se promover o resultado prático equivalente, a infungibilidade natural da infungibilidade prática. Na primeira hipótese, o fato só poderá ser prestado pelo devedor em razão de suas aptidões e qualidades pessoais ou em razão de sua posição de único responsável (pintura de um quadro por um pintor famoso, intervenção cirúrgica altamente complexa a ser realizada por um cirurgião de renome). Nessa hipótese, não há como se conceder um resultado prático equivalente. Na infungibilidade prática, muito embora a prestação deva ser cumprida pelo devedor, o qual, juridicamente encontra-se obrigado a manifestar sua vontade nesse sentido, pode a norma jurídica permitir que a manifestação de vontade seja realizada por um terceiro que não o próprio devedor. Assim, na hipótese em que o devedor se obrigou a concluir um contrato, ou seja, assumiu o compromisso de prestar declaração de vontade, haverá infungibilidade apenas prática e não natural, pois a norma permite que o mesmo efeito jurídico seja obtido por meio de outra declaração, no caso, a declaração do próprio juiz que valerá para todos efeitos legais como sendo a própria declaração omitida pelo devedor. Assim, a decisão proferida pelo magistrado substitui o ato devido pelo executado, por ato próprio do juiz.

Além da infungibilidade natural ou prática, há também a infungibilidade convencional. Na infungibilidade convencional, o credor pretende que seja somente o devedor a realizar a prestação, por nele apreciar os cuidados e a perfeição técnica com que cumpre a sua profissão (a condução de uma automóvel numa longa viagem, o arranjo dum jardim numa residência de luxo). Na ausência do acordo que suporta a *infungibilidade convencional,* o credor não poderia erguer qualquer obstáculo à substituição do devedor, dado a sua prestação ser naturalmente fungível.[209]

Entendo que em se tratando de fungibilidade convencional, somente a análise da situação em concreto poderá dizer se será ou não possível a realização de *resultado prático equivalente.* E a opção para afastar a infungibilidade convencional é, indubitavelmente, do credor.

Aliás, *"refira-se, ainda, no seguimento da doutrina autorizada, que a 'fungibilidade' é um conceito relativo, ficando ao critério do exequente avaliar se a prestação por terceiro é suscetível de proporcionar-lhe satisfação ou, pelo menos, maior satisfação que a resultante da conversão em dinheiro".*[210]

---

[209] FERREIRA, A. F., op. Cit., p. 352.
[210] FERREIRA, A. F., idem, p. 352.

1.3. Citação do executado na execução de obrigação de fazer

Na execução de título executivo extrajudicial consubstanciada numa obrigação que tenha por objeto uma prestação de fazer, o executado será citado para satisfazê-la no prazo que o juiz lhe assinar, se outro não estiver determinado no título.

Havendo prazo estabelecido no título executivo, no mandado de citação deverá constar o prazo voluntariamente firmado pelas partes. Caso contrário, não havendo prazo estabelecido, o juiz marcará um prazo para que o devedor cumpra a obrigação, prazo esse que deverá levar em consideração a especificidade, complexidade e duração da obrigação de fazer a ser realizada. Em se tratando de uma construção de uma casa, por exemplo, o prazo para o cumprimento da obrigação não poderá ser exíguo. Já para fazer um muro ou uma calça ou uma camisa, o prazo será bem reduzido.

O prazo fixado pelo juiz não será imutável, podendo ser ampliado de acordo com as circunstâncias fáticas (pense-se na hipótese de uma construção em que há um período prolongado de chuvas).

A fixação do prazo, segundo a complexidade da causa, vem expressamente consignada no art. 218, §1º, do atual C.P.C.

No âmbito do direito comparado, estabelecem os arts. 868º do C.P.C. português e o art. 705 do C.P.C. espanhol, respectivamente:

> *Artigo 868.º Citação do executado*
>
> *1 – Se alguém estiver obrigado a prestar um facto em prazo certo e não cumprir, o credor pode requerer a prestação por outrem, se o facto for fungível, bem como a indemnização moratória a que tenha direito, ou a indemnização do dano sofrido com a não realização da prestação; pode também o credor requerer o pagamento da quantia devida a título de sanção pecuniária compulsória, em que o devedor tenha sido já condenado ou cuja fixação o credor pretenda obter no processo executivo.*
>
> *2 – O devedor é citado para, no prazo de 20 dias, deduzir oposição à execução, mediante embargos, podendo o fundamento da oposição consistir, ainda que a execução se funde em sentença, no cumprimento posterior da obrigação, provado por qualquer meio.*
>
> *3 – O recebimento da oposição tem os efeitos indicados no artigo 733.º, devidamente adaptado.*
>
> *Art. 705. Requerimento e fixação de prazo*
>
> *Se o título executivo obriga a fazer alguma coisa, o tribunal requererá ao devedor para que lhe faça dentro de um prazo que fixará segundo a natureza do fazer e as circunstância que concorram.*

EXECUÇÃO E CUMPRIMENTO DE SENTENÇA

1.4. Da multa coercitiva – *astreintes*

A concepção ideológica do processo civil contemporâneo exige que na obrigação de fazer ou de não fazer o seu cumprimento ocorra mediante a concessão de tutela específica, ou seja, que a obrigação seja cumprida na sua originalidade, e não mediante atividades substitutivas.

Para que a tutela jurisdicional seja efetiva, isto é, para que a obrigação seja cumprida de acordo com aquilo que fora estipulado pela lei ou pelo negócio jurídico, poderá o juiz, ao despachar a inicial de uma demanda executiva de obrigação de fazer ou não fazer fundada em título executivo extrajudicial, fixar multa por período de atraso no cumprimento da obrigação e a data a partir da qual será devida.

Portanto, poderá o exequente requerer ao tribunal a condenação do executado ao pagamento de uma quantia pecuniária por cada dia de atraso no cumprimento da obrigação assumida.

Assim, *"como nos dizem Pires de Lima e Antunes Varela, se o médico, o advogado, o arquiteto o engenheiro se tiverem obrigado a realizar determinado serviço ao cliente até certa data e faltarem ao prometido, deverá o juiz, a requerimento do cliente, condenar o médico, o advogado, o arquiteto ou o engenheiro a realizar imediatamente a prestação devida, sob pena de multa..."*.[211]

É importante salientar que a multa coercitiva somente deve ser imposta se for compatível com a obrigação ou dever de fazer ou não fazer, pois o fim da sanção pecuniária não é o de indenizar o credor pelo atraso no cumprimento da obrigação, mas, sim, forçar o devedor a cumprir, triunfando da sua resistência, oposição, indiferença ou desleixo. A aplicação da multa independe da existência e da extensão do dano que resulte do não cumprimento da obrigação no tempo pontual.[212]

O termo inicial da incidência da muta ocorre a partir da intimação pessoal do devedor. Nesse sentido, eis a seguinte decisão:

> *ADMINISTRATIVO. PROCESSUAL CIVIL. ANÁLISE DE DISPOSITIVOS CONSTITUCIONAIS. IMPOSSIBILIDADE NA VIA DO ESPECIAL. ALEGAÇÃO DE OFENSA AO ART. 535, INCISO II, DO CÓDIGO DE PROCESSO CIVIL. OMISSÃO NÃO CONFIGURADA. EMBARGOS À EXECUÇÃO. ANTECIPAÇÃO DE TUTELA. MULTA DIÁRIA. TERMO INICIAL. DATA DA INTIMAÇÃO PESSOAL DO DEVEDOR PARA O CUMPRIMENTO DA OBRIGAÇÃO DE FAZER. PRECEDENTES.*

---

[211] FERREIRA, F. A., op. Cit. p. 353 e 354.
[212] FERREIRA, F. A., idem, p. 354.

(...)

3. No caso de imposição de multa diária – astreinte –, o termo inicial para a incidência da cominação é a data da intimação pessoal do devedor para o cumprimento da obrigação de fazer. Precedentes.

(REsp 1098495/RS, Rel. Ministra LAURITA VAZ, QUINTA TURMA, julgado em 27/03/2012, DJe 03/04/2012)

O voto condutor do acórdão esclarece a questão:

*Como se vê, a partir da leitura das razões de decidir do aresto recorrido acima transcritas, verifica-se que a conclusão a que chegou o Tribunal de origem está em perfeita consonância com a jurisprudência desta Corte Superior de Justiça, segundo a qual, **no caso de imposição de multa diária – astreinte –, o termo inicial para incidência da cominação é o da intimação pessoal do devedor para a satisfação da obrigação de fazer e não, como pretende fazer crer a ora Recorrente, o da juntada ao autos do mandado devidamente cumprido.***

(...)

Questão interessante é se o prazo fixado pelo juiz para o cumprimento da obrigação de fazer ou não fazer, sob pena de multa diária, conta-se em dias úteis ou não.

Entendemos que a intimação para cumprimento de tutela antecipada é prazo de 'natureza processual' e não 'material', uma vez que sua imposição decorre de um 'ato processual' proferido pelo juiz no processo judicial. Assim, a contagem do prazo será em dias úteis. Evidentemente, quando se tratar de questão de extrema urgência, o juiz poderá estabelecer que o prazo corra em 'horas' e não em 'dias'. Desta feita, se o juiz estabeleceu prazo em 'dias' para o cumprimento de obrigação de fazer ou não fazer, a contagem será em dias úteis, e não em dias corridos.

Já a incidência diária da multa ocorrerá em dias corridos e não em dias úteis, pois a multa aplica-se por cada dia de atraso no cumprimento da obrigação.

Não havendo mais possibilidade de qualquer utilidade da obrigação de fazer ou de não fazer em favor do credor, não será mais o caso de imposição de multa, mas, sim, de conversão imediata da obrigação em perdas e danos.

Segundo a definição dada pelo Tribunal de Cassação de 17.02.76, *"a astreinte' é uma medida destinada a vencer a resistência oposta à execução de uma condenação".*[213]

---

[213] Ferreira, F. A., idem, ibidem.

A multa somente deverá ser aplicada se houver alguma utilidade jurídica ou material da obrigação de fazer ou não fazer em favor do credor exequente.

Em regra, o prazo para cumprimento da obrigação, e, por consequência, do início da incidência da multa aplicada, ocorre a partir da citação do executado para cumprir a obrigação de fazer ou não fazer.

A multa a ser fixada deverá ter força coercitiva para que o executado se sinta efetivamente coagido para cumprir *in natura* a obrigação por ele assumida ou imposta por lei.

O montante da pena pecuniária a ser fixado segundo critérios e circunstâncias de cada caso concreto, destina-se ao exequente.

Se o valor da multa estiver previsto no título e for excessivo, o juiz poderá reduzi-lo.

Isso significa dizer que a incidência da multa coercitiva deve ser na medida exata para compelir o executado a cumprir a obrigação, nem mais, nem menos.

Se o valor da multa já constar do próprio título executivo extrajudicial, mas sua incidência for demasiada ou excessiva, poderá o juiz reduzi-la a um patamar mais razoável.

Havia na doutrina e na jurisprudência certa dúvida quanto à possibilidade de imposição de multa coercitiva em face da Fazenda Pública. Tal questão foi solucionada pelo S.T.J. em Recurso Especial Representativo de Controvérsia, a saber:

> *PROCESSUAL CIVIL. RECURSO ESPECIAL REPRESENTATIVO DE CONTROVÉRSIA. ART. 543-C DO CPC/1973. AÇÃO ORDINÁRIA DE OBRIGAÇÃO DE FAZER. FORNECIMENTO DE MEDICAMENTO PARA O TRATAMENTO DE MOLÉSTIA. IMPOSIÇÃO DE MULTA DIÁRIA (ASTREINTES) COMO MEIO DE COMPELIR O DEVEDOR A ADIMPLIR A OBRIGAÇÃO. FAZENDA PÚBLICA. POSSIBILIDADE. INTERPRETAÇÃO DO CONTEÚDO NORMATIVO INSERTO NO § 5º DO ART. 461 DO CPC/1973.*
>
> *DIREITO À SAÚDE E À VIDA. 1. Para os fins de aplicação do art. 543-C do CPC/1973, é mister delimitar o âmbito da tese a ser sufragada neste recurso especial representativo de controvérsia: possibilidade de imposição de multa diária (astreintes) a ente público, para compeli-lo a fornecer medicamento à pessoa desprovida de recursos financeiros.*
>
> *2. A função das astreintes é justamente no sentido de superar a recalcitrância do devedor em cumprir a obrigação de fazer ou de não fazer que lhe foi imposta, incidindo esse ônus a partir da ciência do obrigado e da sua negativa de adimplir a obrigação voluntariamente.*
>
> *3. A particularidade de impor obrigação de fazer ou de não fazer à Fazenda Pública não ostenta a propriedade de mitigar, em caso de descumprimento, a sanção de pagar multa diária,*

conforme prescreve o § 5º do art. 461 do CPC/1973. E, em se tratando do direito à saúde, com maior razão deve ser aplicado, em desfavor do ente público devedor, o preceito cominatório, sob pena de ser subvertida garantia fundamental. Em outras palavras, é o direito-meio que assegura o bem maior: a vida. Precedentes: AgRg no AREsp 283.130/MS, Relator Ministro Napoleão Nunes Maia Filho, Primeira Turma, DJe 8/4/2014; REsp 1.062.564/RS, Relator Ministro Castro Meira, Segunda Turma, DJ de 23/10/2008; REsp 1.062.564/RS, Relator Ministro Castro Meira, Segunda Turma, DJ de 23/10/2008; REsp 1.063.902/SC, Relator Ministro Francisco Falcão, Primeira Turma, DJ de 1/9/2008; e AgRg no REsp 963.416/ RS, Relatora Ministra Denise Arruda, Primeira Turma, DJ de 11/6/2008.

4. À luz do § 5º do art. 461 do CPC/1973, a recalcitrância do devedor permite ao juiz que, diante do caso concreto, adote qualquer medida que se revele necessária à satisfação do bem da vida almejado pelo jurisdicionado. Trata-se do "poder geral de efetivação", concedido ao juiz para dotar de efetividade as suas decisões.

5. A eventual exorbitância na fixação do valor das astreintes aciona mecanismo de proteção ao devedor: como a cominação de multa para o cumprimento de obrigação de fazer ou de não fazer tão somente constitui método de coerção, obviamente não faz coisa julgada material, e pode, a requerimento da parte ou ex officio pelo magistrado, ser reduzida ou até mesmo suprimida, nesta última hipótese, caso a sua imposição não se mostrar mais necessária. Precedentes: AgRg no AgRg no AREsp 596.562/RJ, Relator Ministro Moura Ribeiro, Terceira Turma, DJe 24/8/2015; e AgRg no REsp 1.491.088/SP, Relator Ministro Ricardo Villas Bôas Cueva, Terceira Turma, DJe 12/5/2015.

6. No caso em foco, autora, ora recorrente, requer a condenação do Estado do Rio Grande do Sul na obrigação de fornecer (fazer) o medicamento Lumigan, 0,03%, de uso contínuo, para o tratamento de glaucoma primário de ângulo aberto (C.I.D. H 40.1). Logo, é mister acolher a pretensão recursal, a fim de restabelecer a multa imposta pelo Juízo de primeiro grau (fls. 51-53).

7. Recurso especial conhecido e provido, para declarar a possibilidade de imposição de multa diária à Fazenda Pública.

Acórdão submetido à sistemática do § 7º do artigo 543-C do Código de Processo Civil de 1973 e dos arts. 5º, II, e 6º, da Resolução STJ n. 08/2008.

(REsp 1474665/RS, Rel. Ministro BENEDITO GONÇALVES, PRIMEIRA SEÇÃO, julgado em 26/04/2017, DJe 22/06/2017)

1.5. Medidas executivas alternativas diante da resistência do executado em cumprir a determinação judicial

Recusando-se o executado a cumprir a obrigação de fazer, surgem as seguintes alternativas ao credor: a) requerer que a obrigação fungível seja realizada por terceiro, à custa do devedor, ou; b) requerer a conversão da execução em perdas

EXECUÇÃO E CUMPRIMENTO DE SENTENÇA

e danos, caso em que o juiz fixará uma indenização em seu favor, convertendo-se o procedimento em cumprimento de sentença ou decisão de quantia certa.

Qualquer que seja a forma escolhida pelo credor/exequente, realização do fato por terceiro ou perdas e danos, tudo será apurado no mesmo processo de execução, não havendo necessidade de se promover nova demanda.

É importante salientar que se o exequente optar pela hipótese de realização do fato por terceiro, nova relação jurídica material surgirá na execução entre o credor e o terceiro que se dispôs a concluir a prestação.

A espécie, portanto, origina nova relação jurídica entre o credor e o terceiro contratante, razão pela qual o executado não será mais responsável pela conclusão do fato ou pelo seu fiel cumprimento, uma vez que ele, executado, não participa dessa nova relação jurídica de direito material.

Se o terceiro contratante não cumprir com sua obrigação, seja por não estar de acordo com o cronograma ou com o prazo estipulado, pode surgir nova relação jurídica processual entre o credor e o terceiro, da qual não participará o devedor.

Não havendo interesse do exequente de que a obrigação de fazer seja cumprida por terceiro, poderá requerer a sua conversão em perdas e danos, quando então o juiz fixará a indenização mediante liquidação a ser apurada pela forma do procedimento comum ou arbitramento.

Poderá ocorrer, contudo, que no título executivo extrajudicial já estejam fixadas as perdas e danos, por meio de uma multa contratual, razão pela qual não poderá haver cumulação de indenização. Nessa hipótese, a liquidação será dispensada.

Além da fixação da multa pelo atraso no cumprimento da obrigação de fazer constante do título executivo extrajudicial, poderá o exequente, em se tratando de obrigação *fungível*, requerer, nos próprios autos do processo, que ela seja executada à custa do executado ou haver perdas e danos, caso em que ela se converterá em indenização.

Preceito similar encontra-se no art. 868º, 1, do código de processo civil lusitano:

> *Artigo 868.º Citação do executado*
> *1 – Se alguém estiver obrigado a prestar um facto em prazo certo e não cumprir, o credor pode requerer a prestação por outrem, se o facto for fungível, bem como a indemnização moratória a que tenha direito, ou a indemnização do dano sofrido com a não realização da prestação; pode também o credor requerer o pagamento da quantia devida a título de sanção*

pecuniária compulsória, em que o devedor tenha sido já condenado ou cuja fixação o credor pretenda obter no processo executivo.

Por sua vez, estabelece o art. 706 do C.P.C. espanhol:

Art. 706. Condenação de fazer não personalíssima.

1. Quando o haver a que obrigue o título executivo não seja personalíssimo, se o executado não o levar a cabo no prazo assinalado pelo Secretário judicial, o executante poderá pedir que lhe faculte para encarregá-lo a um terceiro, a custa do executado, ou reclamar o ressarcimento de danos e prejuízos.

Quando o título contenha uma disposição expressa para o caso de não cumprimento do devedor, se aplicará essa disposição, sem que o executante possa optar entre a realização por terceiro ou o ressarcimento.

2. Se, conforme ao disposto no parágrafo anterior, o executante optar por encarregar o fazer a um terceiro, se valorará previamente o custo de dito fazer por um perito 'tasador' designado pelo Secretário judicial e, se o executado não depositasse a quantidade que este aprove mediante decreto, suscetível de recurso direto de revisão sem efeitos suspensivo ante o Tribunal que ditou a ordem geral de execução, ou não afiançasse o pagamento, proceder-se-á de imediato ao embargo de bens e a sua realização forçada até obter a soma que seja necessária.

Quando o executante optar pelo ressarcimento dos danos e prejuízos, se procederá a quantificá-los conforme o previsto nos art. 712 e seguintes.

1.6. Cumprimento da obrigação por terceiro

Se a obrigação puder ser satisfeita por terceiro, é lícito ao juiz autorizar, a requerimento do exequente, que aquele a satisfaça à custa do executado.

A mesma possibilidade normativa encontra-se no art. 868º, n. 1, do C.P.C. português: "*Se alguém estiver obrigado a prestar um facto em prazo certo e não cumprir, o credor pode requerer a prestação por outrem, se o facto for fungível...*".

O exequente adiantará as quantias previstas na proposta que, ouvidas as partes, o juiz houver aprovado.

Segundo estabelece o p.u. do art. 239 do C.c.b., em caso de urgência, pode o credor, independentemente de autorização judicial, executar ou mandar executar o fato, sendo depois ressarcido.

A norma processual prevê a hipótese de cumprimento de obrigação *fungível*, ou seja, aquela que possa ser realizada por terceiro.

Aliás, em se tratando de obrigação infungível, não poderá ela ser realizada por terceiro, convertendo-se, desde logo, em perdas e danos, conforme preconiza o art. 247 do C.c.b.

Evidentemente, a execução da obrigação de fazer às custas do executado somente terá validade se a obrigação não se realizou por *culpa* do devedor. Havendo culpa, o devedor arcará com as despesas da realização da prestação por terceiro, podendo, inclusive, gastar mais do que gastaria se tivesse realizado a obrigação por si próprio.

Não havendo culpa do devedor, em razão de caso fortuito ou força maior, o devedor não poderá ser responsabilizado pelo pagamento ao terceiro.

Se a prestação do fato se tornar impossível sem culpa do devedor, resolver-se-á a obrigação; se por culpa dele, responderá por perdas e danos.

Pelo atual sistema processual, o credor deverá apresentar um orçamento e um plano de execução ao juiz, de modo que não haja abuso de seu direito e nem onere demasiadamente a posição do devedor recalcitrante, salvo na hipótese de urgência, quando poderá valer-se do disposto no parágrafo único do art. 249 do C.c.b.

Apresentada a proposta por terceiro, deverá ser ouvido o executado sobre o seu conteúdo, concedendo-lhe oportunidade para avaliar ou impugnar a proposta apresentada.

O juiz poderá ou não aprovar o orçamento e a proposta de realização da obrigação pelo terceiro, podendo valer-se ainda de *expert* para avaliar a proposta.

Aprovada a proposta apresentada pelo exequente, o juiz determinará a realização do fato.

O custo apurado para a realização da prestação fungível pelo terceiro será cobrado do devedor por meio de procedimento de cumprimento de sentença ou decisão de quantia certa.

Uma vez apresentada a proposta pelo exequente, e ouvido o executado, o juiz proferirá decisão aprovando o orçamento e determinando a realização do fato pelo terceiro.

Caberá ao exequente adiantar as quantias previstas na proposta, prosseguindo-se a execução pelo procedimento de cumprimento de decisão contra o executado para reaver o valor que houver adiantado para cumprimento da obrigação.

O adiantamento das quantias previstas na proposta pelo exequente é de rigor, pois a relação jurídica material com o contratante, terceiro, ocorre com o credor e não com o devedor.

Se o terceiro contratante não cumprir com sua obrigação, seja por não estar de acordo com o cronograma ou com o prazo estipulado, pode surgir nova lide entre o credor e o terceiro, da qual não participará o devedor.

EXECUÇÃO DE OBRIGAÇÃO DE FAZER E NÃO FAZER

A prestação poderá deixar de ser realizada dentro do cronograma apresentado e aprovado pelo juiz, ou o fato pode não ter sido iniciado, ou se iniciado, não foi concluído no prazo estipulado. Nessas hipóteses, poderá o credor requerer ao juiz, no prazo de quinze dias contado da mora do terceiro contratante, que o autorize a concluir ou reparar o fato por conta do contratante. Poderá também o credor autorizar que o contratante conclua a obra, fazendo-se desconto da caução realizada pelo credor na execução. Em ambas as hipóteses, por haver um negócio jurídico entre as partes, o contratante poderá vir a ser responsabilizado pelas perdas e danos que causar ao credor, que serão arbitrados pelo juiz no mesmo processo, podendo ser descontado da caução feita pelo credor, ou serem cobradas do terceiro contratante mediante cumprimento de sentença de quantia certa.

Na hipótese de o credor optar por concluir ou continuar a obra por si próprio, o juiz determinará que o custo disso seja por conta do terceiro contratante.

Se o contratante não reconhecer o inadimplemento parcial ou total da obrigação, o juiz terá que decidir a questão, podendo valer-se de *expert* ou de vistoria judicial.

Uma questão importante pode ainda ser ventilada. E se o credor não requerer, no prazo de dez dias, que o juiz o autorize a reparar a obra ou concluí-la por conta do contratante?

Nessa hipótese, e uma vez devidamente intimado o credor para se manifestar sobre o andamento da obra ou sobre sua conclusão final, nada disser, o seu silêncio levará à conclusão de que a obrigação assumida pelo contratante foi devidamente cumprida, homologando o juiz a conclusão da obra, restando apenas o prosseguimento da execução por quantia certa contra o devedor inadimplente.

Ouvido o contratante no prazo de 15 (quinze) dias, o juiz mandará avaliar o custo das despesas necessárias e o condenará a pagá-lo.

Arguindo o credor que a prestação realizada pelo terceiro contratante é incompleta ou defeituosa, o juiz determinará a sua intimação para se manifestar, decidindo a questão.

Uma vez reconhecido o inadimplemento contratual do terceiro contratante, o juiz mandará avaliar, por meio de perícia, o custo das despesas necessárias para o prosseguimento da obra ou para a sua correção, dando oportunidade às partes (credor e contratante) para se manifestarem sobre o valor apurado, a fim de que exerçam o contraditório.

Havendo ou não impugnação sobre o valor, deverá o juiz decidir, condenando o terceiro contratante ao valor apurado ou fixado na decisão. Contra essa decisão as partes poderão interpor recurso de agravo de instrumento.

O direito alemão permite que o credor requeira que o devedor seja condenado ao pagamento antecipado das despesas. Nesse sentido é o §887 do C.P.C. alemão:

> "§887. (Atos fungíveis)
>
> 1) Se o devedor não adimplir à obrigação de cumprir um ato, cuja execução pode decorrer de obra de um terceiro, o credor, mediante requerimento, deve ser autorizado pelo tribunal da causa de primeiro grau a realizar a execução do ato às custas do devedor.
>
> 2) O credor pode contemporaneamente demandar que o devedor seja condenado ao pagamento antecipado das despesas, que surjam da execução do ato, sem prejuízo do direito a um posterior pedido, em razão de a execução do ato comportar custos mais elevados".[214]

Já o art. 870º do Código de Processo Civil português preconiza que se o exequente optar pela prestação do fato por outrem, requererá a nomeação de perito que avalie o custo da prestação. Em seguida, concluída a avaliação, procede-se à penhora dos bens necessários para o pagamento da quantia apurada, seguindo-se os demais termos do processo de execução para pagamento de quantia certa.

Sem dúvida, a proposta legislativa de Portugal é muito mais eficaz e justa, pois poderá ocorrer que o exequente já tenha adiantado o pagamento ao executado para o cumprimento da obrigação de fazer, não tendo mais condição financeira para pagar o trabalho a ser desenvolvido por terceiro, o que de certa forma acarretará grave dano ao exequente.

1.7. Direito de preferência do exequente para execução da obra

Se o exequente quiser executar ou mandar executar, sob sua direção e vigilância, as obras e os trabalhos necessários à realização da prestação, terá preferência, em igualdade de condições de oferta, em relação ao terceiro.

O direito de preferência deverá ser exercido no prazo de 5 (cinco) dias, após aprovada a proposta apresentada pelo terceiro.

Assim como na adjudicação do bem há um prazo determinado para exercê--la, também o exequente que quiser realizar pessoalmente o fato na obrigação de fazer deverá manifestar seu interesse no prazo de cinco dias, contado da aprovação da proposta do terceiro. Evidentemente que o credor deverá ser

---

[214] PATTI, Salvatore. Códice di procedura civile tedesco (Zivilprozessordnung). Milano: Giuffrè Editore, 2010. p. 609.

intimado da aprovação da proposta para que o prazo de cinco dias comece a correr.

Ultrapassado o prazo de cinco dias, preclusa estará a oportunidade de o credor realizar o fato pessoalmente, consolidando-se o direito subjetivo do terceiro em realizar a prestação.

O exequente deverá apresentar ao juiz um cronograma de projeto e despesas para a execução dos trabalhos necessários à prestação do fato (obras ou outro trabalho equivalente – abrangendo as várias modalidades da obrigação de fazer) que não fora realizado pelo devedor originário.

Não haverá mais necessidade de o juiz realizar um concurso público para escolher a melhor oferta, bastando que a proposta apresentada pelo exequente seja suficiente para atender aos seus interesses e ao mesmo tempo vantajosa para o devedor que não sofrerá maior onerosidade.

Em regra, a realização do fato será de incumbência de um terceiro que tenha aptidão para desempenhar tal mister.

Evidentemente, o exequente somente poderá fazer pessoalmente o fato se tiver capacidade técnica e intelectual para tanto, pois, do contrário, estará abrindo mão de reclamar futuramente do devedor a correspondência da prestação realizada com o título executivo extrajudicial.

O direito de preferência conferido ao exequente não poderá onerar o devedor, razão pela qual, apesar de exercer o seu direito de preferência em relação ao projeto e ao custo da obra, isso não o desonera de prestar contas de seu trabalho no processo de execução, a fim de que o juiz possa avaliar se o trabalho corresponde efetivamente ao custo orçado.

A preferência concedida ao exequente é em todos os sentidos, não apenas em relação ao custo mas também em relação ao prazo de conclusão da obra, uma vez que a prorrogação indefinida do trabalho prejudica de certa forma o devedor, pois sendo ele o responsável pelo pagamento do custo e despesas da obra, o atraso poderá onerar o orçamento originário.

Assim, o credor, apesar da preferência em relação ao terceiro, não terá nenhuma regalia, a não ser o de substituir o terceiro. [215]

Encontra-se o mesmo preceito normativo no art. 871º do C.P.C. português:

Artigo 871.º Prestação pelo exequente

1 – Mesmo antes de terminada a avaliação ou a execução regulada no artigo anterior, pode o exequente fazer, ou mandar fazer sob a sua orientação e vigilância, as obras e

---

[215] LIMA, A. M., op. cit., p. 841.

EXECUÇÃO E CUMPRIMENTO DE SENTENÇA

trabalhos necessários para a prestação do facto, com a obrigação de prestar contas ao juiz do processo.

2 – A liquidação da indemnização moratória devida, quando pedida, tem lugar juntamente com a prestação de contas.

3 – Na contestação das contas é lícito ao executado alegar que houve excesso na prestação do facto, bem como, no caso previsto na última parte do número anterior, impugnar a liquidação da indemnização moratória.

1.8. Cumprimento da prestação

A execução deve ser realizada no interesse do credor, satisfazendo-o de acordo com o que estabelece o título executivo, sem, evidentemente, onerar o executado além do necessário.

A satisfação do credor, em regra geral, dar-se-á, no caso de obrigação de fazer, por ato próprio do devedor ou por ato de terceiro, no caso de obrigação fungível.

O fato a ser prestado altera-se de acordo com a natureza da obrigação, razão pela qual a avaliação de sua efetiva correspondência com o título executivo extrajudicial pode demandar formas diversas de verificação.

Prestado o fato pelo devedor nas obrigações fungíveis ou infungíveis, ou pelo terceiro nas obrigações fungíveis, este deverá corresponder à expectativa do credor.

A circunstância de ter sido prestado o fato, não garante o adimplemento da obrigação ou que a prestação tenha correspondência com aquilo que estabelece o título executivo extrajudicial.

Por isso, prestado o fato, o juiz ouvirá tanto o credor quanto o devedor no prazo de dez dias, a fim de que eles se manifestem sobre a correspondência do fato com aquilo que estabelece o título executivo extrajudicial.

O credor, no prazo de dez dias, poderá impugnar o fato prestado pelo próprio devedor ou por terceiro, aduzindo que a sua conclusão não observou aquilo que estava previsto no título executivo extrajudicial.

O devedor, por sua vez, poderá contradizer o credor, afirmando que o fato foi efetivamente prestado de acordo com o título.

O devedor também terá direito de se manifestar no processo de execução sobre a correspondência do fato realizado por terceiro em face do título executivo extrajudicial. É que muitas vezes o fato realizado pelo terceiro pode gerar efeitos no aumento do custo da obra, especialmente se o terceiro argumentar que havia impedimentos materiais ou orçamentários para a conclusão do fato nos termos em que fora determinado. Esse aumento de custo poderá, por sua vez, ensejar o aumento da responsabilidade do valor da obra a ser suportado pelo devedor, ou o aumento de sua responsabilidade pelas perdas e danos eventualmente requeridos.

Assim, muito embora, na generalidade dos casos, o devedor não tenha qualquer interesse jurídico em se manifestar sobre a correspondência do fato prestado pelo terceiro, poderá surgir hipóteses em que ele tenha efetivo interesse em sustentar que o terceiro cumpriu devidamente com a sua obrigação, razão pela qual a obrigação de fazer encontra-se devidamente extinta.

Impugnado pelo credor a correspondência do fato realizado pelo terceiro ou pelo próprio devedor em relação ao que estabelece o título executivo extra-judicial, o juiz, após ouvir as partes e o terceiro interessado, deverá decidir, podendo valer-se de assistência de *expert* ou mesmo da vistoria judicial.

O juiz, entendendo que a prestação foi devidamente cumprida, julgará extinta a execução, declarando cumprida a obrigação. A parte que não se conformar com a decisão poderá interpor recurso de apelação.

Se, porventura, considerar que a prestação não foi cumprida a contento, tanto o interessado quanto o devedor poderão interpor recurso de agravo de instrumento contra a decisão que determinar o prosseguimento da execução.

1.9. Obrigação de fazer infungível – perdas e danos

Incorre na obrigação de indenizar perdas e danos o devedor que recusar a prestação a ele só imposta, ou só por ele exequível.

Trata-se de obrigação de fazer que somente ao devedor compete realizar, seja pela sua capacidade especial, sua habilidade profissional etc. Visa-se a pessoa, o que caracteriza a obrigação como sendo *intuitu personae*. São exemplos citados pela doutrina: encomendar um quadro a um pintor célebre; realização de uma operação por um cirurgião notável.[216] Há também alguns exemplos em que se leva em conta as circunstâncias especiais: *a) entrega de incapaz que o obrigado oculta; b) fornecimento de luz, água e gás, que só a empresa concessionária pode prestar; c) exibição de documento; d) informações que o mandatário deve ao mandante sobre os negócios por ele realizados.*[217]

Diante do princípio da dignidade da pessoa humana e do respeito aos seus direitos de personalidade, dentre os quais, a plena liberdade de agir ou não agir, não se pode impor medidas coercitivas pessoais ao devedor. A liberdade é sagrada.

---

[216] Carvalho Santos, J. M.. *Código civil interpretado*. Parte Geral. Volume XI. 7ª ed., Rio de Janeiro: Livraria Freitas Bastos S.A., 1956. p. 88.
[217] Lima, A. M., op. cit., p. 843.

Também não se pode pensar na realização do fato por terceiro, justamente em razão de que se está diante de obrigação pessoal infungível.

Contudo, muito embora não se possa constranger o devedor ao cumprimento da obrigação assumida, também o credor não poderá ficar desguarnecido pelo inadimplemento do devedor. Nesse caso, a obrigação de fazer resolver-se-á em perdas e danos.

Porém, apesar de ser possível a conversão em perdas e danos, isso não significa dizer que o exequente não possa de plano promover a execução de título executivo extrajudicial de obrigação de fazer infungível, buscando uma execução específica do fato.

Conforme ensina Clóvis Beviláqua: *"Não quer isso dizer que a obrigação 'faciendi' (vel non faciendi) seja alternativa, nem que o devedor possa impedir o prosseguimento da ação do credor, oferecendo pagar perdas e danos. Estes resultam da condenação do réu ou da vontade do credor. Da condenação porque o Juiz imporá ao devedor a execução do prometido ou pagamento de perdas e danos. Da vontade do credor, porque este poderá propor a opção entre o cumprimento da obrigação ou perdas e danos. Como observa Teixeira de Freitas, nota ao art. 952 do Esboço: o pagamento de perdas e interesses não é o cumprimento da obrigação, é o único remédio possível contra a falta do devedor"*[218].

Por isso, o credor, diante do inadimplemento de uma obrigação de fazer infungível, deverá promover a execução específica da obrigação e não de plano o requerimento de perdas e danos.

O art. 821 do atual C.P.C. confere ao exequente a oportunidade de pleitear uma tutela específica, requerendo ao juiz que assine prazo a fim de que o executado cumpra a obrigação infungível, e assim promova sua conclusão pessoalmente.

E para que haja maior possibilidade de êxito nessa tentativa de persuadir o devedor a cumprir pessoalmente a obrigação, poderá o credor requerer algumas das medidas coercitivas, dentre elas, a aplicação de multa por período de atraso.

Porém, não poderá o juiz se valer da prisão civil como meio coercitivo para promover o cumprimento da obrigação de fazer ou não fazer infungível, por força do disposto no art. 5º, inc. LXVII da C.F.

Evidentemente que o juiz, ao adotar as medidas necessárias para a realização da tutela específica, deverá observar o princípio de que a tutela do direito deve dar-se do modo menos gravoso para o réu, ou seja, não pode causar gravame desproporcional ou não razoável, maior que necessário para a incidência do resultado prático pretendido.

---

[218] CARVALHO SANTOS, J.M., op. cit., p. 89.

No caso, a medida coercitiva mais eficaz será a imposição de multa diária pelo descumprimento da obrigação de fazer infungível.

Conforme estabelece o art. 821 do atual C.P.C., o executado será citado para satisfazer pessoalmente a obrigação no prazo assinado pelo juiz. O prazo assinado pelo juiz será de acordo com a complexidade do fato a ser realizado.

Devidamente juntado aos autos o mandado de citação ou outro documento correspondente para cumprir a obrigação, e independentemente de caução, poderá o devedor opor embargos à execução.

Uma das alegações que o devedor poderá apresentar nos embargos é justamente que a obrigação não é infungível, e, portanto, não tem ele o dever de realizar o fato pessoalmente.

Havendo recusa ou mora do executado, sua obrigação será convertida em perdas e danos, caso em que se observará o procedimento de execução por quantia certa.

Se o executado se recusar ao cumprimento pessoal da obrigação, ou permanecer indefinidamente em mora, apesar das medidas coercitivas aplicadas (astreintes), o exequente poderá requer a conversão em perdas e danos, dando sequência à execução com base no procedimento de cumprimento de sentença por quantia certa.

As perdas e danos serão apuradas pela via da liquidação pelo procedimento comum ou por arbitramento, salvo se já tiverem sido pré-fixadas, como quando ocorre com a cláusula penal.

O valor das perdas e danos pode superar o valor da própria prestação.

2. Execução de obrigação de não fazer

A responsabilidade do devedor pela realização de fato que não deveria realizar em razão de determinação legal ou contratual encontra-se prevista no art. 251 do C.C.b.

Consiste a obrigação de não fazer *"em omitir, para vantagem do credor, qualquer coisa que, se não fosse ela, o obrigado tinha a faculdade de fazer, ou em sofrer uma ação de outro. A 'solutio', que nas duas espécies se dá mediante a prestação ou execução do fato prometido, exerce-se aqui mediante uma abstenção mais ou menos prolongada, que mantém imutável o estado de fato desejado, de onde se segue que nem todas as regras da 'solutio' ordinária lhe são aplicáveis, nem a falta de cumprimento (que se verifica com a prática da ação proibida) dá lugar às formas ordinárias de coação".*[219]

---

[219] RUGGIERO, Roberto. *Instituições de direito civil*. Trad. Paolo Capitanio. Vol. 3. Campinas: Bookseller, 1999, p. 65 e 66.

EXECUÇÃO E CUMPRIMENTO DE SENTENÇA

Pressupõe-se nessa hipótese uma obrigação negativa, por meio da qual o devedor, por determinação legal ou contratual, encontra-se impedido de realizar o fato/ato proibitivo. São exemplos desse tipo de obrigação, a) o não impedimento do trânsito do vizinho pelo caminho que mais facilmente conduz à estrada de ferro, a não construção de obra que impeça a servidão de luz ou de paisagem devidamente contratada, b) a não construção de acessão em terreno alheio, conforme determina as normas de direito de vizinhança, c) proibição do locatário modificar a forma externa do imóvel sem o consentimento prévio e por escrito do locador, d) proibição do locatário sublocar o imóvel sem autorização prévia e escrita do locador; e) obrigação de não impedir o recebimento de águas que correm naturalmente do prédio superior etc.

Conforme ensina Monteleone, quando haja violação de uma obrigação de não fazer, *"nasce para o autor do ilícito a obrigação de remover a situação antijurídica: se esta foi concretizada em obras que impedem o gozo do direito (por exemplo, a construção de um edifício em violação de uma servidão de passagem, ou em violação a uma distância legal), esse dever ser eliminado...".*[220]

Para Monteleone, nesse tipo de obrigação não se perquire se se trata de questão de fungibilidade ou infungibilidade da prestação devida, pois esta, entendida como dever pessoal de conduta imposta à singular pessoa obrigada, será sempre por definição infungível.[221]

Evidentemente, o ato praticado pelo devedor contra as determinações legais ou contratuais deve ter sido realizado voluntariamente e culposamente, pois, caso contrário, ele não se constitui em mora.

Conforme leciona Tito Fulgêncio, *"a culpa é elemento conceitual da mora, termos em que, não havendo fato ou omissão imputável ao devedor, não incorre este em mora....".*[222]

Por sua vez, desde o momento em que o devedor praticou o fato (que não deveria praticar), constitui-se em mora e deverá responder pelos efeitos desse instituto jurídico.

De acordo com o art. 822 do atual C.P.C., se o executado praticou ato a cuja abstenção estava obrigado pela lei ou pelo contrato, o credor requererá ao juiz que assine prazo ao devedor para desfazê-lo.

---

[220] MONTELEONE, Girolamo. *Manuale di diritto processuale civile.* Vol. II. Quarta edizione. Padova: CEDAM, 2007. p. 246.

[221] MONTELEONE, G., idem, p. 247.

[222] CARVALHO SANTOS, J. M. *Código civil brasileiro interpretado.* Parte Geral. Volume XI. 7ª ed. Rio de Janeiro, 1956. p. 100.

Verifica-se, novamente, que a postura do legislador, diante do ilícito praticado pelo executado, não é simplesmente converter a obrigação de não fazer em perdas e danos, ou seja, numa mera obrigação ressarcitória.

O ordenamento jurídico dá ênfase à necessidade de se promover a tutela jurisdicional de acordo com aquilo que foi definido no direito material, ou seja, promover uma execução específica da obrigação, deixando para um segundo momento a conversão em perdas e danos.

Às vezes, o ato se realiza e se torna irreversível, não podendo nem ser desconstituído, de modo que apenas caberá ao credor pleitear o pagamento de perdas e danos (por exemplo, não passar em determinado local; não fazer barulho etc.)[223].

Não sendo o caso de fato irreversível, e mediante requerimento do exequente, o juiz citará o devedor para que no prazo fixado no mandado judicial ou outro documento previsto em lei, ele, executado, promova o desfazimento do fato realizado.

Para tanto, é necessário que o ato se concretize, não sendo necessário que se consume, como, por exemplo, dê início a um muro que possa impedir a servidão de paisagem contratada, ou que possa impedir a servidão de luz já adquirida com base no direito de vizinhança.

Pode ocorrer que os simples atos preparatórios não caracterizem a violação da obrigação de não fazer, como, por exemplo, compra de materiais de construção sem que se dê início aos atos executórios propriamente dito.

O prazo a ser fixado pelo juiz deverá observar a complexidade do desfazimento do fato, especialmente se se tratar de uma obra de grande volume e extensão.

Como mecanismo de estímulo para que o executado cumpra o que fora determinado no documento de citação, ou seja, o desfazimento do fato realizado, poderá o magistrado valer-se do disposto no art. 814 do atual C.P.C. que assim dispõe: *na execução de obrigação de fazer ou de não fazer fundada em título extrajudicial, ao despachar a inicial, o juiz fixará multa por período de atraso no cumprimento da obrigação e a data a partir da qual será devida.*

O §890 do C.P.C. alemão, assim regulamenta a indução coativa a comportamento de omissão e de tolerância do devedor:

"1) Se o devedor viola a obrigação de omitir um ato ou de tolerar que um tal ato seja executado, ele deve ser condenado pela contravenção a pedido do credor, pelo tribunal da

---

[223] LIMA, A. M., op. cit., p. 858 e 859.

causa de primeiro grau ao pagamento de uma sanção pecuniária e no caso de que esta não possa ser cobrada, a uma sanção detentiva, ou a uma sanção detentiva de até seis meses. A singular sanção pecuniária não deve superar o montante de 250.000 Euro, a sanção detentiva no total de dois anos.

2) A condenação deve ser precedida de uma intimação que, mediante pedido, é pronunciada pelo Tribunal da causa de primeiro grau, se não estiver contida na sentença que estatuiu a obrigação.

3) O devedor, mediante requerimento do credor, pode também ser condenado, por um tempo determinado, a prestar uma garantia pelo dano causado por ulteriores contravenções".

Por sua vez, estabelece o art. do C.P.C. português:

Artigo 876.º Violação da obrigação, quando esta tenha por objeto um facto negativo
1 – Quando a obrigação do devedor consista em não praticar algum facto, o credor pode requerer, no caso de violação, que esta seja verificada por meio de perícia e que o juiz ordene:
a) A demolição da obra que eventualmente tenha sido feita;
b) A indemnização do exequente pelo prejuízo sofrido; e
c) O pagamento da quantia devida a título de sanção pecuniária compulsória, em que o devedor tenha sido já condenado ou cuja fixação o credor pretenda obter na execução.
2 – O executado é citado para, no prazo de 20 dias, deduzir oposição à execução, mediante embargos, nos termos dos artigos 729.º e seguintes; a oposição ao pedido de demolição pode fundar-se no facto de esta representar para o executado prejuízo consideravelmente superior ao sofrido pelo exequente.
3 – Concluindo pela existência da violação, o perito deve indicar logo a importância provável das despesas que importa a demolição, se esta tiver sido requerida.
4 – A oposição fundada em que a demolição causará ao executado prejuízo consideravelmente superior ao que a obra causou ao exequente suspende a execução, em seguida à perícia, mesmo que o executado não preste caução.

Em situação de emergência, conforme estabelece o parágrafo único do art. 251 do C.c.b.: *"poderá o credor desfazer ou mandar desfazer, independentemente de autorização judicial, sem prejuízo do ressarcimento devido".*

Essa tutela jurídica (e não jurisdicional) de desfazimento de obra sem autorização judicial, não significa que o credor possa exercer, de forma arbitrária, suas próprias razões, isto é, não significa que possa ingressar em propriedade alheia, mediante invasão ou turbação da posse, para o fim de desfazer eventual construção.

Essa possibilidade de tutela jurídica imediata ocorre em caso de urgência, ou seja, estado de necessidade evidenciado, como, por exemplo, desfazimento de obra ou muro que possam acarretar a inundação da casa do credor.

2.1. Recusa ou mora do executado

Expirado o prazo previsto no art. 822 do atual C.P.C. para que o executado desfaça o fato realizado, o exequente requererá ao juiz que mande desfazer o ato à custa do devedor, que responderá por perdas e danos.

Por sua vez, estabelece o art. 877 do C.P.C. português:

> *Artigo 877.º Termos subsequentes*
>
> *1 – Se o juiz reconhecer a falta de cumprimento da obrigação, ordena a demolição da obra à custa do executado e a indemnização do exequente, ou fixa apenas o montante desta última, quando não haja lugar à demolição.*
>
> *2 – Seguem-se depois, com as necessárias adaptações, os termos prescritos nos artigos 869.º a 873.º.*

Em situação de emergência, conforme estabelece o parágrafo único do art. 251 do C.c.b.: *"poderá o credor desfazer ou mandar desfazer, independentemente de autorização judicial, sem prejuízo do ressarcimento devido"*.

É importante salientar que a *mora* do devedor existe desde o momento em que ele promoveu a execução do fato proibido por lei ou pelo contrato.

Se as *astreintes* não forem suficientes para persuadir o executado a desfazer o ato/fato, não resta outra alternativa ao exequente do que requerer ao juiz autorização para desfazê-lo, à custa do devedor, o qual, além de arcar com as despesas do desfazimento também irá responsabilizar-se por eventuais perdas e danos.

No caso, assim como ocorre na obrigação de fazer, o devedor será intimado para se manifestar sobre o projeto e o orçamento apresentados pelo credor para o desfazimento do fato. Havendo impugnação, o juiz deverá decidir, podendo valer-se de auxílio de peritos.

O exequente, tendo conhecimento técnico para tanto e em igualdade de condições com terceiros, terá preferência para realizar o desfazimento do fato, prestando conta ao juízo da execução, aplicando-se por analogia o disposto no art. 820 do atual C.P.C.

O direito de preferência do exequente deverá ser exercido no prazo de cinco dias, após aprovada a proposta do terceiro (p.u. do art. 820 do atual C.P.C.).

Se o terceiro contratado não prestar o fato no prazo ou se o praticar de modo incompleto ou defeituoso, poderá o exequente requerer ao juiz, no prazo de quinze dias, que o autorize a concluí-lo ou a repará-lo por conta do contratante (por analogia, art. 819 do atual C.P.C.)

Ouvido o contratante no prazo de quinze dias, o juiz mandará avaliar o custo das despesas necessárias e condenará o contratante a pagá-lo (por analogia, parágrafo único do art. 819 do atual C.P.C.).

A cobrança das despesas do desfazimento, assim como as perdas e danos, seguirá o procedimento de cumprimento de decisão por quantia certa.

As perdas e danos serão avaliadas por meio de liquidação pelo procedimento comum ou arbitramento.

Não sendo possível desfazer-se o fato, a obrigação resolve-se em perdas e danos, caso em que, após a liquidação, se observará o procedimento de execução por quantia certa.

Poderá ocorrer que uma vez praticado fato, o dano dele decorrente não poderá mais ser desfeito. Exemplo dessa situação é realização de barulho, ou a passagem em determinado caminho proibido por lei ou pelo contrato. Outros exemplos encontram-se nos artigos 1.258 e 1.259 do C.c.b.

Assim, nos casos em que não se poderá exigir, por impossibilidade jurídica ou fática, o desfazimento do fato, ao credor restará apenas requerer a conversão em perdas e danos.

Capítulo 7
Execução por quantia certa

1. Aspectos gerais da execução por quantia certa

Para Celso Neves, ao se analisar as antigas formas de execução do sistema romano de processo civil, não se pode negar que a *execução por quantia certa* é a mais remota das espécies de procedimento executório.[224]

A execução expropriativa (ou execução em dinheiro) é a uma pretensão inserida na demanda executiva em que o direito positivo brasileiro configura como ordinário, geral e protótipo, e se aplica a toda classe de pretensões processuais baseadas em um título executivo judicial ou extrajudicial, na qual se reclama a entrega de uma quantidade específica de dinheiro, seja por ser esta uma significação originária, seja por converter-se nela pretensões que inicialmente teriam alcance distinto.[225]

Analisando o processo civil espanhol, anotam Jaime Guasp e Pedro Aragoneses as seguintes características da execução expropriativa: a) trata-se de um autêntico processo, uma vez que nele intervém um juiz como tal; b) trata-se de um processo de execução, uma vez que o modo de se satisfazer a pretensão da parte não é se emitindo uma declaração de vontade pelo juiz, senão por meio de uma manifestação ou operação física, que é o que efetivamente interessa ao titular desse tipo de pretensão; c) trata-se de uma

---

[224] Neves, Celso. *Comentários ao código de processo civil*. 2ª ed. Vol. VII. Rio de Janeiro: Forense, 1977. p. 1.

[225] Guasp, Jaime; Aragoneses, Pedro. *Derecho procesal civil*. Tomo II – parte especial: procesos declarativos y de ejecución. Navarra: Thomson Civitas, 2006. p. 591

EXECUÇÃO E CUMPRIMENTO DE SENTENÇA

execução de caráter ordinário, e não de índole especial; d) tem por finalidade a satisfação do credor mediante e entrega de determinada quantia em dinheiro.[226]

O objeto das obrigações pecuniárias (de pagar quantia certa) consiste na prestação a moeda, um algarismo, cuja função instrumental é a medida de valores. Por isso, o objeto da prestação, na obrigação de pagar quantia certa, distingue-se pela máxima *fungibilidade*, em face de sua função universal que é de servir de escala de valores para todos os bens economicamente ou não economicamente apreciáveis monetariamente. O papel moeda é em si coisa certa, uma vez que é numerado, e, por isso, se identifica concomitante e cumulativamente com o universo de bens disponíveis ao atendimento das necessidades humanas.[227]

Por isso, a quantificação de eventual crédito pode ocorrer em todas as espécies de obrigação, inclusive nas obrigações de fazer ou não fazer e de entregar coisa, uma vez que, seja pela aplicação das *astreintes* ou da conversão em perdas e danos, haverá possibilidade de que essas obrigações sejam cumpridas mediante o pagamento de quantia certa.

Pode-se dizer que, em sede de primeira aproximação sobre o tema, o processo executivo por antonomásia é aquele por *expropriação forçada*, que tem aplicação de fato geral, sendo esse voltado à satisfação dos direitos de crédito mediante a agressão e liquidação em dinheiro dos bens particulares do devedor. Enquanto que os processos executivos de obrigação de entregar coisa certa ou incerta ou de fazer ou não fazer encontram aplicação em situações específicas, nas quais se visa a dar prática satisfação ao direito a uma prestação que se justifica ou em relação a um bem determinado (a coisa móvel a entregar, o bem imóvel a liberar). Por esta razão, fala-se, comumente, em relação a esses dois últimos processos, de execução *de forma específica*.[228]

A execução por quantia certa realiza-se pela expropriação de bens do executado.

Quando a norma processual faz menção à *quantia certa*, ela, na realidade, quis dizer *obrigação certa*, o que em última análise corresponde à quantia certa em dinheiro.

---

[226] GUASP, J.; ARAGONESES, P., idem,p. 591 e 592.

[227] Assis, Araken. *Manual do processo de execução*. 8ª ed. São Paulo: Editora Revista dos Tribunais, 2002. p. 557.

[228] VERDE, Giovanni; CAPPONI, Bruno. *Profili del processo civile*. Napoli: Jovene Editore, 2006. p. 5.

EXECUÇÃO POR QUANTIA CERTA

A obrigação certa considerada no título executivo é certa na medida em que a lei considera tal certeza como suficiente para possibilitar o exercício de uma demanda executiva.

O requisito da certeza da obrigação refere-se à correta identificação da prestação devida, do sujeito obrigado a cumpri-la e daquele que tem direito de recebê-la.

O requisito deve ser entendido diversamente em relação aos singulares processos de execução: na entrega ou liberação de bens móveis ou imóveis, serão identificados o bem e os sujeitos da prestação (a entrega ou a liberação, em si considerada, é, pois, atividade típica, que resulta diretamente descrita no código). Na execução de obrigação de fazer ou não fazer, o título deverá indicar o resultado final da execução (exemplo, a destruição da obra abusivamente edificada), mas as modalidades práticas da execução serão determinadas pelo juiz mediante requerimento do credor.[229]

Na expropriação forçada, a obrigação certa corresponde ao pagamento de um crédito em dinheiro ou que possa ser convertido em dinheiro, bem como a identificação do credor e do devedor. Há nessa afirmação um sentido de quantia *certa*, isto é, *certa e líquida*, conforme aduz Pontes de Miranda.[230]

Na execução por quantia certa, o pagamento deverá ser realizado em moeda corrente.

Eventuais prestações em moeda estrangeira, exequíveis no Brasil, como é o caso do título executivo extrajudicial, converter-se-ão em moeda nacional, pois *"é válida a cláusula que utiliza a moeda estrangeira para definir a obrigação a ser paga no exterior, sendo pedido, na ação de cobrança, o pagamento em moeda nacional".*[231]

Não fere a liquidez e certa da obrigação objeto de execução por quantia certa, o fato de a dívida ser corrigida monetariamente após o seu vencimento, uma vez que até o vencimento a responsabilidade pela desvalorização da moeda é do credor, sendo que após o vencimento, e em razão da mora, a responsabilidade passa a ser do devedor.

O art. 1º da lei 6.899, de 8.4.81, preconiza que os títulos de dívida líquida e certa sofrerão correção monetária a partir do vencimento. Nenhuma obrigação

---

[229] VERDE, G.; CAPPONI, B., idem, p. 45 e seguintes.
[230] PONTES DE MIRANDA. *Comentários ao código de processo civil.* Tomo X. Rio de Janeiro: Forense, 1976, p. 157.
[231] ASSIS, Araken. *Manual do processo de execução.* 8ª ed. São Paulo: Editora Revista dos Tribunais, 2002. p. 560.

EXECUÇÃO E CUMPRIMENTO DE SENTENÇA

pecuniária escapa a essa regra. Várias súmulas do STJ consagram essa imposição (8, 14, 16, 29, 35, 43).[232]

O art. 824 do atual C.P.C., ao fazer referência à execução *por quantia certa*, o que ele pretende afirmar que é tanto a *obrigação deve ser certa*, ou seja, obrigação de pagar quantia em dinheiro, como a própria *quantia deverá ser determinada*, no sentido de que deverá ser numericamente identificada. A certeza, nesse caso, confunde-se com a própria liquidez do valor a ser previsto no título executivo extrajudicial, ou seja, no cheque, na nota promissória, na duplicata, na escritura pública ou particular, na debênture etc.

A obrigação, além de ser certa e líquida, há também de ser exigível para que possa ser iniciada a demanda executiva de quantia certa. Se ainda não houve o vencimento do termo ou a implementação da condição, o crédito não se tornou exigível, razão pela qual o credor não tem interesse em promover a execução.

O Capítulo IV, do Título II, do Livro II, do C.P.C. de 1973, era intitulado como, *Da execução por quantia certa contra devedor solvente*, pois a execução por quantia certa *contra devedor insolvente* era regulada nos artigos 748 a 776, em que havia um rito próprio para a insolvência.

Já o Capítulo IV do atual C.P.C. menciona apenas a *execução por quantia certa*, não fazendo qualquer referência ao *devedor solvente*.

Não há dúvida de que a execução singular poderá ser proposta contra devedor *solvente ou insolvente*, e poderá ser levada a termo por um dos credores, mesmo que o patrimônio não baste para pagamento de todos os credores.

Porém, o concurso universal continua previsto pelo novo C.P.C., conforme estabelece o art. 797 do atual C.P.C., *in verbis: "Ressalvado o caso de insolvência do devedor, em que tem lugar o concurso universal, realiza-se a execução no interesse do exequente que adquire, pela penhora, o direito de preferência sobre os bens penhorados".*

O problema é que o art. 797 não regulamentou a execução coletiva contra devedor insolvente, deixando um hiato quanto à forma e o procedimento de se promover esse tipo de execução.

Em razão desse hiato, o art. 970 do Projeto originário do novo C.P.C., n. 166/2010, prescrevia em seu art. 970, das Disposições Transitórias:

> *"Até que se edite lei para regular a insolvência do devedor civil, permanecerão em vigor as disposições do Título IV do Livro II do Código revogado, observado o disposto neste artigo.*
>
> *§1º Serão considerados devedores civis:*

---

[232] Assis, A., idem, p. 561.

I – pessoa física que nunca exerceu atividade empresarial em nome individual;

II – pessoa física que já encerrou a atividade empresarial há mais de dois anos;

III – espólio de devedor não empresário;

IV – associação, fundação e sociedade não empresária;

V – sociedade de natureza civil, irregular ou de fato.

§2º Não se consideram devedores civis o empresário e a sociedade empresária.

§3º Aprovado o quadro de credores, com estes poderá acordar o devedor insolvente, propondo-lhes a forma de pagamento; não havendo posição da maioria, o juiz aprovará a proposta por sentença.

§4º Para o fim do disposto no §3º, o juiz poderá promover, a requerimento do devedor, uma assembléia geral dos credores habilitados, para ser apreciada e deliberada proposta de solução negociada para os créditos em concurso, que crie condições viáveis de preservação, no todo ou em parte, do patrimônio do insolvente e que permita a continuidade dos seus negócios.

§5º Os poderes de aprovação e veto de assembléia geral de credores reger-se-ão, no que couber, pela Lei n. 11.101, de 9 de fevereiro de 2005, cujas disposições aplicam-se subsidiariamente à execução por quantia certa contra devedor insolvente".

Contudo, o art. 1.052 do Livro Complementar das Disposições Transitórias do atual C.P.C. não adotou a redação originária, passando a regular a questão da execução contra devedor insolvente da seguinte forma: *Até a edição de lei específica, as execuções contra devedor insolvente, em curso ou que venham a ser propostas, permanecem reguladas pelo Livro II, Título IV, da Lei nº 5.869, de 11 de janeiro de 1973.*

2. Espécies de expropriação

Como a execução tem por escopo a remoção (execução forçada) dos obstáculos que não permitem ao titular do direito o gozo do bem ou da utilidade assegurada pela lei substancial, o titular desse bem ou dessa utilidade pode fazer jus à *execução forçada*, mediante a expropriação de bens do devedor.

Expropriar significa individualizar os bens do patrimônio do executado, para em seguida, na hipótese de apreensão de bens diversos do dinheiro, dar-lhes justo preço e convertê-los em moeda na alienação coativa; incidentalmente, na contingência do interesse do credor, este poderá adjudicar o bem, ou permitir que a satisfação do crédito se faça por meio de penhora em rendas dos bens do devedor.[233]

---

[233] Assis, A., op. cit., p. 563.

EXECUÇÃO E CUMPRIMENTO DE SENTENÇA

É certo que também no processo executivo vige o princípio da demanda e do contraditório, mas as partes encontram-se, de certa forma, em uma posição de profunda desigualdade, em decorrência do título executivo que permite ao credor promover os atos de constrição ou de expropriação sobre bens do devedor.

Sobre o objeto da expropriação, anota o art. 2.912 do Código Civil italiano:

> *"O credor, para conseguir aquilo que lhe é devido, pode expropriar os bens do devedor, segundo as regras estabelecidas no Código de processo civil italiano.*
>
> *Podem ser expropriados os bens de um terceiro quando estão vinculados à garantia do crédito ou quando são objeto de um ato que foi revogado porque realizado em prejuízo do credor".*

A expropriação pode ser subjetiva ou objetiva conforme a solvência ou não do obrigado. Verificando-se que o patrimônio do executado é deficitário, a expropriação torna-se coletiva, ou seja, abrange a um só tempo todos os credores e todo o patrimônio, regulando-se sua distribuição com base no princípio *par conditio creditorum*.

Porém, sendo solvente o executado, a expropriação se refere ao bem penhorado e aos credores penhorantes

Pelo que dispõe o art. 825 do atual C.P.C., são formas de expropriação:

a) adjudicação: *É lícito ao exequente, oferecendo preço não inferior ao da avaliação, requerer lhe sejam adjudicados os bens penhorados (art. 876 do atual C.P.C.).*

b) alienação: *que poderá ser realizada por iniciativa particular ou por meio de leilão judicial eletrônico ou presencial (art. 879, incs. I e II do atual C.P.C.).*

c) apropriação de frutos e rendimentos da empresa ou estabelecimentos e de outros bens: *o juiz pode ordenar a penhora de frutos e rendimentos de coisa móvel ou imóvel quando a considerar mais eficiente para o recebimento do crédito e menos gravosa ao executado (art. 867 do atual C.P.C.).*

Segundo Salvatore Pugliatti, a técnica de expropriação é realizada em três fases: momento inicial, culminante e final, isto é, ato de penhora, alienação, adjudicação ou percepção de renda e pagamento.[234]

Observa-se, portanto, que a qualidade essencial que define a natureza da execução expropriativa é justamente aquela que insere essa espécie de execução no quadro das tipicamente patrimoniais.

---

[234] PUBLIATTI, Salvatore. *Esecuzione forzata e diritto sostanziale.* N. 32, Milano: Giuffrè, 1935. p. 145.

EXECUÇÃO POR QUANTIA CERTA

Porém, observa-se em nosso ordenamento jurídico espécie de execução por quantia certa em que a sua efetivação não se dá pela simples expropriação de bens, mas, sim, mediante ato executivo pessoal (alimentos).

A execução pessoal é aquela em que os atos executivos recaem objetivamente sobre a pessoa do executado, enquanto que na execução patrimonial opera-se de imediato sobre os bens do sujeito passivo da execução

3. Remição da dívida objeto da execução

Não obstante a expropriação seja um importante instrumento da execução forçada, é certo que a sua efetivação é a *ultima ratio*, uma vez que o executado é citado para pagar a dívida e não para, de imediato, ver seus bens penhorados.

Por isso, antes que se complete a expropriação por meio da adjudicação dos bens pelo exequente ou pela alienação dos bens através da venda particular ou em leilão público, poderá o executado, a todo tempo, remir a execução, pagando ou consignando a importância atualizada da dívida, mais juros, custas e honorários advocatícios.

Não se deve confundir *remissão* (com dois ss – perdão) com *remição* (com ç – pagamento).

Remir a execução (com ç), nos termos do art. 826 do atual C.P.C., significa cumprir voluntariamente a obrigação, acrescida dos consectários legais, ou seja, mais juros, custas e honorários de advogado.

O limite temporal para que o executado possa utilizar-se do benefício estabelecido no art. 826 do atual C.P.C. é a concretização da adjudicação ou alienação, ou seja, a assinatura do auto de adjudicação ou de arrematação.

Muito embora o art. 826 do atual C.P.C. apenas diga que pode *o executado* remir a execução, isso não significa dizer que outros devedores ou mesmo terceiros interessados ou não estejam alijados da possibilidade de também remir a execução. Aliás, essa análise crítica já havia lançada Amílcar de Castro, ao comentar o art. 952 do C.P.C. de 1939: *"De dizer o art. 952 que é lícito 'ao executado' remir a execução, não se deve tirar a conclusão de que 'só ao executado' seja lícito remir a execução. É princípio de direito que o pagamento tanto pode ser efetuado pelo próprio devedor como por qualquer 'terceiro', interessado, ou não. O credor não pode recusar o pagamento, qualquer que seja a pessoa que se proponha a pagar a dívida (arts. 930 e segs., 973, I e 975, III, do Código Civil de 1916), pelo que, sendo a condenação líquida, em qualquer ponto do processo da execução, antes de arrematados ou adjudicados os bens penhorados, por consangüinidade ou afinidade, podem fazer o pagamento integral da dívida exeqüenda e custas da execução, haja, ou não, direito real de garantia, sem que o exeqüente possa recusar o pagamento.*[235]

Assim, seja o débito pago pelo próprio executado, por terceiro interessado ou não, é caso de extinção da execução e não de seu prosseguimento para a expropriação de bens do sujeito passivo da demanda.

O art. 916 do atual C.P.C. estabelece que, no prazo para embargos (quinze dias), reconhecendo o crédito do exequente e comprovando o depósito de trinta por cento do valor em execução, inclusive custas e honorários de advogado, faculta-se ao executado requerer o pagamento do restante em até seis parcelas mensais, acrescidas de correção monetária e juros de um por cento ao mês. Muito embora esse dispositivo preveja um limite para se formular requerimento de pagamento parcelado do débito, o certo é que em razão do princípio de que a execução seja promovida de forma menos onerosa ao devedor, é de ser deferido esse benefício mesmo após o transcurso do prazo para embargos, visando, justamente, a evitar a expropriação de bens do executado. Além do mais, o executado deverá, imediatamente, depositar 30% do valor do débito em favor do credor, o que já permite reconhecer que essa medida também é do interesse do credor.

Assim, nada impede que o juiz defira o pedido de parcelamento, mesmo após o transcurso do prazo de embargos.

4. Remição dos bens expropriados

Além da remição da dívida, normas processuais também permitem a remição por terceiros dos bens penhorados e alienados.

Não se trata da remição prevista no art. 826 do novo C.P.C., uma vez que a remição ora analisada diz respeito ao valor do bem arrematado ou adjudicado e não ao valor da dívida.

O Código de 1973, em seus artigos 787 a 790, permitia a remição dos bens arrematados ou adjudicados pelo cônjuge, descendente ou pelo ascendente, desde que qualquer deles depositasse o preço pelo qual teriam sido alienados ou adjudicados os bens, no prazo de 24 horas que mediasse entre a arrematação dos bens em praça ou leilão e a assinatura do auto ou entre o pedido de adjudicação e a assinatura do auto, havendo um só pretendente; ou entre o pedido de adjudicação e a publicação da sentença, havendo vários pretendentes. Ocorre que estes dispositivos foram revogados pela Lei 11.382, de 2006, e não foram repetidos pelo novo C.P.C.

---

[235] CASTRO, Amílcar. *Comentários ao código de processo civil.* Vol. X., Rio de Janeiro: Forense, p. 240.

EXECUÇÃO POR QUANTIA CERTA

O novo C.P.C. permite que o cônjuge, o companheiro, os descentes ou os ascendentes do executado exerçam o direito à adjudicação do bem penhorado, nos termos do §5º do art. 876º do novo C.P.C. Porém, essa permissão legal não caracteriza a tradicional 'remição' dos bens penhorados, uma vez que haverá licitação entre os pretendentes. A preferência outorgada às pessoas indicadas no referido dispositivo somente ocorrerá na hipótese de igualdade de oferta.

No direito processual civil português permanece a possibilidade de remição por terceiro dos bens penhorados e alienados.

Sobre a legitimidade para se promover a remição no âmbito do processo civil português, assim estabelece o art. 842º do código processual lusitano:

> *Artigo 842.º A quem compete*
> *Ao cônjuge que não esteja separado judicialmente de pessoas e bens e aos descendentes ou ascendentes do executado é reconhecido o direito de remir todos os bens adjudicados ou vendidos, ou parte deles, pelo preço por que tiver sido feita a adjudicação ou a venda.*

A ordem de preferência à remição, concorrendo mais de um legitimado, dá-se nos seguintes termos:

> *Artigo 845.º Ordem por que se defere o direito de remição*
> *1 – O direito de remição pertence em primeiro lugar ao cônjuge, em segundo lugar aos descendentes e em terceiro lugar aos ascendentes do executado.*
> *2 – Concorrendo à remição vários descendentes ou vários ascendentes, preferem os de grau mais próximos aos de grau mais remoto; em igualdade de grau, abre-se licitação entre os concorrentes e prefere-se o que oferecer maior preço.*
> *3 – Se o requerente da remição não puder fazer logo a prova do casamento ou do parentesco, é concedido prazo razoável para a junção do respetivo documento.*

Essa possibilidade de remição no direito português predomina inclusive sobre eventual direito de preferência. Nesse sentido estabelece o art. 844º do C.P.C.português:

> *Artigo 844.º Predomínio da remição sobre o direito de preferência*
> *1 – O direito de remição prevalece sobre o direito de preferência.*
> *2 – Se houver, porém, vários preferentes e se abrir licitação entre eles, a remição tem de ser feita pelo preço correspondente ao lanço mais elevado.*

Assim, o direito de preferência à remição prevalece sobre o direito real do promitente-comprador (TEIXEIRA DE SOUSA AExS, 1998, 381).

5. Requisitos da petição inicial e despacho preliminar na execução

O processo de execução forçada de título executivo extrajudicial inicia-se com uma declaração da parte em que se requer ao juiz sua atuação mediante o deferimento de atos materiais executivos para a concretização da pretensão formulada na demanda executiva.

Portanto, salvo exceções, a demanda executiva não poderá ser iniciada de ofício pelo juiz.

A demanda de execução encerra a pretensão processual executiva.

A demanda executiva concretiza-se por meio de uma petição inicial, como ato de iniciação de um verdadeiro processo autônomo e distinto do processo de conhecimento.

Interposta a demanda executiva por meio de petição inicial, deverá o órgão jurisdicional competente em *limine litis* verificar se estão presentes os requisitos legais exigidos para a admissibilidade da pretensão executiva contida na demanda.

A petição inicial da demanda executiva de quantia certa deverá conter os seguintes requisitos: a) indicação da espécie de execução de sua preferência, quando por mais de um modo puder ser realizada; b) os nomes completos do exequente e do executado e seus números de inscrição no Cadastro de Pessoas Físicas ou no Cadastro Nacional da Pessoa Jurídica; c) indicação dos bens suscetíveis de penhora, sempre que possível; d) instrução da execução com o título executivo extrajudicial; e) apresentação do demonstrativo do débito atualizado até a data de propositura da ação, no qual conste o índice de correção monetária adotado, a taxa de juros aplicada, os termos inicial e final de incidência do índice de correção monetária e da taxa de juros utilizados, a periodicidade da capitalização dos juros, se for o caso, e a especificação de desconto obrigatório realizado; f) prova de que se verificou a condição ou ocorreu o termo, se for o caso; g) a prova, se for o caso, de que o exequente adimpliu a contraprestação que lhe corresponde ou que lhe assegura o cumprimento, se o executado não for obrigado a satisfazer a sua prestação senão mediante a contraprestação indicada; h) pedido de intimação do credor pignoratício, hipotecário, anticrético ou fiduciário, quando a penhora recair sobre bens gravados por penhor, hipoteca, anticrese ou alienação fiduciária; i) pedido de intimação do titular de usufruto, uso ou habitação, quando a penhora recair sobre bem gravado por usufruto, uso ou habitação; j) pedido de intimação do promitente comprador, quando a penhora recair sobre bem em relação ao qual haja promessa de compra e venda registrada; k) pedido de intimação do promitente vendedor, quando a penhora recair sobre direito aquisitivo derivado de promessa de compra e venda registrada; l) pedido de intimação do superficiário, enfiteuta ou concessionário, em caso de direito de superfície, enfiteuse, concessão de uso especial para fins de moradia ou concessão de direito real de uso, quando a penhora recair sobre imóvel submetido ao regime do direito de superfície, enfiteuse ou concessão; m) pedido de intimação do proprietário de terreno com regime de direito de superfície, enfiteuse, concessão de uso especial para fins de moradia ou concessão de direito real de uso, quando a penhora recair sobre direitos do superficiário, do enfiteuta ou do concessionário; n) pedido de intimação da sociedade, no caso de penhora de quota social ou de ação de sociedade anônima fechada, para o fim previsto no art. 876, § 7º do novo C.P.C.; o) pedido de intimação do titular da construção-base, bem como, se for o caso, do titular de lajes anteriores, quando a penhora recair sobre o direito real de laje; p) pedido de intimação do titular das lajes, quando a penhora recair sobre a construção-base.

Evidentemente que a petição inicial da demanda executiva também deverá observar, no que couber, o disposto no art. 319 do novo C.P.C.

Poderá ainda o exequente, na petição inicial, pleitear, se for o caso, medidas urgentes.

Os requisitos da petição inicial na execução para pagamento de quantia certa no processo civil português estão assim delineados no art. 724º do código lusitano:

> *Artigo 724.º Requerimento executivo*
>
> *1 – No requerimento executivo, dirigido ao tribunal de execução, o exequente:*
>
> *a) Identifica as partes, indicando os seus nomes, domicílios ou sedes e números de identificação fiscal, e, sempre que possível, profissões, locais de trabalho, filiação e números de identificação civil; b) Indica o domicílio profissional do mandatário judicial; c) Designa o agente de execução ou requer a realização das diligências executivas por oficial de justiça, nos termos das alíneas c), e) e f) do n.º 1 do artigo 722.º; d) Indica o fim da execução e a forma do processo; e) Expõe sucintamente os factos que fundamentam o pedido, quando não constem do título executivo, podendo ainda alegar os factos que fundamentam a comunicabilidade da dívida constante de título assinado apenas por um dos cônjuges; f) Formula o pedido; g) Declara o valor da causa; h) Liquida a obrigação e escolhe a prestação, quando tal lhe caiba, e alega a verificação da condição suspensiva, a realização ou o oferecimento da prestação de que depende a exigibilidade do crédito exequendo, indicando ou juntando os meios de prova;*

EXECUÇÃO E CUMPRIMENTO DE SENTENÇA

i) Indica, sempre que possível, o empregador do executado, as contas bancárias de que este seja titular e os bens que lhe pertençam, bem como os ónus e encargos que sobre eles incidam; j) Requer a dispensa da citação prévia, nos termos do artigo 727.º; k) Indica um número de identificação bancária, ou outro número equivalente, para efeito de pagamento dos valores que lhe sejam devidos.

2 – Incumbe ao exequente, quando indique bens a penhorar, fornecer os elementos e documentos de que disponha e que contribuam para a sua exata identificação, especificação e localização, bem como para o acesso aos respetivos registos.

3 – Quando se pretenda a penhora de créditos, deve declarar-se, tanto quanto possível, a identidade do devedor, o montante, a natureza e a origem da dívida, o título de que constam, as garantias existentes e a data do vencimento; quanto ao direito a bens indivisos, deve indicar-se o administrador e os comproprietários, bem como a quota-parte que neles pertence ao executado.

4 – O requerimento executivo deve ser acompanhado: a) De cópia ou do original do título executivo, se o requerimento executivo for entregue por via eletrónica ou em papel, respetivamente; b) Dos documentos de que o exequente disponha relativamente aos bens penhoráveis indicados; c) Do comprovativo do pagamento da taxa de justiça devida ou da concessão do benefício de apoio judiciário, nos termos do artigo 145.º.

5 – Quando a execução se funde em título de crédito e o requerimento executivo tiver sido entregue por via eletrónica, o exequente deve sempre enviar o original para o tribunal, dentro dos 10 dias subsequentes à distribuição; na falta de envio, o juiz, oficiosamente ou a requerimento do executado, determina a notificação do exequente para, em 10 dias, proceder a esse envio, sob pena de extinção da execução.

6 – O requerimento executivo só se considera apresentado: a) Na data do pagamento da quantia inicialmente devida ao agente de execução a título de honorários e despesas, a realizar nos termos definidos por portaria do membro do Governo responsável pela área da justiça ou da comprovação da concessão do benefício de apoio judiciário, na modalidade de atribuição de agente de execução; b) Quando aplicável, na data do pagamento da retribuição prevista no n.º 8 do artigo 749.º, nos casos em que este ocorra após a data referida na alínea anterior.

7 – Aplicam-se ao disposto no número anterior os n.os 5 e 6 do artigo 552.º, com as devidas adaptações.

No direito processual civil italiano, antes de se iniciar a execução, notifica-se o devedor através do 'precetto' para cumprimento da obrigação.

O 'precetto' não é um ato de execução, mas somente uma intimação para o adimplemento da obrigação resultante do título executivo. Portanto, trata-se de um ato de natureza 'substancial' e não processual, privado de conteúdo de demanda judiciária.

EXECUÇÃO POR QUANTIA CERTA

O 'precetto' é tipicamente um ato 'recettizio', por meio do qual o credor manifesta ao devedor a sua concreta pretensão, oferecendo-lhe, em regra, uma última oportunidade temporal, geralmente não inferior a 10 dias, para o adimplemento espontâneo da obrigação.

O 'preceto', sob pena de nulidade, deverá conter os seguintes requisitos: a) indicação das partes; b) data de notificação do título executivo, se esta é realizada separadamente, ou a transcrição integral do próprio título, quando determinado pela lei; c) declaração de residência ou a eleição de domicílio da 'parte istante' no município em que há a sede do juízo competente para a execução.

O 'preceto' torna-se ineficaz, se no prazo de noventa dias da sua notificação não é iniciada a execução.

Retornando-se ao direito processual civil brasileiro, o juiz somente despachará a execução quando a demanda estiver composta pelos requisitos necessários, isto é, estiverem preenchidos os pressupostos processuais, as condições para análise do mérito e estiverem evidenciadas a causa de pedir e o pedido.

Verificando que a petição inicial está incompleta ou que não está acompanhada dos documentos indispensáveis à propositura da execução, o juiz determinará que o credor a corrija, no prazo de quinze dias, sob pena de ser indeferida.

Preenchidos os requisitos necessários, o juiz despachará a execução, fixando, de plano, os honorários advocatícios em dez por cento, a serem pagos pelo executado.

Ao contrário do que estabelece o art. 85, §2º do atual C.P.C., o legislador, na execução, preceituou percentual fixo de honorários advocatícios, no caso, dez por cento incidente sobre o valor da causa que corresponde ao valor da quantia líquida e certa, objeto do título executivo.

Na hipótese de integral pagamento no prazo de 3 (três) dias, o valor dos honorários advocatícios será reduzido pela metade.

Por outro lado, o valor dos honorários poderá ser elevado até vinte por cento, quando rejeitados os embargos à execução, podendo a majoração, caso não opostos os embargos, ocorrer ao final do procedimento executivo, levando-se em conta o trabalho realizado pelo advogado do exequente.

Pelo atual C.P.C., o executado, independentemente de penhora, depósito ou caução, poderá opor-se à execução por meio de embargos (art. 914 do atual C.P.C.). Os embargos serão oferecidos no prazo de quinze dias, contados, conforme o caso, na forma do art. 231 (art. 915 do atual C.P.C.).

EXECUÇÃO E CUMPRIMENTO DE SENTENÇA

Se o executado não interpuser os embargos do devedor, ou se os embargos forem rejeitados liminarmente, por serem intempestivos ou meramente protelatórios, ou, ainda, se o pedido formulado nos embargos for julgado improcedente, o juiz poderá, ao final do procedimento executivo, aumentar o valor dos honorários até o percentual de vinte por cento, em atenção ao trabalho realizado pelo profissional supervenientemente à citação.

Também poderá ser aumentado o percentual do valor dos honorários de advogado, mesmo que não opostos os embargos à execução, em atenção ao trabalho realizado pelo advogado após a citação.

O S.T.J., sob a égide do C.P.C. de 1973, firmou entendimento de que haveria necessidade de se fixar a verba honorária tanto na execução quanto nos embargos do devedor (desde que não ultrapassado o limite de vinte por cento), justamente pelo fato de que os embargos seriam praticamente um processo autônomo em relação ao processo de execução.

O S.T.J. também firmou o entendimento de que o juiz poderia estipular expressamente que os honorários fixados nos embargos abrangeriam tanto este processo quanto o de execução.

Entendo que os embargos à execução, a partir do momento que podem ser interpostos independentemente de penhora, caução ou depósito, passam a ter uma característica muito próxima da mera impugnação à execução, razão pela qual não se justifica mais a duplicidade de incidência de verba honorária na execução e nos embargos.

Assim, a verba honorária será única, podendo o juiz aumentar o percentual dos honorários fixados ao despachar a inicial da execução, dependendo do trabalho realizado pelo advogado, inclusive no âmbito dos embargos do devedor.

6. Certidão para fins de averbação da demanda

O atual C.P.C. estabelece que na execução por quantia certa, antes mesmo da citação do executado, poderá o exequente obter certidão da *admissão, pelo juiz,* da demanda executiva, para fins de averbação no registro de imóveis, no registro de veículos ou no registro de outros bens sujeitos a penhora, arresto ou indisponibilidade.

Para que o exequente possa obter a respectiva certidão, é necessário a *admissão* da execução pelo juiz, isto é, que pelo menos o juiz tenha proferido despacho de 'cite-se', no qual haja expressa ou implicitamente a indicação de que a demanda proposta preenche os requisitos subjetivos ou objetivos necessários para sua concretização.

O art. 615-A do C.P.C. de 1973 não exigia a *admissibilidade da execução pelo juiz*, pois o exequente poderia, já no ato da distribuição, obter certidão comprobatória do simples ajuizamento da execução.

A expedição e averbação da certidão prevista no art. 828 do novo C.P.C. permitem considerar em fraude à execução a alienação ou oneração de bens após a averbação no registro de imóveis, no registro de veículos ou no registro de outros bens sujeitos a penhora, da certidão expedida em favor do exequente, na qual conste a propositura da demanda executiva, o nome das partes e o valor da causa.

Essa exigência de averbação da certidão no registro de imóveis para o efeito de caracterizar a má-fé do adquirente encontra-se expressamente consignada no art. 54 da Lei 13.097/2015.

Contudo, é importante salientar que não sendo possível o registro da propositura da demanda executiva, o terceiro adquirente tem o ônus de provar que adotou as cautelas necessárias para a aquisição do bem, mediante a exibição das certidões pertinentes (dentre elas a dos cartórios de distribuição) obtidas no domicílio do vendedor.

Havendo o registro da certidão, o terceiro adquirente do bem será considerado, *iuri et de iuri*, de má-fé.

Assim, a averbação dessa certidão perante os registros públicos competentes impede que terceiros venham alegar boa-fé ou desconhecimento da existência de execução contra o executado/proprietário do bem.

Evidentemente, de nada valeria a possibilidade legal estabelecida no *caput* do art. 828 do atual C.P.C. em favor do exequente, se não houvesse nenhuma sanção a ser aplicada ao devedor ou ao terceiro que eventualmente venha a adquirir o bem.

Por isso, presume-se em fraude à execução a alienação ou oneração de bens efetuada após a averbação da certidão expedida em favor do exequente.

Contudo, a alienação ou oneração de bens não será considerada nula, mas meramente ineficaz em relação ao exequente.

No prazo de 10 (dez) dias de sua concretização, o exequente deverá comunicar ao juízo as averbações efetivadas.

Uma vez averbada nos registros públicos a existência de execução por quantia certa contra o devedor, eventual alienação de bens que o leve à insolvência será caracterizada como fraude à execução.

Mas para que se possa configurar fraude à execução, não basta simplesmente a averbação da propositura da demanda, sendo também necessário que o exequente *comunique ao juízo as averbações efetivadas, no prazo de dez dias de sua concretização*, sob pena de perda da eficácia do conteúdo de publicidade do ato.

Segundo o princípio *tempus regit actum*, este preceito normativo processual somente se aplica nas execuções propostas após a mudança legislativa, que caracterizou o registro da certidão de existência de demanda como fraude à execução.

Formalizada penhora sobre bens suficientes para cobrir o valor da dívida, o exequente providenciará, no prazo de 10 (dez) dias, o cancelamento das averbações relativas àqueles bens não penhorados.

Formalizada a penhora sobre bens suficientes do patrimônio do executado para efeito de garantir o valor da dívida, a garantia introduzida pelo *caput* do art. 828 do atual C.P.C. perde sua finalidade, devendo o exequente providenciar, no prazo de dez dias, o cancelamento das averbações relativas aos bens não penhorados.

Se o exequente não providenciar o cancelamento da averbação, conforme estabelece o §2º do art. 828 do novo C.P.C., o juiz determinará o cancelamento das averbações, de ofício ou a requerimento do executado.

O exequente que promover averbação manifestamente indevida ou não cancelar as averbações nos termos do §2º do art. 828 do novo C.P.C. indenizará a parte contrária, processando-se o incidente em autos apartados.

O disposto no *caput* do art. 828 do atual C.P.C. não é um "cheque em branco" outorgado em favor do exequente, muito menos lhe permite agir com abuso de direito ou de forma imprudente ou leviana.

Por isso, se o exequente promover averbação de certidão de admissibilidade da demanda executiva de maneira manifestamente indevida, ou não cancelar as averbações conforme determina o §2º do art. 828 do atual C.P.C., estará sujeito a indenizar a parte contrária pelas perdas e danos que possa vir a sofrer, processando-se o incidente em autos apartados.

No incidente em apartado, basta ao devedor comprovar o nexo causal entre a averbação e os danos sofridos, independentemente de comprovação de culpa do exequente. Provado o nexo causal, passa-se de imediato à liquidação do valor dos danos, podendo ser utilizada a liquidação pelo procedimento comum ou por arbitramento.

Dependendo do caso, ainda será possível a condenação por danos morais, como ocorre na hipótese de averbação manifestamente indevida.

EXECUÇÃO POR QUANTIA CERTA

7. Citação do executado para cumprir a obrigação

O art. 829 do atual C.P.C. preconiza que o executado, na execução de título executivo extrajudicial, será citado para pagar a dívida no prazo de três dias, contado da citação.

Por sua vez, o art. 786 do Projeto Originário n. 2.046/10 estabelecia que o prazo de três dias seria contado *da juntada do mandado de citação*.

Assim, pelo novo C.P.C., o prazo para pagamento é da data da citação e não mais da juntada do mandado ou outro documento respectivo.

No âmbito do processo civil português, nos termos do art. 726º, 7, o juiz profere despacho de citação do executado para, no prazo de 20 dias, pagar ou opor-se à execução.

A citação é o ato pelo qual são convocados o réu, o executado ou o interessado para integrar a relação jurídica processual.

O novo C.P.C. apresenta-se tecnicamente mais correto do que o C.P.C. de 1973 na definição do instituto da *citação*, ao afirmar em seu art. 238 que: *citação é o ato pelo qual são convocados o réu, o executado ou o interessado para integrar a relação processual.*

A citação, portanto, é ato essencial do processo executório. Ela não é em si um ato executivo, mas já é um ato do processo executivo.

No âmbito do processo de execução de título executivo extrajudicial, o devedor será citado para pagar a dívida no prazo de 3 (três) dias, contado da citação.

O art. 652 do C.P.C. de 1973, na sua redação originária, estabelecia que o devedor seria citado para, no prazo e vinte e quatro (24) horas, pagar ou nomear bens à penhora.

O atual C.P.C. prevê um prazo de três dias para o executado pagar a dívida, sendo que esse prazo tem início a partir da data da citação no processo.

Questão que pode ensejar dúvida é se o prazo de 3 (três) dias para pagamento do débito conta-se em dias úteis, conforme estabelece o art. 219, p.u., do novo C.P.C., que assim dispõe:

> Art. 219. Na contagem de prazo em dias, estabelecido por lei ou pelo juiz, computar-se-ão somente os dias úteis.
>
> Parágrafo único. O disposto neste artigo aplica-se somente aos prazos processuais.

Terá aplicação o art. 219 (contagem em dias úteis) se o prazo previsto no art. 829 tiver natureza 'processual', caso contrário será contado em dias corridos.

Tenho para mim que se está diante de um prazo 'processual' e não 'material', pois o prazo determinado em lei tem por finalidade o cumprimento de uma pretensão processual, o que enseja a sua natureza 'processual'.

Aliás, no voto proferido pelo Ministro Marco Buzzi do S.T.J., no REsp. n. 1.261.856 – DF., observam-se as seguintes conclusões sobre a natureza do prazo previsto no art. 523 do novo C.P.C., o qual se equipara ao prazo estabelecido no art. 829 do novo C.P.C.

> *(...)*
>
> *2. O recurso merece provimento dado que o **ato processual de cumprimento voluntário da sentença** depende de intimação que impõe ônus ao patrono, envolvendo, assim, condutas do advogado e da parte. Ademais, o cômputo em dobro dos prazos é prerrogativa conferida à Defensoria Pública no munus de promover o acesso à justiça por meio da assistência judiciária integral e gratuita.*
>
> *(...)*
>
> *Como é cediço, **a intimação é ato processual** que, ao dar ciência a alguém dos atos e termos do processo, atribui-lhe um ônus. No caso da intimação para o cumprimento de sentença, tem-se ato de estrutura complexa, nos termos utilizados pelo celebrado jurista Cândido Rangel Dinamarco. Mais ainda, na hipótese ora em debate, impõe-se ônus não apenas à parte, mas também ao advogado.*

O código revogado, na sua redação originária, facultava ao executado citado pagar ou nomear bens à penhora.

Agora, como o executado pode ingressar com embargos do devedor independentemente de garantido o juízo com a penhora, a citação é apenas para pagar.

Assim, a execução por quantia certa, pelo menos em relação ao devedor, passa a ter início a partir de sua citação.

Na execução, o despacho que ordenar a citação, desde que realizada em observância ao disposto no §2º do art. 240 do atual C.P.C., interrompe a prescrição, ainda que proferido por juiz incompetente (art. 802 do atual C.P.C.). Por sua vez, a interrupção da prescrição retroagirá à data da propositura da ação (p.u. do art. 802 do atual C.P.C.).

Já a citação válida faz litigiosa a coisa, induz litispendência e, ainda que ordenada por juiz incompetente, constitui em mora o devedor.

Incumbe à parte adotar as providências necessárias para a citação do executado nos dez dias subsequentes ao despacho que a ordenar, sob pena de não se considerar interrompida a prescrição (§2º do art. 240 do atual C.P.C.). A parte não será prejudicada pela demora imputável exclusivamente ao serviço judiciário (§3º do art. 240 do atual C.P.C.).

A citação do executado será feita pessoalmente, ou ao seu representante legal ou procurador legalmente autorizado (art. 242 do atual C.P.C.).

Estando o executado ausente, a citação será feita na pessoa de seu mandatário, administrador, preposto ou gerente, quando a demanda se originar de atos por eles praticados (§1º do art. 242 do atual C.P.C.).

Se houver vários devedores, o prazo de três dias para pagar conta-se da data citação ou do ato processual específico de citação de cada um deles isoladamente.

A exceção contida no §1º do art. 915 do atual C.P.C. em relação ao cônjuge ou companheiro é somente para a interposição dos embargos e não para a realização do pagamento.

A citação poderá ser feita em qualquer lugar em que se encontre o executado.

O militar em serviço ativo será citado na unidade em que estiver servindo, se não for conhecida a sua residência ou nela não for encontrado.

Não se fará a citação, salvo para se evitar perecimento de direito, a quem estiver participando de ato de culto religioso; ao cônjuge, companheiro ou a qualquer parente do morto, consanguíneo ou afim, em linha reta ou na linha colateral em segundo grau, no dia do falecimento e nos sete dias seguintes; aos noivos, nos três primeiros dias seguintes ao casamento; aos doentes, enquanto grave o seu estado.

Também não se fará a citação quando se verificar que o executado é mentalmente incapaz ou está impossibilitado de recebê-la.

Uma vez efetuada a citação e ocorrendo o pagamento, a relação jurídica processual extingue-se.

8. Arresto de bens do executado

No direito processual civil português, preconiza o art. 727º do C.P.C. lusitano, que o exequente poderá requerer que a penhora seja efetuada sem a citação prévia do executado, desde que alegue fatos que justifiquem o receio de perda da garantia patrimonial do seu crédito e ofereça de imediato os meios de prova. O juiz, produzida as provas, dispensará a citação prévia do executado que se mostre justificado o alegado receio de perda da garantia patrimonial do crédito exequendo, sendo o incidente tramitado como urgente; o receio é justificado sempre que, no registro informático de execuções, conste a menção da frustração, total ou parcial, de anterior ação executiva movida contra o executado.

A solução preconizada no art. 727º do C.P.C. português foi pela primeira vez introduzida na reforma de 2003, pelo art. 812º B n. 2 e 3, apresentando natureza de providência cautelar. A respetiva função dessa medida processual assemelha-se à cautelar de arresto, ou seja, de salvaguarda da garantia patrimonial de crédito.

No processo civil brasileiro encontra-se medida similar à do art. 727º do C.P.C. português.

Não encontrando o executado, o oficial de justiça arrestará tantos bens quantos bastem para garantir a execução, conforme preconiza o art. 830 do novo C.P.C. brasileiro.

Para parte da doutrina, o arresto previsto no art. 830 do novo C.P.C. configura uma tutela de urgência cautelar, enquanto que para outros não passa de uma penhora antecipada.[236]

Denomina-se arresto, *"a apreensão judicial de bens para garantia de pagamento da dívida líquida e certa".*[237]

O arresto efetuado pelo oficial de justiça deverá ater-se a todos os critérios e requisitos estabelecidos para penhora, podendo, inclusive, arrestar bens que foram indicados pelo exequente na petição que instaurou a demanda executiva.

Diante dessa necessidade de o arresto ser efetuado de acordo com os requisitos exigidos para a penhora de bens, pode-se afirmar que: a) não se pode arrestar bens considerados impenhoráveis ou bem de família; b) em se tratando de arresto de bens pertencentes ao cônjuge, há necessidade de intimação do cônjuge que não compõe a relação jurídica processual; c) deve-se observar o princípio de correspondência dos bens arrestados com o valor da execução, para que não haja excesso de arresto; etc.

No respectivo auto, o oficial de justiça deverá descrever pormenorizadamente os bens arrestados, até para que o devedor possa ter ciência do ato processual e dos bens que se tornaram garantia da execução.

Nos 10 (dez) dias seguintes à efetivação do arresto, o oficial de justiça procurará o executado 2 (duas) vezes em dias distintos e, havendo suspeita de ocultação, realizará a citação com hora certa, certificando pormenorizadamente o ocorrido.

---

[236] PONTES DE MIRANDA, *Comentários ao código de processo civil.* Tomo X. Rio de Janeiro: Forense, 1976. p. 219 e 220.

[237] NEVES, C., op. cit., p. 48

EXECUÇÃO POR QUANTIA CERTA

O parágrafo único do art. 653 do C.P.C. de 1973 prescrevia: *"nos 10 (dez) dias seguintes à efetivação do arresto, o oficial de justiça procurará o devedor três vezes em dias distintos; não o encontrando, certificará o ocorrido".*

A diferença fundamental entre o §1º do art. 830 do atual C.P.C. e o p.u. do art. 653 do C.P.C. de 1973, é que na nova sistemática processual, o oficial de justiça poderá realizar a citação *por hora certa* do executado, desde que haja suspeita de sua ocultação. Essa suspeita de ocultação deverá ser pormenorizadamente certificada, assim como a citação por hora certa.

Sob a égide do C.P.C. de 1973, se o oficial não encontrasse o executado, deveria certificar essa ocorrência, devolvendo o mandado ao cartório.

Incumbe ao exequente requerer a citação por edital, uma vez frustrada a pessoal e a com hora certa.

Se após o arresto, o oficial de justiça, nos dez dias seguintes, não encontrar o executado nas duas vezes em dias distintos que o procurou, e não sendo o caso de citação por hora certa, tal circunstância será certificada no auto transcrito pelo oficial. Devidamente intimado sobre essa circunstância relatada pelo oficial de justiça, o exequente deverá requerer a citação por edital, a fim de que o executado seja citado e tome ciência do arresto ocorrido.

Se o exequente não requerer a citação por edital, o arresto ficará sem efeito.

Aperfeiçoada a citação pessoal, por hora certa ou por edital, e transcorrido o prazo de três dias sem o pagamento da dívida, o arresto se converterá em penhora, independentemente de termo, ou seja, de forma automática.

A conversão do arresto em penhora somente ocorrerá após o transcurso do prazo para pagamento indicado na citação do executado.

Haverá necessidade de nova intimação do executado sobre a conversão do arresto em penhora, ou seja, de que a penhora foi realizada?

Sob a égide do C.P.C. de 1973, essa dúvida tinha certa razão de ser, pois o prazo para interposição dos embargos iniciava-se com a intimação do devedor da penhora realizada.

Tendo em vista que pelo atual C.P.C. o prazo para a interposição dos embargos é de quinze dias após a juntada do mandado de citação ou da expiração do prazo do edital, não haverá necessidade de nova intimação do executado, pois ele poderá ingressar com os embargos independentemente da penhora ou da conversão do arresto em penhora.

E se o executado, ao invés de pagar, requerer a nomeação de bens para penhora. O que será do arresto?

No caso de o devedor nomear o mesmo bem, converte-se em penhora o arresto.

Se o devedor nomear outro bem, inclusive para efeito de substituição daquele indicado pelo exequente na petição inicial, o juiz deverá converter o arresto em penhora, ou deverá determinar a penhora sobre o bem indicado pelo executado, extinguindo-se o arresto.

Contra a decisão proferida pelo juiz na execução, caberá o recurso de agravo de instrumento.

Realizando-se a citação, e não havendo o pagamento da dívida, o oficial de justiça não realizará o arresto, mas, sim, a própria penhora de bens.

Se o credor nomeou bens para garantia do juízo logo com a petição inicial, o oficial de justiça deverá penhorá-los. Se o credor assim não proceder, compete ao oficial de justiça procurar bens para serem penhorados.

Indaga-se se com a efetivação do arresto o credor adquire preferência sobre o bem arrestado, ou haverá necessidade de sua conversão em penhora para que a preferência tenha eficácia jurídica.

Para Pontes de Miranda, *"somente quando se dá a conversão do arresto em penhora é que o credor adquire o direito de preferência sobre os bens penhorados"*.[238]

Contudo, o S.T.J. entende que desde a efetivação do arresto já se garante o direito de preferência ao credor (REsp 293.287/SP, Rel. Ministro FERNANDO GONÇALVES, QUARTA TURMA, julgado em 04/02/2010, DJe 08/03/2010)

Para presunção absoluta de conhecimento por terceiros, cabe ao exequente providenciar a averbação do arresto ou da penhora no registro competente, mediante apresentação de cópia do auto ou do termo, independentemente de mandado judicial (art. 844 do novo C.P.C.).

---

[238] PONTES DE MIRANDA, op.cit. p. 224.

TÍTULO 4

ATOS PREPARATÓRIOS À EXPROPRIAÇÃO

Capítulo 8
Da Penhora

1. Definição

Tendo-se ciência que o fim último da demanda executiva é o de conseguir para o credor a mesma prestação, o mesmo benefício que lhe traria o cumprimento voluntário da obrigação por parte do devedor, e como este não pode ser compelido por aquele a realizar atos necessários à satisfação do vínculo obrigacional, há necessidade que a obrigação se torne efetiva, pelo valor que representa, no patrimônio do devedor.[239]

Para concretizar tal objetivo, a norma processual prevê a possibilidade de realização de *penhora* de bens pertencentes ao devedor.

A penhora, segundo Fernando Amâncio Ferreira, como peça fundamental do processo executivo, apresenta-se, assim, como *"uma 'apreensão judicial de bens', um desapossamento de bens do devedor, sob determinação do tribunal à ordem do qual passarão a ficar, um ato judicial que retira da disponibilidade material do devedor e subtrai relativamente à sua disponibilidade jurídica bens do seu patrimônio".*[240]

A penhora, conforme anotam Comoglio, Ferri e Taruffo: *"pode ser entendida seja como ato processual seja como complexo de efeitos processuais e substanciais que derivam do próprio ato. Com o cumprimento do ato se individualizam e se determinam os bens sobre os quais advém a execução, transformando assim a genérica sujeição*

---

[239] Ferreira, F. A., op. cit. p. 141.
[240] Ferreira, F. A., idem, ibidem.

enunciada pela norma geral do art. 2740 do C.c.italiano, em uma específica individualização e sujeição dos bens".[241]

Para Giovanni Verde e Bruno Capponi, *"a penhora é o ato com o qual tem início a expropriação forçada (art. 491 c.p.c. italiano) e consiste, do ponto de vista estrutural, em um complexo de atividades processuais, diversamente concebida segundo a natureza do bem que lhe é objeto, em cujo centro o código coloca a formal injunção ao devedor executado; do ponto de vista funcional, isso determina um vínculo de destinação sobre um ou mais bens particulares do devedor, para que esses satisfação, mediante a sua liquidação em dinheiro, as razões do credor precedente e dos outros credores que eventualmente intervenham na execução".*[242]

Entende-se por penhora, segundo anota Celso Neves, o ato jurídico processual complexo, próprio do processo executório, de apreensão de bens, tantos quantos bastem para satisfazer o crédito do exequente.[243]

A penhora, portanto, é ato executivo que não se confunde com o penhor ou com o arresto.

2. Momento processual de concretização da penhora

É importante salientar que a penhora não se realiza pela simples injunção por parte do oficial de justiça, mas especialmente pelo cumprimento de série de atos e de atividades que diversas normas estabelecem.[244]

Para que haja a completude da penhora, há necessidade não somente da *injunção* (apreensão) do bem pelo oficial de justiça, mas, também, a nomeação de depositário, conforme bem estabelece o art. 839 do atual C.P.C.: *"Considerar-se-á feita a penhora mediante a apreensão e o depósito dos bens, lavrando-se um só auto se as diligências forem concluídas no mesmo dia".*

O depósito implica o desapossamento ou a alteração da natureza da posse exercida pelo executado. Havendo a reorganização da posse, a penhora impõe limites ao uso e gozo da coisa penhorada, razão pela qual o depositário não poderá utilizar, remover, dar em uso ou gozo o bem, sem autorização judicial. Se a penhora recair sobre crédito, o devedor não está mais autorizado a recebê-lo. É bem verdade que essa restrição de uso e gozo é relativa, pois se o bem tem

---

[241] COMOGLIO, L.P.; FERRI, C.; TARUFFO, M., op. cit., p. 367.

[242] VERDE, Giovanni; CAPPONI, Bruno. *Profili del processo civile. 3. Processo di esecuzione e procedimenti speciali.* Napoli: Jovene Editore, 2006. p. 60.

[243] NEVES, Celso. *Comentários ao código de processo civil.* 2ª ed. Vol. VII. Rio de Janeiro: Forense, 1977. p. 58.

[244] COMOGLIO, L.P.; FERRI, C.; TARUFFO, M., op. cit. p. 368.

natureza geral de atividade produtiva, em outras palavras, utilidade econômica, essa atividade deverá permanecer incólume.[245]

Portanto, somente com a nomeação de depositário e a respectiva assinatura do auto é que a penhora se tornará perfeita, válida e eficaz.

Contudo, o S.T.J. também tem entendido que a falta de assinatura do depositário no auto, não obstante sua efetiva nomeação, configura irregularidade sanável, aplicando-se ao caso o princípio da instrumentalidade das formas (REsp 796.812/SP, Rel. Ministra LAURITA VAZ, QUINTA TURMA, julgado em 13/08/2009, DJe 08/09/2009).

3. Função e efeito da penhora

Segundo preconizam alguns autores, a penhora apresenta dupla função.

Para Liebman, a penhora visa: a) individualizar e apreender efetivamente os bens que se destinam aos fins da execução, preparando o ato futuro de desapropriação; b) conservar os bens assim individualizados na situação em que se encontram, evitando que sejam escondidos, deteriorados ou alienados em prejuízo da execução.[246]

A penhora apresenta uma função importante no plano subjacente ao processo, preparando o desenvolvimento e a ultimação da técnica expropriativa, normalmente destinada à transferência forçada do bem a terceiro. O êxito dessa finalidade decorre da atividade sub-rogatória, mediante um efetivo controle judiciário sobre a *res pignorata*, sem o qual o adquirente dificilmente obteria o domínio e a posse do bem.[247]

Em relação ao fenômeno da penhora, fala-se, respectivamente, em efeitos processuais e efeitos substanciais.

Entre os efeitos substanciais está a questão do crédito penhorado (art. 298 do C.C.b.); devedor que paga crédito penhorado (art. 312 do C.c.b.); penhora de coisa consignada (art. 536 do C.c.b.); direito do credor cobrar a dívida em razão de penhora do bem (art. 333, inc. II do C.c.b.); crédito penhorado e compensação (art. 380) etc.

O Código Civil brasileiro regula os efeitos da penhora sob o ponto de vista substancial, enquanto que o novo C.P.C. brasileiro regula esses efeitos sob o aspecto processual.

---

[245] Assis, A., op. cit., p. 608.
[246] Liebman, Enrico Tullio. *Processo de execução*. 2ª ediçao. São Paulo, 1963. p. 88.
[247] Assis, A., op. cit.., p. 605.

EXECUÇÃO E CUMPRIMENTO DE SENTENÇA

É necessário, contudo, deixar claro que essa relação é interligada e complementar, sendo que uma não teria qualquer sentido sem a outra.

O ato de penhora faz surgir também um efeito de indisponibilidade jurídica sobre os bens penhorados, criando um vínculo do bem com a execução.

A penhora, portanto, é um ato que constitui este efeito, ato mediante o qual singulares bens do devedor (ou do terceiro responsável) estão sujeitos à execução. Assim, a principal função da penhora é de fato aquela de isolar o bem, e de assegurá-lo ao procedimento executivo mediante um dispositivo que torne irrelevante as suas sucessivas e eventuais transferência, tanto material quanto jurídica.[248]

O bem penhorado não é subtraído do patrimônio do devedor senão ao final da venda forçada ou da liberação, sendo que o devedor executado conserva o direito de propriedade ou o poder de dispor materialmente do bem. Todavia, ele não pode de qualquer modo paralisar o poder do credor de proceder executivamente, subtraindo-lhe o bem: *"os atos de alienação do bem penhorado, alienação entendida em um significado assai amplo, são, portanto, ineficazes e não oponíveis ao credor...Os atos de disposição constituído pelo devedor sobre o bem penhorado são em si válidos e produtivos de efeito entre as partes, mas ineficazes em relação aos credores concorrentes que participam da execução".*[249]

Mas é importante aduzir que essa ineficácia da alienação de bens pelo executado pode ocorrer bem antes de eventual penhora, ou seja, com o registro da admissão da execução pelo juízo competente.

Contudo, esse ato de não poder dispor do bem penhorado não impede que o mesmo bem seja também penhorado em outras execuções propostas pelo mesmo ou por outro credor.

Um outro efeito importante que se observa pela realização da penhora encontra-se previsto no art. 797 do atual C.P.C., que estabelece que o exequente adquire pela penhora o direito de *prelação* ou *preferência*.

4. Objeto da penhora

A penhora deverá recair sobre tantos bens quantos bastem para o pagamento do principal atualizado, dos juros, das custas e dos honorários advocatícios (art. 831 do novo C.P.C).

Regra similar encontra-se, respectivamente, nos art. 735º do C.P.C. português *in verbis:*

---

[248] VERDE, G.; CAPPONI, B., op. cit., p. 61.
[249] COMOGLIO, L.P.; FERRI, C.; TARUFFO, M., op. cit., p. 369.

DA PENHORA

Artigo 735.º Objeto da execução

1 – Estão sujeitos à execução todos os bens do devedor suscetíveis de penhora que, nos termos da lei substantiva, respondem pela dívida exequenda.

2 – Nos casos especialmente previstos na lei, podem ser penhorados bens de terceiro, desde que a execução tenha sido movida contra ele.

3 – A penhora limita-se aos bens necessários ao pagamento da dívida exequenda e das despesas previsíveis da execução, as quais se presumem, para o efeito de realização da penhora e sem prejuízo de ulterior liquidação, no valor de 20 %, 10 % e 5 % do valor da execução, consoante, respetivamente, este caiba na alçada do tribunal da comarca, a exceda, sem exceder o valor de quatro vezes a alçada do tribunal da Relação, ou seja superior a este último valor.

O art. 2.910 do Código Civil italiano dispõe que o credor, para conseguir tudo aquilo que lhe é devido, pode expropriar os bens do devedor segundo as regras estabelecidas no código de processo civil.

Portanto, podem ser objeto da penhora todos os bens, presentes e futuros do devedor.

Este princípio, também designado por princípio da *suficiência*, tem raiz constitucional no princípio da propriedade privada que torna excepcional qualquer oneração ou perda forçada das situações jurídicas ativas privadas. Na jurisprudência tem-se defendido que a 'natureza gravosa' da penhora se limita àquilo que seja necessária para a satisfação do crédito exequente e das custas (STJ 26-3-1987/074754 (PINHEIRO FARINHA), BMJ 365, 584).[250]

5. Dos bens impenhoráveis

O Código de processo civil, assim como numerosas leis especiais,[251] individua particulares categorias de bens que não podem ser objeto de expropriação

---

[250] PINTO, R., op. cit. p. 518.

[251] Hipóteses em que a lei estabelece a impenhorabilidade:

a) art. 2, §2º da Lei 8.036/90 que dispõem sobre o Fundo de Garantia por Tempo de Serviço: *"As contas vinculadas em nome dos trabalhadores são absolutamente impenhoráveis";*

b) Art. 85 do Dec.Lei n. 73/66: *"Os bens garantidores das reservas técnicas, fundos e previsões serão registrados na SUSEP e não poderão ser alienados, prometidos alienar ou de qualquer forma gravados, sendo nulas, de pleno direito, as alienações realizadas ou os gravames constituídos com violação deste artigo";*

c) Art. 18 da Lei 8.929/94: *"os bens vinculados à Cédula de Produto Rural não serão penhorados ou seqüestrados por outras dívidas do emitente ou do terceiro prestador da garantia real, cumprindo a qualquer deles denunciar a existência da cédula às autoridades incumbidas da diligência, ou a quem a determinou, sob pena de responderem pelos prejuízos resultantes de sua omissão";*

d) Art. 68 da Lei 9.069/95: *"Os depósitos das instituições financeiras bancárias mantidos no Banco Central do Brasil e contabilizados na conta Reservas Bancárias são impenhoráveis e não responderão por qualquer tipo*

EXECUÇÃO E CUMPRIMENTO DE SENTENÇA

forçada, inserindo no ordenamento jurídico uma limitação legal ao princípio de que todos os bens do devedor, presentes e futuros, respondem pelas suas dívidas.

Dentre as categorias particulares que não podem ser objeto de penhora, encontram-se os bens *impenhoráveis*.

A lei prevê bens *absolutamente impenhoráveis*, assim como os bens *relativamente impenhoráveis*.

Em relação ao direito processual civil português, anota Fernando Amâncio Ferreira: *"Como princípio geral, diz-nos o art. 601º do CC que respondem pelo cumprimento da obrigação todos os bens do devedor, mesmo os que passarem a integrar o seu patrimônio após a constituição da dívida. Todavia, com duas limitações: a de os bens serem insusceptíveis de penhora e a da autonomia patrimonial resultante da separação de patrimônios. No que toca à primeira limitação, reenvia-nos a lei substantiva para a lei processual, onde se configura a 'impenhorabilidade' sob uma tripla modalidade: bens absolutamente impenhoráveis; bens relativamente impenhoráveis; bens parcialmente impenhoráveis"*.[252]

A impenhorabilidade absoluta *"justifica-se por razões humanitária (o anel nupcial, o leito, a mesa do refeitório etc) ou de oportunidade político-administrativa (as coisas sacras, os instrumentos para o exercício da profissão). Uma parte minoritária da doutrina sustenta que a impenhorabilidade absoluta decorre por razões de interesse público, e que, portanto, resulte declarada igualmente de ofício pelo juiz; mas a opinião prevalecente é no sentido que a impenhorabilidade, seja absoluta ou relativa, é estabelecida no exclusivo interesse do devedor, e, portanto, a esse cabe exclusivamente deduzi-la por meio de oposição à execução"*.[253]

A impenhorabilidade relativa *"esta, ao invés, conexa a meras razões de oportunidade, que deverá ser avaliada pelo juiz da execução"*.[254]

São exemplos de impenhorabilidade *relativa*:

a) podem ser penhorados, à falta de outros bens, os frutos e os rendimentos dos bens inalienáveis (art. 834 do atual C.P.C.).;

---

de dívida civil, comercial, fiscal, previdenciária, trabalhista ou de outra natureza, contraída por essas instituições ou quaisquer outras a elas ligadas";
e) Art. 76 da Lei 9.610/98: *"É impenhorável a parte do produto dos espetáculos reservada ao autor e aos artistas"*.

[252] FERREIRA, A. F., op. Cit., p. 142 e 143.
[253] VERDE, G. ; CAPPONI, B., op. Cit., p. 64.
[254] VERDE, G.; CAPPONI, B., idem, ibidem.

DA PENHORA

b) não se levará a efeito a penhora quando evidente que o produto da execução dos bens encontrados será totalmente absorvido pelo pagamento das custas da execução (art. 836 do atual C.P.C.).

O art. 833 do atual C.P.C. trata da impenhorabilidade absoluta, trazendo hipóteses consagradas no âmbito do direito material (inc. I) ou no próprio direito processual (incs. II a XII).

Para Araken de Assis, a impenhorabilidade, seja qual for o seu caráter, absoluto ou relativo, apresenta dois princípios fundamentais: a tipicidade e a disponibilidade.[255]

O princípio da tipicidade está previsto na parte final do art. 789 do atual C.P.C., quando diz que o devedor responde com todos os seus bens presentes e futuros para cumprimento de suas obrigações, salvo as restrições estabelecidas em lei. Assim, as hipóteses de impenhorabilidade são restritas ou de *numerus clausus*.

A regra é a penhorabilidade, enquanto que a impenhorabilidade é a exceção.

O princípio da *disponibilidade do bem* dito impenhorável (excluem-se, evidentemente, os bens sobre os quais o devedor perdeu o poder de dispor, a exemplo, os inalienáveis), permite que o devedor afete à execução, por ato de livre vontade e soberana de nomeação do executado, o bem impenhorável.[256]

Na lição de Pontes de Miranda: *"sempre que o devedor poderia mudar, a seu talante, a qualidade do bem, é possível anuir ao ato de nomeação, que é, 'como' se fosse execução voluntária (sem o ser, porque se trata de ato processual de início de execução forçada)"*.[257]

É importante salientar que a impenhorabilidade não é oponível à execução de dívida relativa ao próprio bem, inclusive àquela contraída para sua aquisição.

O imóvel caracterizado como bem de família é impenhorável. Contudo, não se pode opor a impenhorabilidade do imóvel para cobrança do crédito concedido para a aquisição do próprio bem de família, como é o caso quando o devedor adquire crédito bancário para compra da casa própria e concede o próprio bem como hipoteca em garantia da dívida.

Da mesma forma, o veículo do representante comercial pode ser considerado impenhorável, mas essa impenhorabilidade não terá efeito perante o crédito concedido para a aquisição do veículo. Esse raciocínio aplica-se

---

[255] Assis, A., op. cit., p. 416.
[256] Assis, A., idem, p. 417.
[257] Pontes de Miranda, *Comentários ao código de processo civil de 1973*. Vol. V. Rio de Janeiro: Forense, s/d. p. 175.

EXECUÇÃO E CUMPRIMENTO DE SENTENÇA

também em relação ao crédito concedido para a aquisição de instrumentos, máquinas, utensílios.

No âmbito do direito processual civil português, a impenhorabilidade absoluta e relativa são tratadas nos arts. 736º, 738º e 739º, a saber:

Artigo 736.º Bens absoluta ou totalmente impenhoráveis

São absolutamente impenhoráveis, além dos bens isentos de penhora por disposição especial:

a) As coisas ou direitos inalienáveis;

b) Os bens do domínio público do Estado e das restantes pessoas coletivas públicas;

c) Os objetos cuja apreensão seja ofensiva dos bons costumes ou careça de justificação económica, pelo seu diminuto valor venal;

d) Os objetos especialmente destinados ao exercício de culto público;

e) Os túmulos;

f) Os instrumentos e os objetos indispensáveis aos deficientes e ao tratamento de doentes.

Artigo 738.º Bens parcialmente penhoráveis

1 – São impenhoráveis dois terços da parte líquida dos vencimentos, salários, prestações periódicas pagas a título de aposentação ou de qualquer outra regalia social, seguro, indemnização por acidente, renda vitalícia, ou prestações de qualquer natureza que assegurem a subsistência do executado.

2 – Para efeitos de apuramento da parte líquida das prestações referidas no número anterior, apenas são considerados os descontos legalmente obrigatórios.

3 – A impenhorabilidade prescrita no n.º 1 tem como limite máximo o montante equivalente a três salários mínimos nacionais à data de cada apreensão e como limite mínimo, quando o executado não tenha outro rendimento, o montante equivalente a um salário mínimo nacional.

4 – O disposto nos números anteriores não se aplica quando o crédito exequendo for de alimentos, caso em que é impenhorável a quantia equivalente à totalidade da pensão social do regime não contributivo.

5 – Na penhora de dinheiro ou de saldo bancário, é impenhorável o valor global correspondente ao salário mínimo nacional ou, tratando-se de obrigação de alimentos, o previsto no número anterior.

6 – Ponderados o montante e a natureza do crédito exequendo, bem como as necessidades do executado e do seu agregado familiar, pode o juiz, excecionalmente e a requerimento do executado, reduzir, por período que considere razoável, a parte penhorável dos rendimentos e mesmo, por período não superior a um ano, isentá-los de penhora.

7 – Não são cumuláveis as impenhorabilidades previstas nos n.os 1 e 5.

Artigo 739.º Impenhorabilidade de quantias pecuniárias ou depósitos bancários

São impenhoráveis a quantia em dinheiro ou o depósito bancário resultante da satisfação de crédito impenhorável, nos mesmos termos em que o era o crédito originariamente existente.

Por sua vez, no direito processual civil italiano a impenhorabilidade é trata no art. 514, *in verbis*:

Art. 514 (coisas móveis absolutamente impenhoráveis)

Além das coisas declaradas impenhoráveis em especial disposição de lei, não se podem penhorar:

1) as coisas sacras e aqueles que servem ao exercício do culto;

2) o anel nupcial, os vestidos, roupas de cama, camas, as mesas de refeições com as respectivas cadeiras, os roupeiros, cômodas, refrigeradores, fornos e fogões de cozinha seja a gás ou elétrico, máquina de lavar-roupa, os utensílios de casa e de cozinha juntamente com os móveis que os contêm, enquanto indispensáveis ao devedor e às pessoas de sua família que com ele vivem; são todavia excluídos os móveis, menos as camas, de relevante valor econômico, ainda que de conteúdo artístico ou antiquário.

3) comestíveis e combustíveis necessários para um mês de manutenção do devedor e das pessoas indicadas no número precedente.

4) os instrumentos, os objetos e os livros indispensáveis para o exercício da profissão, da arte e do mestier do devedor;

5) as armas e os objetos que o devedor tem a obrigação de conservar para o cumprimento de um serviço público;

6) as condecoração de bravura, as cartas, os registros e em geral os escritos de família, também os manoscritos, salvo se formarem parte de uma coleção.

5.1. Dos bens absolutamente impenhoráveis

Refere-se o art. 833 do atual C.P.C., em regra, aos bens absoluta ou totalmente impenhoráveis, isto é, àqueles bens que não podem ser penhorados em nenhuma circunstância.

No direito processual civil português, o art. 736º do C.P.C. lusitano estabelece as seguintes hipóteses de bens absoluta ou totalmente impenhoráveis:

Art. 736º (Bens absoluta ou totalmente impenhoráveis)

São absolutamente impenhoráveis, além dos bens isentos de penhora por disposição especial:

a) as coisas ou direitos inalienáveis;

b) os bens do domínio público do Estado e das restantes pessoas coletivas públicas;

EXECUÇÃO E CUMPRIMENTO DE SENTENÇA

c) os objetos cujas apreensão seja ofensiva dos bons costumes ou careça de justificação economica, pelo seu diminuto valor venal;

d) os objetos especialmente destinados ao exercício de culto público;

e) os túmulos;

f) os instrumentos e os objetos indispensáveis aos deficientes e ao tratamento de doentes.

Comentando o art. 736º (antigo 822º) do C.P.C. português, aduz Fernando Amâncio Ferreira que a impenhorabilidade dos túmulos abrange toda espécie de sepulturas, quer ocupados quer desocupados, assim como os objetos ornamentais neles colocados, como crucifixos, jarras, estatuetas. Por motivos de ordem religiosa são absolutamente impenhoráveis, os objetos especialmente destinados ao exercício de culto público e enquanto se mantiverem afetados a esse fim.[258]

5.1.1. Os bens inalienáveis e os declarados, por ato voluntário, não sujeitos à execução

Não podem ser objeto de penhora os bens impenhoráveis ou inalienáveis, pois os proprietários desses bens não podem deles dispor.

A inalienabilidade ou impenhorabilidade resulta de lei, pois essa circunstância jurídica surge por força de lei ou quando a lei autoriza que se incorpore ao negócio jurídico uma cláusula de inalienabilidade ou impenhorabilidade.

A inalienabilidade ou impenhorabilidade, seja decorrente de lei, seja proveniente de declaração unilateral ou plurilateral de vontade, caracteriza-se como poder de dispor.[259]

Os bens inalienáveis são também impenhoráveis, justamente porque a penhora seria o início da alienação. Quem não tem o poder de dispor, absolutamente não tem o de dispor eficazmente. Os bens impenhoráveis, mesmo que o dono possa deles dispor, são os bens de que se retirou ao Estado o poder de execução forçada, isto é, o poder de constringir a eficácia do poder de disposição, se o há.[260]

A cláusula de inalienabilidade implica na proibição de alienação, ou seja, proibição de qualquer forma de transferência da propriedade como venda,

---

[258] FERREIRA, F. A., op. cit., p. 147 e 148.
[259] PONTES DE MIRANDA, op. cit., p. 180.
[260] PONTES DE MIRANDA, idem, p. 181.

permuta, doação, sub-rogação, atos constitutivos de servidões, usufruto, hipoteca etc. Esta cláusula somente não tem o poder de evitar eventual usucapião em prol de terceiros.

Dentre os efeitos da inalienabilidade, encontra-se também a proibição de penhora do bem.

Entre os bens inalienáveis estão os bens públicos de uso comum do povo e os de uso especial, enquanto conservarem a sua qualificação, na forma que a lei determinar (art. 100 do C.c.b.).

O fundamento de submissão dos bens ao regime do domínio público é a *utilidade pública*: *"umas vezes natural, como no caso dos espaços, outras inerente, como sucede com as coisas cuja razão de ser é a utilização pela colectividade, através do uso individual ou pela Administração Pública; outras funcional, quando essa submissão é conveniente para as coisas, acidentalmente destinadas por decisão de órgão competente à utilidade pública, cumpram a sua função"*.[261]

Segundo Rui Pinto: *"No que respeita à penhora de bens do domínio público existe uma salvaguarda absoluta – impenhorabilidade total – assente, obviamente na presunção 'juris et de jure' de que tais bens estão, pela sua própria natureza, afectos exclusivamente a fins de utilidade pública. Já quanto aos bens do domínio privado do Estado e demais Pessoas Colectivas Públicas, só os que estiverem afectos a fins de utilidade pública beneficiarão da prerrogativa da impenhorabilidade. A natureza destes bens não permite concluir ou presumir a afectação exclusiva ou sequer predominante a fins de utilidade pública e daí que, se pretender obter o levantamento da penhora desses bens, incumba ao executado/embargante, beneficiário da impenhorabilidade relativa, a alegação e prova..."*.[262]

Também os bens pertencentes às autarquias são impenhoráveis.

Já em relação às concessionárias de serviço público, somente não serão penhorados os bens que estiverem afetados à consecução da atividade-fim, ou, se ainda que não afetados, a penhora comprometer o desempenho dessa atividade.

Os bens pertencentes ao Estado estrangeiro, destinados às embaixadas e legações estrangeiras, são também impenhoráveis.

A cláusula de inalienabilidade imposta aos bens por ato de liberalidade, implica impenhorabilidade e incomunicabilidade (art. 1.911 do C.c.b.).

Portanto, da inalienabilidade resulta a impenhorabilidade, não sendo verdadeira a recíproca, tendo em vista que esta última concerne ao menos

---

[261] CAETANO, Marcelo. *Princípios fundamentais do direito administrativo*. 1977. p. 413.

[262] PINTO, R., op. cit. p. 520.

que não afeta o mais. Em outros termos: *"bens impenhoráveis podem ser, voluntariamente, alienados com ou sem a permanência da impenhorabilidade, segundo as circunstâncias em que tenha sido imposta. Da inalienabilidade dos bens não resulta, 'ipso facto', a impenhorabilidade de seus rendimentos, a menos que tenham sido declarados impenhoráveis".*[263]

O código civil brasileiro também permite que se institua *bem de família* sobre parte do patrimônio líquido, o qual será caracterizado pela sua *impenhorabilidade*. A instituição do *bem de família* encontra-se regulamentada nos arts. 1.711 a 1.722 do C.c.b.

A lei 8.009 de 1990 também institui a impenhorabilidade do bem de família.

Em se tratando de bem de família regulado pela Lei 8.009/90, é possível a penhora sobre o resultado de seu desmembramento, sem descaracterizá-lo.

Outrossim, se o imóvel for indivisível e não se admite o seu desmembramento, a impenhorabilidade de eventual fração ideal contamina a totalidade do imóvel, inviabilizando a hasta pública. Se fosse adotada outra solução, haveria mácula à finalidade estatuída pela Lei 8.009/90.

A impenhorabilidade do bem de família estende-se, inclusive, para a hipótese em que o imóvel se encontra locado ou cedido a outro membro da família. Nesse sentido é o seguinte precedente do S.T.J.: (EREsp 1.216.187-SC, Rel. Min. Arnaldo Esteves Lima, julgado em 14/5/2014).

A impenhorabilidade do bem de família ocorre mesmo na hipótese de desconsideração da personalidade jurídica em decorrência de fraude contra a massa falida. Nesse sentido é o seguinte precedente do S.T.J.: (REsp 1.433.636-SP, Rel. Min. Luis Felipe Salomão, julgado em 2/10/2014).

A penhora de bem de família, por se tratar de nulidade absoluta, pode ser alegada a qualquer momento.

A Súmula 205 do S.T.J. preconiza: *"A Lei n. 8.009/90 aplica-se à penhora realizada antes de sua vigência".*

Porém, a alegação de bem de família não poderá mais ser realizada após a concretização da arrematação ou da adjudicação.

Em relação ao fiador, o S.T.F., ao analisar o inc. VII do art. 3º da Lei 8.009/90, reconheceu a sua constitucionalidade.

Nesse sentido é o seguinte precedente do S.T.F.:

---

[263] NEVES, C., op. cit. p. 18.

CONSTITUCIONALIDADE DA PENHORA DO BEM DE FAMÍLIA DO FIADOR. RATIFICAÇÃO DA JURISPRUDÊNCIA FIRMADA POR ESTA SUPREMA CORTE. EXISTÊNCIA DE REPERCUSSÃO GERAL.

(RE 612360 RG, Relator(a): Min. ELLEN GRACIE, julgado em 13/08/2010, REPERCUSSÃO GERAL - MÉRITO DJe-164 DIVULG 02-09-2010 PUBLIC 03-09-2010 EMENT VOL-02413-05 PP-00981 LEXSTF v. 32, n. 381, 2010, p. 294-300).

Contudo, o próprio S.T.F., em recente decisão, afirmou que não é penhorável o bem de família do fiador, quando se tratar de locação de imóvel comercial. Essa notícia foi divulgada no seguinte link: HYPERLINK "http://www.stf.jus.br/portal/processo/verProcessoAndamento.asp?numero=605709&classe=RE&origem=AP&recurso=0&tipoJulgamento=M" RE 605709/SP, rel. Min. Dias Toffoli, red. p/ ac. Min. Rosa Weber, julgamento em 12.6.2018. (RE-605709):

> *Impenhorabilidade do bem de família e contratos de locação comercial.*
>
> *Não é penhorável o bem de família do fiador, no caso de contratos de locação comercial. Com base neste entendimento, a Primeira Turma, por maioria e em conclusão de julgamento, deu provimento a recurso extraordinário em que se discutia a possibilidade de penhora de bem de família do fiador em contexto de locação comercial. Vencidos os ministros Dias Toffoli (relator) e Roberto Barroso que negaram provimento ao recurso. Ressaltaram que o Supremo Tribunal Federal pacificou o entendimento sobre a constitucionalidade da penhora do bem de família do fiador por débitos decorrentes do contrato de locação. A lógica do precedente é válida também para os contratos de locação comercial, na medida em que – embora não envolva o direito à moradia dos locatários – compreende o seu direito à livre iniciativa. A possibilidade de penhora do bem de família do fiador – que voluntariamente oferece seu patrimônio como garantia do débito – impulsiona o empreendedorismo, ao viabilizar a celebração de contratos de locação empresarial em termos mais favoráveis. Por outro lado, não há desproporcionalidade na exceção à impenhorabilidade do bem de família (Lei nº 8009/1990, art. 3º, VII [1]). O dispositivo legal é razoável ao abrir a exceção à fiança prestada voluntariamente para viabilizar a livre iniciativa. (1) Lei 8.009/1990: "Art. 3º A impenhorabilidade é oponível em qualquer processo de execução civil, fiscal, previdenciária, trabalhista ou de outra natureza, salvo se movido: (...) VII – por obrigação decorrente de fiança concedida em contrato de locação."*

Agindo o devedor de má-fé, a penhora sobre o bem de família pode ser efetivada, pois o abuso de direito não é protegido pelo ordenamento jurídico.

Contudo, o S.T.J. também já decidiu sobre a impossibilidade de renúncia de bens absolutamente impenhoráveis (REsp 864.962/RS, Rel. Ministro MAURO

CAMPBELL MARQUES, SEGUNDA TURMA, julgado em 04/02/2010, DJe 18/02/2010); (REsp 1.364.509-RS, Rel. Min. Nancy Andrighi, julgado em 10/6/2014).

Também se enquadra entre os bens inalienáveis os *direitos da personalidade*.

Estabelece o art. 11 do C.c.b., que *"com exceção dos casos previstos em lei, os direitos da personalidade são instransmissíveis e irrenunciáveis, não podendo o seu exercício sofrer limitação voluntária"*.

Dentre os direitos da personalidade encontram-se o resguardo à integridade do próprio corpo, o direito ao nome, prenome e sobrenome, a imagem etc.

Em razão do direito à personalidade, não comungo do pensamento que autoriza a penhora de animal de estimação, por mais valioso que ele seja.

Dentre os direitos da personalidade, encontra-se, efetivamente, o 'amor' e a 'afeição' que a pessoa humana nutre por seu animal de estimação, incorporando-se no âmbito do seu direito à personalidade.

Daí por que entendo que o animal de estimação (que não esteja sendo utilizado comercialmente) não pode ser objeto de penhora.

Também se enquadram no âmbito ao direito de personalidade, as imagens religiosas que concretizem o princípio constitucional da liberdade de culto ou religião, as sepulturas dos cemitérios como extensão do direito de personalidade correspondente ao culto aos mortos.

Porém, o S.T.J. já permitiu a penhora sobre os valores pagos pelos fiéis aos templos.

(REsp 692.972/SP, Rel. Ministro JOSÉ ARNALDO DA FONSECA, QUINTA TURMA, julgado em 16/12/2004, DJ 21/02/2005, p. 227)

Muito embora o legislador tenha considerado os bens inalienáveis e os declarados, por ato voluntário, não sujeitos à execução, como de impenhorabilidade absoluta, o certo é que essa hipótese caracteriza uma impenhorabilidade relativa, pois esses bens poderão ser penhorados para pagamento de dívida tributária, trabalhista ou alimentícia.

5.1.2. Os móveis, os pertences e as utilidades domésticas que guarnecem a residência do executado, salvo os de elevado valor ou os que ultrapassem as necessidades comuns correspondentes a um médio padrão de vida

A impenhorabilidade dos móveis que guarnecem a casa, desde que quitados, encontra-se também prevista no art. 1º da Lei 8.009/90.

Assim, são impenhoráveis:

DA PENHORA

a) os móveis (sofá, cama, armário, cadeira, mesa etc);
b) Pertenças (art. 93 do C.c.b.: São pertenças os bens que, não constituindo partes integrantes, se destinam, de modo duradouro, ao uso, ao serviço ou ao aformoseamento de outro, ex: quadros, banco de jardim, plantas ornamentais, mangueiras etc, motor de piscina etc).
c) Utilidades (micro-ondas, televisão, refrigerador, frízer, computador, rádio, utensílios domésticos etc).

Os móveis, pertenças, e as utilidades domésticas somente serão impenhoráveis se estiverem presentes os seguintes requisitos, cumulativamente: a) guarnecerem a residência do executado, incluído aí o seu domicílio. Evidentemente se tem mais de uma residência ou domicílio, o executado deverá optar sobre o qual deverá recair a impenhorabilidade. Não se aplica ao local de trabalho ou à empresa; b) ser de baixo valor. Evidentemente que a análise do *baixo valor* deverá ser realizada por critérios *objetivos* e não *subjetivos*. Assim, para uma pessoa com muitas posses, uma televisão que custa R$50.000,00 é de baixo valor, pois, subjetivamente, para ela o preço não representa praticamente nada. Já sobre o critério objetivo de análise do valor de uma televisão, o custo de R$50.000,00 representa um grande valor, razão pela qual o bem pode ser objeto de penhora. É muito difícil entender o que se entende por baixo valor, pois essa expressão é vaga e abstrata. De qualquer sorte, a questão de baixo valor deverá ser analisada não de forma global, mas de acordo com o valor de cada item e segundo sua avaliação de mercado. Deve-se ter em mente que poderá haver determinado bem que tenha um valor significativo, mas que em razão das circunstâncias concretas não poderá ser objeto de penhora. Pense-se na hipótese de uma criança com grave problema visual e que permanece boa parte de seu tempo em casa. Neste caso, por recomendação médica, houve necessidade de se comprar uma televisão com muitas polegadas, ou até mesmo importada, e de muito valor; c) não pode ultrapassar as necessidades comuns correspondentes a um médio padrão de vida. Trata-se também de um requisito de difícil avaliação, principalmente em razão da atual conjuntura econômica vivenciada pelo Brasil. Sabe-se que já se fala em Classes A, B, C e D. É possível adotar-se como critério objetivo para se definir o *padrão médio*, os índices divulgados pelo IBGE. A melhor opção para se definir o que seja *padrão médio de vida* é mediante a utilização da metodologia da *exclusão*, ou seja, padrão médio não é nem a subsistência mínima ou o mínimo existencial, nem a suntuosidade ou ostentação. Deve-se aplicar uma avaliação com base no princípio da proporcionalidade e razoabilidade. Para se ter uma ideia, na década de 70 ou 80, possuir mais de uma televisão na residência seria considerado um alto padrão de vida. Atualmente, tendo em vista que as pessoas estão cada vez mais isoladas e enclausuradas em seu mundo individual, é quase que normal dentro de um padrão médio que os pais e os filhos possuam cada qual uma televisão em seu quarto. Da mesma forma em relação ao *frízer*. Antigamente, quem possuía, além de um refrigerador, também um frízer, era considerado como detentor de um alto padrão de vida. Atualmente, qualquer padrão médio conjuga a posse de ambos os utensílios domésticos.

Evidentemente que nada justifica o devedor possuir uma obra de arte extremamente 'valiosa' e, ao mesmo tempo, deixar de honrar com suas obrigações.

É importante salientar que o at. 2º da Lei 8.009/90 expressamente exclui da impenhorabilidade os veículos de transporte, obras de arte e adornos suntuosos.

5.1.3. Os vestuários, bem como os pertences de uso pessoal do executado, salvo se de elevado valor

No âmbito do direito da personalidade, encontra-se a prerrogativa de se usar peças de vestuários e pertences de uso pessoal, segundo critérios desejados por cada pessoa.

Assim, a impenhorabilidade dos vestuários ou dos pertences pessoais (óculos, relógio, aliança, pulseira, brinco etc) não decorre apenas de uma norma de direito processual, mas tem por fundamento a garantia Constitucional de proteção aos direitos da personalidade.

Note-se que a impenhorabilidade dos bens indispensáveis ao vestuário do executado e da sua família já era prevista no art. 942, XV, do C.P.C. de 1939, assim como no Livro III, Título 86, §23, das Ordenações Filipinas.

Mas é possível efetivar-se a penhora sobre o vestuário ou sobre bens de uso pessoal quando essa utilização deixa de ser uma característica da personalidade, para se transformar em adorno ou ostentação de elevado valor.

Assim, se o executado possui uma roupa de grife famosa, de elevado valor, ou, ainda, relógio de ouro (Rolex), pulseira e brincos de elevado valor, a penhorabilidade desses objetos é de rigor e devidamente autorizada por lei.

Sob a égide do C.P.C. de 1939, art. 942, in IV, observam-se três hipóteses interessantes de impenhorabilidade, a saber: a) *uma vaca* de leite; b) animais domésticos necessários à alimentação do devedor e *família*, à escolha *dele*; c) animais domésticos necessários às atividades do devedor, à escolha dele. Caberia ao juiz fixar o número de animais, nos casos b) e c), atendendo às circunstâncias.

DA PENHORA

Observa-se que o critério adotado pelo C.P.C. de 1939 é no sentido da mantença e da sobrevivência do devedor e de sua família. Esse critério é de ser observado nos dias de hoje, no sentido de que não podem ser penhorados bens que possam servir para o exercício da atividade do executado ou para sua própria sobrevivência e de sua família. Nesse caso, compete ao executado comprovar a necessidade do bem penhorado para sua manutenção.

5.1.4. Os vencimentos, os subsídios, os soldos, os salários, as remunerações, os proventos de aposentadoria, as pensões, os pecúlios e os montepios, bem como as quantias recebidas por liberalidade de terceiro e destinadas ao sustento do devedor e de sua família, os ganhos de trabalhador autônomo e os honorários de profissional liberal

Dentre os princípios que norteiam a execução está o do patrimônio mínimo, segundo o qual o direito à satisfação do crédito não pode importar a miserabilidade do devedor, privando-o do essencial à sua existência condigna.

Conforme ensina Fernando Amâncio Ferreira: *"Em caso de colisão ou conflito entre o direito do credor a ver realizado o seu direito, apoiado no n. 1 do art. 62º da CRP, como direito de acesso à propriedade, e o direito fundamental dos trabalhadores, pensionistas e outros beneficiários de regalias sociais e por causa de acidentes em perceberem um rendimento que lhes garanta uma sobrevivência condigna, optou o legislador, e justamente, pelo sacrifício do direito do credor, na medida do necessário e, se tanto for indispensável, mesmo totalmente, neste caso para evitar que o devedor se transforme num indigente a cargo da colectividade"*.[264]

Como reflexo do princípio da dignidade da pessoa humana, não se pode impedir que toda pessoa tenha acesso aos valores ou rendimentos que lhe são devidos para fins de sua mantença, assim como a de sua família, pois todos têm direito a um salário mínimo que lhe garanta a moradia, saúde, educação, lazer etc.

Por família deve-se entender *entidade familiar*, ou seja, a reunião de parentes ou não, quaisquer que vivam em companhia do devedor, tutelados, curatelados, relação homoafetivas, casamento, união estável etc.

Deve-se observar que os valores configurados como verbas alimentares somente manterão essa condição enquanto se prestarem ao atendimento das necessidades básicas do devedor e de seus dependentes.

A razão dessa impenhorabilidade baseia-se na *dignidade da pessoa humana*, um dos fundamentos da República Federativa do Brasil.

---

[264] FERREIRA, F. A., op. cit., p. 151.

A norma processual impede a penhora sobre:

a) vencimentos: esta expressão é utilizada para a remuneração dos servidores públicos da União, Estados, Distrito Federal Municípios e respectivas autarquias e fundações públicas.

Estabelece o inc. X do art. 37 da C.F. que *a remuneração dos servidores públicos e o subsídio de que trata o §4º do art. 34 somente poderão ser fixados ou alterados por lei específica, observada a iniciativa privativa em cada caso, assegurada revisão geral anual, sempre na mesma data e sem distinção de índices.*

A norma de impenhorabilidade deve ser interpretada extensivamente, assim, quando fala em vencimento, a impenhorabilidade abrange a parte fixa, bem como a verba de representação e as funções gratificadas.

b) subsídios: é a remuneração paga aos agentes políticos de uma maneira geral, como os magistrados, membros do Ministério Público, parlamentares, Presidente da República, governador de estado e prefeitos municipais. Há também algumas carreiras do funcionalismo público que percebem subsídios, como, por exemplo, advocacia geral da união, procuradores da fazenda etc.

Sobre os subsídios, estabelecem os arts. 37, inc. XI, e 27, §2º, da C.F.:

> *Art. 37, inc. XII: a remuneração e o subsídio dos ocupantes de cargos, funções e empregos públicos da administração direta, autárquica e fundacional, dos membros de qualquer dos Poderes da União, dos Estados, do Distrito Federal e dos Municípios, dos detentores de mandato eletivo e dos demais agentes políticos e os proventos, pensões ou outra espécie remuneratória, percebidos cumulativamente ou não, incluídas as vantagens pessoais ou de qualquer outra natureza, não poderão exceder o subsídio mensal, em espécie, dos Ministros do Supremo Tribunal Federal, aplicando-se como limite, nos Municípios, o subsídio do Prefeito, e nos Estados e no Distrito Federal, o subsídio mensal do Governador no âmbito do Poder Executivo, o subsídio dos Deputados Estaduais e Distritais no âmbito do Poder Legislativo e o subsídio dos Desembargadores do Tribunal de Justiça, limitado a noventa inteiros e vinte e cinco centésimos por cento do subsídio mensal, em espécie, dos Ministros do Supremo Tribunal Federal, no âmbito do Poder Judiciário, aplicável este limite aos membros do Ministério Público, aos Procuradores e aos Defensores Públicos; (Redação dada pela Emenda Constitucional nº 41, 19.12.2003). Art. 27, §2º: O subsídio dos Deputados Estaduais será fixado por lei de iniciativa da Assembléia Legislativa, na razão de, no máximo, setenta e cinco por cento daquele estabelecido, em espécie, para os Deputados Federais, observado o que dispõem os arts. 39, § 4º, 57, § 7º, 150, II, 153, III, e 153, § 2º, I.(Redação dada pela Emenda Constitucional nº 19, de 1998). Art. 28, §2º da C.F.: Os subsídios do Governador, do Vice-Governador e dos Secretários de Estado serão fixados por lei de iniciativa da Assembléia Legislativa,*

observado o que dispõem os arts. 37, XI, 39, § 4º, 150, II, 153, III, e 153, § 2º, I.(Incluído pela Emenda Constitucional nº 19, de 1998).Art. 39, § 4º, da C.F.: O membro de Poder, o detentor de mandato eletivo, os Ministros de Estado e os Secretários Estaduais e Municipais serão remunerados exclusivamente por subsídio fixado em parcela única, vedado o acréscimo de qualquer gratificação, adicional, abono, prêmio, verba de representação ou outra espécie remuneratória, obedecido, em qualquer caso, o disposto no art. 37, X e XI. (Incluído pela Emenda Constitucional nº 19, de 1998)

c) soldos: são os rendimentos pagos aos militares das forças armadas e das polícias militares;

d) remunerações: além de abranger os vencimentos, subsídios e soldos, também incorpora outras verbas percebidas pelo trabalhador de uma maneira geral.

Dentre essas verbas encontram-se os juros decorrentes das remunerações pagas.

e) salários: são os rendimentos pagos aos trabalhadores regidos pela C.L.T. de uma maneira geral;

f) proventos de aposentadoria: correspondem ao pagamento dos valores decorrentes de aposentadoria, seja no serviço público ou no serviço privado;

g) pensões: são pagamentos de valores decorrentes de morte, seja na previdência privada como previdência pública.

h) pecúlio e montepios: o pecúlio, em termos escritos, é qualquer soma de dinheiro acumulada a título de reserva. Por extensão, a palavra passou a designar o patrimônio deixado pelo contratante ao seu beneficiário. A definição de pecúlio encontra-se no art. 22, § 1º, do decreto nº 81.402/78, regulador da Lei 6435/77: *Pecúlio é o capital a ser pago de uma só vez ao beneficiário, quando ocorrer a morte do subscritor, na forma estipulada no plano subscrito.*

Já o montepio é uma pensão por morte recebida de um segurado da previdência privada.

i) ganhos de trabalhador autônomo e os honorários de profissional liberal: remuneração percebida por profissionais autônomos, como, por exemplo, representante comercial, assim como profissionais liberais, como advogados, médicos, dentistas, corretores de imóveis, etc.

Há dúvida se o *pro labore* retirado pelo sócio pode ser incluído como valor impenhorável. O S.T.J já entendeu que se trata de parcela impenhorável (REsp 20247/SP, Rel. Ministro EDUARDO RIBEIRO, TERCEIRA TURMA, julgado em 09/02/1993, DJ 08/03/1993, p. 3113)

EXECUÇÃO E CUMPRIMENTO DE SENTENÇA

Contudo, há decisões do próprio S.T.J. não se insurgindo contra a penhora dessa verba (AgRg no Ag 577.330/PR, Rel. Ministro MASSAMI UYEDA, QUARTA TURMA, julgado em 15/03/2007, DJ 02/04/2007, p. 274).

Todas essas espécies de remunerações são consideradas como relativamente ou parcialmente impenhoráveis, uma vez que, em se tratando de crédito alimentar, essas remunerações poderão ser penhoradas para garantir o alimentado, assim como no que exceder a natureza alimentar dessas verbas.

O S.T.J. vem entendo que *não é absoluta a impenhorabilidade do salário – aqui considerado em sentido amplo –, na hipótese de haver sobras salariais, devendo-se, no entanto, resguardar o valor referente ao último crédito, decorrente da atividade profissional do executado* (STJ, EREsp 1.330.567/RS, Rel. Ministro LUIS FELIPE SALOMÃO, SEGUNDA SEÇÃO, DJe de 19/12/2014). (AgRg no AREsp 565.827/PE, Rel. Ministra ASSUSETE MAGALHÃES, SEGUNDA TURMA, julgado em 23/06/2015, DJe 01/07/2015)

A Segunda Seção do S.T.J. pacificou o entendimento de que a remuneração protegida pela regra da impenhorabilidade é a última percebida – a do último mês vencido – e, mesmo assim, sem poder ultrapassar o teto constitucional referente à remuneração de Ministro do Supremo Tribunal Federal. Após esse período, eventuais sobras perdem tal proteção. (STJ, EREsp 1.330.567/RS, Rel. Ministro LUIS FELIPE SALOMÃO, SEGUNDA SEÇÃO, DJe de 19/12/2014)

Diante do que dispõe o art. 833, §2º, do novo C.P.C., o limite dos salários, vencimentos, soldos, remuneração, subsídios etc, não será mais o do teto constitucional referente à remuneração dos Ministros do S.T.F., mas, sim, 50 (cinquenta) salários-mínimos mensais.

Acima de cinquenta salários-mínimos mensais, é possível a realização da penhora. Diz a parte final do §2º do art. 833 do novo C.P.C.: *o disposto nos incisos IV e X do caput não se aplica à hipótese de penhora para pagamento de prestação alimentícia, independentemente de sua origem, bem como às importâncias excedentes a 50 (cinquenta) salários- mínimos mensais, devendo a constrição observar o disposto no art. 528, § 8º, e no art. 529, § 3º.*

Assim, estão excluídos da impenhorabilidade os valores para pagamento de créditos alimentares, independentemente de sua origem, bem como as importâncias excedentes a cinquenta salários mínimos mensais.

Aliás, em relação à impenhorabilidade preconizada no art. 649, inc. IV, do C.P.C. de 1973, o S.T.J. já vinha adotando o entendimento de que a referida impenhorabilidade comportava exceções, como a que permite a penhora nos casos de dívida alimentar, expressamente prevista no parágrafo 2º do mesmo artigo, ou nos casos de empréstimo consignado, limitando o bloqueio a 30%

(trinta por cento) do valor percebido a título de vencimentos, soldos ou salários. Some-se a este entendimento, outras situações, tidas por excepcionais, em que a jurisprudência tem se posicionado pela mitigação na interpretação do então art. 649, IV, do CPC/73. Evidencia-se a excepcionalidade apta a mitigar a impenhorabilidade, segundo o S.T.J., tendo em vista as infrutíferas tentativas de outras formas de garantir o adimplemento da dívida, bem como considerando que a dívida é referente a serviços educacionais, salientando que a educação também é uma das finalidades do salário. (AgInt no AREsp 949.104/SP, Rel. Ministro LÁZARO GUIMARÃES (DESEMBARGADOR CONVOCADO DO TRF 5ª REGIÃO), QUARTA TURMA, julgado em 24/10/2017, DJe 30/10/2017)

O Superior Tribunal de Justiça, em linhas gerais, tem dado interpretação extensiva à expressão "prestação alimentícia", afastando a impenhorabilidade de salários e vencimentos nos casos de pagamento de prestações alimentícias lato senso, englobando prestação de alimentos stricto senso e outras verbas de natureza alimentar, como os honorários advocatícios contratuais e sucumbenciais.

Porém, em se tratando de penhora de saldo do FGTS para pagamento de honorários sucumbenciais, assim já se manifestou o S.T.J.:

> *RECURSO ESPECIAL. PROCESSUAL CIVIL. EXECUÇÃO. HONORÁRIOS SUCUMBENCIAIS. PENHORA. SALDO DO FUNDO DE GARANTIA POR TEMPO DE SERVIÇO. FGTS. IMPOSSIBILIDADE.*
>
> *1. Recurso especial interposto contra acórdão publicado na vigência do Código de Processo Civil de 1973 (Enunciados Administrativos nºs 2 e 3/STJ).*
>
> *2. Cinge-se a controvérsia a verificar a possibilidade de penhora do saldo do Fundo de Garantia por Tempo de Serviço – FGTS para o pagamento de honorários de sucumbência.*
>
> *3. O Superior Tribunal de Justiça, em linhas gerais, tem dado interpretação extensiva à expressão "prestação alimentícia" constante do § 2º do artigo 649 do Código de Processo Civil de 1973, afastando a impenhorabilidade de salários e vencimentos nos casos de pagamento de prestações alimentícias lato senso, englobando prestação de alimentos stricto senso e outras verbas de natureza alimentar, como os honorários advocatícios contratuais e sucumbenciais.*
>
> *4. A hipótese dos autos não é propriamente de penhora de salários e vencimentos, mas, sim, de saldo do fundo de garantia por tempo de serviço – FGTS, verba que tem regramento próprio.*
>
> *5. De acordo com o artigo 7º, III, da Constituição Federal, o FGTS é um direito de natureza trabalhista e social. Trata-se de uma poupança forçada do trabalhador, que tem suas hipóteses de levantamento elencadas na Lei nº 8.036/1990. O rol não é taxativo, tendo*

sido contemplados casos diretamente relacionados com a melhora da condição social do trabalhador e de seus dependentes.

6. Esta Corte tem admitido, excepcionalmente, o levantamento do saldo do FGTS em circunstâncias não previstas na lei de regência, mais especificamente nos casos de comprometimento de direito fundamental do titular do fundo ou de seus dependentes, o que não ocorre na situação retratada nos autos.

7. Recurso especial não provido.

(REsp 1619868/SP, Rel. Ministro RICARDO VILLAS BÔAS CUEVA, TERCEIRA TURMA, julgado em 24/10/2017, DJe 30/10/2017)

De qualquer modo, deve-se registrar que a remuneração protegida pela regra da impenhorabilidade é a última percebida – a do último mês vencido. Após esse período de tempo, eventuais sobras perdem tal proteção.

Em relação à indenização trabalhista, assim já se pronunciou o S.T.J.:

DIREITO PROCESSUAL CIVIL. HIPÓTESE DE PENHORABILIDADE DE VALORES RECEBIDOS A TÍTULO DE INDENIZAÇÃO TRABALHISTA.

A regra de impenhorabilidade prevista no inciso IV do art. 649 do CPC não alcança a quantia aplicada por longo período em fundo de investimento, a qual não foi utilizada para suprimento de necessidades básicas do devedor e sua família, ainda que originária de indenização trabalhista. Conferindo-se interpretação restritiva ao inciso IV do art. 649 do CPC, é cabível afirmar que a remuneração a que se refere esse inciso é a última percebida pelo devedor, perdendo a sobra respectiva, após o recebimento do salário ou vencimento seguinte, a natureza impenhorável. Dessa forma, as sobras, após o recebimento do salário do período seguinte, não mais desfrutam da natureza de impenhorabilidade decorrente do inciso IV, quer permaneçam na conta corrente destinada ao recebimento da remuneração, quer sejam investidas em caderneta de poupança ou outro tipo de aplicação financeira. Na hipótese, não se trata propriamente de sobras de salários não utilizadas no mês em que recebidas pelo empregado. De fato, as verbas rescisórias alcançadas após a solução de litígio perante a Justiça do Trabalho constituem poupança forçada de parcelas salariais das quais o empregado se viu privado em seu dia a dia por ato ilícito do empregador. Despesas necessárias, como as relacionadas à saúde, podem ter sido adiadas; arcadas por familiares ou pagas à custa de endividamento. Todavia, posta a quantia à disposição do empregado/reclamante, satisfeitas suas necessidades imediatas, e as dívidas contraídas para sua sobrevivência durante o período de litígio e privação, a quantia porventura restante, depositada em conta corrente, caderneta de poupança ou outro tipo de aplicação financeira, não está compreendida na hipótese de impenhorabilidade descrita no inciso IV do art. 649 do CPC.

(REsp 1.230.060-PR, Rel. Min. Maria Isabel Gallotti, julgado em 13/8/2014).

DA PENHORA

A impenhorabilidade parcial da remuneração percebida pelo devedor também é prevista no direito processual civil português.

O art. 738º do C.P.C. português considera como bens *parcialmente impenhoráveis*, dois terços da parte líquida dos vencimentos, salários, prestações periódicas pagas a título de aposentação ou de qualquer outra regalia social, seguro, indenização por acidente, renda vitalícia, ou prestações de qualquer natureza que assegurem a subsistência do executado. Essa impenhorabilidade tem como limite máximo o montante equivalente a três salários mínimos nacionais à data de cada apreensão e como limite mínimo, quando o executado não tenha outro rendimento, o montante equivalente a um salário mínimo nacional. Ponderados o montante e a natureza do crédito exequendo, bem como as necessidades do executado e do seu agregado familiar, pode o juiz, excepcionalmente e a requerimento do executado, reduzir, por período que considere razoável, a parte penhorável dos rendimentos e mesmo, por período não superior a um ano, isentá-los da penhora.

Comentando o art. 738º do C.P.C. português, anota Rui Pinto: *"No direito anterior à Reforma de 2003, os rendimentos periódicos de causa pessoal podiam ser penhorados entre um sexto e um terço do valor líquido, de acordo com o que o juiz despachasse segundo o seu prudente arbítrio, 'tendo em conta a natureza da dívida exequenda e as condições econômicas do executado' – art. 824º, ns. 1 e 2. No caso de vencimento ou salários, havia uma válcula de escape no n. 3 do art. 824º: o juiz tinha o poder discricionário de excepcionalmente isentar de penhora os rendimentos, tendo em conta a natureza da dívida exequenda e as necessidades do executado e seu agregado familiar.*

Estas normas levantavam dúvidas quanto à necessidade de se respeitar o limite do montante do salário mínimo nacional, de pensões de reforma e de rendimento mínimo garantido, em face do princípio da dignidade humana, decorrente do princípio do Estado de direito, resultante da conjugação dos arts. 1º, 59, n. 2, al. a), e 63 CRP...

A esse propósito o Tribunal Constitucional, no Acórdão n. 318/99 (NUNES DE ALMEIDA), de 26-5-1999, veio declarar a inconstitucionalidade dos ns. 1 e 2 do art. 824º por violação daquele princípio, quando interpretados no sentido de se permitir a penhora até um terço de prestações sociais que 'não excedessem o salário mínimo'. Mas o Acórdão TC n. 96/04 (MARIA HELENA BRITO) de 11-2-2004 foi mais longe e declarou inconstitucional idêntica penhora que não deixasse um rendimento disponível de pelo menos igual ao salário mínimo nacional'.

As Reformas de 2003 e de 2013 tiveram, então, tudo isto em linha de conta ao reformularem o art. 824º e, agora novamente o art. 738º.

Assim, e em primeiro lugar, são impenhoráveis dois terços destes rendimentos periódicos, devendo atender-se o valor 'líquido' no 'plano fiscal, i.e., depois de impostos e demais descontos legalmente obrigatórios (assim, STJ 28-5-1991). Portanto, não se deve atender a um valor líquido 'no plano pessoal', i.e., depois de deduzidas as despesas pessoais. Qualquer invocação a gastos pessoais deve ser feita a 'posteriori', e relevando nos estritos limites do n. 6, de modo a não restringir o objecto inicial".[265]

Portanto, a impenhorabilidade parcial de remuneração percebida pelo devedor é uma realidade brasileira e portuguesa.

i) *quantias recebidas por liberalidade de terceiro e destinadas ao sustento do devedor e de sua família.*

Pode o executado perceber uma renda decorrente de constituição de renda (art. 803 do C.c.b.), feita por terceiro, e destinada ao sustento do devedor ou de sua família.

Portanto, se o executado é beneficiado por quantias recebidas por liberalidade (doação ou testamento) de terceiro, e sendo essa verba destinada ao seu sustento e de sua família, não poderá incidir a penhora sobre os referidos valores.

A grande questão que se coloca é se haverá algum limite monetário para que se possa considerar as verbas indicadas no inc. IV do art. 833 do atual C.P.C. como impenhoráveis.

O direito português estabelece um limite monetário para que as verbas similares às indicadas no inc. IV do art. 833 do atual C.P.C. brasileiro possam ser caracterizadas como impenhoráveis. Esse limite é de *dois terços*, conforme preconiza o art. 738 do Código de Processo Civil português:

> *Artigo 738.º Bens parcialmente penhoráveis*
>
> *1 – São impenhoráveis dois terços da parte líquida dos vencimentos, salários, prestações periódicas pagas a título de aposentação ou de qualquer outra regalia social, seguro, indemnização por acidente, renda vitalícia, ou prestações de qualquer natureza que assegurem a subsistência do executado.*
>
> *2 – Para efeitos de apuramento da parte líquida das prestações referidas no número anterior, apenas são considerados os descontos legalmente obrigatórios.*
>
> *3 – A impenhorabilidade prescrita no n.º 1 tem como limite máximo o montante equivalente a três salários mínimos nacionais à data de cada apreensão e como limite mínimo, quando o executado não tenha outro rendimento, o montante equivalente a um salário mínimo nacional.*

---

[265] PINTO, R., op. cit. p. 738.

DA PENHORA

4 – O disposto nos números anteriores não se aplica quando o crédito exequendo for de alimentos, caso em que é impenhorável a quantia equivalente à totalidade da pensão social do regime não contributivo.

5 – Na penhora de dinheiro ou de saldo bancário, é impenhorável o valor global correspondente ao salário mínimo nacional ou, tratando-se de obrigação de alimentos, o previsto no número anterior.

6 – Ponderados o montante e a natureza do crédito exequendo, bem como as necessidades do executado e do seu agregado familiar, pode o juiz, excepcionalmente e a requerimento do executado, reduzir, por período que considere razoável, a parte penhorável dos rendimentos e mesmo, por período não superior a um ano, isentá-los de penhora.

7 – Não são cumuláveis as impenhorabilidades previstas nos n.os 1 e 5.

A imposição de determinado limite às verbas indicadas no inc. IV do art. 833 do novo C.P.C. estão de acordo com critérios de justiça e equidade, pois não seria justo que um devedor, percebendo uma remuneração mensal de aproximadamente R$100.000,00 (cem mil reais) mensais, não efetuasse o pagamento de um débito no valor de R$5.000,00 (cinco mil reais), sob a alegação da impenhorabilidade da verba por ele recebida.

Por isso, agiu bem o legislador português em fixar o limite máximo de impenhorabilidade para as verbas de natureza remuneratórias.

Inicialmente, o legislador do novo C.P.C. não estipulou um limite monetário para a impenhorabilidade das verbas mencionadas no inc. IV do art. 833 do C.P.C.

Retornando o projeto do novo C.P.C. ao Senado, foi dado nova redação ao §2º do art. 833 do atual C.P.C., estabelecendo que a impenhorabilidade das verbas indicadas no inc. IV do art. 833 do atual C.P.C. encontra-se limitada à importância que não exceder a 50 (cinquenta) salários-mínimos mensais.

5.1.5. Os livros, as máquinas, as ferramentas, os utensílios, os instrumentos ou outros bens móveis necessários ou úteis ao exercício da profissão do executado

Preceitua o art. 5º, inc. XIII, da C.F.: *é livre o exercício de qualquer trabalho, ofício ou profissão, atendidas as qualificações profissionais que a lei estabelecer.*

Para que se resguarde a liberdade do exercício de qualquer profissão, deve-se garantir os instrumentos necessários e úteis para tal criatividade da personalidade humana.

O dispositivo apresenta uma perspectiva abrangente, inserindo no seu âmbito de proteção qualquer trabalho, ofício ou profissão.

EXECUÇÃO E CUMPRIMENTO DE SENTENÇA

Trabalho, *no sentido jurídico*, significa a produção de tudo aquilo que seja útil socialmente.

O trabalho pode ser representado por uma atividade que não exige um nível intelectual aprimorado, como é o caso do vendedor ambulante.

O ofício, por sua vez, é uma espécie de trabalho regulamentado exercido por aquele que detém um certo conhecimento técnico, exigindo um nível maior intelectual que o necessário para uma atividade. São exemplos de ofício, motorista, cabeleireiros, manicure etc.

A profissão, pressupõe formação acadêmica e alto nível intelectual.

Como bem ensina Pontes de Miranda, *"o critério é a profissão – tudo quanto seja necessário a ela. O supérfluo faz penhorável o bem, porque falta o pressuposto da necessariedade ou da utilidade"*.[266]

Segundo Araken de Assis, *"a impenhorabilidade de máquinas, livros, utensílios e instrumentos, por exemplo, o telefone, não se vincula ao porte ou ao valor e, tampouco, ao critério da indispensabilidade ao exercício profissional. É irrelevante, outrossim, a importância da profissão ou sua regulamentação legal, bem como a circunstância de se localizar na residência do devedor (art. 1º da Lei 8.009/90)"*.[267]

Os livros podem pertencer a médicos, advogados, membros do Poder Judiciário, do Ministério Público, professores etc. Portanto, os livros servem como instrumento para o exercício da profissão, aprimoramento e permitindo a recepção de conhecimentos.

As máquinas podem ser consideradas como um torno de um trabalhador autônomo que exerce seu ofício, máquina de costura, forno industrial de uma pequena padaria, a máquina de cortar grama de um jardineiro etc.

As ferramentas, como as ferramentas de um encanador, de um mecânico, de um trabalhador autônomo que arruma máquinas de lavar, costurar, refrigerador, televisão etc.

Os utensílios, por sua vez, podem ser qualquer material que dê maior capacidade de realização de qualquer trabalho ofício ou profissão, como é o caso de utensílios utilizados para fazer produtos a serem vendidos ao consumidor. As panelas de um cozinheiro que faz refeições nas residências dos consumidores são utensílios. O molde utilizado por um torneiro mecânico em seu trabalho autônomo é considerado utensílio.

---

[266] PONTES DE MIRANDA. *Comentário ao código de processo civil*. Tomo X. Rio de Janeiro: Forense, 1976. p. 185 e 186.

[267] ASSIS, A. op. cit., p.. 426.

DA PENHORA

Instrumento ou outros bens móveis necessários ou úteis ao exercício da profissão do executado.

O legislador quis ampliar os objetos que devem ser considerados impenhoráveis, para abranger qualquer outro instrumento ou bens móveis necessários ou úteis ao exercício da profissão do executado.

Para o legislador, basta que os objetos sejam meramente úteis, sem que sejam necessários, para que a impenhorabilidade prevaleça.

Segundo anota Pontes de Miranda: *"No art. 649, os incisos II e VIII (necessários), e VI (necessários ou úteis) aludem a conceitos de 'necessidade', que é igual a 'indispensabilidade', e de 'utilidade'. A 'necessariedade' ou 'indispensabilidade', e de 'utilidade'. A 'necessariedade' ou 'indispensabilidade' há de existir ao tempo da penhora. A 'utilidade' dilata a impenhorabilidade..."*.[268]

O telefone para um advogado ou para um médico pode não ser necessário, mas é de extrema utilidade.

O objeto, portanto, não precisa ser indispensável para o exercício da profissão.

Evidentemente, a necessidade ou utilidade dos objetos deverá ser avaliada caso-a-caso e de acordo com sua utilização presente e não passada. Em relação a esse aspecto, é importante observar as seguintes ponderações de Araken de Assis:

"uso total – a utilização da máquina, livro, utensílio ou instrumento deve ocorrer no presente, no dia-a-dia da labuta profissional. Por isso, nada exclui a penhora da balança antiga e valiosa em desuso no estabelecimento do magafere; quantidade razoável – estoque de instrumentos no consultório odontológico além de qualquer necessidade atual e momentânea, retira o obstáculo da impenhorabilidade por força do art. 649, VI. Em contrapartida, não tem sentido penhorar um dos equipamentos do cirurgião-dentista quando ele, trabalhando no subúrbio e na cadeia, tem necessidade de ambos. De nenhuma importância o tamanho da biblioteca médica ou a especialidade dos tratados, pois toda ela é impenhorável; utilidade ou necessidade – o livro, o utensílio, o instrumento e a máquina hão de ser úteis ou necessários aos misteres do obrigado, dentro do melhor padrão profissional, o que inclui o telefone; trabalho pessoal – o livro, o utensílio, a máquina ou o instrumento impenhorável é o que se relaciona a certa profissão, por óbvio não limitadas àquelas reguladas em lei. Por exemplo, o trator...".[269]

---

[268] PONTES DE MIRANDA, op. cit., p. 178.
[269] ASSIS, A., op. cit., p. 427.

EXECUÇÃO E CUMPRIMENTO DE SENTENÇA

O Superior Tribunal de Justiça tem entendido que os bens úteis e necessários para a atividade de empresa individual, na qual os sócios atuam pessoalmente, são impenhoráveis (REsp 864.962/RS, Rel. Ministro MAURO CAMPBELL MARQUES, SEGUNDA TURMA, julgado em 04/02/2010, DJe 18/02/2010).

Incluem-se na impenhorabilidade prevista no inciso V do art. 833 do atual C.P.C., os equipamentos, os implementos e as máquinas agrícolas pertencentes a pessoa física ou a empresa individual produtora rural, exceto quando tais bens tenham sido objeto de financiamento e estejam vinculados em garantia a negócio jurídico ou quando respondam por dívida de natureza alimentar, trabalhista ou previdenciária.

O inc.V do art. 833 do atual C.P.C. estabelece que são impenhoráveis os livros, as máquinas, as ferramentas, os utensílios, os instrumentos ou outros bens móveis necessários ou úteis ao exercício da profissão do executado. Já o §3º do art. 833 do atual C.P.C. incorpora nessa impenhorabilidade os equipamentos, implementos e máquinas agrícolas desde que pertencentes a pessoa física ou a empresa individual produtora rural.

As máquinas agrícolas são instrumentos necessários para que o produtor rural, pessoa física ou a empresa individual produtora rural possa realizar sua atividade de produção da área agrícola.

O dispositivo excepciona dessa impenhorabilidade os equipamentos, implementos e máquinas agrícolas, nos casos em que esses bens tenham sido objeto de financiamento e estejam vinculados em garantia a negócio jurídico ou respondam por dívida de natureza alimentar, trabalhista ou previdenciária.

Assim, eventual trabalhador da área rural poderá penhorar os equipamentos, implementos ou máquinas agrícolas pelos valores que lhe são devidos pelo proprietário rural em razão de trabalho realizado na propriedade rural.

5.1.6. O seguro de vida

É impenhorável o seguro de vida.

O Seguro de vida é regulado pelos artigos 789 a 802 do C.c.b.

O seguro de vida tem por finalidade instituir em favor do beneficiado um fundo alimentar, fato esse que caracteriza sua impenhorabilidade.

O beneficiário de seguro de vida tem garantido o direito de não ver incidir penhora sobre esse valor, pois o seguro de vida nada mais é do que uma indenização pela morte do segurado, não integrando o patrimônio do beneficiário para efeito de garantir suas dívidas.

DA PENHORA

Entende Pontes de Miranda que *"depois de devida a soma, é parte do patrimônio do segurado, insere-se na sua esfera jurídica, – não é mais o seguro; e somente estaria imune à penhora se fosse separada do resto, em virtude da cláusula de inalienabilidade ou de impenhorabilidade (distinção qualitativa do patrimônio). Então o caso pertenceria à regra jurídica do art. 649, I, ou à regra tautológica 'não são suscetíveis de penhora os bens impenhoráveis. O art. 649, IX, tem, pois, o alcance de imunizar o direito expectativo, 'com quem quer que ele se ache'. Não só o valor já recebido escapa ao art. 649, IX; o que a empresa ou órgão estatal de seguro já 'deve' e, pois, há a pretensão e a ação, pode ser penhorado. Na data em que se há de pagar o seguro, pois que já ocorreu o que fez devido o que se prometera sob condição ou a termo. Já o direito a receber está no patrimônio do beneficiário. O direito expectativo securitário é que não é penhorável".*[270]

Assim, para Pontes, de Miranda, somente a expectativa de recebimento de seguro de vida é que está garantida pela impenhorabilidade. Se já houve o recebimento do seguro, este passou a integrar o patrimônio do devedor, sendo que as dívidas que se seguirem estarão garantidas pelo seu valor, tornando-se ele penhorável.

Contudo, ingressando os valores do seguro de vida no patrimônio do beneficiário do seguro, eles não perdem sua natureza, mantendo, portanto, sua impenhorabilidade.

5.1.7. Os materiais necessários para obras em andamento, salvo se essas forem penhoradas

A impenhorabilidade estabelecida pela norma processual diz respeito somente aos materiais necessários para *obra em andamento*.

Tratando-se de obra já concluída ou de obra nova, quando da propositura da execução, os materiais não serão beneficiados pela impenhorabilidade.

Importa verificar, também, se há destinação do material para a obra, ou se se trata de material separado, provisoriamente, do prédio, e que não é mais necessário.

Somente o material necessário para obra em andamento é que não poderá ser objeto de penhora.

Se a penhora recair sobre a própria obra, essa penhora abrange o material, tendo em vista que se trata de uma penhora global.

É possível que o executado tenha adquirido material necessário para obra que se encontre já em andamento, antes da propositura da execução. Nesse

---

[270] PONTES DE MIRANDA, *Comentários ao código de processo civil*. Tomo X. Rio de Janeiro: Forense, 1976. p. 189 e 190.

EXECUÇÃO E CUMPRIMENTO DE SENTENÇA

caso, a sorte do acessório segue a sorte do principal. Assim, se a construção não pode ser objeto de penhora (bem de família), o material adquirido para a sua conclusão também não poderá ser objeto de penhora.

Por outro lado, se o principal, construção, pode ser penhorado, o material adquirido para sua conclusão também poderá sê-lo.

Conforme estabelece o art. 3º, inc.s. II e V, da Lei 8.009/90:

> *Art. 3º A impenhorabilidade é oponível em qualquer processo de execução civil, fiscal, previdenciária, trabalhista ou de outra natureza, salvo se movido:*
>
> *(...).*
>
> *II – pelo titular do crédito decorrente do financiamento destinado à construção ou à aquisição do imóvel, no limite dos créditos e acréscimos constituídos em função do respectivo contrato;*
>
> *(...)*
>
> *V – para execução de hipoteca sobre o imóvel oferecido como garantia real pelo casal ou pela entidade familiar.*

Portanto, se o material adquirido for para ser incorporado à construção ou à aquisição de imóvel, cujo financiamento encontra-se em execução, este material estará sujeito à penhora.

Também estará sujeito à penhora o material empregado em imóvel oferecido a hipoteca como garantia real pelo casal ou pela entidade familiar.

Tendo em vista que o fiador não poderá beneficiar-se com as garantias da impenhorabilidade do bem de família, o material que adquirir para empregar em seu único imóvel poderá ser penhorado juntamente com o imóvel.

Nesse sentido é o seguinte precedente do S.T.F.:

> *CONSTITUCIONALIDADE DA PENHORA DO BEM DE FAMÍLIA DO FIADOR. RATIFICAÇÃO DA JURISPRUDÊNCIA FIRMADA POR ESTA SUPREMA CORTE. EXISTÊNCIA DE REPERCUSSÃO GERAL.*
>
> (RE 612360 RG, Relator(a): Min. ELLEN GRACIE, julgado em 13/08/2010, REPERCUSSÃO GERAL – MÉRITO DJe-164 DIVULG 02-09-2010 PUBLIC 03-09-2010 EMENT VOL-02413-05 PP-00981 LEXSTF v. 32, n. 381, 2010, p. 294-300).

Porém, o próprio S.T.F., em recente decisão, afirmou que não é penhorável o bem de família do fiador, quando se tratar de locação de imóvel comercial. Essa notícia foi divulgada no seguinte link: HYPERLINK "http://www.stf.jus.

br/portal/processo/verProcessoAndamento.asp?numero=605709&classe=RE
&origem=AP&recurso=0&tipoJulgamento=M" RE 605709/SP, rel. Min. Dias
Toffoli, red. p/ ac. Min. Rosa Weber, julgamento em 12.6.2018. (RE-605709):

> *Impenhorabilidade do bem de família e contratos de locação comercial.*
>
> *Não é penhorável o bem de família do fiador, no caso de contratos de locação comercial. Com base neste entendimento, a Primeira Turma, por maioria e em conclusão de julgamento, deu provimento a recurso extraordinário em que se discutia a possibilidade de penhora de bem de família do fiador em contexto de locação comercial.Vencidos os ministros Dias Toffoli (relator) e Roberto Barroso que negaram provimento ao recurso. Ressaltaram que o Supremo Tribunal Federal pacificou o entendimento sobre a constitucionalidade da penhora do bem de família do fiador por débitos decorrentes do contrato de locação. A lógica do precedente é válida também para os contratos de locação comercial, na medida em que – embora não envolva o direito à moradia dos locatários – compreende o seu direito à livre iniciativa. A possibilidade de penhora do bem de família do fiador – que voluntariamente oferece seu patrimônio como garantia do débito – impulsiona o empreendedorismo, ao viabilizar a celebração de contratos de locação empresarial em termos mais favoráveis. Por outro lado, não há desproporcionalidade na exceção à impenhorabilidade do bem de família (Lei nº 8009/1990, art. 3º, VII [I]). O dispositivo legal é razoável ao abrir a exceção à fiança prestada voluntariamente para viabilizar a livre iniciativa. (I) Lei 8.009/1990: "Art. 3º A impenhorabilidade é oponível em qualquer processo de execução civil, fiscal, previdenciária, trabalhista ou de outra natureza, salvo se movido: (...) VII – por obrigação decorrente de fiança concedida em contrato de locação."*

5.1.8. A pequena propriedade rural, assim definida em lei, desde que trabalhada pela família

A impenhorabilidade *absoluta* da pequena propriedade rural tem por fundamento não somente o atual C.P.C., mas, também, a própria Constituição Federal que em seu art. 5º, inc. XXVI preceitua: *a pequena propriedade rural, assim definida em lei, desde que trabalhada pela família, não será objeto de penhora para pagamento de débitos decorrentes de sua atividade produtiva, dispondo a lei sobre os meios de financiar o seu desenvolvimento.*

O S.T.F. já manifestou entendimento de que a impenhorabilidade prevista no art. 5º, inc. XXVI tem aplicação imediata e eficácia plena. Nesse sentido foi o voto proferido pelo Eminente Ministro Carlos Veloso no Agravo Regimental em Agravo de Instrumento n. 184.198-2.

Portanto, o bem de família agrário é direito fundamental da família rurícola, sendo núcleo intangível – cláusula pétrea –, que restringe, justamente em razão da sua finalidade de preservação da identidade constitucional, uma garantia mínima de proteção à pequena propriedade rural, de um patrimônio mínimo necessário à manutenção e à sobrevivência da família. A proteção da pequena propriedade rural ganhou *status* Constitucional, tendo-se estabelecido, no capítulo voltado aos direitos fundamentais, que a referida propriedade, "assim definida em lei, desde que trabalhada pela família, não será objeto de penhora para pagamento de débitos decorrentes de sua atividade produtiva, dispondo a lei sobre os meios de financiar o seu desenvolvimento" (art. 5º, XXVI). Recebeu, ainda, albergue de diversos normativos infraconstitucionais, tais como: Lei nº 8.009/90, CPC/1973 e CPC/2015. O bem de família agrário é direito fundamental da família rurícola, sendo núcleo intangível – cláusula pétrea –, que restringe, justamente em razão da sua finalidade de preservação da identidade constitucional, uma garantia mínima de proteção à pequena propriedade rural, de um patrimônio mínimo necessário à manutenção e à sobrevivência da família. Para fins de proteção, a norma exige dois requisitos para negar constrição à pequena propriedade rural: i) que a área seja qualificada como pequena, nos termos legais; e ii) que a propriedade seja trabalhada pela família. É ônus do pequeno proprietário, executado, a comprovação de que o seu imóvel se enquadra nas dimensões da pequena propriedade rural. No entanto, no tocante à exigência da prova de que a referida propriedade é trabalhada pela família, há uma presunção de que esta, enquadrando-se como diminuta, nos termos da lei, será explorada pelo ente familiar, sendo decorrência natural do que normalmente se espera que aconteça no mundo real, inclusive, das regras de experiência (NCPC, art. 375). O próprio microssistema de direito agrário (Estatuto da Terra; Lei 8.629/1993, entre outros diplomas) entrelaça os conceitos de pequena propriedade, módulo rural e propriedade familiar, havendo uma espécie de presunção de que o pequeno imóvel rural se destinará à exploração direta pelo agricultor e sua família, haja vista que será voltado para garantir sua subsistência. Em razão da presunção juris tantum em favor do pequeno proprietário rural, transfere-se ao exequente o encargo de demonstrar que não há exploração familiar da terra, para afastar a hiperproteção da pequena propriedade rural. (REsp 1408152/PR, Rel. Ministro LUIS FELIPE SALOMÃO, QUARTA TURMA, julgado em 01/12/2016, DJe 02/02/2017)

Há entendimento de que pequena propriedade rural é aquela que não ultrapassa um módulo rural de cada região do país. A medida do módulo rural varia, em cada região.

Também tem se admitido como critério definidor de pequena propriedade rural aquele estabelecido no Estatuto da Terra.

O art. 4º, inc. II e III, da Lei 4.504/64 (Estatuto da Terra) assim define a 'propriedade familiar' e o 'módulo rural':

> *"Art.4º. Para os efeitos desta Lei, definem-se:*
> *(...).*
> *II – 'Propriedade Familiar', o imóvel rural que, direta e pessoalmente explorado pelo agricultor e sua família, lhes absorva toda a força de trabalho, garantido-lhe a subsistência e o progresso social e econômico, com área máxima fixada para cada região e tipo de exploração, e eventualmente trabalho com a ajuda de terceiros;*
> *III – "Módulo Rural', a área fixada nos termos do inciso anterior".*

Por sua vez, o art. 5º e seu parágrafo único do Estatuto da Terra preconiza:

> *"Art. 5º. A dimensão da área dos módulos de propriedade rural será fixada para cada zona de características econômicas e ecológicas homogêneas, distintamente, por tipos de exploração rural que nela possam ocorrer.*
> *Parágrafo único. No caso de exploração mista, o módulo será fixado pela média ponderada das partes do imóvel destinada a cada um dos tipos de exploração considerados".*

A lei n. 8009/90, em seu art. 4º, §2º, também garante a impenhorabilidade da pequena propriedade rural familiar, *in verbis:*

> *Art. 4º(...).*
> *§ 2º Quando a residência familiar constituir-se em imóvel rural, a impenhorabilidade restringir-se-á à sede de moradia, com os respectivos bens móveis, e, nos casos do art. 5º, inciso XXVI, da Constituição, à área limitada como pequena propriedade rural.*

Portanto, se a área rural não for considerada como pequena propriedade rural, a impenhorabilidade do bem de família incide sobre a sede da moradia. Contudo, em se tratando de pequena propriedade rural, nos termos do art. 5º, inc. XXVI, da C.F., a impenhorabilidade incide sobre a totalidade do imóvel rural.

Há entendimento do S.T.J. que se o imóvel rural é superior ao módulo rural, mas o trabalhador rural exerce sua atividade sozinho ou com sua família, a impenhorabilidade deverá ser restringida à unidade de um módulo rural (REsp 230.363/PB, Rel. Ministro JOÃO OTÁVIO DE NORONHA, SEGUNDA TURMA, julgado em 12/04/2005, DJ 05/09/2005, p. 333).

Também não pode ser objeto de penhora o 'bem de família' previsto na Lei 8.009/90, que assim dispõe:

> *Art. 1º O imóvel residencial próprio do casal, ou da entidade familiar, é impenhorável e não responderá por qualquer tipo de dívida civil, comercial, fiscal, previdenciária ou de outra natureza, contraída pelos cônjuges ou pelos pais ou filhos que sejam seus proprietários e nele residam, salvo nas hipóteses previstas nesta lei.*
>
> *Parágrafo único. A impenhorabilidade compreende o imóvel sobre o qual se assentam a construção, as plantações, as benfeitorias de qualquer natureza e todos os equipamentos, inclusive os de uso profissional, ou móveis que guarnecem a casa, desde que quitados.*

A impenhorabilidade do bem de família previsto na Lei 8.009/90 é oponível em qualquer processo de execução civil, fiscal, previdenciária, trabalhista ou de outra natureza, salvo se movido: a) – pelo titular do crédito decorrente do financiamento destinado à construção ou à aquisição do imóvel, no limite dos créditos e acréscimos constituídos em função do respectivo contrato; b) – pelo credor da pensão alimentícia, resguardados os direitos, sobre o bem, do seu coproprietário que, com o devedor, integre união estável ou conjugal, observadas as hipóteses em que ambos responderão pela dívida; c) para cobrança de impostos, predial ou territorial, taxas e contribuições devidas em função do imóvel familiar; d) – para execução de hipoteca sobre o imóvel oferecido como garantia real pelo casal ou pela entidade familiar; e) – por ter sido adquirido com produto de crime ou para execução de sentença penal condenatória a ressarcimento, indenização ou perdimento de bens f) – por obrigação decorrente de fiança concedida em contrato de locação.

Em relação à hipoteca do bem de família, a impenhorabilidade restringe-se a situações em que a garantia foi ofertada para constituição de dívida que se reverte em proveito da própria entidade familiar, de modo que, nas hipóteses em que a hipoteca em verdade é suporte a dívida de terceiros, a impenhorabilidade do imóvel deve, em princípio, ser reconhecida. (REsp 1180873/RS, Rel. Ministro LUIS FELIPE SALOMÃO, QUARTA TURMA, julgado em 17/09/2015, DJe 26/10/2015)

A impenhorabilidade do bem de família é matéria de ordem pública que não pode, nem mesmo, ser objeto de renúncia por parte do devedor executado, já que o interesse tutelado pelo ordenamento jurídico não é do devedor, mas da entidade familiar, que detém, com a Carta Política de 1988, estatura constitucional." (REsp 1.059.805/RS, Rel. Ministro Castro Meira, Segunda Turma julgado em 26/8/2008, DJe 2/10/2008).

Sobre o valor atribuído ao bem de família para efeito de sua exclusão da impenhorabilidade, assim já se manifestou o S.T.J.:

DA PENHORA

RECURSO ESPECIAL – CUMPRIMENTO DE SENTENÇA EM AÇÃO DE COBRANÇA POR DESPESAS DE MANUTENÇÃO E MELHORIAS DE LOTEAMENTO – PRETENSÃO DE PENHORA DO ÚNICO BEM DE PROPRIEDADE DA EXECUTADA SOB A ALEGAÇÃO DE TRATAR-SE DE IMÓVEL DE LUXO (ALTO VALOR) – TRIBUNAL A QUO QUE MANTEVE O INDEFERIMENTO DO PEDIDO DE PENHORA DA UNIDADE HABITACIONAL INDIVIDUAL ANTE O NÃO ENQUADRAMENTO NAS HIPÓTESES DE EXCEÇÃO À ALUDIDA GARANTIA (IMPENHORABILIDADE).
IRRESIGNAÇÃO DO EXEQUENTE.

Hipótese: Controvérsia envolvendo a possibilidade de reinterpretação do instituto da impenhorabilidade do bem de família com vistas a alargar as hipóteses limitadas, restritas e específicas de penhorabilidade descritas na legislação própria, ante a arguição de que o imóvel é considerado de alto valor.

1. O bem de família obrigatório está disciplinado na Lei n° 8.009/90 e surgiu com o objetivo de proteger a habitação da família, considerada, pela Constituição Brasileira, elemento nuclear da sociedade.

2. Em virtude do princípio da especificidade "lex specialis derogat legi generali", prevalece a norma especial sobre a geral, motivo pelo qual, em virtude do instituto do bem de família ter sido especificamente tratado pelo referido ordenamento normativo, é imprescindível, tal como determinado no próprio diploma regedor, interpretar o trecho constante do caput do artigo 1° "salvo nas hipóteses previstas nesta lei", de forma limitada. Por essa razão, o entendimento do STJ é pacífico no sentido de que às ressalvas à impenhorabilidade ao bem de família obrigatório, é sempre conferida interpretação literal e restritiva. Precedentes.

3. A lei não prevê qualquer restrição à garantia do imóvel como bem de família relativamente ao seu valor, tampouco estabelece regime jurídico distinto no que tange à impenhorabilidade, ou seja, os imóveis residenciais de alto padrão ou de luxo não estão excluídos, em razão do seu valor econômico, da proteção conferida aos bens de família consoante os ditames da Lei 8009/90.

4. O momento evolutivo da sociedade brasileira tem sido delineado de longa data no intuito de salvaguardar e elastecer o direito à impenhorabilidade ao bem de família, de forma a ampliar o conceito e não de restringi-lo, tomando como base a hermenêutica jurídica que procura extrair a real pretensão do legislador e, em última análise, a própria intenção da sociedade relativamente às regras e exceções aos direitos garantidos, tendo sempre em mente que a execução de crédito se realiza de modo menos gravoso ao devedor consoante estabelece o artigo 620 do CPC/73, atual 805 no NCPC.

5. A variável concernente ao valor do bem, seja perante o mercado imobiliário, o Fisco, ou ainda, com amparo na subjetividade do julgador, não afasta a razão preponderante justificadora da garantia de impenhorabilidade concebida pelo legislador pelo regime da

EXECUÇÃO E CUMPRIMENTO DE SENTENÇA

Lei nº 8.009/90, qual seja, proteger a família, garantindo-lhe o patrimônio mínimo para sua residência.

6. Na hipótese, não se afigura viável que, para a satisfação do crédito, o exequente promova a penhora, total, parcial ou de percentual sobre o preço do único imóvel residencial no qual comprovadamente reside a executada e sua família, pois além da lei 8009/90 não ter previsto ressalva ou regime jurídico distinto em razão do valor econômico do bem, questões afetas ao que é considerado luxo, grandiosidade, alto valor estão no campo nebuloso da subjetividade e da ausência de parâmetro legal ou margem de valoração.

7. Recurso especial desprovido.

(REsp 1351571/SP, Rel. Ministro LUIS FELIPE SALOMÃO, Rel. p/ Acórdão Ministro MARCO BUZZI, QUARTA TURMA, julgado em 27/09/2016, DJe 11/11/2016)

5.1.9. Os recursos públicos recebidos por instituições privadas para aplicação compulsória em educação, saúde ou assistência social

Os recursos públicos, por pertencerem ao patrimônio público, são impenhoráveis.

Porém, o Governo poderá destinar recursos públicos para benefício de instituições privadas para aplicação compulsória em educação, saúde ou assistência social.

O inc. IX do art. 833 do atual C.P.C. preconiza impenhorabilidade desses recursos públicos quando forem transferidos a instituições privadas para aplicação compulsória em educação, saúde ou assistência social.

São exemplos de recursos públicos para aplicação compulsória: o Programa de Universidade para Todos com isenção tributária para universidades particulares. O PROUNI possui também ações conjuntas de incentivo à permanência dos estudantes nas instituições, como a Bolsa Permanência, o convênio de estágio MEC/CAIXA e a Federação Brasileira de Bancos (Febraban) e o FIES – Fundo de Financiamento ao Estudante do Ensino Superior, que possibilita ao bolsista parcial financiar a parcela da mensalidade não coberta pela bolsa do programa.

Sobre a questão da impenhorabilidade do FIES, eis a seguinte notícia divulgada no sitio do S.T.J. http://www.stj.jus.br/sites/STJ/default/pt_BR/Comunica%C3%A7%C3%A3º/noticias/Not%C3%ADcias/Cr%C3%A9ditos-vinculados-ao-Fies-s%C3%A3º-impenhor%C3%A1veis,-decide-Terceira-Turma,

Créditos vinculados ao Fies são impenhoráveis, decide Terceira Turma
Caracterizados como recursos públicos recebidos por entidades privadas em contraprestação pelos serviços educacionais, os créditos vinculados ao programa Fundo de Financiamento

Estudantil (Fies) não podem ser submetidos à penhora, conforme estabelece o artigo 649 do Código de Processo Civil de 1973.

O entendimento foi fixado pela Terceira Turma do Superior Tribunal de Justiça (STJ) ao declarar a impenhorabilidade de créditos advindos do Fies que foram obtidos por instituição privada de ensino. A instituição foi executada em processo promovido por outra empresa, que pediu judicialmente a penhora dos créditos do programa.

A decisão de bloqueio, proferida em primeira instância, foi confirmada pelo Tribunal de Justiça do Distrito Federal (TJDF). Para o tribunal, como os créditos podem ser negociados por meio de recompra, por se tratar de títulos da dívida pública, eles também poderiam ser penhorados.

Interesse coletivo

A ministra Nancy Andrighi, relatora do caso, explicou que a Lei 11.382/06 inseriu no artigo 649 do CPC de 1973 a previsão de impenhorabilidade absoluta dos recursos públicos recebidos por instituições privadas para aplicação compulsória em educação, saúde ou assistência social. Essa restrição à penhora, destacou a ministra, justifica-se em virtude da prevalência do interesse coletivo sobre o particular.

No âmbito do Fies, a relatora explicou que as instituições de ensino, após o início dos cursos integrantes do programa, recebem títulos públicos emitidos pelo Tesouro Nacional e operados pelo Fundo Nacional de Desenvolvimento da Educação. As instituições utilizam os títulos para o pagamento de encargos educacionais (como tributos fiscais e previdenciários) ou podem oferecê-los em processo de recompra.

"Diante desse cenário, é possível concluir que o recebimento, pelas instituições de ensino superior, dos Certificados Financeiros do Tesouro – Série E (CFT-E) – e mesmo do valor financeiro equivalente, no caso de sua recompra, está condicionado à efetiva prestação de serviços educacionais aos alunos beneficiados pelo financiamento estudantil, sendo, inclusive, vedada a sua negociação com outras pessoas jurídicas de direito privado (artigo 10, parágrafo 1º, da Lei 10.260/01)", apontou a ministra.

Oportunidade

Segundo a relatora, além de os recursos desse tipo estarem vinculados a um fim social, a possibilidade de penhora poderia frustrar a adesão ao Fies e, por consequência, comprometer o objetivo do programa.

"Muito mais que constituir simples remuneração por serviços prestados, os créditos recebidos do Fies retribuem a oportunidade dada aos estudantes de menor renda de obter a formação de nível superior, de aumentar suas chances de inserção no mercado de trabalho formal e, por conseguinte, de melhorar a qualidade de vida da família", concluiu a ministra ao dar provimento ao recurso especial e reconhecer a impenhorabilidade dos créditos do Fies.

O número deste processo não é divulgado em razão de segredo judicial.

EXECUÇÃO E CUMPRIMENTO DE SENTENÇA

No âmbito da saúde, verifica-se que os hospitais privados recebem valores do Sistema Único de Saúde, sendo que esses valores são também impenhoráveis.

Há também recursos públicos recebidos por entidades de assistência social – os quais atenderão crianças e adolescentes, pessoas carentes e idosos.

Assim, a verba pública repassada às creches, asilos, casa de apoio não poderá ser penhorada, desde que esse recurso seja obrigatoriamente aplicado na assistência social.

5.1.10. A quantia depositada em caderneta de poupança, até o limite de 40 (quarenta) salários mínimos

No âmbito do processo civil português, nos termos do art. 738º, n. 5., do c.p.c. lusitano, são impenhoráveis o dinheiro ou saldo bancário de valor correspondente ao salário mínimo nacional ou tratando-se de obrigação de alimentos sobre a quantia equivalente à totalidade da pensão social do regime não contributivo. Aquele benefício aplica-se independentemente de ser conta a prazo ou à ordem, ao contrário do que sucedia no anterior 824º, n. 4, que o restringia às contas à ordem.[271]

O art. 649, inc. X, do C.P.C. brasileiro de 1973 estabelecia a impenhorabilidade de depósitos em caderneta de poupança até o limite de 40 (quarenta) salários mínimos, (Redação dada pela Lei nº 11.382, de 2006)

O Projeto Originário do novo C.P.C., n. 2.046/10, reduziu para trinta salários mínimos.

O atual C.P.C. (art. 833, inc. X) restabeleceu o valor para depósito em poupança de até o limite de 40 (quarenta) salários mínimos.

É importante salientar que a legislação somente garante a impenhorabilidade aos depósitos em caderneta de poupança, não abrangendo os depósitos em conta corrente, em aplicações financeiras, em aplicação em Conta do Tesouro Nacional etc., muito embora o S.T.J. tenha dado à questão uma interpretação extensiva, conforme o seguinte precedente:

PROCESSUAL CIVIL. EMBARGOS DE DIVERGÊNCIA EM RECURSO ESPECIAL. PENHORA DE SALÁRIO. ALCANCE. APLICAÇÃO FINANCEIRA. LIMITE DE IMPENHORABILIDADE DO VALOR CORRESPONDENTE A 40 (QUARENTA) SALÁRIOS MÍNIMOS.

1. A Segunda Seção pacificou o entendimento de que a remuneração protegida pela regra da impenhorabilidade é a última percebida – a do último mês vencido – e, mesmo assim, sem

---

[271] PINTO, R., op. cit., p. 525.

poder ultrapassar o teto constitucional referente à remuneração de Ministro do Supremo Tribunal Federal. Após esse período, eventuais sobras perdem tal proteção.

2. É possível ao devedor poupar valores sob a regra da impenhorabilidade no patamar de até quarenta salários mínimos, não apenas aqueles depositados em cadernetas de poupança, mas também em conta-corrente ou em fundos de investimento, ou guardados em papel-moeda.

3. Admite-se, para alcançar o patamar de quarenta salários mínimos, que o valor incida em mais de uma aplicação financeira, desde que respeitado tal limite.

4. Embargos de divergência conhecidos e providos.

(EREsp 1330567/RS, Rel. Ministro LUIS FELIPE SALOMÃO, SEGUNDA SEÇÃO, julgado em 10/12/2014, DJe 19/12/2014)

É certo, porém, que há decisão em sentido contrário:

PROCESSO CIVIL. EXECUÇÃO. EMBARGOS DO DEVEDOR. REVISÃO. CONTRATO. POSSIBILIDADE. VERBA ALIMENTAR, DEPÓSITO EM CADERNETA DE POUPANÇA E OUTRAS APLICAÇÕES FINANCEIRAS. PENHORABILIDADE. LIMITES.

(...).

3. Valores até o limite de 40 salários mínimos, aplicados em caderneta de poupança, são impenhoráveis, nos termos do art. 649, X, do CPC, que cria uma espécie de ficção legal, fazendo presumir que o montante assume função de segurança alimentícia pessoal e familiar.

O benefício recai exclusivamente sobre a caderneta de poupança, de baixo risco e retorno, visando à proteção do pequeno investimento, voltada à garantia do titular e sua família contra imprevistos, como desemprego ou doença.

4. O art. 649, X, do CPC, não admite intepretação extensiva, de modo a abarcar outras modalidades de aplicação financeira, de maior risco e rentabilidade, que não detêm o caráter alimentício da caderneta de poupança, sendo voltados para valores mais expressivos e/ou menos comprometidos, destacados daqueles vinculados à subsistência mensal do titular e sua família. Essas aplicações visam necessidades e interesses de menor preeminência (ainda que de elevada importância), como aquisição de bens duráveis, inclusive imóveis, ou uma previdência informal (não oficial) de longo prazo. Mesmo aplicações em poupança em valor mais elevado perdem o caráter alimentício, tanto que o benefício da impenhorabilidade foi limitado a 40 salários mínimos e o próprio Fundo Garantidor de Crédito assegura proteção apenas até o limite de R$70.000,00 por pessoa.

5. Essa sistemática legal não ignora a existência de pessoas cuja remuneração possui periodicidade e valor incertos, como é o caso de autônomos e comissionados. Esses podem ter que sobreviver por vários meses com uma verba, de natureza alimentar, recebida de uma única vez, sendo justo e razoável que apliquem o dinheiro para resguardarem-se das perdas inflacionárias. Todavia, a proteção legal conferida às verbas de natureza alimentar impõe que, para manterem essa natureza, sejam aplicadas em caderneta de poupança, até o limite de 40 salários mínimos, o que permite ao titular e sua família uma subsistência digna por um prazo razoável de tempo.

6. Valores mais expressivos, superiores aos 40 salários mínimos, não foram contemplados pela impenhorabilidade fixada pelo legislador, até para que possam, efetivamente, vir a ser objeto de constrição, impedindo que o devedor abuse do benefício legal, escudando-se na proteção conferida às verbas de natureza alimentar para se esquivar do cumprimento de suas obrigações, a despeito de possuir condição financeira para tanto. O que se quis assegurar com a impenhorabilidade de verbas alimentares foi a sobrevivência digna do devedor e não a manutenção de um padrão de vida acima das suas condições, às custas do devedor.

7. Recurso especial a que se nega provimento.

(REsp 1330567/RS, Rel. Ministra NANCY ANDRIGHI, TERCEIRA TURMA, julgado em 16/05/2013, DJe 27/05/2013)

A legislação não se importa com a origem do valor depositado em caderneta de poupança, pois o que interessa é o depósito em si.

É bem verdade que o devedor, com o intuito de burlar a lei, poderá, por exemplo, dividir o valor de R$1.000.000,00 (um milhão de reais) em diversos depósitos em caderneta de poupança de tal forma que cada depósito não ultrapasse a quantia de quarenta salários mínimos. Efetivamente, o devedor praticará com tal conduta *abuso de direito*, além de *ato atentatório à dignidade da justiça*.

Deve-se levar em conta não a quantidade de aplicações financeiras, ou a multiplicidade destas, pois, de qualquer modo, o que se deve proteger é o limite de 40 (quarenta) salários mínimos. É possível, assim, que, para alcançar o patamar de 40 (quarenta) salários mínimos, o valor incida em mais de uma aplicação financeira, desde que respeitado tal limite (REsp 1231123/SP, Rel. Ministra NANCY ANDRIGHI, TERCEIRA TURMA, julgado em 02/08/2012, DJe 30/08/2012).

Confere-se, dessa forma, interpretação restritiva à regra do art. 833, inc. X, do CPC, ao fundamento de que não se mostra lógico que o devedor possa acumular aplicações financeiras além do limite de 40 (quarenta salários mínimos) em detrimento do direito do credor.

Como se afirmou, o S.T.J. vem dando uma interpretação extensiva quanto à proibição de penhora de depósitos em caderneta de poupança até o limite de 40 (quarenta salários mínimos (EREsp 1330567/RS, Rel. Ministro LUIS FELIPE SALOMÃO, SEGUNDA SEÇÃO, julgado em 10/12/2014, DJe 19/12/2014).

DA PENHORA

O S.T.J. decidiu ser possível ao devedor poupar valores sob a proteção da impenhorabilidade no patamar de até 40 (quarenta) salários mínimos, não apenas aqueles depositados em cadernetas de poupança, devendo ser incluída na proteção legal a quantia depositada em conta-corrente ou fundos de investimento, bem como aquela guardada em papel-moeda. Para tanto, preconizou que "a regra de impenhorabilidade estatuída no inciso X do art. 649 do CPC de 1973 merece interpretação extensiva, para alcançar pequenas reservas de capital poupadas, e não apenas os depósitos em caderneta de poupança".

Cumpre esclarecer que a lei protege o valor de quarenta salários mínimos, "escolhido pelo legislador como sendo aquele apto a assegurar um padrão mínimo de vida digna ao devedor e sua família, assegurando-lhes bens indispensáveis à preservação do mínimo existencial, incorporando o ideal de que a execução não pode servir para levar o devedor à ruína (REsp 1191195/RS, Rel. Ministra NANCY ANDRIGHI, Rel. p/ Acórdão Ministro RICARDO VILLAS BÔAS CUEVA, TERCEIRA TURMA, julgado em 12/03/2013, DJe 26/03/2013)

Segundo o S.T.J., o valor obtido a título de indenização trabalhista, após longo período depositado em fundo de investimento, perde a característica de verba salarial impenhorável. Reveste-se, todavia, de impenhorabilidade a quantia de até quarenta salários mínimos poupada, seja ela mantida em papel-moeda; em conta-corrente; aplicada em caderneta de poupança propriamente dita ou em fundo de investimentos, e ressalvado eventual abuso, má-fé, ou fraude, a ser verificado caso a caso, de acordo com as circunstâncias da situação concreta em julgamento. (REsp 1.230.060/PR, Rel. Ministra MARIA ISABEL GALLOTTI, SEGUNDA SEÇÃO, julgado em 13/08/2014, DJe 29/08/2014)

No julgamento do Recurso Especial 1.121.719/SP, a Quarta Turma do S.T.J. assentou que o depósito de quantias em poupança ou aplicações financeiras desconfigura qualquer natureza salarial da verba, já que não utilizada para o sustento do empregado e sua família na época em que os valores foram recebidos.

O mesmo sucede com valores em caderneta de poupança e outros tipos de aplicações e investimentos, que, embora possam ter originalmente natureza alimentar, provindo de remuneração mensal percebida pelo titular, perdem essa característica no decorrer do tempo, justamente porque não foram utilizados para manutenção do empregado e de sua família no período em que auferidos, passando a se constituir em investimento ou poupança. (REsp 1121719/SP, Rel. Ministro RAUL ARAÚJO, QUARTA TURMA, DJ de 27/04/2011).

Pode-se considerar que os salários recebidos por empregado se repartem, quando possível, em duas partes. Aquela essencial, usada para a manutenção das despesas próprias e da família, e aquela que se constitui em sobra, a qual pode ter variadas destinações, como gastos supérfluos, formação de poupança, realização de investimentos, por exemplo, gastos em viagens de férias, aplicações financeiras, compra ou reforma de imóveis, aquisição de veículo, dentre muitas outras. No caso desses valores serem destinados a compra de veículo ou imóvel, com exceção do bem de família, não há discussão acerca de sua penhorabilidade, sendo tais bens chamados a responder por dívidas do proprietário. Ao reverso, se são transformados em aplicações financeiras ou em depósitos bancários, ou mesmo em fundos de previdência, essa distinção acerca de sua penhorabilidade perde a nitidez, devendo o intérprete se valer da razoabilidade.

5.1.11. Os recursos públicos do fundo partidário recebidos por partido político, nos termos da lei

A Lei 11.694/2008 acrescentou o inciso XI, no artigo 649, do Código de Processo Civil de 1973, para considerar como bens absolutamente impenhoráveis os recursos recebidos pelos partidos políticos do fundo partidário, previstos no parágrafo 3º do artigo 17 da Constituição Federal, regulamentado pela Lei 9.096, de 19 de setembro de 1995.

A lei põe à margem da penhora os recursos públicos do fundo partidário recebidos, *nos termos da lei*. A lei, no caso, é a Lei 9.096/95, que dispõe sobre os partidos políticos, e que, no Capítulo II, disciplina o fundo partidário. Este, por sua vez, é uma garantia constitucional, prevista no parágrafo 3º, do artigo 17, da CF, que assim determina: *"Os partidos políticos têm direito a recursos do fundo partidário e acesso gratuito ao rádio e à televisão, nos termos da lei"*.

É importante salientar que os recursos do fundo partidário são públicos. Apesar de se incorporarem ao patrimônio do partido político, que tem personalidade de direito privado, há necessidade de um controle no repasse dessas verbas, bem como na utilização das mesmas.

Os recursos do fundo partidário destinam-se exclusivamente às hipóteses contidas no artigo 44, da Lei 9.096/95, que são as seguintes:

> *"I. manutenção das sedes e serviços do partido, permitido o pagamento de pessoal, a qualquer título, este último até o limite máximo de 20% (vinte por cento) do total recebido;*
> *II. propaganda doutrinária e política;*
> *III. alistamento e campanha eleitorais;*
> *IV. criação e manutenção de instituto ou fundação de pesquisa e de doutrinação política, sendo esta aplicação de, no mínimo, 20% (vinte por cento) do total recebido".*

Não sendo os recursos do partido político provenientes do fundo partidário, poderá a penhora incidir normalmente.

Sobre a impenhorabilidade do fundo partidário, assim já decidiu o S.T.J.:

> *RECURSO ESPECIAL. PROCESSUAL CIVIL. VIOLAÇÃO DE DISPOSITIVOS CONSTITUCIONAIS. NÃO CABIMENTO. NEGATIVA DE PRESTAÇÃO JURISDICIONAL. OFENSA AO ART. 535 DO CPC. NÃO OCORRÊNCIA. PREQUESTIONAMENTO. AUSÊNCIA. SÚMULA Nº 282/STF. EXECUÇÃO DE SENTENÇA. PENHORA DE VALORES ORIUNDOS DO FUNDO PARTIDÁRIO. IMPOSSIBILIDADE. VEDAÇÃO LEGAL. ART. 649, XI, DO CÓDIGO DE PROCESSO CIVIL.*
>
> *1. O art. 649, XI, do CPC impõe a impenhorabilidade absoluta dos recursos públicos do fundo partidário, nele compreendidas as verbas previstas nos incisos I, II, III e IV do art. 38 da Lei nº 9.096/1995.*
>
> *2. Os recursos do fundo partidário são originados de fontes públicas, como as multas e penalidades, recursos financeiros destinados por lei e dotações orçamentárias da União (art. 38, I, II e IV), ou de fonte privada, como as doações de pessoa física ou jurídica diretamente ao fundo partidário (art. 38, III).*
>
> *3. Após a incorporação de tais somas ao mencionado fundo, elas passam a ter destinação legal específica e, portanto, natureza jurídica de verba pública, nos termos do art. 649, XI, do CPC, "recursos públicos", independentemente da origem.*
>
> *4. A natureza pública do fundo partidário decorre da destinação específica de seus recursos (art. 44 da Lei nº 9.096/1995), submetida a rigoroso controle pelo Poder Público, a fim de promover o funcionamento dos partidos políticos, organismos essenciais ao Estado Democrático de Direito.*
>
> *5. O Fundo Partidário não é a única fonte de recursos dos partidos políticos, os quais dispõem de orçamento próprio, oriundo de contribuições de seus filiados ou de doações de pessoas físicas e jurídicas (art. 39 da Lei nº 9.096/1995), e que, por conseguinte, ficam excluídas da cláusula de impenhorabilidade.*
>
> *6. Recurso especial parcialmente provido.*
>
> (REsp 1474605/MS, Rel. Ministro RICARDO VILLAS BÔAS CUEVA, TERCEIRA TURMA, julgado em 07/04/2015, DJe 26/05/2015)

5.1.12. Os créditos oriundos de alienação de unidades imobiliárias, sob regime de incorporação imobiliária, vinculados à execução da obra

A incorporação imobiliária é regida pela Lei n. 4.591/64 e, nos termos do art. 28, parágrafo único, consiste na atividade exercida com o intuito de promover e realizar a construção, para alienação total ou parcial, de edificações ou conjunto de edificações compostas de unidades autônomas. Esta lei também permite que a empresa incorporadora separe de seu patrimônio cada um dos empreendimentos que for realizado, criando para ele um patrimônio de 'afetação', no qual será delimitado os direitos e obrigações da incorporação imobiliária afetada.

É importante salientar que a Lei 10.931/04 dispõe sobre o patrimônio de afetação de incorporações imobiliárias, permitindo a opção pelo regime especial de tributação. Estabelece o art. 3º e parágrafo único da Lei 10.931/04:

> *Art. 3º O terreno e as acessões objeto da incorporação imobiliária sujeitas ao regime especial de tributação, bem como os demais bens e direitos a ela vinculados, não responderão por dívidas tributárias da incorporadora relativas ao Imposto de Renda das Pessoas Jurídicas – IRPJ, à Contribuição Social sobre o Lucro Líquido – CSLL, à Contribuição para o Financiamento da Seguridade Social – COFINS e à Contribuição para os Programas de Integração Social e de Formação do Patrimônio do Servidor Público – PIS/PASEP, exceto aquelas calculadas na forma do art. 4º sobre as receitas auferidas no âmbito da respectiva incorporação.*
>
> *Parágrafo único. O patrimônio da incorporadora responderá pelas dívidas tributárias da incorporação afetada.*

Portanto, havendo incorporação afetada, e sendo essa incorporação uma operação econômica distinta do patrimônio da empresa incorporadora, a responsabilidade limita-se às suas próprias obrigações.

Não se aplica a impenhorabilidade prevista no art. 833, inc. XII, do CPC/2015, se a obra não mais existe, em especial quando a Carta de Habite-se já foi expedida.

O legislador do novo C.P.C., visando a resguardar os consumidores adquirentes de imóveis sob regime de incorporação imobiliária, especialmente em face de inadimplemento de dívidas da incorporadora, estendeu a impenhorabilidade dos créditos oriundos de alienação de unidades imobiliárias também para outras dívidas da incorporadora, não só as tributárias, desde que esses créditos estejam vinculados à execução da obra.

5.1.13. Pagamento de prestação alimentícia e importâncias excedentes a 50 (cinquenta) salários-mínimos mensais

O inc. IV do art. 833 do atual C.P.C. estabelece que são impenhoráveis os vencimentos, os subsídios, os soldos, os salários, as remunerações, os proventos de

DA PENHORA

aposentadoria, as pensões, os pecúlios e os montepios, bem como as quantias recebidas por liberalidade de terceiro e destinadas ao sustento do devedor e de sua família, os ganhos de trabalhador autônomo e os honorários de profissional liberal.

O inc. X do art. 833 do atual C.P.C. estabelece que é impenhorável a quantia depositada em caderneta de poupança, até o limite de quarenta salários mínimos.

Contudo, a impenhorabilidade desses dispositivos (inc. IV e X do art. 833 do atual C.P.C.) é meramente relativa, pois o legislador estabeleceu limitações para a sua aplicação.

A primeira limitação, é que a impenhorabilidade não se aplica em caso de pagamento de prestação alimentícia. Assim, é possível a penhora de vencimentos, subsídios, soldos, salários, remunerações, proventos de aposentadoria, pensões, pecúlios, montepios, quantias recebidas por liberalidade de terceiro, ganhos de trabalhador autônomo ou honorários de profissional liberal para pagamento de pensão alimentícia. Da mesma forma é possível a penhora dos depósitos em caderneta de poupança, ainda que inferior a quarenta salários mínimos, desde que destinada ao pagamento de prestação alimentícia, independentemente de sua origem.

O desconto do salário decorre tanto de pensão alimentícia em decorrência de divórcio ou de relação de parentesco, assim como em razão de prática de ato ilícito.

Porém, se já ocorre o desconto da pensão alimentícia na folha de salário, não é possível novo desconto a título de pensão alimentícia em decorrência de ato ilícito (REsp 656.944/RJ, Rel. Ministro CARLOS ALBERTO MENEZES DIREITO, TERCEIRA TURMA, julgado em 21/02/2006, DJ 12/06/2006, p. 475), salvo, evidentemente, que isso seja possível sem prejudicar o sustento do obrigado a pagar alimentos.

Evidentemente, a penhora para pagamento de pensão alimentícia não pode ser integral, sob pena de causar danos à sobrevivência do próprio devedor.

A norma processual também permite a penhora das verbas enumeradas no inc. IV do art. 833 do atual C.P.C., quando a importância exceder a 50 (cinquenta) salários-mínimos mensais.

Assim, os rendimentos do executado somente não poderão ser penhorados se o valor total corresponder a importância igual ou inferior a cinquenta salários mínimos mensais; além disso, poderá o rendimento ser penhorado, independentemente de ter ou não o crédito natureza alimentícia.

EXECUÇÃO E CUMPRIMENTO DE SENTENÇA

O S.T.J., antes mesmo da entrada em vigor do novo C.P.C., já vinha admitindo a penhora de parte do salário do devedor para o pagamento de dívida não alimentar (*relativização excepcional*). Nesse sentido é o seguinte precedente:

> *DIREITO PROCESSUAL CIVIL. CPC/1973. RECURSO ESPECIAL. AÇÃO MONITÓRIA. CHEQUES. CUMPRIMENTO DE SENTENÇA. FUNDAMENTAÇÃO DEFICIENTE. SÚMULA 284/STF. DISSÍDIO JURISPRUDENCIAL. COTEJO ANALÍTICO E SIMILITUDE FÁTICA. AUSÊNCIA. PREQUESTIONAMENTO NÃO CARACTERIZADO. SÚMULA 282/STF. SALÁRIO. IMPENHORABILIDADE. RELATIVIZAÇÃO EXCEPCIONAL.*
>
> *1. Ação monitória, em fase de cumprimento de sentença, da qual foi extraído o presente recurso especial, interposto em 16/12/2014 e atribuído ao Gabinete em 02/09/2016.*
>
> *2. O propósito recursal consiste em definir se é possível a penhora de parte do salário do devedor para o pagamento de dívida de natureza não alimentar.*
>
> *3. A ausência de indicação do dispositivo de lei tido como vulnerado pelo Tribunal de origem enseja a inadmissibilidade do recurso especial, em razão de sua deficiente fundamentação. Incidência da Súmula n. 284/STF.*
>
> *4. O dissídio jurisprudencial deve ser comprovado mediante o cotejo analítico entre acórdãos que versem sobre situações fáticas idênticas.*
>
> *5. É inadmissível o conhecimento do recurso especial se não houve decisão acerca dos dispositivos legais indicados como violados.*
>
> *Aplicação da Súmula 282/STF.*
>
> *6. Em situações excepcionais, admite-se a relativização da regra de impenhorabilidade das verbas salariais prevista no art. 649, IV, do CPC/73, a fim de alcançar parte da remuneração do devedor para a satisfação de crédito não alimentar, preservando-se o suficiente para garantir a sua subsistência digna e a de sua família.*
>
> *Precedentes.*
>
> *7. Na espécie, contudo, diante da ausência de elementos concretos que permitam aferir a excepcional capacidade do devedor de suportar a penhora de parte de sua remuneração, deve ser mantida a regra geral de impenhorabilidade.*
>
> *8. Recurso especial parcialmente conhecido e, nessa extensão, não provido.*
>
> (REsp 1673067/DF, Rel. Ministra NANCY ANDRIGHI, TERCEIRA TURMA, julgado em 12/09/2017, DJe 15/09/2017)

O direito português estabelece um limite monetário para que as verbas similares às indicadas no inc. IV e X do art. 833 do atual C.P.C. brasileiro possam ser caracterizadas como impenhoráveis. Esse limite é de *dois terços*, conforme preconiza o art. 738 do Código de Processo Civil português:

344

DA PENHORA

Artigo 738.º Bens parcialmente penhoráveis

1 – São impenhoráveis dois terços da parte líquida dos vencimentos, salários, prestações periódicas pagas a título de aposentação ou de qualquer outra regalia social, seguro, indemnização por acidente, renda vitalícia, ou prestações de qualquer natureza que assegurem a subsistência do executado.

2 – Para efeitos de apuramento da parte líquida das prestações referidas no número anterior, apenas são considerados os descontos legalmente obrigatórios.

3 – A impenhorabilidade prescrita no n.º 1 tem como limite máximo o montante equivalente a três salários mínimos nacionais à data de cada apreensão e como limite mínimo, quando o executado não tenha outro rendimento, o montante equivalente a um salário mínimo nacional.

4 – O disposto nos números anteriores não se aplica quando o crédito exequendo for de alimentos, caso em que é impenhorável a quantia equivalente à totalidade da pensão social do regime não contributivo.

5 – Na penhora de dinheiro ou de saldo bancário, é impenhorável o valor global correspondente ao salário mínimo nacional ou, tratando-se de obrigação de alimentos, o previsto no número anterior.

6 – Ponderados o montante e a natureza do crédito exequendo, bem como as necessidades do executado e do seu agregado familiar, pode o juiz, excepcionalmente e a requerimento do executado, reduzir, por período que considere razoável, a parte penhorável dos rendimentos e mesmo, por período não superior a um ano, isentá-los de penhora.

7 – Não são cumuláveis as impenhorabilidades previstas nos n.os 1 e 5.

A imposição de determinado limite às verbas indicadas no inc. IV e X do art. 833 do novo C.P.C. está de acordo com critérios de justiça e equidade, pois não seria justo que um devedor, percebendo uma remuneração mensal de aproximadamente R$100.000,00 (cem mil reais) mensais, não efetuasse o pagamento de um débito no valor de R$5.000,00 (cinco mil reais), sob a alegação da impenhorabilidade da verba por ele recebida.

Por isso, agiu bem o legislador português em fixar o limite máximo de impenhorabilidade para as verbas de natureza remuneratórias.

Inicialmente, o legislador do novo C.P.C. não estipulou um limite monetário para a impenhorabilidade das verbas mencionadas no inc. IV do art. 833 do C.P.C.

Retornando o projeto do novo C.P.C. ao Senado, foi dado nova redação ao §2º do art. 833 do atual C.P.C., estabelecendo que a impenhorabilidade das verbas indicadas no inc. IV do art. 833 do atual C.P.C. encontra-se limitada à importância que não exceder a 50 (cinquenta) salários-mínimos mensais.

Por fim, é importante salientar que o art. 738º, n. 6, do c.p.c. lusitano, assim prescreve: *"ponderados o montante e a natureza do crédito exequendo, bem como as necessidades do executado e do seu agregado familiar, pode o juiz excecionalmente e a requerimento do executado, reduzir, por período que considere razoável, a parte penhorável dos rendimentos e mesmo, por período não superior a um ano, isentá-lo da penhora".*

Trata-se de um mecanismo processual excepcional (RG 31-1-2008/2721/07-1 (ANTERO VEIGA), destinado à salvaguarda da sobrevivência digna do executado e do seu agregado familiar, e que, por isso, 'deverá tentar-se alcançar um equilíbrio justo entre o direito do credor à satisfação do seu crédito e o direito do devedor à garantia de um mínimo de subsistência própria e do seu agregado familiar (RP 17-12-3008/0826372 (ANABELA DIAS DA SILVA).

O despacho do juiz de execução conserva a sua *natureza discricionária* (RL 26-1-2001/0007498 (VICE-PRESIDENTE). Em ordem a evitar decisões-surpresa, deverá ser um *despacho fundamentado* e 'sob pena de a equidade se transformar em arbitrariedade (...), com sujeição ao *princípio do contraditório"* (RP de 19-3-2012/3007/10.6TJVNF-A.P1 (MARIA ADELAIDE DOMINGOS).

5.1.14. Penhora das quotas sociais

Discutiu-se muito na doutrina sobre a penhorabilidade das *quotas sociais.*

Na vigência do C.P.C. de 1939, as quotas sociais não podiam ser penhoradas, em virtude de norma expressa. Essa norma proibitiva não foi recepcionada pelo C.P.C. de 1973, razão pela qual, em face do princípio da *tipicidade* das causas de impenhorabilidade dos bens, a doutrina propugnava pela possibilidade de penhora das quotas sociais (Theodoro Jr.; Ovídio A. B. Silva, Carlos Henrique Abrão).[272]

O atual código civil brasileiro permite a penhora de quotas ou do seu valor representativo, conforme estabelece o art. 1.026 do referido diploma legal:

> *"O credor particular de sócio pode, na insuficiência de outros bens do devedor, fazer recair a execução sobre o que a este couber nos lucros da sociedade, ou na parte que lhe tocar em liquidação.*

Portanto, a penhora de quotas sociais não encontra vedação legal nem afronta o princípio da *affectio societatis.*

A respeito da *affectio societatis,* os efeitos de possível adjudicação ou arrematação relativamente à composição da sociedade deverão ser resolvidos entre os

---

[272] Assis, A., op. cit., p. 420.

adjudicantes ou arrematantes e os atuais sócios à luz das cláusulas do contrato social ou, na pior das hipóteses, mediante dissolução, parcial ou integral, da sociedade para que o credor transforme as quotas adquiridas judicialmente em pecúnia ou em outros bens de seu interesse.

Não se pode ignorar que o advento do artigo 1.026 do Código Civil relativizou a penhorabilidade das quotas sociais, que só deve ser efetuada acaso superadas as demais possibilidades conferidas pelo dispositivo mencionado, consagrando o princípio da conservação da empresa ao restringir a adoção de solução que possa provocar a dissolução da sociedade empresária e maior onerosidade da execução, visto que a liquidação parcial da sociedade empresária, por débito estranho à empresa, implica sua descapitalização, afetando os interesses dos demais sócios, empregados, fornecedores e credores. (REsp 1284988/RS, Rel. Ministro LUIS FELIPE SALOMÃO, QUARTA TURMA, julgado em 19/03/2015, DJe 09/04/2015) 2.

Na realidade, a opção entre fazer a execução recair sobre o que ao sócio couber no lucro da sociedade ou na parte em que lhe tocar em dissolução orienta-se pelos princípios da menor onerosidade e da função social da empresa. Enunciado 387 da IV Jornada de Direito Civil do CJF.

É possível a penhora de quota social, inclusive quando há previsão contratual de proibição à livre alienação (AgRg no AREsp 636.875/MS, Rel. Ministro RICARDO VILLAS BÔAS CUEVA, TERCEIRA TURMA, julgado em 13/06/2017, DJe 29/06/2017).

Sobre a penhora de quotas sociais, eis a seguinte decisão proferida pelo S.T.J.:

RECURSO FUNDADO NO NOVO CPC/15. TRIBUTÁRIO. AGRAVO INTERNO. SOCIEDADE POR QUOTAS DE RESPONSABILIDADE LIMITADA. ALTERAÇÃO DE CLÁUSULA ESTATUTÁRIA PARA AUMENTO DE CAPITAL MEDIANTE O APORTE DE BENS IMÓVEIS PELOS SÓCIOS. SÓCIOS QUE SE OMITEM EM PROMOVER O REGISTRO DESSA ALTERAÇÃO NO CARTÓRIO DE IMÓVEIS. EXECUÇÃO FISCAL DIRECIONADA CONTRA A SOCIEDADE. PENHORA INCIDENTE SOBRE OS IMÓVEIS OBJETO DO ALUDIDO AUMENTO DE CAPITAL. EMBARGOS DE TERCEIRO OPOSTOS PELOS SÓCIOS SOB O ARGUMENTO DE AINDA SEREM OS PROPRIETÁRIOS DOS BENS. BOA FÉ DO FISCO EXEQUENTE. PROIBIÇÃO DO VENIRE CONTRA FACTUM PROPRIUM. VALIDADE DA PENHORA CONTESTADA.

1. Controverte-se, no âmbito de embargos de terceiros, acerca da validade de penhora incidente sobre imóveis entregues por sócios para aumento de capital de sociedade limitada,

EXECUÇÃO E CUMPRIMENTO DE SENTENÇA

quando não registrada no cartório de imóveis a respectiva alteração contratual, cumprindo realçar que a conexa execução fiscal foi proposta exclusivamente contra a sociedade devedora.

2. É verdade que, nos termos do § 1º do art. 1.245 do CC, "Enquanto não se registrar o título translativo, o alienante continua a ser havido como dono do imóvel". O caso concreto, porém, reveste-se de peculiaridades que impõem o afastamento da literalidade desse regramento.

3. Com efeito, a empresa devedora/executada, como referido, é uma sociedade por quotas de responsabilidade limitada, regida pelo vetusto Decreto 3.708/1919 (ainda em vigor) e, mais recentemente, também pelas regras previstas no Código Civil de 2002 (arts. 1.052/1.087).

4. Nos termos do art. 18 do Decreto 3.708/1919, "Serão observadas quanto à sociedade por quotas, de responsabilidade limitada, no que não for regulado no estatuto social, e na parte aplicável, as disposições da lei das sociedades anônimas".

5. Já a Lei 6.604/1976 (Lei das Sociedades Anônimas), por seu art. 98, estipula que, "Arquivados os documentos relativos à constituição da companhia, os seus administradores providenciarão, nos 30 (trinta) dias subsequentes, a publicação deles, bem como a de certidão do arquivamento, em órgão oficial do local de sua sede", estabelecendo seu § 2º que "A certidão dos atos constitutivos da companhia, passada pelo registro do comércio em que foram arquivados, será o documento hábil para a transferência, por transcrição no registro público competente, dos bens com que o subscritor tiver contribuído para a formação do capital social"; de outra parte, o § 1º do art. 135 dessa mesma Lei das S/A's prevê que "Os atos relativos a reformas do estatuto, para valerem contra terceiros, ficam sujeitos às formalidades de arquivamento e publicação, não podendo, todavia, a falta de cumprimento dessas formalidades ser oposta, pela companhia ou por seus acionistas, a terceiros de boa-fé". Por extensão, tais regramentos mostram-se aplicáveis às hipóteses de aumento de capital decorrente da incorporação de imóveis pelos sócios, inclusive quando inocorrente o respectivo registro imobiliário.

6. Em tal cenário, tendo o aumento de capital (mediante o aporte de imóveis pelos sócios) sido regularmente formalizado perante a junta comercial, válida se revela a penhora levada a cabo sobre tais bens de raiz, no âmbito da reportada execução fiscal movida contra a sociedade, ainda que ausente o posterior registro da respectiva alteração contratual no cartório de registro de imóveis, porquanto presente a boa-fé do Fisco exequente.

7. Permitir-se que a alteração do contrato social (repita-se, regularmente registrada na junta comercial) pudesse ser desconsiderada em sede de embargos de terceiros, após efetivada a penhora dos imóveis na execução fiscal movida contra a pessoa jurídica, equivaleria a ignorar a proibição do venire contra factum proprium, em benefício de sócios relapsos e em prejuízo da Fazenda de boa-fé.

8. Por fim, caso os sócios, ora agravados, desejassem recuar do intento de consolidar a incorporação dos imóveis entregues à sociedade para aumento de capital, dispunham da possibilidade de promover nova e tempestiva alteração do contrato social, desta feita para implementar a redução de capital, com a exclusão dos mesmos imóveis antes entregues para o seu aumento, cuja providência, entretanto, não chegaram a adotar. 9. Agravo interno provido.

(AgInt no AREsp 126.003/RS, Rel. Ministro NAPOLEÃO NUNES MAIA FILHO, Rel. p/ Acórdão Ministro SÉRGIO KUKINA, PRIMEIRA TURMA, julgado em 06/06/2017, DJe 29/06/2017)

5.1.15. Penhora dos frutos e dos rendimentos dos bens inalienáveis

Conforme atesta Pontes de Miranda, *"os frutos e rendimentos não podem ser clausulados de inalienabilidade, mas podem ser tidos por impenhoráveis, por expressa cláusula do testamento, ou do negócio jurídico gratuito entre vivos. Supremo Tribunal Federal, 3 de novembro de 1950".*[273]

Como se sabe, os bens inalienáveis não podem ser penhorados, uma vez que toda penhora implica tomada de eficácia do poder de dispor. Se não há poder de dispor, também não poderá esse bem ser alienado em razão de execução forçada.

Conforme máxima de direito civil, o acessório segue a sorte do principal.

Porém, o art. 834 do atual C.P.C. excepciona essa regra ao permitir a penhora de frutos ou rendimentos de bens inalienáveis.

Isso fica muito evidente no instituto do usufruto. Embora o direito do usufrutuário não possa ser alienado para terceiro, isso não impede que os frutos ou rendimentos desse direito possam ser penhorados.

Evidentemente, não serão penhoráveis os frutos e rendimentos que tiverem por finalidade o pagamento de alimentos de incapazes, ou que servem para a sobrevivência de determinada pessoa, ou que fora objeto de cláusula de inalienabilidade.

Segundo já decidiu o S.T.F., *"a cláusula de impenhorabilidade dos frutos e rendimentos, provinda de negócio jurídico a causa morte, ou entre vivos, não ofende os credores (2ª Turma do Supremo Tribunal Federal, 27 de janeiro de 1950, R.F., 140, 149,), se os bens são, no momento, adquiridos a título gratuito. Supõe-se que não se prejudiquem os credores da herança, ou os credores do outorgante em vida".*[274]

Quanto ao tema, anota-se que S.T.J. já se manifestou acerca da necessidade de resguardar o direito real de usufruto, em caso de penhora incidente sobre imóvel objeto do usufruto, *ressalvando-se, contudo, a possibilidade de constrição dos seus frutos e rendimentos* (ut REsp 925.687/DF, Relatora Ministra Nancy Andrighi, Terceira Turma, DJ 17/09/2007; REsp 242.031/SP, Rel. Ministro Ari Pargendler,

---

[273] PONTES DE MIRANDA, op. cit., p. 189.
[274] PONTES DE MIRANDA, op. cit., p. 192.

EXECUÇÃO E CUMPRIMENTO DE SENTENÇA

Terceira Turma, DJ 29/03/2004; REsp 1095644/SP, Relatora Ministra Denise Arruda, Primeira Turma, DJE 24/08/2009; AgRg no REsp 212.568/SC, Rel. Ministro Luis Felipe Salomão, Quarta Turma, DJE 24/08/2009; REsp 832.708/ PR, Relatora Ministra Eliana Calmon, Segunda Turma, DJE 21/10/2008).

Os frutos e rendimentos dos bens inalienáveis somente poderão ser penhorados na hipótese de não existirem outros bens para a constrição. Havendo outros bens, não poderão ser penhorados os frutos e rendimentos dos bens inalienáveis.

O entendimento predominante no S.T.J. é no sentido de que a impenhorabilidade do bem de família, prevista no art. 1º da Lei n.º8.009/90, se estende ao único imóvel do devedor, ainda que este se encontre locado a terceiros, por gerar frutos que possibilitam à família constituir moradia em outro bem alugado ou mesmo para garantir a sua subsistência. (AgRg no Ag 679.695/ DF, Rel. Ministro FELIX FISCHER, DJ de 28.11.2005.)

6. A ordem preferencial de penhora

Estão sujeitos à execução todos os bens do devedor suscetíveis de penhora, que, nos termos da lei processual, respondem pela dívida exequenda.

No C.P.C. de 1939, não valeria a nomeação da penhora feita pelo devedor se não observasse a gradação de preferência estabelecida pela norma para a realização da penhora.

Na atual legislação processual, além de o devedor poder nomear bens à penhora, também o credor, com base no princípio da *colaboração* para a prestação da tutela jurisdicional, poderá logo na inicial indicar bens que possam ser objeto de penhora.

Muito embora o art. 835 do atual C.P.C. estabeleça que a penhora observará, *preferencialmente,* a ordem ali estabelecida, essa ordem de classificação não apresenta caráter absoluto, pois poderá haver a inversão da ordem, dependendo das circunstâncias do caso concreto e da efetividade da tutela jurisdicional executiva.

A prioridade da penhora diz respeito apenas ao dinheiro, conforme preconiza o §1º do art. 835 do atual C.P.C.

Se a penhora não respeitar a ordem estabelecida no art. 835 do atual C.P.C., ela não será inválida.

É certo, porém, que a Primeira Seção do S.T.J., ao julgar sob o rito do art. 543-C do CPC/73, o REsp 1.337.790/PR (Rel. Ministro HERMAN BENJAMIN, DJe de 07/10/2013), reafirmou sua jurisprudência no sentido que se mostra legítima a recusa, pelo Fisco exequente, da nomeação à penhora de bens e

DA PENHORA

direitos, mediante inobservância da ordem preferencial estabelecida nos arts. 655 do CPC/73 e 11 da Lei 6.830/80. Na forma da jurisprudência do S.T.J., "a Fazenda Pública pode recusar a nomeação de determinado bem oferecido à penhora, quando fundar-se na inobservância da ordem legal ou revelar-se de difícil ou onerosa alienação, prevista no art. 655 do CPC e no art. 11 da Lei 6.830/1980, sem que isso implique ofensa ao art. 620 do CPC" (STJ, REsp 1.663.444/RJ, Rel. Ministro HERMAN BENJAMIN, SEGUNDA TURMA, DJe de 16/06/2017).

Porém, o mesmo S.T.J., no REsp 1388638/SP, Rel. Ministro MARCO AURÉLIO BELLIZZE, CORTE ESPECIAL, julgado em 03/08/2016, DJe 06/09/2016 (modalidade de decisão em recurso repetitivo) estabeleceu: *A gradação legal estabelecida no art. 655 do CPC/73, estruturado de acordo com o grau de aptidão satisfativa do bem penhorável, embora seja a regra, não tem caráter absoluto, podendo ser flexibilizada, em atenção às particularidades do caso concreto, sopesando-se, necessariamente, a potencialidade de satisfação do crédito, na medida em que a execução se processa segundo os interesses do credor (art. 612), bem como a forma menos gravosa ao devedor (art. 620).*

Em regra, o legislador processual estabeleceu no art. 835 do novo C.P.C. ordem decrescente de penhora, levando-se em conta aspectos mais favoráveis à satisfação do credor.

A ordem de preferência da penhora é estabelecida no art. 835 do atual C.P.C., a saber:

6.1. Dinheiro, em espécie ou em depósito ou aplicação em instituição financeira

O art. 655, inc. I, do C.P.C. de 1973 (na sua redação originária) estabelecia:

> *"Art. 655. Incumbe ao devedor, ao fazer a nomeação dos bens, observar a seguinte ordem: I – dinheiro.".*

Os Tribunais, muito embora aceitassem que o dinheiro fosse o primeiro item classificatório na ordem de preferência da penhora, não admitiam a quebra de sigilo bancário via BACENJUD, sem que antes fossem esgotados todos os meios necessários para se encontrar outros bens penhoráveis do executado. Afirmavam que o direito constitucional à intimidade resguardava o executado contra a imediata quebra do sigilo bancário.

Posteriormente, com a entrada em vigor da Lei 11.382, de 2006, o art. 655 do C.P.C. de 1973 passou a ter a seguinte redação:

EXECUÇÃO E CUMPRIMENTO DE SENTENÇA

Art. 655. A penhora observará, preferencialmente, a seguinte ordem: (Redação dada pela Lei nº 11.382, de 2006).

I – dinheiro, em espécie ou em depósito ou aplicação em instituição financeira; (Redação dada pela Lei nº 11.382, de 2006).

A partir do momento em que a ordem preferencial de penhora passou a ser o dinheiro (em primeiro lugar), em espécie *ou em depósito ou aplicação em instituição financeira*, a jurisprudência alterou sua diretriz para admitir, de plano, a quebra do sigilo bancário pelo sistema BACENDUD, especialmente pelo fato de que o dinheiro depositado em instituições financeiras seria o bem preferencialmente a ser penhorado.

A 1ª Seção do STJ, no julgamento REsp 1184765/PA, Rel. Ministro LUIZ FUX, julgado em 24/11/2010, DJe 03/12/2010, submetido ao regime dos recursos repetitivos decidiu que: *A utilização do Sistema BACEN-JUD, no período posterior à vacatio legis da Lei 11.382/2006 (21.01.2007), prescinde do exaurimento de diligências extrajudiciais, por parte do exequente, a fim de se autorizar o bloqueio eletrônico de depósitos ou aplicações financeiras* (Precedente da Primeira Seção: EREsp 1.052.081/RS, Rel. Ministro Hamilton Carvalhido, Primeira Seção, julgado em 12.05.2010, DJe 26.05.2010. Precedentes das Turmas de Direito Público: REsp 1.194.067/PR, Rel. Ministra Eliana Calmon, Segunda Turma, julgado em 22.06.2010, DJe 01.07.2010; AgRg no REsp 1.143.806/SP, Rel. Ministro Humberto Martins, Segunda Turma, julgado em 08.06.2010, DJe 21.06.2010; REsp 1.101.288/RS, Rel. Ministro Benedito Gonçalves, Primeira Turma, julgado em 02.04.2009, DJe 20.04.2009; e REsp 1.074.228/MG, Rel. Ministro Mauro Campbell Marques, Segunda Turma, julgado em 07.10.2008, DJe 05.11.2008. Precedente da Corte Especial que adotou a mesma exegese para a execução civil: REsp 1.112.943/MA, Rel. Ministra Nancy Andrighi, julgado em 15.09.2010).

Segundo estabelece o art. 835, inc. I, do novo C.P.C., a penhora observará, *preferencialmente*, a seguinte ordem: *dinheiro, em espécie ou em depósito ou aplicação em instituição financeira.*

Nos termos do §1º do art. 835 do novo C.P.C., é prioritária a penhora em dinheiro, podendo o juiz, nas demais hipóteses, alterar a ordem prevista no caput do art. 835 do novo C.P.C., de acordo com as circunstâncias do caso concreto.

Assim, a prioridade da ordem de preferência da penhora ocorre apenas em relação ao *dinheiro*, sendo que no que diz respeito aos demais bens referidos nos incisos II a XIII do art. 835 do novo C.P.C. não haverá uma ordem absoluta de preferência, tendo em vista que o juiz da execução poderá alterá-la de acordo com as circunstâncias do caso concreto.

Aliás, a preferência da penhora em dinheiro já vinha sendo reconhecida pelo S.T.J., após a entrada em vigor da Lei n. 11.382/06, que introduziu no C.P.C. de 1973 o art. 655-A.

Diante dessa nova perspectiva estabelecida pelo §1º do art. 835 do atual C.P.C., de que o *dinheiro* apresenta preferência em relação a qualquer outro bem na ordem de penhora, isso significa dizer que se o executado não pagar a dívida no prazo estipulado em lei, o juiz poderá determinar de plano a quebra de sigilo bancário, via BACENJUD, a fim de promover, preferencialmente, a penhora de dinheiro depositado em instituições financeiras.

Evidentemente, a parte poderá impugnar a penhora sobre valores depositados em instituição financeira, alegando, inclusive, que o valor objeto da penhora deveria ser aplicado na sua própria manutenção e sobrevivência. Contudo, essa alegação somente poderá ser acolhida se o executado comprovar tal afirmação.

Diante dessa nova circunstância normativa processual, *salvo em relação ao dinheiro*, o juiz poderá avaliar a pertinência da indicação de bens do devedor à penhora pelo próprio exequente, levando-se em conta os princípios da efetividade da tutela jurisdicional em favor do exequente e o da menor onerosidade possível em relação ao executado.

Deverá o juiz, também, avaliar as consequências sociais, econômicas e culturais dessa penhora, utilizando-se, se necessário, do *princípio da parcialidade positiva do juiz*.

É importante salientar que na forma da jurisprudência do S.T.J., *"no caso de conta conjunta, cada um dos correntistas é credor de todo o saldo depositado, de forma solidária. O valor depositado pode ser penhorado em garantia da execução, ainda que somente um dos correntistas seja responsável pelo pagamento do tributo. Se o valor supostamente pertence somente a um dos correntistas – estranho à execução fiscal – não deveria estar nesse tipo de conta, pois nela a importância perde o caráter de exclusividade. O terceiro que mantém dinheiro em conta corrente conjunta, admite tacitamente que tal importância responda pela execução fiscal. A solidariedade, nesse caso, se estabelece pela própria vontade das partes no instante em que optam por essa modalidade de depósito bancário"* (STJ, REsp 1.229.329/SP, Rel. Ministro HUMBERTO MARTINS, SEGUNDA TURMA, DJe de 29/03/2011). Em igual sentido: AgRg no REsp 1.550.717/RS, Rel. Ministro HUMBERTO MARTINS, SEGUNDA TURMA, DJe de 16/10/2015). *(AgInt no REsp 1607510/SP, Rel.*

Ministra ASSUSETE MAGALHÃES, SEGUNDA TURMA, julgado em 03/08/2017, DJe 16/08/2017).

Não se deve confundir a penhora em dinheiro com a penhora de cotas de fundo de investimento que são valores imobiliários.

A partir da própria literalidade do art. 2º, V, da Lei n. 6.385/76, as cotas de fundo de investimento são valores mobiliários, e, como tal, não constam, em primeiro lugar, na ordem legal de preferência da penhora. Diversamente do que ocorre com o dinheiro em espécie, com o dinheiro depositado em conta bancária ou com aquele representado por aplicações financeiras, em que a constrição recai sobre um valor certo e líquido, as cotas de fundo de investimentos encontram-se vinculadas às variações e aos riscos de mercado, de crédito e de liquidez atinentes aos ativos financeiros componentes da carteira, em maior ou menor grau, o que, por si só, justifica a diversidade de gradação, para efeito de penhora, imposta pela lei adjetiva civil.

Assim, para fins do art. 543-C do CPC/73 (art. 1.036 do NCPC): *A cota de fundo de investimento não se subsume à ordem de preferência legal disposta no inciso I do art. 655 do CPC/73 (ou no inciso I do art. 835 do NCPC).* (REsp 1388638/SP, Rel. Ministro MARCO AURÉLIO BELLIZZE, CORTE ESPECIAL, julgado em 03/08/2016, DJe 06/09/2016).

Por fim, é importante não confundir o bloqueio universal de bens e de direitos previsto no art. 185 –A do CTN com a penhora de dinheiro aplicado em instituições financeiras, por meio do Sistema BacenJud.

As disposições do art. 185-A do CTN abrangerão todo e qualquer bem ou direito do devedor, observado como limite o valor do crédito tributário, e dependerão do preenchimento dos seguintes requisitos: (i) citação do executado; (ii) inexistência de pagamento ou de oferecimento de bens à penhora no prazo legal; e, por fim, (iii) não forem encontrados bens penhoráveis.

6.2. Títulos de dívida pública da União, dos Estados e do Distrito Federal com cotação em mercado

Títulos de dívida pública são papéis com perspectiva de resgate futuro, acrescidos de juros, mediante o qual o governo financia seus gastos públicos, tais como educação, saúde e infraestrutura.

Os títulos de dívida pública são opção de investimento para a sociedade e representam a dívida mobiliária da União, Estados e Distrito Federal.

A norma processual não trata dos títulos de dívida pública municipal, razão pela qual esses títulos, se existirem, estarão inseridos no inc. XIII do art. 835 do atual C.P.C., ou seja, nos *outros direitos*.

Anteriormente, as pessoas adquiriam títulos de dívida pública de forma indireta, mediante a aquisição de quotas de fundos de investimento.

Atualmente, é possível adquirir títulos de dívida pública diretamente no mercado, no chamado investimento no tesouro direto, no qual o governo garante diversas formas de rendimento e correção monetária.

Os títulos públicos são resgatados em data predeterminada por um valor específico, atualizado ou não por indicadores de mercado. Há também a possibilidade de venda antecipada ao Tesouro Direto nas recompras semanais, pelo preço de mercado vigente. A venda de títulos públicos no Brasil pode ser realizada por meio de três modalidades: a) oferta pública com a realização de leilão; b) oferta pública sem a realização de leilão; c) emissões diretas para atender a necessidades específicas determinadas em lei.

Somente os títulos de dívida pública *com cotação no mercado* é que fazem parte desse rol de bens penhoráveis.

Justamente por dependerem os títulos de dívida pública de cotação na bolsa, é que a sua nomeação para penhora torna a garantia do juízo muito volátil, razão pela qual o exequente poderá recusar a sua nomeação para indicar outros bens que melhor garantam ao crédito executado.

Há também os títulos de dívida pública emitidos em *contos de réis* ou *outra moeda*, os quais tornam sua liquidez muito difícil e às vezes pouco provável, razão pela qual os tribunais não têm admitido a nomeação desses títulos para efeito de penhora. (REsp 299.179/MS, Rel. Ministro GARCIA VIEIRA, PRIMEIRA TURMA, julgado em 03/04/2001, DJ 11/06/2001, p. 138).

Com relação a títulos de dívida pública sem cotação em bolsa, assim já se manifestou o S.T.J.:

> *TRIBUTÁRIO. AGRAVO REGIMENTAL NO AGRAVO DE INSTRUMENTO. EXECUÇÃO FISCAL. PENHORA. NOMEAÇÃO DE TÍTULOS DA DÍVIDA PÚBLICA DESPROVIDOS DE COTAÇÃO EM BOLSA. MATÉRIA PACIFICADA. AGRAVO NÃO PROVIDO.*
>
> *1. A tese adotada pelo acórdão embargado se encontra em harmonia com a orientação firmada pelo Superior Tribunal de Justiça segundo a qual, em execução fiscal, é legítima a recusa pela Fazenda Pública da nomeação de títulos da dívida pública desprovidos de cotação em bolsa.*
>
> *2. Agravo regimental não provido.*
>
> (AgRg no Ag 1264897/SC, Rel. Ministro ARNALDO ESTEVES LIMA, PRIMEIRA TURMA, julgado em 11/03/2014, DJe 20/03/2014).

TRIBUTÁRIO. COMPENSAÇÃO. TÍTULOS DA DÍVIDA PÚBLICA. ILIQUIDEZ.

IMPOSSIBILIDADE. TRIBUNAL DE ORIGEM DECIDIU A LIDE NO MESMO SENTIDO DA JURISPRUDÊNCIA DESTE TRIBUNAL. INCIDÊNCIA DA SÚMULA 83/STJ.

1. Independente de se tratar de título da dívida pública externa ou interna, somente garantem a execução fiscal ou são hábeis à compensação tributária os títulos ofertados à penhora com cotação em bolsa. Precedentes.

Agravo regimental improvido.

(AgRg no AREsp 380.735/DF, Rel. Ministro HUMBERTO MARTINS, SEGUNDA TURMA, julgado em 12/11/2013, DJe 20/11/2013)

Na realidade, não ofende o princípio da menor onerosidade para o executado a recusa em aceitar a indicação à penhora de títulos da dívida pública com baixa liquidez.

6.3. Títulos e valores mobiliários com cotação em mercado

A Lei n. 6.385/76 dispõe sobre mercado de valores mobiliários e cria a Comissão de Valores Mobiliários.

Segundo estabelece o art. 2º da Lei 6.385/76, são valores mobiliários sujeitos ao regime da referida legislação: a) as ações, debêntures e bônus de subscrição; b) os cupons, direitos, recibos de subscrição e certificados de desdobramento relativos aos valores mobiliários referidos na letra a); c) os certificados de depósito de valores mobiliários; d) as cédulas de debêntures; e) as cotas de fundos de investimento em valores mobiliários ou de clubes de investimento em quaisquer ativos; f) as notas comerciais; g) os contratos futuros, de opções derivativos, cujos ativos subjacentes sejam valores mobiliários; h)outros contratos derivativos, independentemente dos ativos subjacentes; e i) quando ofertados publicamente, quaisquer outros títulos ou contratos de investimento coletivo, que gerem direito de participação, de parceria ou de remuneração inclusive resultante de prestações de serviços, cujos rendimentos advêm do esforço do empreendedor ou de terceiros.

Excluem-se do regime da Lei 6.385/76: a) os títulos de dívida pública federal, estadual ou municipal; b) os títulos cambiais de responsabilidade de instituição financeira, exceto as debêntures.

O S.T.J. tem entendimento de que as debêntures da Companhia Vale do Rio Doce podem ser nomeadas à penhora, desde que não haja outros bens preferenciais para garantir a execução, dentre eles, o próprio dinheiro depositado em instituições financeiras.(REsp 1241063/RJ, Rel. Ministro MAURO CAMPBELL MARQUES, SEGUNDA TURMA, julgado em 06/12/2011, DJe 13/12/2011).

Por sua vez, o S.T.J., em sistema de recursos repetitivos, reconheceu que as obrigações ao portador emitidas pela Eletrobrás, em razão do empréstimo compulsório instituído pela Lei 4.156/62, não são debêntures. (REsp 1334633/SP, Rel. Ministro MAURO CAMPBELL MARQUES, SEGUNDA TURMA, julgado em 14/08/2012, DJe 22/08/2012).

Não se deve confundir a penhora em dinheiro com a penhora de cotas de fundo de investimento que são valores imobiliários.

A partir da própria literalidade do art. 2º, V, da Lei n. 6.385/76, as cotas de fundo de investimento são valores mobiliários, e, como tal, não constam, em primeiro lugar, na ordem legal de preferência da penhora. Diversamente do que ocorre com o dinheiro em espécie, com o dinheiro depositado em conta bancária ou com aquele representado por aplicações financeiras, em que a constrição recai sobre um valor certo e líquido, as cotas de fundo de investimentos encontram-se vinculadas às variações e aos riscos de mercado, de crédito e de liquidez atinentes aos ativos financeiros componentes da carteira, em maior ou menor grau, o que, por si só, justifica a diversidade de gradação, para efeito de penhora, imposta pela lei adjetiva civil.

Assim, para fins do art. 543-C do CPC/73 (art. 1.036 do NCPC): *A cota de fundo de investimento não se subsume à ordem de preferência legal disposta no inciso I do art. 655 do CPC/73 (ou no inciso I do art. 835 do NCPC). (REsp 1388638/SP, Rel. Ministro MARCO AURÉLIO BELLIZZE, CORTE ESPECIAL, julgado em 03/08/2016, DJe 06/09/2016).*

6.4. Veículos de via terrestre

É possível a penhora dos veículos de via terrestre.

Atualmente, veículos são qualquer meio de locomoção ou de transporte.

O Código de Trânsito Nacional (Lei 9.503/97) classifica os veículos em seu art. 96.

Por sua vez, a Lei 8.132/90, estabelece em seu art. 1º que se consideram veículo automotor, de via terrestre, o automóvel, caminhão, ônibus, trator, motocicleta e similares.

Muito embora os veículos de via terrestre sejam bens móveis, a lei deu-lhes preferência para a penhora dentre os bens móveis indicados no inc. VI do art. 835 do atual C.P.C.

Como o inc. IV do art. 835 do atual C.P.C. discriminou apenas os veículos de via terrestre, isso significa dizer que veículos fluviais, lacustres e marítimos, (barcos, exceção navios, jet-ski etc.) são bens móveis incluídos no inc. VI do art. 835 do atual C.P.C.

6.5. Bens imóveis

Os bens imóveis estão inseridos no quinto lugar como ordem preferencial de penhora.

O C.c.b. define e regula os bens imóveis em seus arts. 79 a 81.

Segundo afirma Pontes de Miranda, *"não estão incluídos no inciso os direitos reais sobre imóveis, nem o direito à sucessão aberta, nem o penhor agrícola"*.[275]

Para Pontes de Miranda, pertencem ao gênero imóveis, e não dos móveis, a semente lançada à terra, todas as construções que não possam ser retiradas sem destruição, modificação, fratura ou dano (casas, maquinaria, instalações elétricas) e tudo quanto se incorporou permanentemente ao solo. Também se inclui neste gênero tudo quanto no imóvel o proprietário mantém 'intencionalmente' empregado em sua exploração industrial, aformoseamento ou comodidade. Portanto, os cavalos, bois e arados do serviço da fazenda, o centro de mesa pertencente ao serviço de prata de um salão de banquetes.[276]

A penhora de imóvel no qual se localiza o estabelecimento da empresa é, excepcionalmente, permitida, quando inexistentes outros bens passíveis de penhora e desde que não seja servil à residência da família. (REsp 1114767/RS, Rel. Ministro LUIZ FUX, CORTE ESPECIAL, julgado em 02/12/2009, DJe 04/02/2010)

O adquirente do imóvel, ao não providenciar a transcrição do título na repartição competente, expõe o bem à indevida constrição judicial em demandas ajuizadas contra o antigo proprietário. As diligências realizadas pelo oficial de Justiça ou pela parte credora, destinadas à localização de bens, no caso específico daqueles sujeitos a registro (imóveis, veículos), são feitas mediante consulta aos Cartórios de Imóveis (Detran, no caso de veículos), razão pela qual a desatualização dos dados cadastrais fatalmente acarretará a efetivação da indevida penhora sobre o bem.

No direito processual civil português, conforme estabelece o art. 755º do C.P.C. lusitano, a penhora de coisas imóveis realiza-se por comunicação eletrônica do agente de execução ao serviço de registro competente, a qual vale como pedido de registro, ou com a apresentação naquele serviço de declaração por ele subscrita.

---

[275] Pontes de Miranda, op. cit., p. 233.
[276] Pontes de Mirnada, idem, p. 234.

6.6. Bens móveis em geral

Excluídos os bens móveis já discriminados nos diversos incisos do art. 835 do atual C.P.C., como, por exemplo, veículos de via terrestres, navio e aeronaves, dinheiro, pedras e metais preciosos etc, o inc. VI do art. 835 do atual C.P.C., insere a norma processual como sexta opção de penhora os bens móveis em geral.

O C.c.b. define e regula os bens móveis em seus artigos 82 a 84.

Dentre os bens móveis em geral, inclui-se os semoventes.

Entende-se juridicamente por semoventes os animais de rebanho (bovinos, ovinos, suínos, caprinos, equinos etc) que constituem patrimônio.

O legislador resolveu inserir os semoventes numa ordem específica, vindo após os bens móveis em geral, ou seja, na sétima colocação na ordem de preferência de penhora.

É possível indagar se animais de estimação (cachorro, gato etc) podem ser objeto de penhora.

Se o animal for somente de estimação, apesar de ser um bem móvel, não é possível sua penhora, uma vez que a relação entre o ser humano e o animal de estimação caracteriza a extensão de sua personalidade, o que é resguardado pela Constituição Federal contra atos de constrição.

Porém, se o animal for de grande valor e reprodutor, sendo considerado como instrumento de faturamento econômico do seu proprietário, tal circunstância permite que ele seja penhorado, uma vez que a sua utilização para ganhos econômicos relativiza a perspectiva de extensão da personalidade do devedor.

6.7. Navios e aeronaves

Os navios e aeronaves são bens móveis *sui generis* ou especiais.

Em diversas situações jurídicas, os navios e aeronaves são tratados como se imóveis fossem, necessitando de registro e podendo ser objeto de hipoteca, garantia real típica dos bens imóveis.

Contudo, para efeito de penhora, o navio e a aeronave são tratados como bens *móveis* especiais.

A penhora de navio ou aeronave não impede que esses veículos continuem em operação.

O termo navio e embarcação se confundem.

O certo é que um navio é uma embarcação, mas que nem toda embarcação é um navio.

Por isso pode-se dizer que a embarcação é gênero da qual o navio é espécie.

A lei n. 9.966/2000, em seu art. 2º, inc. V, considera navio: *"embarcação de qualquer tipo que opere no ambiente aquático, inclusive hidrofólios, veículos a colchão de ar, submersíveis e outros engenhos flutuantes".*

Contudo, essa classificação diz respeito a questões de prevenção, controle e fiscalização da poluição causada por lançamento de óleo e outras substâncias nocivas ou perigosas em águas sob jurisdição nacional.

O registro de penhora de navio será feito na Capitania dos Portos.

É importante salientar que um pequeno barco, um jet-ski, uma lancha etc. não pode ser considerado como navio, razão pela qual entra na classificação de bens móveis para efeito de penhora.

Em relação à penhora de navio (rebocador), assim já se manifestou o S.T.J.:

> *PROCESSO CIVIL. EXECUÇÃO FISCAL. RECURSO ESPECIAL. NOMEAÇÃO DE BEM À PENHORA. DIFÍCIL ALIENAÇÃO. RECUSA. INEXISTÊNCIA DE ILEGALIDADE. ART. 11 DA LEI N. 6.830/80. ART. 620 CPC. NÃO VIOLAÇÃO. REEXAME DE PROVAS. IMPOSSIBILIDADE. SÚMULA 07/STJ.*
>
> *1. A recusa de bens oferecidos à penhora – navio rebocador/empurrador – revela-se legítima, sem que haja malferimento do art. 620 do CPC, máxime ante a reconhecida dificuldade de alienação dos mesmos e porque a penhora visa à expropriação de bens para satisfação integral do crédito exeqüendo.*
>
> *(...).*
>
> (REsp 976.357/RJ, Rel. Ministro CARLOS FERNANDO MATHIAS (JUIZ FEDERAL CONVOCADO DO TRF 1ª REGIÃO), SEGUNDA TURMA, julgado em 19/06/2008, DJe 07/08/2008)

6.8. Ações e quotas de sociedades simples e empresárias

O art. 655, inc. VI, do C.P.C. de 1973, com a redação dada pela Lei n. 11.382/2006 permitia a penhora das *ações e quotas de sociedades empresárias.*

O legislador do novo C.P.C houve por bem permitir a penhora de ações e quotas, não somente da sociedade empresarial, mas, também, da sociedade simples.

Deve-se distinguir o que se entende por sociedade *simples* e por sociedade *empresarial.*

Conforme estabelece o art. 983 do C.c.b.: *"A sociedade empresária deve constituir-se segundo um dos tipos regulados nos arts. 1.039 a 1.092; a sociedade simples pode constituir-se de conformidade com um desses tipos, e, não o fazendo, subordina-se às normas que lhe são próprias".*

A sociedade simples, nos termos do art. 998 do C.c.b., é registrada no Registro Civil de Pessoas Jurídicas, enquanto que a sociedade empresária é registrada na Junta Comercial.

Discutiu-se muito na doutrina sobre a penhorabilidade das *quotas sociais*. Na vigência do C.P.C. de 1939, as quotas sociais não podiam ser penhoradas, em virtude de norma expressa. Essa norma proibitiva não foi repetida pelo C.P.C. de 1973, razão pela qual, em face do princípio da *tipicidade* das causas de impenhorabilidade dos bens, a doutrina propugnava pela possibilidade de penhora das quotas sociais (Theodoro Jr.; Ovídio A. B. Silva, Carlos Henrique Abrão).[277]

O atual Código Civil brasileiro permite a penhora de quotas ou do seu valor representativo, conforme estabelece o art. 1.026 do referido diploma legal:

> *"O credor particular de sócio pode, na insuficiência de outros bens do devedor, fazer recair a execução sobre o que a este couber nos lucros da sociedade, ou na parte que lhe tocar em liquidação.*
>
> *Parágrafo único. Se a sociedade não estiver dissolvida, pode o credor requerer a liquidação da quota do devedor, cujo valor, apurado na forma do art. 1.031, será depositado em dinheiro, no juízo da execução, até noventa dias após aquela liquidação".*

Não se pode ignorar que o advento do artigo 1.026 do Código Civil relativizou a penhorabilidade das quotas sociais, que só deve ser efetuada acaso superadas as demais possibilidades conferidas pelo dispositivo mencionado, consagrando o princípio da conservação da empresa ao restringir a adoção de solução que possa provocar a dissolução da sociedade empresária e maior onerosidade da execução, visto que a liquidação parcial da sociedade empresária, por débito estranho à empresa, implica sua descapitalização, afetando os interesses dos demais sócios, empregados, fornecedores e credores". (REsp 1284988/RS, Rel. Ministro LUIS FELIPE SALOMÃO, QUARTA TURMA, julgado em 19/03/2015, DJe 09/04/2015).

Na realidade, a opção entre fazer a execução recair sobre o que ao sócio couber no lucro da sociedade ou na parte em que lhe tocar em dissolução orienta-se pelos princípios da menor onerosidade e da função social da empresa. Enunciado 387 da IV Jornada de Direito Civil do CJF. (AgInt no REsp 1346712/RJ, Rel. Ministro LUIS FELIPE SALOMÃO, QUARTA TURMA, julgado em 14/03/2017, DJe 20/03/2017)

---

[277] Assis, A., op. cit., p. 420.

A jurisprudência do S.T.J. firmou-se no sentido de que a penhora de quotas sociais não encontra vedação legal e nem afronta o princípio da affectio societatis, já que não enseja, necessariamente, a inclusão de novo sócio. (AgRg no REsp 1221579/MS, Rel. Ministra MARIA ISABEL GALLOTTI, QUARTA TURMA, julgado em 01/03/2016, DJe 04/03/2016)

Igualmente, não se pode olvidar que a jurisprudência do S.T.J. também admite a penhora de quotas sociais do executado para satisfação de crédito exequendo, ainda que exista vedação no contrato social da sociedade empresária à livre alienação das cotas, sem que isso, todavia, implique a admissão como sócio daquele que arrematar ou adjudicar:

> *DIREITO COMERCIAL – RECURSO ESPECIAL – PENHORA DE COTAS SOCIAIS – VIOLAÇÃO A DISPOSITIVO CONSTITUCIONAL (ART. 93, IX, DA CF/88) – IMPOSSIBILIDADE DE ANÁLISE – OFENSA AO ART. 458 DO CPC E AO ART. 292 DO CÓDIGO COMERCIAL – SÚMULA 211/STJ – NÃO ALEGAÇÃO DE INFRINGÊNCIA AO ART. 535 DO CPC – EXECUÇÃO – DÍVIDA PARTICULAR DE SÓCIO – COTAS DE SOCIEDADE DE RESPONSABILIDADE LIMITADA – PENHORABILIDADE – SÚMULA 83/STJ.*
>
> *1 – Encontrando-se o v. aresto guerreado em consonância com a jurisprudência desta Corte Superior de Uniformização Infraconstitucional no sentido da penhorabilidade das cotas de sociedade de responsabilidade limitada por dívida particular de sócio, não se conhece da via especial pela divergência. Aplicação da Súmula 83/STJ.*
>
> *[...]*
>
> *4 – A previsão contratual de proibição à livre alienação das cotas de sociedade de responsabilidade limitada não impede a penhora de tais cotas para garantir o pagamento de dívida pessoal de sócio. Isto porque, referida penhora não encontra vedação legal e nem afronta o princípio da affectio societatis, já que não enseja, necessariamente, a inclusão de novo sócio. Ademais, o devedor responde por suas obrigações com todos os seus bens presentes e futuros, nos termos do art. 591 do Código de Processo Civil.*
>
> *5 – Precedentes (REsp nºs 327.687/SP, 172.612/SP e 147.546/RS).*
>
> *6 – Recurso não conhecido. (REsp 317.651/AM, Rel. Ministro JORGE SCARTEZZINI, QUARTA TURMA, julgado em 05/10/2004, DJ 22/11/2004, p. 346).*

Os efeitos da penhora incidente sobre as quotas sociais devem ser determinados, levando-se em consideração os princípios societários.

Destarte, havendo restrição ao ingresso do credor como sócio, deve-se facultar à sociedade, na qualidade de terceira interessada, remir a execução, remir o bem ou conceder e aos demais sócios a preferência na aquisição das cotas, a tanto por tanto, assegurando-se ao credor, não ocorrendo solução satisfatória, o direito de requerer a dissolução total ou parcial da sociedade. (REsp 221.625/SP, Rel. Ministra NANCY ANDRIGHI, TERCEIRA TURMA, julgado em 07/12/2000, DJ 07/05/2001, p. 138)

6. 9. Percentual do faturamento de empresa devedora

Não se pode confundir faturamento da empresa com a penhora da própria empresa.

A sede da empresa ou o seu estabelecimento pode ser objeto de penhora nos termos do art. 862 do atual C.P.C.

Por sua vez, o faturamento da empresa também pode ser objeto de penhora.

O faturamento é a renda obtida pela alienação dos serviços ou de mercadorias da empresa.

O art. 835, inc. X, do novo C.P.C., permite a penhora de um *percentual* do faturamento da empresa devedora.

Em 2005, no julgamento dos recursos extraordinário n. 346.084, Rel p/acórdão Ministro Marco Aurélio, 357.950, 358.273 e 390.840, o S.T.F. assim se posicionou sobre o conceito de faturamento:

> *CONTRIBUIÇÃO SOCIAL. PIS. RECEITA BRUTA. NOÇÃO. INCONSTI-TUCIONALIDADE DO §1º DO ARTIGO 3º DA LEI N. 9.718/86.*
>
> *A jurisprudência do Supremo, ante a redação do art. 195 da Carta Federal anterior à Emenda Constitucional n. 20, consolidou-se no sentido de tomar as expressões 'receita bruta' e 'faturamento' como sinônimas, jungindo-as à 'venda de mercadorias ou de mercadorias e serviços...'.".*

O faturamento da empresa pode decorrer, ainda, do crédito existente em favor da empresa em cartões de crédito, especialmente pelo fato de que a maioria das transações, modernamente, são realizadas por meio dessa modalidade de pagamento.

Por sua vez, não se deve confundir a penhora do crédito existente em favor do comerciante pela venda de mercadoria ou serviço, com a penhora do crédito decorrente de pagamento de fatura do próprio cartão, ou, mesmo do crédito colocado em favor do favorecido pela administradora do cartão. Nesse caso, o valor do crédito pertence à administradora do cartão e não ao devedor; este somente receberá o crédito quando efetuar o pagamento do cartão ou quando realizar a despesa, sendo que o crédito é no valor exato do pagamento, sem sobras. Assim, não se pode penhorar bens que pertencem a terceiro.

Sobre o tema, assim já se posicionou o S.T.J.:

PROCESSUAL CIVIL. EXECUÇÃO FISCAL. PENHORA DE VALORES VINCENDOS, A SEREM REPASSADOS POR ADMINISTRADORAS DE CARTÃO DE CRÉDITO. OFENSA AO ART. 535 DO CPC NÃO CONFIGURADA. DIREITO PROBATÓRIO. ÔNUS. AUSÊNCIA DE PREQUESTIONAMENTO. NATUREZA JURÍDICA DE DIREITO DE CRÉDITO. POSSIBILIDADE. EQUIPARAÇÃO PARCIAL, PARA FINS PROCESSUAIS, AO REGIME JURÍDICO DA PENHORA DE FATURAMENTO.

Introdução 1. Controverte-se a respeito da decisão que manteve a penhora de percentual incidente sobre os créditos vincendos, a serem pagos por administradoras de cartão de crédito.

2. A recorrente defende a tese de que esses créditos são pagos em dinheiro, razão pela qual devem receber o tratamento idêntico ao dispensado à penhora de aplicações financeiras via Bacen Jud – isto é, penhora em dinheiro, nos termos do art. 655, I, do CPC – e, portanto, sem limitação percentual (constrição sobre a integralidade dos valores).

3. O Tribunal a quo equiparou a medida constritiva, para fins processuais, à penhora sobre faturamento, razão pela qual, diante da verificação da existência de penhora similar deferida em outros processos judiciais, manteve a penhora determinada pelo juízo de primeiro grau, mas a limitou a 3% do montante a ser repassados pelas operadoras de cartão de crédito.

Tese preliminar: omissão no acórdão recorrido 4. Na hipótese dos autos, a Corte local, ainda que de modo sucinto, concluiu que os créditos repassados pelas administradoras de cartão de crédito devem ser equiparados ao faturamento da empresa, porque incluídos como recursos oriundos das atividades típicas da empresa.

5. A solução integral da controvérsia, com fundamento suficiente, não caracteriza ofensa ao art. 535 do CPC.

Ônus probatório e ausência de prequestionamento 6. A instância de origem, a despeito da oposição de Embargos Declaratórios, não emitiu juízo de valor sobre o art. 333 do CPC.

7. Assim, ante a ausência de prequestionamento, é inviável o conhecimento do recurso nesse ponto. Aplicação da Súmula 211/STJ.

Mérito 8. Atualmente, a maior parte das relações obrigacionais possui expressão monetária e, por essa razão, em dinheiro é naturalmente extinta. Assim, quer o pagamento seja feito em dinheiro, cheque ou cartão de crédito, em última instância, sempre haverá a conversão do bem em dinheiro.

9. Fosse esse o raciocínio, portanto, não haveria sentido no estabelecimento de uma ordem preferencial de bens, para efeitos de constrição judicial, uma vez que qualquer um deles (metais preciosos, imóveis, veículos, etc.) será, com maior ou menor dificuldade, transformado em dinheiro.

10. Os recebíveis das operadoras de cartão de crédito, naturalmente, serão pagos em dinheiro – tal qual ocorre, por exemplo, com o precatório judicial –, mas isso não significa que o direito de crédito que o titular possui possa ser imediatamente considerado dinheiro.

11. Por essa razão, os valores vincendos a que a empresa recorrida faz jus, tendo por sujeito passivo as administradoras de cartão de crédito, possuem natureza jurídica de direito de crédito, listado no art. 11, VIII, da Lei 6.830/1980 e no art. 655, XI, do CPC.

12. É correta a interpretação conferida no acórdão recorrido, que, embora acertadamente não confunda a penhora do crédito com a do faturamento, confere uma equiparação entre ambos, para fins estritamente processuais (isto é, de penhora como instrumento de garantia do juízo).

13. Isso porque é legítima a suposição de que os recebíveis das administradoras de cartão de crédito têm por origem operações diretamente vinculadas à atividade empresarial do estabelecimento, o que autorizaria enquadrá-los no conceito de faturamento (isto é, como parte dele integrante).

14. Assim, a constrição indiscriminada sobre a totalidade desses valores tem potencial repercussão na vida da empresa – quanto maior a sua representatividade sobre o faturamento global do estabelecimento, maior a possibilidade de lesão ao regular desempenho de suas atividades.

15. Não bastasse isso, as questões relacionadas à efetivação de penhora pelo mecanismo ora apreciado possuem consequências que ultrapassam a relação jurídica existente entre as partes credora e devedora, o que justifica a cautela adotada pelo Tribunal a quo.

16. Dada a larga difusão, no sistema financeiro, da utilização do denominado "dinheiro de plástico", a autorização para a penhora do montante total a ser repassado pelas administradoras de cartão de crédito acarretaria, de certo, sensível abalo no sistema financeiro, pois, de um lado, haveria forte queda, no terceiro setor, na aceitação dessa forma de pagamento. De outro lado, a realidade mostra que o forte segmento financeiro não arcará, ao final, com o prejuízo daí decorrente, o que significa dizer, a exorbitante taxa de juros já praticada tenderia a aumentar, como forma de absorver o impacto social.

17. Recurso Especial parcialmente conhecido e, nessa parte, não provido.

(REsp 1408367/SC, Rel. Ministro HERMAN BENJAMIN, SEGUNDA TURMA, julgado em 25/11/2014, DJe 16/12/2014)

A penhora de faturamento da empresa deve ser tratada como uma penhora de caráter excepcional e que o percentual de penhora não pode inviabilizar a própria atividade da empresa.

As Turmas que compõem a Segunda Seção do S.T.J. têm admitido a penhora sobre o faturamento da empresa, desde que, cumuladamente: a) o devedor não possua bens ou, se os possuir, sejam esses de difícil execução ou insuficientes a saldar o crédito demandado, b) haja indicação de administrador e

EXECUÇÃO E CUMPRIMENTO DE SENTENÇA

esquema de pagamento (CPC, arts. 677 do C.P.C. de 1973) e c) o percentual fixado sobre o faturamento não torne inviável o exercício da atividade empresarial. A penhora de 15% da renda bruta mostra-se adequada à conservação da empresa. (REsp 782.901/SP, Rel. Ministra NANCY ANDRIGHI, TERCEIRA TURMA, julgado em 27/05/2008, DJe 20/06/2008)

6.10. Pedras e metais preciosos

Somente as pedras e metais preciosos é que entram nessa hipótese de nomeação de bens para a penhora.

Quando da entrada em vigor do C.P.C. de 1973, na redação originária do seu art. 655, na ordem de nomeação de bens à penhora, as pedras e metais preciosos vinham em segundo lugar, logo atrás à penhora do dinheiro.

A aceitação da nomeação de pedras preciosas demanda um grande cuidado, seja pela dificuldade de sua alienação, seja pelo grande número de contrabando que existe no mercado brasileiro e internacional em relação a essa espécie de bens.

É entendimento pacífico no âmbito das duas Turmas que compõem a Primeira Seção do S.T.J. que é plenamente possível a recusa por parte do credor de bens indicados à penhora quando de difícil alienação externada, na espécie, por dúvida acerca da sua autenticidade (pedras preciosas – esmeraldas). Precedentes: REsp 662.349/RJ, DJ de 15/08/2005; REsp 644.486/MG, DJ de 03/05/2007; REsp 912.887/SP, DJ de 02/08/2007; REsp 573.638/RS, DJ de 07/02/200.

6.11. Direitos aquisitivos derivados de promessa de compra e venda e de alienação fiduciária em garantia

Na décima segunda ordem de preferência de penhora encontram-se os direitos aquisitivos derivados de promessa de compra e venda e de alienação fiduciária em garantia.

Tanto a promessa de compra e venda, quanto a alienação fiduciária em garantia, desde que preenchidos os requisitos legais, são direitos reais.

Os direitos reais derivados da promessa de compra e venda e de alienação fiduciária em garantia podem ser objeto de penhora, uma vez que o próprio bem não poderá ser penhorado, por não integrar, ainda, o patrimônio do devedor.

Não há nulidade na penhora de bem prometido à venda. A questão é de palavras: a penhora não incide sobre a propriedade, mas os direitos relativos à promessa.

DA PENHORA

A circunstância de a exequente ser proprietária do bem prometido à venda é irrelevante. A execução resolve-se com a sub-rogação, por efeito de confusão entre os promitentes. (REsp 860.763/PB, Rel. Ministro HUMBERTO GOMES DE BARROS, TERCEIRA TURMA, julgado em 06/03/2008, DJe 01/04/2008)

Na realidade, bem objeto de alienação fiduciária, que passa a pertencer à esfera patrimonial do credor fiduciário, não pode ser objeto de penhora no processo de execução, porquanto o domínio da coisa já não pertence ao executado, mas a um terceiro, alheio à relação jurídica" (REsp .916782/MG, Rel. Min. Eliana Calmon, DJe 21/10/2008).

6.12. Outros direitos

Não se enquadrando os bens na ordem estabelecida nos incisos I a XII do art. 835 do C.P.C., qualquer outro direito, seja pessoal ou real, será considerado na ordem de preferência de nomeação à penhora em último lugar.

São exemplos de outros direitos: a) direitos à sucessão hereditária; b) direito de crédito decorrente de títulos de dívida pública municipal; c) direito de crédito de títulos de natureza pessoal ou real etc.; d) penhora de crédito no rosto dos autos; e) nomeação de crédito em precatório.

O crédito representado por precatório é bem penhorável, mesmo que a entidade dele devedora não seja a própria exequente, enquadrando-se na hipótese do inciso XII do art. 835 do CPC, por se constituir em direito de crédito" (EREsp 881.014/RS, 1ª Seção, Rel. Min. Castro Meira, DJ de 17.03.08).

A penhora de precatório equivale à penhora de crédito, e não de dinheiro.

Na esteira da Súmula 406/STJ , *"A Fazenda Pública pode recusar a substituição do bem penhorado por precatório"*.

O STJ, em recurso representativo de controvérsia, assentou o entendimento de que a Fazenda Pública pode recusar a nomeação de precatório à penhora, por se tratar de direito de crédito, e não de dinheiro, tal como ocorreu no caso dos autos, orientação em tudo semelhante àquela cristalizada no Enunciado 406 de sua Súmula de jurisprudência, segundo o qual a Fazenda Pública pode recusar a substituição do bem penhorado por precatório (REsp. 1.337.790/PR, Rel. Min. HERMAN BENJAMIN, DJe 7.10.2013, julgado sob o rito do art. 543-C do CPC e da Res. 8/STJ).

A Fazenda Pública pode apresentar recusa ao oferecimento de precatório à penhora, além de afirmar a inexistência de preponderância, em abstrato, do princípio da menor onerosidade para o devedor sobre o da efetividade da tutela executiva. Exige-se, para a superação da ordem legal prevista na lei processual,

EXECUÇÃO E CUMPRIMENTO DE SENTENÇA

firme argumentação baseada em elementos do caso concreto. Precedentes do STJ. (REsp 1337790/PR, Rel. Ministro HERMAN BENJAMIN, PRIMEIRA SEÇÃO, julgado em 12/06/2013, DJe 07/10/2013) julgado em 04/10/2012, DJe 10/10/2012).

7. Penhora em execução de crédito com garantia real

Em relação ao crédito com garantia real, assim estabelece o art. 752º do C.P.C. português:

> *Artigo 752.º Bens onerados com garantia real e bens indivisos*
>
> *1 – Executando-se dívida com garantia real que onere bens pertencentes ao devedor, a penhora inicia-se pelos bens sobre que incida a garantia e só pode recair noutros quando se reconheça a insuficiência deles para conseguir o fim da execução.*
>
> *2 – Quando a penhora de quinhão em património autónomo ou de direito sobre bem indiviso permita a utilização do mecanismo do n.º 2 do artigo 743.º e tal for conveniente para os fins da execução, a penhora começa por esse bem..*

As normas de direito substantivo preveem várias situações de bens que se beneficiam de um regime de responsabilidade *objetiva*, no interior do patrimônio do devedor: é o caso da existência de bens onerados com *garantia real* a favor do credor (*beneficium excussionis realis*). Isso significa dizer que o *devedor que for dono da coisa hipotecada* tem o direito de se opor não só a que outros bens sejam penhorados na execução enquanto se não reconhecer *insuficiência da garantia*, mas ainda a que, relativamente aos bens onerados, a execução se estenda além do necessário à satisfação do direito do credor. Por outras palavras: o devedor que ofereceu seus bens em garantia real tem direito a que a penhora se inicie sobre esses bens, protegendo o restante de seus bens.[278]

Segundo Rui Pinto: *"a contrário, se a garantia real incidir sobre bens de terceiro à dívida não tem direito a que a penhora se inicie sobre esses bens alheios e os seus bens podem ser desde logo penhorados. Caberá ao credor decidir se executa, ao abrigo do artigo 54º n. 2, o 'terceiro sozinho', sem que daí advenha ilegitimidade singular do terceiro, ou então 'ambos', devedor e terceiro, em litisconsórcio voluntário. Naturalmente, que o terceiro, por sua vez, apenas poderá ser executado sobre os bens dados em garantia real e não sobre outros bens seus: ele não é o devedor pelo que não é garante geral e legal da obrigação 'ex vi' artigo 601º CC, mas apenas responde restritamente às forças da garantia real".*[279]

---

[278] PINTO, R., op. cit. p. 559.
[279] PINTO, R., idem, ibidem.

Na execução de crédito com garantia real, a penhora recairá sobre a coisa dada em garantia, e, se a coisa pertencer a terceiro garantidor, este também será intimado da penhora.

Trata-se de pressuposto lógico decorrente do próprio efeito *erga omnes* e do direito de *sequela* que possuem os créditos com garantia real hipotecária, pignoratícia ou anticrética.

Assim, no caso de inadimplemento dessa espécie creditória, a penhora deverá ocorrer, *preferencialmente*, sobre a coisa dada em garantia, mesmo que o devedor possua outros bens.

Somente poderão ser excutidos outros bens do devedor, se o valor apurado com o bem dado em garantia real não for suficiente para o pagamento da dívida.

Pode-se afirmar que as garantias reais geram o que se pode denominar no Direito Processual de *penhora natural*.

Por sua vez, se o bem dado em garantia real (penhor, anticrese ou hipoteca) pertencer a terceiro, este também deverá ser intimado da penhora para que possa exercer, se assim desejar, seus direitos substanciais e processuais de defesa.

É importante aduzir que a recuperação judicial do devedor principal não impede o prosseguimento das execuções nem induz suspensão ou extinção de ações ajuizadas contra terceiros devedores solidários ou coobrigados em geral, por garantia cambial, real ou fidejussória, pois não se lhes aplicam a suspensão prevista nos arts. 6º, caput, e 52, inciso III, ou a novação a que se refere o art. 59, caput, por força do que dispõe o art. 49, § 1º, todos da Lei n. 11.101/2005 (REsp 1333349/SP, Rel. Ministro LUIS FELIPE SALOMÃO, SEGUNDA SEÇÃO, julgado em 26/11/2014, DJe 02/02/2015) .

8. Ineficácia da penhora – hipótese em que não se leva a efeito a penhora

Se a execução deve ser realizada no interesse do exequente, evidentemente que esse requisito não será atendido se o bem penhorado não garantir, em boa parte, o valor do crédito executado, ou se este valor for totalmente absorvido pelo pagamento das custas da execução.

Assim, seja a penhora em dinheiro realizada via BACENJUD ou tenha ela por objeto outro bem, cujo valor seja totalmente absorvido pelas custas judiciais, deverá o juiz determinar o levantamento da penhora.

Geralmente, se o valor do bem corresponder ao percentual aproximado de 1% (um por cento) do valor da execução, isso significa dizer que provavelmente este valor será absorvido totalmente pelas custas judiciais, o que justifica a liberação da penhora de ofício pelo juiz.

9. Descrição dos bens que guarnecem a residência ou o estabelecimento do executado

Quando não encontrar bens penhoráveis, independentemente de determinação judicial expressa, o oficial de justiça descreverá na certidão os bens que guarnecem a residência ou o estabelecimento do executado quando este for pessoa jurídica.

O direito italiano fala em *casa* do devedor e nos outros lugares que a ele pertencerem.

Segundo anotam Comoglio, Ferri e Taruffo; *"por 'casa' deve entender-se qualquer lugar não somente no qual o devedor de forma estável exercite seu direito de propriedade ou um direito de gozo, mas também aquele com o qual o devedor tenha uma estável relação de fato, com o fim de prover à exigência de habitação própria e de sua família".* [280]

As disposições da Lei 8.009/90, que tratam da impenhorabilidade dos bens de família, não impedem o cumprimento pelo oficial de justiça do art. 834, §1º, do atual C.P.C.

Com a descrição dos bens que guarnecem a residência ou o estabelecimento do executado, poderão o juiz e o exequente avaliar se esses bens enquadram-se ou não na definição de bens de família.

O Oficial de Justiça poderá ingressar na residência ou no estabelecimento do executado independentemente de autorização judicial.

Se o executado não autorizar a entrada do Oficial, este poderá requer ao juiz reforço policial para cumprimento de seu dever funcional. Nessa hipótese, aplica-se por analogia o disposto no art. 846 do atual C.P.C.

Elaborada a lista pelo oficial de justiça, o executado ou seu representante legal será nomeado depositário provisório de tais bens até ulterior determinação do juiz.

10. Da documentação e registro da penhora
10.1. Penhora por meios eletrônicos

Atualmente a penhora em dinheiro é feita, preferencialmente, pelo sistema de consulta previsto no Regulamento BACENJUD 2.0 do Banco Central Judicial, de 24.07.2009, no qual o juiz, mediante a utilização de uma senha de ingresso no sistema, faz a consulta de possíveis depósitos existentes em nome do executado em qualquer instituição do país, depósitos que podem estar consignados em conta corrente, conta poupança ou em qualquer outra aplicação financeira.

---

[280] COMOGLIO, Luigi Paolo; FERRI, Corrado; TARUFFO, Michele. *Lezioni sul processo civil*. Vol. II. Procedimenti speciali, cautelari ed executivi. Bologna: Il Mulino. 2011. p. 391.

Havendo depósito, o sistema automaticamente bloqueia as contas até o valor máximo estabelecido na requisição de bloqueio.

O Conselho Nacional de Justiça determinou que todos os juízes do país se cadastrem no sistema de penhora *online* – o BACENJUD.

Contra essa determinação, o juiz federal da 1ª Vara da Seção Judiciária de Pernambuco ingressou com mandado de segurança no Supremo Tribunal Federal. Para ele, a obrigação de cadastramento imposta pelo C.N.J macula a independência dos juízes. Ele argumentou que o CNJ não poderia mudar a regra do artigo 655-A, do Código de Processo Civil de 1973, de facultativa para obrigatória. O artigo diz que a autoridade supervisora do sistema bancário executará a penhora, preferencialmente por meio eletrônico.

O Conselho Nacional de Justiça também baixou regulamentação sobre a penhora via BACENJUD, permitindo que pessoas físicas e jurídicas mantenham uma conta específica para efeito de penhora eletrônica. Essa regulamentação encontra-se prevista na Resolução n. 61, de 07 de outubro de 2008.

O §6º do art. 13 da Resolução BACENJUD 2.0 estabelece que o sistema BACENJUD 2.0 alerta o usuário sobre a existência de conta única para bloqueio cadastrada conforme Resolução n. 61 do Conselho Nacional de justiça, de 7.10.2008, a ser utilizada para evitar múltiplos bloqueios.

É bem verdade que esse sistema de conta única do BACENJUD não deve ter dado muito certo, pois, salvo engano, não houve muita adesão.

Outrossim, o art. 837 do atual C.P.C. também permite a averbação de penhora de bens móveis e imóveis que possuam registro público. Para que isso seja possível no Brasil é necessário que todos os cartórios de registros públicos de bens móveis ou imóveis estejam devidamente informatizados e interligados na rede pública de internet, o que na atualidade não ocorre. Aliás, atualmente nem os foros judiciais estão todos interligados pela rede virtual, havendo comarcas no interior do Brasil em que o computador é mero substitutivo da velha máquina de escrever.

Numa tentativa de implementar a comunicação eletrônica entre os Cartórios extrajudiciais e o Poder Judiciário, a Corregedoria Nacional do C.N.J. baixou o Provimento n. 25/2012.

O juiz ao analisar a penhora via BACENJUD deverá ter em mente:

a) não haverá necessidade de se esgotar todas as vias para localização de bens, tendo em vista que o dinheiro é preferencial na ordem cronológica da penhora;

EXECUÇÃO E CUMPRIMENTO DE SENTENÇA

b) liberar as quantias irrisórias que serão na totalidade abrangidas pelo pagamento das custas processuais;

b) liberar os depósitos de poupança de até quarenta salários mínimos;

c) liberar os valores que são usados pelo executado para sua manutenção e sobrevivência, desde que ele comprove essas circunstâncias;

Há certa indagação se uma vez feita a consulta no sistema BACENJUD, e sendo o resultado negativo, poderá haver novas consultas sem qualquer fato novo que assim as justifiquem. Sobre essa questão, o S.T.J. assim tem se posicionado:

> *PROCESSUAL CIVIL E TRIBUTÁRIO. INEXISTÊNCIA DE VIOLAÇÃO DO ART. 535 DO CPC. EXECUÇÃO FISCAL. BLOQUEIO DE ATIVOS NA FORMA DO ART. 185-A, DO CTN. REITERAÇÃO DE PEDIDO. POSSIBILIDADE. PRINCÍPIO DA RAZOABILIDADE.*
>
> *(...).*
>
> *2. Discute-se nos autos sobre a possibilidade de reiteração do pedido de bloqueio de ativos na forma do art. 185-A, do CTN, considerando a existência de anteriores tentativas de bloqueio infrutíferas.*
>
> *3. Esta Corte já se pronunciou no sentido da possibilidade de reiteração do pedido de penhora via sistema Bacenjud, desde que observado o princípio da razoabilidade a ser analisado caso a caso.*
>
> *Precedentes: REsp. n. 1.199.967/MG, Rel. Min. Herman Benjamin, Segunda Turma, DJe de 4.2.2011; REsp. n. 1.267.374 – PR, Segunda Turma, Rel. Min. Mauro Campbell Marques, julgado em 7.2.2012. A mesma lógica é aplicável ao bloqueio de ativos na forma do art. 185-A, do CTN.*
>
> *4. Na espécie, o Tribunal de origem negou o pedido da Fazenda de reiteração do bloqueio de ativos, por entender que houve tentativa anterior infrutífera, sendo improvável o êxito da segunda.*
>
> *5. A simples existência de pedido anterior não é motivo para impedir a reiteração do pedido de constrição de ativos na forma do art. 185-A, do CTN, por tal providência não caracterizar abuso ou excesso.*
>
> *6. Recurso especial parcialmente provido.*
>
> (REsp 1323032/RJ, Rel. Ministro MAURO CAMPBELL MARQUES, SEGUNDA TURMA, julgado em 07/08/2012, DJe 14/08/2012)

> *PROCESSUAL CIVIL E EXECUÇÃO FISCAL. PEDIDO DE NOVA DILIGÊNCIA NO SISTEMA BACENJUD. RAZOABILIDADE NÃO CONFIGURADA. NOVO EXAME FÁTICO-PROBATÓRIO. SÚMULA 7/STJ.*
>
> *1. Nos termos da jurisprudência do STJ, novo pedido de busca de ativo financeiro por meio do Sistema BacenJud pode ser deferido, desde que observado o princípio da razoabilidade.*

Precedentes: AgRg no REsp 1.311.126/RJ, Rel. Ministro Napoleão Nunes Maia Filho, Primeira Turma, DJe 22/5/2013, e REsp 1.328.067/RS, Rel. Ministra Eliana Calmon, Segunda Turma, DJe 18/4/2013.

2. Na hipótese dos autos, o Tribunal de origem, soberano na análise das provas carreadas pelas partes, consignou que "o indeferimento do pedido de reiteração de ofícios aos bancos, sem fato novo que o justifique, não traz negativa de priorização da penhora em dinheiro que justifique o acolhimento do presente agravo interno." (fl. 125, e-STJ). Razão pela qual não se mostra viável a aferição do cabimento de nova diligência sem que se faça nova incursão nas provas constantes dos autos, providência que esbarra no óbice da Súmula 7/STJ.

3. Recurso Especial não provido.

(REsp 1657158/RJ, Rel. Ministro HERMAN BENJAMIN, SEGUNDA TURMA, julgado em 09/05/2017, DJe 17/05/2017)

Em ações regidas pelo Código de Processo Civil de 1973, os valores bloqueados no sistema BACENJUD podem sofrer corrosão inflacionária caso o credor não solicite seu depósito em poupança. Foi o que ocorreu em um processo julgado na Quarta Turma do Superior Tribunal de Justiça (STJ),[281] que negou provimento a recurso especial que buscava reparar as perdas decorrentes do fato de que o valor bloqueado ficou congelado durante o curso da ação. O credor, recorrente neste caso, pediu a correção inflacionária dos valores que foram bloqueados pelo juízo, mas não foram depositados em uma aplicação que rendesse pelo menos a inflação. Segundo o relator do processo no STJ, ministro Luis Felipe Salomão, cabia ao credor solicitar o depósito dos valores, não sendo possível condenar o devedor ao pagamento da atualização monetária. Estando os valores pertencentes ao executado à disposição do juízo da execução, *"caberia ao exequente requerer, ou ao juízo determinar, de ofício, a transferência para conta vinculada à execução do numerário bloqueado, de modo a evitar sua corrosão inflacionária"*, explicou o ministro. Salomão lembrou que os artigos 614 e 646 do CPC 1973 estabelecem de forma clara que cumpre ao credor requerer a execução. O recorrente sustentou que a mora do devedor se estende até o momento em que se dá o cumprimento efetivo e total da obrigação. No entanto, o entendimento dos ministros é que essa obrigação termina no momento em que os valores devidos são bloqueados no sistema Bacenjud, quando se cumprem as obrigações do juízo e do devedor, ficando a cargo do credor zelar pela destinação

---

[281] http://www.stj.jus.br/sites/STJ/default/pt_BR/Comunica%C3%A7%C3%A3º/noticias/ Not%C3%ADcias/Sob-o-CPC-de-73,-omiss%C3%A3º-do-credor-pode-deixar-valores-no-Bacenjud- sem-corre%C3%A7%C3%A3º

correta dos valores. O ministro ressaltou que não houve qualquer retardamento no bloqueio dos valores ou intervenção de terceiros capaz de retirar o ônus do credor em solicitar o depósito, estando correta a interpretação do tribunal de origem de que o credor deverá suportar os prejuízos acarretados pelo retardamento da transferência do montante bloqueado. *"Estando a verba à disposição do juízo, não cabe falar em juros de mora, devendo ser efetuado o depósito em conta vinculada ao juízo da execução, para ser remunerada pelo banco depositário, conforme disposições legais de regência, licitações ou convênios procedidos pelos tribunais"*, explicou o ministro.

O relator destacou que para prevenir fatos como esse, o novo CPC, no artigo 854, parágrafo 5º, já prevê a conversão da indisponibilidade de valores em penhora, transferindo, no prazo de 24 horas, os valores para conta vinculada ao juízo da execução.

Em decisão recente, o S.T.J. entendeu que após realizada a penhora de dinheiro do executado, a responsabilidade pela correção monetária é da instituição financeira foi depositado, *in verbis:*

> *PROCESSUAL CIVIL E TRIBUTÁRIO. OFENSA AOS ARTS. 489 E 1.022 DO CPC/2015 NÃO CONFIGURADA. PENHORA ON-LINE PARA GARANTIA DA EXECUÇÃO.*
>
> *DEPÓSITO JUDICIAL. RESPONSABILIDADE PELO PAGAMENTO DE CORREÇÃO MONETÁRIA E JUROS DE MORA SOBRE O VALOR DEPOSITADO. DEPOSITÁRIO JUDICIAL.*
>
> *1. A solução integral da controvérsia, com fundamento suficiente, não caracteriza ofensa aos arts. 489 e 1.022 do CPC/2015.*
>
> *2. O acórdão recorrido está em consonância com o atual entendimento do Superior Tribunal de Justiça, no sentido de que, após realizada a penhora de dinheiro do executado, a responsabilidade pela correção monetária é da instituição financeira onde o numerário foi depositado.*
>
> *3. Recurso Especial não provido.*
>
> (REsp 1665819/DF, Rel. Ministro HERMAN BENJAMIN, SEGUNDA TURMA, julgado em 08/08/2017, DJe 12/09/2017)

10.2. Termo e auto de penhora

A penhora será realizada mediante auto ou termo de penhora, que conterá: a) a indicação do dia, do mês, do ano e do lugar em que foi feita; b) os nomes do exequente e do executado; c) a descrição dos bens penhorados, com as suas características; d) a nomeação do depositário dos bens.

DA PENHORA

O auto de penhora é o ato processual confeccionado pelo oficial de justiça quando da realização da penhora.

Em regra, a penhora realiza-se por ato do oficial de justiça, sendo que o atual C.P.C. se satisfaz com a presença de apenas um oficial, enquanto que o art. 928 do C.P.C. de 1939 exigia a presença de dois oficiais de justiça.

O oficial de justiça atua sob o impulso direto ou mediato do exequente, o qual será responsabilizado pelo exercício injusto ou indevido da execução, conforme estabelece o art. 776 do atual C.P.C.

Já o termo de penhora é o ato processual realizado pelo Escrivão ou pelo Diretor de Secretaria, que será lavrado nos próprios autos, geralmente quando o executado comparece em juízo e oferece determinado bem à penhora, especialmente dinheiro. Conforme já teve oportunidade de afirmar Liebman *"a nomeação de bens, reduzida a termo, é, pois, um dos modos de fazer a penhora e, propriamente, o mais rápido e simples e o menos dispendioso".*[282]

Segundo ensina Araken de Assis, *"(...) como o termo constitui ato do escrivão, a regra dispensa a assinatura do executado. A nomeação eficaz elimina a necessidade de o devedor comparecer pessoalmente em cartório e, de quebra, apaga a controvérsia sobre a ausência da firma do executado ou sua recusa em assinar o termo. Os requisitos que importam às funções da penhora já constam da nomeação válida. Entretanto, os comentadores do novo diploma repetem, descuidadamente, a ocorrência da assinatura (Theodoro Jr.; Amaral Santos; Frederico Marques), que, à evidência, complica e tumultua".*[283]

O S.T.J., em decisão singular, já entendeu que o executado deveria assinar o termo de penhora quando comparecesse pessoalmente ao cartório para nomear bens à penhora (REsp 53777/SP, Rel. Ministro CARLOS ALBERTO MENEZES DIREITO, TERCEIRA TURMA, julgado em 09/09/1996, DJ 14/10/1996, p. 39002).

Apenas uma ressalva deve ser feita; a de que o prazo para interposição dos embargos não transcorre mais da intimação da penhora, mas, sim, da juntada do mandado de citação aos autos.

Contudo, o S.T.J. altera sua jurisprudência para afirmar que o prazo para embargos ou impugnação à execução, na hipótese de depósito em dinheiro, corre da data do depósito, independentemente da lavratura de termo de penhora (AgRg no Ag 953.127/MS, Rel. Ministro RICARDO VILLAS BÔAS CUEVA, TERCEIRA TURMA, julgado em 01/03/2012, DJe 07/03/2012). Evidentemente que essa decisão do S.T.J. deve ser aplicada somente à execução fiscal, uma vez

---

[282] LIEBMAN, E. T. *Processo de execução...*, op. cit., *n. 60, p. 131.*
[283] ASSIS, Araken. *Manual do processo de execução.* 8ª ed. São Paulo: Revista dos Tribunais, 2002. p. 613.

que neste procedimento o prazo para apresentação dos embargos continua a ser contado da data da intimação da penhora.

Já em relação à execução regulada pelo novo C.P.C., o prazo para interposição de embargos, desde a Lei 11.382/06, deixou de correr a partir da intimação da penhora, passando a ser o da data da juntada aos autos do mandado de citação devidamente cumprido.

Sem a enunciação dos requisitos estabelecidos no art. 838 do atual C.P.C., não ocorrerá a individualização da penhora e a sua função de especificar e conservar bens em que se deve realizar a responsabilidade do executado.[284]

Com a inserção da data da penhora, estabelece-se a ordem preferencial da penhora, especialmente se existirem outras penhoras.

Pela indicação do lugar da penhora, estabelece-se a competência para a promoção dos demais atos executivos expropriatórios, pois somente os bens situados no juízo da execução é que serão penhorados pelo próprio juízo, salvo em relação à penhora de imóveis ou veículos que tenham matrícula ou registro.

A indicação do exequente e executado é importante para estabelecer a pertinência subjetiva da execução, evitando, assim, que seja penhorado bens de terceiros alheios ao processo executivo.

A descrição do bem penhorável apresenta diversas finalidades, entre elas: a) identificar o bem penhorado; b) identificar o seu estado de conservação; c) identificar o seu proprietário; d) evitar confusão com bens de terceiro.

A nomeação de depositário é uma consequência lógica, pois sem depositário não haverá penhora.

O auto ou o termo de penhora é elemento essencial que dá efetiva existência da penhora no processo judicial. Antes da realização desses atos processuais não há penhora realizada no processo.

Contudo, é importante salientar que a falta de algum dos requisitos indicados no art. 836 do atual C.P.C. somente ensejará a nulidade da penhora se essa irregularidade não puder ser suprida e se houver efetivo prejuízo às partes.

Em relação aos requisitos do auto ou termo de penhora no direito comparado, eis o teor do C.P.C. português e espanhol:

Código de Processo Civil português:

---

[284] Neves, Celso. *Comentário ao código de processo civil.* Vol. VII. Rio de Janeiro: Forense, 1979. p. 72.

Artigo 753.º Realização e notificação da penhora

1 – Da penhora lavra-se auto, constante de modelo aprovado por portaria do membro do Governo responsável pela área da justiça.

2 – O agente de execução notifica o executado da realização da penhora no próprio ato, se ele estiver presente, advertindo-o da possibilidade de deduzir oposição, com os fundamentos previstos no artigo 784.º, e do prazo de que, para tal, dispõe entregando-lhe cópia do auto de penhora.

3 – O executado é ainda advertido de que, no prazo da oposição e sob pena de ser condenado como litigante de má-fé, deve indicar os direitos, ónus e encargos não registáveis que recaiam sobre os bens penhorados, bem como os respetivos titulares ou beneficiários; é-lhe ainda comunicado que pode requerer a substituição dos bens penhorados ou a substituição da penhora por caução, nas condições e nos termos do disposto na alínea a) do n.º 4 e no n.º 5 do artigo 751.º.

4 – Se o executado não estiver presente no ato da penhora, a sua notificação tem lugar nos cinco dias posteriores à realização da penhora.

Artigo 766.º Auto de penhora

1 – Da penhora lavra-se auto, em que se regista a hora da diligência, se relacionam os bens por verbas numeradas e se indica, sempre que possível, o valor aproximado de cada verba.

2 – O valor de cada verba é fixado pelo agente de execução a quem incumbe a realização da penhora, o qual pode recorrer à ajuda de um perito em caso de avaliação que dependa de conhecimentos especializados.

3 – Se a penhora não puder ser concluída em um só dia, faz-se a imposição de selos nas portas das casas em que se encontrem os bens não relacionados e tomam-se as providências necessárias à sua guarda, em termos de a diligência prosseguir regularmente no 1.º dia útil.

Código de Processo civil espanhol:

Art. 624. Diligência de penhora de bens móveis. Garantia da penhora.

1. Quando se tenham de penhorar bens móveis, na ata de diligência da penhora serão incluídos os seguintes requisitos:

1. Relação dos bens penhorados, com descrição, o mais detalhado possível, de sua forma e aspecto, características principais, estado de uso e conservação, assim como a clara existência de defeitos ou 'tara' que possam influir em uma diminuição de valor. Para isso se utilizaram dos meios de documentação gráfica ou visual de que a Oficina Judicial disponha ou facilite a qualquer das partes sua melhor identificação.

EXECUÇÃO E CUMPRIMENTO DE SENTENÇA

2. Manifestações efetuadas por quem tenha intervindo na penhora, em especial as que se referem à titularidade das coisas penhoradas e a eventuais direitos de terceiros.

3. Pessoa a que se designa depositário e o lugar onde se depositam os bens.

2. Da ata em que conste a diligência de penhora de bens móveis se dera cópia às partes.

Art. 626. Depósito judicial. Nomeação de depositário.

1. Se se penhorar títulos valores ou objetos especialmente valiosos ou necessitados de especial conservação, poderão depositar-se no estabelecimento público ou privado que resulte mais adequado.

2. Se os bens móveis penhorados estiverem em poder de um terceiro, se lhe requererá mediante decreto para os conserve a disposição do Tribunal e se lhe nomeará depositário judicial, salvo que o Secretário judicial motivadamente resolve outra coisa.

3. Se nomeará depositário o executado se este estiver destinando os bens penhorados a uma atividade produtiva ou se resultarem de difícil ou custoso transporte ou armazenamento.

4. Nos casos distintos dos contemplados nos parágrafos anteriores ou quando o considere mais conveniente, o Secretário judicial poderá nomear mediante decreto depositário dos bens penhorados o credor executante ou, ouvindo este, a um terceiro...

Art. 629. Anotação preventiva de penhora.

1. Quando a penhora recaia sobre bens imóveis ou outros bens ou direitos suscetíveis de inscrição registral, o Secretário judicial encarregado da execução, a pedido do executante, expedirá mandamento para que se faça anotação preventiva da penhora no Registro de Propriedade ou anotação de equivalente eficácia no registro que corresponda. No mesmo dia de sua expedição o Secretário judicial remeterá ao Registro de Propriedade o mandamento por fax, ou em qualquer das formas previstas no art. 162 desta Lei. O Registrador estenderá o correspondente assento de apresentação, ficando suspensa a prática da anotação até que se apresente o documento original na forma prevista pela legislação hipotecária.

2. Se o bem não estiver matriculado, ou se estiver inscrito em favor de pessoa distinta do executado, mas que traga a causa direito deste, poderá tomar-se anotação preventiva de suspensão da anotação da penhora, na forma e com os efeitos previstos na legislação hipotecária.

11. Momento processual em que a penhora se torna perfeita, válida e eficaz

A penhora é um ato processual que visa a garantir o pagamento de um crédito representado por um título executivo judicial ou extrajudicial.

Considerar-se-á feita a penhora mediante a *apreensão e o depósito dos bens*, lavrando-se um só auto se as diligências forem concluídas no mesmo dia.

No mesmo sentido é o disposto no art. 764º, n 1, do C.P.C. português:

"Art. 764º (Penhora de coisas móveis não sujeitas a registro)
1 – A penhora de coisas móveis não sujeitas a registro é realizada com a efetiva apreensão dos bens e a sua imediata remoção para depósito, assumindo o agente da execução que realizou a diligência a qualidade de fiel depositário".

Assim, o ato de penhora é um ato processual executivo que se perfaz com a *apreensão* do bem, conjugada com o seu *depósito*.

Há casos especiais como a penhora de crédito e no rosto dos autos.

O primeiro requisito para que se perfectibilize a penhora é o da *apreensão* da coisa móvel ou imóvel.

O ato de apreensão, em regra, é realizado pelo oficial de justiça.

Porém, conforme advertem Comoglio, Ferri e Taruffo, *"o oficial de justiça não é um mandatário do credor, mas um órgão público que tem o dever de verificar se subsistem os pressupostos estabelecidos em lei para a penhora".*[285]

O oficial de justiça deve verificar a efetiva existência do bem para diante do próprio bem formalizar sua apreensão.

Para os fins de apreender a coisa, poderá o oficial de justiça procurá-la, inclusive no domicílio ou na residência do devedor, pois a penhora exige a efetiva apreensão do bem. Pela apreensão é que o oficial poderá individuar o bem com todas as suas características, bem como realizar a sua avaliação real mediante a constatação fática de sua natureza. Se possível, deve o oficial juntar com o auto de penhora fotografia do bem para demonstrar o seu estado atual, a fim de que o depositário possa fazer valer seus direitos em caso de eventual deterioração do bem.

Essa necessidade de individualização do bem ocorre tanto para bens móveis quanto para bens imóveis, principalmente pelo fato de que a penhora do imóvel compreende os acessórios, frutos, benfeitorias, acessões etc.

Diante da necessidade de apreensão do bem, não poderá o oficial de justiça realizar a penhora de um bem móvel se não souber em que lugar específico se encontra o referido bem. Da mesma forma, não poderá o oficial de justiça penhorar um bem imóvel se não consegue definir sua real localização, muito embora conste o imóvel de uma matrícula no registro imobiliário.

---

[285] COMOGLIO, Luigi Paolo; FERRI, Corrado; TARUFFO, Michele. *Lezioni sul processo civil*. Vol. II. Procedimenti speciali, cautelari ed executivi. Bologna: Il Mulino. 2011. p. 391.

Portanto, sem que o oficial esteja diante do bem a ser penhorado, não poderá ele concretizar a penhora, uma vez que não realizará sua *apreensão*.

Por sua vez, não basta para a perfectibilização da penhora apenas a *apreensão*. É necessário também a *nomeação de depositário*.

O depósito, em direito processual, não é um contrato, tal como se encontra previsto na lei civil, mas um *ato processual*, em virtude do qual o Estado, por meio de um seu representante, guarda e administra os bens do executado, enquanto não se procede sua venda.[286]

Assim, como é ato executivo por excelência, *"a penhora se materializa pelo desapossamento da 'res pignorata', vale dizer, 'mediante a apreensão e o depósito dos bens (art. 664, caput do C.P.C. de 1973), e a sumária destituição do executado da posse.*[287]

Contudo, se o executado continua com o bem, isso não significa dizer que ele tenha perdido a posse direta da coisa, mas, sim, que a natureza dessa posse foi alterada pela penhora, isto é, não será mais uma posse em decorrência do *ius possidendi*, mas, sim, uma posse proveniente do *ius possessionis* natural do depósito judicial.

O desapossamento ou a alternância da natureza da posse importa no depósito da coisa penhorada.

O depósito, portanto, representa elemento estrutural e essencial da penhora. Sobre o tema, assim já se manifestou o S.T.J.:

PROCESSO CIVIL. EXECUÇÃO FISCAL. PENHORA NÃO APERFEIÇOADA. NÃO RECEBIMENTO DE EMBARGOS DO DEVEDOR. AGRAVO REGIMENTAL. DESACORDO COM A SÚMULA 319/STJ NÃO CONFIGURADO.

1. É cediço que o aperfeiçoamento formal da penhora depende da efetivação de depósito, de sorte que sem a nomeação de depositário e sua assinatura no auto, a penhora não resta formalizada à luz do art. 665 do CPC.

2. Os embargos do devedor pressupõem penhora regular, que só se dispensa em sede de exceção de pré-executividade, limitada a questões relativas aos pressupostos processuais e às condições da ação.

3. "In casu", o executado indicou imóvel à penhora, mas se recusou a assumir a condição de depositário, por não ser possuidor do bem "há mais de 23 anos".

4. Asseverou-se, na decisão agravada, ser o depósito condição para o aperfeiçoamento da penhora, independentemente de a condição de depositário restar atribuída à própria parte executada ou a outrem, "ex vi" dos artigos 664 e 665 do Código de Processo Civil.

---

[286] FERREIRA, F. A., op. cit., p. 210.
[287] ASSIS, A., op. cit., p. 629.

5. *Desacordo com a Súmula 319/STJ ("o encargo de depositário de bens penhorados pode ser expressamente recusado") não configurado.*

6. *Agravo regimental desprovido.*

(AgRg no REsp 1189997/RS, Rel. Ministro LUIZ FUX, PRIMEIRA TURMA, julgado em 03/08/2010, DJe 17/08/2010)

É certo que no precedente abaixo o S.T.J. entendeu que a falta de assinatura do depositário no auto de penhora constitui irregularidade formal sanável:

> *PROCESSUAL CIVIL E LOCAÇÃO. RECURSO ESPECIAL. FALTA DE INDICAÇÃO DO DISPOSITIVO TIDO POR VIOLADO. INCIDÊNCIA DA SÚMULA N.º 284 DO SUPREMO TRIBUNAL FEDERAL. PENHORA. AUSÊNCIA DE NOMEAÇÃO DO DEPOSITÁRIO. IRREGULARIDADE FORMAL SANÁVEL. FRAUDE À EXECUÇÃO CONFIGURADA. AUSÊNCIA DE REGISTRO DA PENHORA. REQUISITO DISPENSÁVEL PARA O EXECUTADO-ALIENANTE.*
>
> *(...)*
>
> *3. É firme o entendimento no âmbito desta Corte Superior que a ausência de assinatura do depositário no auto de penhora constitui irregularidade formal sanável, revestindo-se a nulidade de excessivo rigor que não se coaduna com o princípio da instrumentalidade das formas.*
>
> *(...).*
>
> (REsp 796.812/SP, Rel. Ministra LAURITA VAZ, QUINTA TURMA, julgado em 13/08/2009, DJe 08/09/2009)

Quando o executado assume o encargo de depositário, ele passa a exercer ao mesmo tempo a função de parte da relação jurídica processual e auxiliar do juízo como depositário.

É certo que o executado não é obrigado a aceitar o encargo de depositário, conforme preconiza a Súmula 319 do STJ dispõe que: *"O encargo de depositário de bens penhorados pode ser expressamente recusado."*

Sobre o tema, eis a seguinte decisão do S.T.J.:

> *PROCESSUAL CIVIL. ARTIGOS 620, 656, I, E 657 DO CPC. FALTA. PREQUESTIONAMENTO. SÚMULAS 282 E 356/STF. EXECUÇÃO FISCAL. PENHORA. DEPOSITÁRIO. NOMEAÇÃO. RECUSA. POSSIBILIDADE.*
>
> *1 – As matérias insertas nos arts. 620, 656, I, e 657 do CPC não foram prequestionadas. Também não foram opostos embargos de declaração para sanar eventual omissão, o que atrai as Súmulas 282 e 356 do Supremo Tribunal Federal.*

2 – Esta Corte preconiza que o devedor executado não está obrigado a assumir a condição de depositário dos bens penhorados, já que inexistente disposição normativa nesse sentido. Precedentes.

3 – Recurso especial conhecido em parte e provido.

(REsp 263.910/SP, Rel. Ministro CASTRO MEIRA, SEGUNDA TURMA, julgado em 05/10/2004, DJ 16/11/2004, p. 221)

Entendo, porém, que a recusa do executado em assumir o encargo de depositário deverá ser acompanhada de argumentação plausível e devidamente justificada, sob pena de tal recusa inserir-se em ato atentatório à dignidade da Justiça, nos termos do art. 774, incs. II e III, do novo C.P.C.

O juiz poderá advertir o executado de que o seu comportamento poderá configurar ato atentatório à dignidade da justiça, conforme estabelece o art. 772, inc. II, do novo C.P.C.

O novo C.P.C., para que haja a conclusão da penhora, não determina a intimação do executado, mas se satisfaz com a simples *apreensão e depósito* do bem.

Também a penhora do bem imóvel perfectibiliza-se com a *apreensão e depósito*, independentemente de sua averbação no registro de imóveis. A averbação prevista no art. 844 do atual C.P.C. tem por finalidade gerar presunção absoluta de conhecimento da penhora por terceiros e não para dar eficácia ao ato processual de penhora.

É certo, porém, que o §1º do art. 845 preconiza que a penhora de imóveis, independentemente de onde se localizem, quando apresentada certidão da respectiva matrícula, e a penhora de veículos automotores, quando apresentada certidão que ateste a sua existência, serão realizadas por termo nos autos.

Diversamente da regra geral de penhora, em que se prevê que tanto a penhora de imóveis como a de bens móveis seja efetuada mediante efetiva apreensão dos bens, o §1º do art. 845 do novo C.P.C. estabelece uma apreensão simbólica de bens imóveis e de veículos automotores, concretizando-se a penhora pôr termo nos autos.

Segundo ensina Fernando Amâncio Ferreira: *"Pela própria natureza das coisas, não há entrega dos bens penhorados ao depositário sempre que este seja o executado, no caso de penhora de quota em sociedade e no caso de penhora de estabelecimento comercial, quando ele prossiga o seu normal funcionamento sob a gestão do executado.*

No caso de penhora de bens móveis, há uma entrega 'efectiva' dos bens apreendidos ao depositário. Mas já no caso de penhora de bens imóveis a entrega dos bens ao depositário é, em regra, 'simbólica', fazendo-se na secretaria, no momento da elaboração e assinatura do respectivo termo.

Todavia, essa entrega 'simbólica' pode ser seguida de uma entrega 'efectiva', se o depositário encontrar dificuldades em tomar conta dos bens ou tiver dúvidas sobre o objeto do depósito. Nesta emergência, pode requerer que um funcionário se desloque ao local da situação dos prédios a fim de lhe fazer a entrega 'efectiva'".[288]

12. Depósitos preferenciais – local de depósito dos bens penhorados

Serão preferencialmente depositadas as quantias em dinheiro, as pedras e os metais preciosos, bem como os papéis de crédito, no Banco do Brasil, na Caixa Econômica Federal ou em um banco de que o Estado ou o Distrito Federal possua mais de metade do capital integralizado, ou, em falta desses estabelecimentos no lugar, em qualquer instituição de crédito designada pelo juiz.

Os estabelecimentos estatais ou paraestatais (em que o Estado ou o Distrito Federal possua mais de metade do capital integralizado) são obrigados a receber os depósitos judiciais.

Não havendo na localidade instituição financeira Estatal ou paraestatal, os depósitos serão realizados em instituição de crédito designada pelo juiz.

Em relação aos depósitos judiciais efetuados na Caixa Econômica Federal, estabelece o art. 11º da Lei 9.289/96:

> *Art. 11. Os depósitos de pedras e metais preciosos e de quantias em dinheiro e a amortização ou liquidação de dívida ativa serão recolhidos, sob responsabilidade da parte, diretamente na Caixa Econômica Federal, ou, na sua inexistência no local, em outro banco oficial, os quais manterão guias próprias para tal finalidade.*
>
> *§ 1º Os depósitos efetuados em dinheiro observarão as mesmas regras das cadernetas de poupança, no que se refere à remuneração básica e ao prazo.*
>
> *§ 2º O levantamento dos depósitos a que se refere este artigo dependerá de alvará ou de ofício do Juiz.*

Sobre o depósito judicial e extrajudicial de tributos e contribuições federais ver a Lei 9.703, de 17 de novembro de 1998.

É importante salientar que qualquer discussão sobre a forma de correção dos depósitos judiciais deverá ocorrer nos próprios autos em que foram efetuados e não em ação a parte. Nesse sentido decidiu o S.T.J., pelo sistema de recursos repetitivos:

---

[288] FERREIRA, F. A., op. cit. p. 212.

> *PROCESSUAL CIVIL. SÚMULA. NÃO ENQUADRAMENTO NO CONCEITO DE LEI FEDERAL. VIOLAÇÃO DO ART. 535 DO CPC. OMISSÃO INEXISTENTE. LEVANTAMENTO DE DEPÓSITOS JUDICIAIS. CONTROVÉRSIA RELATIVA AO ESTORNO INDEVIDO DE JUROS. DESNECESSIDADE DE AJUIZAMENTO DE AÇÃO PRÓPRIA.*
>
> *(...).*
>
> *4. A discussão quanto à aplicação de juros e correção monetária nos depósitos judiciais independe de ação específica contra o banco depositário. Precedentes do STJ.*
>
> *5. Recurso Especial parcialmente provido para denegar a Segurança, com a ressalva da possibilidade de a recorrida contrapor-se, nos próprios autos em que efetuados os depósitos, à pretensão da ocorrência de juros e correção monetária. Acórdão sujeito ao regime do art. 543-C do CPC e do art. 8º da Resolução STJ 8/2008.*
>
> (REsp 1360212/SP, Rel. Ministro HERMAN BENJAMIN, PRIMEIRA SEÇÃO, julgado em 12/06/2013, DJe 11/09/2013).

Por sua vez, havendo penhora de dinheiro, o banco no qual foi depositada a respectiva quantia assume o encargo de depositário judicial (AgRg no Ag 1228560/RJ, Rel. Ministro ALDIR PASSARINHO JUNIOR, QUARTA TURMA, julgado em 19/10/2010, DJe 27/10/2010)

Assim como o dinheiro, as joias, as pedras e os metais preciosos deverão ser depositados em instituição bancária pública ou, se não houver, em outra indicada pelo juiz.

No momento da realização do depósito de joias, pedras ou metais precisos, é importante fazer constar do auto de penhora ou do respectivo laudo o valor de sua avaliação, tanto para facilitar a exigência de eventual reparação de danos pela má conservação dos bens, quanto para que possa o executado promover o seu resgate, mediante depósito em dinheiro do valor estimado dos objetos.

As joias, as pedras e os objetos preciosos deverão ser depositados com registro do valor estimado de resgate.

O depósito dos bens móveis, dos semoventes, dos imóveis urbanos e dos direitos aquisitivos sobre imóveis urbanos, será realizado em poder do depositário judicial.

O depositário judicial poderá ser público ou particular, incluindo-se, ainda, o exequente e o executado.

Na hipótese em que não houver depositário judicial, os bens ficarão em poder do exequente.

Se o juiz não puder nomear o executado depositário público ou mesmo terceiro como depositário particular para permanecer como depositário dos móveis, dos semoventes, dos imóveis urbanos e dos direitos aquisitivos sobre imóveis urbanos, os bens ficarão em poder do exequente.

Os bens poderão ser depositados em poder do executado nos casos de difícil remoção ou quando anuir o exequente.

Os bens móveis poderão permanecer em depósito com o executado se forem de difícil remoção, como, por exemplo, uma máquina industrial, uma caldeira industrial, etc. Também poderá ser o executado nomeado como depositário se houver concordância do exequente.

Contudo, em se tratando de bens que possam ser utilizados pelo executado, o exequente somente poderá discordar da permanência do executado como depositário quando apresentar motivo justificável que demonstre evidente prejuízo para seus interesses no processo executivo. Caso contrário, o bem deverá permanecer com o executado, em face do princípio de que a execução deve ser realizada de forma menos onerosa para o devedor.

Na realidade, em face do princípio da menor onerosidade em relação ao executado, os bens móveis deverão ser depositados nas mãos do executado, salvo justificativa plausível para assim não se proceder.

Evidentemente, o juiz poderá determinar que os bens móveis fiquem depositados em poder do executado, especialmente quando o executado se utiliza desses bens para aumentar sua renda ou faturamento mensal, ou quando o custo da remoção do bem seja alto.

Os imóveis rurais, os direitos aquisitivos sobre imóveis rurais, as máquinas, os utensílios e os instrumentos necessários ou úteis à atividade agrícola, mediante caução idônea, serão depositados em poder do executado.

Aplica-se, nessa hipótese, o princípio da menor onerosidade, especialmente pelo fato de que o produtor rural depende de seu imóvel rural e das máquinas e utensílios para garantir sua produção e, consequentemente, o sustento de sua família.

Conforme ensina Araken de Assis, *"Tolera-se, outrossim, a manutenção da posse imediata do imóvel, não porque haja 'comodismo e sentimentalismo' e, sim, pela necessidade de respeitar a posse de terceiro (v.g. locatário) e mitigar gravosidade do despejo imediato do executado, intercalando-se, nessas contingências, a posse mediata do depositário. Por tal motivo, tratando-se de imóvel, o depósito se realiza nas mãos do executado".*[289]

Porém, o legislador da nova ordem processual exigiu do executado a prestação de caução para que possa permanecer como depositário da propriedade rural.

---

[289] Assis, A. op. cit., p. 630.

EXECUÇÃO E CUMPRIMENTO DE SENTENÇA

Poderão, ainda, os imóveis serem depositados em poder do exequente ou outro depositário nomeado pelo juiz caso o executado, justificadamente, demonstre a impossibilidade de permanecer como depositário ou não seja digno dessa função, podendo causar sérios danos ao bem penhorado.

O §5º do art. 659 do C.P.C. de 1973, em relação à penhora de imóveis, assim preconizava:

> *"Nos casos do § 4º, quando apresentada certidão da respectiva matrícula, a penhora de imóveis, independentemente de onde se localizem, será realizada por termo nos autos, do qual será intimado o executado, pessoalmente ou na pessoa de seu advogado, e por este ato constituído depositário. (Incluído pela Lei nº 10.444, de 7.5.2002).*

A doutrina, interpretando este dispositivo, afirmava que a penhora do imóvel, quando realizada pela apresentação de certidão de respectiva matrícula, ocorria pôr termo nos autos, sendo o executado pessoalmente ou na pessoa de seu advogado intimado da penhora, bem como, por este ato de intimação de plano constituído depositário do bem. Assim, diante dessa forma de penhora, o executado ficaria privado de recusar o encargo de depositário.

Contudo, muito embora o §1º do art. 845 do atual C.P.C. continue a permitir a penhora do imóvel mediante a apresentação da respectiva matrícula, por termo nos autos, não repetiu a parte final do que dispunha §5º do art. 659 do C.P.C. de 1973, ou seja, não mais indicou o executado como depositário automático da penhora.

Diante dessa falta de previsão normativa, o executado poderá, justificadamente, recusar o ônus de permanecer como depositário.

Se a recusa não for justificada, o executado poderá sofrer as sanções decorrentes do ato atentatório à dignidade da justiça; contudo, não poderá o executado ser obrigado a aceitar o encargo de fiel depositário.

13. Intimação da penhora
13.1. Intimação do executado da penhora

Formalizada a penhora por qualquer dos meios legais, dela será imediatamente intimado o executado, conforme determina o art. 841 do novo C.P.C.

A mesma determinação legal encontra-se no art. 753º do C.P.C. português:

> *Artigo 753.º Realização e notificação da penhora*
> *1 – Da penhora lavra-se auto, constante de modelo aprovado por portaria do membro do Governo responsável pela área da justiça.*

DA PENHORA

2 – O agente de execução notifica o executado da realização da penhora no próprio ato, se ele estiver presente, advertindo-o da possibilidade de deduzir oposição, com os fundamentos previstos no artigo 784.º, e do prazo de que, para tal, dispõe entregando-lhe cópia do auto de penhora.

3 – O executado é ainda advertido de que, no prazo da oposição e sob pena de ser condenado como litigante de má-fé, deve indicar os direitos, ónus e encargos não registáveis que recaiam sobre os bens penhorados, bem como os respetivos titulares ou beneficiários; é-lhe ainda comunicado que pode requerer a substituição dos bens penhorados ou a substituição da penhora por caução, nas condições e nos termos do disposto na alínea a) do n.º 4 e no n.º 5 do artigo 751.º.

4 – Se o executado não estiver presente no ato da penhora, a sua notificação tem lugar nos cinco dias posteriores à realização da penhora.

Portanto, havendo penhora sobre bens do executado ou mesmo de terceiro (caso do cônjuge casado em regime de comunhão ou parcial de bens), haverá necessidade de que seja ele intimado da penhora.

Anteriormente, essa intimação, além de dar ciência da penhora, tinha também por finalidade dar início ao prazo para a propositura dos embargos à execução.

Contudo, atualmente, os embargos à execução de título executivo extrajudicial poderão ser interpostos independentemente da penhora, sendo que o seu prazo começa a correr da juntada aos autos do mandado ou da carta de citação devidamente cumprido.

No que concerne ao cumprimento de sentença, a impugnação à execução poderá ser apresentada independente da penhora, conforme preconiza o art. 525 do novo C.P.C.

Recaindo a penhora sobre bem imóvel ou direito real sobre imóvel, será intimado também o cônjuge do executado, salvo se forem casados em regime de separação absoluta de bens.

O cônjuge do executado terá legitimidade para interpor tanto embargos do devedor ou impugnação ao cumprimento de sentença, quanto também os embargos de terceiro para defesa de sua meação.

O prazo para a interposição dos embargos do devedor pelo cônjuge que não for parte da execução conta-se da juntada do mandado intimação da penhora e não da juntada do mandado de citação cumprido. É a única solução mais plausível para a problemática apresentada.

Porém, continua sendo necessária a intimação do executado sobre a realização da penhora, a fim de que ele possa se manifestar sobre referida constrição

EXECUÇÃO E CUMPRIMENTO DE SENTENÇA

judicial patrimonial, podendo alegar o que lhe for de direito, dentro da própria demanda executiva, como, por exemplo: a) excesso de penhora; b) incidência da penhora sobre bens impenhoráveis; c) que o bem não pertence ao executado mas a terceiro etc.

Assim, as questões concernentes à penhora poderão ser arguidas nos próprios autos da execução, independentemente dos embargos ou da impugnação.

A intimação da penhora deverá ser feita na pessoa do executado.

Porém, se o executado tiver advogado nomeado nos autos, a intimação da penhora será feita na pessoa do seu advogado ou da sociedade de advogados a que este pertença.

Nessa hipótese, a intimação dar-se-á pelo Diário Eletrônico ou pelo sistema de e-mail na hipótese de processo eletrônico.

Se não houver constituído advogado nos autos, o executado será intimado pessoalmente, de preferência por via postal.

A preferência para a intimação da penhora, quando o executado não houver constituído advogado nos autos, será pelo correio.

Salvo se por algum motivo a carta não puder chegar ao destinatário, a intimação deverá ser feita por oficial de justiça.

Não será necessária a intimação do advogado ou do escritório de advocacia se a penhora tiver sido realizada na presença do executado, o qual será considerado, no mesmo ato, intimado da constrição judicial.

Considera-se realizada a intimação por via postal quando o executado houver mudado de endereço sem prévia comunicação ao juízo, observado o disposto no parágrafo único do art. 274 do novo C.P.C.

Porém, se o executado houver mudado de endereço sem prévia comunicação ao juiz, considerar-se-á intimado da penhora pelo simples encaminhamento da correspondência no endereço anterior, observado o disposto no p.u. do art. 274.

Se não houver no processo qualquer endereço do executado, como, por exemplo, por ele se encontrar em lugar incerto ou não sabido, a sua intimação da penhora deverá ser realizada por edital.

13.2. Da intimação da penhora do cônjuge do executado

Recaindo a penhora sobre bem imóvel ou direito real sobre imóvel, será intimado também o cônjuge do executado, salvo se forem casados em regime de separação absoluta de bens (art. 842 do novo C.P.C.).

Em regra, os bens próprios ou meação dos cônjuges não respondem pelas dívidas realizadas pelo outro cônjuge.

DA PENHORA

Se o regime de bens é o da separação total, a responsabilidade pelo pagamento da dívida recai sobre os bens do cônjuge que a contraiu; se é de comunhão parcial ou universal, a responsabilidade incide sobre os bens que entram na comunhão, sendo que nessa hipótese a responsabilidade é apenas do cônjuge que assumiu a obrigação, salvo se em benefício da família.

Recaindo a penhora em bens imóveis ou qualquer direito real sobre imóvel (usufruto, uso, habitação, servidão etc), será intimado o cônjuge do executado, desde que seja casado em regime de comunhão universal ou parcial de bens.

Se o casamento for de separação total, não haverá necessidade de se intimar o cônjuge do devedor, pois não existirá comunhão de bens.

Na égide do C.P.C. de 1973, o S.T.J. entendia que mesmo no regime de separação total de bens haveria necessidade de intimação do cônjuge. Nesse sentido eis a seguinte decisão:

> *CIVIL E PROCESSUAL CIVIL. EMBARGOS DE TERCEIRO. INTIMAÇÃO DO CÔNJUGE. ART. 669, PARÁGRAFO ÚNICO, CPC. REGIME DE BENS. SEPARAÇÃO TOTAL. NECESSIDADE. RECURSO PROVIDO.*
>
> *I – Recaindo a penhora sobre bem imóvel, a intimação do cônjuge é obrigatória, nos termos do art. 669, parágrafo único, CPC, ainda que casados com separação total de bens.*
>
> *II – A intimação do cônjuge enseja-lhe a via dos embargos à execução, nos quais poderá discutir a própria causa debendi e defender o patrimônio como um todo, na qualidade de litisconsorte passivo do(a) executado(a) e a via dos embargos de terceiro, com vista à defesa da meação a que entende fazer jus.*
>
> (REsp 252.854/RJ, Rel. Ministro SÁLVIO DE FIGUEIREDO TEIXEIRA, QUARTA TURMA, julgado em 29/06/2000, DJ 11/09/2000, p. 258)

Demonstrada a existência de união estável no processo executivo, entendo que também deverá ser intimado o companheiro ou companheira sobre a penhora realizada na execução.

Os bens próprios ou a meação do companheiro/companheira não respondem pelas obrigações assumidas pelo outro.

Em relação à meação do companheiro/a, cumpre ressaltar que o S.T.J. passou a entender que na união estável, a partir da Lei n. 9.278/96, os bens adquiridos onerosamente pertencem a ambos os companheiros, independentemente de esforço conjunto para a sua aquisição (REsp 1021166/PE, Rel. Ministro RICARDO VILLAS BÔAS CUEVA, TERCEIRA TURMA, julgado em 02/10/2012, DJe 08/10/2012)

Ainda sobre a questão, eis o seguinte precedente do S.T.J.:

RECURSO ESPECIAL. DIREITO PATRIMONIAL DE FAMÍLIA. UNIÃO ESTÁVEL. ALIENAÇÃO DE BEM IMÓVEL ADQUIRIDO NA CONSTÂNCIA DA UNIÃO. NECESSIDADE DE CONSENTIMENTO DO COMPANHEIRO. EFEITOS SOBRE O NEGÓCIO CELEBRADO COM TERCEIRO DE BOA-FÉ.

1. A necessidade de autorização de ambos os companheiros para a validade da alienação de bens imóveis adquiridos no curso da união estável é consectário do regime da comunhão parcial de bens, estendido à união estável pelo art. 1.725 do CCB, além do reconhecimento da existência de condomínio natural entre os conviventes sobre os bens adquiridos na constância da união, na forma do art. 5º da Lei 9.278/96, Precedente.

2. Reconhecimento da incidência da regra do art. 1.647, I, do CCB sobre as uniões estáveis, adequando-se, todavia, os efeitos do seu desrespeito às nuanças próprias da ausência de exigências formais para a constituição dessa entidade familiar.

3. Necessidade de preservação dos efeitos, em nome da segurança jurídica, dos atos jurídicos praticados de boa-fé, que é presumida em nosso sistema jurídico.

4. A invalidação da alienação de imóvel comum, realizada sem o consentimento do companheiro, dependerá da publicidade conferida a união estável mediante a averbação de contrato de convivência ou da decisão declaratória da existência união estável no Ofício do Registro de Imóveis em que cadastrados os bens comuns, ou pela demonstração de má-fé do adquirente.

5. Hipótese dos autos em que não há qualquer registro no álbum imobiliário em que inscrito o imóvel objeto de alienação em relação a copropriedade ou mesmo à existência de união estável, devendo-se preservar os interesses do adquirente de boa-fé, conforme reconhecido pelas instâncias de origem.

6. RECURSO ESPECIAL A QUE SE NEGA PROVIMENTO.

(REsp n. 1424275/MT, Relator Ministro PAULO DE TARSO SANSEVERINO, TERCEIRA TURMA, julgado em 04/12/2014, DJe 16/12/2014).

O cônjuge ou companheiro/a que pretender excluir a sua meação poderá fazê-lo por meio de embargos de terceiro, se não for parte na demanda em que foi proferida a decisão executiva, em caso de cumprimento de sentença, ou se não participou do ato constitutivo do título executivo extrajudicial.

Segundo ensina Fernando Amâncio Ferreira: *"Se a dívida for da responsabilidade de ambos os cônjuges e o credor quiser executar os bens comuns do casal, terá de se munir de um título executivo onde ambos figurem como devedores; se somente tiver título contra um deles, terá de obter também título contra o outro (v.g., sentença condenatória ou requerimento de injunção onde tenha sido aposta a fórmula executória".*[290]

---

[290] Ferreira, F. A., op. cit. p. 153.

DA PENHORA

Se o cônjuge ou companheiro/a for intimado da penhora, poderá ingressar tanto com embargos à execução, a fim de discutir a própria dívida, quanto com os embargos de terceiro para resguardar sua meação. Há nessa hipótese dupla legitimidade.

A falta de intimação do cônjuge ou do companheiro/a quando a penhora recaia sobre bem que também lhe pertence gera nulidade dos atos processuais na execução.

Essa regra de segurança processual de participação do cônjuge do executado na execução também se encontra no art. 786º, inc. I, letra 'a', do C.P.C. português:

> *Artigo 786.º Citações*
>
> *1 – Concluída a fase da penhora e apurada, pelo agente de execução, a situação registral dos bens, são citados para a execução:*
>
> *a) O cônjuge do executado, quando a penhora tenha recaído sobre bens imóveis ou estabelecimento comercial que o executado não possa alienar livremente, ou quando se verifique o caso previsto no n.º 1 do artigo 740.º;*
>
> *(...).*

Por sua vez, estabelece o art. 740º do C.P.C. português:

> *"Art. 740. (Penhora de bens comuns em execução movida contra um dos cônjuges)*
>
> *1 – Quando, em execução movida contra um só dos cônjuges, forem penhorados bens comuns do casal, por não se conhecerem bens suficientes próprios do executado, é o cônjuge do executado citado para, no prazo de 20 dias, requerer a separação de bens ou juntar certidão comprovativa da pendência de ação em que a separação já tenha sido requerida, sob pena de a execução prosseguir sobre os bens comuns.*
>
> *2 – Apensado o requerimento de separação ou junta a certidão, a execução fica suspensa até à partilha; se, por esta, os bens penhorados não couberem ao executado, podem ser penhorados outros que lhe tenham cabido, permanecendo a anterior penhora até à nova apreensão".*

14. Penhora sobre bem indivisível

Recaindo a penhora sobre bem indivisível, a meação do cônjuge ou de eventual coproprietário (inclui-se o companheiro/a) será resguardada no valor correspondente a 50% do produto da alienação do bem.

Em relação aos bens indivisíveis, assim estabelecem os arts. 743º e 781º do C.P.C. português:

Artigo 743.º Penhora em caso de comunhão ou compropriedade

1 – Sem prejuízo do disposto no n.º 4 do artigo 781.º, na execução movida apenas contra algum ou alguns dos contitulares de património autónomo ou bem indiviso, não podem ser penhorados os bens compreendidos no património comum ou uma fração de qualquer deles, nem uma parte especificada do bem indiviso.

2 – Quando, em execuções diversas, sejam penhorados todos os quinhões no património autónomo ou todos os direitos sobre o bem indiviso, realiza-se uma única venda, no âmbito do processo em que se tenha efetuado a primeira penhora, com posterior divisão do produto obtido.

Artigo 781.º Penhora de direito a bens indivisos e de quotas em sociedades

1 – Se a penhora tiver por objeto quinhão em património autónomo ou direito a bem indiviso não sujeito a registo, a diligência consiste unicamente na notificação do facto ao administrador dos bens, se o houver, e aos contitulares, com a expressa advertência de que o direito do executado fica à ordem do agente de execução, desde a data da primeira notificação efetuada.

2 – É lícito aos notificados fazer as declarações que entendam quanto ao direito do executado e ao modo de o tornar efetivo, podendo ainda os contitulares dizer se pretendem que a venda tenha por objeto todo o património ou a totalidade do bem.

3 – Quando o direito seja contestado, a penhora subsistirá ou cessará conforme a resolução do exequente e do executado, nos termos do artigo 775.º.

4 – Quando todos os contitulares façam a declaração prevista na segunda parte do n.º 2, procede-se à venda do património ou do bem na sua totalidade.

5 – O disposto nos números anteriores é aplicável, com as necessárias adaptações, à penhora do direito real de habitação periódica e de outros direitos reais cujo objeto não deva ser apreendido, nos termos previstos na subsecção anterior.

6 – Na penhora de quota em sociedade, além da comunicação à conservatória de registo competente, nos termos do n.º 1 do artigo 755.º, é feita a notificação da sociedade, aplicando--se o disposto no Código das Sociedades Comerciais quanto à execução da quota.

Na realidade, se em execução movida contra um coproprietário de bens indivisos, fossem penhorados os próprios bens ou uma parte determinada deles, a penhora incidiria sobre bens de terceiro (os outros coproprietários). O que pode é penhorar-se o direito *ideal* do executado aos bens indivisos, nunca uma parte *materialmente determinada*. Assim, sendo três pessoas coproprietárias de determinado prédio, com quotas quantitativamente iguais, na execução movida contra um deles, pode penhorar-se seu *direito à terça parte do prédio*, mas não o próprio prédio nem um fração específica do mesmo.[291]

---

[291] FERREIRA, F. A., idem, p. 157.

DA PENHORA

Pode-se penhorar-se, em execução instaurada contra o cônjuge devedor, o direito ideal do executado à meação nos bens comuns. Até à partilha, o cônjuge é apenas titular do direito a uma fração ideal do conjunto, ignorando sobre qual ou quais bens se concretizará esse direito

Alcides de Mendonça Lima traz uma questão importante sobre o problema da meação, que merece ser transcrita: *"Será a meação de todo o patrimônio do casal a) ou será a meação em cada bem b)? Na primeira solução a) haveria graves dificuldades, empecendo a solvência da dívida, em detrimento do credor, pois teria de ser procedido ao levantamento geral dos bens, para determinar se o valor da dívida estava ou não contido na meação; na segunda b), pode acontecer que a metade de um bem seja maior do que a metade do resto, lesando, assim o cônjuge não devedor. Além disso, nessa última hipótese, o simples fato de o outro cônjuge (não devedor) ficar com a metade do bem, isso não gera incomunicabilidade alguma sobre a mesma, de modo que não haverá nenhum efeito jurídico. Teoricamente, portanto, a solução certa seria a segunda b): em cada bem, a penhora apenas deveria recair sobre a metade, correspondente ao cônjuge devedor, se outro conseguir provar que, realmente, inexistiu benefício para a família".*[292]

Como bem colocou Alcides Mendonça Lima, teoricamente a solução será respeitar a meação do cônjuge sobre o bem penhorado. Contudo, isso não significa dizer que o exequente não possa alegar e provar que os cônjuges possuem outros bens, os quais superam e muito o valor do bem penhorado, resguardando a integralidade da meação do cônjuge que não assumiu a dívida. Nesse caso, penso que a solução correta seria a solução *a)*, pois a alienação integral do bem não afetaria a meação do cônjuge que não prestou a garantia.

Será reservada, ao coproprietário ou ao cônjuge não executado a preferência na arrematação do bem em igualdade de condições.

É o mínimo que se poderia esperar.

Permite-se que o cônjuge ou coproprietário, que nada tem a ver com a dívida objeto da execução, exerça o direito de preferência na arrematação do bem em igualdade de condições com terceiro, até para que o bem fique no seu patrimônio.

Outro aspecto importante quanto ao resguardo da meação, diz respeito ao valor da meação que deverá ser garantido ao cônjuge ou coproprietário.

Não será levada a efeito expropriação por preço inferior ao da avaliação na qual o valor auferido seja incapaz de garantir, ao coproprietário ou ao cônjuge alheio à execução, o correspondente à sua quota- parte calculado sobre o valor da avaliação.

---

[292] LIMA, A. M., op. cit., p. 550.

A norma processual (art. 843 do novo C.P.C.) estabelece que o equivalente à quota parte recairá sobre o produto da alienação do bem; porém, a mesma norma (§2º do art. 843 do novo C.P.C.) determina que a quota parte será calculada sobre *o valor da avaliação*.

A solução encontrada pelos nossos Tribunais, sob a égide da C.P.C. de 1973, foi levar à praça ou leilão a totalidade do bem, resguardando a meação do cônjuge apenas na metade do valor apurado na alienação, e não na do valor apurado na avaliação. (AgRg no Ag 1302812/SP, Rel. Ministro HERMAN BENJAMIN, SEGUNDA TURMA, julgado em 24/08/2010, DJe 14/09/2010)

Uma questão que se coloca em relação a esse entendimento jurisprudencial, ainda sob a égide do C.P.C revogado, de que a meação ficaria garantida apenas no preço apurado na arrematação ou alienação, é que tal critério, além de inconstitucional, gera graves injustiças. É que por vezes o bem era arrematado por cinquenta por cento do seu valor de avaliação de mercado. Assim, havendo a arrematação por valor inferior ao da avaliação, evidentemente que a meação do cônjuge não responsável pela dívida estaria sendo subavaliada. Se o cônjuge não responde juridicamente pela dívida, não poderia, de forma alguma, ser ele prejudicado, sob pena de perder parte de seu patrimônio sem o devido processo legal e sem responder pela obrigação contida no título executivo judicial ou extrajudicial.

Por questão de *justiça*, o certo é que o valor da meação apurado em eventual arrematação deveria ser de cinquenta por cento do valor da avaliação do bem, e não do valor apurado na alienação, salvo se a alienação for realizada por preço superior ao da avaliação.

O novo C.P.C. corrige essa injustiça.

Agora, muito embora a quota parte do bem penhorado recaia sobre o produto da alienação, o valor dessa quota parte a ser repassado ao cônjuge ou coproprietário não poderá ser inferior ao valor da avaliação.

Assim, não será levada a efeito expropriação por preço inferior ao da avaliação na qual o valor auferido seja incapaz de garantir ao coproprietário ou ao cônjuge alheio à execução o correspondente à sua quota parte calculado sobre o *valor da avaliação*.

15. Do lugar de realização da penhora

O primeiro requisito para que se perfectibilize a penhora é a *apreensão* da coisa, seja ela móvel ou imóvel.

A *apreensão*, como requisito da penhora, ocorrerá *onde quer que se encontrem os bens*, ainda que sob a posse, a detenção ou a guarda de terceiros.

DA PENHORA

Sobre a apreensão dos bens do executado em poder de terceiro, assim estabelece o art. 747º do C.P.C. português:

Art. 747º (Apreensão de bens em poder de terceiro)

1 – Os bens do executado são apreendidos ainda que, por qualquer título, se encontrem em poder de terceiro, sem prejuízo, porém, dos direitos que a este seja lícito opor ao exequente.

2 – No ato de apreensão, verifica-se se o terceiro tem os bens em seu poder por via de penhor ou de direito de retenção e, em caso afirmativo, procede-se imediatamente à sua citação.

3 – Quando a citação referida no número anterior não possa ser feita regular e imediatamente, é anotado o respetivo domicílio para efeito de posterior citação.

Comentando o art. 747º do C.P.C., anota Rui Pinto: *"Constituem exemplos, entre outros, de direitos de terceiro que não impedem a penhora: o direito de retenção de terceiro (máxime, do promitente comprador) sobre a coisa penhorada (STJ 23-1-1996/087733 (PAIS DE SOUSA), RL 16-5-51996/0004376 (CRUZ BROCO), o direito do promitente comprador com eficácia real sobre o imóvel (STJ 17-10-1991/081031 (TAVARES LEBRE)), o penhor de terceiro sobre a coisa penhorada em execução movida por terceiro credor (RP 26-9-1996/9630278 (OLIVEIRA BARROS)), o direito ao arrendamento do inquilino na execução movida contra o senhorio"*. [293]

Mesmo que os bens do executado se encontrem em repartição pública, poderão ser penhorados, mediante aviso ao chefe imediato da repartição.

Conforme anotam Comoglio, Ferri e Taruffo, *"o oficial de justiça não é um mandatário do credor, mas um órgão público que tem o dever de verificar se subsistem os pressupostos estabelecidos em lei para a penhora"*. [294]

O oficial de justiça deve verificar a efetiva existência do bem para diante do próprio bem formalizar sua apreensão. Por isso, em tese, a localização do bem penhorável compete ao oficial de justiça.

É bem verdade que se considera ato atentatório à dignidade da justiça a conduta omissiva do executado que intimado não indica ao juiz quais são e onde estão os bens sujeitos à penhora e seus respectivos valores, não exibe prova de sua propriedade e, se for o caso, certidão negativa de ônus.

Assim, se o exequente ou o oficial de justiça demonstrarem dificuldades em localizar bens do devedor, o órgão judicial deverá intimá-lo para que indique

---

[293] PINTO, R., op. cit. p. 548.
[294] COMOGLIO, Luigi Paolo; FERRI, Corrado; TARUFFO, Michele. *Lezioni sul processo civil*. Vol. II. Procedimenti speciali, cautelari ed executivi. Bologna: Il Mulino. 2011. p. 391.

EXECUÇÃO E CUMPRIMENTO DE SENTENÇA

onde se encontram os bens passíveis de penhora, sob pena de, assim não o fazendo, ser caracterizado ato atentatório à dignidade da justiça.

Conforme anota Fernando Amâncio Ferreira, em relação ao direito processual civil português: *"Se o exequente justificadamente alegar séria dificuldade na identificação de bens penhoráveis, pode o juiz, em colaboração com ele, tomar uma das duas atitudes: a) determinar a realização de diligências adequadas, incluindo investigações policiais e recolha de informações junto das Conservatórias, órgãos da administração tributária e entidades empregadoras, bem como através do Banco de Portugal, em vista à identificação de contas bancárias e de valores mobiliários, e do Instituto de Gestão do Crédito Público, para localização de título de dívida pública, designadamente certificados de aforro; b) determinar que o executado preste as informações que se mostrarem necessárias à realização da penhora, sob a cominação de ser considerado litigante de má fé".* [295]

Para os fins de apreensão da coisa, poderá o oficial de justiça procurá-la, inclusive no domicílio ou na residência do devedor ou de terceiros, pois a penhora exige a efetiva apreensão do bem. Pela apreensão é que o oficial poderá individualizar o bem com todas as suas características, bem como realizar a sua avaliação real mediante a constatação fática de sua natureza. Se possível, deve o oficial juntar com o auto de penhora fotografia do bem para demonstrar o seu estado atual, a fim de que o depositário possa fazer valer seus direitos em caso de eventual deterioração do bem.

Essa necessidade de individualização do bem ocorre tanto para bens móveis quanto para bens imóveis, principalmente pelo fato de que a penhora do bem imóvel pode compreender acessórios, frutos, benfeitorias, acessões etc.

Diante da necessidade de apreensão do bem, não poderá o oficial de justiça realizar a penhora se não souber em que lugar específico se encontra o bem móvel, e se realmente existe.

Da mesma forma, não poderá o oficial de justiça penhorar um bem imóvel se não consegue definir sua real localização, muito embora conste o imóvel de uma matrícula em registro imobiliário.

Portanto, sem que o oficial de justiça esteja diante do bem a ser penhorado, não poderá ele concretizar a penhora, pois não será possível a *apreensão do bem.*

Diante dessa necessidade de se apreender o bem, efetuar-se-á a penhora onde quer que ele se encontre.

Evidentemente, dever-se-á observar a competência do juízo para se efetuar a penhora, pois se o bem se encontra em jurisdição diversa daquela onde corre

---

[295] FERREIRA, F. A., op. cit. p. 175.

DA PENHORA

a execução, a penhora deverá ser feita por carta, salvo em relação aos bens indicados no §1º do art. 845 do novo C.P.C.

Conforme anota Pontes de Miranda: *"A permissão de executar bens do devedor, ainda que se achem em repartição pública, já supõe o Estado de direito, o Estado que se submete à sua Justiça... Onde quer que se achem; portanto, nas vestes do próprio devedor; não, porém, no que está no seu corpo, ou dentro do seu corpo. Se não se poderia pensar em fraude 'real' à execução, seria absurdo penhorar-se: nada permite que se serre pulseira que o devedor usou desde muitos anos, e não se despregaria sem ser quebrada. O devedor, em tal caso, como que separou do seu patrimônio o bem. O credor não podia contar com esse objeto, que o devedor 'destinou' à sua personalidade e que é como os livros, as máquinas, os utensílios e os instrumentos necessários ao exercício de qualquer profissão (art. 649, VI do C.P.C. de 1973), ou 'como o anel nupcial (art. 649, inc. III do C.P.C. de 1973), porém 'mais' do que esses todos para o devedor".* [296]

A busca pessoal insere-se num terreno sensível e conhece adversários de peso.

José Alberto dos Reis censura a *inspectio corporis*, porque infringiria a intangibilidade física do executado, aduzindo que *'o respeito pela pessoa humana ficará à mercê do funcionário, que poderia sempre desculpar-se, alegando que se enganou ao supor que o executado ou algum seu familiar havia ocultado objetos suscetíveis de penhora".* [297]

Evidentemente, não poderá o oficial de justiça, sem mandado judicial, proceder à revista do executado para efeitos de realizar a penhora de dinheiro ou outro bem que porventura traga nas suas vestes. Assim como também não poderá o oficial de justiça ingressar no domicílio do devedor para efetuar a penhora, sem a devida autorização judicial.

Face à presunção legal de titularidade do direito por parte do possuidor, entende-se que todos os bens encontrados em poder do executado são, em princípio, de sua propriedade, podendo ser penhorados.[298]

Porém, se no ato de penhora, o executado ou alguém em seu nome declarar que os bens visados, pela diligência, pertencem a terceiros, impõem-se ao oficial de justiça uma averiguação sumária, tendente a apurar a que título se acham os bens em poder do executado, devendo mesmo ele exigir a apresentação dos documentos que houver em prova da declaração feita.[299]

---

[296] PONTES DE MIRANDA. *Comentários ao código de processo civil.* Tomo X. Rio de Janeiro: Forense, 1976. p. 261.

[297] Apud. ASSIS, A., op. cit., p.624.

[298] FERREIRA , F. A., op. cit., p. 166.

[299] FERREIRA, F. A., idem, ibidem.

EXECUÇÃO E CUMPRIMENTO DE SENTENÇA

A penhora poderá ser realizada, ainda que o bem do executado se encontre sob a posse, detenção ou guarda de terceiros.

O código civil brasileiro faz nítida distinção entre *posse* e *mera detenção*, em seus arts. 1.196 e 1.198.

Assim, o oficial de justiça está legalmente autorizado a penhorar bens, cuja posse ou mera detenção esteja com terceiro.

Se o terceiro se recusar a entregar o bem que possui ou detém, o oficial de justiça deverá requerer autorização judicial para proceder a busca e apreensão do bem.

15.1. Penhora de imóveis e de veículo automotores pôr termo nos autos

A penhora de imóveis, independentemente de onde se localizem, quando apresentada certidão da respectiva matrícula, e a penhora de veículos automotores, quando apresentada certidão que ateste a sua existência, serão realizadas por termo nos autos.

Em se tratando de bens imóveis, independentemente de onde se localizem, a penhora será realizada *por termo nos autos*, bastando apenas a apresentação da certidão da respectiva matrícula.

A apresentação da certidão da respectiva matrícula poderá ser feita pelo exequente, quando da indicação do bem a ser penhorado, ou pelo próprio executado que oferece o bem a penhora.

Da mesma forma, a penhora de veículos automotores, quando apresentada em juízo certidão que ateste a sua existência (do DETRAN, por exemplo), será realizada também *por termo nos autos*.

A penhora de veículos, no processo civil português, segundo estabelece o art. 768º, n. 2. do código lusitano, pode ser precedida de imobilização deste, designadamente através de imposição de selos ou de imobilizadores; se assim suceder, a comunicação eletrônica da penhora deve ser realizada até ao termo do 1º dia útil seguinte. Após a penhora e a imobilização, deve proceder-se: a) à apreensão do documento de identificação do veículo, se necessário por autoridade administrativa ou policial, segundo o regime estabelecido em legislação especial; b) à remoção do veículo, nos termos prescritos em legislação especial, salvo se o agente da execução entender que a remoção é desnecessária para a salvaguarda do bem ou é manifestamente onerosa em relação ao crédito exequendo.

É importante salientar que a penhora do bem imóvel ou do veículo automotor, quando apresentada certidão do registro de imóveis ou comprovante de existência do veículo (certidão ou certificado do DETRAN), dar-se-á

DA PENHORA

independentemente do lugar em que se encontre o bem, podendo, inclusive, estar localizado em jurisdição diversa daquela em que tramita a execução.

A penhora dar-se-á por termo nos autos, independentemente da assinatura do executado, sendo que a sua conclusão definitiva ocorrerá com a nomeação do depositário do bem imóvel ou do veículo automotor.

Após a lavratura do termo e do depositado o bem, o executado será intimado da penhora, salvo se foi o próprio executado que compareceu em cartório para oferecer o bem, quando será também, por termo nos autos, intimado da penhora.

O §5º do art. 659 do C.P.C. de 1973, em relação à penhora de imóveis, assim preconizava:

> *"Nos casos do § 4º, quando apresentada certidão da respectiva matrícula, a penhora de imóveis, independentemente de onde se localizem, será realizada por termo nos autos, do qual será intimado o executado, pessoalmente ou na pessoa de seu advogado, e por este ato constituído depositário. (Incluído pela Lei nº 10.444, de 7.5.2002).*

A doutrina, interpretando a norma processual, afirmava que a penhora do imóvel quando realizada pela apresentação de certidão de respectiva matrícula ocorria por termo nos autos, sendo o executado, pessoalmente ou na pessoa de seu advogado, intimado da penhora, bem como, por este ato de intimação de plano constituído depositário do bem. Assim, diante dessa forma de penhora, o executado ficava privado de recusar o encargo de depositário.

Contudo, muito embora o §1º do art. 845 do atual C.P.C. continue a permitir a penhora do imóvel mediante a apresentação da respectiva matrícula, por termos nos autos, não repetiu a parte final do que dispunha §5º do art. 659 do C.P.C. de 1973, ou seja, não mais indicou o executado como depositário automático da penhora. Portanto, pelo atual C.P.C., o executado poderá, justificadamente, recusar o ônus de permanecer como depositário. Se a recusa não for justificada, o executado poderá sofrer as sanções decorrentes do ato atentatório à dignidade da justiça. Contudo, não poderá o executado ser obrigado a aceitar o encargo de depositário. Nesse sentido estabelece a Súmula 319 do S.T.J. que: *"O encargo de depositário de bens penhorados pode ser expressamente recusado."*.

15.2. Penhora por carta precatória

Devem ser penhorados preferencialmente os bens situados na jurisdição territorial do juiz da execução.

EXECUÇÃO E CUMPRIMENTO DE SENTENÇA

Não havendo bens no foro da jurisdição territorial do juiz da execução, ou se esses bens forem insuficientes, ou, ainda, não for possível realizar a penhora nos termos do §1º do art. 843 do novo C.P.C. por falta de certidão do imóvel ou de comprovação da existência do veículo automotor, e se encontrando os bens em localidade diversa do foro da causa, a execução será feita por carta precatória ou de ordem executiva, penhorando-se, avaliando-se e alienando--se os bens no foro da situação.

Nessa hipótese, apenas os atos expropriatórios específicos é que serão deprecados ao juízo diverso da execução, no caso, a penhora, avaliação e alienação do bem.

Outrossim, atos de investigação que podem ser realizados diretamente pelo juízo da execução não deverão ser promovidos pelo juízo deprecado. É o caso, por exemplo, da hipótese de não existirem bens no juízo deprecado e o exequente requerer, perante esse juízo, a quebra de sigilo via BACENJUD. Nessa hipótese, o pedido deverá ser formulado diretamente no juízo depre-cante e não no juízo deprecado, não obstante o sistema BACENJUD seja uma forma de investigação de existência de bens do executado.

Se a carta não for expressa, entende-se que a competência do juízo depre-cado estende-se inclusive para a expedição da carta de arrematação.

Porém, na execução por carta, podem surgir questões complexas e interes-santes, como, por exemplo: quem deverá julgar os embargos do devedor? Quem julgará eventual impugnação do bem penhorado? Quem julgará eventuais embargos de terceiro?

Como o oferecimento dos embargos do devedor ocorre independentemente de penhora, depósito ou caução, cujo prazo para interposição corre a partir da juntada nos autos da carta ou do mandado de citação, isso significa dizer que a questão concernente à penhora e avaliação do bem não deve mais ser objeto de embargos, pois poderá inclusive ocorrer que esse ato de constrição venha a ser efetivado após a interposição dos embargos.

Assim, qualquer questão concernente à penhora e avaliação dos bens poderá ser articulada ou no juízo da execução (deprecante) ou no juízo deprecado, independentemente de embargos.

Estabelece a Súmula 46 do S.T.J.: *"na execução por carta, os embargos do devedor serão decididos no juízo deprecante, salvo se versarem unicamente vícios ou defeitos da penhora, avaliação ou alienação dos bens".*

Questão interessante ocorre quando a penhora realizada pelo juízo deprecado se dá por indicação expressa do bem pelo juízo deprecante. Nesse caso, o voto vencido proferido pelo Ministro Castro Filho, no Conflito de

Competência n. 36044, entendeu que a competência seria do juízo deprecante, uma vez que os embargos atacavam ato judicial específico do juízo deprecante. Contudo, no referido conflito ficou vencedor o voto do Ministro Barros Monteiro.

Porém, a jurisprudência do S.T.J. firmou-se no sentido de que o juízo deprecante é competente para o julgamento dos Embargos opostos contra a penhora dos bens que ele próprio indicou. Nesse sentido:

> *RECURSO ESPECIAL – EXECUÇÃO POR CARTA PRECATÓRIA – EFETIVIDADE DA PENHORA DETERMINADA PELO JUÍZO DEPRECADO SOMENTE APÓS DECISÃO DO DEPRECANTE – EMBARGOS DE TERCEIRO – COMPETÊNCIA DO JUÍZO DEPRECANTE – CONFIGURAÇÃO – RECURSO ESPECIAL NÃO-CONHECIDO. 1. Em princípio, o juízo que determinou a prática de um ato executivo é o competente para conhecer dos inconformismos daí decorrentes, tal como ocorre nos embargos à execução por carta (art. 747 do CPC) e nos embargos de terceiro (art. 1.049 do CPC). De fato, em tese, seria descabido atribuir tal competência para outro juízo, que não ergueu os fundamentos jurídicos do ato executivo impugnado. 2. Ao juízo deprecante compete apreciar os embargos de terceiro opostos contra penhora de imóvel por ele indicado (Súmula n. 33 do extinto Tribunal Federal de Recursos – TFR). 3. In casu, desinfluente é o fato de que a penhora fora inicialmente determinada pelo juízo deprecado de Bagé/RS, pois ela só se tornou realmente efetiva com a decisão do juízo deprecante de Araranguá/SC, que reconheceu a ocorrência de fraude à execução. 4. Recurso especial não-conhecido.*
>
> (REsp 1.033.333/RS, 3.ª Turma, Rel. Min. MASSAMI UYEDA, DJe de 05/09/2008).
>
> *4. Segundo o entendimento consolidado deste Superior Tribunal de Justiça, o juízo deprecante é competente para o julgamento dos embargos opostos contra a penhora dos bens que ele próprio indicou ao juízo deprecado.*
>
> *5. Recurso especial conhecido e parcialmente provido, apenas para afastar a multa aplicada pelo Tribunal de origem.*
>
> (REsp 760.755/RJ, Rel. Ministra LAURITA VAZ, QUINTA TURMA, julgado em 04/12/2009, DJe 08/02/2010)

Já no que concerne à competência para conhecer dos *embargos de terceiro*, o ato judicial de indicação do bem a ser constrito ou penhorado será fundamental para a definição da competência do juízo, pois nesse caso terá inteira aplicação a Súmula 33 do extinto TFR. Nesse sentido é a seguinte decisão do S.T.J.:

EXECUÇÃO E CUMPRIMENTO DE SENTENÇA

PROCESSO CIVIL. EMBARGOS À EXECUÇÃO. EXECUÇÃO POR CARTA PRECATÓRIA. PENHORA DETERMINADA PELO JUÍZO DEPRECANTE. COMPETÊNCIA PARA DESCONSTITUIÇÃO DA PENHORA. JUÍZO DEPRECANTE. AUSÊNCIA DE NULIDADE.

"Se a constrição recai sobre bem indicado pelo juízo deprecante, é dele a competência para processar e julgar os embargos de terceiro.

Agravo regimental não provido." (AgRg no REsp 656989/MT, Rel. Ministro ARI PARGENDLER, TERCEIRA TURMA, julgado em 15/09/2005, DJ 21/11/2005, p. 229).

Agravo regimental improvido.

(AgRg no AREsp 370.968/AL, Rel. Ministro HUMBERTO MARTINS, SEGUNDA TURMA, julgado em 05/12/2013, DJe 16/12/2013)

16. Ordem de arrombamento e reforço policial

O novo C.P.C. brasileiro está regrado pelo *princípio da cooperação* expressamente consignado nos arts. 5º e 6º do novo C.P.C., que passou a ser um dos suportes básicos da relação jurídica processual. Por ele se devem orientar os comportamentos processuais dos magistrados, das partes e dos seus mandatários, para que se obtenha, em tempo razoável, decisão de mérito justa e efetiva.

Conforme esclarece Fernando Amâncio Ferreira: *"Na actuação do 'princípio da cooperação' deve o juiz, em qualquer altura do processo, convidar as partes a fornecer os elementos pertinentes ao correcto desenvolvimento da lide e determinar-lhes a prática dos actos que a tramitação processual imponha. Ainda o juiz, na implementação do referido princípio, deve auxiliar as partes na remoção das dificuldades ao eficaz exercício dos seus direitos ou ao cumprimento do ônus ou deveres processuais".* [300]

Deve-se ressaltar que o executado tem o dever de colaboração com o resultado positivo do exercício da tutela jurisdicional executiva, de tal forma que deve evitar qualquer circunstância que possa pôr em risco a concretização dos atos executivo.

Como reflexo do princípio da cooperação, a lei consagra o dever de boa-fé processual, considerando-se, nos termos do art. 774, inc. III e IV do atual C.P.C., ato atentatório à dignidade da justiça a conduta comissiva ou omissiva do executado que dificulta ou embaraça a realização da penhora, ou, ainda, resiste injustificadamente às ordens judiciais.

Assim, se o executado *fechar as portas* da casa a fim de obstar a penhora dos bens, além de incidir em ato atentatório à dignidade da justiça, autorizará

[300] FERREIRA, F.A., idem, p. 174.

402

que o oficial de justiça comunique tal fato ao juiz, solicitando-lhe ordem de arrombamento.

É importante salientar que a expressão *fechar as portas* deve ser interpretada num sentido amplo, ou seja, no sentido de abranger qualquer atitude do devedor que possa induzir ou caracterizar resistência ao cumprimento da ordem de penhora, podendo esse comportamento ser material ou mesmo por intimidação moral.

A ordem para arrombamento deve ser especial, ou ser deferida como aditamento do mandado de penhora. Pode já ter sido concedida previamente pelo juiz quando da expedição do mandado de penhora.

O arrombamento poderá ser de portas, gavetas, armários, cofres, podendo os oficiais requisitarem o comparecimento de um chaveiro, se necessário.

Somente o juiz da execução poderá conceder a *ordem de arrombamento*, uma vez que o domicílio se encontra protegido pela Constituição Federal contra a sua inviolabilidade. Conforme estabelece o art. 5º, inc. XI da C.F.: *"a casa é asilo inviolável do indivíduo, ninguém nela podendo penetrar sem consentimento do morador, salvo em caso de flagrante delito ou desastre, ou para prestar socorro, ou, durante o dia, por determinação judicial"*. O termo casa aqui indicado deve ser albergado em sentido extensivo, abrangendo pensão, hotel, albergue, escritório ou qualquer outro lugar em que haja vestígio de habitação.

A ordem de arrombamento, quando autorizada pelo juiz, deverá ser cumprida durante o dia.

Para Araken de Assis, o 'dia' aqui contemplado não respeita à hora do início e do fim da claridade solar, mas aquele interregno propício à realização dos atos no processo, aplicável à penhora.[301] Em sentido contrário, José Celso de Mello Filho e José Afonso da Silva.[302]

O arrombamento poderá ser da casa, de gavetas, escrivaninha, cofre ou outro móvel que se encontre na residência, domicílio ou outro lugar de posse ou propriedade do executado.

É importante salientar que não há qualquer abusividade na concessão pelo juiz da ordem de arrombamento.

Deferido o pedido, 2 (dois) oficiais de justiça cumprirão o mandado, arrombando cômodos e móveis em que se presuma estarem os bens, e lavrarão de tudo auto circunstanciado, que será assinado por 2 (duas) testemunhas presentes à diligência.

---

[301] Assis, A., op. cit., p. 621.
[302] Mello Filho. *Constituição Federal anotada, p. 442;* Silva, José Afonso. *Curso.* p. 382.

EXECUÇÃO E CUMPRIMENTO DE SENTENÇA

De ordinário, a penhora é realizada por apenas um oficial de justiça.

Porém, quando há autorização judicial para arrombamento, o legislador achou por bem, inclusive para dar mais segurança ao executado e ao próprio auxiliar de justiça, que essa ordem seja cumprida por meio de dois oficiais de justiça que executarão o mandado, arrombando cômodos e móveis nos quais se presuma estarem os bens.

Tudo deve ser feito de forma prudente e de maneira a causar o menor prejuízo possível ao executado, não obstante ser sua atitude incompatível com a lisura do processo.

A formalidade de cumprimento da ordem por dois oficiais de justiça é essencial, sendo que na sua falta a penhora será declarada nula.

É bem verdade que para Ernane Fidélis," *o ato de arrombamento, realizado apenas pelo oficial de justiça, não acarreta nenhuma nulidade, quando os bens, efetivamente, são apreendidos e depositados, já que o ato atinge seus fins*".[303]

Os oficiais lavrarão de tudo auto de arrombamento circunstanciado, informando como agiram, o que encontraram e qual foi a postura dos presentes no cumprimento da ordem.

O auto, que será lavrado pelos oficiais de justiça, deverá também conter a assinatura de duas testemunhas presentes à diligência, preferencialmente os vizinhos do executado. Segundo Ernane Fidelis dos Santos, a falta de testemunha não impede a realização do arrombamento, muito menos invalidade o ato de penhora. A nulidade ficara à mercê da existência de prejuízo ao executado e da obtenção da finalidade do ato.[304]

Sempre que necessário, o juiz requisitará força policial, a fim de auxiliar os oficiais de justiça na penhora dos bens.

A necessidade do reforço policial deverá ser avaliada pelo oficial de justiça incumbido de realizar a penhora, sem prejuízo de o juiz da execução também avaliar a necessidade ou não do reforço policial.

Dependendo das circunstâncias que ensejaram a resistência do devedor, é prudente que os oficiais de justiça compareçam acompanhados da força policial, a fim de resguardar tanto a sua integridade física, quanto a integridade física do executado ou de terceiras pessoas.

Assim, o emprego da força guardará estrita proporção com a resistência efetiva ou virtual.[305]

---

[303] SANTOS, Ernane Fidélis. *Manual*, v. 3/156, n. 1.201.

[304] SANTOS, E.F., idem, ibidem.

[305] ASSIS, A. op. cit., p. 625.

DA PENHORA

Os oficiais de justiça lavrarão em duplicata o auto da ocorrência, entregando uma via ao escrivão ou ao chefe de secretaria, para ser juntada aos autos, e a outra à autoridade policial a quem couber a apuração criminal dos eventuais delitos de desobediência ou resistência.

Não se deve confundir o auto de penhora com o auto de arrombamento e, finalmente, com o auto de ocorrência de eventual prática de crime de desobediência ou de resistência.

Havendo resistência para a realização do arrombamento por parte do executado ou de terceiro, os oficiais de justiça lavrarão em duplicata o auto de ocorrência, entregando uma via ao escrivão ou chefe de secretaria, para ser juntada aos autos, e a outra à autoridade policial.

Evidentemente que a resistência a uma ordem judicial caracteriza a prática em flagrante do delito previsto no art. 329 do C.P., razão pela qual a autoridade policial competente (Polícia Judiciária) poderá tomar as providências cabíveis para o caso. Também poderão os oficiais de justiça adotar as medidas legais em decorrência da infração penal de resistência e desobediência.

Os oficiais lavrarão em duplicata o auto de ocorrência, sendo uma via juntada ao procedimento executivo e a outra apresentada como peça inaugural do procedimento penal para apuração da prática do art. 329 do C.P.

O §3º do art. 802 do Projeto originário do C.P.C., n. 2.046/10, estabelecia que uma via do auto de resistência seria apresentada à autoridade policial a quem coubesse a prisão.

Ocorre que sendo a pena máxima do crime de resistência, art. 329 do C.P., de dois anos, esse delito apresenta natureza de infração penal de *menor potencial ofensivo*, conforme prescreve o art. 61 da Lei n. 9.099/95.

Assim, conforme estabelece o art. 69 da Lei 9.099/95, a autoridade policial que tomar conhecimento da ocorrência lavrará termo circunstanciado e o encaminhará imediatamente ao Juizado, com o autor do fato e a vítima.

É importante salientar que se autor do fato, após a lavratura do termo, for imediatamente encaminhado ao juizado ou assumir o compromisso de a ele comparecer, não se imporá prisão em flagrante, nem se exigirá fiança (p.u. do art. 69 da Lei 9.099/95).

Do auto de ocorrência constará o rol de testemunhas, com sua qualificação.

O rol de testemunha constante do auto de ocorrência é justamente para subsidiar o Ministério Público sobre a prática da infração penal, nada impedindo que nesse rol estejam os policiais que porventura assistiram o ato e verificaram a resistência e a desobediência praticada pelo executado ou por terceiro.

No processo civil português, a questão do arrombamento encontra-se disciplinada no art. 767º do C.P.C. português, a saber:

Art. 767º. (Obstáculos à realização da penhora)

1 – Se o executado, ou quem o represente, se recusar a abrir quaisquer portas ou móveis, ou se a casa estiver deserta e as portas e móveis se encontrarem fechados, observa-se o disposto no art. 757º.

2 – O executado ou a pessoa que ocultar alguma coisa com o fim de a subtrair à penhora fica sujeito às sanções correspondentes à litigância de má-fé, sem prejuízo da responsabilidade criminal em que possa incorrer.

3 – O agente da execução que, no ato de penhora, suspeite da sonegação, insta pela apresentação das coisas ocultadas e adverte a pessoa da responsabilidade em que incorre com o facto da ocultação.

Por sua vez estabelece o art. 757º do mesmo diploma processual lusitano:

Artigo 757.º Entrega efetiva

1 – Sem prejuízo do disposto nos n.os 1 e 2 do artigo anterior, o depositário deve tomar posse efetiva do imóvel.

2 – Quando seja oposta alguma resistência, ou haja receio justificado de oposição de resistência, o agente de execução pode solicitar diretamente o auxílio das autoridades policiais.

3 – O agente de execução pode, ainda, solicitar diretamente o auxílio das autoridades policiais nos casos em que seja necessário o arrombamento da porta e a substituição da fechadura para efetivar a posse do imóvel, lavrando-se auto da ocorrência.

4 – Nos casos previstos nos n.os 2 e 3, quando se trate de domicílio, a solicitação de auxílio das autoridades policiais carece de prévio despacho judicial.

5 – Quando a diligência deva efetuar-se em domicílio, só pode realizar-se entre as 7 e as 21 horas, devendo o agente de execução entregar cópia do auto de penhora a quem tiver a disponibilidade do lugar em que a diligência se realiza, o qual pode assistir à diligência e fazer-se acompanhar ou substituir por pessoa da sua confiança que, sem delonga, se apresente no local.

6 – Às autoridades policiais que prestem auxílio nos termos do presente artigo é devida uma remuneração pelos serviços prestados, nos termos de portaria dos membros do Governo responsáveis pelas áreas da administração interna e da justiça, que fixa, igualmente, as modalidades de auxílio a adotar e os procedimentos de cooperação entre os serviços judiciais e as forças de segurança, nomeadamente quanto às comunicações a efetuar preferencialmente por via eletrónica.

7 – A remuneração referida no número anterior constitui encargo para os efeitos do Regulamento das Custas Processuais.

17. Substituição do bem penhorado

Uma vez penhorado o bem e intimado o executado da penhora, este poderá, no prazo de 10 (dez) dias contado da intimação da penhora, requerer ao juízo da execução a substituição do bem penhorado *desde que comprove que lhe será menos onerosa e não trará prejuízo ao exequente* (art. 847 do novo C.P.C.).

No âmbito do direito processual civil português, segundo prescreve o art. 856º do C.P.C. português, o executado que se oponha à execução pode, na oposição, requerer a substituição da penhora por caução idônea que igualmente garanta os fins da execução.

Em relação ao direito processual civil italiano, preconiza o art. 492 do C.P.C. italiano:

> *Art. 492 (forma de penhora)*
>
> *(...).*
>
> *A penhora deve também conter a advertência que o devedor, nos termos do art. 495, pode pedir a substituição da coisa ou os créditos penhorados pelo depósito em dinheiro igual à importância devida ao credor penhorante e aos credores intervenientes, compreendido pelo capital, pelo interesses e pelas despesas, além das despesas da execução...*
>
> *Quando para a satisfação do credor precedente os bens sujeitos à penhora pareçam insuficientes possam estar sujeitos a um alonga duração para sua liquidação o oficial judiciário convida o devedor a indicar ulteriores bens que possam ser utilmente penhorados, o lugar no qual se encontra ou as generalidades dos terceiros devedores, advertindo-o das sanções previstas pela omissão ou falsa declaração.*

Muito embora a norma processual brasileira estabeleça que o momento oportuno para o executado requerer a substituição da penhora seja no prazo dos dez dias após a sua intimação da penhora, isso não significa dizer que em razão de circunstâncias especiais essa substituição não possa ser requerida após o transcurso do aludido prazo.

Pense-se na hipótese de uma penhora incidente sobre uma carreta de uma empresa de transporte de carga, que deverá ser permutada por outra mais nova, a fim de que a frota se mantenha sempre atualizada e renovada. Como no caso a permuta irá favorecer ao credor, não há porque indeferir o pedido do devedor, mesmo que realizado após o prazo de dez dias previsto na norma. Evidentemente que esse pedido, apesar de ser formulado após o transcurso do prazo de dez dias, deverá ser realizado em momento oportuno, pois se já foram expedidos editais de alienação do bem, não poderá mais o pedido ser deferido. Porém, se o pedido de substituição do bem for por dinheiro, essa substituição poderá ser deferida a qualquer momento, desde que antes da adjudicação ou arrematação do bem, tendo em vista que a penhora sobre o dinheiro sempre será preferencial e será muito mais vantajosa aos interesses do credor.

Por sua vez, o pedido de substituição da penhora do bem por dinheiro poderá ser formulado pelo devedor, pelo responsável, e, ainda, por qualquer terceiro interessado na extinção da dívida. Até mesmo o terceiro não interessado poderá assim proceder, desde que o faça em nome e por conta do executado.

Uma vez formulado o pedido de substituição do bem penhorado, e sopesando-se os princípios de que a execução deve ser realizada no interesse do credor, de forma célere e eficaz, conjuntamente com o princípio de que os atos executivos devem ser praticados de forma menos onerosa ao executado, o juiz poderá, após ouvido o exequente, autorizar a substituição do bem penhorado.

O juiz só autorizará a substituição se o executado: I – comprovar as respectivas matrícros e os registros por certidão do correspondente ofício, quanto aos bens imóveis; II – descrever os bens móveis, com todas as suas propriedades e características, bem como o estado deles e o lugar onde se encontram; III – descrever os semoventes, com indicação de espécie, de número, de marca ou sinal e do local onde se encontram; IV – identificar os créditos, indicando quem seja o devedor, qual a origem da dívida, o título que a representa e a data do vencimento; e V – atribuir, em qualquer caso, valor aos bens indicados à penhora, além de especificar os ônus e os encargos a que estejam sujeitos.

Além dos requisitos circunstanciais para o deferimento da substituição da penhora, quais sejam, a conjugação do interesse do exequente com a menor onerosidade dos atos executivos em relação ao executado, também deverá o executado comprovar os requisitos exigidos no §1º do art. 847 do atual C.P.C., em relação às circunstâncias que envolvam o próprio bem sujeito à substituição.

Em se tratando de bens imóveis, o executado deverá juntar e demonstrar com a petição de substituição da penhora os seguintes requisitos: a) comprovar as respectivas matrículas e registros, por certidão do correspondente ofício; b) atribuir valor ao bem indicado à penhora, além de especificar os ônus e os encargos que esteja sujeito, como, por exemplo, hipoteca ou anticrese. Em se tratando de bens móveis: a) descrever os bens móveis, com todas as suas propriedades e características, bem como seu estado e o lugar onde se encontram; b) atribuir valor ao bem indicado à penhora, além de especificar os ônus e os encargos que esteja sujeito, como, por exemplo, penhor. Em se tratando de semoventes: a) descrever os semoventes, com indicação de espécie, número,

DA PENHORA

marca ou sinal e local onde se encontram; b) atribuir valor ao bem indicado à penhora, além de especificar os ônus e os encargos que esteja sujeito, como, por exemplo, penhor pecuário. Em se tratando de créditos: a) identificar os créditos, indicando quem seja o devedor, qual a origem da dívida, o título que a representa e a data do vencimento; b) especificar os ônus e os encargos a que estejam sujeitos.

Trata-se de precaução legal, pois não se deve permitir a substituição de um bem penhorado por outro de caráter ou natureza duvidosa.

Requerida a substituição do bem penhorado, o executado deve indicar onde se encontram os bens sujeitos à execução, exibir a prova de sua propriedade e a certidão negativa ou positiva do ônus, bem como abster-se de qualquer atitude que dificulte ou embarace a realização da penhora.

O executado, ao requerer a substituição do bem penhorado, deverá agir com lealdade e boa-fé, colaborando ao máximo para indicar onde se encontram os bens sujeitos à execução, até para que o oficial de justiça possa verificar sua existência, procedência, característica e valor. Deverá ainda exibir a prova de sua propriedade em se tratando de bens imóveis, pois em se tratando de bens móveis presume-se a propriedade pela posse decorrente da tradição. Deverá ofertar, ainda, certidão negativa ou positiva de ônus, bem como abster-se de qualquer atitude que dificulte ou embarace a realização da penhora, ou melhor, a substituição da penhora.

O executado somente poderá oferecer bem imóvel em substituição caso o requeira com a expressa anuência do cônjuge, salvo se o regime for o de separação absoluta de bens. Essa condição não se deve restringir somente ao casamento, pois tal exigência também deve ser observada em relação ao companheiro/a na hipótese de união estável.

Na hipótese de casamento por comunhão universal de bens, o patrimônio adquirido antes ou depois do casamento é de propriedade conjunta dos cônjuges, assim como os bens adquiridos após o casamento realizado em comunhão parcial também o é; nessas hipóteses, a oferta de bem imóvel para substituição da penhora demanda anuência expressa do cônjuge.

Para que o executado possa requerer a substituição de um bem por um outro bem imóvel deverá trazer a anuência expressa do cônjuge, coproprietário do bem.

Sendo concedida a anuência expressa, o cônjuge não poderá requerer posteriormente a reserva de sua meação, pois entende-se que ofertou sua parte para pagamento da dívida, salvo se se demonstrar que a sua anuência foi obtida por erro, dolo, simulação ou fraude.

EXECUÇÃO E CUMPRIMENTO DE SENTENÇA

Porém, se o executado for casado pelo regimento de separação total de bens, o imóvel em seu nome será de sua exclusiva propriedade, razão pela qual não haverá necessidade da anuência do cônjuge para que o bem seja ofertado em substituição da penhora.

Penso que na hipótese de união estável devidamente comprovada nos autos, também haverá necessidade de o executado trazer a anuência expressa do companheiro, especialmente se o bem foi obtido após a existência da união estável.

Igualmente na hipótese em que o bem imóvel encontre-se em condomínio com outros condôminos, a substituição da penhora também pressupõe a anuência expressa dos demais coproprietários do bem, se a oferta for de sua integralidade.

O juiz intimará o exequente para manifestar-se sobre o requerimento de substituição do bem penhorado.

Trata-se da observância do princípio do contraditório na questão da substituição do bem penhorado.

Não haverá necessidade de intimar o exequente em se tratando de substituição de bem por dinheiro.

Intimado o exequente, esse poderá concordar com a substituição ou recusá-la, desde que essa recusa seja fundamentada.

O art. 848 do novo C.P.C. também trata da possibilidade de substituição da penhora, aduzindo que *as partes* poderão requerer a substituição da penhora se: I – ela não obedecer à ordem legal; II – ela não incidir sobre os bens designados em lei, contrato ou ato judicial para o pagamento; III – havendo bens no foro da execução, outros tiverem sido penhorados; IV – havendo bens livres, ela tiver recaído sobre bens já penhorados ou objeto de gravame; V – ela incidir sobre bens de baixa liquidez; VI – fracassar a tentativa de alienação judicial do bem; ou VII – o executado não indicar o valor dos bens ou omitir qualquer das indicações previstas em lei.

O art. 847 do atual C.P.C., que também diz respeito à substituição da penhora, faz referência apenas ao executado.

Porém, o art. 848 do atual C.P.C. permite que o pedido de substituição da penhora possa ser formulado pelas partes, ou seja, pelo exequente e pelo executado.

O art. 656 do C.P.C. de 1973, na sua redação originária, não falava em *substituição da penhora*, mas, sim, em *ineficácia da nomeação*. E isso se dava em face de que a prerrogativa de nomeação do bem à penhora era do executado.

Contudo, com a entrada em vigor da Lei 11.382, de 2006, nova redação foi dada ao art. 656 do C.P.C. de 1973, desta vez para permitir a substituição do bem penhorado e não mais para declarar a ineficácia de sua nomeação.

Contudo, o juiz poderá declarar a ineficácia da nomeação, caso ela tenha sido feita pelo executado e tenha sido impugnada pelo exequente, ou, ainda, permitir a substituição de penhora já realizada se não observar os critérios estabelecidos no art. 848 do atual C.P.C.

Estabelece o parágrafo único do art. 848 do atual C.P.C. que a penhora pode ser substituída por fiança bancária ou seguro garantia judicial, em valor não inferior ao do débito constante da inicial, mais trinta por cento.

O legislador dá uma especial atenção à fiança bancária ou ao seguro garantia judicial, equiparando-os ao dinheiro.

Assim, se o executado pretender substituir o bem penhorado (salvo o dinheiro) pela fiança bancária ou pelo seguro garantia judicial, dificilmente o juiz irá se opor a essa substituição, principalmente por se tratar de garantia que irá atender aos efetivos interesses do exequente.

Poderá ainda o executado oferecer em substituição ao bem penhorado, apólice de *seguro de garantia judicial*, obtida em seguradoras credenciadas pela SUSEP. Nessa hipótese, a seguradora responsabilizar-se-á integralmente pelo valor do débito, até o limite da apólice.

Contudo, o S.T.J., sob a égide do C.P.C. de 1973, entendia que o seguro garantia judicial não se equiparava à penhora em dinheiro, razão pela qual a preferência seria pela penhora via BACENJUD (EDcl no AgRg no REsp 1274750/SP, Rel. Ministro HERMAN BENJAMIN, SEGUNDA TURMA, julgado em 05/06/2012, DJe 26/06/2012).

Sobre o tema, eis ainda os seguintes precedentes do S.T.J.:

TRIBUTÁRIO. EXECUÇÃO FISCAL. DESBLOQUEIO DE PENHORA VIA BACENJUD.

SUBSTITUIÇÃO POR CARTA DE FIANÇA BANCÁRIA. DESCABIMENTO. OPOSIÇÃO DA FAZENDA PÚBLICA. FALTA DE DEMONSTRAÇÃO CONCRETA DE VIOLAÇÃO AO PRINCÍPIO DA MENOR ONEROSIDADE. DEMAIS DISPOSITIVOS LEGAIS E TESES INVOCADAS NÃO PREQUESTIONADAS. SÚMULA 282/STF.

1. Hipótese em que o Tribunal local deu por cabível a substituição do bloqueio de numerários em contas correntes da parte recorrente, pelo sistema Bacenjud, por Carta de Fiança, por entender que a penhora de saldo bancário do devedor equivale à penhora em dinheiro, nos termos do art. 11 da LEF.

EXECUÇÃO E CUMPRIMENTO DE SENTENÇA

2. A jurisprudência do STJ é firme e consolidada no sentido de que "a Primeira Seção desta Corte, ao apreciar os EREsp 1.077.039/RJ (Rel. p/ acórdão Min. Herman Benjamin, DJe de 12.4.2011), pacificou entendimento no sentido de que, em se tratando de execução fiscal garantida por meio de depósito em dinheiro, a sua substituição por fiança bancária, em regra, sujeita-se à anuência da Fazenda Pública, admitindo-se, excepcionalmente, tal substituição quando comprovada a necessidade de aplicação no disposto no art. 620 do CPC (princípio da menor onerosidade), o que não restou demonstrado no caso concreto" (AgRg no REsp 1.447.892/SP, Rel. Ministro Mauro Campbell Marques, Segunda Turma, DJe de 12.8.2014).

3. Inexistente tal demonstração fática, no concernente à aplicação do princípio da menor onerosidade, é de ser negado o pedido de substituição de penhora.

4. Não se pode conhecer da irresignação contra a ofensa aos demais dispositivos legais e teses invocadas, uma vez que não foram analisados pela instância de origem. Ausente, portanto, o indispensável requisito do prequestionamento, o que atrai, por analogia, o óbice da Súmula 282/STF.

5. Agravo Regimental não provido.

(AgRg no REsp 1447355/SP, Rel. Ministro HERMAN BENJAMIN, SEGUNDA TURMA, julgado em 06/10/2016, DJe 17/10/2016)

PROCESSUAL CIVIL. AGRAVO INTERNO NO AGRAVO EM RECURSO ESPECIAL.

CUMPRIMENTO DE SENTENÇA. SUBSTITUIÇÃO DE ATIVOS FINANCEIRO POR SEGURO GARANTIA. IMPOSSIBILIDADE. SÚMULA 7 DO STJ. ORDEM LEGAL DE PREFERÊNCIA. PRECEDENTES. AGRAVO INTERNO NÃO PROVIDO.

1. Instituição financeira de grande porte apta a garantir o juízo em pecúnia, inviável a substituição de penhora em dinheiro por seguro garantia.

Expressa discordância do credor, não deve ser admitida a substituição da penhora em dinheiro por seguro garantia. Matéria que demanda análise do substrato fático dos autos, providência inviável nesta sede. Incidência da Súmula 7/STJ.

2. Nos termos da jurisprudência desta Corte "a ordem legal de preferência estabelecida no art. 655 do CPC está voltada à satisfação do credor e foi no seu interesse erigida. Em regra, revela-se inviável invocar, para a sua inversão, o quanto disposto no art. 620 do CPC." (AgRg no REsp 1285961/SP, Rel. Ministro PAULO DE TARSO SANSEVERINO, TERCEIRA TURMA, julgado em 10/06/2014, DJe 24/06/2014).

3. Agravo interno não provido.

(AgInt no AREsp 1004742/SP, Rel. Ministro LUIS FELIPE SALOMÃO, QUARTA TURMA, julgado em 16/03/2017, DJe 31/03/2017)

DA PENHORA

É importante salientar que para o deferimento da substituição de penhora do bem pela fiança bancária ou pelo seguro de garantia judiciária, haverá necessidade de que o valor a ser garantido corresponda ao total do crédito constante na inicial, acrescido de trinta por cento (30%) para garantir também a evolução temporal da dívida.

Nos termos do art. 849 do novo C.P.C., sempre que ocorrer a substituição dos bens inicialmente penhorados, será lavrado termo.

A redação inserida no art.849 do novo C.P.C. peca pela sua falta de sistematização.

Inicialmente, pode ocorrer que a penhora tenha sido realizada por auto de penhora lavrado por oficial de justiça e não por termo nos autos. Assim, se houver o deferimento de substituição de penhora, não haverá novo termo de penhora, mas, sim, a lavratura do primeiro termo de penhora.

Poderá ocorrer, também, que a substituição da penhora não se dê por termo nos autos, mas dependa a sua realização de ato a ser praticado pelo oficial de justiça. Pense-se na hipótese em que o credor indique, em substituição à penhora a ser realizada, uma grande máquina pesada que se encontra num determinado barracão do executado. Nessa hipótese, o juiz, ao deferir a substituição da penhora, determinará que o oficial de justiça realize a penhora mediante a lavratura do auto de penhora para que se indique a natureza, estado e valor do bem, a fim de que se possa resguardar futuro depositário do bem.

São fundamentos ou justificativas para o pedido de substituição da penhora pelas partes:

17.1. Desobediência à ordem legal

A primeira circunstância que fundamenta o pedido de substituição da penhora é a não observância da ordem legal de penhora.

A ordem legal de penhora está prevista no art. 835 do atual C.P.C.

Contudo, a ordem preferencial será sempre do dinheiro ou dos valores disponibilizados em aplicação em instituição financeira.

Se a penhora recair sobre quaisquer bens indicados nos incisos II a XIII do art. 835 do novo C.P.C., poderá o exequente requerer a sua substituição por dinheiro ou por eventuais valores existentes em aplicação financeira.

Salvo em relação ao dinheiro e aos depósitos em aplicação financeira, a ordem legal de penhora estabelecida no art. 835 do atual C.P.C. não é absoluta, podendo ser alterada pelo juiz de acordo com as circunstâncias do caso concreto, conforme bem esclarece o §1º do art. 835 do atual C.P.C.

Muito embora a penhora possa não ter obedecido a ordem estabelecida nos incisos II a XIII do art. 835 do C.P.C., a substituição do bem penhorado somente será deferida pelo juiz se as circunstâncias do caso concreto assim recomendarem. Caso contrário, o pedido de substituição não será deferido.

17.2. Não incidência sobre os bens designados em lei, contrato ou ato judicial para o pagamento

Pode ocorrer que o bem já esteja designado por lei, contrato ou ato judicial para pagamento da obrigação assumida pelo devedor.

Nessa hipótese, deverá a penhora incidir sobre o respectivo bem, pois sua designação é justamente para garantir o credor do adimplemento da obrigação.

A penhora deve recair, preferencialmente, sobre a coisa dada em garantia, conforme preconiza o § 3º do art. 835 do atual C.P.C.

O mesmo ocorre em relação à designação por ato judicial, como é o caso da denominada *hipoteca judicial*.

Assim, se a penhora não recair especificamente sobre o respectivo bem que garante o adimplemento da obrigação, poderão as partes requerer a sua substituição.

17.3. Havendo bens no foro da execução, outros tiverem sido penhorados

Outro fundamento importante para o deferimento de substituição da penhora mediante requerimento das partes é a existência de bens no foro da execução.

Sendo penhorado determinado bem que se encontre em outra localidade, cujos atos executivos deverão ser realizados por carta, a lei determina que se dê preferência aos bens que estão localizados no foro da execução, pela própria facilidade do trâmite dos atos executivos e pela possibilidade de o exequente poder melhor acompanhar o desenvolvimento da execução, com base no seu interesse.

Evidentemente, o juiz poderá avaliar se é justificável ou não a substituição, só pelo fato de existir outros bens no foro da execução, pois pode ocorrer que a penhora de bens no foro da execução não atenda os interesses do exequente ou seja demasiadamente onerosa para o executado.

17.4. Havendo bens livres, tiver recaído sobre bens já penhorados ou objeto de gravame

A penhora deverá recair preferencialmente sobre bens livres e desembaraçados e, especialmente, localizados no foro da execução.

DA PENHORA

Contudo, se a penhora incidir sobre bem já penhorado ou que contiver algum ônus, como, por exemplo, hipoteca, penhor ou anticrese, poderão as partes, especialmente o exequente, requerer a substituição da penhora, para que ela incida sobre bens livres e desembaraçados.

17.5. Incidir sobre bens de baixa liquidez

Por vezes a penhora poderá incidir sobre bens, especialmente bens móveis, que são de baixa liquidez, isto é, de difícil alienação, não despertando interesse para participação do certame de alienação.

Realizado o leilão, não comparecendo licitantes, isso pode significar que o bem penhorado é de baixa liquidez.

17.6. Fracassar a tentativa de alienação judicial do bem

Normalmente, fracassa-se a tentativa de alienação judicial do bem pela sua baixa *liquidez*.

Realizado o leilão, mediante ampla divulgação do certame, sem participação efetiva de qualquer licitante, será legítimo às partes, especialmente ao exequente, requerer a substituição da penhora por outro bem que tenha maior liquidez e que desperte o interesse de possíveis licitantes.

Além do mais, a reiteração de alienação do bem que desperta pouco interesse somente agrava e onera ainda mais o executado, especialmente pela renovação de atos processuais que ensejam pagamento de novas despesas processuais, além de macular os princípios da celeridade e efetividade da tutela executiva.

17.7. O executado não indicar o valor dos bens ou omitir qualquer das indicações previstas em lei

É possível que o executado, ao ofertar determinado bem à penhora, deixe de indicar o seu valor, ou, ainda, omita qualquer das circunstâncias que deve indicar por determinação legal, como aquelas prevista no art. 847, §1º, a saber: I – comprovar as respectivas matrículas e os registros por certidão do correspondente ofício, quanto aos bens imóveis; II – descrever os bens móveis, com todas as suas propriedades e características, bem como o estado deles e o lugar onde se encontram; III – descrever os semoventes, com indicação de espécie, de número, de marca ou sinal e do local onde se encontram; IV – identificar os créditos, indicando quem seja o devedor, qual a origem da dívida, o título que a representa e a data do vencimento; e V – atribuir, em qualquer caso, valor aos bens indicados à penhora, além de especificar os ônus e os encargos a que estejam sujeitos.

EXECUÇÃO E CUMPRIMENTO DE SENTENÇA

18. Redução e ampliação da penhora

Se os bens penhorados forem manifestamente insuficientes para assegurar a execução, como, por exemplo, os juros, as custas e os honorários de advogado, pode o exequente requerer o reforço de penhora.

A insuficiência será demonstrada pela avaliação do bem.

Por outro lado, quando a penhora incidir sobre mais bens do que o necessário para assegurar a execução, haverá necessidade de sua redução.

Pode ocorrer, ainda, que no momento da realização da penhora o valor do bem penhorado fosse suficiente para o pagamento do principal, juros, custas e honorários de advogado.

Porém, seja pela demora na tramitação do procedimento executivo, seja pelas conjunturas anormais de mercado, o valor do bem penhorado poderá sofrer alteração significativa, para mais ou para menos. Nessa hipótese, será admitida a redução ou ampliação da penhora, bem como sua transferência para outros bens.

É importante salientar que legislador não se satisfaz com qualquer alteração do valor do bem penhorado, o que de certa forma é normal durante o transcurso do processo, mas exige uma alteração *significativa* do valor do bem.

Assim, havendo uma alteração *significativa* do valor do bem, seja para mais ou para menos, permite-se ao exequente ou ao executado requerer a redução ou ampliação da penhora, se isso for possível em decorrência da existência de outros bens.

Se não houver outros bens, infelizmente a execução deverá prosseguir com o bem penhorado, independentemente da variação de seu valor no mercado.

19. Realização da segunda penhora

Enquanto o art. 850 do atual C.P.C. trata do denominado reforço de penhora quando o valor do bem penhorado for significativamente modificado em razão das circunstâncias do mercado, o art. 851 do atual C.P.C. menciona a realização de uma segunda penhora em razão das circunstâncias nele enumeradas.

Trata-se da pluralidade sucessiva de penhoras.

De uma maneira geral, a penhora é única, pois há uma unidade material, sem embargo da pluralidade formal de autos de penhora, porque atinente ao cumprimento de ordem judicial única.[306]

Sendo concretizada a penhora em determinado processo, nele não será realizada segunda penhora, salvo nas hipóteses elencadas no art. 851 do atual C.P.C., a saber:

---

[306] NEVES, Celso. *Comentários ao código de processo civil*. Rio de Janeiro: Forense, 1979. p. 74.

19.1. Anulação da primeira penhora

Se a primeira penhora for anulada em razão da falta dos requisitos indispensáveis previstos em lei, ou porque o bem penhorado não poderia ser objeto de constrição, poderá ser realizada uma segunda penhora a fim de garantir o juízo.

Se a anulação da primeira penhora deu-se por falta de algum requisito legal, nada impede que a segunda penhora incida sobre o próprio bem da primeira penhora.

19.2. Executados os bens, o produto da alienação não bastar para o pagamento do exequente

Constatado que a penhora de um bem não é suficiente para garantir o pagamento do crédito objeto da execução, poderá ser realizado de imediato o reforço da penhora até então existente.

A insuficiência da penhora pode decorrer de qualquer causa, ou seja, pela penhora realizada de forma incompleta, por perecimento dos bens, ou pela perda, inclusive furto.

Por outro lado, se levado o bem penhorado à alienação e seu produto não bastar para o pagamento do credor, não será caso de reforço de penhora, mas, sim, de realização de segunda penhora sobre os bens do devedor.

Essa possibilidade tem por finalidade atender o princípio de que a execução deve realizar-se no interesse do exequente, não se exaurindo a tutela jurisdicional executiva enquanto o credor não ficar totalmente satisfeito de sua pretensão executiva.

19.3. Exequente desistir da primeira penhora, por serem litigiosos os bens ou por estarem submetidos a constrição judicial

Verificando-se que o bem penhorado é objeto de outra demanda, na qual se discute a propriedade ou posse do bem, como é a hipótese, v.g., dos embargos de terceiro ou demanda reivindicatória, ou, ainda, que o bem penhorado é objeto de outra penhora, arresto, ou sequestro ou busca e apreensão judicial, poderá, o exequente, requerer a desistência da penhora.

Segundo Pontes de Miranda, *"se o exequente conhecia a litigiosidade, ou a constrição, e havia outros bens, não pode invocar o art. 667, III, do C.P.C. de 1973, embora, se for o caso, fundar o seu requerimento no art. 667, I ou II do C.P.C. de 1973".* [307]

---

[307] PONTES DE MIRANDA. *Comentários ao código de processo civil.* Tomo X. Rio de Janeiro: Forense, 1976. p. 283.

EXECUÇÃO E CUMPRIMENTO DE SENTENÇA

Se deferido o pedido do exequente, poderá ser realizada segunda penhora sobre bens livres e desembaraçados do devedor.

20. Alienação antecipada dos bens penhorados

Geralmente os bens penhorados serão alienados na fase processual executiva oportuna.

Porém, podem surgir circunstâncias que justifiquem a alienação antecipada dos bens penhorados. Essas circunstâncias estão discriminadas no art. 852 do atual C.P.C.

Em se tratando de veículos automotores, pedras e metais preciosos e de outros bens móveis sujeitos à depreciação ou deterioração, o juiz poderá determinar a alienação antecipada desses bens.

A alienação antecipada dos bens descritos no inc. I do art. 852 do atual C.P.C. somente se justificará na hipótese de eventual desvalorização dos bens ali indicados, seja pela conjuntura econômica, seja pelo desgaste natural do tempo.

Em relação às pedras e metais preciosos, não se justifica a venda antecipada se a conjuntura econômica demonstrar uma permanente valorização dos bens.

Da mesma forma, o juiz poderá determinar a alienação antecipada se houver manifesta vantagem na venda (inc. II do art. 852 do atual C.P.C.).

A vantagem manifesta na antecipação de venda deve ser verificada diante da posição do exequente e do executado. O exemplo típico dessa vantagem é a alienação das *comodities* e dos semoventes. Às vezes, o mercado internacional permite que esses produtos estejam muito valorizados, mas que a tendência é a sua desvalorização. Nessa hipótese, a alienação antecipada é de grande vantagem para o exequente e para o executado.

Assim, para o deferimento da alienação antecipada é preciso que um dos pressupostos do art. 852, I e II, do atual C.P.C. ocorra de forma concreta e bem definida.

A normatização processual permite que a alienação possa ser requerida pelas partes, mediante o devido contraditório, pelo depositário, ou ainda ser determinada de ofício pelo juiz.

Se o juiz entender que há vantagem na venda antecipada do bem penhorado, deverá, antes de decidir a questão, ouvir o exequente e o executado.

A alienação antecipada poderá ser por licitação, se houver tempo para o leilão, ou, preferencialmente, por iniciativa particular.

No caso de *comodities*, a alienação poderá ser feita diretamente na Bolsa de Mercadoria e Futuros.

21. Dialeticidade no pedido de modificação da penhora

O art. 9º do atual C.P.C. estabelece que não será proferida qualquer decisão contra uma das partes sem que esta seja previamente ouvida, salvo se se tratar de tutela provisória de urgência, tutela de evidência ou concedida a fim de evitar o perecimento de direito.

O juiz deverá decidir as questões suscitadas sobre a penhora de imediato, logo após a manifestação das partes, especialmente nas hipóteses de requerimento de alienação antecipada de bens, pois o tempo é inimigo da efetividade da tutela jurisdicional executiva.

Tendo em vista que a decisão deve ser de 'plano', não haverá possibilidade para instrução processual nos autos de execução, salvo a juntada de documentos.

22. Da Penhora de dinheiro em depósito ou em aplicação financeira

A penhora que demande quebra de sigilo bancário do executado não poderá ser decretada de ofício, mas, sim, somente mediante requerimento do exequente, sem dar ciência prévia do ato ao executado.

Atualmente, a penhora em dinheiro depositado em instituições financeiras brasileira é feita, preferencialmente, pelo sistema de consulta conhecido com BACENJUD 2.0 – regulamentado pelo Banco Central do Brasil – no qual o juiz, mediante a utilização de uma senha de ingresso no sistema, faz a consulta de possíveis depósitos existentes em nome do executado em qualquer instituição financeira do país, depósitos que poderão estar consignados em conta corrente, conta poupança ou em qualquer outra aplicação financeira.

Havendo depósito em instituição financeira brasileira, o sistema automaticamente bloqueia o valor depositado nas contas, de acordo com o que foi requisitado na ordem de bloqueio.

As ordens judiciais têm como objetivo bloquear o valor indicado pelo juiz, e são cumpridas com observância dos saldos existentes em contas de depósitos à vista (contas correntes), de investimento e de poupança, depósitos a prazo, aplicações financeiras e demais ativos sob a administração e/ou custódia da instituição participante (art. 13 do Regulamento 2.0.).

Estabelece o art. 13 da Regulamento BacenJud 2.0:

> *Art. 13. As ordens judiciais de bloqueio de valor têm como objetivo bloquear até o limite das importâncias especificadas e são cumpridas com observância dos saldos existentes em contas de depósitos à vista (contas-correntes), de investimento e de poupança, depósitos a prazo, aplicações financeiras e demais ativos sob a administração e custódia da instituição participante.*

§1º Os saldos existentes em Certificados de Depósito Bancário (CDB), operações compromissadas, letras (LCA e LCI), Recibo de Depósitos Bancários (RDB) e todas as outras aplicações financeiras de qualquer natureza são passíveis de bloqueio por ordem judicial via BACEN JUD 2.0.

§ 2º Essas ordens judiciais atingem o saldo credor inicial, livre e disponível, apurado no dia útil seguinte ao que o arquivo de remessa for disponibilizado às instituições responsáveis, sem considerar cotas partes dos cooperados de cooperativas de crédito e, nos depósitos à vista, quaisquer limites de crédito (cheque especial, crédito rotativo, conta garantida etc.).

§ 3º Cumprida a ordem judicial na forma do § 2º e não atingido o limite da ordem de bloqueio inicial, caso necessário complementar o valor, a instituição participante deverá efetuar pesquisa, para alcançar o valor determinado, até o horário limite para emissão de uma Transferência Eletrônica Disponível – TED do dia útil seguinte à ordem judicial.

§ 4º Na hipótese do §3º, fica vedada, nesse período, a realização de débitos de qualquer natureza, inclusive para reposição de saldos de quaisquer limites de crédito (cheque especial, crédito rotativo, conta garantida etc.), priorizando-se o cumprimento da ordem judicial com todo e qualquer valor que vier a ser disponibilizado nas contas.

§ 5º É facultado à instituição responsável definir em qual(is) instituição(ões) participante(s) de seu agrupamento e sobre qual(is) ativo(s) sob sua administração, custódia recai o bloqueio de valor, quando o valor dos ativos superar o valor da ordem de bloqueio.

§ 6º Quando a ordem de bloqueio de valor destina-se a uma instituição participante com especificação da agência e do número de conta, o cumprimento da ordem dá-se com base apenas no saldo de todas as contas e aplicações registradas sob esse número.

§ 7º O magistrado ou servidor por ele autorizado podem:

I – deixar os campos "Instituição Financeira", "Agência" e "Conta" em branco, se quiser atingir todos os ativos do réu/executado sob administração e/ou custódia nas instituições participantes;

II – preencher a "Instituição Financeira" e deixar os campos "Agência" e "Conta" em branco, se quiser atingir todos os ativos do réu/executado sob administração e/ou custódia da instituição participante especificada; e

III – preencher a "Instituição Financeira" e a "Agência" e deixar o campo "Conta" em branco, se quiser atingir todos os ativos do réu/executado sob administração e/ou custódia da instituição participante e agência especificadas.

§ 8º O sistema BACEN JUD 2.0 alerta o usuário sobre a existência de conta única para bloqueio cadastrada conforme Resolução no 61 do Conselho Nacional de Justiça, de 7.10.2008, a ser utilizada para evitar múltiplos bloqueios.

§ 9º As instituições participantes ficam dispensadas de efetivar o bloqueio quando o saldo consolidado do atingido for igual ou inferior a R$ 10,00 (dez reais).

DA PENHORA

No processo civil português, as diligências para a penhora de depósito em dinheiro em instituições financeiras portuguesas são realizadas de acordo com o que estabelecem os arts. 749º e 780º do C.P.C. lusitano, a saber:

Artigo 749.º Diligências prévias à penhora

(...).

6 – Para efeitos de penhora de depósitos bancários, o Banco de Portugal disponibiliza por via eletrónica ao agente de execução informação acerca das instituições legalmente autorizadas a receber depósitos em que o executado detém contas ou depósitos bancários.

(...).

Artigo 780.º Penhora de depósitos bancários

1 – A penhora que incida sobre depósito existente em instituição legalmente autorizada a recebê-lo é feita por comunicação eletrónica realizada pelo agente de execução às instituições legalmente autorizadas a receber depósitos nas quais o executado disponha de conta aberta, com expressa menção do processo, aplicando-se o disposto nos números seguintes e no n.º 1 do artigo 417.º.

2 – O agente de execução comunica, por via eletrónica, às instituições de crédito referidas no número anterior, que o saldo existente, ou a quota-parte do executado nesse saldo fica bloqueado desde a data do envio da comunicação, até ao limite estabelecido no n.º 3 do artigo 735.º, salvaguardado o disposto nos n.os 4 e 5 do artigo 738.º.

3 – Na comunicação, o agente de execução, sob pena de nulidade:

a) Identifica o executado, indicando o seu nome, domicílio ou sede e, em alternativa, o número de identificação civil ou de documento equivalente, ou o número de identificação fiscal; e

b) Determina o limite da penhora, expresso em euros, calculado de acordo com o n.º 3 do artigo 735.º.

4 – Salvo o disposto no n.º 9, as quantias bloqueadas só podem ser movimentadas pelo agente de execução.

5 – Sendo vários os titulares do depósito, o bloqueio incide sobre a quota-parte do executado na conta comum, presumindo-se que as quotas são iguais.

6 – Quando não seja possível identificar adequadamente a conta bancária, é bloqueada a parte do executado nos saldos de todos os depósitos existentes na instituição ou instituições notificadas.

7 – São sucessivamente observados, pela instituição de crédito e pelo agente de execução, os seguintes critérios de preferência na escolha da conta ou contas cujos saldos são bloqueados:

a) Preferem as contas de que o executado seja único titular àquelas de que seja contitular e, entre estas, as que têm menor número de titulares àquelas de que o executado é primeiro titular;

b) As contas de depósito a prazo preferem às contas de depósito à ordem.

8 – Após a comunicação referida no n.º 2, as instituições de crédito, no prazo de dois dias úteis, comunicam, por via eletrónica, ao agente de execução:

a) O montante bloqueado; ou

b) O montante dos saldos existentes, sempre que, pela aplicação do disposto nos n.os 4 e 5 do artigo 738.º, a instituição não possa efetuar o bloqueio a que se refere o n.º 2; ou

c) A inexistência de conta ou saldo.

9 – Recebida a comunicação referida no número anterior, o agente de execução, no prazo de cinco dias, respeitados os limites previstos nos n.os 4 e 5 do artigo 738.º, comunica por via eletrónica às instituições de crédito a penhora dos montantes dos saldos existentes que se mostrem necessários para satisfação da quantia exequenda e o desbloqueio dos montantes não penhorados, sendo a penhora efetuada comunicada de imediato ao executado pela instituição de crédito.

10 – O saldo bloqueado ou penhorado pode, porém, ser afetado, quer em benefício, quer em prejuízo do exequente, em consequência de:

a) Operações de crédito decorrentes do lançamento de valores anteriormente entregues e ainda não creditados na conta à data do bloqueio;

b) Operações de débito decorrentes da apresentação a pagamento, em data anterior ao bloqueio, de cheques ou realização de pagamentos ou levantamentos cujas importâncias hajam sido efetivamente creditadas aos respetivos beneficiários em data anterior ao bloqueio.

11 – Sem prejuízo do disposto no número anterior, a instituição é responsável pelos saldos bancários nela existentes à data da comunicação a que se refere o n.º 2 e fornece ao agente de execução extrato onde constem todas as operações que afetem os depósitos penhorados após a realização da penhora.

12 – Apenas nos casos em que o exequente seja uma sociedade comercial que tenha dado entrada num tribunal, secretaria judicial ou balcão, no ano anterior, a 200 ou mais providências cautelares, ações, procedimentos ou execuções, é devida uma remuneração às instituições que prestem colaboração à execução nos termos deste artigo, cujo quantitativo, formas de pagamento e cobrança e distribuição de valores são definidos por portaria do membro do Governo responsável pela área da justiça, devendo, nessa fixação, atender--se à complexidade da colaboração requerida e à circunstância de a penhora se ter ou não consumado.

13 – Findo o prazo de oposição, se esta não tiver sido deduzida, ou julgada a oposição improcedente, o agente de execução entrega ao exequente as quantias penhoradas que não garantam crédito reclamado, até ao valor da dívida exequenda, depois de descontado o montante relativo a despesas de execução referido no n.º 3 do artigo 735.º.

14 – Os números anteriores aplicam-se, com as necessárias adaptações, à penhora de valores mobiliários, escriturais ou titulados, integrados em sistema centralizado, registados ou depositados em intermediário financeiro ou registados junto do respetivo emitente.

DA PENHORA

Conforme anota Rui Pinto, o objeto da penhora não é a conta do executado, *i. e..*, a universalidade de posições ativas que compõem a sua posição contratual perante o banco. O objeto é o *direito de crédito do executado sobre uma instituição de crédito decorrente de um saldo positivo num depósito bancário de que é titular, correspondente a um montante.* Caso se queira penhorar outros elementos da relação do executado com o seu banco que não se traduzam num depósito, terá de se fazer a respectiva e autônoma penhora enquanto penhora e títulos ou penhora de crédito.[308]

O Conselho Nacional de Justiça, no Brasil, baixou regulamentação sobre a penhora via BACENJUD, permitindo que pessoas físicas e jurídicas mantenham uma conta específica para efeito de penhora eletrônica. Essa regulamentação encontra-se prevista na Resolução n. 61, de 07 de outubro de 2008.

O §8º do art. 13 da Resolução BACENJUD 2.0 estabelece que o sistema BACENJUD 2.0 alerta o usuário sobre a existência de conta única para bloqueio, cadastrada conforme Resolução n. 61 do Conselho Nacional de Justiça, de 7.10.2008, a ser utilizada para evitar múltiplos bloqueios.

Em relação às vicissitudes temporais da ordem de penhora em depósito bancário, assim anota Rui Pinto, comentando o art. 780º do C.P.C. português: *"Uma vez que o saldo bancário não é estático, importa fixar se as entradas ou saídas ordenadas 'antes' da penhora devem ser consideradas no objecto de penhora. A resposta é afirmativa... Assim, devem ser contabilizados a 'favor do saldo': os lançamentos dos créditos de valores entregues antes da penhora, mas ainda não creditados. Ex: um cheque já depositado na conta do executado, mas só disponível depois da penhora. Inversamente serão contabilizados 'em desfavor do saldo': as apresentações a pagamento de cheques, com data anterior à penhora, e os pagamentos ou levantamentos, já creditados a terceiros antes da penhora. Ex.: a) Um cheque já depositado na conta de um terceiro, mas só disponível depois da penhora; b) Uma transferência bancária de 1.500 euros ordenada via internet no dia 10 pelo executado, será debitada na conta penhorada se a data do movimento for o dia 10 e a data-valor também for a de 10.*

(...).

Mas a pergunta inversa também deve ser feita: se as entradas ou saídas ordenadas 'após' a penhora devem ser consideradas. Ora, segundo o n. 11 a entidade bancária fornecerá ao agente de execução extracto onde constem todas as operações que afectem os depósitos penhorados após a realização da penhora, sendo responsável pelas informações que prestar. Este teor literal poderia indiciar que a penhora poderia abranger novos valores creditados depois da data da cativação. Não nos parece que assim possa suceder:

---

[308] PINTO, R., op. cit., p. 596.

EXECUÇÃO E CUMPRIMENTO DE SENTENÇA

como resulta 'a contrario' do art. 780º n. 10 al. a) os movimentos a favor da conta mas posteriores à penhora não relevam para o saldo que ficou indicado no auto de penhora. Aliás, também no art. 223º n. 4 CPPT se determina que 'verificando-se novas entradas, o depositário comunicá-las-á ao órgão de execução fiscal, para que este, imediatamente, ordene a penhora ou o informe da sua desnecessidade'.

Isto significa que a penhora do saldo está temporalmente limitada a uma data – é uma 'penhora do saldo presente' – e a um valor certo ('o montante bloqueado', 'montantes dos saldos', como se lê nos n. 8 al a) e 9, respectivamente) que só pode ser alargado moediante reforço da penhora ao abrigo do art. 751º n. 4 al. b)".[309]

As instituições financeiras brasileiras ficam dispensadas de efetivar o bloqueio quando o saldo consolidado for igual ou inferior a R$10,00 (dez reais).

No prazo de 24 (vinte e quatro) horas a contar da resposta, de ofício, o juiz determinará o cancelamento de eventual indisponibilidade excessiva, o que deverá ser cumprido pela instituição financeira em igual prazo.

O sistema eletrônico BACENJUD 2.0, ao ser ativado, poderá bloquear valores de diversas instituições financeiras ao mesmo tempo, até o limite do valor inserido na ordem judicial. Assim, pode acontecer que a indisponibilidade atinja vários depósitos em diversas instituições financeiras, ocorrendo excesso de penhora. Por isso, o §8º do art. 13 da Resolução BACENJUD 2.0 estabelece que o sistema BACENJUD 2.0 deve alertar o usuário sobre a existência de conta única para bloqueio, cadastrada conforme Resolução n. 61 do Conselho Nacional de justiça, de 7.10.2008, a fim de se evitar múltiplos bloqueios. Daí a importância de a pessoa física ou jurídica cadastrar uma conta única no sistema para efeito de bloqueio.

Não havendo a conta única cadastrada, e ocorrendo a penhora em diversas contas do executado, cuja soma possa ser superior ao valor da execução, deverá o juiz, no prazo de vinte e quatro horas a contar da resposta das instituições financeiras, determinar o cancelamento de eventual excesso de indisponibilidade, o que deverá ser cumprido pela instituição financeira em igual prazo.

Em se tratando de conta conjunta de titularidade do devedor com outra pessoa, haverá um limite subjetivo para a indisponibilidade dos valores.

Não será possível a penhora integral de valores depositados em conta bancária conjunta quando apenas um dos titulares for sujeito passivo da execução, uma vez que o ato praticado pelo devedor não poderá atingir terceiros alheios ao processo executivo.

---

[309] PINTO, R., op. cit. p. 597 e 598.

DA PENHORA

Não sendo possível estabelecer qual valor pertence a quem, a penhora deverá restringir-se a 50% do saldo.

Sobre o tema, assim já se manifestou o S.T.J.:

> *PROCESSO CIVIL. RECURSO ESPECIAL. EMBARGOS DE TERCEIRO. BLOQUEIO DE VALOR DEPOSITADO EM CONTA CONJUNTA. POSSIBILIDADE DE PENHORA DE 50% DO NUMERÁRIO. NÃO OCORRÊNCIA DE SOLIDARIEDADE PASSIVA EM RELAÇÃO A TERCEIROS.*
>
> *1. A conta bancária coletiva ou conjunta pode ser indivisível ou solidária. É classificada como indivisível quando movimentada por intermédio de todos os seus titulares simultaneamente, sendo exigida a assinatura de todos, ressalvada a outorga de mandato a um ou alguns para fazê-lo. É denominada solidária quando os correntistas podem movimentar a totalidade dos fundos disponíveis isoladamente.*
>
> *2. Na conta conjunta solidária prevalece o princípio da solidariedade ativa e passiva apenas em relação ao banco – em virtude do contrato de abertura de conta-corrente – de modo que o ato praticado por um dos titulares não afeta os demais nas relações jurídicas e obrigacionais com terceiros, haja vista que a solidariedade não se presume, devendo resultar da vontade da lei ou da manifestação de vontade inequívoca das partes (art. 265 do CC).*
>
> *3. Nessa linha de intelecção, é cediço que a constrição não pode se dar em proporção maior que o numerário pertencente ao devedor da obrigação, preservando-se o saldo dos demais cotitulares, aos quais é franqueada a comprovação dos valores que integram o patrimônio de cada um, sendo certo que, na ausência de provas nesse sentido, presume-se a divisão do saldo em partes iguais.*
>
> *4. No caso, a instância primeva consignou a falta de comprovação da titularidade exclusiva do numerário depositado na conta bancária pela recorrida. Contudo, não tendo ela participado da obrigação que ensejou o processo executivo, não há se presumir sua solidariedade com o executado somente pelo fato de ela ter optado pela contratação de uma conta conjunta, a qual, reitera-se, teve o objetivo precípuo de possibilitar ao filho a movimentação do numerário em virtude da impossibilidade de fazê-lo por si mesma, haja vista ser portadora do mal de Alzheimer.*
>
> *5. Recurso especial não provido.*
>
> (REsp 1184584/MG, Rel. Ministro LUIS FELIPE SALOMÃO, QUARTA TURMA, julgado em 22/04/2014, DJe 15/08/2014)

Sobre o limite subjetivo no processo civil português, assim ensina Rui Pinto: *"Os limites subjetivos à penhora, 'in caso', de depósitos bancários, fazem sentir-se nos casos de 'contas colectivas', i.e., que pertencem em contitularidade ao executado e outro ou outros sujeitos. Essas contas são correntemente designadas, como contas conjuntas, solidárias e mistas, atendendo à distribuição dos poderes de gestão e movimentação entre os contitulares. A lei neste caso é muito clara, no n. 5, em coerência com o artigo 743º: sendo vários os titulares do depósito, a penhora incide sobre a quota-parte do executado na conta comum, presumindo-se que as quotas são iguais".*[310]

No âmbito do processo civil brasileiro, enquanto os valores estiverem indisponíveis na instituição financeira, ainda não se efetivou a penhora desses valores, mas somente o bloqueio e sua indisponibilidade.

A indisponibilidade eletrônica de depósitos existentes em instituição financeira via BACENJUD não tem natureza de penhora.

A penhora em dinheiro somente se concretizará quando da conversão da indisponibilidade dos ativos financeiros em depósito judicial em conta vinculada ao juízo da execução.

É certo que no precedente abaixo citado do S.T.J. entendeu-se que a penhora via BACENJUD ocorre no momento em que se dá a apreensão do dinheiro depositado ou aplicado na instituição financeira, *in verbis*:

> *PROCESSUAL CIVIL. CUMPRIMENTO DE SENTENÇA. AÇÃO DE INDENIZAÇÃO EM VIRTUDE DE ACIDENTE DO TRABALHO. SENTENÇA EXEQUENDA PROFERIDA ANTES DA EC N. 45/2004. COMPETÊNCIA DA JUSTIÇA COMUM. VIOLAÇÃO DO ART. 535 DO CPC. NÃO OCORRÊNCIA. EMBARGOS DE TERCEIRO. TERMO FINAL DO PRAZO.*
>
> *PENHORA ELETRÔNICA. BACEN-JUD. DATA DA ASSINATURA DO ALVARÁ AUTORIZADOR DE LEVANTAMENTO DOS ATIVOS BLOQUEADOS. TEMPESTIVIDADE RECONHECIDA.*
>
> *1. Após a promulgação da Emenda Constitucional n. 45, de 8/12/2004, que alterou o art. 114 da Carta vigente, é da Justiça trabalhista a competência para processar e julgar as ações de indenização por danos morais ou patrimoniais decorrentes da relação de trabalho, salvo nos casos em que já houver sentença de mérito proferida pelo Juízo estadual anteriormente à edição da referida emenda. Nas hipóteses de existência de sentença anterior à EC n. 45, a competência será da Justiça comum, onde tramitará a ação até o trânsito em julgado e correspondente execução.*
>
> *2. Afasta-se a alegada violação do art. 535 do CPC quando o acórdão recorrido, integrado pelo julgado proferido nos embargos de declaração, dirime, de forma expressa, congruente e motivada, as questões suscitadas nas razões recursais.*
>
> *3. Em hipótese de utilização do sistema BACEN-JUD, considera-se realizada a penhora no momento em que se dá a apreensão do dinheiro depositado ou aplicado em instituições*

---

[310] PINTO, R., idem, p. 598.

DA PENHORA

financeiras, mas a alienação somente ocorre com a colocação do dinheiro à disposição do credor, o que acontece com a autorização de expedição de alvará ou de mandado de levantamento em seu favor, devendo este ser o termo ad quem do prazo de 5 (cinco) dias para apresentação dos embargos de terceiro.

4. Recurso especial desprovido.

(REsp 1298780/ES, Rel. Ministro JOÃO OTÁVIO DE NORONHA, TERCEIRA TURMA, julgado em 19/03/2015, DJe 27/03/2015)

Não obstante a decisão acima referida, no meu sentir, a penhora será concretizada com a transferência dos valores indisponibilizados no BACENJUD para depósito em conta judicial vinculada ao juízo da execução, e não pela indisponibilidade inicial.

Em relação ao momento da efetivação da penhora de depósitos bancários no âmbito do processo civil português, assim preconiza Rui Pinto: *"A penhora de saldo bancário segue um procedimento algo complexo, em que a penhora definitiva resulta da realização de vários atos, incluindo um ato de penhora sujeita a condição – o bloqueio...*

Os atos iniciais integram 'consulta' ao Banco de Portugal (eventual), a 'comunicação do agente da execução' ao banco de penhora condicional da conta – 'cativação ou bloqueio', segundo a terminologia legal – e a 'resposta' da instituição de crédito. Foi suprimida a necessidade de prévio despacho judicial autorizativo...

A 'identificação' da conta poderá ter sido feita na indicação de bens para penhora... Não sendo o caso, no Código novo o procedimento de penhora de depósito bancário inicia-se por 'obtenção de informação' acerca das instituições legalmente autorizadas a receber depósitos em que o executado detém contas ou depósitos bancários junto ao Banco de Portugal, disponibilizada por via eletrônica ao agente de execução...

Uma vez recebida a comunicação, as entidades bancárias têm dois dias úteis para comunicar ao agente de execução se a conta ou constas existem ou não, qual o montante do saldo, e bem assim quais os seus 'caracteres e condicionalismo', máxime a existência de garantias reais...

Recebida a comunicação da entidade bancária, o agente de execução, no prazo de cinco dias, comunica por via eletrônica às instituições de crédito a 'penhora' dos montantes dos saldos existentes que se mostrem necessários para satisfação da quantia exequenda e o 'desbloqueio' dos montantes não penhorados, sendo a penhora efetuada comunicada de imediato ao executado pela instituição de crédito...".[311]

---

[311] PINTO, R., idem, p. 598 a 600

EXECUÇÃO E CUMPRIMENTO DE SENTENÇA

Sobre a natureza jurídica do ato de bloqueio, afirma Rui Pinto: "É discutível a natureza jurídica do bloqueio. Dado que apenas se for confirmado é que este ato executivo sobre a conta tem eficácia final sobre o executado, a lei designa-o como 'bloqueio' e a instrução dada à entidade bancária, como 'comunicação' – não como notificação.

O bloqueio é já o primeiro ato de penhora: 'a data da penhora é a data da comunicação de bloqueio'. Daí a entidade bancária ser responsável pelos saldos bancários nela existentes 'à data da comunicação a que se refere o n. 2 e ser por esta que se afere se são ainda de contabilizar as operações de crédito e de débito pendente. Por outras palavras, se o agente de execução confirmar o bloqueio nos termos do n. 9, a penhora retroage à data deste; se mandar desbloquear não há efeitos de penhora, muito embora durante o tempo em que perdurou o bloqueio as quantias bloqueadas só pudessem ser movimentadas pelo agente de execução.

Dir-se-ia existir, pelo bloqueio, uma penhora sujeita a 'condição resolutiva'. A ser assim, qualquer penhora de terceiro que sobreviesse no tempo do bloqueio ficaria atrás da penhora condicional 'ex vi' artigo 822º CC.

No entanto, os dados legais do art. 18º n. 13 da Portaria 282/2013, de 29 de Agosto negam esta tese, por nós já defendida. Efetivamente, na pendência do prazo de cinco dias após a receção da comunicação da instituição de crédito, esta comunica ao agente da execução, através da plataforma, a 'receção de qualquer ordem de penhora ou qualquer outra forma de apreensão ou de oneração judicial ou administrativa – v.g. um arresto – que incida sobre os saldos bloqueados e 'determine o levantamento' total ou parcial do 'bloqueio'...É esta a boa doutrina defendida por ANA LEAL: o bloqueio é um ato de penhora sob 'condição suspensiva', pois a produção dos efeitos da penhora está subordinada à confirmação pela comunicação do agente de execução no prazo de cinco dias previsto na primeira parte do n. 9...

Portanto, estando sob condição suspensiva, uma vez confirmada por comunicação do agente de execução, a penhora terá, como se disse, a data da 'comunicação' de bloqueio; não terá a data da comunicação da 'consumação' da penhora.

Portanto, os 'efeitos da penhora reportar-se-ão sempre à data daquela notificação...".[312]

Em relação ao processo civil brasileiro, uma vez realizada a indisponibilidade dos valores, incumbe ao executado, no prazo de 5 (cinco) dias, comprovar que: I – as quantias tornadas indisponíveis são impenhoráveis; II – ainda remanesce indisponibilidades excessiva de ativos financeiros.

Naturalmente que a penhora deve obedecer aos limites decorrentes dos princípios da *proporcionalidade* e *da adequação*, respeitando-se as hipóteses de

---

[312] PINTO, R., idem, p. 600 e 601.

428

DA PENHORA

impenhorabilidade total ou parcial dos valores encontrados no sistema financeiro nacional.

No sistema jurídico processual civil português, por exemplo, observa-se a impenhorabilidade parcial de contas bancárias quando o valor global encontrado corresponde ao salário mínimo nacional, ou, tratando-se de obrigação de alimentos.

Observando-se o princípio da proporcionalidade, o sistema português determina que sejam observados os seguintes critérios: 1º contas singulares do executado a prazo; 2º contas singulares do executado à ordem; 3º contas coletivas em que o executado esteja com *menor número* de contitulares a prazo; 4º contas coletivas em que o executado esteja com *menor número* de contitulares à ordem; 5º contas coletivas em que o executado seja o *primeiro titular*, a prazo; 6º contas coletivas em que o executado seja o *primeiro titular*, à ordem.

Essa vinculação é obrigatória, sendo ilegal a penhora que não respeita essa sistemática.

Um dos casos de indisponibilidade mais corriqueiro nessas operações no sistema brasileiro é a incidência de indisponibilidade em depósito de caderneta de poupança igual ou inferior a quarenta salários mínimos ou em conta salário.

Acolhida qualquer das arguições dos incisos I e II do §3º do art. 854 do novo C.P.C., o juiz determinará o cancelamento de eventual indisponibilidade irregular ou excessiva, a ser cumprido pela instituição financeira em 24 (vinte e quatro) horas.

Muito embora o executado deva responder com todos os seus bens para o cumprimento da obrigação, isso não significa que se possa penhorar bens além daqueles necessários para o pagamento do que é devido ao exequente, ou bens que sejam por lei impenhoráveis.

Rejeitada ou não apresentada a manifestação do executado, converter-se-á a indisponibilidade do valor em penhora, sem necessidade de lavratura de termo, devendo o juiz da execução determinar à instituição financeira depositária que, no prazo de 24 (vinte e quatro) horas, transfira o montante indisponível para conta vinculada ao juízo da execução.

O juiz da execução determinará à instituição financeira depositária que, no prazo de vinte e quatro horas, transfira o montante indisponível para conta vinculada ao juízo da execução.

A penhora concretizar-se-á com o depósito dos valores em conta judicial vinculada ao processo.

EXECUÇÃO E CUMPRIMENTO DE SENTENÇA

Realizado o pagamento da dívida por outro meio, o juiz determinará, imediatamente, por sistema eletrônico gerido pela autoridade supervisora do sistema financeiro nacional, a notificação da instituição financeira para que, em 24 (vinte e quatro) horas, cancele a indisponibilidade.

O objetivo primordial do procedimento executivo não é a penhora em si, mas o pagamento da obrigação representada em título executivo judicial ou extrajudicial.

Se o devedor adiantar-se, cumprindo a obrigação, o juiz deverá de imediato determinar à autoridade supervisora do BACENJUD, via sistema eletrônico, que notifique a instituição financeira para que cancele a indisponibilidade, no prazo máximo de vinte e quatro horas.

É importante não confundir pagamento com o parcelamento da dívida, especialmente quando se tratar de crédito tributário.

Segundo o S.T.J., se o parcelamento, meio de suspensão do crédito tributário, ocorreu antes da decretação da indisponibilidade dos ativos financeiros, deverá ser levantada a indisponibilidade dos depósitos. Contudo, se o parcelamento ocorreu após a decretação de indisponibilidade, esta deverá permanecer até a quitação integral do crédito tributário (AgRg no Resp 1343072/PA, Rel. Ministro HUMBERTO MARTINS, SEGUNDA TURMA, julgado em 23/10/2012, DJe 30/10/2012).

A instituição financeira será responsável pelos prejuízos causados ao executado em decorrência da indisponibilidade de ativos financeiros em valor superior ao indicado na execução ou pelo juiz, bem como na hipótese de não cancelamento da indisponibilidade no prazo de 24 (vinte e quatro) horas, quando assim determinar o magistrado.

A instituição financeira, portanto, passa a responder por eventuais perdas e danos que possa causar ao executado, a saber: a) quando a instituição financeira bloquear valores acima ao indicado na execução ou pelo juiz; b) quando não efetuar o cancelamento da indisponibilidade no prazo de vinte e quatro horas, quando assim determinar o juiz.

No âmbito das perdas e danos incluem-se os danos morais.

Trata-se de uma responsabilidade objetiva, que independe de culpa da instituição financeira.

A responsabilidade da instituição financeira deverá ser apurada em autos apartados, justamente para não prejudicar o andamento do procedimento executivo.

Quando se tratar de execução contra partido político, o juiz, a requerimento do exequente, determinará às instituições financeiras, por meio de

DA PENHORA

sistema eletrônico gerido por autoridade supervisora do sistema bancário, que torne indisponíveis ativos financeiros somente em nome do órgão partidário que tenha contraído a dívida executada ou que tenha dado causa à violação de direito ou ao dano, ao qual cabe exclusivamente a responsabilidade pelos atos praticados, na forma da lei.

Segundo estabelece o art. 17 da Constituição Federal de 1988, é livre a criação, fusão, incorporação e extinção de partidos políticos, resguardados a soberania nacional, o regime democrático, o pluralismo, os direitos fundamentais da pessoa humana.

Os partidos políticos, após adquirirem personalidade jurídica, na forma da lei civil, registrarão seus estatutos no Tribunal Superior Eleitoral ($\S2^{\circ}$ do art. 17 da C.F.).

O partido político é uma pessoa jurídica de direito privado, conforme estabelece o art. 1° da Lei n. 9.096/95.

Assim, sendo livre a criação de partidos políticos, estes órgãos poderão também realizar negócios jurídicos, assim como assumirem responsabilidades por atos ilícitos que possam vir a praticar.

Havendo o inadimplemento das obrigações assumidas pelos partidos políticos, ou, sendo cometido algum ato ilícito pela sua composição diretiva, poderá o partido ser sujeito passivo de um procedimento executivo decorrente de título executivo judicial ou extrajudicial.

Eventuais depósitos em nome de órgão de partido político podem ser indisponibilizados e depois convertidos em penhora, mediante a utilização do sistema BACENJUD.

Contudo, a instituição financeira somente poderá bloquear os ativos financeiros em nome do órgão partidário que tenha contraído a dívida executada ou que tenha dado causa à violação de direito ou ao dano, pois somente a este órgão caberá exclusivamente a responsabilidade pelos atos praticados, na forma da lei.

Se o ato foi praticado por um diretório do partido político municipal, não poderão ser bloqueados valores do diretório estadual ou nacional. A mesma regra se encontra no art. 15-A da Lei 9.096/95, com a redação dada pela Lei 12.034, de 2009.

Por outro lado, não é qualquer depósito em dinheiro em nome do partido político que poderá ser penhorado.

Deve-se observar que o fundo partidário repassado ao partido político é *impenhorável*, conforme estabelece o art. 833, inc. XI, do atual C.P.C.

Na verdade, a verba partidária repassada pela dotação orçamentária da União aos partidos políticos deve ser utilizada de acordo com o que dispõem as Leis n.s. 9.096/95 e 11.459/2007, a fim de promover a garantia Constitucional prevista no art. 17, §3º da C.F. de 1988.

23. Da Penhora de créditos

Direitos e ações, em especial os créditos, podem ser objeto de penhora disciplinada de forma específica justamente pela sua particularidade.

No direito italiano, em se tratando de penhora de crédito previsto nos incisos 3 e 4 do art. 545 do C.P.C. italiano (ou seja, créditos de relações de trabalho), o devedor e o terceiro são convocados para uma audiência, na qual este último compete reconhecer ou não sua dívida, ocorrendo a penhora somente após o término da audiência. Nesse sentido estabelece o art. 547 do Código de Processo Civil italiano: *"Com a declaração prestada em audiência, ou, nos casos previstos em lei, por meio de recomendação enviada ao credor precedente, o terceiro, pessoalmente ou por meio de procurador com poderes especiais, ou de defensor munido de procurador com poderes especiais, deve especificar quais coisas ou de quais somas é devedor ou que se encontra em sua posse, bem como, quando dever cumprir com o pagamento ou com a consignação do bem".*

Em complemento, estabelece o art. 548 do Código de Processo Civil italiano: *"Se o terceiro não comparece à audiência designada, ou, comparecendo, recusa fazer a declaração, ou, se em torno a essa surge contestações, o juiz, a pedido da parte, procede à instrução da causa, nos termos do livro segundo. Se o terceiro não faz a declaração, nem mesmo no curso do juízo de primeiro grau, pode ser aplicada em relação a ele as disposições do art. 232, inc. I".*

No direito português, a penhora de crédito ocorre nos termos do art. 773º do novo C.P.C.:

> *Artigo 773.º Penhora de créditos*
>
> *1 – A penhora de créditos consiste na notificação ao devedor, feita com as formalidades da citação pessoal e sujeita ao regime desta, de que o crédito fica à ordem do agente de execução.*
>
> *2 – Cumpre ao devedor declarar se o crédito existe, quais as garantias que o acompanham, em que data se vence e quaisquer outras circunstâncias que possam interessar à execução.*
>
> *3 – Não podendo ser efetuadas no ato da notificação, as declarações referidas no número anterior são prestadas por escrito ao agente de execução, no prazo de 10 dias.*
>
> *4 – Se o devedor nada disser, entende-se que ele reconhece a existência da obrigação, nos termos da indicação do crédito à penhora.*
>
> *5 – Se faltar conscientemente à verdade, o devedor incorre na responsabilidade do litigante de má-fé.*

DA PENHORA

6 – O exequente, o executado e os credores reclamantes podem requerer ao juiz a prática, ou a autorização para a prática, dos atos que se afigurem indispensáveis à conservação do direito de crédito penhorado.

7 – Se o crédito estiver garantido por penhor, faz-se apreensão do objeto deste, aplicando-se as disposições relativas à penhora de coisas móveis, ou faz-se a transferência do direito para a execução; se estiver garantido por hipoteca, faz-se no registo o averbamento da penhora.

A penhora de créditos do executado sobre terceiro, portanto, consiste na notificação a este de que o crédito fica à ordem do tribunal da execução.

Trata-se, portanto, de uma penhora cuja apreensão ocorre de maneira *simbólica*.

No âmbito do direito processual civil brasileiro, a penhora de crédito não é muito diferente do que ocorre no processo civil italiano e português, uma vez que, enquanto não ocorrer a hipótese prevista no art. 856 do novo C.P.C., considerar-se-á feita a penhora pela intimação ao terceiro devedor para que não pague ao executado, seu credor, e ao executado, credor do terceiro, para que não pratique ato de disposição do crédito (art. 855 do novo C.P.C.).

A penhora de crédito junto a terceiro submete-se aos mesmos critérios e requisitos que a penhora realizada perante o executado.

O terceiro, ainda que se envolvendo em procedimento executivo alheio, não deixa de ser terceiro, tendo em vista que a sua relação jurídica de direito material dar-se-á apenas com uma das partes do procedimento executivo, qual seja, com o executado. Mas a sua participação na relação jurídica processual decorre, especialmente, do dever de colaboração que todos devem demonstrar perante o órgão judiciário.

Conforme afirma Comoglio, Ferri e Taruffo, *"é necessário todavia esclarecer que a expropriação do crédito não se realiza 'contra' o terceiro, mas em relação ao devedor executado, direto responsável; ao terceiro é solicitado para cooperar e colaborar no acertamento da existência do bem ou do crédito, no patrimônio do próprio executado..."*.[313]

Na maioria das vezes, a penhora que se realiza perante terceiro diz respeito a eventual crédito que o executado possua com ele, não sendo, porém, possível a apreensão do bem, pela imaterialidade do direito.[314] Daí por que a necessidade de uma forma adequada e específica para a penhora de bens imateriais.

---

[313] COMOGLIO, Luigi Paolo.; FERRI, Corrado; TARUFFO, Michele. *Lezioni sul processo civile*. Vol. II. Procedimenti speciali, cautelari ed esecutivi. Bologna: Il Mulino, 2011. p. 406.

[314] PONTES DE MIRANDA. *Comentário ao código de processo civil*. Tomo X. Rio de Janeiro: Forense, 1976. p. 298 e 299.

Por isso a penhora de crédito que o executado possua perante terceiro, em comparação com os outros procedimentos de penhora, apresenta exigências particulares: há necessidade de se impedir que o terceiro realize atos que, em outra circunstância, seriam legítimos e devidos, como os atos praticados diretamente em favor do devedor/executado. Há necessidade, em outras palavras, de incidir diretamente sobre a situação jurídica do terceiro, impedindo-o e ao mesmo tempo legitimando-o a abster-se de praticar o comportamento devido em relação ao executado.[315]

A penhora no âmbito de relação jurídica de terceiro apresenta-se, pois, como um ato complexo, do qual são destinatários tanto o executado/credor quanto o terceiro/devedor.

Não é, todavia, qualquer crédito que pode ser objeto de penhora.

Há créditos, como o crédito alimentício, que são impenhoráveis, salvo se a execução disser respeito também a crédito alimentar.

Tratando-se de crédito do devedor/executado, basta, para a concretização da penhora, a intimação do executado para que não disponha do seu crédito e do devedor do executado para que não pague o valor da dívida ao seu credor. Realizadas essas intimações, automaticamente o devedor do executado estará vinculado à oportuna exibição, em juízo, do valor da dívida que, ocorrendo, opera a substituição objetiva da penhora, aperfeiçoada pelo depósito da respectiva importância, sobre o qual passará a correr a execução.[316]

Observa-se que o art. 855 do atual C.P.C. faz referência expressa ao art. 856 do mesmo diploma legal, o que significa dizer que a penhora de crédito representado por letra de câmbio, nota promissória, duplicata, cheque ou outro título equivalente far-se-á pela apreensão do documento e não pela simples intimação do terceiro/devedor. Porém, se o título não for apreendido, mas o terceiro confessar a dívida, será este tido como depositário da importância, realizando-se a penhora mediante sua intimação para que não pague a seu credor.

Contudo, enquanto não houver a intimação, o executado poderá dispor do crédito, assim como poderá o devedor pagar ao seu credor sem sofrer com isso consequências jurídicas.

O crédito, uma vez penhorado, não pode mais ser transferido pelo credor que tiver conhecimento da penhora; mas o devedor que o pagar, não tendo sido notificado da penhora, fica exonerado, subsistindo somente contra o credor os direitos de terceiro, conforme estabelece o art. 298 do C.c.b.

---

[315] COMOGLIO, L. P.; FERRI, C.; TARUFFO, M., op. cit., p. 406.
[316] NEVES, Celso. *Comentários ao código de processo civil*. Rio de Janeiro: Forense, 1979. p. 83.

DA PENHORA

Mesmo no direito italiano, em que há, em relação a alguns créditos, a necessidade de audiência para formulação de declaração por parte do terceiro, a opinião prevalente da doutrina e unânime da jurisprudência é de que a notificação do credor configura o momento determinante para se verificar os efeitos do ato de penhora, e isso ainda que a fattispécie não seja completa. Além do mais, *"todo fato extintivo do crédito penhorado (pagamento, remissão, novação, compensação voluntária ou legal etc) será inoperante em prejuízo dos credores quando seja posterior à notificação do ato ao terceiro"*.[317]

A principal consequência da intimação efetuada ao terceiro ou ao executado é que tanto o ato de pagamento do terceiro/devedor, quanto o ato de disposição do executado/credor serão totalmente ineficazes em relação ao exequente, considerando-se o pagamento e eventual quitação como incursos na *fraude à execução*. Isso significa que a penhora do crédito não o torna indisponível, no plano material, mas torna ineficaz, no plano processual, eventual disposição indevida.

Portanto, *"o devedor do executado que, depois de intimado, a ele paga sua dívida, não se exonera da responsabilidade processual que lhe decorre da intimação recebida, continuando vinculado ao dever de exibir, no vencimento, o respectivo montante em Juízo. Mas fica exonerado da dívida e da sua responsabilidade processual, se o seu credor-executado paga ao exeqüente o crédito executoriamente demandado, pondo termo final ao processo executório em que ocorreu a penhora"*.[318]

Na realidade, se o terceiro/devedor não coopera com o Poder Judiciário ou presta declarações inexatas, faltando conscientemente com a verdade, incorre na responsabilidade de ato atentatório à dignidade da justiça.

Se o exequente tiver alguma dúvida acerca da existência do crédito ou de seu montante, poderá, antes da nomeação do crédito à penhora, solicitar ao juiz da execução a colaboração do terceiro/devedor a fim de dirimir eventuais dúvidas existentes.

Penhorado o direito de crédito, o juiz pode autorizar ou convidar o exequente, o executado ou qualquer credor reclamante a praticar os atos que se afigurem indispensáveis à sua conservação. Assim, *"podem eles invocar a nulidade dos actos praticados pelo terceiro/devedor, sub-rogar-se nos seus direitos de conteúdo patrimonial contra terceiro, impugnar os seus actos que envolvam diminuição da garantia patrimonial e requerer arresto dos seus bens"*.[319]

---

[317] COMOGLIO, L. P.; FERRI, C.; TARUFFO, M., op. cit., p. 409.
[318] NEVES, C., op. cit., p. 84.
[319] FERREIRA, F. A., op. cit., p. 190 e 191.

EXECUÇÃO E CUMPRIMENTO DE SENTENÇA

Havendo reconhecimento, expresso ou tácito, pelo terceiro/devedor da existência do crédito penhorado, seja um crédito pecuniário, seja um crédito de prestação de coisa, deve ele pagar o primeiro ou entregar a segunda na data do vencimento. Assim, *"se a dívida se vencer antes de ultimada a fase de pagamento, é o terceiro-devedor obrigado a depositar a respectiva importância em juízo. Mas, se tal ocorrer depois do crédito já ter sido vendido ou adjudicado, será a prestação, quer consista em dinheiro quer em coisa, entregue ao respectivo adquirente".*[320]

Não havendo satisfação do crédito pelo terceiro/devedor, poderá ser ele compelido a fazê-lo, por iniciativa do exequente ou do adquirente do crédito.

Na hipótese de se vencer o título de crédito e o terceiro não efetuar o pagamento, poderá o credor exequente sub-rogar-se nesse direito de crédito e nas demandas dele decorrentes, até a concorrência de seu crédito.

O exequente credor poderá, portanto, promover a execução de título executivo extrajudicial para haver o crédito/direito que lhe fora sub-rogado.

23.1. Penhora de títulos de crédito

O crédito, em si, é um bem imaterial, mas que em determinada circunstância pode ser materializado num documento, especialmente em títulos de crédito como a letra de câmbio, a nota promissória, a duplicata, o cheque ou outros títulos legais, como, por exemplo, cédula de crédito comercial, rural ou industrial, debênture etc.

O título de crédito, segundo Vivante, *"é o documento necessário para exercer o direito literal e autônomo nele mencionado".*[321]

Sempre que seja necessário realizar a penhora de direitos, incorporados em títulos de crédito, há necessidade de apreensão do próprio título.

Os créditos representados por títulos de crédito poderão, portanto, ser objeto de penhora por meio de apreensão do próprio título, esteja ele onde estiver, com o devedor ou com terceiro. Nessa hipótese, de nada valerá a negativa do terceiro quanto à existência do crédito.

Muito embora a penhora de crédito representado por um título seja concretizada com a apreensão do próprio título, o certo é que o legislador, antes mesmo da apreensão, permitiu que a penhora se concretizasse através das intimações previstas no art. 855 do atual C.P.C., a saber: I – do terceiro/devedor para que não pague ao seu credor/executado; II – ao executado/credor para que não pratique ato de disposição do crédito.

---

[320] FERREIRA, F. A., idem, p. 192.
[321] FERREIRA, F. A., idem. p. 194.

DA PENHORA

É possível que se saiba da existência de crédito do executado em relação a terceiro, contudo não é possível localizar o título correspondente, especialmente pelo fato de que normalmente esta espécie de título fica na posse do executado/credor. Em razão dessa contingência, ou seja, de o título não poder ser apreendido, valerá, para efeitos de penhora, a confissão expressa da existência da dívida pelo terceiro/devedor. Essa confissão deverá ser por escrito, podendo constar do auto de penhora a ser lavrado pelo oficial de justiça, devendo este auto também ser assinado pelo terceiro que confessou a dívida.

A confissão do terceiro, na hipótese de ser nomeado como depositário, *é comunicação de conhecimento* de parte, e não comunicação de vontade, nem, ainda, declaração de vontade.[322]

Portanto, se o título não for apreendido, mas o terceiro confessar a dívida, será este tido como depositário da importância.

Apreendido o título de crédito, este poderá ficar depositado na secretária do juízo ou com outro depositário a ser nomeado pelo juízo da execução.

Apresentado o título para pagamento, ou sendo possível quitar o débito mediante outra forma de pagamento, o terceiro somente se exonerará da obrigação depositando em juízo a importância da dívida.

O terceiro também poderá consignar a prestação no juízo da execução, requerendo, contudo, o não repasse do valor a quem de direito, uma vez que irá ingressar com demanda própria para anular o débito originário ou para arguir exceções em face do seu credor.

Assim, conforme ensina Pontes de Miranda: *"Se o terceiro negar que deve o dinheiro, ou (a) o faz porque tem provas, ou (b) porque 'pagou' e lhe falta a prova, ou (c) nega sem ser verdade, sem ou em conluio com o executado. No caso (a), ao que alega contra o terceiro incumbe o ônus da prova; feita ela, ao terceiro, – o de provar a sua afirmação. No caso (b), só a sentença declaratória pode ir em seu auxílio, se o que alegou a existência de dinheiro fez prova; ou a sentença, na ação que se houver contra ele. No primeiro caso (c), executado e exeqüente são litisconsortes na ação contra o terceiro (o exeqüente é litisconsorte voluntário). No segundo caso (c), a situação do terceiro e a do executado podem ser a de réus em fraude contra credor. A quitação e qualquer ato entre os dois não podem, então, ser opostos 'ao exeqüente".[323]*

Se o terceiro negar o débito em conluio com o executado, a quitação que este lhe der caracterizará fraude à execução, uma vez que, nos termos do art.

---

[322] PONTES DE MIRANDA, op. cit., p. 302.
[323] PONTES DE MIRANDA, idem, p. 304.

792, inc. V, do atual C.P.C., considera-se em fraude à execução outras hipóteses especificadas em lei.

Havendo fraude à execução, eventual quitação que o terceiro receber do executado/credor não terá eficácia perante o exequente, pois foi realizada *em fraude à execução*, o que significa dizer que o crédito continua em aberto, ou seja, sem pagamento.

Se a dúvida sobre a existência ou não do crédito do executado para com o terceiro devedor persistir, ou sobre o próprio objeto do crédito, poderá o juiz, a qualquer momento do procedimento executivo, mediante requerimento do exequente ou do terceiro, determinar o comparecimento, em audiência especialmente designada, do devedor e do terceiro, a fim de lhes tomar os depoimentos, sempre no intuito de esclarecer sobre a existência ou não do crédito.

Para Araken de Assis, não só o exequente poderá requerer a designação da audiência prevista no §4º do art. 856 do atual C.P.C., mas também o *debitor debitoris* (terceiro), o qual encontrando-se legitimado inclusive para ingressar com embargos de terceiro, também assiste igual direito à instauração do incidente.[324]

Na audiência designada, as partes terão ampla oportunidade de defesa e contraditório para demonstrar a existência ou não do crédito alegado nos autos de execução.

De início, como não houve confissão do terceiro/devedor, nem a apreensão do título, competirá ao exequente comprovar a existência do crédito.

Assim, se o devedor/terceiro comparecer à audiência negando a existência do crédito, deverá o órgão *"aquilatar a verossimilhança das alegações do terceiro"*. Diante dessa análise, o juiz manterá ou não a penhora já iniciada com a intimação do terceiro.[325]

Ao invés de negar a dívida pela sua totalidade, o terceiro/devedor poderá fazê-lo apenas parcialmente.

Poderá ainda ocorrer que o terceiro/devedor, ao reconhecer a obrigação, declare que a sua exigibilidade se encontra dependente de prestação a efetuar o executado. Nessa hipótese, o juiz notificará o executado para declarar se confirma ou impugna o afirmado pelo terceiro/devedor. Se confirmar a declaração (ou nada disser) e sua prestação já se encontrar vencida, será notificado para fazê-lo. Se, diversamente, contestar a declaração do devedor, o juiz

---

[324] ASSIS, A., op. cit., p. 659.
[325] BAPTISTA DA SILVA, Ovídio A. *Doutrina e prática do arresto ou embargo.* Rio de Janeiro: Forense, 1976. §21, p. 101.

DA PENHORA

convocará uma conferência, a fim de resolver o litígio entre o devedor e o executado; não o conseguindo, competirá ao exequente declarar se mantém a penhora ou dela desiste. Mantendo-a, o crédito será considerado como litigioso. Se o executado não satisfizer a prestação que reconheceu dever, na sequência da notificação que lhe foi feita para o efeito, pode o exequente substituir-se-lhe na prestação, com sub-rogação nos direitos do devedor.[326]

No ordenamento jurídico italiano, se o terceiro comparece à audiência, mas se abstém de prestar declaração, ou se sobre a declaração prestada surge contestação, a solicitação de cooperação a ele formulada não tem êxito positivo, verificando-se, portanto, as seguintes hipóteses: a) se o terceiro faz uma declaração negativa sem contestações, a execução se conclui negativamente porque fica sem objeto; b) se, ao invés, a declaração é positiva e não surgem contestações, determina-se o bem e torna-se individuado o objeto da execução forçada e se perfectibilizam os efeitos da penhora; c) se surgem contestações, abre-se a possibilidade de um *accertamento giudiziale* para verificar a existência ou não da "obrigação" do terceiro: é um verdadeiro e próprio juízo de cognição que se insere como incidental no procedimento executivo. É, na realidade, o que dispõe o art. 548 do C.P.C. italiano, quando no caso de falta ou quando da existência de contestação da declaração do terceiro, o 'juiz, mediante pedido da parte, provê a instrução da causa com base no Livro II'.[327]

Para o C.P.C. português, art. 775º, se o devedor contestar a existência do crédito, serão notificados o exequente e o executado para se pronunciarem, no prazo de 10 dias, devendo o exequente declarar se mantém a penhora ou desiste dela. Se o exequente mantiver a penhora, o crédito passa a ser considerado litigioso e como tal será adjudicado ou transmitido.

Sobre a penhora de títulos de crédito no direito comparado, eis os seguintes regramentos procedimentais:

Código de Processo Civil português:

> *Artigo 774.º Penhora de títulos de crédito*
>
> *1 – A penhora de direitos incorporados em títulos de crédito e valores mobiliários titulados não abrangidos pelo n.º 14 do artigo 780.º realiza-se mediante a apreensão do título, ordenando-se ainda, sempre que possível, o averbamento do ónus resultante da penhora.*
>
> *2 – Se o direito incorporado no título tiver natureza obrigacional, cumpre-se ainda o disposto acerca da penhora de direitos de crédito.*

---

[326] FERREIRA, F.A., op. cit. p. 191 a 193.
[327] COMOGLIO, L. P.; FERRI, C.; TARUFFO, M., op. cit. p. 408.

EXECUÇÃO E CUMPRIMENTO DE SENTENÇA

3 – Os títulos de crédito apreendidos são depositados em instituição de crédito, à ordem do agente de execução ou, nos casos em que as diligências de execução são realizadas por oficial de justiça, da secretaria.

Artigo 775.º Termos a seguir quando o devedor negue a existência do crédito
1 – Se o devedor contestar a existência do crédito, são notificados o exequente e o executado para se pronunciarem, no prazo de 10 dias, devendo o exequente declarar se mantém a penhora ou desiste dela.
2 – Se o exequente mantiver a penhora, o crédito passa a considerar-se litigioso e como tal será adjudicado ou transmitido.

Artigo 777.º Depósito ou entrega da prestação devida
1 – Logo que a dívida se vença, o devedor que não a haja contestado é obrigado:
a) A depositar a respetiva importância em instituição de crédito à ordem do agente de execução ou, nos casos em que as diligências de execução sejam realizadas por oficial de justiça, da secretaria; e
b) A apresentar o documento do depósito ou a entregar a coisa devida ao agente de execução ou à secretaria, que funciona como seu depositário.
2 – Se o crédito já estiver vendido ou adjudicado e a aquisição tiver sido notificada ao devedor, a prestação é entregue ao respetivo adquirente.
3 – Não sendo cumprida a obrigação, pode o exequente ou o adquirente exigir, nos próprios autos da execução, a prestação, servindo de título executivo a declaração de reconhecimento do devedor, a notificação efetuada e a falta de declaração ou o título de aquisição do crédito.
4 – Verificando-se, em oposição à execução, no caso do n.º 4 do artigo 773.º, que o crédito não existia, o devedor responde pelos danos causados, nos termos gerais, liquidando-se a sua responsabilidade na própria oposição, quando o exequente faça valer na contestação o direito à indemnização.
5 – É aplicável o disposto nos n.os 3 e 4 do artigo 779.º, com as devidas adaptações.

Código de Processo Civil italiano:

Art. 546. (Obrigação do terceiro)
A partir do dia em que for notificado do ato previsto no art. 543, o terceiro está sujeito, relativamente à coisa e às somas por ele devida e nos limites da importância do crédito anteriormente citado aumentado da metade, às obrigações que a lei impõe ao depositário.
No caso de penhora executada em relação inúmeros terceiros, o devedor pode pedir a redução proporcional das singulares penhoras, nos termos do art. 496 ou da declaração de ineficácia de algumas dessas; o juiz da execução, convocando as partes, provê mediante decisão não além do prazo de vinte dias.

23.2. Penhora em direito e ação do executado – sub-rogação

Feita a penhora em direito e ação do executado, e não tendo ele oferecido embargos ou sendo estes rejeitados, o exequente ficará sub-rogado nos direitos do executado até a concorrência de seu crédito (art. 857 do novo C.P.C.).

Com a sub-rogação, *"transfere-se ao novo credor todos os direitos, ações, privilégios e garantias do primitivo, em relação à dívida, contra o devedor principal e fiadores"*. (Art. 349 do C.c.b.).

A sub-rogação estabelecida no art. 857 do atual C.P.C. é automática em prol do exequente.

Segundo Fernando Amâncio Ferreira, *"é, assim, penhorável, a título de exemplo: a posição do promitente comprador em contrato de transmissão ou constituição de direito reais sobre imóveis ou móveis sujeitos a registro, com eficácia real...; a posição do titular do direito de preferência, legal ou convencional com eficácia real..., a quem não foi dado conhecimento da venda e enquanto não decorrer o prazo de caducidade para a acção de preferência...; a expectativa de aquisição de bem vendido com reserva de propriedade...".*[328]

Se o exequente não desejar a sub-rogação do direito ou das ações, deverá demonstrar essa manifestação de vontade ao juízo da execução.

A jurisprudência do STJ é firme no sentido de que, com a penhora do crédito, cabe ao exequente optar pela sub-rogação ou pela alienação judicial do direito penhorado.

O credor pode preferir, em vez da sub-rogação, a alienação judicial do direito penhorado, caso em que declarará sua vontade no prazo de 10 dias contado da realização da penhora.

O S.T.J. já entendeu que sendo extemporânea a manifestação da Fazenda Pública, é de reconhecer que ocorreu a sub-rogação do bem penhorado, consoante concluído pelo Tribunal de origem. Nesse sentido: REsp 1.414.987/PR, Rel. Ministro Humberto Martins, Segunda Turma, DJe 13.4.2015; AgRg no AREsp 233.359/PR, Rel. Ministra Eliana Calmon, Segunda Turma, DJe 24.10.2013; REsp 1.293.506/PR, Rel. Ministro Mauro Campbell Marques, Segunda Turma, DJe 9.3.2012; AgRg no Ag 1.373.022/RS, Rel. Min. Arnaldo Esteves Lima, Primeira Turma, DJe 2.2.2012; AgRg no Ag 1.245.632/PR, Rel. Min. Benedito Gonçalves, Primeira Turma, DJe 16.3.2011; AgRg no REsp 1.229.550/PR, Rel. Min. Castro Meira, Segunda Turma, DJe 1º.7.2011" (STJ, AgRg no REsp 1.576.927/RS, Rel. Ministro HERMAN BENJAMIN, SEGUNDA TURMA, DJe de 25/05/2016).

---

[328] Ferreira, F. A., op. cit. p. 196.

EXECUÇÃO E CUMPRIMENTO DE SENTENÇA

Aceitando o exequente a sub-rogação do direito ou das ações, também poderá ser responsabilizado se por culpa ou dolo, ação ou omissão, deixar de receber ou cobrar o valor representativo do direito ou da pretensão.

Pontes de Miranda, comentando o art. 673 do C.P.C. de 1973, o qual apresentava a mesma redação do art. 857 do atual C.P.C., assim se manifestou sobre a questão da sub-rogação: *"A verdadeira construção é a seguinte: quando o credor o requerer ou entender de cobrar a dívida ainda não cobrada, pode cobrá-la, tendo-se, então, como sub-rogado, e prestando contas oportunamente, inclusive respondendo pelo bom desempenho da sua procura processual (não mandato!); se não quer cobrar, responde pelo que possa ocorrer, se se opõe a que o executado a cobre; se já foi 'avaliada', a sub-rogação é pelo valor que se atribuiu à pretensão ou ação. Se ao exeqüente foi adjudicada toda ou parte da dívida, deu-se a substituição por força da adjudicação e, pois, a sub-rogação, sem mais responsabilidade. O valor do art. 673, como o do art. 12 do Decreto n. 9.549, é o de pré-equiparar essa adjudicação a sub-rogação requerida, ou exercida, 'depois da avaliação'. Antes da avaliação, a sub-rogação requerida é completa, pelo que está no título de dívida, ou exercida, é com a responsabilidade do credor exeqüente. Tal como previam algumas leis processuais locais: 'prestando oportunamente contas'"*.[329]

Se, porém, a demanda executiva já tiver sido proposta contra o terceiro devedor inadimplente, a penhora deverá ser realizada *no rosto dos autos*, não se estabelecendo a sucessão subjetiva em razão da sub-rogação. Segundo Pontes de Miranda, essa sucessão poderá ocorrer, *"salvo se, 'avaliada', o credor requerer, ou se apresentar no juízo da ação como sucessor (sub-rogado). 'Alieter', se se satisfaz com o litisconsórcio ou a intervenção litisconsorcial. Dentro dos princípios, é assim que se há de entender o art. 673 do C.P.C. de 1973"*.[330]

Não se observa nessa sub-rogação qualquer modalidade de novação, pois não se trata de uma substituição subjetiva advinda de direito material, mas, sim, de substituição subjetiva do direito ou ação decorrente de norma de direito processual.

Na verdade, como a sub-rogação somente se opera após transcorrido o prazo de embargos, isso se dá no momento processual do pagamento do crédito. Contudo, esse pagamento está sujeito a uma cláusula suspensiva, ou seja, o pagamento está suspenso até que exequente efetivamente receba aquilo que é objeto do direito ou da pretensão até então pertencente ao devedor.

Se o exequente, sub-rogado, não conseguir receber o objeto da sub-rogação, seja porque houve a decadência do direito ou a prescrição da pretensão, seja

---

[329] PONTES DE MIRANDA, op. cit., p. 311.
[330] PONTES DE MIRANDA, idem, p. 311.

porque o terceiro devedor não possui bens para satisfazer a obrigação, poderá o credor exequente requerer o prosseguimento da execução, mediante a penhora em outros bens do executado. Não se diga que houve adjudicação, pois somente houve sub-rogação processual condicional.

Assim, se o exequente executa o credor do seu devedor, este fato ressalta que: *"o exequente é titular de relação jurídica processual, e não é o titular de relação de direito material, 'salvo se a sucessão se deu no terreno do direito material. Não nos esqueçamos que o art. 673 tem como fim político a execução do devedor, cujo crédito se penhorou, e não a execução do devedor do executado".* [331]

O exequente, ao invés de ser considerado como sub-rogado na penhora de direitos ou ações do executado, poderá preferir, em vez da sub-rogação, a alienação judicial do direito penhorado, caso em que declarará sua vontade no prazo de dez dias contado da realização da penhora.

Trata-se de uma preferência ou opção do próprio exequente.

Por opção exclusiva do exequente, o direito ou as ações pertencentes ao executado serão objeto de alienação, que pode ser promovida por meio de: a) adjudicação; b) alienação particular; c) leilão judicial. Nessa hipótese, o exequente manifesta pretensão de que seja realizada apenas a penhora do crédito e nada mais.

Há entendimento jurisprudencial do S.T.J. no sentido de que o exequente poderá requerer a alienação de determinado direito de crédito, inclusive anteci-padamente (REsp 1304923/RS, Rel. Ministro BENEDITO GONÇALVES, PRIMEIRA TURMA, julgado em 22/05/2012, DJe 28/05/2012).

A sub-rogação não impede o sub-rogado, se não receber o crédito do executado, de prosseguir na execução, nos mesmos autos, penhorando outros bens.

A sub-rogação do art. 857 do atual C.P.C. somente se opera no plano processual e não no plano do direito material. Se se operasse no plano de direito material, haveria liberação do executado em face do pagamento *pro soluto* e não *pro solvendo*.

Por isso, não é a *sub-rogação* do art. 857 do atual C.P.C. que irá liberar o executado de sua obrigação, mas, sim, a implementação da condição suspensiva, ou seja, o recebimento pelo exequente do crédito decorrente do direito ou da pretensão em que se sub-rogou.

Sobre o tema, eis o seguinte precedente do S.T.J.:

---

[331] Pontes de Miranda, idem, p. 317.

EXECUÇÃO E CUMPRIMENTO DE SENTENÇA

PROCESSUAL CIVIL. PENHORA DE CRÉDITOS. DIREITOS HEREDITÁRIOS DO DEVEDOR. EFETIVAÇÃO ATRAVÉS DA TRANSCRIÇÃO DA PENHORA SOBRE OS BENS QUE INTEGRAM O QUINHÃO HEREDITÁRIO. ATOS EXPROPRIATÓRIOS A PROSSEGUIR NOS AUTOS DA EXECUÇÃO. VIOLAÇÃO AOS ARTS. 673 E 674 DO CPC. NÃO OCORRÊNCIA.

I – São penhoráveis os direitos do devedor contra terceiros, desde que tenham caráter patrimonial e possam ser transferidos/cedidos independentemente do consentimento do terceiro, de que é exemplo a cota de herança no bojo de inventário.

II – A efetivação desse tipo de penhora pode se dar no rosto dos autos no qual o executado possui crédito/direito a ser apurado frente a terceiro, prosseguindo o processo executivo, com avaliação e alienação nos bens.

III – Recaindo a penhora sobre direito hereditário (art. 655, XI, CPC) do executado, e não sendo oferecidos embargos ou impugnação (ou sendo eles rejeitados, com ou sem exame do mérito), o exeqüente ficará sub-rogado no direito penhorado, até o limite do seu crédito (art. 673, CPC).

IV – A sub-rogação de que trata o artigo 673 do CPC não implica em transferência automática, para o credor, de bens pertencentes ao devedor; ela opera-se no plano da legitimação ad causam: o credor exeqüente assume a legitimação extraordinária para cobrar o crédito pelo executado.

V – Homologada a partilha, com a devida individualização dos bens e direitos do herdeiro/ executado, sobre os quais recaíra a penhora, compete ao juízo da execução prosseguir com os atos expropriatórios, na forma escolhida pelo credor.

(REsp 920.742/RS, Rel. Ministro PAULO FURTADO (DESEMBARGADOR CONVOCADO DO TJ/BA), TERCEIRA TURMA, julgado em 04/02/2010, DJe 23/02/2010)

23.3. Penhora sobre dívidas de dinheiro a juros, de direito a rendas ou de prestações periódicas

A penhora poderá incidir ainda sobre dívidas de dinheiro a juros, sobre rendas provenientes de bens móveis ou imóveis, ou, ainda, em prestações periódicas.

Nessa hipótese, havendo penhora, o devedor dos juros (ex. mútuo), das rendas (exemplo aluguel) ou prestações periódicas (ex. pagamento periódico de prestação de aquisição de bens) deverá efetuar periodicamente o pagamento da prestação em conta judicial vinculada ao juízo da execução.

Daí por que da importância da intimação do devedor para que não pague ao seu credor, assim como a intimação do credor para que não disponha do crédito decorrente da prestação periódica.

DA PENHORA

O devedor exonerar-se-á da obrigação depositando a prestação em juízo.

Não tendo sido dado efeito suspensivo a eventuais embargos interpostos, ou se dado, esses foram julgados incabíveis ou improcedentes por sentença transitada em julgado, ou, ainda, quando aguardarem apenas a definição de recursos especiais ou extraordinários, o credor poderá levantar os juros, os rendimentos ou as prestações à medida que forem sendo depositados, abatendo-se do crédito as importâncias recebidas, conforme as regras de imputação em pagamento, nos termos dos arts. 352 a 355 do C.c.b.

Indagava-se, sob a égide do C.P.C. de 1973, qual seria a natureza desse levantamento feito pelo credor. Seria caso de *adjudicação de valores,* cabendo a interposição de *embargos à adjudicação?* Segundo Pontes de Miranda, *"rigorosamente, nada se adjudicou, em sentido estrito, e sim se 'solveu' a dívida, antecipadamente. O que se há de perguntar é qual a medida adequada se o levantamento não obedeceu à lei, ou se adveio pagamento, transação, ou prescrição (o que seria difícil acontecer). Adveio, dissemos, porque só interessa o que concerne ao levantamento. Não seria de pensar-se em agravo de instrumento, mas, como se trata de solução parcial ou total da dívida, extinguindo-se em parte ou no todo a execução, o pedido – que se assemelha ao de embargos à adjudicação, posto que não o seja, conduz à decisão em sentença (cp. Art. 794, I e II do C.P.C. de 1973. Contra ela é interponível a apelação (por analogia, art. 795 do C.P.C.)".*[332]

Não obstante a lição do inesquecível Pontes de Miranda, o §1º do art. 203 do novo C.P.C. assim dispõe: *"Ressalvadas as disposições expressas dos procedimentos especiais, sentença é o pronunciamento por meio do qual o juiz, com fundamento nos arts. 485 e 487, põe fim à fase cognitiva do procedimento comum, bem como extingue a execução.*

Portanto, somente quando a decisão extingue integralmente a execução é que se poderá denominar essa decisão como sendo uma sentença, suscetível ao recurso de apelação.

A decisão do juiz que determina o levantamento parcial da penhora realizada em prestações periódicas não põe fim ao procedimento executivo, razão pela qual se está diante de uma decisão de natureza interlocutória, sendo cabível contra ela o recurso de *agravo de instrumento.*

Os direitos portugueses e espanhóis assim tratam da matéria:

Código de Processo Civil português:

---

[332] PONTES DE MIRANDA, idem, p. 326.

Artigo 779.º Penhora de rendas, abonos, vencimentos ou salários

1 – Quando a penhora recaia sobre rendas, abonos, vencimentos, salários ou outros rendimentos periódicos, é notificado o locatário, o empregador ou a entidade que os deva pagar para que faça, nas quantias devidas, o desconto correspondente ao crédito penhorado e proceda ao depósito em instituição de crédito.

2 – As quantias depositadas ficam à ordem do agente de execução ou, nos casos em que as diligências de execução são realizadas por oficial de justiça, da secretaria, mantendo-se indisponíveis até ao termo do prazo para a oposição do executado, caso este se não oponha, ou, caso contrário, até ao trânsito em julgado da decisão que sobre ela recaia.

3 – Findo o prazo de oposição, se esta não tiver sido deduzida, ou julgada a oposição improcedente, havendo outros bens penhoráveis, o agente de execução, depois de descontado o montante relativo a despesas de execução referido no n.º 3 do artigo 735.º:

a) Entrega ao exequente as quantias já depositadas, que não garantam crédito reclamado;

b) Adjudica as quantias vincendas, notificando a entidade pagadora para as entregar diretamente ao exequente.

4 – Findo o prazo de oposição, se esta não tiver sido deduzida, ou julgada a oposição improcedente, caso não sejam identificados outros bens penhoráveis, o agente de execução, depois de assegurado o pagamento das quantias que lhe sejam devidas a título de honorários e despesas:

a) Entrega ao exequente as quantias já depositadas que não garantam crédito reclamado;

b) Adjudica as quantias vincendas, notificando a entidade pagadora para as entregar diretamente ao exequente, extinguindo-se a execução.

5 – Nos casos previstos no número anterior o exequente pode requerer a renovação da instância para satisfação do remanescente do seu crédito, aplicando-se o disposto n.º 4 do artigo 850.º.

Código de Processo Civil espanhol:

Art. 622. Garantia da penhora de interesses, rendas e frutos.

1. Quando a penhora for de interesses, rendas ou frutos de todos as classes, enviar-se-á ordem de retenção a quem deva pagá-los ou diretamente que os perceba, ainda que seja o próprio executado, para que, se forem interesses, o deposite em conta de depósito e consignação ou, se for de outra classe, os retenha a disposição do tribunal.

2. O Secretario judicial somente concordará mediante decreto a administração judicial da garantia da penhora de frutos e rendas, quando a natureza dos bens e direitos produtivos, a importância dos interesses, as rendas e os frutos penhorados ou as circunstâncias em que se encontre o executado razoavelmente o aconselhe.

3. Também poderá o Secretário judicial acordar com a administração judicial quando se comprovar que a entidade pagadora ou recebedora ou, se for o caso, o mesmo executado, não cumpram a ordem de retenção ou ingresso dos frutos e rendas a que se refere o parágrafo primeiro deste artigo.

23.4. Penhora sobre direito a prestação ou a restituição de coisa determinada

É possível que a penhora recaia sobre direito a prestação ou restituição de coisa determinada em favor do executado. Isso ocorre, por exemplo, diante de um contrato de compra e venda em que o vendedor se comprometeu a entregar determinado bem em determinado prazo, cumprindo assim a sua prestação. Também é o exemplo do comodato firmado com o executado com terceiro, devendo a coisa ser restituída em determinado prazo ou mesmo em prazo indeterminado mediante notificação.

A coisa também poderá ser determinada pelo gênero e pela quantidade. Nesse caso, a escolha pertence ao devedor, se o contrário não resultar do título da obrigação; mas não poderá dar a coisa pior, nem será obrigado a prestar a melhor (art. 244 do C.c.b.).

A penhora considera-se efetivada desde o momento em que o devedor/terceiro é intimado para depositar a coisa em juízo.

Assim, incidindo a penhora sobre o direito à percepção da prestação de entrega da coisa, ou sobre o direito à restituição da coisa determinada, o devedor/terceiro será intimado para, no vencimento, depositá-la, correndo sobre ela a execução.

Havendo o depósito antes ou depois do vencimento, a penhora sub-roga-se na coisa corpórea depositada.

Se o devedor/terceiro, após devidamente intimado da penhora, não depositar a coisa em juízo, mas entregá-la diretamente ao seu credor/executado, tal fato será ineficaz perante o exequente, respondendo o devedor/terceiro pelo depósito de novo bem em juízo ou pelo seu equivalente em dinheiro.

Note-se que a penhora ocorreu desde a intimação do devedor/terceiro para depositar a coisa em juízo.

Se o terceiro somente for intimado após a entrega da coisa ao seu credor, não terá qualquer responsabilidade no âmbito do procedimento executivo.

23.5. Penhora sobre direito pleiteado em juízo – averbação

É possível que o direito ou a pretensão que lhe corresponder já seja objeto de uma demanda judicial, devidamente instaurada. A penhora, nessa hipótese, deverá ser averbada nos autos, a fim de se efetivar futuramente nos bens que forem adjudicados ou vierem a caber ao executado.

Isso é muito comum, por exemplo, em relação a crédito de herança, devendo a penhora ser realizada mediante averbação nos autos do inventário, salvo se o inventariante indicar um bem específico para a penhora.

O mesmo ocorre quando o executado já promoveu demanda de cobrança ou de execução para receber o que lhe é devido. Nesse caso, o exequente procederá a penhora no rosto dos autos do processo em andamento.

É certo que sendo o direito, objeto da demanda, impenhorável, não se fará a averbação no rosto dos autos. Nesse sentido é o seguinte precedente do S.T.J.:

> *RECURSO ESPECIAL. DIREITO CIVIL. FAMÍLIA E SUCESSÕES. EXECUÇÃO FISCAL. PENHORA. IMÓVEL RESIDENCIAL. ACERVO HEREDITÁRIO. ÚNICO BEM. IMPENHORABILIDADE. BEM DE FAMÍLIA. LEI Nº 8.009/1990. DIREITO CONSTITUCIONAL À MORADIA. DIGNIDADE DA PESSOA HUMANA. ARTS. 1º, III, E 6º DA CONSTITUIÇÃO FEDERAL.*
>
> *1. A proteção instituída pela Lei nº 8.009/1990 impede a penhora sobre direitos hereditários no rosto do inventário do único bem de família que compõe o acervo sucessório.*
>
> *2. A garantia constitucional de moradia realiza o princípio da dignidade da pessoa humana (arts. 1º, III, e 6º da Constituição Federal).*
>
> *3. A morte do devedor não faz cessar automaticamente a impenhorabilidade do imóvel caracterizado como bem de família nem o torna apto a ser penhorado para garantir pagamento futuro de seus credores.*
>
> *4. Recurso especial provido.*
>
> (REsp 1271277/MG, Rel. Ministro RICARDO VILLAS BÔAS CUEVA, TERCEIRA TURMA, julgado em 15/03/2016, DJe 28/03/2016)

24. Penhora das quotas ou das ações de sociedades personificadas

Discutiu-se muito na doutrina sobre a penhorabilidade das *quotas sociais*.

Na vigência do C.P.C. de 1939, as quotas sociais não podiam ser penhoradas, em virtude de norma expressa. Essa norma proibitiva não foi repetida pelo C.P.C. de 1973, razão pela qual, em face do princípio da *tipicidade* das causas de impenhorabilidade dos bens, a doutrina propugnava pela possibilidade de penhora das quotas sociais (Theodoro Jr.; Ovídio A. B. Silva, Carlos Henrique Abrão).[333]

---

[333] Assis, A., op. cit., p. 420.

DA PENHORA

O art. 655, parágrafo único, inc. VI, do C.P.C. de 1973, com a redação dada pela Lei n. 11.382/2006, permitia a penhora das *ações e quotas de sociedades empresárias.*

Em que pese o art. 655, p.u., inc. VI, do C.P.C. de 1973 permitisse a penhora de ações ou quotas de sociedades empresariais, o código revogado não trazia nenhuma outra disposição de como se efetuar a liquidação e apuração de valores em relação às quotas ou ações penhoradas.

O legislador do novo C.P.C. houve por bem manter a penhora de ações e quotas, não somente da sociedade empresarial, mas, também, da sociedade simples.

O atual código civil brasileiro permite a penhora de quotas ou do seu valor representativo, conforme estabelece o art. 1.026 do referido diploma legal.

Havendo permissão para a penhora de quotas ou ações de sociedade simples ou empresária, a maneira de transformar esses bens em dinheiro é ditada pelo *caput* do art. 861 do atual C.P.C.

Assim, não sendo interpostos embargos do devedor à execução, ou se não for atribuído efeito suspensivo aos que forem promovidos, o juiz assinará prazo razoável, não superior a três meses, para que a sociedade: I – apresente balanço especial, na forma da lei; II – ofereça as quotas ou as ações aos demais sócios, observado direito de preferência legal ou contratual; III – não havendo interesse dos sócios na aquisição das ações, proceda à liquidação das quotas ou das ações, depositando em juízo o valor apurado, em dinheiro.

No mesmo sentido é o disposto no art. 1.031 do C.c.b.

Em caso de não apuração dos haveres do sócio no prazo fixado pelo juiz da execução, poderá incidir multa punitiva processual pelo descumprimento de ordem judicial.

Permanecendo a mora da sociedade em cumprir a determinação judicial, o juiz não poderá determinar que a apuração dos haveres ocorra diretamente no processo de execução, especialmente pelo fato de que a sociedade é terceira na relação jurídica processual. Contudo, poderá juiz da execução, a pedido do exequente, promover a adjudicação das quotas ou das ações, a fim de que o exequente possa, como sucessor do executado, ingressar com a demanda de procedimento especial de dissolução parcial de sociedade, nos termos dos arts. 599 a 609 do atual C.P.C.

Poderá, por fim, ocorrer o leilão judicial das quotas ou ações da sociedade, nos termos do §5º do art. 861 do atual C.P.C.

Se nenhum sócio quiser adquirir as quotas ou as ações, e se a sociedade não quiser liquidar essas quotas ou ações, poderá a própria sociedade adquiri-las sem redução do capital social e com utilização de reservas, para manutenção em tesouraria.

O disposto no caput e no §1º do art. 861 do novo C.P.C. não se aplica à sociedade anônima de capital aberto, cujas ações serão adjudicadas ao exequente ou alienadas em bolsa de valores, conforme o caso.

O *caput* do art. 861 do atual C.P.C. somente se aplica, em relação às ações, à sociedade anônima de capital fechado, excluindo-se a de capital aberto.

Sociedade anônima de *capital fechado* é aquela em que o seu capital social está representado por ações divididas, em regra, entre poucos acionistas. Por ser de capital fechado, a pessoa física que quiser comprar essas ações terá de convencer um dos atuais acionistas a vendê-las e irá precisar fazer uma escrituração da transferência da propriedade das ações no livro de transferência de ações nominativas da companhia. Essas ações, ao contrário de uma empresa de capital aberto , não são comercializadas em bolsas de valores ou no mercado de balcão.

Em se tratando de penhora de ações de uma sociedade anônima de capital aberto, a alienação das ações será feita por intermédio da bolsa de valores, ou adjudicadas ao exequente, se assim o desejar.

Dependendo da sociedade e da sua complexidade, tanto o exequente quanto a própria sociedade poderão requerer a nomeação de um administrador provisório, que poderá ser um perito contador ou especialista da área de contábeis ou de outra área técnica especializada, a fim de que esse administrador provisório realize a liquidação e a apuração dos haveres do sócio devedor, no prazo máximo de três meses, submetendo a forma de liquidação dos haveres à aprovação judicial.

Evidentemente que o juiz somente poderá deliberar sobre a aprovação dos haveres apurados após ouvir as partes da relação jurídica processual.

Muito embora as medidas executivas sejam realizadas no interesse do credor, não se pode esquecer que no caso de penhora de quotas ou ações de sociedade simples ou empresarial, a sociedade é terceira na relação jurídica processual executiva.

Diante das consequências que possam advir para a sociedade, o juiz poderá ampliar o prazo de três meses indicado no *caput* do art. 861 do atual C.P.C., desde que o pagamento das quotas ou das ações liquidadas possa superar o valor do saldo de lucros ou reservas, exceto a legal, e sem diminuição do capital social, ou por doação, ou, ainda, colocar em risco a estabilidade financeira da sociedade simples ou empresarial.

Isso não significa dizer que não haverá a liquidação das quotas ou das ações, mas somente que o juiz deverá outorgar um prazo maior à sociedade para que assim proceda nas hipóteses dos incs. I e II do §4º do art. 861 do atual C.P.C.

Caso não haja interesse dos demais sócios no exercício de direito de preferência, não ocorra a aquisição das quotas ou das ações pela sociedade e a liquidação do inciso III do caput do art. 861 do novo C.P.C. seja excessivamente onerosa para a sociedade, o juiz poderá determinar o leilão judicial das quotas ou das ações.

A intenção primeira é que as quotas ou ações permaneçam com os sócios ou com a própria sociedade.

Se isso não for possível, o juiz determinará o leilão judicial das quotas ou ações, devendo os sócios e a sociedade serem intimados da data do leilão para que possam exercer seu direito de preferência.

Em relação ao direito português, estabelece o art. 781º do C.P.C. português:

Artigo 781.º Penhora de direito a bens indivisos e de quotas em sociedades

1 – Se a penhora tiver por objeto quinhão em património autónomo ou direito a bem indiviso não sujeito a registo, a diligência consiste unicamente na notificação do facto ao administrador dos bens, se o houver, e aos contitulares, com a expressa advertência de que o direito do executado fica à ordem do agente de execução, desde a data da primeira notificação efetuada.

2 – É lícito aos notificados fazer as declarações que entendam quanto ao direito do executado e ao modo de o tornar efetivo, podendo ainda os contitulares dizer se pretendem que a venda tenha por objeto todo o património ou a totalidade do bem.

3 – Quando o direito seja contestado, a penhora subsistirá ou cessará conforme a resolução do exequente e do executado, nos termos do artigo 775.º.

4 – Quando todos os contitulares façam a declaração prevista na segunda parte do n.º 2, procede-se à venda do património ou do bem na sua totalidade.

5 – O disposto nos números anteriores é aplicável, com as necessárias adaptações, à penhora do direito real de habitação periódica e de outros direitos reais cujo objeto não deva ser apreendido, nos termos previstos na subsecção anterior.

6 – Na penhora de quota em sociedade, além da comunicação à conservatória de registo competente, nos termos do n.º 1 do artigo 755.º, é feita a notificação da sociedade, aplicando--se o disposto no Código das Sociedades Comerciais quanto à execução da quota.

25. Penhora de empresa, de outros estabelecimentos e de semoventes

O novo C.P.C. brasileiro regulamenta a penhora de estabelecimento comercial, industrial ou agrícola, bem como em semoventes, plantações ou edifícios em construção, nos arts. 862 a 865.

O C.P.C. português e o C.P.C. espanhol regulamentam a penhora do estabelecimento comercial, respectivamente, nos arts. 782º e 630/631, a saber:

> *Artigo 782.º Penhora de estabelecimento comercial*
>
> *1 – A penhora do estabelecimento comercial faz-se por auto, no qual se relacionam os bens que essencialmente o integram, aplicando-se ainda o disposto para a penhora de créditos, se do estabelecimento fizerem parte bens dessa natureza, incluindo o direito ao arrendamento.*
>
> *2 – A penhora do estabelecimento comercial não obsta a que possa prosseguir o seu funcionamento normal, sob gestão do executado, nomeando o juiz, sempre que necessário, quem a fiscalize, aplicando-se, com as necessárias adaptações, os preceitos referentes ao depositário.*
>
> *3 – Quando, porém, o exequente fundadamente se oponha a que o executado prossiga na gestão do estabelecimento, cabe ao juiz designar um administrador, com poderes para proceder à respetiva gestão ordinária.*
>
> *4 – Se estiver paralisada ou dever ser suspensa a atividade do estabelecimento penhorado, o juiz nomeia depositário para a mera administração dos bens nele compreendidos.*
>
> *5 – A penhora do direito ao estabelecimento comercial não afeta a penhora anteriormente realizada sobre bens que o integrem, mas impede a penhora posterior sobre bens nele compreendidos.*
>
> *6 – Se estiverem compreendidos no estabelecimento bens ou direitos cuja oneração a lei sujeita a registo, deve o exequente promovê-lo, nos termos gerais, quando pretenda impedir que sobre eles possa recair penhora ulterior.*

Código de Processo Civil espanhol:

> *Artículo 630. Casos en que procede.*
>
> *1. Podrá constituirse una administración judicial cuando se embargue alguna empresa o grupo de empresas o cuando se embargaren acciones o participaciones que representen la mayoría del capital social, del patrimonio común o de los bienes o derechos pertenecientes a las empresas, o adscritos a su explotación.*
>
> *2. También podrá constituirse una administración judicial para la garantía del embargo de frutos y rentas, en los casos previstos en los apartados 2 y 3 del artículo 622.*

DA PENHORA

Artículo 631. Constitución de la administración. Nombramiento de administrador y de interventores.

1. Para constituir la administración judicial, se citará de comparecencia ante el Secretario judicial encargado de la ejecución a las partes y, en su caso, a los administradores de las sociedades, cuando éstas no sean la parte ejecutada, así como a los socios o partícipes cuyas acciones o participaciones no se hayan embargado, a fin de que lleguen a un acuerdo o efectúen las alegaciones y prueba oportunas sobre el nombramiento de administrador, persona que deba desempeñar tal cargo, exigencia o no de caución, forma de actuación, mantenimiento o no de la administración preexistente, rendición de cuentas y retribución procedente.

A los interesados que no comparezcan injustificadamente se les tendrá por conformes con lo acordado por los comparecientes.

Si existe acuerdo, el Secretario judicial establecerá por medio de decreto los términos de la administración judicial en consonancia con el acuerdo. Para la resolución de los extremos en que no exista acuerdo o medie oposición de alguna de las partes, si pretendieren practicar prueba, se les convocará a comparecencia ante el Tribunal que dictó la orden general de ejecución, que resolverá, mediante auto, lo que estime procedente sobre la administración judicial. Si no se pretendiese la práctica de prueba, se pasarán las actuaciones al Tribunal para que directamente resuelva lo procedente.

2. Si se acuerda la administración judicial de una empresa o grupo de ellas, el Secretario judicial deberá nombrar un interventor designado por el titular o titulares de la empresa o empresas embargadas y si sólo se embargare la mayoría del capital social o la mayoría de los bienes o derechos pertenecientes a una empresa o adscritos a su explotación, se nombrarán dos interventores, designados, uno por los afectados mayoritarios, y otro, por los minoritarios.

3. El nombramiento de administrador judicial será inscrito, cuando proceda, en el Registro Mercantil. También se anotará la administración judicial en el Registro de la Propiedad cuando afectare a bienes inmuebles.

No âmbito do direito processual civil brasileiro, a penhora de estabelecimento comercial há muito vem sendo autorizada pelos nossos tribunais, conforme se verifica pelo conteúdo normativo da Súmula n. 451 do S.T.J: *é legítima a penhora da sede do estabelecimento comercial*".

O estabelecimento comercial deve ser penhorado como uma universalidade, por meio de auto, com sua entrega a um depositário/administrador.

Pode o exequente requerer que sejam relacionados no auto de penhora os bens que essencialmente integram o estabelecimento, como as instalações, utensílios, mercadorias e quaisquer outros elementos indispensáveis ao normal funcionamento do estabelecimento. Com a descrição no auto de penhora de alguns dos valores patrimoniais que integram o estabelecimento pretende-se,

EXECUÇÃO E CUMPRIMENTO DE SENTENÇA

como nos diz Antunes Varela: *"facilitar desde logo a prova da ligação de certos bens ao estabelecimento, dificultar a subtracção, alienação ou oneração fraudulenta desses bens".*[334]

Porém, é importante não confundir a dívida do sócio/empresário com a dívida da sociedade simples ou empresarial.

Se a dívida for do sócio, a penhora não poderá recair sobre o estabelecimento da sociedade de que faz parte, mas apenas sobre a quota ou ações que lhe pertence.

Já se a dívida for da sociedade, da empresa ou de um empresário individual, a penhora poderá recair sobre o estabelecimento.

A penhora, portanto, pode recair sobre o estabelecimento comercial, industrial ou agrícola, podendo o estabelecimento ter uma natureza civil ou comercial.

Considera-se estabelecimento todo complexo de bens organizado para exercício da empresa, por empresário, ou por sociedade empresária (art. 1.142 do C.c.b.).

Pode o estabelecimento ser objeto unitário de direitos e de negócios jurídicos, translativos ou constitutivos, que sejam compatíveis com a sua natureza (art. 1.143 do C.c.b.).

Sobre a penhora de estabelecimento comercial integrado a um centro comercial, anota Fernando Amâncio Ferreira: *"Mas se o estabelecimento comercial se integrar num centro comercial, logo num conjunto organizado de actividades comerciais, deve ser notificada a penhora do estabelecimento à entidade titular do centro, face às atribuições patrimoniais que é obrigada a proporcionar aos lojistas, inexistentes no simples arrendamento comercial(...). Constando do contrato de instalação do lojista que este não pode ceder, no todo ou em parte, o local que ocupa no centro comercial, sem a prévia autorização da entidade gestora do centro, da penhora do estabelecimento comercial fica excluído o direito à ocupação da área a ele destinada no centro. A penhora abrangerá, assim, os restantes elementos..., bem como a própria firma ou o nome e a insígnia do estabelecimento, que o adquirente poderá utilizar no lugar onde montar o estabelecimento adquirido".*[335]

Como complexo de bens e atividade organizada, civil ou comercial, quando a empresa for objeto de penhora, mais que um simples depósito dos bens corpóreos ou incorpóreos, exige-se um plano de administração para que o estabelecimento empresarial possa manter sua finalidade e de certa forma liquidar o débito executivo.

---

[334] FERREIRA, A. F., op. cit. p. 206.
[335] FERREIRA, F. A., idem, p. 208.

DA PENHORA

A mantença em funcionamento da atividade empresarial, além de ser benéfica ao exequente e ao executado (que não é despojado de seus bens), também tem uma forte conotação social e econômica, pois além de manter a atividade econômica em movimento, também mantém o emprego das pessoas que trabalham no estabelecimento empresarial.

Por isso o art. 862 do atual C.P.C. preconiza que no caso de penhora de estabelecimento comercial, industrial ou agrícola, bem como em semoventes, plantações ou edifícios em construção, deverá ser nomeado um *administrador- -depositário*, o qual, mais que um depositário, será um administrador de empresa, ou melhor, de estabelecimento empresarial.

Com a nomeação de um administrador, o executado poderá perder a administração do estabelecimento empresarial que lhe pertence.

Com a nomeação de um depositário administrador, há um aumento da complexidade de suas atividades, pois mais do que um simples depositário, também será considerado administrador do estabelecimento, devendo gerenciar com maestria, capacidade e competência o bem penhorado, cuidando de semoventes, de plantação e de construção.

Por isso, administrar é algo mais complexo que simplesmente guardar em depósito ou conservar. Daí por que ao administrador é outorgado poderes de administração e ato de gestão da empresa, por óbvio dentro dos limites estabelecidos no plano de gestão aprovado pelo juiz.

O ideal é que exequente e executado possam chegar a um acordo sobre a administração do estabelecimento, inclusive indicando o administra- dor-depositário.

Poderá o administrador-depositário ser alguns dos administradores do estabelecimento, desde que seja pessoa ilibada e de notória capacidade técnica e com experiência em administração no ramo de negócio da empresa.

O administrador terá por objetivo prosseguir com as atividades empresariais, buscando manter o faturamento, e, com isso, abater a dívida objeto da execução.

O mesmo ocorre em se tratando de penhora de semoventes (animais de criação ou de engorda, tratamento de couro, cardume, curtume), plantações e edifícios em construção. Todas essas atividades demandam continuidade para que haja algum benefício futuro, especialmente a percepção de lucro e o pagamento do exequente.

Para tanto, o administrador-depositário deverá apresentar um plano de administração no prazo de dez dias. Nesse plano de administração, o administrador-depositário deverá indicar o momento atual do mercado, o estado financeiro e econômico em que se encontra a empresa, as diretrizes a serem traçadas, e a forma de se buscar faturamento suficiente a fim de manter a empresa em atividade e ao mesmo tempo reduzir a dívida executada. Vê-se, portanto, que não se trata de uma tarefa fácil.

Ouvidas as partes, o juiz decidirá.

Se as partes não acordarem sobre a forma da administração ou quanto à pessoa do administrador nomeado, deverá o juiz decidir como deverá ser realizada a administração e quem será o seu administrador. Contra essa decisão as partes poderão interpor agravo instrumento.

É lícito às partes ajustar a forma de administração e escolher o depositário, hipótese em que o juiz homologará por despacho a indicação.

Essa é efetivamente a melhor solução, ou seja, que haja efetiva conciliação entre partes, no sentido de escolherem o depositário e a forma de administração, caso em que o juiz a homologará por despacho.

Em relação aos edifícios em construção sob regime de incorporação imobiliária, a penhora somente poderá recair sobre as unidades imobiliárias ainda não comercializadas pelo incorporador.

Protege-se os adquirentes de unidades autônomas de edifício ainda em construção sob o regime de incorporação imobiliária, reconhecendo que as unidades que já foram comercializadas pelo incorporador, inclusive por meio de compromisso de compra e venda, devem ser caracterizadas como não mais pertencentes ao patrimônio da incorporadora.

Neste caso, a penhora somente poderá recair sobre as unidades imobiliárias que ainda não foram comercializadas. Note-se que o termo *comercializada* é abrangente, incluindo compra e venda, permuta ou dação em pagamento.

Sendo necessário afastar o incorporador da administração da incorporação, será ela exercida pela comissão de representantes dos adquirentes ou, se se tratar de construção financiada, por empresa ou profissional indicado pela instituição fornecedora dos recursos para a obra, devendo ser ouvida, neste último caso, a comissão de representantes dos adquirentes.

Por vezes, incidindo a penhora sobre as unidades que ainda não foram comercializadas pela administradora da incorporação imobiliária, é necessário também o afastamento do incorporador do empreendimento.

Afastado o incorporador, a administração deverá ser exercida por uma comissão de representantes dos adquirentes de unidades imobiliárias, composta, além do exequente, pelos demais interessados na conclusão da obra.

26. Penhora de empresa que funcione mediante concessão ou autorização

Os bens públicos não podem ser objeto de penhora, muito menos os estabelecimentos de propriedade pública em que funcionem os entes estatais, inclusive suas autarquias e fundações públicas.

Contudo, os serviços públicos podem ser realizados mediante autorização ou concessão do poder público, conforme estabelece o art. 175 da C.F.

A atividade exercida pelo concessionário é atividade privada, seja no tocante à prestação de serviço, seja no tocante ao seu pessoal.

Findo o prazo da concessão, serão revertidos ao poder concedente os direitos e bens vinculados à prestação do serviço, nas condições estabelecidas em contrato.

Além dos *serviços concedidos,* há também os denominados *serviços permitidos* e os *serviços autorizados.* Todos são modalidades de serviços delegados.

Como as empresas que realizam serviços públicos mediante concessão, autorização ou permissão possuem natureza privada, determinados bens de sua propriedade podem ser objeto de penhora. No caso, somente não serão penhorados os bens que estiverem destinados à consecução da atividade-fim, ou, se ainda que não afetados, a penhora comprometer o desempenho dessa atividade.

Além dos bens que não estão afetados ao serviço público, a penhora também poderá recair sobre a própria empresa que funcione mediante concessão ou autorização, nos termos do art. 863 do atual C.P.C.

Quando o dispositivo fala em empresa, está tratando do complexo profissional de atividade econômica, abrangendo o estabelecimento, o fundo de comércio, os bens corpóreos e incorpóreos. Nesse caso, a penhora será realizada, conforme o valor do crédito, sobre a renda, sobre determinados bens ou sobre todo o patrimônio, nomeando o juiz como depositário, de preferência, um dos seus diretores.

Não obstante se possa penhorar a própria concessionária de serviço público, como empresa, evidentemente que essa penhora não poderá ensejar a paralisação do serviço, muito menos a alienação dos bens afetados a estes serviços, especialmente pelo fato de que ao final do contrato de concessão haverá reversão dos aludidos bens ao patrimônio público.

Assim, somente poderão ser penhorados bens do patrimônio ou a renda que não afetarem a continuidade do serviço público.

Quando a penhora recair sobre a renda ou sobre determinados bens, o administrador-depositário apresentará a forma de administração e o esquema de pagamento, observando-se, quanto ao mais, o disposto em relação ao regime de penhora de frutos e rendimentos de coisa móvel e imóvel.

A penhora poderá recair sobre a renda, desde que não afete a continuidade do serviço público, bem como sobre determinados bens que não estejam afetados ao serviço público. Neste caso, será nomeado um *administrador-depositário* que apresentará a forma de administração e o esquema de pagamento.

Se toda a renda ou todo o patrimônio estiverem afetados ao serviço público, o juiz então deverá igualmente nomear um *administrador-depositário*, o qual, por sua vez, deverá observar o regime de penhora de frutos e rendimentos de coisas móvel e imóvel que está regulado nos arts. 867 a 869 do atual C.P.C.

Nessa hipótese, *o administrador-depositário* será investido de todos os poderes que concernem à administração da empresa e à fruição de seus frutos e utilidades, perdendo o executado o direito de gozo do bem, até que o exequente seja pago do principal, dos juros, das custas e dos honorários advocatícios.

Também, nessa hipótese, o *administrador-depositário* deverá conjugar a manutenção do serviço público com os interesses do exequente.

Recaindo a penhora sobre todo o patrimônio, prosseguirá a execução nos seus ulteriores termos, ouvindo-se, antes da arrematação ou da adjudicação, o ente público que houver outorgado a concessão.

Se não houver possibilidade da permanência da prestação do serviço público, seja pela ineficiência da empresa concessionária, seja pela precariedade de seus bens móveis e imóveis, poderá a penhora recair sobre a totalidade do patrimônio da empresa, prosseguindo-se a execução.

Contudo, deve-se sempre ter em mente que ao final do contrato de concessão haverá reversão do patrimônio da concessionária ao ente público, razão pela qual, antes da arrematação ou da adjudicação dos bens, há necessidade de se ouvir o ente público que houver outorgado a concessão.

Se o ente público disser que não tem interesse no patrimônio da concessionária, a alienação ou adjudicação será ultimada.

Havendo interesse do ente público na reversão patrimonial, não poderá haver a arrematação ou adjudicação dos bens. Contudo, nessa hipótese, a responsabilidade subsidiária do ente público torna-se bem evidenciada, podendo o exequente promover a execução contra o poder concedente, em razão da responsabilidade subsidiária.

27. Penhora de navio ou de aeronave

Os navios e aeronaves são bens móveis *sui generis* ou especiais.

DA PENHORA

Em diversas situações jurídicas, os navios e aeronaves são tratados como se imóveis fossem, necessitando de registros e podendo ser objeto de hipoteca, garantia real típica dos bens imóveis.

Contudo, para efeito de penhora, o navio e a aeronave são tratados como bens *móveis* especiais.

O termo navio e embarcação se confundem.

Muito embora o navio seja uma embarcação, nem toda embarcação é um navio.

Por isso, pode-se dizer que a embarcação é gênero da qual o navio é espécie.

A lei n. 9.966/2000, em seu art. 2º, inc. V, considera navio: *"embarcação de qualquer tipo que opere no ambiente aquático, inclusive hidrofólios, veículos a colchão de ar, submersíveis e outros engenhos flutuantes".*

Contudo, essa classificação diz respeito a questões de prevenção, controle e fiscalização da poluição causada por lançamento de óleo e outras substâncias nocivas ou perigosas em águas sob jurisdição nacional.

É importante salientar que um pequeno barco, um *jet-ski*, uma lancha etc. não pode ser considerado como navio, razão pela qual entram na classificação de bens móveis para efeito de penhora.

Sobre a penhora de navio ou aeronave, estabelece o art. 768º, n.s. 4 e 5, do C.P.C. português:

> *"Art. 768º (Penhora de coisas móveis sujeitas a registo).*
> *(...).*
> *4 – A penhora de navio despachado para viagem é seguida de notificação à capitania, para que esta apreenda os respetivos documentos e impeça a saída.*
> *5 – A penhora de aeronave é seguida de notificação à autoridade de controlo de operações do local onde ela se encontra estacionada, à qual cabe apreender os respectivos documentos".*

O registro da penhora de navio ou da aeronave será feito, respectivamente, na Capitania dos Portos e no Registro Aeronáutico brasileiro.

Sobre a penhora da aeronave, estabelece o art. 155 do Código Brasileiro de Aeronáutica:

> *Art. 155. Toda vez que, sobre aeronave ou seus motores, recair penhora ou apreensão, esta deverá ser averbada no Registro Aeronáutico Brasileiro.*
> *§ 1º Em caso de penhora ou apreensão judicial ou administrativa de aeronaves, ou seus motores, destinados ao serviço público de transporte aéreo regular, a autoridade judicial ou administrativa determinará a medida, sem que se interrompa o serviço.*

EXECUÇÃO E CUMPRIMENTO DE SENTENÇA

§ 2º A guarda ou depósito de aeronave penhorada ou de qualquer modo apreendida judicialmente far-se-á de conformidade com o disposto nos artigos 312 a 315 deste Código.

Diante da importância do navio e da aeronave para o transporte de carga e de passageiro nacional e internacional, não se justifica que eventual penhora sobre aludidos bens represente a interrupção de sua atividade fim, especialmente porque sua paralisação pode causar enormes prejuízos econômicos e financeiros, além de afetar o interesse público e social.

Por isso, quando se fala de penhora de navio ou de aeronave, pressupõe que estejam em efetiva operação.

A penhora de navio e aeronave, portanto, não obsta que, respectivamente, continuem navegando ou operando até a alienação. Mas para que isso possa ocorrer, o juiz, ao conceder a autorização para tanto, não permitirá que saia do porto ou do aeroporto antes que o executado faça o seguro usual contra riscos (art. 864 do novo C.P.C.).

Os arts. 769º e 770º do C.P.C. português regulamentam o modo de fazer navegar o navio penhorado, *in verbis:*

Artigo 769.º Modo de fazer navegar o navio penhorado

1 – O depositário de navio penhorado pode fazê-lo navegar se o executado e o exequente estiverem de acordo e preceder autorização judicial.

2 – Requerida a autorização, são notificados aqueles interessados, se ainda não tiverem dado o seu assentimento, para responderem em cinco dias.

3 – Se for concedida a autorização, avisa-se, por ofício, a capitania do porto.

Artigo 770.º Modo de qualquer credor fazer navegar o navio penhorado

1 – Independentemente de acordo entre o exequente e o executado, pode aquele, ou qualquer dos credores com garantia sobre o navio penhorado, requerer que este continue a navegar até ser vendido, contanto que preste caução e faça o seguro usual contra riscos.

2 – A caução deve assegurar os outros créditos que tenham garantia sobre o navio penhorado e as custas do processo.

3 – Sobre a idoneidade da caução e a suficiência do seguro são ouvidos o capitão do navio e os titulares dos créditos que cumpre acautelar.

4 – Se o requerimento for deferido, é o navio entregue ao requerente, que fica na posição de depositário, e dá-se conhecimento do facto à capitania do porto.

28. Subsidiariedade da penhora

Em razão da complexidade, da gravidade, dos reflexos sociais e econômicos decorrentes da penhora de estabelecimento comercial, industrial ou agrícola, de semoventes, plantações ou edifícios em construção, de navio e de aeronave, o art. 865 do novo C.P.C. somente autoriza a penhora desses bens se não houver outro meio eficaz para o pagamento do crédito executado.

Compete ao juiz, diante da penhora dos bens acima referidos, realizar uma ponderação de valores entre os princípios da efetividade da execução e o da menor onerosidade possível ao executado, bem como em relação aos interesses públicos e sociais envolvidos.

29. Penhora de percentual de faturamento de empresa

É possível a penhora sobre o faturamento da empresa, na hipótese em que somente existam como possíveis objetos de penhora bens essenciais para o funcionamento da própria empresa, cuja venda poderá inclusive paralisar a atividade empreendedora. Nessa hipótese, seria menos oneroso ao executado e ao interesse público e social a penhora sobre o faturamento do que sobre o bem essencial para o funcionamento da empresa. Pense-se na hipótese da penhora e alienação de uma máquina importada de transformação de celulose em papel de uma companhia cuja atividade é a industrialização do papel. Nessa hipótese, é preferível penhorar um percentual do faturamento do que a própria máquina.

É importante não se confundir faturamento da empresa com a própria empresa ou o seu estabelecimento comercial.

A sede da empresa ou o seu estabelecimento pode ser penhorado, conforme estabelece o art. 862 do atual C.P.C., mas isso não significa que houve penhora sobre o faturamento da empresa.

O faturamento é a renda obtida pela alienação dos serviços ou das mercadorias da empresa.

Em 2005, no julgamento dos recursos extraordinários ns. 346.084, Rel p/ acórdão Ministro Marco Aurélio, ns. 357.950, 358.273 e 390.840, o S.T.F. assim se posicionou sobre o conceito de faturamento:

> *CONTRIBUIÇÃO SOCIAL. PIS. RECEITA BRUTA. NOÇÃO. INCONSTI-TUCIONALIDADE DO §1º DO ARTIGO 3º DA LEI N. 9.718/86.*
>
> *A jurisprudência do Supremo, ante a redação do art. 195 da Carta Federal anterior à Emenda Constitucional n. 20, consolidou-se no sentido de tomar as expressões 'receita bruta' e 'faturamento' como sinônimas, jungindo-as à 'venda de mercadorias ou de mercadorias e serviços...'.*

EXECUÇÃO E CUMPRIMENTO DE SENTENÇA

A jurisprudência do STJ é firme no sentido de que "a penhora sobre faturamento da empresa não é sinônimo de penhora sobre dinheiro, razão porque o STJ tem entendido que a referida constrição exige que sejam tomadas cautelas específicas discriminadas em lei. (...) É admissível proceder-se à penhora sobre faturamento da empresa, desde que: a) comprovada a inexistência de outros bens passíveis de garantir a execução ou sejam os indicados de difícil alienação; b) nomeação de administrador (arts. 678 e 719, caput do CPC), ao qual incumbirá a apresentação das formas de administração e pagamento; c) fixação de percentual que não inviabilize a atividade econômica da empresa." (AgRg no REsp 768.946/RJ, Rel. Ministro Luiz Fux, DJ 23.08.2007 p. 211). (REsp 1675404/RJ, Rel. Ministro HERMAN BENJAMIN, SEGUNDA TURMA, julgado em 05/09/2017, DJe 14/09/2017)

O art. 866 do atual C.P.C. permite a penhora de um *percentual* sobre o faturamento da empresa.

O juiz fixará percentual que propicie a satisfação do crédito exequendo em tempo razoável, mas que não torne inviável o exercício da atividade empresarial.

O magistrado, diante da penhora sobre o faturamento da empresa, deverá agir com muita prudência e bom senso, pois deverá equacionar a satisfação do crédito do exequente em tempo razoável, com a penhora em um percentual que não inviabilize o exercício da atividade empresarial.

O entendimento atual do S.T.J., sobre a penhora de faturamento, é de que se trata de uma penhora de *caráter excepcional e que o percentual de penhora não pode inviabilizar a própria atividade da empresa*. Para o S.T.J., o percentual de 5% ou 10% é o ideal para não se inviabilizar a atividade empresarial. (AgRg no AREsp 183.587/RJ, Rel. Ministro HUMBERTO MARTINS, SEGUNDA TURMA, julgado em 02/10/2012, DJe 10/10/2012)

É importante salientar que mesmo havendo diversas execuções em relação à mesma empresa, o que ocorre normalmente com as execuções fiscais, deve-se observar o limite de no máximo 5% ou 10% para garantir todas as execuções, sob pena de se inviabilizar o exercício da atividade empresarial

O faturamento da empresa pode decorrer, ainda, do crédito existente em favor da empresa em cartões de crédito, especialmente pelo fato de que a maioria das transações modernamente são realizadas por meio dessa modalidade de pagamento. Em relação à penhora de percentual em cartão de crédito, assim já se manifestou o S.T.J.:

(...).

I. Agravo interno aviado contra decisão publicada em 08/08/2017, que, por sua vez, julgara recurso interposto contra decisum publicado na vigência do CPC/73.

DA PENHORA

II. Na hipótese dos autos, em face da decisão que, em Execução Fiscal, havia indeferido o requerimento de penhora sobre créditos da parte executada, decorrentes de operações com cartão de crédito, a parte exequente, ora agravante, interpôs Agravo de Instrumento, tendo o Tribunal de origem dado provimento parcial ao recurso, para determinar a penhora de eventuais créditos da executada junto à administradora de cartão de crédito, no percentual de 5% dos valores recebíveis. No Recurso Especial, a parte agravante indicou contrariedade aos arts. 11, I, da Lei 6.830/80 e 655, I, do CPC/73, pugnando pela determinação da penhora, sem qualquer limitação. Na decisão ora agravada, restou mantida a inadmissão do Recurso Especial, em face dos óbices das Súmulas 283/STF e 7/STJ.

III. Consoante consignado na decisão agravada, o Recurso Especial é inadmissível, por incidência analógica da Súmula 283/STF, porquanto as razões do Especial não impugnaram a aplicação, pela Corte local, do princípio da menor onerosidade da execução, previsto no art. 620 do CPC/73. Ademais, tendo o Tribunal de origem, soberano no exame de matéria fática, decidido que, no caso em análise, "o princípio da menor onerosidade deve ser conjugado com o princípio da eficiência da atividade executiva, sendo a penhora de 5% sobre o faturamento da empresa, na hipótese, a forma mais adequada aos fins da execução", para que esta Corte pudesse decidir em sentido contrário, far-se-ia necessário o reexame do conjunto fático-probatório dos autos, o que é vedado, em sede de Recurso Especial, nos termos da Súmula 7/STJ.

IV. Considerando-se as premissas fáticas adotadas pelo Tribunal de origem – insindicáveis, em sede de Recurso Especial –, o acórdão recorrido está em consonância com a jurisprudência do STJ, no sentido de que a penhora de valores recebíveis de administradoras de cartões de crédito equivale, para fins processuais, à penhora sobre o faturamento, sendo legítima, outrossim, a fixação de percentual que não inviabilize a atividade econômica da sociedade empresária executada. Precedentes do STJ (REsp 1.408.367/SC, Rel. Ministro HERMAN BENJAMIN, SEGUNDA TURMA, DJe de 16/12/2014; AgInt no REsp 1.588.496/SP, Rel. Ministro OG FERNANDES, SEGUNDA TURMA, DJe de 19/12/2016).

V. Agravo interno improvido.

(AgInt no AREsp 1032635/SP, Rel. Ministra ASSUSETE MAGALHÃES, SEGUNDA TURMA, julgado em 19/10/2017, DJe 27/10/2017)

É importante não confundir a penhora do crédito existente em favor do comerciante pela venda de mercadoria ou serviço, com a penhora do crédito decorrente de pagamento de fatura do próprio cartão ou do crédito colocado em favor do favorecido pela administradora do cartão. Nesse caso, o valor do crédito pertence à administradora do cartão e não ao devedor; este somente receberá o crédito quando efetuar o pagamento do cartão ou quando realizar

EXECUÇÃO E CUMPRIMENTO DE SENTENÇA

a despesa, sendo que o crédito é no valor exato do pagamento, sem sobras. Assim, não se pode penhorar bens que pertencem a terceiro.

O juiz nomeará administrador-depositário, o qual submeterá à aprovação judicial a forma de sua atuação e prestará contas mensalmente, entregando em juízo as quantias recebidas, com os respectivos balancetes mensais, a fim de serem imputadas no pagamento da dívida.

As partes terão oportunidade de se manifestar sobre a prestação de contas efetuada pelo administrador provisório.

É possível a nomeação da própria parte exequente como depositária da quantia penhorada, não havendo dúvidas de que, conquanto a modalidade de entrega seja 'pro soluto', responderá a depositária pelos encargos que lhe couberem, inclusive no caso de provimento de eventuais Embargos à Execução. Na hipótese de penhora de valores na modalidade *pro soluto* não retira a natureza de garantia de pagamento decorrente do instituto da penhora. (EDcl no REsp 1646363/MG, Rel. Ministro HERMAN BENJAMIN, SEGUNDA TURMA, julgado em 10/10/2017, DJe 23/10/2017)

O Superior Tribunal de Justiça entende ser cabível a nomeação de depositário em penhora sobre o faturamento da empresa, cujo encargo pode ser expressamente recusado, nos termos da Súmula 319/e-STJ.

Na penhora de percentual de faturamento de empresa, observar-se-á, no que couber, o disposto quanto ao regime de penhora de frutos e rendimentos de coisa móvel e imóvel.

Assim, devem ser aplicados, no que couber, os artigos 867 a 869 do atual C.P.C.

Segundo prescreve o art. 867 do atual C.P.C., o juiz pode ordenar a penhora de frutos e rendimentos de coisa móvel ou imóvel a considerar mais eficiente para o recebimento do crédito e menos gravosa ao executado.

No caso, a penhora sobre o faturamento, em linhas gerais, não deixa de ser uma forma de penhora sobre os rendimentos produzidos pela empresa.

Se o administrador da empresa não aceitar o encargo de administrador-depositário, o juiz poderá nomear outro administrador-depositário, que será investido de todos os poderes que concernem à administração da empresa e à fruição do faturamento, perdendo o executado o direito de gozo do bem, até que o exequente seja pago do principal, dos juros, das custas e dos honorários advocatícios.

A medida terá eficácia em relação a terceiros a partir da publicação da decisão que a conceda ou de sua averbação no ofício imobiliário, em se tratando de imóveis (§1º do art. 868 do atual C.P.C.). No caso, terá mais eficácia perante terceiro a averbação no Registro de Pessoa Jurídica ou na Junta Comercial.

O exequente providenciará a averbação no registro competente, independentemente de mandado judicial, apresentando apenas certidão do inteiro teor do ato (§2º do art. 868 do atual C.P.C.).

30. Penhora de frutos e rendimentos de coisa móvel ou imóvel

Em regra, a penhora sobre determinado bem móvel ou imóvel tem por finalidade a sua alienação.

Semelhante procedimento pode revelar-se extremamente gravoso para o executado com a expropriação e o pagamento através do valor apurado. Nessa hipótese haverá um desfalque permanente no patrimônio do executado.

Porém, se por um lado é função do processo ou procedimento executivo proporcionar ao exequente, em toda a medida de possibilidade prática, a utilidade de que gozaria se o seu direito fosse espontaneamente satisfeito, não é menos certo, por outro lado, que se impõe buscar esse fim com o mínimo possível de perda patrimonial do executado.[336]

Diante desse dilema, o art. 867 do novo C.P.C. preconiza que o juiz pode ordenar a penhora de frutos e rendimentos de coisa móvel ou imóvel quando a considerar mais eficiente para o recebimento do crédito e menos gravosa ao executado.

A lei brasileira, ao contrário da possível fonte normativa estrangeira deste instituto, art. 564, §1º do Código de Processo Civil do Vaticano[337], não faz menção expressa à necessidade de requerimento do credor.

Contudo, entende Barbosa Moreira que a omissão foi suprida pelos arts. 721, quanto ao imóvel, e 726, no que concerne a empresa, ambos do C.P.C. de 1973 revogado. Assim, para o mestre Barbosa Moreira, e à vista dessas disposições, também em nosso ordenamento jurídico não poderia o juiz determinar a penhora de frutos *ex officio*.[338]

---

[336] BARBOSA MOREIRA, José Carlos. Aspectos do 'usufruto de imóvel ou de empresa' no processo de execução. *In REPRO*, São Paulo, R.T., n. 26, ano 7, abr-jun/82. p. 9.

[337] Art. 564, §1º *"Il giudice dell'esecuzione, su istanza del creditore procedente e priva l'autorizzazione del Governatore da ottenersi a norma degli artt. 2 e 7 della legge sull'ordinamento económico, commerciale e professionale del 7 giugno 1929 n.V e delle altre disposizioni legislative e regolamentare, può accordare l'usufruto forzato di una cosa immobile, o di un'azienda commerciale, quando ritenga tale mezzo di esecuzione il meno dannoso per il debitore, o quello che più sicuramente può garantire l'esazione del credito".*

[338] BARBOSA MOREIRA, J. C., op. cit., p. 13.

Pela redação do art. 867 do atual C.P.C., e pela conjugação de princípios *interesse do exequente* x *menor onerosidade do executado*, entendo que não há impedimento para que o juiz, sopesando as circunstâncias fáticas e jurídicas da questão, possa, de ofício, determinar a penhora sobre frutos e utilidades dos bens móveis e imóveis pertencentes ao executado, desde que esses frutos sejam de natureza civil.

Com a redação originária do art. 722 do C.P.C. de 1973, havia necessidade de concordância do executado para a realização da penhora de usufruto de bem imóvel ou de sua empresa. Por sua vez, como se trata de uma penhora (ou seja, de uma constrição judicial), bem como pelo fato de que não foi repetida pelo atual C.P.C. a normatização prevista no disposto no art. 722 do C.P.C. de 1973, na sua redação original, não há mais necessidade de anuência do executado para que se realize a penhora sobre frutos e utilidades de bens móveis e imóveis.

Com a instituição da penhora sobre os *frutos ou rendimentos*, o direito de propriedade continua a pertencer ao executado, havendo, contudo, certa restrição quanto ao uso e gozo do bem.

O então conhecido 'usufruto judicial' assemelha-se em muito com a garantia real da anticrese,[339] prevista no art. 1.506 do C.c.b.: *"Pode o devedor ou outrem por ele, com a entrega do imóvel ao credor, ceder-lhe o direito de perceber, em compensação da dívida, os frutos e rendimentos"*. O credor anticrético pode administrar os bens dados em anticrese e fruir seus frutos e utilidades, mas deverá apresentar anualmente balanço, extra e fiel, de sua administração (art. 1.507 do C.c.b.).

Ambos os institutos, penhora de frutos e a anticrese têm por objetivo o pagamento de uma dívida mediante percepção dos frutos que possam produzir a coisa, sem que haja transferência da propriedade do bem.

A diferença primordial entre a penhora judicial e a anticrese é que naquela os frutos podem advir tanto de coisa móvel quanto de bem imóvel, enquanto que nesta a garantia real incide apenas sobre bens imóveis. A anticrese apresenta natureza jurídica de garantia real constituída por contrato; já a penhora de frutos apresenta natureza jurídica processual de penhora, proveniente de ato executivo judicial.

---

[339] *"Ao nosso ver, o instituto em foco mais se aproxima da anticrese, com a qual tem em comum o pressupor a existência de dívida e o atribuir à percepção dos frutos a função precípua de meio para a respectiva solução. Não se quer com dizer com isso que coincidam em tudo os perfis de ambas as figuras: é óbvio que existem diferenças. O que em todo caso parece inegável é que, a buscar-se no direito civil um padrão de analogia, com facilidade poderemos encontrá-lo na anticrese do que no usufruto"*. (BARBOSA MOREIRA, J. C., idem, p. 12.

DA PENHORA

A penhora de frutos pode ocorrer inclusive sobre bens consideráveis inalienáveis ou impenhoráveis, conforme estabelece o art. 834 do atual C.P.C.: *"Podem ser penhorados, à falta de outros bens, os frutos e os rendimentos dos bens inalienáveis"*.

É importante ressaltar que há um equívoco redacional no art. 834 do atual C.P.C., ao falar em *frutos e rendimentos*, pois rendimentos nada mais são do que uma espécie de frutos.

São as seguintes as espécies de frutos: a) frutos naturais, como, por exemplo, a colheita; b) frutos industriais, como a produção de uma fábrica; c) frutos civis, que são os juros e os rendimentos produzidos pela coisa.

Os frutos que podem ser apropriados pelo exequente advêm tanto do uso e gozo de uma coisa móvel ou imóvel, podendo esses frutos ser de natureza natural, industrial ou civil.

O exemplo mais comum da apropriação de frutos para pagamento da dívida executada é a percepção de alugueres de bens imóveis.

A percepção desses valores, em regra, opera-se *pro solvendo*, isto é, se o exequente não puder auferir rendimentos suficientes com os frutos produzidos pela coisa, poderá prosseguir com a execução, inclusive requerendo a alienação do bem.

30.1. Nomeação de admistrador-depositário e eficácia da penhora em relação a terceiros

Um dos principais efeitos da penhora sobre frutos de coisa móvel ou imóvel é a destituição do executado do gozo do bem, até que o exequente seja pago do principal, dos juros, das custas e dos honorários advocatícios.

Sobre a nomeação de administrador provisório no direito italiano, estabelece o art. 592 do C.P.C. italiano:

> *Art. 592 (Nomeação do administrador judiciário)*
> *A administração judiciária do imóvel é permitida por um tempo não superior a três anos e confiada a um ou mais credores ou a um instituto para esse fim autorizado, ou ao próprio devedor se todos os credores consentirem.*
>
> *Ao administrador se aplica o disposto do art. 65 e seguintes.*

Tendo em vista a perda do uso e fruição da coisa pelo executado, deverá o juiz nomear um *administrador-depositário*, que será investido de todos os poderes que concernem à administração do bem.

O juiz poderá nomear como administrador-depositário o próprio exequente, pois é ele que terá o direito ao uso e gozo do bem, salvo se ele não tiver competência ou reputação ilibada e capacidade técnica para administrar o bem.

Quando o juiz nomeia o exequente para exercer esse *múnus*, haverá coincidência entre o titular do direito ao usufruto do bem e o seu administrador-depositário.

Muito embora o executado perca o uso e o gozo do bem em razão do direito de propriedade, nada impede que ele também seja nomeado pelo juiz como *administrador-depositário*, transmudando-se, assim, a natureza da posse ou da detenção do bem.

Se o juiz optar por nomear o exequente ou executado como administrador-depositário, deverá ouvir a outra parte, antes de decidir.

Se não houver acordo entre devedor e credor, o juiz nomeará profissional qualificado para o desempenho da função.

O administrador submeterá à aprovação judicial a forma de administração e a de prestar contas periodicamente.

Além de apresentar a forma ou o plano de administração do bem móvel ou imóvel, também deverá o administrador-depositário prestar contas periódicas no processo de execução, devendo, ao final, prestar contas definitivas sobre sua atividade de administração.

Havendo discordância entre as partes ou entre essas e o administrador, o juiz decidirá a melhor forma de administração do bem.

As questões que possam surgir em decorrência da administração do bem, especialmente as discordâncias entre as partes ou entre estas e o administrador, serão avaliadas e decidas pelo juiz, sempre objetivando a melhor forma de administração do bem e o efetivo pagamento do exequente.

Evidentemente que serão indeferidas ou não acolhidas as discordâncias sem fundamentação.

Nas questões mais complexas, poderá o juiz valer-se de perícia técnica para melhor avaliar a administração do bem.

Se o imóvel estiver arrendado, o inquilino pagará o aluguel diretamente ao exequente, salvo se houver administrador.

Note-se que em se tratando de bem já arrendado ou locado, não haverá necessidade de se nomear administrador-depositário de plano, até para se evitar excesso de formalismo ou garantismo no processo, pois com a existência do contrato de arrendamento ou locação em andamento, a percepção de frutos torna-se muito mais fácil.

Evidentemente que se não houver a nomeação de administrador, o executado não perderá a possibilidade de administrar o bem, inclusive para verificar se o locatário ou arrendatário está cumprindo devidamente com suas obrigações contratuais.

O administrador poderá celebrar locação do bem móvel ou do bem imóvel, ouvido o executado.

Sendo o exequente o próprio administrador-depositário do imóvel, ele recebe as quantias do arrendamento ou da locação de plano, imputando-as de imediato no pagamento da dívida. Caso contrário, se o administrador for terceiro ou o próprio executado, este deverá transferir as quantias recebidas diretamente ao exequente, o qual, por sua vez, também deverá imputá-las no pagamento da dívida.

Evidentemente que o administrador-depositário deverá repassar ao exequente o saldo líquido dos frutos percebidos, descontando, se for o caso, as despesas de produção.

O exequente dará ao executado, por termo nos autos, quitação das quantias recebidas.

Essa quitação é *pro solvendo*, até que seja paga a última parcela da dívida, quando a quitação será em definitivo ou *pro soluto*.

É bem verdade que tanto o Projeto Carnelutti (art. 570, 2ª alínea), quanto o Código de Processo Civil do Vaticano (art. 570, §2º), estabeleceram uma duração máxima de três anos para a permanência da penhora sobre frutos.

O nosso código, tanto o de 1973, quanto o atual, não estabeleceu termo final, mas, sim, uma condição suspensiva para a extinção da penhora sobre frutos, isto é, até que seja pago o principal, juros, custas e honorários de advogado, portanto, até que seja extinto o crédito do exequente.

Contudo, poderá o exequente demonstrar ao juiz que o crédito não será pago pelo referido sistema de penhora sobre os frutos ou rendimento, ou que levará muito tempo para a sua efetiva liquidação. Nesse caso, o juiz poderá deferir a alteração da penhora, a fim de autorizar a alienação judicial do bem.

31. Efeito da penhora

Para Liebman, o efeito da penhora é meramente processual, consistindo em a coisa ficar sujeita à execução, independentemente dos atos realizados pelo executado a seu respeito. Segundo o autor italiano, o direito do executado sobre ela coexiste, intacto em sua essência, com o vínculo público processual

EXECUÇÃO E CUMPRIMENTO DE SENTENÇA

que o ato da penhora impôs sobre a mesma; qualquer forma de exercício daquele direito é permitida, enquanto praticamente possível, mas não altera este vínculo.[340]

Porém, boa parte da doutrina atribui à penhora efeito de natureza substancial, uma vez que modifica o direito do executado. Nessa perspectiva, segundo Carnelutti, a penhora enfraquece o direito do executado, na medida em que lhe liga as mãos, limitando-lhe a liberdade de dispor dos bens.[341]

Porém, o executado, com a penhora, não deixa de exercer seu direito de propriedade sobre os bens penhorados, uma vez que essa propriedade somente será dissolvida mais tarde, quando da venda ou adjudicação do bem penhorado.

O que se observa em relação à penhora, é que o direito de propriedade do executado sobre os bens penhorados encontra-se limitado, uma vez que não poderá dispor dos bens de maneira que possa prejudicar o exequente e os credores concorrentes.

Daí por que todos os atos que o executado venha a praticar em prejuízo da demanda executiva são *ineficazes* em relação ao exequente e aos credores concorrentes.

Por isso afirma Vaz Serra que a alienação voluntária dos bens penhorados somente deve ser considerada inadmissível enquanto ofender os interesses da execução. Isso significa dizer que se os bens penhorados ficam afetados aos fins de uma execução e a sua indisponibilidade destina-se a garantir tal afetação, não deve ela ir mais longe do que é aconselhado pela sua razão de ser. Para se conseguir tal desiderato, basta que a alienação dos bens penhorados seja havida como ineficaz em relação ao penhorante e aos demais credores intervenientes na execução. Quanto ao resto, nenhum motivo existe para que se lhe negue eficácia.[342]

Segundo afirma Fernando Amâncio Ferreira: *"não é necessária a 'nulidade' de tais negócios, por a penhora não determinar a 'incapacidade' do executado para dispor do seus bens. É suficiente a sua ineficácia, e uma 'ineficácia relativa' – uma ineficácia que só opera na direcção da execução, mantendo-se o negócio eficaz em qualquer outra direcção.*

Sendo o bem penhorado vendido fora da execução, transfere-se para o terceiro, mas a translação é irrelevante para os credores, que não têm sequer necessidade de impugná-la.

Donde, no caso de o terceiro, comprador dos bens penhorados ao executado, pagar ao exequente e aos credores com garantia real sobre os bens o que lhes é devido, cessa a

---

[340] Apud. FERREIRA, F.A., op. cit. p. 219.
[341] Apud. FERREIRA, F. A., idem, p. 220.
[342] Apud FERREIRA, F. A., idem, p. 220.

ineficácia relativa da transferência dos bens que comprou, por a compra ser válida. E o mesmo acontece nos demais casos de extinção da execução e nos casos de a execução ser anulada ou ficar sem efeito por qualquer motivo. Também a mesma situação se verifica se a penhora for levantada, independentemente da extinção da execução.

A ineficácia não precisa ser declarada pelo tribunal.

Tem-se aqui, escreve Zanzucchi, a mesma situação que se tem no processo de cognição no caso de alienação da coisa litigiosa: o processo continua em face do alienante, mas com efeito para o terceiro adquirente: o alienante fica em juízo como substituto processual do adquirente. O executado alienante continua a ser sujeito passivo da execução. A 'res pignorata', de que o devedor executado dispôs, é tratada em relação ao disponente e ao adquirente do mesmo modo que a 'res litigiosa', de que a parte tenha disposto".[343]

Em razão da penhora, o executado não só vê afetado o seu *poder de disposição*, como também o seu *poder de fruição* que integra o direito de propriedade. Com efeito, os bens penhorados são apreendidos judicialmente e entregues a um depositário. Mesmo que o executado fique como depositário dos bens, o seu poder de fruição já não é o que lhe pertencia como proprietário, por ficar sujeito às limitações e responsabilidades impostas aos depositários.[344]

Em relação ao exequente, o efeito da penhora diz respeito ao mesmo efeito de um direito real em garantia.

Daí o atributo de *preferência* que lhe é conferido pela penhora.

O Exequente adquire pela penhora o direito de ser pago preferencialmente em relação aos demais credores que não tenha garantia real ou preferência legal anterior.

Este direito de preferência reporta-se à data do arresto, se os bens do executado tiverem sido arrestados anteriormente.

---

[343] FERREIRA, F. A., idem, p. 221.
[344] FERREIRA, F. A., idem, p. 223.

Capítulo 9
Da Avaliação

1. Avaliação do bem penhorado

Sendo a fase culminante de uma execução forçada a alienação do bem, essa derradeira fase processual executiva somente poderá ser realizada se o bem a ser alienado tem um valor previamente definido para a arrematação ou adjudicação.

O ato processual executivo que visa a fixar o valor monetário do bem penhorado denomina-se de *avaliação*.

Avaliação, segundo ensina Pontes de Miranda, *"é a comunicação de conhecimento sobre o valor que algum bem pode obter sendo alienado"*. [345]

Pela avaliação, além de se buscar o preço justo para a venda do bem, evita-se que ele seja transferido por um preço vil.

A avaliação será realizada, em regra, conjuntamente com o ato de apreensão do bem, pelo oficial de justiça avaliador.

O juiz determinará a realização da avaliação por impulso oficial, independentemente de requerimento do exequente.

A avaliação será realizada no local em que se encontra o bem.

Se o local for diverso do juízo da execução, a avaliação poderá ser realizada por precatória, rogatória ou pelo sistema de cooperação judicial.

O oficial de justiça, para realizar a avaliação, normalmente deverá se valer de informações de terceiros, especialmente corretores de imóveis, publicações

---

[345] PONTES DE MIRANDA. *Comentários ao código de processo civil*. Tomo X. Rio de Janeiro: Forense, 1976. p. 327.

em jornais locais etc, devendo instruir documentalmente o auto de avaliação com essas informações.

Para melhor demonstrar o critério de sua avaliação, o oficial também deverá instruir seu auto com fotografia do bem.

Sendo necessários conhecimentos especializados e o valor da execução o comportar, o juiz nomeará avaliador, fixando-lhe prazo não superior a 10 (dez) dias para entrega do laudo.

Se o oficial de justiça avaliador não dispuser de conhecimento necessário, ou a avaliação do bem demandar um trabalho complexo e específico de determinados profissionais, o juiz poderá nomear um avaliador.

Em face do custo processual que significa a nomeação de um avaliador, esse será nomeado se o valor da execução o comportar, assim como se o valor do bem puder absorver esse custo.

A redação originária do art. 684, inc. III, do C.P.C. de 1973, antes de sua revogação pela Lei 11.382, de 2006, estabelecia que não seria realizada a avaliação dos bens que fossem de pequeno valor. Penso que esta hipótese pode estar contida no parágrafo único do art. 870 do atual C.P.C., pois não se justificaria a nomeação de perito avaliador se os bens forem de pequeno valor.

As partes deverão, evidentemente, manifestar-se sobre a nomeação do perito avaliador, podendo inclusive arguir a sua suspeição ou impedimento. Em outras palavras, o avaliador pode ser impugnado pelas partes. A parte alegará eventual impedimento ou suspeição do perito avaliador no prazo de quinze dias contado da ciência da nomeação, nos termos do art. 146 do atual C.P.C. O incidente deverá processar-se em autos apartados, determinando o juiz a suspensão da execução para o seu julgamento.

Quanto à possibilidade de nomeação de assistente técnico avaliador pelas partes, a doutrina não é unânime. Theodoro Jr, Sérgio Bermudes, por exemplo, entendem que não é possível a nomeação. Já Celso Neves, Amílcar de Castro e Araken de Assis, dentre outros, admitem essa possibilidade. Este último ainda argumenta que não se afiguraria admissível, num primeiro momento, vedar este direito às partes, especialmente quando o juiz nomeia avaliador perito, seja pela natureza da avaliação, seja pela aplicação subsidiária dos artigos que regulamentam a perícia.[346]

O juiz fixará um prazo não superior a dez dias para que o perito avaliador entregue o laudo, devendo as partes manifestar-se sobre o valor apurado.

---

[346] Assis, Araken. *Manual do processo de execução*. 8ª ed. São Paulo: Editora Revista dos Tribunais, 2002. p. 228 e 229.

DA AVALIAÇÃO

O laudo de avaliação deverá, entre outras circunstâncias, descrever os bens, com os seus característicos, bem como a indicação do estado em que se encontram; descrever e demonstrar os critérios técnicos utilizados para se avaliar os bens; o valor dos bens.

Evidentemente que poderá surgir hipótese em que a avaliação do bem seja de alta complexidade, como é caso, por exemplo, da avaliação de um complexo industrial ou de uma empresa de grande porte agropecuária. Nesses casos especiais, o juiz poderá prorrogar o prazo para a conclusão do laudo de avaliação.

Entende o S.T.J. que havendo necessidade de se nomear avaliador judicial para se apurar o valor de bem imóvel, a escolha do avaliador não está restrita apenas e engenheiros ou arquitetos, podendo ser nomeado outro profissional da área (REsp 130790/RS, Rel. Ministro SÁLVIO DE FIGUEIREDO TEIXEIRA, QUARTA TURMA, julgado em 05/08/1999, DJ 13/09/1999, p. 67)

Os honorários de remuneração do perito avaliador serão fixados de acordo com as tabelas do Conselho da Justiça Federal ou de outro órgão competente para a sua fixação.

No direito espanhol, a avaliação é regulada da seguinte forma no C.P.C. espanhol:

Art. 637. Avaliação dos bens.

Se os bens penhorados não forem aqueles a que se referem os artigos 634 e 635, proceder--se-á à avaliação, a não ser que o exeqüente e executado estejam de acordo com o valor, ante ou durante a execução.

Art. 638. Nomeação de perito avaliador, recusa e intervenção do executante e do executado na avaliação.

1. Para valorar os bens, o Secretário judicial encarregado da execução designará o perito avaliador que corresponda dentre os que prestem serviço na Administração da Justiça. Não havendo esses, poderá encomendar-se a avaliação a organismos ou serviços técnicos dependentes das Administrações Pública que disponham de pessoal qualificado e hajam assumido o compromisso de colaborar, para esse efeito, com a Administração da Justiça e, se tampouco haver possibilidade de se recorrer a estes organismos ou serviços, será nomeado perito avaliador dentre as pessoas físicas ou jurídicas que figurem em uma relação, que se formará com as listas que subministrem as entidades públicas competentes para conferir habilitação para a avaliação de bens, assim como os Colégios profissionais cujos membros estejam legalmente capacitados para dita avaliação.

2. O perito designado pelo Secretário judicial poderá ser recusado pelo exeqüente e o executado que houver comparecido.

3. O perito designado poderá solicitar, nos três dias seguintes à sua nomeação, a provisão de fundos que considere necessário, que será inserida na liquidação final. O Secretário judicial decidirá sobre a provisão solicitada e mediante prévio abono da mesmo o perito emitirá 'dictamen'.

2. Dispensa da avaliação

Muito embora o conhecimento do valor do bem seja imprescindível à sua alienação ou adjudicação, é certo que em determinadas hipóteses a avaliação poderá ser dispensada, pois o valor do bem será fixado por critérios já definidos pelo legislador.

2.1. Aceitação das partes

Não se procederá à avaliação *se uma das partes aceitar a estimava feita pela outra.*

Pode ocorrer que o exequente, ao indicar o bem a ser penhorado, informe igualmente o seu valor.

Da mesma forma, quando o executado nomeia bem à penhora, seja diretamente ao oficial de justiça, seja através de termo nos autos, deverá indicar também o valor do bem.

Nessas hipóteses, não se realizará a avaliação se houver concordância do exequente e do executado quanto ao valor indicado.

Ainda que as partes acordem quanto ao valor do bem penhorado, o juiz poderá determinar sua avaliação quando houver fundada dúvida quanto ao real valor do bem.

2.2. Imóveis hipotecados

Há também a hipótese do art. 1.484 do C.c.b. que estabelece: *"É lícito aos interessados fazer constar das escrituras o valor entre si ajustado dos imóveis hipotecados, o qual, devidamente atualizado, será a base para as arrematações, adjudicações e remições, dispensada a avaliação".*

Essa regra somente terá aplicação plena se não houver indícios de que ocorreu grande oscilação do valor do bem entre a data da escritura e sua alienação.

Nessa hipótese, em face da cláusula *rebus sic stantibus* decorrente de todos os contratos sinalagmáticos, poderá ser determinada nova avaliação do bem hipotecado antes de sua alienação.

2.3. Títulos e mercadorias

Também não se procederá à avaliação se *se tratar de títulos ou de mercadorias que tenham cotação em bolsa, comprovada por certidão ou publicação no órgão oficial.* Nessa

DA AVALIAÇÃO

hipótese, a avaliação seria inócua, pois o avaliador obrigatoriamente teria de buscar subsídios na bolsa de mercadorias e futuros.

Trata-se de mercadorias negociáveis em bolsa ou de títulos representativos dessas mercadorias, como é o caso do *warrant* que é um título de crédito emitido por armazéns gerais.

Portanto, em se tratando de títulos (por exemplo, *warrant)* ou da própria mercadoria (soja, café, milho, minério de ferro etc), que tenham avaliação diária por cotação oficial em bolsa, é nesse órgão que se deverá buscar o valor desses bens, valor esse comprovado mediante certidão ou publicação do órgão oficial.

Poderão as partes ou o próprio juiz requisitar a exibição desses documentos publicados em órgão oficial.

No caso, entende Araken de Assis que o valor da cotação em bolsa deverá ser transformado em real quando da expedição do edital do leilão. [347]

Contudo, a melhor opção seria que esses bens fossem expropriados pela cotação do dia da alienação, ou seja, diretamente na bolsa de mercadoria e futuros, se possível, ou mediante o preço de sua cotação fixado um dia antes da arrematação.

2.4. Títulos de dívida pública, ações e títulos de crédito

Também não se procederá à avaliação se *se tratar de títulos de dívida pública, de ações de sociedades e de títulos de crédito negociáveis em bolsa, cujo valor será o da cotação oficial do dia, comprovada por certidão ou publicação no órgão oficial.*

Enquanto a hipótese anterior diz respeito a mercadorias ou títulos representativos de mercadorias, esta hipótese diz respeito a título de dívida pública (papeis de resgate futuro pelo Governo com aplicação de juros, exemplo Tesouro Direto), de ações de sociedades e de títulos de crédito negociáveis em bolsa (debêntures).

O valor dos títulos de dívida pública, das ações de sociedades anônimas, e dos títulos de crédito negociáveis em bolsa, será o valor da cotação oficial do dia, provada por certidão ou publicação do órgão oficial.

O valor a ser fixado para a alienação será o valor estabelecido em cotação na bolsa de valores.

2.5. Veículos automotores e outros bens

Igualmente não se procederá à avaliação quando se tratar de veículos automotores ou de outros bens cujo preço médio de mercado possa ser conhecido

---

[347] ARAKEN, A., idem, p. 724.

por meio de pesquisas realizadas por órgãos oficiais ou de anúncios de venda divulgados em meios de comunicação, caso em que caberá a quem fizer a nomeação o encargo de comprovar a cotação de mercado.

Esta hipótese não havia no art. 684 do C.P.C. de 1973.

Na realidade, essa possibilidade normativa processual deve ser aplicada com *grano salis*.

Evidentemente, nos dias atuais, o valor médio de veículos automotores ou de outros bens duráveis pode ser conhecido por meio de pesquisas realizadas por órgãos oficiais ou de anúncios de venda divulgados pelos meios de comunicação em massa.

Contudo, esse valor médio oscila razoavelmente para mais ou para menos dependendo do estado de conservação desses bens, quilometragem de uso, avarias em razão de acidentes etc., o que por vezes somente poderá ser observado mediante específica avaliação do bem.

Para que se possa implementar o valor estabelecido, deverá o nomeante do bem comprovar documentalmente o valor médio constante da pesquisa ou da publicação midiática.

3. Requisito da avaliação realizada por oficial de justiça ou avaliador judicial

A avaliação será realizada por meio de vistoria e de laudo de avaliação que é um documento escrito no qual constará os bens com as suas características, o estado em que se encontram e o seu valor.

Sendo a avaliação realizada pelo próprio oficial de justiça, o laudo de avaliação por ele elaborado deverá ser anexado ao auto de penhora.

Agiu com acerto o legislador ao retirar do conteúdo do auto de penhora a avaliação, pois, na realidade, a avaliação é um ato jurídico processual distinto da penhora, devendo constar de um laudo autônomo e avulso.

Tendo em vista que a avaliação não faz parte do auto de penhora, sua eventual falta não caracterizará nulidade da penhora.

Em se tratando de avaliação realizada por perito avaliador nomeado pelo órgão jurisdicional, o laudo de avaliação deverá ser apresentado no prazo fixado pelo juiz, devendo o aludido documento especificar, no mínimo: a) os bens, com as suas características; b) o estado em que se encontram. É importante a descrição pormenorizada do estado em que se encontra o bem, seja para facilitar futuras reavaliações, quanto para garantir a responsabilidade do depositário do bem e os direitos de futuros arrematantes. Além do mais, no edital de leilão, como garantia dos direitos dos futuros licitantes, deve constar

DA AVALIAÇÃO

a descrição correta do estado de conservação do bem, sob pena de nulidade da arrematação; c) o valor dos bens. O perito deverá indicar o método e os critérios técnicos utilizados para se chegar ao valor dos bens, a fim de que as partes possam verificar a correção do valor apurado.

Quando o imóvel for suscetível de cômoda divisão, a avaliação, tendo em conta o crédito reclamado, será realizada em partes, sugerindo-se, com a apresentação de memorial descritivo, os possíveis desmembramentos para alienação.

Deparando-se o perito avaliador com um bem imóvel *pro diviso*, apesar de juridicamente ainda se encontrar não dividido, poderá sugerir no laudo de avaliação, em face do valor do crédito reclamado, a divisão cômoda do imóvel para fins de eventual alienação parcial do bem.

Para tanto, o perito deverá apresentar um memorial descritivo no qual conste as possibilidades práticas e jurídicas de desmembramento para eventual alienação parcial do bem.

Neste caso, se o perito não tiver qualificação técnica, deverá o juiz nomear um engenheiro para fazer a planta definitiva dessa divisão, ou permitir que o devedor assim o faça, especialmente pelo fato de que a divisão do imóvel enseja diversas questões jurídicas de ordem urbanística e de traçado viário.[348]

Realizada a avaliação e, sendo o caso, apresentada a proposta de desmembramento, as partes serão ouvidas no prazo de 5 (cinco) dias.

Em qualquer hipótese, tanto executado quanto exequente serão intimados para se manifestar sobre a avaliação ou eventual proposta de desmembramento do bem.

Trata-se de concretização jurídica processual do princípio Constitucional do contraditório.

As partes poderão concordar com a avaliação ou impugná-la. Contudo, o juiz somente irá acolher a impugnação ou mesmo determinar nova avaliação se a parte trouxer com a impugnação argumentos devidamente fundamentados, com base em prova pertinente, que possam pôr em dúvida a avaliação realizada pelo perito nomeado pelo juiz.

As partes deverão ser intimadas para se manifestar no prazo de cinco dias; esse prazo será sucessivo e não em conjunto.

É importante salientar que as partes deverão se manifestar impreterivelmente no prazo de cinco dias, sob pena de precluir a possibilidade de impugnar o laudo.

---

[348] Ver sobre o tema o art. 2º, §2º, da Lei 6.766, de 19.12.79.

EXECUÇÃO E CUMPRIMENTO DE SENTENÇA

Apesar de a parte não ter sido intimada para se manifestar sobre a avaliação, se ela, antes da realização do leilão, comparece aos autos manifestando-se sobre a execução, já entendeu o S.T.J. que fica sanada eventual nulidade pela falta de intimação (AgRg no Ag 1066876/MS, Rel. Ministro SIDNEI BENETI, TERCEIRA TURMA, julgado em 19/05/2009, DJe 10/06/2009).

4. Nova avaliação

Uma vez realizada a avaliação, em regra, não se repetirá este ato processual, exceto nas hipóteses elencadas nos incisos I, II e III do art. 873 do atual C.P.C.

4.1. Erro na avaliação ou dolo do avaliador

A primeira hipótese que justifica a realização de nova avaliação ocorre quando qualquer das partes, exequente ou executado, fundamentadamente, arguir a ocorrência de erro na avaliação ou dolo do avaliador.

Em que pese não se possa considerar a avaliação realizada no processo de execução como sendo um negócio jurídico *stricto sensu*, não se nega que se está diante de um *ato jurídico* processual unilateral. Por isso, pode-se aplicar em relação ao erro e ao dolo as estipulações normativas previstas nos artigos 138 a 144 e 145 a 150 do C.c.b., no que couber.

Assim, é anulável a avaliação quando a declaração de conhecimento realizada pelo perito judicial provier de *erro substancial*.

Entende-se por *erro substancial*, aquele erro que interessa à natureza do ato jurídico processual de avaliação, ao objeto principal dessa manifestação de conhecimento, ou alguma das qualidades essenciais do objeto de valoração.

Contudo, se for apenas um erro de cálculo, não se fará uma nova avaliação, mas apenas será realizada a retificação da própria avaliação.

A avaliação poderá ser anulada quando realizada com dolo, sendo este a causa principal da apuração do valor do bem penhorado.

Pode ser ainda anulada a avaliação por dolo de terceiro, se o perito utilizou-se dessas informações como elemento essencial para valoração do bem.

Penso, contudo, que se deve dar uma interpretação extensiva ao inc. I do art. 873 do atual C.P.C., podendo também ser realizada nova avaliação se o perito sofrer qualquer coação física ou moral para a realização da perícia, ou praticar simulação com qualquer das partes do processo.

4.2. Majoração ou diminuição no valor do bem

Também será realizada nova avaliação quando se verificar, posteriormente à avaliação, que houve majoração ou diminuição no valor do bem.

DA AVALIAÇÃO

Em face da sobrecarga processual que convive o judiciário brasileiro, é possível que em determinados foros haja uma tramitação lenta dos processos, o que poderá ensejar uma distância excessiva entre a realização de um ato processual e outro que venha a seguir.

Por isso, é possível que entre a data da avaliação e a expropriação do bem decorra tempo suficiente que acarrete, em razão das circunstâncias econômicas vivenciadas no país, majoração ou diminuição no valor do bem. Constatando-se essa modificação de valor da avaliação, será legítimo ao juiz ordenar nova avaliação, uma vez que o bem somente poderá ir à hasta pública pelo seu valor real, visando, com isso, a resguardar o interesse do exequente, assim como proteger o patrimônio do executado.

Sobre a questão, eis o seguinte precedente do S.T.J.:

PROCESSUAL CIVIL. AVALIAÇÃO DE BEM PENHORADO. DECURSO DE TEMPO. REAVALIAÇÃO. CRITÉRIOS. ARTS. 683 E 684 DO CPC.

1. A recorrente, por meio de Embargos, se insurgiu contra adjudicação deferida ao recorrido por valor deficitário (R$ 4.275.342,00), dado que realizada quatro anos e sete meses após a última avaliação. Aduz que a prova da defasagem não foi oportunizada porque não houve licitante interessado em adquirir o imóvel pelo valor da avaliação. Aponta que, à época da avaliação, o imóvel valia aproximadamente R$ 7.000.000,00 (sete milhões de reais).

2. A sentença de improcedência foi mantida pelo Tribunal de origem com amparo no seguinte fundamento: "Em que pese em outros feitos tenha reconhecido a necessidade de uma reavaliação de imóveis, uma vez que realizado o primeiro leilão não compareceram interessados a aquisição pelo valor da avaliação, tendo a empresa Maxxibolt Indústria de Autopeças Ltda. ofertado lance de 60% da avaliação para pagamento parcelado em 60 (sessenta) vezes, o que foi recusado pelo credor. Pois bem, se o imóvel vale mais do que avaliado, mas não conseguiu obter licitando interessado na sua aquisição sequer pelo valor a que foi avaliado é porque o valor da avaliação está mais próximo do que o alegado pela parte recorrente. Mesmo que pareça ter ficado congelado o valor da avaliação, esta circunstância é melhor do que permitir a arrematação por R$ 2.565.210,00".

3. A nova avaliação se dá porquanto "um valor subestimado evidentemente cria para o executado o risco de uma adjudicação lesiva a seu patrimônio. Já um valor acima das cotações de mercado inibe o exequente de exercitar o direito de adjudicação, ou somente o permite em bases que lhe acarretam prejuízos" (Humberto Theodoro Junior, Curso de direito processual civil, vol. II, 47ª ed., 2012, p; 337).

4. Os arts. 683 e 684 do CPC têm a seguinte redação: Art. 683 – É admitida nova avaliação quando: I – qualquer das partes arguir, fundamentadamente, a ocorrência de erro na avaliação ou dolo do avaliador; II – se verificar, posteriormente à avaliação, que houve majoração ou diminuição no valor do bem; ou III – houver fundada dúvida sobre o valor atribuído ao bem (art. 668, parágrafo único, inciso V). Art. 684 – Não se procederá à avaliação se: I – o exequente aceitar a estimativa feita pelo executado (art. 668, parágrafo único, inciso V); II – se tratar de títulos ou de mercadorias que tenham cotação em bolsa comprovada por certidão ou publicação oficial.

5. Em perspectiva literal, a ausência de lanço não está prevista como regra do 684/ exceção ao 683 do CPC.

6. É frágil a fundamentação do acórdão recorrido quando afirma que o congelamento do valor é melhor que a arrematação com desconto.

Eventual majoração não teria reflexo na proposta de arrematação parcelada, mas sim na representação pecuniária da adjudicação, feita pelo valor da avaliação (art. 685-A do CPC), que, se concretizada, acarretaria abatimento maior da dívida obtido por meios legítimos.

Legitima a pretensão do recorrente.

8. Recurso parcialmente provido para cassar o acórdão recorrido e determinar nova avaliação.

(REsp 1358908/RS, Rel. Ministro HERMAN BENJAMIN, SEGUNDA TURMA, julgado em 07/05/2013, DJe 23/05/2013)

4.3. Fundada dúvida sobre o valor atribuído ao bem

Poderá também ser realizada nova avaliação do bem se houver fundada dúvida sobre o valor que lhe foi atribuído por uma das partes.

Note-se, somente poderá ensejar nova avaliação quando ocorrer *fundada dúvida*, e não qualquer dúvida.

Pode ocorrer que as partes, ao oferecer determinado bem à penhora, indiquem também o valor do bem para efeito de alienação. Manifestando-se a parte contrária sobre esse valor, poderá ela suscitar pertinentes e objetivas dúvidas sobre o valor atribuído, o que ensejará a realização de uma nova avaliação.

É certo que essa dúvida deve ser objetiva, não podendo ser restrita ao âmbito subjetivo da parte impugnante, nem ser fundada em razões ou conjecturas gerais.

Além do mais, poderá essa dúvida surgir mesmo após a manifestação das partes, em razão de prova documental satisfatória.

Constata-se essa hipótese quando o bem é avaliado em dois processos de execução, por oficiais de justiça diversos. Cada qual, por vezes, atribui valor diverso ao bem, ensejando dúvida fundada sobre o seu real valor. Nessa hipótese, a dúvida superveniente devidamente justificada também poderá ensejar nova avaliação.

DA AVALIAÇÃO

À nova avaliação realizada em decorrência de dúvida fundada do juiz sobre o valor atribuído ao bem na primeira avaliação, aplica-se o disposto no art. 480 do novo C.P.C.

5. Diligências após a avaliação

A importância da verificação do valor real do bem penhorado não é somente para efeito de hasta pública, mas também para se verificar se há *excesso de execução* ou se haverá necessidade de *reforço de penhora*.

Por isso, após a avaliação, mediante requerimento do interessado, e ouvida a parte contrária, o juiz poderá determinar a redução da penhora aos bens suficientes, ou transferi-la para outros, se o valor dos bens penhorados for consideravelmente superior ao crédito do exequente.

Se não houver outras questões a serem dirimidas no procedimento executivo, o juiz dará início aos atos de expropriação do bem.

É possível que o juiz não possa dar início aos atos de expropriação do bem, tendo em vista a interposição pelo executado dos embargos à execução, os quais poderão ter sido recebidos com efeito suspensivo.

Nessa hipótese, os atos expropriatórios deverão aguardar o momento oportuno.

Mas, em regra geral, após a avaliação, o juiz poderá dar início aos atos expropriatórios.

TÍTULO 5

ATOS EXPROPRIATÓRIOS

Capítulo 10
Adjudicação

1. Definição de adjudicação

Conforme estabelece o art. 876 do atual C.P.C., é lícito ao exequente, oferecendo preço não inferior ao da avaliação, requerer lhe sejam adjudicados os bens penhorados.

Segundo Fernando Amâncio Ferreira, *"consiste a adjudicação em atribuir ao credor a propriedade de bens penhorados suficientes para o seu pagamento. Diferentemente da venda executiva, não visa obter dinheiro para com ele pagar ao credor, mas satisfazê-lo directamente mediante a entrega de determinados bens do executado, anteriormente penhorados"*. [349]

Segundo a doutrina, com a adjudicação realiza-se uma *"datio in solutum'* ou *'dação em cumprimento'* requerida pelo credor e imposta ao devedor.

Todos os bens penhorados são adjudicados, sejam bens móveis ou imóveis.

Em relação à adjudicação no direito comparado, estabelecem os art. 799º do C.P.C. português, art. 505 do C.P.C. italiano e art. 651 do C.P.C. espanhol, respectivamente:

> *Artigo 799.º Requerimento para adjudicação*
> *1 – O exequente pode pretender que lhe sejam adjudicados bens penhorados, não compreendidos nos artigos 830.º e 831.º, para pagamento, total ou parcial, do crédito.*

---

[349] FERREIRA, F. A., op. cit. p. 375.

EXECUÇÃO E CUMPRIMENTO DE SENTENÇA

Art. 505 (Adjudicação)

O credor que realizou a penhora pode pedir a adjudicação dos bens penhorados, nos limites e segundo as regras contidas nos capítulos seguintes.

Se intervierem no processo outros credores, a adjudicação pode ser pedido por um só ou pelos demais, desde que haja acordo entre eles.

Art. 651. Adjudicação de bens ao exeqüente (móveis)

Se no ato da alienação não houver licitante, poderá o credor pedir a adjudicação dos bens por 30% da avaliação, ou pela quantidade que se lhe deva...

O momento processual para se postular a adjudicação, quando da entrada em vigor do C.P.C. de 1973, dava-se após a realização da praça ou do leilão, sem que houvesse lançador, conforme estabelecia o art. 714 do código revogado na sua redação originária. Este dispositivo foi revogado pela Lei 11.382 de 2006, a qual também introduziu no revogado C.P.C o art. 685-A, modificando sobremaneira o momento oportuno para se requerer a adjudicação.

A partir da Lei 11.382 de 2006, a adjudicação passou a ser admitida antes da realização da hasta pública, como a primeira possibilidade de expropriação do bem penhorado.

O critério estabelecido pela Lei 11.382 de 2006 foi mantido pelo atual C.P.C. em seu art. 876. Por isso, antes de realizada a hasta pública, ou frustradas as tentativas de alienação do bem, será aberta possibilidade de sua adjudicação, desde que o interessado ofereça preço não inferior ao da avaliação.

Observa-se também no direito comparado a exigência de um valor mínimo para a realização da adjudicação.

O art. 506 do C.P.C. italiano estabelece um valor mínimo para a adjudicação, a saber:

Art. 506. (Valor mínimo da adjudicação).

A adjudicação pode ser feita somente por um valor não inferior às despesas da execução e aos créditos que tenham preferência anterior àquele do ofertante.

Se o valor excede àquele indicado no inciso anterior, sobre o excesso concorrem o ofertante e os outros credores, observada as causas de prelação que lhes assiste.

No processo civil espanhol, a adjudicação de bens (móveis) poderá ocorrer com base em 30% do valor da avaliação, conforme preconiza o art. 651 do C.P.C. espanhol:

ADJUDICAÇÃO

Art. 651. Adjudicação de bens ao exeqüente (móveis)

Se no ato da alienação não houver licitante, poderá o credor pedir a adjudicação dos bens por 30% da avaliação, ou pela quantidade que se lhe deva.

Em nenhum caso, ainda quando atue como licitante arrematante, poderá o credor executante adjudicar os bens, nem ceder a arrematação ou adjudicação a terceiro, por quantidade inferior a 30% da avaliação.

Quando o credor, no prazo de vinte dias, não fizer uso dessa faculdade, o Secretário judicial procederá ao levantamento da penhora, a pedido do executado.

Em se tratando de adjudicação de bem imóvel, preconiza o art. 650 do C.P.C. espanhol que *transcorrido o prazo sem que o executado realize o previsto no parágrafo anterior, o exeqüente poderá, no prazo de cinco dias, requerer a adjudicação do imóvel por 70% do referido valor ou pela quantidade que se lhe deva, sempre que esta quantidade seja superior a 60% do valor da avaliação e do melhor lanço.*

No direito processual civil português, os bens não poderão ser adjudicados por preço inferior a 85% do valor de base dos bens, conforme estabelecem os arts. 799º, n.3, e 816, n. 2. do C.P.C. lusitano. Já em relação à adjudicação de direito de crédito pecuniário não litigioso, a adjudicação será realizada pelo valor da prestação devida, efetuado o desconto correspondente ao período a decorrer até o vencimento, à taxa legal de juros de mora, salvo se, não sendo próxima a data do vencimento, o requerente pretender que se proceda nos termos do disposto no n. 3 e nos artigos 800º e 801º (art. 799, n. 5 do C.P.C. português).

Deve-se compreender que mesmo após a publicação do edital de leilão, será possível o credor manifestar-se pela adjudicação do bem, desde que seja responsabilizado pelas despesas de publicação dos editais.

É importante salientar que o art. 878 do atual C.P.C. também permite uma nova possibilidade de adjudicação do bem, na hipótese de serem frustradas as tentativas de sua alienação em hasta pública, reabrindo-se oportunidade para requerimento de adjudicação, caso em que também se poderá pleitear a realização de nova avaliação.

2. Intimação do executado sobre o pedido de adjudicação

Requerida a adjudicação, o executado será intimado do pedido: I – pelo Diário da Justiça, na pessoa do seu advogado constituído nos autos; II – por carta com aviso de recebimento, quando representado pela Defensoria Pública ou não tiver procurador constituído nos autos; III – por meio eletrônico, quando, sendo caso do § 1º do art. 246, não tiver procurador constituído nos autos.

EXECUÇÃO E CUMPRIMENTO DE SENTENÇA

Muito embora seja um ato de *imperii* do Estado juiz a transferência do bem do executado por meio da adjudicação, é direito do executado acompanhar a lisura e o respeito às normas legais para que se ultime este ato processual.

A intimação do executado para se manifestar sobre o requerimento da adjudicação será feita, em regra, pelo Diário da Justiça, na pessoa do seu advogado constituído nos autos. Porém, em se tratando de processo eletrônico, nada impede que essa intimação seja feita pelo sistema de e-mail ou comunicação eletrônica.

Não tendo o executado advogado constituído nos autos, ou sendo representado pela Defensoria Pública, a sua intimação dar-se-á por carta com aviso de recebimento.

Sendo o executado empresa pública ou privada (exceto microempresas ou empresas de pequeno porte), e não tendo advogado constituído nos autos, a sua intimação dar-se-á preferencialmente por meio eletrônico no endereço indicado junto ao cadastro do sistema de processo eletrônico, nos termos do art. 246, §1º, do C.P.C.

Se o executado, citado por edital, não tiver procurador constituído nos autos, é dispensável a sua intimação.

O executado poderá impugnar, por exemplo, o preço oferecido, assim como a legitimidade daquele que pretende adjudicar o bem.

Como a norma processual não estabeleceu prazo, o executado deverá se manifestar no prazo de cinco dias, salvo se outro for indicado pelo juiz.

Tendo em vista que o endereço do executado consta expressamente na petição inicial, eventual mudança deverá ser obrigatoriamente comunicada ao juízo, sob pena de ser considerada realizada a sua intimação do pedido de adjudicação mediante encaminhamento de carta com aviso de recebimento para o endereço indicado, nos termos do art. 274, parágrafo único, do atual C.P.C.

3. Valor do crédito inferior ou superior ao dos bens penhorados

Verifica-se que a adjudicação, salvo na hipótese em que o valor do bem seja igual ou superior ao do crédito da execução, não se dá *pro soluto*, mas, sim, *pro solvendo*.

Diante desse aspecto, se o valor do crédito da execução for inferior a dos bens adjudicados, deverá a parte adjudicante depositar em juízo a diferença imediatamente, ficando este depósito à disposição do executado, salvo se existirem outros credores que efetuaram a penhora sobre os mesmos bens, ou se houver penhora no rosto dos autos da execução sobre o crédito da diferença.

Por outro lado, se o valor do bem adjudicado for inferior ao do crédito executado, a execução prosseguirá pelo saldo remanescente, devendo ser penhorados outros bens do executado para o pagamento do saldo credor. Nessa hipótese, o credor adjudicante não efetuará depósito do valor, mas o abaterá da dívida do executado para com ele.

Se o adjudicante (exequente) for evicto, ou seja, se alguém lhe reivindicar o bem adjudicado, mantém, ele, a pretensão de execução da dívida? Sim, pois com a perda do bem, a adjudicação torna-se ineficaz, assim como o pagamento do crédito, restaurando-se a pretensão de sua cobrança via executiva.

Poderá ocorrer a adjudicação de um crédito, também chamada de *real a real*.

Nesse caso, a imputação do pagamento opera-se paulatinamente. Quando se chega ao fim dos pagamentos e se tem por solvida a dívida, então a adjudicação encontrar-se-á definitivamente concluída.

No âmbito do C.P.C. português, quando a adjudicação se dá em direito a crédito, o art. 799º, item, 6, estabelece que essa adjudicação é *pro solvendo* e não *pro soluto*, a saber: *A adjudicação de direito de crédito é feita a título de dação pro solvendo, se o requerente o pretender e os restantes credores não se opuserem, extinguindo--se a execução quando não deva prosseguir sobre outros bens.*

É importante salientar que a adjudicação do bem em execução não extingue a garantia constituída anteriormente à penhora, que outro credor titulariza sobre o bem. Assim, se o credor com garantia real não for intimado do pedido de adjudicação formulado por outro legitimado à adjudicação(e, em consequência, não puder participar da adjudicação), poderá optar entre requerer a anulação da adjudicação ou manter seu direito real de garantia do bem, mesmo após adjudicado.

4. Legitimação para se requerer a adjudicação

Em regra, apresenta legitimidade para requerer a adjudicação, o exequente que promover a expropriação do bem penhorado.

Contudo, preconiza o §5º do art. 876 do atual C.P.C. que idêntico direito pode ser exercido por aqueles indicados no art. 889, incisos II a VIII, pelos credores concorrentes que hajam penhorado o mesmo bem, pelo cônjuge, pelo companheiro, pelos descendentes ou pelos ascendentes do executado.

A redação originária do art. 714 do C.P.C. de 1973 apenas legitimava o credor, o credor hipotecário ou os credores concorrentes para requerer a adjudicação.

O novo C.P.C., assim como já o fizera a Lei 11.382 de 2006, ampliou essa legitimação para incluir aqueles indicados no art. 889, incisos II e VIII, a saber:

Art. 889. Serão cientificados da alienação judicial, com pelo menos 5 (cinco) dias de antecedência:

(...).

II – o coproprietário de bem indivisível do qual tenha sido penhorada fração ideal;

III – o titular de usufruto, uso, habitação, enfiteuse, direito de superfície, concessão de uso especial para fins de moradia ou concessão de direito real de uso, quando a penhora recair sobre bem gravado com tais direitos reais;

IV – o proprietário do terreno submetido ao regime de direito de superfície, enfiteuse, concessão de uso especial para fins de moradia ou concessão de direito real de uso, quando a penhora recair sobre tais direitos reais;

V – o credor pignoratício, hipotecário, anticrético, fiduciário ou com penhora anteriormente averbada, quando a penhora recair sobre bens com tais gravames, caso não seja o credor, de qualquer modo, parte na execução;

VI – o promitente comprador, quando a penhora recair sobre bem em relação ao qual haja promessa de compra e venda registrada;

VII – o promitente vendedor, quando a penhora recair sobre direito aquisitivo derivado de promessa de compra e venda registrada;

VIII – a União, o Estado e o Município, no caso de alienação de bem tombado.

Também poderão requerer a adjudicação o cônjuge, o companheiro, os descendentes e ascendentes do executado.

Anteriormente, o cônjuge, os ascendentes ou os descendentes poderiam remir os bens penhorados, isto é, poderiam adquirir o bem penhorado que houvesse sido arrematado ou adjudicado, pelo mesmo valor que o da arrematação ou da adjudicação.

A remição foi extinta pela Lei 11.382 de 2006.

Pode ocorrer que mais de um legitimado pretenda adjudicar o bem penhorado. Nessa hipótese, o juiz determinará que haja uma licitação entre os pretendentes, prevalecendo a melhor oferta.

Existindo mais de um pretendente, proceder-se-á a licitação entre eles, tendo preferência, em caso de igualdade de oferta, o cônjuge, o companheiro, o descendente ou o ascendente, nessa ordem. Portanto, havendo lances iguais, ou não havendo oferta de lance pelos licitantes, a preferência será do cônjuge, companheiro, descendente ou ascendente, nessa ordem.

Pode ocorrer que haja mais de um descendente ou mais de um ascendente (se forem separados, por exemplo), de quem será a preferência?

O legislador não nos deu a solução.

A lógica nos condiciona a pensar que deverá haver uma nova licitação apenas entre os legitimados que detém preferência. Havendo empate, a adjudicação

ADJUDICAÇÃO

deverá ser outorgada entre os descendentes, assim como entre os ascendentes, dando-se preferência aos de grau mais próximo em relação aos de grau mais remoto, conforme princípio geral de direito de família. Se mesmo assim houver empate, a adjudicação deverá ser deferida por sorteio

A mesma situação poderá ocorrer entre os credores com igualdade de condições. Também deverá ser realizada uma nova licitação entre eles, prevalecendo a melhor oferta. Se a oferta for igual, penso que deverá ser definida a adjudicação segundo a natureza do crédito para efeito de concurso de credores. Se houver igualdade de natureza do crédito, poder-se-á verificar quem promoveu em primeiro lugar a penhora sobre o bem, dando-se preferência a este credor para a adjudicação do bem.

E se houver uma igualdade de oferta entre o credor quirografário que penhorou o bem em primeiro lugar e o credor com garantia real. Penso que neste caso, em razão dos princípios que regem a garantia real, a preferência será do credor que detém a garantia real.

Para Pontes de Miranda, a adjudicação na execução, se houvesse dois ou mais pretendentes, seria julgada por sentença, a qual possuiria natureza constitutiva integrativa. Somente se houvesse apenas um pretendente, a adjudicação com a assinatura do auto independeria de sentença. [350]

Contudo, a lição proferida por Pontes de Miranda dava-se com base no art. 715, *caput*, §2º do C.P.C. de 1973, antes da entrada em vigor da Lei 11.382/05, segundo a qual a licitação entre os vários credores seria resolvida por ato do juiz, que decidiria por meio de sentença. Houve muita discussão sobre o conteúdo dessa decisão, assim como qual seria o recurso contra ela cabível. Parte da doutrina entendia que não se tratava de sentença, mas, sim, de decisão interlocutória, razão pela qual o recurso cabível seria o agravo de instrumento. O novo C.P.C., ao tratar da decisão do juiz sobre a licitação entre os legitimados para requerer a adjudicação não fala mais em *sentença*, razão pela qual, a decisão sobre tal questão terá natureza de decisão *interlocutória*, sendo contra ela manejado o recurso de agravo de instrumento.

Assim, havendo um único interessado na adjudicação, ou após a resolução de questões envolvendo mais de um interessado, a adjudicação será deferida por decisão do juiz, sendo de plano lavrado o auto de adjudicação, por meio do qual se aperfeiçoa este ato processual expropriatório.

Lavrado o auto e sendo ele devidamente assinado, a adjudicação será considerada perfeita e acabada, não sendo mais possível sua retratação.

---

[350] Pontes de Miranda, op. cit., p. 433.

5. Impugnação à adjudicação

O art. 746 do C.P.C. de 1973 estabelecia que seria lícito ao executado, no prazo de 5 (cinco) dias, contado da adjudicação, alienação ou arrematação, oferecer embargos fundados em nulidade da execução, ou em causa extintiva da obrigação, desde que superveniente à penhora.

O atual C.P.C. não prevê mais a possibilidade de o executado ingressar com *embargos à adjudicação*, razão pela qual o questionamento deste ato processual somente poderá ser realizado por demanda autônoma.

Sobre a possibilidade do exercício de demanda autônoma para anular a adjudicação, assim já se manifestou o S.T.J. (AgRg no REsp 1238682/SC, Rel. Ministro BENEDITO GONÇALVES, PRIMEIRA TURMA, julgado em 20/03/2012, DJe 23/03/2012).

É certo que o executado, uma vez intimado do pedido de adjudicação, poderá se manifestar no prazo de 5 (cinco) dias, contado da última intimação (art. 877 do novo C.P.C.), apresentando questões sobre o pedido formulado. Entendo que as questões que podem ser formuladas pelo executado restringem-se àquelas surgidas após a penhora, e desde que não preclusas.

Porém, questões sobre a adjudicação poderão surgir após a decisão do juiz deferindo a adjudicação. Nesse caso, como a adjudicação somente será considerada perfeita e acabada com a lavratura e a assinatura do auto de adjudicação pelo juiz, pelo adjudicatário, pelo escrivão ou chefe de secretaria, e, se estiver presente, pelo executado, o executado poderá apresentar petição introduzindo questões, desde que essas questões sejam posteriores à intimação de que trata o art. 877 do novo C.P.C.

Dentre essas questões, pode-se citar, por analogia, o disposto no §1º do art. 903, a saber:

A adjudicação poderá ser, nos termos do §1º do art. 903 do atual C.P.C.: *a) invalidada, quando realizada por preço vil ou com outro vício; II – considerada ineficaz, se não observado o disposto no art. 804; III – resolvida, se não for pago o preço ou se não for prestada a caução.*

Lavrado o auto de adjudicação e assinado pelo juiz, pelo adjudicatário, pelo escrivão ou chefe de secretaria e, se estiver presente, pelo executado, a adjudicação considerar-se-á perfeita e acabada, não podendo mais ser discutida nos próprios autos da execução.

Tornando-se perfeita e acabada a adjudicação, questões poderão ser arguidas em ação autônoma.

ADJUDICAÇÃO

6. Penhora de quota social e direito de preferência à adjudicação

No caso de penhora de quota social ou ação de sociedade anônima fechada realizada em favor de exequente alheio à sociedade, esta será intimada, ficando responsável por informar aos sócios a ocorrência da penhora, assegurando-se a estes a preferência.

É possível que a penhora seja realizada em quota social ou ação de sociedade anônima fechada.

Em regra, havendo este tipo de penhora, a sociedade será intimada para promover a liquidação das quotas, mediante depósito de seu valor em dinheiro, conforme estabelecem os artigos 1.026 e 1.031 do C.c.b.

Contudo, não sendo requerida a liquidação das quotas, poderá ser promovida a alienação do bem, sendo que nesse caso o credor deverá requerer a adjudicação das quotas.

Havendo requerimento do exequente para adjudicar as quotas sociais, além da intimação pessoal do executado (sócio proprietário das quotas sociais), será intimada também a sociedade, sendo que esta ficará responsável para informar aos demais sócios sobre a ocorrência da penhora e do pedido de adjudicação, assegurando-se aos sócios a preferência em relação ao exequente alheio à sociedade.

Havendo mais de um sócio interessado na adjudicação das quotas sociais, deverá ocorrer uma licitação entre eles. Não havendo vencedor, a adjudicação deverá, por analogia, observa o 1.322 do C.c.b, a saber: *Art. 1.322. Quando a coisa for indivisível, e os consortes não quiserem adjudicá-la a um só, indenizando os outros, será vendida e repartido o apurado, preferindo-se, na venda, em condições iguais de oferta, o condômino ao estranho, e entre os condôminos aquele que tiver na coisa benfeitorias mais valiosas, e, não as havendo, o de quinhão maior.*

Se mesmo assim permanecer a igualdade, a adjudicação deverá ser por sorteio.

7. Momento em que se considera prefeita e acabada a adjudicação – auto e carta de adjudicação

Considera-se perfeita e acabada a adjudicação com a lavratura e a assinatura do auto pelo juiz, pelo adjudicatário, pelo escrivão ou chefe de secretaria, e, se estiver presente, pelo executado, expedindo-se: I – a carta de adjudicação e o mandado de imissão na posse, quando se tratar de bem imóvel; II – a ordem de entrega ao adjudicatário, quando se tratar de bem móvel.

O auto de adjudicação, uma vez lavrado pelo escrivão ou pelo diretor de secretaria, será assinado pelo juiz, pelo adjudicatário, pelo escrivão/dirctor dc secretaria e, se estiver presente, pelo executado.

EXECUÇÃO E CUMPRIMENTO DE SENTENÇA

Faltando qualquer dessas assinaturas, exceto a do executado, o auto não poderá ser considerado assinado, especialmente se ele não foi assinado pelo juiz.

A adjudicação somente será considerada perfeita e acabada, sem possibilidade de desistência ou retratação, com a efetiva assinatura do auto que fora previamente lavrado.

Após a assinatura do auto de adjudicação, e em se tratando de bem imóvel, será expedida a carta de adjudicação, documento equivalente a um formal de partilha, o qual será levado a registro para formalizar a transferência do bem em nome do adjudicatário. Juntamente com a carta de adjudicação, o juiz também expedirá um mandado de imissão de posse, a fim de que o adjudicatário seja definitivamente emitido na posse do bem imóvel.

Segundo ensina Pontes de Miranda: *"A carta de adjudicação não transfere o domínio; exigem-se a 'tradição' dos móveis e a 'transcrição' para os imóveis...A carta é o documento para a transcrição. Em todo caso, cumpre distinguir-se quanto aos frutos e rendimentos: a) na adjudicação dos bens (art. 714 do C.P.C. de 1973), o auto de adjudicação é que decide a quem pertencem os frutos pendentes, pois a posse está com o juízo, pelo órgão depositário, e esse não percebe frutos, de modo que à resolução judicial é que cabe decidir a quem pertencem; b) na adjudicação dos rendimentos (arts. 721 e 722 do C.P.C. de 1973), os frutos pertencem aos adjudicatários, conforme a sentença de adjudicação, que implícita ou explicitamente aprovou a avaliação e o cálculo do art. 722 do C.P.C. de 1973. Os comentadores do Código costumam recorrer ao Código Civil sobre frutos e posse, porém esquece-lhes que...a posse mediata está 'até certo ponto', com o juiz, a imediata com o depositário, e o executado, se está com a posse imediata, essa é a de depositário".* [351]

A carta de adjudicação conterá a descrição do imóvel, com remissão à sua matrícula e aos seus registros, a cópia do auto de adjudicação e a prova de quitação do imposto de transmissão.

Sendo a carta de adjudicação o documento indispensável para registro no Cartório de Registro de Imóveis, é necessário que ela preencha os requisitos estabelecidos pela norma processual.

Assim, a carta de adjudicação conterá: a) a descrição minuciosa do bem imóvel; b) indicação de sua matrícula e eventuais registros; c) a cópia do auto de adjudicação; d) a prova de quitação do imposto de transmissão.

Sem que a carta de adjudicação preencha os requisitos mínimos, o oficial do registro imobiliário não poderá realizar o seu registro.

---

[351] PONTES DE MIRANDA, op. cit., p. 442.

Em se tratando de bem móvel, não será expedida carta de adjudicação, por economia formal dos instrumentos processuais, bem como pelo fato de que a propriedade do bem móvel não se transfere pelo registro, mas, sim, pela tradição. Por isso, em se tratando de bem móvel, e uma vez assinado o auto de adjudicação, o juiz expedirá ordem de entrega do bem ao adjudicatário, bem como oficiará ao órgão competente de registro do bem móvel adjudicado.

8. Remição de bem hipotecado

No caso de penhora de bem hipotecado, o executado poderá remi-lo até a assinatura do auto de adjudicação, oferecendo preço igual ao da avaliação, se não tiver havido licitantes, ou ao do maior lance oferecido.

Estabelecia o art. 1.482 do C.C.b. que *realizada a praça, o executado poderá, até a assinatura do auto de arrematação ou até que seja publicada a sentença de adjudicação, remir o imóvel hipotecado, oferecendo preço igual ao da avaliação, se não tiver havido licitantes, ou ao do maior lance oferecido. Igual direito caberá ao cônjuge, aos descendentes ou ascendentes do executado.*

É importante salientar que o art. 1.482 do C.c.b. foi revogado pelo art. 1.072, inc. II, do novo C.P.C.

O legislador, no caso de imóvel hipotecado, permitiu ao executado remir (pagar) o bem até a assinatura do auto de adjudicação, oferecendo preço igual ao da avaliação, se não tiver havido licitantes, ou ao do maior lance oferecido.

Note-se que o legislador fala em remição e não em adjudicação.

Outrossim, quando o artigo fala na falta de licitantes, está fazendo referência ao §6º do art. 877 do atual C.P.C., ou seja, à licitação que se realiza entre possíveis legitimados à adjudicação do bem.

9. Remição de bem em caso de falência ou de insolvência do devedor hipotecário

Na hipótese de falência ou de insolvência do devedor hipotecário, o direito de remição previsto no § 3º do art. 877 do novo C.P.C. será deferido à massa ou aos credores em concurso, não podendo o exequente recusar o preço da avaliação do bem imóvel.

Estabelecia o art. 1.483 do C.c.b. que no *caso de falência, ou insolvência, do devedor hipotecário, o direito de remição defere-se à massa, ou aos credores em concurso, não podendo o credor recusar o preço da avaliação do imóvel.*

Parágrafo único. Pode o credor hipotecário, para pagamento de seu crédito, requerer a adjudicação do imóvel avaliado em quantia inferior àquele, desde que dê quitação pela sua totalidade.

O art. 1.483 do C.C.b. foi revogado pelo art. 1.072, inc. II, do novo C.c.b.

Se houver a falência ou a insolvência do executado (devedor hipotecário), o direito de remir o bem penhorado, previsto no §3º, será deferido, não mais ao executado que perdeu a disponibilidade de seus bens, mas à massa ou aos credores em concurso, não podendo o exequente recusar o preço da avaliação do imóvel.

Se houver mais de um interessado, dever-se-á promover a licitação entre eles.

10. Nova oportunidade para adjudicação

Dentre as hipóteses de expropriação do bem encontram-se a *adjudicação, a alienação particular e a alienação por hasta pública.*

Frustradas todas essas possibilidades de expropriação do bem, especialmente após a tentativa de alienação por hasta pública, será reaberta a oportunidade para requerimento de adjudicação, caso em que também se poderá requerer a realização de nova avaliação, se houver transcorrido tempo suficiente que possibilitou eventual defasagem do valor do bem.

No âmbito do direito processual civil português, segundo ensina Fernando Amâncio Ferreira: *"a adjudicação pode ser requerida em qualquer altura, enquanto os bens não forem vendidos, logo ante ou depois de anunciada a venda judicial. Mas, se a venda judicial já tiver sido anunciada, esta não se sustará e o pedido só pode ser considerado se não houver proponentes que ofereçam preço superior"*.[352]

A adjudicação poderá ser requerida por todos aqueles que são legitimados a fazê-lo.

Os legitimados à adjudicação deverão oferecer o mesmo valor da avaliação do bem, não lhes sendo permitido oferecer valor inferior ao preço da avaliação.

É bem verdade que tanto o exequente quanto os demais legitimados à adjudicação poderão oferecer preço mínimo fixado pelo juiz ou valor não inferior a cinquenta por cento da avaliação no dia da hasta pública ou leilão. Contudo, se perderem essa oportunidade, a adjudicação prevista no art. 878 do atual C.P.C. deverá ser pelo valor da avaliação. Nesse sentido é o seguinte precedente do S.T.J.:

> *ADJUDICAÇÃO. Valor.*
>
> *A adjudicação somente pode ser deferida se o exeqüente oferece preço não inferior ao da avaliação constante do edital (art. 714 do CPC).*
>
> *Recurso não conhecido.*
>
> (REsp 162257/SP, Rel. Ministro RUY ROSADO DE AGUIAR, QUARTA TURMA, julgado em 03/09/1998, DJ 13/10/1998, p. 124).

---

[352] Ferreira, F. A., op. cit. p. 276.

Capítulo 11
Alienação Forçada

1. Definição e natureza jurídica da alienação forçada

Não havendo adjudicação do bem penhorado pelo credor ou pelos demais legitimados, passar-se-á à fase de sua alienação forçada.

Por meio da alienação forçada procede-se à liquidação dos bens penhorados, ou seja, a sua transformação em dinheiro para distribuição ao credor executante ou aos credores intervenientes. [353]

Em geral, a fase denominada expropriativa ou liquidativa tem a função de transformar os bens penhorados em dinheiro, com a finalidade de sua respectiva distribuição perante aqueles que tenham direito à percepção do crédito. Trata-se de uma fase do processo que, apesar de sua importância teórica e prática, apresenta-se na realidade como eventual. Essa não terá lugar quando a penhora incida especificamente sobre dinheiro.

A venda forçada é resultado do encontro, não mais de duas vontades negociais, isto é, daquela do devedor proprietário com aquela do adquirente, mas, sim, da vontade deste último e do provimento do juiz da execução, razão pela qual não se enquadra no esquema dos negócios jurídicos. [354]

A Alienação far-se-á por iniciativa particular ou em leilão judicial eletrônico ou presencial.

---

[353] ARIOLA, Luca; CAIRO, Antonio; CIAFARDINI, Luciano; CRESCENZO, Matteo de; GIORDANO, Luigi; PELLECCHIA, Roberto; PELUSO, Roberto; SCOGNAMIGLIO, Paolo; TARASCHI, Cesare. *Codice di procedura civile operativo.* Napoli: Simone, 2015. p. 1.521.

[354] ARIOLA, L., *et al.* idem, ibidem.

Portanto, nos aspectos gerais do regime de venda, a venda pode ser judicial ou extrajudicial. A venda judicial ocorre quando realizada diretamente pelo Poder Judiciário, por meio dos seus funcionários ou auxiliares; já a venda extrajudicial ocorre quando realizada por pessoas estranhas ao Poder Judiciário (corretor, depositário, exequente, executado etc).

No Código de Processo Civil português, as modalidades de venda são (art. 811):

> 1 – A venda pode revestir as seguintes modalidades:
>
> a) Venda mediante propostas em carta fechada;
>
> b) Venda em mercados regulamentados;
>
> c) Venda direta a pessoas ou entidades que tenham direito a adquirir os bens;
>
> d) Venda por negociação particular;
>
> e) Venda em estabelecimento de leilões;
>
> f) Venda em depósito público ou equiparado;
>
> g) Venda em leilão eletrónico.
>
> 2 – O disposto no artigo 818.º, no n.º 2 do artigo 827.º e no artigo 828.º para a venda mediante propostas em carta fechada aplica-se, com as necessárias adaptações, às restantes modalidades de venda e o disposto nos artigos 819.º e 823.º aplica-se a todas as modalidades de venda, excetuada a venda direta.

No âmbito do processo civil italiano, nos termos do art. 503 do C.P.C., a venda forçada pode realizar-se com ou sem leilão.

A alienação forçada no processo civil brasileiro ocorre mediante o instituto processual denominado de arrematação em hasta pública ou mediante a alienação particular.

Talvez um dos mais complexos e tormentosos temas do processo seja definir o que é *arrematação* em suas diversas modalidades.

Alguns assimilavam-na à noção de venda e compra, enquanto *venda judicial* pelos antigos tratadistas.[355]

Segundo Celso Neves, uma das melhores teorias sobre o tema da definição da arrematação provém de Pugliatti, a saber: *"De tudo quanto procede possamos recolher os elementos para a definição da natureza jurídica da venda forçada. Um primeiro elemento negativo mas característico, é este: o proprietário expropriado, isto é o devedor, não manifesta a sua vontade no sentido de transferir o direito sobre coisa a outrem,*

---

[355] NEVES, Celso. *Comentários ao código de processo civil.* 2ª ed. Vol. VIII. Rio de Janeiro: Forense, 1977. p. 106.

como ocorre na venda voluntária; e toda vontade implícita dele falta completamente, devendo-se reter a existência de sua vontade numa arbitrária função...A transferência da propriedade não é um fim em si mesmo, mas somente o meio idôneo para conseguir disso o seu escopo. Isso explica a eficácia do poder estranho à vontade do devedor, como 'causa transmissível' dos direitos a ele pertencentes. Assim, à idéia de uma execução forçada, como idôneo instrumento, o conceito de transferência coativa".[356]

Assim, efetivamente, não é possível considerar que a expropriação na modalidade de arrematação ou alienação do bem penhorado seja um negócio jurídico privado, muito menos um negócio jurídico público de representação, pois não há nesse tipo de transmissão de propriedade qualquer ato de vontade ou de caráter negocial. O que há é um provimento judicial que determina a transferência do bem, sem qualquer característica jusprivatista. É um ato com característica exclusivamente publicista, jurisdicional, o qual somente tem, igualmente como tantos outros atos jurisdicionais, efeitos privados. Por isso, o terceiro que faz uma oferta na alienação, intervém no pendente processo judicial de execução, e, intervindo, propõe uma demanda judicial, a demanda que lhe seja adjudicada a coisa em expropriação pelo preço por ele oferecido e que ele promete de pagar. Por isso, para Zanzuchi, o licitante intervém no processo por meio de uma espécie de demanda incidental.[357]

Para Pontes de Miranda, a verdadeira teoria é a que atende à relação de direito público entre o juiz (Estado) e o arrematante, aliás, entre o juiz e os lançadores e entre o juiz e o lançador-arrematante, como ato processual no processo de execução. Contudo, diz Pontes que o fato de não ser a arrematação uma compra e venda, isso não significa dizer que seja ato unilateral do órgão judicial: *"seriam bem difícil conceber-se ato de transferência, ainda em execução, que fosse unilateral; ou se variou de definição de ato unilateral".*[358] Segundo Pontes de Miranda, quem exerce o poder de dispor, nas arrematações e adjudicações, é o Estado, e não o exequente ou o síndico da massa concursal. Há o ato jurisdicional, que cobre o negócio jurídico bilateral em que são figurantes o Estado e o arrematante ou o adjudicatário. Poder dispor não é direito de propriedade, razão por que o dinheiro que se apurou no leilão, ou, até, na venda por iniciativa particular, é de propriedade do devedor, e não do Estado, nem do credor ou dos credores.[359]

---

[356] Pugliatti, Salvatore. *Esecuzione forzata e diritto sostanziale*, Milão, 1935, pág. 301; Neves, C., idem, p. 113.

[357] Zanzucchi. Marco Túlio. *Diritto processuale civile*, Milão, 1946, Tomo III, págs. 81 a 86.

[358] Pontes de Miranda, op. cit., p. 353.

[359] Pontes de Miranda, idem, p. 354

2. Arrematação – natureza jurídica – modo originário ou derivado de adquirir a propriedade

O fenômeno da 'abstração' da venda forçada em razão dos eventos ocorridos no processo de execução é aquele que permite explicar os particulares efeitos processuais da alienação: a) *o efeito translativo* da propriedade, que em certo sentido prescinde da efetiva propriedade do bem em relação ao sujeito que há efetivamente se submetido à execução (tendo em vista que se pode validamente alienar o bem de um terceiro); b) o *efeito purgativo*, tendo em vista que o bem é transmitido ao adquirente livre de todo peso ou vínculo derivante da sua inscrição e transcrição no registro público; c) *retroatividade dos efeitos* da venda forçada , tendo em vista que o bem é vendido na situação jurídica e de fato em que esse se encontrava no momento da penhora. [360]

Na Itália, por exemplo, as concepções doutrinárias sobre a natureza jurídica da venda forçada reproduzem uma linha de tendência própria de toda a ciência do direito processual, ou seja, diante de uma inicial concepção privatista, surge uma mais profunda reflexão que põe em relevo o caráter publicista dos institutos processuais. Por essa razão, a venda forçada foi inicialmente considerada como negócio de direito privado, isto é, como um contrato em que o credor agia como mandatário 'ex lege' do devedor. Sucessivamente, afasta-se o esquema contratual, colocando-se em evidência, como fundamento da venda forçada, o provimento executivo jurisdicional, o qual se configuraria com ato conclusivo de um particular procedimento. Da teoria da venda como ato contratual, passa-se à teoria da transferência coativa. Esta última orientação doutrinária faz com que surjam alguns problemas sobre: a) a natureza da oferta de quem pretende adquirir os bens penhorados; b) o momento conclusivo do procedimento; c) a possibilidade de se inserir a venda forçada no mais amplo gênero de transferência coativa, do qual essa constituiria o exemplar mais significativo e mais exaurientemente disciplinado. Quanto à natureza da oferta, alguns continuaram a configurá-la como demanda judicial de aquisição, sendo o terceiro adquirente considerado como uma espécie de auxiliar do juízo; quanto ao momento conclusivo do procedimento, esse somente ocorre com a junção do ato conclusivo da arrematação e o pagamento do preço; quanto à possibilidade de se construir a categoria geral de transferência coativa e assumir a disciplina da venda como disciplina-tipo, a doutrina demonstra notável ceticismo, realçando, por exemplo, que a respectiva estrutura da venda forçada e da expropriação por utilidade pública não justificam

---

[360] Verde, G.; Capponi, B., op. Cit. p. 142.

ALIENAÇÃO FORÇADA

qualquer pretensão de analogia, nem sob o aspecto da vinculação da oferta, nem sob o aspecto da determinação da indenização, nem sob o aspecto da estabilidade dos efeitos do ato-provimento que perfaz o efeito translativo da propriedade do bem.[361]

Segundo Giovanni Verde e Bruno Capponi, *"o problema da natureza jurídica da venda forçada encontra-se resolvido, atualmente, sob a perspectiva dos seguintes aspectos: a) a venda não é um ato negocial, sujeito à disciplina privatista; b) consequentemente, não se aplicam nem à oferta de aquisição, nem àquela de venda (ordem de alienação) as regras do direito civil sobre interpretação do contrato e os vícios da vontade; c) não encontram a aplicação os princípios e remédios civilísticos em tema de invalidade da compra e venda contratual; d) se por um lado, o procedimento de alienação se inicia por um ato de iniciativa de sujeito privado (pedido de arrematação por parte de um credor munido de um título executivo; oferta de aquisição por parte de um terceiro adquirente), tudo isso depende de um provimento jurisdicional.*

Disso resulta que a 'venda forçada' é necessariamente um ato, ou, se se preferir, um procedimento realizado por meio de uma série coordenada de atos, não enquadrável nem na categoria civilista, nem naquela publicista; essa apresenta elementos tanto de um quanto de outro regime".[362]

Essa dificuldade em se definir a natureza jurídica a alienação forçada provocou no âmbito da doutrina inúmeras discussões acerca da possibilidade de configurar a venda forçada um modo de aquisição a título *originário* ou a título *derivado*.

Adquire-se a propriedade pelo *modo originário* quando não há relação jurídica material entre o proprietário precedente e o atual adquirente. O atual proprietário adquire a propriedade independentemente da vontade do antigo proprietário.

Já no *modo derivado*, há relação jurídica de direito material entre o atual e o antigo proprietário.

Liebman afirma que a aquisição da propriedade, via alienação judicial, é uma forma *originária* de aquisição da propriedade, tendo em vista que para ele a arrematação é ato unilateral do Estado que efetua a transferência coativa do direito de propriedade a outrem.

Para Araken de Assis, a arrematação implica aquisição *derivada*. Por isso, terceiro, cujo direito o Estado transferiu em hasta pública, dispõe de demanda reivindicatória contra o arrematante (C.c.b., art. 1.228).[363]

---

[361] VERDE, G.; CAPPONI, B., idem, p. 143 e 144
[362] VERDE, G; CAPPONI, B., idem, p. 144.
[363] ASSIS, A., op.cit. p. 737.

A jurisprudência do S.T.J., por sua vez, firmou entendimento de que a arrematação seria uma forma *originária* de aquisição da propriedade (AgRg no AREsp 132.083/SP, Rel. Ministro BENEDITO GONÇALVES, PRIMEIRA TURMA, julgado em 28/08/2012, DJe 05/09/2012)

A primeira importante questão sobre ser originário ou derivado o modo de aquisição da propriedade pela arrematação, diz respeito aos direitos reais em garantia (credor pignoratício, anticrético, hipotecário e usufrutuário) que podem gravar o bem penhorado.

Tendo sido penhorado um bem gravado com direito real em garantia, o titular desse direito deve obrigatoriamente ser intimado para participar da relação jurídica executiva, nos termos do art. 799, inc. I a VI do atual C.P.C.

Uma vez intimado, o credor com garantia real não necessita ingressar com qualquer demanda autônoma, pois sua participação ocorrerá no próprio processo executivo em face da penhora sobre o bem gravado.

Sem a intimação do titular do direito real em garantia, a alienação do bem gravado será ineficaz em face do titular do direito real.

Havendo a intimação, o direito real sub-roga-se no preço alcançado, isto é, a hipoteca, penhor, anticrese ou usufruto é extinto, justamente pela natureza originária de aquisição da propriedade por meio da arrematação. A arrematação transfere a coisa livre e desembaraçada ao adquirente que ofereceu o melhor preço.

É importante salientar que se o direito real em garantia for constituído após a penhora, poderá ser caracterizado como fraude à execução, sem qualquer eficácia perante o credor que penhorou o bem.

Em relação às dívidas condominiais existentes sobre o bem arrematado, entende Araken de Assis, com base no art. 1.345 do C.c.b., que o adquirente de unidade responde pelos débitos do alienante, em relação ao condomínio, inclusive multas e juros moratórios. Tal responsabilidade *propter rem* estende-se ao arrematante, desde que o ônus conste do edital.[364] Manteve-se fiel, o processualista gaúcho, à sua concepção de que a arrematação é uma forma de aquisição derivada de propriedade.

Porém, muito embora o S.T.J. entenda que a arrematação é *forma originária* de aquisição de propriedade, em relação às despesas de condomínio, a 2ª Seção do referido tribunal tem reconhecido a responsabilidade do adquirente pelos débitos de condomínio (REsp 1299081/SP, Rel. Ministra NANCY ANDRIGHI, TERCEIRA TURMA, julgado em 18/09/2012, DJe 27/09/2012)

---

[364] Assis, A., idem, p. 744.

Na hipótese de omissão do edital quanto à existência de débitos, há precedentes na 3ª Turma do S.T.J. que tanto admitem, como não admitem a transferência ao adquirente dos débitos condominiais.

Assim, parece-nos que a jurisprudência do S.T.J. está se firmando no sentido de que os débitos condominiais objeto de ação de cobrança ajuizada por condomínio em face do antigo proprietário, relativos a períodos anterior à arrematação, não são transferidos ao arrematante, exceto se existente previsão expressa. Nesse sentido: (REsp 1186373/MS, Rel. Ministro LUIS FELIPE SALOMÃO, QUARTA TURMA, julgado em 24/03/2015, DJe 14/04/2015); (AgRg no REsp 1357974/SP, Rel. Ministro PAULO DE TARSO SANSEVERINO, TERCEIRA TURMA, julgado em 02/12/2014, DJe 19/12/2014); (REsp 1297672/SP, Rel. Ministra NANCY ANDRIGHI, TERCEIRA TURMA, julgado em 24/09/2013, DJe 01/10/2013).

Em relação à efetiva transferência do bem arrematado ao adquirente, o S.T.J., na decisão abaixo, entende que somente ocorre com a expedição da carta de arrematação e não com a assinatura do auto:

> *PROCESSUAL CIVIL. EXECUÇÃO FISCAL. ARREMATAÇÃO. PREÇO VIL. INVALIDAÇÃO DE OFÍCIO. POSSIBILIDADE. ART. 694, §1º, CPC/1973. PRECLUSÃO PRO JUDICATO. INOCORRÊNCIA. ATO PRATICADO ANTES DA EXPEDIÇÃO DA CARTA DE ARREMATAÇÃO.*
>
> *3. Não há confundir o "auto de arrematação" previsto no caput do art. 693 do CPC/1973, com a "carta de arrematação" vazada no parágrafo único do mesmo dispositivo legal. Auto de arrematação é o documento que registra a alienação e é lavrado de imediato, mencionando as condições pelas quais o bem foi alienado (art. 693, caput, do CPC/1973). Já a carta de arrematação (art. 693, parágrafo único) é o documento que transfere a posse e a propriedade do bem adquirido, e somente é expedida após efetuado o depósito ou prestadas as garantias pelo arrematante.*
>
> *4. A transmissão da propriedade imobiliária do bem objeto da arrematação só se perfaz com o registro da carta, nos termos do art. 1.245 do Código Civil, razão pela qual passível de invalidação o auto que lhe antecede se presente algum dos vícios contidos no §1º do art. 694 do Código de 1973.*
>
> *(...).*
>
> (REsp 1682079/PR, Rel. Ministro HERMAN BENJAMIN, SEGUNDA TURMA, julgado em 19/09/2017, DJe 09/10/2017)

3. Espécies de alienação

A alienação far-se-á: a) – por iniciativa particular; b) – em leilão judicial eletrônico ou presencial.

O C.P.C. de 1973 também diferenciava leilão de praça; o leilão seria realizado para alienação de bens móveis, enquanto que a praça seria realizada para alienação de bens imóveis.

O novo C.P.C. unificou os institutos, fazendo referência ao leilão judicial eletrônico ou presencial tanto para bens móveis quanto para bens imóveis.

A alienação poderá ser feita tanto por iniciativa particular, como por meio de leilão judicial eletrônico ou presencial.

Na realidade, a expropriação pode ocorrer por diversas técnicas, sendo que em algumas, como no caso da alienação por iniciativa particular ou por meio do leilão judicial, prescinde-se totalmente da participação do executado, alcançando seu objetivo independentemente de sua participação.

Tais técnicas são denominadas de *sub-rogatórias* (execução direta), na qual se encontra a alienação coativa. [365]

Conforme bem asseverou Barbosa Moreira, ao tratar da arrematação, *"o juiz não está investido na presença (convencional ou legal) do proprietário, nem há por que recorrer ao inútil ou descabido expediente dogmático de considerar 'fictamente' manifestada a vontade do devedor"*. [366]

O que se visa tanto com a alienação particular quanto pelo leilão judicial é a transmissão de domínio do bem penhorado pelo Estado mediante o devido pagamento em dinheiro pelo terceiro que ofereceu o melhor lance.

Distingue-se da outra espécie de expropriação, a adjudicação, uma vez que nesse instituto o bem não é transferido a terceiro, mas ao próprio exequente, em pagamento da dívida.

Note-se que o legislador deu preferência ao leilão judicial eletrônico, até mesmo para se *aproveitar* todo o potencial da tecnologia moderna, mantendo o leilão judicial presencial para as hipóteses em que o leilão eletrônico seja impossível ou de pouca praticidade.

---

[365] ASSIS, Araken. *Manual do processo de execução.* 8ª ed. São Paulo: Ed. Revista dos Tribunais, 2002. p. 731.

[366] BARBOSA MOREIRA, José Carlos. *O novo processo civil brasileiro.* 6ª ed. Rio de Janeiro: Forense, 1984. p. 336.

ALIENAÇÃO FORÇADA

3.1. Alienação por iniciativa particular

A primeira hipótese de expropriação do bem penhorado é pela *adjudicação*, geralmente em favor do exequente , se assim ele o desejar.

Se não efetivada a adjudicação, conforme preconiza o art. 880 do novo C.P.C., o exequente poderá requerer a alienação por sua própria iniciativa ou por intermédio de corretor ou leiloeiro público credenciado perante o órgão judiciário.

A alienação particular também é prevista no C.P.C. português, nos seguintes termos:

Artigo 832.º Casos em que se procede à venda por negociação particular

A venda é feita por negociação particular:

a) Quando o exequente propõe um comprador ou um preço, que é aceite pelo executado e demais credores;

b) Quando o executado propõe um comprador ou um preço, que é aceite pelo exequente e demais credores;

c) Quando haja urgência na realização da venda, reconhecida pelo juiz;

d) Quando se frustre a venda por propostas em carta fechada, por falta de proponentes, não aceitação das propostas ou falta de depósito do preço pelo proponente aceite;

e) Quando se frustre a venda em depósito público ou equiparado, por falta de proponentes ou não aceitação das propostas e, atenta a natureza dos bens, tal seja aconselhável;

f) Quando se frustre a venda em leilão eletrónico por falta de proponentes;

g) Quando o bem em causa tenha um valor inferior a 4 UC.

Artigo 833.º Realização da venda por negociação particular

1 – Ao determinar-se a venda por negociação particular, designa-se a pessoa que fica incumbida, como mandatário, de a efetuar.

2 – Da realização da venda pode ser encarregado o agente de execução, por acordo de todos os credores e sem oposição do executado, ou, na falta de acordo ou havendo oposição, por determinação do juiz.

3 – Não se verificando os pressupostos do número anterior, para a venda de imóveis é preferencialmente designado mediador oficial.

4 – O preço é depositado diretamente pelo comprador numa instituição de crédito, à ordem do agente de execução ou, nos casos em que as diligências de execução sejam realizadas por oficial de justiça, da secretaria, antes de lavrado o instrumento da venda.

5 – Estando pendente recurso da sentença que se executa ou oposição do executado à execução ou à penhora, faz-se disso menção no ato de venda.

6 – A venda de imóvel em que tenha sido, ou esteja sendo, feita construção urbana, ou de fração dele, pode efetuar-se no estado em que se encontre, com dispensa da licença de utilização ou de construção, cuja falta de apresentação a entidade com competência para a formalização do ato faz consignar no documento, constituindo ónus do adquirente a respetiva legalização.

Observa-se que no âmbito do direito processual civil brasileiro, o art. 880, numa interpretação literal, somente conferiu legitimidade para se requerer a alienação particular ao exequente.

Já em relação ao processo civil português, a alienação particular pode ser proposta pelo executado, quando ele propõe um comprador ou um preço que é aceito pelo exequente e demais credores.

Na realidade, no processo civil português a legitimação para se requerer a venda por negociação particular é do exequente, do executado e dos credores preferenciais.

De qualquer forma, a venda por negociação particular depende sempre de decisão do juiz.

É importante salientar que a alienação particular ou direta não afeta a natureza pública do ato processual, pois haverá apenas uma delegação do juízo ao exequente para promover a alienação do bem penhorado, sem se descurar das condições judiciais impostas, especialmente o valor mínimo a ser observado, e a natureza pública dos atos processuais

Assim, mediante requerimento do exequente, a alienação do bem penhorado poderá ser feita por *iniciativa particular*, ou seja, pelo próprio exequente, que poderá promover pessoalmente a alienação do bem ou valer-se de corretor (de imóveis ou de valores mobiliário por exemplo) ou leiloeiro público. Verifica-se que não é qualquer corretor ou qualquer leiloeiro público que poderá auxiliar o exequente na alienação, mas somente aqueles profissionais que estejam devidamente registrados em seus órgãos de registro e fiscalização e também estejam devidamente credenciados perante a autoridade judiciária, desde que estejam no exercício da profissão há mais de *três anos*. O §3º do art. 685-C do C.P.C. de 1973 exigia que o corretor estivesse no exercício da profissão há mais de *cinco anos*.

A profissão de Leiloeiro é exercida mediante matrícula concedida pelas Juntas Comerciais, de acordo com as disposições do Decreto Federal n. 21.981, de 19 de outubro de 1932, pela Lei 4.021, de 10.12.61 e pela Instrução Normativa n. 113, de 28 de abril de 2012 do DNRC – Departamento de Registro do Comércio.

ALIENAÇÃO FORÇADA

A Lei 8.034/94, que dispõe sobre registros públicos de empresas mercantis e atividades afins, estabelece em seu art. 31, inc. I:

> *Art. 32. O registro compreende:*
> *I – a matrícula e seu cancelamento: dos leiloeiros, tradutores públicos e intérpretes comerciais, trapicheiros e administradores de armazéns-gerais.*

A escolha do corretor ou do leiloeiro público poderá ser feita pelo exequente, dentre aqueles credenciados no juízo.

Poderá também ser o leiloeiro designado pelo juiz.

O exequente não necessita obrigatoriamente de se valer de corretor ou leiloeiro, podendo realizar a venda diretamente à pessoa interessada, desde que observado o preço mínimo estabelecido pelo juiz da execução.

É importante salientar que a alienação particular não poderá ser realizada de ofício pelo juiz, muito menos imposta ao exequente.

Trata-se de uma iniciava exclusiva do exequente, que deverá avaliar as condições de mercado a fim de optar pela venda por iniciativa privada.

3.1.1. Prazo e condições para se concluir a alienação por iniciativa particular

O juiz fixará o prazo em que a alienação deve ser efetivada, a forma de publicidade, o preço mínimo, as condições de pagamento, as garantias e, se for o caso, a comissão de corretagem.

Muito embora possa o exequente levar o bem penhorado à alienação por iniciativa privada, isso não significa que terá total liberdade para assim proceder, sem qualquer preocupação com a metodologia a ser aplicada e a natureza pública do ato.

Por isso, a alienação por iniciativa privada do exequente deverá obedecer aos critérios estabelecidos pelo juiz da execução, dentre os quais pode-se indicar:

3.1.1.1. Prazo em que a alienação devará ser efetivada

O exequente deverá, portanto, observar o prazo fixado pelo juiz para a conclusão da alienação, podendo, se for o caso, requerer prorrogação mediante justo motivo.

No direito italiano, segundo estabelece o art. 569, inc. III do C.P.C. italiano, o juiz da execução deve estabelecer o *preço base* e deve fixar o prazo não inferior a 90 dias e não superior a 120 dias, dentro do qual podem ser oferecidas propostas para aquisição do bem.

3.1.1.2. Forma de publicidade

O exequente deverá adotar a forma de publicidade estabelecida pelo juiz, ou seja, mediante publicação em jornal, em página eletrônica especializada em leilões, rádio, televisão etc.

Evidentemente, a forma de publicidade deverá levar em conta o valor do crédito e especialmente o valor do bem penhorado.

3.1.1.3. Preço mínimo

O juiz fixará o preço mínimo para a alienação do bem penhorado.

Pelo C.P.C. de 1973, o preço mínimo não poderia ser inferior ao da avaliação.

O novo C.P.C., por sua vez, estabelece que o 'preço mínimo' não está vinculado ao valor da avaliação do bem, podendo, inclusive, ser inferior.

O juiz deverá fixar esse preço mínimo de acordo com as conjunturas do mercado e o interesse das pessoas na aquisição do bem.

3.1.1.4. Condições de pagamento

O juiz fixará as condições de pagamento do bem arrematado.

A arrematação poderá ser paga a vista ou em parcelas.

O juiz também poderá determinar a forma de garantia do pagamento do valor da alienação, especialmente quando o pagamento for parcelado. Essa garantia poderá ser mediante hipoteca ou penhor do próprio bem, ou, ainda, caução em dinheiro ou fiança bancária etc.

3.1.1.5. Remuneração do corretor ou do leiloeiro

O juiz, na hipótese de o credor valer-se de corretor ou leiloeiro público, poderá fixar o valor da remuneração do corretor ou do leiloeiro, normalmente mediante um percentual do pagamento efetuado.

É importante salientar que se a venda for anulada por qualquer causa, o corretor e o leiloeiro não terão direito à remuneração fixada pelo juiz, mas poderão reaver eventuais despesas que realizaram para a efetivação do ato da venda.

Havendo desistência por qualquer motivo do comprador, após a realização da venda, esses profissionais terão direito à remuneração fixada pelo juiz.

3.1.2. Métodos para a formalização da alienação por iniciativa particular

A alienação particular será formalizada por termo nos autos, com a assinatura do juiz, do exequente, do adquirente e, se estiver presente, do executado, expedindo-se: I – a carta de alienação e o mandado de imissão na posse, quando se tratar de bem imóvel; II- a ordem de entrega ao adquirente, quando se tratar de bem móvel.

A formalização da alienação privada não será por meio de auto de arrematação, mas, sim, por *termo nos autos*, assinado pelo juiz, pelo exequente, pelo adquirente e, se estiver presente, pelo próprio executado.

Tendo sido assinado o termo, a alienação torna-se perfeita e acabada, não podendo ser retratada unilateralmente.

O art. 746 do C.P.C. de 1973 estabelecia que seria lícito ao executado, no prazo de 5 (cinco) dias, contado da adjudicação, alienação ou arrematação, oferecer embargos fundados em nulidade da execução, ou em causa extintiva da obrigação, desde que superveniente à penhora.

O atual C.P.C. não prevê mais a possibilidade de o executado ingressar com *embargos à arrematação*, razão pela qual o questionamento deste ato processual somente poderá ser feito por demanda autônoma.

Nesse sentido, estabelece o art. 903 do atual C.P.C.:

> *Art. 903. Qualquer que seja a modalidade de leilão, assinado o auto pelo juiz, pelo arrematante e pelo leiloeiro, a arrematação será considerada perfeita, acabada e irretratável, ainda que venham a ser julgados procedentes os embargos do executado ou a ação autônoma de que trata o § 4º deste artigo, assegurada a possibilidade de reparação pelos prejuízos sofridos.*

Contudo, a alienação poderá tornar-se sem efeito nas hipóteses do §1º do art. 903 do atual C.P.C.: *Ressalvadas outras situações previstas neste Código, a arrematação poderá, no entanto, ser: I – invalidada, quando realizada por preço vil ou com outro vício; II – considerada ineficaz, se não observado o disposto no art. 804; III – resolvida, se não for pago o preço ou se não for prestada a caução.*

O juiz decidirá nos próprios autos da execução acerca dos vícios acima indicados, enquanto não for expedida a carta de alienação ou a ordem de entrega.

Uma vez assinado o *termo de alienação particular*, o juiz determinará a expedição de carta de alienação e de mandado de imissão de posse, em se tratando de bem imóvel, ou ordem de entrega ao adquirente na hipótese de alienação de bem móvel.

Gerando a alienação direito imediato ao adquirente, nenhum problema haverá para que o juiz expeça o mandado de imissão de posse, em caso de imóveis, ou mandado de entrega do bem adquirente, na hipótese de bem móvel. Esse mandado é direcionado ao depositário do bem. Se o depositário

EXECUÇÃO E CUMPRIMENTO DE SENTENÇA

não cumprir a ordem emanada pelo juiz, poderá sofrer as sanções processuais, civis e penais (desobediência). Nessa hipótese, o juiz determinará que seja cumprido o mandado de imissão ou de entrega do bem pelo oficial de justiça, nos próprios autos de execução, não necessitando o arrematante de promover demanda autônoma.

Contudo, poderá ocorrer que o depositário não possa, por si só, cumprir a ordem judicial, como ocorre quando o bem é objeto de locação ou de comodato, ou seja, quando o terceiro está na posse do bem de forma legítima e documentalmente. Ocorrendo tais hipóteses, caberá ao arrematante tomar as medidas judiciais cabíveis (reintegração de posse/imissão de posse ou despejo, conforme o caso).

3.1.3. Regulamentação da alienação por iniciativa particular pelos tribunais

Os tribunais poderão editar disposições normativas complementares sobre o procedimento da alienação por iniciativa particular, admitindo, quando for o caso, o concurso de meios eletrônicos, e dispondo sobre o credenciamento dos corretores e leiloeiros públicos, os quais deverão estar em exercício profissional por não menos que 3 (três) anos.

Muito embora seja de competência dos Tribunais regular o procedimento de alienação particular, admitindo inclusive o concurso de meios eletrônicos, o ideal seria que o Conselho Nacional de Justiça baixasse regulamentação uniforme para os órgãos da justiça brasileira, evitando-se a multiplicidade de legislações e a diversidade de atos para o exercício da venda direta.

O Conselho Nacional de Justiça (CNJ), por sua vez, aprovou, durante a 16ª Sessão Virtual, resolução n. 236, de 13 de julho de 2016, que regulamenta procedimentos aplicados à alienação judicial por meio eletrônico no Poder Judiciário.

A definição de regras pelo CNJ está prevista no artigo 882, parágrafo 1º, do novo Código de Processo Civil.

A Resolução 236, que estava sob a relatoria do conselheiro Carlos Eduardo Dias, foi aprovada por maioria de votos e entrou em vigor 90 dias após a sua publicação.

O art. 358 do Provimento n. 02/2005 da Corregedoria Geral do TRF4ª Região assim estabelece: *A venda dos bens penhorados a particular é admissível quando resultarem negativos a praça ou o leilão, condicionada ao consentimento expresso ou tácito do exequente e do executado, ressalvado o disposto no art. 670 do CPC".*

ALIENAÇÃO FORÇADA

Evidentemente, a norma contida no art. 358 do Provimento n. 02/05 não está de acordo com o que dispunha o art. 685-C do C.P.C. de 1973, muito menos com o que estabelece o art. 880 do atual C.P.C.

Em primeiro lugar, não há que condicionar a alienação particular ao resultado negativo de praça ou leilão, uma vez que a norma processual estabelece que será facultado ao exequente a alienação particular, se não houver requerimento de adjudicação do bem, e antes da realização do leilão em hasta pública. Outrossim, a norma processual não condiciona a alienação particular ao consentimento prévio do executado, mas, sim, ao preço mínimo estabelecido pelo juiz.

Nas localidades em que não houver corretor ou leiloeiro público credenciado nos termos do §3º do art. 880 do novo C.P.C., a indicação será de livre escolha do exequente.

Como o Brasil é de amplitude continental, não se pode esperar que em todos as comarcas de norte a sul do país haja estrutura uniforme, especialmente a existência de corretores e leiloeiros públicos devidamente credenciados. Em face dessa particular circunstância, ou seja, falta de estrutura profissional em determinadas comarcas, poderá o juiz escolher livremente corretor ou leiloeiro para auxiliar o credor na venda direta.

A realização da venda por negociação particular no processo civil português apresenta os seguintes requisitos, conforme estabelece o art. 833º e 834º: a) ao determinar-se a venda por negociação particular, designa-se a pessoa que fica incumbida, como mandatário, de a efetuar; b) d realização da venda pode ser encarregado o agente de execução, por acordo de todos os credores e sem oposição do executado, ou, na falta de acordo ou havendo oposição, por determinação do juiz; c) não se verificando os pressupostos do item anterior, para a venda de imóveis é preferencialmente designado mediador oficial; d) o preço é depositado diretamente pelo comprador numa instituição de crédito, à ordem do agente de execução ou, nos casos em que as diligências de execução sejam realizadas por oficial de justiça, da secretaria, antes de lavrado o instrumento da venda; e) estando pendente recurso da sentença que se executa ou oposição do executado à execução ou à penhora, faz-se disso menção no ato de venda; f) a venda de imóvel em que tenha sido, ou esteja sendo, feita construção urbana, ou de fração dele, pode efetuar-se no estado em que se encontre, com dispensa da licença de utilização ou de construção, cuja falta de apresentação a entidade com competência para a formalização do ato faz consignar no documento, constituindo ônus do adquirente a respetiva legalização. A venda será feita em estabelecimento de leilão.

3.2. Alienação via leilão judicial

A alienação do bem penhorado far-se-á em leilão judicial se não efetivada a adjudicação ou a alienação por iniciativa particular.

Em primeiro lugar, há a possibilidade de expropriação do bem penhorado pela *adjudicação*.

Em segundo lugar, a alienação do bem penhorado poderá ocorrer pela alienação *por iniciativa particular*.

Em terceiro lugar, a expropriação do bem penhorado poderá ocorrer por *leilão judicial ou arrematação em hasta pública*.

A alienação judicial corresponde ao instituto da arrematação realizada em hasta pública.

A alienação judicial dar-se-á por meio de *leilão judicial eletrônico ou presencial*.

Note-se que o leilão judicial eletrônico ou presencial ocorre tanto para bens móveis quanto para bens imóveis, não havendo mais a distinção até então usual entre *praça* para bens imóveis e *leilão* para bens móveis.

Em relação à alienação do bem penhorado em leilão público, estabelece o art. 534 do C.P.C. italiano:

> *Art. 534 (Venda por leilão)*
>
> *Quando a venda deve ser feita por leilão público, o juiz da execução, mediante o provimento indicado no art. 503, estabelece o dia, a hora e o lugar em que deverá ser realizado, confiando a execução ao secretário do ofício judiciário ou a um instituto devidamente autorizado.*
>
> *No mesmo provimento, o juiz da execução pode dispor que, além da publicidade prevista no primeiro inciso do art.490, seja dada também uma publicidade extraordinária nos termos do terceiro inciso deste artigo.*

No direito processual civil italiano, a decisão para se proceder à venda por leilão judicial é do juízo da execução, segundo critérios de oportunidade.

No âmbito do processo civil português, a alienação do bem penhorado em estabelecimento de leilão é regulada no art. 834, *in verbis*:

> *Artigo 834.º (Venda em estabelecimento de leilão)*
>
> *1 – A venda é feita em estabelecimento de leilão:*
>
> *a) Quando o exequente, o executado, ou credor reclamante com garantia sobre o bem em causa, proponha a venda em determinado estabelecimento e não haja oposição de qualquer dos restantes; ou*

b) Quando, tratando-se de coisa móvel, o agente de execução entenda que, atentas as características do bem, se deve preterir a venda por negociação particular nos termos da alínea e) do artigo 832.º.

2 – No caso previsto na alínea b) do número anterior, o agente de execução, ao determinar a modalidade da venda, indica o estabelecimento de leilão incumbido de a realizar.

3 – A venda é feita pelo pessoal do estabelecimento e segundo as regras que estejam em uso, aplicando-se o n.º 5 do artigo anterior e, quando o objeto da venda seja uma coisa imóvel, o disposto no n.º 6 do mesmo artigo.

4 – O gerente do estabelecimento deposita o preço líquido em instituição de crédito, à ordem do agente de execução ou, nos casos em que as diligências de execução são realizadas por oficial de justiça, da secretaria, e apresenta no processo o respetivo conhecimento, nos cinco dias posteriores à realização da venda, sob cominação das sanções aplicáveis ao infiel depositário.

3.2.1. Leiloeiro público

O leilão do bem penhorado será realizado por leiloeiro público.

O leilão poderá ser presencial ou eletrônico, nos termos do art. 879 do atual C.P.C.

O leilão judicial presencial será realizado por leiloeiro público ou pelo oficial de justiça que cumula também está função para fazer o pregão da hasta pública (pelo menos na Justiça Federal).

A profissão de leiloeiro público encontra-se regulamentada no Dec. 21.981/32 e na Lei 4.021/61, dentre outras, sendo que o leiloeiro público deverá estar credenciado no juízo da execução ou no Tribunal a que pertença o juízo da execução.

O leiloeiro público poderá ser designado pelo juiz, que poderá ser indicado pelo exequente dentre os leiloeiros credenciados no juízo. Se o exequente não indicar, o juiz poderá designá-lo.

O art. 706 do C.P.C. de 1973 estabelecia que o leiloeiro seria indicado pelo exequente (Redação dada pela Lei n. 11.382/06). Assim, sob a égide do código revogado, se o exequente não indicasse o leiloeiro, caberia ao juiz a sua intimação pessoal sob pena de extinção do processo executivo.

Pelo art. 883 do atual C.P.C., caberá ao juiz a designação do leiloeiro público, o qual poderá ser indicado também pelo exequente.

Desta feita, ou o juiz designa o leiloeiro dentre aqueles cadastrados no juízo, ou transfere essa incumbência ao exequente. Se o exequente não o fizer, poderá o juiz fazê-lo, prosseguindo-se com os atos executivos.

EXECUÇÃO E CUMPRIMENTO DE SENTENÇA

Muito embora não haja determinação legal, o juiz deverá oportunizar ao executado que se manifeste sobre a escolha do leiloeiro, com base no princípio do contraditório, o qual poderá alegar qualquer suspeição ou impedimento do leiloeiro indicado pelo exequente.

3.2.2. Incumbências do leiloeiro público

Em que pese o leiloeiro público possa ser indicado pelo exequente, ele não perde a sua natureza de auxiliar do órgão judicial, ficando vinculado ao juízo da execução quanto aos atos que praticar para a realização do leilão.

Por isso, cabe ao leiloeiro publicar o edital, anunciando a alienação. Deverá, se for o caso, publicar o edital em jornal de grande circulação.

Se se tratar de edital eletrônico, penso que a própria vara ou cartório da justiça poderá encaminhar o edital para publicação, via sistema eletrônico. Aliás, estabelece o art. 4º da Lei 11.419 de 2006: *"Os tribunais poderão criar Diário da Justiça eletrônico, disponibilizado em sítio da rede mundial de computadores, para publicação de atos judiciais e administrativos próprios e dos órgãos a eles subordinados, bem como comunicação em geral"*.

Deverá o leiloeiro, igualmente, dar maior publicidade possível ao leilão, podendo, inclusive, valer-se de panfletos e mídia eletrônica.

Deverá o leiloeiro, ainda, atender aos possíveis pretendentes que desejam oferecer lance sobre o bem, exibindo os bens ou amostras das mercadorias.

A descrição dos bens e o estado em que se encontram deverão ser feitas pelo leiloeiro quando do pregão.

Caberá, ainda, ao leiloeiro realizar o leilão no local designado pelo juiz, que, em regra, poderá ser no átrio do edifício do fórum ou da justiça federal, ou no local em que se encontrem os bens. Se o leilão for realizado no átrio do fórum ou da justiça federal, e sendo isso possível, os bens deverão permanecer no local do leilão, até para que os eventuais licitantes possam avaliar o estado e a característica do bem.

Tendo em vista que o trabalho realizado pelo leiloeiro público deve ser remunerado, a lei ou juiz fixará a comissão devida pelo arrematante ao leiloeiro.

Questão interessante ocorre se houver a decretação de nulidade do leilão. Teria direito o leiloeiro público em perceber a remuneração?

Em regra não há direito de o leiloeiro perceber a sua remuneração, salvo o pagamento de eventuais despesas que realizou, como, por exemplo, a publicação e a divulgação do edital de leilão.

Também é possível afirmar que a comissão do leiloeiro poderá ser paga por aquele que deu causa à ineficácia ou nulidade do leilão.

ALIENAÇÃO FORÇADA

Compete ainda ao leiloeiro receber e depositar, dentro de um dia, à ordem do juiz, o produto da alienação.

Uma vez realizada a arrematação e recebido o valor do lanço nas condições estabelecidas no edital ou no próprio dia do leilão, deverá o leiloeiro depositar, dentro de um dia, e à ordem do juízo da execução, o produto da alienação, sob pena de, além das sanções civis e processuais cabíveis, ser responsabilizado criminalmente por peculato. Em regra, o depósito deverá ser feito até o final do expediente bancário do dia seguinte ao do leilão. Se o dia seguinte for um sábado, domingo ou feriado, o depósito poderá ser realizado no primeiro dia útil.

Por fim, como qualquer auxiliar de justiça que administra bens alheios, o leiloeiro deverá prestar contas ao juízo da execução nos dois dias subsequentes ao depósito.

O leiloeiro tem o direito de receber do arrematante a comissão estabelecida em lei ou arbitrada pelo juiz.

Como em todo trabalho, o leiloeiro tem direito à percepção de comissão pelo trabalho realizado, ficando sob responsabilidade do arrematante o pagamento da comissão estabelecida em lei ou arbitrada pelo juiz.

Sobre o prazo prescricional da pretensão de cobrança da comissão do leiloeiro, assim já teve oportunidade de decidir o S.T.J:

> *Processual civil. Recurso especial. Leiloeiro. Obrigação estipulada em seu favor. Prescrição do direito de ação.*
>
> *– Porquanto o leiloeiro público não se qualifica como auxiliar permanente da justiça nos termos do art. 139 do CPC, mas como mero auxiliar eventual, o exercício do direito de ação para a exigência de obrigações fixadas em seu favor não se sujeita ao prazo prescricional previsto no art. 178, §6.º, VIII, do CC16, mas ao prazo vintenário previsto no art. 177 do mesmo diploma legal.*
>
> *Recurso especial não conhecido.*
>
> (REsp 525.549/RJ, Rel. Ministra NANCY ANDRIGHI, TERCEIRA TURMA, julgado em 16/11/2004, DJ 17/12/2004, p. 520).

3.2.3. Alienação a cargo de corretores de bolsa de valores

Todos os bens penhorados serão alienados em leilão público, ressalvados os casos de alienação a cargo de corretores de bolsa de valores.

Em se tratando de bens penhorados que tenham cotação em bolsa de valores, como as ações e títulos de dívida pública, a alienação ficará a cargo de corretores da bolsa de valores

Todos os negócios realizados com ações na BOVESPA estão sujeitos ao disposto na Instrução CVM nº 168, de 23/12/1991. Essa Instrução estabelece, entre outros pontos, parâmetros de quantidade e preço que, se ultrapassados, obrigam os negócios realizados a serem submetidos a leilão, com duração definida. Dependendo das características das operações realizadas pelos clientes, elas podem ser submetidas a este procedimento especial antes do seu registro no sistema.

Penso que também se houver tentativa infrutífera dos corretores da bolsa de valores em promover a alienação dos bens, nada impede que o juiz determine que essa alienação ocorra por leilão público.

3.3. Leilão eletrônico ou presencial
3.3.1. Leilão eletrônico

A regra geral é de que o leilão seja realizado de forma eletrônica, salvo se não for possível, quando será presencial.

De preferência, a realização do leilão judicial deve ser por meios eletrônicos, especialmente pela sua amplitude e dinâmica.

O Conselho Nacional de Justiça (CNJ) aprovou, durante a 16ª Sessão Virtual, resolução n. 236 de 13 de julho de 2016, que regulamenta procedimentos aplicados à alienação judicial por meio eletrônico no Poder Judiciário. A definição de regras pelo CNJ está prevista no artigo 882, parágrafo 1º, do novo Código de Processo Civil.

A Resolução 236, que estava sob a relatoria do conselheiro Carlos Eduardo Dias, foi aprovada por maioria de votos e entrou em vigor 90 dias após a sua publicação.

A alienação judicial por meio eletrônico será realizada observando-se as garantias processuais das partes, de acordo com regulamentação específica do Conselho Nacional de Justiça.

Na realidade, seja qualquer for a regulamentação que o Conselho Nacional de Justiça deva baixar sobre a metodologia do leilão eletrônico, o certo é que essa regulamentação deverá observar *as garantias processuais das partes*, dentre elas, *o contraditório*, o impedimento de alienação por *preço vil*, que a arrematação se dê de forma *menos onerosa ao devedor*; que se respeite o *preço mínimo* fixado pelo juiz, sendo que no caso de bem imóvel de incapaz esse preço mínimo não poderá ser inferior a 80% do valor da avaliação etc.

A alienação judicial por meio eletrônico deverá atender aos requisitos de ampla publicidade, autenticidade e segurança, com observância das regras estabelecidas na legislação sobre certificação digital.

O leilão eletrônico deverá observar todas as garantias processuais às partes, como é o caso de ampla publicidade do leilão.

A principal questão que surge em relação à utilização do sistema eletrônico via *internet*, diz respeito especialmente à segurança e autenticidade dos atos praticados virtualmente. Daí por que a exigência do legislador de que a alienação judicial por meio eletrônico atenda os requisitos da ampla publicidade, autenticidade e segurança, especialmente mediante a observância das regras estabelecidas na legislação sobre certificação digital, como no caso da Lei 11.419/06.

A certificação digital é regulamentada no Brasil pela Infra-estrutura de Chaves Pública Brasileira (ICP – Brasil), criada pela Medida Provisória n. 2.200-2, de 24 de agosto de 2001, que tem como órgão fiscalizador o Instituto Nacional de Tecnologia de Informática (ITI).

Em relação à venda do bem penhorado em leilão eletrônico no processo civil português, assim preconiza o art. 837º do código lusitano:

> *Artigo 837.º (Venda em leilão eletrônico)*
>
> *1 – Exceto nos casos referidos nos artigos 830.º e 831.º, a venda de bens imóveis e de bens móveis penhorados é feita preferencialmente em leilão eletrónico, nos termos a definir por portaria do membro do Governo responsável pela área da justiça.*
>
> *2 – As vendas referidas neste artigo são publicitadas, com as devidas adaptações, nos termos dos n.os 2 a 4 do artigo 817.º,*
>
> *3 – À venda em leilão eletrónico aplicam-se as regras relativas à venda em estabelecimento de leilão em tudo o que não estiver especialmente regulado na portaria referida no n.º 1.*

3.3.2. Leilão presencial

A regra geral é a de que o leilão judicial ocorra mediante o procedimento eletrônico, sendo o leilão presencial exceção.

Porém, não sendo possível a realização do leilão eletrônico, o juiz deverá realizar o ato processual de forma presencial, devendo o edital indicar especificamente o local, o dia e a hora da realização do leilão.

Poderá haver transferência do dia ou do local de realização do leilão, mediante comunicado geral ao público, preferencialmente pelos mesmos meios de comunicação do edital de leilão, quando houver motivo justo, como na hipótese de caso fortuito ou força maior.

Se o fato impeditivo ocorrer no momento da realização do leilão, entende Araken de Assis que licitação adiada é fato futuro, cuja ciência interessa apenas a quem se movimentou até o local da hasta, não a quem se manteve indiferente ao primitivo chamamento.[367]

Geralmente o leilão deverá ser realizado no átrio do fórum ou da justiça federal ou no local em que se encontram os bens.

Seja em que local o leilão deva ser realizado, é essencial a presença do juiz no dia do leilão, justamente para decidir de plano eventuais questões que possam ocorrer durante o trâmite do certame e que não possam ser resolvidas pelo leiloeiro em face de sua incompetência funcional.

3.4. Preço mínimo, condições de pagamento e garantias

É importante salientar que pelo atual C.P.C., logo na primeira hasta pública, os licitantes poderão ofertar lance com base no preço mínimo fixado pelo juiz, ou se não for fixado, pelo valor que não seja inferior a 50% do valor da avaliação.

A partir do novo C.P.C., não haverá mais duas hastas públicas, como havia no C.P.C. de 1973, sendo que na primeira o lance não poderia ser inferior ao valor da avaliação.

No edital de leilão, o juiz poderá estabelecer de plano o preço mínimo para que o bem possa vir a ser arrematado, considerando-se *preço vil* qualquer lance inferior a esse preço mínimo.

Portanto, o juiz poderá estabelecer um preço inferior ao da avaliação como preço mínimo, desde que esse preço não seja considerado vil. Sobre o tema, eis o seguinte precedente do S.T.J.:

> *DIREITO PROCESSUAL CIVIL E TRIBUTÁRIO. ARREMATAÇÃO DE IMÓVEL EM EXECUÇÃO FISCAL DE DÉBITOS PREVIDENCIÁRIOS POR VALOR ABAIXO AO DA AVALIAÇÃO.*
>
> *Em segundo leilão realizado no âmbito de execução fiscal de Dívida Ativa originalmente do INSS e agora da União, é válida a arrematação de bem imóvel por valor abaixo ao da avaliação, exceto por preço vil. Isso porque, nessa situação, incide o regramento especial estabelecido na Lei 8.212/1991, sendo subsidiária a aplicação do CPC. A alienação do bem no segundo leilão por qualquer valor, excetuado o vil, é permitida pelo art. 98, II, da Lei 8.212/1991. Assim, o art. 690, § 1º, do CPC não é aplicável a essa hipótese, pois, ao exigir a alienação do imóvel por valor nunca inferior ao da avaliação, revela-se incompatível com o art. 98 da Lei 8.212/1991.*
>
> (REsp 1.431.155-PB, Rel. Min. Mauro Campbell Marques, julgado em 27/5/2014).

---

[367] ASSIS, A. op. cit., p. 781.

Deverá ainda o magistrado fixar no edital as condições de pagamento, ou seja, se é a vista, a prazo, em quantas parcelas, qual o índice de correção etc., assim como as garantias (caução, fiança, garantia real) do pagamento, especialmente se o pagamento for parcelado ou se for concedido prazo para pagamento a vista.

Como a questão dos critérios de arrematação é de ordem processual e não de direito material, a nova lei processual, entrando em vigor, alcançou os leilões que ainda não foram realizados, devendo, se for o caso, ser expedidos novos editais com os requisitos estabelecidos pelo atual C.P.C.

Contudo, se já houve a realização do primeiro leilão, na regra antiga, o segundo leilão, se ainda não realizado, deverá seguir as diretrizes do c.p.c. revogado.

É bem verdade que poderão existir vozes que entendam que mesmo tendo ocorrido o primeiro leilão, o segundo deverá ser realizado de acordo com os ditames do novo C.P.C., sob a alegação de que o ato de arrematação ainda não se consumou.

3.5. Edital para publicização do leilão – requisitos

Para que a comunidade tenha plena ciência da pretensão de alienação judicial dos bens penhorados com todas as suas características, é necessário que o edital de leilão judicial (arrematação) seja devidamente publicado, nos termos do que dispõe o art. 886 do atual C.P.C.

O anúncio do leilão se dá pela publicação do edital.

O edital é do juízo e não das partes.

O Edital tem por finalidade e função anunciar a realização do leilão, sendo que as normas indicadas no edital caracterizam seu regimento interno.

O edital deve conter os requisitos exigidos pelo art. 886 do atual C.P.C., sob pena de nulidade e, consequentemente, desfazimento da hasta pública.

É certo que a falta de qualquer dos requisitos previstos no art. 886 do atual C.P.C. é causa de nulidade, mas nulidade *não cominada*, ou seja, mesmo que faltando algum requisito, se o ato chegou a atingir sua finalidade, não será declarada a nulidade, nos termos do princípio da instrumentalidade das formas.

Por outro lado, o juiz da execução não poderá anular o leilão quando já tiver expedido a carta de arrematação.

O edital deverá conter, no mínimo, os seguintes requisitos essenciais: a) a descrição do bem penhorado, com suas características, e, tratando-se de imóvel, sua situação e suas divisas, com remissão à matrícula e aos registros. Para que se possa despertar o interesse de possíveis licitantes, é necessário descrever o bem penhorado, com suas características, situação, estado de conservação etc., e, em se tratando de bem imóvel, sua situação e suas divisas, indicando o número de sua matrícula e eventuais registros; b) o valor pelo qual o bem foi avaliado, o preço mínimo pelo qual poderá ser alienado, as condições de pagamento e, se for o caso, a comissão do leiloeiro designado. No edital de leilão deverá constar o valor da avaliação do bem e o valor do preço mínimo pelo qual será alienado. Isso significa dizer que a alienação do bem no leilão poderá ocorrer por valor inferior ao da avaliação. Somente não poderá ser autorizada a venda por preço inferior a 50% do valor da avaliação, salvo se foi fixado pelo juiz determinado preço mínimo. No revogado C.P.C. de 1973, a arrematação na primeira hasta pública não poderia ser inferior ao valor da avaliação. Deverá constar do edital também as condições de pagamento, a vista ou a prazo, e, se for o caso, a comissão do leiloeiro designado, fixada por lei ou pelo juiz. Na Justiça Federal, se o leilão for realizado por oficial de justiça, não haverá fixação de comissão pelo trabalho realizado; c) o lugar onde estiverem os móveis, os veículos e os semoventes e, tratando-se de créditos ou direitos, a identificação dos autos do processo em que foram penhorados. É importante a designação do lugar em que se encontram os bens móveis, os veículos e semoventes, justamente para que possíveis licitantes possam observar *in loco* o bem que será levado à alienação, bem como o seu estado de conservação. Da mesma forma em relação ao bem imóvel, deverá ser indicada no edital a sua perfeita localização. Se os bens móveis estiverem localizados em local diverso da sede do juízo, a arrematação deverá ser feita por carta precatória ou por outro sistema de cooperação entre os juízos. Em se tratando de crédito ou direito (geralmente a penhora ocorre no *rosto dos autos* que tenha por objeto o direito ou o crédito), o edital deverá indicar o juízo e o número dos autos do processo em que houve a penhora; d) o sítio eletrônico (rede mundial de computadores) e o período em que se realizará o leilão, salvo se este se der de modo presencial, hipótese em que se indicarão o local, o dia e a hora de sua realização. A grande vantagem do leilão eletrônico é que a possibilidade de oferta de lance para a aquisição do bem prolonga-se por determinado período de dias, conforme regulamentação a ser expedida sobre o leilão eletrônico. Daí a necessidade de se constar no edital o endereço do sítio eletrônico em que será realizado o leilão eletrônico, especialmente o período no qual se poderá ofertar lance. Por sua vez, se o leilão ocorrer de forma presencial, deverá constar no edital o local, dia e a hora de sua realização. Normalmente, o leilão presencial ocorre na sede do foro ou da justiça; e) menção da existência de ônus, recurso ou processo pendente sobre os bens a serem leiloados. Tendo em vista que o arrematante não poderá ser surpreendido com questões jurídicas complexas e inusitadas, tendo o direito de ser cientificado sobre todas as circunstâncias fáticas ou jurídicas que envolvam o bem penhorado, deverá o edital especificar os ônus (existência de direito real em garantia, uso, habitação, usufruto, enfiteuse, servidões, taxa condominial em atraso, impostos atrasados etc), assim como eventuais causas, recursos (em embargos de terceiro, por exemplo) ou demandas autônomas sobre o bem, a fim de que eventual arrematante possa avaliar as vantagens e desvantagens para a eventual aquisição do bem. Se não constar essas circunstanciais fáticas e jurídicas no edital, e havendo prejuízo evidenciado, a arrematação poderá ser declarada nula por irregularidade do edital. Deve-se ressaltar que eventual falta de indicação no edital da existência de direitos reais em garantia, em tese nenhum prejuízo acarretará ao arrematante, desde que os credores tenham sido devidamente intimados da execução. O mesmo ocorre, em tese, se houver múltiplas penhoras sobre o bem, pois neste caso haverá rateio entre os credores do valor apurado com a alienação.

Esses são os requisitos essenciais que devem constar do edital, sob pena de nulidade da arrematação.

Poderá ainda no edital constar outros dados importantes, como, por exemplo, a intimação do devedor revel sobre a data do leilão.

No caso de títulos da dívida pública e de títulos negociados em bolsa, constará do edital o valor da última cotação.

Em se tratando de títulos de dívida pública e títulos com cotação em bolsa, a avaliação deverá ocorrer com base nas cotações oficiais das bolsas de valores ou de mercadorias e futuros.

Normalmente, o valor da cotação em bolsa será o do último dia antes da publicação do edital.

Em relação à publicidade de venda dos bens penhorados, assim estabelecem, respectivamente, o art. 817º do C.P.C. português e arts. 645 a 646 do C.P.C. espanhol:

Artigo 817.º Publicidade da venda

1 – Determinada a venda mediante propostas em carta fechada, o juiz designa o dia e a hora para a abertura das propostas, devendo aquela ser publicitada, pelo agente de execução, com a antecipação de 10 dias:

a) Mediante anúncio em página informática de acesso público, nos termos de portaria do membro do Governo responsável pela área da justiça; e

b) Mediante edital a afixar na porta dos prédios urbanos a vender.

EXECUÇÃO E CUMPRIMENTO DE SENTENÇA

2 – O disposto no número anterior não prejudica que, por iniciativa do agente de execução ou sugestão dos interessados na venda, sejam utilizados outros meios de divulgação.

3 – Do anúncio constam o nome do executado, a identificação do agente de execução, o dia, a hora e o local da abertura das propostas, a identificação sumária dos bens e o valor a anunciar para a venda, apurado nos termos do n.º 2 do artigo anterior.

4 – Se a sentença que se executa estiver pendente de recurso ou estiver pendente oposição à execução ou à penhora, faz-se menção do facto no edital e no anúncio.

Art. 645. Publicidade.

1. A todo leilão se dará publicidade por meio de editais, que se fixarão no lugar destacado, público e visível na sede da Oficina judicial e lugares públicos de costume.

Ademais, a pedido do exequente ou do executado e se o Secretaria judicial responsável pela execução o julgar conveniente, se dará ao leilão a publicidade que resulte razoável, utilizando os meios públicos e privados que sejam mais adequados à natureza e valor dos bens que se pretende realizar.

2. Cada parte estará obrigada ao pagamento dos gastos derivados das medidas que, para a publicidade do leilão, houverem solicitado, sem prejuízo de incluir na liquidação das custas os gastos que, por este conceito, suporto o exequente.

Art. 646. Conteúdo dos anúncios.

Nos editais a que se refere o parágrafo primeiro do art. anterior se incluirão todas as condições do leilão, gerais e particulares, se as houver, e quantos dados e circunstâncias sejam relevantes para o seu êxito.

O conteúdo da publicidade que se realize por outros meios se adaptará à natureza do meio que, em cada caso, se utilize, procurando a maior economia de custo, e poderá limitar-se aos dados precisos para identificar os bens ou lotes de bens, o valor de taxação dos mesmos, sua situação possessória, se forem imóveis, conforme o disposto no art. 661, o lugar e encerramento da celebração do leilão e a indicação do lugar ou lugares em que se encontram publicados os editais.

3.6. Publicação do edital de leilão

Caberá ao leiloeiro designado adotar providências para ampla divulgação da alienação, devendo dar ciência do leilão, especialmente pela rede mundial de computadores ou, se for o caso, pelos meios de comunicação em massa, rádio, televisão, jornal etc.

Daí a importância de se designar um leiloeiro oficial e profissional na área de leilão, ao invés do oficial de justiça, uma vez que a estrutura profissional dos leiloeiros oficiais é muito mais dinâmica para levar ao conhecimento do público em geral a divulgação da alienação.

A publicação do edital deverá ocorrer pelo menos 5 (cinco) dias antes da data marcada para o leilão.

O legislador entendeu que a publicação do edital de leilão em prazo inferior ao estabelecido pela lei processual não atenderá à sua essencial publicidade, devendo o leilão ser adiado.

O edital será publicado na rede mundial de computadores, em sítio designado pelo juízo da execução, e conterá descrição detalhada e, sempre que possível, ilustrada dos bens, informando expressamente se o leilão se realizará de forma eletrônica ou presencial.

A publicação do edital será preferencialmente realizada na rede mundial de computadores, podendo o leiloeiro utilizar-se também das redes sociais, ou do *sítio eletrônico* designado pelo juízo da execução, que poderá ser no diário oficial eletrônico e no sítio do tribunal a que pertence.

O edital deverá conter os requisitos mínimos exigidos pelo art. 886 do atual C.P.C., podendo, ainda, ser complementado com foto ilustrativa dos bens. Deverá, ainda, fazer referência se o leilão será eletrônico ou presencial, sendo que em ambos os casos deverá ser indicado o endereço, local, dia e hora (se for o caso) da realização do leilão.

Não sendo possível a publicação na rede mundial de computadores ou considerando o juiz, em atenção às condições da sede do juízo, que esse modo de divulgação é insuficiente ou inadequado, o edital será afixado em local de costume e publicado, em resumo, pelo menos uma vez em jornal de ampla circulação local.

Como o Brasil tem dimensões continentais, com especificidades culturais, econômicas ou sociais, é possível que a publicação do edital apenas no diário eletrônico ou no sítio do tribunal a que pertence o juízo não atinja de forma suficiente e adequada a sua finalidade, que é dar publicidade ao leilão. Por isso, o juiz, considerando as condições da sede do juízo e a insuficiência ou inadequação da simples publicação eletrônica, poderá determinar que o edital seja afixado em local de costume e publicado, em resumo, pelo menos uma vez em jornal de ampla *circulação local*.

O local de costume é geralmente um quadro fixado no átrio do edifício do fórum ou da Justiça Federal.

O jornal deve ter ampla circulação na localidade onde será realizado o leilão e não em outra localidade. Poderá ocorrer que a sede do jornal esteja situada em outro local que não aquele em que será realizado o leilão, porém, a sua tiragem tem ampla circulação na sede do juízo, razão pela qual poderá ser considerado um jornal de ampla *circulação local*.

Caberá ao exequente comprovar a publicação do edital, pelo menos uma vez em jornal de ampla circulação local, mediante juntada nos autos de cópia ou do original da publicação.

Haverá determinadas localidades na região norte do país, ou mesmo no interior da região sul, sudeste, centroeste, nordeste etc em que a publicação do edital via rádio comunitária ou rádio local será muito mais eficaz e eficiente do que o sítio do diário eletrônico ou a página principal do tribunal a que pertence o juízo da execução.

Sendo o credor beneficiário da justiça gratuita, a publicação do edital dar-se-á sem custo no diário oficial eletrônico.

De acordo com o valor dos bens e às condições da sede do juízo, o juiz poderá alterar a forma e a frequência da publicidade na imprensa, mandar publicar o edital em local de ampla circulação de pessoas e divulgar avisos em emissora de rádio ou televisão local, bem como em sítios distintos do indicado pela norma processual.

Na realidade, não se pode tratar as dimensões continentais do Brasil de modo uniforme.

Por isso, atendendo ao valor dos bens e às condições da sede do juízo, o juiz terá mais liberdade para promover de modo eficaz a publicização do edital de leilão, podendo alterar a forma e a frequência da publicação na imprensa (note-se que a lei somente exige uma publicação, razão pela qual não pode ser reduzida), podendo escolher o rádio, a televisão ou os jornais, o número de vezes em que essa publicidade deverá ser veiculada; poderá, ainda, determinar a publicação do edital em local de ampla circulação de pessoas, como, por exemplo, terminal de ônibus, terminal aeroviário, Shopping Center, estação de metrô etc, divulgar avisos em emissora de rádio local ou televisão local, bem como determinar a publicação em sítios eletrônicos distintos dos indicados na norma processual.

Evidentemente, todas essas circunstâncias deverão ser avaliadas de acordo com o valor dos bens, principalmente se esse valor comportará o pagamento de eventuais despesas de publicidade do edital.

As partes deverão ser ouvidas sobre essa mudança de posicionamento do magistrado.

O magistrado deverá ter o bom senso de não esgotar o valor dos bens com eventuais despesas de publicação do edital do leilão.

Os editais de leilão de imóveis e de veículos automotores serão publicados pela imprensa ou por outros meios de divulgação preferencialmente na seção ou no local reservados à publicidade dos respectivos negócios.

O juiz poderá determinar a reunião de publicações em listas referentes a mais de uma execução.

No âmbito da execução fiscal, por exemplo, geralmente é expedido apenas um edital de leilão, quando há reunião de executivos fiscais contra o mesmo devedor, indicando-se no edital o número da certidão de dívida ativa, assim como o valor correspondente da dívida.

Quando houver mais de um processo contra o mesmo devedor, e sendo expedido um único edital de leilão para cada processo, poderá o juiz determinar a reunião de publicações em lista referentes a cada uma das execuções propostas.

3.7. Nova designação do leilão

Se por qualquer motivo o leilão não puder ser realizado, o juiz deverá dar a mesma publicidade ao adiamento do ato processual, a fim de que a comunidade tenha ciência sobre a transferência, bem como sobre a possibilidade de indicação de nova data de designação do leilão.

Portanto, não é suficiente o juiz proferir um despacho adiando o leilão, é necessário que o seu despacho seja também divulgado ao público, pelos meios estabelecidos no art. 887 do atual C.P.C. Essa divulgação é importante, pois poderá haver licitantes que por qualquer motivo não puderam comparecer ao anterior leilão , mas que em outra data gostariam de formular lance para aquisição do bem. Se não houver a divulgação do adiamento do leilão, referido licitante poderá não ter mais interesse no certame, sob a falsa impressão de que o bem teria sido arrematado.

Evidentemente, em razão da transferência do leilão poderá haver necessidade de novas despesas, seja para a publicação do edital de leilão, seja inclusive para a remoção do bem penhorado. Nesse caso, havendo culpa ou dolo do servidor público, será dele a responsabilidade pelo pagamento dessas despesas, sem prejuízo de eventual sanção administrativa, cuja pena poderá ser de suspensão de suas atividades por cinco dias a três meses (sem percepção de salário). Essa sanção somente poderá ser aplicada após o transcurso de um processo administrativo disciplinar, em que se garanta ao servidor o contraditório e a ampla defesa.

3.8. Cientificarão específica e preferencial da data do leilão

Além da publicidade que o edital por si só acarreta, haverá necessidade de que certas pessoas sejam intimadas por outros métodos da realização do leilão.

EXECUÇÃO E CUMPRIMENTO DE SENTENÇA

A necessidade dessas intimações não será suprida pela publicação do edital.

A intimação preferencial do leilão, no processo civil português, encontra-se no art. 819º do código lusitano:

> *Artigo 819.º Notificação dos preferentes*
>
> *1 – Os titulares do direito de preferência, legal ou convencional com eficácia real, na alienação dos bens são notificados do dia, da hora e do local aprazados para a abertura das propostas, a fim de poderem exercer o seu direito no próprio ato, se alguma proposta for aceite.*
>
> *2 – A falta de notificação tem a mesma consequência que a falta de notificação ou aviso prévio na venda particular.*
>
> *3 – À notificação prevista no n.º 1 aplicam-se as regras relativas à citação, salvo no que se refere à citação edital, que não terá lugar.*
>
> *4 – A frustração da notificação do preferente não preclude a possibilidade de propor ação de preferência, nos termos gerais.*

No processo civil brasileiro, serão expedidas as seguintes intimações preferenciais que deverão ser realizadas com antecedência mínima de cinco dias antes da data da realização do leilão:

a) O executado deverá ser intimado da data do leilão por meio de seu advogado. Essa intimação poderá ser via diário oficial eletrônico.

Se o executado não tiver advogado nomeado nos autos do procedimento executivo, a sua intimação dar-se-á por carta registrada (se houver endereço indicado nos autos) ou por mandado, bem como por edital ou outro meio idôneo, inclusive por intimação eletrônica se for o executado cadastrado no sítio oficial do tribunal respectivo.

Tratando-se de executada pessoa jurídica, a intimação para o leilão será também feita na pessoa de seu advogado. Se não houver advogado, a pessoa jurídica será intimada na pessoa de seu representante legal, inclusive aplicando-se a teoria da aparência se for o caso.

Quando a norma fala em intimação do *executado* da realização do leilão, não quer fazer referência apenas ao devedor, abrangendo também eventuais responsáveis pelo pagamento da dívida, inclusive eventual terceiro que tenha autorizado a penhora sobre seu bem em favor do devedor.

A falta de intimação do executado, nos termos do art. 889, inc. I, do atual C.P.C., acarreta nulidade não cominada, razão pela qual, se o executado tomar ciência da data do leilão por outros meios, a nulidade será sanada.

Note-se que o cônjuge do executado não tem a prerrogativa de ser intimado pessoalmente, se não for parte passiva da execução, salvo na hipótese de copropriedade.

Também não há necessidade de intimação pessoal do advogado do executado sobre a data da realização do leilão, pois o art. 889, inc. I, somente fala em intimação do executado, podendo essa intimação ser realizada na pessoa de seu advogado.

b) Também deverá ser intimado pessoalmente da realização do leilão, o coproprietário de bem indivisível do qual tenha sido penhorada fração ideal.

Esta hipótese abrange o condomínio de bem indivisível, por exemplo, penhora de um carro, de um boi reprodutor etc.

Em regra, o cônjuge do executado não será intimado pessoalmente do leilão, salvo se ele for coproprietário de bem indivisível do qual tenha sido penhorada fração ideal do bem.

É comum a penhora de bens de pessoas casadas sob o regimento de comunhão parcial ou total de bens, em que haja comunhão de domínio sobre aludido bem, sendo a penhora apenas de uma fração ideal. O mesmo poderá ocorrer na hipótese de união estável. Nesse caso, tanto o cônjuge quanto o companheiro/a deverão ser intimados pessoalmente do leilão.

É certo que se o cônjuge se furtar a receber a intimação, fato esse devidamente certificado pelo oficial de justiça, a intimação do executado poderá suprir sua intimação.

c) Deverão ser intimados o titular de usufruto, uso, habitação, enfiteuse, direito de superfície, concessão de uso especial para fins de moradia ou concessão de direito real de uso, quando a penhora recair sobre bem gravado com tais direitos reais; o proprietário do terreno submetido ao regime de direito de superfície, enfiteuse, concessão de uso especial para fins de moradia ou concessão de direito real de uso, quando a penhora recair sobre tais direitos reais.

Isso significa que deverão ser intimados os titulares de direito real sobre o bem penhorado.

d) Deverá ser intimado o credor pignoratício, hipotecário, anticrético, fiduciário ou com penhora anteriormente averbada, quando a penhora houver recaído sobre bens com tais gravames, caso não seja o credor, de qualquer modo, parte na execução.

São espécies de direitos reais em garantia: penhor, anticrese, hipoteca, credor fiduciário.

EXECUÇÃO E CUMPRIMENTO DE SENTENÇA

Nessas hipóteses, os referidos credores (pignoratício, hipotecário, anticrético, fiduciário) deverão ser intimados pessoalmente sobre a realização do leilão.

A intimação desses credores é justamente para que possam ter ciência do gravame judicial que incidiu sobre o bem que lhes foi dado em garantia, assim como para que possam presenciar a alienação do bem, pois eventual direito real que possuam poderá sub-rogar-se no valor da arrematação.

Se esses credores não forem intimados do leilão do bem gravado com garantia real, não será caso de nulidade de arrematação, mas, sim, de sua ineficácia em face desses credores.

É certo que o S.T.J. também já decidiu que em se tratando de execução fiscal, na qual o crédito tributário tem preferência em relação ao crédito com garantia real, a falta de intimação do credor hipotecário não acarreta nem a nulidade nem a ineficácia da arrematação, salvo se demonstrado efetivo prejuízo ao credor hipotecário (AgRg no REsp 1117667/RS, Rel. Ministro BENEDITO GONÇALVES, PRIMEIRA TURMA, julgado em 02/08/2011, DJe 05/08/2011).

O credor com penhora anteriormente averbada que não seja de qualquer modo parte na execução também deverá ser intimado da data do leilão.

Se o bem que for levado a leilão tiver sido objeto de penhora anteriormente averbada, deverão os credores com penhora antecedente ser intimados pessoalmente do leilão, para que possam exercer seu direito de eventual preferência em decorrência da ordem de preferência de penhora no concurso de credores.

Será dispensada a intimação pessoal desses credores, se eles, por qualquer motivo, já integrarem a relação jurídica processual executiva em que será levado a leilão o bem penhorado.

Se não houver a intimação desses credores, eventual arrematação que possa ser concretizada será ineficaz em relação ao credor com penhora averbada anteriormente.

e) Deverão ser intimados o promitente comprador, quando a penhora recair sobre bem em relação ao qual haja promessa de compra e venda registrada; o promitente vendedor, quando a penhora recair sobre direito aquisitivo derivado de promessa de compra e venda registrada.

Tendo em vista que a promessa de compra e venda devidamente registrada configura direito real, nos termos do art. 1.225, inc. VII, do C.c.b., haverá necessidade de intimação da data do leilão do promissário comprador ou do promitente vendedor, conforme o caso.

f) por fim, deverão ser intimados a União, o Estado e o Município, no caso de alienação de bem tombado.

Há necessidade de intimação da União, do Estado ou do Município quando a penhora recair sobre bem tombado, justamente pelo fato de que, nos termos do art. 1º do Dec-lei n. 25/37, constitui o patrimônio histórico e artístico nacional o conjunto dos bens móveis e imóveis existente no país e cuja conservação seja de interesse público, quer por sua vinculação a fatos memoráveis da história do Brasil, quer por seu excepcional valor arqueológico ou etnográfico, bibliográfico ou artístico. Esses bens só serão considerados parte integrante do patrimônio histórico ou artístico nacional, depois de inscritos separada ou agrupadamente num dos quatro Livros do Tombo.

Evidenciada a revelia e seus efeitos, e não tendo sido localizado nos autos o endereço do executado, ou não tendo sido ele encontrado no endereço ali constatado, a sua intimação considerar-se-á realizada por meio da publicação do próprio edital do leilão.

3.9. Legitimidade para oferecer lance no leilão

Todo aquele que, em regra, estiver na livre administração de seus bens poderá participar do leilão judicial e oferecer lance para aquisição do bem penhorado. Nessa regra não se encontram os incapazes, o insolvente e o falido, pois perderam a capacidade para administrar pessoalmente os seus bens.

Araken de Assis considera razoável admitir no certame incapaz devidamente assistido ou representado.[368]

A legitimidade para participar em hasta pública no direito espanhol, assim é tratada no art. 647 do C.P.C. espanhol:

> *Artículo 647. Requisitos para pujar. Ejecutante licitador.*
> *1. Para tomar parte en la subasta los licitadores deberán cumplir los siguientes requisitos:*
> *Identificarse de forma suficiente.*
> *Declarar que conocen las condiciones generales y particulares de la subasta.*
> *Presentar resguardo de que han depositado en la Cuenta de Depósitos y Consignaciones o de que han prestado aval bancario por el 20 % del valor de tasación de los bienes. Cuando el licitador realice el depósito con cantidades recibidas en todo o en parte de un tercero, se hará constar así en el resguardo a los efectos de lo dispuesto en el apartado 2 del artículo 652.*

É possível o licitante participar do certame por meio de mandatário com poderes especiais.

---

[368] Assis, A. op. cit., p. 753.

EXECUÇÃO E CUMPRIMENTO DE SENTENÇA

Pode lançar o credor/exequente, bem como seus parentes. Nessa hipótese, o exequente não está sujeito a realizar o pagamento do dinheiro a vista, nem dar caução ou fiança, salvo se o valor do bem arrematado exceder o seu crédito, quando então deverá depositar a diferença, ou prestar caução de seu pagamento.

Também o executado poderá participar da arrematação, pois no caso não se está diante de uma aquisição derivada da propriedade, com a participação obrigatória do proprietário do bem, mas, sim, de uma aquisição originária que se dá independentemente do vínculo jurídico com o antigo proprietário. Nesse sentido é a lição de Fadel. [369]

Entende, porém, Araken de Assis que o devedor não poderá participar do leilão, pois ninguém poderá adquirir o próprio bem, fazendo negócio consigo mesmo. [370] Este pensamento está de acordo com aqueles que entendem que a arrematação é uma forma derivada de aquisição da propriedade.

3.9.1. Impedimento para participação em leilão

O art. 890 do atual C.P.C. excepciona algumas pessoas, que apesar de estarem na livre administração de seus bens, por questão ética/jurídica não poderão participar da licitação e oferecer lance. Dentre essas pessoas encontram-se:

3.9.1.1. Os tutores, curadores, testamenteiros, administradores ou liquidantes, quanto aos bens confiados à sua guarda e à sua responsabilidade

Encontra-se parte dessa regra também no art. 497, inc. I do C.c.b. de 2002:

> *Art. 497. Sob pena de nulidade, não podem ser comprados, ainda que em hasta pública:*
> *I – pelos tutores, curadores, testamenteiros e administradores, os bens confiados à sua guarda ou administração;*
> *(...).*

Tendo em vista que compete a essas pessoas administrar os bens que lhes foram confiados, não seria ético/jurídico permitir que elas pudessem participar de leilão desses bens.

---

[369] FADEL, Sérgio Sahione. *Código de processo civil comentado.* Vol. 2. 4ª ed. Rio de Janeiro: Forense, 1981. p.483
[370] ASSIS, A. op. cit., p. 753 e 754

Quando o dispositivo fala em *administradores*, essa expressão abrange toda e qualquer relação jurídica que tenha por objeto a administração de bens alheios, incluído nesse conceito o gestor de negócio, gerente, diretor de empresas etc.

Na expressão *liquidante* deve ser incluído o síndico da falência ou o administrador na recuperação judicial de empresa.

3.9.1.2. Os mandatários, quanto aos bens de cuja administração ou alienação estejam encarregados

Na realidade, o mandatário já estaria abrangido na expressão *administradores* indicada no inciso anterior.

Contudo, o legislador resolveu reforçar o impedimento do mandatário lançar em leilão de bem cuja administração ou alienação estaria ele encarregado de fazer.

Também esse impedimento dura enquanto houver o contrato de mandato.

Cessado o contrato, nada impede que o mandatário participe do certame para aquisição do bem.

3.9.1.3. O juiz, o membro do Ministério Público, a Defensoria Pública, o escrivão, o chefe de secretaria e os demais servidores e auxiliares da justiça, em relação aos bens e direitos objeto de alienação na localidade onde servirem ou a que se estender a sua autoridade

Esse impedimento diz respeito aos sujeitos processuais que participam da relação jurídica processual em que está sendo realizado o leilão, justamente para que essas pessoas não tenham qualquer interesse na condução do resultado do leilão.

Também não poderá lançar os eventuais substitutos dos referidos sujeitos processuais.

Esse impedimento permanece mesmo que tenha encerrado a participação desses sujeitos processuais no processo em que esses bens serão levados a leilão.

Para Pontes de Miranda, a restrição vinculava-se apenas aos servidores que participaram da relação jurídica processual: *"Também não podem lançar o juiz da causa, o escrivão, o depositário, o avaliador e o oficial de justiça, que funcionam, ou que funcionaram no processo. Havemos de esclarecer que o juiz substituto não pode lançar; nem o escrivão substituto"*.[371]

Contudo, o art. 497, inc. III, do C.c.b. de 2002 foi mais abrangente em relação a este impedimento, *in verbis*:

---

[371] Pontes de Miranda, op. cit., p. 376 e 377.

Art. 497. Sob pena de nulidade, não podem ser comprados, ainda que em hasta pública:
(...);
III – pelos juízes, secretários de tribunais, arbitradores, peritos e outros serventuários ou auxiliares da justiça, os bens ou direitos sobre que se litigar em tribunal, juízo ou conselho, no lugar onde servirem, ou a que se estender a sua autoridade;
(...).

Desta feita, os juízes, secretários de tribunais, arbitradores, peritos ou outros serventuários ou auxiliares da justiça não poderão comprar em hasta pública, sob pena de nulidade cominada, os bens ou direito sobre que se litigar em tribunal, juízo ou conselho, no lugar onde servirem, ou a que se estende a sua autoridade.

Portanto, o juiz e demais servidores da justiça estão impedidos de participar em leilão, não somente nos processos em que atuam, mas, também, em qualquer processo que esteja tramitando em tribunal, juízo ou conselho, no lugar onde servirem, ou a que se estende a sua autoridade.

Assim, o servidor federal não poderá participar de leilão na justiça estadual e vice-versa do local em que servirem.

Também o cônjuge do juiz, do Ministério Público ou de qualquer serventuário da justiça, pouco importa o regime de bens, não poderá adquirir em leilão em que o servidor participar como sujeito da relação jurídica processual.

3.9.1.4. Os servidores públicos em geral, quanto aos bens ou aos direitos da pessoa jurídica a que servirem ou que estejam sob sua administração direta ou indireta

Esse impedimento, além de estar previsto na norma processual, encontra-se também no art.497, inc. II do C.c.b.:

Art. 497. Sob pena de nulidade, não podem ser comprados, ainda que em hasta pública:
(...).
II – pelos servidores públicos, em geral, os bens ou direitos da pessoa jurídica a que servirem, ou que estejam sob sua administração direta ou indireta;

Esta hipótese vai além dos servidores que participam da relação jurídica processual ou que sejam substitutos daquele que ali atuam.

O legislador visou a proteger a pessoa jurídica da administração pública direta ou indireta para quem o servidor presta serviço, pouco importando o local em que o serviço está sendo prestado, pois o impedimento é abrangente.

Dificilmente encontrar-se-á essa situação no âmbito do processo jurisdicional, especialmente pelo fato de que os bens públicos são impenhoráveis e inalienáveis.

3.9.1.5. Os leiloeiros e seus prepostos, quanto aos bens de cuja venda estejam encarregados

Encontra-se essa regra no art. 497, inc. IV do C.c.b.:

> *Art. 497. Sob pena de nulidade, não podem ser comprados, ainda que em hasta pública:*
> *(...).*
> *IV – pelos leiloeiros e seus prepostos, os bens de cuja venda estejam encarregados.*
> *Parágrafo único. As proibições deste artigo estendem-se à cessão de crédito.*

O leiloeiro e seus prepostos que participam de qualquer forma na alienação ou tentativa de alienação do bem penhorado, estarão impedidos de oferecer lance no leilão, mesmo que tenham sido destituídos ou tenham posteriormente renunciado ao cargo.

E se no mesmo processo houver mais de um leiloeiro, cada qual incumbido de realizar o leilão em bem específico. Poderá o leiloeiro participar do leilão de bem sob responsabilidade de outro leiloeiro? A resposta é negativa, pois o impedimento terá por fundamento o dispostos no inc. III do art. 890 do atual C.P.C.

3.9.1.6. Os advogados de qualquer das partes

Por uma questão ética/jurídica profissional, os advogados que participarem da relação jurídica processual em favor de qualquer das partes não poderão participar do leilão.

Igualmente o advogado que representar o assistente também não poderá participar, apesar de não representar a parte, pois, diante dos fins da norma processual, é possível a realização de uma interpretação extensiva.

Se a parte for representada por sociedade de advogados, os advogados que compõem referida sociedade estão impedidos de participar do leilão, muito embora a representação da parte seja realizada pela sociedade e não pela pessoa física do advogado.

3.10. Preço vil

Não obstante a execução deva realizar-se de acordo com os interesses do exequente, haverá necessidade também de se resguardar o patrimônio do

EXECUÇÃO E CUMPRIMENTO DE SENTENÇA

devedor, a fim de que os atos executivos sejam realizados de forma menos onerosa ao executado.

Na sistemática do C.P.C. de 1973, art. 686, inc. VI, havia duas hastas públicas de praça ou de leilão. Na primeira, a alienação não poderia ser realizada por preço inferior ao da avaliação. Na segunda, a alienação poderia consumar-se por preço inferior ao da avaliação, desde que não fosse considerado preço vil.

O novo C.P.C. adotou sistemática diversa, isto é, permitiu que logo na primeira hasta pública a arrematação possa ser consumada pelo preço mínimo fixado pelo juiz, o qual poderá ser inferior ou superior ao da avaliação, ou, não sendo fixado preço mínimo pelo juiz, por preço inferior ao da avaliação, desde que respeitado o limite de 50% do valor da avaliação.

Em que pese a norma processual tenha permitido ao juiz fixar preço inferir ao da avaliação como preço mínimo para a alienação do bem, isso não significa dizer que o juiz possa fixar preço mínimo inferior a 50% da avaliação, pois a norma processual deverá respeitar a máxima da proporcionalidade e da razoabilidade, uma vez que se o juiz fixar, a título de exemplo, um percentual de 1% do valor da avaliação, tal alienação caracterizaria 'confisco' do bem do devedor.

Portanto, é possível a arrematação do bem por preço inferior ao da avaliação, desde que não seja considerado preço vil.

O novo C.P.C. expressamente estabeleceu o que se deve entender por preço vil.

Preceitua o parágrafo único do art. 891 do atual C.P.C. que se considera vil o preço inferior ao mínimo estipulado pelo juiz e constante do edital, e, não tendo sido fixado preço mínimo, considera-se vil o preço inferior a cinquenta por cento do valor da avaliação. Este parágrafo único também estabeleceu que poderá ser considerado *preço vil* a alienação do bem abaixo do preço mínimo fixado pelo juiz. Por exemplo, se o juiz fixa no edital o preço mínimo para alienação do bem em 70% do valor da avaliação, qualquer lance inferior a este limite será considerado *preço vil.*

Em se tratando de imóvel de incapaz, poder-se-á considerar preço vil, no âmbito da primeira hasta pública, o preço inferior a 80% do valor da avaliação, conforme estabelece o art. 896 do atual C.P.C. Nessa hipótese, o juiz não poderá fixar como preço mínimo valor inferior a 80% da avaliação.

A nulidade do lance por valor inferior ao preço mínimo ou, não havendo preço mínimo, por valor inferior a 50% do valor da avaliação, poderá ser reconhecida de ofício pelo juiz, bem como poderá ser alegada por qualquer das partes ou por qualquer interessado.

No direito comparado, a questão do preço mínimo ou vil para arrematação encontra-se assim delineada:

Código de Processo Civil português:

Artigo 816.º Valor base e competência

1 – Quando a penhora recaia sobre bens imóveis que não hajam de ser vendidos de outra forma, são os bens penhorados vendidos mediante propostas em carta fechada.

2 – O valor a anunciar para a venda é igual a 85 % do valor base dos bens.

3 – A venda faz-se no tribunal da execução, salvo se o juiz, oficiosamente ou a requeri-mento dos interessados, ordenar que tenha lugar no tribunal da situação dos bens.

Código de Processo Civil espanhol

Artículo 650. Aprobación del remate. Pago. Adjudicación de bienes.

1. Cuando la mejor postura sea igual o superior al 50 % del avalúo, el Secretario judicial mediante decreto, en el mismo día o en el siguiente, aprobará el remate en favor del mejor postor. El rematante habrá de consignar el importe de dicha postura, menos el del depósito, en el plazo de diez días y, realizada esta consignación, se le pondrá en posesión de los bienes.

2. Si fuera el ejecutante quien hiciese la mejor postura, igual o superior al 50 % del avalúo, aprobado el remate, se procederá por el Secretario Judicial a la liquidación de lo que se deba por principal e intereses, y notificada esta liquidación, el ejecutante consignará la diferencia, si la hubiere, en el plazo de diez días, a resultas de la liquidación de costas.

3. Si sólo se hicieren posturas superiores al 50 % del avalúo pero ofreciendo pagar a plazos con garantías suficientes, bancarias o hipotecarias, del precio alzado, se harán saber al ejecutante, que, en los cinco días siguientes, podrá pedir la adjudicación de los bienes por el 50 % del avalúo. Si el ejecutante no hiciere uso de este derecho, se aprobará el remate en favor de la mejor de aquellas posturas.

4. Cuando la mejor postura ofrecida en la subasta sea inferior al 50 % del avalúo, podrá el ejecutado, en el plazo de diez días, presentar tercero que mejore la postura ofreciendo cantidad superior al 50 % del valor de tasación o que, aun inferior a dicho importe, resulte suficiente para lograr la completa satisfacción del derecho del ejecutante.

Transcurrido el indicado plazo sin que el ejecutado realice lo previsto en el párrafo anterior, el ejecutante podrá, en el plazo de cinco días, pedir la adjudicación de los bienes por la mitad de su valor de tasación o por la cantidad que se le deba por todos los conceptos, siempre que esta cantidad sea superior a la mejor postura.

Cuando el ejecutante no haga uso de esta facultad, se aprobará el remate en favor del mejor postor, siempre que la cantidad que haya ofrecido supere el 30 % del valor de tasación o, siendo inferior, cubra, al menos, la cantidad por la que se haya despachado la ejecución,

EXECUÇÃO E CUMPRIMENTO DE SENTENÇA

incluyendo la previsión para intereses y costas. Si la mejor postura no cumpliera estos requisitos, el Secretario judicial responsable de la ejecución, oídas las partes, resolverá sobre la aprobación del remate a la vista de las circunstancias del caso y teniendo en cuenta especialmente la conducta del deudor en relación con el cumplimiento de la obligación por la que se procede, las posibilidades de lograr la satisfacción del acreedor mediante la realización de otros bienes, el sacrificio patrimonial que la aprobación del remate suponga para el deudor y el beneficio que de ella obtenga el acreedor. En este último caso, contra el decreto que apruebe el remate cabe recurso directo de revisión ante el Tribunal que dictó la orden general de ejecución.

Cuando el Secretario judicial deniegue la aprobación del remate, se procederá con arreglo a lo dispuesto en el artículo siguiente.

5. En cualquier momento anterior a la aprobación del remate o de la adjudicación al acreedor podrá el deudor liberar sus bienes pagando íntegramente lo que se deba al ejecutante por principal, intereses y costas.

6. Aprobado el remate y consignada, cuando proceda, en la cuenta de Depósitos y Consignaciones, la diferencia entre lo depositado y el precio total del remate, se dictará decreto de adjudicación en el que se exprese, en su caso, que se ha consignado el precio, así como las demás circunstancias necesarias para la inscripción con arreglo a la legislación hipotecaria.

3.11. Forma de pagamento do valor da arrematação

Para se evitar eventual quebra de isonomia entre os licitantes, deverá o juiz indicar no edital de leilão a possibilidade de o bem ser arrematado a vista ou mediante parcelas.

No dia do leilão, apresentado lance que preveja pagamento a prazo ou em parcelas, o leiloeiro submeterá a questão ao juiz dirigente da hasta pública, que dará o bem por arrematado pelo apresentante do melhor lance ou da proposta mais conveniente.

Pode ocorrer que mais de um licitante ofereça parcelas para pagamento do preço, podendo ser em diversos meses em ordem sequencial e com o mesmo valor; poderá surgir lance parcelado, em meses alternados, mas com diferença de valores entre as parcelas. Nesse caso, o juiz deverá decidir qual foi o melhor lance e qual seria a proposta mais vantajosa ao exequente para pagamento de seu crédito.

Uma vez efetuado o lance pelo arrematante, e sendo ele o vencedor, o preço da arrematação deverá ser efetivado de imediato, em dinheiro, a vista, no dia do leilão, salvo se o juiz, mediante decisão, permitir que esse valor possa ser depositado em outro dia ou ser pago mediante cheque (pagamento *pro solvendo*).

Não se admitirá pagamento em moeda estrangeira, uma vez que não tem curso no país.

O depósito deverá ser realizado em instituição financeira oficial e à disposição do juízo da execução.

Poderá o depósito ser efetuado eletronicamente, mediante TED (transferência eletrônica de depósito) ou outra forma de transferência bancária.

A possibilidade de pagamento via internet também é prevista no art. 530 do C.P.C. italiano, que assim dispõe: *"O juiz da execução pode estabelecer que o pagamento da caução, a apresentação das ofertas, o desenvolvimento da competitividade entre os licitantes no leilão, nos termos dos artigos 532, 534 e 534-bis, e também o pagamento do preço, sejam efetuados pela modalidade telemática".*

O juiz poderá exigir do arrematante, na hipótese de pagamento em dia diverso, caução idônea, como fiança ou garantia real.

Essas questões deverão ser decididas de plano pelo juiz no dia do leilão, daí a razão da imprescindível presença do magistrado no local de realização da hasta pública.

Mas é importante que todas essas questões estejam preferencialmente já consignadas no edital de leilão, justamente para que não haja quebra de isonomia entre os possíveis licitantes, ou, preferência entre licitantes.

O exequente está legitimado a oferecer lanço no dia do leilão, podendo, se for o vencedor, arrematar o bem.

Sendo o exequente/arrematante o único credor, e sendo o valor do lanço pela aquisição do bem idêntico ou inferior a seu crédito, não estará ele obrigado a exibir o preço.

Essa obrigação de depositar o preço abrange também o credor hipotecário, especialmente quando haja outra hipoteca registrada em primeiro lugar.

Por sua vez, se o valor do lance de aquisição dos bens penhorados exceder ao seu crédito, depositará o exequente/arrematante, dentro de três dias, a diferença. Se não for feito o depósito estabelecido pelo juiz, tornar-se-á sem efeito a arrematação, e, nesse caso, os bens serão levados a novo leilão, à custa do exequente.

Havendo mais de um pretendente, proceder-se-á entre eles a licitação, e, no caso de igualdade de oferta, terá preferência o cônjuge, o companheiro, o descendente ou o ascendente do executado, nesta ordem.

No caso de leilão de bem tombado, a União, os Estados e os Municípios terão, nessa ordem, o direito de preferência na arrematação, em igualdade de oferta.

EXECUÇÃO E CUMPRIMENTO DE SENTENÇA

Em relação à forma de pagamento da arrematação no direito comparado, eis os seguintes procedimentos:

Código de Processo Civil português:

Artigo 824.º Caução e depósito do preço

1 – Os proponentes devem juntar obrigatoriamente com a sua proposta, como caução, um cheque visado, à ordem do agente de execução ou, nos casos em que as diligências de execução são realizadas por oficial de justiça, da secretaria, no montante correspondente a 5 % do valor anunciado ou garantia bancária no mesmo valor.

2 – Aceite alguma proposta, o proponente ou preferente é notificado para, no prazo de 15 dias, depositar numa instituição de crédito, à ordem do agente de execução ou, nos casos em que as diligências de execução são realizadas por oficial de justiça, da secretaria, a totalidade ou a parte do preço em falta.

Artigo 815.º Dispensa de depósito aos credores

1 – O exequente que adquira bens pela execução é dispensado de depositar a parte do preço que não seja necessária para pagar a credores graduados antes dele e não exceda a importância que tem direito a receber; igual dispensa é concedida ao credor com garantia sobre os bens que adquirir.

2 – Não estando ainda graduados os créditos, o exequente não é obrigado a depositar mais que a parte excedente à quantia exequenda e o credor só é obrigado a depositar o excedente ao montante do crédito que tenha reclamado sobre os bens adquiridos.

3 – No caso referido no número anterior, os bens imóveis adquiridos ficam hipotecados à parte do preço não depositada, consignando-se a garantia no título de transmissão e não podendo a esta ser registada sem a hipoteca, salvo se o adquirente prestar caução bancária em valor correspondente; os bens de outra natureza são entregues ao adquirente quando este preste caução correspondente ao seu valor.

4 – Quando, por efeito da graduação de créditos, o adquirente não tenha direito à quantia que deixou de depositar ou a parte dela, é notificado para fazer o respetivo depósito em 10 dias, sob pena de ser executado nos termos do artigo 825.º, começando a execução pelos próprios bens adquiridos ou pela caução.

Art. 540. (Pagamento do preço e revenda)

Se o preço não for pago, procede-se, imediatamente a novo leilão, às expensas e sob a responsabilidade do arrematante inadimplente.

A soma arrecadada pela venda será imediatamente consignada ao secretário para ser depositada de acordo com as determinações judiciais.

Código de Processo Civil espanhol:

> *Artículo 654. Pago al ejecutante y destino del remanente.*
>
> *1. El precio del remate se entregará al ejecutante a cuenta de la cantidad por la que se hubiere despachado ejecución y, si sobrepasare dicha cantidad, se retendrá el remanente a disposición del tribunal, hasta que se efectúe la liquidación de lo que, finalmente, se deba al ejecutante y del importe de las costas de la ejecución.*
>
> *2. Se entregará al ejecutado el remanente que pudiere existir una vez finalizada la realización forzosa de los bienes, satisfecho plenamente el ejecutante y pagadas las costas.*

3.12. Arrematação global dos bens

Poderá ocorrer que o leilão tenha por objeto diversos bens pertencentes ao devedor/executado.

Poderá ocorrer, ainda, que haja muitos lances de diversos licitantes para aquisição dos bens de forma individual.

Porém, se houver algum lançador que se proponha a arrematar todos os bens conjuntamente, englobadamente, terá preferência sobre os lançadores de bens individuais.

Para que essa preferência possa se concretizar, o arrematante dos bens em conjunto deverá oferecer o preço igual ao da avaliação, para os bens que não tiverem lance e, para os demais, preço igual ao do maior lance que, na tentativa de arrematação individualizada, tenha sido oferecido para eles.

Na verdade, deveria o legislador permitir que o arrematante dos bens englobadamente pudesse oferecer o preço mínimo fixado pelo juiz para os bens que não obtiveram lance, não se justificando a exigência legal de que o valor seja o da avaliação.

Evidentemente, essa preferência somente poderá ser exercitada após o pregão de todos os bens, pois antes que tenham sido todos apregoados, não se sabe ainda qual o valor do maior lance para que o arrematante, que pretenda arrematar englobadamente, possa superá-lo.

No que diz respeito à ordem da arrematação, Pontes de Miranda assinala que: *"havendo mais de um bem, a 'ordem' das arrematações é a em que foram 'nomeados' os bens pelo executado ou pelo exeqüente, ou penhorados pelo oficial, se não houve nomeação prévia. É velha a lição de que o juiz pode alterar a ordem das arrematações, e.g., se lhe parecer que alguns bastam (Manuel de Almeida e Souza, 'Tratado sobre as Execuções', 266); porém esse arbítrio só se há de entender antes da publicação, porque a publicação da ordem dos bens guia o público, evitando-lhe perder o seu tempo em assistir a todos os apregoamentos. Se o juiz altera a ordem das arrematações, após a publicação, há nulidade não-cominada"*.[372]

Por sua vez, Celso Neves afirma que é possível lance para o último bem da lista, se tal inversão trouxer vantagem ao executado e não causar prejuízos aos interesses do exequente.[373]

Parece-me que em razão dos princípios que norteiam a execução, *interesse do exequente* e *menor onerosidade possível ao executado*, deve-se possibilitar ao juiz a inversão da ordem de arrematação, mesmo que realizada após a publicação do edital do leilão, desde que isso permita o mínimo de alienação de bens do executado com o máximo de arrecadação de valores em prol do exequente, justamente pelo fato de que, uma vez apurado o valor para pagamento do crédito do exequente, o leilão deverá ser suspenso.

Somente será oportunizada a preferência pela arrematação global se logo com a arrematação de poucos bens penhorados já se perceber que o valor arrecadado não será suficiente para quitar o crédito do exequente. Não teria sentido permitir-se a arrematação em conjunto se o valor da arrematação global ultrapassasse em muito o valor da dívida, caracterizando, assim, excesso de execução.

Por isso, a fim de se evitar excesso de execução, a ordem de arrematação poderá ser alterada pelo juiz durante a hasta pública.

3.13. Arremação de imóvel divisível

Quando o imóvel for suscetível de cômoda divisão, a avaliação, tendo em conta o crédito reclamado, será realizada em partes, sugerindo-se, com a apresentação de memorial descritivo, os possíveis desmembramentos para alienação.

Assim, deparando-se o perito avaliador ou o oficial de justiça avaliador com um bem imóvel *pro diviso*, apesar de juridicamente ainda se encontrar não dividido, poderá sugerir no laudo de avaliação, em face do valor do crédito reclamado, a divisão cômoda do imóvel para fins de levá-lo em partes à alienação.

Para tanto, o perito, o oficial ou, ainda, o executado poderá apresentar um memorial descritivo no qual constem as possibilidades de desmembramento para alienação.

Divisão cômoda de um bem é a divisão material e jurídica, pois não basta que o bem seja materialmente divisível, sem que também o seja no âmbito jurídico (exemplo, dividir um imóvel rural com metragem inferior a um módulo), como

---

[372] PONTES DE MIRANDA, op.. cit., p. 381.
[373] NEVES, Celso, op. cit., p. 104.

também não basta que juridicamente possa ser dividido o bem, mas materialmente haja enorme complexidade para se concretizar essa divisão.

Verificada a possibilidade da divisão cômoda do imóvel, especialmente quando se tratar de grandes áreas e não existir qualquer impedimento na lei ou nos regulamentos administrativos, o juiz, a requerimento do executado, ordenará a alienação judicial de parte dele, desde que suficiente para o pagamento do exequente.

Não havendo lançador, far-se-á a alienação do imóvel em sua totalidade.

Muito embora a alienação do bem do executado possa ocorrer por partes, até mesmo para lhe garantir a menor onerosidade na execução, essa possibilidade somente se concretizará se houver licitantes interessados em adquirir partes do imóvel.

Se não houver licitantes interessados em adquirir o imóvel de forma desmembrada, a sua alienação far-se-á integralmente.

A alienação por partes deverá ser requerida a tempo de se permitir a avaliação das glebas destacadas e sua inclusão no edital, e, nesse caso, caberá ao executado instruir o requerimento com planta e memorial descritivo subscritos por profissional habilitado.

No edital também constará a indicação de que se não houver licitante para as áreas desmembradas, a alienação será de acordo com o preço mínimo fixado para a integralidade do imóvel.

3.14. Aquisição em parcelas do bem arrematado

Havendo interessado em adquirir o bem penhorado em prestações ou parceladamente, poderá apresentar, por escrito: a) até o início do primeiro leilão, proposta de aquisição do bem por valor não inferior ao da avaliação; b) até o início do segundo leilão, proposta de aquisição do bem por valor que não seja considerado vil.

Essa possibilidade jurídica já era prevista no art. 967 do CPC de 1939.

É importante salientar que não se trata de hipótese de venda direta realizada pelo exequente, mas, sim, de proposta apresentada por interessado nos autos de execução após a publicação do edital de leilão, desde que antes do início do primeiro ou do segundo leilão.

Poderá o leilão ter por objeto bem móvel ou imóvel de valor elevado, o que sugere, em razão do seu valor, um número reduzido de pretendentes para sua aquisição. Diante dessa hipótese, a legislação processual permite que quem estiver interessado em adquirir o bem, objeto do leilão, poderá fazê-lo mediante apresentação de proposta por escrito, antes do início da hasta pública, com

EXECUÇÃO E CUMPRIMENTO DE SENTENÇA

valor nunca inferior ao da avaliação (primeiro leilão) ou com valor que não seja considerado preço vil (segundo leilão), oferecendo, concomitantemente, pelo menos vinte e cinco por cento a vista, sendo o restante a ser pago no prazo máximo de trinta meses, garantido por caução idônea (real ou fidejussória), em se tratando de bem móvel, ou hipoteca sobre o próprio bem, quando se tratar de bem imóvel.

Observa-se, porém, a falta de justificativa plausível para a diferenciação estabelecida pelo legislador entre o primeiro e o segundo leilão.

É que pelo novo C.P.C., haverá, em tese, apenas um único leilão, no qual o bem poderá ser arrematado por preço não inferior ao preço mínimo fixado pelo juiz, ou, não havendo preço mínimo, por preço não inferior a 50% da avaliação do bem penhorado.

Portanto, não se justifica exigir do proponente a oferta, em primeiro leilão, ainda que parcelada, de valor igual ao da avaliação, pois o interessado poderá, logo no primeiro leilão, oferecer lance não inferior ao preço mínimo fixado pelo juiz ou não inferior a 50% do valor da avaliação, quando não houver preço mínimo fixado.

Pelo novo C.P.C., a proposta conterá, em qualquer hipótese, oferta de pagamento de pelo menos vinte e cinco por cento do valor do lance a vista e o restante parcelado em até 30 (trinta) meses, garantido por caução idônea, quando se tratar de bens móveis, e por hipoteca do próprio bem, quando se tratar de imóveis.

Antes de decidir, o juiz ouvirá o exequente e o executado sobre a proposta.

Não havendo concordância do exequente ou do executado, o juiz deverá resolver a questão, decidindo pela homologação ou não da proposta ofertada.

As propostas para aquisição em prestações indicarão o prazo, a modalidade, o indexador de correção monetária e as condições de pagamento do saldo.

O pagamento das parcelas posteriores poderá ocorrer por meio eletrônico, mediante TED (transferência eletrônica de depósito), corrigidas mensalmente pelo índice oficial de atualização.

Na hipótese de atraso no pagamento de qualquer das prestações, incidirá multa de dez por cento sobre a soma da parcela inadimplida com as parcelas vincendas.

Já em relação ao parcelamento de débito previdenciário exigido por meio de execução fiscal, se o arrematante não pagar, no vencimento, qualquer das parcelas mensais, o saldo devedor remanescente vencerá antecipadamente, que será acrescido em cinquenta por cento de seu valor a título de multa, e, imediatamente inscrito em dívida ativa e executado (§6º do 98 da Lei 8.212/91).

O inadimplemento autoriza o exequente a pedir a resolução da arrematação ou promover, em face do arrematante, a execução do valor devido, devendo ambos os pedidos ser formulados nos autos da execução em que se deu a arrematação.

A mora do arrematante permite ao exequente optar por uma das seguintes possibilidades:

a) resolução da arrematação.

A norma processual não estabelece se com a resolução da arrematação terá direito o arrematante à devolução das prestações já pagas. A resposta dependerá das circunstâncias.

Uma vez resolvida a arrematação, o bem será novamente levado a leilão.

Vendido o bem, deverá ser pago primeiramente o exequente, descontados os valores que já tenha recebido quando da arrematação resolvida. Havendo sobra de valores em decorrência da segunda arrematação, poderá ser devolvido o valor pago pelo arrematante, após descontada a multa pelo inadimplemento e eventuais despesas para a realização da segunda arrematação.

b) promover, em face do arrematante, a execução do valor devido.

A segunda opção outorgada ao exequente, ao invés de resolver a arrematação, é justamente cobrar o valor devido ou inadimplido mediante execução.

Tanto a resolução da arrematação quanto a execução do valor devido ocorrerão nos próprios autos de execução em que se deu a arrematação.

Em se tratando de execução fiscal para cobrança de crédito previenciário, a única opção outorgada pela Lei 8.212/91, em seu art. 98, §6º, será: *Se o arrematante não pagar, no vencimento, qualquer das parcelas mensais, o saldo devedor remanescente vencerá antecipadamente, que será acrescido em cinqüenta por cento de seu valor a título de multa, e, imediatamente inscrito em dívida ativa e executado.*

Assim, como se trata de legislação especial, não será possível requerer a resolução da arrematação.

A apresentação da proposta não suspende o leilão.

Muito embora seja lícito postular-se a aquisição do bem penhorado mediante parcelamento, tal pedido não terá efeito de suspender o leilão já designado, evitando-se, dessa forma, manobras fraudulentas a fim de retardar a hasta pública.

Portanto, somente se não houver uma proposta de pagamento a vista é que o juiz deverá analisar a proposta de pagamento parcelado.

A proposta de pagamento do lance a vista sempre prevalecerá sobre as propostas de pagamento parcelado.

Conforme se afirmou, o juiz poderá deferir ou não a proposta de pagamento parcelado, somente após realizado o leilão, e na medida em que não haja proposta de pagamento a vista.

Tal prerrogativa, evidentemente, deverá ser aplicada observando o princípio da *menor onerosidade possível ao executado* conjugado com *a efetivação da tutela do exequente.*

Ora, nem sempre a proposta de pagamento a vista será melhor que a proposta de pagamento parcelado.

Suponha-se que a proposta de pagamento a vista ofereça 50% do valor da avaliação. Já a proposta de parcelamento ofereça 100% do valor da avaliação, nas seguintes condições: 25% a vista e duas parcelas restantes corrigidas monetariamente.

Sem dúvida, diante dessa hipótese deverá o juiz optar pela proposta de pagamento parcelado em face dos princípios da menor onerosidade possível ao executado e da maior efetividade da tutela jurisdicional em prol do exequente.

Havendo mais de uma proposta de pagamento parcelado: a) – em diferentes condições, o juiz decidirá pela mais vantajosa, assim compreendida, sempre, a de maior valor; b) – em iguais condições, o juiz decidirá pela formulada em primeiro lugar.

Apresentando-se mais de uma proposta para pagamento parcelado, o juiz deverá concluir a arrematação com aquela que seja mais vantajosa para o exequente e para o executado, que, em regra, poderá ser a de maior valor.

Mas é importante salientar que nem sempre a proposta de maior valor poderá ser a mais vantajosa.

Assim, por exemplo, uma proposta oferece R$29.000,00 (vinte e nove mil reais) para pagamento parcelado, sendo 25% a vista e mais uma parcela restante; a outra proposta oferece R$30.000,00 (trinta mil reais) para pagamento parcelado, sendo 25% a vista e as demais em 30 vezes. Evidentemente que neste caso a primeira proposta será mais vantajosa, apesar da pequena diferença a menor do preço.

Porém, se ambas as propostas forem iguais, prevalecerá a proposta que foi ofertada em primeiro lugar.

No caso de arrematação a prazo, os pagamentos feitos pelo arrematante pertencerão ao exequente até o limite de seu crédito, e os subsequentes, ao executado.

Por questão óbvia, tanto na arrematação a prazo quanto na arrematação a vista, o exequente somente terá direito de receber do valor apurado aquele que corresponde ao pagamento de seu crédito, e nada mais.

3.15. Arrematação de imóvel de incapaz

A incapacidade é um instituto jurídico regulado pelo direito material, especialmente pelo código civil.

A incapacidade abrange tanto a incapacidade absoluta quanto a incapacidade relativa.

Assim, tratando-se de bem imóvel pertencente a incapaz (não se aplicando aos bens móveis) e o lance efetuado pelos licitantes não alcançar pelo menos oitenta por cento do valor da avaliação, a arrematação não se consumará.

O legislador estabeleceu um valor mínimo para a arrematação de imóvel de incapaz, sendo que se houver lance inferior a esse valor, será considerado *preço vil.*

Na hipótese de não se alcançar o valor que corresponda a 80% da avaliação do bem imóvel, o juiz deverá nomear depositário idôneo para a guarda e administração do imóvel do incapaz, adiando a alienação pelo prazo não superior a um ano. Poderá o adiamento ser por prazo menor, dependendo da conjuntura econômica e da expectativa de melhores lances em tempo mais próximo.

Trata-se de medida assecuratória aos interesses dos incapazes, os quais devem, num primeiro momento, prevalecer em relação aos interesses do credor exequente.

É importante salientar que durante o prazo de adiamento não haverá impedimento que o exequente requeira a *adjudicação* do bem, desde que ofereça no mínimo o preço da avaliação do bem imóvel penhorado.

Também durante o prazo de adiamento não haverá congelamento da dívida, incidindo sobre ela os acessórios legais ou contratuais.

Se durante o adiamento algum pretendente assegurar, mediante caução idônea, o preço da avaliação, o juiz ordenará a alienação em leilão.

No período de adiamento da alienação do bem imóvel de incapaz, que será no máximo de um ano, poderá ocorrer que algum pretendente ao bem requeira a realização de novo leilão. Para que o juiz possa deferir tal pretensão, deverá o pretendente prestar caução idônea que corresponda no mínimo a 20% do preço da avaliação, equivalente ao valor da multa que poderá o juiz aplicar no caso de arrependimento do ofertante. A referida caução deverá ser prestada antes que o juiz determine a publicação dos editais de leilão.

É importante, até para assegurar os direitos do incapaz, que o juiz determine a sua oitiva por meio de seu representante legal, assim como a do Ministério Público, pois se o executado é incapaz, deverá obrigatoriamente o Ministério Público intervir no processo.

EXECUÇÃO E CUMPRIMENTO DE SENTENÇA

No leilão marcado, o bem não poderá ser arrematado por preço inferior ao da avaliação, isto é, ao da proposta feita pelo ofertante.

Se o pretendente à arrematação arrepender-se, o juiz impor-lhe-á multa de vinte por cento sobre o valor da avaliação, em benefício do incapaz, valendo a decisão como título executivo.

A decisão que fixar a multa valerá como título executivo judicial, podendo ser cobrada nos próprios autos executivos, devendo a penhora recair sobre a caução prestada pelo pretendente à arrematação.

Evidentemente, não poderá ser considerado como arrependimento eventual lance de outro licitante, por ocasião do leilão, que ultrapasse a proposta feita pelo pretendente à arrematação.

O juiz poderá autorizar a locação do imóvel no prazo do adiamento.

Em que pese o art. 895, *caput*, do atual C.P.C. determine o adiamento da arrematação, isso não significa dizer que o bem não poderá produzir frutos, especialmente rendimentos decorrentes de locação do imóvel.

Eventuais frutos produzidos pelo imóvel, durante o adiamento serão repassados ao exequente, devendo ser abatidos no valor da dívida executada.

Caberá ao depositário administrar o contrato de locação.

O prazo máximo de locação do imóvel corresponderá ao prazo final do adiamento do leilão do imóvel

Poderá, ainda, o juiz avaliar se não é caso de modificar a penhora; ao invés de penhora sobre o imóvel, poder-se-á pensar na penhora dos frutos e rendimentos do imóvel a favor do exequente, se houver efetiva possibilidade de amortização da dívida com a produção dos frutos.

Findo o prazo do adiamento, o imóvel será submetido a novo leilão.

O adiamento concedido pelo juiz não significa imunidade ao imóvel do incapaz no que concerne à sua alienação.

Por isso, transcorrido o prazo do adiamento fixado pelo juiz, que é de até um ano a contar do leilão frustrado, o juiz designará novo leilão para arrematação do imóvel.

Muito embora o legislador não tenha dito, nesse novo leilão não haverá necessidade de se respeitar o percentual de 80% do valor da avaliação, devendo o juiz, contudo, fixar o valor mínimo para a arrematação do bem penhorado.

3.16. Falta de pagamento do lance oferecido na arrematação

O valor da caução a ser fixada pelo juiz para garantir o lance ofertado não é da integralidade do lance, pois se assim o fosse, o fiador deveria pagar integralmente o valor do bem, o que de certa forma poderia extinguir o crédito do exequente.

Por isso, o juiz deverá fixar uma caução que corresponda ao pagamento de eventual *multa* pelo descumprimento do pagamento do lance oferecido pelo arrematante.

No caso de bem imóvel de incapaz, essa multa é de 20% do valor da avaliação.

Assim, se o arrematante ou seu fiador não pagar o valor do lance no prazo estabelecido, o juiz impor-lhe-á em favor do exequente a perda da caução, a qual garante, em tese, o valor da multa aplicada pelo juiz pelo descumprimento do pagamento do lance, voltando os bens a novo leilão, no qual não serão admitidos a participar o arrematante e o fiador remissos.

Sendo a caução em dinheiro, será ela revertida em favor do exequente. Se a caução for fiança, o exequente poderá acionador o fiador por meio executivo para pagamento da sanção imposta pelo juiz.

Há de se observar, porém, que não são em todos os casos que a caução será revertida em favor do exequente. Na hipótese do §2º do art. 896 do atual C.P.C., a multa será revertida em favor do incapaz.

Em relação ao direito comparado, eis a seguinte regulação.

Código de Processo Civil português:

> *Artigo 824.º Caução e depósito do preço*
>
> *1 – Os proponentes devem juntar obrigatoriamente com a sua proposta, como caução, um cheque visado, à ordem do agente de execução ou, nos casos em que as diligências de execução são realizadas por oficial de justiça, da secretaria, no montante correspondente a 5 % do valor anunciado ou garantia bancária no mesmo valor.*
>
> *2 – Aceite alguma proposta, o proponente ou preferente é notificado para, no prazo de 15 dias, depositar numa instituição de crédito, à ordem do agente de execução ou, nos casos em que as diligências de execução são realizadas por oficial de justiça, da secretaria, a totalidade ou a parte do preço em falta.*

> *Artigo 825.º Falta de depósito*
>
> *1 – Findo o prazo referido no n.º 2 do artigo anterior, se o proponente ou preferente não tiver depositado o preço, o agente de execução, ouvidos os interessados na venda, pode:*
>
> *a) Determinar que a venda fique sem efeito e aceitar a proposta de valor imediatamente inferior, perdendo o proponente o valor da caução constituída nos termos do n.º 1 do artigo anterior; ou*

EXECUÇÃO E CUMPRIMENTO DE SENTENÇA

b) Determinar que a venda fique sem efeito e efetuar a venda dos bens através da modalidade mais adequada, não podendo ser admitido o proponente ou preferente remisso a adquirir novamente os mesmos bens e perdendo o valor da caução constituída nos termos do n.º 1 do artigo anterior; ou c) Liquidar a responsabilidade do proponente ou preferente remisso, devendo ser promovido perante o juiz o arresto em bens suficientes para garantir o valor em falta, acrescido das custas e despesas, sem prejuízo de procedimento criminal e sendo aquele, simultaneamente, executado no próprio processo para pagamento daquele valor e acréscimos.

2 – O arresto é levantado logo que o pagamento seja efetuado, com os acréscimos calculados.

3 – O preferente que não tenha exercido o seu direito no ato de abertura e aceitação das propostas pode efetuar, no prazo de cinco dias, contados do termo do prazo do proponente ou preferente faltoso, o depósito do preço por este oferecido, independentemente de nova notificação, a ele se fazendo a adjudicação.

Código de Processo Civil espanhol:

Artículo 653. Quiebra de la subasta.

1. Si ninguno de los rematantes a que se refiere el artículo anterior consignare el precio en el plazo señalado o si por culpa de ellos dejare de tener efecto la venta, perderán el depósito que hubieran efectuado y se procederá a nueva subasta, salvo que con los depósitos constituidos por aquellos rematantes se pueda satisfacer el capital e intereses del crédito del ejecutante y las costas.

2. Los depósitos de los rematantes que provocaron la quiebra de la subasta se aplicarán por el Secretario judicial a los fines de la ejecución, con arreglo a lo dispuesto en los artículos 654 y 672, pero el sobrante, si lo hubiere, se entregará a los depositantes. Cuando los depósitos no alcancen a satisfacer el derecho del ejecutante y las costas, se destinarán, en primer lugar, a satisfacer los gastos que origine la nueva subasta y el resto se unirá a las sumas obtenidas en aquélla y se aplicará conforme a lo dispuesto en los artículos 654 y 672. En este último caso, si hubiere sobrante, se entregará al ejecutado hasta completar el precio ofrecido en la subasta y, en su caso, se le compensará de la disminución del precio que se haya producido en el nuevo remate; sólo después de efectuada esta compensación, se devolverá lo que quedare a los depositantes.

3. Cuando el rematante que hubiera hecho la designación a que se refiere el apartado segundo del artículo anterior deje transcurrir el plazo señalado para el pago del precio del remate sin efectuarlo, la persona designada para recibir la devolución del depósito podrá solicitar que el decreto de aprobación del remate se dicte en su favor, consignando simultáneamente la diferencia entre lo depositado y el precio del remate, para lo que dispondrá del mismo plazo concedido al rematante para efectuar el pago, que se contará desde la expiración de éste.

ALIENAÇÃO FORÇADA

3.17. Transferência da arrematação ao fiador

Há hipóteses, no âmbito da alienação judicial, em que é possível a concessão de fiança como caução/garantia do pagamento do valor do lance em hasta pública. Dentre essas hipóteses encontram-se: a) pagamento parcelado do valor da arrematação; b) garantia de proposta efetuada por escrito, quando o valor do bem móvel ou imóvel for elevado.

Tendo o arrematante oferecido fiador como garantia do pagamento do valor do lance, e tornando-se o arrematante inadimplente em relação à sua proposta, poderá o fiador honrar esse pagamento, bem como eventual multa aplicada, especialmente no caso de venda de imóvel de incapaz, requerendo que a arrematação lhe seja transferida.

Se o fiador não quiser ficar com o bem arrematado, será responsabilizado pelo inadimplemento do arrematante, podendo cobrar dele, via procedimento executivo, o que desembolsar. *Mutatis mutantis*, e com possibilidade de se aplicar por analogia, estabelece o art. 794, §2º do atual C.P.C.: *"O fiador que pagar a dívida poderá executar o afiançado nos autos do mesmo processo"*.

3.18. Suspensão da alienação judicial

Visando a execução o pagamento das despesas nela ocorridas e os créditos do exequente e dos eventuais credores intervenientes, não se pode permitir o seu prosseguimento quando o produto de alguns dos bens alienados seja suficiente para assegurar esses pagamentos. Servindo a execução de *instrumento* a esse fim, uma vez ele alcançado, justifica-se a sustação da venda sobre os demais bens penhorados.

Portanto, logo que o produto da alienação dos bens for suficiente para o pagamento do credor e satisfação das despesas da execução, a arrematação será suspensa.

No mesmo sentido ocorre no direito comparado.

Código de Processo Civil português:

> *Artigo 813.º Instrumentalidade da venda*
>
> *1 – A requerimento do executado, a venda dos bens penhorados susta-se logo que o produto dos bens já vendidos seja suficiente para pagamento das despesas da execução, do crédito do exequente e dos credores com garantia real sobre os bens já vendidos.*
>
> *2 – Na situação prevista no n.º 5 do artigo 745.º, a venda inicia-se sempre pelos bens penhorados que respondam prioritariamente pela dívida.*
>
> *3 – No caso previsto no artigo 759.º, pode o executado requerer que a venda se inicie por algum dos prédios resultante da divisão, cujo valor seja suficiente para o pagamento; se,*

porém, não conseguir logo efetivar-se a venda por esse valor, são vendidos todos os prédios sobre que recai a penhora.

Código de Processo Civil italiano:

Art. 504 (Cassação da venda forçada)
Se a venda é feita em mais de uma vez ou em grande quantidade, deve cessar que o preço já obtido consegue pagar as despesas e os créditos mencionados no art. 495, inciso primeiro.

3.19. Prosseguimento do leilão

O leilão, por ser um ato processual, deve ser realizado durante o horário de expediente forense que se dá nos dias úteis das 6 (seis) às 20 (vinte) horas, conforme estabelece o art. 212 do atual C.P.C.

Ultrapassado o horário do expediente forense, ou seja, as 20 (vinte) horas, o leilão prosseguirá no dia útil seguinte, na mesma hora, independente de novo edital.

É certo que, conforme estabelece o §1º do art. 212 do atual C.P.C., deverão, todavia, ser concluídos depois das 20 (vinte) horas os atos iniciados antes, quando o adiamento prejudicar a diligência ou causar grave dano.

Por sua vez, em se tratando de leilão eletrônico, poderá o edital estabelecer que os lances sejam efetuados num determinado período, a qualquer horário. Aliás, nesse sentido estabelece o art. 213 do atual C.P.C.: *"A prática eletrônica de ato processual pode ocorrer em qualquer horário até as 24 (vinte e quatro) horas do último dia do prazo".*

3.20. Auto de arrematação e ordem de entrega de bens

Uma vez encerrado o leilão pelo acolhimento do melhor lance efetuado, lavrar-se-á, *de imediato,* o auto de arrematação, o qual representa a forma e a ultimação do ato processual executivo.

Se o valor do bem arrematado não for suficiente para o pagamento do exequente, a execução prosseguirá com o leilão de outros bens ou com reforço de penhora sobre o patrimônio do executado.

Encerrado o leilão pela comunicação verbal do leiloeiro, este ato processual de cientificação realizado na hasta pública será comprovado por escrito mediante a lavratura do auto de arrematação (positivo ou negativo). Por isso, se não for lavrado o auto de arrematação, este ato processual não teve existência jurídica.

ALIENAÇÃO FORÇADA

A redação original do art. 693 do C.P.C. de 1973 preconizava que o auto de arrematação seria lavrado vinte e quatro (24) horas depois de realizada a praça o leilão. Este artigo foi modificado pela Lei 11.382/06, quando passou a ser determinado que o auto de arrematação fosse lavrado *imediatamente* ao encerramento da hasta pública e não mais no prazo de 24 (vinte e quatro horas).

O auto de arrematação é a comprovação e a expressão documental da realização positiva ou negativa do leilão e da arrematação. Havendo arrematação do bem, o auto será positivo, caso contrário será lavrado o auto negativo de arrematação.

Incumbe ao leiloeiro elaborar o auto de arrematação, o qual consistirá num só documento, contendo todos os bens que foram arrematados de forma individual, por um ou mais arrematante, ou de forma global por um só arrematante.

O auto de arrematação será assinado pelo juiz, pelo arrematante, pelo leiloeiro e pelo escrivão ou diretor de secretaria.

Uma vez assinado o auto de arrematação, a arrematação será irretratável pelo arrematante.

Se o bem ou os bens levados a leilão tiverem sido penhorados em mais de uma execução, o auto de arrematação poderá fazer referência a essa circunstância, abrangendo, portanto, as diversas execuções.

Na execução fiscal, por exemplo, quando o bem for objeto de penhora em diversas execuções, é muito comum o juiz determinar o prosseguimento da arrematação na execução em que houve a primeira penhora, suspendendo-se as demais, uma vez que o leilão abrangerá todas as outras.

A ordem de entrega do bem móvel ou a carta de arrematação do bem imóvel, com o respectivo mandado de imissão na posse, será expedida depois de efetuado o depósito ou prestadas as garantias pelo arrematante, bem como realizado o pagamento da comissão do leiloeiro e das demais despesas da execução.

A carta de arrematação conterá a descrição do imóvel, com remissão à sua matrícula ou individuação e aos seus registros, a cópia do auto de arrematação e a prova de pagamento do imposto de transmissão, além da indicação da existência de eventual ônus real ou gravame.

Somente será declarada nula a carta de arrematação se a nulidade for absoluta e não houver outro meio de corrigir eventuais equívocos.

Sobre a formalização da arrematação no direito comparado, eis a seguinte situação no âmbito do direito português:

Código de Processo Civil português:

Artigo 826.º Auto de abertura e aceitação das propostas
Da abertura e aceitação das propostas é, pelo agente de execução, lavrado auto em que, além das outras ocorrências, se mencione, para cada proposta aceite, o nome do proponente, os bens a que respeita e o seu preço; os bens identificam-se pela referência à penhora respetiva.

Artigo 827.º Adjudicação e registo
1 – Mostrando-se integralmente pago o preço e satisfeitas as obrigações fiscais inerentes à transmissão, os bens são adjudicados e entregues ao proponente ou preferente, emitindo o agente de execução o título de transmissão a seu favor, no qual se identificam os bens, se certifica o pagamento do preço ou a dispensa do depósito do mesmo e se declara o cumprimento ou a isenção das obrigações fiscais, bem como a data em que os bens foram adjudicados.
2 – Seguidamente, o agente de execução comunica a venda ao serviço de registo competente, juntando o respetivo título, e este procede ao registo do facto e, oficiosamente, ao cancelamento das inscrições relativas aos direitos que tenham caducado, nos termos do n.º 2 do artigo 824.º do Código Civil.

Artigo 828.º Entrega dos bens
O adquirente pode, com base no título de transmissão a que se refere o artigo anterior, requerer contra o detentor, na própria execução, a entrega dos bens, nos termos prescritos no artigo 861.º, devidamente adaptados.

3.21. Remição de bem hipotecado

A mesma prerrogativa outorgada pelo legislador no caso de penhora de bem hipotecado, foi também conferida na adjudicação do bem, conforme art.877, §§ 3º e 4º do atual C.P.C.

O legislador, no caso de imóvel hipotecado, permitiu ao executado remir (pagar) o bem até a assinatura do auto de arrematação, oferecendo preço igual ao do maior lance oferecido, se tiver havido licitantes, ou, se não houver licitantes, ao preço da avaliação.

Note-se que o legislador fala em remição e não em adjudicação

Na hipótese de falência ou insolvência do devedor hipotecário, o direito de remição defere-se à massa ou aos credores em concurso, não podendo o exequente recusar o preço da avaliação do imóvel.

Se houver mais de um interessado, dever-se-á promover a licitação entre eles.

3.22. Momento em que a arrematação se considera perfeita, acabada e irretratável

Seja qual for a modalidade de leilão, eletrônico ou presencial, uma vez assinado o auto pelo juiz, pelo arrematante e pelo leiloeiro, a arrematação será considerada *perfeita, acabada e irretratável* ainda que venham a ser julgados procedentes os embargos do executado ou a ação autônoma em que se discuta o crédito, ressalvada a possibilidade de reparação dos danos pelos prejuízos sofridos pelo executado.

Segundo ensina Araken de Assis, *"raramente a lei, infensa a palavras repetitivas, emprega tantas qualificações para determinado ato processual. Diz-se 'perfeita' a arrematação, porque obtido consenso quanto aos termos do negócio, tendo o juiz aceito o lanço; 'acabada', porque ultimado o procedimento licitatório, antes disto sujeito a desestabilizações e a reviravoltas; e, finalmente 'irretratável', porque o arrematante não pode mais eficazmente arrepender-se"*.[374]

Portanto, uma vez assinado o auto de arrematação pelas pessoas indicadas na norma processual, não poderá mais o arrematante arrepender-se de ter efetuado o lance, nem a outro será possível oferecer maior lanço.

Porém, antes da assinatura do auto poderá o arrematante retratar-se, retirando a proposta oferecida, desde que haja motivo justo para isso, senão ficará obrigado a indenizar o exequente pela retirada da proposta.

A falta de assinatura do auto nada mais significa do que arrematação sem auto, ou seja, arrematação que não se perfez nem acabou. Trata-se de ato inexistente. Conforme aduz Pontes de Miranda, *"(...) na hipótese que examinamos, não houve auto de arrematação. A arrematação não se completou: o auto não existiu. Não se pode sanar, nem há pensar-se em supri-lo. Fundado em Francisco de Caldas, Silvestre Gomes de Morais (Tractatus de Executionibus, VI, 378) frisou que, faltando o auto, a arrematação 'in fieri'... Por onde se vê quão importante é distinguir-se da nulidade a inexistência"*.[375]

Assim, a falta de assinatura no auto de arrematação caracteriza mais que sua nulidade, ou seja, configura a sua inexistência jurídica.

É certo que o S.T.J. já entendeu que a falta de assinatura no auto de arrematação caracteriza sua nulidade (REsp 782.285/RS, Rel. Ministro JOSÉ DELGADO, PRIMEIRA TURMA, julgado em 21/03/2006, DJ 03/04/2006, p. 273).

---

[374] Assis, A., op. cit., p. 783.
[375] PONTES DE MIRANDA, op. cit., p. 385.

O arrematante, contudo, não pode ser prejudicado pela omissão do serventuário em colher a firma do juiz, no auto de arrematação (AgRg no AREsp 713.335/RJ, Rel. Ministro HUMBERTO MARTINS, SEGUNDA TURMA, julgado em 01/09/2015, DJe 11/09/2015)

A estabilidade outorgada ao auto de arrematação pela fórmula "perfeita, acabada e irretratável" não é infensa ao tratamento ordinário dado aos negócios jurídicos, pois "aperfeiçoada a arrematação, com a lavratura do auto, resta materializada causa de transferência da propriedade com todos os direitos que lhe são inerentes, ressalvados aqueles que dependem, por lei, de forma especial para aquisição." (REsp 833036/SP, Rel. Ministra LAURITA VAZ, QUINTA TURMA, julgado em 18/11/2010, DJe 28/03/2011)

É importante salientar que uma vez devidamente assinado o auto de arrematação, este ato torna-se prefeito, válido e eficaz, razão pela qual o bem não poderá ser penhorado em outra execução do devedor, mesmo que a carta de arrematação ainda não tenha sido levada a registro, não obstante o S.T.J. entenda que a transferência da propriedade ou da posse do bem arrematado somente venha a ocorrer após a expedição da carta de arrematação:

> *PROCESSUAL CIVIL. EXECUÇÃO FISCAL. ARREMATAÇÃO. PREÇO VIL. INVALIDAÇÃO DE OFÍCIO. POSSIBILIDADE. ART. 694, §1º, CPC/1973. PRECLUSÃO PRO JUDICATO. INOCORRÊNCIA. ATO PRATICADO ANTES DA EXPEDIÇÃO DA CARTA DE ARREMATAÇÃO.*
>
> *(...).*
>
> *3. Não há confundir o "auto de arrematação" previsto no caput do art. 693 do CPC/1973, com a "carta de arrematação" vazada no parágrafo único do mesmo dispositivo legal. Auto de arrematação é o documento que registra a alienação e é lavrado de imediato, mencionando as condições pelas quais o bem foi alienado (art. 693, caput, do CPC/1973). Já a carta de arrematação (art. 693, parágrafo único) é o documento que transfere a posse e a propriedade do bem adquirido, e somente é expedida após efetuado o depósito ou prestadas as garantias pelo arrematante.*
>
> *4. A transmissão da propriedade imobiliária do bem objeto da arrematação só se perfaz com o registro da carta, nos termos do art. 1.245 do Código Civil, razão pela qual passível de invalidação o auto que lhe antecede se presente algum dos vícios contidos no §1º do art. 694 do Código de 1973.*
>
> *(...).*

(REsp 1682079/PR, Rel. Ministro HERMAN BENJAMIN, SEGUNDA TURMA, julgado em 19/09/2017, DJe 09/10/2017)

Aliás, nem mesmo o pagamento da dívida após a assinatura do auto de arrematação terá o efeito de remir a execução.

Uma vez assinado o auto pelo juiz, pelo arrematante e pelo leiloeiro, a arrematação será considerada perfeita, acabada e irretratável, ainda que venham a ser julgados procedentes os embargos do executado ou eventual demanda autônoma proposta, assegurada a possibilidade de reparação pelos prejuízos sofridos.

3.23. Hipóteses de invalidade, de ineficácia e de resolução da arrematação

No direito processual civil português, segundo estabelece o art. 835º do C.P.C. lusitano, os credores, o executado e qualquer dos licitantes podem reclamar contra as irregularidades que se cometam no ato do leilão.

Para decidir as reclamações, o juiz pode examinar ou mandar examinar a escrituração do estabelecimento, ouvir o respetivo pessoal, inquirir as testemunhas que se oferecerem e proceder a quaisquer outras diligências. O leilão é anulado quando as irregularidades cometidas hajam viciado o resultado final da licitação, sendo o dono do estabelecimento condenado na reposição do que tiver embolsado, sem prejuízo da indemnização pelos danos que haja causado. Sendo anulado, o leilão repete-se noutro estabelecimento e, se o não houver, procede-se à venda por propostas em carta fechada, se for caso disso, ou por negociação particular.

O §1º do art. 903 do atual C.P.C. brasileiro também estabelece hipóteses em que a arrematação poderá ser: a) – invalidada, quando realizada por preço vil ou com outro vício; b) – considerada ineficaz, se não observado o disposto no art. 804; c) resolvida, se não for pago o preço ou se não for prestada a caução.

Salvo a hipótese de falta de assinatura do auto de arrematação, que o torna inexistente, os demais vícios que possam ocorrer neste ato processual poderão torná-lo sem efeito. Se tais vícios podem tornar o auto sem efeito, isso significa que até a declaração do vício com efeito *ex tunc*, o auto será considerado prefeito, válido e eficaz.

Evidentemente, somente será declarada a nulidade da arrematação por vícios constatáveis, se por outra forma o ato não puder ter alcançado a sua finalidade, pois tem-se que no direito processual civil vige como princípio vetor, quando se trata de invalidades, o aforismo segundo o qual elas não podem ser declaradas sem que tenham originado algum prejuízo *(pas de nullités sans grief)*.

Justamente pelo fato de a nulidade comprometer a validade do ato e sua eficácia, é que essa nulidade poderá ser formal ou substancial do próprio ato.

Será substancial, quando o arrematante não tiver capacidade para formular o lance ou quando há dolo entre os participantes.

Será formal, quando o vício é de natureza processual, quando falta, por exemplo, a intimação do executado para participar do leilão.

Segundo ensina Celso Neves, *"vício de nulidade, aí, não é, apenas o da arrematação, mas o de qualquer ato, processual ou do processo, a ela antecedente e do qual dependa... Se a arrematação se deu em processo nulo por falta ou ineficácia da citação, nula será, conseqüentemente, a arrematação. Se o edital padece de falha que afeta a sua própria função, no procedimento da arrematação, reconhecida a sua invalidade cai, com ele, a arrematação. Mas não é, apenas, a nulidade de caráter processual que enseja o desfazimento da arrematação. Se o executado foi vencido em demanda sobre a propriedade dos bens penhorados, mesmo que subsequente à penhora, a arrematação é nula, por versar sobre bem não sujeito à execução...A tal propósito, observa Amílcar de Castro que não podendo a arrematação transferir ao arrematante mais direito do que o executado tem na coisa arrematada, é possível que, não sendo esta de propriedade do executado, venha a ser evicta judicialmente por seu legítimo dono; e, nesse caso, não seria justo que o arrematante ficasse privado do preço e das despesas da arrematação. Tem-se entendido que o direito lhe concede ação de evicção contra o executado, e subsidiariamente ação 'in rem verso' contra o exeqüente, se aquele se tornar insolvável (Comentários, Revista Forense, 1ª ed., vol. X, pág. 309)".* [376]

Haverá igualmente vício de formalidade essencial na arrematação quando existir erro de fato de descrição do bem arrematado; quando houver depreciação importante do bem não indicada no edital de leilão, nem houver oportunidade de o arrematante verificar pessoalmente o bem; quando o devedor não for intimado pessoalmente da data do leilão; quando o edital não for publicado; quando não se fizer referência à existência de direito real (como servidão) no edital etc.

No direito processual civil português, segundo estabelece o art. 838º do C.P.C. lusitano, poderá ocorrer a anulação da venda com a respectiva indenização do comprador se, depois da venda, se reconhecer a existência de algum ônus ou limitação que não fosse tomado em consideração e que exceda os limites normais inerentes aos direitos da mesma categoria, ou de erro sobre a coisa transmitida, por falta de conformidade com o que foi anunciado.

3.23.1. Preço vil ou outro vício de nulidade

A arrematação por preço vil ensejará a invalidade da arrematação.

---

[376] NEVES, C., op. cit., p. 135.

Considera-se vil o preço inferior ao mínimo estipulado pelo juiz e constante do edital. Não tendo sido fixado preço mínimo pelo juiz, considera-se vil o preço inferior a cinquenta por cento do valor da avaliação (art. 891, p.u., do atual C.P.C.).

Em se tratando de bem imóvel de incapaz, se o valor da arrematação na primeira hasta pública alcançar preço inferior a 80% (oitenta por cento) do valor da avaliação, também será considerado preço vil.

Assim, arrematado o bem por *preço vil*, o juiz poderá declarar sem efeito a arrematação, pois tal oferta não atendeu ao princípio de que a execução deverá ser realizada de forma que acarrete menos onerosidade possível ao patrimônio do executado.

Tendo a lei cominado expressamente nulidade de determinado ato processual que possa atingir a própria arrematação, esta também perderá seu efeito. Pense-se na hipótese de falta citação do executado para o processo de execução, correndo o processo a sua revelia. A nulidade da citação acarretará, por conseguinte, a nulidade de todos os demais atos processuais, inclusive a arrematação.

3.23.2. Ineficácia se não for observado o art. 804 do novo C.P.C.

Faltando a intimação de qualquer das pessoas indicadas no art. 804 do atual C.P.C., a arrematação será considerada ineficaz.

Não se fala em nulidade da arrematação, mas, sim, na sua ineficácia em relação aos credores indicados no art. 804 do atual C.P.C., desde que não tenham sido intimados da alienação do bem.

3.23.3. Resolução por falta de pagamento ou prestação de caução

A arrematação será resolvida se *não for pago o preço ou se não for prestada a caução*.

O preço oferecido pelo pagamento da arrematação é elemento essencial para a sua validade.

Sem o depósito do preço ofertado, nula será a arrematação.

Também será nula a arrematação se o arrematante não prestar a garantia exigida pelo juízo, especialmente quando o preço da arrematação for pago em prestação.

3.23.4. Decisão sobre os vícios da arrematação

O juiz decidirá acerca das situações referidas no §1º do art. 903 do novo C.P.C., se for provocado em até 10 (dez) dias após o aperfeiçoamento da arrematação.

EXECUÇÃO E CUMPRIMENTO DE SENTENÇA

Permite-se que o juiz, nos próprios autos da execução, conheça dos vícios da arrematação mencionados no §1º do art. 903 do atual C.P.C., desde que tenha sido provocado em até 10 (dez) dias após o aperfeiçoamento da arrematação.

O §1º do art. 903 do novo C.P.C. condiciona a atuação do juiz da execução a uma provocação do interessado, o que denota a impossibilidade de se declarar a nulidade da arrematação de ofício.

Sob a égide do C.P.C. de 1973, o S.T.J. adotou o entendimento de que o juiz da execução poderia, de ofício, reconhecer a invalidação da arrematação realizada com base em preço vil. Nesse sentido, eis o seguinte precedente:

> *PROCESSUAL CIVIL. EXECUÇÃO FISCAL. ARREMATAÇÃO. PREÇO VIL. INVALIDAÇÃO DE OFÍCIO. POSSIBILIDADE. ART. 694, §1º, CPC/1973. PRECLUSÃO PRO JUDICATO. INOCORRÊNCIA. ATO PRATICADO ANTES DA EXPEDIÇÃO DA CARTA DE ARREMATAÇÃO.*
>
> *1. A controvérsia de fundo cinge-se a saber se o juiz da execução fiscal pode, após a arrematação, mas antes de expedida a respectiva carta, anular o ato de alienação judicial do imóvel por considerar o preço vil, independentemente de provocação oportuna da parte interessada.*
>
> *2. A jurisprudência do STJ, firmada sob o regime do CPC/1973, é no sentido de que, após a expedição da carta de arrematação, a anulação do ato somente pode ocorrer mediante ajuizamento de Ação Anulatória (art. 486 do CPC/1973), e não nos mesmos autos da Execução. Por outro lado, antes de expedida a carta, não há óbice legal ao desfazimento do auto de arrematação, uma vez configurada uma das hipóteses do art. 694 do CPC/1973. Precedentes.*
>
> *3. Não há confundir o "auto de arrematação" previsto no caput do art. 693 do CPC/1973, com a "carta de arrematação" vazada no parágrafo único do mesmo dispositivo legal. Auto de arrematação é o documento que registra a alienação e é lavrado de imediato, mencionando as condições pelas quais o bem foi alienado (art. 693, caput, do CPC/1973). Já a carta de arrematação (art. 693, parágrafo único) é o documento que transfere a posse e a propriedade do bem adquirido, e somente é expedida após efetuado o depósito ou prestadas as garantias pelo arrematante.*
>
> *4. A transmissão da propriedade imobiliária do bem objeto da arrematação só se perfaz com o registro da carta, nos termos do art. 1.245 do Código Civil, razão pela qual passível de invalidação o auto que lhe antecede se presente algum dos vícios contidos no §1º do art. 694 do Código de 1973.*
>
> *5. O §1º do art. 694 do CPC/1973 contempla rol de exceções legais à definitividade do auto de arrematação previsto no caput. Não há falar em preclusão pro judicato se o controle*

de legalidade do ato for exercido antes de expedido o documento que consolida e transfere a propriedade do bem arrematado, mormente se não houve intimação da avaliação a quem poderia lhe opor resistência.

6. Nenhum óbice se verifica à aplicação do art. 694, §1º, do CPC/1973 por suposta especialidade do art. 13, §1º, da LEF. O fato de o referido dispositivo prever a possibilidade de impugnação à avaliação não impede o juiz de atuar de ofício no controle da licitude do ato processual. O §3º do art. 13 da LEF estabelece que o juiz decidirá de plano a avaliação, uma vez apresentado o laudo. Não depende de provocação para assim agir. Nesse sentido: REsp 71.960/SP, Rel.

Ministro JOÃO OTÁVIO DE NORONHA, SEGUNDA TURMA, julgado em 25/03/2003, DJ 14/04/2003.

7. A alegação de inexistência de vício a ensejar a anulação da arrematação e objeto de ação rescisória enseja reexame do contexto fático-probatório em que se pautou o juízo de origem. Argumentação cuja cognição é vedada em Recurso Especial diante da restrição da Súmula 07/STJ.4 8. Recurso Especial não provido.

(REsp 1682079/PR, Rel. Ministro HERMAN BENJAMIN, SEGUNDA TURMA, julgado em 19/09/2017, DJe 09/10/2017)

A decisão acima referida foi proferida sob a égide da vigência do C.P.C. de 1973.

Sob a égide do novo C.P.C., o §2º do art. 903 é expresso no sentido de que o juiz somente decidirá acerca das situações referidas no §1º do mesmo diploma legal, se devidamente provocado em até 10 (dez) dias após o aperfeiçoamento da arrematação.

O novo C.P.C., portanto, não apresenta margem normativa para que o juiz possa conhecer de ofício sobre referidas matérias.

Penso que haverá apenas uma exceção em que o juiz poderá conhecer de ofício as hipóteses previstas no §1º do art. 903 do novo C.P.C., ou seja, quando o bem alienado pertencer a um incapaz. Assim, o juiz poderá declarar a invalidade da arrematação de bem imóvel de incapaz, quando for alienado, no primeiro leilão, por preço inferior a 80% do valor da avaliação.

Seja como for, o legislador estabeleceu um termo final para que o juiz possa conhecer da alegação de vício na arrematação na própria execução, ou seja, até dez dias após o aperfeiçoamento da arrematação que se dá com a assinatura do auto de arrematação.

A partir deste momento processual, o juiz não mais poderá conhecer de eventual vício de arrematação (penso que está excepcionada a falta de citação do executado no processo de execução, uma vez que não se trata de mera

EXECUÇÃO E CUMPRIMENTO DE SENTENÇA

nulidade, mas, sim, de inexistência da execução em relação àquele que deveria ser cientificado sobre a pretensão formulada contra si).

Uma vez expirado o prazo de dez dias, após a assinatura do auto de arrematação, eventuais vícios que possam ter ocorrido no aludido ato processual deverão ser objeto de demanda anulatória autônoma, diversa da demanda rescisória, pois a arrematação não se identifica a uma decisão de mérito transitada em julgado.

O juízo competente para conhecer da ação de nulidade da arrematação será o juízo da execução, por prevenção.

É importante ressaltar que o prazo decadencial para o ajuizamento da demanda anulatória de arrematação, em execução judicial, rege-se pelo art. 178, § 9º, V, "b", do CC/16 e pelo art. 178, II, do CC/2002, sendo de 4 (quatro) anos a contar da *expedição da carta de arrematação ou da ordem de entrega de bem móvel.*[377] Já o prazo decadencial para o ajuizamento da mesma ação contra a Fazenda Pública, rege-se pelo art. 1º do Decreto n. 20.910/32, sendo de 5 (cinco) anos, com o mesmo termo inicial.

Sobre o tema, eis o seguinte precedente do S.T.J.:

> *DIREITO CIVIL E PROCESSUAL CIVIL. CPC DE 1973. RECURSO ESPECIAL. AÇÃO ANULATÓRIA DE ARREMATAÇÃO DE IMÓVEL EM HASTA PÚBLICA. DECADÊNCIA. PRAZO. TERMO INICIAL. DATA DA EXPEDIÇÃO DA CARTA DE ARREMATAÇÃO.*
>
> *1. Ação ajuizada em 12/01/2009. Recurso especial interposto em 13/11/2012. Autos atribuídos a esta Relatora em 25/08/2016.*
>
> *2. Aplicação do CPC/1973, nos termos do Enunciado Administrativo n. 2/STJ.*
>
> *3. O ajuizamento de ação anulatória de arrematação de imóvel em hasta pública submete-se ao prazo decadencial de 4 (quatro) anos – previsto no art. 178, § 9º, V, "b", do CC/16, com correspondência no art. 178, II, do CC/02 –, contado a partir da data de expedição da carta de arrematação.*
>
> *4. Recurso especial provido.*
>
> (REsp 1655729/PR, Rel. Ministra NANCY ANDRIGHI, TERCEIRA TURMA, julgado em 16/05/2017, DJe 26/05/2017)

---

[377] Devo fazer uma correção ao que foi dito na minha obra – *Código de Processo Civil – Anotado, Comentado e Interpretado*, Vol. III, (Parte Especial II (Arts. 693 a 1072), 2015. Na pág. 1012 da referida obra, quando comentei o §2º do art. 903, disse que o prazo decadencial para o ajuizamento da ação anulatória da arrematação começaria a correr a partir da *assinatura do auto de arrematação*, quando, na verdade, o §4º do mesmo diploma legal preconiza que a invalidação da arrematação poderá ser pleiteada após a expedição da carta de arrematação ou da ordem de entrega do bem móvel.

O arrematante deverá ser citado como litisconsórcio necessário para figurar no polo passivo da ação que visa a nulidade da arrematação, salvo se for o arrematante quem promoveu a demanda anulatória da arrematação, alegando, por exemplo, não indicação no edital de ônus real sobre o bem.

Se o arrematante já alienou o bem, deverão ser citados para a demanda anulatória, como litisconsortes necessários, os eventuais adquirentes.

Também terá legitimidade para propor a demanda de nulidade de arrematação o terceiro de boa-fé que adquiriu o bem arrematado.

Transcorrido o prazo de dez dias após a assinatura do auto de arrematação sem que tenha havido alegação de qualquer das situações previstas no §1º art. 903 do novo C.P.C., será expedida a carta de arrematação e, conforme o caso, a ordem de entrega ou mandado de imissão de posse.

Após a expedição da carta de arrematação ou da ordem de entrega, a invalidação da arrematação poderá ser requerida por ação autônoma, em cujo processo o arrematante figurará como litisconsorte necessário.

Ingressando a parte com a ação autônoma, poderá o juiz da execução suspender a expedição da carta de arrematação ou da ordem de entrega, se o argumento for muito importante para a nulidade da arrematação.

Uma vez acolhida a alegação de nulidade da arrematação, as partes deverão ser restituídas ao estado anterior, tendo a decisão declaratória de nulidade efeito *ex tunc*. Assim, o arrematante deverá devolver o bem, tendo o direito de pleitear a restituição do valor pago, e, se for o caso, perdas e danos. Nesse sentido, aliás, é o teor do art. 182 do C.c.b.: *Art. 182. Anulado o negócio jurídico, restituir-se-ão as partes ao estado em que antes dele se achavam, e, não sendo possível restituí-las, serão indenizadas com o equivalente.*

O dever de indenizar o arrematante também está previsto no 838º do C.P.C. português, *in verbis*:

> *Artigo 838.º Anulação da venda e indemnização do comprador*
>
> *1 – Se, depois da venda, se reconhecer a existência de algum ónus ou limitação que não fosse tomado em consideração e que exceda os limites normais inerentes aos direitos da mesma categoria, ou de erro sobre a coisa transmitida, por falta de conformidade com o que foi anunciado, o comprador pode pedir, na execução, a anulação da venda e a indemnização a que tenha direito, sem prejuízo do disposto no artigo 906.º do Código Civil.*
>
> *2 – A questão prevista no número anterior é decidida pelo juiz, depois de ouvidos o exequente, o executado e os credores interessados e de examinadas as provas que se produzirem.*
>
> *3 – Feito o pedido de anulação do negócio e de indemnização do comprador antes de ser levantado o produto da venda, este não é entregue sem a prestação de caução; sendo o*

comprador remetido para a ação competente, a caução é levantada, se a ação não for proposta dentro de 30 dias ou estiver parada, por negligência do autor, durante três meses.

Desfeita a arrematação, o arrematante deverá devolver o bem, tendo direito à restituição do preço que pagou e às demais despesas, devidamente corrigido o valor.

Segundo Ernane Fidelis dos Santos, no caso de o dinheiro ter sido levantado pelo credor, o arrematante poderá demandar o devedor, que teve sua dívida paga, e o próprio credor que se beneficiou do ato de alienação.[378]

Contudo, penso que o arrematante, se for ele parte passiva da demanda anulatória, poderá na própria contestação formular pedido contraposto para o caso de ter que devolver o bem, requerendo que o credor ou o devedor sejam condenados à restituição do preço, decisão essa que valerá como título executivo judicial.

Sendo insolvente credor e devedor, o arrematante poderá demandar o Estado, por permitir que um bem fosse levado a leilão sem as cautelas devidas.

Se o arrematante deu causa ao desfazimento da arrematação (*v.g.*, quando não deposita o preço), poderá ser responsabilizado por perdas e danos em favor do credor e do devedor, dependendo da situação. Aplica-se, por analogia, o disposto no art. 475 do C.c.b.

O bem retornará à sua posição original, ou seja, continuará penhorado e, se for o caso, será levado novamente a leilão.

Se o bem já tiver sido vendido a terceiro pelo arrematante, este deverá participar da relação jurídica processual como litisconsorte, devendo entregar o bem no caso de a demanda de nulidade de arrematação for julgada procedente. Em relação aos bens imóveis, estabelece o art. 1.247 e parágrafo único do C.c.b.:

> "*Art. 1.247. Se o teor do registro não exprimir a verdade, poderá o interessado reclamar que se retifique ou anule.*
>
> *Parágrafo único. Cancelado o registro, poderá o proprietário reivindicar o imóvel, independentemente da boa-fé ou do título do terceiro adquirente*".

Se o bem móvel pereceu, o arrematante não responde pela perda ou deterioração da coisa, a que não der causa, pois se trata de possuidor de boa-fé, nos termos do art. 1.217 do C.c.b. Agora, se a coisa pereceu nas mãos de terceiro, o arrematante deverá repor à execução o valor que recebeu em face da alienação,

---

[378] SANTOS, Ernane Fidélis. *Manual....* v. 3/204, p. 1.242.

com base no princípio do não *enriquecimento ilícito*, devendo ser feita a devida compensação com aquilo que lhe é devido a título de restituição do preço e das despesas da arrematação. Além do mais, terá direito o arrematante à indenização das benfeitorias necessárias e úteis, bem como, quanto às voluptuárias, se não lhe forem pagas, a levantá-las, quando o puder sem detrimento da coisa, e poderá exercer o direito de retenção pelo valor das benfeitorias necessárias e úteis.

Em se tratando de bem móvel, deverá o arrematante repor no mesmo gênero, qualidade e quantidade, quando o bem tiver natureza fungível.

Porém, se o arrematante já alienou o bem a terceiro de boa-fé, tenho para mim que o terceiro de boa-fé não precisará devolver o bem adquirido onerosamente, justamente pela sua boa-fé na aquisição. Nesse caso, o arrematante deverá repor à execução o valor percebido pela alienação, com base no princípio do não enriquecimento ilícito, mediante compensação daquilo que lhe é devido pelo pagamento do preço e das despesas efetuados com a arrematação.

3.24. Desistência da arrematação

Uma vez assinado o auto, a arrematação torna-se válida, eficaz e irretratável.

Entre a oferta do lance e a assinatura do auto de arrematação, o arrematante poderá retratar-se da oferta, mas, neste caso, se a retratação não tiver motivo justificado, o arrematante poderá ser obrigado a reparar o dano em face do credor e do devedor.

Após a assinatura do auto, o arrematante não poderá mais desistir da arrematação, salvo se houver alguns dos motivos justificáveis, a saber: a) se provar, nos dez dias seguintes à assinatura do auto, a existência de ônus real ou gravame não mencionado no edital; b) se, antes de expedida a carta de arrematação ou a ordem de entrega, o executado suscitar algum dos vícios indicados no §1º do art. 903 do novo C.P.C.; c) uma vez citado para responder à ação autônoma de que trata o § 4º do art. 903 do novo C.P., desde que apresente a desistência no prazo de que dispõe para responder a essa ação.

Não poderá o arrematante alegar a nulidade da arrematação por falta de pagamento do preço ou mesmo por ter sido a arrematação realizada por preço vil, uma vez que ninguém poderá arguir em seu favor a própria torpeza.

Considera-se ato atentatório à dignidade da justiça a suscitação infundada de vício com o objetivo de ensejar a desistência do arrematante, devendo o suscitante ser condenado, sem prejuízo da responsabilidade por perdas e danos, ao pagamento de multa, a ser fixada pelo juiz e devida ao exequente, em montante não superior a vinte por cento do valor atualizado do bem.

Tal sanção normativa é aplicada às partes ou a qualquer terceiro que intervenha no processo.

Uma vez efetuado o lance pelo arrematante, se o executado ou um terceiro alegar qualquer vício da arrematação, com o único objetivo de que o arrematante desista da arrematação, tal ato será considerado *ato atentatório à dignidade da justiça*.

A mesma pena processual poderá ser aplicada ao arrematante, se requerer a desistência da arrematação com fundamento em causa fraudulenta ou simulada.

Uma vez concretizada a desistência da arrematação por causa infundada de vício, o sujeito que assim proceder será condenado, sem prejuízo das responsabilidades por perdas e danos, ao pagamento de multa a ser fixada pelo juiz e devida ao exequente, em montante não superior a vinte por cento do valor atualizado do bem.

Capítulo 12
Satisfação do Crédito

1. Satisfação do crédito

Finalmente, a última fase do procedimento executivo: a fase do pagamento.

Segundo Fernando Amâncio Ferreira: *"Penhoram-se os bens, convocaram-se os titulares de direitos reais caducáveis, verificaram-se os créditos reclamados, graduaram-se os direitos de terceiros que se irão transferir para o produto da venda do respectivos bens, chegou então a altura de dar satisfação coercitiva ao direito do exequente e aos direitos de garantia dos credores concorrentes, mas a satisfação do direitos destes só através dos bens sobre que tiverem garantia e conforme a gradução de seus créditos"*.[379]

Uma vez satisfeito o crédito, o exequente tem a sua tutela jurisdicional satisfeita.

Se não houver o pagamento do crédito, inexistiu prestação de tutela jurisdicional em favor do credor, muito embora o juízo da execução tenha exercido sua atividade jurisdicional.

O art. 904 do atual C.P.C. apresenta duas hipóteses pelas quais se realiza a satisfação do crédito exequendo: a) pela entrega do dinheiro, seja quando a penhora tenha recaído sobre a própria moeda corrente, seja quando o bem penhorado tenha sido alienado, convertendo-se também em dinheiro; b) pela adjudicação dos bens penhorados em favor do credor, desde que o valor dos bens adjudicados corresponda ao principal, juros, custas/despesas processuais e honorários de advogado.

---

[379] FERREIRA, F. A., op. cit. p. 273.

O art. 795º do C.P.C. português assim estabelece sobre a satisfação do crédito:

Artigo 795.º Modos de o efetuar

1 – O pagamento pode ser feito pela entrega de dinheiro, pela adjudicação dos bens penhorados, pela consignação dos seus rendimentos ou pelo produto da respetiva venda.

2 – É admitido o pagamento em prestações e o acordo global, nos termos previstos nos artigos 806.º a 810.º, devendo em qualquer caso prever-se o pagamento dos honorários e despesas do agente de execução.

O art. 708 do C.P.C. de 1973 mencionava uma terceira forma de se realizar a satisfação do crédito do exequente, ou seja, pelo *usufruto de bem imóvel ou da empresa.*

O art. 904 do atual C.P.C. não incorporou essa terceira hipótese no atual C.P.C.

Contudo, não se pode deixar de reconhecer que a penhora de frutos, não só os de natureza civil (aluguel e juros), mas igualmente os de natureza natural e industrial, também é uma forma de satisfação do crédito do exequente.

O novo C.P.C. admitiu a penhora de frutos e rendimentos de coisa móvel ou imóvel.

Penso que é possível inserir a penhora de frutos de coisa móvel e imóvel como forma de adjudicação desses bens ao credor, inserindo esse tipo de satisfação de crédito no inc. II do art. 904 do atual C.P.C.

Há também a possibilidade de o credor receber em pagamento de seu crédito um percentual do faturamento da empresa devedora. Contudo, como o percentual do faturamento é pago em dinheiro, essa hipótese está inserida no inc. I do art. 904 do atual C.P.C.

2. Levantamento do valor depositado

Uma vez cessada a fase expropriativa em sentido estrito, com a venda do bem penhorado ou o depósito em dinheiro, abre-se a fase de satisfação do crédito, com a distribuição da quantia arrecadada.

Segundo estabelece o art. 905 do novo C.P.C., o juiz autorizará que o exequente levante, até a satisfação integral de seu crédito, o dinheiro depositado para segurar o juízo ou o produto dos bens alienados, bem como do faturamento de empresa ou de outros frutos e rendimento de coisas ou empresas penhoradas.

O art. 798º do C.P.C. português, assim preceitua:

"Art. 798º (Pagamento por entrega de dinheiro)

1 – Tendo a penhora recaído em moeda corrente, depósito bancário em dinheiro ou outro direito de crédito pecuniário cuja importância tenha sido depositada, o exequente ou qualquer credor que deva preteri-lo é pago do seu crédito pelo dinheiro existente.

2 – Constitui entrega de dinheiro o pagamento por cheque ou transferência bancária.

Regra similar encontra-se no art. 509 do C.P.C. italiano: *"A soma para ser distribuída é constituída do que provém a título do preço ou do equilíbrio das coisas vendidas ou adjudicadas, de rendas ou proventos das coisas penhoradas, de multa e ressarcimento de dano por parte do adjudicatário".*

Comentando o art. 509 do C.P.C. italiano, Comoglio, Ferri e Taruffo anotam que este dispositivo individualiza a soma arrecadada ou a ser distribuída na execução. Essa é constituída pelo resultado dos seguintes fatores: a) o preço das coisas vendidas; b) pelo equilíbrio das coisas adjudicadas (está constituído pela parte do valor do bem que excede o crédito da adjudicação); a renda proveniente das coisas penhoradas, ou seja, os frutos civis dos bens penhorados e, eventualmente, multa e ressarcimento do dano por parte do adjudicatário inadimplente. Em algumas hipóteses é também constituída pela soma da caução não restituída, em parte, ao oponente e a caução inteiramente perdida no caso de deserção da arrematação.[380]

Qualquer pagamento ou satisfação do crédito do exequente em via executiva somente poderá ser realizado mediante autorização do juízo da execução, não sendo permitido, por exemplo, que o leiloeiro entregue diretamente ao credor o produto da arrematação.

Porém, o juiz somente autorizará o credor a levantar, até a satisfação integral de seu crédito (incluído principal, juros, custas, despesas processuais e honorários de advogado), o dinheiro depositado pelo executado para garantir a execução ou o produto dos bens penhorados, bem como o resultado do faturamento da empresa ou de outros frutos e rendimento de coisas ou empresas penhoradas, quando:

a) A execução for movida só a benefício do exequente singular, a quem, por força da penhora, cabe o direito de preferência sobre os bens penhorados e alienados.

---

[380] COMOGLIO, Luigi Paolo; FERRI, Corrado; TARUFFO, Michele. *Lezioni sul processo civile.* Vol. II. Procedimenti speciali, cautelari ed esecutivi. Bologna: Il Mulino, 2011. p. 388 a 389.

EXECUÇÃO E CUMPRIMENTO DE SENTENÇA

Havendo somente um credor que promoveu a penhora sobre os bens de devedor ou de terceiro, o juiz da execução, ouvido o devedor, determinará o levantamento do depósito em favor do referido credor.

De um ponto de vista prático, o juiz da execução deverá promover, antes de tudo, a liquidação das despesas do procedimento executivo, por vezes antecipadas pelo próprio exequente, imputando tal despesa no valor a ser entregue ao credor.

Contudo, se houver mais de uma penhora sobre o bem, pertencendo cada qual a credor diverso, o juiz, antes de autorizar o pagamento, deverá averiguar se o credor beneficiário pela arrematação tem preferência na ordem de penhora sobre o bem, como, por exemplo, se se trata de penhora anterior às demais penhoras realizadas.

É importante salientar que se houver outras penhoras preferenciais sobre o bem, não poderá o credor realizar a adjudicação do bem, pois se assim o fizer, sem o depósito do valor do bem, estará burlando o direito dos demais credores preferenciais.

b) Não houver sobre os bens alienados outros privilégios ou preferências instituídos anteriormente à penhora.

Nesse caso, o juiz não poderá autorizar o pagamento ao credor, seja por qual modalidade for, antes de autorizar o pagamento dos credores que tenham direito a créditos privilegiados ou preferenciais instituídos anteriormente à penhora.

Tal situação se verifica em relação aos credores com garantia real sobre o bem penhorado.

Preenchidos os pressupostos, o levantamento do dinheiro será feito de imediato.

3. Pluralidade de credores ou exequentes – ordem de preferência

Havendo pluralidade de credores ou exequente, o dinheiro lhes será distribuído e entregue consoante a ordem das respectivas preferências (art. 908 do novo C.P.C.).

Portanto, havendo pluralidade de credores, o juiz não poderá determinar o levantamento da importância arrecada ao credor exequente, sem ante promover a análise preferencial do seu crédito.

Há créditos preferenciais de natureza material, como os decorrentes dos direitos reais em garantia (penhor, hipoteca e anticrese), assim como as obrigações *propter rem*, que se sub-rogam-se sobre o preço da alienação, independentemente da existência de penhora sobre o mesmo bem que foi levado à alienação.

SATISFAÇÃO DO CRÉDITO

Daí por que a necessidade de se intimar os credores com garantia real para serem cientificados da penhora que incidiu sobre o bem objeto da garantia real, justamente para que aleguem seu direito de preferência.

Havendo credores preferenciais, receberão primeiramente os credores com garantia real (penhor e hipoteca), depois o credor quirografário que promoveu a execução, se houver sobra de valores, evidentemente.

O mesmo ocorrerá com os credores favorecidos por obrigações *propter rem*, como é o caso das despesas condominiais.

Há, também, créditos preferenciais de natureza processual, como a ordem de realização das penhoras sobre o mesmo bem, decorrente da multiplicidade de penhora. Nessa hipótese, será pago o credor que realizou a primeira penhora sobre o bem, se sobrar saldo o da segunda penhora, e assim por diante.

O art. 711 do C.P.C. de 1973, em se tratando de multiplicidade de penhora sobre o mesmo bem, estabelecia que *"concorrendo vários credores, o dinheiro ser-lhes--á distribuído e entregue consoante a ordem das respectivas prelações; não havendo título legal à preferência, receberá em primeiro lugar o credor que promoveu a execução, cabendo aos demais concorrentes direito sobre importância restante, observada a anterioridade de cada penhora"*. Assim, conforme estabelecia o referido artigo, a preferência para receber o pagamento seria em primeiro lugar do credor que promoveu a execução, recebendo os demais de acordo com a prioridade da penhora.

Comentando o aludido dispositivo, ensinava Pontes de Miranda: *"(...). Mesmo se não há qualquer privilégio e preferência, quem exerceu, em primeiro lugar, a ação executiva, seja de sentença ou seja de título extrajudicial, é quem primeiro recebe. A data de cada penhora é que importa para as outras pessoas. Note-se que a data do despacho da petição da primeira ação de execução é que importa. No tocante às posteriores, o art. 711, 'in fine', pôs em relevo a continuidade de cada penhora. Se alguém teve despacho admissivo da primeira ação proposta, não importa se outra pessoa, que, só após levou ao juízo a sua petição, consegue a penhora antes do credor que obtivera a admissão, em primeiro lugar"*.[381]

Já para Araken de Assis, *"o art. 711 do C.P.C. de 1973 não excepciona a preferência da penhora insculpida no art. 612. O credor quirografário que penhorou primeiro receberá antes daquele que, eventualmente, tenha 'promovido' os atos expropriatórios, mesmo ante uma inércia sem justificativa. Este aproveitamento, à sorrelfa, dos atos processuais alheios, provocando forte sabor de injustiça, encontrou defesa brilhante em José Alberto dos Reis"*.[382]

---

[381] PONTES DE MIRANDA, op. cit., p. 425.
[382] ASSIS, A. op. cit., p. 826.

O novo C.P.C. não repetiu a prioridade de quem promoveu a execução, estabelecendo somente a ordem preferencial de acordo com a ordem da penhora realizada, nos termos do §2º do art. 908 do atual C.P.C.

Por outro lado, há também credores preferenciais materiais, cuja preferência somente ocorrerá se houver incidência de multiplicidade de penhoras, ou seja, se o credor preferencial também realizou penhora sobre o bem. Nesses casos, não basta ser portador do crédito preferencial, é necessário também que se tenha realizado a pluralidade de penhora sobre o mesmo bem, ainda que a penhora do crédito preferencial tenha sido a segunda ou terceira na ordem de realização. É o caso, por exemplo, da multiplicidade de penhora sobre o mesmo bem, umas decorrentes de crédito quirografário, outras de crédito tributário, outras de crédito trabalhista e assim por diante. A preferência de pagamento, no caso, será do crédito trabalhista, depois do crédito tributário e somente ao final, se houver sobras, do crédito quirografário.

Por sua vez, em relação aos créditos trabalhistas sem penhora sobre o bem levado à execução, o S.T.J. prescreveu uma solução intermediária, a saber:

PROCESSUAL CIVIL. RECURSO ESPECIAL. CRÉDITO DE NATUREZA TRABALHISTA. PREFERÊNCIA SOBRE PENHORA ANTERIOR, LEVADA A EFEITO EM EXECUÇÃO AJUIZADA POR TERCEIRO. EXEGESE DOS ARTS. 711 DO CPC E 186 DO CTN. LEVANTAMENTO CONDICIONADO A EXECUÇÃO APARELHADA PELO PRÓPRIO CREDOR. RECURSO ESPECIAL CONHECIDO E PROVIDO.

1. Nos termos do art. 711 do CPC, "concorrendo vários credores, o dinheiro ser-lhes-á distribuído e entregue consoante a ordem das respectivas prelações; não havendo título legal à preferência, receberá em primeiro lugar o credor que promoveu a execução, cabendo aos demais concorrentes direito sobre a importância restante, observada a anterioridade de cada penhora", dispositivo que consagra a máxima jurídica segundo a qual o primeiro no tempo tem preferência no direito – prior in tempore, potior in iure. Ressalva foi feita, todavia, à existência de título legal à preferência, o que vale dizer que o produto da arrematação deve ser distribuído com observância da anterioridade das penhoras (título de preferência decorrente de direito processual) se inexistir preferência fundada em direito material (como, por exemplo, hipoteca ou o crédito trabalhista).

2. Por outro lado, o art. 186 do CTN proclama que o crédito de natureza fiscal não está sujeito a concurso de credores, razão por que os créditos de natureza trabalhista, que sobressaem em relação àqueles, por lógica, não estarão. Ressalte-se que nem o art. 711 do CPC nem o art. 186 do CTN restringem o exercício do direito de preferência de crédito trabalhista ao âmbito de processo falimentar ou de insolvência civil, motivo pelo qual a exegese mais

SATISFAÇÃO DO CRÉDITO

acertada dos mencionados artigos é aquela que os aplica também às execuções individuais contra devedor solvente.

3. Não obstante, o credor cujo título egressa da legislação trabalhista, para receber tal crédito, não é dispensável o aparelhamento da respectiva execução. Não há razão, lógica ou jurídica, para ser dispensada a execução própria simplesmente pelo fato de já haver outra ajuizada por terceiros. Do ponto de vista do executado, tal solução conduz à redução dos meios de defesa que lhe são disponíveis se de execução autônoma se tratasse. Em face do exeqüente, poderá opor-lhe embargos à execução. Não poderá fazê-lo, no entanto, em relação ao credor que simplesmente habilita seu crédito na execução alheia, circunstância que testilha com a lógica do sistema processual.

Porém, exigir pluralidade de penhoras para o exercício do direito de preferência reduz, significativamente, a finalidade do instituto – que é garantir a solvência de créditos cuja relevância social sobeja aos demais –, assemelhando-se o credor com privilégio legal aos outros desprovidos de tal atributo.

Portanto, mostra-se imperiosa uma solução intermediária: garante-se o direito de preferência do credor apenas reservando-lhe o produto da penhora, ou parte deste, levada a efeito em execução de terceiros, condicionando o seu levantamento a execução futura aparelhada pelo próprio credor. Assim, ficam assegurados, por outro lado, todos os meios de defesa disponíveis ao executado.

4. Recurso especial conhecido e provido.

(REsp 280.871/SP, Rel. Ministro LUIS FELIPE SALOMÃO, QUARTA TURMA, julgado em 05/02/2009, DJe 23/03/2009)

É importante salientar que se o próprio credor arrematar o bem, em tese não haveria necessidade de apresentar o preço da arrematação.

Contudo, se houver crédito preferencial ao seu crédito, obrigatoriamente deverá depositar o preço, a fim de que o juiz promova o concurso entre os credores.

Em relação à adjudicação do bem pelo próprio credor, tenho para mim que há impedimento para tal procedimento jurídico na hipótese de haver crédito preferencial em favor de outros credores. Mesmo que o credor tivesse a intenção de efetuar o depósito do valor pelo preço da avaliação, entendo que os demais credores preferenciais têm o direito de levar o bem à alienação, uma vez que poderá o bem receber preço superior ao da avaliação a fim de abranger a totalidade do crédito preferencial.

Porém, nada impede que os credores preferenciais requeiram a adjudicação, nos termos do §5º do art. 876 do novo C.P.C., ou que o credor não preferencial assim o proceda se não houver impugnação dos demais credores preferenciais.

Na hipótese de adjudicação ou alienação do bem penhorado, os créditos que recaem sobre o bem, como, por exemplo, penhor, hipoteca, inclusive os de natureza *propter rem*, como é o caso de despesas condominiais, sub-rogam--se sobre o respectivo preço, observada a ordem de preferência.

Contudo, quando o credor *adjudica* o bem penhorado, não precisa depositar o valor do bem, quando este é equivalente ao seu crédito, o que dificulta, sobremaneira, a sub-rogação dos créditos preferenciais.

Portanto, no caso de adjudicação, o credor não poderá adjudicar o bem penhorado se houver créditos preferenciais, razão pela qual a hipótese aplica--se aos demais legitimados à adjudicação do bem.

Já no que concerne à alienação particular ou por leilão, o valor dos créditos preferenciais deve sub-rogar-se no preço da arrematação depositado em juízo.

Em relação à responsabilidade pelo pagamento das obrigações *propter rem*, como é o caso das despesas de condomínio, eis o seguinte precedente do S.T.J.:

> *PROCESSO CIVIL E DIREITO CIVIL. ARREMATAÇÃO. DÉBITO DE CONDOMÍNIO. VENDA JUDICIAL COM A RESSALVA DE NÃO IMPOSIÇÃO AO ADQUIRENTE DOS PAGAMENTOS DE DÉBITOS CONDOMINIAIS. INSURGÊNCIA DO CONDOMÍNIO. DECADÊNCIA. IMPOSSIBILIDADE DE SE REPUTAR TRANSFERIDOS OS DÉBITOS.*
>
> *1. A jurisprudência da 2ª Seção apresenta precedentes no sentido da responsabilidade do adquirente pelos débitos de condomínio que oneram o imóvel adquirido. Esse entendimento tem sido estendido às arrematações em juízo.*
>
> *2. Na hipótese de omissão do edital quanto à existência de débitos, há precedentes na 3ª Turma que, tanto admitem, como não admitem a transferência ao adquirente dos débitos condominiais.*
>
> *3. Se o condomínio, ciente de que a aquisição do imóvel em juízo fora promovida com a ressalva expressa da não transferência do débito condominial, não se insurge tempestivamente, deixando decair seu direito à anulação do negócio jurídico, não pode, depois, reclamar do adquirente o pagamento de seu suposto crédito.*
>
> *4. Não se pode onerar a parte que confiou na declaração do Poder Judiciário de não transferência dos débitos, apresentando-lhe, anos depois da compra, uma conta de despesas condominiais em valor equivalente ao que pagou pelo bem, notadamente quando já teria precluido seu direito de invalidar o negócio jurídico, que teve a não transferência dos débitos como uma das causas determinantes.*
>
> *5. A jurisprudência que entende pela transferência aos arrematantes de débitos condominiais pode, muitas vezes, inviabilizar a garantia.*

Na hipótese em que tais débitos se acumulem a ponto de equivaler ao valor do imóvel, nenhum licitante terá interesse em arrematar o bem, criando-se uma espiral infinita de crescimento do débito. Melhor solução seria a de admitir a venda desonerada do imóvel e a utilização do produto para abatimento do débito, entregando-se o imóvel a um novo proprietário que não perpetuará a inadimplência.

6. Recurso especial conhecido e provido.

(REsp 1299081/SP, Rel. Ministra NANCY ANDRIGHI, TERCEIRA TURMA, julgado em 18/09/2012, DJe 27/09/2012)

Não havendo título legal material à preferência, como penhor, hipoteca, obrigações *propter rem*, o dinheiro será distribuído entre os concorrentes, observando-se a anterioridade de cada penhora.

4. Formulação de pretensões pelos exequentes e do recurso legítimo

O art. 712 do C.P.C. de 1973, além de permitir que os credores formulassem as suas pretensões exclusivamente sobre o direito de preferência e a anterioridade da penhora, também permitia que fosse requerida as provas que iriam ser produzidas em audiência.

O novo C.P.C. não diz que os exequentes poderão requerer a produção de provas para demonstrar a sua preferência ou a ordem da penhora, razão pela qual, se a comprovação do direito de preferência e da anterioridade de penhora não depender apenas de prova documental, mas, também, de prova testemunhal ou pericial, o juiz deverá suspender o pagamento do crédito até que seja decidida essa questão em demanda autônoma.

Contra a decisão que decidir no procedimento executivo a ordem legal de preferencial, caberá recurso de agravo de instrumento, nos termos do p.u. do art. 1.015 do atual C.P.C.

Já em relação à sentença que for proferida em demanda autônoma, caberá recurso de apelação.

5. Levantamento de dinheiro no plantão judiciário

Durante o plantão judiciário, veda-se a concessão de pedidos de levantamento de importância em dinheiro ou valores ou de liberação de bens apreendidos.

Porém, se estiver em jogo algum direito fundamental protegido pela Constituição Federal, o juiz de plantão, dependendo do caso concreto, poderá promover a liberação de valores ou de bens apreendidos.

Outrossim, essa restrição somente se aplica ao pedido inserido na execução e não em outros procedimentos em que haja apreensão de dinheiro ou de bens.

6. Quitação da quantia paga

Quando o credor receber o alvará de levantamento do valor depositado, em seu próprio nome ou por meio de advogado com poderes especiais para receber e dar quitação, o credor deverá dar quitação em favor do devedor da quantia recebida.

Se a quantia recebida equivale à totalidade do crédito executado (principal, juros, custas/despesas e honorários), a quitação será integral, ou seja, legitimará a extinção da execução pelo pagamento.

Se o credor levantar o depósito sem dar quitação do crédito, isso poderá prejudicar o devedor? É lógico que não, mesmo que o credor não dê quitação formal, o fato de retirar o alvará de levantamento sem ressalvar o valor recebido caracteriza o efetivo recebimento do valor pelo credor, não podendo ele reclamar mais nada, pelo menos até o limite do valor percebido.

Outrossim, se a quantia recebida não equivale a integralidade do crédito, a quitação será parcial, correspondente apenas ao valor recebido, devendo a execução prosseguir pela diferença.

A expedição de mandado de levantamento poderá ser substituída pela transferência eletrônica do valor depositado em conta vinculada ao juízo para outra indicada pelo exequente.

Atualmente, o pagamento de RPV (Requisição de Pequeno Valor) pelo Poder Público está sendo feito diretamente na conta corrente indicada pelo credor, evitando-se assim formalidades burocráticas de expedição de alvará.

O mesmo poderá ocorrer com os créditos de natureza privada, bastando que o credor indique a conta bancária em que deve ser encaminhado o valor depositado na conta judicial. Esse encaminhamento do valor será realizado por transferência eletrônica (TED), que é muito mais simples, rápido e econômico do que a expedição de alvará de levantamento.

Trata-se de uma inovação importante de *desburocratização* dos atos processuais.

Como a transferência eletrônica, por si só, já significa pagamento e comprovação de quitação de pagamento, tenho para mim que se o advogado requerer a indicação de conta bancária para o crédito do valor depositado em conta corrente, deverá ter poderes especiais para receber e dar quitação, salvo se a conta indicada pertencer ao próprio credor/exequente.

7. Restituição de sobras ao executado

Uma vez satisfeito o credor ou os credores, mediante o pagamento do principal, juros, custas e honorários de advogado, o eventual resíduo da soma arrecadada é devolvido ao devedor ou ao terceiro cujo bem foi objeto de expropriação.

Assim, havendo sobras, essas serão restituídas ao executado.

TÍTULO 6

OUTRAS ESPÉCIES DE EXECUÇÃO

Capítulo 13
Execução contra a Fazenda Pública

1. Execução contra a Fazenda Pública – título judicial e extrajudicial
A Fazenda Pública pode ser devedora de um crédito proveniente de um título extrajudicial ou de título executivo judicial (sentença condenatória de quantia certa, de fazer, não fazer ou entrega de coisa).

Portanto, a execução contra a Fazenda Pública pode ter por fundamento não somente um título executivo judicial, mas também um título executivo extrajudicial, conforme estabelece a Súmula 279 do S.T.J.: *É cabível execução por título extrajudicial contra a Fazenda Pública.*

O cumprimento de obrigação de pagar quantia certa pela Fazenda Pública, em decorrência de decisão judicial, encontra-se regulado pelos arts. 534 a 535 do atual C.P.C.

Já o art. 910 do novo C.P.C. trata de execução contra a Fazenda Pública de título executivo extrajudicial.

Estabelece o § 3º do art. 910 do atual C.P.C. que se aplica à execução contra a Fazenda Pública de título executivo extrajudicial, no que couber, o disposto nos artigos 534 e 535, que trata da execução contra a Fazenda Pública de título executivo judicial.

Assim, no que couber e se não houver conflito, os regramentos normativos estabelecidos nos referidos dispositivos poderão ser aplicados na execução de título executivo extrajudicial contra a Fazenda Pública.

2. Definição de Fazenda Pública
No âmbito do conteúdo normativo descritivo de *Fazenda Pública* insere-se a União, os Estados, os Municípios, o Distrito Federal, os Territórios (se houver),

EXECUÇÃO E CUMPRIMENTO DE SENTENÇA

suas respectivas autarquias e as fundações instituídas e mantidas pelo Poder Público.

Estão à margem dessa definição as empresas públicas e as sociedades de economia mista, assim como os chamados conselhos de fiscalização profissional.

Não se pode esquecer que o S.T.F., no que concerne à OAB, entende que tal órgão não se compreende no conceito de autarquia (ADI 3026, Relator(a): Min. EROS GRAU, Tribunal Pleno, julgado em 08/06/2006, DJ 29-09-2006 PP-00031 EMENT VOL-02249-03 PP-00478 RTJ VOL-00201-01 PP-00093)

É importante salientar que as Agências Reguladoras são concebidas como autarquias especiais, pertencentes à Administração Indireta.

Porém, o tema da autonomia das agências reguladoras é polêmico na doutrina, especialmente após a edição da Portaria 164, de 20 de fevereiro de 2009, da Advocacia Geral da União – AGU, que atribui à Adjuntoria de Contencioso da Procuradoria Federal a representação judicial de determinadas autarquias, nessa qualificação incluindo-se as agências reguladoras, e fundações públicas federais no âmbito do STF, dos Tribunais Superiores e da Turma Nacional de Uniformização dos Juizados Especiais Federais. Retirou-se, portanto, a representação das agências por procuradores próprios.

3. Representação jurídica da Fazenda Pública

O art. 910 do atual C.P.C. vem reforçar a ideia de que a Fazenda Pública, mesmo que assim desejasse, não poderia efetuar o pagamento de imediato ao exequente, como se fosse um particular, pois a sua citação não é para pagar, mas, sim, para apresentar embargos no prazo de trinta dias.

A citação da Fazenda Pública, nos termos do art. 75, inc. I, II e III e IV do atual C.P.C., deverá ocorrer, ativa e passivamente, perante seu representante em juízo, no caso da União, a Advocacia-Geral da União, diretamente ou mediante órgão vinculado; no caso dos Estados e do Distrito Federal, os seus procuradores; no caso do Município, o seu prefeito ou procurador; no caso da autarquia e da fundação de direito público, em quem a lei do ente federado designar.

Por sua vez, estabelece o art. 182 do atual C.P.C. que incumbe à Advocacia Pública, na forma da lei, defender e promover os interesses públicos da União, dos Estados, do Distrito Federal e dos Municípios, por meio da representação judicial, em todos os âmbitos federativos, das pessoas jurídicas de direito público que integram a administração direta e indireta.

A União, os Estados, o Distrito Federal, os Municípios e suas respectivas autarquias e fundações de direito público, nos termos do art. 183 do atual

C.P.C., gozarão *de prazo em dobro para todas as suas manifestações processuais, cuja contagem terá início a partir da vista pessoal dos autos.*

É importante salientar que no caso do art. 910 do atual C.P.C., a Fazenda Pública não terá o prazo em dobro para apresentar embargos, uma vez que o prazo de 30 (trinta) dias previsto nesse dispositivo é prazo próprio e específico para o representante da Fazenda Pública.

Outro aspecto importante é que a falta de apresentação de embargos pela Fazenda Pública não gera os efeitos da revelia, razão pela qual, havendo dúvida objetiva e razoável sobre o valor executado, poderá o juiz da execução valer-se da contadoria judicial para conferir o cálculo apresentado pelo exequente, antes mesmo de determinar a expedição do precatório ou da requisição de pequeno valor.

É bem verdade que o S.T.J. nem sempre respalda a Fazenda Pública quando ela deixa de apresentar embargos à execução (REsp 635.996/SP, Rel. Ministro CASTRO MEIRA, SEGUNDA TURMA, julgado em 06/12/2007, DJ 17/12/2007, p. 159).

4. Não oposição de embargos ou sua rejeição – expedição de precatório ou requisição de pequeno valor – art. 100 da C.F.

Uma vez não apresentados embargos pela Fazenda Pública, ou, embora apresentados, tenham sido rejeitados por decisão transitada em julgado, caberá ao juiz, por intermédio do presidente do tribunal respectivo, expedir precatório ou requisição de pequeno valor em favor do exequente, observando o disposto no art. 100 da Constituição da República.

Sobre o regramento Constitucional de expedição de precatório ou de requisição de pequeno valor – RPV, estabelece o art. 100 da C.F.:

> *Art. 100. Os pagamentos devidos pelas Fazendas Públicas Federal, Estaduais, Distrital e Municipais, em virtude de sentença judiciária, far-se-ão exclusivamente na ordem cronológica de apresentação dos precatórios e à conta dos créditos respectivos, proibida a designação de casos ou de pessoas nas dotações orçamentárias e nos créditos adicionais abertos para este fim. (Redação dada pela Emenda Constitucional nº 62, de 2009).* [383]

Em recente decisão, o Superior Tribunal de Justiça modifica a sua jurisprudência quanto à incidência dos juros moratórios em cumprimento de

---

[383] Os atos de magistrados concernentes a processamento e pagamento de precatórios ou RPV ostentam natureza administrativa, consoante entendimento das Súmulas 311/STJ e 733/STF (RMS 334003, Relator Min. Mauro Campbell Marques, 24.08.2011).

sentença contra a Fazenda Pública, adequando o seu entendimento ao que fora decidido pelo S.T.F.:

> *PROCESSUAL CIVIL. EMBARGOS DE DIVERGÊNCIA. JUÍZO DE RETRATAÇÃO. ART. 1.030, II, DO CPC/2015. EXECUÇÃO CONTRA A FAZENDA PÚBLICA. RPV. JUROS DE MORA. PERÍODO COMPREENDIDO ENTRE A DATA DA ELABORAÇÃO DA CONTA DE LIQUIDAÇÃO E A EXPEDIÇÃO DO REQUISITÓRIO. INCIDÊNCIA. JULGAMENTO PROFERIDO PELO STF NO RE 579.431/RS, EM REGIME DE REPERCUSSÃO GERAL. EMBARGOS DE DIVERGÊNCIA PROVIDOS.*
>
> *1. A Corte Especial do STJ, no julgamento do REsp 1.143.677/RS, Rel. Min. Luiz Fux, sob o regime do art. 543-C do CPC, havia consolidado o entendimento de que não incidem juros moratórios entre a data da elaboração da conta de liquidação e a do efetivo pagamento do precatório ou da requisição de pequeno valor (RPV), tendo sido decidida a presente demanda com base nesse entendimento.*
>
> *2. Em face da interposição de recurso extraordinário, o feito foi sobrestado pela Vice-presidência desta Corte Superior, a fim de aguardar o julgamento do RE 579.431/RS, pelo Supremo Tribunal Federal.*
>
> *3. No julgamento dessa matéria, o STF firmou entendimento em sentido diametralmente oposto ao do STJ, tendo sido fixada a seguinte tese de repercussão geral: "Incidem os juros da mora no período compreendido entre a data da realização dos cálculos e a da requisição ou do precatório".*
>
> *4. Em juízo de retratação, com fundamento no art. 1.030, II, do CPC/2015, fica reformado o julgado desta Corte Especial, proferido nestes autos, e o próprio julgado embargado, prolatado no âmbito da eg. Quinta Turma.*
>
> *5. Embargos de divergência providos.*
>
> (EREsp 1150549/RS, Rel. Ministro OG FERNANDES, CORTE ESPECIAL, julgado em 29/11/2017, DJe 12/12/2017)

5. Matérias que a Fazenda Pública poderá alegar em embargos à execução

Preceitua o §2º do art. 910 do atual C.P.C. que, nos embargos, a Fazenda Pública poderá alegar qualquer matéria que lhe seria lícito deduzir como defesa no processo de conhecimento.

O art. 535, inc. I a VI, do atual C.P.C., ao tratar do cumprimento de decisão por quantia certa contra a Fazenda Pública, restringiu as matérias que podem ser alegadas na impugnação à execução apresentada pela própria Fazenda Pública, justamente pelo fato de que já houve um processo de conhecimento anteriormente instaurado, mediante o devido contraditório, no qual foi proferida a decisão objeto de cumprimento. Nesse processo antecedente, a Fazenda Pública já teve oportunidade de realizar amplo e irrestrito contraditório, razão pela qual não se justificaria a repetição de defesa daquilo que já foi analisado e afastado pelo juízo quando da prolação da decisão executiva.

Já em relação à execução de título executivo extrajudicial, não houve oportunidade anterior para que a Fazenda Pública pudesse exercer sua ampla defesa e contraditório, razão pela qual não há limite de cognição sobre as matérias que possam ser alegadas por ocasião da interposição dos embargos, justamente por ser a primeira vez que a Fazenda Pública irá se manifestar em juízo sobre o crédito que lhe é cobrado.

Dentre as matérias que a Fazenda Pública poderá arguir encontram-se:

5.1. A inexigibilidade do título executivo

Os embargos à execução poderão ter por conteúdo a alegação de inexigibilidade do título executivo extrajudicial.

No caso de execução de título executivo extrajudicial, a exigibilidade decorre, em regra, do vencimento do prazo para pagamento da obrigação. Portanto, não há exigibilidade enquanto o prazo para cumprimento da obrigação não se encontrar vencido.

Também a exigibilidade pode estar condicionada ao implemento da *condição ou termo* previsto no art. 514 do atual C.P.C., aplicável também à execução de título extrajudicial: "*Quando o juiz decidir relação jurídica sujeita a condição ou termo, o cumprimento da sentença dependerá de demonstração de que se realizou a condição ou de que ocorreu o termo*".

Se o juiz verificar de plano que não houve o pressuposto executivo, no caso, o inadimplemento, poderá indeferir o pedido de instauração do procedimento executivo pela falta desse requisito.

Mas poderá ocorrer que no momento do pedido de instauração do processo de execução, a parte requerente não alegue, nem o juiz perceba que não houve o inadimplemento, ou seja, não ocorreu a exigibilidade do título, e determine a instauração do procedimento. Somente após a realização de diversos atos executivos é que se verifica a falta do inadimplemento em *status assertionis*. Porém, quando da análise, o inadimplemento se concretiza em razão de outros fatores. Nessa hipótese, parece-me que não será mais o caso de extinguir o processo executivo, pois fato novo ou superveniente surgiu no transcurso dos atos executivos.

É importante salientar que, em face do princípio da instrumentalidade do processo, deve-se aplicar o disposto no art. 493 do atual C.P.C. também no processo de execução de título extrajudicial. Preceitua este dispositivo, que *se, depois da propositura da ação, algum fato constitutivo, modificativo ou extintivo do direito influir no julgamento do mérito, caberá ao juiz tomá-lo em consideração, de ofício ou a requerimento da parte, no momento de proferir a decisão.*

5.2. Excesso de execução

Os embargos também poderão ter por fundamento a alegação de *excesso de execução*.

O pedido formulado no âmbito da demanda executiva deve ater-se *ipsi literis* ao conteúdo econômico previsto no título executivo.

Por isso, convém afirmar que o título deve exprimir ou permitir a possibilidade de exprimir uma obrigação certa, líquida e exigível.

Por certeza, entende-se uma precisa individualização da própria prestação obrigacional, seja na imputação, ou direção subjetiva, ou no seu conteúdo.

A liquidez, por sua vez, estabelece a sua expressão monetária.

A Fazenda Nacional poderá afirmar que o pedido formulado no procedimento executivo de título extrajudicial, que deve corresponder ao valor a ser pago, poderá estar em total dissonância com o conteúdo econômico e valorativo do título, no caso, com o título apto a gerar atos de execução forçada.

Se a Fazenda Pública alegar nos embargos o excesso de execução, ou seja, que o exequente pleiteia quantia superior ao resultante do título executivo extrajudicial, deverá declarar de imediato o valor que entende correto, sob pena de rejeição liminar da aludida alegação (nesse sentido é o §3º do art. 917 do atual C.P.C.).

Comentando o §5º do art. 739-A do CPC de 1973, afirmara José Miguel Garcia Medina: *"De acordo com o §5º do art. 739-A do CPC, se os embargos se fundarem em excesso de execução, a petição deverá declarar o valor que o executado entende devido, 'sob pena de rejeição liminar dos embargos ou de não conhecimento desse fundamento'. Com esta regra, passa-se a observar, também nos embargos do executado, o princípio segundo o qual 'não pode o devedor escusar-se de cumprir a parte incontroversa da obrigação', o que consistiria em abuso do direito de defesa. Tendo em vista que, no caso, os embargos veiculam ação de execução, pensamos que, antes de indeferi-los liminarmente, deverá o juiz intimar o embargante para que este proceda a emenda da petição inicial de embargos. Caso o excesso de execução seja o único fundamento dos embargos, não havendo emenda, deverão os embargos ser indeferidos; caso, diversamente haja outros fundamentos nos embargos, aquele referente ao excesso de execução. A rejeição dos embargos 'ex vi' do §5º do art. 739-A se dará por decisão que não julga o mérito, já que, consoante estabelece a referida regra, o fundamento deduzido não será conhecido. No caso não ocorre coisa julgada, portanto, nada impedindo o ajuizamento de outra ação de conhecimento pelo executado com base no mesmo fundamento".* [384]

Discorda-se apenas do ilustre processualista maringaense quanto ao dever de o juiz oportunizar ao devedor a possibilidade de emendar a inicial, a fim de que estabeleça qual o valor que entende correto para o cumprimento da obrigação.

Na realidade, o §3º do art. 917 do atual C.P.C. é muito claro, ou seja, se o embargante, ao alegar o excesso de execução, não indicar de plano o valor que endente correto, o juiz deverá rejeitar liminarmente essa pretensão, sem oportunizar a emenda da inicial.

Em recente decisão, o Superior Tribunal de Justiça modifica a sua jurisprudência quanto à incidência dos juros moratórios em execução contra a Fazenda Pública, adequando o seu entendimento ao que fora decidido pelo S.T.F.:

PROCESSUAL CIVIL. EMBARGOS DE DIVERGÊNCIA. JUÍZO DE RETRATAÇÃO. ART. 1.030, II, DO CPC/2015. EXECUÇÃO CONTRA A FAZENDA PÚBLICA. RPV. JUROS DE MORA. PERÍODO COMPREENDIDO ENTRE A DATA DA ELABORAÇÃO DA CONTA DE LIQUIDAÇÃO E A EXPEDIÇÃO DO REQUISITÓRIO. INCIDÊNCIA. JULGAMENTO PROFERIDO PELO STF NO RE 579.431/RS, EM REGIME DE REPERCUSSÃO GERAL. EMBARGOS DE DIVERGÊNCIA PROVIDOS.

1. A Corte Especial do STJ, no julgamento do REsp 1.143.677/RS, Rel.
Min. Luiz Fux, sob o regime do art. 543-C do CPC, havia consolidado o entendimento de que não incidem juros moratórios entre a data da elaboração da conta de liquidação e a do efetivo pagamento do precatório ou da requisição de pequeno valor (RPV), tendo sido decidida a presente demanda com base nesse entendimento.

2. Em face da interposição de recurso extraordinário, o feito foi sobrestado pela Vice-presidência desta Corte Superior, a fim de aguardar o julgamento do RE 579.431/RS, pelo Supremo Tribunal Federal.

3. No julgamento dessa matéria, o STF firmou entendimento em sentido diametralmente oposto ao do STJ, tendo sido fixada a seguinte tese de repercussão geral: "Incidem os juros da mora no período compreendido entre a data da realização dos cálculos e a da requisição ou do precatório".

4. Em juízo de retratação, com fundamento no art. 1.030, II, do CPC/2015, fica reformado o julgado desta Corte Especial, proferido nestes autos, e o próprio julgado embargado, prolatado no âmbito da eg. Quinta Turma.

---

[384] MEDINA, J. M. G., op. cit., p. 128 e 129.

EXECUÇÃO E CUMPRIMENTO DE SENTENÇA

5. Embargos de divergência providos.

(EREsp 1150549/RS, Rel. Ministro OG FERNANDES, CORTE ESPECIAL, julgado em 29/11/2017, DJe 12/12/2017)

5.3. Cumulação indevida de execução

É lícito ao credor, sendo o mesmo devedor (Fazenda Pública), cumular a exigência de obrigações decorrentes em quantia certa contida em diversos títulos executivo extrajudiciais, podendo exigir o cumprimento de todas as obrigações no mesmo procedimento.

Sob a égide do C.P.C. de 1973, admitia-se a cumulação de execução, uma por título judicial e outra por título extrajudicial (RP 40/198).

Aliás, a Súmula 27 do S.T.J. preconiza que *"pode a execução fundar-se em mais de um título extrajudicial relativos ao mesmo negócio"*.

Contudo, o executado, no caso, a Fazenda Pública, poderá insurgir-se nos embargos à execução em relação à *indevida cumulação de execução*.

O título executivo extrajudicial, por exemplo, poderá ter por conteúdo o cumprimento de obrigação de pagar quantia certa, obrigação de fazer ou não fazer e de dar coisa.

Cada uma dessas obrigações demanda um procedimento específico de execução, razão pela qual não poderão ser cumuladas, sob pena de ocorrer tumulto processual, principalmente porque a execução de título executivo extrajudicial contra a Fazenda Pública, regulada em capítulo específico do novo C.P.C., somente será utilizada para títulos que tenham por objeto obrigação de pagar quantia certa.

Porém, diante de execução contra a Fazenda Pública de título executivo judicial, e em especial no âmbito das ações previdenciárias, é possível surgir a necessidade de cumprir a obrigação de fazer (implantação para frente do benefício previdenciário) e a de pagar (parcelas atrasadas).

Diante dessa circunstância, é possível determinar a imediata implantação do benefício, independente da execução de pagar, mas isso não significa que as execuções/cumprimento não possam ser concomitantes, porquanto não são incompatíveis, sendo, do contrário, complementares do ponto de vista de efetividade da prestação jurisdicional, ademais de concorrer para a celeridade processual.

A análise e a solução de eventuais impugnações devem, evidentemente, observar as peculiaridades ritualísticas.

Nesse sentido, eis os seguintes julgados:

ADMINISTRATIVO. EXTINÇÃO DA EXECUÇÃO. AUSÊNCIA DE ADAPTAÇÃO DO RITO. CUMULAÇÃO DE EXECUÇÕES. OBRIGAÇÃO DE FAZER E OBRIGAÇÃO DE PAGAR. POSSIBILIDADE.

1. Consoante entendimento consagrado no c. STJ, nos termos do art. 573 do CPC/73, é cabível a cumulação das execuções das obrigações de fazer – implantação do reajuste – e de pagar quantia certa – pagamento dos valores vencidos –, calcadas em título executivo oriundo de ação ajuizada contra a Fazenda Pública visando a percepção de reajuste de vencimentos, em homenagem aos princípios da efetividade e da celeridade da prestação jurisdicional. (Resp 952.126/RS, julgado em 18/08/2011, DJe 01/09/2011).

2. No caso dos autos, a exequente, simultaneamente, requereu a execução da obrigação de fazer e da obrigação de pagar, tendo anexado o cálculo dos valores devidos. Logo, é incorreta a restrição, de ofício, do objeto da execução ao cumprimento de obrigação de fazer, assim como intimação da exequente para reformular seus pedidos e a consequente extinção do feito executivo por ausência de adaptação do rito processual.

3. Apelação parcialmente provida.

(TRF4, APELAÇÃO CÍVEL Nº 5001980-80.2013.404.7116, 4ª TURMA, Des. Federal CÂNDIDO ALFREDO SILVA LEAL JÚNIOR)

ADMINISTRATIVO. PROCESSUAL CIVIL. SUPOSTA VIOLAÇÃO AO ART. 292 E 573 DO CÓDIGO DE PROCESSO CIVIL. NÃO OCORRÊNCIA. AÇÃO DE COBRANÇA DE REAJUSTE DE VENCIMENTOS. CUMULAÇÃO DAS EXECUÇÕES DAS OBRIGAÇÕES DE DAR E FAZER EM FACE DA FAZENDA PÚBLICA. POSSIBILIDADE.

1. Nos termos do art. 573 do Código de Processo Civil, é cabível a cumulação das execuções das obrigações de fazer – implantação do reajuste – e de pagar quantia certa – pagamento dos valores vencidos –, calcadas em título executivo oriundo de ação ajuizada contra a Fazenda Pública visando a percepção de reajuste de vencimentos, em homenagem aos princípios da efetividade e da celeridade da prestação jurisdicional. Precedentes do STJ.

2. Recurso especial conhecido e desprovido.

(REsp 952.126/RS, Rel. Ministra LAURITA VAZ, QUINTA TURMA, julgado em 18/08/2011, DJe 01/09/2011)

ADMINISTRATIVO E PROCESSO CIVIL. SERVIDOR PÚBLICO. CUMULAÇÃO DE EXECUÇÃO POR QUANTIA CERTA E OBRIGAÇÃO DE FAZER. POSSIBILIDADE.

1. Tratando-se de execução de sentença que concede a servidores públicos reajustes salariais, é possível cumular-se a execução por quantia certa, para haver as prestações vencidas, com a obrigação de fazer, para implementar o percentual aos vencimentos do executante.

2. Recurso não provido.

(Superior Tribunal de Justiça, Segunda Turma, REsp 1263294/RR, Rel. Ministra DIVA MALERBI (DESEMBARGADORA CONVOCADA TRF 3ª REGIÃO), p. DJE 23-11-2012.)

É importante salientar que a cumulação somente poderá ocorrer se o juízo for competente para todas as execuções.

5.4. Qualquer causa impeditiva, modificativa ou extintiva da obrigação, como pagamento, novação, compensação, transação ou prescrição

Observa-se que os embargos à execução de título extrajudicial podem resultar em oposição por defeito processual ou em oposição por motivo de fundo.

A oposição de fundo refere-se, naturalmente, às causas de cumprimento ou extinção da obrigação.

A Fazenda Pública poderá demonstrar que já houve pagamento ou que houve transação, novação, compensação ou mesmo prescrição da pretensão executiva.

Por sua vez, essas causas impeditivas, modificativas ou extintivas da obrigação constante do título executivo poderão advir após o prazo para interposição dos embargos, razão pela qual deverão ser comunicadas ao juízo por petição escrita, em razão da própria superveniência dessas novas circunstâncias, como, por exemplo, o pagamento, a transação, ou mesmo a prescrição intercorrente poderá ocorrer após o prazo de trinta dias para a interposição dos embargos.

5.5. Qualquer outra matéria de defesa

A Fazenda Pública poderá alegar nos embargos qualquer matéria referente aos pressupostos processuais, condição de análise do mérito do pedido, ou mesmo qualquer matéria concernente à causa de pedir e ao pedido formulado na execução de título extrajudicial.

Capítulo 14
Execução de Alimentos

1. Execução de obrigação alimentar

Preceitua o art. 911 do atual C.P.C. que na execução fundada em título executivo extrajudicial, que contenha obrigação alimentar, o juiz mandará citar o executado para, em 3 (três) dias, efetuar o pagamento das parcelas anteriores ao início da execução e das que se vencerem no seu curso, provar que o fez ou justificar a impossibilidade de efetuá-lo.

No projeto originário do novo C.P.C., o prazo para pagamento era de 10 (dez) dias.

Uma das opções dada pela norma ao executado é efetuar o pagamento da dívida, no caso, o pagamento do principal, dos juros, da multa, das custas processuais e dos honorários de advogado.

Além de promover o pagamento do débito alimentar, poderá o executado alegar que já o efetuou, comprovando tal circunstância documentalmente, inclusive com cópia de depósito bancário em favor do alimentando.

Poderá o devedor, ainda, apresentar justificação da impossibilidade de realizar o pagamento dos alimentos.

A impossibilidade de prestar alimentos pode decorrer de diversas questões fáticas, como, por exemplo: a) o devedor foi demitido do emprego; b) o devedor, profissional liberal remunerado com comissão, encontra-se enfermo e acamado ou hospitalizado; d) redução do salário percebido em razão de ter arranjado novo emprego etc.

Sobre o tema, assim já decidiu o S.T.J.:

DIREITO CIVIL. RECURSO ESPECIAL. FAMÍLIA. AÇÃO DE EXONERAÇÃO DE ALIMENTOS. ACORDO PARA PAGAMENTO DE PENSÃO. EX-CÔNJUGE. MANUTENÇÃO DA SITUAÇÃO FINANCEIRA DAS PARTES. TEMPORARIEDADE. POSSIBILIDADE DE EXONERAÇÃO. RECURSO ADESIVO. INADEQUAÇÃO. ARTIGOS ANALISADOS: ARTS. 15 DA LEI 5.578/68 E ARTS. 1.694 e 1.699 do Código Civil.

1. Ação de exoneração de alimentos, ajuizada em 17.03.2005. Recurso especial concluso ao Gabinete em 03.05.2013.

2. Discussão relativa à possibilidade de exoneração de alimentos quando ausente qualquer alteração na situação financeira das partes.

3. Os alimentos devidos entre ex-cônjuges serão fixados com termo certo, a depender das circunstâncias fáticas próprias da hipótese sob discussão, assegurando-se, ao alimentado, tempo hábil para sua inserção, recolocação ou progressão no mercado de trabalho, que lhe possibilite manter pelas próprias forças, status social similar ao período do relacionamento.

4. Serão, no entanto, perenes, nas excepcionais circunstâncias de incapacidade laboral permanente ou, ainda, quando se constatar, a impossibilidade prática de inserção no mercado de trabalho.

5. Rompidos os laços afetivos e a busca comum pela concretização de sonhos e resolvida a questão relativa à guarda e manutenção da prole – quando houver –, deve ficar entre o antigo casal o respeito mútuo e a consciência de que remanesce, como efeito residual do relacionamento havido, a possibilidade de serem pleiteados alimentos, em caso de necessidade, esta, frise-se, lida sob a ótica da efetiva necessidade.

6. Não tendo os alimentos anteriormente fixados, lastro na incapacidade física duradoura para o labor ou, ainda, na impossibilidade prática de inserção no mercado de trabalho, enquadra-se na condição de alimentos temporários, fixados para que seja garantido ao ex-cônjuge condições e tempo razoáveis para superar o desemprego ou o subemprego.

7. Trata-se da plena absorção do conceito de excepcionalidade dos alimentos devidos entre ex-cônjuges, que repudia a anacrônica tese de que o alimentado possa quedar-se inerte – quando tenha capacidade laboral – e deixar ao alimentante a perene obrigação de sustentá-lo.

8. Se os alimentos devidos a ex-cônjuge não forem fixados por termo certo, o pedido de desoneração total, ou parcial, poderá dispensar a existência de variação no binômio necessidade/possibilidade, quando demonstrado o pagamento de pensão por lapso temporal suficiente para que o alimentado reverta a condição desfavorável que detinha, no momento da fixação desses alimentos.

9. Contra a decisão que recebe o recurso de apelação no efeito suspensivo, é cabível agravo de instrumento (art. 522 do CPC) e não recurso especial. Não tendo sido interposto o referido recurso, a questão está preclusa.

10. Recurso especial desprovido.

EXECUÇÃO DE ALIMENTOS

11. Recurso adesivo não conhecido.

(REsp 1388116/SP, Rel. Ministra NANCY ANDRIGHI, TERCEIRA TURMA, julgado em 20/05/2014, DJe 30/05/2014)

É importante salientar que o S.T.J. já desconsiderou como causa de exclusão da obrigação alimentar a situação 'atual' de desemprego. Nesse sentido, eis os seguintes precedentes:

DIREITO CIVIL. PROCESSO CIVIL. FAMÍLIA. ALIMENTOS PROVISÓRIOS. INADIMPLÊNCIA DA OBRIGAÇÃO ALIMENTAR.

1. O não-comparecimento do autor à audiência designada em ação de alimentos, como regra, imporia o arquivamento do processo, presumindo-se o seu desinteresse na demanda (art. 7º da Lei 5478/68).

2. Peculiaridade do caso concreto, porém, em que o autor é menor e residente na Espanha, presumindo-se o seu interessa na demanda alimentar.

3. A situação atual de desemprego do alimentante não o isenta da obrigação de alimentar perante seus filhos. Precedentes.

4. A circunstância de ter estado preso não afasta o ônus de o paciente apresentar prova pré-constituída da impossibilidade do cumprimento da obrigação alimentar, em face dos estreitos limites instrutórios do procedimento do habeas corpus.

(RHC 29.777/MG, Rel. Ministro PAULO DE TARSO SANSEVERINO, TERCEIRA TURMA, julgado em 05/05/2011, DJe 11/05/2011)

CIVIL E PROCESSUAL PENAL – AGRAVO REGIMENTAL NO RECURSO ESPECIAL – PRISÃO CIVIL – DÍVIDA ALIMENTAR – APRESENTAÇÃO DE JUSTIFICATIVA PELO EXECUTADO – ALIMENTANTE DESEMPREGADO – AÇÃO REVISIONAL DE ALIMENTOS – MOTIVOS INSUBSISTENTES PARA AFASTAR O DECRETO PRISIONAL.

Conforme assente jurisprudência deste Tribunal, a apresentação de justificativa de inadimplemento de prestações alimentícias, por si só, oferecida pelo executado, ora Agravante, nos autos de ação de execução de alimentos, aliada ao ajuizamento de ação revisional de alimentos e à condição de desemprego do alimentante, não constitui motivo bastante para afastar a exigibilidade da prisão civil, nos termos do artigo 733 do Código de Processo Civil.

Agravo regimental improvido.

(AgRg nos EDcl no REsp 1005597/DF, Rel. Ministro SIDNEI BENETI, TERCEIRA TURMA, julgado em 16/10/2008, DJe 03/11/2008)

Deve-se ter o cuidado de se demonstrar perfeitamente essas condições perante o juízo de primeiro e no máximo perante os Tribunais de apelação, pois o S.T.J. não costuma analisar questão de matéria fática, a não ser para a valoração da prova.

O juízo competente para conhecer da execução de alimentos de título executivo extrajudicial é o do domicilio ou da residência do alimentando, nos termos do art. 53, inc. II do novo C.P.C.

2. Execução de alimentos mediante utilização de meios coercitivos – prisão do devedor

O S.T.J., há muito, já se manifestou no sentido de que se os alimentos legítimos fossem constituídos por meio de um título executivo extrajudicial, não se poderia utilizar a coerção pessoal para o adimplemento do crédito (REsp 769334/SC, Rel. Ministro JORGE SCARTEZZINI, QUARTA TURMA, julgado em 07/12/2006, DJ 05/02/2007, p. 246).

Contudo, conforme afirmara Maria Berenice Dias, ainda sob a égide do C.P.C. de 1973, a lei não estabelece que somente para os títulos executivos judiciais é que será possível a aplicação da prisão civil como forma coercitiva de pagamento. Não havendo tal distinção, essa coerção deve ser aplicada também para os títulos executivos extrajudiciais, principalmente se os acordos forem firmados e referendados pelo Ministério Público, Defensoria Pública ou pelos advogados das partes.[385]

Ressalte-se que inovações legislativas, atentas à necessidade de se facilitar a composição amigável dos litígios, reconhecem executividade dos acordos que versem sobre alimentos e que são celebrados perante o Ministério Público, a Defensoria Pública e, até mesmo, no cartório. A propósito da questão, confira--se o art. 13 do Estatuto do Idoso: *"As transações relativas a alimentos poderão ser celebradas perante o Promotor de Justiça ou Defensor Público, que as referendará, e passarão a ter efeito de título executivo extrajudicial nos termos da lei processual civil".*

Em relação ao acordo firmado pela defensoria pública, ainda que não homologado judicialmente, eis o seguinte precedente do S.T.J.:

(...).

2. O acordo referendado pela Defensoria Pública estadual, além de se configurar como título executivo, pode ser executado sob pena de prisão civil.

---

[385] DIAS, Maria Berenice. *Manual de Direito das Famílias.* 4º ed. São Paulo, Editora Revista dos Tribunais, 2007. p. 500.

EXECUÇÃO DE ALIMENTOS

3. A tensão que se estabelece entre a tutela do credor alimentar versus o direito de liber-dade do devedor dos alimentos resolve-se, em um juízo de ponderação de valores, em favor do suprimento de alimentos a quem deles necessita.

4. Recurso especial provido.

(REsp 1117639/MG, Rel. Ministro MASSAMI UYEDA, TERCEIRA TURMA, julgado em 20/05/2010, DJe 21/02/2011)

Com a entrada do novo C.P.C. não há mais qualquer dúvida sobre a possibilidade de se decretar a prisão do devedor de alimentos, ainda que o crédito alimentar tenha sido constituído por um título executivo extrajudicial.

O parágrafo único do art. 911 do atual C.P.C. permite que sejam aplicados na execução de obrigação alimentar prevista em título executivo extrajudicial , no que couber, os §§ 2º a 7º do art. 528 do novo C.P.C., que regulamentam a execução de título executivo judicial de obrigação alimentar.

Os §§2º a 7º do art. 528 do atual C.P.C., assim estabelecem:

Art. 528. No cumprimento de sentença que condene ao pagamento de prestação alimen-tícia ou de decisão interlocutória que fixe alimentos, o juiz, a requerimento do exequente, mandará intimar o executado pessoalmente para, em 3 (três) dias, pagar o débito, provar que o fez ou justificar a impossibilidade de efetuá-lo.

(...).

§ 2º Somente a comprovação de fato que gere a impossibilidade absoluta de pagar justi-ficará o inadimplemento.

§ 3º Se o executado não pagar ou se a justificativa apresentada não for aceita, o juiz, além de mandar protestar o pronunciamento judicial na forma do § 1º, decretar-lhe-á a prisão pelo prazo de 1 (um) a 3 (três) meses.

§ 4º A prisão será cumprida em regime fechado, devendo o preso ficar separado dos presos comuns.

§ 5º O cumprimento da pena não exime o executado do pagamento das prestações vencidas e vincendas.

§ 6º Paga a prestação alimentícia, o juiz suspenderá o cumprimento da ordem de prisão.

§ 7º O débito alimentar que autoriza a prisão civil do alimentante é o que compreende até as 3 (três) prestações anteriores ao ajuizamento da execução e as que se vencerem no curso do processo.

Na realidade, os §§ 2º a 7º do art. 528 do novo C.P.C. não contemplam uma particular modalidade de procedimento executório, mas um meio de coerção, tendente a conseguir o adimplemento por obra do próprio devedor: a prisão

EXECUÇÃO E CUMPRIMENTO DE SENTENÇA

civil, autorizada pelo texto Constitucional, é totalmente despojada de caráter punitivo, a despeito do uso impróprio da palavra 'pena.[386]

A prisão do devedor de alimentos, consequentemente, é permitida tanto na execução de título executivo judicial como na de título executivo extrajudicial.

Assim, se o executado, citado pessoalmente para no prazo de 3 (três) dias pagar obrigação alimentar ou justificar porque não o fez, deixar de fazê-lo voluntariamente e sem escusa legítima, deverá, o juiz, decretar-lhe a prisão pelo prazo de um a três meses, sem prejuízo de determinar o protesto do título.

A prisão do devedor recalcitrante somente será deflagrada após o seu contraditório, não obstante já caracterizar coação ilegal a advertência constante do mandado judicial de que se não pagar ou justificar a falta de pagamento poderá ser decretada a sua prisão.

Contra a decisão que decreta a prisão cabe, ou agravo de instrumento, ou interposição de Habeas Corpus.

É importante salientar que a prisão por dívida civil atinge apenas o devedor direto da obrigação alimentícia, e não terceiros que possam com ele estar envolvidos indiretamente, como é o caso do fiador.

Muito embora o responsável possa não ser compelido com a prisão civil, poderá ele incidir no crime contra a administração da justiça, se praticar qualquer dos atos previstos no art. 22 e seu parágrafo único da Lei 5.478/68. Este preceito normativo não trata de prisão por dívida civil, mas, sim, de tipicidade penal, ou seja, crime contra a administração da justiça, cuja competência para sua apuração não é do juízo civil, mas do juízo criminal competente.

3. Prisão – pena ou coerção

Tenha-se em mente que a prisão do alimentante relapso não é pena, mas meio e modo de constrangê-lo ao adimplemento da obrigação reclamada.

Inexistindo possibilidade fática para o cumprimento da obrigação, não se deve decretar a prisão do devedor, sob pena de transmutar a medida coercitiva em pena punitiva de caráter pessoal, restabelecendo-se a triste reminiscência dos tempos em que o devedor respondia corporalmente pelas obrigações inatendidas, o que, no Direito Romano, cessou com o advento da Lei *Paetelia Papíria*. Nessa perspectiva: *"tendo caráter apenas 'compulsivo' a prisão, 'não pode ser transmudada em 'corretiva', a pretexto de advertência para não se repetirem impontualidades*

---

[386] MOREIRA, José Carlos Barbosa. *O novo processo civil brasileiro*. 6ª ed. Rio de Janeiro: Forense, 1984. p. 363.

ou como sanção de impontualidades passadas', aliás, não sendo 'pena', não se sujeita aos prazos prescricionais do Código Penal, se não cumprido o mandado respectivo".[387]

Sustenta Yussef Said Cahali que exatamente por ser a prisão civil por dívida de caráter alimentar, meio coercitivo, é cabível apenas no caso dos alimentos previstos nos arts. 1.566, III e 1.694 do Código Civil brasileiro, a saber:

> *"Art. 1.566. São deveres de ambos os cônjuges:*
>
> *(...).*
>
> *III – mútua assistência.*
>
> *Art. 1.694. Podem os parentes, os cônjuges ou companheiros pedir uns aos outros os alimentos de que necessitem para viver de modo compatível com a sua condição social, inclusive para atender às necessidades de sua educação".*

Sendo assim, seria incabível a prisão civil por falta de pagamento de prestação alimentícia decorrente responsabilidade *ex delicto*.[388]

Esse entendimento, contudo, não é pacífico.

Luiz Guilherme Marinoni, por exemplo, entende que não se deve limitar o uso da prisão civil apenas para os alimentos legítimos, embora seja essa a orientação prevalecente em nossos tribunais. Para o autor, a necessidade dos alimentos é a mesma, tanto para aquele que deve receber os alimentos por uma relação parental ou conjugal, quanto para aquele que tem seu direito em decorrência de ato ilícito. Deve-se ressaltar que a incapacidade do alimentando em decorrência de ato ilícito é, por vezes, muita mais drástica para a sua própria sobrevivência do que daquele que depende de alimentos em razão de relação parental ou conjugal. Sendo assim, não seria justo que somente o credor de alimentos legítimos pudesse utilizar-se de um meio executório tão importante e eficaz como é a prisão civil.[389]

Porém, o S.T.J., sobre essa questão, assim já se manifestou:

> *HABEAS CORPUS. ALIMENTOS DEVIDOS EM RAZÃO DE ATO ILÍCITO. PRISÃO CIVIL. ILEGALIDADE.*
>
> *1. Segundo a pacífica jurisprudência do Superior Tribunal de Justiça, é ilegal a prisão civil decretada por descumprimento de obrigação alimentar em caso de pensão devida em razão de ato ilícito.*

---

[387] CAHALI, Yussef Said. Dos alimentos. 4ª ed. São Paulo: Editora Revista dos Tribunais, 2002. p. 1005.

[388] CAHALI, Y. S., idem, 1005 e 1006.

[389] MARINONI, Luiz Guilherme; ARENHART, Sérgio Cruz. *Curso de Processo Civil – Execução*. Volume 3. São Paulo, Editora Revista dos Tribunais, 2007. p. 375.

2. Ordem concedida.

(HC 182.228/SP, Rel. Ministro JOÃO OTÁVIO DE NORONHA, QUARTA TURMA, julgado em 01/03/2011, DJe 11/03/2011)

HABEAS CORPUS. PRISÃO CIVIL. ALIMENTOS DEVIDOS EM RAZÃO DE ATO ILÍCITO. Quem deixa de pagar débito alimentar decorrente de ato ilícito não está sujeito à prisão civil. Ordem concedida.

(HC 92.100/DF, Rel. Ministro ARI PARGENDLER, TERCEIRA TURMA, julgado em 13/11/2007, DJ 01/02/2008, p. 1)

Recentemente, o S.T.J., em decisão monocrática da Ministra Maria Isabel Gallotti (TutPrv no REsp 1722025 – 21.05.2018), reafirmou o entendimento de que, mesmo sob a égide do novo C.P.C., não é cabível a prisão em decorrência de alimentos provenientes de ato ilícito.

Não tendo a prisão civil natureza jurídica de sanção retributiva pelo não pagamento do débito, o devedor que cumpre integralmente a prisão imposta pelo juiz não se exonera do pagamento da dívida alimentar.

Ao contrário, tratando-se a prisão civil apenas de um critério de coerção para o pagamento, ou seja, coerção em razão da mora, o cumprimento da pena não exime o devedor do pagamento das prestações vencidas e vincendas.

Sobre a possibilidade de expedição de decretos sucessivos de prisão contra o devedor de alimentos, eis o seguinte precedente do S.T.J.:

RECURSO ORDINÁRIO EM HABEAS CORPUS. PRESTAÇÕES ALIMENTÍCIAS. NOVO DECRETO DE PRISÃO. POSSIBILIDADE, DESDE QUE NÃO EXCEDA AO LIMITE LEGAL ESTABELECIDO NO ART. 733, § 1º, DO CPC.

– É admissível a prisão civil do devedor de alimentos quando se trata de dívida atual, correspondente às três últimas prestações anteriores ao ajuizamento da execução, acrescidas das que se vencerem no curso do processo – Súmula nº 309/STJ.

– O "nosso ordenamento jurídico não veda a possibilidade de o juiz, renovar, no mesmo processo de execução de alimentos, o decreto prisional, após analisar a conveniência e oportunidade e, principalmente, após levar em conta a finalidade coercitiva da prisão civil do alimentante." (HC 39902/MG, Rel. Ministra Nancy Andrighi, Terceira Turma, DJ 29/05/2006 p. 226), especialmente porque, somando-se as duas, não excedem ao prazo máximo estabelecido na lei (art. 733, § 1º, do CPC) – Ordem denegada.

(HC 159550/RS, Rel. Ministro LUIS FELIPE SALOMÃO, QUARTA TURMA, julgado em 17/08/2010, DJe 26/08/2010)

EXECUÇÃO DE ALIMENTOS

O S.T.J. também tem entendido que, em que pese o devedor tenha cumprido o decreto de prisão, poderá ser decretada nova prisão, em relação aos mesmos fatos, desde que respeitado o limite legal do tempo de prisão previsto na norma jurídica. Nesse sentido, eis os seguintes precedentes:

CIVIL E PROCESSO CIVIL. HABEAS CORPUS. PRISÃO CIVIL. RENOVAÇÃO. POSSIBILIDADE. PRECEDENTES. DÉBITO INCONTROVERSO. PARCELAS ANTERIORES E POSTERIORES À SEGREGAÇÃO PRIMITIVA. CUMPRIMENTO DA PRISÃO EM REGIME SEMIABERTO. EXCEÇÃO NÃO DEMONSTRADA NO CASO DOS AUTOS. ORDEM DENEGADA.

1. O STJ admite a renovação do decreto de prisão civil, no mesmo feito executivo, desde que observado o prazo máximo fixado na legislação de regência. Precedentes.

2. O inadimplemento incontroverso do devedor de alimentos, seja em relação a parcelas anteriores ao primeiro decreto prisional, seja no tocante a débito posterior, autoriza a renovação da ordem de prisão civil no mesmo processo.

3. Somente em hipóteses excepcionais, nas quais fique cabalmente demonstrada a fragilidade do estado de saúde do devedor de alimentos ou sua idade avançada é possível o cumprimento da prisão civil em regime semiaberto, circunstâncias não demonstradas no caso concreto.

4. Ordem de Habeas Corpus denegada.

(HC 297.792/SP, Rel. Ministro ANTONIO CARLOS FERREIRA, QUARTA TURMA, julgado em 11/11/2014, DJe 21/11/2014)

HABEAS CORPUS. PRISÃO CIVIL DO DEVEDOR DE ALIMENTOS. RENOVAÇÃO DO DECRETO DE PRISÃO. PRAZO QUE NÃO EXCEDE AO LIMITE LEGAL.

Não há ilegalidade na renovação da prisão civil do devedor de alimentos, uma vez que o prazo total não excedeu o limite legal estabelecido no § 1º do art. 733 do CPC. Ordem denegada.'

(HC 163.751/MT, Rel. Ministro LUIS FELIPE SALOMÃO, QUARTA TURMA, julgado em 22/06/2010, DJe 01/07/2010)

RECURSO ORDINÁRIO EM HABEAS CORPUS. PRESTAÇÕES ALIMENTÍCIAS. NOVO DECRETO DE PRISÃO. POSSIBILIDADE, DESDE QUE NÃO EXCEDA AO LIMITE LEGAL ESTABELECIDO NO ART. 733, § 1º, DO CPC.

– É admissível a prisão civil do devedor de alimentos quando se trata de dívida atual, correspondente às três últimas prestações anteriores ao ajuizamento da execução, acrescidas das que se vencerem no curso do processo – Súmula nº 309/STJ.

EXECUÇÃO E CUMPRIMENTO DE SENTENÇA

> – O "*nosso ordenamento jurídico não veda a possibilidade de o juiz, renovar, no mesmo processo de execução de alimentos, o decreto prisional, após analisar a conveniência e oportunidade e, principalmente, após levar em conta a finalidade coercitiva da prisão civil do alimentante.*" *(HC 39902/MG, Rel. Ministra Nancy Andrighi, Terceira Turma, DJ 29/05/2006 p. 226), especialmente porque, somando-se as duas, não excedem ao prazo máximo estabelecido na lei (art. 733, § 1º, do CPC) – Ordem denegada.*
>
> (HC 159.550/RS, Rel. Ministro LUIS FELIPE SALOMÃO, QUARTA TURMA, julgado em 17/08/2010, DJe 26/08/2010)

Paga a prestação alimentícia, o juiz suspenderá o cumprimento da ordem de prisão.

Note-se que o pagamento parcial não gera direito à suspensão da ordem de prisão, pois o inadimplemento, ainda que parcial, permanece, justificando-se a manutenção da prisão até o término do prazo fixado pelo juiz.

4. Juízo competente para decretar a prisão

É competente para determinar a prisão do devedor de alimentos, o juízo da causa em que os alimentos foram estipulados ou estão sendo exigidos.

Sustentam Yussef Said Cahali e Araken de Assis que é proibido ao juízo deprecado expedir ordem de prisão civil do devedor, pelo não pagamento dos alimentos, uma vez que não se encontra entre os poderes transferidos pelo juiz deprecante ao deprecado a possibilidade de realização de tal medida coercitiva, especialmente quando a precatória foi expedida apenas para a citação, penhora e alienação de bens.[390]

Entende Barbosa Moreira e Pontes de Miranda que o juiz poderá decretar a ordem de prisão *de ofício*, ou seja, sem necessidade de requerimento da parte interessada.[391]

Já para Amílcar de Castro, a prisão civil não poderá ser decretada de ofício, pois depende de requerimento do exequente, tendo em vista que este estará sempre em melhores condições que o juiz para avaliar sua eficácia e oportunidade. Deixa-se ao credor a oportunidade ou não em requerer a prisão civil.[392]

O S.T.J. adotou o posicionamento da Amílcar de Castro ((HC 128.229/SP, Rel. Ministro MASSAMI UYEDA, TERCEIRA TURMA, julgado em 23/04/2009, DJe 06/05/2009).

---

[390] CAHALI, Y. S., op. cit., 1007.
[391] MOREIRA, J. C. B., op. cit., p. 363.
[392] CASTRO, A. A., op. cit., p. 376.

EXECUÇÃO DE ALIMENTOS

5. Legitimidade para se requerer a prisão

O requerimento de prisão civil, por sua vez, não precisa ser formal e expresso, bastando que se possa averiguar da petição inicial executiva a efetiva intenção de se requerer a prisão.

Há alguns que entendem que o próprio exequente pode formular o pedido de prisão, mesmo que desassistido por advogado.

O Ministério Público, seja agindo como parte (*legitimatio extraordinem*) ou como fiscal da ordem jurídica justa e democrática poderá requerer a prisão civil do devedor de alimentos. Sobre o tema, há precedentes do S.T.J. a favor e contra a esse posicionamento (REsp 493.708/SP, Rel. Ministro FERNANDO GONÇALVES, QUARTA TURMA, julgado em 15/03/2005, DJ 04/04/2005, p. 315); (REsp 211.061/MG, Rel. Ministro BARROS MONTEIRO, QUARTA TURMA, julgado em 04/12/2003, DJ 29/03/2004, p. 244); (HC 33.783/BA, Rel. Ministro CARLOS ALBERTO MENEZES DIREITO, TERCEIRA TURMA, julgado em 29/06/2004, DJ 27/09/2004, p. 354).

Em relação à criança e ao adolescente, o S.T.J., em recurso repetitivo, assim se manifestou sobre a legitimidade do Ministério Público:

> *DIREITO DA CRIANÇA E DO ADOLESCENTE. AÇÃO DE ALIMENTOS. LEGITIMIDADE ATIVA DO MINISTÉRIO PÚBLICO. DIREITO INDIVIDUAL INDISPONÍVEL. RECURSO ESPECIAL REPRESENTATIVO DE CONTROVÉRSIA. ART. 543-C DO CPC.*
>
> *1. Para efeitos do art. 543-C do CPC, aprovam-se as seguintes teses:*
>
> *1.1. O Ministério Público tem legitimidade ativa para ajuizar ação de alimentos em proveito de criança ou adolescente.*
>
> *1.2. A legitimidade do Ministério Público independe do exercício do poder familiar dos pais, ou de o menor se encontrar nas situações de risco descritas no art. 98 do Estatuto da Criança e do Adolescente, ou de quaisquer outros questionamentos acerca da existência ou eficiência da Defensoria Pública na comarca.*
>
> *2. Recurso especial provido.*
>
> (REsp 1265821/BA, Rel. Ministro LUIS FELIPE SALOMÃO, SEGUNDA SEÇÃO, julgado em 14/05/2014, DJe 04/09/2014)

6. Desconto em folha de pagamento de pessoal da importância da prestação alimentícia

Tendo em vista que a finalidade da atividade jurisdicional é dar efetividade ao cumprimento da obrigação alimentar, a maneira mais rápida e eficaz para se concretizar a tutela jurisdicional é justamente promover-se o desconto na folha de pagamento ou nos vencimentos do devedor, principalmente se este for funcionário público, militar, diretor ou gerente de empresa, bem como empregado sujeito à legislação do trabalho.

O juiz deverá, se for o caso, determinar de ofício esse desconto, evitando-se, assim, mal necessário maior como é o caso da decretação da prisão do devedor.

Na verdade, sendo eficaz e possível o desconto em folha de pagamento da importância alimentícia, e sendo o devedor funcionário público, militar, diretor ou gerente de empresa, bem como empregado sujeito à legislação do trabalho, o juiz, antes de decretar a prisão, deverá optar por este método de pagamento, pois além de ser mais efetivo, é menos oneroso ao devedor.

A grande dificuldade existe quando o devedor não recebe salário, proventos ou vencimentos, ou seja, quando é trabalhador autônomo. Diante dessa hipótese, não será possível o desconto em folha, dificultando-se, por vezes, o efetivo cumprimento da obrigação alimentar; a impossibilidade de desconto justifica a imediata expedição do decreto de prisão do devedor.

Ao despachar a inicial, o juiz oficiará à autoridade, à empresa ou ao empregador, determinando, sob pena de crime de desobediência, o desconto a partir da primeira remuneração posterior do executado, a contar do protocolo do ofício.

O empregador ou a autoridade pública não pode deixar de cumprir a ordem determinada pelo juízo da execução, no sentido de não proceder ao desconto do salário, remuneração, subsídios ou proventos dos alimentos devidos.

Muito embora o responsável possa não ser compelido com a prisão civil, poderá ele incidir no crime contra a administração da justiça, se praticar qualquer dos atos previstos no art. 22 e seu parágrafo único da Lei 5.478/68.

O terceiro ainda estará sujeito à incidência da multa prevista no 77, inc IV, §§1º e 2º do atual C.P.C.

O ofício conterá os nomes e os números de inscrição no Cadastro de Pessoas Físicas do exequente e do executado, a importância a ser descontada mensalmente, a conta na qual deverá ser feito o depósito e, se for o caso, o tempo de sua duração.

7. Outra modalidade de execução de obrigação alimentar

Compete ao exequente optar entre o procedimento executivo de título executivo extrajudicial de obrigação alimentar, com a incidência de prisão civil do devedor recalcitrante, ou promover a execução de quantia certa, nos moldes do art. 824 e seguintes do atual C.P.C., em que não há coercibilidade por

EXECUÇÃO DE ALIMENTOS

meio de prisão, e, sim, a incidência de atos executivos como a penhora e a alienação de bens.

A Lei 5. 478/68, adaptada ao então C.P.C. de 1973, permitia que o credor de alimentos executasse a sentença ou o acordo por várias maneiras, entre as quais as formas previstas nos artigos 732, 733 e 735 do C.P.C. de 1973 (art. 18 da Lei 5.478/68).

Assim, se o executado não cumprisse a obrigação alimentícia, o credor de alimentos teria a seguinte alternativa: ou satisfazer-se com a penhora, ou requerer a citação do devedor com a cláusula de prisão, alegando e provando ter havido inadimplemento; do §2º do art. 733 do C.P.C. de 1973 inferia-se que a exigência da pensão sob ameaça de prisão poderia ser feita antes da tentativa de penhora, mesmo que o devedor possuísse bens suficientes, pois, de outro modo, estar-se-ia tornando a execução morosa, procrastinando ou desvirtuando o caráter de urgência, próprio da prestação alimentícia; caberia ao credor a opção entre requerer a citação com a cominação de prisão (art. 733 do C.P.C. de 1973), ou apenas a penhora (arts. 732 e 735 do C.P.C. de 1973); a escolha da primeira modalidade não vedava a posterior execução por quantia certa sob o rito comum das obrigações desta modalidade (§2º do art. 733 do C.P.C. de 1973), caso persistisse o inadimplemento.[393]

O novo C.P.C. manteve essa faculdade de o credor promover a execução de título executivo extrajudicial com base em coerção prisional, art. 911 do atual C.P.C., ou observando o disposto nos arts. 824 e seguintes do atual C.P.C. (cumprimento definitivo de sentença condenatória por quantia certa), com a ressalva de que, recaindo a penhora em dinheiro, a concessão de efeito suspensivo aos embargos não obsta a que o exequente levante mensalmente a importância da prestação.

Assim, poderá o credor de alimentos optar por uma ou outra forma de atos executivos.

Também não haverá impedimento de que o credor altere a forma de promover a execução, constatando que a escolha anterior não foi eficaz para o cumprimento da obrigação alimentícia.

Desta forma, diante do princípio da celeridade processual, da efetividade das atividades satisfativas, assim como da eficiência, a parte poderá optar pelo procedimento que melhor maximize esses princípios, inclusive mudando o rumo dos atos executivos. Portanto, se o devedor optou pela execução do título extrajudicial com base nos arts. 824 e seguintes do atual C.P.C. (sem pedido

---

[393] CAHALI, Y. S., op. cit. P. 1016 e 1017.

de prisão), e não tendo o devedor pago a dívida nem sido encontrados bens para penhora, nada impede que o credor altere o procedimento executivo com base no art. 911 do atual C.P.C. Do mesmo modo, se o credor iniciou a execução com base no art. 911 do atual C.P.C. (com pedido de prisão), mas esta não está surtindo o efeito desejado, nada impede que ele requeira a penhora de bens para o cumprimento da obrigação.

É bem verdade que sob a égide do C.P.C. de 1973, havia vozes discordantes.

Para Álvaro Villaça Azevedo, *"devem ser exauridos todos os meios compulsivos, antes do decreto de prisão"*.[394]

Para Amílcar de Castro, por exemplo, *"a prisão civil só será decretada se não houver possibilidade de desconto em folha de vencimentos, ou de arresto de bens ou rendimento do devedor; trata-se de remédio heróico, só aplicável em casos extremos, por violento e vexatório..."*.[395]

Sempre com os olhos voltados para a efetividade e celeridade no cumprimento da obrigação alimentar, pode-se delinear o procedimento de atos executivos com base no novo C.P.C. da seguinte forma: a) compete ao exequente a escolha do procedimento de atos executivos por dívida alimentícia a ser adotado; b) cabe ao exequente requerer a execução com a possibilidade de prisão ou sem a possibilidade de prisão, nada impedindo que, durante o transcurso do procedimento e em razão da ineficácia do método adotado, promova a alteração de procedimento; c) optando o exequente pela execução com base nos artigos 824 e seguintes do atual C.P.C., e realizada a penhora dos bens, não há mais como se requerer a coerção do pagamento por meio de prisão civil, a não ser que a penhora não seja suficiente para saldar a dívida. Note-se que a coerção somente tem sentido como forma de o executado cumprir forçosamente a obrigação. Se já houve penhora, não há mais risco do seu não cumprimento.

Tratando-se de prestação pretérita de alimentos, a doutrina afirmara que a execução dos alimentos referentes a período extenso, com valor demasiadamente alto, impossibilitaria o devedor obter de pronto esse montante em tempo reduzido, razão pela qual seria conveniente que a execução se processasse sem a coerção prisional.[396]

Diante dessa constatação doutrinária, o S.T.J. editou a Súmula 319, estabelecendo: *"O débito alimentar que autoriza a prisão civil do alimentante é o que compreende*

---

[394] AZEVEDO, Álvaro Villaça. *Prisão civil por dívida.* São Paulo: 1992. p. 144.
[395] CASTRO, A. A., op. cit., p. 377.
[396] CAHALI, Y. S., op. cit., p. 1022.

EXECUÇÃO DE ALIMENTOS

as três prestações anteriores ao ajuizamento da execução e as que vencerem no curso do processo".

A Segunda Seção do Superior Tribunal de Justiça alterou a redação inicial da Súmula 319. A alteração do enunciado da súmula se deu por iniciativa da Ministra Nancy Andrighi, que observou ser possível dar mais efetividade ao cumprimento da prisão do devedor caso se considerasse a data do ajuizamento e não da citação.

A normatização da Súmula 319 do S.T.J. foi incorporada em definitivo no §7 do art. 528 do novo C.P.C., a saber: *O débito alimentar que autoriza a prisão civil do alimentante é o que compreende até as 3 (três) prestações anteriores ao ajuizamento da execução e as que se vencerem no curso do processo.*

TÍTULO 7

CONTRADITÓRIO NO PROCESSO DE EXECUÇÃO

Capítulo 15
Embargos à Execução

1. Considerações gerais

Sendo o executado citado para a execução, dentre as possibilidades jurídicas que a norma processual lhe confere encontra-se a prerrogativa de se opor à execução por meio dos embargos à execução.

Na realidade, *"o título executório inclina para o lado do credor a balança da justiça e a oposição restaura em prol do devedor o equilíbrio quando se mostre injustamente turbado".*[397]

Devendo a execução atuar com referência ao direito representado no título, podem sobrevir fatos que lhe retirem legitimidade ou correspondência com a realidade substancial, para além de poderem subsistir vícios processuais ou substantivos da formação do título.[398]

Daí permitir-se ao executado fazer valer as eventuais discordâncias com a realidade ou as eventuais ilegitimidades numa sede autônoma de cognição, fora do procedimento executivo propriamente dito, através exatamente da oposição à ação executiva.[399]

Por meio da *oposição à execução,* o devedor ou o sujeito que de todo modo dela deva participar no polo passivo contesta 'o direito do credor em promover a execução forçada'; com a *oposição aos atos executivos,* o interessado pode contestar a não regularidade do título executivo, do preceito ou de qualquer outro ato

---

[397] Liebman. Enrico Tullio. *Embargos do executado.* 2 ed. 1968. p. 159.
[398] Ferreira, F.A., op. cit.. p. 120 e 121.
[399] Ferreira, F.A., idem, p. 121.

EXECUÇÃO E CUMPRIMENTO DE SENTENÇA

do processo executivo; com a *oposição de terceiro* se faz valer um erro ou um vício do processo executivo que prejudica o direito de um terceiro estranho à execução.[400]

O C.P.C. de 1973, na sua redação originária, estabelecia como forma uniforme de impugnação dos atos processuais de processo de execução de título extrajudicial ou judicial apenas os embargos à execução. Assim, tanto para a execução de título judicial como para a execução de título extrajudicial, havendo interesse do executado em se opor aos atos executivos, poderia fazê-lo por meio dos embargos à execução. Contudo essa sistemática foi substancialmente alterada a partir da Lei 11.232, de 22 de dezembro de 2005, que deu nova redação ao C.P.C. de 1973.

Em face da edição da Lei 11.232, de 22 de dezembro de 2005, a sentença judicial passou a ser simplesmente *cumprida*, sem reclamar demanda e processo de execução judicial autônomo e independente do processo de cognição.

É o denominado sincretismo entre cognição e execução que passou a imperar no direito processual civil brasileiro.

Como não há mais processo autônomo de execução de título executivo judicial, também não há mais previsão da propositura de *embargos à execução* como forma autônoma de impugnação da execução por título executivo judicial.

Os embargos do executado, no procedimento incidental de cumprimento de sentença, foram substituídos pela *impugnação* a ser promovida nos próprios autos de execução do título judicial.

Conforme anota Misael Montenegro Filho, *"essa nova defesa, repita-se, apresentada nos autos da própria demanda, com a natureza jurídica de mero incidente processual, permite a discussão de questões formais e de mérito, confirmando a prevalência do princípio do contraditório e da ampla defesa no ambiente da jurisdição executiva, encartada na realidade da jurisdição de conhecimento, qualificando-se como prolongamento dessa"*.[401]

Essa nova configuração jurídica processual (cumprimento de sentença) introduzida em nosso ordenamento jurídico pela Lei 11.232, de 22 de dezembro de 2005 foi mantida pelo art. 518 do atual C.P.C., que estabelece que todas as questões relativas à validade do procedimento de cumprimento da sentença e dos atos executivos subsequentes poderão ser arguidas pelo executado nos próprios autos e nestes serão decidas pelo juiz, não havendo mais possibilidade

---

[400] COMOGLIO, Luigi Paolo; FERRI, Corrado; MICHELE, Taruffo. *"Lezioni sul processo civile*. II. Procedimenti speciali, cautelari ed esecutivi. Bologna: Il Mulino, 2011. p. 318.

[401] MONTENEGRO FILHO, Misael. *Curso de direito processual civil*. Teoria Geral dos Recursos. Recursos em Espécie. Processo de Execução. 5ª ed. São Paulo: Editora Atlas, 2009. p. 231.

de o executado ingressar com embargos à execução para se opor ao cumprimento de sentença, isto é, à execução de título judicial.

Os embargos à execução, consequentemente, passaram a ser uma oposição a ser utilizada exclusivamente no processo de execução de título executivo extrajudicial

No âmbito do direito comparado, eis as seguintes normatizações sobre oposição à execução:

Código de Processo Civil português.

Artigo 728.º Oposição mediante embargos

1 – O executado pode opor-se à execução por embargos no prazo de 20 dias a contar da citação.

2 – Quando a matéria da oposição seja superveniente, o prazo conta-se a partir do dia em que ocorra o respetivo facto ou dele tenha conhecimento o executado.

3 – Não é aplicável à oposição o disposto no n.º 2 do artigo 569.º.

4 – A citação do executado é substituída por notificação quando, citado o executado para a execução de determinado título, se cumule depois, no mesmo processo, a execução de outro título, aplicando-se, neste caso, o disposto no artigo 227.º, devidamente adaptado, sem prejuízo de a notificação se fazer na pessoa do mandatário, quando constituído.

Código de Processo Civil italiano:

Art. 615 (Forma de oposição)

Quando se contesta o direito da parte que poderá proceder à execução forçada, que ainda não se iniciou, essa contestação poderá ser realizada mediante oposição ao preceito com citação diante do juiz competente para a matéria ou valor e por território, nos termos do art. 27. O juiz, havendo graves motivos, suspende a pedido da parte a eficácia do título.

Quando já iniciada a execução, a oposição de que trata o inciso precedente e aquela que diz respeito à penhorabilidade dos bens será proposta perante o juiz da própria execução. Este fixa por decreto a audiência de comparecimento das partes diante do magistrado e o prazo peremptório para a notificação do recurso e do decreto.

Código de Processo Civil espanhol.

Art. 556. Oposição à execução de resoluções processuais ou arbitrais ou de acordos de mediação.

1. Se o título executivo for uma resolução processual ou arbitral de condenação ou um acordo de mediação, o executado, dentre dos dez dias seguintes à notificação do auto em

que se despache a execução, poderá opor-se a ela por escrito alegando o pagamento ou o cumprimento da ordem na sentença, laudo ou acordo, o que deverá ser provado documentalmente.

Também se poderá alegar a caducidade da ação executiva, e os pactos e transações que houveram sido realizados para evitar a execução, sempre que referidos pactos e transações contarem de documento público.

2. A oposição que se formule no caso do parágrafo anterior não suspenderá o curso da execução.

3. Não obstante o disposto nos parágrafos anteriores, quando a execução se tenha despachado em virtude do auto a que se refere o número 8 do parágrafo 2 do art. 518, uma vez que o Secretario Judicial tenha tido por formulada a oposição à execução, na mesma resolução ordenará a suspensão desta. Esta oposição poderá fundar-se em qualquer das causas previstas no artigo seguinte e nas que se expressam a seguir: culpa exclusiva da vítima, força maior estranha à condução ou ao funcionamento do veículo.

Art. 557. Oposição à execução fundada em título não judiciais nem arbitrais.

1. Quando se despache execução em títulos previstos nos números 4, 5, 6 e 77 assim como em outros documentos com força executiva a que se refere o número 9 do parágrafo 2 do artigo 517, o executado somente poderá opor-se a ela, no tempo e na forma prevista no artigo anterior, se se funda em algumas da seguinte causas:

Pagamento, que pode ser comprovado documentalmente.

compensação de crédito líquido que resulte de documento que tenha força executiva.

'pluspetición' ou excesso na computação do valor das dívidas em espécie.

prescrição e decadência.

'quita', espera ou pacto ou promessa de não pedir, que conste documentalmente.

transação, sempre que conste de documento público.

2. Se se formular a oposição prevista no parágrafo anterior, o Secretário judicial mediante diligência de 'ordenación' suspenderá o curso da execução

2. Natureza jurídica dos embargos à execução

Em relação aos embargos à execução, uma das questões que a doutrina sempre se debruçou foi em torno de sua *natureza jurídica*.

Apesar de o executado, nos embargos, encontrar-se em nítida posição de defesa, muito similar à matéria da contestação no processo de conhecimento, cabe a ele tomar a iniciativa para a instauração dessa demanda autônoma em relação ao processo de execução.

Diante disso, Liebman considerava os embargos à execução como sendo uma ação *(demanda) autônoma*, em que o executado é autor e o exequente é

EMBARGOS À EXECUÇÃO

réu; mais precisamente, *"a ação incidente do executado visando anular ou reduzir a execução ou tirar ao título sua eficácia executória".*[402]

No mesmo sentido é a lição de José Carlos Barbosa Moreira: *"o oferecimento dos embargos dá ensejo à formação de novo processo, que não se confunde com o executivo, e tem a natureza de um processo de cognição".*[403]

É bem verdade que há autores que preconizam que os embargos não formam outra relação jurídica processual, não formam outro processo, pois, ao apresentarem caráter incidental, passam a fazer parte daquilo que já existe, isto é, passam a fazer parte do próprio processo executivo, que assim tem sua cognição dilatada e ampliada. Utiliza-se em prol dessa argumentação os exemplos da denunciação da lide ou em garantia e da reconvenção, os quais também não seriam um processo autônomo, apesar de serem incidentais.

Não há dúvida de que os embargos, muito embora incidentais ao processo de execução de título extrajudicial, são, efetivamente, uma demanda autônoma, com relação jurídica processual própria, e pressupostos processuais específicos.

A jurisprudência também tem considerado os embargos à execução como sendo uma demanda cognitiva autônoma, inclusive para efeito de fixação de honorários de advogado (AgRg nos EDcl no REsp 1213658/RS, Rel. Ministro HERMAN BENJAMIN, SEGUNDA TURMA, julgado em 26/06/2012, DJe 01/08/2012).

Note-se que normalmente os embargos à execução têm por pretensão justamente a prolação de uma sentença de natureza declaratória, seja em relação ao título executivo, seja em relação ao próprio procedimento executivo, o que vai além de uma simples defesa, caracterizando-se efetivamente como sendo uma demanda judicial com pedido autônomo de acordo com as pretensões material e processual apresentadas.

3. Legitimação ativa e passiva nos embargos à execução

Segundo estabelece o art. 914 do novo C.P.C., o executado, independentemente de penhora, depósito ou caução, poderá se opor à execução por meio de embargos.

A análise da legitimidade nos embargos demanda uma análise da legitimação na relação jurídica processual no processo executivo.

São legitimados para figurar na relação jurídica processual executiva todos aqueles sujeitos, designados ou não no título executivo, que reclamam a tutela

---

[402] LIEBMAN, Enrico Tullio. *Processo de execução.* 5ª ed. São Paulo: Editora Saraiva, 1986. p. 216.
[403] BARBOSA MOREIRA, J. C., op. cit., p. 400.

EXECUÇÃO E CUMPRIMENTO DE SENTENÇA

jurídica do Estado, e, ainda, aqueles perante os quais se pleiteia tal tutela, desde que autorizados pela lei material. Deste universo apenas estarão excluídos os sujeitos cujo patrimônio refoge ao alcance da eficácia do título executivo, e não figurando no processo, são caracterizados como terceiros.[404]

Considerando-se os legitimados na esfera do processo executivo, pode-se aduzir que no âmbito dos embargos são legitimados para figurar na relação jurídica processual o exequente (como embargado) e o executado (como embargante), havendo, portanto, uma inversão dos polos ativo e passivo até então configurados na execução.

A legitimidade ativa dos embargos à execução não é exclusiva do devedor, podendo ser de qualquer executado, mesmo que não seja o devedor, mas possa ser o responsável pelo cumprimento da obrigação, como ocorre com aquele que oferece bem próprio a ser penhorado ou mesmo o fiador. Poderá ser também um outro sujeito que não seja nem devedor ou responsável, mas que figurou na execução como executado. Assim, todo aquele que for colocado numa situação jurídica análoga à do executado está legitimado ativamente para ingressar com embargos à execução.

A expressão, executado, é muito mais elástica do que o termo devedor, razão pela qual todos aqueles que participam da relação jurídica processual e de certa forma sejam atingidos pela execução forçada (exceto o exequente) poderá ingressar com embargos execução.

Figurando o cônjuge como devedor ou responsável no título executivo extra-judicial, terá ele legitimidade para embargar como qualquer outro executado.

Poderá suceder que o cônjuge possa não figurar no título executivo como devedor ou responsável pelo cumprimento da obrigação. Porém, sendo executado o outro cônjuge, a penhora poderá incidir sobre determinado bem imóvel pertencente a ambos. Nesse caso, o cônjuge do executado, que teve bem de sua propriedade penhorado, terá legitimidade para ingressar tanto com embargos de terceiro para proteção de sua meação, quanto com embargos à execução para discutir a própria obrigação. Por isso da exigência legal de intimação do cônjuge do devedor se a penhora recair sobre bem imóvel pertencente a executado casado em regime de comunhão total ou parcial de bens.

Também terá legitimidade para promover os embargos à execução o curador especial, conforme estabelece a Súmula 196 do S.T.J.: *Ao executado que, citado por edital ou por hora certa, permanecer revel, será nomeado curador especial, com legitimidade para apresentação de embargos.*

---

[404] Assis, A., op. cit., p. 1.239.

EMBARGOS À EXECUÇÃO

No que concerne à sujeição passiva dos embargos à execução, é parte legítima para participar da relação jurídica processual dos embargos, o exequente, sujeito ativo no processo executivo. Não importa a natureza dessa legitimidade.[405]

Havendo litisconsórcio ativo necessário no polo ativo da execução, nos embargos também haverá a necessidade da manutenção desse litisconsórcio.

Segundo ensina Pontes de Miranda, pode ocorrer nos embargos: *"litisconsórcio, inclusive unitário, assistência, oposição de terceiro, denunciação da lide e chamamento ao processo"*.[406]

Em relação à assistência simples ou litisconsorcial, não há impedimento legal para sua configuração nos embargos à execução. No caso, por exemplo, é possível que o fiador, não sendo parte na execução, ingresse como assistente litisconsorcial nos embargos à execução interpostos pelo executado devedor.

Já em relação à denunciação à lide, como nos embargos não haverá formulação de pretensão condenatória contra o embargado, não há lugar também para instauração de outra lide de natureza ressarcitória.

Da mesma forma, como os embargos são desprovidos de pretensão condenatória, não haverá lugar para nesse procedimento permitir-se o instituto do *chamamento ao processo*, pois o chamamento ao processo constitui uma forma de o réu, no mesmo processo, ampliar o polo passivo, nele incluindo os coobrigados que se encontram, perante a parte adversa, na mesma situação do 'chamante', e, nada obstante, não foram demandados.

Para José de Albuquerque Rocha, como nos embargos não se discute, em caráter principal, posse ou domínio, não há possibilidade de se utilizar do instituto da nomeação à autoria.[407]

4. Embargos à execução independentemente de penhora, depósito ou caução

Pelo novo C.P.C., os embargos do executado poderão ser interpostos *independentemente da penhora, depósito ou caução,* ao contrário do que estabelecia o art. 737, inc. I e II do C.P.C. de 1973, em sua redação originária. Antes da revogação desse dispositivo pela Lei n. 11.382, de 2006, era pressuposto de admissibilidade dos embargos à execução a garantia do juízo pela penhora.[408]

---

[405] ASSIS, A. op. cit., pt. 1.245.

[406] PONTES DE MIRANDA. *Comentários ao código de processo civil.* Tomo XI (arts. 736 – 795). Rio de Janeiro: Forense, 1976. p. 166.

[407] ROCHA, José de Albuquerque. *Nomeação à autoria.* n. 8. p. 65. *in* ASSIS, A op. cit.. p. 1281.

[408] Doutrina que entendia que a penhora era pressupostos ou condição de admissibilidade: Theodoro Jr, Humberto; *Curso de direito processual civil.* 3ª ed. Vol. II. Rio de Janeiro: Forense, 1991.

EXECUÇÃO E CUMPRIMENTO DE SENTENÇA

A partir da Lei 11.382, de 2006, não mais se exige a penhora do bem como garantia de juízo para efeito de o executado poder ingressar com embargos à execução. Também não se exige que o executado proceda ao depósito ou preste caução para recebê-los.

No âmbito da execução fiscal, Lei 6.830/80, segundo estabelece o art. 16, §1º, não serão admitidos os embargos antes de garantida a execução.

Como a norma de regência da execução fiscal é de natureza especial, não se aplica o novo C.P.C. naquilo que for expressamente regulado pela lei de execução fiscal.

5. Distribuição por dependência

Os embargos à execução serão distribuídos por dependência, autuados em apartado e instruídos com cópias das peças processuais relevantes, que poderão ser declaradas autênticas pelo próprio advogado, sob sua responsabilidade pessoal.

Não obstante se possam considerar os embargos à execução como um processo autônomo, isso não significa que haja total independência em relação ao processo de execução.

A autonomia dos embargos à execução recomenda que a petição inicial seja distribuída por prevenção ao juízo da execução (salvo nas hipóteses em que os embargos são apresentados no juízo deprecado e seja de sua competência analisá-los), e seja autuada em apartado, devendo ser instruída com cópias das peças processuais relevantes, sendo que dentre essas não se encontra a cópia do auto de penhora, pois não se exige mais a penhora de bens para efeito de interposição dos embargos, salvo em relação ao processo de execução fiscal.

Parece-me que as cópias relevantes seriam cópia do título executivo, cópia de despacho de citação em caso de alegação de prescrição etc.

É importante que os embargos sejam bem instruídos, especialmente pelo fato de que poderá haver recurso da decisão proferida neste procedimento, sem que os autos de execução (físicos) subam para o Tribunal, especialmente quando não for concedido efeito suspensivo à execução.

---

p. 1011; FADEL, Sérgio Sahione *Código de processo civil comentado*. Tomo IV. Rio de Janeiro: J. Kofino, 1974. p. 121; BORGES, Marcos Afonso. *Comentários ao código de processo civil*. Vol. III. São Paulo: 1976. p. 188; FIDÉLIS, Ernane. *Manual de processo civil*. Vol. 3. São Paulo: Saraiva, 1987. n. 1.083; SILVA, Ovídio Baptista. *Curso de direito processual civil*. Vol. II, Porto Alegre: Fabris, 1990, §61..

EMBARGOS À EXECUÇÃO

As cópias das peças processuais poderão ser autenticadas pelo próprio advogado da parte, sob sua responsabilidade pessoal, desburocratizando a autenticação dos documentos que irão compor a relação jurídica processual.

Essa exigência de instrução dos embargos à execução com cópia das peças processuais tem por destino os autos físicos e não eletrônicos.

Em se tratando de processo de execução eletrônico, não haverá mais apensamento dos autos, pois o sistema informatizado não permite tal situação. Haverá, sim, possibilidade de se inserir no sistema eletrônico a informação de que existem incidentes concernentes àquele processo, como é o caso de embargos à execução.

Também não haverá necessidade de se juntar cópia de peças que já compõem o processo eletrônico de execução, uma vez que em qualquer instância e grau de jurisdição o processo de execução poderá ser acessado, inclusive nos Tribunais.

A petição inicial dos embargos deverá observar os requisitos para a petição inicial do processo de conhecimento, naquilo que lhe for aplicável.

6. Embargos à execução na execução por carta

Estabelece o §2º do art. 845 do atual C.P.C. que se o executado não tiver bens no foro do processo, não sendo possível a realização da penhora nos termos do §1º do art. 845 do atual C.P.C., a execução será feita por carta, penhorando-se, avaliando-se e alienando-se os bens no foro da situação.

Na execução por carta, os embargos serão oferecidos no juízo deprecante ou no juízo deprecado, mas a competência para julgá-los será do juízo deprecante, salvo se versarem unicamente sobre vícios ou defeitos de penhora, avaliação ou alienação dos bens efetuadas no juízo deprecado.

Ocorrendo a execução por carta, os eventuais embargos à execução poderão ser oferecidos tanto no juízo deprecante quanto no juízo deprecado, mas, de qualquer sorte, a competência para julgá-los será do juízo deprecante, exceto se esses embargos versarem unicamente sobre vícios ou defeitos de penhora, avaliação ou alienação de bens, quando a competência será do juízo deprecado.

É importante ressaltar que como o oferecimento dos embargos ocorre independentemente de penhora, depósito ou caução, cujo prazo para interposição corre a partir da juntada do mandado de citação, isso significa dizer que a questão concernente à penhora e à avaliação do bem não deve mais ser apenas objeto de embargos, pois poderá inclusive ocorrer que esse ato de constrição venha a ser efetivado após a interposição dos embargos ou após expirado o prazo de sua interposição.

Assim, qualquer questão concernente à penhora e à avaliação dos bens poderá ser articulada ou no juízo da execução (deprecante) ou no juízo deprecado, independentemente de embargos à execução.

Questão interessante verifica-se quando a penhora realizada pelo juízo deprecado ocorre por indicação expressa do bem pelo juízo deprecante. Diante dessa hipótese, o voto vencido proferido pelo Ministro Castro Filho no Conflito de Competência n. 36044 entendeu que a competência seria do juízo deprecante, uma vez que os embargos atacavam ato judicial específico deste juízo. Contudo, nesse conflito de competência ficou vencedor o voto do Ministro Barros Monteiro. Entendeu o S.T.J. que *"em nada releva a circunstância de haver o Juízo deprecante indicado ou individualizado os bens a serem objeto da constrição no Juízo deprecado. Não se cuida aqui de embargos de terceiro, caso em que, aí sim, teria pertinência a Súmula 33 do ex. TFR. Aqui, como se disse, a espécie é de embargos à penhora, em que se alegaram vícios ou defeitos do ato constritivo que se concretizou no Juízo deprecado. Logo, incide a regra acima referida do art. 747 do Código de Processo Civil de 1973, na linha do qual esta Casa editou o verbete sumular n. 46, in verbis: 'Na execução por carta, os embargos do devedor serão decididos no juízo deprecante, salvo se versarem unicamente vícios ou defeitos da penhora, avaliação ou alienação de bens'... Daí por que, com a devida vênia do Sr. Ministro Relator, penso que a competência para processar e julgar os 'embargos à penhora' é do Juízo Deprecado, na esteira, por sinal, do que já deixou assentado esta Seção em mais de uma oportunidade: 'Compete ao juízo deprecado analisar as questões relativas à impenhorabilidade do bem de família e à redução da penhora, argüidas pelo devedor sem qualquer irresignação contra a dívida' (CC n. 35.346-SP. Relatora Ministra Nancy Andrighi).*

Ocorre que o S.T.J., posteriormente, acabou por firmar a competência do juízo deprecante, conforme estabelece a Súmula 46 do S.T.J.: *"na execução por carta, os embargos do devedor serão decididos no juízo deprecante, salvo se versarem unicamente vícios ou defeitos da penhora, avaliação ou alienação dos bens".*

Nesse sentido, eis a seguinte decisão:

(...).

4. Segundo o entendimento consolidado deste Superior Tribunal de Justiça, o juízo deprecante é competente para o julgamento dos embargos opostos contra a penhora dos bens que ele próprio indicou ao juízo deprecado.

5. Recurso especial conhecido e parcialmente provido, apenas para afastar a multa aplicada pelo Tribunal de origem.

(REsp 760.755/RJ, Rel. Ministra LAURITA VAZ, QUINTA TURMA, julgado em 04/12/2009, DJe 08/02/2010)

EMBARGOS À EXECUÇÃO

7. Prazo e contagem do prazo para oferecimento dos embargos à execução

Nos termos do art. 915 do novo C.P.C., os embargos à execução serão oferecidos no prazo de 15 (quinze) dias contado, conforme o caso, na forma do art. 231.

Portanto, o prazo para interposição dos embargos será de 15 (quinze) dias contado: a) da data da juntada aos autos do aviso de recebimento, quando a citação for pelo correio; b) da data de juntada aos autos do mandado cumprido, quando a citação for por oficial de justiça; c) da data de ocorrência da citação, quando ela se der por ato do escrivão ou do chefe de secretaria; d) do dia útil seguinte ao fim da dilação assinada pelo juiz, quando a citação for por edital; e) do dia útil seguinte à consulta ao teor da citação ou ao término do prazo para que a consulta se dê, quando a citação for eletrônica; g) da data de juntada do comunicado de que trata o art. 232 ou, não havendo esse, a data de juntada da carta aos autos de origem devidamente cumprida, quando a citação se realizar em cumprimento de carta.

Na contagem do prazo de 15 (quinze) dias, deve-se excluir o dia do começo e incluir o dia do vencimento (art. 224 do novo C.P.C.).

Os dias do começo e do vencimento do prazo serão protraídos para o primeiro dia útil seguinte, se coincidirem com dia em que o expediente forense for encerrado antes ou iniciado depois da hora normal ou houver indisponibilidade da comunicação eletrônica.

É importante salientar que a contagem desse prazo será em dais úteis, nos termos do art. 219 do novo C.P.C.[409]

Em relação à execução fiscal, além do prazo para interposição dos embargos ser de trinta dias, a contagem do prazo para sua interposição continua sendo regulamentada pela lei especial n. 6.830/82, que assim estabelece em seu art. 16, inc. I, II e III:

> Art. 16 – O executado oferecerá embargos, no prazo de 30 (trinta) dias, contados:
> I – do depósito;
> II – da juntada da prova da fiança bancária;
> III – da intimação da penhora.

É bem verdade que o art. 12 da Lei 6.830/80 estabelece que *na execução fiscal, far-se-á a intimação da penhora ao executado, mediante publicação, no órgão oficial, do ato de juntada do termo ou do auto de penhora.*

---

[409] ENUNCIADO 20 da I Jornada de Direito Processual Civil do Centro de Estudos Judiciários: *Aplica-se o art. 219 do CPC na contagem do prazo para oposição de embargos à execução fiscal previsto no art. 16 da Lei n. 6.830/1980.*

Contudo, o S.T.J., interpretando esse dispositivo, afirma que se o executado foi intimado pessoalmente da penhora não haverá necessidade de nova intimação pelo diário oficial (AgRg no REsp 708.989/RS, Rel. Ministro HUMBERTO MARTINS, SEGUNDA TURMA, julgado em 28/10/2008, DJe 12/11/2008)

Em relação ao prazo para oferecimento dos embargos à execução, não se aplica o disposto no art. 229 do novo C.P.C., ou seja, nos embargos à execução não se aplica a regra especial de contagem dos prazos prevista para os litisconsortes.

No direito comparado, o prazo para interposição de embargos é regulado da seguinte forma:

Código de Processo Civil português:

Artigo 728.º Oposição mediante embargos

1 – O executado pode opor-se à execução por embargos no prazo de 20 dias a contar da citação.

2 – Quando a matéria da oposição seja superveniente, o prazo conta-se a partir do dia em que ocorra o respetivo facto ou dele tenha conhecimento o executado.

3 – Não é aplicável à oposição o disposto no n.º 2 do artigo 569.º.

4 – A citação do executado é substituída por notificação quando, citado o executado para a execução de determinado título, se cumule depois, no mesmo processo, a execução de outro título, aplicando-se, neste caso, o disposto no artigo 227.º, devidamente adaptado, sem prejuízo de a notificação se fazer na pessoa do mandatário, quando constituído.

Processo Civil italiano:

Art. 617. Forma de oposições aos atos executivos.

As oposições relativas à regularidade formal do título executivo e do preceito se propõem, antes que seja iniciada a execução, diante do juiz indicado no art. 480, inc. III, com ato de citação para ser notificado no prazo peremptório de vinte dias da notificação do título executivo ou do preceito. As oposições de que trata o inciso precedente que sejam impossíveis de ser propostas antes do início da execução e aquelas relativas à notificação do título executivo e do preceito e em face dos singulares atos de execução serão propostas com recurso ao juiz da execução no prazo peremptório de vinte dias do primeiro ato de execução, se dizem respeito ao título executivo ou ao preceito, ou do dia em que os singulares atos forem cumpridos.

EMBARGOS À EXECUÇÃO

7.1. Contagem de prazo quando houver mais de um executado

A execução poderá ser dirigida a mais de um executado. Nessa hipótese, o prazo para cada executado ingressar com embargos à execução corre da data da juntada do respectivo comprovante de citação. Portanto, o prazo não se conta da citação em si, mas data da juntada do documento no processo respectivo. Por isso, efetivada a citação do co-executado e juntado o documento de sua citação no processo, cabe-lhe opor os embargos, independentemente da citação dos demais executados.

Mesmo à época em que o prazo para a interposição dos embargos contava-se da intimação da penhora, o S.T.J. já entendia que o prazo para oferecer embargos do executado era autônomo, contando-se a partir de cada uma das intimações da penhora. Nesse sentido eram os seguintes precedentes: Resp 163852; Resp 151774; Resp 159794.

O novo C.P.C. excepciona, contudo, da regra geral, o cônjuge ou companheiro.

Em se tratando de cônjuge ou companheiro, o prazo para interposição dos embargos somente começa a correr a partir da juntada do último comprovante de citação no processo.

Se, por exemplo, o mandado de citação dos cônjuges ou companheiro é único, o prazo para os embargos começa da sua juntada no processo; caso contrário, se for expedido um mandado para cada cônjuge ou companheiro, o prazo para os embargos somente começará a correr a partir da juntada do último documento processual de citação devidamente cumprida.

Tal posição já era adotada pelo S.T.J. quando a penhora recaía sobre bem imóvel do casal executado.

Segundo o S.T.J., em se tratando de penhora que incidia sobre bem imóvel, o prazo para oferecer embargos do executado começava a correr a partir da juntada aos autos da última intimação feita a um dos cônjuges. Nesse sentido Resp 156678; Resp 328635.

7.2. Peremptoriedade e preclusividade do prazo dos embargos à execução

O prazo de 15 (quinze) dias para interposição dos embargos à execução é peremptório e preclusivo, não podendo ser prorrogado de ofício pelo juiz, salvo nas hipóteses previstas em lei.

O art. 190 do atual C.P.C. permite que as partes possam modificar o procedimento, inclusive no que concerne ao prazo para interposição dos embargos à execução, salvo se essa modificação causar mácula aos princípios do contraditório ou da ampla defesa.

EXECUÇÃO E CUMPRIMENTO DE SENTENÇA

Sendo a preclusão a perda de uma faculdade ou de direito subjetivo processual, não se admite a rediscussão de matéria sepultada em decorrência da reconhecida intempestividade dos embargos do executado.

Porém, as condições da ação e os pressupostos processuais, matérias de ordem pública, não se submetem à preclusão para as instâncias ordinárias, podendo ser examinadas a qualquer tempo, mesmo de ofício pelo Juiz, enquanto estiver em curso a causa.

Outrossim, é cediço que a denominada exceção de pré-executividade, simples petição nos próprios autos da execução, é servil à suscitação de questões que devam ser conhecidas de ofício pelo juiz, como as atinentes à liquidez do título executivo, aos pressupostos processuais e às condições da ação executiva.

Destarte, infere-se que a exceção de pré-executividade não tem prazo para ser oposta, uma vez que, ainda que preclusos os embargos à execução, pode o executado suscitar matérias passíveis de serem conhecidas de ofício pelo juiz.

Sobre o tema, aduz Araken de Assis: *"Não há termo final para deduzir a exceção de pré-executividade. Ressalva feita aos casos de preclusão, a exemplo do que acontece com a impenhorabilidade, e sem embargo da responsabilidade pelas despesas derivadas do retardamento (art. 267, § 3º) – e, assim mesmo se a argüição ocorrer após o prazo para embargos –, ao executado se mostra lícito excepcionar em qualquer fase do procedimento in executivis, inclusive na final: na realidade, permanece viva tal possibilidade enquanto o juiz não extinguir o processo."*[410]

Ver nesse sentido os seguintes precedentes do STJ: REsp 929.266/SP, Rel. Ministro José Delgado, Primeira Turma, julgado em 12.06.2007, DJ 29.06.2007; REsp 785.921/MG, Rel. Ministro Castro Meira, Segunda Turma, julgado em 13.02.2007, DJ 27.02.2007; REsp 713.243/RS, Rel. Ministro Luiz Fux, Primeira Turma, julgado em 11.04.2006, DJ 28.04.2006; e REsp 220.100/RJ, Rel. Ministro Ruy Rosado de Aguiar, Quarta Turma, julgado em 02.09.1999, DJ 25.10.1999; REsp 818.453/MG, Rel. Ministro LUIZ FUX, PRIMEIRA TURMA, julgado em 16/09/2008, DJe 02/10/2008

Por outro lado, o STJ vem adotando o entendimento de que: *"Embargos à execução, visando ao reconhecimento da ilegitimidade do débito fiscal em execução, têm natureza de ação cognitiva, semelhante à da ação anulatória autônoma. Assim, a rigor, a sua intempestividade não acarreta necessariamente a extinção do processo. Interpretação sistemática e teleológica do art. 739, I, do CPC, permite o entendimento de que a rejeição dos embargos intempestivos não afasta a viabilidade de seu recebimento e processamento como ação autônoma, ainda que sem a eficácia de suspender a execução.*

---

[410] ASSIS. Araken, Manual da Execução, 9ª ed., Ed. RT, São Paulo, 2005, pág. 1.027).

EMBARGOS À EXECUÇÃO

Esse entendimento é compatível com o princípio da instrumentalidade das formas e da economia processual, já que evita a propositura de outra ação, com idênticas partes, causa de pedir e pedido da anterior, só mudando o nome (de embargos para anulatória). (REsp 729.149/MG, Rel. Ministro TEORI ALBINO ZAVASCKI, PRIMEIRA TURMA, julgado em 24/05/2005, DJ 06/06/2005, p. 229)".

Assim, o S.T.J. vem entendendo que a demanda autônoma de declaração de inexigibilidade de título executivo ou de relação jurídica obrigacional equipara-se para todos os efeitos aos próprios embargos à execução, especialmente quando ela é proposta antecedentemente aos embargos (REsp 1169422/AL, Rel. Ministro MASSAMI UYEDA, TERCEIRA TURMA, julgado em 16/08/2011, DJe 22/06/2012)

Por outro lado, se a demanda autônoma for proposta posteriormente à propositura dos embargos à execução, tendo por objeto as mesmas partes, a mesma causa de pedir e o mesmo pedido, haverá neste caso litispendência entre as duas demandas autônomas (REsp 1235476/SC, Rel. Ministro MAURO CAMPBELL MARQUES, SEGUNDA TURMA, julgado em 17/03/2011, DJe 29/03/2011)

Há também precedente que entende que não há interesse processual para a utilização de ação declaratória incidental em processo de execução, sendo, inclusive, inidôneo o meio processual utilizado (REsp 940.314/RS, Rel. Ministro LUIZ FUX, PRIMEIRA TURMA, julgado em 24/03/2009, REPDJe 25/05/2009, DJe 27/04/2009).

É importante salientar que se o executado já manejou a exceção de pré-executividade previamente, não poderá mais trazer para os embargos a matéria já decidida na exceção, justamente pelo fato da existência de preclusão (AgRg no AgRg no Resp 1339597/DF, Rel. Ministro MAURO CAMPBELL MARQUES, SEGUNDA TURMA, julgado em 20/11/2012, DJe 26/11/2012).

8. Do parcelamento do débito

Na execução de título executivo extrajudicial, conforme estabelece o art. 829 do atual C.P.C., o executado é citado para pagar a dívida no prazo de 3 (três) dias, contado da citação.

Ocorre que, o art. 916 do atual C.P.C., assim como já estabelecia o art. 745-A do C.P.C. de 1973, introduzido pela Lei n. 11.382/06, concedeu uma espécie de parcelamento para o pagamento da dívida, ainda que expirado o prazo de três dias para pagamento integral após a citação.

O art. 806º do C.P.C. português também prevê hipótese de parcelamento da dívida, *in verbis:*

Artigo 806.º Pagamento em prestações

1 – O exequente e o executado podem acordar no pagamento em prestações da dívida exequenda, definindo um plano de pagamento e comunicando tal acordo ao agente de execução.

2 – A comunicação prevista no número anterior pode ser apresentada até à transmissão do bem penhorado ou, no caso de venda mediante proposta em carta fechada, até à aceitação de proposta apresentada e determina a extinção da execução.

O pedido de parcelamento poderá ser realizado durante o transcurso do prazo para a interposição dos embargos à execução, que é de quinze dias a contar da data da juntada do comprovante de citação do executado no processo.

Assim, no prazo de quinze dias para oposição de embargos, o executado poderá requerer o parcelamento do débito.

A concessão desse parcelamento legal será deferida pelo juiz, após oitiva do exequente.

Tem-se admitido essa forma de parcelamento ainda que requerida após expirado o prazo para embargos, desde que demonstrada situação especial, como, por exemplo, inexistência de bens a penhorar.

São pressupostos normativos para que o juiz conceda o parcelamento legal: a) o reconhecimento pelo executado do crédito do exequente, ou seja, reconhecer e confessar a existência do crédito em favor do credor; b) comprovação do depósito imediato de trinta por cento do valor em execução, inclusive custas e honorários de advogado. Não há impedimento para que executado faça depósito em percentual maior. O que não poderá fazer é depósito em percentual menor do que trinta por cento.

Demonstrados os pressupostos de admissibilidade do parcelamento, o executado poderá requerer ao juiz da execução que seja admitido a pagar o restando do saldo devedor em até seis parcelas mensais, acrescidas de correção monetária segundo os índices oficiais e juros de um por cento ao mês.

A incidência de correção monetária será de acordo com os índices oficiais de inflação, assim como os juros serão de 1% ao mês, mesmo que o título executivo estabeleça índice diverso.

Não haverá incidência de multa moratória.

O exequente será intimado para se manifestar sobre o preenchimento dos pressupostos legais, e o juiz decidirá o requerimento em 5 (cinco) dias.

Sob a égide do C.P.C. de 1973, a concessão do parcelamento dava-se sem qualquer motivação por parte do executado e independente de concordância do exequente, o que ficou mantido pelo novo C.P.C.

EMBARGOS À EXECUÇÃO

Agora, pelo novo C.P.C., o exequente deverá ser intimado para se manifestar sobre o preenchimento dos pressupostos normativos para concessão do parcelamento.

Percebe-se, portanto, que muito embora o exequente possa impugnar o pedido de parcelamento, essa impugnação não poderá ser genérica e sem fundamento.

Realizado o devido contraditório, o juiz decidirá em cinco dias.

Enquanto não apreciado o requerimento, o executado terá de depositar as parcelas vincendas, facultado ao exequente seu levantamento.

Pode ocorrer que haja certa demora no trâmite processual até que o juiz aprecie o pedido de parcelamento formulado pelo executado; porém, não obstante a demora, o executado terá o ônus de depositar as parcelas vincendas, facultando-se ao exequente o levantamento dos valores depositados. Essa exigência normativa processual está, de certa forma, em contradição com o disposto §4º do art. 915 do atual C.P.C.

Note-se que o §4º do art. 915 do novo C.P.C. preconiza que, uma vez indeferido o parcelamento, eventuais depósitos serão convertidos em penhora, não se autorizando o levantamento pelo exequente.

Portanto, em face da sistemática preconizada no §4º do art. 915 do novo C.P.C., enquanto não analisado o pedido de parcelamento, não poderia o exequente levantar o valor depositado, pois é direito do executado, em caso de indeferimento do pedido, ver seus depósitos convertidos em penhora.

Deferida a proposta, o exequente levantará a quantia depositada, e serão suspensos os atos executivos.

Preenchidos os pressupostos normativos, o juiz deverá deferir o pagamento parcelado requerido pelo executado, determinando que o exequente levante a quantia depositada em juízo.

De imediato, o juiz suspenderá os atos executivos a serem praticados após o deferimento da proposta de parcelamento.

Na hipótese de ser indeferido o pedido de parcelamento, o processo de execução terá sequência com a realização dos atos executivos supervenientes; o depósito efetuado pelo executado permanecerá à disposição do juízo, convertendo-se em penhora.

Contra a decisão que deferir ou indeferir o parcelamento, caberá o recurso de agravo de instrumento, nos termos do art. 1.015, p.u., do novo C.P.C.

É importante salientar que o não pagamento de qualquer das prestações acarretará cumulativamente: I – o vencimento das prestações subsequentes e o prosseguimento do processo, com o imediato reinício dos atos executivos; II – a imposição ao executado de multa de dez por cento sobre o valor das prestações não pagas.

O parcelamento não configura novação da dívida, os consectários que deverão incidir sobre as prestações vencidas e não pagas serão aqueles previstos no título executivo extrajudicial, salvo em relação à multa que será de dez por cento.

Evidentemente, em que pese o executado possa ser beneficiado pelo parcelamento legal, isso não significa que o exequente deva ser prejudicado na incidência dos consectários acessórios sobre o principal, principalmente quando o executado não cumpre com o parcelamento.

A opção pelo parcelamento importa renúncia ao direito de opor embargos.

Assim, havendo ou não deferimento do parcelamento, o seu pedido, por si só, caracteriza renúncia ao direito de opor embargos à execução.

Não teria sentido lógico, evidentemente, que o executado reconhecesse e confessasse expressamente judicialmente a existência do crédito em favor do exequente, e logo a seguir ingressasse contestando a legitimidade do título executivo. Haveria, sem dúvida, uma preclusão lógica.

Como se está diante de uma decisão interlocutória, contra a decisão que acolher ou rejeitar o parcelamento caberá agravo de instrumento ao Tribunal competente.

Lamentavelmente, estabelece o §7º do art. 916 do atual C.P.C. que o parcelamento outorgado pela norma processual não se aplica ao cumprimento da sentença.

Penso que essa exclusão do parcelamento em relação ao cumprimento de sentença não tem razão de ser, e de certa forma fere o princípio da isonomia.

Na verdade, poderá ocorrer que o executado não tenha outra forma de cumprir a decisão judicial, comprovando expressamente essa dificuldade, sem que lhe seja ofertado o parcelamento do débito.

Assim, penso que não agiu com acerto o legislador em proibir essa faculdade no âmbito do cumprimento de sentença, especialmente quando o parcelamento poderá representar menor onerosidade ao devedor e maior efetividade da tutela em relação ao credor.

9. Matérias que podem ser alegadas nos embargos à execução

Conforme anotam Comoglio, Ferri e Taruffo, quem assume em concreto a execução na posição de devedor (seja que tal veste resulte ou não do título executivo), está legitimado a contestar o direito do credor à execução,

EMBARGOS À EXECUÇÃO

instaurando um autônomo processo de cognição denominado 'oposição à execução".[411]

Na oposição à execução, para nós denominada de embargos à execução ou impugnação ao cumprimento de sentença, podem ser suscitadas oposição de *mérito*, com a qual se contesta a própria legitimidade da execução, incluindo-se a relação jurídica material que a justifica (trata-se do *an* da execução), assim como oposição *formal*, por meio da qual se contesta a legitimidade, a regularidade, a oportunidade e a congruência de um singular ato executivo (trata-se do *quomodo* da execução).[412]

Portanto, na oposição à execução, o executado poderá suscitar um conjunto de questões relativas à efetiva existência atual do crédito. Por isso, consente-se ao devedor fazer valer, em sede que não seja aquela do procedimento executivo (salvo no caso de cumprimento de sentença), eventuais motivos de ilegitimidade e de ineficácia do título executivo, originária ou superveniente, ou, ainda, fatos que implicam uma realidade substancial diversa daquela consagrada no título.[413]

No que concerne à oposição à execução, observa-se uma diferença fundamental entre os títulos de formação judicial os outros títulos executivos extrajudiciais.

Em relação aos primeiros, somente podem ser apresentadas contestações relativas a fatos impeditivos, modificativos, extintivos que sejam sucessivos à formação do título, e que não puderam ser deduzidos mediante as ordinárias impugnações no processo de conhecimento, no qual o título foi formado.

No que concerne aos títulos executivos extrajudiciais, qualquer contestação é admissível, seja de natureza formal, seja relativa à formação do título enquanto documento, seja, ainda, quanto à relação jurídica contratual subjacente ao título. Poderão, assim, ser alegadas quaisquer matérias que seriam lícitas como defesa no processo de conhecimento, sem a barreira de qualquer limite temporal, por não haverá necessidade de se respeitar a autoridade da coisa julgada.

Verifica-se, portanto, que a cognição a ser exercida pelo juiz nos embargos à execução de título extrajudicial é, no âmbito horizontal, plenária, e no âmbito

---

[411] COMOGLIO. Luigi Paolo; FERRI, Corrado; TARUFFO, Michele. *Lezioni sul processo civile*. II – Procedimenti speciali, cautelari ed esecutivi. Bologna: Il Mulino, 2011. p. 319.
[412] VERDE, G.; CAPPONI, B.; op. cit. p. 214.
[413] COMOGLIO, L. P.; FERRI, C.; TARUFFO, M., op. cit., p. 320.

vertical, exauriente, não havendo qualquer limitação ao conhecimento das questões postas à apreciação do juiz.

Já o art. 525, §1º, do atual C.P.C., que trata da impugnação que o executado poderá formular contra o cumprimento de sentença (título executivo judicial), prevê uma cognição a ser exercida pelo juiz de natureza *horizontal, limitada*, pois somente as questões ali indicadas podem ser suscitadas e conhecidas pelo juízo da execução

O art. 917 do atual C.P.C. trata das matérias que podem ser arguidas nos embargos à execução.

Vejamos, então, as matérias que podem ser inseridas como conteúdo dos embargos à execução de título executivo extrajudicial:

9.1. Iinexequibilidade do título ou inexigibilidade da obrigação

Antes de tudo, o título executivo extrajudicial está configurado por uma eficácia comumente denominada de qualificada, como 'incondicionada', no sentido de que esteja apto a fundamentar o desenvolvimento do processo executivo, mediante a atuação coativa do direito, sem possibilidade de paralisação, interrupção ou suspensão dessa atividade. A condição para o desenvolvimento do processo executivo consiste na existência de um título no qual a lei configure como executivo. O título é caracterizado por sua abstração, entendida como a autonomia do título diante da relação jurídica substancial que o fundamenta. Pode-se dizer então que o credor que tenha o direito processual de realizar a tutela coativa do seu crédito, assim como consagrado no título, não depende ou não necessita, para os fins da validade dos atos executivos, que o título corresponda efetivamente ao direito. A abstração exprime, assim, uma exigência intrínseca do processo executivo.[414]

Porém, pode-se contestar a existência *ab origine* de um título executivo, quanto aos requisitos de sua formação normativa, o que poderá ensejar sua *inexequibilidade*.

A *inexequibilidade* do título pode decorrer, em regra, por dois aspectos: a) A nulidade formal, por não ter o título natureza executiva, por não estar inserido no rol dos títulos descritos no art. 784 do atual C.P.C. A nulidade material, tendo em vista que o título apresentado encontra-se no rol do art. 784 do atual C.P.C., mas que falta algum requisito material conteudístico, como, por exemplo, certeza, liquidez e exigibilidade.

---

[414] COMOGLIO, L. P.; FERRI, C.; TARUFFO, M., idem, p. 319.

EMBARGOS À EXECUÇÃO

Algumas hipóteses de *inexequibilidade* do título: a) a falta originária do título executivo; b) ilegitimidade ativa ou passiva; c) inidoneidade objetiva do título para desencadear um específico procedimento executivo; etc.

Segundo já teve oportunidade de decidir a Corte de Cassação da Itália, a existência do título executivo constitui a condição necessária do exercício da ação executiva, e deve, independentemente do comportamento das partes, ser sempre verificada de ofício pelo juiz, o qual, portanto, deverá declarar a nulidade do preceito (Cass, 7-2-00, n. 1337).

Também poderá ser articulada como matéria dos embargos à execução a *inexigibilidade da obrigação*.

A *exigibilidade*, por sua vez, é estranha ao conceito e configuração do título executivo.

A *exigibilidade* indica que é chegado o momento da satisfação da vontade concreta da lei, sem que haja mais qualquer impedimento legal.[415]

Em resumo: *"enquanto o título executivo pertence à disciplina da adequação da tutela executiva como requisito para que concorra o legítimo interesse de agir, a exigibilidade do direito é caracterizadora do interesse-necessidade. Só assim se explica a existência de títulos que se constituem antes da exigibilidade do direito, como sucede na hipótese de condenação para o futuro e como é corriqueiro entre os títulos extrajudiciais. No tocante à exigibilidade, deve o título apenas propiciar ao juiz a apreciação de sua ocorrência no momento da execução, isto é, indicar as 'condições de exigibilidade', de modo que à primeira vista se saiba se o débito está ou não vencido, se há ou não condições"*.[416]

Por isso, a qualidade de liquidez, certeza e exigibilidade não diz respeito ao título em sentido formal, ou seja, ao ato jurídico dotado de eficácia executiva, mas, sim, ao seu *conteúdo*, ou seja, *ao direito subjetivo atestado*. Na realidade, o conceito de exigibilidade pertence exclusivamente ao direito substancial e ali deve ser desenvolvido e esclarecido. É, segundo os critérios deste, portanto, que se deve verificar, em cada caso concreto, se já chegou o momento do recurso aos órgãos da jurisdição ou se ainda é preciso esperar pela satisfação voluntária.[417]

Alguns exemplos de inexigibilidade da obrigação: a) falta de inadimplemento; c) *exceptio non adimplenti contractus;* d) suspensão da exigibilidade da obrigação em face de concessão de tutela provisória; e) suspensão da exigibilidade da obrigação pela concessão de parcelamento; f) prescrição, etc.

---

[415] DINAMARCO, C. R., op. cit., p. 483.
[416] DINAMARCO, C. R., idem, ibidem.
[417] DINAMARCO, C., R., idem, p. 408.

9.2. Penhora incorreta ou avaliação errônea

A penhora configura um ato executivo importante para o êxito da pretensão formulada na execução forçada.

Mas se o ato executivo de penhora não observar os requisitos legais necessários para sua constituição, ou se a penhora tiver por objeto bem impenhorável, poderá tal matéria ser articulada como oposição nos embargos à execução.

Se a penhora do bem ocorrer antes da propositura dos embargos à execução, poderá o executado alegar a sua incorreção por meio deste procedimento autônomo.

Porém, se a penhora for efetivada após o transcurso do prazo para os embargos, a incorreção do bem poderá ser alegada por petição nos próprios autos de execução. Aliás, estabelece o §1º do art. 917 do atual C.P.C. que a incorreção da penhora ou da avaliação poderá ser impugnada por simples petição, no prazo de 15 (quinze) dias, contado da ciência do ato.

São exemplos de incorreção da penhora: a) erro material no bem penhorado; b) penhora em bens de terceiros; c) penhora de bem de terceiro sem o seu consentimento; d) impenhorabilidade absoluta ou relativa do bem etc.

Também a avaliação errônea do bem poderá ser objeto dos embargos, desde que sua realização tenha sido anterior à propositura deste procedimento autônomo, ou poderá ser arguida nos próprios autos executivos, se a avaliação acontecer após expirado o prazo para a interposição dos embargos à execução.

9.3. Excesso de execução

Dentre os fundamentos legítimos que podem ser objeto do conteúdo dos embargos à execução encontra-se a alegação de *excesso de execução*.

As hipóteses normativas de excesso de execução estão previstas no §2º do art. 917 do atual C.P.C.

Portanto, há excesso de execução quando: I – o exequente pleiteia quantia superior à do título; II – ela recai sobre coisa diversa daquela declarada no título; III – ela se processa de modo diferente do que foi determinado no título; IV – o exequente, sem cumprir a prestação que lhe corresponde, exige o adimplemento da prestação do executado; V – o exequente não prova que a condição se realizou.

Vejamos, a seguir, cada uma dessas circunstâncias de excesso de execução.

9.3.1. O exequente pleiteia quantia superior à do título

O executado poderá afirmar que o pedido formulado no procedimento executivo, que corresponde ao valor a ser pago, encontra-se em total dissonância com o conteúdo do próprio título executivo extrajudicial.

O pedido formulado no âmbito da execução deve ater-se *ipsi literis* ao conteúdo previsto no título executivo extrajudicial e aos limites normativos nele estabelecidos.

O excesso de execução pode ocorrer em relação ao valor principal e ao acessório (juros moratórios, compensatórios, correção monetária, comissão de permanência etc).

É importante salientar que há determinadas verbas acessórias que são consideradas como pedido implícito na inicial e que não configuram excesso de execução. Isso acontece, por exemplo, com os juros de mora e a correção monetária.

O acolhimento da alegação de excesso de execução por inserção indevida de verbas não acarreta por si só a extinção do processo de execução, especialmente se a exclusão dessas verbas se dá por simples cálculo aritmético.

Se o executado alegar nos embargos que o exequente, em excesso de execução, pleiteia quantia superior à do título executivo extrajudicial, deverá declarar de imediato, na petição inicial, o valor que entende correto, apresentando demonstrativo discriminado e atualizado de seu cálculo.

Não apontado o valor correto ou não apresentado o demonstrativo, os embargos à execução serão liminarmente rejeitados, sem resolução de mérito, se o excesso de execução for o seu único fundamento; se houver outro fundamento, os embargos à execução serão processados, mas o juiz não examinará a alegação de excesso de execução.

9.3.2. Recai sobre coisa diversa daquela declarada no título

A execução para entrega de coisa certa ou de determinado gênero pode ser excessiva se se pede coisa diversa daquela estabelecida na obrigação constante do título; se se pede mais em quantidade de gênero e espécie prevista no título; se se pede coisa determinada pelo gênero, mas o gênero é diverso daquele previsto no título; se se pede as pertenças da coisa, sendo que o título não prevê essa entrega.

Por vezes, poderá ocorrer que a coisa pedida possa ser menos valiosa monetariamente do que a coisa prevista na obrigação declarada no título. Contudo, isso não afasta o excesso de execução, principalmente pelo fato de

EXECUÇÃO E CUMPRIMENTO DE SENTENÇA

que o credor somente terá direito a receber aquilo e somente aquilo previsto no título executivo extrajudicial, ainda que mais valiosa.

9.3.3. Esta se processa de modo diferente do que foi determinado no título

A forma da prestação da obrigação líquida, certa e exigível constante do título é que vai estabelecer o tipo de procedimento que deverá escolher o credor para a execução do título executivo extrajudicial.

Haverá procedimentos executivos específicos para a execução por quantia certa, para cumprimento de obrigação de fazer ou não fazer, para entrega de coisa, e, ainda, procedimentos executivos especiais para pagamento de obriga-ções alimentícias e contra a Fazenda Pública.

Se o exequente promove um procedimento executivo diverso daquele estabelecido no título, haverá, segundo a lei processual, *excesso de execução*.

Haverá também excesso de execução se o título executivo, ao estabelecer de maneira pormenorizada a forma como se dará a execução, essa não segue as diretrizes traçadas naquele. A execução, portanto, afasta-se do conteúdo do título executivo.

Entendo que também haverá excesso de execução se o exequente não observar o procedimento estabelecido no negócio jurídico processual previsto no art. 190 do atual C.P.C.

9.3.4. O exequente, sem cumprir a prestação que lhe corresponde, exige o adimplemento da prestação do executado

Pode ocorrer que a relação jurídica de direito material constituída entre credor e devedor subordine o adimplemento da prestação devida pelo devedor a uma contraprestação do credor.

Diante dessa condição, o devedor não será obrigado a satisfazer sua prestação se o credor não comprovar, ao requerer a execução, que adimpliu com sua contraprestação.

Está-se diante do instituto jurídico da *exceptio non adimpleti contractus* prevista nos arts. 476 e 477 do C.c.b.

Como o próprio nome diz, a *excepto non adimpleti contractus* constitui uma das modalidades das exceções substanciais. Faz parte das exceções dilatórias, pois o próprio art. 787 do atual C.P.C. estabelece que se o exequente não provar que cumpriu com sua obrigação, o juiz extinguirá o processo. Assim, a exceção não tranca definitivamente a possibilidade de nova demanda. De qualquer

EMBARGOS À EXECUÇÃO

forma, a alegação da exceção paralisa a demanda do autor ante a alegação do executado de não ter recebido a contraprestação que lhe era devida.[418]

Não se discute o mérito propriamente dito do direito pretendido, pois o executado não nega a obrigação. O que há é refutação da *exigibilidade*, em razão de um fundamento inerente à própria relação jurídica de direito material.

Embora vencida a obrigação, não há exigibilidade em razão da *exceptio non adimpleti contractus*.

Cabe, no caso, ao exequente comprovar logo com a inicial o cumprimento da sua contraprestação, a fim de evitar que o executado argua a *exceptio*.

A *exceptio non adimpleti contractus* deve ser oposta pelo executado, salvo se o próprio título trouxer cláusula que condicione a promoção da demanda executiva à comprovação pelo credor do adimplemento da contraprestação.

Segundo ensina Alcides Mendonça Lima, *"dificilmente o juiz, por ato de ofício, obstará a execução, mas aguardará que, por via de embargos, o devedor levante o problema".*[419]

Sobre o tema, eis o seguinte precedente do S.T.J.:

> *PROCESSUAL CIVIL. EXECUÇÃO. TÍTULO EXECUTIVO JUDICIAL. OBRIGAÇÕES RECÍPROCAS. DESCUMPRIMENTO PELO EXEQUENTE. EMBARGOS À EXECUÇÃO. CABIMENTO.*
>
> *1. Nenhum dos sujeitos da relação jurídica, antes de cumprida sua obrigação, pode exigir o adimplemento da obrigação contraposta, eis a transposição para o processo da máxima civilista do exceptio non adimplenti contractus.*
>
> *2. A alegada ausência de contraprestação do exequente – consistente no pagamento de indenização determinada no processo de conhecimento –, possui a virtualidade de atingir a própria exigibilidade do título, matéria absolutamente passível de ser alegada em sede de embargos à execução (art. 741, inciso II) ou de impugnação ao cumprimento de sentença (art. 475-L, inciso II), no momento da execução de sentença constitutiva de obrigação bilateral.*
>
> *3. Recurso especial provido.*
>
> (REsp 826.781/RS, Rel. Ministro LUIS FELIPE SALOMÃO, QUARTA TURMA, julgado em 22/02/2011, DJe 25/02/2011)

---

[418] SERPA LOPES, Miguel Maria de. *Exceções substanciais: exceção de contrato não cumprido*. Rio de Janeiro: Livraria Freitas Bastos S.A., 1959. p. 135.

[419] LIMA, Alcides de Mendonça. *Comentários ao código de processo civil*. Vol. VI, Tomo I. Rio de Janeiro: Forense, 1979. p. 290.

9.3.5. O exequente não prova que a condição se realizou

Conforme estabelece o art. 798, inc. I, letra 'c' do atual C.P.C., cumpre ao exequente, ao requerer a execução, instruir a petição inicial com a prova, se for o caso, de que se verificou a condição ou ocorreu o termo.

Dispositivo similar encontra-se também no art. 514 do atual C.P.C. que trata do cumprimento de sentença: *"Quando o juiz decidir relação jurídica sujeita a condição ou termo, o cumprimento da sentença dependerá de demonstração de que se realizou a condição ou de que ocorreu o termo.*

Da mesma forma acontece com a execução de título executivo extrajudicial, isto é, para que o credor/exequente possa promover a execução, deverá comprovar que se verificou a condição ou o termo até para que se possa caracterizar o inadimplemento da obrigação, assim como sua exigibilidade.

A obrigação pode ser líquida e certa, mas ainda não ser exigível, seja pelo fato da ausência da condição resolutiva ou pela realização do termo.

A pendência tanto se dá na condição suspensiva como na resolutiva. Naquela pende o ser; nessa, o não-ser. Não é o negócio jurídico que pende. Porque o negócio jurídico já se perfez. Tudo somente concerne à eficácia do negócio jurídico. Exatamente a condição é que determina o que se suspende, ou o que pode ser atingido pelo implemento dela.[420]

O atual C.P.C. preconiza em seu art. 803, inc. III, que é nula a execução instaurada antes de se verificar a condição ou de ter ocorrido o termo.

Assim, caberá ao exequente demonstrar que ocorreu a condição ou o termo, sob pena de assim não o fazendo, acarretar *excesso de execução*.

9.4. Cumulação indevida de execução

Além do excesso de execução, os embargos à execução também poderão ter por objeto da cumulação indevida de execução.

É lícito ao exequente, sendo o mesmo executado, cumular as obrigações consistentes em quantia liquida, certa e exigível contidas em títulos executivos extrajudiciais, podendo exigir o cumprimento das aludidas obrigações num mesmo procedimento executivo. Dá-se o nome a essa faculdade de *cumulação objetiva de execuções*.

Também é possível ao credor promover a execução de título executivo extrajudicial contra o devedor originário e contra os coobrigados e fiadores. A essa espécie de cumulação dá-se o nome de *cumulação subjetiva de execuções*.

---

[420] Pontes De Miranda, op. cit., p. 151.

EMBARGOS À EXECUÇÃO

A cumulação objetiva de execução foi referendada pela Súmula 27 do S.T.J.: *"pode a execução fundar-se em mais de um título extrajudicial relativos ao mesmo negócio"*.

Mas para que seja possível a cumulação objetiva de execuções é necessário que o juízo seja competente para conhecer das demandas cumuladas, bem como que o procedimento seja pertinente para a concretização dos atos executivos.

Pense-se na hipótese em que o exequente acumulou a execução de um título executivo judicial e um extrajudicial, ferindo a regra de competência absoluta.

Poderá, por exemplo, haver mais de um título executivo extrajudicial em face de um mesmo devedor, tendo por conteúdo cada título a obrigação de pagar quantia certa, a obrigação de fazer ou não fazer e a obrigação de dar coisa certa ou incerta. Em cada uma dessas obrigações demanda-se um procedimento específico de execução, razão pela qual a cumulação indiscriminada poderá ensejar tumulto processual.

Portanto, pelo atual C.P.C., não poderá haver cumulação de execução contra o mesmo devedor, uma fundada em título executivo judicial (sentença condenatória) e outra amparada em título executivo extrajudicial.[421] Isso tem sua razão de ser, tendo em vista que uma terá caráter procedimental num único processo (sincretismo cognição e execução), enquanto a outra será instrumentalizada num verdadeiro processo autônomo decorrente de uma ação desencadeadora de uma demanda executiva.

Conforme afirma Araken de Assis, na hipótese de cumulação objetiva de execuções, a alegação dessa cumulação indevida nos embargos pode acarretar uma série de questão. Dentre elas há a indagação sobre o efeito prático de eventual acolhimento deste pedido. Em princípio, a doutrina inclina-se para a extinção de todo o processo executivo (Frederico Marques e Amaral Santos). Porém, o reconhecimento do pedido e a consequente admissão dos ônus da sucumbência parcial teriam o efeito de permitir o prosseguimento da execução em relação apenas um título, extinguindo-se, por consequência, parcialmente, o processo executivo (Vicente Greco Filho). Para Araken de Assis, a primeira solução deve imperar.[422]

---

[421] Sob a égide do C.P.C. de 1973, admitia-se a cumulação de execução, uma por título judicial e outra por título extrajudicial (RP 40/198).

[422] Assis, Araken, op. cit., p. 1.197.

9.5. Retenção por benfeitorias necessárias ou úteis, nos casos de execução para entrega de coisa certa

Não obstante o credor tenha o direito de receber a coisa, que se obrigara entregar o devedor, isso não significa dizer que possa se locupletar injustamente às custas do próprio devedor ou de terceiro que porventura venha a adquirir a coisa certa, por eventuais benfeitorias que tenham sido realizadas no bem.

Em regra, na execução que tenha por obrigação a transferência de direito real ou entrega de coisa, ou, ainda, direito pessoal sobre a coisa, é permitido a alegação de realização de benfeitorias e a necessidade de sua indenização.

Assim, o executado ou terceiro poderá reter o bem até que seja indenizado das benfeitorias realizadas.

É importante salientar que, para efeito do exercício do direito de retenção, a natureza jurídica das benfeitorias é questão preponderante.

O devedor ou o terceiro adquirente, a fim de garantir que o exequente lhe indenize as benfeitorias necessárias ou úteis, poderá exercer seu *direito de retenção* pelo valor de referidas benfeitorias. Igual prerrogativa não é outorgada ao possuidor de *má fé*, em relação às benfeitorias necessárias (art. 1.220 do C.c.b.).

Por isso, nos embargos à execução, o executado poderá alegar a *retenção por benfeitorias necessárias ou úteis, nos casos de execução para entrega de coisa certa.*

Suscitada, nos embargos, a retenção por benfeitoria, o exequente poderá requerer a compensação de seu valor com o dos frutos ou dos danos considerados devidos pelo executado, cumprindo ao juiz, para a apuração dos respectivos valores, nomear perito, observando-se, então, o disposto no art. 464 do atual C.P.C.

O exequente poderá, ainda, a qualquer tempo ser imitido na posse da coisa, prestando caução ou depositando o valor devido pelas benfeitorias ou resultante da compensação. Mas para que o executado possa opor embargos de retenção por benfeitorias, a coisa não poderá ainda ter sido entregue ao credor, sendo apenas permitido enquanto ela estiver em depósito, pois, conforme já teve oportunidade de afirmar Pontes de Miranda: *"o depósito não destrói o 'jus retentionis', uma vez que se não deu a entrega; essa, sim, de fato o destruiria. Porque a retenção desaparecia".*[423]

Uma questão importante ainda deve ser analisada.

O art. 810 do atual C.P.C. faz referência apenas às benfeitorias indenizáveis.

---

[423] PONTES DE MIRANDA, *Comentários ao código de 1939*, vol. XIV, pág., 20, n. 5. Idem, 1973, vol. X, pág. 74.

EMBARGOS À EXECUÇÃO

Contudo, poderá o devedor ou o terceiro adquirente ter realizado na coisa, não benfeitorias, mas *acessões naturais*.

Na realidade, o art. 810 do atual C.P.C. disse menos do que deveria dizer, razão pela qual merece uma interpretação extensiva, para ali também constar como indenizáveis as acessões, construção ou plantação, quando realizadas pelo devedor ou por terceiro adquirente de *boa-fé*. Nesse sentido já se manifestou o S.T.J.:

> *PROCESSUAL CIVIL. ADMINISTRATIVO. BENFEITORIAS. DIREITO DE RETENÇÃO. POSSE. POSSIBILIDADE. BOA-FÉ RECONHECIDA. OFENSA AO ART. 535 DO CPC NÃO CONFIGURADA. OMISSÃO. INEXISTÊNCIA. MERA INSATISFAÇÃO COM O JULGADO. REEXAME DE PROVAS. IMPOSSIBILIDADE. ÓBICE DA SÚMULA 7/STJ.*
>
> *1. Conforme jurisprudência do Superior Tribunal de Justiça, "o direito de retenção é prerrogativa de quem, com boa-fé, é possuidor de alguma coisa. Exige-se, portanto, para sua configuração, a coexistência de pelo menos duas condições: a) posse; e b) boa-fé" (REsp 863.939/RJ, Rel. Ministra Eliana Calmon, Segunda Turma, julgado em 4/11/2008, DJe 24/11/2008).*
>
> *2. A instância de origem reconheceu que "a posse cabia a ré, donde se extrai que existia direito de posse (ainda que como fato) e que a posse até então exercida pela ré era de boa-fé".*
>
> *3. O possuidor de boa-fé tem direito de retenção pelo valor das benfeitorias necessárias e úteis e, por semelhança, das acessões, sob pena de enriquecimento ilícito (REsp 1.316.895/SP, Rel. Ministra Nancy Andrighi, Rel. p/ Acórdão Ministro Ricardo Villas Bôas Cueva, Terceira Turma, julgado em 11/6/2013, DJe 28/6/2013).*
>
> *(...).*
>
> (AgInt no REsp 1565816/PR, Rel. Ministro HERMAN BENJAMIN, SEGUNDA TURMA, julgado em 01/09/2016, DJe 06/10/2016)

Assim, havendo benfeitorias ou acessões indenizáveis, a *liquidação prévia* torna-se obrigatória, a fim de se apurar o seu respectivo valor.

O código não indica a espécie de liquidação prévia que deverá ser realizada, o que, por dedução, somente pode ser por *arbitramento* ou pelo *procedimento comum*.

Não se pode esquecer que na indenização deferida ao possuidor de má-fé pelas benfeitorias necessárias, o exequente terá o direito de optar pelo seu valor atual ou o de seu custo. Já em relação ao possuidor de boa-fé, a indenização será de acordo com o valor atual da benfeitoria (art. 1.222 do C.c.b.).

Havendo saldo em favor do executado ou de terceiros, o exequente o depositará ao requerer a entrega da coisa; havendo em favor do exequente, esse poderá cobrá-lo nos autos do mesmo processo.

Havendo saldo em favor do exequente, este poderá cobrá-lo no mesmo processo, prosseguindo-se com o cumprimento de sentença ou decisão por quantia certa.

O exequente poderá, ao invés de depositar a diferença, requerer a compensação do saldo credor em favor devedor ou de terceiro com o dos frutos ou dos danos considerados devidos pelo executado ou pelo terceiro.

As benfeitorias, portanto, compensam-se com os danos, mas somente serão indenizadas se existirem ao tempo da evicção ou da perda do bem (art. 1.221 do C.c.b.).

A compensação ocorrerá entre os frutos não repassados ao exequente ou eventuais danos que possam ter ocorridos no bem com as benfeitorias necessárias ou úteis realizadas pelo executado ou possuidor de boa-fé.

Requerida a compensação, cumpre ao juiz, para a apuração dos respectivos valores, nomear perito, fixando-lhe breve prazo para entrega do laudo.

Para se dar maior efetividade à tutela jurisdicional executiva, evitando-se aguardar delongas processuais para efeito de pagamento ou compensação de benfeitorias, o legislador permitiu ao exequente, para afastar o direito de *retenção* em favor do executado ou de terceiro de boa-fé, prestar caução (real ou fidejussória) ou realizar depósito do valor devido pelas benfeitorias ou resultante da compensação.

Uma vez prestada a caução ou realizado o depósito do valor, o juiz expedirá mandado de imissão de posse em favor do exequente.

9.6. Incompetência absoluta ou relativa do juízo da execução

A execução fundada em título executivo extrajudicial será processada perante o juízo competente, observando-se, ainda, as seguintes regras: a) a execução poderá ser proposta no foro de domicílio do executado, de eleição constante do título ou, ainda, de situação dos bens a ela sujeitos; b) tendo mais de um domicílio, o executado poderá ser demandado no foro de qualquer deles; c) sendo incerto ou desconhecido o domicílio do executado, a execução poderá ser proposta no lugar onde for encontrado ou no foro de domicílio do exequente; d) havendo mais de um devedor, com diferentes domicílios, a execução será proposta no foro de qualquer deles, à escolha do exequente; e) a execução poderá ser proposta no foro do lugar em que se praticou o ato

EMBARGOS À EXECUÇÃO

ou em que ocorreu o fato que deu origem ao título, mesmo que nele não mais resida o executado.

Se não for observada a regra de competência relativa ou absoluta do juízo da execução, tal matéria poderá ser suscitada em embargos à execução.

Na realidade, a incompetência absoluta ou relativa do juízo da execução deverá ser alegada como preliminar na petição inicial dos embargos à execução, sem necessidade de se postular tal circunstância por meio de uma exceção de incompetência.

Porém, em relação à competência absoluta, mesmo que não arguida em embargos à execução, o juiz, de ofício, em qualquer grau de jurisdição, poderá conhecê-la, pois tal matéria, de ordem pública, não permite a aplicação da preclusão *pro iudicato.*

Aliás, a jurisprudência da Corte Especial do STJ é no sentido de que "não se encontrando findo o processo de execução, é lícito ao executado arguir nulidades de natureza absoluta, que porventura maculem o respectivo título exequendo, posto configurarem matéria de ordem pública, não se operando sobre elas a preclusão (Precedentes: REsp 419376/MS, DJ 19.08.2002 ; REsp 220100/RJ, DJ 25.10.1999; REsp 160107/ES, DJ 03.05.1999)" (AgRg no Ag 977.769/RJ, Rel. Min. Luiz Fux, Corte Especial, julgado em 3.2.2010, DJe 25.2.2010).

9.7. Qualquer matéria que lhe seria lícito deduzir como defesa em processo de conhecimento

No cumprimento de decisão judicial, salvo no que concerne à falta ou nulidade de citação, que poderá ser arguida a qualquer momento, o executado não poderá alegar as matérias que poderiam ou deveriam ser referidas antes do encerramento da fase cognitiva, justamente porque, em relação a elas, operou-se a preclusão consumativa.

Por isso, a impugnação ao cumprimento de sentença somente poderá tratar das matérias supervenientes à prolação do título executivo judicial.

Já em relação aos embargos à execução de título executivo extrajudicial, o executado poderá alegar toda e qualquer matéria de defesa que poderia suscitar no âmbito do processo de conhecimento, justamente pelo fato de que o título executivo extrajudicial não provém de um processo prévio de cognição exauriente.

Assim, o executado poderá alegar nos embargos, por exemplo, qualquer matéria de mérito em relação ao título executivo ou em face da relação jurídica material que lhe deu suporte. Poderá alegar causas extintivas da obrigação,

EXECUÇÃO E CUMPRIMENTO DE SENTENÇA

como, por exemplo, novação, remissão, pagamento, transação, compensação. Poderão ser ainda arguidos vícios de vontade, como erro, dolo, simulação, fraude, dentre outros. Também poderão ser arguidos os pressupostos processuais negativos como litispendência ou coisa julgada.

O executado poderá alegar fatos extintivos ou impeditivos, antes ou depois da formação do título, pois na execução de título executivo extrajudicial não há óbices oriundos do exaurimento da fase cognitiva.

Evidentemente, o executado não poderá mais alegar em embargos as matérias que já foram articuladas em exceção ou objeção de pré-executividade, pois sobre elas se operou a preclusão consumativa.

9.8. Incorreção da penhora ou da avaliação – alegação

A incorreção da penhora ou da avaliação poderá ser impugnada por simples petição, no prazo de 15 (quinze) dias, contado da ciência do ato.

O *caput* do art. 917 do atual C.P.C. estabelece que nos embargos à execução, o executado poderá alegar: penhora incorreta ou avaliação errônea. Essa matéria poderá ser alegada nesse incidente autônomo, se a penhora e sua avaliação ocorreram antes de expirado o prazo para a interposição dos embargos à execução.

Porém, se a penhora ou sua avaliação somente se efetivaram após o transcurso do prazo dos embargos, o executado poderá alegar sua incorreção por meio de simples petição apresentada no processo executivo, no prazo de quinze dias contado da ciência do ato.

Além do mais, mesmo que ainda não tenha transcorrido o prazo para os embargos, nada impede que o executado alegue a incorreção da penhora ou da avaliação por simples petição nos autos executivos. A opção é sua.

9.9. Arguição de impedimento ou suspeição

A arguição de impedimento e suspeição, no âmbito da execução de título executivo extrajudicial, observará o disposto nos arts. 146 e 148.

Isso significa dizer que a alegação de impedimento ou suspeição do juiz não poderá ser arguida como preliminar dos embargos, mas, sim, através de petição avulsa, nos termos do art. 146 e 148 do atual C.P.C.

10. Rejeição liminar dos embargos

Preenchendo os embargos à execução todos os pressupostos processuais que lhes são próprios e as condições de análise do mérito do pedido, enfim, trazendo todos os elementos da demanda, o juiz deverá recebê-los dando prosseguimento até sua resolução final.

EMBARGOS À EXECUÇÃO

Se faltar alguns dos requisitos necessários para a interposição dos embargos, o juiz, dependendo do caso, poderá rejeitá-los liminarmente.

O C.P.C. de 1939 não continha regra que permitisse a rejeição liminar dos embargos opostos depois de seguro o juízo.

Já o C.P.C.de 1973, art. 739, assim como o atual Código, art. 918, permitem a rejeição liminar dos embargos, havendo ou não penhora realizada.

O art. 732º do C.P.C. português também estabelece as hipóteses de indeferimento liminar dos embargos, a saber:

Artigo 732.º Termos da oposição à execução

1 – Os embargos, que devem ser autuados por apenso, são liminarmente indeferidos quando:

a) Tiverem sido deduzidos fora do prazo;

b) O fundamento não se ajustar ao disposto nos artigos 729.º a 731.º;

c) Forem manifestamente improcedentes.

2 – Se forem recebidos os embargos, o exequente é notificado para contestar, dentro do prazo de 20 dias, seguindo-se, sem mais articulados, os termos do processo comum declarativo.

3 – À falta de contestação é aplicável o disposto no n.º 1 do artigo 567.º e no artigo 568.º, não se considerando, porém, confessados os factos que estiverem em oposição com os expressamente alegados pelo exequente no requerimento executivo.

4 – A procedência dos embargos extingue a execução, no todo ou em parte.

5 – Para além dos efeitos sobre a instância executiva, a decisão de mérito proferida nos embargos à execução constitui, nos termos gerais, caso julgado quanto à existência, validade e exigibilidade da obrigação exequenda.

Pelo novo C.P.C. brasileiro, são as seguintes hipóteses em que o juiz poderá *rejeitar liminarmente* os embargos:

10.1. Intempestividade

Os embargos de execução deverão ser oferecidos no prazo de quinze dias, contado, conforme o caso, nos termos do art. 231 do atual C.P.C.

Sendo os embargos à execução interpostos no prazo de quinze dias (descontado o dia da juntada e contado o último dia do prazo), os embargos serão considerados *tempestivos*, devendo o juiz recebê-los e processá-los.

Porém, se forem os embargos à execução interpostos a partir do décimo sexto dia, o juiz deverá rejeitá-los, em face de sua *intempestividade,* ou seja, pelo fato de que foram apresentados fora do prazo legal.

Segundo estabelece o §1º do art. 222 do novo C.P.C., ao juiz é vedado reduzir prazos peremptórios sem anuência das partes. Isso significa dizer

EXECUÇÃO E CUMPRIMENTO DE SENTENÇA

que, com anuência das partes, o juiz poderá reduzir o prazo para interposição dos embargos.

Essa redução poderá decorrer, ainda, do negócio jurídico processual entabulado de acordo com o art. 190 do novo C.P.C.

Quanto à questão de intempestividade dos embargos, o S.T.J. já admitiu o ajuizamento de novos embargos de devedor, ainda que nas hipóteses de reforço ou substituição da penhora, quando a discussão adstringir-se aos aspectos formais do novo ato constritivo (REsp 1.003.710/SP, Rel. Ministro João Otávio de Noronha, Quarta Turma, julgado em 12.02.2008, DJ 25.02.2008; AgRg na MC 13.047/MT, Rel. Ministra Nancy Andrighi, Terceira Turma, julgado em 09.08.2007, DJ 27.08.2007; REsp 257.881/RJ, Rel. Ministro Carlos Alberto Menezes Direito, Terceira Turma, julgado em 19.04.2001, DJ 18.06.2001; REsp 122.984/MG, Rel. Ministro Ari Pargendler, Terceira Turma, julgado em 15.09.2000, DJ 16.10.2000; REsp 114.513/RS, Rel. Ministro Cesar Asfor Rocha, Quarta Turma, julgado em 29.06.2000, DJ 18.09.2000; REsp 172.032/RS, Rel. Ministro Sálvio de Figueiredo Teixeira, Quarta Turma, julgado em 06.05.1999, DJ 21.06.1999; REsp 109.327/GO, Rel. Ministro Cesar Asfor Rocha, Quarta Turma, julgado em 20.10.1998, DJ 01.02.1999; e REsp 115.488/GO, Rel. Ministro Nilson Naves, Terceira Turma, julgado em 09.06.1997, DJ 25.08.1997).

O S.T.J. também já entendeu que o equívoco no endereçamento dos embargos não gera a sua intempestividade. Nesse sentido, eis o seguinte precedente:

AGRAVO INTERNO NO RECURSO ESPECIAL. PROCESSUAL CIVIL (CPC/73). EMBARGOS À EXECUÇÃO. PEÇA PROCESSUAL APRESENTADA DENTRO DO PRAZO LEGAL. EQUÍVOCO NO ENDEREÇAMENTO. AUSÊNCIA DE MÁ-FÉ. MERO ERRO MATERIAL. PRINCÍPIO DA INSTRUMENTALIDADE DO PROCESSO. APROVEITAMENTO. INTEMPESTIVIDADE NÃO CARACTERIZADA. AUSÊNCIA DE SIMILITUDE FÁTICA. QUITAÇÃO DOS DÉBITOS. FLAGRANTE INOVAÇÃO RECURSAL. PRETENSÃO DE REVISÃO DO JULGADO. IMPOSSIBILIDADE. INCIDÊNCIA DOS ENUNCIADOS N.º 5 E 7/STJ.

1. Desde que protocolada no prazo legal, a ocorrência de mero equívoco no endereçamento da peça processual e o protocolo em cartório diverso, não descaracteriza a sua tempestividade.

2. Ausente a similitude de base fática entre os arestos comparados, não há como se caracterizar a divergência jurisprudencial.

3. A matéria suscitada apenas nas razões do regimental caracteriza inovação recursal.

4. A discussão quanto à quitação dos débitos contratuais foi dirimida no acórdão recorrido mediante a interpretação de cláusulas contratuais e análise do material fático-probatórios dos autos, não podendo a questão ser revista em âmbito de Recurso Especial, ante os óbices dos Enunciados n.º 5 e 7/STJ.

5. Não apresentação pela parte agravante de argumentos novos capazes de infirmar os fundamentos que alicerçaram a decisão agravada.

6. AGRAVO INTERNO DESPROVIDO.

(AgInt no REsp 1451246/RO, Rel. Ministro PAULO DE TARSO SANSEVERINO, TERCEIRA TURMA, julgado em 10/10/2017, DJe 23/10/2017)

10.2. Nos casos de indeferimento da petição inicial e de improcedência liminar do pedido

Os embargos também poderão ser rejeitados liminarmente se a petição inicial não preencher os requisitos legais e, em regra, for considerada *inepta*.

Não se pode esquecer que os embargos do devedor à execução são uma demanda incidental autônoma, que deve ser instaurada e exteriorizada por meio de uma *petição inicial*.

Conforme já teve oportunidade de ensinar Barbosa Moreira, a petição inicial nada mais é do que o instrumento da demanda. [424]

O art. 330 do atual C.P.C. estabelece as hipóteses em que a petição inicial será indeferida, a saber: I – for inepta; II – a parte for manifestamente ilegítima; III – o autor carecer de interesse processual; IV – não atendidas as prescrições dos arts. 106 e 321.

Por sua vez, considera-se inepta a petição inicial, nos termos do §1º do art. 330 do atual C.P.C., quando: I – lhe faltar pedido ou causa de pedir; II – o pedido for indeterminado, ressalvadas as hipóteses legais em que se permite o pedido genérico; III –da narração dos fatos não decorrer logicamente a conclusão; IV – contiver pedidos incompatíveis entre si.

A petição inicial dos embargos à execução, além de preencher os pressupostos processuais e condições de análise do mérito, também deve especificar o pedido (nulidade da execução, redução do valor da execução etc) e a causa de pedir, que em regra, são uma daquelas especificadas no art. 917 do atual C.P.C.

A causa de pedir nos embargos consiste no fato ou no conjunto de fatos a que o embargante atribui a produção do efeito jurídico por ele afirmado.[425]

---

[424] BARBOSA MOREIRA, J. C., op. cit. p. 10.
[425] BARBOSA MOREIRA, idem, p. 15.

Na lição de Liebman, a causa de pedir nos embargos seria a inexistência do crédito (causa de pedir remota), sendo que a causa de pedir próxima seria o motivo concreto desta inexistência, como, por exemplo, pagamento, ilegitimidade de parte, compensação, etc.[426]

Evidentemente que nem sempre a causa de pedir nos embargos será a inexistência do crédito, pois poderá o embargante alegar a existência do crédito, mas que o valor do crédito é superior àquilo que efetivamente ele deve.

Poderá ocorrer, ainda, que o crédito existe, mas o título que o representa não é executivo.

Poderão ainda os embargos ter por causa de pedir a nulidade da penhora, que nada tem a ver com a inexistência do crédito.

O pedido a ser formulado nos embargos, em face da particularidade desse procedimento no âmbito do ordenamento jurídico brasileiro, poderá variar de acordo com a especificidade da causa de pedir. Assim, poderá haver um pedido declaratório de inexistência do crédito ou de excesso de execução. Poderá haver um pedido desconstitutivo de penhora.

Poderá haver ainda nos embargos pedidos sucessivos e alternativos.

A petição inicial deverá ainda indicar o valor da causa, que, em regra, será o valor do crédito executado, quando o pedido for a extinção do crédito. Poderá, também, ser o valor do excesso à execução alegado ou, ainda, o valor do bem penhorado quando o pedido é a desconstituição da penhora.

O embargante deverá, ainda, na petição inicial, indicar as provas que pretende produzir, sob pena de preclusão.

Há norma específica em relação à produção de provas nos embargos à execução fiscal, conforme estabelece o art. 16, §2º da Lei 6.830/80, a saber: *"No prazo dos embargos, o executado deverá alegar toda matéria útil a defesa, requerer provas e juntar aos autos os documentos e rol de testemunhas, até três, ou, a critério do juiz, até o dobro desse limite".*

Na petição inicial dos embargos deverá constar requerimento de intimação do embargado para impugnar os embargos.

A petição inicial deverá ser instruída com os documentos indispensáveis à propositura da demanda.

Faltando alguns dos requisitos exigidos em lei, a petição inicial dos embargos deverá ser indeferida liminarmente.

Haverá também a rejeição se da narração dos fatos não decorrer logicamente a conclusão.

---

[426] LIEBMAN, Enrico Tullio. *Embargos do executado.* Campinas: Bookseller, 2003. págs. 228 e 229.

EMBARGOS À EXECUÇÃO

Como em qualquer regra de argumentação, ao se narrar determinados fatos visando a determinada consequência jurídica deve haver uma interligação lógica entre os argumentos e a conclusão.

Também haverá rejeição liminar dos embargos se contiver pedidos incompatíveis entre si.

O juiz, antes de indeferir a petição inicial dos embargos, deverá aplicar o disposto no art. 321 do atual C.P.C., que assim estabelece:

> Art. 321. O juiz, ao verificar que a petição inicial não preenche os requisitos dos arts. 319 e 320 ou que apresenta defeitos e irregularidades capazes de dificultar o julgamento de mérito, determinará que o autor, no prazo de 15 (quinze) dias, a emende ou a complete, indicando com precisão o que deve ser corrigido ou completado.
>
> Parágrafo único. Se o autor não cumprir a diligência, o juiz indeferirá a petição inicial.

O juiz também rejeitará liminarmente os embargos quando presentes as hipóteses de improcedência liminar do pedido, previstas no art. 332 do atual C.P.C., a saber:

> Art. 332. Nas causas que dispensem a fase instrutória, o juiz, independentemente da citação do réu, julgará liminarmente improcedente o pedido que contrariar:
>
> I – enunciado de súmula do Supremo Tribunal Federal ou do Superior Tribunal de Justiça;
>
> II – acórdão proferido pelo Supremo Tribunal Federal ou pelo Superior Tribunal de Justiça em julgamento de recursos repetitivos;
>
> III – entendimento firmado em incidente de resolução de demandas repetitivas ou de assunção de competência;
>
> IV – enunciado de súmula de tribunal de justiça sobre direito local.
>
> § 1º O juiz também poderá julgar liminarmente improcedente o pedido se verificar, desde logo, a ocorrência de decadência ou de prescrição.
>
> § 2º Não interposta a apelação, o réu será intimado do trânsito em julgado da sentença, nos termos do art. 241.
>
> § 3º Interposta a apelação, o juiz poderá retratar-se em 5 (cinco) dias.
>
> § 4º Se houver retratação, o juiz determinará o prosseguimento do processo, com a citação do réu, e, se não houver retratação, determinará a citação do réu para apresentar contrarrazões, no prazo de 15 (quinze) dias.

10.3. Manifestamente protelatórios

O juiz rejeitará liminarmente os embargos, desta feita sem possibilidade de emenda à inicial, quando se verificar que são *manifestamente protelatórios*.

EXECUÇÃO E CUMPRIMENTO DE SENTENÇA

Embargos manifestação protelatórios são aqueles que não apresentam qualquer motivação ou fundamentação razoável, ou cuja fundamentação já foi refutada no âmbito do próprio processo executivo, tendo ocorrido a preclusão.

Embargos manifestamente protelatórios apenas servem para procrastinar a tutela jurisdicional a ser prestada no processo executivo, postergando-se indevidamente no tempo o exercício da atividade jurisdicional em prol do exequente.

Deve-se combater com veemência atitudes antiéticas no processo, que visam apenas a postergar o exercício definitivo da atividade jurisdicional.

Na realidade, o oferecimento de embargos manifestamente protelatórios configura conduta atentatória à dignidade da justiça, uma vez que são deveres das partes e de seus procuradores expor os fatos em juízo conforme a verdade e não formular pretensão ou defesa quando cientes de que são destituídas de fundamento.

Segundo estabelece o art. 774, inc. II do atual C.P.C.:

"Art. 774. Considera-se atentatório à dignidade da justiça a conduta comissiva ou omissiva do executado que:

(...).

II – se opõe maliciosamente à execução, empregando ardis e meios artificiosos".

Sendo considerados os embargos meramente protelatórios, o juiz aplicará ao embargante a sanção prevista no parágrafo único do art. 774 do atual C.P.C.

11. Efeitos jurídicos decorrentes da interposição dos embargos à execução

Uma vez interpostos os embargos à execução, deve-se avaliar os efeitos jurídicos processuais sobre o processo executivo em si.

Cabe ao ordenamento jurídico estabelecer se a interposição dos embargos à execução suspende automaticamente o procedimento executivo, ou não. E se não suspende automaticamente, em quais circunstância o juiz poderá conferir efeito suspensivo ao procedimento executivo.

No direito processual civil português, por exemplo, a regra geral é de que a interposição dos embargos à execução não suspende o procedimento executivo, salvo nas hipóteses previstas no art. 733º do C.P.C. lusitano, a saber:

Artigo 733.º Efeito do recebimento dos embargos

1 – O recebimento dos embargos só suspende o prosseguimento da execução se:

EMBARGOS À EXECUÇÃO

a) O embargante prestar caução;

b) Tratando-se de execução fundada em documento particular, o embargante tiver impugnado a genuinidade da respetiva assinatura, apresentando documento que constitua princípio de prova, e o juiz entender, ouvido o embargado, que se justifica a suspensão sem prestação de caução;

c) Tiver sido impugnada, no âmbito da oposição deduzida, a exigibilidade ou a liquidação da obrigação exequenda e o juiz considerar, ouvido o embargado, que se justifica a suspensão sem prestação de caução.

2 – A suspensão da execução, decretada após a citação dos credores, não abrange o apenso de verificação e graduação dos créditos.

3 – A execução suspensa prossegue se os embargos estiverem parados durante mais de 30 dias, por negligência do embargante em promover os seus termos.

4 – Quando a execução embargada prossiga, nem o exequente nem qualquer outro credor pode obter pagamento, na pendência dos embargos, sem prestar caução.

5 – Se o bem penhorado for a casa de habitação efetiva do embargante, o juiz pode, a requerimento daquele determinar que a venda aguarde a decisão proferida em 1.ª instância sobre os embargos, quando tal venda seja suscetível de causar prejuízo grave e dificilmente reparável.

6 – Quando seja prestada caução nos termos do n.º 1, aplica-se, com as necessárias adaptações, o disposto nos n.os 3 e 4 do artigo 650.º.

Segundo ensina Fernando Amâncio Ferreira, *"O recebimento dos embargos não implica, em princípio, a suspensão da execução, por o exequente ter a seu favor um título executivo que incorpora o direito de crédito; e, enquanto o título não for destruído, subsiste a presunção de que o exequente é portador do direito que se atribui. Só a procedência dos embargos, e não apenas o seu recebimento, faz cessar essa presunção. Mas se o executado, por meio de caução, puser à disposição do exequente bens que lhe assegurem a realização efectiva do seu crédito, o seguimento da execução deixa de justificar-se. Até porque o credor deverá pagar-se por força da caução, se os embargos improcederem."*[427]

No direito processual civil italiano, a concessão de efeito suspensivo à oposição à execução é regulada pelo art. 624, a saber:

Art. 624 (Suspensão pela oposição à execução)

Se é proposta oposição à execução com base na norma dos artigos 615 e 619, o juiz da execução, ocorrendo graves motivos, suspende, a pedido da parte, o processo com ou sem caução.

---

[427] FERREIRA, A. F.; op. cit. p. 136.

> *Contra a determinação que provê o pedido de suspensão é admitida reclamação nos termos do art. 669-'terdecies'. A disposição sobre o período antecedente também se aplica o provimento do art. 512, inciso segundo.*
>
> *Nos casos de suspensão do processo disposta nos termos do primeiro inciso, se a não há reclamação contra a determinação ou, muito embora impugnada foi confirmada em sede de reclamação, o juiz de mérito não foi introduzido no prazo peremptório assinalado no art. 616, o juiz da execução declara, também de ofício, mediante ordem, a extinção do processo e ordena o cancelamento da transcrição da penhora, provendo ainda sobre a despesa. A determinação é impugnada nos termos do art. 630, terceiro inciso.*
>
> *A disposição estabelecida nos incisos terceiro também se aplica, naquilo que for compatível, ao caso de suspensão do processo disposto no art. 618.*

O art. 624 do C.P.C. italiano foi totalmente reescrito, uma vez que no passado a norma processual italiana concedia ao juiz da execução o poder discricionário de suspender a execução apenas com a simples interposição da oposição à execução.

Atualmente, pelo que dispõe ao art. 624 do C.P.C. italiano, são pressupostos para que o juiz possa suspender a execução diante da interposição da oposição: a) pedido da parte, pois não se admite a suspensão da execução *ex officio*; b) demonstração de graves motivos, essencialmente reconduzidos aos fundamentos da própria oposição.

A imposição de caução, prevista como possível pela norma processual italiana, assume função de condição de eficácia da suspensão. A exigência de caução é uma faculdade outorgada ao juiz da execução.

O novo C.P.C. brasileiro, em seu art. 919, manteve, como regra geral, o *efeito não suspensivo* dos embargos à execução, razão pela qual, salvo diante de circunstâncias específicas, a interposição dos embargos não acarretará a suspensão do processo de execução, o qual prosseguirá independentemente de caução a ser prestada pelo exequente, podendo, inclusive, culminar com a alienação do bem penhorado e o pagamento ao credor.

Porém, como regra de exceção, o juiz poderá, a requerimento do embargante, *atribuir efeito suspensivo* aos embargos quando verificados os requisitos para a concessão da tutela provisória e desde que a execução já esteja garantida por penhora, depósito ou caução suficientes.

A norma processual afirma que o efeito suspensivo aos embargos somente poderá ser concedido mediante requerimento expresso do embargante, não podendo o juiz concedê-lo de ofício.

EMBARGOS À EXECUÇÃO

Os requisitos normativos processuais exigidos para que o juiz conceda efeito suspensivo aos embargos são de duas ordens, cumulativamente: a) presentes os requisitos para a concessão de tutela provisória; b) que esteja a execução garantida por penhora, depósito ou caução suficientes.

Faltando algum desses requisitos, o juiz não poderá outorgar efeito suspensivo aos embargos de execução.

Segundo estabelece o art. 304 do novo C.P.C. brasileiro, a tutela provisória pode fundamentar-se em urgência ou evidência.

A tutela provisória de urgência, cautelar ou satisfativa, será concedida quando forem demonstrados elementos que evidenciem a probabilidade do direito, bem como o perigo de dano ou o risco ao resultado útil do processo.

Por sua vez, a tutela provisória de evidência será concedida se for demonstrada a probabilidade do direito, dispensando-se a indicação do perigo de dano ou do risco ao resultado útil do processo.

O art. 919, §1º, do novo C.P.C., não indica qual espécie de tutela provisória deverá ser observada para a concessão do efeito suspensivo aos embargos à execução.

Diante dessa omissão legislativa, tenho para mim que os requisitos a serem observados dependem dos fundamentos indicados na petição inicial dos embargos de execução.

Assim, demonstrando o embargante a existência de probabilidade de seu direito informado nos embargos, bem como o perigo de dano ou o risco ao resultado útil do processo em face do prosseguimento da execução, deverá o juiz conceder efeito suspensivo aos embargos, desde que garantida a execução por penhora, depósito ou caução.

Porém, se o embargante requerer a concessão de efeito suspensivo aos embargos com base na tutela de evidência, o juiz deverá exigir apenas a demonstração da probabilidade do direito, dispensando a indicação do perigo de dano ou do risco ao resultado útil do processo.

Segundo estabelece o art. 311 do atual C.P.C., a tutela de evidência será concedida, independentemente da demonstração de risco de dano ou de difícil reparação, ou seja, independentemente do periculum in mora, se: I – ficar caracterizado o abuso do direito de defesa ou o manifesto propósito protelatório da parte; II – as alegações de fato puderem ser comprovadas apenas documentalmente e houver tese firmada em julgamento de casos repetitivos ou em súmula vinculante; III – se tratar de pedido reipersecutório fundado em prova documental adequada do contrato de depósito, caso em que será decretada a ordem de entrega do objeto custodiado, sob cominação de multa;

EXECUÇÃO E CUMPRIMENTO DE SENTENÇA

IV – a petição inicial for instruída com prova documental suficiente dos fatos constitutivos do direito do autor, a que o réu não oponha prova capaz de gerar dúvida razoável.

Portanto, se o embargante formular seu pedido de suspensividade com fundamento nas hipóteses acima elencadas, salvo a dos incs. I e III, que não se aplicam aos embargos, o juiz poderá conceder de imediato efeito suspensivo, independentemente de qualquer alegação de *periculum in mora*, ou seja, de que o prosseguimento da execução poderá acarretar danos ao executado.

O legislador também exige, para a concessão de efeito suspensivo aos embargos, que a execução esteja garantida por penhora, depósito ou caução suficiente.

Se a penhora for parcial, não poderá o juiz conceder efeito suspensivo, pois falta um dos requisitos normativos para o seu deferimento.

Cessando as circunstâncias que a motivaram a concessão de efeito suspensivo aos embargos, a requerimento da parte, a decisão interlocutória proferida pelo juiz da execução poderá ser modificada ou revogada a qualquer tempo, devidamente fundamentada.

Isso significa dizer que a concessão de efeito suspensivo aos embargos está subordinada à clausula *rebus sic stantibus*, ou seja, esse efeito suspensivo deverá permanecer enquanto permanecerem as circunstâncias que ensejaram a sua concessão.

Havendo modificação fática (quanto ao *periculum in mora*) ou jurídica (quanto ao *fumus boni iuris*), o juiz deverá reavaliar o efeito suspensivo concedido.

Essa revogação somente ocorrerá mediante requerimento da parte, e poderá ocorrer a qualquer tempo e em qualquer grau de jurisdição.

Quando o efeito suspensivo atribuído aos embargos disser respeito apenas a parte do objeto da execução, esta prosseguirá quanto à parte restante.

Evidencia-se que o juiz não precisará conceder efeito suspensivo em relação à totalidade da execução, podendo esse efeito ser parcial de acordo com o que for articulado nos embargos e de acordo com o objeto da execução.

Se o juiz reconhecer a existência dos requisitos da tutela de urgência ou de evidencia apenas sobre parte dos argumentos formulados nos embargos, por exemplo, sobre eventual excesso de execução, poderá determinar que a execução prossiga sobre o valor incontroverso, pois não teria sentido impedir a efetividade da tutela jurisdicional executiva em relação ao objeto incontroverso da execução.

O mesmo poderá acontecer quando houver cumulatividade objetiva ou subjetiva da execução.

EMBARGOS À EXECUÇÃO

Assim, deverá o juiz ser muito cauteloso ao analisar o pedido de efeito suspensivo dos embargos, especialmente quando houver mais de uma causa de pedir e mais de um pedido formulado na demanda.

A concessão de efeito suspensivo aos embargos oferecidos por um dos executados não suspenderá a execução contra os que não embargaram, quando o respectivo fundamento disser respeito exclusivamente ao embargante.

Como já se observou, a cumulatividade de execuções poderá ocorrer tanto na esfera subjetiva quanto na esfera objetiva.

Havendo cumulação subjetiva, ou seja, quando há mais de um executado no polo passivo da execução, isso significa que cada executado poderá também promover seus respectivos embargos à execução.

Se somente um ou alguns dos executados interpuserem embargos à execução, e o fundamento da demanda abranger a todos os demais executados, eventual efeito suspensivo concedido pelo juiz terá eficácia sobre todos os demais, suspendendo-se o processo de execução *in totum*.

Porém, se o respectivo fundamento disser respeito exclusivamente ao embargante, ou seja, não for abrangente objetivamente, a suspensão do processo executivo somente terá eficácia em relação a ele e não em relação aos demais executados. Um exemplo claro de suspensão parcial ocorre quando o embargante alega a sua ilegitimidade para figurar no polo passivo da execução, seja como devedor ou como responsável.

Em regra, a concessão de efeito suspensivo aos embargos impede a prática de atos executivos, salvo os atos como o de reforço ou redução da penhora e de avaliação dos bens.

Evidentemente, ao se referir em reforço de penhora, faz-se referência a eventual avaliação efetuada após a interposição dos embargos, uma vez que para a concessão de efeito suspensivo é necessário que a penhora dos bens seja suficiente para a garantia da execução.

Penso que também não poderá ser impedida a realização de eventuais atos processuais que devam ser praticados em razão da urgência ou de perecimento de direito. É possível, inclusive, a alienação prévia dos bens penhorados que possam vir a sofrer perecimento ou importante desvalorização.

Contra a decisão sobre concessão, modificação ou revogação do efeito suspensivo caberá agravo de instrumento, nos termos do art. 1.015, p.u., do atual C.P.C.

12. Impugnação aos embargos de execução

Como a essência de todo processo jurisdicional é a existência do contraditório, não poderia ser diferente em relação aos embargos à execução.

Por isso, recebido os embargos, o exequente será ouvido no prazo de quinze dias.

Uma vez intimado, o exequente poderá apresentar impugnação aos embargos, uma espécie de resposta à pretensão formulada na demanda incidental. Essa resposta equivale a uma contestação efetuada no processo cognitivo.

A falta de intimação do exequente acarretará a nulidade dos atos processuais posteriores.

O embargado/exequente poderá alegar falta de pressupostos processuais, falta de condições para análise do mérito, e refutar o próprio mérito dos embargos à execução.

Aplica-se à impugnação aos embargos o princípio da eventualidade, cabendo ao embargado alegar toda matéria de defesa, bem como especificar as provas.

Tendo em vista a natureza da decisão a ser proferida nos embargos, que está intimamente ligada ao processo de execução, tenho para mim que não cabe neste procedimento a reconvenção. Como nos embargos não há uma pretensão processual condenatória contra o embargado, também este não poderá apresentar um pedido contraposto com esta pretensão em relação ao embargante.

Aliás, o art. 16, §3º, da Lei 6.830/80 traz proibição expressa de se interpor reconvenção juntamente com os embargos à execução fiscal.

Em que pese a ação declaratória incidental tenha sido extinta pela nova ordem jurídica processual brasileira, o art. 503 do novo C.P.C. prevê a possibilidade da coisa julgada abranger a resolução de questão prejudicial, decidida expressa e incidentemente no processo, se: I – dessa resolução depender o julgamento do mérito; II – a seu respeito tiver havido contraditório prévio e efetivo, não se aplicando no caso de revelia; III – o juízo tiver competência em razão da matéria e da pessoa para resolvê-la como questão principal.

Assim, diante dessa nova sistemática de amplitude da coisa julgada em face de questão prejudicial, não vejo impedimento para que tal abrangência possa ocorrer em relação à questão prejudicial trazida no âmbito dos embargos à execução.

Se o embargado, reconhecendo o fato em que se fundou os embargos, outro lhe opuser como impeditivo, modificativo ou extintivo ao direito do embargante, este será ouvido.

Se o exequente, devidamente intimado para impugnar os embargos, deixar transcorrer *in albis* o prazo, será ele considerado revel?

Estabelece o art. 344 do atual C.P.C. que se o réu não contestar a ação, será considerado revel e presumir-se-ão verdadeiras as alegações de fato formuladas pelo autor.

Na demanda executória, propriamente dita, não há revelia, pois o executado não é citado para responder à execução, mas, sim, para pagar (cumprir a obrigação prevista no título executivo extrajudicial) no prazo fixado em lei.[428]

Em relação à falta de impugnação aos embargos, a matéria é controvertida na doutrina, vejamos: "*Pela negativa orientam-se José Frederico Marques, Alexandre de Paula, José Afonso Beltrame, entre outros, sob o argumento de que o processo de execução possui regras próprias que impedem a aplicação das disposições que regem a revelia no processo de conhecimento. Na mesma perspectiva, assim se manifesta Humberto Theodoro Júnior: '(...) na verdade, porém, não se pode falar tecnicamente, em efeito da revelia no procedimento dos embargos, pelo menos nos moldes do art. 391. Primeiro, porque o credor não recebe uma citação tal como se dá no processo de conhecimento, em que lhe é feita convocação para se defender, sob a expressa cominação de se presumirem verdadeiros os fatos articulados pelo autor, caso não seja contestada a ação (arts. 185 e 225, II). Segundo, porque a posição do credor na execução é especialíssima, pois, para fazer valer o seu direito nada tem que provar, já que o título executivo de que dispõe é prova cabal de seu crédito e razão suficiente para levar a execução forçada até as últimas consequências. Para pretender desconstituí-lo, diante da presunção legal de legitimidade que o ampara, toca ao devedor embargante todo o ônus da prova (Comentário, v. 4/595, Forense, 1ª ed.)'.*

A jurisprudência inclina-se a acolher essa posição doutrinária: 'Nos embargos à execução, não se verificam os efeitos da revelia (VI ENTA- concl. 15, aprovada por unanimidade).

Rita Gianesini, por sua vez, amparada em José Joaquim Calmon de Passos, entende que há revelia nos embargos à execução: '(...)porque será inserida uma ação que comporta processo de conhecimento, e deverá haver uma sentença julgando esses embargos(...)'.

Na mesma esteira de pensamento é a posição de Alcides Mendonça Lima: 'Ora, se assim o é, pela finalidade da ação dos embargos do devedor e pelo rito de seu procedimento, a ausência de impugnação ('rectius' – contestação, item n. 10 supra) pelo embargado credor gera os efeitos da revelia(...)'".[429]

---

[428] Souza, Artur César. *Contraditório e revelia*. Perspectiva crítica dos efeitos da revelia em face da natureza dialética do processo. São Paulo: Editora Revista dos Tribunais, 2003. p. 219.

[429] Souza, A. C., idem, p. 221.

O S.T.J., sobre o tema da revelia nos embargos à execução, firmou o seguinte posicionamento:

AGRAVO REGIMENTAL. AGRAVO DE INSTRUMENTO. RECURSO ESPECIAL.

PROCESSUAL CIVIL. EMBARGOS À EXECUÇÃO. NEGATIVA DE PRESTAÇÃO JURISDICIONAL. NÃO OCORRÊNCIA. PREQUESTIONAMENTO FICTO.

DESCABIMENTO. REEXAME DE MATÉRIA DE FATO. ÓBICE DA SÚMULA 7/STJ.

AUSÊNCIA DE IMPUGNAÇÃO AOS EMBARGOS DO DEVEDOR. REVELIA. NÃO OCORRÊNCIA. PRECEDENTES.

1. Ausência de maltrato ao art. 535 do Código de Processo Civil quando o acórdão recorrido, ainda que de forma sucinta, aprecia com clareza as questões essenciais ao julgamento da lide, não estando o magistrado obrigado a rebater, um a um, os argumentos deduzidos pelas partes.

2. Inviável o recurso especial se não observado o requisito do prequestionamento.

3. Inaplicabilidade, no STJ, do chamado prequestionamento ficto, entendimento decorrente da Súmula 356/STF. Precedentes.

4. Inadmissível o recurso especial cuja pretensão demanda o revolvimento do conteúdo fático dos autos, por óbice da Súmula 7/STJ.

5. Não se produzem os efeitos da revelia em sede de embargos à execução fundado em título executivo extrajudicial quando o embargado deixa de impugnar a petição inicial dos embargos. Precedente.

6. AGRAVO REGIMENTAL DESPROVIDO.

(AgRg no Ag 1229821/PR, Rel. Ministro PAULO DE TARSO SANSEVERINO, TERCEIRA TURMA, julgado em 27/03/2012, DJe 09/04/2012)

TRIBUTÁRIO – EMBARGOS À EXECUÇÃO – AUSÊNCIA DE IMPUGNAÇÃO – REVELIA – NÃO-OCORRÊNCIA – AGRAVO REGIMENTAL IMPROVIDO.

1. Não há falar em revelia em processo de execução ante a ausência de impugnação dos embargos à execução pelo credor.

2. Precedentes: AgRg no REsp 1.001.239/RN, Rel. Min. Castro Meira, Segunda Turma, DJe 2.10.2008; REsp 885.043/RJ, Rel. Min. Arnaldo Esteves Lima, Quinta Turma, DJ 7.2.2008, p. 1; REsp 671.515/RJ, Rel. Min. João Otávio de Noronha, Segunda Turma, DJ 23.10.2006, p. 289.

Agravo regimental improvido.

(AgRg no REsp 1162868/SP, Rel. Ministro HUMBERTO MARTINS, SEGUNDA TURMA, julgado em 02/02/2010, DJe 19/02/2010)

EMBARGOS À EXECUÇÃO

AGRAVO REGIMENTAL. RECURSO ESPECIAL. PROCESSO CIVIL. EMBARGOS À EXECUÇÃO. TÍTULO EXECUTIVO JUDICIAL. REVELIA. NÃO-OCORRÊNCIA.

1. Não há por que falar em revelia em processo de execução, em face da não impugnação dos embargos à execução pelo credor.

2. Agravo regimental não provido.

(AgRg no REsp 1001239/RN, Rel. Ministro CASTRO MEIRA, SEGUNDA TURMA, julgado em 02/09/2008, DJe 02/10/2008).

13. Julgamento dos embargos de execução

Intimado o embargado, tendo este apresentado ou não impugnação, passa-se para a fase do julgamento conforme o estado do processo.[430]

Ocorrendo qualquer das hipóteses previstas nos arts. 485 e 487, inciso II e III, do novo C.P.C. o juiz proferirá sentença. Se essa decisão disser respeito a apenas parcela dos embargos, caberá recurso de agravo de instrumento nos termos do p.u. do art. 354 do novo C.P.C.

O juiz também poderá proferir julgamento antecipado de mérito se não houver necessidade de outras provas.

Permite-se também o julgamento parcial de mérito quando um ou mais dos pedidos formulados ou parcela deles mostrar-se incontroverso ou estiver em condições de imediato julgamento, nos termos do art. 355 do novo C.P.C.

Não sendo o caso das hipótese acima, o juiz deverá sanear e organizar o processo nos termos do art. 357 do novo C.P.C.

O juiz, em saneamento, decidirá as questões processuais pendentes e delimi-tará os pontos controvertidos sobre os quais incidirá a prova, especificando os meios admitidos de sua produção e, se necessário, designará audiência de instrução e julgamento.

O ônus da prova, nos embargos, compete ao embargante quanto aos fatos constitutivos, modificativos ou extintivos dos direitos do embargado/exequente. Esse ônus permanece ainda que o embargado não impugne a pretensão formu-lada nos embargos.

O juiz poderá distribuir, de forma diversa, o ônus da prova.

Havendo questão de fato controvertida, deverá o juiz permitir a produção de prova em instrução processual, podendo designar audiência para oitiva de testemunhas ou interrogatória das partes.

---

[430] ENUNCIADO 94 da I Jornada de Direito Processual do Centro de Estudos Judiciários: *Aplica-se o procedimento do art. 920 do CPC à impugnação ao cumprimento de sentença, com possibilidade de rejeição liminar nas hipóteses dos arts. 525, § 5º, e 918 do CPC.*

EXECUÇÃO E CUMPRIMENTO DE SENTENÇA

14. Natureza jurídica da sentença proferida nos embargos de execução

Encerrada a instrução, o juiz proferirá sentença nos embargos à execução.

Para Liebman, a sentença de procedência proferida nos embargos à execução teria natureza desconstitutiva do título executivo, pois corta a eficácia do título.[431]

Ocorre que, mesmo na Itália, onde inicialmente Liebman expôs sua tese, a natureza declaratória prepondera.

Na verdade, a natureza da sentença a ser proferida nos embargos à execução dependerá do pedido e da causa de pedir nele formulados, podendo, inclusive, ter força mandamental quando determinar o levantamento da penhora.[432]

Tendo a sentença proferida nos embargos à execução eficácia declaratória, isso significa dizer que a sentença de resolução de mérito proferida nos embargos fará coisa julgada material.

Cumpre ressaltar, contudo, que a imutabilidade da sentença se limita ao objeto litigioso dos embargos, circunscrevendo-se aos limites da causa e pedir.

A sentença a ser proferida nos embargos poderá ser com ou sem resolução de mérito.

É bem verdade que a sentença sem resolução de mérito não obsta que a parte proponha novamente a demanda. Contudo, em se tratando de embargos à execução, há certa particularidade que deve ser observada.

Na realidade, a sentença que julgar os embargos sem resolução de mérito, em regra geral, obsta que o embargante promova novamente a demanda, em face do prazo preclusivo para se ingressar com os embargos.

Penso que somente poderá ser oportunizada nova interposição de embargos no caso de o juiz acolher a alegação de ilegitimidade de parte.

Porém, tendo o juiz proferido nos embargos decisão sem resolução do mérito, e dependendo da hipótese, poderá a parte promover demanda autônoma para discutir o título e a obrigação que ele representa.

É importante salientar que a ação declaratória antecedente ao processo de execução que versar acerca do mesmo crédito exequendo encerra prejudicialidade em relação aos embargos do executado e à execução, por isso que acolhida, apresenta a mesma eficácia do julgamento que reconhece o excesso da execução.

Portanto, o prévio julgamento da ação declaratória cumulada com anulatória de débito, processada paralelamente, constituiu coisa julgada sobre o

---

[431] LIEBMAN, E. T. *Embargos...*, op. cit., p. 228..
[432] ASSIS, A. op. cit., p. 1.288.

656

direito material debatido nos embargos à execução, importando a invalidação superveniente de parte do título executivo embasador da execução.

Contra a sentença proferida nos embargos à execução caberá recurso de apelação, uma vez que, nos termos do art. 203, §1º, do novo C.P.C., a decisão proferida neste procedimento extingue a fase cognitiva do procedimento comum dos embargos à execução.

Questão interessante diz respeito à interpretação que se deve dar ao art. 1012 e §1º, inc. III, do novo C.P.C., quanto aos efeitos do recurso de apelação da sentença proferida em embargos à execução.

Estabelece o art. 1.012 e §1º do novo C.P.C.

> Art. 1.012. A apelação terá efeito suspensivo.
>
> § 1º Além de outras hipóteses previstas em lei, começa a produzir efeitos imediatamente após a sua publicação a sentença que:
>
> I – homologa divisão ou demarcação de terras;
>
> II – condena a pagar alimentos;
>
> III – **extingue sem resolução do mérito ou julga improcedentes os embargos do executado;**
>
> IV – julga procedente o pedido de instituição de arbitragem;
>
> V – confirma, concede ou revoga tutela provisória;
>
> VI – decreta a interdição.

Quando se diz que a apelação terá efeito suspensivo, isso significa dizer que o recebimento do recurso suspende a eficácia do conteúdo da decisão, não podendo ela ser objeto de execução.

No caso, o recurso de apelação contra a sentença proferida em embargos à execução **somente não** terá efeito suspensivo se a decisão extingui-lo sem resolução do mérito ou julgar improcedente o pedido nele formulado. Nessas hipóteses, a execução poderá prosseguir.

Porém, se a decisão proferida nos embargos à execução for de procedência do pedido, aplica-se a regra geral sobre os efeitos do recurso de apelação, ou seja, o recurso de apelação terá efeito suspensivo (art.1.012 do novo C.P.C.).[433]

---

[433] AGRAVO INTERNO NO AGRAVO EM RECURSO ESPECIAL. PROCESSUAL CIVIL. EMBARGOS À EXECUÇÃO PARCIALMENTE PROCEDENTES. PRETENSÃO À EXTENSÃO DO EFEITO SUSPENSIVO À APELAÇÃO. IMPOSSIBILIDADE. ART. 520, V, DO CPC/1973. PRECEDENTES DO STJ. AGRAVO IMPROVIDO.
1. A jurisprudência do Superior Tribunal de Justiça consagra orientação no sentido de que, nos casos de procedência parcial dos embargos à execução, a apelação deve ser recebida apenas no efeito devolutivo.

EXECUÇÃO E CUMPRIMENTO DE SENTENÇA

Nesse caso, muito embora a sentença proferida nos embargos à execução tenha sido de procedência do pedido, *em tese*, a execução poderá prosseguir, pois a sentença proferida nos embargos não gera os seus respectivos efeitos, como, por exemplo, a extinção da execução ou mesmo o seu prosseguimento.

Note-se que o art. 919 do novo C.P.C. expressamente estabelece que os embargos à execução *não terão efeito suspensivo.*

É possível que juiz, a requerimento do embargante, atribua efeito suspensivo aos embargos quando verificados os requisitos para a concessão da tutela provisória e desde que a execução já esteja garantida por penhora, depósito ou caução suficientes. Nesse caso, mesmo que o recurso de apelação tenha efeito suspensivo, a execução não poderá prosseguir em face da decisão que concedeu efeito suspensivo aos embargos.

Contudo, não obstante a sistematização acima indicada, observa-se que ainda alguns tribunais têm considerado o efeito suspensivo concedido em recurso de apelação contra sentença de procedência do pedido nos embargos à execução como suspensão da própria execução em relação ao crédito reclamado.

Sendo a sentença proferida nos embargos à execução de extinção sem resolução de mérito ou de julgamento de improcedência do pedido, eventual recurso de apelação somente será recebido no efeito devolutivo, razão pela qual a execução poderá prosseguir.

Porém, é possível, nos termos do §3º do art. 1.012 do novo C.P.C., requerer-se concessão de efeito suspensivo ao recurso de apelação, pedido que será formulado e dirigido ao: I – tribunal, no período compreendido entre a interposição

---

2. Agravo interno improvido.
(AgInt no AREsp 952.517/MS, Rel. Ministro RAUL ARAÚJO, QUARTA TURMA, julgado em 29/08/2017, DJe 21/09/2017)
AGRAVO INTERNO NO AGRAVO EM RECURSO ESPECIAL. EMBARGOS À EXECUÇÃO PARCIALMENTE PROCEDENTES. 1. OFENSA AO ART. 1.022 DO CPC/2015. INEXISTÊNCIA. 2. PRETENSÃO À EXTENSÃO DO EFEITO SUSPENSIVO À APELAÇÃO. IMPOSSIBILIDADE. ART. 520, V, DO CPC/1973. PRECEDENTES. INCIDÊNCIA DA SUMULA N. 7 DESTA CORTE. AGRAVO IMPROVIDO. 1. De acordo com o entendimento jurisprudencial pacífico desta Corte Superior, não há violação do art. 1.022 do CPC/2015 nos casos em que o acórdão recorrido resolve com coerência e clareza os pontos controvertidos que foram postos à apreciação da Corte de origem, examinando as questões cruciais ao resultado do julgamento. 2. Segundo entendimento jurisprudencial desta Corte, nos casos de procedência parcial dos embargos à execução, a apelação deve ser recebida apenas no efeito devolutivo. Além disso, na espécie, o Tribunal de origem, com base nos elementos dos autos, constatou que os requisitos para a concessão do efeito suspensivo aos embargos não estavam presentes, a fim de que fossem extendidos ao recurso de apelação. Desse modo, rever esse entendimento, encontraria óbice no enunciado n. 7 da Súmula desta Casa. 3. Agravo interno a que se nega provimento. (AgInt no AREsp 940.872/MT, Rel. Ministro MARCO AURÉLIO BELLIZZE, TERCEIRA TURMA, julgado em 20/10/2016, DJe de 07/11/2016)

da apelação e sua distribuição, ficando o relator designado para seu exame prevento para julgá-la; II – relator, se já distribuída a apelação.

Portanto, a eficácia da sentença poderá ser suspensa pelo relator se o apelante demonstrar a probabilidade de provimento do recurso ou se, sendo relevante a fundamentação, houver risco de dano grave ou de difícil reparação.

Uma vez concedido efeito suspensivo ao recurso de apelação de sentença de extinção ou de julgamento sem resolução de mérito dos embargos à execução, a interpretação mais razoável é no sentido de que a própria execução ficará suspensa até o julgamento do recurso de apelação pelo Tribunal de apelação.

15. Fixação das verbas de sucumbências nos embargos de execução

Na sentença o juiz deverá fixar as verbas de sucumbência.

Se o embargado/exequente for sucumbente, não haverá maior dificuldade em se fixar os honorários em favor do embargante.

A questão que se coloca é se o embargante/executado for sucumbente.

Como o juiz já fixou honorários de advogado no processo de execução em favor do exequente, haverá necessidade de se fixar novos honorários nos embargos à execução?

Sob a égide do C.P.C. de 1973, assim vinha entendendo o S.T.J.:

PROCESSUAL CIVIL. HONORÁRIOS ADVOCATÍCIOS. AÇÃO DE EXECUÇÃO E EMBARGOS DO DEVEDOR. AUTONOMIA DAS DEMANDAS. CABIMENTO DOS HONORÁRIOS ADVOCATÍCIOS.

1. In casu, a Corte Regional entendeu que a verba honorária arbitrada na ação executória se deu de modo provisório e que, na hipótese de interposição de embargos do devedor, como ocorrido no caso, a decisão anteriormente prolatada fica substituída pela sentença proferida nos autos incidentais, excluídos os honorários anteriormente fixados na execução.

2. De acordo com a jurisprudência dominante do STJ, constituindo os Embargos do Devedor verdadeira Ação de Conhecimento que não se confunde com a Ação de Execução, os honorários advocatícios devem ser fixados de forma autônoma e independente em cada uma das referidas ações, desde que a cumulação da verba honorária não exceda o limite máximo previsto no § 3º do art. 20 do CPC/1973.

3. Recurso Especial provido.

(REsp 1670357/RS, Rel. Ministro HERMAN BENJAMIN, SEGUNDA TURMA, julgado em 22/08/2017, DJe 13/09/2017)

EXECUÇÃO E CUMPRIMENTO DE SENTENÇA

Com a entrada em vigor do novo C.P.C., a cumulação de honorários de advogado fixados na execução e nos embargos é de rigor.

Estabelece o art. 85, §1º, do novo C.P.C.:

> *Art. 85. A sentença condenará o vencido a pagar honorários ao advogado do vencedor.*
>
> *§ 1º São devidos honorários advocatícios na reconvenção, no cumprimento de sentença, provisório ou definitivo, na execução, resistida ou não, e nos recursos interpostos, cumulativamente.*

Muito embora o §1ª do art. 85 do novo C.P.C. não tenha feito referência aos embargos, é possível dar-se uma interpretação no sentido de que ali também estão referidos os embargos à execução.

O S.T.J. já entendeu que a verba de sucumbência poderia ser fixada de forma derradeira e definitiva somente nos embargos, abrangendo também o trabalho realizado na execução. Nesse sentido, eis a seguinte decisão do S.T.J.:

> *RECURSO ESPECIAL. PROCESSUAL CIVIL. AÇÃO DE EXECUÇÃO DE TÍTULO EXTRAJUDICIAL. EMBARGOS À EXECUÇÃO. HONORÁRIOS ADVOCATÍCIOS. CUMULAÇÃO. POSSIBILIDADE.*
>
> *1. A jurisprudência desta Corte admite o arbitramento de honorários advocatícios tanto na execução quanto nos embargos do devedor, ressaltando-se, porém, a possibilidade de a sucumbência final ser determinada definitivamente nos embargos, desde que fique claro que o valor fixado nos embargos à execução atende a ambos os incidentes.*
>
> *Precedentes da Corte Especial.*
>
> *2. No caso em apreço, não há nenhuma referência no acórdão que julgou os embargos de que a verba honorária ali fixada abrange ou substitui aquela previamente arbitrada para remunerar o trabalho do causídico na execução.*
>
> *3. Na hipótese, não há como afastar a possibilidade de cumulação das duas verbas – amplamente aceita pela jurisprudência desta Corte – tendo em vista a autonomia dos embargos do devedor em relação à execução.*
>
> *4. Recurso especial não provido.*
>
> (REsp 1627602/SP, Rel. Ministro RICARDO VILLAS BÔAS CUEVA, TERCEIRA TURMA, julgado em 08/11/2016, DJe 14/11/2016)

É certo que, ainda sob a égide do C.P.C. de 1973, o S.T.J. afetou a seguinte questão para ser decidida na sistemática de recurso repetitivo, sobre a cumulação de horários envolvendo a Fazenda Pública:

PROCESSUAL CIVIL. EMBARGOS DE DECLARAÇÃO NO AGRAVO REGIMENTAL NO AGRAVO EM RECURSO ESPECIAL. EXECUÇÃO INDIVIDUAL CONTRA A FAZENDA PÚBLICA. EMBARGOS À EXECUÇÃO. CUMULAÇÃO DE HONORÁRIOS ADVOCATÍCIOS. RECURSO AFETADO À SISTEMÁTICA DO ART. 543-C DO CPC: RESP 1.520.710/SC, REL. MIN. MAURO CAMPBELL MARQUES. DECISÕES RECONSIDERADAS. RETORNO DOS AUTOS, SOBRESTANDO-OS NO TRIBUNAL DE ORIGEM. APÓS, PROSSEGUIR COM O FEITO NOS TERMOS DOS ARTS. 1.040 E 1.041 DO CPC/2015. EMBARGOS DE DECLARAÇÃO DE MARIA JOSÉ TORRES DE MORAES ACOLHIDOS.

1. O tema relativo à possibilidade de cumulação da verba honorária fixada na Execução com aquela arbitrada nos respectivos Embargos do Devedor foi afetado pelo eminente Ministro MAURO CAMPBELL MARQUES à sistemática do art. 543-C do CPC, tendo sido destacado como paradigma o REsp. 1.520.710/SC.

2. A admissão de Recurso Especial como representativo da controvérsia impõe o sobrestamento dos autos do processo em que foram interpostos recursos na origem, cuja matéria se identifique com o tema afetado, para que, uma vez concluído o julgamento nesta Corte, seja o inconformismo apreciado na forma do art. 543-C, §§ 7º. e 8º. do CPC e da Resolução 8, de 7.8.2008 do STJ.

3. Embargos de Declaração de Maria José Torres de Moraes acolhidos, com efeitos infringentes, reconsiderando-se as decisões anteriores e determinando-se a devolução dos autos ao Tribunal de origem.

(EDcl no AgRg no AREsp 624.557/RS, Rel. Ministro NAPOLEÃO NUNES MAIA FILHO, PRIMEIRA TURMA, julgado em 22/08/2017, DJe 31/08/2017)

A questão pode ainda ser resolvida de outra maneira.
Estabelece o art. 827 do novo C.P.C.

Art. 827. Ao despachar a inicial, o juiz fixará, de plano, os honorários advocatícios de dez por cento, a serem pagos pelo executado.

Porém, se houver interposição de embargos à execução, o §2º do art. 827 do novo C.P.C. assim preconiza: *O valor dos honorários poderá ser elevado até vinte por cento, quando rejeitados os embargos à execução, podendo a majoração, caso não opostos os embargos, ocorrer ao final do procedimento executivo, levando-se em conta o trabalho realizado pelo advogado do exequente.*

Portanto, pelo novo C.P.C., a questão da sucumbência de honorários de advogado nos embargos será definida somente no processo de execução, mediante aumento da verba honorária anteriormente fixada.

TÍTULO 8

SUSPENSÃO E EXTINÇÃO DO PROCESSO DE EXECUÇÃO

Capítulo 16
Suspensão do Processo de Execução

1. Suspensão e extinção do processo de execução

O curso do processo executivo poderá ser assaltado por eventos que lhe impedem o desenvolvimento regular ou que produzem alterações na ordem dos atos processuais. A esses eventos Carnelutti denominou de 'crise' do processo. Nessa ordem de ideia, a crise implicará a paralisação temporária ou definitiva do procedimento.[434]

As causas de suspensão ou extinção do processo executivo, como eventos normais ou anormais do processo, encontram uma específica disciplina no Título IV do Livro II do novo C.P.C. brasileiro.

No Capítulo I do Título IV há indicações das causas de suspensão do processo de execução.

Já no Capítulo II do Título IV, indicam-se as causas de extinção do processo de execução.

Está-se diante de institutos processuais que tem muito pouco em comum, mas que estão inseridos numa única matriz de regulação processual.

2. Causas de suspensão da execução

O art. 921 do novo C.P.C. indica quais são as causas que justificam a suspensão do processo executivo.

Nos termos do referido dispositivo normativo processual, suspende-se a execução:

---

[434] Apud Assis, A, op. cit. p. 1.156.

EXECUÇÃO E CUMPRIMENTO DE SENTENÇA

a) nas hipóteses dos arts. 313 e 315, no que couber;
b) no todo ou em parte, quando recebidos com efeito suspensivo os embargos à execução;
c) quando o executado não possuir bens penhoráveis;
d) se a alienação dos bens penhorados não se realizar por falta de licitantes e o exequente, em 15 (quinze) dias, não requerer a adjudicação nem indicar outros bens penhoráveis;
e) quando concedido o parcelamento de que trata o <u>art. 916</u>.

No direito comparado, encontram-se as seguintes hipóteses de suspensão da execução:
Código de Processo Civil português:

Artigo 793.º Suspensão da execução nos casos de insolvência
Qualquer credor pode obter a suspensão da execução, a fim de impedir os pagamentos, mostrando que foi requerida a recuperação de empresa ou a insolvência do executado.

Artigo 863.º Suspensão da execução
1 – A execução suspende-se se o executado requerer o diferimento da desocupação do local arrendado para habitação, motivada pela cessação do respetivo contrato, nos termos do artigo seguinte.
2 – O agente de execução suspende as diligências executórias sempre que o detentor da coisa, que não tenha sido ouvido e convencido na ação declarativa, exibir algum dos seguintes títulos, com data anterior ao início da execução.

Código de Processo Civil italiano:

Art. 623 (Limite da suspensão)
Salvo que a suspensão seja disposta por lei o pelo juiz quando impugnado o título, a execução forçada não pode ser suspensa a não ser por provimento do juiz da execução.

Vejamos as hipóteses específicas de suspensão indicadas no art. 921 do novo C.P.C. brasileiro.

2.1. Nas hipóteses dos arts. 313 e 315 do novo C.P.C.

Dentre as causas de suspensão do processo executivo encontram-se aquelas previstas para a suspensão do processo de conhecimento, as quais estão disciplinadas nos arts. 313 e 315 do atual C.P.C.

SUSPENSÃO DO PROCESSO DE EXECUÇÃO

Evidentemente, somente serão aplicadas ao processo de execução as causas de suspensão do processo de conhecimento previstas no art. 313 e 315 do atual C.P.C., no que for pertinente.

Haverá hipótese de suspensão do processo de conhecimento de rara aplicação no processo de execução, como, por exemplo, a da letra 'b' do inc. V do art. 313, do novo C.P.C., pois na execução não haverá possibilidade de se promover a instrução processual.

Dentre as hipóteses de suspensão do processo execução encontra-se a morte ou perda da capacidade da parte ou de seu procurador

A morte encerra a personalidade civil e processual, razão pela qual haverá suspensão do processo para que haja a devida habilitação dos sucessores.

É possível, contudo, que em razão do objeto da pretensão jurídica de direito material não seja possível a sucessão. Isso se verifica quando se tratar de obrigação personalíssima e intransmissível. Nesse caso, haverá extinção da execução.

O mesmo se dá pela perda da capacidade da parte.

Também haverá a suspensão do processo de execução pela morte ou perda da capacidade do representante da parte. Nesse caso, contudo, não se trata de habilitação dos sucessores, mas, sim, da substituição do representante ou, se for o caso, de nomeação de curador.

Se houver morte ou perda de capacidade do advogado da parte, também não será caso de habilitação, mas, sim, de recomposição da capacidade postulatória, suspendendo-se o processo para que a parte indique novo advogado para representá-la em juízo.

Assim, em se tratando de execução, se o exequente não recompõe a sua capacidade postulatória, o juiz extinguirá o processo. Se a falta for do executado, o processo prosseguirá não obstante sua contumácia.

É importante salientar que se a execução for proposta contra pessoa já falecida, não será caso de suspensão do processo, mas de sua extinção por falta de legitimidade 'ad causam'.

Deve-se registrar que eventual morte ou perda de capacidade do presentante da pessoa jurídica não acarretará a sua extinção, devendo o presentante falecido ser substituído pelo que indicar o contrato ou estatuto social, não acarretando nenhuma influência no curso do processo. O mandato porventura outorgado ao advogado permanece válido e eficaz.[435]

---

[435] ASSIS, A. op. cit., p. 1.167.

EXECUÇÃO E CUMPRIMENTO DE SENTENÇA

Haverá também suspensão do processo se a parte alegar suspeição ou impedimento do juiz.

2.2. No todo ou em parte, quando recebidos com efeito suspensivo os embargos à execução

Suspende-se o processo de execução, no todo ou em parte, quando recebidos com efeito suspensivo os embargos à execução.

Nos termos do §1º do art. 919 do atual C.P.C., o juiz poderá, a requerimento do embargante, atribuir efeito suspensivo aos embargos quando verificados os requisitos para a concessão da tutela provisória e desde que a execução já esteja garantida por penhora, depósito ou caução suficientes.

Concedido efeito suspensivo aos embargos, a execução permanecerá suspensa enquanto perdurar o efeito suspensivo concedido, no todo ou em parte, aos embargos à execução, pois, conforme preconiza o §2º do art. 919 do atual C.P.C., a decisão relativa aos efeitos dos embargos poderá, a requerimento da parte, ser modificada ou revogada a qualquer tempo, em decisão fundamentada, cessando as circunstâncias que a motivaram.

Os Tribunais têm dado os mesmos efeitos suspensivos dos embargos quando o executado se vale da demanda declaratória autônoma de nulidade do título (AgRg no REsp 1192328/MG, Rel. Ministra NANCY ANDRIGHI, TERCEIRA TURMA, julgado em 18/09/2012, DJe 26/09/2012). Evidentemente, para que a demanda declaratória tenha o mesmo efeito suspensivo dos embargos, além da garantia integral do juízo, deve estar presentes os requisitos para a concessão da tutela provisória.

Porém, se na demanda declaratória for concedida tutela provisória no sentido de suspender a exigibilidade da obrigação objeto do título executivo extrajudicial, a execução deverá ser suspensa até a conclusão da demanda declaratória.

Em matéria tributária, especialmente em relação aos depósitos com o fim de suspender a exigibilidade do crédito tributário, assim tem se pronunciado o S.T.J.:

> *EXECUÇÃO FISCAL. PROPOSITURA ANTERIOR AO DEPÓSITO INTEGRAL EM AÇÃO ANULATÓRIA. SUSPENSÃO DA EXECUÇÃO FISCAL.*
>
> *I – Conforme diversos julgados desta Corte, apenas o depósito integral anterior à propositura da execução tem o condão de extingui-la, uma vez que falta à CDA um dos elementos de título executivo, qual seja, exigibilidade. No caso concreto, a execução fiscal foi proposta em 13.08.2002 e a suspensão da exigibilidade do crédito se deu em 21.08.2002 com seu*

depósito integral. Assim, como o depósito integral foi feito após a propositura do processo executivo, de rigor que este seja apenas suspenso, ao invés de extinto. Precedentes: REsp nº 255.701/SP, Rel. Min. FRANCIULLI NETTO, DJ de 09.08.2004; REsp nº 789.920/ MA, Rel. Min. FRANCISCO FALCÃO, DJ de 06.03.2006.

II – Outrossim, é temerário permitir-se que se extinga o executivo fiscal, desconstituindo, assim, penhoras ou arrestos porventura existentes, antes que ocorra a conversão do depósito em renda, pois não se sabe o deslinde que irá tomar a ação anulatória devidamente garantida pelo depósito integral.

III – Há situações em que é possível se propor a ação anulatória, depositar o valor integral do débito e este poder ser levantado pelo autor, sem julgamento do mérito da ação. Em casos assim, caso seja extinta a execução, restaria partida a pretensão executória da recorrente. Precedentes: REsp nº 502.627/PR, Rel. Min. FRANCISCO FALCÃO, DJ de 22.03.2004; REsp nº 825.884/DF, Rel. Min. TEORI ALBINO ZAVASCKI, DJ de 15.05.2006; REsp nº 543.442/PI, Rel. Min. ELIANA CALMON, DJ de 21.06.2004.

IV – Agravo regimental improvido.

(AgRg no REsp 1057717/RS, Rel. Ministro FRANCISCO FALCÃO, PRIMEIRA TURMA, julgado em 18/09/2008, DJe 06/10/2008)

2.3. Quando concedido efeito suspensivo aos embargos de terceiro

Também ocorre a suspensão de medidas executivas, no todo ou em parte, quando o juiz conceder efeito suspensivo aos *embargos de terceiro*, conforme estabelece o art. 678 do atual C.P.C.

A suspensão será parcial, se os embargos de terceiro atingirem apenas parte dos bens penhorados, prosseguindo-se a execução em relação aos demais.

Versando os embargos de terceiro sobre todos os bens penhorados, haverá suspensão integral das medidas executivas.

O efeito suspensivo somente ocorrerá se o juiz conceder a liminar pleiteada na inicial dos embargos de terceiro, caso contrário não haverá suspensão das medidas executivas.

2.4. Quando o executado não possuir bens penhoráveis

Haverá suspensão do processo de execução quando o executado não possuir bens penhoráveis.

Não havendo bens a ser penhorados em nome do executado, não haverá outra solução a não ser suspender-se a execução até que possam surgir notícias sobre bens que garantam a execução.

Essa suspensão perdurará por prazo indeterminado, pelo menos até que ocorra a prescrição intercorrente da pretensão processual executiva.

EXECUÇÃO E CUMPRIMENTO DE SENTENÇA

2.5. Se a alienação dos bens penhorados não se realizar por falta de licitantes e o exequente, em 15 (quinze) dias, não requerer a adjudicação nem indicar outros bens penhoráveis

Por vezes, os bens penhorados não despertam o interesse de licitantes, muito menos do exequente para realizar a sua adjudicação.

Se a alienação dos bens penhorados não se realizar por falta de licitantes e o exequente, em quinze dias, não requerer a adjudicação nem indicar outros bens penhoráveis, o juiz deverá determinar a suspensão da execução.

Porém, antes de determinar a suspensão da execução, e justamente pelo fato de que os bens não despertam o interesse para alienação ou adjudicação, deverá o juiz, após ouvir as partes, determinar o levantamento da penhora, justamente para que os bens não permaneçam indefinidamente indisponíveis durante o período de suspensão da execução.

Suspensa a execução, o processo permanecerá paralisado até que se encontrem outros bens para serem penhorados ou até que ocorra a prescrição intercorrente.

É importante salientar que outras hipóteses de suspensão da execução existem, como ocorre no leilão de imóvel de incapaz, que não alcançando o valor de 80% da avaliação, impõe ao juiz determinar a suspensão do ato processual de alienação pelo período máximo de um ano.

2.6. Quando concedido o parcelamento de que trata o art. 916 do novo C.P.C.

Será hipótese de suspensão da execução a concessão do parcelamento de que trata o art. 916 do atual C.P.C.

Estabelece o art. 916 do novo C.P.C.:

> *Art. 916. No prazo para embargos, reconhecendo o crédito do exequente e comprovando o depósito de trinta por cento do valor em execução, acrescido de custas e de honorários de advogado, o executado poderá requerer que lhe seja permitido pagar o restante em até 6 (seis) parcelas mensais, acrescidas de correção monetária e de juros de um por cento ao mês.*
>
> *§ 1º O exequente será intimado para manifestar-se sobre o preenchimento dos pressupostos do caput, e o juiz decidirá o requerimento em 5 (cinco) dias.*
>
> *§ 2º Enquanto não apreciado o requerimento, o executado terá de depositar as parcelas vincendas, facultado ao exequente seu levantamento.*
>
> *§ 3º Deferida a proposta, o exequente levantará a quantia depositada, e serão suspensos os atos executivos.*

SUSPENSÃO DO PROCESSO DE EXECUÇÃO

§ 4º Indeferida a proposta, seguir-se-ão os atos executivos, mantido o depósito, que será convertido em penhora.

§ 5º O não pagamento de qualquer das prestações acarretará cumulativamente:

I – o vencimento das prestações subsequentes e o prosseguimento do processo, com o imediato reinício dos atos executivos;

II – a imposição ao executado de multa de dez por cento sobre o valor das prestações não pagas.

§ 6º A opção pelo parcelamento de que trata este artigo importa renúncia ao direito de opor embargos

§ 7º O disposto neste artigo não se aplica ao cumprimento da sentença.

É importante não confundir suspensão da execução com a suspensão da prescrição em razão do parcelamento.

Em se tratando de prescrição, o pedido administrativo de compensação não tem o condão de interromper o prazo prescricional para ajuizamento da respectiva ação de execução. Precedentes: REsp 805.406/MG, Rel. Ministra Denise Arruda, DJe 30/03/2009 EREsp 669.139/SE, Rel. Min. Humberto Martins, DJ de 04/06/2007; REsp 815.738/MG, Rel. Min. Teori Albino Zavascki, DJ de 10/04/2006; AgRg no AgRg no REsp Documento: 78655335 – RELATÓRIO E VOTO – Site certificado Página 3 de 8 Superior Tribunal de Justiça 1.217.558/RS, Rel. Min. Arnaldo Esteves Lima, DJe 19/04/2013.

2.7. Suspensão da execução em razão de concessão de moratória ao executado

O art. 313, inc. II, do atual C.P.C. apresenta hipótese em que a execução poderá ser suspensa por convenção entre as partes, sendo que essa espécie de suspensão do processo de execução não poderá exceder a seis meses.

Numa interpretação sistemática, este pedido de suspensão da execução por acordo entre exequente e executado não precisará ser justificado, sendo que o prazo máximo de suspensão não poderá exceder a seis meses.

A suspensão da execução a pedido das partes também é regulada pelo art. 624-bis do C.P.C. italiano:

Art. 624 – bis (Suspensão a pedido das partes)

O juiz da execução, mediante pedido de todos os credores munidos de título executivo, pode, ouvido o devedor, suspender o processo pelo prazo de vinte e quatro meses. O pedido pode ser formulado até vinte dias antes da expiração do prazo para o depósito das ofertas de aquisição ou, na hipótese em que venda sem leilão não tenha lugar, até quinze dias antes do

EXECUÇÃO E CUMPRIMENTO DE SENTENÇA

leilão. Mediante pedido, o juiz provê nos dez dias sucessivo ao depósito e, se acolhei, dispõe, nos casos que trata o segundo inciso do art. 490, que, nos cincos dias sucessivos ao depósito do provimento de suspensão, o mesmo seja comunicado ao depositário e publicado no sitio da internet em que foi publicada a relação de 'stima'. A suspensão é disposta apenas por uma vez. A determinação é revogável a qualquer momento, também mediante pedido de um só credor e ouvindo de todo modo o devedor. Dentre os dez dias do final do prazo a parte interessada deve apresentar pedido para fixação da audiência para o prosseguimento do processo.

Nas expropriações mobiliárias, o pedido de suspensão pode ser apresentado não além da data fixada 'di asporto' dos bens ou até o décimo dia antes da data da venda se esta deve ser 'espletata' nos lugares em que esse estão depositados e, de todo modo, ante da efetivação da publicidade comercial onde disposta. Na expropriação 'presso terzi' de suspensão não pode mais ser proposta depois da declaração do terceiro.

Art. 627 (Restabelecimento)
O processo executivo deve ser restabelecido quando ocorrer o prazo peremptório fixado pelo juiz da execução e, em todo o caso, não mais tarde que seis meses do trânsito em julgado da sentença de primeiro grau ou da comunicação da sentença de apelo que rejeitou a oposição.

Já a suspensão de que trata o art. 922 do atual C.P.C., que tem por motivação a concessão de prazo pelo exequente ao executado para o cumprimento voluntário da obrigação (moratória), poderá ser deferida por prazo superior a seis meses.

O certo é que em ambas as hipóteses de suspensão por mútuo acordo das partes, o juiz não poderá indeferi-las, salvo se verificar que as partes estão agindo com dolo ou fraude processual.

Se o executado não cumprir a obrigação no prazo acordado com o exequente, o processo de execução retomará o seu curso, salvo se as partes, de comum acordo, solicitarem prorrogação do prazo para o cumprimento da obrigação.

É importante salientar que o prosseguimento da execução se dá com base no título executivo extrajudicial, como se não houvesse ocorrido a concessão de prazo para o cumprimento da obrigação, salvo eventual abatimento de pagamento que possa ter sido efetuado.

3. Suspensão da prescrição e arquivamento dos autos
Na hipótese de o executado não possuir bens (art. 921, inc. III, do novo C.P.C.), o juiz suspenderá a execução pelo prazo de 1 (um) ano, durante o qual o prazo da prescrição ficará igualmente suspenso.

SUSPENSÃO DO PROCESSO DE EXECUÇÃO

Note-se, porém, que o prazo de suspensão da prescrição dar-se-á somente durante o período de um 1 (um) ano, enquanto a execução estiver suspensa em decorrência da inexistência de bens para serem penhorados.

Decorrido o prazo máximo de 1 (um) ano de suspensão da execução, sem que haja sido localizado o executado ou encontrado bens penhoráveis, o juiz ordenará o arquivamento dos autos.

O preceito normativo processual previsto no art. 921, §2º, do novo C.P.C. apresenta a mesma concepção normativa preconizada no art. 40 da Lei n. 6.830/80, a saber:

> *Art. 40 – O Juiz suspenderá o curso da execução, enquanto não for localizado o devedor ou encontrados bens sobre os quais possa recair a penhora, e, nesses casos, não correrá o prazo de prescrição.*
>
> *§ 1º – Suspenso o curso da execução, será aberta vista dos autos ao representante judicial da Fazenda Pública.*
>
> *§ 2º – Decorrido o prazo máximo de 1 (um) ano, sem que seja localizado o devedor ou encontrados bens penhoráveis, o Juiz ordenará o arquivamento dos autos.*
>
> *§ 3º – Encontrados que sejam, a qualquer tempo, o devedor ou os bens, serão desarquivados os autos para prosseguimento da execução.*

Enquanto o processo de execução estiver suspenso por não ter sido localizado o executado ou por não existirem bens que possam ser objeto de penhora, não correrá a prescrição *intercorrente*.

Transcorrido o prazo de 1 (um) ano de suspensão do processo de execução, nos termos do §1º do art. 921 do atual C.P.C., sem que seja localizado o executado ou que sejam encontrados bens penhoráveis, *o juiz ordenará o arquivamento dos autos*.

Portanto, não se deve confundir a decisão que determina a *suspensão* do processo de execução com a decisão que determina o *arquivamento* dos autos executivos.

A partir do *arquivamento* dos autos, que ocorrerá naturalmente após o transcurso do prazo de 1 (um) ano de suspensão do processo de execução, e sem manifestação do exequente, começa a correr o prazo prescricional da *prescrição intercorrente*.

O Superior Tribunal de Justiça, interpretando o art. 40 da Lei 6.830/80 (Lei de Execução Fiscal), tem entendido que o prazo da prescrição intercorrente volta a correr, automaticamente, logo após o transcurso de um ano do prazo de suspensão, sem necessidade de um ato formal do juiz para o arquivamento

EXECUÇÃO E CUMPRIMENTO DE SENTENÇA

do processo (AgRg no Ag 1372530/RS, Rel. Ministro NAPOLEÃO NUNES MAIA FILHO, PRIMEIRA TURMA, julgado em 06/05/2014, DJe 19/05/2014)

Nesse sentido é o teor da Súmula 314 do S.T.J.: *Em execução fiscal, não localizados bens penhoráveis, suspende-se o processo por um ano, findo o qual se inicia o prazo da prescrição qüinqüenal intercorrente.*

Penso que por uma questão sistêmica e isonômica, essa interpretação deverá prevalecer também em relação ao art. 921, §§1º e 2º do atual C.P.C.

É importante salientar que não impedirá o transcurso do prazo da prescrição intercorrente eventuais pedidos de diligências formulados pelo exequente para encontrar bens sujeitos a penhora, se esses requerimentos não apresentarem objetividade e eficácia, e somente tiverem por finalidade a interrupção do prazo da prescrição intercorrente.

O prazo da prescrição intercorrente é o mesmo prazo da prescrição da pretensão do crédito executivo.

O juiz, depois de ouvidas as partes, no prazo de 15 (quinze) dias, poderá, de ofício, reconhecer a prescrição e extinguir o processo.

Se antes do transcurso do prazo da prescrição intercorrente for encontrado o executado ou localizados bens que possam ser penhorados, os autos serão desarquivados para o prosseguimento das medidas executivas.

4. Medidas urgentes e a suspensão da execução

Suspensa a execução, não serão praticados atos processuais.

Regra similar encontra-se no art. 626 do C.P.C. italiano, *in verbis*: *"Quando o processo for suspenso, nenhum ato executivo pode ser praticado, salvo diversa disposição do juiz da execução".*

Deferida a suspensão da execução, não poderão ser praticados atos executivos, salvo eventuais providências de urgência.

São exemplos de medidas de urgência: a) alienação de bens penhorados que possam se deteriorar ou perder seu valor monetário; b) concessão de medidas cautelares, como arresto.

É importante ressaltar que se a suspensão da execução decorrer de efeito suspensivo concedido aos embargos (art. 919, §1º, do atual C.P.C.), haverá de se observar o que dispõem os §§3º, 4º e 5º do art. 919 que assim dispõem:

(...).

§ 3º Quando o efeito suspensivo atribuído aos embargos disser respeito apenas a parte do objeto da execução, esta prosseguirá quanto à parte restante.

§ 4º A concessão de efeito suspensivo aos embargos oferecidos por um dos executados não suspenderá a execução contra os que não embargaram quando o respectivo fundamento disser respeito exclusivamente ao embargante.

§ 5º A concessão de efeito suspensivo não impedirá a efetivação dos atos de substituição, de reforço ou de redução da penhora e de avaliação dos bens.

Sob a égide do C.P.C. de 1973, nem mesmo a substituição ou reforço de penhora era permitido durante a suspensão do processo de execução, salvo se houvesse risco de dano irreparável (AgRg no AREsp 231.371/PE, Rel. Ministro MAURO CAMPBELL MARQUES, SEGUNDA TURMA, julgado em 20/11/2012, DJe 26/11/2012).

Em se tratando de suspensão da execução após a realização da penhora, entende o S.T.J. que não poderá ser liberado o bem penhorado, mantendo-se a garantia (AgRg no REsp 1246234/SP, Rel. Ministro ARNALDO ESTEVES LIMA, PRIMEIRA TURMA, julgado em 11/09/2012, DJe 03/10/2012).

Capítulo 17
Extinção do Processo de Execução

1. Causas de extinção da execução

Chega-se ao momento derradeiro em que ocorre a extinção normal ou anormal do processo executivo, extinguindo-se em definitivo a relação jurídica processual executória, seja pelo fato de que a execução cumpriu com sua finalidade em decorrência da satisfação do crédito, seja por ter ocorrido remissão da dívida, seja em razão de renúncia ao direito ao crédito pelo credor, seja, ainda, por eventual extinção anormal da relação jurídica processual.

Sobre as causas de extinção da execução no direito comparado:
Código de Processo Civil português.

> *Artigo 849.º Extinção da execução*
>
> *1 – A execução extingue-se nas seguintes situações:*
>
> *a) Logo que se efetue o depósito da quantia liquidada, nos termos do artigo 847.º;*
>
> *b) Depois de efetuada a liquidação e os pagamentos, pelo agente de execução, nos termos do Regulamento das Custas Processuais, tanto no caso do artigo anterior como quando se mostre satisfeita pelo pagamento coercivo a obrigação exequenda;*
>
> *c) Nos casos referidos no n.º 3 do artigo 748.º, no n.º 2 do artigo 750.º, no n.º 6 do artigo 799.º e no n.º 4 do artigo 855.º, por inutilidade superveniente da lide;*
>
> *d) No caso referido na alínea b) do n.º 4 do artigo 779.º;*
>
> *e) No caso referido no n.º 4 do artigo 794.º;*
>
> *f) Quando ocorra outra causa de extinção da execução.*
>
> *2 – A extinção é notificada ao exequente, ao executado, apenas nos casos em que este já tenha sido pessoalmente citado, e aos credores reclamantes.*

EXECUÇÃO E CUMPRIMENTO DE SENTENÇA

3 – A extinção da execução é comunicada, por via eletrónica, ao tribunal, sendo assegurado pelo sistema informático o arquivo automático e eletrónico do processo, sem necessidade de intervenção judicial ou da secretaria.

Código de Processo Civil italiano.

Art. 629 (renúncia)

O processo extingue-se, antes da adjudicação ou da arrematação, se o credor que realizou a penhora e aqueles que intervêm munidos do título executivo renunciam aos atos. Depois da venda, o processo extingue-se se renuncia aos atos todos os credores concorrentes.

Enquanto possível, aplicam-se as disposições do artigo 306.

Art. 630 (inatividade das partes).

Além dos casos expressamente previstos na lei, o processo executivo extingue-se quando as partes não lhe dão andamento ou não lhe reassumem no prazo peremptório estabelecido pela lei ou pelo juiz.

A extinção se opera de direito e é declarada, também de ofício, com 'ordinanza' do juiz da execução, o mais tardar na primeira audiência após a ocorrência do mesmo. A 'ordinanza' deve ser comunicada pelo 'cancelliere', se ela é pronunciada fora da audiência.

Contra a 'ordinanza' que declara a extinção ou rejeita a execução relativa é admitido reclamação por parte do devedor ou do credor que realizou a penhora ou dos outros credores que intervêm no prazo peremptório de vinte dias da audiência ou da comunicação da 'ordinanza' e com a observância das formas de que trata o artigo 178 inc. terceiro, quarto e quinto. O colégio provê em Câmara de Conselho com sentença.

Art. 631 (Falta de comparecimento à audiência)

Se no curso do processo executivo nenhuma das partes se apresenta à audiência, exceto para aquela em que a venda ocorre, o juiz da execução fixa uma audiência sucessiva da qual o 'cancelliere' dá comunicação às partes.

Se nenhuma das partes apresenta-se à nova audiência, o juiz declara com 'ordinanza' a extinção do processo executivo.

Aplica-se o último inciso do artigo precedente.

Em linhas gerais, as causas de extinção da execução são: a) pelo pagamento coercitivo; b) pelo pagamento voluntário feito pelo executado ou por terceiro no próprio processo executivo; c) pelo pagamento realizado fora do processo executivo ou por outra causa de extinção das obrigações; d) pela desistência do exequente; e) por qualquer outra causa de extinção da instância executiva.[436]

A extinção da execução opera-se de pleno direito.

Se a extinção da execução for em decorrência da análise do mérito, ou seja, com ingresso na pretensão formulada pela parte exequente, o trânsito em julgado da sentença extintiva da execução produzirá coisa julgada, somente podendo ser rescindida pela via da demanda rescisória.

Contra a sentença que extingue a execução pode a parte ingressar com o recurso de apelação.

Dentre as causas que motivam a extinção da execução no direito processual civil brasileiro encontram-se:

1.1. Indeferimento da petição inicial

A petição inicial da demanda executiva deve observar os requisitos legais estabelecidos no novo C.P.C.

Verificando o juiz que a petição inicial não preenche os requisitos legais ou que apresenta defeitos e irregularidades que possam prejudicar o andamento do processo, determinará que o exequente, no prazo de quinze dias, a emende ou a complete, indicando com precisão o que deve ser corrigido.

Se o exequente não cumprir a diligência, o juiz indeferirá a petição inicial.

Assim, faltando alguns dos requisitos indispensáveis para o prosseguimento da relação jurídica processual, a petição inicial poderá ser rechaçada de plano.

1.2. A obrigação for satisfeita

A pretensão que se formula no processo de execução diz respeito ao cumprimento da obrigação pelo executado.

O *pagamento coercitivo*, objetivo consequencial da execução, realiza-se, normalmente, pelas formas de expropriação decorrente da execução forçada.

O cumprimento da obrigação no âmbito do processo executivo também pode se dar pelo *pagamento voluntário,* feito pelo executado ou por terceiro, o que se denomina de *remição da execução.*

O cumprimento da obrigação é considerado a forma normal de extinção da execução, ou seja, quando o executado satisfaz a obrigação, seja pagando voluntariamente o que é devido ao exequente, seja mediante coerção forçada com a penhora e adjudicação ou alienação de seus bens.

---

[436] FERREIRA, F. A., op. cit. p.. 327.

EXECUÇÃO E CUMPRIMENTO DE SENTENÇA

Extinto o crédito pelo cumprimento da obrigação, não se justifica mais o prosseguimento da execução.

1.3. O executado obtiver, por qualquer outro meio, a extinção total da dívida

Outra causa de extinção da execução se dá quando o executado obtiver, por qualquer meio, a extinção total da dívida.

Dentre esses meios encontram-se a remissão, a transação, a compensação, a dação em pagamento, a novação, confusão etc.

A remissão com dois *ss* significa perdão da dívida e não pagamento (remição).

O fato extintivo que aqui se está considerando deve ocorrer após a instauração da demanda executiva.

Se tais fatos ocorrerem antes da propositura da demanda executiva, a extinção da execução dar-se-á de forma anormal, uma vez que a obrigação foi extinta antes da propositura da demanda executiva.

É importante salientar que nem toda transação extingue a execução; algumas apenas a suspendem (AgRg no REsp 1052960/MG, Rel. Ministro ALDIR PASSARINHO JUNIOR, QUARTA TURMA, julgado em 23/06/2009, DJe 24/08/2009).

Porém, poderá haver transação em que efetivamente se dá a extinção da execução, pois é lícito aos interessados prevenirem ou terminarem o litígio mediante concessões mútuas (art. 822 do C.c.b.). Nesse caso, as partes devem expressamente consignar que com a transação efetuada estão dando por extinta a obrigação, objeto da execução, requerendo a extinção e não simplesmente a suspensão da execução. Tudo dependerá do que for acordado pelas partes.

Havendo as partes concluída a transação, cabe ao credor, uma vez descumprido o acordado, pleitear judicialmente o adimplemento, se inexiste ajuste no sentido de que, isso ocorrendo, deva ter-se por desfeita a transação (STJ – Resp n. 8.118-RS).

1.4. O exequente renunciar ao crédito

Não se deve confundir a *desistência da demanda executiva* com a *renúncia ao crédito*. A primeira gera efeitos eminentemente processuais, enquanto que a segunda gera efeitos também materiais.

Note-se que a desistência também é uma causa de extinção de execução.

A desistência da execução pode dizer respeito ao pedido ou à instância, conduzindo no primeiro caso à extinção da obrigação, enquanto que no segundo unicamente ao fim do processo.

O novo C.P.C. distingue desistência da renúncia. Enquanto esta implica em se pôr fim ao litígio, em caráter definitivo, compondo a lide (art. 487, inc. III, letra 'c', do atual C.P.C.), aquela implica em encerramento do processo sem composição do mérito, sendo possível nova propositura da demanda executiva.

Da mesma forma que o réu pode reconhecer a procedência do pedido, o exequente também pode *renunciar* ao direito sobre o qual se funda a demanda, no caso, o crédito objeto da execução.

Conforme anota E. D. Moniz de Aragão: *"Embora não se contraponham, a renúncia há de ser tratada e entendida de modo próprio, conforme se manifeste no âmbito do Direito Processual ou do Direito Material. Em Direito Material, fala-se de renúncia abdicativa, que seria a renúncia propriamente dita, e renúncia translativa, que corresponderia a uma alienação. No processo, a única renúncia cabível é a abdicativa, excluído o cabimento da alienativa, pois esta significaria transferência do direito litigioso a outrem... Admitida embora no direito Material, será incabível no plano processual a renúncia condicional, ou a termo. A renúncia ao direito em que se funda a ação há de ser, sempre, pura"*.[437]

São requisitos para a validade da renúncia: a) que o direito seja renunciável, pois alguns poucos não o são; b) havendo litisconsórcio, seja qual for, a renúncia, na medida em que cabível, afetará apenas ao renunciante, de modo algum aos colitigantes; c) o exequente poderá renunciar no todo ou em parte, sendo que se for parcial, o processo continuará em relação à parte não renunciada; d) há necessidade de que a parte tenha capacidade para renunciar, aproximando-se da capacidade para o reconhecimento do pedido e para a transação.[438]

A renúncia é ato unilateral, que independe da anuência da parte adversa e pode ser requerida a qualquer tempo e grau de jurisdição, cumprindo apenas ao magistrado averiguar se o advogado signatário da renúncia goza de poderes para tanto (STJ, Resp 422.739-GO, Rel. Min. Teoria Zavascki).

É firme a orientação da Primeira Seção do S.T.J. de que, sem manifestação expressa de renúncia do direito discutido nos autos, é incabível a extinção do processo com julgamento do mérito, residindo o ato na esfera de disponibilidade e interesse do autor, não se podendo admiti-la tácita ou presumidamente (REsp 1124420/MG, Rel. Ministro NAPOLEÃO NUNES MAIA FILHO, PRIMEIRA SEÇÃO, julgado em 29/02/2012, DJe 14/03/2012).

Muito embora a renúncia possa ser tácita ou expressa, o S.T.J. entende que para ocorrer a renúncia no âmbito da relação jurídica processual, essa deve ser

---

[437] MONIZ DE ARAGÃO, E. D., op. cit., p. 604.
[438] MONIZ DE ARAGÃO, E. D., idem, ibidem.

formulada expressamente (REsp 1124420/MG, Rel. Ministro NAPOLEÃO NUNES MAIA FILHO, PRIMEIRA SEÇÃO, julgado em 29/02/2012, DJe 14/03/2012)

Sobre o tema eis ainda a seguinte decisão do S.T.J.:

> *PROCESSO CIVIL. RECURSO ESPECIAL REPRESENTATIVO DE CONTROVÉRSIA. ARTIGO 543-C, DO CPC. EXECUÇÃO DE SENTENÇA. EXTINÇÃO DO PROCESSO. INÉRCIA DO EXEQÜENTE. PRESUNÇÃO DE QUITAÇÃO DA DÍVIDA. ARTIGO 794, I, DO CPC. ERRO NO CÁLCULO DO VALOR EXECUTADO (EXCLUSÃO DE PARCELA CONSTANTE DA SENTENÇA EXEQÜENDA). COISA JULGADA. OCORRÊNCIA. ARTIGO 463, I, DO CPC. RENÚNCIA TÁCITA AO SALDO REMANESCENTE QUE NÃO FOI OBJETO DA EXECUÇÃO. CONFIGURAÇÃO.*
>
> *1. A renúncia ao crédito exeqüendo remanescente, com a conseqüente extinção do processo satisfativo, reclama prévia intimação, vedada a presunção de renúncia tácita.*
>
> *2. A extinção da execução, ainda que por vício in judicando e uma vez transitada em julgado a respectiva decisão, não legitima a sua abertura superveniente sob a alegação de erro de cálculo, porquanto a isso corresponderia transformar simples petitio em ação rescisória imune ao prazo decadencial.*
>
> *3. Deveras, transitada em julgado a decisão de extinção do processo de execução, com fulcro no artigo 794, I, do CPC, é defeso reabrí-lo sob o fundamento de ter havido erro de cálculo.*
>
> *4. É que, in casu: "Trata-se de agravo de instrumento, interposto contra decisão que, tendo em conta a extinção por pagamento de execução de título judicial relativo aos expurgos de poupança (com trânsito em julgado ainda em 02.02.2005), indeferiu requerimento de cumprimento de sentença (protocolado em 02.06.2008), relativo a juros de mora no período de jan/94 a mar/99.*
>
> *Argumenta o agravante que à época da propositura da Execução de Sentença n⁰ 94.00.00710-8/PR, por mero erro material foram incluídos juros só a partir de abr/99, data da citação da CEF na ACP n⁰ 98.0016021-3/PR, quando na verdade os juros deveriam ser cobrados desde jan/94, pois a Execução era relativa à sentença proferida na Ação de Cobrança n⁰ 94.00.00710-8/PR, ajuizada na referida data.*
>
> *(...) A decisão recorrida não merece qualquer reforma pois, com efeito, a inexistência de manifestação acerca da satisfação dos créditos, dando ensejo à sentença extintiva da execução, fundada na satisfação da obrigação (art. 794, I, do CPC), impossibilita a inovação da pretensão executória, sob o argumento do erro material, sob pena de o devedor viver constantemente com a espada de Dâmocles sob sua cabeça.*
>
> *Não se trata, in casu, de erro de cálculo, como argumenta o recorrente, mas de renúncia, ainda que tácita, a eventual remanescente, pois embora os cálculos estejam corretos, houve*

uma restrição no período executado relativo aos juros (por culpa exclusiva do exeqüente), questão que poderia mesmo ter sido objeto de controvérsia em embargos. Sob este prisma, a aceitação desta inovação no objeto da execução poderia implicar, mesmo, num indevido cerceamento de defesa do executado, que a toda hora poderia estar sendo reacionado, mormente, face aos mais de 5 (cinco) anos que passaram entre a inicial da execução e o requerimento ora indeferido (e 3 anos do trânsito em julgado da sentença extintiva da execução)."

5. Recurso especial desprovido. Acórdão submetido ao regime do artigo 543-C, do CPC, e da Resolução STJ 08/2008.

(REsp 1143471/PR, Rel. Ministro LUIZ FUX, CORTE ESPECIAL, julgado em 03/02/2010, DJe 22/02/2010)

1.5. Ocorrer a prescrição intercorrente

Extingue-se o processo de execução quando ocorrer a prescrição intercorrente.

A prescrição intercorrente não deve ser confundida com a prescrição da pretensão ao crédito, ou seja, a prescrição que poderia vir a ser interrompida pelo ingresso com a demanda executiva, ou mesmo pelo protesto judicial.

A prescrição da pretensão executiva também pode ser uma causa de extinção da execução, sendo possível ao juiz reconhecê-la de ofício, nos termos do art. 487, inc. II, do novo C.P.C.

A prescrição da pretensão executiva ocorre tanto no processo de execução autônomo quanto no cumprimento de sentença.

Na realidade, o juiz, independentemente da citação do réu, julgará liminarmente improcedente o pedido formulado na execução, nos termos do art. 332, §1º, do novo C.P.C.

O juiz, ao reconhecer a prescrição da pretensão executiva, proferirá decisão de mérito, nos termos do art. 487, inc. II, do novo C.P.C., a saber:

> *Art. 487. Haverá resolução de mérito quando o juiz:*
> *I – acolher ou rejeitar o pedido formulado na ação ou na reconvenção;*
> *II – decidir, de ofício ou a requerimento, sobre a ocorrência de decadência ou prescrição.*

Na execução, o despacho que ordena a citação, desde que realizada em observância do disposto no §2º do art. 240, interrompe a prescrição, ainda que proferido por juízo incompetente (art. 802 do novo C.P.C.). A interrupção retroagirá à data de propositura da ação (p.u. do art. 802 do novo C.P.C.).

A prescrição intercorrente, por sua vez, é uma prescrição que atinge a própria pretensão processual à tutela jurisdicional satisfativa executiva, em

EXECUÇÃO E CUMPRIMENTO DE SENTENÇA

decorrência de fato imputado ao credor, que por inércia, deixa transparecer que praticamente não tem mais interesse na pretensão ao crédito.[439]

[439] PROCESSUAL CIVIL. TRIBUTÁRIO. RECURSO ESPECIAL REPRESENTATIVO DE CONTROVÉRSIA. ART. 543-C, DO CPC. EXECUÇÃO FISCAL. PRESCRIÇÃO INTERCORRENTE. PARALISAÇÃO DO PROCESSO POR CULPA DO PODER JUDICIÁRIO. SÚMULA 106 DO STJ. REEXAME DE MATÉRIA FÁTICO-PROBATÓRIA. SÚMULA 07/STJ.
1. O conflito caracterizador da lide deve estabilizar-se após o decurso de determinado tempo sem promoção da parte interessada pela via da prescrição, impondo segurança jurídica aos litigantes, uma vez que a prescrição indefinida afronta os princípios informadores do sistema tributário.
2. A perda da pretensão executiva tributária pelo decurso de tempo é consequência da inércia do credor, que não se verifica quando a demora na citação do executado decorre unicamente do aparelho judiciário. Inteligência da Súmula 106/STJ. (Precedentes: AgRg no Ag 1125797/MS, Rel. Ministro LUIZ FUX, PRIMEIRA TURMA, julgado em 18/08/2009, DJe 16/09/2009; REsp 1109205/SP, Rel. Ministra ELIANA CALMON, SEGUNDA TURMA, julgado em 02/04/2009, DJe 29/04/2009; REsp 1105174/RJ, Rel. Ministro BENEDITO GONÇALVES, PRIMEIRA TURMA, julgado em 18/08/2009, DJe 09/09/2009; REsp 882.496/RN, Rel. Ministro MAURO CAMPBELL MARQUES, SEGUNDA TURMA, julgado em 07/08/2008, DJe 26/08/2008; AgRg no REsp 982.024/RS, Rel. Ministro HUMBERTO MARTINS, SEGUNDA TURMA, julgado em 22/04/2008, DJe 08/05/2008)
3. In casu, a Corte de origem fundamentou sua decisão no sentido de que a demora no processamento do feito se deu por culpa dos mecanismos da Justiça, verbis: "Com efeito, examinando a execução fiscal em apenso, constata-se que foi a mesma distribuída em 19/12/2001 (fl.02), tendo sido o despacho liminar determinando a citação do executado proferido em 17/01/2002 (fl. 02 da execução). O mandado de citação do devedor, no entanto, somente foi expedido em 12/05/2004, como se vê fl. 06, não tendo o Sr. Oficial de Justiça logrado realizar a diligência, por não ter localizado o endereço constante do mandado e ser o devedor desconhecido no local, o que foi por ele certificado, como consta de fl. 08, verso, da execução em apenso.
Frustrada a citação pessoal do executado, foi a mesma realizada por edital, em 04/04/2006 (fls. 12/12 da execução).
(...) No caso destes autos, todavia, o fato de ter a citação do devedor ocorrido apenas em 2006 não pode ser imputada ao exequente, pois, como já assinalado, os autos permaneceram em cartório, por mais de dois anos, sem que fosse expedido o competente mandado de citação, já deferido, o que afasta o reconhecimento da prescrição.
(...) Ressalte-se, por fim, que a citação por edital observou rigorosamente os requisitos do artigo 232 do Código Processual Civil e do art. 8º, inciso IV, da Lei 6.830/80, uma vez que foi diligenciada a citação pessoal, sem êxito, por ser o mesmo desconhecido no endereço indicado pelo credor, conforme certificado pelo Sr. Oficial de Justiça, à fl. 08, verso dos autos da execução." 4. A verificação de responsabilidade pela demora na prática dos atos processuais implica indispensável reexame de matéria fático-probatória, o que é vedado a esta Corte Superior, na estreita via do recurso especial, ante o disposto na Súmula 07/STJ.
5. Recurso especial provido, determinando-se o retorno dos autos à instância de origem para prosseguimento do executivo fiscal, nos termos da fundamentação expendida. Acórdão submetido ao regime do art. 543-C do CPC e da Resolução STJ 08/2008.
(REsp 1102431/RJ, Rel. Ministro LUIZ FUX, PRIMEIRA SEÇÃO, julgado em 09/12/2009, DJe 01/02/2010)

O prazo da prescrição intercorrente será o mesmo prazo da pretensão de cobrança do crédito na via executiva, conforme estabelece a Súmula n. 150 do S.T.F.

Assim, tratando-se de cumprimento de sentença, a prescrição intercorrente ocorre no mesmo prazo da prescrição para a interposição da demanda cognitiva.

Na hipótese de título executivo extrajudicial, o prazo de prescrição intercorrente dar-se-á no mesmo prazo estabelecido pela lei material para a prescrição da pretensão de cobrança do crédito pela via executiva.

A prescrição intercorrente tem por objetivo evitar a eternização dos processos executivos, por mais que a execução forçada seja uma tutela muitas vezes eminentemente patrimonialista.

O juiz poderá decretar de ofício a prescrição intercorrente, desde que ouvido previamente o exequente e o executado.

Em relação ao direito intertemporal, estabelece o art. 1.056 do atual C.P.C. que se considerará como termo inicial do prazo da prescrição prevista no art. 924, inciso V, inclusive para as execuções em curso, a data de vigência deste Código.

Ocorre que o legislador não percebeu que a prescrição intercorrente já vinha há muito sendo aplicada pelos nossos tribunais nos processos em curso.

Assim, essa previsão normativa processual poderá dobrar o prazo da prescrição intercorrente ao determinar que o início do prazo em relação aos processos em curso se dê a partir da vigência do novo C.P.C.

2. Declaração da extinção da execução por *sentença*

Sendo a relação jurídica processual executiva desenvolvida num processo jurisdicional, a sua extinção, com ou sem resolução de mérito, somente ocorre com a prolação de uma sentença, pois a sentença é a forma pela qual o juiz extingue a execução.

A sentença, como forma de extinção da execução, encontra-se referida no art. 203, § 1º, do novo C.P.C., a saber: *Ressalvadas as disposições expressas dos procedimentos especiais, sentença é o pronunciamento por meio do qual o juiz, com fundamento nos arts. 485 e 487, põe fim à fase cognitiva do procedimento comum, bem como extingue a execução.*

A sentença que extingue a execução tem conteúdo declaratório, nela ficando reconhecida a ocorrência do fato jurídico que deu causa ao encerramento da execução.

Por isso, a extinção da execução somente produzirá efeito quando for declarada por sentença.

O juiz extingue o processo executivo, com ou sem resolução de mérito, mediante uma sentença que terá, em qualquer situação, natureza *declaratória*, satisfazendo ou não a *pretensão* formulada pelo exequente.

Conforme já teve oportunidade de afirma Dinamarco, *"a pretensão ao bem da vida preexiste ao processo e consiste na aspiração a obter um dado bem material ou imaterial, uma coisa móvel ou imóvel etc. Pretensão não é uma situação jurídica, mas um fato que ocorre na vida das pessoas; não é um direito, mas uma exigência (exigência subordinada de um interesse alheio ao interesse próprio: Carnelutti). Pretender é querer, desejar, aspirar. Por isso, pretensão é desejo, aspiração, vontade de obter. É a insatisfação dessa aspiração que dá motivo à instauração do processo para o exercício da função jurisdicional em casos concretos. Trazida a juízo a pretensão, a resposta final do juiz consistirá na eliminação da crise jurídica e oferta de uma solução que por sua vez se projetará na vida do demandante. O processo alimenta um resultado consistente em sua eliminação"*.[440]

Na vida do processo tudo gira em torno de seu objeto, dessa pretensão processual formulada pelo exequente. E a parte autora quando leva ao conhecimento do Poder Judiciário sua pretensão, espera que ela seja resolvida por meio de uma decisão que contenha a resolução do mérito.

O art. 487 do atual C.P.C. trata da sentença que é proferida com resolução de mérito.

O mérito corresponde ao objeto do processo ou ao objeto litigioso, o qual, por sua vez, é o pedido formulado na demanda, ou melhor, a pretensão resistida ou insatisfeita trazida com o pedido de sentença que a reconheça, a resolva e a acolha.

Não se deve, contudo, confundir o mérito com as *"questões de mérito*, pois estas são *"antecedente lógico da conclusão por acolher ou rejeitar a pretensão do autor, ou seja, antecedente lógico da decisão de mérito, mas não são o 'mérito'. O juiz lhes dá solução quando compõe a motivação da sentença, enquanto que a procedência ou improcedência da demanda reside no 'decisum'"*.[441]

A resolução do mérito com base no art. 487 do atual C.P.C. ocorre por meio de julgamento proferido pelo Estado-juiz ou por meio de composição realizada pelos próprios interessados. Na hipótese de as partes transigirem, haverá sem dúvida uma sentença, contudo, esta sentença será meramente homologatória e não decorrerá de um julgamento judicial. Daí por que não se falar mais em julgamento do mérito, mas, sim, de resolução do mérito.

---

[440] DINAMARCO. Cândido Rangel. *Instituições de direito processual civil*. Vol. II. São Paulo: Malheiros, 2001. p. 181.

[441] DINAMARCO, C. R., idem, p. 186.

EXTINÇÃO DO PROCESSO DE EXECUÇÃO

É importante aduzir que a sentença que declara extinta a execução, nas hipóteses do art. 924, incs. II a V, do novo C.P.C. apresenta natureza resolutiva de mérito, fazendo coisa julgada material, razão pela qual somente poderá ser desconstituída mediante ação rescisória.

Havendo extinção normal do processo executivo, o que se dá pela satisfação do crédito do exequente, a sentença judicial terá efeito declaratório do cumprimento da obrigação.

Porém, havendo extinção anormal do processo executivo nas hipóteses de indeferimento da inicial, constatação de ausência de pressupostos processuais válidos e regulares do processo, desistência da demanda executiva, a sentença, nesses casos, também terá natureza declaratória de extinção da execução, sem, contudo, resolver o mérito e fazer coisa julgada material.

TÍTULO 9

CUMPRIMENTO DE SENTENÇA

Capítulo 18
Cumprimento de Sentença

1. Considerações Gerais

Nos capítulos anteriores discorreu-se na maioria das vezes sobre o procedimento de execução de título executivo extrajudicial, uma vez que o novo C.P.C. regula as normas procedimentais e os meios executivos no capítulo específico do processo de execução de título executivo extrajudicial.

A partir de agora, o presente trabalho irá se dedicar exclusivamente sobre a forma e o procedimento de execução de título executivo judicial, denominado pela nova ordem processual de *cumprimento de sentença*.

É importante salientar, porém, que tudo aquilo que foi dito em relação ao processo autônomo de execução de título executivo extrajudicial deverá ser aplicado ao cumprimento de sentença, no que for compatível.

O cumprimento da sentença condenatória será realizado segundo os preceitos normativos constantes no novo C.P.C., observando-se, no que couber e conforme a natureza da obrigação, o disposto no Livro II da Parte Especial do mesmo diploma normativo.

O art. 513 do atual C.P.C. demonstra que o novo C.P.C., assim como o fez o C.P.C. de 1973, com a alteração introduzida pela Lei 11.232/2005, estabeleceu duas formas de procedimentos executivos, a saber: a) cumprimento de sentença – título executivo judicial; b) processo de execução autônomo – título executivo extrajudicial.

Diante da nova perspectiva *sincrética* entre o processo de conhecimento e a execução do título (denominada atualmente por cumprimento de sentença), não há se falar em dois processos judiciais distintos, autônomos

EXECUÇÃO E CUMPRIMENTO DE SENTENÇA

e independentes como era anteriormente à alteração promovida no C.P.C. de 1973.

Após a Lei n. 11.232 de 2005, o que foi mantido pelo novo C.P.C., num mesmo processo há a prolação da decisão mediante a atividade cognitiva e, logo a seguir, o cumprimento de sentença (decisão judicial executiva), seja ela de natureza condenatória de entregar coisa certa ou incerta, de pagar quantia certa, de fazer ou não fazer.

Em regra, não se fala em cumprimento de sentença declaratória ou constitutiva, uma vez que a sua força eficacial, ou melhor, sua eficácia ocorre de plano nas esferas jurídicas sem qualquer necessidade de nova intervenção judicial.

Eventual atuação do juiz nas sentenças declaratórias ou constitutivas exige-se somente para garantir sua eficácia e não como forma de cumprimento de sentença ou para garantir sua força executiva.

Nesse sentido, aliás, é o que estabelecem os artigos 521 e 522 da Ley 1/2000 de Enjuiciamiento Civil (Código de Processo Civil espanhol):

> *"Art. 521. Sentenças meramente declaratórias e sentenças constitutivas.*
>
> *1. Não se despachará execução das sentenças meramente declaratórias nem as constitutivas.*
>
> *2. Mediante sua certificação e, se for o caso, o mandamento judicial oportuno, as sentenças constitutivas firmes poderão permitir inscrições e modificações em Registros Públicos, sem necessidade de que se despache execução.*
>
> *3. Quando uma sentença constitutiva contenha também pronunciamentos de condenação, estes se executarão do modo previsto para eles nesta Lei.*
>
> *Art. 522. Acatamento e cumprimento das sentenças constitutivas. Solicitação de atuações judiciais necessárias.*
>
> *1. Todas as pessoas e autoridades, especialmente as encarregadas dos Registros Públicos, devem acatar e cumprir o que se disponha nas sentenças constitutivas e atender ao estado ou situações jurídicas que delas surjam, salvo se existirem obstáculos derivados do próprio Registro conforme sua legislação específica.*
>
> *2. Quem tenha sido parte no processo ou tenham interesse direito e legítimo poderão pedir ao tribunal as atuações precisas para a eficácia das sentenças constitutivas e para vencer eventuais resistência ao que disponha".*

De acordo com a natureza da obrigação, objeto da decisão condenatória, o cumprimento da sentença ocorre mediante aplicação, do que couber e de forma subsidiária, das regras estabelecidas no Livro II da Parte Especial do novo C.P.C., que trata especificamente do Processo de Execução (autônomo e direcionado aos títulos executivos extrajudiciais). Aliás, o art. 771 do atual C.P.C. inicia o Capítulo I (*Disposições Gerais*) do Livro II (Processo de Execução) da Parte Especial, nos seguintes termos: *Este Livro regula o procedimento da execução fundada em título extrajudicial, e suas disposições aplicam-se, também, no que couber, aos procedimentos especiais de execução, aos atos executivos realizados no procedimento de cumprimento de sentença, bem como aos efeitos de atos ou fatos processuais a que a lei atribuir força executiva.*

Por sua vez, o parágrafo único do art. 771 do atual C.P.C. estabelece que *"aplicam-se subsidiariamente à execução as disposições do Livro I da Parte Especial.*

Portanto, muito embora haja um capítulo específico para o procedimento de cumprimento de sentença, deve-se observar subsidiariamente os dispositivos que tratam do processo de execução de título extrajudicial, assim como os dispositivos reguladores do processo de conhecimento, naquilo que não sejam conflitantes.

Na hipótese de cumprimento de sentença condenatória de pagamento de quantia líquida, serão aplicados, além de outros dispositivos, especialmente os artigos 824 a 909 do atual C.P.C.,

No caso de cumprimento de sentença para a entrega de coisa certa, os artigos 806 a 810 do atual C.P.C.

No caso de cumprimento de sentença para entrega de coisa incerta, os artigos 811 a 813 do atual C.P.C.

No caso de cumprimento de sentença que tenha por objeto obrigações de fazer ou não fazer, os artigos 814 a 823 do atual C.P.C.

No caso de cumprimento de sentença contra a Fazenda Pública, o artigo 910 do atual C.P.C.

No caso de cumprimento de sentença que tenha por objeto alimentos, os artigos 911 a 913 do atual C.P.C.

2. Provocação do exequente

O cumprimento da sentença que reconhece o dever de pagar quantia certa far-se-á mediante requerimento do exequente.

A sentença condenatória, assim como os outros títulos judiciais, não podem ser objeto de cumprimento ou execução *ex officio* pelo juiz, mas depende de iniciativa da parte, sendo, portanto, condicionada a um novo pedido constante em uma nova demanda, porém, num mesmo processo.

É o requerimento do credor que desencadeia o procedimento de cumprimento de sentença.

Esse cumprimento de sentença poderá ser provisório, quando a decisão ainda não for definitiva, ou seja, não tiver transitada em julgado.

É condição para o cumprimento provisório de sentença que a decisão não tenha sido submetida a recurso com efeito suspensivo. Havendo recurso com efeito suspensivo, não poderá a sentença ser cumprida, nem provisoriamente, conforme preconiza o art. 522, p.u., inc. II do atual C.P.C.,

Já o cumprimento de sentença definitivo está condicionado ao trânsito em julgado da decisão, o que poderá advir de uma sentença final ou do julgamento antecipado parcial de mérito, quando um dos pedidos cumulados ou parcela deles mostrar-se incontroverso ou estiver em condições de imediato julgamento, nos termos do art. 355 do novo C.P.C.

O credor está legitimado a promover o cumprimento da sentença contra o devedor constante do título judicial, mediante sua intimação, que se dará por meio de seu advogado.

Se o requerimento formulado pelo credor for protocolizado após 1 (um) ano do trânsito em julgado da sentença, a intimação será feita na pessoa do devedor, por meio de carta com aviso de recebimento encaminhada ao endereço que consta nos autos, observado o disposto no parágrafo único do art. 274 e no § 3º do art. 513 do novo C.P.C.

Sob a égide do C.P.C. revogado, havia entendimento de que o credor poderia optar por ingressar com a execução de título extrajudicial ou optar pela demanda de conhecimento a fim de se beneficiar de uma das formas de cumprimento de título judicial previstas nos artigos 461, 461-A ou 475-J. (STJ-3T. Resp n. 717.276/PR: *"A parte que dispõe de título extrajudicial pode optar entre as formas de tutela, vale dizer: a tutela de conhecimento com pedido de antecipação ou a tutela executiva".*

Atualmente essa permissão está expressamente prevista no art. 785 do novo C.P.C.: *A existência de título executivo extrajudicial não impede a parte de optar pelo processo de conhecimento, a fim de obter título executivo judicial.*

3. Cumprimento de sentença em face do fiador, do coobrigado ou do corresponsável

O cumprimento da sentença não poderá ser promovido em face do fiador, do coobrigado ou do corresponsável que não tiver participado da fase de conhecimento.

Essa proibição legal decorre do fato de que somente poder-se-á considerar devedor ou obrigado decorrente de um título executivo judicial, se a parte constante do título participou ativamente da relação jurídica processual que o originou.

CUMPRIMENTO DE SENTENÇA

Portanto, o cumprimento de sentença não poderá ser promovido contra aquele que não participou da relação jurídica processual que deu origem ao título, razão pela qual a execução somente poderá ser promovida contra o fiador, o coobrigado ou o corresponsável se esses sujeitos tiverem sido parte da relação jurídica que originou o título.

Aliás, eis o teor da Súmula 268 do S.T.J.: *"O fiador que não integrou a relação processual na ação de despejo não responde pela execução do julgado"*.

Sobre o tema, eis o seguinte precedente do S.T.J.:

DIREITO CIVIL E PROCESSUAL CIVIL. RESPONSABILIDADE DE DEVEDOR SOLIDÁRIO E IMPOSSIBILIDADE DE SE EXCUTIR BENS DE TERCEIRO ESTRANHO À AÇÃO DE CONHECIMENTO.

Os bens de terceiro que, além de não estar incluído no rol do art. 592 do CPC, não tenha figurado no polo passivo de ação de cobrança não podem ser atingidos por medida cautelar incidental de arresto, tampouco por futura execução, sob a alegação de existência de solidariedade passiva na relação de direito material. De fato, conforme o art. 275, caput e parágrafo único, do CC, é faculdade do credor escolher a qual ou a quais devedores direcionará a cobrança do débito comum, sendo certo que a propositura da ação de conhecimento contra um deles não implica a renúncia à solidariedade dos remanescentes, que permanecem obrigados ao pagamento da dívida. Ressalte-se que essa norma é de direito material, restringindo-se sua aplicação ao momento de formação do processo cognitivo, quando, então, o credor pode incluir no polo passivo da demanda todos, alguns ou um específico devedor. Sob essa perspectiva, a sentença somente terá eficácia em relação aos demandados, não alcançando aqueles que não participaram da relação jurídica processual, nos termos do art. 472 do CPC e conforme a jurisprudência do STJ (REsp 1.169.968-RS, Terceira Turma, DJe 17/3/2014; e AgRg no AREsp 275.477-CE, Primeira Turma, DJe 8/4/2014). Ademais, extrai-se o mesmo entendimento da norma prevista no art. 568 do CPC que, enumerando os possíveis sujeitos passivos na execução, refere-se expressamente ao "devedor reconhecido como tal no título executivo"; não havendo, nesse dispositivo, previsão alguma quanto ao devedor solidário que não figure no título judicial. Além disso, a responsabilidade solidária precisa ser declarada em processo de conhecimento, sob pena de tornar-se impossível a execução do devedor solidário, ressalvados os casos previstos no art. 592 do mesmo diploma processual, que prevê a possibilidade de excussão de bem de terceiro estranho à relação processual. Ante o exposto, não é possível, em virtude de alegação quanto à eventual existência de solidariedade passiva na relação de direito material, atingir bens de terceiro estranho ao processo de cognição e que não esteja incluído no rol do art. 592 do CPC. Aliás, em alguma medida, esse entendimento está contido na Súmula 268 do STJ (segundo a qual o "fiador que não integrou a relação processual na ação de despejo não responde pela execução do julgado"), a

EXECUÇÃO E CUMPRIMENTO DE SENTENÇA

qual, mutatis mutandis, deve ser também aplicada ao devedor que não tenha sido incluído no polo passivo de ação de cobrança.

(REsp 1.423.083-SP, Rel. Min. Luis Felipe Salomão, julgado em 6/5/2014).

4. Formas de intimação do devedor/executado

Em que pese sincretismo existente entre a cognição e a execução, tudo num mesmo processo, o devedor deverá ter ciência sobre a instauração do cumprimento de sentença, até para que possa, no prazo estabelecido pela norma processual, cumprir voluntariamente a decisão judicial ou exercer o respectivo e específico contraditório.

Para tanto, o devedor será intimado para cumprir a sentença: a) pelo Diário da Justiça, na pessoa do seu advogado constituído nos autos; b) por carta com aviso de recebimento, quando representado pela Defensoria Pública ou quando não tiver procurador constituído nos autos, ressalvada a hipóteses do inc. IV, §2º, do art. 513 do novo C.P.C.; III – por meio eletrônico, quando, sendo caso do § 1º do art. 246 do novo C.P.C., não tiver procurador constituído nos autos; IV – por edital, quando, citado na forma do art. 256 do novo C.P.C., tiver sido revel na fase de conhecimento.

No cumprimento de sentença não há instauração de um novo processo autônomo e independente do processo de cognição, principalmente porque o devedor não é citado para cumprir a sentença, mas somente *intimado*, em respeito ao princípio do contraditório e da ampla defesa. [442]

O art. 475-J do C.P.C. de 1973 prescrevia que, caso o devedor, condenado ao pagamento de quantia certa ou já fixada em liquidação, não o efetuasse no prazo de quinze dias, o montante da condenação seria acrescido de multa no percentual de dez por cento e, a requerimento do credor e observado o disposto no art. 614, inciso II, do código revogado, expedir-se-ia mandado de penhora e avaliação. (Incluído pela Lei nº 11.232, de 2005)

Na égide do C.P.C. de 1973, existiam sérias dúvidas sobre a melhor interpretação a ser dada ao art. 475-J, em especial se o cumprimento da sentença (voluntário) deveria ocorrer imediatamente ao trânsito em julgado da decisão ou após a intimação do devedor para cumprir a obrigação constante na decisão condenatória. O S.T.J., avaliando essa questão, assim se pronunciou:

---

[442] ENUNCIADO 92 da I Jornada de Direito Processual Civil do Centro de Estudos Judiciários: *A intimação prevista no caput do art. 523 do CPC deve contemplar, expressamente, o prazo sucessivo para impugnar o cumprimento de sentença.*

PROCESSUAL CIVIL. AGRAVO REGIMENTAL NO RECURSO ESPECIAL. EXECUÇÃO. CUMPRIMENTO DE SENTENÇA. INTIMAÇÃO NA PESSOA DO ADVOGADO. PUBLICAÇÃO NA IMPRENSA OFICIAL. MULTA. ART. 475-J DO CPC. RECURSO MANIFESTAMENTE IMPROCEDENTE. IMPOSIÇÃO DE MULTA. ART. 557, § 2º, DO CPC.

1. O credor deverá requerer o cumprimento da sentença instruindo o pedido com a memória discriminada e atualizada do cálculo, sendo necessária a intimação do devedor na pessoa do seu advogado, mediante publicação na imprensa oficial, para efetuar o pagamento no prazo de quinze dias (arts. 475-B e 475-J do CPC).

2. A ausência de adimplemento voluntário no prazo de 15 (quinze) dias, contados do primeiro dia útil posterior à intimação do devedor na pessoa do seu advogado, autoriza a aplicação de multa de 10% (dez por cento) sobre o montante da condenação (art. 475-J do CPC).

3. No caso concreto, o acórdão recorrido está em consonância com o entendimento jurisprudencial desta Corte, uma vez que a parte, ora recorrente, foi intimada para o pagamento (e-STJ fl. 408).

4. A interposição de recurso manifestamente inadmissível ou infundado autoriza a imposição de multa com fundamento no art. 557, § 2º, do CPC.

5. Agravo regimental desprovido com a condenação da parte agravante ao pagamento de multa no percentual de 1% (um por cento) sobre o valor corrigido da causa, ficando condicionada a interposição de qualquer outro recurso ao depósito do respectivo valor (art. 557, § 2º, do CPC).

(AgRg no AREsp 62.241/RS, Rel. Ministro ANTONIO CARLOS FERREIRA, QUARTA TURMA, julgado em 13/12/2011, DJe 01/02/2012)

A posição adotada pelo S.T.J. em relação à interpretação do art. 475-J do C.P.C. foi confirmada e mantida pelo atual C.P.C., ou seja, o devedor deverá cumprir a obrigação imposta na decisão judicial, logo que intimado: [443]

4.1. Pelo Diário da Justiça, na pessoa do advogado do devedor constituído nos autos

Tendo o devedor advogado constituído nos autos, o que ocorre normalmente na fase cognitiva, a intimação para cumprimento da sentença será feita pelo Diário da Justiça, na pessoa do advogado.

---

[443] ENUNCIADO 84 da I Jornada de Direito Processual Civil do Centro de Estudos Judiciários: *O comparecimento espontâneo da parte constitui termo inicial dos prazos para pagamento e, sucessivamente, impugnação ao cumprimento de sentença.*

EXECUÇÃO E CUMPRIMENTO DE SENTENÇA

Em que pese a norma processual faça referência ao Diário da Justiça, neste caso, o mais prudente e produtivo seria que a intimação do devedor, na pessoa de seu advogado, ocorresse mediante comunicação realizada no sistema de 'e-mail', quando se tratar de *processo eletrônico* (Lei n. 11.419/06), uma vez que o advogado cadastrado no sistema de processo eletrônico dos tribunais indica seu endereço eletrônico para intimação, dando mais efetividade e rapidez ao conhecimento da decisão do que pela intimação por meio do Diário da Justiça. Aliás, é o que estabelece o art. 270 do atual C.P.C.: *As intimações realizam-se, sempre que possível, por meio eletrônico, na forma da lei".*

Por outro lado, sendo inviável a intimação por meio eletrônico e não havendo na localidade publicação pelo Diário da Justiça, incumbirá ao escrivão ou chefe de secretaria intimar de todos os atos do processo os advogados das partes: a) pessoalmente, se tiverem domicílio na sede do juiz; b) por carta registrada, com aviso de recebimento, quando forem domiciliados fora do juízo (art. 273 inc. I e II do atual C.P.C.).

Não poderá a intimação ser feita por telefone (RMS 21.719/DF, Rel. Ministra DENISE ARRUDA, Rel. p/ Acórdão Ministro JOSÉ DELGADO, PRIMEIRA TURMA, julgado em 04/12/2007, DJe 30/06/2008)

Por sua vez, conforme já vinha decidindo o S.T.J. sob a égide do C.P.C. de 1973, é legítima a intimação do devedor na pessoa de seu advogado consti-tuído nos autos, inclusive para efeito da incidência da multa (AgRg no REsp 1231006/RJ, Rel. Ministro HAMILTON CARVALHIDO, PRIMEIRA TURMA, julgado em 17/03/2011, DJe 13/04/2011).

Não haverá necessidade de que o advogado possua poderes especiais na procuração para receber a intimação, pois são suficientes os poderes da cláusula 'ad judicia'.

Se no processo houver requerimento de que a intimação ocorra exclusi-vamente em nome de determinado advogado da parte (quando ela possui mais de um advogado), sua inobservância acarretará nulidade da intimação, tendo em vista que a jurisprudência do S.T.J. consolidou-se no sentido de que *"havendo requerimento expresso de publicação exclusiva, é nula a intimação em nome de outro advogado, ainda que conste dos autos instrumento de procuração ou substa-belecimento, haja vista o cerceamento de defesa.* (STJ, AgRg nos EDcl no AREsp 314.781/RS, Rel. Ministro RICARDO VILLAS BÔAS CUEVA, TERCEIRA TURMA, DJe de 11/12/2015). Nesse sentido: STJ, AgRg no REsp 1.496.663/ MS, Rel. Ministro MAURO CAMPBELL MARQUES, SEGUNDA TURMA, DJe de 28/08/2015; STJ, AgRg no REsp 1.382.719/MG, Rel. Ministro SÉRGIO KUKINA, PRIMEIRA TURMA, DJe de 14/11/2014; STJ, EDcl no AREsp

571.034/ES, Rel. Ministro LUIS FELIPE SALOMÃO, QUARTA TURMA, DJe de 07/10/2014; STJ, AgRg no REsp 1.292.984/RJ, Rel. Ministro BENEDITO GONÇALVES, PRIMEIRA TURMA, DJe de 06/10/2014.

Deve-se esclarecer: para que a intimação do devedor, na pessoa de seu advogado, seja válida e eficaz, é necessário que o mandato, instrumentalizado pela procuração, ainda esteja em vigor.

Assim, falecendo o devedor, a procuração extinguir-se-á, razão pela qual a intimação deve ocorrer, pessoalmente, em seus sucessores, salvo se já houver habilitação dos sucessores no processo com juntada de procuração em nome de advogado.

Por outro lado, se o mandato for outorgado com prazo certo, no caso, até a prolação da sentença final, o mandatário, a partir desta data, não poderá mais ser considerado procurador do devedor, razão pela qual a intimação para o cumprimento de sentença, na pessoa do advogado, não poderá surtir efeito, justamente pela extinção da procuração outorgada.

4.2. Por carta com aviso de recebimento, quando o devedor estiver representado pela Defensoria Pública ou quando não tiver procurador constituído nos autos, ressalvada a hipótese do inc. IV do §2º do art. 513 do novo C.P.C.

É perfeitamente possível que o réu, no processo cognitivo, embora citado pessoalmente, não tenha constituído advogado. Nessa hipótese, não poderá o devedor ser intimado para o cumprimento da sentença na pessoa de seu advogado, pois advogado não existe.

Assim, o devedor deverá ser intimado por carta com aviso de recebimento, conforme preconiza o art. 274 do atual C.P.C.: *Não dispondo a lei de outro modo, as intimações serão feitas às partes, aos seus representantes legais, aos advogados e aos demais sujeitos do processo pelo correio ou, se presentes em cartório, diretamente pelo escrivão ou chefe de secretaria.*

É importante salientar que se presumem válidas as intimações dirigidas ao endereço da parte constante dos autos, ainda que não recebidas pessoalmente pelo interessado, se a modificação temporária ou definitiva não tiver sido devidamente comunicada ao juízo, fluindo os prazos a partir da juntada aos autos do comprovante de entrega da correspondência no primitivo endereço.

Na hipótese de citação, a regra a ser aplicada é a do §1º do art. 248 que dispõe: *"A carta será registrada para entrega ao citando, exigindo-lhe o carteiro, ao fazer a entrega, que assine o recibo".* Sendo o citando pessoa jurídica, será válida a entrega do mandado de citação à pessoa com poderes de gerência geral ou de administração ou, ainda, a funcionário responsável pelo recebimento de correspondências (§2º do art. 248 do atual C.P.C.).

Porém, se o devedor, na fase de conhecimento, foi citado por edital, com base nas hipóteses previstas no art. 256 do novo C.P.C. (quando desconhecido ou incerto o citando; quando ignorado, incerto ou inacessível o lugar em que se encontrar o citado, nos demais casos expressos em lei), a sua intimação para cumprimento de sentença dar-se-á também por edital, conforme estabelece o art. 513, inc. II e IV do novo C.P.C.

O devedor que estiver representado no processo pela Defensoria Pública deverá ser intimado para o cumprimento de sentença por carta com aviso de recebimento.

Aliás, conforme estabelece o §2º do art. 186 do atual C.P.C., a requerimento da Defensoria Pública, o juiz determinará a intimação pessoal da parte patrocinada quando o ato processual depender de providência ou informação que somente por ela possa ser realizada ou prestada.

Tenho para mim que a intimação pessoal do devedor também deverá ser realizada, não apenas quando ele estiver representado pela defensoria pública, mas, também, quando for beneficiário da assistência judiciária gratuita e o juiz nomear para ele um advogado, ou, ainda, quando estiver representado por Escritório de Assistência Jurídica das Universidades, pois 'ubi eadem ratio legis idem eadem disposition'.

Deve-se, também, por analogia, aplicar-se o disposto no art. 247 do atual C.P.C. Nas hipóteses elencadas no art. 247 do novo C.P.C., a intimação do devedor para o cumprimento de sentença deverá ser pessoal.

Nas hipóteses de intimação do devedor por carta com aviso de recebimento ou por meio eletrônico, considera-se realizada a intimação quando o devedor tiver mudado de endereço sem prévia comunicação ao juízo, observado o disposto no parágrafo único do art. 274 do novo C.P.C.

Quando o devedor for beneficiário da justiça gratuita ou representado pela defensoria pública, ou, ainda, não tiver defensor constituído, deverá manter atualizado o seu endereço no juízo, devendo comunicá-lo imediatamente eventual mudança de endereço, sob pena de ser considerada realizada a intimação por carta.

A mesma diligência deve ser observada na intimação por meio eletrônico, quando a parte não tiver procurador constituído nos autos, devendo comunicar a mudança do correio eletrônico, sob pena de ser considerada válida a intimação.

Aliás, nesse sentido é o teor do p.u. do art. 274 do atual C.P.C., a saber: presumem-se válidas as intimações dirigidas ao endereço constante dos autos, ainda que não recebidas pessoalmente pelo interessado, se a modificação temporária ou definitiva não tiver sido devidamente comunicada ao juízo, fluindo os prazos a partir da juntada aos autos do comprovante de entrega da correspondência no primitivo endereço.

É importante salientar que se o requerimento do exequente for formulado após 1 (um) ano do trânsito em julgado da sentença, a intimação será feita na pessoa do devedor, por meio de carta com aviso de recebimento encaminhada ao endereço que consta nos autos, observado o disposto no parágrafo único do art. 274 e no § 3º do art. 513 do novo C.P.C.

4.3. Por meio eletrônico, quando, no caso do § 1º do art. 246 do novo C.P.C., não tiver procurador constituído nos autos

Tendo em vista que, salvo nas hipóteses de microempresas e das empresas de pequeno porte, as demais empresas públicas e privadas são obrigadas a manter cadastro junto aos sistemas de processo em autos eletrônicos, a intimação dessas empresas para o cumprimento da decisão dar-se-á preferencialmente pelo meio eletrônico, quando não tiverem procurador constituídos nos autos.

Havendo procurador constituído nos autos, a intimação dar-se-á na pessoa do procurador.

4.4. Por edital, quando, citado na forma do art. 256 do novo C.P.C., tiver sido revel na fase de conhecimento

Segundo estabelece o art. 256 do novo C.P.C., a citação por edital será feita quando desconhecido ou incerto o citando, quando ignorado, incerto ou inacessível o lugar em que se encontra o citando, nos demais casos expressos em lei.

Observa-se que a citação por edital dar-se-á em geral quando não for possível realizar a citação pessoal do réu.

Nessa hipótese, havendo citação do réu com base nas hipóteses do art. 256 do novo C.P.C., e não comparecendo ao processo, a sua intimação para o cumprimento de sentença também deverá ser por edital, desde que não modificadas as circunstâncias fáticas e jurídicas previstas no art. 256 do atual C.P.C.

Ainda que o réu tenha sido citado por edital, nas hipóteses do art. 256 do novo C.P.C., nomeando ele advogado no processo, deverá sua intimação para cumprimento de sentença ocorrer na pessoa de seu procurador.

Na hipótese de litisconsorte, o exequente poderá requerer o cumprimento de sentença mediante a intimação do advogado daquele litisconsorte que participou do processo, salvo em se tratando de litisconsorte facultativo, quando a relação jurídica é distinta para cada litisconsorte.

EXECUÇÃO E CUMPRIMENTO DE SENTENÇA

Sendo um dos litisconsortes (facultativo) revel, a sua intimação dar-se-á nos termos do inc. IV do §2º do art. 513 do atual C.P.C., ou seja, por 'edital'.

5. Hipóteses de necessidade de nova citação do devedor

Na hipótese de cumprimento ou de liquidação de sentença penal condenatória transitada em julgado, de sentença arbitral, de sentença estrangeira homologada pelo S.T.J. ou de decisão interlocutória estrangeira, após a expedição do *exequatur* pelo S.T.J., o devedor não será apenas intimado, mas, sim, deverá ser citado para no prazo de 15 dias participar da relação jurídica processual.

A norma processual não fala em intimação para cumprir essas espécies de decisão, mas, sim, de citação.

E tal previsão normativa tem sua lógica de ser, uma vez que diante dessa espécie de título executivo judicial, o devedor ainda não teve oportunidade de participar, na esfera civil, de procedimento cognitivo ou mesmo executivo.

6. Decisão sujeita a condição ou a termo

O Código Civil brasileiro, em seus artigos 121 a 135, regula especificamente as modalidades do negócio jurídico denominadas de *condição* e *termo*.

Conforme Inocêncio Galvão Teles, *"pode definir-se 'condição' a 'cláusula acessória pela qual as partes fazem depender a vigência do contrato (ou de outro negócio jurídico) da verificação ou não verificação de um facto futuro e objectivamente incerto'. A vigência do contrato está na dependência desse facto ulterior, da sua eventual ocorrência, ou porque antes dele os efeitos jurídicos não se produzem (ou produzem-se atenuadamente) ou porque depois dele cessam. Com isso fica esboçada a distinção fundamental entre 'condições suspensivas' e 'condições resolutivas' ...a condição suspensiva, como se deixa a ver de sua designação, 'suspende' os efeitos até à ocorrência do evento previsto; a condição resolutiva 'resolve-os', isto é, elimina-os retroactivamente, como se eles não se tivessem dado... A incerteza do facto futuro determina um estado de 'pendência'. Os efeitos jurídicos 'pendentes', porque não se sabe se virão a produzir-se (ou a adquirir a sua intensidade normal) no caso de condição suspensiva ou se a condição resolutiva que os ameaça se tornará realidade, reduzindo-os a nada. Um facto 'secundário' e 'futuro', quando 'incerto', como o previsto na cláusula condicional, tem sempre esse resultado de tornar 'incertos' os efeitos jurídicos do 'facto principal', no que respeita à sua produção ou à sua subsistência. 'Estado de pendência' que perdura por todo o tempo em que é possível o preenchimento da condição e cessa logo que a condição se realiza, ou falta, ou se torna certo que já não pode realizar-se. Terminada a situação de pendência, o* contrato, conforme os casos, assim adquire ou perde valor, ou não chega a alcançá-lo, ou mantém-no. A pendência reveste duas formas: 'suspensão' se a condição é suspensiva, 'resolubilidade' se é resolutiva".[444]

Por sua vez, diz-se termo: "a cláusula acessória por virtude da qual os efeitos do contrato, ou de outro negócio jurídico, ficam dependentes de um facto 'futuro e certo'. O termo não envolve aquele 'estado de pendência' característico da 'condição'; não existe 'incerteza' sobre a produção dos efeitos ou sobre a sua permanência, porque antecipadamente se sabe que o evento previsto há-de verificar-se, como 'certo' que é; apenas se 'difere' ou 'limita no tempo' a atuação do contrato, que principiará ou cessará com aquele evento... O termo distingue-se em 'inicial' (dies a quo) e 'final' (dies ad quem), conforme se traduz numa 'dilação' ou numa 'limitação temporal' dos efeitos".[445]

O atual C.P.C. preconiza em seu art. 803, inc. III, que é nula a execução instaurada antes de se verificar a condição ou de ocorrer o termo.

Além do mais, haverá excesso no cumprimento de sentença quando o exequente, sem cumprir a prestação que lhe corresponde, exige o adimplemento da prestação do executado (art. 917, §2º, inc. IV do atual C.P.C.).

Portanto, quando o juiz na sentença cognitiva condenatória julgar relação jurídica condicional ou sujeita a termo, o credor não poderá requerer o cumprimento da sentença se não trouxer, junto com o pedido de instauração do cumprimento de sentença, a prova de que ocorreu o termo ou a condição suspensiva ou resolutiva.

7. Espécies de título executivo judicial

Conforme ensina Girolamo Monteleone: "Os títulos executivos subdividem-se em duas grandes categorias: judiciais e extrajudiciais.

Título judiciais: Por força do art. 474 do c.p.c. n. 1, esses são as sentenças e os provimentos aos quais a lei atribui expressamente eficácia executiva. Observamos, antes de tudo, que o uso do advérbio 'expressamente' induz a rejeitar, porque contra a lei, qualquer tentativa de atribuir em via analógica a extensiva dita eficácia a provimentos, que disso sejam formalmente desprovidos.

Tradicionalmente observa-se que as sentenças executivas são somente aquelas de condenação em sentido técnico, mas a lei não contém tal locução limitativa. Portanto, quaisquer sentenças contêm conteúdo, implícito ou explícito, suscetíveis de ser atuada

---

[444] TELLES. Inocêncio Galvão. Manual dos contratos em geral. Coimbra: Coimbra Editora, 2002. p. 258 e 259.
[445] TELLES, I. G., idem, p. 274 e 275.

mediante qualquer um dos procedimentos executivos previstos pela lei que configure título executivo".[446]

No direito comparado, encontram-se as seguintes espécies de título executivo judicial:

Código de Processo Civil argentino

> *Art. 500. Aplicação a outros títulos. As disposições deste título serão também aplicáveis:*
> *1) à execução de transações ou acordos homologados;*
> *2) à execução de multas processuais;*
> *3) à cobrança de honorários regulados pelo conceito de custas.*

Código de Processo Civil português

> *Artigo 703.º Espécies de títulos executivos*
> *1 – À execução apenas podem servir de base:*
> *a) As sentenças condenatórias;*
> *b) Os documentos exarados ou autenticados, por notário ou por outras entidades ou profissionais com competência para tal, que importem constituição ou reconhecimento de qualquer obrigação;*
> *c) Os títulos de crédito, ainda que meros quirógrafos, desde que, neste caso, os factos constitutivos da relação subjacente constem do próprio documento ou sejam alegados no requerimento executivo;*
> *d) Os documentos a que, por disposição especial, seja atribuída força executiva.*

O novo C.P.C. brasileiro indica em seu art. 515 as espécies de títulos executivos judiciais que estão sujeitos ao cumprimento executivo, a saber:

7.1. As decisões proferidas no processo civil que reconheçam a exigibilidade de obrigação de pagar quantia, de fazer, de não fazer ou de entregar coisa

O novo C.P.C. considera como título executivo judicial as 'decisões' proferidas no processo civil que reconheçam a exigibilidade de obrigação de pagar quantia , de fazer, de não fazer ou de entregar coisa.

Trata-se, portanto, de decisão com conteúdo condenatório.

---

[446] MONTELEONE. Girolamo. *Manuale di diritto processuale civile.* Vol. II. L'arbitrato – L'execuzione forzata – I procedimenti speciali. Quarta edizione. Padova: CEDAM.

Contudo, também as decisões com conteúdo *declaratório* podem reconhecer a exigibilidade de obrigação de pagar quantia, de fazer, de não fazer ou de entregar coisa.

Comentando o art. 475-N do C.P.C. de 1973, entendia Miguel Garcia Medina que a sentença declaratória também seria título executivo. Dizia ele:

> *"De acordo com o art. 475-N, I, do CPC, é título executivo judicial 'a sentença proferida no processo civil que reconheça a existência de obrigação de fazer, não fazer, entregar coisa ou pagar quantia'. Pensamos que, diante da letra da norma, não só as sentenças condenatórias, mas 'também as sentenças declaratórias podem constituir título executivo. Para tanto, contudo, 'a sentença deve conter todos os elementos da relação jurídico-obrigacional', identificando, precisamente, credor e devedor, natureza e objeto da obrigação etc. Não deverá ser considerada título executivo a sentença que reconheça, em tese, a existência da obrigação. Por exemplo, a sentença que julgar improcedente ação declaratória de inexistência de dívida, afirmando, genericamente, que o contrato realizado entre as partes não é nulo, não é, segundo nosso entendimento, título executivo. É interessante observar, a propósito, que, mesmo antes da alteração da Lei 11.232/2005, já havia, na jurisprudência do STJ, julgados no sentido de que a sentença declaratória que contém todos os elementos da obrigação (ou a 'definição integral da norma jurídica individualizada', como se afirma me um dos precedentes neste sentido) é título executivo (STJ, 1ª T., Resp 588.202/Pr., Rel. Min. Teori Albino Zavascki, j. 10.02.2004, DJ 25.02.2004, p. 123; EREsp 502.618/RS, rel. Min. João Otávio de Noronha, j. 08.06.2005. DJ 01.07.2005. p. 359)".*[447]

É importante salientar que novo C.P.C., ao contrário do C.P.C. de 1973, não restringe a natureza jurídica de título executivo judicial somente às 'sentenças', assim como o faz o novo C.P.C. português (art. 703, inc. I, letra 'a').

O inc. I do art. 515 do novo C.P.C. configura como título executivo judicial qualquer 'decisão' que tenha por conteúdo a exigibilidade de obrigação de pagar quantia, de fazer, de não fazer ou de entregar coisa.

Portanto, também as decisões de natureza interlocutória, como é o caso das tutelas provisórias antecipatórias, também serão consideradas título executivo judicial, não havendo mais necessidade de se invocar o princípio da *execução de título não permitido*.

O mesmo se dá com a tutela de evidência, a qual é concedida por meio de uma decisão interlocutória, considerada, nos termos do art. 515, inc. I, do atual C.P.C., como título executivo judicial.

---

[447] MEDINA, J. M. G. op. cit., p. 223 e 224.

EXECUÇÃO E CUMPRIMENTO DE SENTENÇA

O mesmo ocorre com o julgamento parcial de mérito (art. 356 do novo C.P.C.). Muito embora a decisão tenha natureza interlocutória (inclusive sujeita a recurso de agravo de instrumento, art. 356, §5º), poderá ser objeto de cumprimento provisório ou definitivo.

7.2. A decisão homologatória de autocomposição judicial e a decisão homologatória de autocomposição extrajudicial de qualquer natureza

A decisão homologatória de autocomposição judicial ou extrajudicial de qualquer natureza não possui natureza condenatória, mas, sim, declaratória (homologatória) da regularidade formal de acordo firmado entre as partes.[448]

Não obstante a falta de conteúdo condenatório, a decisão que homologa a autocomposição judicial ou extrajudicial apresenta potencialidade para desencadear a demanda de cumprimento de sentença, podendo ensejar atos executivos em relação ao que foi definido em seu conteúdo.

Geralmente, o acordo judicial ou mesmo extrajudicial constitui-se pela transação, conciliação ou mediação.

A Lei 8.953/94 havia alterado a redação do art.584, inc. III, do C.P.C. de 1973, para que dele constasse como título executivo judicial a sentença homologatória de conciliação ou transação, *'ainda que esta não versasse sobre questão posta em juízo'*.

O §2º do art. 515 do novo C.P.C. preconiza que a autocomposição judicial pode envolver sujeito estranho ao processo e versar sobre relação jurídica que não tenha sido deduzida em juízo.

Portanto, o §2º do art. 515 do atual C.P.C. manteve a possibilidade de inserção no âmbito da autocomposição judicial de relação jurídica que não tenha sido deduzida em juízo. Exemplificando: João ingressa com ação de cobrança contra Pedro requerendo sua condenação para pagamento de R$500,00 (quinhentos reais). Na audiência de conciliação, as partes chegam ao consenso: Pedro dispõe-se a pagar a João aquela quantia; João, por sua vez, compromete-se a devolver a Pedro um televisor que havia tomado emprestado. A questão do televisor não era objeto do processo (questão posta em juízo): não integrava a pretensão exposta na demanda de João nem estava contida em reconvenção

---

[448] ENUNCIADO 87 da I Jornada de Direito Processual Civil do Centro de Estudos Judiciários: *O acordo de reparação de danos feito durante a suspensão condicional do processo, desde que devidamente homologado por sentença, é título executivo judicial.*

CUMPRIMENTO DE SENTENÇA

de Pedro. O acordo é reduzido a termo e o juiz profere decisão homologatória.[449]

A autocomposição judicial, nos termos do §2º do art. 515 do novo C.P.C., também pode envolver sujeito estranho ao processo. No exemplo acima referido, a televisão pertence ao irmão de Pedro, pessoa estranha ao processo.

Para Miguel G. Medina, não há procedimento específico para a homologação de acordo extrajudicial. Diante disso, aplicam-se as disposições referentes ao procedimento de jurisdição voluntária, uma vez que as partes já terão realizado um ato de composição da lide, nada tendo o juiz que decidir a respeito. Deverá o juiz somente avaliar e controlar a validade do acordo realizado.[450]

Na concepção de Miguel G. Medina, pode ocorrer que a conciliação seja homologada por juízo absolutamente incompetente. Segundo o referido doutrinador maringaense, a incompetência absoluta do juízo não afetaria a executividade do acordo entre as partes, pois é possível notar na decisão homologatória de conciliação, mediação ou acordo extrajudicial, considerada em seu todo, a *coexistência de dois atos distintos*, sendo possível admitir, inclusive, a subsistência de um deles, apesar da falta ou nulidade do outro. Isso significa dizer que a nulidade da sentença homologatória não implica em nulidade da declaração de vontade das partes exteriorizada na autocomposição homologada. Assim, inexistindo mácula quanto ao acordo de vontades, haverá entre as partes a constituição de um *título executivo extrajudicial*.

Por sua vez, os vícios decorrentes de uma conciliação, mediação ou transação devidamente homologada judicialmente somente podem ser alegados em demanda anulatória autônoma.

7.3. O formal e a certidão de partilha, exclusivamente em relação ao inventariante, aos herdeiros e aos sucessores a título singular ou universal

Tanto o formal de partilha quanto a certidão de partilha são documentos que retratam a adjudicação de quinhão sucessório, formalizando a transferência da titularidade de bens em virtude de sucessão *causa mortis*.[451]

Estabelece o art. 655 do atual C.P.C. que transitada em julgada a sentença de partilha (art. 654 do atual C.P.C.), receberá o herdeiro os bens que lhe tocarem

---

[449] WAMBIER, Luiz Rodrigues Coord. *Curso avançado de processo civil*. Vo. 2. Execução. 10ª ed. São Paulo: Ed. Revista dos Tribunais, 2007. p. 68.

[450] MEDINA, M. J. G., op. cit., p. 226.

[451] WAMBIER, Luiz Rodrigues Coord. *Curso avançado de processo civil*. Vo. 2. Execução. 10ª ed. São Paulo: Ed. Revista dos Tribunais, 2007. p. 70.

e um formal de partilha, do qual constarão as seguintes peças: I – termo de inventariante e título de herdeiros; II- avaliação dos bens que constituíram o quinhão do herdeiro; III – pagamento do quinhão hereditário; IV – quitação dos impostos: V – sentença.

O formal de partilha poderá ser substituído por certidão do pagamento do quinhão hereditário quando esse não exceder a 5 (cinco) vezes o salário mínimo, caso em que se transcreverá nela a sentença de partilha transitada em julgado (p.u. do art. 655 do atual C.P.C.).

O formal de partilha ou a certidão simplificada de partilha tem força executiva (cumprimento de sentença) exclusivamente em relação ao inventariante, aos herdeiros e aos sucessores a título universal ou singular, e não em relação a outros. Estando o bem constante do formal ou da certidão de partilha em poder de algumas dessas pessoas, o beneficiário do formal de partilha ou da certidão poderá requerer o cumprimento de sentença.

Se a posse do bem encontrar-se com terceiro que não participou do processo de inventário, deverá o beneficiário valer-se de demanda autônoma. Nessa hipótese, a certidão ou o formal não terá efeito executivo contra terceiro.

Em relação ao inventário e à partilha realizados perante tabelião, anota Luiz Rodrigues Wambier: *"A Lei 11.441/2007 criou a possibilidade de o inventário e a partilha realizarem-se extrajudicialmente, perante tabelião, quando não houver testamento e todos os interessados forem capazes e não tiverem nenhuma divergência quanto à partilha (art. 982 do c.p.c de 1973, na redação dada por tal Lei). Nessa hipótese, a escritura pública lavrada pelo tabelião servirá de título hábil para o registro imobiliário. Todavia, tal escritura não tem caráter de título executivo judicial, pois não provém de autoridade jurisdicional ou equivalente (como seria, por exemplo, um árbitro). A escritura terá apenas valor e eficácia de título executivo extrajudicial (art. 585, II, do c.p.c. de 1973). Para assumir força de título judicial, a partilha em questão terá de ser homologada pelo juiz, nos termos do art. 1.031 do Código. Trata-se de procedimento simples, em que o juiz chancela de plano a partilha, após a mera verificação de seus requisitos formais e do recolhimento dos tributos devidos".*[452]

7.4. O crédito de auxiliar de justiça, quando as custas, emolumentos ou honorários tiverem sido aprovados por decisão judicial

O trabalho realizado pelos auxiliares da justiça no processo jurisdicional deve ser remunerado.

---

[452] WAMBIER, L. R., idem, p. 70.

Os serventuários de justiça, o perito, o intérprete, o tradutor e o leiloeiro deverão ser remunerados (custas, emolumentos ou honorários) de acordo com o que for estabelecido em lei ou de acordo com o que fixar o juiz no processo.

Este crédito não era considerado objeto de título executivo judicial no disposto do art. 475-N do C.P.C. revogado. À época era considerado apenas objeto de um título executivo extrajudicial, nos termos do art. 585, inv. VI do C.P.C. de 1973.

Pelo atual C.P.C, desde que esse crédito tenha sido aprovado por decisão judicial, poderá ser objeto de *cumprimento de sentença*.

É importante salientar que a decisão que aprova tais créditos normalmente é dada incidentalmente no curso do processo em que esses auxiliares desenvolvem suas atividades. Se não houver o devido contraditório na fixação do valor dos créditos acima referidos, torna-se discutível a sua natureza de título executivo extrajudicial para fins de cumprimento de sentença.

7.5. A sentença penal condenatória transitada em julgado

Conforme leciona Carlos Roberto Gonçalves, se ao causar dano o agente transgride, também, a lei penal, ele se torna, ao mesmo tempo, obrigado civil e penalmente. E, assim, terá de responder perante o lesado e perante a sociedade, visto que o fato danoso se revestiu de características que justificam o acionamento do mecanismo recuperatório da responsabilidade civil e impõem a movimentação do sistema repressivo da responsabilidade penal.[453]

Por sua vez, Aguiar Dias afirma que certos fatos põem em ação somente o mecanismo recuperatório da responsabilidade civil; outros movimentam tão-somente o sistema repressivo ou preventivo da responsabilidade penal; outros, enfim, acarretam a um tempo, a responsabilidade civil e a penal, pelo fato de apresentarem, em relação a ambos os campos, incidência equivalente, conforme os diferentes critérios sob que entram em função os órgãos encarregados de fazer valer a norma respectiva que é quase o mesmo fundamento da responsabilidade civil e da responsabilidade penal. As condições em que surgem é que são diferentes, porque uma é mais exigente do que a outra, quanto ao aperfeiçoamento dos requisitos que devem coincidir para se efetivar.[454]

A reparação do dano civil decorrente de ilícito penal é regulada tanto pelo Código de Processo Penal quanto pelo Código Civil brasileiro.

---

[453] GONÇALVES, Carlos Roberto. *Direito Civil Brasileiro*. vol. 4: responsabilidade civil. São Paulo: Saraiva, 2009, p. 24-25

[454] AGUIAR DIAS, José de. Da Responsabilidade Civil, 10. ed. Rio de Janeiro: Forense, 1997, p. 8

O Código de Processo Penal, em seus artigos 63 a 68, trata especificamente da Ação Civil por responsabilização dos danos provenientes do ilícito penal.

Por sua vez, o art. 927 do atual C.C.b. estabelece que aquele que, por ato ilícito, causar dano a outrem, fica obrigado a repará-lo.

Em complemento, preconiza o art. 935 do C.C.b. que a responsabilidade civil é independente da criminal, não se podendo questionar mais sobre a existência do fato, ou sobre quem seja o seu autor, quando essas questões se acharem decididas no juízo criminal.

Definido no processo penal a existência do fato e sua autoria, tal matéria gera reflexos intransponíveis na esfera do direito civil, não podendo mais ser objeto de revisão ou qualquer outra indagação em eventual processo civil, segundo a concepção dogmática.

Uma vez definida a autoria e a materialidade do delito no âmbito penal, e tendo em vista a vinculação normativa interdisciplinar, o ofendido, seu representante legal ou seus herdeiros poderão promover a *actio civilis ex delicto* ou, se for o caso, a execução judicial em processo civil da sentença penal condenatória transitada em julgado, para o efeito de reparação do dano.

Como é cediço, a sentença penal condenatória, além dos efeitos penais principais e secundários, produz também efeitos extrapenais, os quais podem ser genéricos ou específicos.

Consoante estabelece o inciso I do art. 91 do CP, que enumera os efeitos genéricos da sentença penal condenatória, o legislador estabeleceu a obrigação do agente de reparar o dano causado pelo crime, entendendo por desnecessária a prova do dano na área cível, em virtude de ele já ter sido provado durante o processo criminal.

Aliás, o art. 387, inc.IV do C.P.P., com a redação dada pela Lei 11.719/08, determina que o juiz criminal, ao proferir a sentença condenatória, fixe *valor mínimo para reparação dos danos causados pela infração, considerando os prejuízos sofridos pelo ofendido.*

Assim, antes da Lei 11.719/08, o valor a ser fixado na indenização decorrente do crime que fora objeto de sentença condenatória, ou seja, *quantum debeatur*, era de competência do juízo cível, mediante procedimento de liquidação-pelo procedimento comum ou arbitramento. Atualmente, o valor mínimo da indenização será fixado pelo juízo criminal num dos capítulos da sentença penal condenatória.

A parte que for vítima de um crime poderá optar ou pela *actio civile ex delicti* ou pelo *cumprimento da sentença penal condenatória transitada em julgado no âmbito civil.*

Idêntico fato pode estar inserido em duas ou mais regras jurídicas, razão pela qual, na visão de Araken de Assis *"trivial que seja a observação, quando o fato é ilícito e objeto de previsão simultânea em normas penal (crime) e civil (delito civil) – a ação penal e a ação civil reparatória – que competem, outrossim, a titulares diversos"*.[455]

7.6. A sentença arbitral

A sentença arbitral, sem necessidade de homologação judicial, também pode ser objeto de cumprimento de sentença.

As pessoas capazes de contratar poderão valer-se da arbitragem para dirimir litígios relativos a direitos patrimoniais disponíveis, nos termos do art. 1º da Lei 9.307, de 23 de setembro de 1996.

As pessoas interessadas podem submeter a solução de seus litígios ao juízo arbitral mediante convenção de arbitragem, assim entendida a cláusula compromissória e o compromisso arbitral (art. 2º da Lei 9.307/96).

O árbitro escolhido pelas partes é juiz de fato e de direito, sendo que a sentença que proferir não fica sujeita a recurso ou a homologação pelo Poder Judiciário (art. 18 da Lei 9.307/96).

São requisitos obrigatórios da sentença arbitral: a) o relatório, que conterá os nomes das partes e o resumo do litígio; b) os fundamentos da decisão, onde serão analisadas as questões de fato e de direito, mencionando-se, expressamente, se os árbitros julgaram por equidade; c) o dispositivo, em que os árbitros resolverão as questões que lhes forem submetidas e estabelecerão o prazo para o cumprimento da decisão, se for o caso; e d) a data e o lugar em que foi proferida (art. 26 da Lei 9.307/96).

A sentença arbitral decidirá sobre a responsabilidade das partes acerca das custas e despesas com a arbitragem, bem como sobre verdade decorrente de litigância de má-fé, se for o caso, respeitadas as disposições da convenção de arbitragem, se houver (art. 27 da Lei 9.307/96).

---

[455] "Esta coexistência provável de duas ações, tendo comum o mesmo fato contrário a direito, suscita intrincado problema de coordenação, regulado em cinco diplomas distintos: Código Civil (art. 1.525); Código de Processo Civil (arts. 110 e 584, III); Código Penal (art. 91, I); Código de Processo Penal (arts. 63/68); e Código de Defesa do Consumidor (art. 103, §4º). Todavia, não há advogado, promotor de justiça ou magistrado que não se veja, com alarmante freqüência, às voltas com tal questão, a partir da opção básica outorgada à vítima, que pode ajuizar sua ação reparatória de forma autônoma ou aguardar o resultado do processo-crime e executar, diretamente, eventual sentença condenatória". (ASSIS, Araken. *Eficácia civil da sentença penal*. São Paulo: Ed. Revista dos Tribunais, 1993, p.9).

EXECUÇÃO E CUMPRIMENTO DE SENTENÇA

Proferida a sentença arbitral, dá-se por finda a arbitragem, devendo o árbitro, ou o presidente do tribunal arbitral, enviar cópia da decisão às partes, por via postal ou por outro meio qualquer de comunicação, mediante comprovação de recebimento, ou, ainda, entregando-a diretamente às partes, mediante recibo (art. 29 da Lei 9.307/96).

Preconiza o art. 31 da Lei 9.307/96 que a sentença arbitral produz, entre as partes e seus sucessores, os *mesmos efeitos da sentença proferida pelos órgãos do Poder Judiciário e, sendo condenatória, constitui título executivo.*

Em relação à sentença arbitral estrangeira, esta será reconhecida ou executado no Brasil de conformidade com os tratados internacionais com eficácia no ordenamento interno e, na sua ausência, estritamente de acordo com a Lei 9.307/96.

Segundo preconizava o art. 35 da Lei 9.307/96, para que a sentença arbitral estrangeira pudesse ser reconhecida no Brasil, dependeria única e exclusivamente de homologação do Supremo Tribunal Federal. Atualmente, essa competência é do Superior Tribunal de Justiça (CF, art. 105, I, i).

Portanto, a homologação de sentenças estrangeiras pelo Poder Judiciário possui previsão na Constituição Federal de 1988 e, desde 2004, está outorgada ao Superior Tribunal de Justiça, que a realiza com atenção aos ditames do art. 15 do Decreto-Lei n. 4.657/1942 (LINDB) e do art. 216-A e seguintes do RISTJ.

Deve-se ressaltar que a jurisprudência do Superior Tribunal de Justiça é no sentido de que, para homologação de sentença estrangeira, a autoridade (ainda que arbitral) deve ser a competente para o ato, no caso, definida em contrato pelas partes: (SEC 10.658/EX, Rel. Ministro Humberto Martins, Corte Especial, julgado em 1º/10/2014, DJe 16/10/2014; SEC 854/EX, Rel. Ministro Massami Uyeda, Rel. p/ Acórdão Ministro Sidnei Beneti, Corte Especial, julgado em 16/10/2013, DJe 7/11/2013.

Depois de homologada, compete à Justiça Federal de primeiro grau sua execução (CF, art. 109, X).

7.7. A sentença estrangeira homologada pelo Superior Tribunal de Justiça e a decisão interlocutória estrangeira, após a concessão do exequatur à carta rogatória pelo Superior Tribunal de Justiça

Em relação à eficácia condenatória ou em relação à eficácia das demais hipóteses previstas no art. 515 do atual C.P.C. que possa ter a sentença estrangeira, seu cumprimento em território nacional encontra-se regulado pelos artigos 960 a 965 do atual C.P.C.

A homologação de sentença estrangeira será requerida por ação de homologação de decisão estrangeira, salvo disposição especial em sentido contrário prevista em tratado.

A homologação obedecerá ao que dispuser o Regimento Interno do Superior Tribunal de Justiça, no caso, a Resolução n. 9 de 04.05.2005.

As decisões estrangeiras somente terão eficácia no Brasil após homologadas.

É passível de homologação a decisão judicial definitiva, bem como a decisão não judicial que, pela lei brasileira, teria natureza jurisdicional.

A autoridade judiciária brasileira poderá deferir pedidos de urgência, assim como realizar atos de execução provisória, nos procedimentos de homologação de decisões estrangeiras.

É passível de execução a decisão estrangeira concessiva de medida de urgência.

A execução no Brasil de decisão interlocutória estrangeira concessiva de medida de urgência dar-se-á por carta rogatória, após o S.T.J. conceder o *exequatur*

A competência para o cumprimento de decisão estrangeira é da justiça federal, mediante requerimento da parte, conforme as normas estabelecidas para o cumprimento de decisão nacional.

7.8. O acórdão proferido pelo Tribunal Marítimo quando do julgamento de acidentes e fatos da navegação

O projeto do novo C.P.C., no inc. X do art. 515, outorgava natureza de título executivo judicial à decisão proferida pelo Tribunal Marítimo.

Porém, quando o projeto foi para sanção da Presidência da República, o referido inciso foi expressamente 'vetado', com base no seguinte fundamento: *"Ao atribuir natureza de título executivo judicial às decisões do Tribunal Marítimo, o controle de suas decisões poderia ser afastado do Poder Judiciário, possibilitando a interpretação de que tal colegiado administrativo passaria a dispor de natureza judicial."*

8. Juízo competente para o cumprimento de sentença

Em se tratando de competência originária dos tribunais, o cumprimento da sentença dar-se-á no próprio tribunal, inclusive para efeito de cumprimento de sentença em que há condenação de honorários de advogado.

Trata-se de competência originária *funcional,* de caráter *absoluto*, sendo, portanto, improrrogável e inderrogável.

Contudo, o tema sobre a competência originária dos tribunais para cumprimento de sentença oscila em face do ordenamento jurídico positivado de cada país.

Para se ter uma ideia, em Portugal, a sentença em causa de competência originária de um tribunal superior é executada perante órgão equivalente ao nosso juízo de primeiro grau.

Não sendo o caso de competência originária dos tribunais, o cumprimento da sentença ocorrerá no juízo cível que processou a causa em primeiro grau de jurisdição.

Para alguns doutrinadores, o juízo de primeiro grau que proferiu a decisão teria competência absoluta para seu cumprimento (Fraga, Liebman, José Frederico Marques, Alcides de Mendonça Lima). Para outros, trata-se de competência relativa (Gabriel Resende Filho, Amílcar de Castro, Pontes de Miranda).

Sob a égide do C.P.C. de 1973, assim se manifestou o S.T.J.: *"É absoluta a competência funcional estabelecida no art. 575, II (atual 503, inc. II) devendo a execução ser processada no juízo em que decidida a causa no primeiro grau de jurisdição"* (S.T.J., 4ª T., Resp 538.227-MT, rel. Min. Fernando Gonçalves, j. 20.4.04.).

Agora, pelo novo C.P.C., essa competência deixou de ser absoluta para se tornar relativa, uma vez que poderá o cumprimento de sentença ser efetivado em outro juízo que não aquele em que foi proferida a decisão.

Diante da redação constante no p.u. do art. 516 do atual C.P.C., pode-se afirmar que se está diante de competência *relativa*.

Na hipótese de decisão proferida por juízo de primeiro grau de jurisdição, de sentença penal condenatória, de sentença arbitral, de sentença estrangeira, o exequente poderá optar pelo juízo do atual domicílio do executado, pelo juízo do local onde se encontrem os bens sujeitos à execução ou pelo juízo do local onde deve ser executada a obrigação de fazer ou de não fazer, casos em que a remessa dos autos do processo será solicitada ao juízo de origem.

Faculta-se ao demandante com pretensão de cumprimento de sentença escolher o juízo para o cumprimento dentre os seguintes: o juízo do atual domicílio do executado, o juízo do local onde se encontram os bens sujeitos à execução ou onde deve ser executada a obrigação de fazer ou de não fazer. Nesses casos, o requerente poderá solicitar a remessa dos autos do processo ao juízo de origem.

Em se tratando de sentença penal condenatória, de sentença arbitral ou de sentença ou decisão estrangeira, o seu cumprimento dar-se-á no juízo civil competente, ressaltando-se que na última hipótese, o juízo competente é o da Justiça Federal de primeiro grau, nos termos do art. 109, inc. X da C.F.

No processo civil argentino, a competência do juízo para execução está prevista no art. 501 do C.P.C. argentino:

> *Art. 501. Competência. Será juiz competente para a execução:*
> *1) O que pronunciou a sentença*
> *2) O de outra competência territorial se assim o impuser o objeto da execução, total ou parcialmente;*
> *3) O que haja intervindo no processo principal se mediante conexão direta entre causas sucessivas.*

9. Protesto da decisão judicial

O protesto da decisão judicial pode ser considerado uma grande inovação introduzida pelo atual C.P.C., no sentido de constranger ainda mais o devedor a cumprir integralmente a obrigação imposta pela decisão judicial.

Segundo dispõe o art. 1º da Lei n. 9.492, de 10 de setembro de 1997, o protesto é *o ato formal e solene pelo qual se prova a inadimplência e o descumprimento de obrigação originada em títulos e outros documentos de dívida.*

Até então, o protesto de título era reservado aos títulos extrajudiciais, incluindo-se entre os títulos sujeitos a protesto as certidões de dívida ativa da União, dos Estados, do Distrito Federal, dos Municípios e das respectivas autarquias e fundações públicas (p.u. do art. 1º da Lei 9.492/97 com a redação dada pela Lei 12.767, de 2012).

Pelo novo C.P.C., também a decisão judicial transitada em julgado poderá ser levada a protesto, nos termos da Lei 9.492/97, depois de transcorrido o prazo para pagamento voluntário previsto no art. 523 da norma processual.

Assim, no caso de condenação em quantia certa, ou já fixada em liquidação, e no caso de decisão sobre parcela incontroversa, o cumprimento definitivo da sentença far-se-á a requerimento do exequente, sendo o executado intimado para pagar o débito, no prazo de 15 (quinze) dias, acrescido de custas, se houver.

Expirado o prazo de quinze dias para o pagamento do débito, e permanecendo inerte o devedor , poderá o credor levar a decisão transitada em julgado a protesto perante o Tabelião de Protesto de Títulos competente, no caso, o tabelião do local em que se promove o cumprimento de sentença.

Para efetivação do protesto, incumbe ao exequente apresentar certidão de teor da decisão, que será fornecida pela secretaria do juízo, independentemente de despacho.

EXECUÇÃO E CUMPRIMENTO DE SENTENÇA

A certidão de teor da decisão deverá ser fornecida no prazo de três dias e indicará o nome e a qualificação do exequente e do executado, o número do processo, o valor da dívida e a data de decurso do prazo para pagamento voluntário.

O protesto será registrado dentro de três dias úteis contados da protocolização da decisão judicial transitada em julgado.

Esgotado o prazo de três dias para o registro do protesto, sem que haja o pagamento da obrigação imposta na decisão transitada em julgado, o tabelião lavrará e registrará o protesto, sendo o respectivo instrumento entregue ao apresentante.

O protesto, nessa hipótese, será tirado por falta de pagamento.

O executado que tiver proposto ação rescisória para impugnar a decisão exequenda pode requerer, a suas expensas e sob sua responsabilidade, a anotação da propositura da ação à margem do título protestado.

Muito embora seja averbada a propositura da ação rescisória à margem do título protestado, tal fato não acarreta a suspensão do protesto, a não ser que seja concedida antecipação de tutela para suspender a exigibilidade da decisão transitada em julgado.

A requerimento do executado, o protesto será cancelado por determinação do juiz, mediante ofício a ser expedido ao cartório, no prazo de três dias, contato da data de protocolo do requerimento, desde que comprovada a satisfação integral da obrigação.

Em se tratando de protesto não judicial, o S.T.J. já entendeu que a responsabilidade pelo cancelamento do protesto, em caso de pagamento, é do próprio devedor. Sobre o tema, eis o seguinte precedente:

RECURSO REPETITIVO (ART. 543-C DO CPC E RES. 8/2008-STJ).

No regime próprio da Lei 9.492/1997, legitimamente protestado o título de crédito ou outro documento de dívida, salvo inequívoca pactuação em sentido contrário, incumbe ao devedor, após a quitação da dívida, providenciar o cancelamento do protesto. Com efeito, tendo em vista os critérios hermenêuticos da especialidade e da cronologia, a solução para o caso deve ser buscada, em primeira linha, no Diploma especial que cuida dos serviços de protesto (Lei 9.492/1997), e não no consumerista. Ademais, a interpretação sistemática do ordenamento jurídico também conduz à conclusão de que, ordinariamente, incumbe ao devedor, após a quitação do débito, proceder ao cancelamento. Observe-se que, tendo em vista que o protesto regular é efetuado por decorrência de descumprimento da obrigação – ou recusa do aceite –, o art. 325 do CC estabelece que as despesas com o pagamento e quitação presumem-se a cargo do devedor. Outrossim, não se pode ignorar que a quitação do débito estampado em título de crédito implica a devolução da cártula ao devedor (o art. 324 do CC, inclusive, dispõe que a entrega do título ao devedor firma a presunção de pagamento). Efetivamente, como o art. 26, caput, da Lei 9.492/1997 disciplina que o cancelamento do registro do protesto será solicitado mediante a apresentação do documento protestado – conforme o § 1º, apenas na impossibilidade de apresentação do original do título ou do documento de dívida protestado é que será exigida a declaração de anuência –, é possível inferir que o ônus do cancelamento é mesmo do devedor, pois seria temerária para com os interesses do devedor e eventuais coobrigados a interpretação de que a lei especial estivesse dispondo que, mesmo com a quitação da dívida, o título de crédito devesse permanecer em posse do credor. Nessa linha de intelecção, é bem de ver que a documentação exigida para o cancelamento do protesto – título de crédito ou outro documento de dívida protestado, ou declaração de anuência daquele que figurou no registro de protesto como credor – também permite concluir que, ordinariamente, não é o credor que providenciará o cancelamento do protesto. É bem de ver que o art. 19 da Lei 9.492/1997 estabelece que o pagamento do título ou do documento de dívida apresentado para protesto será feito diretamente no tabelionato competente, no valor igual ao declarado pelo apresentante, acrescido dos emolumentos e demais despesas – isto é, incumbe ao devedor que realizar o pagamento do débito antes do registro do protesto pagar emolumentos. Assim, não é razoável imaginar que, para o cancelamento após a quitação do débito, tivesse o credor da obrigação extinta que arcar com o respectivo montante, acrescido de tributos, que devem ser pagos por ocasião do requerimento de cancelamento. Dessa forma, conforme entendimento consolidado no STJ, no tocante ao cancelamento do protesto regularmente efetuado, não obstante o referido art. 26 da Lei de Protestos faça referência a "qualquer interessado", a melhor interpretação é a de que este é o devedor, de modo a pesar, ordinariamente, sobre sua pessoa o ônus do cancelamento. Ressalte-se que, ao estabelecer que o cancelamento do registro do protesto poderá ser solicitado por qualquer interessado, não se está a dizer que não possam as partes pactuar que o cancelamento do protesto incumbirá ao credor (que passará a ter essa obrigação, não por decorrência da lei de regência, mas contratual). Precedentes citados: AgRg no AREsp 493.196-RS, Terceira Turma, DJe 9/6/2014; e EDcl no Ag 1.414.906-SC, Quarta Turma, DJe 11/3/2013.

(REsp 1.339.436-SP, Rel. Min. Luis Felipe Salomão, julgado em 10/9/2014).

10. Da liquidação

O cumprimento de sentença decorre de um título executivo judicial no qual conste a condenação do devedor ao cumprimento de uma obrigação líquida, certa e exigível.

Sendo a decisão judicial ilíquida, antes de se promover o seu cumprimento, proceder-se-á à sua liquidação, a requerimento do credor ou do devedor.

EXECUÇÃO E CUMPRIMENTO DE SENTENÇA

Na liquidação da decisão judicial é vedado discutir novamente a lide ou modificar a decisão que a julgou.

E se a decisão judicial, muito embora não trazendo um valor monetário específico, depender apenas de cálculo aritmético para o seu respectivo cumprimento.

Sempre que o valor da condenação puder ser obtido a partir dos critérios definidos na sentença e por simples cálculo aritmético, deve-se passar diretamente ao cumprimento do julgado.

Dessa opção, que foi mantida no atual Código de Processo Civil (art. 509, §2º), extrai-se a definição do que pode ser considerado como sentença ou decisão condenatória líquida e certa. É aquela que condena a pagamento de quantia que pode ser determinada mediante cálculo aritmético, a partir dos critérios por ela estabelecidos, como correção monetária, juros, termo inicial do pagamento de parcelas vencidas etc.

A sentença é considerada líquida quando traz todos os elementos necessários ao cálculo do montante da condenação.

Esse entendimento, inclusive, vem sendo adotado e reiterado pelo Superior Tribunal de Justiça em casos semelhantes. No REsp 1.147.191-RS, julgado no rito dos recursos repetitivos, pode-se colher do voto do Ministro Relator, Napoleão Nunes Maia, a *ratio decidendi* acima aduzida.

Discutia-se ali se antes da liquidação do julgado seria possível o arbitramento da multa, que vinha prevista no art. 475-J do CPC de 1973, dependeria, naquele caso, da liquidação do julgado.

Para decidir sobre os fatos, a Corte precisou adentrar no conceito de sentença líquida, tendo o relator assim se manifestado:

> (...) A sentença líquida deve ser entendida como aquela que define uma obrigação determinada (fazer ou não fazer alguma coisa, entregar coisa certa, ou pagar quantia determinada). Na hipótese de condenação ao pagamento em dinheiro, que espelha a mais comum e clássica espécie de sentença condenatória, considera-se líquida a obrigação quando o valor a ser adimplido está fixado no título ou é facilmente determinável por meio de cálculos aritméticos simples, que não demandem grandes questionamentos e nem apresentem insegurança para as partes que litigam.

O que nos interessa no caso acima indicado é a sua *ratio decidendi*, parcela vinculante do julgado, em que ficou assentado o que deve ser considerado sentença líquida, como acima se registrou.

O entendimento não é novo naquela Corte Superior.

No julgamento do REsp 937.082, de que foi relator o Ministro João Otávio de Noronha, assentou-se que:

> *"(...) aplica-se o entendimento de que "É líquida a sentença que contém em si todos os elementos que permitem definir a quantidade de bens a serem prestados, dependendo apenas de cálculos aritméticos apurados mediante critérios constantes do próprio título ou de fontes oficiais públicas e objetivamente conhecidas."*
> (REsp 937.082/MG, Rel. Ministro JOÃO OTÁVIO DE NORONHA QUARTA TURMA, julgado em 18/09/2008, DJe 13/10/2008).

Ainda que o cálculo aritmético seja complexo, a sentença será considerada líquida para todos os efeitos legais, ensejando o seu imediato cumprimento.

Há, atualmente, no novo C.P.C., apenas duas espécies de liquidação:

a) *por arbitramento*, quando determinado pela sentença, convencionado pelas partes ou exigido pela natureza do objeto da liquidação.

Na liquidação por arbitramento, o juiz intimará as partes para a apresentação de pareceres ou documentos elucidativos, no prazo que fixar, e, caso não possa decidir de plano, nomeará perito, observando-se, no que couber, o procedimento da prova pericial.

b) *pelo procedimento comum* (denominada no C.P.C. de 1973 como 'por artigos'), quando houver necessidade de alegar e provar fato novo.

Por sua vez, na liquidação pelo procedimento comum, o juiz determinará a intimação do requerido, na pessoa de seu advogado ou da sociedade de advogados a que estiver vinculado, para, querendo, apresentar contestação no prazo de 15 (quinze) dias, observando-se, a seguir, no que couber, o disposto no Livro I da Parte Especial do novo C.P.C.

Ao magistrado, assim como às partes, no âmbito do processo, não é dada a ampla e irrestrita liberdade na escolha da espécie de liquidação a ser seguida, ao contrário, o que a define é a natureza da operação necessária para a fixação do *quantum debeatur*, ou seja, o grau de imprecisão da sentença (título judicial ilíquido) que reconheceu a obrigação.

Na liquidação pelo procedimento comum – diversamente da liquidação por arbitramento – a simples prova técnica, com base nos elementos já constantes nos autos, não possibilitará a determinação do limite condenatório, haja vista que a fixação da condenação depende da aferição de "fato novo", motivo pelo qual ocorre a abertura de efetiva fase de apresentação dos fatos constitutivos do direito do autor referentes ao objeto condenatório lançado no título, bem ainda, com amparo nos princípios do contraditório e ampla defesa, a elaboração de material contestatório e elementos de prova periciais, a fim de que possa o magistrado deliberar acerca da perfectibilização do quantum devido.

Quando na sentença houver uma parte líquida e outra ilíquida, ao credor é lícito promover simultaneamente a execução da parte líquida e, em autos apartados, a liquidação da parte que ainda não foi liquidada.

O Conselho Nacional de Justiça desenvolverá e colocará à disposição dos interessados programa de atualização financeira.

A liquidação poderá ser realizada na pendência de recurso (com ou sem efeito suspensivo), processando-se em autos apartados no juízo de origem, cumprindo ao liquidante instruir o pedido com cópias das peças processuais pertinentes. Por isso, o recurso recebido com efeito suspensivo apenas impede o cumprimento provisório da decisão, mas não a sua imediata liquidação por arbitramento ou pelo procedimento comum.

Aplicam-se as disposições relativas à liquidação de sentença às decisões concessivas de tutela provisória.

A decisão judicial proferida na liquidação por arbitramento ou pelo procedimento comum terá natureza *interlocutória*.

Contra a decisão proferida na liquidação por arbitramento ou pelo procedimento comum poderá ser manejado o recurso de agravo de instrumento, nos termos do art. 1.015, p.u., do novo C.P.C.

Se a parte não interpuser o recurso de agravo de instrumento contra a decisão interlocutória proferida na liquidação por arbitramento ou pelo procedimento comum, ocorrerá a preclusão da matéria ali decidida, mediante o trânsito em julgado da decisão.

Sobre o tema, assim já se pronunciou o S.T.J.:

> *AGRAVO REGIMENTAL NO RECURSO ESPECIAL. PROCESSUAL CIVIL. PREVIDÊNCIA PRIVADA. CUMPRIMENTO DE SENTENÇA. IMPUGNAÇÃO DE CRITÉRIO DE CÁLCULO. COISA JULGADA. EVENTUAL ERRO DE DIREITO. TEMA APRECIADO NA FASE DE LIQUIDAÇÃO. METODOLOGIA HOMOLOGADA. ERRO MATERIAL. DESCARACTERIZAÇÃO.*
>
> *1. O erro material, corrigível a qualquer tempo, é o erro de cálculo, a exemplo de equívocos referentes a meras somas ou subtrações.*
>
> *2. As questões de direito, como os critérios utilizados na liquidação de sentença para a formação do valor do débito, sofrem preclusão, devendo ser arguidas no momento processual oportuno.*
>
> *Desse modo, a decisão de homologação de cálculo da liquidação é capaz de transitar em julgado e de fazer coisa julgada em relação a erro de direito, hipótese dos autos.*

CUMPRIMENTO DE SENTENÇA

3. Agravo regimental não provido.

(AgRg no REsp 1486095/PR, Rel. Ministro RICARDO VILLAS BÔAS CUEVA, *TERCEIRA TURMA, julgado em 15/10/2015, DJe 23/10/2015*)

PROCESSUAL CIVIL. MANDADO DE SEGURANÇA. PREVENÇÃO INTERNA. ARGUIÇÃO ATÉ O JULGAMENTO DO RECURSO SOB PENA DE PRECLUSÃO. DECISÃO DO PRESIDENTE DO TRIBUNAL NO PROCESSAMENTO DE PRECATÓRIO. ÍNDICE DE CORREÇÃO. ALTERAÇÃO. POSSIBILIDADE. CÁLCULO DE LIQUIDAÇÃO HOMOLOGADO. NECESSIDADE DE OBSERVÂNCIA.

1. Hipótese em que a Presidência do Tribunal de origem, ao determinar a aplicação da Portaria 862/2007, alterou os índices de correção monetária no processamento do precatório.

2. O Superior Tribunal de Justiça tem entendimento de que a prevenção interna é relativa, devendo ser arguida até o início do julgamento do recurso, nos termos do art. 71, § 4º, do Regimento Interno do Superior Tribunal de Justiça, sob pena de preclusão.

3. Ao adequar os índices de correção não previstos na sentença exequenda, a Presidência do Tribunal de Justiça atuou nos estritos limites de sua competência.

4. Conforme a jurisprudência pacífica do STJ, não é possível, posteriormente ao trânsito em julgado da sentença homologatória, alterar os índices de atualização monetária utilizados na respectiva conta, sob pena de ofensa à coisa julgada.

5. A Portaria 862/2007 não pode ser aplicada ao período anterior a novembro de 1991 para mudar os parâmetros dos cálculos homologados em liquidação de sentença (fls. 49-52, e-STJ). No período posterior, contudo, como não há comando judicial acerca dos índices de atualização cabíveis, não há ilegalidade na alteração durante o processamento do precatório.

6. Agravo Interno parcialmente provido.

(AgInt nos EDcl no RMS 37.161/MT, Rel. Ministro HERMAN BENJAMIN, SEGUNDA TURMA, julgado em 05/10/2017, DJe 16/11/2017)

PROCESSUAL CIVIL. LIQUIDAÇÃO DE SENTENÇA. CÁLCULO PERICIAL HOMOLOGADO PELO JUÍZO. CONCORDÂNCIA DO EXEQUENTE. EQUÍVOCO RELATIVO AO CÔMPUTO DOS JUROS E CORREÇÃO MONETÁRIA. INCLUSÃO SUPERVENIENTE NA FASE DE EXECUÇÃO. IMPOSSIBILIDADE. PRECLUSÃO.

1. No caso em julgamento, não se trata, a bem da verdade, de inclusão de juros moratórios na conta de liquidação, mas de inclusão, na execução, de juros moratórios suprimidos da liquidação homologada pelo Juízo, com trânsito em julgado. Inaplicável, portanto, o verbete contido na Súmula n. 254/STF.

EXECUÇÃO E CUMPRIMENTO DE SENTENÇA

2. Os juros moratórios e a correção monetária não calculados pela sentença homologatória, sem que houvesse recurso do interessado, a toda evidência, estão alcançados pela preclusão máxima.

3. Os juros moratórios e a correção monetária implementados depois da sentença homologatória estão também acobertados pela preclusão, porquanto o próprio exequente deu início à execução apresentando planilha com base nos valores históricos homologados pelo juízo, acrescidos apenas de honorários e custas despendidas.

4. Recurso especial conhecido em parte e provido.

(REsp 1238219/RJ, Rel. Ministro LUIS FELIPE SALOMÃO, QUARTA TURMA, julgado em 05/05/2011, DJe 16/06/2011).

Uma vez transitada em julgada a decisão interlocutória que decidiu sobre a liquidação por arbitramento ou pelo procedimento comum, sua desconstituição somente poderá ocorrer pela via rescisória, uma vez que o art. 966 do novo C.P.C. não restringe a demanda rescisória apenas às 'sentenças' transitadas em julgado.

Estabelece o art. 966 do atual C.P.C. que : *"a 'decisão de mérito', transitada em julgada, pode ser rescindida quando...".*

Sendo a decisão interlocutória proferida em liquidação por arbitramento ou pelo procedimento comum uma 'decisão de mérito', pois justamente estabelece o conteúdo monetário da obrigação objeto da decisão judicial executiva, contra ela poderá ser interposta a demanda rescisória dentro do prazo de 2 (dois) anos contado do seu trânsito em julgado.

Nesse sentido, eis o seguinte precedente do S.T.J. sob a égide do C.P.C. de 1973:

PROCESSUAL CIVIL. AÇÃO RESCISORIA. SENTENÇA HOMOLOGATORIA DO CALCULO EM DESCONFORMIDADE COM O DECIDIDO NA SENTENÇA DE MERITO, NO PROCESSO DE CONHECIMENTO. RESCINDIBILIDADE.

A AÇÃO RESCISORIA CONSTITUI A VIA ADEQUADA PARA A DESCONSTITUIÇÃO DE DECISÃO HOMOLOGATORIA DE LIQUIDAÇÃO, QUANDO EM DESCONFORMIDADE COM A SENTENÇA DE MERITO PROFERIDA NO PROCESSO DE CONHECIMENTO.

(...).

(AR 489/PR, Rel. Ministro DEMÓCRITO REINALDO, PRIMEIRA SEÇÃO, julgado em 23/04/1997, DJ 26/05/1997, p. 22465)

Capítulo 19
Contraditório no Cumprimento de Sentença

1. Considerações gerais

Enquanto que na execução por título executivo extrajudicial o devedor poderá apresentar como defesa embargos à execução, no cumprimento de sentença a defesa que o devedor poderá utilizar é denominada de *impugnação*.

Ao contrário dos embargos à execução, considerados como demanda incidental autônoma ao processo de execução, a impugnação ao cumprimento de sentença não se desenvolve por meio de um incidente separado e autônomo.

A impugnação prevista no art. 518 do novo C.P.C. trata de uma oposição interposta pelo devedor ao pedido de cumprimento de sentença, resguardando assim os princípios Constitucionais do contraditório e da ampla defesa, assumindo, por vezes, o mesmo papel de uma demanda cognitiva e de um mero incidente processual.

Em regra, a matéria que pode ser veiculada na impugnação diz respeito: a) inexistência de pressuposto para o cumprimento da sentença, como, por exemplo, falta de cumprimento de condição ou do encargo objeto da relação jurídica, ilegitimidade 'ad processum', falta de intimação do devedor para participar da relação jurídica processual etc; b) validade e adequação dos atos executivos, como eventual invalidade da penhora; c) inexistência da obrigação contida no título executivo judicial, em razão da ocorrência de fato superveniente (*defesa indireta*).

Os temas referidos nos itens a) e b) podem ser analisados *ex offício* pelo juiz, nada impedindo que o executado provoque a sua análise por meio de impugnação ao cumprimento de sentença.

EXECUÇÃO E CUMPRIMENTO DE SENTENÇA

Já em relação à temática sobre a penhora, por exemplo, esta deverá ser arguida pela parte e não provocada de ofício pelo juiz, salvo raras exceções, como, por exemplo, quando o imóvel pertencer a um incapaz.

Na realidade, o art. 518 do atual C.P.C. veio institucionalizar no âmbito da execução de título executivo judicial a denominada *exceção de pré-executividade ou objeção de pré-executividade*, sem os limites processuais anteriormente estabelecidos pela doutrina e pela jurisprudência.

Isso não significa dizer que o devedor, antes da fase própria para a apresentação da impugnação, não possa se valer da exceção ou objeção de pré-executividade.

Por isso, tratando-se de matéria em que o juiz possa conhecer de *ofício* ou que não depende de *dilação probatória*, poderá a parte valer-se da *exceção ou objeção de pré-executividade*.

Indaga-se se o executado, deixando transcorrer *in albis* o prazo para a *impugnação* do procedimento de cumprimento de sentença, poderia ainda assim ingressar com *exceção de pré-executividade?* Afirmativamente entende José Miguel Garcia Medina.[456]

Tenho para mim que é possível, mas somente em relação às matérias que juiz poderia conhecer de ofício, sem necessidade de dilação probatória, tendo em vista que não há preclusão *pro iudicato*.

O art. 518 do atual C.P.C. restringe a impugnação do devedor às questões *relativas à validade do procedimento de cumprimento de sentença* e dos *atos executivos subsequentes.*

Em princípio, somente questão referente às nulidades dos atos concernentes ao procedimento de cumprimento de sentença é que poderá ser arguida na impugnação.

Porém, outras matérias poderão também ser arguidas no procedimento de cumprimento de sentença, inclusive matéria de fato, como, por exemplo (pagamento, compensação, transação, novação, prescrição), desde que ocorridas após a decisão judicial objeto de execução.

As matérias que podem ser arguidas no cumprimento de sentença encontram-se devidamente arroladas no art. 525 do novo C.P.C.

Tendo em vista que a impugnação ao cumprimento de sentença equivale aos embargos à execução, numa perspectiva mais limitada e restritiva, não se pode negar a possibilidade de dilação probatória, sob pena de se ferir os princípios Constitucionais do contraditório e da ampla defesa, em relação

---

[456] MEDINA, J. M. G. op. cit., p. 255 a 256.

exclusivamente às matérias constantes nos incisos I a VII do art. 525 do atual C.P.C.

Na realidade, a impugnação ao cumprimento de sentença amplia o objeto de cognição do juiz, que deverá analisar, avaliar e decidir a respeito de questões que, em regra, sem a impugnação, não poderiam ser apreciadas naquele procedimento.

É o caso, por exemplo, das matérias referidas no inc. VII do art. 525 do atual C.P.C., isto é, *qualquer causa impeditiva, modificativa ou extintiva da obrigação, como pagamento, novação, compensação, transação ou prescrição, desde que supervenientes à sentença.* Nesse caso, conforme já teve oportunidade de afirmar José Miguel Garcia Medida, ainda sob a égide do C.P.C. de 1973: *"o instituto é mais assimilável a uma ação que, propriamente, a uma defesa. É que, caso se entenda que a impugnação tem natureza de defesa, seu não acolhimento não ensejaria a 'procedência' de qualquer pedido, já que quem pede a execução nos termos do art. 475-J e ss. Do CPC, 'não pede a prolação de sentença, mas, apenas, a realização de atos executivos voltados à realização do direito contido no título judicial'. Como, em princípio, só se pode conceber a existência de 'sentença' que declare a existência/inexistência da obrigação se houver 'pedido' veiculado em uma ação, infere-se que, como o exeqüente não fez tal pedido, isto só pode decorrer de ação ajuizada pelo executado, que, de fato, no caso 'pede que se reconheça a extinção da obrigação'. Não fosse assim, acolhida a impugnação, caso se entendesse que esta não é uma ação, se estaria diante de uma sentença proferida 'sem pedido', e que não teria condições de transitar em julgado, qualquer que fosse seu resultado".*[457]

Em conclusão, Medina afirma que a) nos casos em que a impugnação nada acrescenta aos elementos sobre os quais há de recair a cognição do juiz, versando sobre questões atinentes aos requisitos da ação executiva e à validade dos atos executivos, se estará diante, propriamente, de mera defesa incidental. Nessa hipótese, o juiz examina, tão somente, se o pedido veiculado pelo exequente, ou o ato executivo que se está a realizar, é ou não admissível; b) caso, diversamente, a impugnação sirva de veículo a um pedido, em que se postula o reconhecimento de dada situação jurídica e a respectiva atribuição de um bem jurídico ao impugnante, não se estará diante de mera defesa relativa à demanda que já se encontra em curso, mas de outra demanda, com novo objeto, embora ajuizada incidentalmente. Nesse caso, rigorosamente, há demanda de conhecimento voltada à concessão de uma sentença declaratória.[458]

---

[457] MEDINA, J. M. G., idem, p. 254.
[458] MEDINA, J. M. G., idem, p. 255.

Na análise dos fundamentos da impugnação ao cumprimento de sentença, o juiz poderá proferir duas espécies de decisão na fase procedimental: a) decisão interlocutória, sem extinção do procedimento executivo; b) sentença decretando a extinção do procedimento executivo. Na primeira hipótese, a decisão do juiz estará sujeita ao agravo de instrumento. Já na segunda hipótese, o recurso será o de apelação.

Se a parte sucumbente não interpuser o respectivo recurso contra a decisão proferida no incidente de impugnação de cumprimento de sentença, a decisão tornar-se-á preclusa, gerando, dependendo de seu conteúdo, coisa julgada formal e material.

Sobre a existência de coisa julgada na impugnação, assim já se pronunciou José Miguel Garcia Medina: *"Nos casos em que, através da impugnação, o executado ajuíza ação contra o exeqüente, a decisão que acolhe ou rejeita o pedido faz coisa julgada material. É o que se dá, por exemplo, se o juiz rejeita a impugnação, afirmando que não houve pagamento ou outra das circunstâncias referidas no art. 475-L, VI. Ainda que, para fins de recorribilidade, tenha a lei estabelecido que cabe agravo de instrumento contra a decisão que rejeita a impugnação (475-M, §3º), no caso referido se estará diante de pronunciamento que, substancialmente, é uma sentença, e que, como tal, pode ser alvo de ação rescisória, se presente alguma das hipóteses referidas no art. 485 do Código. Não há coisa julgada, contudo, se a impugnação é indeferida em razão da ausência de um de seus requisitos, por exemplo, ter sido apresentada após o prazo de 15 dias, ou antes da penhora".*[459]

Na realidade, a natureza jurídica da decisão que julga o incidente de impugnação ao cumprimento de sentença deve ser analisada em função do que fora alegado na própria impugnação e do conteúdo da decisão.

A diferença quanto à natureza jurídica da decisão que acolhe ou não a impugnação ao cumprimento de sentença também surte reflexos na fixação dos honorários de advogado.

Na hipótese em que o juiz acolhe integralmente a impugnação ao cumprimento de sentença, extinguindo essa fase procedimental, tal decisão terá natureza de sentença (pois extingue a execução), devendo ser fixados honorários de advogado em favor do executado, ora impugnante.

O S.T.J. tem entendido que essa fixação ocorre também na hipótese em que haja acolhimento parcial da impugnação.

Por outro lado, não são cabíveis honorários advocatícios pela rejeição da impugnação ao cumprimento de sentença, tendo em vista que essa decisão

---

[459] MEDINA, J. M. G., idem. p.259.

terá natureza jurídica de decisão interlocutória. Nesse sentido é o seguinte precedente:

> '*RECURSO ESPECIAL REPETITIVO. DIREITO PROCESSUAL CIVIL. CUMPRIMENTO DE SENTENÇA. IMPUGNAÇÃO. HONORÁRIOS ADVOCATÍCIOS.*
>
> *1. Para efeitos do art. 543-C do CPC: 1.1. São cabíveis honorários advocatícios em fase de cumprimento de sentença, haja ou não impugnação, depois de escoado o prazo para pagamento voluntário a que alude o art. 475-J do CPC, que somente se inicia após a intimação do advogado, com a baixa dos autos e a aposição do 'cumpra-se' (REsp. n.º 940.274/MS).*
>
> *1.2. Não são cabíveis honorários advocatícios pela rejeição da impugnação ao cumprimento de sentença.*
>
> *1.3.* **Apenas no caso de acolhimento da impugnação, ainda que parcial, serão arbitrados honorários em benefício do executado, com base no art. 20, § 4º, do CPC.**
>
> *2. Recurso especial provido.' (RECURSO ESPECIAL Nº 1.134.186 – RS (2009/0066241-9), RELATOR : MINISTRO LUIS FELIPE SALOMÃO, DJe: 21/10/2011)*

Na oportunidade, em sua manifestação a respeito, o Ministro Teori Albino Zavascki assim lecionou:

> '*Questiona-se aqui, unicamente, a respeito do cabimento ou não da condenação do executado em honorários advocatícios na hipótese de julgamento de improcedência de impugnação por ele oferecida a execução de título judicial, como lhe faculta o CPC, no art. 475-J, § 1º, parte final. Tem razão o voto do relator ao afirmar que essa impugnação tem natureza jurídica de incidente, semelhante à denominada 'exceção de pré-executividade', merecendo, por isso, tratamento também semelhante no que se refere a sucumbência. Ora, a jurisprudência firmada nesta Corte Especial nega condenação em honorários em caso de improcedência da referida 'exceção'. É de ser prestigiada, portanto, a conclusão do voto do relator. Com esse fundamento e considerados os limites da discussão aqui estabelecida, dou provimento ao recurso, acompanhando o relator. É o voto.'*

Em julgamento recente, o Superior Tribunal de Justiça ratificou a diretriz, como dá conta a seguinte ementa do respectivo julgado:

> *PROCESSUAL CIVIL. ADMINISTRATIVO. TRIBUTÁRIO. OMISSÃO INEXISTENTE. EMPRÉSTIMO COMPULSÓRIO DE ENERGIA ELÉTRICA. IMPRESCINDIBILIDADE DE LIQUIDAÇÃO DO JULGADO. ENTENDIMENTO*

EXECUÇÃO E CUMPRIMENTO DE SENTENÇA

FIRMADO EM REPETITIVO. RESP PARADIGMA 1.147.191/RS. APRESENTAÇÃO DE CÁLCULOS. INÍCIO DA FASE LIQUIDATÓRIA. IMPUGNAÇÃO. REJEIÇÃO. HONORÁRIOS. NÃO INCIDÊNCIA. RESP PARADIGMA 1.134.186/RS. CABIMENTO DE VERBA HONORÁRIA APÓS O DESCUMPRIMENTO DO PRAZO PREVISTO NO ART. 475-J DO CPC. SÚMULA N. 83/STJ. JULGAMENTO EXTRA PETITA. NÃO OCORRÊNCIA.

1. Inexiste violação dos arts. 165, 458, 515 e 535, todos do CPC, quando a prestação jurisdicional é dada na medida da pretensão deduzida, com enfrentamento e resolução das questões abordadas no recurso.

2. A Corte Especial do STJ, em hipótese que trata exatamente de cumprimento de sentença de título judicial decorrente de empréstimo compulsório de energia elétrica, firmou entendimento de que tais sentenças se submetem inafastavelmente à necessidade de liquidação do julgado, porquanto complexos os cálculos envolvidos. REsp 1.147.191/RS, Rel. Ministro NAPOLEÃO NUNES MAIA FILHO, CORTE ESPECIAL, julgado em 4/3/2015, DJe 24/4/2015 (submetido ao regime dos recurso repetitivos).

*3. A apresentação dos cálculos representa início da fase de liquidação do julgado, de modo que a impugnação apresentada não legitima a incidência de honorários, ainda que rejeitada para reconhecer a exatidão dos valores requeridos, pois **a Corte Especial do STJ, no julgamento do REsp 1.134.186/RS, relatoria do Min. Luis Felipe Salomão, submetido ao regime dos recursos repetitivos (art. 543-C do CPC), reconheceu que 'não são cabíveis honorários advocatícios pela rejeição da impugnação ao cumprimento de sentença', porquanto a impugnação, previsto na parte final do art. 475-J, § 1º, do CPC, reveste-se de 'mero incidente processual' semelhante à 'exceção de pré-executividade' e que, de consequência, sua rejeição não enseja a fixação de verba honorária.***

(...).

(AgRg no REsp 1471938/SC, Rel. Ministro HUMBERTO MARTINS, SEGUNDA TURMA, julgado em 18/06/2015, DJe 26/06/2015)

É importante salientar que os precedentes acima foram construído sob a égide do C.P.C. de 1973.

Em relação ao novo C.P.C., entendemos que é possível aplicar o disposto no art. 827, §2º, do novo C.P.C., a saber: *O valor dos honorários poderá ser elevado até vinte por cento, quando rejeitados os embargos à execução, podendo a majoração, caso não opostos os embargos, ocorrer ao final do procedimento executivo, levando-se em conta o trabalho realizado pelo advogado do exequente.*

2. Prazo para interposição da impugnação no procedimento de cumprimento de sentença

Segundo estabelece o art. 525 do novo C.P.C., transcorrido o prazo de quinze dias para o executado pagar voluntariamente o débito, acrescido das custas, inicia-se o prazo também de quinze dias para que ele, executado, independentemente de penhora ou nova intimação, apresente nos próprios autos de cumprimento de sentença a sua *impugnação*.[460]

O prazo de quinze dias começa a correr automaticamente após o transcurso do prazo de quinze dias para pagamento do débito, independentemente de penhora ou nova intimação.

Assim, se o prazo para o pagamento do débito findar no dia 6 de março, o início do prazo para a impugnação começará a correr no dia 7 de março. Como não há disposição em contrário, o prazo será contado excluindo o dia do começo e incluindo o dia do vencimento.

Nos termos do art. 219 do novo C.P.C., na contagem dos prazos em dias, estabelecidos pela lei, computar-se-ão somente os dias úteis.

Aplica-se à impugnação o disposto no art. 229 do novo C.P.C.

Em que pese o art. 525 do novo C.P.C., ao regular a impugnação de sentença, faça referência, quanto ao prazo, somente ao disposto no 523 do mesmo diploma legal, dando a entender que a impugnação de sentença somente teria lugar em face de cumprimento de sentença de quantia certa, o certo que a impugnação poderá ser oposta, igualmente, em face de decisão que tenha por objeto obrigação de fazer, de não fazer ou de entrega de coisa. Nessas hipóteses, o prazo para a impugnação começa a correr da data estabelecida na sentença para o cumprimento da obrigação.

3. Matérias que poderão ser alegadas na impugnação ao cumprimento de sentença

Segundo estabelece o §1º do art. 525 do novo C.P.C., o executado poderá alegar as seguintes matérias na impugnação ao cumprimento de sentença:

a) falta ou nulidade da citação se, na fase de conhecimento, o processo correu à revelia; b) ilegitimidade de parte;

c) inexequibilidade do título ou inexigibilidade da obrigação;

d) penhora incorreta ou avaliação errônea;

---

[460] ENUNCIADO 90 da I Jornada de Direito Processual Civil do Centro de Estudos Judiciários: *Conta-se em dobro o prazo do art. 525 do CPC nos casos em que o devedor é assistido pela Defensoria Pública.*

EXECUÇÃO E CUMPRIMENTO DE SENTENÇA

e) excesso de execução ou cumulação indevida de execuções;

f) incompetência absoluta ou relativa do juízo da execução;

g) qualquer causa modificativa ou extintiva da obrigação, como pagamento, novação, compensação, transação ou prescrição, desde que supervenientes à sentença.

A alegação de impedimento ou suspeição observará o disposto nos arts. 146 e 148 do novo C.P.C.

Vejamos nos itens seguintes cada uma das hipóteses de defesa que podem ser suscitadas na impugnação ao cumprimento de sentença:

3.1. Falta ou nulidade de citação, se, na fase de conhecimento, o processo correu à revelia

Ressalvadas as hipóteses de indeferimento da petição inicial ou de improcedência liminar do pedido, para a validade do processo é indispensável a citação do réu ou do executado.

Como se sabe, a citação do réu para o processo de conhecimento é pressuposto processual de existência da relação jurídica processual justamente em relação ao réu.

Se não houver a citação válida do réu ou do executado, o processo não existiu em relação a ele, razão pela qual essa nulidade poderá ser arguida a qualquer momento, independentemente de demanda rescisória.

Essa nulidade (querela nullitatis) pode ser arguida a qualquer momento, independentemente de demanda rescisória, também em relação ao litisconsórcio passivo necessário.

Correndo o processo de conhecimento à revelia do réu, poderá ele alegar, quando do cumprimento de sentença, por meio de impugnação, eventual nulidade de sua citação, como, por exemplo, que a pessoa que recebeu a citação pessoal não era ele, que a carta foi encaminhada a endereço errado ou inexistente, que o autor não comunicou ao juízo o real endereço do réu, muito embora tivesse plena ciência desse endereço, permitindo, com isso, que a citação fosse realizada por edital etc.

3.2. Ilegitimidade de parte

É sabido que para propor ação é necessário ter interesse e legitimidade (art. 17 do atual C.P.C.), bem como que ninguém poderá pleitear direito alheio em nome próprio, salvo quando autorizado pelo ordenamento jurídico (art. 18 do atual C.P.C.).

Os mencionados preceitos normativos aplicam-se também ao procedimento de cumprimento de sentença, ou seja, para se pleitear o cumprimento de sentença é necessário que o exequente tenha legitimidade 'ad causam' e 'ad processum', assim como deve ser legítimo para participar da demanda aquele contra quem se requererá o cumprimento de sentença.

Se a demanda for proposta por quem não é parte legítima ou contra quem não poderia ser indicada no polo passivo, o juiz deverá extinguir o processo (no caso a execução) sem resolução de mérito, ou seja, sem analisar o mérito da execução.

Aliás, a legitimidade *ad causam* ou *ad processum* pode ser avaliada de ofício pelo juiz, pois se está diante de um pressuposto processual ou de um pressuposto para análise do mérito do procedimento de cumprimento de sentença (também conhecido como condição da ação).

Esse reconhecimento de ilegitimidade pode ocorrer de ofício, no âmbito da impugnação, ou mesmo em exceção de pré-executividade.

Reconhecida a ilegitimidade *ad causam* ou *ad processum*, o juiz extingue o procedimento de cumprimento de sentença, resultando daí sentença com atributo de coisa julgada, o que não impede que o credor ou exequente renove o procedimento corrigindo o polo ativo ou passivo da relação jurídica processual.

3.3. Inexequibilidade do título ou inexigibilidade da obrigação

A impugnação ao cumprimento de sentença também poderá ter por fundamento a alegação de inexequibilidade do título executivo judicial ou a inexigibilidade da obrigação que é objeto do título executivo.

Para que um ato tenha eficácia para tornar adequado o procedimento de cumprimento de sentença, é indispensável que em sua formação tenham sido observados os requisitos exigidos para sua regularidade.

Em outras palavras, há requisitos formais além dos requisitos substanciais que digam respeito ao *conteúdo do ato*.

Entre os requisitos formais está a existência de uma decisão judicial consubstanciada na forma escrita. Esse ato jurídico, que é a decisão judicial, subordina-se a certos requisitos particulares, antes mesmo de se pensar na sua eficácia executiva, a qual somente ocorrerá se o ato estiver perfeito. A eficácia executiva, por sua vez, decorre da lei de natureza processual.[461]

Já o conteúdo substancial decorre da precisa individualização do direito a que se refere.

---

[461] DINAMARCO, Cândido Rangel. *Execução civil*. 3ª ed. São Paulo: Malheiros, 1993, p. 481.

A sentença civil condenatória será sempre uma sentença civil condenatória, ainda que se refira a uma quantia indeterminada (ilíquida), ou a uma obrigação alternativa. Para que seja considerada título executivo, todavia, ela precisa individualizar o bem devido, e, tratando-se de bem fungível, indicar o número de unidades. É que a execução se caracteriza por ser um procedimento visando a uma determinada finalidade prática e objetiva, dispondo de meios para a realização do direito e não para o acertamento de sua natureza ou existência, ou da individualidade do bem devido, ou, ainda, a quantidade de bens.[462]

Ao estudarem os requisitos substanciais do título executivo, a doutrina costuma falar frequentemente sobre os predicados de *liquidez, certeza e exigibilidade.*

A *exigibilidade*, contudo, é estranha ao conceito e configuração do título executivo.

A *exigibilidade* diz respeito apenas que é chegado o momento da satisfação da vontade concreta da lei, sem que haja mais qualquer impedimento legal.[463]

Em resumo: *"enquanto o título executivo pertence à disciplina da adequação da tutela executiva como requisito para que concorra o legítimo interesse de agir, a exigibilidade do direito é caracterizadora do interesse-necessidade. Só assim se explica a existência de títulos que se constituem antes da exigibilidade do direito, como sucede na hipótese de condenação para o futuro e como é corriqueiro entre os títulos extrajudiciais. No tocante à exigibilidade, deve o título apenas propiciar ao juiz a apreciação de sua ocorrência no momento da execução, isto é, indicar as 'condições de exigibilidade', de modo que à primeira vista se saiba se o débito está ou não vencido, se há ou não condições".*[464]

Por isso, a qualidade de liquidez, certeza e exigibilidade não diz respeito ao título em sentido formal, ou seja, ao ato jurídico dotado de eficácia executiva, mas, sim, ao seu *conteúdo, ao direito subjetivo atestado.*

Na realidade, o conceito de exigibilidade pertence exclusivamente ao direito substancial e ali deve ser desenvolvido e esclarecido. É, segundo os critérios deste, portanto, que se deve verificar, em cada caso concreto, se já chegou o momento do recurso aos órgãos da jurisdição ou se ainda é preciso esperar pela satisfação voluntária.[465]

---

[462] DINAMARCO, C. R., idem, p. 482.
[463] DINAMARCO, C. R., idem, p. 483.
[464] DINAMARCO, C. R., idem, ibidem.
[465] DINAMARCO, C., R., idem, p. 408.

CONTRADITÓRIO NO CUMPRIMENTO DE SENTENÇA

Também a exigibilidade pode estar condicionada ao implemento da *condição ou termo* prevista no art. 514, *caput* do atual C.P.C.: *"Quando o juiz decidir relação jurídica sujeita a condição ou termo, o cumprimento da sentença dependerá de demonstração de que se realizou a condição ou de que ocorreu o termo".*

Já a *inexequibilidade do título* não diz respeito à obrigação como conteúdo jurídico, mas, sim, ao próprio título executivo.

Um exemplo de *inexequibilidade do título* ocorre quando a decisão condenatória proferida pelo juízo se encontra sujeita a recurso com efeito suspensivo.

A *inexequibilidade* do título executivo também se verifica quando não houve a citação do executado no procedimento cognitivo.

3.4. Inexigibilidade da obrigação contida em título judicial em face de decisão proferida pelo S.T.F.

Considera-se também inexigível a obrigação reconhecida em título executivo judicial fundado em lei ou ato normativo considerado inconstitucional pelo Supremo Tribunal Federal, ou fundado em aplicação ou interpretação da lei ou do ato normativo tido pelo Supremo Tribunal Federal como incompatível com a Constituição Federal, em controle de constitucionalidade concentrado ou difuso.

É possível que determinada pessoa física ou jurídica tenha sido favorecida por uma decisão, cuja fundamentação se dê com base em determinada lei ou ato normativo declarado como constitucional, ou, ainda, com base em determinada aplicação ou interpretação de norma tida por constitucional.

Porém, também é possível que após a prolação da referida decisão, mas antes do seu trânsito em julgado, o Supremo Tribunal Federal, em controle concentrado ou difuso de constitucionalidade, declare a inconstitucionalidade da norma que serviu de base para a decisão acima referida, ou dê aplicação ou interpretação à lei ou ao ato normativo, em face da Constituição Federal, de forma diversa daquela dada pela decisão acima mencionada.

Convém ressaltar que a supremacia das normas constitucionais e a presunção de constitucionalidade das leis exigem a escolha pelo intérprete do sentido da norma que esteja em conformidade com a Constituição Federal, evitando, assim, sempre que viável, a sua declaração de inconstitucionalidade e consequente retirada do mundo jurídico.

É importante salientar que compete ao S.T.F. dar a última palavra sobre a questão de constitucionalidade ou inconstitucionalidade da norma jurídica, razão pela qual entendo que se deve prestigiar o teor normativo do artigo 525, §12, do novo C.P.C. em sua maior extensão possível, pois num Estado

EXECUÇÃO E CUMPRIMENTO DE SENTENÇA

Democrático de Direito a definição final sobre a constitucionalidade ou não da norma deve ser de competência de um único órgão jurisdicional, no nosso caso, o Supremo Tribunal Federal.

A questão é de tamanha gravidade, podendo gerar grandes distorções econômicas e sociais.

Pense-se na hipótese de uma empresa que foi beneficiada por uma decisão que declarou a inconstitucionalidade da incidência do IPI e do ICMs sobre sua produção industrial e comercial. Porém, somente essa empresa foi beneficiada pela referida decisão, uma vez que o S.T.F., posteriormente, declarou a constitucionalidade da incidência dos referidos tributos em relação às demais empresas. Prevalecendo a decisão anterior, haverá colapso no sistema econômico e social, pois a concorrência entre as empresas será desleal, além de promover a quebra de diversas empresas cuja incidência tributária foi declarada constitucional pelo S.T.F.

Note-se que a norma processual prevista no §12 do art. 525 do novo C.P.C. não traz uma nova espécie de demanda rescisória, pois não rescinde o conteúdo jurídico do título executivo judicial, mas apenas declara sua *inexigibilidade*, justamente para torná-lo novamente exigível caso o S.T.F., no futuro, altere o seu posicionamento.

A inexigibilidade da obrigação contida em titulo executivo judicial decorre tanto do controle concentrado quanto do controle difuso de constitucionalidade.

Tendo em vista que o art. 741, p.u., do C.P.C. de 1973 trazia preceito similar ao do §12 do art. 525 do C.P.C., tal questão já se encontrava sob o crivo do S.T.F. (AI 481990 AgR, Relator(a): Min. EROS GRAU, Primeira Turma, julgado em 16/12/2004, DJ 08-04-2005 PP-00018 EMENT VOL-02186-06 PP-01042).

É importante salientar que a questão da interpretação do art. 741, parágrafo único, do C.P.C. de 1973 foi submetida ao instituto de repercussão geral no S.T.F. (RE 586068 RG, Relator(a): Min. ELLEN GRACIE, julgado em 02/08/2008, DJe-157 DIVULG 21-08-2008 PUBLIC 22-08-2008 EMENT VOL-02329-04 PP-00687).

Sobre essa questão, recomenda-se a leitura da decisão monocrática proferida pelo Ministro Celso de Mello no julgamento proferido em 25.05.2010, no RE n. 594.350.

O Superior Tribunal de Justiça apresenta entendimento de que o parágrafo único do art. 741 do C.P.C. de 1973, correspondente ao atual art. 525, §12., tem incidência imediata, ressalvadas as situações consolidadas antes de seu advento (AgRg no REsp 926.198/AL, Rel. Ministro JORGE MUSSI, QUINTA TURMA, julgado em 10/08/2010, DJe 13/09/2010).

Os efeitos da decisão do Supremo Tribunal Federal poderão ser modulados no tempo, em atenção à segurança jurídica.

A modulação dos efeitos de ação declaratória de inconstitucionalidade de lei ou de ato normativo encontra-se expressamente prevista no art. 27 da Lei 9.868, de 10 de novembro de 1999.

Essa modulação de efeitos é importante para se evitar mácula ao princípio da segurança jurídica.

O legislador do atual C.P.C. estabeleceu um marco temporal para que se possa reconhecer a inexigibilidade da decisão exequenda.

No caso, a decisão do Supremo Tribunal Federal, contrária aos fundamentos contidos na decisão exequenda deverá ter sido proferida (ainda que não transitada em julgado) antes do trânsito em julgado da decisão exequenda.

Se a decisão referida no §12 for proferida após o trânsito em julgado da decisão exequenda, caberá ação rescisória, cujo prazo será contado do trânsito em julgado da decisão proferida pelo Supremo Tribunal Federal.

Portanto, se a decisão do S.T.F. for posterior ao trânsito em julgado da decisão exequenda, sua desconstituição dependerá da propositura da demanda rescisória no prazo de dois anos contado do trânsito em julgado da decisão proferida pelo Supremo Tribunal Federal.

Trata-se de uma regra de exceção, uma vez que o prazo de dois anos da rescisória conta-se da data do trânsito em julgado da própria decisão que se pretende rescindir, e não de outra que servirá de fundamento para sua eventual rescisão.

O problema é que o S.T.F., em recente decisão, tem afirmado que não é possível se rescindir decisão com base na divergência ou modificação da jurisprudência, ainda que essa jurisprudência trate de matéria Constitucional.

3.5. Penhora incorreta ou avaliação errônea

Se no momento da apresentação da impugnação do executado já houver sido realizada a penhora de bens do devedor, poderá a defesa referir-se à penhora incorreta ou avaliação errônea.

Porém, sabe-se que a penhora não é pressuposto para a apresentação da impugnação, razão pela qual este ato de constrição judicial poderá ocorrer após expirado o prazo para a apresentação da impugnação.

Não obstante, poderá o executado, por petição autônoma, alegar a incorreção da penhora ou que a avaliação foi errônea.

3.6. Excesso de execução ou cumulação indevida de execuções

A impugnação também poderá ter por fundamento a alegação de *excesso de execução ou cumulação indevida de execuções*.

O devedor/executado poderá afirmar que o pedido formulado no procedimento de cumprimento de sentença, o qual corresponde ao valor a ser pago, poderá estar em total dissonância com o conteúdo condenatório da sentença judicial, no caso, com o título apto a gerar atos de execução forçada. Na realidade, *"a essência da sentença de condenação está própria no fato de ser instrumental em relação à expropriação forçada para superar o comportamento obstrutivo do devedor".*[466]

O pedido formulado no âmbito do cumprimento de sentença deve ater-se *ipsi literis* ao conteúdo previsto na sentença condenatória e aos limites normativos nela estabelecidos.

Por isso, convém afirmar que a sentença condenatória deve exprimir ou permitir a possibilidade de exprimir uma obrigação certa, líquida e exigível.

Quando o executado alegar que o exequente, em excesso de execução, pleiteia quantia superior à resultante da sentença, cumprir-lhe-á declarar de imediato o valor que entende correto, apresentando demonstrativo discriminado e atualizado de seu cálculo Não apontado o valor correto ou não apresentado o demonstrativo, a impugnação será liminarmente rejeitada, se o excesso de execução for o seu único fundamento, ou, se houver outro fundamento, a impugnação será processada, mas o juiz não examinará a alegação de excesso de execução.

Comentando o §5º do art. 739-A do CPC de 1973, afirmara José Miguel Garcia Medina: *"De acordo com o §5º do art. 739-A do CPC, se os embargos se fundarem em excesso de execução, a petição deverá declarar o valor que o executado entende devido, 'sob pena de rejeição liminar dos embargos ou de não conhecimento desse fundamento'. Com esta regra, passa-se a observar, também nos embargos do executado, o princípio segundo o qual 'não pode o devedor escusar-se de cumprir a parte incontroversa da obrigação', o que consistiria em abuso do direito de defesa. Tendo em vista que, no caso, os embargos veiculam ação de execução, pensamos que, antes de indeferi-los liminarmente, deverá o juiz intimar o embargante para que este proceda a emenda da petição inicial de embargos. Caso o excesso de execução seja o único fundamento dos embargos, não havendo emenda, deverão os embargos ser indeferidos; caso, diversamente haja outros fundamentos nos embargos, aquele referente ao excesso de execução. A rejeição dos embargos 'ex vi' do §5º do art. 739-A se dará por decisão que não julga o mérito, já que, consoante estabelece*

---

[466] MONTELEONE, Girolamo. *Manuale di diritto processuale civile.* Vol. II. Quarta Edizione. Modena: CEDAM, 2007. p. 68.

a referida regra, o fundamento deduzido não será conhecido. No caso não ocorre coisa julgada, portanto, nada impedindo o ajuizamento de outra ação de conhecimento pelo executado com base no mesmo fundamento".[467]

Discorda-se, apenas, do ilustre processualista maringaense quanto ao dever de o juiz oportunizar ao devedor a possibilidade de emendar a inicial a fim de que indique qual o valor que entende correto para o cumprimento da obrigação.

Na realidade, o §5º do art. 525 do atual C.P.C. é muito claro, ou seja, se o executado, ao alegar o excesso de execução, não indicar de plano o valor que endente correto, o juiz deverá rejeitar liminarmente a impugnação, sem oportunizar a emenda da inicial.

É lícito ao exequente, sendo o mesmo devedor, cumular obrigações contidas na decisão condenatória, podendo exigir o cumprimento da sentença num mesmo procedimento. Dá-se a isso o nome de *cumulação objetiva de execução*.

Também é possível ao exequente promover o cumprimento da obrigação decorrente de sentença condenatória de quantia certa contra o devedor originário e contra os coobrigados e fiadores.

Dá-se o nome a isso de *cumulação subjetiva de execução*.

Não obstante a possibilidade de cúmulo subjetivo ou objetivo de execução, o executado poderá impugnar essa cumulação, sob a alegação de que é impertinente.

Poderá a sentença condenatória, por exemplo, ter por conteúdo o cumprimento de obrigação de pagar quantia certa, obrigação de fazer ou não fazer e de dar coisa. Evidentemente que cada uma dessas obrigações demanda um procedimento específico de cumprimento de sentença, razão pela qual, em determinadas circunstâncias, não poderão ser cumuladas, sob pena de ocorrer tumulto processual.

Se não houver impertinência, poderá ser cumulada decisão condenatória que determine ao executado cumprir obrigação de fazer cumulada com obrigação de pagar quantia certa.

Também sob a égide do atual C.P.C. não poderá haver cumulação de execução contra o mesmo devedor, uma fundada em título executivo judicial (sentença condenatória) e outra amparada em título executivo extrajudicial[468], pois uma terá caráter procedimental (sincretismo cognição/execução),

---

[467] MEDINA, J. M. G., op. cit., p. 128 e 129.
[468] Sob a égide do C.P.C. de 1973, admitia-se a cumulação de execução, uma por título judicial e outra por título extrajudicial (RP 40/198).

enquanto a outra será instrumentalizada num verdadeiro processo autônomo decorrente de uma ação desencadeadora de uma demanda executiva.

3.7. Incompetência absoluta ou relativa do juízo de execução

Poderá a impugnação, como matéria preliminar, ter fundamento na incompetência do juízo da execução.

Estabelece o *art. 516* do atual C.P.C. que o cumprimento da sentença efetuar-se-á perante:

I – os tribunais, nas causas de sua competência originária;
II – o juízo que decidiu a causa no primeiro grau de jurisdição;
III – o juízo cível competente, quando se tratar de sentença penal condenatória, de sentença arbitral, de sentença estrangeira.

Se o cumprimento de sentença for instaurado perante órgão jurisdicional não indicado na regra processual do art. 516 do novo C.P.C., poderá o executado alegar a incompetência relativa ou absoluta do juízo da execução como preliminar em impugnação ao cumprimento de sentença.

Se o executado não alegar a incompetência relativa na impugnação ao cumprimento de sentença, prorrogar-se-á a competência do juízo da execução.

Por sua vez, em se tratando de incompetência absoluta, mesmo que tal matéria não seja alegada em preliminar de impugnação ao cumprimento de sentença, poderá ser suscitada por simples petição nos autos, uma vez que não haverá prorrogação da competência de juízo absolutamente incompetente, podendo, inclusive, ser suscitada de ofício pelo juiz.

3.8. Qualquer causa modificativa ou extintiva da obrigação, como pagamento, novação, compensação, transação ou prescrição, desde que supervenientes à sentença

Observa-se que a impugnação ao cumprimento de sentença pode resultar em oposição por defeito processual e, igualmente, em oposição por motivo de fundo.

A oposição de fundo refere-se, naturalmente, às causas de cumprimento ou extinção da obrigação.

Note-se que não se trata de causa impeditiva, modificativa ou extintiva da sentença condenatória, mas, sim, da obrigação que é objeto e conteúdo da sentença condenatória.

Por isso, eventuais causas impeditivas, modificativas ou extintiva da obrigação ocorridas antes do trânsito em julgado da decisão, deveriam ter

CONTRADITÓRIO NO CUMPRIMENTO DE SENTENÇA

sido alegadas no procedimento cognitivo, não podendo mais ser formuladas no procedimento de cumprimento de sentença, sob pena de preclusão ou coisa julgada.

Se por erro a parte não apresentou o recibo de pagamento ou de transação que possuía à época, entendo que poderá aventar tal questão em ação rescisória, mas não na fase de cumprimento de sentença, em razão do impedimento legal estabelecido no inc. VII do art. 525 do atual C.P.C.

Outrossim, essas causas impeditivas, modificativas ou extintivas da obrigação somente poderão ser alegadas se supervenientes à sentença.

Por sua vez, essas causas impeditivas, modificativas ou extintivas da obrigação constante do título executivo poderão surgir após o prazo da impugnação, razão pela qual elas poderão ser comunicadas ao juiz por petição escrita, em razão da própria superveniência desses fatos. Ex: o pagamento, a transação, ou mesmo a prescrição intercorrente poderão ocorrer após o prazo de quinze dias para a apresentação da impugnação.

A Primeira Seção do STJ, no julgamento do REsp 1.235.513/AL (Rel. Ministro Castro Meira, Primeira Seção, DJe 20/12/2012), submetido ao rito do art. 543-C do CPC, pacificou a orientação de que "não ofende a coisa julgada [...] a compensação do índice de 28,86% com reajustes concedidos por leis posteriores à última oportunidade de alegação da objeção de defesa no processo cognitivo, marco temporal que pode coincidir com a data da prolação da sentença, o exaurimento da instância ordinária ou mesmo o trânsito em julgado, conforme o caso. Na impugnação à execução, a compensação só pode ser alegada se não pode ser objetada no processo de conhecimento. Se a compensação se baseia em fato que já era passível de ser invocado no processo cognitivo, estará a matéria protegida pela coisa julgada. (AgInt no AREsp 445.971/MG, Rel. Ministro OG FERNANDES, SEGUNDA TURMA, julgado em 20/02/2018, DJe 26/02/2018)

No projeto originário também se previa a possibilidade de se alegar na impugnação o impedimento ou a suspeição do juiz.

Porém, o § 2º do art. 525 do atual C.P.C. preconiza que a alegação de impedimento ou suspeição observará o disposto nos arts. 146 e 148.

Nos termos do § 3º do art. 525 do atual C.P.C., aplica-se à impugnação o disposto no art. 229, ou seja:

> Art. 229. Os litisconsortes que tiverem diferentes procuradores, de escritórios de advocacia distintos, terão prazos contados em dobro para todas as suas manifestações, em qualquer juízo ou tribunal, independentemente de requerimento.

EXECUÇÃO E CUMPRIMENTO DE SENTENÇA

§ 1º Cessa a contagem do prazo em dobro se, havendo apenas dois réus, é oferecida defesa por apenas um deles.

§ 2º Não se aplica o disposto no caput aos processos em autos eletrônicos.

4. Concessão de efeito suspensivo ao cumprimento de sentença

A apresentação de impugnação não impede a prática dos atos executivos, inclusive os de expropriação, podendo o juiz, a requerimento do executado e desde que garantido o juízo com penhora, caução ou depósito suficientes, atribuir-lhe efeito suspensivo, se seus fundamentos forem relevantes e se o prosseguimento da execução for manifestamente suscetível de causar ao executado grave dano de difícil ou incerta reparação.

Aduz o §7º do art. 525 do atual C.P.C. que a concessão de efeito suspensivo, a que se refere o §6º, não impedirá a efetivação dos atos de substituição, de reforço ou redução da penhora e de avaliação dos bens.

Portanto, em regra, a apresentação da impugnação ao cumprimento de sentença condenatória não suspende a prática de atos executórios, inclusive os de eventual expropriação de bens móveis e imóveis.

Contudo, havendo a conjugação de dois requisitos: a) relevantes fundamentos; b) que o prosseguimento da execução seja manifestamente suscetível de causar ao executado grave dano de difícil ou incerta reparação, poderá o juiz, desde que garantido o juízo com penhora, caução ou depósito suficientes, atribuir efeito suspensivo ao procedimento de cumprimento de sentença, impedindo a realização de atos executórios.

Dentre os motivos de *relevantes fundamentos* encontram-se: a) prescrição da pretensão executória; b) pagamento; c) compensação; d) novação; e) transação etc. Evidentemente, o juiz somente concederá efeito suspensivo se houver algum início de prova suficiente dessas alegações, ou se o devedor apresentar uma *dúvida razoável*.

Sendo deferido o efeito suspensivo, a impugnação será instruída e decidida nos próprios autos.

Contudo, se não for dado efeito suspensivo e houver necessidade de realização de instrução probatória na impugnação (oitiva de testemunha ou necessidade de prova pericial), deverá o juiz determinar que a impugnação seja autuada em apartado, sem que perca com isso o seu caráter incidental ao cumprimento de sentença. Com isso evita-se inversão tumultuária do processo.

É importante salientar que a concessão de efeito suspensivo não impedirá a efetivação dos atos de substituição, de reforço ou redução da penhora e de avaliação dos bens.

Quando o efeito suspensivo atribuído à impugnação disser respeito apenas a parte do objeto da execução, esta prosseguirá quanto à parte restante.

Verifica-se que a impugnação não precisa ter por objeto a integralidade da execução, podendo fazer referência apenas a parte do objeto da execução. Nesse último caso, a execução deverá prosseguir em relação ao objeto da execução que não sofreu impugnação.

É possível, ainda, que dois ou mais executados ingressem com a impugnação, mas o juiz conceda efeito suspensivo apenas a um ou alguns desses executados, tendo em vista que o fundamento da impugnação diz respeito exclusivamente ao impugnante.

Ainda que atribuído efeito suspensivo à impugnação, é lícito ao exequente requerer o prosseguimento da execução, oferecendo e prestando, nos próprios autos, caução suficiente e idônea a ser arbitrada pelo juiz.

A caução não corresponderá, em regra, ao valor de eventual bem penhorado, mas deverá ser suficiente para garantir os eventuais danos que possam ser acarretados ao executado pelo prosseguimento dos atos executivos.

5. Questões relativas a fato superveniente

As questões relativas a fato superveniente ao término do prazo para apresentação da impugnação, assim como aquelas relativas à validade e à adequação da penhora, da avaliação e dos atos executivos subsequentes, podem ser arguidas pelo executado por simples petição, tendo o executado, em qualquer dos casos, o prazo de 15 (quinze) dias para formular tais pretensões, contado da comprovada ciência do fato ou da intimação do ato.

Como a impugnação deverá ser apresentada no prazo de quinze dias após transcorrido o prazo que dispõe o devedor para o cumprimento da obrigação de forma voluntária, isso significa dizer que a penhora de bens somente ocorrerá após o prazo para a apresentação da impugnação.

Por isso, eventuais questões sobre a validade e adequação da penhora, avaliação e atos subsequentes executórios somente poderão ser articulados por petição avulsa, mesmo que após transcorrido o prazo para a impugnação.

O executado deverá arguir a impugnação por petição avulsa no prazo de quinze dias, contado da comprovada ciência do fato ou da intimação do ato, sob pena de preclusão, salvo se se tratar de matéria que o juiz possa conhecer de ofício.

Capítulo 20

Cumprimento Provisório da Sentença que Reconhece a Exigibilidade de Obrigação de Pagar Quantia Certa

1. Considerações gerais

Interposto recurso contra decisão judicial condenatória de quantia, sem que tenha efeito suspensivo (agravo de instrumento, recurso especial ou extraordinário por exemplo), pode o credor requerer o cumprimento provisório da decisão judicial.

É importante salientar que em se tratando de título executivo extrajudicial, eventual recurso interposto contra a sentença proferida em embargos à execução, o prosseguimento da execução do título será considerado como execução definitiva. Sobre o tema, eis o seguinte precedente do S.T.J.:

> (...).
>
> *2. As execuções fundadas em título executivo extrajudicial são definitivas, mesmo na pendência do julgamento de recurso de apelação, sem efeito suspensivo, interposto contra a sentença de improcedência dos embargos. Precedentes.*
>
> *3. Recurso especial a que se nega provimento.*
>
> (REsp 1673435/SP, Rel. Ministro OG FERNANDES, SEGUNDA TURMA, julgado em 05/12/2017, DJe 13/12/2017)

O cumprimento provisório da sentença impugnada por recurso desprovido de efeito suspensivo será realizado na mesma forma que o cumprimento definitivo, ou seja, aplicando-se a regulamentação estabelecida pelo novo

EXECUÇÃO E CUMPRIMENTO DE SENTENÇA

C.P.C. para o cumprimento definitivo de sentença condenatória de quantia certa – arts. 523 a 527.

Tendo em vista que o cumprimento provisório de sentença ocorre na pendência do processo de conhecimento, uma vez que pressupõe a existência de recurso sem efeito suspensivo, tal circunstância recomenda que esse procedimento seja autuado em autos apartados, evitando-se, assim, inversão tumultuária do processo.

Por isso, o 522 do atual C.P.C. estabelece que o cumprimento provisório da sentença será requerido por petição dirigida ao juízo competente.

Além de ser um procedimento a ser realizado em autos apartados, o cumprimento provisório de sentença não poderá ser iniciado *ex officio* pelo juiz, mas dependerá de requerimento da parte interessada perante o juízo competente.

Ritualisticamente, o cumprimento provisório de sentença ocorre, em regra, da seguinte forma:

a) requerimento do exequente para pagamento de quantia certa fixada na sentença ou em liquidação, ou, ainda, em decisão sobre parcela incontroversa;

b) intimação do executado para pagar o débito no prazo de quinze dias, acrescido de custas (sem honorários de advogado)

c) não ocorrendo o pagamento voluntário do débito no prazo de quinze dias após a intimação do devedor, o débito será acrescido de multa de dez por cento e, também, de honorários de advogado de dez por cento.

d) efetuado o pagamento parcial no prazo de quinze dias, a multa e os honorários incidirão sobre o restante não pago.

e) não efetuado tempestivamente (no prazo de quinze dias) o pagamento voluntário, será expedido mandado de penhora e avaliação, seguindo--se os atos de expropriação.

Ao cumprimento provisório de sentença que reconheça obrigação de fazer, de não fazer ou dar coisa aplica-se, no que couber, os arts. 520 a 522 do novo C.P.C.

2. Requisitos da petição inicial

Não sendo eletrônicos os autos, a petição inicial do cumprimento provisório de sentença será acompanhada de cópias de peças do processo, cuja autenticidade poderá ser certificada pelo próprio advogado, sob sua responsabilidade pessoal.

As peças obrigatórias que devem acompanhar os autos de cumprimento de sentença são:

a) *decisão exequenda* – uma vez que a execução pode decorrer de sentença, acórdão ou mesmo de decisão judicial interlocutória;

b) *certidão de interposição do recurso não dotado de efeito suspensivo* – É pressuposto do cumprimento provisório que a decisão ainda não tenha se tornado definitiva, pois, caso contrário, o cumprimento da decisão judicial será definitivo. Além do mais, deve-se comprovar que o recurso interposto não tem efeito suspensivo, pois se o tiver não poderá a decisão ser objeto de cumprimento provisório.

c) *procurações outorgadas pelas partes* – justamente para se verificar a capacidade postulatória, bem como para se constatar se o advogado do executado ou devedor ainda tem poderes de representação para efeito de receber a intimação inicial do cumprimento de sentença.

d) *decisão de habilitação, se for o caso* – havendo falecimento de uma das partes, há necessidade de se demonstrar que houve decisão em pedido de habilitação, uma vez que o procedimento de cumprimento provisório, apesar de ser realizado em autos apartados, equivale a um procedimento incidental nos próprios autos principais, ou seja, no próprio transcurso do processo.

e) *facultativamente,* outras peças processuais necessárias para demonstrar a existência do crédito.

3. Reparação dos danos

O exequente tem responsabilidade pela reparação dos danos causados ao executado se a sentença provisoriamente cumprida for reformada pelo tribunal competente.

É importante salientar que no atual regime processual a instauração do cumprimento provisório de sentença não está condicionada à prestação de caução por parte do credor, pois a prestação de caução ficou limitada a situações excepcionais previstas no inc. IV do art. 517 do atual C.P.C.

4. Perda dos efeitos sobrevindo decisão posterior

O cumprimento provisório de sentença ficará sem efeito, sobrevindo decisão que modifique ou anule a sentença objeto da execução, restituindo-se as partes ao estado anterior e liquidados eventuais prejuízos nos mesmos autos.

Assim, modificada ou anulada a sentença ou decisão pelo tribunal, as partes deverão ser restituídas ao estado anterior, se possível.

Não sendo possível essa restituição, devem ser liquidados nos próprios autos eventuais prejuízos que o credor causou ao devedor.

EXECUÇÃO E CUMPRIMENTO DE SENTENÇA

Note-se que este retorno ao estado anterior pode decorrer de eventual modificação ou anulação de decisão interlocutória que concedeu a tutela de urgência satisfativa ou cautelar, tutela essa cujo cumprimento deve observar os atos de concretização do cumprimento de sentença provisório.

A revogação dos efeitos da tutela provisória concedida pode ocorrer por força de interposição de recurso ou na própria sentença final que julga improcedente o pedido e ao mesmo tempo cassa a decisão que concedera a tutela de urgência.

O retorno ao estado anterior não implica o desfazimento da transferência de posse ou da alienação de propriedade, ou de outro direito real eventualmente já realizado, ressalvado, sempre, o direito à reparação dos prejuízos causados ao executado.

Os prejuízos que possam ter sido suportados pelo devedor deverão ser liquidados no mesmo processo. Conforme afirma Teori Albino Zavascki: *"inclui os prejuízos emergentes dos atos executivos e, se tiver sido o caso, dos da liquidação provisória, bem como o lucro cessante (CC, art. 1.059). Se houve execução para entrega de coisa, o devedor assistirá o direito de ter de volta o bem nas condições em que o entregou (retorno ao 'status quo') e de haver indenização pela privação do seu uso ou do uso dele pelo credor. Se a execução provisória tiver sido estrepitosa a ponto de ter causado danos morais, não há porque não incluí-los no montante indenizável"*.[469]

Tendo em vista que se está diante de cumprimento de decisão judicial de quantia certa, eventual reparação do prejuízo poderá limitar-se à quantia já paga pelo devedor com juros ou correção monetária.

Mas se houver a alienação de bens do devedor, esse prejuízo, além do valor do bem, poderá ensejar o lucro cessante e os danos emergentes, bem como, dependendo do caso, também danos morais.

A liquidação, não sendo possível a apresentação de mero cálculo aritmético, ocorrerá por arbitramento ou pelo procedimento comum.

Se a decisão, objeto de cumprimento provisório, for modificada ou anulada apenas em parte, somente nesta ficará sem efeito a execução.

Contudo, não haverá necessidade de reparação de danos ao devedor no caso de a parte não reformada da sentença ser substancialmente mais vantajosa ao credor ou houver compensação entre os danos causados ao credor pelo não cumprimento espontâneo da obrigação e os eventuais danos ocorridos ao devedor pelo cumprimento provisório da decisão.

---

[469] ZAVASCKI, Teori Albino. *Comentários ao código de processo civil*. Vol.8. São Paulo: Ed. Revista dos Tribunais, 2000. p. 253.

CUMPRIMENTO PROVISÓRIO DA SENTENÇA

Em relação à parte não anulada ou reformada da sentença, o cumprimento provisório terá andamento normal.

5. Levantamento de depósito em dinheiro e a prática de atos que importem a transferência de direitos ou causem grave dano ao executado

O levantamento de depósito em dinheiro e a prática de atos que importem transferência de posse ou alienação de propriedade ou de outro direito real, ou dos quais possa resultar grave dano ao executado, dependem de caução suficiente e idônea, arbitrada de plano pelo juiz e prestada nos próprios autos.

A instauração do cumprimento de sentença condenatória de quantia certa não depende de prestação de caução por parte do credor, salvo nas hipóteses estabelecidas no inc. IV do art. 520 do atual C.P.C. [470]

O exequente somente deverá prestar caução real (penhor, hipoteca ou anticrese) ou fidejussória (caução em dinheiro ou, ainda, fiador): a) para o levantamento do depósito em dinheiro efetuado pelo executado; b) para a prática de atos que importem transferência da posse ou alienação de propriedade de bens pertencente ao executado; c) ou para a prática de atos executivos que possam resultar graves danos ao executado.

Nessas hipóteses, os atos processuais somente serão realizados se o exequente prestar caução suficiente e idônea, arbitrada pelo juiz e prestada nos próprios autos.

Importante fazer referência ao disposto no art. 525 do C.P.C. espanhol, o qual não permite, em determinadas situações específicas, o cumprimento provisório de sentença, in verbis:

> *Art. 525. Sentenças não provisoriamente executáveis.*
>
> *1. Não serão em nenhum caso suscetíveis de execução provisória:*
>
> *a) As sentenças ditadas no processo sobre paternidade, maternidade, filiação, nulidade de matrimônio, separação e divórcio, capacidade e estado civil e direitos honoríficos, salvo os pronunciamentos que regulem as obrigações e relações patrimoniais relacionadas com o que seja objeto principal do processo.*
>
> *b) As sentenças que condenem a emitir uma declaração de vontade.*
>
> *c) As sentenças que declarem a nulidade ou caducidade de títulos de propriedade industrial.*

---

[470] ENUNCIADO 88 da I Jornada de Direito Processual Civil do Centro de Estudos Judiciáriols: *A caução prevista no inc. IV do art. 520 do CPC não pode ser exigida em cumprimento definitivo de sentença. Considera-se como tal o cumprimento de sentença transitada em julgado no processo que deu origem ao crédito executado, ainda que sobre ela penda impugnação destituída de efeito suspensivo.*

2. Tampouco procederá a execução provisória das sentenças estrangeiras não firmes, salvo que expressamente se disponha nos Tratados internacionais vigentes na Espanha.

3. Não se procederá à execução provisória dos pronunciamentos de caráter indenizatório das sentenças que declarem mácula dos direitos à honra, à intimidade pessoal e familiar e à própria imagem.

6. Dispensa de caução na hipótese de cumprimento provisório de sentença

Em se tratando de cumprimento provisório de sentença, o legislador preocupou--se em não permitir a prática de atos executivos que de certa forma possam resultar manifesto risco de grave dano de difícil ou incerta reparação ao executado, sem que antes o exequente preste caução suficiente e idônea para fazer frente a esses eventuais prejuízos.

Contudo, em determinadas situações concretas, a exigência de caução poderá macular direitos fundamentais do exequente, seja pela impossibilidade da prestação de caução, seja pela natureza da prestação a ser cumprida ou seja, ainda, pelo *evento litis*. Há, nesse caso, um evidente conflito de princípios, ou seja, presta-se a tutela jurisdicional de forma rápida e eficaz sem prestação de caução ou resguarda-se possíveis prejuízos ao devedor.

O art. 521 do novo C.P.C., optando pelo princípio da rápida e efetiva prestação da tutela jurisdicional, indicou as hipóteses excepcionais em que os atos executivos, inclusive liberação de depósitos, poderão ser realizados independentemente de prestação de caução pelo exequente.

As hipóteses excepcionais são: a) o crédito for de natureza alimentar, independentemente de sua origem; b) o credor demonstrar situação de necessidade; c) pender agravo em Recurso Especial ou Extraordinário; d) a sentença a ser provisoriamente cumprida estiver em consonância com súmula da jurisprudência do S.T.F. ou do S.T.J. ou estiver em conformidade com acórdão proferido no julgamento de casos repetitivos.

Regra similar encontra-se no art. 526 do C.P.C. espanhol:

Art. 526. Execução provisória das sentenças de condenação em primeira instância. Legitimação.

Salvo nos casos a que se refere o artigo anterior, quem tenha obtido um pronunciamento a seu favor em sentença ditada em primeira instância poderá, sem simultânea prestação de caução, pedir e obter sua execução provisória conforme o previsto nos artigos seguintes.

CUMPRIMENTO PROVISÓRIO DA SENTENÇA

Vejamos cada uma das hipóteses normativas que dispensam a exigência de caução:

6.1. Crédito alimentar

Em relação ao *crédito alimentar*, o art. 475-O, §2º, inc. I do C.P.C. de 1973 excepcionava a prestação de caução *quando, nos casos de crédito de natureza alimentar ou decorrente de ato ilícito, até o limite de sessenta vezes o valor do salário-mínimo, o exeqüente demonstrar situação de necessidade; (Incluído pela Lei nº 11.232, de 2005).*

O novo C.P.C., além de estabelecer que não será exigida caução para os créditos alimentares, independentemente de sua origem, o que significa dizer que os alimentos podem decorrer de ato ilícito, não exige que o credor dos alimentos, ao contrário do que estabelecia o código revogado, demonstre situação de necessidade, pois, evidentemente, se houve prolação de sentença provisoriamente a ser cumprida, é porque o julgador já vislumbrou, no momento de prolatar a decisão, a efetiva necessidade dos alimentos, razão pela qual não se justifica nova exigência por ocasião de seu cumprimento, ainda que provisório.

O novo C.P.C., ao contrário do código revogado, também não limitou a dispensa da caução somente para os créditos alimentares até o limite de sessenta vezes o valor do salário-mínimo.

Portanto, a normatização atual permite a dispensa de caução, independentemente do valor do crédito alimentar.

6.2. Situação de necessidade

Haverá dispensa de caução quando o *credor demonstrar situação de necessidade.*

Nesse caso, seja qual for a natureza do crédito (não necessariamente alimentar) e havendo comprovação de situação de necessidade (matéria que de certa forma será avaliada pelo juiz de acordo com os princípios da razoabilidade e proporcionalidade), poderá haver a prática de atos executivos, inclusive liberação de valor depositado, independentemente de caução.

6.3. Pendência de agravo do art. 1.042 do novo C.P.C.

Igualmente haverá dispensa de caução quando *pender agravo em Recurso Especial ou Extraordinário (art. 1.042 do novo C.P.C.).*

Portanto, se a decisão proferida pelo Presidente ou Vice-Presidente do Tribunal de apelação é no sentido de não se admitir o recurso extraordinário ou especial, respectivamente de competência do Supremo Tribunal Federal

EXECUÇÃO E CUMPRIMENTO DE SENTENÇA

ou do Superior Tribunal de Justiça, tal circunstância significa que a decisão recorrida está em consonância com a atual posição dos Tribunais superiores, razão pela qual a interposição de agravo em recurso especial ou extraordinário não impedirá a concretização dos atos executivos.

Diante desse fato, a possibilidade de a decisão tornar-se definitiva é muito grande, razão pela qual é razoável não se exigir a prestação de caução na hipótese de prática de atos executivos ou liberação de valores depositados no procedimento de cumprimento provisório da sentença.

6.4. Decisão em consonância com súmula da jurisprudência do Supremo Tribunal Federal ou do Superior Tribunal de Justiça ou em conformidade com acórdão proferido no julgamento de casos repetitivos

Será dispensada a caução *se a sentença a ser provisoriamente cumprida estiver em consonância com súmula da jurisprudência do Supremo Tribunal Federal ou do Superior Tribunal de Justiça ou em conformidade com acórdão proferido no julgamento de casos repetitivos.*

O legislador, nessa hipótese, prestigiou a uniformidade da jurisprudência dos tribunais superiores ou mesmo dos tribunais de apelação como é o caso da hipótese do entendimento firmado em incidente de resolução de demandas repetitivas.

Evidentemente, se a decisão estiver em consonância com súmula do Supremo Tribunal Federal ou do Superior Tribunal de Justiça (não necessariamente súmula vinculante), o seu cumprimento provisório será realizado independentemente de exigência de caução.

O dispositivo faz expressa referência a *acórdão proferido em julgamento de casos repetitivos.*

Não sendo hipótese de julgamento de casos repetitivos, ainda que a decisão seja proferida pelo S.T.F. ou pelo S.T.J., não será o caso de dispensar-se a exigência de caução.

Porém, tenho para mim que decisão proferida pelo S.T.F. em recurso extraordinário, no qual foi reconhecida a repercussão geral, também deverá ter o mesmo tratamento (dispensa de caução), ainda que o julgamento do recurso extraordinário não se dê pela sistemática de demandas repetitivas.

Por sua vez, quando o requerente do cumprimento provisório da sentença for a Fazenda Pública, os tribunais têm admitido a dispensa da caução em face de sua idoneidade financeira (REsp 64.218/SP, Rel. MIN. HELIO MOSIMANN, SEGUNDA TURMA, julgado em 02/06/1998, DJ 29/06/1998, p. 135)

6.5. Dispensa de caução e manifesto risco de grave dano de difícil ou incerta reparação

A exigência de caução será mantida quando da dispensa puder resultar manifesto risco de grave dano de difícil ou incerta reparação.

Assim, muito embora o legislador tenha estabelecido nos incisos do art. 521 do atual C.P.C. as hipóteses legais em que a caução poderá ser dispensada em face de atos executivos a serem praticados no procedimento de cumprimento provisório de sentença, o parágrafo único do referido dispositivo apresenta uma exceção da exceção, ou seja, o juiz, mesmo diante das hipóteses elencadas no art. 521 do atual C.P.C., poderá, com base nos princípios da proporcionalidade e da razoabilidade, exigir a prestação de caução quando da dispensa puder manifestamente resultar risco de grave dano de difícil ou incerta reparação.

O legislador, portanto, permitiu que o magistrado realize, efetivamente, uma ponderação de valores, não estabelecendo qualquer valor absoluto como critério a ser observado.

Assim, será o caso concreto que irá determinado se o juiz deverá ou não exigir a prestação de caução.

7. Impugnação ao cumprimento provisório de sentença

No cumprimento provisório da sentença, o executado poderá apresentar impugnação, se quiser, nos termos do art. 525 do novo C.P.C.

Da mesma forma como ocorre no cumprimento definitivo de sentença, também no cumprimento provisório será facultado ao executado apresentar defesa, não por meio de embargos do devedor, pois se trata de título executivo judicial, mas, sim, por meio de *impugnação* que será apresenta nos próprios autos.

Recomendamos ao leitor verificar nossas ponderações no capítulo anterior sobre a impugnação ao cumprimento definitivo de sentença.

8. Incidência de multa pelo não pagamento do débito

A multa e os honorários a que se refere o §1º do art. 523 do novo C.P.C. são devidos no cumprimento provisório de sentença condenatória ao pagamento de quantia certa.

O caput do art. 520 do atual C.P.C. é peremptório ao afirmar que o cumprimento provisório da sentença será realizado nos mesmos moldes do cumprimento definitivo.

O Superior Tribunal de Justiça, ao interpretar o art. 475-J do C.P.C. de 1973 que tratava da incidência da multa de dez por cento sobre o valor da

EXECUÇÃO E CUMPRIMENTO DE SENTENÇA

condenação, firmou entendimento de que essa multa não incidiria no cumprimento de sentença provisório (REsp 1059478/RS, Rel. Ministro LUIS FELIPE SALOMÃO, Rel. p/ Acórdão Ministro ALDIR PASSARINHO JUNIOR, CORTE ESPECIAL, julgado em 15/12/2010, DJe 11/04/2011)

O novo C.P.C., por sua vez, em seu §1º do art. 523, ou seja, por *lege lata*, determinou a efetiva aplicação da multa de dez por cento no montante do débito em caso de não cumprimento voluntário da obrigação, inclusive no procedimento de cumprimento provisório da sentença condenatória.

9. Depósito do valor e consequências jurídicas processuais

Se o executado comparecer tempestivamente e depositar o valor, com a finalidade de isentar-se da multa, o ato não será havido como incompatível com o recurso por ele interposto.

Tal permissão normativa é de extrema importância para se evitar a alegação de *preclusão lógica* entre a interposição do recurso contra a sentença proferida e o depósito voluntário do débito para efeito de se evitar a incidência de multa de dez por centro.

Assim, o executado, com a finalidade de isentar-se ao pagamento da multa prevista no §3º do art. 520 do atual C.P.C., poderá depositar em juízo o valor do débito objeto do procedimento de cumprimento de sentença provisório, sem que tal postura seja considerada incompatível com eventual recurso por ele interposto.

10. Aplicação do capítulo do cumprimento provisório de sentença às decisões concessivas de tutela provisória

O novo C.P.C. trata das tutelas provisórias de urgência ou de evidência nos artigos 294 a 311.

Uma vez concedida determinada tutela de urgência *cautelar ou antecipatória satisfativa*, ou mesmo tutela de evidência, o cumprimento dessa decisão dar-se-á com base nas disposições relativas à liquidação de decisão judicial e ao cumprimento provisório de sentença.

É importante salientar que as medidas de urgência satisfativa são as que visam a antecipar ao autor, no todo ou em parte, os efeitos da tutela pretendida. Já as medidas cautelares são as que visam a afastar riscos e assegurar o resultado útil do processo.

Por sua vez, conforme estabelece o art. 297 do atual C.P.C. *"O juiz poderá determinar as medidas que considerar adequadas para a efetivação da tutela provisória".*

O cumprimento da decisão proferida em tutelas de urgência cautelar ou satisfativa dependerá do provimento que fora deferido, podendo corresponder à obrigação de dar, fazer ou não fazer, bem como de pagar quantia certa.

É certo que, nos termos do art. 527 do novo C.P.C., aplicam-se as disposições do cumprimento definitivo de sentença ao cumprimento provisório da sentença, no que couber.

Assim, o juiz deverá utilizar o procedimento de cumprimento de sentença definitivo ou provisório como parâmetro operativo, isto é, como parâmetro para a concretização da medida que foi concedida como tutela de urgência cautelar ou satisfativa, ou, ainda, como tutela de evidência.

Capítulo 21

Cumprimento Definitivo da Sentença que Reconhece a Exigibilidade de Obrigação de Pagar Quantia Certa

1. Considerações gerais

Ao lado do cumprimento provisório de decisão judicial condenatória de quantia certa, previsto nos artigos 520 a 522 do atual C.P.C., há também o cumprimento *definitivo de decisão judicial condenatória de quantia certa*, ou seja, quando não haja mais possibilidade de recurso contra a decisão proferida, ainda que tenha sido decorrente de julgamento antecipado parcial de mérito.

O cumprimento definitivo de decisão judicial pressupõe, portanto, a preclusão ou a coisa julgada da decisão proferida.

O cumprimento definitivo de condenação em quantia certa ou já fixado em liquidação somente será instaurado mediante requerimento do exequente, razão pela qual o juiz não poderá agir de ofício.

É importante salientar que o art. 523 do atual C.P.C. aplica-se apenas às hipóteses de cumprimento de decisão condenatória em quantia certa, e não de obrigação de dar, de fazer e de não fazer.

O cumprimento definitivo de sentença, ao contrário do que se observou em relação ao cumprimento provisório, dar-se-á nos próprios autos, e não em autos apartados, pois nesse caso o procedimento cognitivo já se encerrou pela inexistência de interposição de recurso ou por ter sido o recurso já julgado definitivamente.

No direito comparado, o procedimento executivo encontra-se assim regulado no C.P.C. espanhol:

EXECUÇÃO E CUMPRIMENTO DE SENTENÇA

Art. 549. Demanda executiva. Conteúdo.

1. Somente se despachará a execução a pedido da parte, em forma de demanda, na qual se expressarão:

a) O título em que se funda o executante.

b) A tutela executiva que se pretende, em relação com o título executivo que se aduz, precisando, se for o caso, a quantidade que se reclame conforme o disposto no art. 575 desta Lei.

c) Os bens do executado suscetíveis de penhora e dos quais tiver conhecimento, e, se for o caso, se os considera suficientes para o fim da execução.

d) Se for o caso, as medidas de localização e investigação que interesse nos termos do art. 590 desta Lei.

e) A pessoa ou pessoas, com expressão de suas circunstancias identificáveis, frente às quais se pretende o despacho da execução, por aparecerem no título como devedores ou por estarem sujeitos à execução segundo o disposto nos artigos 538 e 544 desta Lei.

2. Quando o título executivo seja uma resolução do Secretário judicial ou uma sentença ou resolução ditada pelo Tribunal competente para conhecer da execução, a demanda executiva poderá limitar-se à solicitação de que se despache a execução, identificando a sentença ou resolução cuja execução se pretenda.

3. Na sentença condenatória de despejo por falta de pagamento de aluguel ou quantidade devidas, ou por expiração legal ou contratual do prazo, a solicitação de sua execução na demanda de despejo será suficiente para a execução direta da sentença sem necessidade de nenhum outro trâmite para proceder ao lançamento no dia e hora assinalados na própria sentença ou data que se houver fixado ao ordenar a citação ao demandado.

4. O prazo de espera legal referido no artigo anterior não será de aplicação na execução de resoluções de condenação de despejo por falta de pagamento de aluguel ou quantidades devidas, ou por expiração legal ou contratual do prazo, que se regerá pelo que for previsto em tais casos.

Art. 551. Ordem geral de execução e despacho da execução.

1. Apresentada a demanda executiva, o Tribunal, sempre que concorram os pressupostos e requisitos processuais, o título executivo não adoeça de nenhuma irregularidade formal e os atos de execução que se solicitam sejam conformes com a natureza e conteúdo do título, ditará auto contendo a ordem geral de execução e despachando a mesma.

2. O citado auto expressará:

a) A pessoa ou pessoas em cujo favor se despacha a execução e a pessoa ou pessoas contra que sem esta seja despachada.

b) Se a execução se despacha em forma conjunta ou solidária.

c) A quantidade, se for o caso, por que se despacha a execução, por todos os conceitos.

CUMPRIMENTO DEFINITIVO DA SENTENÇA

d) As prescrições que resultem necessárias realizar em relação às partes ou do conteúdo da execução, segundo o disposto no título executivo, e assim mesmo em relação aos responsáveis pessoais da dívida ou proprietários de bens especialmente afetados para seu pagamento ou aos que tem de estender-se a execução, segundo o estabelecido no artigo 538 desta Lei.

3. Ditado o auto pelo Juiz ou Magistrado, o Secretário judicial responsável da execução, no mesmo dia ou no dia hábil seguinte àquele no qual foi ditado o auto despachando a execução, ditará decreto no qual constará:

1. As medidas executivas concretas que resultarem procedentes, incluindo se for possível a penhora de bens.

2. As medidas de localização e averiguação dos bens do executado que procedam, conforme ao previsto nos artigos 589 e 590 desta Lei.

3. O conteúdo do requerimento de pagamento que deve fazer-se ao devedor; nos casos em que a Lei estabeleça este requerimento.

4. Contra o auto autorizando e despachando a execução não se admitirá recurso algum, sem prejuízo da oposição que possa formular o executado.

5. Contra o decreto ditado pelo Secretário judicial caberá interpor recurso direto de revisão, sem efeito suspensivo, perante o Tribunal que houver ditado a ordem geral de execução.

Art. 553. Notificação.

O auto que autorize e despache execução assim como o decreto que se for o caso houver ditado o Secretário judicial, junto com cópia da demanda executiva, serão notificados simultaneamente o executado ou, se for o caso, o procurador que lhe represente, sem citação nem 'emplazamiento', para que em qualquer momento possa comparecer pessoalmente na execução, entendendo-se com ele, se for o caso, as ulteriores atuações.

Art. 554. Medidas imediatas após o auto de despacho da execução.

1. Nos casos em que não se estabeleçam requerimento de pagamento, as medidas a que se refere o número 2 do parágrafo 3 do art. 551 serão levadas a efeitos de imediato, sem ouvir previamente o executado nem esperar à notificação do decreto ditado para tal efeito.

2. Ainda que deve efetuar-se requerimento de pagamento, proceder-se-á também na forma prevista no parágrafo anterior quando assim o solicitar o executante, justificando, a juízo do Secretário judicial responsável da execução, que qualquer demora na localização e investigação de bens poderia frustrar o bom fim da execução.

2. Ritualística procedimental do cumprimento definitivo de sentença

O cumprimento definitivo de decisão judicial condenatória de quantia certa ocorre, em regra, da seguinte forma:

EXECUÇÃO E CUMPRIMENTO DE SENTENÇA

a) requerimento do exequente para pagamento de quantia certa fixada na sentença, em liquidação ou em decisão sobre parcela incontroversa;

b) intimação do executado para pagar o débito no prazo de 15 (quinze) dias, acrescido de custas, se houver.
Obs: *Não haverá pagamento de honorários se o executado pagar o débito no prazo de quinze dias.*

c) não ocorrendo o pagamento voluntário do débito no prazo de quinze dias, após a intimação do devedor, o débito será acrescido de multa de dez por cento e, também, de honorários de advogado de dez por cento. Os honorários de advogado de dez por cento somente incidirão se não houver o pagamento voluntário no prazo de quinze dias.

d) efetuado o pagamento parcial do débito no prazo de quinze dias, a multa e os honorários de dez por cento incidirão sobre o restante não pago.

e) não efetuado tempestivamente (no prazo de quinze dias) o pagamento voluntário, será expedido, desde logo, mandado de penhora e avaliação, seguindo-se os atos de expropriação.

O art. 523 do atual C.P.C. vem reforça a ideia de que no cumprimento de decisão judicial não há a instauração de um novo processo autônomo e independente do processo de cognição, principalmente porque o devedor não é citado para cumprir a sentença, mas somente intimado para pagar o débito ou para exercer plenamente o princípio do contraditório e da ampla defesa.

3. Intimação do executado para cumprimento da sentença condenatória de quantia certa

A pedido do exequente, o executado será devidamente intimado para cumprir a decisão judicial condenatória de quantia certa.

O art. 475-J do C.P.C. de 1973 prescrevia que caso o devedor condenado ao pagamento de quantia certa ou já fixada em liquidação não o efetuasse no prazo de quinze dias, o montante da condenação seria acrescido de multa no percentual de dez por cento e, a requerimento do credor e observado o disposto no art. 614, inciso II, do código revogado, expedir-se-ia mandado de penhora e avaliação.

Havia, portanto, uma grande dúvida se o cumprimento da sentença (voluntário) deveria ocorrer imediatamente ao trânsito em julgado da decisão ou após a intimação do devedor para cumprir a obrigação constante na sentença condenatória.

O S.T.J., avaliando esta questão, assim se pronunciou:

CUMPRIMENTO DEFINITIVO DA SENTENÇA

PROCESSUAL CIVIL. AGRAVO REGIMENTAL NO RECURSO ESPECIAL. EXECUÇÃO. CUMPRIMENTO DE SENTENÇA. INTIMAÇÃO NA PESSOA DO ADVOGADO. PUBLICAÇÃO NA IMPRENSA OFICIAL. MULTA. ART. 475-J DO CPC. RECURSO MANIFESTAMENTE IMPROCEDENTE. IMPOSIÇÃO DE MULTA. ART. 557, § 2º, DO CPC.

1. O credor deverá requerer o cumprimento da sentença instruindo o pedido com a memória discriminada e atualizada do cálculo, sendo necessária a intimação do devedor na pessoa do seu advogado, mediante publicação na imprensa oficial, para efetuar o pagamento no prazo de quinze dias (arts. 475-B e 475-J do CPC).

2. A ausência de adimplemento voluntário no prazo de 15 (quinze) dias, contados do primeiro dia útil posterior à intimação do devedor na pessoa do seu advogado, autoriza a aplicação de multa de 10% (dez por cento) sobre o montante da condenação (art. 475-J do CPC).

3. No caso concreto, o acórdão recorrido está em consonância com o entendimento jurisprudencial desta Corte, uma vez que a parte, ora recorrente, foi intimada para o pagamento (e-STJ fl. 408).

4. A interposição de recurso manifestamente inadmissível ou infundado autoriza a imposição de multa com fundamento no art. 557, § 2º, do CPC.

5. Agravo regimental desprovido com a condenação da parte agravante ao pagamento de multa no percentual de 1% (um por cento) sobre o valor corrigido da causa, ficando condicionada a interposição de qualquer outro recurso ao depósito do respectivo valor (art. 557, § 2º, do CPC).

(AgRg no AREsp 62.241/RS, Rel. Ministro ANTONIO CARLOS FERREIRA, QUARTA TURMA, julgado em 13/12/2011, DJe 01/02/2012)

O novo C.P.C., seguindo a orientação já firmada pelo S.T.J., exige a intimação expressa do devedor para cumprir a obrigação imposta na decisão transitada em julgado.

A intimação do devedor, segundo o §2º do art. 513 do novo C.P.C., dar-se-á:

I – pelo Diário da Justiça, na pessoa do seu advogado constituído nos autos;

II – por carta com aviso de recebimento, quando representado pela Defensoria Pública ou não tiver procurador constituído nos autos, ressalvada a hipótese do inciso IV;

III – por meio eletrônico, quando, sendo caso do § 1º do art. 246, não tiver procurador constituído nos autos;

IV – por edital, quando, citado na forma do art. 256, tiver sido revel na fase de conhecimento.

EXECUÇÃO E CUMPRIMENTO DE SENTENÇA

4. Prazo processual para que o executado cumpra voluntariamente a obrigação

Estabelece ao art. 523 do atual C.P.C. que na hipótese de condenação em quantia certa, ou já fixada em liquidação, e no caso de decisão sobre parcela incontroversa, o cumprimento definitivo da sentença far-se-á a requerimento do exequente, sendo o executado intimado para pagar o débito, no prazo de *quinze dias*, acrescido de custas, se houver.

Portanto, o prazo para que o executado cumpra voluntariamente a decisão condenatória para pagamento de quantia certa é de *quinze dias*.

Em se tratando de cumprimento de sentença em que o devedor é presentado por defensor público, o S.T.J., no REsp n. 1.261.856-D,F entendeu que deve ser contado em dobro o prazo para o cumprimento voluntário da sentença. Eis a ementa da decisão:

RECURSO ESPECIAL Nº 1.261.856 – DF (2011/0140046-4) RELATOR : MINISTRO MARCO BUZZI RECORRENTE : LUIZ GOMES CORDEIRO ADVOGADO : CLÉCIO VIRGÍLIO DE ANDRADE – DEFENSOR PÚBLICO E OUTROS – DF007945 RECORRIDO : JOCY LAURINDO DE CARVALHO ADVOGADO : HERNANE GALLI COSTACURTA E OUTRO(S) – DF017128 EMENTA RECURSO ESPECIAL – CUMPRIMENTO DE SENTENÇA – DEVEDOR REPRESENTADO POR DEFENSOR PÚBLICO – ADIMPLEMENTO PARCIAL DA OBRIGAÇÃO DECORRIDOS DEZENOVE DIAS – APLICAÇÃO DA MULTA PREVISTA NO ARTIGO 475-J DO CPC/73 – TRIBUNAL A QUO QUE INDEFERIU A PRERROGATIVA DO ART. 5º, §5º DA LEI 1.060/50 AO CASO – INSURGÊNCIA DO RÉU.

Hipótese: Cinge-se a controvérsia a decidir se deve ser contado em dobro o prazo para o cumprimento voluntário de sentença no caso de réu assistido pela Defensoria Pública.

1. O adimplemento parcial da obrigação implica imposição da multa prevista no 475-J do CPC/73 sobre o valor remanescente. Precedentes.

2. A intimação para o cumprimento da sentença gera ônus para o representante da parte vencida, que deverá comunicá-la do desfecho desfavorável da demanda e alertá-la de que a ausência de cumprimento voluntário implica imposição de sanção processual. 3. Conforme a jurisprudência do STJ, a prerrogativa da contagem em dobro dos prazos visa a compensar as peculiares condições enfrentadas pelos profissionais que atuam nos serviços de assistência judiciária do Estado, que "enfrentam deficiências de material, pessoal e grande volume de processos " (REsp 1.106.213/SP, Rel. Min. Nancy Andrighi. Terceira Turma. julgado em 25/10/2011) 4. Em caso análogo, no qual se discutia o cumprimento, pela parte, de decisão judicial sobre purgação da mora, esta Corte superior decidiu ser cabível a contagem em dobro dos prazos para parte assistida pela Defensoria Pública. (REsp 249.788/RJ, Rel. Ministro FERNANDO GONÇALVES, SEXTA TURMA, julgado em 22/08/2000, DJ 11/09/2000) 5. Na hipótese de parte beneficiária da assistência judiciária integral e gratuita, a prerrogativa da contagem em dobro dos prazos, prevista no artigo 5º, §5º, da Lei 1.060/50, aplica-se também ao lapso temporal previsto no art. 475-J do CPC/73, correspondente ao art. 523 caput e §1º do CPC/15, sendo, portanto, tempestivo o cumprimento de sentença, ainda que parcial, quando realizado em menos de 30 (trinta) dias. 6. Recurso provido para afastar a incidência da multa prevista no art. 475-J sobre a parcela da dívida depositada no prazo calculado conforme a prerrogativa prevista no artigo 5º, §5º da Lei 1.060/50.

Questão que pode ensejar dúvida é se o prazo de 15 (quinze) dias para cumprimento da decisão, previsto no art. 523 do novo C.P.C., conta-se em dias úteis, conforme estabelece o art. 219 do novo C.P.C., ou em dias corridos.

Segundo a norma processual, o disposto no art. 219 do novo C.P.C. somente tem aplicação aos prazos processuais e não aos prazos de direito material (p.u. do art. 219 do novo C.P.C.).

Tenho para mim que se está diante de um prazo 'processual' e não 'material', pois o prazo determinado em lei tem por finalidade o cumprimento de uma decisão judicial, o que enseja a sua natureza 'processual'.

Aliás, no voto proferido pelo Ministro Marco Buzzi do S.T.J., no REsp. n. 1.261.856 – DF., observam-se as seguintes conclusões sobre a natureza do prazo previsto no art. 523 do novo C.P.C.

> *(...)*
>
> *2. O recurso merece provimento dado que o **ato processual de cumprimento voluntário da sentença** depende de intimação que impõe ônus ao patrono, envolvendo, assim, condutas do advogado e da parte. Ademais, o cômputo em dobro dos prazos é prerrogativa conferida à Defensoria Pública no munus de promover o acesso à justiça por meio da assistência judiciária integral e gratuita.*
>
> *(...)*
>
> *Como é cediço, **a intimação é ato processual** que, ao dar ciência a alguém dos atos e termos do processo, atribui-lhe um ônus. No caso da intimação para o cumprimento de sentença, tem-se ato de estrutura complexa, nos termos utilizados pelo celebrado jurista Cândido Rangel Dinamarco. Mais ainda, na hipótese ora em debate, impõe-se ônus não apenas à parte, mas também ao advogado.*

Destarte, muito embora o cumprimento voluntário da sentença seja ato material praticado pela parte, a intimação gera ônus para o representante

EXECUÇÃO E CUMPRIMENTO DE SENTENÇA

processual, razão pela qual o prazo de 15 (quinze) dias configura-se como prazo de natureza processual.

Portanto, não se pode confundir o ato de cumprimento voluntário (ato de natureza material), com o prazo para este cumprimento (prazo de natureza processual).

5. Incidência de multa e de honorários de advogado de dez por cento
Não ocorrendo pagamento voluntário no prazo do caput do art. 523 do novo C.P.C., o débito será acrescido de multa de dez por cento e, também, de honorários de advogado de dez por cento.

A multa estabelecida na norma processual tem função coercitiva, a fim de estimular o devedor a cumprir a obrigação determinada na decisão judicial sem necessidade de instauração do procedimento de cumprimento definitivo de sentença.

Esta multa não fica ao arbítrio do juiz, pois se trata de uma imposição legal obrigatória, ao contrário das *astreintes* que podem ser impostas na hipótese de cumprimento de obrigação de fazer ou não fazer.

Além do mais, ao contrário das *astreintes*, o valor da multa fixada no §1º do art. 523 do atual C.P.C. não pode ser reduzido ou aumentado por determinação judicial, pois o seu percentual é legalmente fixado e determinado por lei.[471]

---

[471] RECURSO ESPECIAL. PROCESSUAL CIVIL. IMPUGNAÇÃO AO CUMPRIMENTO DE SENTENÇA. NEGATIVA DE PRESTAÇÃO JURISDICIONAL. SÚMULA Nº 284/STF. ASTREINTES. VALOR. ALTERAÇÃO. POSSIBILIDADE. PRECLUSÃO. INEXISTÊNCIA. OBRIGAÇÃO DE FAZER. DESCUMPRIMENTO. JUSTA CAUSA. VERIFICAÇÃO. NECESSIDADE. MULTA DO ART. 475-J DO CPC/1973. INAPLICABILIDADE. TÍTULO JUDICIAL ILÍQUIDO. PENHORA. SEGURO GARANTIA JUDICIAL. INDICAÇÃO. POSSIBILIDADE. EQUIPARAÇÃO A DINHEIRO. PRINCÍPIO DA MENOR ONEROSIDADE PARA O DEVEDOR E PRINCÍPIO DA MÁXIMA EFICÁCIA DA EXECUÇÃO PARA O CREDOR. COMPATIBILIZAÇÃO. PROTEÇÃO ÀS DUAS PARTES DO PROCESSO.
(...).
3. A decisão que arbitra astreintes, instrumento de coerção indireta ao cumprimento do julgado, não faz coisa julgada material, podendo, por isso mesmo, ser modificada, a requerimento da parte ou de ofício, seja para aumentar ou diminuir o valor da multa ou, ainda, para suprimi-la. Precedentes.
4. Nos termos do art. 537 do CPC/2015, a alteração do valor da multa cominatória pode ser dar quando se revelar insuficiente ou excessivo para compelir o devedor a cumprir o julgado, ou caso se demonstrar o cumprimento parcial superveniente da obrigação ou a justa causa para o seu descumprimento. Necessidade, na hipótese, de o magistrado de primeiro grau apreciar a alegação de impossibilidade de cumprimento da obrigação de fazer conforme o comando judicial antes de ser feito novo cálculo pela Contadoria Judicial.

CUMPRIMENTO DEFINITIVO DA SENTENÇA

Também não se pode confundir a multa do art. 523 do novo C.P.C. com a multa aplicada em razão de fraude processual ou por ato atentatório à dignidade da justiça, pois a multa de que estamos tratamento visa a sancionar a *mora* e não outro tipo de conduta processual.

Mas é importante salientar que é possível cumular a multa prevista no §1º do art. 523 do novo C.P.C. com outra multa sancionatória por ato atentatório à dignidade da justiça prevista no novo C.P.C.

5. Não há como aplicar, na fase de cumprimento de sentença, a multa de 10% (dez por cento) prevista no art. 475-J do CPC/1973 (atual art. 523, § 1º, do CPC/2015) se a condenação não se revestir da liquidez necessária ao seu cumprimento espontâneo.

6. Configurada a iliquidez do título judicial exequendo (perdas e danos e astreintes), revela-se prematura a imposição da multa do art. 475-J do CPC/1973, sendo de rigor o seu afastamento.

7. O CPC/2015 (art. 835, § 2º) equiparou, para fins de substituição da penhora, a dinheiro a fiança bancária e o seguro garantia judicial, desde que em valor não inferior ao do débito constante da inicial da execução, acrescido de 30% (trinta por cento).

8. O seguro garantia judicial, espécie de seguro de danos, garante o pagamento de valor correspondente aos depósitos judiciais que o tomador (potencial devedor) necessite realizar no trâmite de processos judiciais, incluídas multas e indenizações. A cobertura terá efeito depois de transitada em julgado a decisão ou o acordo judicial favorável ao segurado (potencial credor de obrigação pecuniária sub judice) e sua vigência deverá vigorar até a extinção das obrigações do tomador (Circular SUSEP nº 477/2013). A renovação da apólice, a princípio automática, somente não ocorrerá se não houver mais risco a ser coberto ou se apresentada nova garantia.

9. No cumprimento de sentença, a fiança bancária e o seguro garantia judicial são as opções mais eficientes sob o prisma da análise econômica do direito, visto que reduzem os efeitos prejudiciais da penhora ao desonerar os ativos de sociedades empresárias submetidas ao processo de execução, além de assegurar, com eficiência equiparada ao dinheiro, que o exequente receberá a soma pretendida quando obter êxito ao final da demanda.

10. Dentro do sistema de execução, a fiança bancária e o seguro garantia judicial produzem os mesmos efeitos jurídicos que o dinheiro para fins de garantir o juízo, não podendo o exequente rejeitar a indicação, salvo por insuficiência, defeito formal ou inidoneidade da salvaguarda oferecida.

11. Por serem automaticamente conversíveis em dinheiro ao final do feito executivo, a fiança bancária e o seguro garantia judicial acarretam a harmonização entre o princípio da máxima eficácia da execução para o credor e o princípio da menor onerosidade para o executado, a aprimorar consideravelmente as bases do sistema de penhora judicial e a ordem de gradação legal de bens penhoráveis, conferindo maior proporcionalidade aos meios de satisfação do crédito ao exequente.

12. No caso, após a definição dos valores a serem pagos a título de perdas e danos e de astreintes, nova penhora poderá ser feita, devendo ser autorizado, nesse instante, o oferecimento de seguro garantia judicial pelo devedor, desde que cubra a integralidade do débito e contenha o acréscimo de 30% (trinta por cento), pois, com a entrada em vigor do CPC/2015, equiparou-se a dinheiro.

13. Não evidenciado o caráter protelatório dos embargos de declaração, impõe-se a inaplicabilidade da multa prevista no § 2º do art. 1.026 do CPC/2015. Incidência da Súmula nº 98/STJ.

14. Recurso especial provido.

(REsp 1691748/PR, Rel. Ministro RICARDO VILLAS BÔAS CUEVA, TERCEIRA TURMA, julgado em 07/11/2017, DJe 17/11/2017)

EXECUÇÃO E CUMPRIMENTO DE SENTENÇA

A liquidez da obrigação é pressuposto para o pedido de cumprimento de sentença; assim, apenas quando a obrigação for líquida pode ser cogitado, de imediato, o arbitramento da multa para o caso de não pagamento.

Se a obrigação contida no título executivo judicial ainda não foi liquidada ou se para a apuração do quantum ao final devido forem indispensáveis cálculos mais elaborados, com perícia, o prévio acertamento do valor faz-se necessário, para, após, mediante intimação, cogitar-se da aplicação da referida multa. No contexto das obrigações ilíquidas, pouco importa que tenha havido depósito da quantia que o devedor entendeu incontroversa ou a apresentação de garantias, porque, independentemente delas, a aplicação da multa sujeita--se à condicionante da liquidez da obrigação definida no título judicial. (REsp 1147191/RS, Rel. Ministro NAPOLEÃO NUNES MAIA FILHO, CORTE ESPECIAL, julgado em 04/03/2015, DJe 24/04/2015)

Deve-se ressaltar, conforme entendimento do S.T.J., havendo o cumprimento voluntário da pretensão executória, não haverá incidência de honorários de advogado (AgRg no REsp 1273417/RS, Rel. Ministro SIDNEI BENETI, TERCEIRA TURMA, julgado em 22/11/2011, DJe 07/12/2011)

Ainda sobre a questão de honorários de advogado no âmbito do cumprimento de sentença, assim se manifestou o S.T.J. em Recurso Repetitivo:

RECURSO ESPECIAL REPETITIVO. DIREITO PROCESSUAL CIVIL. CUMPRIMENTO DE SENTENÇA. IMPUGNAÇÃO. HONORÁRIOS ADVOCATÍCIOS.

1. Para efeitos do art. 543-C do CPC:

1.1. São cabíveis honorários advocatícios em fase de cumprimento de sentença, haja ou não impugnação, depois de escoado o prazo para pagamento voluntário a que alude o art. 475-J do CPC, que somente se inicia após a intimação do advogado, com a baixa dos autos e a aposição do "cumpra-se" (REsp. n.º 940.274/MS).

1.2. Não são cabíveis honorários advocatícios pela rejeição da impugnação ao cumprimento de sentença.

1.3. Apenas no caso de acolhimento da impugnação, ainda que parcial, serão arbitrados honorários em benefício do executado, com base no art. 20, § 4º, do CPC.

2. Recurso especial provido.

(REsp 1134186/RS, Rel. Ministro LUIS FELIPE SALOMÃO, CORTE ESPECIAL, julgado em 01/08/2011, DJe 21/10/2011)

O executado, com a finalidade de isentar-se ao pagamento da multa prevista no §1º do art. 523 do atual C.P.C., poderá depositar em juízo o valor do débito objeto do procedimento de cumprimento de sentença definitivo, podendo, inclusive, impugnar a execução nos termos da lei, pois qualquer impedimento legal nesse sentido é inconstitucional.

Porém, não foi esse o entendimento firmado pelo S.T.J. no (AgInt no REsp 1463684/DF, Rel. Ministro PAULO DE TARSO SANSEVERINO, TERCEIRA TURMA, julgado em 25/04/2017, DJe 10/05/2017), a saber:

> *"[...] o depósito realizado pelo executado em sede de cumprimento de sentença apenas afasta a aplicação da multa quando configure pagamento voluntário, ou seja, quando esteja o credor habilitado a levantá-lo, já que não pende sobre ele controvérsia. A controvérsia acerca dos valores, aqui, é patente, pois o próprio acórdão recorrido reconhece ter havido impugnação ao cumprimento de sentença e, nessa, ter-se reconhecido o excesso de execução [...].*
>
> *Diante deste panorama não há qualquer espaço para o reconhecimento da existência de pagamento integral e voluntário".*

6. Demais requisitos procedimentais do requerimento para cumprimento definitivo de sentença

O requerimento para a abertura de um procedimento de cumprimento definitivo de decisão judicial condenatória de quantia certa não tem por finalidade instaurar um novo processo, mas apenas um novo procedimento que terá por finalidade concretizar os atos executivos.

Deve-se conjugar os requisitos do art. 524 do novo C.P.C. conjuntamente com os requisitos da petição inicial previstos no art. 319 e incisos do atual C.P.C., o qual deve ser aplicado subsidiariamente.

Como se está diante de uma nova pretensão, com relação jurídica processual distinta, em que pese formulada procedimentalmente no mesmo processo, o requerimento deverá observar os seguintes requisitos:

a) indicação do juízo competente para promover os atos executivos de cumprimento de sentença – inc. I do art. 319 do atual C.P.C.;

b) o nome completo, o número de inscrição do Cadastro de Pessoas Físicas ou no Cadastro Nacional de Pessoas Jurídicas do exequente e do executado, o endereço eletrônico, o domicílio e a residência do exequente e do executado – inc. II do art. 319 do atual C.P.C.

Deve-se, observar, ainda, o art. 319, §§1º a 3º do novo C.P.C.

c) o pedido de cumprimento de sentença com suas especificações se for o caso – inc. IV do art. 319 do atual C.P.C.;

EXECUÇÃO E CUMPRIMENTO DE SENTENÇA

d) o valor da causa – inc. V do art. 319 do atual C.P.C. É importante a indicação do valor da causa, inclusive para fixação de eventuais taxas judiciárias (se houver e se existir previsão legal), bem como para a incidência de multa em decorrência de eventual ato atentatório à dignidade da justiça ou do exercício da jurisdição previsto no art. 80, §1º do atual C.P.C., bem como a fixação de honorários de advogado.

e) pedido para a intimação do executado cumprir voluntariamente a obrigação no prazo de 15 dias.

f) demonstrativo discriminado e atualizado do débito contendo: f.1) índice de correção monetária adotado; f.2) os juros aplicados e respectivas taxas;[472] f.3) termo inicial e termo final de juros e correção monetária utilizados;[473] f.4) a periodicidade da capitalização dos juros, se for o caso; f.5) especificação dos eventuais descontos obrigatórios realizados; f.6) indicação dos bens passíveis de penhora, sempre que possível.

As referências no demonstrativo acima indicadas são meramente exemplificativas, pois se outras verbas acessórias incidirem no débito, também deverão ser discriminadas, como é o caso de eventuais juros compensatórios, sua taxa e seu período de incidência.

---

[472] Transitada em julgado a decisão proferida no processo de conhecimento, e tendo início a execução, devem ser observados, *a priori*, os critérios relativos à correção monetária e aos juros de mora fixados no título executivo, mercê da preclusão a respeito. Apenas em hipóteses excepcionais tem sido admitida pela jurisprudência a alteração superveniente dos índices de atualização monetária e juros de mora. Não tem sido mais acolhida pela jurisprudência que, diante da superveniência de alterações legislativas ou jurisprudenciais, a aplicação de outros indexadores em relação ao período posterior à data do cálculo de liquidação apresentado pela parte exequente.

[473] *AGRAVO REGIMENTAL. RECURSO ESPECIAL. EXECUÇÃO. JUROS MORATÓRIOS. JUÍZO. GARANTIA. PENHORA. NÃO INCIDÊNCIA. QUESTÃO DE DIREITO. PREQUESTIONAMENTO. PRECEDENTES. NÃO PROVIMENTO.*

1. A questão de direito expressamente tratada no acórdão recorrido preenche o especial requisito do prequestionamento, ainda que não se tenha mencionado o dispositivo legal tido por violado.

2. "A jurisprudência desta c. Corte de Justiça firmou-se no sentido de que, tendo o executado realizado o depósito judicial, para garantia do juízo e oferecimento de impugnação ao cumprimento de sentença ou de embargos à execução, não há falar em incidência de novos juros moratórios. Com efeito, o depósito judicial já conta com remuneração específica prevista em lei e a cargo da instituição financeira depositária, de maneira que a exigência do devedor de juros moratórios e correção monetária incidentes sobre os valores depositados acarretaria bis in idem."

(EDcl no REsp 1249427/RS, Rel. Min. Raul Araújo, Quarta Turma, DJe 05/08/2011)

3. Agravo regimental não provido.

(AgRg no REsp 1016433/PR, Rel. Ministra MARIA ISABEL GALLOTTI, QUARTA TURMA, julgado em 01/09/2011, DJe 09/09/2011)

Verificando o juiz que a petição inicial não preenche os requisitos legais ou que apresenta defeitos e irregularidades capazes de dificultar o julgamento do mérito, determinará que o autor, no prazo de quinze dias, a emende ou a complete, indicando com precisão o que deve ser corrigido.

Se o exequente não cumprir a diligência, o juiz indeferirá o pedido de instauração do cumprimento de sentença.

No direito processual civil espanhol, os documentos que deverão acompanhar a petição inicial da demanda executiva estão assim indicados no C.P.C. espanhol:

> *Art. 550. Documento que terão de acompanhar à demanda executiva.*
>
> *1. À demanda executiva será acompanhada:*
>
> *a) O título executivo, salvo que a execução se funde em sentença, decreto, acordo ou transação que conste nos autos. Quando o título seja um laudo, acompanharão também, o convênio arbitral e os documentos acreditativos da notificação daquele às partes.*
>
> *b) O poder outorgado ao procurador, sempre que a representação não se confira 'apud acta' ou não conste já nas autuações, quando se pedir a execução de sentenças, transações ou acordos aprovados judicialmente.*
>
> *c) Os documentos que contenham os preços ou quotizações aplicadas para o cômputo em dinheiro de dividas não monetárias, quando não se trate de dados oficiais ou de conhecimento público.*
>
> *d) Os demais documentos que a lei exija par ao despacho da execução.*
>
> *2. Também poderão acompanhar à demanda executiva quantos documentos considere o executante úteis ou convenientes para o melhor desenvolvimento da execução e contenham dados de interesse para despachá-la.*

7. Demonstrativo de débito/Memória de cálculo

É importante salientar que não se considera ilíquida a sentença quando o objeto da obrigação é determinável ou aferível por meio da realização de simples cálculo aritmético.

Por isso, não basta a apresentação de memória de cálculo elaborada superficialmente, sem compreensão das incidências das taxas legais ou contratuais.

O exequente deve discriminar os critérios utilizados para a determinação do valor do débito, a fim de que seja compreendido pela parte contrário e pelo juiz.

Se a parte não apresentar a memória discriminada, deverá o juiz determinar sua intimação, sob pena de indeferimento do pedido de abertura procedimental de cumprimento de sentença.

EXECUÇÃO E CUMPRIMENTO DE SENTENÇA

Quando o valor apontado no demonstrativo aparentemente exceder os limites da condenação, a execução será iniciada pelo valor pretendido, mas a penhora terá por base a importância que o juiz entender adequada.

O pedido de cumprimento de decisão condenatória de quantia certa deve restringir-se *ipsi literis* ao que fora determinado na decisão, nem mais nem menos.

Se houver pedido que extrapole o conteúdo do título executivo judicial, esse pedido é *ultra petita*, razão pela qual o juiz pode inclusive *conhecer de ofício*.

Por isso, quando a memória aparentemente exceder os limites da condenação, a execução será iniciada pelo valor pretendido, mas a penhora terá por base a importância que o juiz, se necessário ouvido o contador do juízo, entender adequada.

Para verificação dos cálculos apresentado pelo exequente, o juiz poderá valer-se de contabilista do juízo, que terá o prazo máximo de 30 (trinta) dias para efetuá-la, exceto se outro lhe for determinado.

Antes de determinar a intimação do devedor para o cumprimento voluntário da obrigação, poderá o juiz de *ofício* ou mediante requerimento da parte, em caso de dúvida razoável e objetiva quanto à adequação do valor ao título executivo, valer-se do contador judicial. Uma vez prestada a informação pelo auxiliar do juízo, a execução terá início pelo valor pretendido, isto é, a intimação do devedor será para pagar o valor constante da memória de cálculo, porém, havendo necessidade de penhora de bens, esta terá por base a importância que o juiz entender adequada.

Por vezes, o credor somente poderá elaborar a memória de cálculo mediante análise de documentos que se encontram em mãos de terceiros ou do próprio executado. Nesse caso, diante da impossibilidade fática e jurídica da elaboração do cálculo, o credor deverá requerer ao juiz a intimação do terceiro ou do executado para que exiba os dados que estejam em seu poder, a fim de que se possa elaborar a memória de cálculo, sob pena de a parte ou de o terceiro cometerem o crime de desobediência.

Penso que o juiz também poderá, dependendo do caso, impor a aplicação de multa cominatória, *astreintes*, a fim de que se cumpra, no caso, a obrigação de fazer imposta pelo juiz, além da multa prevista no art. 81 do atual C.P.C.

O juiz somente deverá intervir, nos termos do §3º do art. 523 do novo C.P.C., quando houver demonstração de pretensão resistida em face do exequente, ou seja, quando houver indícios suficientes de que o terceiro ou o próprio devedor recusam-se imotivadamente em fornecer os dados.

Essa pretensão resistida deve ser relativizada quando se tratar de beneficiário de gratuidade de justiça.

Além do mais, se a parte ou o terceiro alegar que não dispõe do documento, caberá ao exequente demonstrar o contrário.

Quando a complementação do demonstrativo depender de dados adicionais em poder do executado, o juiz poderá, a requerimento do exequente, requisitá-los, fixando prazo de até 30 (trinta) dias para o cumprimento da diligência.

Se os dados adicionais não forem apresentados pelo executado, sem justificativa, no prazo designado, reputar-se-ão corretos os cálculos apresentados pelo exequente apenas com base nos dados de que dispõe.

8. Expedição de mandado de penhora

Se o devedor, oportunizada a possibilidade de cumprimento voluntário da obrigação contida em decisão condenatória de quantia certa, assim não proceder, o procedimento de cumprimento definitivo de sentença passará para uma segunda fase, ou seja, ingressará nos atos concretos de execução mediante a expedição de mandado de penhora e avaliação de bens, seguindo-se os atos de expropriação.

Assim, subsiste em nosso ordenamento jurídico o binômio condenação e execução quando não há o cumprimento voluntário da obrigação constante do título executivo judicial.

Contudo, esse binômio, ao invés de ser consagrado em processos autônomos, passou a ser delineado num mesmo processo, em procedimentos subsequentes.

9. Impugnação ao cumprimento definitivo de sentença

Estabelece o art. 518 do atual C.P.C. que todas as questões relativas à validade do procedimento de cumprimento da sentença e dos atos executivos subsequentes poderão ser arguidos pelo executado nos próprios autos e nestes serão decidas pelo juiz.

Em face da edição da Lei 11.232, de 22 de dezembro de 2005, a sentença judicial é simplesmente *cumprida*, sem reclamar ação (demanda) e processo de execução judicial autônomo e independente do processo de cognição.

Trata-se do sincretismo entre cognição e execução.

Assim, como não há mais processo de execução de título judicial autônomo, não há mais previsão da propositura de *embargos do devedor* como forma autônoma de impugnação da execução por título executivo judicial.

EXECUÇÃO E CUMPRIMENTO DE SENTENÇA

A *impugnação* ao cumprimento de sentença não é a única forma processual de defesa do executado, pois a eventual perda do prazo para o oferecimento da impugnação não impede o devedor de ingressar com demanda autônoma para denunciar a nulidade da execução em vista da própria nulidade do título executivo.

Poderá, ainda, ingressar com exceção de pré-executividade.

Recomendamos ao leitor verificar nossas ponderações no capítulo XV sobre a impugnação ao cumprimento definitivo de sentença.

10. Execução invertida – pagamento voluntário da obrigação pelo devedor

Diante do princípio da efetividade da tutela jurisdicional e da tendência moderna de evitabilidade de demandas judiciais, o art. 526 do atual C.P.C. permite que o réu se antecipe a qualquer ato executivo de cumprimento de sentença por parte do credor, cumprindo por vontade própria e de forma espontânea a obrigação imposta na sentença condenatória de quantia certa.

Na realidade, o art. 526 do novo C.P.C. não deveria fazer referência apenas ao 'réu', pois poderá acontecer que o devedor seja o 'autor' em razão de sua sucumbência no processo.

Para tanto, é lícito ao devedor, antes de ser intimado para o cumprimento da sentença, comparecer em juízo e oferecer em pagamento o valor que entenda devido, o qual deverá estar devidamente discriminado em memória de cálculo.

O credor será ouvido no prazo de cinco dias, podendo impugnar o valor depositado, sem prejuízo do levantamento do depósito a título de parcela incontroversa.

A impugnação ao depósito deverá estar fundamentada em argumentos sólidos e objetivos, não bastando a mera impugnação, mediante articulações genéricas.

Concluindo o juiz pela insuficiência do depósito, sobre a diferença incidirão multa de dez por cento e honorários advocatícios, também fixados em dez por cento, seguindo-se a execução com penhora e atos subsequentes.

Parece-me que o mais razoável é que, antes de incidir a multa, o juiz oportunize ao devedor o pagamento da diferença, em homenagem à própria iniciativa do devedor em cumprir a obrigação.

Deve-se notar que, se o devedor não tomasse a iniciativa de cumprir a obrigação, a multa de dez por cento somente incidiria após o transcurso do prazo de quinze dias para o cumprimento voluntário da obrigação.

CUMPRIMENTO DEFINITIVO DA SENTENÇA

Se o credor não opuser objeção, o juiz declarará satisfeita a obrigação e extinguirá o processo.

Qual seria a natureza jurídica processual da sentença que extingue o processo de execução pelo pagamento?

A questão recomenda analisar a natureza jurídica da sentença que extingue a execução quando o devedor satisfaz a obrigação, nos termos do §3º do art. 526 do atual Código de Processo Civil, isto é, se esta sentença resolve ou não o mérito da causa.

Sendo essa decisão uma sentença que resolve o mérito, não haverá possibilidade de se reabrir a execução para perseguir eventual complementação de pagamento. Caso contrário, isso será possível.

A primeira questão a ser dirimida é definir o que se entende por mérito da causa.

Uma das melhores definições de mérito foi assim formulada por Cândido Rangel Dinamarco, *in Instituições de Direito Processual Civil*, III, Malheiros, São Paulo, 2001. p. 653:

> *"Mérito é o objeto do processo e reside no 'petitum' contido na demanda, o qual por sua vez expressa duas pretensões a serem decididas pelo juiz. Ao extinguir o processo sem julgamento do **mérito,** este está rejeitando a primeira dessas pretensões, a saber, a pretensão ao provimento, sem chegar a manifestar-se sobre a pretensão ao bem. Ao extingui-lo com o julgamento do **mérito,** ele está acolhendo a pretensão ao provimento, tanto que o emite; e a pretensão ao bem da vida estará sendo acolhida ou rejeitada, conforme o juiz julgue a demanda procedente ou improcedente"*

O *mérito*, portanto, decorre do ato de demandar.

A tutela jurisdicional conferida ao demandante refere-se sempre a uma pretensão, conforme leciona Dinamarco, *in Instituições de Direito Processual Civil*, vol. II, Malheiros, São Paulo, 2001. p. 107:

> *"O ato de demandar é o responsável pela colocação da pretensão diante do juiz para que a seu respeito ele se manifeste – julgando-a no processo de conhecimento, satisfazendo-a no executivo. É sobre esse material que se desenvolverão as atividades de todos os sujeitos do processo e é sobre ele que atuarão os resultados da jurisdição. A tutela jurisdicional conferida ao demandante refere-se sempre a uma pretensão, por ele trazida. Daí dizer-se que a pretensão constitui o <u>objeto do processo ou o mérito"</u>.*
>
> Assim, mérito é o *objeto do processo e reside no petitum, isto é, na pretensão, seja ela resistida (processo de conhecimento) ou insatisfeita (processo ou procedimento de execução).*

A pretensão, que é objeto do processo e reside no *petitum,* não existe apenas no processo de conhecimento, mas também existe no processo ou procedimento de *execução,* não como pretensão resistida, mas agora como pretensão insatisfeita.

Portanto, na *execução* também existe demanda, pedido, pretensão, e consequentemente *decisão de mérito.*

Essa pretensão encontra-se na satisfação da obrigação inadimplida pelo devedor, ou seja, na satisfação do crédito.

A satisfação do crédito costuma ser indicada pela doutrina como o resultado típico do processo ou procedimento executivo.

Diante da satisfação do crédito, o juiz deve prolatar uma *sentença* reconhecendo essa situação com base no §3º do art. 526 do atual C.P.C. que prevê a única hipótese em que a *execução tem desfecho normal,* conforme leciona Dinamarco, *in Execução Civil,* 3. Ed. Malheiros, São Paulo, 1993, p. 151, ao comentar o inc. I do art. 794 do C.P.C. de 1973:

> *"O inc. I do art. 794 do Código de Processo Civil prevê a única hipótese em que a* **execução** *tem desfecho normal e que é aquela em que o 'devedor satisfaz a obrigação'; nesse dispositivo estão previstos, naturalmente, todos os casos em que o direito vem a ser satisfeito, seja por ato do devedor ou terceiro, seja mediante as próprias medidas executivas culminantes com a entrega do bem devido ao credor".*

A sentença que extingue a execução, declarando o cumprimento da obrigação, é sentença *de mérito,* pois o mérito nada mais é do que o pedido formulado na demanda. Na execução, o exequente formula pedido de cumprimento da obrigação. Uma vez cumprida a obrigação, o juiz profere sentença declarando o cumprimento, nos termos do artigo 523, §3º do atual C.P.C.

O juiz, declarando extinto o processo porque houve o cumprimento da obrigação, estará acolhendo a pretensão do credor/exequente, razão pela qual a decisão que assim a reconhece devidamente cumprida tem natureza *de resolução de mérito,* pois esta decisão tem nítido caráter declaratório.

Tendo a sentença que declara devidamente cumprimenta obrigação, nos termos do artigo 526, §3º, do atual C.P.C., natureza declaratória, não resta dúvida de que após a sua prolação o juiz não poderá mais exercer a atividade jurisdicional no processo, pois *"prolatada a sentença de mérito, o magistrado cumpre e acaba o ofício jurisdicional cessando, destarte, sua competência para decidir sobre questões ligadas à coisa julgada".*

Uma vez transitada em julgado a sentença que extinguiu a execução pelo pagamento, somente poderá ser desconstituída por ação rescisória.

Recomenda-se, sobre o tema, a leitura do voto proferido pelo Ministro Fernando Gonçalves, no Resp. n. 238059.

Capítulo 22
Cumprimento de Sentença que Reconheça a Exibilidade de Obrigação de Prestar Alimentos

1. Considerações gerais

O legislador, ao lado do procedimento geral de cumprimento definitivo de decisão condenatória em quantia certa, estabeleceu para as obrigações alimentares um procedimento de cumprimento de decisão judicial específico e especial.

Esse procedimento, conforme estabelece o art. 528 do atual C.P.C., serve tanto para o cumprimento de sentença definitiva na qual foi estabelecida a obrigação de pagar alimentos, quanto para o cumprimento de decisão interlocutória, como no caso de concessão de tutela antecipada satisfativa com base na urgência. A diferença é que na primeira ocorre a fixação por meio de cognição exauriente, enquanto que na segunda a fixação ocorre por meio de cognição sumária.

A decisão interlocutória é aquela concedida a título de *alimentos provisórios* (art. 4º da Lei 5.478/68: *"Ao despachar o pedido, o juiz fixará desde logo alimentos provisórios a serem pagos pelo devedor, salvo se o credor expressamente declarar que deles não necessita"*.

Também será o caso de decisão interlocutória concedida com base na urgência, quando a parte, juntamente com o pedido principal de alimentos, formula pedido acessório de concessão de tutela provisória de urgência satisfativa de antecipação dos alimentos.

Em ambas as situações, o cumprimento da decisão interlocutória será de acordo com o art. 528 e ss. do atual C.P.C.

EXECUÇÃO E CUMPRIMENTO DE SENTENÇA

Muito embora o novo C.P.C. tenha considerado a antecipação de alimentos como *tutela de urgência de natureza satisfativa*, o certo é que o novo estatuto manteve os mesmos requisitos da tutela de urgência cautelar para sua concessão, isto é, *fumus boni iuris* e o *periculum in mora*, conforme preconiza o art. 300 do atual C.P.C.: *A tutela de urgência será concedida quando houver elementos que evidenciem a probabilidade do direito e o perigo de dano ou o risco ao resultado útil do processo.*

Portanto, é possível manter-se atualmente a diferenciação entre o pedido de alimentos com base na Lei de Alimentos n. 5.478/68 e o pedido de alimentos como pedido de tutela de urgência antecipada no âmbito do processo de conhecimento, levando-se em conta a *prova pré-constituída* para efeitos de avaliação da obrigação de prestar alimentos.

Assim, podem ser requeridos alimentos como objeto de tutela de urgência satisfativa antecipada nas ações (demandas) de divórcio, e para aqueles que entendem que ainda é possível, nas ações (demandas) de separação judicial; nas ações (demandas) de revisão de cláusulas de renúncia aos alimentos; nas ações (demandas) de reconhecimento de paternidade.

Por sua vez, são casos de *alimentos provisórios* a serem concedidos com base no art. 4º da Lei 5.478/68 aqueles requeridos nas ações (demandas) típicas de alimentos, ou seja, após cessada a convivência da sociedade conjugal e definida a responsabilidade pelos alimentos; nas ações (demandas) de alimentos ajuizadas pelos filhos ou pelos parentes beneficiados.

Tratando-se de alimentos solicitados com base em tutela provisória de urgência satisfativa, a sua concessão sujeita-se à demonstração do *fumus boni iuris* e do *periculum in mora*. Essa demonstração compete ao credor dos alimentos. Por isso, deverá o requerente expor na inicial a *necessidade* e a *possibilidade do alimentante*, bem como a plausibilidade da obrigação de prestar alimentos.

Já na hipótese da ação especial de alimentos, determina o art. 4º da Lei 5.478/68 que, *'ao despachar o pedido, o juiz fixará desde logo 'alimentos provisórios' a serem pagos pelo devedor, salvo se o credor expressamente declarar que deles não necessita'.*

Assim, na ação especial de alimentos a causa de pedir está representada pela *prova pré-constituída* da relação de parentesco ou conjugal, inclusive decorrente de união estável, ou, ainda, da obrigação de prestar alimentos decorrente de eventual obrigação imposta em dissolução da sociedade conjugal.

Por outro lado, enquanto no pedido de alimentos como tutela provisória de urgência satisfativa, o *periculum in mora* deve ser devidamente demonstrado, no âmbito da ação especial de alimentos, o *periculum in mora* é presumido, quando não dispensado os alimentos pelo credor. Aquele que necessita de alimentos tem o ônus de demonstrar de imediato ao magistrado, *initio litis*, o dever de alimentar do demandado. Assim, na ação especial de alimentos, a concessão dos alimentos *provisórios* passou a ser regra, considerando-se a dispensa como exceção em face de declaração expressa.

Contudo, o juiz não deve conceder de ofício os alimentos (salvo em hipóteses especiais como no caso de interesse de criança ou adolescente e em outras hipóteses de evidente interesse público e social).

2. Intimação do executado para pagamento em três dias – consequências

No cumprimento de sentença que condena ao pagamento de prestação alimentícia ou de decisão interlocutória que fixa alimentos, o juiz, a requerimento do exequente, mandará intimar pessoalmente o executado para, em 3 (três) dias, pagar o débito, provar que o fez ou justificar a impossibilidade de efetuá-lo.

Observa-se nessa hipótese normativa uma importante diferenciação entre o cumprimento de sentença definitiva condenatória de obrigação de pagar quantia certa e a sentença que fixar alimentos. Na primeira, a intimação para cumprir a obrigação poderá ser feita na pessoa do *advogado* constituído, sendo o prazo para cumprimento voluntário de *quinze dias*. Já no cumprimento de sentença de obrigação de pagar alimentos, a intimação deverá ser *pessoal* do devedor, sendo que o prazo para cumprir voluntariamente a obrigação será de apenas *três dias.*

3. Impugnação do executado

O executado, uma vez intimado, e no prazo de três dias, deverá efetuar o pagamento do débito, assim como as que se forem vencendo no transcurso do procedimento.

Poderá o executado, como espécie de impugnação, além de outras alegações de ordem pública, aduzir que já efetuou o pagamento, comprovando tal circunstância documentalmente, inclusive com cópia de depósito bancário em favor do alimentando.

Poderá, também, apresentar justificação da impossibilidade de realizar o pagamento dos alimentos.

A impossibilidade de prestar alimentos pode decorrer de diversas questões fáticas, como, por exemplo: a) o devedor foi demitido do emprego; b) o devedor, profissional liberal remunerado com comissão, encontra-se enfermo e acamado ou hospitalizado; d) redução do salário percebido em razão de ter arranjado novo emprego etc.

Sobre o tema, assim já decidiu o S.T.J.:

DIREITO CIVIL. RECURSO ESPECIAL. FAMÍLIA. AÇÃO DE EXONE-RAÇÃO DE ALIMENTOS. ACORDO PARA PAGAMENTO DE PENSÃO. EX-CÔNJUGE. MANUTENÇÃO DA SITUAÇÃO FINANCEIRA DAS PARTES. TEMPORARIEDADE. POSSIBILIDADE DE EXONERAÇÃO. RECURSO ADESIVO. INADEQUAÇÃO. ARTIGOS ANALISADOS: ARTS.

15 DA LEI 5.578/68 E ARTS. 1.694 e 1.699 do Código Civil.

1. Ação de exoneração de alimentos, ajuizada em 17.03.2005. Recurso especial concluso ao Gabinete em 03.05.2013.

2. Discussão relativa à possibilidade de exoneração de alimentos quando ausente qualquer alteração na situação financeira das partes.

3. Os alimentos devidos entre ex-cônjuges serão fixados com termo certo, a depender das circunstâncias fáticas próprias da hipótese sob discussão, assegurando-se, ao alimentado, tempo hábil para sua inserção, recolocação ou progressão no mercado de trabalho, que lhe possibilite manter pelas próprias forças, status social similar ao período do relacionamento.

4. Serão, no entanto, perenes, nas excepcionais circunstâncias de incapacidade laboral permanente ou, ainda, quando se constatar, a impossibilidade prática de inserção no mercado de trabalho.

5. Rompidos os laços afetivos e a busca comum pela concretização de sonhos e resolvida a questão relativa à guarda e manutenção da prole – quando houver –, deve ficar entre o antigo casal o respeito mútuo e a consciência de que remanesce, como efeito residual do relaciona-mento havido, a possibilidade de serem pleiteados alimentos, em caso de necessidade, esta, frise-se, lida sob a ótica da efetiva necessidade.

6. Não tendo os alimentos anteriormente fixados, lastro na incapacidade física duradoura para o labor ou, ainda, na impossibilidade prática de inserção no mercado de trabalho, enquadra-se na condição de alimentos temporários, fixados para que seja garantido ao ex-cônjuge condições e tempo razoáveis para superar o desemprego ou o subemprego.

7. Trata-se da plena absorção do conceito de excepcionalidade dos alimentos devidos entre ex-cônjuges, que repudia a anacrônica tese de que o alimentado possa quedar-se inerte – quando tenha capacidade laboral – e deixar ao alimentante a perene obrigação de sustentá-lo.

8. Se os alimentos devidos a ex-cônjuge não forem fixados por termo certo, o pedido de desoneração total, ou parcial, poderá dispensar a existência de variação no binômio neces-sidade/possibilidade, quando demonstrado o pagamento de pensão por lapso temporal suficiente para que o alimentado reverta a condição desfavorável que detinha, no momento da fixação desses alimentos.

9. Contra a decisão que recebe o recurso de apelação no efeito suspensivo, é cabível agravo de instrumento (art. 522 do CPC) e não recurso especial. Não tendo sido interposto o referido recurso, a questão está preclusa.

10. Recurso especial desprovido.

11. Recurso adesivo não conhecido.

(REsp 1388116/SP, Rel. Ministra NANCY ANDRIGHI, TERCEIRA TURMA, julgado em 20/05/2014, DJe 30/05/2014)

É importante salientar que o S.T.J. já desconsiderou como causa de exclusão da obrigação alimentar a situação 'atual' de desemprego. Nesse sentido, eis os seguintes precedentes:

DIREITO CIVIL. PROCESSO CIVIL. FAMÍLIA. ALIMENTOS PROVISÓRIOS. INADIMPLÊNCIA DA OBRIGAÇÃO ALIMENTAR.

1. O não-comparecimento do autor à audiência designada em ação de alimentos, como regra, imporia o arquivamento do processo, presumindo-se o seu desinteresse na demanda (art. 7º da Lei 5478/68).

2. Peculiaridade do caso concreto, porém, em que o autor é menor e residente na Espanha, presumindo-se o seu interessa na demanda alimentar.

3. A situação atual de desemprego do alimentante não o isenta da obrigação de alimentar perante seus filhos. Precedentes.

4. A circunstância de ter estado preso não afasta o ônus de o paciente apresentar prova pré-constituída da impossibilidade do cumprimento da obrigação alimentar, em face dos estreitos limites instrutórios do procedimento do habeas corpus.

(RHC 29.777/MG, Rel. Ministro PAULO DE TARSO SANSEVERINO, TERCEIRA TURMA, julgado em 05/05/2011, DJe 11/05/2011)

CIVIL E PROCESSUAL PENAL – AGRAVO REGIMENTAL NO RECURSO ESPECIAL – PRISÃO CIVIL – DÍVIDA ALIMENTAR – APRESENTAÇÃO DE JUSTIFICATIVA PELO EXECUTADO – ALIMENTANTE DESEMPREGADO – AÇÃO REVISIONAL DE ALIMENTOS – MOTIVOS INSUBSISTENTES PARA AFASTAR O DECRETO PRISIONAL.

Conforme assente jurisprudência deste Tribunal, a apresentação de justificativa de inadimplemento de prestações alimentícias, por si só, oferecida pelo executado, ora Agravante, nos autos de ação de execução de alimentos, aliada ao ajuizamento de ação revisional de alimentos e à condição de desemprego do alimentante, não constitui motivo bastante para afastar a exigibilidade da prisão civil, nos termos do artigo 733 do Código de Processo Civil.

Agravo regimental improvido.

(AgRg nos EDcl no REsp 1005597/DF, Rel. Ministro SIDNEI BENETI, TERCEIRA TURMA, julgado em 16/10/2008, DJe 03/11/2008)

Deve-se ter o cuidado de se demonstrar perfeitamente essas condições perante o juízo de primeiro e no máximo perante os Tribunais de apelação, pois o S.T.J. não costuma analisar questão de matéria fática, a não ser para a valoração da prova.

É importante salientar que o executado também poderá apresentar impugnação alegando outras questões, como, por exemplo, incompetência absoluta ou relativa do juízo da execução, falta de capacidade postulatória, falta de legitimidade 'ad causam' ou 'ad processum', inexigibilidade da obrigação ou inexequibilidade do título etc.

Não poderá discutir, evidentemente, o conteúdo do título, ou seja, a própria obrigação de prestar alimentos e o seu valor.

Aliás, sobre a questão da incompetência relativa do juízo de alimentos, já decidiu o S.T.J.:

HABEAS CORPUS – EXECUÇÃO DE ALIMENTOS PROVISÓRIOS – RECONHECIMENTO POSTERIOR DA INCOMPETÊNCIA (RELATIVA) DO JUÍZO – TÍTULO EXECUTIVO JUDICIAL IDÔNEO A LASTREAR A CORRESPONDENTE EXECUÇÃO E VALIDADE DOS ATOS PROCESSUAIS PRATICADOS, QUANDO RATIFICADOS PELO JUÍZO COMPETENTE – NULIDADE DA EXECUÇÃO – INOCORRÊNCIA – DESCONTO EM FOLHA DE PAGAMENTO – MATÉRIA NÃO VENTILADA NA ORIGEM – MEIO COERCITIVO NÃO RECONHECIDO, PELAS INSTÂNCIAS ORDINÁRIAS, COMO SENDO APTO A SATISFAZER AS PRESTAÇÕES DO DÉBITO ALIMENTAR – ALEGAÇÃO INSUBSISTENTE – ORDEM DENEGADA.

I – O reconhecimento posterior da incompetência do Juízo não tem, por si só, o condão de tornar nulos os atos processuais presididos pelo Juízo relativamente incompetente. Ao contrário, a fixação da obrigação alimentar (no caso, os alimentos provisórios) por Juízo relativamente incompetente constitui título executivo judicial hábil a lastrear a correspondente execução de alimentos, remanescendo válidos os correlatos atos coercitivos praticados, quando ratificados pelo Juízo competente;

II – Em razão da definição do foro do alimentando, como o competente para as ações em que se pleiteia alimentos, cuidar de critério de competência relativa (comportando, inclusive, renúncia daquele que detém tal prerrogativa, ut HC 71.986/MG, deste Relator), remanescem válidos a decisão que fixou a obrigação alimentar, bem como os atos até então praticados sob a presidência de Juízo incompetente, a serem ratificados pelo Juízo competente.

III – Insubsistente a alegação consistente na necessidade de se observar, na espécie, a coerção executiva por meio dos descontos em folha de pagamento, ao invés da prisão civil do executado. No ponto, é de se constatar que tal argumentação, pelos elementos constantes dos autos, em momento algum foi ventilada, revelando-se, no mínimo, descabida sua menção, somente nesta via processual. Ad argumentandum, ainda que se admitisse tal alegação, esta não teria o condão de infirmar o decreto prisional, já que o simples desconto mensal em folha de pagamento, desde que devidamente reconhecido pelas instâncias ordinárias como sendo apto a satisfazer as prestações do débito alimentar (situação não ocorrente na hipótese dos autos), referir-se-ia às parcelas vincendas, de forma a remanescer inadimplidas as vencidas;

IV – Ordem denegada.

(HC 212.996/SP, Rel. Ministro MASSAMI UYEDA, TERCEIRA TURMA, julgado em 01/12/2011, DJe 13/12/2011).

Em resumo, conforme estabelece o §2º do art. 528 do atual C.P.C., somente a comprovação de fato que gere a impossibilidade absoluta de pagar justificará o inadimplemento.

4. Protesto judicial do título

Caso o executado, no prazo de três dias, não efetue o pagamento, prove que o efetuou ou apresente justificativa da impossibilidade de efetuá-lo, o juiz mandará *protestar* o pronunciamento judicial, aplicando-se, no que couber, o disposto no art. 517 (*§1º do art. 528* do atual C.P.C.).

Essa é uma importante inovação trazida pelo atual C.P.C., ou seja, o *protesto* do título executivo judicial.

O protesto de título executivo judicial, em regra, é efetuado mediante iniciativa do exequente, sendo que no caso dos alimentos, o juiz, *de ofício*, mandará realizar o protesto da decisão que contém o crédito de alimentos inadimplido.

5. Da prisão do devedor

Conforme já ensinara Chiovenda, os meios tendentes à execução forçada tanto podem decorrer de coação ou por meio de sub-rogação. No primeiro, o órgão jurisdicional busca o cumprimento da obrigação com a participação voluntária do devedor, enquanto que no segundo obtém-se o cumprimento da obrigação independentemente da participação ou da vontade do obrigado.

Segundo lição de Amílcar de Castro, a execução apresenta, na maioria das hipóteses, um caráter nitidamente patrimonial, razão pela qual a coação possível por parte do Estado visa a um resultado econômico, inclusive quando se decreta a prisão civil daquele que é obrigado a pagar dívida alimentícia.

EXECUÇÃO E CUMPRIMENTO DE SENTENÇA

Prende-se o executado não para puni-lo, mas para coagi-lo indiretamente ou diretamente a pagar o débito ao credor dos alimentos.[474]

José Carlos Barbosa Moreira, ao analisar o art. 733 e seus parágrafos do C.P.C. de 1973, afirmava que este dispositivo não contemplava uma particular modalidade de procedimento executório, mas um meio de coerção tendente a conseguir o adimplemento por obra do próprio devedor: a prisão civil, autorizada pelo texto Constitucional e totalmente despojada de caráter punitivo, a despeito do uso impróprio da palavra 'pena.[475]

A prisão civil do devedor de prestação alimentícia está consagrada no art. 5º, inc. LXVII, da C.F.: *"não haverá prisão por dívida, salvo a do responsável pelo inadimplemento voluntário e inescusável de obrigação alimentícia e a do depositário fiel"*.

Em relação ao depositário fiel, no julgamento conjunto dos RE nº 466.343 (Rel. Min. CEZAR PELUSO), RE nº 349.703 (Rel. Min. CARLOS BRITTO), HCs nº 87.585 e nº 92.566 (Rel. Min. MARCO AURÉLIO), em sessão realizada em 03.12.2008, o Plenário do Supremo Tribunal Federal assentou que é ilícita a prisão civil de depositário infiel, qualquer que seja a modalidade do depósito, consoante interpretação do art. 5º, inc. LXVII e §§ 1º, 2º e 3º, da CF, à luz do art. 7º, § 7, da Convenção Americana de Direitos Humanos (Pacto de San José da Costa Rica). E, reafirmando essa e outras teses, no julgamento dos HCs nº 91.676, nº 92.578, nº 92.691 e nº 92.933 (Rel. Min. RICARDO LEWANDOWSKI) e do RHC nº 93.172 (Rel. Min. CÁRMEN LÚCIA), em 12.02.2009, resolveu Questão-de-Ordem no sentido de autorizar os Ministros Relatores a decidirem monocraticamente, quando se tratar desses temas.

Em nosso ordenamento jurídico somente se manteve a prisão civil pelo descumprimento de obrigação alimentar.

Desta feita, se o devedor, devidamente intimado para, no prazo de três dias, pagar obrigação alimentar ou justificar porque não o fez, deixar de fazê-lo voluntariamente e sem escusa legítima, deverá o juiz decretar-lhe a prisão pelo prazo de um a três meses.

Tendo em vista que essa espécie de coerção incide sob um dos direitos fundamentais do devedor, no caso, sua liberdade, a jurisprudência vem condenando com veemência esse tipo de procedimento, preconizando a sua excepcionalidade e a devida prudência do magistrado para decretá-la. Tenha-se em

---

[474] CASTRO, Amílcar Augusto. *Comentários ao código de processo civil.* Vol. VIII. Rio de Janeiro: Forense, 1973. p. 376.

[475] MOREIRA, José Carlos Barbosa. *O novo processo civil brasileiro.* 6ª ed. Rio de Janeiro: Forense, 1984. p. 363.

mente que a prisão do alimentante relapso não é pena, mas meio e modo de constrangê-lo ao adimplemento da obrigação reclamada. Por isso, se não houve possibilidade fática para o cumprimento da obrigação, não se deve decretar a prisão, sob pena de transmutar a medida coercitiva em pena punitiva de caráter pessoal, restabelecendo-se a triste reminiscência dos tempos em que o devedor respondia corporalmente pelas obrigações inatendidas, o que, no Direito Romano, cessou com o advento da Lei *Paetelia Papíria*. Nessa perspectiva: *"tendo caráter apenas 'compulsivo' a prisão, 'não pode ser transmudada em 'corretiva', a pretexto de advertência para não se repetirem impontualidades ou como sanção de impontualidades passadas', aliás, não sendo 'pena', não se sujeita aos prazos prescricionais do Código Penal, se não cumprido o mandado respectivo".*[476]

Há também entendimento de que se os alimentos legítimos forem constituídos em título extrajudicial, não se poderá utilizar a coerção pessoal para o adimplemento do crédito. (REsp 769334/SC, Rel. Ministro JORGE SCARTEZZINI, QUARTA TURMA, julgado em 07/12/2006, DJ 05/02/2007, p. 246).

Contudo, para Maria Berenice Dias a lei não distingue que somente para os títulos executivos judiciais é que será possível a coerção prevista como prisão civil. Se não há essa distinção, essa coerção deve ser aplicada também para os títulos executivos extrajudiciais, principalmente se os acordos são firmados e referendados pelo Ministério Público, Defensoria Pública ou pelos advogados das partes.[477]

Em relação ao acordo firmado pela defensoria pública, ainda que não homologado judicialmente, eis a seguinte decisão do S.T.J.:

> *RECURSO ESPECIAL – PROCESSUAL CIVIL – EXECUÇÃO DE ALIMENTOS – ACORDO REFERENDADO PELA DEFENSORIA PÚBLICA ESTADUAL – AUSÊNCIA DE HOMOLOGAÇÃO JUDICIAL – OBSERVÂNCIA DO RITO DO ARTIGO 733 E SEGUINTES DO CÓDIGO DE PROCESSO CIVIL – POSSIBILIDADE, NA ESPÉCIE – RECURSO ESPECIAL PROVIDO.*
>
> *1. Diante da essencialidade do crédito alimentar, a lei processual civil acresce ao procedimento comum algumas peculiaridades tendentes a facilitar o pagamento do débito, dentre as quais destaca-se a possibilidade de a autoridade judicial determinar a prisão do devedor.*

---

[476] CAHALI, Y. S., op. cit. p. 1005.
[477] DIAS, Maria Berenice. *Manual de Direito das Famílias.* 4º ed. São Paulo, Editora Revista dos Tribunais, 2007. p. 500.

EXECUÇÃO E CUMPRIMENTO DE SENTENÇA

2. O acordo referendado pela Defensoria Pública estadual, além de se configurar como título executivo, pode ser executado sob pena de prisão civil.

3. A tensão que se estabelece entre a tutela do credor alimentar versus o direito de liberdade do devedor dos alimentos resolve-se, em um juízo de ponderação de valores, em favor do suprimento de alimentos a quem deles necessita.

4. Recurso especial provido.

(REsp 1117639/MG, Rel. Ministro MASSAMI UYEDA, TERCEIRA TURMA, julgado em 20/05/2010, DJe 21/02/2011).

No mesmo sentido é o seguinte precedente do S.T.J.:

RECURSO ESPECIAL – OBRIGAÇÃO ALIMENTAR EM SENTIDO ESTRITO – DEVER DE SUSTENTO DOS PAIS A BEM DOS FILHOS – EXECUÇÃO DE ACORDO EXTRAJUDICIAL FIRMADO PERANTE O MINISTÉRIO PÚBLICO – DESCUMPRIMENTO – COMINAÇÃO DA PENA DE PRISÃO CIVIL – POSSIBILIDADE.

1. Execução de alimentos lastrada em título executivo extrajudicial, consubstanciado em acordo firmado perante órgão do Ministério Público (art. 585, II, do CPC), derivado de obrigação alimentar em sentido estrito – dever de sustento dos pais a bem dos filhos.

2. Documento hábil a permitir a cominação de prisão civil ao devedor inadimplente, mediante interpretação sistêmica dos arts. 19 da Lei n. 5.478/68 e Art. 733 do Estatuto Processual Civil.

A expressão "acordo" contida no art. 19 da Lei n. 5.478/68 compreende não só os acordos firmados perante a autoridade judicial, alcançando também aqueles estabelecidos nos moldes do art. 585, II, do Estatuto Processual Civil, conforme dispõe o art. 733 do Código de Processo Civil. Nesse sentido: REsp 1117639/MG, Rel. Ministro Massami Uyeda, Terceira Turma, julgado em 20/05/2010, DJe 21/02/2011.

3. Recurso especial provido, a fim de afastar a impossibilidade apresentada pelo Tribunal de origem e garantir que a execução alimentar seja processada com cominação de prisão civil, devendo ser observada a previsão constante da Súmula 309 desta Corte de Justiça.

(REsp 1285254/DF, Rel. Ministro MARCO BUZZI, QUARTA TURMA, julgado em 04/12/2012, DJe 01/08/2013)

Ressalte-se que inovações legislativas, atentas à necessidade de se facilitar a composição amigável dos litígios, reconhecem executividade dos acordos que versem sobre alimentos e que são celebrados perante o Ministério Público, a Defensoria Pública e até mesmo em cartório.

A propósito da questão, confira-se o art. 13 do Estatuto do Idoso: "As transações relativas a alimentos poderão ser celebradas perante o Promotor de Justiça ou Defensor

Público, que as referendará, e passarão a ter efeito de título executivo extrajudicial nos termos da lei processual civil".

Aliás, deve-se observar que nos termos do art. 515 do atual C.P.C., que se encontra localizado nas disposições gerais de cumprimento de sentença, portanto, abrangendo também o cumprimento de sentença de obrigação de alimentos, expressamente preceitua:

> *Art. 515. São títulos executivos judiciais, cujo cumprimento dar-se-á de acordo com os artigos previstos neste Título:*
>
> *I – as decisões proferidas no processo civil que reconheçam a exigibilidade de obrigação de pagar quantia, de fazer, de não fazer ou de entregar coisa;*
>
> *II – a decisão homologatória de autocomposição judicial;*
>
> *III – a decisão homologatória de autocomposição extrajudicial de qualquer natureza;*
>
> *IV – o formal e a certidão de partilha, exclusivamente em relação ao inventariante, aos herdeiros e aos sucessores a título singular ou universal;*
>
> *V – o crédito de auxiliar da justiça, quando as custas, emolumentos ou honorários tiverem sido aprovados por decisão judicial;*
>
> *VI – a sentença penal condenatória transitada em julgado;*
>
> *VII – a sentença arbitral;*
>
> *VIII – a sentença estrangeira homologada pelo Superior Tribunal de Justiça;*
>
> *IX – a decisão interlocutória estrangeira, após a concessão do exequatur à carta rogatória pelo Superior Tribunal de Justiça;*
>
> *X – o acórdão proferido pelo Tribunal Marítimo quando do julgamento de acidentes e fatos da navegação.*

O Superior Tribunal de Justiça tem entendido que não cabe a prisão por dívida civil de alimentos, quando esses alimentos são fixados antecipadamente em ação de investigação de paternidade, ou seja, antes da sentença que reconheça, ainda que não definitiva, a paternidade (RHC 28.382/RJ, Rel. Ministro RAUL ARAÚJO, QUARTA TURMA, julgado em 21/10/2010, DJe 10/11/2010)

Juízo competente para determinar a prisão é o juízo da causa em que os alimentos foram estipulados ou estão sendo exigidos, conforme preconiza o art. 516 do atual C.P.C., a saber:

> *Art. 516. O cumprimento da sentença efetuar-se-á perante:*
>
> *I – os tribunais, nas causas de sua competência originária;*
>
> *II – o juízo que decidiu a causa no primeiro grau de jurisdição;*

III – o juízo cível competente, quando se tratar de sentença penal condenatória, de sentença arbitral, de sentença estrangeira ou de acórdão proferido pelo Tribunal Marítimo.

Parágrafo único. Nas hipóteses dos incisos II e III, o exequente poderá optar pelo juízo do atual domicílio do executado, pelo juízo do local onde se encontrem os bens sujeitos à execução ou onde deva ser executada a obrigação de fazer ou de não fazer, casos em que a remessa dos autos do processo será solicitada ao juízo de origem.

É importante salientar que o art. 53, inc. II, do atual C.P.C, prescreve que é competente o foro *do domicílio ou da residência do alimentando, para a ação em que se pedem alimentos.*

Além das opções previstas no art. 516, parágrafo único, o exequente pode promover o cumprimento da sentença ou decisão que condena ao pagamento de prestação alimentícia no juízo de seu domicílio.

Sustentam Yussef Said Cahali e Araken de Assis que é proibido ao juízo deprecado expedir ordem de prisão civil do devedor, pelo não pagamento dos alimentos, uma vez que não estão entre os poderes transferidos pelo juiz deprecante ao deprecado quando expede a precatória de citação, execução e penhora.[478]

Afirmam Barbosa Moreira e Pontes de Miranda que o juiz poderá decretar a prisão *de ofício*, ou seja, sem necessidade de requerimento da parte interessada.[479]

Já Amílcar de Castro entende que a prisão civil não pode ser decretada de ofício, pois depende de requerimento do credor, tendo em vista que este estará sempre em melhores condições do que o juiz para avaliar sua eficácia e oportunidade. Deixa-se ao credor a oportunidade ou não em requerer a prisão civil.[480]

O S.T.J. adotou o posicionamento de Amilcar de Castro, no sentido de que o juiz não pode decretar de ofício a prisão do devedor.

Esse requerimento, por sua vez, não precisa ser formal e expresso, bastando--se que se possa averiguar da petição a efetiva intenção de se requerer a prisão, como, por exemplo, a expressa citação do §3º do art. 528 do atual C.P.C. Há alguns que entendem que o próprio exequente pode formular o pedido de prisão, mesmo que desassistido por advogado.

Também, no meu entender, o Ministério Público, seja agindo como parte (legitimatio extraordinem) ou como fiscal da ordem jurídica justa e democrática, poderá requerer a prisão civil do devedor de alimentos.

---

[478] CAHALI, Y. S., op. cit., 1007.
[479] MOREIRA, J. C. B., op. cit., p. 363.
[480] CASTRO, A. A., op. cit., p. 376.

É importante salientar que a prisão por dívida civil atinge apenas o devedor direto da obrigação alimentícia, e não terceiros que possam com ele estar envolvidos indiretamente, como é o caso do empregador ou mesmo de eventual garantidor.

É bem verdade que estabelece o art. 22 e seu parágrafo único da Lei 5.478/68:

> *Art. 22. Constitui crime contra a administração da Justiça deixar o empregador ou funcionário público de prestar ao juízo competente as informações necessárias à instrução de processo ou execução de sentença ou acordo que fixe pensão alimentícia:*
>
> *Pena – Detenção de 6 (seis) meses a 1 (um) ano, sem prejuízo da pena acessória de suspensão do emprego de 30 (trinta) a 90 (noventa) dias.*
>
> *Parágrafo único. Nas mesmas penas incide quem, de qualquer modo, ajuda o devedor a eximir-se ao pagamento de pensão alimentícia judicialmente acordada, fixada ou majorada, ou se recusa, ou procrastina a executar ordem de descontos em folhas de pagamento, expedida pelo juiz competente.*

Ocorre que este dispositivo não trata de prisão por dívida civil, mas, sim, de tipicidade penal, ou seja, crime contra a administração da justiça, cuja competência para sua apuração não é do juízo civil do cumprimento de sentença que tenha por objeto os alimentos, mas, sim, do juízo penal competente.

Estabelece o §3º do art. 528 do novo C.P.C. que se o executado não pagar ou se a justificativa apresentada não for aceita, o juiz, além de mandar protestar o pronunciamento judicial, decretar-lhe-á a prisão pelo prazo de 1 (um) a 3 (três) meses.

Já o art. 19 da Lei de Alimentos prescreve: *"o juiz, para instrução da causa, ou na execução de sentença ou acordo, poderá tomar todas as providências necessárias para seu esclarecimento ou para o cumprimento do julgado ou do acordo, inclusive a decretação de prisão do devedor até 'sessenta dias'.*

Observa-se, desde já, que há certa divergência entre o art. 19 da Lei de Alimentos e o §3º do art. 528 do atual C.P.C. quanto ao prazo máximo da prisão.

Para Alexandre Câmara, o ordenamento jurídico é um sistema lógico, sem contradições, o que nos leva à necessidade de interpretação pelo método lógico-sistemático de hermenêutica. Com isso, é de se afastar, desde logo, a interpretação segundo a qual há prazos diferenciados para a prisão do executado por alimentos provisórios ou definitivos. Esta distinção esbarraria no absurdo de considerar que o prazo de prisão a que está sujeito o devedor de alimentos definitivos é inferior ao prazo a que se sujeito o devedor dos alimentos fixados, por exemplo, em razão de tutela urgência satisfativa.

O prazo será sempre um só, e deve-se verificar qual a norma em vigor, se a do CPC ou se a da Lei de Alimentos.[481]

Para outros doutrinadores, o prazo máximo da prisão não poderia ultrapassar os sessenta dias, visto que o art. 19 da Lei 5.478/68 foi mantido por Lei Federal posterior, no caso, a Lei 6.014/73, lei esta que adapta o Código de Processo Civil às leis por ele mencionadas. Assim, o prazo de sessenta dias deverá ser observado em qualquer das hipóteses, inclusive na execução de alimentos com base no C.P.C. A Lei 5.478/86, que estabelece o prazo máximo de sessenta dias, é uma lei especial e não foi revogada pelo C.P.C. Além disso, deve-se aplicar o princípio do menor sacrifício possível ao executado, devendo propugnar pela forma menos gravosa para a execução, inclusive de alimentos.

Sobre o prazo máximo de prisão, eis o seguinte precedente do S.T.J.:

RECURSO ORDINÁRIO EM HABEAS CORPUS. PRESTAÇÕES ALIMENTÍCIAS. NOVO DECRETO DE PRISÃO. POSSIBILIDADE, DESDE QUE NÃO EXCEDA AO LIMITE LEGAL ESTABELECIDO NO ART. 733, § 1º, DO CPC.

– É admissível a prisão civil do devedor de alimentos quando se trata de dívida atual, correspondente às três últimas prestações anteriores ao ajuizamento da execução, acrescidas das que se vencerem no curso do processo – Súmula nº 309/STJ.

– O "nosso ordenamento jurídico não veda a possibilidade de o juiz, renovar, no mesmo processo de execução de alimentos, o decreto prisional, após analisar a conveniência e oportunidade e, principalmente, após levar em conta a finalidade coercitiva da prisão civil do alimentante." (HC 39902/MG, Rel. Ministra Nancy Andrighi, Terceira Turma, DJ 29/05/2006 p. 226), especialmente porque, somando-se as duas, não excedem ao prazo máximo estabelecido na lei (art. 733, § 1º, do CPC) – Ordem denegada.

(HC 159.550/RS, Rel. Ministro LUIS FELIPE SALOMÃO, QUARTA TURMA, julgado em 17/08/2010, DJe 26/08/2010).

O Supremo Tribunal Federal, por sua vez, assim se manifestou sobre o prazo máximo de prisão:

PRISÃO CIVIL POR DIVIDA DE ALIMENTOS. E DE SESSENTA DIAS O PRAZO MAXIMO, TRATANDO-SE DE ALIMENTOS DEFINITIVAMENTE FIXADOS POR SENTENÇA. RECURSO DE HABEAS CORPUS PROVIDO EM PARTE. (RHC 61238, Relator(a): Min. DJACI FALCAO, SEGUNDA TURMA, julgado em 27/09/1983, DJ 27-10-1983 PP-16697 EMENT VOL-01314-01 PP-00147)

---

[481] CÂMARA, Alexandre. *Lições de direito processual civil.* 17ª ed. Rio de Janeiro: Editora Lúmen Júris, 2009. p. 319.

PRISÃO CIVIL POR ALIMENTOS. CABIVEL MESMO QUANDO SE TRATA DE ALIMENTOS DEFINITIVOS, FIXADA, POREM, NO PRAZO MAXIMO DE 60 DIAS. "IN CASU", EM FACE DAS CIRCUNSTANCIAS DA CAUSA, FIXADA EM 30 DIAS. RHC PROVIDO, EM PARTE.

RHC 60327, Relator(a): Min. OSCAR CORREA, PRIMEIRA TURMA, julgado em 15/10/1982, DJ 10-12-1982 PP-12788 EMENT VOL-01279-01 PP-00290 RTJ VOL-00104-01 PP-00137)

A prisão será cumprida em regime fechado, devendo o preso ficar separado dos presos comuns.

Porém, o S.T.J. tem entendido que em determinadas situações é possível a concessão de prisão domiciliar ao responsável pelos alimentos, especialmente quando está em jogo o princípio da dignidade da pessoa humana. (HC 271.256/MS, Rel. Ministro RAUL ARAÚJO, QUARTA TURMA, julgado em 11/02/2014, DJe 26/03/2014)

O cumprimento da pena não exime o executado do pagamento das prestações vencidas e vincendas. Tal perspectiva vem reforça a ideia de que a prisão civil não é uma sanção retributiva pelo não pagamento do débito, o que significaria dizer que uma vez cumprida a pena de prisão o devedor estaria livre do pagamento do débito atrasado.

Ao contrário, tratando-se a prisão civil apenas de um critério de coerção para o pagamento, ou seja, coerção em razão da mora, o cumprimento da pena não exime o devedor do pagamento das prestações vencidas e vincendas.

Sobre a expedição de decretos sucessivos de prisão contra o devedor de alimentos, eis o seguinte precedente do S.T.J.:

RECURSO ORDINÁRIO EM HABEAS CORPUS. PRESTAÇÕES ALIMENTÍCIAS. NOVO DECRETO DE PRISÃO. POSSIBILIDADE, DESDE QUE NÃO EXCEDA AO LIMITE LEGAL ESTABELECIDO NO ART. 733, § 1º, DO CPC.

– É admissível a prisão civil do devedor de alimentos quando se trata de dívida atual, correspondente às três últimas prestações anteriores ao ajuizamento da execução, acrescidas das que se vencerem no curso do processo – Súmula nº 309/STJ.

– O "nosso ordenamento jurídico não veda a possibilidade de o juiz, renovar, no mesmo processo de execução de alimentos, o decreto prisional, após analisar a conveniência e oportunidade e, principalmente, após levar em conta a finalidade coercitiva da prisão civil do alimentante." (HC 39902/MG, Rel. Ministra Nancy Andrighi, Terceira Turma,

EXECUÇÃO E CUMPRIMENTO DE SENTENÇA

DJ 29/05/2006 p. 226), especialmente porque, somando-se as duas, não excedem ao prazo máximo estabelecido na lei (art. 733, § 1º, do CPC) – Ordem denegada.

(HC 159550/RS, Rel. Ministro LUIS FELIPE SALOMÃO, QUARTA TURMA, julgado em 17/08/2010, DJe 26/08/2010)

Paga a prestação alimentícia, *o* juiz suspenderá o cumprimento da ordem de prisão. Isso significa dizer que a *prisão* do devedor de alimentos não é uma espécie de *sanção* (pena) que deverá ser cumprida integralmente, mas, sim, uma forma de coerção para o cumprimento da obrigação.

Uma vez cumprida a obrigação de prestação de alimentos, deverá ser o devedor imediatamente posto em liberdade.

E o adimplemento deve ser total, se for parcial permanece hígido o decreto prisional. (HC 209.137/SP, Rel. Ministro PAULO DE TARSO SANSEVERINO, TERCEIRA TURMA, julgado em 06/09/2011, DJe 13/09/2011)

O débito alimentar que autoriza a prisão civil do alimentante é o que compreende até as 3 (três) prestações anteriores ao ajuizamento da execução e as que se vencerem no curso do processo.

Tratando-se de prestação pretérita de alimentos, a doutrina já teve oportunidade de afirmar que a execução dos alimentos referente a período extenso, com valor demasiadamente alto, impossibilitaria o devedor de obter de pronto esse montante em tempo reduzido, razão pela qual seria conveniente que o cumprimento de sentença se processasse sem a coerção prisional.[482]

Diante dessa constatação doutrinária, o S.T.J. editou a Súmula 309 estabelecendo: *"O débito alimentar que autoriza a prisão civil do alimentante é o que compreende as três prestações anteriores ao ajuizamento da execução e as que vencerem no curso do processo".*

A Segunda Seção do Superior Tribunal de Justiça alterou a redação inicial da Súmula 309.

A alteração do enunciado da súmula se deu por iniciativa da ministra Nancy Andrighi, que observou ser possível dar mais efetividade ao cumprimento da prisão do devedor caso se considerasse a data do ajuizamento e não da citação.

Ainda sobre o conteúdo do débito pretérito, eis o seguinte precedente do S.T.J.:

---

[482] CAHALI, Y. S., op. cit., p. 1022.

Habeas corpus. Execução de alimentos. Prisão civil. Art. 733 do Código de Processo Civil. Precedentes da Corte.

1. A jurisprudência da 2ª Seção firmou-se no sentido de que o devedor de alimentos, para se livrar da prisão civil, deve pagar as três últimas prestações vencidas à data do mandado de citação e as vincendas durante o processo. No caso concreto, a dívida relativa à matrícula e ao material escolar dos menores está sendo cobrada em ação proposta em março do respectivo ano letivo, não estando caracterizado débito pretérito.

2. O habeas corpus, nos termos da jurisprudência da Corte, não é via adequada para o exame aprofundado de provas e a verificação das justificativas, fáticas, apresentadas em relação à inadimplência do devedor dos alimentos, da situação financeira da genitora dos menores e da necessidade destes.

3. A propositura de ação revisional não obsta a execução de alimentos com base no art. 733 do Código de Processo Civil, admitindo-se a prisão civil do devedor.

4. Optando os credores dos alimentos pelo rito do art. 733 do Código de Processo Civil, ao invés do previsto no art. 732 do mesmo diploma processual, a eventual indicação de bens pelo devedor não obsta a prisão civil.

5. Habeas corpus indeferido.

(HC 22.876/SP, Rel. Ministro CARLOS ALBERTO MENEZES DIREITO, TERCEIRA TURMA, julgado em 30/08/2002, DJ 02/12/2002, p. 302)

6. Opção pela execução de decisão alimentar por *sub-rogação* e não por *coerção*

Sob a égide do C.P.C. de 1973, bem como em razão da prolixidade e da falta de simetria das normas concernentes à execução dos alimentos com prisão do devedor inadimplente, suscitava-se ampla digressão doutrinária e jurisprudencial quanto ao emprego da coerção pessoal, principalmente no sentido de que haveria necessidade de se exaurirem os meios tendentes à execução por expropriação, para então se pode requerer a prisão do devedor.

A Lei 5. 478/68, adaptada ao então C.P.C. de 1973, permite que o credor de alimentos execute a sentença ou o acordo por várias maneiras, entre as quais as formas previstas nos artigos 732, 733 e 735 do C.P.C. de 1973 (art. 18 da Lei 5.478/68).

O novo C.P.C. manteve a faculdade de o exequente optar por promover o cumprimento da sentença ou decisão desde logo, observando o disposto no respectivo Livro, Título II, Capítulo III. Nesse sentido preceitua o §8º do art. 528 do atual C.P.C.: *o exequente pode optar por promover o cumprimento da sentença ou decisão desde logo, nos termos do disposto neste Livro, Título II, Capítulo III, caso em que não será admissível a prisão do executado, e, recaindo a penhora em dinheiro, a concessão de efeito suspensivo à impugnação não obsta a que o exequente levante mensalmente a importância da prestação.*

Assim, poderá o credor de alimentos optar por uma ou outra forma de cumprimento de decisão judicial que fixa os alimentos.

Porém, o novo C.P.C. é claro ao estabelecer que se o credor optar pelo cumprimento de sentença com base no respectivo Livro, Título II, Capítulo III, não poderá mais requerer a prisão do devedor como forma de coerção para cumprimento da obrigação alimentícia.

Optando o credor pelo cumprimento de sentença com base na sistemática do Título I do Capítulo III e realizada a penhora dos bens, não há mais espaço para se requerer a coerção do pagamento por meio de prisão civil.

Aliás, sobre a penhora para pagamento de alimentos, assim já se manifestou o S.T.J.:

> *PROCESSO CIVIL E ADMINISTRATIVO – MANDADO DE SEGURANÇA CONTRA ATO JUDICIAL – FGTS E PIS: PENHORA – EXECUÇÃO DE ALIMENTOS – COMPETÊNCIA DA JUSTIÇA ESTADUAL – SÚMULA 202/STJ – INTERESSE DA CEF – IMPENHORABILIDADE – MITIGAÇÃO FRENTE A BENS DE PRESTÍGIO CONSTITUCIONAL.*
>
> *1. A competência para a execução de sentença condenatória de alimentos é da Justiça Estadual, sendo irrelevante para transferi-la para a Justiça Federal a intervenção da CEF.*
>
> *2. Na execução de alimentos travada entre o trabalhador e seus dependentes, a CEF é terceira interessada.*
>
> *3. A impenhorabilidade das contas vinculadas do FGTS e do PIS frente à execução de alimentos deve ser mitigada pela colisão de princípios, resolvendo-se o conflito para prestigiar os alimentos, bem de status constitucional, que autoriza, inclusive, a prisão civil do devedor.*
>
> *4. O princípio da proporcionalidade autoriza recaia a penhora sobre os créditos do FGTS e PIS.*
>
> *5. Recurso ordinário não provido.*
>
> *(RMS 26.540/SP, Rel. Ministra ELIANA CALMON, SEGUNDA TURMA, julgado em 12/08/2008, DJe 05/09/2008)*

Sempre com os olhos voltados para a efetividade e celeridade no cumprimento da obrigação alimentar, pode-se sintetizar o procedimento de atos executivos com base no novo C.P.C. da seguinte forma:

a) compete ao credor a escolha do procedimento de atos executivos por dívida alimentícia a ser adotado;

b) Assim, cabe ao exequente requerer a execução com a possibilidade de prisão ou sem a possibilidade de prisão. Optando pelo cumprimento de sentença sem possibilidade de prisão, não poderá fazer a inversão do procedimento
(RHC 12.622/RS, Rel. Ministro SÁLVIO DE FIGUEIREDO TEIXEIRA, QUARTA TURMA, julgado em 21/05/2002, DJ 12/08/2002, p. 210)

Porém, há precedente que permite a conversão dos procedimentos (REsp 216.560/SP, Rel. Ministro CESAR ASFOR ROCHA, QUARTA TURMA, julgado em 28/11/2000, DJ 05/03/2001, p. 169).

7. Desconto em folha de pagamento

Sendo o executado funcionário público, militar, diretor ou gerente de empresa, bem como empregado sujeito à legislação do trabalho, poderá o requerente solicitar ao juiz o desconto em folha de pagamento da importância alimentícia.

Nesse sentido é o disposto no art. 933º, item 2, do C.P.C. português:

Artigo 933.º Termos que segue
(...).
2 – Quando o exequente requeira a adjudicação das quantias, vencimentos ou pensões a que se refere o número anterior, é notificada a entidade encarregada de os pagar ou de processar as respetivas folhas para entregar diretamente ao exequente a parte adjudicada.
(....).

Tendo em vista que a finalidade é dar efetividade ao cumprimento da obrigação alimentar, nada melhor para isso do que promover-se o efetivo desconto na folha de pagamento ou nos vencimentos do devedor, principalmente se este for funcionário público, militar, diretor ou gerente de empresa, bem como empregado sujeito à legislação do trabalho.

Deve-se ter em mente que o juiz deverá, se for o caso, determinar de ofício esse desconto, evitando-se, assim, mal necessário maior como é o caso da decretação da prisão do devedor.

A grande dificuldade existe quando o devedor não recebe salário, proventos ou vencimentos, ou seja, quando é trabalhador autônomo. Nesse caso, não será possível o desconto em folha, dificultando por vezes o efetivo cumprimento da obrigação alimentar, o que justifica ainda mais a coerção por meio do decreto de prisão civil.

EXECUÇÃO E CUMPRIMENTO DE SENTENÇA

Havendo eficácia e a possibilidade de desconto em folha de pagamento da importância alimentícia, o juiz, antes de decretar a prisão, deverá optar por este método de pagamento, pois além de efetivo é menos oneroso ao devedor.

Ao proferir a decisão, o juiz oficiará à autoridade, à empresa ou ao empregador, determinando, sob pena de crime de desobediência, o desconto a partir da primeira remuneração posterior do executado, a contar do protocolo do ofício.

O empregador ou a autoridade pública não poderá deixar de cumprir a ordem determinada pelo juízo da execução, no sentido de não proceder ao desconto do salário, remuneração, subsídios ou proventos dos alimentos devidos.

O terceiro, no caso, não está sujeito à prisão civil pelo não cumprimento da obrigação ou por não efetuar o desconto em folha. Contudo, poderá sofrer as sanções penais decorrentes do crime de desobediência, se o desconto não ocorrer a partir da primeira remuneração posterior do executado, a contar do protocolo do ofício.

O terceiro ainda estará sujeito à incidência da multa prevista no 77, inc IV, §§1º e 2º do atual C.P.C.

O ofício conterá o nome e o número de inscrição no Cadastro de Pessoas Físicas do exequente e do executado, a importância a ser descontada mensalmente, o tempo de sua duração e a conta na qual deva ser feito o depósito.

Sem prejuízo do pagamento dos alimentos vincendos, o débito objeto de execução pode ser descontado dos rendimentos ou rendas do executado, de forma parcelada, nos termos do *caput* deste artigo, contanto que, somado à parcela devida, não ultrapasse cinquenta por cento de seus ganhos líquidos.

8. Consequências pelo não cumprimento da obrigação alimentar

Se o executado não cumprir a obrigação alimentar imposta no título executivo judicial, tenha sido feita a opção pelo exequente pela prisão ou não, prosseguir-se-á o cumprimento de sentença ou decisão interlocutória com base nos arts. 831 e seguintes ou seja: a) penhora de bens e depósito e avaliação; b) expropriação de bens; c) pagamento do crédito.

9. Procedimento aplicado aos alimentos definitivos e provisórios

O art. 545 do projeto originário do novo C.P.C., n. 2.046/10, determinava a aplicação do presente Capítulo somente e exclusivamente aos *alimentos legítimos* definitivos ou provisório.

Entende-se por *alimentos legítimos* aqui eles que decorrem de uma obrigação legal, seja em razão de natureza parental, familiar ou matrimonial (união estável).

Porém, o novo C.P.C., em seu art. 531, não restringe mais a aplicação desse Capítulo apenas aos *alimentos legítimos.*

Questão que se coloca é se o disposto nesse capítulo também se aplica aos alimentos decorrentes de ato ilícito.

Há entendimento de que exatamente por ser a prisão civil por dívida de caráter alimentar meio coercitivo, é cabível apenas no caso dos alimentos previstos nos arts. 1.566, III e 1.694 do Código Civil brasileiro. Sendo assim, seria incabível a prisão civil por falta de pagamento de prestação alimentícia decorrente de demanda de responsabilidade civil *ex delicto.*[483]

Esse entendimento, contudo, não é pacífico.

Luiz Guilherme Marinoni, por exemplo, entende que não se deve limitar o uso da prisão civil apenas para os alimentos legítimos, embora seja essa a orientação prevalecente em nossos tribunais. Para o autor, a necessidade dos alimentos é mesma, tanto para aquele que deve receber os alimentos por uma relação parental ou conjugal, quanto para aquele que tem seu direito em decorrência de ato ilícito. Deve-se ressaltar que a incapacidade do alimentado em decorrência de ato ilícito é, por vezes, muita mais drástica para a sua própria sobrevivência do que aquele que depende de alimentos em razão de relação parental ou conjugal. Sendo assim, não seria justo que somente o credor de alimentos legítimos pudesse utilizar-se de um meio executório tão importante e eficaz como é a prisão civil.[484]

Assim, optando-se por uma interpretação teleológica, voltada para a finalidade da coerção prisional no campo do pagamento de prestação alimentícia, a prisão também poderá ser decretada em face de alimentos provenientes de ato ilícito.

Porém, o S.T.J., sobre essa questão, assim já se manifestou:

> *HABEAS CORPUS. ALIMENTOS DEVIDOS EM RAZÃO DE ATO ILÍCITO. PRISÃO CIVIL. ILEGALIDADE.*
>
> *1. Segundo a pacífica jurisprudência do Superior Tribunal de Justiça, é ilegal a prisão civil decretada por descumprimento de obrigação alimentar em caso de pensão devida em razão de ato ilícito.*
>
> *2. Ordem concedida.*
>
> (HC 182.228/SP, Rel. Ministro JOÃO OTÁVIO DE NORONHA, QUARTA TURMA, julgado em 01/03/2011, DJe 11/03/2011)

---

[483] CAHALI, Y. S., op. cit., 1005 e 1006.
[484] MARINONI, Luiz Guilherme; ARENHART, Sérgio Cruz. *Curso de Processo Civil – Execução.* Volume 3. São Paulo, Editora Revista dos Tribunais, 2007. p. 375.

HABEAS CORPUS. PRISÃO CIVIL. ALIMENTOS DEVIDOS EM RAZÃO DE ATO ILÍCITO. Quem deixa de pagar débito alimentar decorrente de ato ilícito não está sujeito à prisão civil. Ordem concedida.
(HC 92.100/DF, Rel. Ministro ARI PARGENDLER, TERCEIRA TURMA, julgado em 13/11/2007, DJ 01/02/2008, p. 1)

Recentemente, o S.T.J., em decisão monocrática da Ministra Maria Isabel Gallotti (TutPrv no REsp 1722025 - 21.05.2018), reafirmou o entendimento de que, mesmo sob a égide do novo C.P.C., não é cabível a prisão em decorrência de alimentos provenientes de ato ilícito.

Sob a égide do C.P.C. de 1973, em razão de certa ambiguidade existente entre o art. 733 e o art. 735, havia divergência doutrinária e jurisprudencial quanto à possibilidade de se decretar a prisão em relação aos alimentos provisionais (ou provisórios).

Pontes de Miranda, por exemplo, sustentava que o art. 733 do C.P.C. de 1973 somente se aplicava aos alimentos provisionais, enquanto que os arts. 732 e 734 do C.P.C. de 1973 aplicavam-se à prestação de alimentos em geral.[485]

Athos Gusmão Carneiro cita alguns precedentes nos quais se indica que o art. 735 do C.P.C. de 1973 só se referiria aos alimentos provisionais, sendo que os outros eram regulados pelos arts. 646-731.[486]

Já para Amílcar de Castro, apenas os alimentos definitivos autorizavam a prisão do devedor.[487]

Contudo, conforme ensina Yussef Said Cahali, *"paulatinamente, porém, a doutrina foi se definindo no sentido de que, embora o art. 733 do CPC só tivesse cogitado de 'execução de sentença ou de decisão, que fixa os alimentos provisionais', isto é, de provimento final (sentença), liminar ou incidente (decisão) em processo cautelar (art. 852 et seq), deve-se ter em conta que o art. 19, 'caput', da Lei 5.478/68, neste ponto não derrogado pelo CPC, nem alterado pela Lei 6.014, de 27.12.1973 (Lei de Adaptação, art. 4º), autoriza o decreto de prisão administrativa em termos genéricos, 'para cumprimento do julgado ou do acordo', que eventualmente tenha sido objeto do processo (principal) da ação de alimentos, abrangendo também a sentença ou o acordo de alimentos na separação judicial (e agora também do divórcio)".*[488]

---

[485] PONTES DE MIRANDA. *Comentários ao código de processo civil. X, p. 487.*
[486] CARNEIRO, Athos Gusmão. *Ação de alimentos e prisão civil* – R.T. 516/41 e AJURIS 13/61.
[487] CASTRO, A. A., op. cit., p. 381.
[488] CAHALI, Y. S., op. cit., p. 1013.

O atual C.P.C., em seu art. 531, acabou com essa polêmica, pois expressamente determina que o Capítulo do cumprimento de sentença, em que há a prisão civil do devedor inadimplente de obrigação alimentícia, aplica-se tanto aos alimentos definitivos quando aos alimentos provisórios, independentemente de sua origem.

Evidentemente que o termo *alimentos provisórios* deve ser compreendido como alimentos provisórios da Lei de Alimentos como em relação aos alimentos provisórios fixados em razão de tutela de urgência satisfativa antecipatória, os quais não deixam de ser *provisórios*. Assim, o termo provisório é contraposto ao termo definitivo.

A execução dos alimentos provisórios, bem como a dos alimentos fixados em sentença ainda não transitada em julgado, se processa em autos apartados.

O cumprimento definitivo da obrigação de prestar alimentos será processado nos mesmos autos em que tenha sido proferida a sentença.

10. Delito de abandono material

O novo C.P.C., além de resguardar a esfera cível para a prestação de tutela jurisdicional que vise à percepção do crédito alimentar, também demonstra sua preocupação com eventual prática de infração penal por parte daquele que deve prestar alimentos.

Assim, se o juiz verificar certa postura procrastinatória do executado deverá de imediato dar ciência ao Ministério Público dos eventuais indícios de prática do delito de abandono material.

O crime contra a assistência da família está previsto no art. 244 do Código Penal brasileiro, que assim dispõe:

> *Art. 244. Deixar, sem justa causa, de prover a subsistência do cônjuge, ou de filho menor de 18 (dezoito) anos ou inapto para o trabalho, ou de ascendente inválido ou maior de 60 (sessenta) anos, não lhes proporcionando os recursos necessários ou faltando ao pagamento de pensão alimentícia judicialmente acordada, fixada ou majorada; deixar, sem justa causa, de socorrer descendente ou ascendente, gravemente enfermo: (Redação dada pela Lei nº 10.741, de 2003)*
>
> *Pena – detenção, de 1 (um) a 4 (quatro) anos e multa, de uma a dez vezes o maior salário mínimo vigente no País. (Redação dada pela Lei nº 5.478, de 1968)*
>
> *Parágrafo único – Nas mesmas penas incide quem, sendo solvente, frustra ou ilide, de qualquer modo, inclusive por abandono injustificado de emprego ou função, o pagamento de pensão alimentícia judicialmente acordada, fixada ou majorada. (Incluído pela Lei nº 5.478, de 1968).*

EXECUÇÃO E CUMPRIMENTO DE SENTENÇA

Portanto, verificando o juiz que o executado está dilapidando seu patrimônio, escondendo-se para não receber citação na demanda de alimentos, abandonando injustificadamente o emprego ou função, deverá encaminhar peças dos autos ao Ministério Público para a apuração do crime previsto no art. 244 do C.P.B.

11. Prestação de alimentos decorrente de ato ilícito

Quando a indenização por ato ilícito incluir prestação de alimentos, caberá ao executado, a requerimento do exequente, constituir capital cuja renda assegure o pagamento do valor mensal da pensão.

Para aqueles que desejam interpretar o art. 531 do atual C.P.C. restritivamente, ou seja, sustentando que a prisão civil prevista neste Capítulo somente se aplica à execução que tenha por objeto os alimentos legítimos, tem em seu respaldo o disposto no art. 533 do atual C.P.C., ou seja, fomentando a conclusão de que na hipótese de alimentos decorrentes de ato ilícito, a execução deverá ser realizada exclusivamente pelo disposto no art. 533 do atual C.P.C.

Tendo em vista que os alimentos provenientes de ato ilícito normalmente são pagos por diversos anos de vida da vítima ou dos seus sucessores, o certo é que o devedor constitua um capital, seja em bens móveis ou imóveis, que forneçam rendas ou mesmo em dinheiro devidamente aplicado. Se se trata de pessoa que não possua condições de constituir o capital, também poderá ser descontado em folha o pagamento da pensão alimentícia decorrente de ato ilícito.

O capital representado por imóveis ou por direitos reais sobre imóveis suscetíveis de alienação, títulos da dívida pública ou aplicações financeiras em banco oficial, será inalienável e impenhorável enquanto perdurar a obrigação do executado, além de constituir-se em patrimônio de afetação.

Tendo em vista que o capital representado por imóveis ou direitos reais, títulos de dívida pública ou aplicações financeiras em bancos oficiais não sai da esfera da propriedade do devedor dos alimentos, a lei considerou esse capital inalienável, ou seja, intransferível pelo devedor dos alimentos a terceiros e também impenhorável, ou seja, esse capital não responde por dívidas do devedor dos alimentos. Constitui-se, portanto, em patrimônio de afetação à determinada obrigação definida no título executivo judicial.

O juiz poderá substituir a constituição do capital pela inclusão do exequente em folha de pagamento de pessoa jurídica de notória capacidade econômica ou, a requerimento do executado, por fiança bancária ou garantia real, em valor a ser arbitrado de imediato pelo juiz.

O novo C.P.C., ao substituir a constituição do capital pela inclusão do exequente em folha de pagamento de pessoa jurídica, incorporou na norma processual o seguinte precedente do S.T.J.:

DIREITO CIVIL E PROCESSUAL CIVIL. INCLUSÃO DO NOME DO CREDOR EM FOLHA DE PAGAMENTO PARA GARANTIR O ADIMPLEMENTO DE PENSÃO MENSAL VITALÍCIA DECORRENTE DE ACIDENTE DE TRABALHO.

Para garantir o pagamento de pensão mensal vitalícia decorrente de acidente de trabalho, admite-se a inclusão do nome do trabalhador acidentado na folha de pagamento de devedora idônea e detentora de considerável fortuna, dispensando-se a constituição de capital. Conforme a Súmula 313 do STJ, "Em ação de indenização, procedente o pedido, é necessária a constituição de capital ou caução fidejussória para a garantia de pagamento da pensão, independentemente da situação financeira do demandado". De fato, a referida súmula, editada antes da entrada em vigor da Lei 11.232/2005 – que incluiu o art. 475-Q ao CPC –, continua sendo aplicada pelo STJ, evidenciando que a constituição de capital não deixou de ser obrigatória. Entretanto, é oportuno registrar que a jurisprudência passou a interpretar essa necessidade de constituição de capital de forma mais consentânea ao novo texto legal. Afinal, nos termos do art. 475-Q, § 2º, do CPC, "O juiz poderá substituir a constituição do capital pela inclusão do beneficiário da prestação em folha de pagamento de entidade de direito público ou de empresa de direito privado de notória capacidade econômica, ou, a requerimento do devedor, por fiança bancária ou garantia real, em valor a ser arbitrado de imediato pelo juiz". Desse modo, a inclusão do beneficiário na folha de pagamentos mostra-se uma alternativa de garantia viável à constituição de capital, desde que, a critério do juiz, fique demonstrada a solvabilidade da empresa devedora. Assim, demonstrado que a empresa devedora é idônea e detentora de considerável fortuna, mostra-se razoável a substituição da constituição de capital pela inclusão do nome do trabalhador na folha de pagamentos da empresa.

(REsp 1.292.240-SP, Rel. Min. Nancy Andrighi, julgado em 10/6/2014).

Por sua vez, se sobrevier modificação nas condições econômicas, poderá a parte requerer, conforme as circunstâncias, redução ou aumento da prestação.

A prestação alimentícia poderá ser fixada tomando por base o salário-mínimo.

É certo que a Constituição Federal, em seu artigo 7º, parágrafo 5º estabelece:

"Art. 7º. São direitos dos trabalhadores urbanos e rurais, além de outros que visem à melhoria de sua condição social:

(...).

IV – salário mínimo, fixado em lei, nacionalmente unificado, capaz de atender a suas necessidades vitais básicas e às de sua família com moradia, alimentação, educação, saúde,

EXECUÇÃO E CUMPRIMENTO DE SENTENÇA

lazer, vestuário, higiene, transporte e previdência social, com reajustes periódicos que lhe preservem o poder aquisitivo, sendo vedada sua vinculação para qualquer fim".

Contudo, o Supremo Tribunal Federal não visualizou inconstitucionalidade nessa vinculação (RE 662582 AgR, Relator(a): Min. LUIZ FUX, Primeira Turma, julgado em 27/03/2012, ACÓRDÃO ELETRÔNICO DJe-082 DIVULG 26-04-2012 PUBLIC 27-04-2012)

Finda a obrigação de prestar alimentos, o juiz mandará liberar o capital, cessar o desconto em folha ou cancelar as garantias prestadas.

Referida previsão normativa vem reforçar a ideia de que constituição de capital não faz com que os bens sejam transferidos ao credor dos alimentos, mas permanece na esfera de propriedade do devedor, apesar de ser inalienável e impenhorável.

Por isso, finda a obrigação de prestar alimentos, o juiz mandará liberar o capital, cessar o desconto em folha ou cancelar as garantias prestadas.

Capítulo 23

Cumprimento de Sentença que Reconheça a Exibilidade de Obrigação de Pagar Quantia Certa pela Fazenda Pública

1. Significado de Fazenda Pública

A expressão *Fazenda Pública* é usada para indicar, de modo genérico, tanto a Fazenda Nacional como a Estadual e a Municipal, bem como seus respectivos interesses financeiros e patrimoniais.[489]

A *Fazenda Pública* tem origem na antiga doutrina do fisco, onde o Estado era definido pelo regime de polícia e não era possível este ser submetido à justiça nem mesmo para cobrar seus créditos. Daí aparece um órgão do Estado, mas não o próprio Estado especificamente. Aparece outra pessoa moral ao lado do próprio Estado, ou, conforme afirma Castro Nunes, surge *"como criação espontânea e que se desenvolveu, a ficção de se considerar existente, ao lado do Estado, uma outra pessoa moral, submetida ao Príncipe, que, por intermédio dela, agiria ativa e passivamente, isso consistindo a famosa doutrina do Fisco"*.[490]

No âmbito da definição de *Fazenda Pública*, encontra-se inserida a União Federal, os Estados, os Municípios, o Distrito Federal, os Territórios (se houver), suas respectivas autarquias e as fundações instituídas e mantidas pelo Poder Público.

---

[489] SOUZA, Ernani Vieira, *Enciclopédia Saraiva de Direito*. São Paulo: Saraiva, 1977, v. 36, p. 393.

[490] NUNES, Castro. *Da fazenda pública em juízo*. Rio de Janeiro: Freitas Bastos, 1950. p. 284.

Não estão incluídas nessa definição as empresas públicas e as sociedades de economia mista, nem também os chamados Conselhos de Fiscalização Profissionais.

Não se pode esquecer que o S.T.F., no que concerne à OAB, entende que não se trata de autarquia (ADI 3026, Relator(a): Min. EROS GRAU, Tribunal Pleno, julgado em 08/06/2006, DJ 29-09-2006 PP-00031 EMENT VOL-02249-03 PP-00478 RTJ VOL-00201-01 PP-00093).

É importante salientar que não entram no regime de precatório as sociedades de economia mista e as empresas públicas. Nesse sentido é o seguinte precedente do S.T.J.:

> *Ementa: FINANCEIRO. SOCIEDADE DE ECONOMIA MISTA. PAGAMENTO DE VALORES POR FORÇA DE DECISÃO JUDICIAL. INAPLICABILIDADE DO REGIME DE PRECATÓRIO. ART. 100 DA CONSTITUIÇÃO. CONSTITUCIONAL E PROCESSUAL CIVIL. MATÉRIA CONSTITUCIONAL CUJA REPERCUSSÃO GERAL FOI RECONHECIDA. Os privilégios da Fazenda Pública são inextensíveis às sociedades de economia mista que executam atividades em regime de concorrência ou que tenham como objetivo distribuir lucros aos seus acionistas. Portanto, a empresa Centrais Elétricas do Norte do Brasil S.A. – Eletronorte não pode se beneficiar do sistema de pagamento por precatório de dívidas decorrentes de decisões judiciais (art. 100 da Constituição). Recurso extraordinário ao qual se nega provimento. (RE 599628, Relator(a): Min. AYRES BRITTO, Relator(a) p/ Acórdão: Min. JOAQUIM BARBOSA, Tribunal Pleno, julgado em 25/05/2011, REPERCUSSÃO GERAL – MÉRITO DJe-199 DIVULG 14-10-2011 PUBLIC 17-10-2011 EMENT VOL-02608-01 PP-00156)*

A execução contra a Fazenda Pública pode ter fundamento em título judicial ou extrajudicial (Súmula 279 do S.T.J.: *É cabível execução por título extrajudicial contra a Fazenda Pública*).

2. Trânsito em julgado da decisão

O primeiro requisito normativo para se promover o cumprimento de sentença condenatória de quantia certa contra a Fazenda Pública é o *trânsito em julgado da sentença*, em especial para que o juiz possa determinar a expedição de precatório ou de requisição de pequeno valor.

Contudo, há situações em que a obrigação imposta à Fazenda Pública não decorre de uma sentença, mas, sim, de uma decisão interlocutória sobre o mérito com força de definitiva, como se verifica com o *julgamento antecipado parcial de mérito*, nos termos do art. 356, incs. I e II, do atual C.P.C.

Em que pese a decisão proferida com base no art. 356, incs. I e II, do atual C.P.C. não possa ser considerada uma *sentença* na concepção do termo, uma vez que não extingue a fase cognitiva do procedimento comum, tal circunstância não impede que essa decisão possa ser objeto de cumprimento contra a Fazenda Pública.

Note-se que uma das hipóteses que justifica a prolação de uma decisão parcial de mérito é justamente o fato de que um dos pedidos não foi objeto de impugnação por parte do réu, no caso, por parte da Fazenda Pública, tornando-se incontroverso.

Diante de tal circunstância, o Superior Tribunal de Justiça já vinha se manifestando favorável à expedição de precatório ou de requisição de pequeno valor em caso de valores incontroversos (REsp 1114934/RS, Rel. Ministro MAURO CAMPBELL MARQUES, SEGUNDA TURMA, julgado em 17/03/2011, DJe 29/03/2011).

A exigência do trânsito em julgado da sentença para efeitos de cumprimento da decisão, significa para o S.T.J. a impossibilidade de cumprimento provisório de sentença ou de decisão contra a Fazenda Pública (Resp 447406 – SP, 2ª Turma do STJ, Rel. Min. Eliana Calmon, j. 20.2.2003, DJ 12.5.2003) (AgRg no REsp 1096575/RJ, Rel. Ministro LUIZ FUX, PRIMEIRA TURMA, julgado em 03/09/2009, DJe 07/10/2009).

É certo, contudo, que a questão de execução provisória contra a Fazenda Pública está sob o crivo de Repercussão Geral no S.T.F., conforme seguinte precedente:

> *EMENTA: CONSTITUCIONAL. PRECATÓRIO. EXECUÇÃO PROVISÓRIA DE DÉBITOS DA FAZENDA PÚBLICA. VIOLAÇÃO AO ART. 100 DA CONSTITUIÇÃO. EMENDA CONSTITUCIONAL 30/2000. EXISTÊNCIA DE REPERCUSSÃO GERAL. Precedentes nesta Corte quanto à matéria. Questão relevante do ponto de vista econômico, social e jurídico que ultrapassa o interesse subjetivo da causa. (RE 573872 RG,* Relator(a): Min. RICARDO LEWANDOWSKI, julgado em 20/03/2008, DJe-065 DIVULG 10-04-2008 PUBLIC 11-04-2008 EMENT VOL-02314-08 PP-01694)

3. Honorários de advogado e cumprimento de sentença não impugnada

Estabelece o art. 85, §7º, do novo C.P.C., que *não serão devidos honorários no cumprimento de sentença contra a Fazenda Pública que enseje expedição de precatório, desde que não tenha sido impugnada.*

O mesmo teor normativo encontra-se no art. 1º-D da Lei 9.494 de 10 de setembro de 1997, com a redação dada pela Medida Provisória n. 2.180-35, de

EXECUÇÃO E CUMPRIMENTO DE SENTENÇA

2001, *in verbis*: *"não serão devidos honorários advocatícios pela Fazenda Pública nas execuções não embargadas"*.

O S.T.F., analisando a constitucionalidade do art. 1º-D da Lei 9.494 /97, fez uma diferenciação entre os valores devidos pela Fazenda Pública e que são pagos por meio de precatórios e aqueles que são considerados de pequeno valor e que são pagos por requisição de pequeno valor – RPF:

> *EMENTA: 1. Fazenda Pública: execução não embargada: honorários de advogado: MPr 2.180/2001: constitucionalidade declarada pelo STF, com interpretação conforme ao art. 1º-D da L. 9.494/97, na redação que lhe foi dada pela MPr 2.180-35/2001, de modo a reduzir-lhe a aplicação à hipótese de execução por quantia certa contra a Fazenda Pública (C. Pr. Civil, art. 730), excluídos os casos de pagamento de obrigações definidos em lei como de pequeno valor (CF/88, art. 100, § 3º) (RE 420.816, Plenário, 29.9.2004, red. p/acórdão Pertence, DJ 06.10.2004). Declaração de constitucionalidade por maioria qualificada do Tribunal, a cuja aplicação aos casos concretos subsequentes estão vinculadas as Turmas (RISTF, art. 101), ainda que o acórdão do leading case não tenha sido publicado: precedentes. No caso, contudo, tratando-se de litisconsórcio, não há nos autos elementos que permitam concluir, com segurança, pela incidência do § 3º do art. 100 da Constituição com relação a todos os litisconsortes. RE provido para, ressalvada a incidência do procedimento relativo às obrigações definidas em lei como de pequeno valor, afastar a condenação da Fazenda Pública ao pagamento da verba honorária. 2. Agravo regimental: alegações improcedentes de prejuízo do recurso extraordinário e incidência da Súmula 283. (*RE 453056 AgR, Relator(a): Min. SEPÚLVEDA PERTENCE, Primeira Turma, julgado em 06/12/2005, DJ 03-02-2006 PP-00025 EMENT VOL-02219-10 PP-02019)

De acordo com a interpretação conforme estabelecida pelo S.T.F., os honorários advocatícios deverão ser fixados em cumprimento de sentença contra a Fazenda Pública, ainda que não impugnada, desde que o pagamento da quantia certa fixada em decisão judicial seja por meio de RPV e não por precatório.

O S.T.J., interpretando o art. 1º-D da Lei 9.494 de 10 de setembro de 1997, com a redação dada pela Medida Provisória n. 2.180-35, 2011, tem entendido que não cabe a condenação da Fazenda Pública em execução não embargada desde que a execução tenha sido ajuizada após a edição de tal norma, não seja o crédito de pequeno valor, nem se trate de execução de sentença proveniente de ação civil pública ou de ação coletiva proposta por associação ou sindicato como substitutos processuais (AgRg no Ag 1124175/RS, Rel. Ministra MARIA THEREZA DE ASSIS MOURA, SEXTA TURMA, julgado em 04/08/2009, DJe 24/08/2009).

Em relação à execução ou cumprimento individual de sentença proferida em ação coletiva, o Tribunal Regional Federal da 4ª Região editou a Súmula 133, que assim dispõe: *"Na execução ou cumprimento individual de sentença proferida em ação coletiva, mesmo na vigência do CPC-2015, são cabíveis honorários advocatícios, ainda que não-embargadas, mantendo-se válido o entendimento expresso da Súmula 345 do Superior Tribunal de Justiça."*

No que refere ao pagamento dos honorários de sucumbência pela Fazenda Pública, tem aplicação, no âmbito da Justiça Federal, a Resolução nº 168 do Conselho da Justiça Federal, de 05-12-11, que assim dispõe:

> *Art. 20. Ao advogado será atribuída a qualidade de beneficiário quando se tratar de honorários sucumbenciais e de honorários contratuais.*
>
> *§ 1º – Os honorários sucumbenciais não devem ser considerados como parcela integrante do valor devido a cada credor para fins de classificação do requisitório como de pequeno valor, sendo expedida requisição própria.*

Assim, não obstante o valor principal deva ser pago mediante expedição de precatório, nada impede que o valor dos honorários sucumbenciais seja destacado do valor principal, para que o seu pagamento seja efetuado mediante expedição de RPV. Nesse sentido é o seguinte precedente do Tribunal Regional Federal da 4ª Região:

> *PROCESSUAL CIVIL. EXECUÇÃO. ACORDO HOMOLOGADO JUDICIALMENTE. FRACIONAMENTO. RPV PARA PAGAMENTO DA VERBA HONORÁRIA E PRECATÓRIO PARA PAGAMENTO DO PRINCIPAL. RESOLUÇÃO Nº 258 DO CJF.*
>
> *1. É inoponível ao advogado o acordo firmado pelas partes naquilo que diga respeito aos honorários que lhes são devidos. Precedente do STJ.*
>
> *2. É possível a expedição de RPV para pagamento da verba honorária correspondente a valor inferior a 60 salários mínimos e de precatório para o principal de valor superior àquele parâmetro, tendo a Resolução nº 258 do Conselho da Justiça Federal admitido a requisição de pequeno valor para a verba honorária, por se tratar de crédito autônomo pertencente ao advogado, na forma do disposto no art. 23 da Lei nº 8.906/94.*
>
> (AI nº 5010860-35.2014.404.0000, Rel. Des. Federal Vânia Hack de Almeida, D.E. 13/08/2014)

Ademais, não se pode desprezar o fato de que o STJ já se manifestou no tema 608 acerca da questão:

EXECUÇÃO E CUMPRIMENTO DE SENTENÇA

Tema STJ nº 608 – *"Não há impedimento constitucional, ou mesmo legal, para que os honorários advocatícios, quando não excederem ao valor limite, possam ser executados mediante RPV, ainda que o crédito dito 'principal' observe o regime dos precatórios."*[491]

De qualquer sorte, o STF pacificou a controvérsia em questão, confirmando a orientação já firmada no STJ. O antigo Tema 18 foi julgado em 30/10/2014, nos seguintes termos:

EMENTA: CONSTITUCIONAL E PROCESSUAL CIVIL. ALEGADO FRACIONAMENTO DE EXECUÇÃO CONTRA A FAZENDA PÚBLICA DE ESTADO-MEMBRO. HONORÁRIOS ADVOCATÍCIOS. VERBA DE NATUREZA ALIMENTAR, A QUAL NÃO SE CONFUNDE COM O DÉBITO

---

[491] *PROCESSUAL CIVIL. RECURSO EM MANDADO DE SEGURANÇA. EXECUÇÃO. HONORÁRIOS ADVOCATÍCIOS. CRÉDITO AUTÔNOMO. POSSIBILIDADE DE COBRANÇA MEDIANTE RPV, NO REGIME DE LITISCONSÓRCIO ATIVO, ANTES DA EXPEDIÇÃO DO OFÍCIO REQUISITÓRIO. 1. A Primeira Seção do STJ, no julgamento do REsp 1.347.736/RS, na forma do art. 543-C do CPC/1973, admitiu a execução autônoma dos honorários de sucumbência mediante requisição de pequeno valor mesmo quando o valor principal siga a sistemática dos precatórios. Estabeleceu que, em se tratando de crédito autônomo do causídico, inexiste fracionamento do montante executado, podendo o profissional promover a sua execução nos autos em regime de litisconsórcio ativo voluntário. 2. O Plenário do STF, no exame do RE 564.132/RS, também admitiu o direito do advogado à execução autônoma, destacando, porém, que a separação dos valores deve ocorrer antes da expedição do ofício requisitório. 3. No caso, além de inexistir litisconsórcio ativo, o pedido de destaque da execução dos honorários de sucumbência ocorreu quando já expedido o precatório. Desse modo, o aresto impugnado está em consonância com a jurisprudência do STJ e do STF. 4. Recurso em mandado de segurança a que se nega provimento.* (RMS 41.641/RS, Rel. Ministro OG FERNANDES, SEGUNDA TURMA, julgado em 25/04/2017, DJe 03/05/2017)
PROCESSUAL CIVIL. EXECUÇÃO CONTRA A FAZENDA PÚBLICA. HONORÁRIOS ADVOCATÍCIOS. EXPEDIÇÃO DE RPV. MATÉRIA JULGADA SOB O RITO DO ART. 543-C DO CPC/1973. 1. O Plenário do STJ decidiu que "aos recursos interpostos com fundamento no CPC/1973 (relativos a decisões publicadas até 17 de março de 2016) devem ser exigidos os requisitos de admissibilidade na forma nele prevista, com as interpretações dadas até então pela jurisprudência do Superior Tribunal de Justiça" (Enunciado Administrativo n. 2).
2. A Primeira Seção desta Corte firmou o entendimento segundo o qual, "limitando-se o advogado a requerer a expedição de RPV, quando seus honorários não excederam ao teto legal, não haverá fracionamento algum da execução, mesmo que o crédito do seu cliente siga o regime de precatório", a teor do REsp REsp 1.347.736/RS, Rel. p/ Acórdão Ministro HERMAN BENJAMIN, (DJe 15/04/2014) 3. Esta Corte entende ser manifestamente inadmissível a interposição de agravo que questiona tema julgado sob o regime do art. 543-C do CPC/1973 e da Resolução STJ 08/2008 (recurso repetitivo), havendo ensejo para a imposição da multa prevista no art. 1.021, §§ 4º e 5º, do CPC/2015, a incidir, no caso, no percentual de 5% (cinco por cento) sobre o valor atualizado da causa (R$ 4.754,04). Precedentes.
4. Agravo interno desprovido, com aplicação de multa.
(AgInt no REsp 1380622/PB, Rel. Ministro GURGEL DE FARIA, PRIMEIRA TURMA, julgado em 14/11/2017, DJe 02/02/2018)

PRINCIPAL. AUSÊNCIA DE CARÁTER ACESSÓRIO. TITULARES DIVERSOS. POSSIBILIDADE DE PAGAMENTO AUTÔNOMO. REQUERIMENTO DESVINCULADO DA EXPEDIÇÃO DO OFÍCIO REQUISITÓRIO PRINCIPAL. VEDAÇÃO CONSTITUCIONAL DE REPARTIÇÃO DE EXECUÇÃO PARA FRAUDAR O PAGAMENTO POR PRECATÓRIO. INTERPRETAÇÃO DO ART. 100, § 8º (ORIGINARIAMENTE § 4º), DA CONSTITUIÇÃO DA REPÚBLICA. RECURSO AO QUAL SE NEGA SEGUIMENTO.

(RE 564132, Relator(a): Min. EROS GRAU, Relator(a) p/ Acórdão: Min. CÁRMEN LÚCIA, Tribunal Pleno, julgado em 30/10/2014, REPERCUSSÃO GERAL – MÉRITO DJe-027 DIVULG 09-02-2015 PUBLIC 10-02-2015 EMENT VOL-02765-01 PP-00001).

Problemática interessante observa-se na aplicação do art. 827, §1º, do novo C.P.C., que assim dispõe:

> *Art. 827. Ao despachar a inicial, o juiz fixará, de plano, os honorários advocatícios de dez por cento, a serem pagos pelo executado.*
>
> *§ 1º No caso de integral pagamento no prazo de 3 (três) dias, o valor dos honorários advocatícios será reduzido pela metade.*

Pode-se indagar se a ausência de impugnação pela Fazenda Pública ao cumprimento de sentença sujeita à expedição de RPV ensejaria a redução pela metade do valor a ser pago a título de honorários.

O Tribunal Regional Federal da 4ª Região, apreciando tal questão, editou a Súmula n. 134, que assim dispõe: *"A ausência de impugnação pela Fazenda Pública ao cumprimento de sentença não enseja a redução pela metade dos honorários advocatícios por ela devidos, não sendo aplicável à hipótese a regra do artigo 90-§ 4º, combinado com o artigo 827-§1º, ambos do CPC 2015."*

Não obstante o entendimento do TRF 4ª Região, tenho para mim que se aplica o disposto no art. 827, §1º, do novo C.P.C., em relação à Fazenda Pública.

A Constituição Federal de 1988 não permite que a Fazenda Pública promova o pagamento do crédito fixado em sentença judicial no prazo de 3 (três) dias, uma vez que a própria norma constitucional estabelece o rito procedimental para esse pagamento, ou seja, mediante precatório ou requisição de pequeno valor – RPV.

Apesar de não ser possível o pagamento da quantia certa fixada contra a Fazenda Pública no prazo de 3 (três) dias, eventual não oposição de impugnação demonstra a intenção da própria Fazenda Pública em antecipar no tempo a possibilidade do pagamento mediante RPV.

Assim, se a norma processual prevista no art. 827, §1º, outorgou um benefício àquele que promoveu o pagamento do crédito no prazo de 3 (três) dias (podendo assim fazê-lo), sem se valer da impugnação, a mesma *ratio legis* deve ser observada em face da Fazenda Pública, que de certa forma promoveu a antecipação do pagamento mediante a não interposição de impugnação.

A Fazenda Pública somente não promove o pagamento em espécie no prazo de 3 (três) dias porque a Constituição Federal assim não o permite.

E por força de impedimento constitucional, não pode o interprete dar uma interpretação ao art. 827, §1º, do novo C.P.C. que possa ferir o princípio da isonomia ou que deixe de levar em consideração a 'ratio legis' da norma a ser interpretada.

4. Demonstrativo de débito

De acordo com o preceito normativo processual, transitada em julgado a sentença ou diante de tutela de valor incontroverso que impuser à Fazenda Pública o dever de pagar quantia certa, ou, se for o caso, a decisão que julgar a liquidação (pois o valor devido pela Fazenda Pública poderá decorrer de liquidação pelo procedimento comum ou arbitramento), o exequente apresentará demonstrativo discriminado e atualizado do crédito contendo os seguintes requisitos:

4.1. O nome completo, o número de inscrição no Cadastro de Pessoas Físicas ou no Cadastro Nacional da Pessoa Jurídica do exequente

A importância de indicação do número do C.P.F. ou C.N.P.J., respectivamente, tratando-se de pessoa física ou jurídica, serve, para além da devida identificação do exequente, também para efeitos de registro do sistema de processo eletrônico, uma vez que esse tipo de procedimento determina a indicação desses dados, inclusive para efeito de avaliação de prevenção.

Também será importante para os registros tributários, como informação à Receita Federal para efeito de incidência de imposto de renda.

4.2. Índice de correção monetária adotado

A memória de cálculo deverá indicar com precisão o termo inicial e o termo final dos juros e de correção monetária utilizados.

O credor deverá indicar com precisão qual o índice de correção monetária que utilizou, assim como o período para efeito de atualização do débito.

É importante salientar que o credor deverá ater-se ao conteúdo do julgado, inclusive quanto ao índice de correção monetária ali determinado.

Note-se que a SELIC somente é utilizada nos créditos de restituição de tributos contra a Fazenda Pública, pois referido índice é aplicado pelo Fisco na cobrança de seus créditos tributários.

Em relação à correção monetária de precatório, é importante salientar que de acordo com o estabelecido no §6º do art. 28 da Lei 11.768/08: *A atualização monetária dos precatórios, determinada no § 1º do art. 100 da Constituição, inclusive em relação às causas trabalhistas, previdenciárias e de acidente do trabalho, e das parcelas resultantes da aplicação do art. 78 do ADCT, observará, no exercício de 2009, a variação do Índice Nacional de Preços ao Consumidor Amplo – Especial – IPCA-E, divulgado pela Fundação Instituto Brasileiro de Geografia e Estatística.*

Por sua vez, o art. 5º da Lei 11.960/09, que deu nova redação ao art. 1º-F da Lei n. 9.494/97, assim preconizou quanto à correção monetária dos débitos decorrentes de condenação impostas contra a Fazenda Pública:

> *Art. 5º O art. 1º-F da Lei nº 9.494, de 10 de setembro de 1997, introduzido pelo art. 4º da Medida Provisória nº 2.180-35, de 24 de agosto de 2001, passa a vigorar com a seguinte redação:*
>
> *"Art. 1º-F. Nas condenações impostas à Fazenda Pública, independentemente de sua natureza e para fins de atualização monetária, remuneração do capital e compensação da mora, haverá a incidência uma única vez, até o efetivo pagamento, dos índices oficiais de remuneração básica e juros aplicados à caderneta de poupança." (NR).*

O Superior Tribunal de Justiça, analisando o art. 1º-F da Lei 9.494/97, apresentava o seguinte entendimento:

> *EMBARGOS DE DECLARAÇÃO. PREVIDENCIÁRIO. JUROS DE MORA E CORREÇÃO MONETÁRIA. ART. 1º-F DA LEI N. 9.494/97, COM A REDAÇÃO DA LEI N. 11.960/2009. INCIDÊNCIA IMEDIATA.*
>
> *1. Segundo entendimento firmado pela Corte Especial no julgamento do EREsp n. 1.207.197/RS, relator Ministro Castro Meira, publicado no DJE de 2/8/2011, em todas as condenações impostas contra a Fazenda Pública, para fins de atualização monetária, remuneração do capital e compensação da mora, haverá a incidência uma única vez, até o efetivo pagamento, dos índices oficiais de remuneração básica e juros aplicados à caderneta de poupança, consoante a redação do artigo 1º-F da Lei 9.494/97, alterado pelo art. 5º da Lei nº 11.960/09, dispositivo que deve ser aplicável aos processos em curso à luz do princípio do tempus regit actum.*

EXECUÇÃO E CUMPRIMENTO DE SENTENÇA

2. Embargos de declaração acolhidos, com efeitos modificativos.

(EDcl no AgRg no REsp 1233203/SC, Rel. Ministro JORGE MUSSI, QUINTA TURMA, julgado em 25/10/2011, DJe 11/11/2011)

Porém, o Supremo Tribunal Federal, na ADI 4425, *por arrastamento*, declarou a *inconstitucionalidade* do art. 1º-F da Lei nº 9.494/97, com redação dada pela Lei nº 11.960/09, ao reproduzir as regras da EC nº 62/09 quanto à atualização monetária de créditos inscritos em precatório, incorre nos mesmos vícios de juridicidade que inquinam o art. 100, §12, da CF (ADI 4425, Relator(a): Min. AYRES BRITTO, Relator(a) p/ Acórdão: Min. LUIZ FUX, Tribunal Pleno, julgado em 14/03/2013, PROCESSO ELETRÔNICO DJe-251 DIVULG 18-12-2013 PUBLIC 19-12-2013).

É importante salientar que o S.T.F. modulou os efeitos das declarações de inconstitucionalidade realizadas nas ADIs 4.357 e 4.425, em que a Suprema Corte manteve a eficácia da redação dada pela Lei 11.960/09 ao art. 1º-F da Lei 9.494/97, declarando-a como critério de correção monetária dos créditos inscritos em precatórios até 25/03/2015, exceto quanto aos precatórios da Administração Pública Federal, os quais seguem o IPCA-E como índice de correção monetária, de acordo com o art. 27 da Lei 12.919/2013 e o art. 27 da Lei 13.080/2015.

É importante salientar que o Supremo Tribunal Federal reconheceu repercussão geral no que se refere à correção monetária dos débitos da Fazenda Pública incidente na condenação (RE 870.947, Rel. Min. Luiz Fux – 'Validade da correção monetária e dos juros moratórios incidentes sobre as condenações impostas à Fazenda Pública, conforme previstos no art. 1º-F da Lei 9.494/97, com a redação dada pela Lei 11.960/2009' (DJe 27/04/2015), uma vez que no julgamento das ADIs 4.357 e 4.425, o Plenário do Supremo Tribunal Federal declarou a inconstitucionalidade da correção monetária pela TR apenas quanto ao intervalo de tempo compreendido **entre a inscrição do crédito em precatório e o efetivo pagamento**. Isto é, o art. 1º-F da Lei 9.494/97 não teria sido objeto de pronunciamento expresso do Supremo Tribunal Federal na parte em que rege a atualização monetária das condenações impostas à Fazenda Pública até a expedição do requisitório, continuando em pleno vigor.

A incidência da TR como índice de correção monetária dos débitos judiciais da Fazenda Pública foi afastada pelo STF, no julgamento do RE 870947, com repercussão geral, tendo-se determinado a utilização do IPCA-E, como já havia sido determinado para o período subsequente à inscrição em precatório, por meio das ADIs 4.357 e 4.425.

Assim, a correção monetária calculada pelos seguintes índices oficiais:

– IGP-DI de 05/96 a 03/2006, art. 10 da Lei n.º 9.711/98, combinado com o art. 20, §§5º e 6º, da Lei n.º 8.880/94;
– INPC de 04/2006 a 29/06/2009, conforme o art. 31 da Lei n.º 10.741/03, combinado com a Lei n.º 11.430/06, precedida da MP n.º 316, de 11/08/2006, que acrescentou o art. 41-A à Lei n.º 8.213/91.
– IPCA-E a partir de 30/06/2009.

4.3. Os juros aplicados e respectivas taxas

Além da correção monetária, também incide juros moratórios nos débitos da Fazenda Nacional, razão pela qual o exequente deverá indicar na memória de cálculo a taxa de juros de mora aplicada.

A redação antiga do art. 1º-F da Lei n. 9.494, de 10 de setembro de 1997, com a redação dada pela Medida Provisória n. 2.170-35, de 2001, assim estabelecida sobre a incidência de juros de mora nas condenações impostas à Fazenda Pública para pagamento de verbas remuneratórias devidas a servidores e empregado públicos: *"Art. 1º-F. Os juros de mora, nas condenações impostas à Fazenda Pública para pagamento de verbas remuneratórias devidas a servidores e empregado públicos, não poderão ultrapassar o percentual de seis por cento ao ano".*

Posteriormente, com a redação dada pela Lei n. 11.960, de 2009, o art1º-F da Lei 9.494, de 10 de setembro de 1997, passou a ter a seguinte redação: *Nas condenações impostas à Fazenda Pública, independentemente de sua natureza e para fins de atualização monetária, remuneração do capital e compensação da mora, haverá a incidência uma única vez, até o efetivo pagamento, dos índices oficiais de remuneração básica e juros aplicados à caderneta de poupança.*

A partir de então, deve haver incidência dos juros, uma única vez, até o efetivo pagamento do débito, segundo o índice oficial de remuneração básica aplicado à caderneta de poupança, nos termos estabelecidos no art. 1º-F, da Lei 9.494/97, na redação da Lei 11.960/2009, considerado hígido pelo STF no RE 870947, com repercussão geral reconhecida.

Os juros devem ser calculados sem capitalização, tendo em vista que o dispositivo determina que os índices devem ser aplicados "uma única vez" e porque a capitalização, no direito brasileiro, pressupõe expressa autorização legal (STJ, 5ª Turma, AgRgno AgRg no Ag 1211604/SP, Rel. Min. Laurita Vaz).

Na realidade, transitada em julgado a decisão proferida no processo de conhecimento, e tendo início a execução, devem ser observados, *a priori*, os critérios relativos à correção monetária e aos juros de mora fixados no título executivo, mercê da preclusão a respeito. Apenas em hipóteses excepcionais tem sido admitida pela jurisprudência a alteração superveniente dos índices de atualização monetária e juros de mora.

Em recente decisão, o Superior Tribunal de Justiça modifica a sua jurisprudência quanto à incidência dos juros moratórios em execução contra a Fazenda Pública, adequando o seu entendimento ao que fora decidido pelo S.T.F.:

> *PROCESSUAL CIVIL. EMBARGOS DE DIVERGÊNCIA. JUÍZO DE RETRATAÇÃO. ART. 1.030, II, DO CPC/2015. EXECUÇÃO CONTRA A FAZENDA PÚBLICA. RPV. JUROS DE MORA. PERÍODO COMPREENDIDO ENTRE A DATA DA ELABORAÇÃO DA CONTA DE LIQUIDAÇÃO E A EXPEDIÇÃO DO REQUISITÓRIO. INCIDÊNCIA. JULGAMENTO PROFERIDO PELO STF NO RE 579.431/RS, EM REGIME DE REPERCUSSÃO GERAL. EMBARGOS DE DIVERGÊNCIA PROVIDOS.*
>
> *1. A Corte Especial do STJ, no julgamento do REsp 1.143.677/RS, Rel.*
>
> *Min. Luiz Fux, sob o regime do art. 543-C do CPC, havia consolidado o entendimento de que não incidem juros moratórios entre a data da elaboração da conta de liquidação e a do efetivo pagamento do precatório ou da requisição de pequeno valor (RPV), tendo sido decidida a presente demanda com base nesse entendimento.*
>
> *2. Em face da interposição de recurso extraordinário, o feito foi sobrestado pela Vice-presidência desta Corte Superior, a fim de aguardar o julgamento do RE 579.431/RS, pelo Supremo Tribunal Federal.*
>
> *3. No julgamento dessa matéria, o STF firmou entendimento em sentido diametralmente oposto ao do STJ, tendo sido fixada a seguinte tese de repercussão geral: "Incidem os juros da mora no período compreendido entre a data da realização dos cálculos e a da requisição ou do precatório".*
>
> *4. Em juízo de retratação, com fundamento no art. 1.030, II, do CPC/2015, fica reformado o julgado desta Corte Especial, proferido nestes autos, e o próprio julgado embargado, prolatado no âmbito da eg. Quinta Turma.*
>
> *5. Embargos de divergência providos.*
>
> (EREsp 1150549/RS, Rel. Ministro OG FERNANDES, CORTE ESPECIAL, julgado em 29/11/2017, DJe 12/12/2017)

4.4. Periodicidade de capitalização dos juros, se for o caso

Havendo aplicação de juros capitalizados no título executivo judicial, deverá o exequente indicar no demonstrativo de débito a periodicidade dessa capitalização.

O S.T.J. entende que a capitalização mensal dos juros é possível desde que haja previsão legal e esteja prevista em contrato. Nesse sentido são os seguintes precedentes:

AGRAVO INTERNO NO RECURSO ESPECIAL. EXECUÇÃO, EMBARGOS À EXECUÇÃO E AÇÃO REVISIONAL (JULGAMENTO SIMULTÂNEO). CÉDULA DE CRÉDITO INDUSTRIAL.

1. Capitalização mensal de juros. A Segunda Seção reafirmou o entendimento cristalizado na Súmula 93/STJ no sentido de que, nos contratos de crédito industrial, admite-se a pactuação de cláusula que preveja a capitalização mensal dos juros (EREsp 1.134.955/PR, Rel. Ministro Raul Araújo, julgado em 24.10.2012, DJe 29.10.2012).

Hipótese em que o Tribunal de origem reconheceu a existência de pactuação da capitalização dos juros em prazo inferior ao semestral, o que ensejou a declaração da legalidade da cobrança. Incidência da Súmula 7/STJ.

2. Inaplicabilidade do Código de Defesa do Consumidor. Sociedade empresária que não ostenta condição de destinatária final (critério finalista), inexistindo, outrossim, elementos nos autos que possibilitem a análise de sua vulnerabilidade in concreto (finalismo aprofundado). Impossibilidade de redução da multa moratória estipulada em 10% (dez por cento) à luz do § 1º do artigo 52 do Código de Defesa do Consumidor. Precedentes.

(...).

(AgInt no REsp 1216570/SP, Rel. Ministro LUIS FELIPE SALOMÃO, QUARTA TURMA, julgado em 13/09/2016, DJe 19/09/2016)

CIVIL E PROCESSUAL CIVIL. BANCÁRIO. AGRAVO INTERNO NO AGRAVO INTERNO NO RECURSO ESPECIAL. CAPITALIZAÇÃO MENSAL DOS JUROS E COMISSÃO DE PERMANÊNCIA. PACTUAÇÃO. AUSÊNCIA DE CONTRATO NOS AUTOS. SÚMULAS N. 284/STF E 7/STJ. DECISÃO MANTIDA.

1. É permitida a capitalização de juros com periodicidade inferior à anual, em contratos celebrados com instituições integrantes do Sistema Financeiro Nacional, a partir de 31/3/2000 (MP n. 1.963-17/2000, reeditada como MP n. 2.170-36/2001), desde que expressamente pactuada (Súmula n. 539/STJ).

(...).

(AgInt no AgInt no REsp 1615948/MS, Rel. Ministro ANTONIO CARLOS FERREIRA, QUARTA TURMA, julgado em 29/08/2017, DJe 05/09/2017)

AGRAVO REGIMENTAL NO AGRAVO REGIMENTAL NO AGRAVO EM RECURSO ESPECIAL. AÇÃO REVISIONAL DE CONTRATO DE MÚTUO BANCÁRIO. 1. JUROS REMUNERATÓRIOS. TAXA CONTRATADA.

ABUSIVIDADE. NÃO COMPROVAÇÃO. 2. CAPITALIZAÇÃO MENSAL. DEMONSTRAÇÃO DA PACTUAÇÃO. POSSIBILIDADE DA COBRANÇA E INCIDÊNCIA DAS SÚMULAS N. 5 E 7/STJ. JULGADO EM HARMONIA COM A JURISPRUDÊNCIA DESTA CORTE. SÚMULA 83/STJ. 3. OFENSA AO ART. 51 DO CDC. INOVAÇÃO RECURSAL. PRECLUSÃO CONSUMATIVA. 4. AGRAVO REGIMENTAL DESPROVIDO.

1. Nos contratos bancários, a limitação da taxa de juros remuneratórios só se justifica nos casos em que aferida a exorbitância da taxa em relação à média de mercado, o que não ocorreu na hipótese.

2. A capitalização dos juros é admissível quando pactuada e desde que haja legislação específica que a autorize. Assim, permite-se sua cobrança na periodicidade mensal nas cédulas de crédito rural, comercial e industrial (Decreto-lei n. 167/67 e Decreto-lei n. 413/69), bem como nas demais operações realizadas pelas instituições financeiras integrantes do Sistema Financeiro Nacional, desde que celebradas a partir da publicação da Medida Provisória n. 1.963-17 (31/3/2000).

3. A questão pertinente ao art. 51 do CDC não foi suscitada nas razões do recurso especial. Com efeito, esta Corte possui a compreensão de ser vedada a inovação recursal em agravo regimental, tendo em vista a ocorrência da preclusão consumativa.

4. Agravo regimental desprovido.

(AgRg no AgRg no AREsp 603.666/MS, Rel. Ministro MARCO AURÉLIO BELLIZZE, TERCEIRA TURMA, julgado em 03/08/2017, DJe 24/08/2017)

4.5. Especificação dos eventuais descontos obrigatórios realizados

É possível que o exequente/credor deva abater do seu crédito eventuais descontos obrigatórios determinados pela sentença, como é o caso, por exemplo, da reciprocidade de sucumbência etc.

4.6. Pluralidade de exequentes

Havendo pluralidade de exequentes, cada um deverá apresentar o seu próprio demonstrativo, aplicando-se à hipótese, se for o caso, o disposto nos §§1º e 2º do art. 113 do novo C.P.C.

Evidentemente, tal previsão normativa deve ser interpretada de acordo com a natureza da pluralidade de exequentes.

Diante de litisconsórcio ativo facultativo, cada um deverá apresentar o seu próprio demonstrativo, aplicando-se à hipótese, se for o caso, o disposto nos §§1º e 2º do art. 113 do novo C.P.C.

Assim, poderá o juiz do cumprimento de sentença limitar o número de litisconsorte facultativo, verificando que a presença de um número elevado de exequente poderá dificultar a prestação da tutela jurisdicional e sua celeridade. Nesse caso, poderá o juiz determinar que o cumprimento de sentença se dê em autos apartados para cada exequente, como incidente do processo principal.

O requerimento de limitação interrompe o prazo para manifestação ou resposta, que recomeçará da intimação da decisão que o solucionar.

Na hipótese de o juiz do cumprimento de sentença limitar o número de litisconsorte, o prazo para a Fazenda Pública apresentar impugnação recomeça da intimação da decisão que solucionar o número de litisconsorte.

Em se tratando de pluralidade de exequentes decorrente de litisconsórcio unitário necessário, basta a apresentação de apenas um demonstrativo de débito que valerá para todos os demais litisconsortes.

Contra a decisão que rejeitar o pedido de limitação do número de litisconsorte no cumprimento de sentença caberá o recurso de agravo de instrumento, nos termos do art. 1.015, inc. VIII, do novo C.P.C.

5. Multa pelo não cumprimento da obrigação

A multa prevista no §1º do art. 523 do novo C.P.C. não se aplica à Fazenda Pública.

Tal concepção vem reforçar a ideia de que a Fazenda Pública não se encontra em mora após a prolação da sentença, pois não pode, diferentemente do particular, efetuar o pagamento em dinheiro ou mesmo oferecer depósito, tendo em vista que por determinação Constitucional a forma de cumprimento da obrigação se dá pela expedição de precatório ou de requisição de pequeno valor. Porém, não foi isso que entendeu o S.T.F. nas ADIs 4.357 e 4.425

É importante salientar que nos termos do art. 535 do atual C.P.C., a Fazenda Pública não é intimada para pagar, mas, sim, para, querendo, apresentar impugnação ao cumprimento de sentença no prazo de 30 (trinta) dias.

Se a Fazenda Pública não pode efetuar o pagamento de imediato, também não poderá ser constrangida a fazê-lo mediante a incidência da multa prevista no §1º do art. 523 do atual C.P.C.

6. Intimação da Fazenda Pública para impugnação da execução

O art. 730 do C.P.C. de 1973 estabelecia que na execução por quantia certa contra a Fazenda Pública, citar-se-ia a devedora para opor embargos em 30 (trinta) dias (Lei n. 9.494 de 1997).

Em relação ao que estabelecia o C.P.C. de 1973, eis as seguintes modificações introduzidas no ordenamento jurídico pelo atual C.P.C. de 2015: a) pelo código de 1973, a Fazenda Pública era citada para opor embargos; já no

EXECUÇÃO E CUMPRIMENTO DE SENTENÇA

atual C.P.C. ela é simplesmente intimada; b) pelo código de 1973, a Fazenda Pública poderia ingressar com embargos do devedor no prazo de 10 (dez) dias, posteriormente passando para 30 (trinta) dias; c) pelo atual C.P.C., a Fazenda Pública poderá ingressar com *impugnação ao cumprimento de decisão judicial* no prazo de 30 (trinta) dias.

O art. 535 do atual C.P.C. vem reforçar a ideia de que não há mora da Fazenda Pública para efeito de cumprimento da obrigação imposta na decisão judicial, justamente pelo fato de que ela não é intimada para pagar ou cumprir a decisão, mas, sim, para, querendo, *impugnar a execução*.

A intimação da Fazenda Pública dar-se-á na pessoa de seu representante judicial, no caso da União, Estados, Distrito Federal e Territórios, por seus procuradores, no caso do Município, por seu prefeito ou procurador.

Incumbe à Advocacia Pública, na forma da lei, defender e promover os interesses públicos da União, dos Estados, do Distrito Federal e do Município, por meio da representação judicial, em todos os âmbitos federativos, das pessoas jurídicas de direito público que integram a Administração direta e indireta (art. 182 do atual C.P.C.).

A intimação da Advocacia Pública (União, os Estados, o Distrito Federal, os Municípios e suas respectivas autarquias e fundações de direito público), da Defensoria Pública, do Ministério Público, conforme estabelecem, respectivamente, os arts. 183, §1º, 186, §1º e 180, 'caput', do novo C.P.C., dá-se de forma 'pessoal'.

O §1º do art. 186 do novo C.P.C. menciona as formas em que se dá a 'intimação pessoal' dos entes acima referidos, ou seja, POR CARGA, REMESSA ou 'MEIO ELETRÔNICO'.

Assim, consideram-se intimados os entes acima mencionados quando se encaminha o processo físico (por remessa), quando se faz carga do processo em secretaria ou quando se dá por MEIO ELETRÔNICO.

É importante salientar que também a citação poderá ser feita por 'meio eletrônico', conforme estabelece o art. 246, inc. V, do novo C.P.C.

A intimação por 'meio eletrônico' é uma forma legítima de intimação pessoal, dispensando-se a intimação por oficial de justiça ou por carta 'ar'.

Os atos processuais podem ser total ou parcialmente digitais, de forma a permitir que sejam produzidos, comunicados, armazenados e validados por meio eletrônico, na forma da lei (art. 193 do novo C.P.C.).

Assim, a utilização do meio eletrônico se dá tanto em processos 'exclusivamente' eletrônicos, como em processos 'físicos' (considerados parcialmente digitais).

Para que se possa dar eficácia à citação ou intimação por 'meio eletrônico', o legislador processual estabeleceu uma obrigação 'processual importante prevista no §1º do 246 do novo C.P.C, a saber: Com exceção das microempresas e das empresas de pequeno porte, as empresas públicas e privadas são obrigadas a manter cadastro nos sistemas de processo em autos eletrônicos, para efeito de recebimento de citações e intimações, as quais serão efetuadas preferencialmente por esse meio. Essa obrigação processual também foi imposta à União, aos Estados, ao Distrito Federal, aos Municípios e às entidades da administração indireta, conforme estabelece o §2º do art. 246 do novo C.P.C.

A obrigação de cadastramento dá-se justamente para que o Tribunal possa dar eficácia à citação ou intimação por meio eletrônico, uma vez que havendo inércia dos entes estatais, haveria impossibilidade de se utilizar dessa forma de intimação ou citação pessoal.

Por isso, o art. 1.050 do novo C.P.C. assim preceitua: *"A União, os Estados, o Distrito Federal, os Municípios, suas respectivas entidades da administração indireta, o Ministério Público, a Defensoria Pública e a Advocacia Pública, no prazo de 30 (trinta) dias a contar da data de entrada em vigor deste Código, deverão se cadastrar perante a administração do tribunal no qual atuem para cumprimento do disposto nos arts. 246, §2º, e 270, parágrafo único".*

Se há uma obrigação legal para o cadastramento, inclusive fixada em dias, isso significa dizer que também haverá uma consequência jurídica pela falta de cadastramento.

Assim, se os entes não se cadastrarem, estarão legitimando sua intimação pelos meios normais, no caso, Diário Oficial, até que cumpram com a determinação legal.

6.1. Prazo para Fazenda Pública impugnar a execução
A Fazenda Pública será intimada na pessoa de seu representante judicial, por carga, remessa ou meio eletrônico, para, querendo, no prazo de 30 (trinta) dias e nos próprios autos, impugnar a execução.

É importante salientar que no caso do art. 535 do atual C.P.C., a Fazenda Pública não terá o prazo em dobro para realizar a impugnação, uma vez que o prazo de 30 (trinta) dias previsto neste dispositivo é prazo específico para o representante da Fazenda Pública e não geral como os demais prazos que são regulados pelo art. 183 do atual C.P.C.

Aliás, o art. 535 do atual C.P.C., ao conferir à Fazenda Nacional o prazo de 30 (trinta) dias para apresentar a impugnação, de certa forma já dobrou o

EXECUÇÃO E CUMPRIMENTO DE SENTENÇA

prazo de impugnação, que para as outras pessoas físicas ou jurídicas é de 15 (quinze) dias.

Note-se que em razão do *sincretismo* entre o processo de conhecimento e o *procedimento de cumprimento de sentença*, não haverá mais processo autônomo de embargos da Fazenda Pública, devendo sua defesa (impugnação) ser apresentada no próprio processo em que fora proferida a decisão, no prazo de 30 (trinta) dias.

Outro aspecto importante é que a falta de apresentação de impugnação por parte da Fazenda Pública não caracteriza os efeitos da revelia, razão pela qual, havendo dúvida objetiva e razoável sobre o valor executado, poderá o juiz da execução valer-se da contadoria judicial para conferir o cálculo apresentado pela exequente, antes mesmo de determinar a expedição do precatório ou da requisição de pequeno valor. (EDcl no REsp 724.111/RJ, Rel. Ministro LUIZ FUX, PRIMEIRA TURMA, julgado em 17/12/2009, DJe 12/02/2010)

É bem verdade que o próprio S.T.J. não concede carta branca para que a Fazenda Pública deixe de impugnar a execução, só pelo fato de que em relação a ela não se aplica o efeito da revelia (REsp 635.996/SP, Rel. Ministro CASTRO MEIRA, SEGUNDA TURMA, julgado em 06/12/2007, DJ 17/12/2007, p. 159)

6.2. Matéria que pode ser arguida na impugnação

A alegação de impedimento ou suspeição observará o disposto nos arts. 146 e 148.

Por sua vez, segundo preceitua o art. 535 do atual C.P.C., a impugnação ofertada pela Fazenda Pública poderá consistir:

6.2.1. Falta ou nulidade da citação se, na fase de conhecimento, o processo correu à revelia

Para validade (ou existência em relação ao réu/executado) do processo é indispensável a citação do réu ou do executado, ressalvadas as hipóteses de indeferimento da petição inicial ou de improcedência liminar do pedido.

Como se sabe, a citação do réu/executado no processo de conhecimento ou no processo de execução é pressuposto processual de existência da relação jurídica processual, justamente em relação ao réu/executado.

Se não houver a citação válida do réu ou do executado, o processo não existiu em relação a ele, razão pela qual essa nulidade poderá ser arguida a qualquer momento, independentemente de demanda rescisória.

Correndo o processo de conhecimento à revelia do réu, poderá ele alegar, quando da execução, eventual nulidade de sua citação, como, por exemplo, que a pessoa que recebeu a citação pessoal não tinha poderes para tanto, que a carta foi encaminhada a endereço errado ou inexistente, que o autor não comunicou ao juízo o real endereço do réu, muito embora tivesse plena ciência desse endereço, permitindo, com isso, que a citação fosse realizada por edital etc.

6.2.2. Ilegitimidade de parte

É sabido que para propor a demanda é necessário ter interesse e legitimidade (art. 17 do atual C.P.C.), bem como que ninguém poderá pleitear direito alheio em nome próprio, salvo quando autorizado pelo ordenamento jurídico (art. 18 do atual C.P.C.).

Referidos dispositivos aplicam-se igualmente ao procedimento de cumprimento de decisão judicial, razão pela qual, para se postular o cumprimento da decisão é necessário que tenha o demandante legitimidade 'ad causam' e 'ad processum', assim como deverá ter legitimidade passiva aquele contra quem se requererá o cumprimento da decisão judicial.

Se a demanda for proposta por quem não é parte legítima ou contra quem não poderia ser indicada no polo passivo, o juiz deverá extinguir o processo (no caso o procedimento) sem resolução de mérito, ou seja, sem analisar o mérito da execução, no caso o pedido de cumprimento da obrigação imposta na sentença.

Aliás, a legitimidade *ad causam* ou *ad processum* pode ser avaliada de ofício pelo juiz, pois se está diante, respectivamente, de uma condição para análise do mérito e de um pressuposto processual de validade da relação jurídica processual.

Reconhecida a ilegitimidade *ad causam* ou *ad processum*, o juiz extingue o procedimento de cumprimento de decisão judicial, resultando daí sentença com atributo de coisa julgada formal, o que não impede que o credor ou exequente renove o procedimento corrigindo o polo ativo ou passivo da relação jurídica processual.

O cumprimento de decisão judicial pode ocorrer entre as partes *originárias* que participaram do processo de conhecimento, ou mediante partes sucessivas ou substitutivas, no caso de falecimento ou de cessão de direitos creditórios, caracterizando, nessa última hipótese, o que a doutrina denomina de parte *derivada*.[492]

---

[492] Montenegro Filho, M., op. cit., p. 243.

EXECUÇÃO E CUMPRIMENTO DE SENTENÇA

Pode ocorrer, também, a *legitimação extraordinária em razão de substituição processual*, como ocorre com o Ministério Público, quando ele poderá promover o cumprimento de sentença nas hipóteses permitidas pela Constituição Federal e pela lei, agindo em nome próprio, defendendo interesse ou direito de outrem. Isso é comum quando o Ministério Público realiza intervenção para a defesa de interesse difuso, coletivo ou individual homogêneo, principalmente na esfera ambiental e consumerista.

6.2.3. Inexequibilidade do título ou inexigibilidade da obrigação

A impugnação também poderá ter por conteúdo a alegação de inexequibilidade do título executivo judicial ou inexigibilidade da obrigação correspondente, no caso, a decisão judicial condenatória de quantia certa, ou seja, a ausência de impedimentos jurídicos para que o devedor satisfaça a pretensão do credor.[493]

Para que um ato possa tornar adequado o procedimento de cumprimento de decisão judicial, é indispensável que na sua formação tenham sido observados os requisitos exigidos para a sua regularidade e validade. Em outras palavras, há requisitos formais além dos requisitos substanciais, referentes ao *conteúdo do ato*.

Entre os requisitos formais, encontra-se a existência de uma decisão judicial consubstanciada na forma escrita. Esse ato jurídico, que é a decisão judicial, subordina-se a certos requisitos particulares, antes mesmo de se pensar na sua eficácia executiva, a qual somente ocorrerá se o ato estiver perfeito, válido e eficaz. A eficácia executiva, por sua vez, decorre da lei de natureza processual.[494]

Já o conteúdo substancial da decisão provém da precisa individualização do direito a que se refere. A sentença civil condenatória será sempre uma sentença civil condenatória, ainda que se refira a uma quantia indeterminada (ilíquida), ou a uma obrigação alternativa. Para que seja considerada título

---

[493] *PROCESSUAL CIVIL. AGRAVO INTERNO EM RECURSO ESPECIAL. REAJUSTE DAS TABELAS DO SUS. IMPLEMENTAÇÃO DO PLANO REAL. LIMITAÇÃO TEMPORAL. RECONHECIMENTO EM EMBARGOS À EXECUÇÃO. IMPOSSIBILIDADE. COISA JULGADA.*

1. A Fazenda Pública, em embargos à execução, pode suscitar a questão do limite temporal para a cobrança das diferenças decorrentes do reajuste na tabela do SUS, por ocasião da implementação do Plano Real, quando a matéria não tenha sido decidida na ação de conhecimento. Do contrário, a alteração do ponto implicará violação da coisa julgada. Precedentes.

2. No caso, o Tribunal local entendeu que o título executivo se pronunciou a esse respeito.

3. Agravo interno a que se nega provimento.

(AgInt no REsp 1555529/PR, Rel. Ministro OG FERNANDES, SEGUNDA TURMA, julgado em 06/02/2018, DJe 16/02/2018)

[494] DINAMARCO, Cândido Rangel. *Execução civil*. 3ª ed. São Paulo: Malheiros, 1993, p. 481.

executivo, todavia, ela precisa individualizar o bem devido, e, tratando-se de bem fungível, indicar o número de unidades. É que a execução se caracteriza por ser um procedimento visando a uma determinada finalidade prática e objetiva, dispondo de meios para a realização do direito e não para o acertamento de sua natureza ou existência, ou da individualidade do bem devido, ou, ainda, a quantidade de bens.[495]

Ao estudarem os requisitos substanciais do título executivo, a doutrina costuma falar muito e frequentemente sobre os predicados de *liquidez, certeza e exigibilidade*.

A *exigibilidade*, contudo, é estranha ao conceito e configuração do título executivo. A *exigibilidade* diz respeito apenas que é chegado o momento da satisfação da vontade concreta da lei, sem que haja mais qualquer impedimento legal.[496]

Em resumo: *"enquanto o título executivo pertence à disciplina da adequação da tutela executiva como requisito para que concorra o legítimo interesse de agir, a exigibilidade do direito é caracterizadora do interesse-necessidade. Só assim se explica a existência de títulos que se constituem antes da exigibilidade do direito, como sucede na hipótese de condenação para o futuro e como é corriqueiro entre os títulos extrajudiciais. No tocante à exigibilidade, deve o título apenas propiciar ao juiz a apreciação de sua ocorrência no momento da execução, isto é, indicar as 'condições de exigibilidade', de modo que à primeira vista se saiba se o débito está ou não vencido, se há ou não condições"*.[497]

Na realidade, a qualidade de liquidez, certeza e exigibilidade não diz respeito ao título em sentido formal, ou seja, ao ato jurídico dotado de eficácia executiva, mas, sim, ao seu *conteúdo*, isto é, *ao direito subjetivo atestado*.[498]

A exigibilidade pode estar condicionada ao implemento da *condição ou termo* prevista no art. 514 do atual C.P.C.: *quando o juiz decidir relação jurídica sujeita a condição ou termo, o cumprimento da sentença dependerá de demonstração de que se realizou a condição ou de que ocorreu o termo.*

Na realidade, os pressupostos da relação jurídica processual executiva são aqueles elementos, requisitos e fatores de admissibilidade do processo regular, cuja presença enseja a emanação de pronunciamento válido e eficaz sobre o mérito, isto é, a satisfação do exequente, que é propriamente a execução.[499]

---

[495] DINAMARCO, C. R., idem, p. 482.
[496] DINAMARCO, C. R., idem, p. 483.
[497] DINAMARCO, C. R., idem, ibidem.
[498] DINAMARCO, C., R., idem, p. 408.
[499] ASSIS, Araken. *Manual da execução*. 11ª ed. São Paulo: Revista dos Tribunais, 2008. p. 338.

6.2.4. Inexigibilidade do título executivo judicial baseado em lei ou ato normativo considerados inconstitucionais pelo S.T.F.

Considera-se também inexigível a obrigação reconhecida em título executivo judicial fundado em lei ou ato normativo considerado inconstitucional pelo Supremo Tribunal Federal, ou fundado em aplicação ou interpretação da lei ou do ato normativo tido pelo Supremo Tribunal Federal como incompatível com a Constituição Federal, em controle de constitucionalidade concentrado ou difuso.

Os efeitos da decisão do Supremo Tribunal Federal poderão ser modulados no tempo, de modo a favorecer a segurança jurídica.

A decisão do Supremo Tribunal Federal deverá ter sido proferida antes do trânsito em julgado da decisão exequenda.

Se a decisão do S.T.F. for proferida após o trânsito em julgado da decisão exequenda, caberá ação rescisória, cujo prazo será contado do trânsito em julgado da decisão proferida pelo Supremo Tribunal Federal.

Recomendo ao leitor, sobre o tema, a leitura de nossas considerações no Capítulo XV, item 3.4, desta obra.

6.2.5. Excesso de execução ou cumulação indevida de execuções

A impugnação também poderá ter por fundamento a alegação de *excesso de execução*.

A Fazenda Nacional poderá afirmar que o pedido formulado no procedimento de cumprimento de sentença, o qual corresponde ao valor a ser pago, poderá estar em total dissonância com o conteúdo condenatório da decisão judicial, no caso, com o título apto a gerar as medidas de execução forçada. Na realidade, *"a essência da sentença de condenação está próprio no fato de ser instrumental em relação à expropriação forçada para superar o comportamento obstrutivo do devedor"*.[500]

Por isso o pedido formulado no âmbito do cumprimento de decisão judicial deve ater-se *ipsi literis* ao conteúdo previsto na decisão condenatória e aos limites normativos nela estabelecidos.

A decisão condenatória deve exprimir ou permitir a possibilidade de exprimir uma obrigação certa, líquida e exigível.

---

[500] MONTELEONE, Girolamo. *Manuale di diritto processuale civile*. Vol. II. Quarta Edizione. Modena: CEDAM, 2007. p. 68.

CUMPRIMENTO DE SENTENÇA QUE RECONHEÇA A EXIBILIDADE DE OBRIGAÇÃO DE PAGAR

Por certeza entende-se uma precisa individualização do próprio direito, seja na imputação, ou direção subjetiva, ou no seu conteúdo. A liquidez, por sua vez, estabelece a sua expressão monetária.

Se a Fazenda Pública alegar na impugnação o excesso de execução, ou seja, que o exequente pleiteia quantia superior à resultante da sentença, deverá declarar de imediato o valor que entende correto.

Por sua vez, é lícito ao credor, sendo o mesmo devedor (Fazenda Pública), cumular as obrigações decorrentes em quantia certa contida na decisão judicial condenatória, podendo exigir o cumprimento da decisão num mesmo procedimento.

É possível ao credor promover o cumprimento da obrigação decorrente de decisão condenatória de quantia certa contra o devedor originário e contra eventuais coobrigados.

Contudo, em se tratando de Fazenda Pública (coobrigado) e servidor público (devedor originário), poderá haver incompatibilidade do procedimento de cumprimento de decisão judicial, justamente porque a forma de pagamento a ser realizado pela Fazenda Pública será por precatório ou RPV. Nesse caso, poderá haver inversão tumultuária do processo, razão pela qual se recomenda a separação dos procedimentos de cumprimento de decisão judicial.

Sob a égide do C.P.C. de 1973, admitia-se a cumulação de execução, uma por título judicial e outra por título extrajudicial (RP 40/198).

Aliás, a Súmula 27 do S.T.J. preconiza que *pode a execução fundar-se em mais de um título extrajudicial relativos ao mesmo negócio*.

Contudo, o devedor também poderá inserir como fundamento da impugnação ao procedimento de cumprimento de sentença a *indevida cumulação de execução*.

Poderá a decisão judicial condenatória, por exemplo, ter por conteúdo o cumprimento de obrigação de pagar quantia certa, obrigação de fazer ou não fazer e de dar coisa. Evidentemente que cada uma dessas obrigações demanda um procedimento específico de cumprimento de decisão judicial, razão pela qual, em regra, não poderão ser cumuladas sob pena de ocorrer tumultuo processual, principalmente porque o cumprimento de decisão judicial estabelecido neste capítulo em relação à Fazenda Pública é somente para as decisões condenatórias de quantia certa.

Apenas se não houver inversão tumultuária do processo, é que será possível a cumulação de execuções.

Quando se alegar que o exequente, em excesso de execução, pleiteia quantia superior à resultante do título, cumprirá à executada declarar de imediato o valor que entende correto, sob pena de não conhecimento da arguição de excesso de execução.

Comentando o §5º do art. 739-A do CPC de 1973, afirmara José Miguel Garcia Medina: *"De acordo com o §5º do art. 739-A do CPC, se os embargos se fundarem em excesso de execução, a petição deverá declarar o valor que o executado entende devido, 'sob pena de rejeição liminar dos embargos ou de não conhecimento desse fundamento'. Com esta regra, passa-se a observar, também nos embargos do executado, o princípio segundo o qual 'não pode o devedor escusar-se de cumprir a parte incontroversa da obrigação', o que consistiria em abuso do direito de defesa. Tendo em vista que, no caso, os embargos veiculam ação de execução, pensamos que, antes de indeferi-los liminarmente, deverá o juiz intimar o embargante para que este proceda a emenda da petição inicial de embargos. Caso o excesso de execução seja o único fundamento dos embargos, não havendo emenda, deverão os embargos ser indeferidos; caso, diversamente haja outros fundamentos nos embargos, aquele referente ao excesso de execução. A rejeição dos embargos 'ex vi' do §5º do art. 739-A se dará por decisão que não julga o mérito, já que, consoante estabelece a referida regra, o fundamento deduzido não será conhecido. No caso não ocorre coisa julgada, portanto, nada impedindo o ajuizamento de outra ação de conhecimento pelo executado com base no mesmo fundamento"*.[501]

Discorda-se, apenas, do ilustre processualista maringaense quanto ao dever de o juiz oportunizar ao executado a possibilidade de emendar a inicial, a fim de que indique qual o valor que entende correto para o cumprimento da obrigação.

Na realidade, o §2º do art. 535 do atual C.P.C. é muito claro, ou seja, se o executado, ao alegar o excesso de execução, não indicar de plano o valor que endente correto, o juiz deverá rejeitar liminarmente a impugnação ou a arguição, sem oportunizar a emenda da inicial.

6.2.6. Incompetência absoluta ou relativa do juízo da execução

Poderá ser arguida na impugnação, como matéria preliminar, a incompetência do juízo da execução.

Estabelece o *art. 516* do atual C.P.C. que o cumprimento da sentença efetuar-se-á perante: I – os tribunais, nas causas de sua competência originária; II – o juízo que decidiu a causa no primeiro grau de jurisdição; III – o juízo cível competente, quando se tratar de sentença penal condenatória, de sentença arbitral, de sentença estrangeira.

---

[501] MEDINA, J. M. G., op. cit., p. 128 e 129.

Quando se tratar de competência originária dos tribunais, o cumprimento da sentença dar-se-á no próprio tribunal, inclusive para efeito de cumprimento de sentença em que há condenação de honorários de advogado.

Não sendo o caso de competência originária, o cumprimento da sentença ocorrerá no juízo cível que processou a causa em primeiro grau de jurisdição.

Em se tratando de sentença penal condenatória, de sentença arbitral ou de sentença estrangeira, o seu cumprimento dar-se-á no juízo civil competente, ressaltando-se que na penúltima hipótese, o juízo competente é o da Justiça Federal de primeiro grau, nos termos do art. 109, inc. X da C.F.

O parágrafo único do art. 516 do atual C.P.C. estabelece que nas hipóteses dos incisos II e III do referido dispositivo, o exequente poderá optar pelo juízo do atual domicílio do executado, pelo juízo do local onde se encontram os bens sujeitos à execução ou onde deve ser executada a obrigação de fazer ou de não fazer, casos em que a remessa dos autos do processo será solicitada ao juízo de origem.

Sob a égide do C.P.C. de 1973, assim se manifestou o S.T.J.: *"É absoluta a competência funcional estabelecida no art. 575, II* (atual 503, inc. II) *devendo a execução ser processada no juízo em que decidida a causa no primeiro grau de jurisdição"* (S.T.J., 4ª T., Resp 538.227-MT, rel. Min. Fernando Gonçalves, j. 20.4.04.

Agora, pelo novo C.P.C., esta competência deixou de ser absoluta para se tornar relativa, uma vez que poderá a execução ser proposta em outro juízo que não aquele em que foi proferida a decisão.

Assim, faculta-se ao demandante com pretensão de cumprimento de sentença escolher o juízo do atual domicílio do executado, o juízo do local onde se encontram os bens sujeitos à execução ou onde deva ser executada a obrigação de fazer ou de não fazer.

6.2.7. Qualquer causa modificativa ou extintiva da obrigação, como pagamento, novação, compensação, transação ou prescrição, desde que supervenientes ao trânsito em julgado da sentença

Observa-se que a impugnação ao cumprimento de decisão judicial pode resultar em oposição por defeito processual e, como é o caso, oposição por motivo de fundo.

A oposição de fundo *refere-se, naturalmente, às causas de cumprimento ou extinção da obrigação.*

Note-se que a normatização processual não trata de causa impeditiva, modificativa ou extintiva da sentença condenatória, mas, sim, da obrigação que é objeto e conteúdo da sentença condenatória.

EXECUÇÃO E CUMPRIMENTO DE SENTENÇA

Por isso, eventuais causas impeditivas, modificativas ou extintivas da obrigação ocorridas antes do trânsito em julgado da decisão, deveriam ter sido alegadas no procedimento cognitivo, não podendo mais ser formuladas no procedimento de cumprimento de sentença, sob pena de preclusão ou coisa julgada. Nesse sentido, eis o seguinte precedente do S.T.J.:

(...).

2. A Primeira Seção do STJ, no julgamento do REsp 1.235.513/AL (Rel. Ministro Castro Meira, Primeira Seção, DJe 20/12/2012), submetido ao rito do art. 543-C do CPC, pacificou a orientação de que "não ofende a coisa julgada [...] a compensação do índice de 28,86% com reajustes concedidos por leis posteriores à última oportunidade de alegação da objeção de defesa no processo cognitivo, marco temporal que pode coincidir com a data da prolação da sentença, o exaurimento da instância ordinária ou mesmo o trânsito em julgado, conforme o caso. Nos embargos à execução, a compensação só pode ser alegada se não pôde ser objetada no processo de conhecimento. Se a compensação se baseia em fato que já era passível de ser invocado no processo cognitivo, estará a matéria protegida pela coisa julgada. É o que preceitua o art. 741, VI, do CPC: 'Na execução contra a Fazenda Pública, os embargos só poderão versar sobre [...] qualquer causa impeditiva, modificativa ou extintiva da obrigação, como pagamento, novação, compensação, transação ou prescrição, desde que superveniente à sentença'".

3. No caso, verificar se a compensação do reajuste de 28,86% se deu em desconformidade com o que preconiza o título executivo, bem como se ocorreu, ou não, eventual afronta à coisa julgada, é pretensão inviável na via recursal eleita, tendo em vista a necessidade do reexame do acervo fático-probatório dos autos, o que é incabível em recurso especial, segundo o teor da Súmula 7 do STJ.

4. Agravo interno a que se nega provimento.

(AgInt no AREsp 445.971/MG, Rel. Ministro OG FERNANDES, SEGUNDA TURMA, julgado em 20/02/2018, DJe 26/02/2018)

A norma processual fala em superveniência à sentença. Contudo, não é apenas a sentença de primeiro grau que delimita o tempo de sua alegação, pois o termo sentença aí referido também abrange eventual acórdão.

Por sua vez, essas causas impeditivas, modificativas ou extintivas da obrigação constante do título executivo poderão advir após o prazo da impugnação, razão pela qual elas poderão ser comunicadas ao juiz por petição escrita, em razão da própria superveniência desses fatos. Ex: o pagamento, a transação, ou mesmo a prescrição intercorrente poderão ocorrer após o prazo de quinze dias para a apresentação da impugnação.

6.3. Consequências jurídicas pela falta de impugnação – expedição de precatório ou de requisição de pequeno valor – RPV

Não sendo apresentada impugnação pela Fazenda Pública, ou, embora apresentada, tenha sido rejeitada, caberá ao juiz, por intermédio do presidente do tribunal competente, expedir precatório em favor do exequente, observando o disposto na Constituição da República ou, mediante ordem dirigida à autoridade citada/intimada para a causa, solicitar o pagamento da obrigação de pequeno valor por meio de requisição de pequeno valor (RPV).

Sobre o regramento Constitucional de expedição de precatório ou de requisição de pequeno valor – RPV, eis o que preceitua o art. 100 da C.F.:

> Art. 100. Os pagamentos devidos pelas Fazendas Públicas Federal, Estaduais, Distrital e Municipais, em virtude de sentença judiciária, far-se-ão exclusivamente na ordem cronológica de apresentação dos precatórios e à conta dos créditos respectivos, proibida a designação de casos ou de pessoas nas dotações orçamentárias e nos créditos adicionais abertos para este fim. (Redação dada pela Emenda Constitucional nº 62, de 2009).

No art. 100 *caput* da C.F. estão abrangidas também as respectivas autarquias e fundações públicas.

Deve-se obedecer exclusivamente a ordem cronológica de pagamento de apresentação de precatórios e à conta dos créditos respectivos, proibida designação de casos ou de pessoas nas dotações orçamentárias e nos créditos adicionais abertos para este fim. Em razão desse preceito, fica a dúvida de constitucionalidade dos pagamentos efetuados fora da ordem cronológica de precatórios em razão de conciliação ou transação, pois a Constituição não prevê essa exceção.

Assim, é proibida a designação de casos ou pessoas para fins de quebra da ordem cronológica de precatórios, mesmo na hipótese de créditos adicionais para esse fim.

Abre-se exceção ao disposto no *caput* do art. 100 da C.F. para os débitos de natureza alimentícia e para os créditos em favor de titulares que tenham mais de 60 (sessenta) anos de idade ou sejam portadores de doença grave.

A ordem cronológica deverá ser observada, inclusive pela autoridade judiciária, que não poderá inverter esta ordem por meio de decisão judicial.

É importante salientar que não caracteriza quebra da ordem cronológica de pagamento de precatórios, a solicitação feita em favor de um mesmo interessado, mas diante de pessoas jurídicas diversas, ainda que pertencente ao mesmo ente federado.

Os atos de magistrados concernentes a processamento e pagamento de precatórios ou RPV ostentam natureza administrativa, consoante entendimento das Súmulas 311/STJ e 733/STF (RMS 334003, Relator Min. Mauro Campbell Marques, 24.08.2011).

Capítulo 24

Cumprimento de Sentença que Reconheça a Exibilidade de Obrigação de Fazer, de Não Fazer e Entregar Coisa

1. Considerações gerais

Ao lado do procedimento de cumprimento de decisão condenatória de quantia certa, existe o procedimento de cumprimento de decisão condenatória de fazer, não fazer e de entrega de coisa.

Conforme bem assinalam Jaime Guasp e Pedro Aragoneses, ao lado da execução expropriativa, como figura ordinária dos procedimentos de cumprimento de decisão judicial, os demais tipos de cumprimento de decisão parecem como execuções peculiares, isto é, separadas do modelo anterior, apesar de não serem consideradas como medidas executivas especiais, tendo em vista que foram pensadas com mais amplitude que as simples hipóteses particulares e concretas. Portanto, tanto a execução expropriativa, como as satisfativas e transformativas são execuções singulares. Ao seu lado existe a execução geral que abarca a execução distributiva, isto é, de repartição de um patrimônio entre vários sujeitos que dá lugar aos processos concursais, constituindo um suposto de execução extraordinária que se aparta das outras formas de cumprimento de sentença. [502]

Para se saber o tipo de procedimento de cumprimento de decisão judicial que se deverá utilizar, deve-se observar, em primeiro lugar, a base da consideração

---

[502] GUASP, Jaime; ARAGONESES, Pedro. *Derecho procesal civil.* Tomo II – Parte Especial: procesos declarativos y de ejecución. 7ª ed. Navarra: Editorial Aranzia, 2006 GUASP, J.; ARAGONESES, P., idem, p. 588.

EXECUÇÃO E CUMPRIMENTO DE SENTENÇA

do próprio título executivo judicial a que o procedimento de cumprimento de decisão deve utilizar, ou seja, qual dos tipos de medidas executivas ordinárias será aplicado.

Em princípio, a reclamação em que consista a pretensão de medidas executivas e que está fundada numa sentença condenatória correspondente, decidirá sobre a índole das medidas executivas que deva seguir-se. Assim, se a pretensão apoia-se em um título que autoriza a exigir a entrega de uma *quantidade de dinheiro*, deve-se acudir do cumprimento de sentença expropriativo; se o título permite reclamação de *entrega de uma coisa* se acudirá do cumprimento de sentença satisfativo; se o fundamento da pretensão autoriza a obter do juiz *um fazer* ou *um não fazer forçoso*, se acudirá da *execução transformativa*. [503]

Sobre essas espécies de cumprimento de sentença, eis a sua regulamentação no direito comparado:

Código de Processo Civil italiano:

> *Art. 612. (Provimento).*
>
> *Quem pretende obter a execução forçada de uma sentença de condenação por violação de uma obrigação de fazer ou de não fazer, após a notificação do preceito, deve pedir com recurso ao juiz da execução que sejam determinadas as modalidades de execução.*
>
> *O juiz da execução determinada a oitiva da parte obrigada. Na sua determinação designa o oficial judiciário que deve proceder à execução e às pessoas que devem proceder à realização da obra não executada ou a destruição daquela que o foi.*
>
> *Art. 613 (Dificuldade surgida no curso da execução).*
>
> *O oficial judiciário pode fazer-se assistir pela força pública e deve requerer ao juiz da execução os mecanismos necessários para eliminar a dificuldade que surgem no curso da execução. O juiz da execução provê por meio de decreto.*

Código de Processo Civil espanhol:

> *Art. 705. Requerimento e fixação de prazo*
>
> *Se o título executivo obriga a fazer alguma coisa, o tribunal requererá ao devedor para que lhe faça dentro de um prazo que fixará segundo a natureza do fazer e as circunstâncias que concorram.*
>
> *Art. 706. Condenação de fazer não personalíssima.*
>
> *1. Quando o haver a que obrigue o título executivo não seja personalíssimo, se o executado não o levar a cabo no prazo assinalado pelo Secretário judicial, o executante poderá*

---

[503] GUASP, J.; ARAGONESES, P., idem, p. 590.

pedir que lhe faculte para encarregá-lo a um terceiro, a custa do executado, ou reclamar o ressarcimento de danos e prejuízos.

Quando o título contenha uma disposição expressa para o caso de não cumprimento do devedor, se aplicará essa disposição, sem que o executante possa optar entre a realização por terceiro ou o ressarcimento.

2. Se, conforme ao disposto no parágrafo anterior, o executante optar por encarregar o fazer a um terceiro, se valorará previamente o custo de dito fazer por um perito 'tasador' designado pelo Secretário judicial e, se o executado não depositasse a quantidade que este aprove mediante decreto, suscetível de recurso direto de revisão sem efeitos suspensivo ante o Tribunal que ditou a ordem geral de execução, ou não afiançasse o pagamento, proceder-se-á de imediato ao embargo de bens e a sua realização forçada até obter a soma que seja necessária.

Quando o executante optar pelo ressarcimento dos danos e prejuízos, se procederá a quantificá-los conforme o previsto nos art. 712 e seguintes.

Código de Processo Civil português:

Artigo 868.º Citação do executado

1 – Se alguém estiver obrigado a prestar um facto em prazo certo e não cumprir, o credor pode requerer a prestação por outrem, se o facto for fungível, bem como a indemnização moratória a que tenha direito, ou a indemnização do dano sofrido com a não realização da prestação; pode também o credor requerer o pagamento da quantia devida a título de sanção pecuniária compulsória, em que o devedor tenha sido já condenado ou cuja fixação o credor pretenda obter no processo executivo.

2 – O devedor é citado para, no prazo de 20 dias, deduzir oposição à execução, mediante embargos, podendo o fundamento da oposição consistir, ainda que a execução se funde em sentença, no cumprimento posterior da obrigação, provado por qualquer meio.

3 – O recebimento da oposição tem os efeitos indicados no artigo 733.º, devidamente adaptado.

Artigo 876.º Violação da obrigação, quando esta tenha por objeto um facto negativo

1 – Quando a obrigação do devedor consista em não praticar algum facto, o credor pode requerer, no caso de violação, que esta seja verificada por meio de perícia e que o juiz ordene:

a) A demolição da obra que eventualmente tenha sido feita;

b) A indemnização do exequente pelo prejuízo sofrido; e

c) O pagamento da quantia devida a título de sanção pecuniária compulsória, em que o devedor tenha sido já condenado ou cuja fixação o credor pretenda obter na execução.

2 – O executado é citado para, no prazo de 20 dias, deduzir oposição à execução, mediante embargos, nos termos dos artigos 729.º e seguintes; a oposição ao pedido de demolição pode

EXECUÇÃO E CUMPRIMENTO DE SENTENÇA

fundar-se no facto de esta representar para o executado prejuízo consideravelmente superior ao sofrido pelo exequente.

3 – Concluindo pela existência da violação, o perito deve indicar logo a importância provável das despesas que importa a demolição, se esta tiver sido requerida.

4 – A oposição fundada em que a demolição causará ao executado prejuízo consideravelmente superior ao que a obra causou ao exequente suspende a execução, em seguida à perícia, mesmo que o executado não preste caução.

2. Cumprimento de sentença que tenha por objeto obrigação de fazer ou de não fazer

Inicialmente, deve-se esclarecer que as medidas coercitivas e executivas previstas nos artigos 536 e 537 do atual C.P.C. são instrumentos ao procedimento específico de cumprimento de decisão judicial de obrigação de fazer ou de não fazer.

Porém, o Livro específico do processo de execução e que regula o procedimento de execução fundada em título executivo extrajudicial aplica-se, também, no que couber, aos atos executivos realizados no procedimento de cumprimento de sentença.

Isso significa dizer que o cumprimento de decisão judicial condenatória de fazer ou de não fazer deverá observar, no que couber, os preceitos normativos estabelecidos nos arts. 815 a 823 do atual C.P.C.

O disposto no art. 536 do atual C.P.C. apresenta instrumentos que permitem de imediato a efetivação da tutela específica ou a obtenção de tutela pelo resultado prático equivalente. Contudo, se esses instrumentos não forem suficientes, deverá a execução prosseguir, no que couber, com os preceitos normativos previstos nos arts. 815 a 823 do atual C.P.C.

Consiste a obrigação de *fazer* na *"na prática de uma ou mais ações determinada se lícitas, na prestação de serviços ou trabalhos da mais variada natureza, e distinguem-se as que têm caráter estritamente pessoal, que não podem ser prestadas senão pela própria pessoa do devedor (quer pelas suas qualidades intrínsecas e pessoais, quer pela razão da relação em que só ela se encontra), das outras que não têm tal caráter de modo que, com igual vantagem econômica, podem ser prestadas pelo devedor ou por outra pessoa..."*.[504]

Consiste a obrigação de não fazer *"em omitir, para vantagem do credor, qualquer coisa que, se não fosse ela, o obrigado tinha a faculdade de fazer, ou em sofrer uma ação*

---

[504] RUGGIERO, Roberto. *Instituições de direito civil.* Trad. Paolo Capitanio. Vol. 3. Campinas: Bookseller, 1999. p. 36.
RUGGIERO, R., idem, p. 65.

de outro. A 'solutio', que nas duas espécies se dá mediante a prestação ou execução do fato prometido, exerce-se aqui mediante uma abstenção mais ou menos prolongada, que mantém imutável o estado de fato desejado, de onde se segue que nem todas as regras da 'solutio' ordinária lhe são aplicáveis, nem a falta de cumprimento (que se verifica com a prática da ação proibida) dá lugar às formas ordinárias de coação".[505]

Sobre a normatização brasileira em relação às obrigações de *fazer e não fazer* ver os artigos 247 a 251 do C.C.brasileiro.

Conforme estabelece o art. 497 do atual C.P.C., na demanda que tenha por objeto a prestação de fazer ou de não fazer, o juiz, se procedente o pedido, concederá a tutela específica ou determinará providências que assegurem a obtenção de tutela pelo resultado prático equivalente.

Neste caso, sendo procedente o pedido formulado na demanda, o juiz concederá a *tutela específica* da obrigação assumida pelo devedor, seja ela de *fazer ou não fazer*, determinando providências que assegurem o resultado prático equivalente ao do adimplemento.

O art. 536 do atual C.P.C. estabelece a forma pela qual se dá o cumprimento da obrigação da decisão condenatória de prestação de fazer ou de não fazer. Aliás, este dispositivo permite a interpretação de que no cumprimento de decisão que tenha por objeto o cumprimento de obrigação de fazer ou não fazer, o juiz atuará no sentido de propiciar ao exequente, nesta ordem: a) tutela específica; b) resultado prático equivalente; c) indenização por perdas e danos.

Em relação à indenização por perdas e danos, prescreve o art. 499 do atual C.P.C. que somente será convertida a obrigação de fazer ou não fazer em perdas e danos se o autor o requerer ou se impossível a tutela específica ou a obtenção de tutela pelo resultado prático equivalente

Quando se fala em *tutela específica*, significa dizer entregar ao exequente a própria tutela estabelecida na sentença condenatória de fazer ou não fazer.

Por sua vez, quando se fala em *resultado prático equivalente*, é a concessão de outro objeto (que não seja indenização em dinheiro), mas que seja equivalente à tutela prestada na sentença condenatória, inclusive podendo ser realizado por terceiro (o mesmo ou outro objeto), mas não só por terceiro, pois o próprio executado poderá sugerir a realização de medidas que gerem um resultado prático equivalente.

Assim, não sendo o caso de se buscar a obtenção de tutela específica, deve o órgão jurisdicional atuar no sentido de obter o *resultado prático equivalente*.

---

[505] RUGGIERO, R., idem, p. 65 e 66.

EXECUÇÃO E CUMPRIMENTO DE SENTENÇA

O resultado prático equivalente não encontra maiores dificuldades quando se trata de obrigação de fazer *fungível*.[506]

Em relação à *infungibilidade*, deve-se distinguir, para efeitos de conseguir o resultado prático equivalente, a *infungibilidade jurídica* da *infungibilidade prática*. Ocorrendo esta, não haverá possibilidade de resultado prático equivalente, mas apenas a conversão em perdas em danos. Ocorrendo aquela, ou seja, a infungibilidade jurídica, haverá possibilidade de se obter o resultado prático equivalente, podendo o ato ser realizado por terceiro.

Assim, no caso de obrigação de concluir um contrato, ou seja, do dever de prestar declaração de vontade, haverá infungibilidade apenas jurídica, razão pela qual a norma jurídica permite que o mesmo efeito jurídico seja obtido por meio de outra declaração, no caso, a declaração do próprio juiz que valerá para todos efeitos como sendo a própria declaração do devedor. A sentença proferida pelo magistrado substitui o ato devido pelo executado por ato próprio do juiz. Exemplo clássico dessa hipótese é o direito real do compromissário comprador.

É importante salientar que nos termos do art. 536 do atual C.P.C., o juiz poderá *de ofício* ou mediante requerimento determinar as medidas necessárias para o cumprimento da obrigação de fazer ou de não fazer.

Para que o devedor não seja surpreendido de imediato com as medidas coercitivas e executivas previstas no §1º do art. 536 do atual C.P.C., o juiz deverá, primeiramente, intimar o devedor, por intermédio de seu advogado, para que no prazo razoável decorrente da própria natureza da obrigação satisfaça o objeto de fazer ou não fazer estabelecido na decisão condenatória. Não seria razoável oferecer essa oportunidade para o cumprimento de decisão condenatória de quantia certa e não o fazê-lo para o cumprimento de decisão condenatória de fazer ou não fazer[507].

---

[506] ENUNCIADO 103 da I Jornada de Direito Processual Civil do Centro de Estudos Judiciários: *Pode o exequente – em execução de obrigação de fazer fungível, decorrente do inadimplemento relativo, voluntário e inescusável do executado – requerer a satisfação da obrigação por terceiro, cumuladamente ou não com perdas e danos, considerando que o caput do art. 816 do CPC não derrogou o caput do art. 249 do Código Civil.*

[507] É importante salientar que no âmbito dos Juizados Especiais Federais o cumprimento de sentença que contenha obrigação de fazer ou não fazer se dá mediante ofício do juiz, conforme anotam Bochenek e Dalazoana: *"Os Juizados Especiais Federais também são competente para executar suas sentenças, nos termos do art. 3º da Lei 10.259/2001. A sistemática adotada pela Lei 10.259/2001 aboliu o sistema tradicional de execução do processo civil clássico. Não há mais processo executivo autônomo nem sentenças tipicamente condenatórias. A efetividade das sentenças proferidas pelo juizado ocorre de imediato,*

CUMPRIMENTO DE SENTENÇA QUE RECONHEÇA A EXIBILIDADE DE OBRIGAÇÃO DE FAZER

Se no prazo fixado, o executado não satisfizer a obrigação, aí sim os atos coercitivos e executivos previstos no §1º do art. 536 do novo C.P.C. serão aplicados.

3. Espécies de medidas coercitivas

A requerimento do credor, ou de ofício, e para a efetivação da tutela específica ou a obtenção do resultado prático equivalente, o juiz poderá determinar as medidas necessárias para satisfação da prestação, entre outras medidas, a imposição de multa por período de atraso, a busca e apreensão, a remoção de pessoas e coisas, o desfazimento de obras, a intervenção judicial em atividade empresarial ou similar e o impedimento de atividade nociva, podendo, caso necessário, requisitar o auxílio de força policial.

As medidas indicadas no §1º do art. 536 do novo C.P.C. são meramente exemplificativas, podendo o magistrado optar por outras medidas para dar efetividade à execução.

Contudo, não poderá o juiz se valer da prisão civil como meio coercitivo para o cumprimento de dever ou obrigação de fazer ou não fazer, por força do art. 5º, inc. LXVII da C.F. Ressalte-se que o nosso ordenamento jurídico não adotou o *Contempt of Court* do direito anglo-saxão, no qual o desrespeito à ordem judicial permite a prisão civil até que ela seja cumprida integralmente.

---

independentemente de inaugurar relação processual (ação de natureza executiva lato sensu, ou seja, ações em que as tutelas cognitivas e executiva se fazem dentro da mesma relação processual, sem intervalo).

Nas obrigações de pagar quantia certa, após o trânsito em julgado da decisão, o cumprimento da obrigação, por parte da entidade ré, será efetuado por meio de ofício requisitório a ser pago no prazo de sessenta dias, contados da entrega da requisição à autoridade citada para a causa, na agência mais próxima da Caixa Econômica Federal ou do Banco do Brasil (art. 17 da Lei 10.259/2001). Quando o valor da execução ultrapassar o limite de competência e o autor não reunciar ao valor excedente, o pagamento será realizado por meio de precatório (art. 17, §4º, Lei 10.259/2001).

O cumprimento do acordo ou da sentença, com trânsito em julgado, que comine obrigações de fazer, não fazer ou entregar coisa certa, será efetuado mediante ofício do juiz à autoridade citada para a causa, ou seja, o acordo e a sentença têm caráter mandamental (art. 16 da Lei 10.259/2001).

A forma prevista para o cumprimento da sentença ou acórdão dos Juizados Federais é diversa da execução estabelecida pela Lei 9.099/95. Na execução das decisões do Juizado Estadual, se não houver cumprimento espontâneo da obrigação, a parte interessada deverá solicitar, por escrito ou verbalmente, o início da fase executiva (art. 52, IV, da Lei 9.099/95). Nos Juizados Federais, após o trânsito em julgado, a sentença é cumprida imediatamente, de ofício, concretizando a pretensão deduzida com a inicial. Decorre que não há nova citação, mas o cumprimento mandamental ou autoexecutável. A sentença é líquida, devendo eventuais erros ou excessos de cálculo ser atacados mediante recursoa da sentença".

(BOCHENEK, Antônio César; DALAZOANA, Vinícius. *Competência Civil – da justiça federal e dos juizados especiais federais.* Curitiba: Ed. Juruá, 2017. p. 203 e 204).

EXECUÇÃO E CUMPRIMENTO DE SENTENÇA

A prisão civil em nosso ordenamento jurídico está prevista apenas para os casos de não cumprimento de *pensão alimentícia*, não se aplicando mais nem ao caso de *depositário infiel*, em face do *Pacto de São José da Costa Rica*, ou seja, da Convenção Americana de Direitos Humanos que revogou a Constituição Federal brasileira no que concerne à prisão civil do depositário infiel.

São, portanto, abundantes as medidas executivas que podem ser operadas pelo juiz, com base no §1º do art. 536 do atual C.P.C. Este dispositivo abrange medidas coercitivas que recaem sobre o patrimônio ou sobre a pessoa, como a multa e a expedição de ordem judicial para remoção de pessoa. Poderá também ser o executado processado por crime de desobediência. Há também medidas sub-rogatórias, como, por exemplo, desfazimento de obras.

Para que o cumprimento de decisão condenatória de obrigação de fazer ou de não fazer tenha eficácia para a remoção do ilícito, no caso de omissão ilícita, de atividade ilícita e de ato ilícito de eficácia continuada, como, por exemplo, de uma fábrica que exerce atividade ilícita, é possível designar-se um administrador provisório para que a atividade cesse; também é possível determinar a interdição da empresa. Tanto a nomeação de administrador provisório, quanto a interdição, constituindo meios de coerção direta, são suficientes para a eliminação da situação da ilicitude.[508]

Na hipótese de ato ilícito de eficácia continuada, sendo possível a repristinação do estado anterior mediante um fazer, é necessário requerer ao juiz a designação de pessoa habilitada a prestar o fazer, permitindo-se assim a remoção do ilícito. Tratando-se de omissão ilegal, ou de não-observância de norma que impõe um fazer, é possível determinar-se que um terceiro faça aquilo que deveria ter sido feito pelo executado, estabelecendo-se a situação que deveria estar vigorando caso a norma houvesse sido observada desde logo.[509]

O juiz, ao adotar as medidas necessárias para a realização da tutela específica, deverá observar o princípio de que a tutela do direito deve dar-se de modo menos gravoso para o devedor, ou seja, não pode causar gravame desproporcional ou não razoável maior do que necessário para o cumprimento da obrigação imposta no título executivo judicial.

Deve-se ressaltar que essas medidas coercitivas podem ser aplicadas mesmo na hipótese de decisão condenatória de obrigação de fazer ou de não fazer contra a própria Fazenda Pública.

---

[508] MARINONI, L. G., op. cit., p. 144.
[509] MARINONI, L. G., idem, ibidem.

Como a Constituição Federal estabelece que a lei não poderá excluir da apreciação do Poder Judiciário lesão ou ameaça de lesão a direito, isso significa dizer também que a tutela jurisdicional a ser prestada pelo Estado-Juiz deve ser célere e eficaz, razão pela qual as outras medidas coercitivas ou práticas executivas também poderão ser concedidas contra o Estado-Administração.

A única exceção que a própria Constituição Federal abre em favor da Fazenda Pública é no caso de cumprimento de sentença condenatória de pagamento de quantia certa, quando o pagamento deverá ser feito pelo sistema de precatório e não por outra forma de atos executivos expropriatórios.

4. Mandado de busca e apreensão

Em se tratando de busca e apreensão de pessoas e coisa, o mandado de busca e apreensão será cumprido por 2 (dois) oficiais de justiça.

Havendo necessidade de arrombamento, observar-se-á o disposto no art. 846, §§1º a 4º do atual C.P.C. (*§2º do art. 536* do atual C.P.C.).

Assim, se o executado fechar as portas da casa a fim de obstar entrega de pessoa, o oficial de justiça comunicará o fato ao juiz, solicitando-lhe ordem de arrombamento. Deferido o pedido, dois oficiais de justiça cumprirão o mandado, arrombando cômodos em que se presuma encontrar-se a pessoa, e lavrarão de tudo auto circunstanciado, que será assinado por duas testemunhas presentes à diligência.

Sempre que necessário, o juiz requisitará força policial, a fim de auxiliar os oficiais de justiça na busca e apreensão.

Os oficiais de justiça lavrarão em duplicata o auto da ocorrência, entregando uma via ao escrivão ou ao chefe de secretaria, para ser juntada aos autos, e a outra à autoridade policial a quem couber a apuração criminal dos eventuais delitos de desobediência ou resistência.

Do auto da ocorrência constará o rol de testemunhas, com sua qualificação.

5. Intervenção judicial em atividade empresarial

Estabelecia (não repetido) *o* §3º do art. 533 do projeto n. 2.046/10 do novo C.P.C. que a intervenção judicial em atividade empresarial somente seria determinada se não houvesse outro meio eficaz para a efetivação da decisão e observaria, no que coubesse, o disposto nos arts. 102 a 111 da Lei nº 12.529, de 30 de novembro de 2011.

A Lei 12.529, de 30 de novembro de 2011, estrutura o Sistema Brasileiro de Defesa da Concorrência; dispõe sobre a prevenção e repressão às infrações contra a ordem econômica; altera a Lei nº 8.137, de 27 de dezembro de

1990, o Decreto-Lei nº 3.689, de 3 de outubro de 1941 – Código de Processo Penal, e a Lei nº 7.347, de 24 de julho de 1985; revoga dispositivos da Lei nº 8.884, de 11 de junho de 1994, e a Lei nº 9.781, de 19 de janeiro de 1999; e dá outras providências.

Porém, o aludido dispositivo contido no projeto n. 2.046/10, não foi repetido no novo C.P.C.

Não obstante a falta de previsão expressa no novo C.P.C. dessa medida executiva, o certo é que a intervenção judicial em atividade empresarial pode ser uma das formas de medidas executivas para o cumprimento de obrigação de fazer ou não fazer, sem qualquer restrição de ordem normativa.

6. Litigância de má-fé

O executado incidirá nas penas de litigância de má-fé quando injustificadamente descumprir a ordem judicial, sem prejuízo de sua responsabilização por crime de desobediência.

Aplicam-se as sanções processuais e penais no caso de o executado, sem motivo justificado, deixar de cumprir a ordem judicial, ou seja, promover o cumprimento da tutela específica ou o resultado prático equivalente constante da decisão judicial.

Entre essas sanções encontra-se a pena processual de *litigância de má-fé*.

Aliás, estabelece o art. 774, inc. IV do atual C.P.C.:

> *Art. 774. Considera-se atentatória à dignidade da justiça a conduta comissiva ou omissiva do executado que:*
> *(...).*
> *IV – resiste injustificadamente às ordens judiciais;*
> *Parágrafo único. Nos casos previstos neste artigo, o juiz fixará multa ao executado em montante não superior a vinte por cento do valor atualizado do débito em execução, a qual será revertida em proveito do exequente, exigível nos próprios autos do processo, sem prejuízo de outras sanções de natureza processual ou material.*

Por sua vez, estabelece o art. 330 do Código Penal Brasileiro:

> *"Art. 330. Desobedecer a ordem legal de funcionário público:*
> *Pena – detenção de quinze dias a seis meses, e multa".*

Para José Carlos Barbosa Moreira, *"se não houver ordem, a sentença de procedência não será mandamental, mas simplesmente condenatória"*[510].

---

[510] MOREIRA, José Carlos Barbosa. A sentença mandamental. Da Alemanha ao Brasil, *RePro*, vo. 97, p. 261.

Assim, diante dessa diferenciação, parte da doutrina entendia que o crime de desobediência somente se aplicava às decisões de caráter mandamental, entre as quais se compreendia a execução de fazer personalíssima, ou seja, aquelas hipóteses em que somente o próprio executado poderia cumprir o dever ou a obrigação estabelecida na sentença condenatória.

Contudo, o §3º do art. 536 do atual C.P.C. não faz esta distinção.

Portanto, o crime de desobediência poderá ser aplicado tanto ao executado que tenha por dever o cumprimento de uma obrigação de fazer personalíssima, como por dever o cumprimento de obrigação impersonalíssima que gera atos executivos por sub-rogação. Assim, a ordem judicial decorre tanto de uma decisão mandamental quanto de uma decisão que determine o cumprimento de um dever ou obrigação de fazer ou não fazer.

Mesmo que seja possível a incidência de multa coercitiva, também será possível ao juízo cível comunicar ao juízo penal sobre eventual crime de desobediência.

O certo é que não poderá o juízo civil determinar a prisão do executado por crime de desobediência, pois essa prerrogativa é do juízo criminal, conforme já teve oportunidade de se manifestar o S.T.J. no Resp 490.228., relator Min. José Arnaldo da Fonseca. Disse o relator, nessa decisão:

> *"(...). No caso, a requerente solicita 'a cominação da pena de prisão em flagrante', porém, a prisão em flagrante não é pena e, mesmo que fosse, não caberia a este Tribunal a sua aplicação. A inobservância da ordem judicial atenta contra a própria autoridade da justiça, mas o Órgão Cível não tem competência para a imputação de práticas criminosas. Cabe a ele somente a comunicação do fato ao Ministério Público, em cumprimento ao art. 40 do CPP.*

No mesmo sentido:

> *HABEAS CORPUS. ORDEM DE PRISÃO. DESOBEDIÊNCIA. NÃO-COM-PROVAÇÃO DE DEPÓSITO DE ALUGUÉIS. ILEGALIDADE. JUÍZO CÍVEL.*
>
> *1. É entendimento assente no Superior Tribunal de Justiça que decreto de prisão decorrente de decisão de magistrado no exercício da jurisdição cível, quando não se tratar das hipóteses de devedor de alimentos, é ilegal.*
>
> *2. Habeas corpus concedido.*
>
> (HC 125.042/RS, Rel. Ministro JOÃO OTÁVIO DE NORONHA, QUARTA TURMA, julgado em 19/02/2009, DJe 23/03/2009)

7. Deveres de fazer e de não fazer não obrigacional

O art. 536 do novo C.P.C., que trata do cumprimento de sentença de obrigação de fazer ou não fazer, aplica-se, no que couber, ao cumprimento de sentença que reconheça deveres de fazer e de não fazer de natureza não obrigacional.

Pode ocorrer que o cumprimento de uma obrigação fazer ou de não fazer não tenha por suporte jurídico um contrato, mas seja decorrente de uma imposição prevista em decisão judicial como, por exemplo, quando o juiz determina a exibição de pessoa, documento ou coisa para efeito de inspeção judicial ou para realização de prova pericial.

Também será o caso do cumprimento de um dever imposto pela sentença, como, por exemplo, não se aproximar de determinado lugar ou ficar a uma distância 'x' desse lugar.

Igualmente poderá decorrer de lei o dever de fazer e de não fazer.

8. Multa periódica

Ao se proferir um julgamento que tenha por objeto uma pretensão de obrigação de fazer ou de não fazer, o juiz, ao conceder a tutela específica da obrigação, poderá impor multa periódica, inclusive de ofício e independentemente de requerimento, outorgando, assim, tutela inibitória no lugar da tutela de remoção do ilícito.

Essa prerrogativa conferida ao magistrado constitui exceção ao princípio de que a sentença deve ficar adstrita ao pedido, uma vez que está incondicionalmente atrelada aos princípios da efetividade e da necessidade.

A fixação da multa poderá ocorrer por meio de tutela antecipada ou na própria sentença que julgar procedente o pedido de condenação em obrigação de fazer ou não fazer.

Também poderá ser fixada a multa periódica, conforme estabelece o art. 537 do atual C.P.C., independentemente de pedido do exequente, no âmbito da execução, isto é, no procedimento de cumprimento de decisão judicial condenatória de obrigação de fazer ou de não fazer.

Portanto, a imposição de *astreintes* coercitivas poderá se dar em antecipação de tutela, na sentença ou na execução, desde que seja suficiente e compatível com a obrigação.

Por vezes o objeto da obrigação ou do dever de fazer ou de não fazer será de valor inestimável, como, por exemplo, não fazer barulho, razão pela qual o juiz deverá estabelecer o valor periódico da multa pelo critério de arbitramento.

É importante salientar que a multa somente começará a incidir após ultrapassado o prazo razoável fixado pelo juiz para o cumprimento do preceito previsto na sentença condenatória de obrigação de fazer ou de não fazer.

Assim, o juiz poderá, como medida coercitiva na realização da tutela específica prevista na decisão condenatória de fazer ou de não fazer, impor *multa*, *astreintes*, por período de atraso.

Essa aplicação da multa coercitiva deverá observar a máxima da razoabilidade e proporcionalidade, ou seja, não poderá ter um valor demasiadamente elevado, que se torne impossível ao devedor pagá-la, e, consequentemente, deixe de gerar nele a finalidade coercitiva ditada pela norma, nem mesmo baixo demais, de tal forma que não gere qualquer estímulo no devedor para o cumprimento do conteúdo da decisão.

Sobre a quantificação da multa coercitiva, estabelece o art. 711 do C.P.C. espanhol:

> *Art. 711. Quantia das multas coercitivas.*
>
> *1. Para determinar a quantia das multas previstas nos artigos anteriores se levará em conta o preço e a contraprestação do fazer personalíssimo estabelecidos no título executivo e, se não constarem nele ou se se tratar de desfazer o mal feito, o custo pecuniário que no mercado se atribua a essas condutas.*
>
> *As multas mensais poderão ser ascender a 20% do preço ou valor e a multa única a 50% de dito preço ou valor.*
>
> *2. A sentença estimatória de uma ação de cessação em defesa dos interesses coletivos e dos interesses difusos dos consumidores e usuários imporá, sem embargo, uma multa que oscilará entre seiscentos e sessenta mil euros, por dia de atraso na execução da resolução judicial no prazo assinalado na sentença, segundo a natureza e importância do dano produzido e a capacidade econômica do condenado. Dita multa deverá ingressar no Tesouro Público.*

O juiz poderá, de ofício ou a requerimento, modificar o valor ou a periodicidade da multa vincenda ou excluí-la, caso verifique que: a) se tornou insuficiente ou excessiva; b) o obrigado demonstrou cumprimento parcial superveniente da obrigação ou justa causa para o descumprimento.

O art. 537, *caput*, do atual C.P.C. não estabeleceu qualquer critério objetivo no que concerne à determinação do valor da multa a ser aplicada ao executado.

Isso não significa dizer, contudo, que seja possível ao juiz aplicar qualquer valor.

Para a fixação da multa, o juiz deverá seguir alguns critérios, a saber: a) princípio da menor onerosidade possível ao devedor, razão pela qual não poderá fixar valor que seja inviável ao devedor pagar ou que seja capaz de reduzi-lo à insolvência; b) princípio da máxima efetividade que impede ao juiz fixar valor irrisório, que seja incapaz de atingir a finalidade coercitiva da multa aplicada; c) o valor da multa não é limitado pelo valor da obrigação principal.

Como se disse, a *astreinte* somente terá eficácia se for suficiente para provocar certo efeito psicológico no devedor, a fim de que ele cumpra o dever ou a obrigação de fazer ou não fazer.

Se o executado demonstrar justa causa (caso fortuito ou força maior) para o não cumprimento da obrigação, o juiz deverá, além de revogar a multa imposta, também cancelar a já incidida, se a incidência ocorreu durante a justa causa.

Por outro lado, se o executado cumprir parcialmente a obrigação, o juiz poderá reduzir a multa aplicada, levando-se em conta a utilidade desse cumprimento.

Em relação à multa, o S.T.J., no Resp n.1019455, permitiu que sua aplicação seja discutida em exceção de pré-executividade:

> *A Terceira Turma do Superior Tribunal de Justiça (STJ) considerou possível o manejo de exceção de pré-executividade com objetivo de discutir matéria relativa ao valor da multa diária executada (astreinte). No caso analisado, o juízo de primeiro grau havia imposto multa diária de R$ 50 mil em favor do comprador de um imóvel, por suposto descumprimento de acordo pelo vendedor.*
>
> *"Sendo possível ao magistrado a discricionariedade quanto à aplicação da astreinte, com maior razão poderá fazê-lo quando provocado pelas partes, ainda que em sede de exceção de pré-executividade", afirmou o ministro Massami Uyeda.*
>
> *O relator ainda lembrou a jurisprudência pacífica do STJ segundo a qual a decisão que arbitra a astreinte não faz coisa julgada material. Ele esclareceu que é facultado ao magistrado impor a multa, de ofício ou a requerimento da parte, cabendo a ele, da mesma forma, a sua revogação nos casos em que se tornar desnecessária.*
>
> *Inconformado com o alto valor da astreinte, o vendedor do imóvel havia recorrido ao Tribunal de Justiça do Mato Grosso (TJMT), discutindo também a execução provisória da sentença, já que estava pendente de julgamento apelação interposta por terceiros. Por sua vez, o TJMT excluiu a multa, por considerar seu valor abusivo e por não constar dos autos da execução a prova da mora do executado.*
>
> *"Se a multa fixada como astreinte pelo juízo singular é absurdamente exagerada e corresponde a um verdadeiro prêmio de loteria, o tribunal deve expurgar a penalidade, notadamente porque o processo é instrumento ético de garantias constitucionais, não podendo ser*

utilizado para o alcance de abusos ou para promover o enriquecimento ilícito", disse a decisão do TJMT.

A exceção de pré-executividade é um meio disponível à defesa do executado, cabível nas hipóteses de flagrante inexistência ou nulidade do título executivo, e nas hipóteses referentes à flagrante falta de pressupostos processuais ou condições da ação. Já a astreinte só tem cabimento quando houver deliberado descumprimento de ordem judicial.

Porém, o S.T.J., com base na Súmula 07, não tem analisado Recurso Especial quando a questão a ser discutida decorre do valor fixado a título de multa coercitiva, salvo se o valor indicado for irrisório ou excessivo (AgRg no AREsp 56.294/SP, Rel. Ministro SIDNEI BENETI, TERCEIRA TURMA, julgado em 22/11/2011, DJe 07/12/2011).

É importante salientar que a multa coercitiva somente deve ser imposta se for compatível com a obrigação ou dever de fazer ou não fazer.

Não havendo mais possibilidade de qualquer utilidade da obrigação de fazer ou de não fazer em favor do credor, não será mais o caso de imposição de multa, mas, sim, de conversão imediata da obrigação em perdas e danos.

O valor da multa, conforme determina o §2º do art. 537 do atual C.P.C., será devido ao exequente, como forma de ressarcimento da mora temporal no cumprimento da obrigação.

A decisão que fixar a multa é passível de cumprimento provisório, devendo ser depositada em juízo, permitido o levantamento do valor após o trânsito em julgado da decisão favorável à parte.[511]

---

[511] O S.T.J., na égide do C.P.C. de 1973, assim se manifestou:
DIREITO PROCESSUAL CIVIL. EXECUÇÃO PROVISÓRIA DE MULTA COMINATÓRIA FIXADA EM ANTECIPAÇÃO DE TUTELA. RECURSO REPETITIVO (ART. 543-C DO CPC E RES. 8/2008-STJ). A multa diária prevista no § 4º do art. 461 do CPC, devida desde o dia em que configurado o descumprimento, quando fixada em antecipação de tutela, somente poderá ser objeto de execução provisória após a sua confirmação pela sentença de mérito e desde que o recurso eventualmente interposto não seja recebido com efeito suspensivo. Isso porque se deve prestigiar a segurança jurídica e evitar que a parte se beneficie de quantia que, posteriormente, venha se saber indevida, reduzindo, dessa forma, o inconveniente de um eventual pedido de repetição de indébito que, por vezes, não se mostra exitoso. Ademais, o termo "sentença", assim como utilizado nos arts. 475-O e 475-N, I, do CPC, deve ser interpretado de forma restrita, razão pela qual é inadmissível a execução provisória de multa fixada por decisão interlocutória em antecipação dos efeitos da tutela, ainda que ocorra a sua confirmação por acórdão. Esclareça-se que a ratificação de decisão interlocutória que arbitra multa cominatória por posterior acórdão, em razão da interposição de recurso contra ela interposto, continuará tendo em sua gênese apenas a análise dos requisitos de prova inequívoca e verossimilhança, próprios da cognição sumária que ensejaram o deferimento da antecipação dos efeitos da tutela. De modo diverso, a confirmação por sentença da decisão interlocutória que impõe multa cominatória decorre do próprio reconhecimento da existência do direito

No projeto originário do novo C.P.C., n. 2.046/10, o cumprimento da pena de multa dependeria do trânsito em julgado da sentença favorável à parte.

Agora, a decisão que fixa a multa é passível de cumprimento provisório.

A multa coercitiva para cumprimento de obrigação ou dever de fazer ou de não fazer poderá ser fixada: a) na fase de conhecimento; b) em tutela provisória; c) na sentença condenatória ou; d) na fase de execução.

A multa será devida desde o dia em que se configurar o descumprimento da decisão e incidirá enquanto não for cumprida a decisão que a tiver cominado.

Se a multa for fixada em liminar ou em sentença não transitada em julgado, o requerente poderá solicitar o cumprimento provisório da decisão que fixou a multa, inclusive com prática de atos expropriatórios do devedor.[512]

A execução da multa periódica abrange o valor relativo ao período de descumprimento já verificado, até o momento do seu requerimento, bem como o do período superveniente, enquanto não for cumprida pelo executado a decisão que a cominou.

Observa-se que a execução da multa cominada é diversa da execução da sentença condenatória da obrigação de fazer ou de não fazer, razão pela qual, para se evitar eventual tumulto processual, poderá o juiz deferir que seu cumprimento ocorra mediante extração de carta sentença ou certidão da decisão.

---

material reclamado que lhe dá suporte, o qual é apurado após ampla dilação probatória e exercício do contraditório. Desta feita, o risco de cassação da multa e, por conseguinte, a sobrevinda de prejuízo à parte contrária em decorrência de sua cobrança prematura, tornar-se-á reduzido após a prolação da sentença, ao invés de quando a execução ainda estiver amparada em decisão interlocutória proferida no início do processo, inclusive no que toca à possibilidade de modificação do seu valor ou da sua periodicidade.
(REsp 1.200.856-RS, Rel. Min. Sidnei Beneti, julgado em 1º/7/2014).

[512] Essa já era a lição de José Carlos Barbosa Moreira, Teori Albino Zavascki, Alberto Camiña Moreira, Sérgio Shimura, José Miguel Garcia Medina, dentre outros. Em sentido contrário, Luiz Guilherme Marinoni.

Capítulo 25
Cumprimento de Sentença que Reconheça a Exigibilidade de Obrigação de Entregar Coisa

1. Considerações gerais

Ao lado do cumprimento de decisão condenatória de fazer ou de não fazer, há também o cumprimento de decisão condenatória de obrigação para entrega de coisa.

Nessa hipótese, excepciona-se apenas a entrega de coisa em dinheiro, tendo em vista que, em se tratando de dinheiro, o exequente deve utilizar-se do procedimento de cumprimento de decisão condenatória de quantia certa.

Na hipótese do art. 538 do atual C.P.C. brasileiro, não cumprida a obrigação de entregar coisa no prazo estabelecido na sentença ou não havendo prazo estabelecido na sentença, no prazo estipulado pelo juízo da execução, será expedido em favor do exequente mandado de busca e apreensão, no caso de bens móveis, ou de imissão na posse, no caso de bens imóveis.

Por força do que dispõe o art. 771 do atual C.P.C., no cumprimento de decisão para entrega da coisa deverá ser observado, no que couber, o disposto nos artigos 806 a 810 do atual C.P.C.

O art. 538 do atual C.P.C. trata da obrigação que tem por objeto a entrega de coisa certa ou incerta.

A obrigação de *dar coisa incerta* é aquela designada pelo gênero, qualidade e quantidade.

Sobre o conteúdo normativo da *obrigação de dar coisa incerta*, prescrevem os artigos 243 a 246 do C.c.brasileiro:

> *"Art. 243. A coisa incerta será indicada, ao menos, pelo gênero e pela quantidade.*
>
> *Art. 244. Nas coisas determinadas pelo gênero e pela quantidade, a escolha pertence ao devedor, se o contrário não resultar do título da obrigação; mas não poderá dar a coisa pior, nem será obrigado a prestar a melhor.*
>
> *Art. 245. Cientificado da escolha o credor, vigorará o disposto na Seção antecedente.*
>
> *Art. 246. Antes da escolha, não poderá o devedor alegar perda ou deterioração da coisa, ainda que por força maior ou caso fortuito".*

Assim, é a fonte de obrigação (o título da obrigação) que irá estabelecer se a escolha da coisa fungível cabe ao credor ou ao devedor.

Se a escolha couber ao credor, este deverá individualizar a coisa já na petição inicial; cabendo a escolha ao devedor, este a entregará individualizada no prazo fixado pelo juiz.

2. Benfeitorias na coisa a ser entregue

A existência de benfeitorias deve ser alegada na fase de conhecimento, em contestação, de forma discriminada e com atribuição, sempre que possível e justificadamente, do respectivo valor.

No caso, havendo benfeitoria necessária ou útil realizada na coisa a ser entregue, e sendo o seu possuidor de boa-fé, terá direito à indenização dessas benfeitorias.

O direito de retenção por benfeitorias deve ser exercido na contestação, na fase de conhecimento.

O direito de retenção por benfeitoria deverá ser alegado na fase de conhecimento, em contestação, discriminando-as e atribuindo, sempre que possível e justificadamente, o seu valor para efeito de pagamento ou compensação com eventuais perdas e danos.

Ocorre que a boa-fé do possuidor poderá seguir-se à contestação, podendo as benfeitorias terem sido realizadas após o prazo de defesa.

Nessa hipótese, nada impede que o possuidor suscite o seu direito de indenização de benfeitoria durante o cumprimento de sentença.

3. Aplicação subsidiária das disposições do cumprimento de fazer e não fazer

Por fim, estabelece o § 3º do art. 538 do atual C.P.C. que se aplicam ao procedimento de cumprimento de sentença de entrega de coisa, no que couber, as disposições sobre o cumprimento de obrigação de fazer ou de não fazer.

Dentre as disposições que podem ser aplicadas encontra-se justamente a de imposição de multa diária para que o possuidor entregue a coisa que está em seu poder, assim como as demais medidas coercitivas previstas nas disposições sobre o cumprimento de obrigação de fazer e não fazer.

No direito comparado, o cumprimento de sentença para entrega de coisa é assim regulado:

Código de Processo Civil espanhol.

Art. 701. Entrega de coisa móvel determinada.

1. Quando o título executivo determine o dever de entregar coisa móvel certa e determinada e o executado não leve a cabo a entrega dentro do prazo que se lhe há concedido, o Secretário judicial responsável pela execução colocará o executante na posse da coisa devida, empregando para isso a pressão que creia preciso. Se for necessário proceder à entrada em lugares fechados solicitará autorização do Tribunal que houver ordenado a execução, podendo ser auxiliado pela força pública, se for preciso.

Quando se tratar de bens móveis sujeitos a um regime de publicidade registral similar ao imobiliário, se procederá também o necessário para adequar o Registro de que se trate ao título executivo.

2. Se se ignorar o lugar em que a coisa se encontra ou se não a encontrar no lugar em que deveria estar, o Secretário judicial interrogará ao executado ou a terceiros, com possibilidade de incorrer em desobediência, para que digam se a coisa está ou não em seu poder e se sabem onde se encontra.

3. Quando, tendo-se procedido segundo o disposto nos parágrafos anteriores, não puder ser encontrada a coisa, ordenará o tribunal, mediante providência, por conta do executado, que a falta da entrega da coisa ou coisas devidas seja substituída por uma justa compensação pecuniária, que se estabelecerá com base aos artigos 712 e seguintes.

Art. 702. Entrega de coisas genéricas ou indeterminadas.

1. Se o título executivo se refere à entrega de coisa genéricas ou indeterminadas, que podem ser adquiridas nos mercados e, passado o prazo, não se houver cumprido o requerimento, o executante poderá instar solicitar ao Secretário judicial que lhe ponha na possa das coisas devidas ou que se lhe faculte para que as adquira, a custa do executado, ordenando, ao mesmo tempo, o embargo de bens suficientes par apagar a aquisição, da qual o executante dará conta justificada.

2. Se o executante manifestar que a aquisição tardia das coisas genéricas ou indeterminadas com base no parágrafo anterior não satisfaz já seus interesses legítimos, determinar-se-á o equivalente pecuniário, com os danos e prejuízos que houver podido causar-se ao executante, que se liquidarão com base aos artigos 712 e seguintes.

EXECUÇÃO E CUMPRIMENTO DE SENTENÇA

Art. 703. Entrega de bens imóveis.

1. Se o título dispuser a transmissão ou entrega de um bem imóvel, uma vez ditado o auto autorizando e despachando a execução, o Secretário judicial responsável da mesma ordenará de imediato o que segundo o conteúdo da condenação e, se for o caso, disporá sobre o necessário para adequar o Registro ao título executivo.

Se no imóvel que tenha que ser entregue houver coisas que não sejam objeto do título, o Secretário judicial requererá ao executado para que as retire dentro do prazo assinalado. Se não as retirar, considerar-se-ão bens abandonados para todos os efeitos.

2. Quando no ato do lançamento se reivindique por quem desaloje 'la finca' a titularidade de coisas não separáveis, de consistir em plantações ou instalações estritamente necessárias para a utilização ordinária do imóvel, se resolverá na execução sobre a obrigação de abano de seu valor, de instar os interessados no prazo de cinco dias a partir do desalojamento.

3. De fazer-se constar no lançamento a existência de 'desperfectos' no imóvel originados pelo executado ou os ocupantes, se poderá acordar a retenção e constituição em depósito de bens suficientes de possível responsável, para responder pelos danos e prejuízos causados, que se liquidarão, se for o caso e por petição do executante, de conformidade com o previsto nos artigos 712 e seguintes.

4. Se antes da data fixada para o lançamento, se no caso de o título consistir numa sentença ditada por um juízo de despejo de propriedade urbana, entregar-se-á a posse efetiva ao demandante, 'acreditándolo el arrendador' perante o Secretario judicial encarregado da execução, se ditará decreto declarando executada a sentença e cancelando a diligência, a não ser que ao demandante interesse sua manutenção para que se levante ata do estado em que se encontra o imóvel.

Art. 704. Ocupante de imóveis que devem entregar-se.

1. Quando o imóvel cuja posse se deva entregar for residência habitual do executado ou de quem dele dependa, o Secretário judicial lhes dará um prazo de um mês para desalojá-lo. Havendo motivo fundado, poderá prorrogar-se dito prazo um mês a mais.

Transcorrido os prazos assinalados, proceder-se-á ao lançamento, fixando o término deste na resolução inicial ou na qual se acorde a prorrogação.

2. Se o imóvel cuja entrega obriga o título executivo estiver ocupado por terceiras pessoas distintas do executado e de quem com ele compartilhem a utilização dele, o Secretário judicial responsável da execução, tão pronto conheça sua existência, notificar-lhes-á do despacho da execução ou a pendência desta para que no prazo de dez dias apresentes os títulos que justifiquem sua situação.

O executante poderá pedir ao tribunal o lançamento de quem considere ocupante de mero fato ou sem título suficiente. Desta petição se dará traslado ás pessoas designadas pelo executante, prosseguindo-se as atuações conforme o previsto nos parágrafos 3 e 4 do art. 675.

Art. 709. Condenação de fazer personalíssimo.

1. Quando o título executivo se refira a um fazer personalíssimo, o executado poderá manifestar ao tribunal, dentro do prazo que se lhe tenha concedido para cumprir o requerimento a que se refere o artigo 699, os motivos pelos quais se nega a fazer o que o título dispõe e alegar o que tenha por conveniente sobre o caráter personalíssimo ou não personalíssimo da prestação devida. Transcorrido este prazo sem que o executado haja realizado a prestação, o executante poderá optar entre pedir que a execução siga adiante para entregar àquele um equivalente pecuniário da prestação de fazer ou solicitar que se 'apremie' ao executado com uma multa por cada mês que transcorra sem levá-lo a cabo desde a finalização do prazo. O tribunal resolverá por meio de auto o que proceda, acedendo ao solicitado pelo executante quando estime que a prestação que seja objeto da condenação tenha as especiais qualidades que caracterizam o fazer personalíssimo. Noutro caso, ordenará prosseguir a execução com base ao disposto no art. 706.

2. Se se acordar seguir adiante a execução para obter o equivalente pecuniário da prestação devida, na mesma resolução se imporá ao executado uma única multa com base no disposto no art. 711.

3. Quando se acordo 'apremiar' o executado com multas mensais, se reiterarão trimestralmente pelo Secretário judicial responsável da execução os requerimentos, até que cumpra um ano desde o primeiro. Se, ao cabo de um ano, o executado continuar recusando em fazer o que dispõe o título, prosseguirá a execução para entregar ao executante um equivalente pecuniário da prestação ou para a adoção de quaisquer outras medidas que resultem idôneas para a satisfação do executante e que, por petição deste e ouvido o executado, poderá acordar o Tribunal.

4. Não serão aplicadas as disposições dos anteriores parágrafos deste artigo quando o título executivo contenha uma disposição expressa para o caso de não cumprimento do devedor. 'En tal caso, se estará a lo dispuesto en aquel.

Art. 710. Condenação em não fazer.

1. Se o condenado a não fazer alguma coisa deixar de cumprir a sentença, se lhe requererá, a pedido do executante e por parte do Secretário judicial responsável da execução, para que elimine o mal feito se for possível, indenize os danos e prejuízos causados e, se for o caso, se abstenha de reiterar o descumprimento, com a ameaça de incorrer em delito de desobediência à autoridade judicial.

Proceder-se-á desta forma quantas vezes deixe de ser cumprida a condenação e para que se desfaça o mal feito será intimado pelo Secretário judicial com a imposição de multas por cada mês que transcorra sem desfazê-lo.

2. Se, atendida a natureza da condenação de não fazer, seu não cumprimento não for suscetível de reiteração e tampouco for possível desfazer o mal feito, a execução prosseguirá para ressarcir ao executante pelos danos e prejuízos que se lhe tenham sido causados.

Código de Processo Civil português.

Artigo 859.º Citação do executado
Na execução para entrega de coisa certa, o executado é citado para, no prazo de 20 dias, fazer a entrega ou opor-se à execução mediante embargos.

Artigo 861.º Entrega da coisa
1 – À efetivação da entrega da coisa são subsidiariamente aplicáveis, com as necessárias adaptações, as disposições referentes à realização da penhora, procedendo-se às buscas e outras diligências necessárias, se o executado não fizer voluntariamente a entrega; a entrega pode ter por objeto bem do Estado ou de outra pessoa coletiva referida no n.º 1 do artigo 737.º.

2 – Tratando-se de coisas móveis a determinar por conta, peso ou medida, o agente de execução manda fazer, na sua presença, as operações indispensáveis e entrega ao exequente a quantidade devida.

3 – Tratando-se de imóveis, o agente de execução investe o exequente na posse, entregando –lhe os documentos e as chaves, se os houver, e notifica o executado, os arrendatários e quaisquer detentores para que respeitem e reconheçam o direito do exequente.

4 – Pertencendo a coisa em compropriedade a outros interessados, o exequente é investido na posse da sua quota-parte.

5 – Efetuada a entrega da coisa, se a decisão que a decretou for revogada ou se, por qualquer outro motivo, o anterior possuidor recuperar o direito a ela, pode requerer que se proceda à respetiva restituição.

6 – Tratando-se da casa de habitação principal do executado, é aplicável o disposto nos n.os 3 a 5 do artigo 863.º e, caso se suscitem sérias dificuldades no realojamento do executado, o agente de execução comunica antecipadamente o facto à câmara municipal e às entidades assistenciais competentes.

REFERÊNCIAS BIBLIOGRÁFICAS

AGUIAR DIAS, José de. Da Responsabilidade Civil, 10. ed. Rio de Janeiro: Forense, 1997.

ALVIM, Arruda. O terceiro adquirente de bem imóvel do réu, pendente ação reivindicatória não inscrita no registro de imóveis, e a eficácia da sentença em relação a esse terceiro, no direito brasileiro. *In:* Repro n. 31, ano 8, julho-setembro, 1983.

ARIOLA, Luca; CAIRO, Antonio; CIAFARDINI, Luciano; CRESCENZO, Matteo de; GIORDANO, Luigi; PELLECCHIA, Roberto; PELUSO, Roberto; SCOGNAMIGLIO, Paolo; TARASCHI, Cesare. *Codice di procedura civile operativo.* Napoli: Simone, 2015.

ASSIS, Araken. *Eficácia civil da sentença penal.* São Paulo: Ed. Revista dos Tribunais, 1993.

ASSIS, Araken. *Manual da execução.* 11ª ed. São Paulo: Revista dos Tribunais, 2008.

ASSIS, Araken. *Manual do processo de execução.* 8ª ed. São Paulo: Editora Revista dos Tribunais, 2002.

ASSIS. Araken, *Manual da Execução,* 9ª ed., Ed. RT, São Paulo, 2005.

AZEVEDO, Álvaro Villaça. *Prisão civil por dívida.* São Paulo: 1992.

BALENA, Giampiero. *Istituzioni di diritto processuale civile* – i princìpi. Primo Volume. Seconda Edizione. Bari: Cacucci Editore, 2012.

BALENA, Giampiero. *Istituzioni di diritto processuale civile.* I processi speciali e l'esecuzione forzata. Seconda Edizione. Volume Terzo. Bari: Cacucci Editore, 2012.

BAPTISTA DA SILVA, Ovídio A. *Doutrina e prática do arresto ou embargo.* Rio de Janeiro: Forense, 1976.

BARBOSA MOREIRA, José Carlos. Aspectos do 'usufruto de imóvel ou de empresa' no processo de execução. *In REPRO,* São Paulo, R.T., n. 26, ano 7, abr-jun/82.

BARBOSA MOREIRA, José Carlos. *O novo processo civil brasileiro.* 6ª ed. Rio de Janeiro: Forense, 1984.

BARBY, Celso Agrícola. *Comentários ao código de processo civil.* 10ª ed. Vol.1. Rio de Janeiro: Forense.

BEVILÁQUA, Clóvis, *Código civil dos estados unidos do brasil.* Vol. V. Tomo 2. São Paulo: Livraria Francisco Alves, 1919.

CAETANO, Marcelo. *Princípios fundamentais do direito administrativo*. 1977.

CAHALI, Yussef Said. *Dos alimentos*. 4ª ed. São Paulo: Editora Revista dos Tribunais, 2002.

CÂMARA, Alexandre Freitas. *Lições de direito processual civil*. 6ª ed. Vol. 1. Rio de Janeiro: Ed. Lúmen Júris, 2001.

CÂMARA, Alexandre. *Lições de direito processual civil*. 17ª ed. Rio de Janeiro: Editora Lúmen Júris, 2009.

CARNEIRO, Athos Gusmão. *Intervenção de terceiros*. 8ª ed. São Paulo: Saraiva, 1999.

CARVALHO SANTOS, J. M.. *Código civil interpretado*. Parte Geral. Volume XI. 7ª ed., Rio de Janeiro: Livraria Freitas Bastos S.A., 1956.

CARVALHO SANTOS. J. J. de. *Código civil brasileiro interpretado*. Direito das Coisas. 7ª ed. Vol. XIX, São Paulo: Livraria Freitas Bastos, 1958.

CASTRO, Amílcar Augusto. *Comentários ao código de processo civil*. Vol. VIII. Rio de Janeiro: Forense, 1973.

CASTRO, Amílcar. *Comentários ao código de processo civil*. Vol. X., Rio de Janeiro: Forense.

CHIOVENDA, Giuseppe. *Instituições de direito processual civil*. Trad. J. Guimarães Menegale. São Paulo: Edições Saraiva, 1965.

COMOGLIO, Luigi Paolo; FERRI, Corrado; TARUFFO, Michele. *Lezioni sul processo civile. II. Procedimenti speciali, cautelari ed esecutivi*. Bologna: Il Mulino, 2011.

COUTO E SILVA, Clóvis. *Comentários ao código de processo civil*. Tomo I, Vol. XI. São Paulo: Editora Revista dos Tribunais, 1977.

COUTURE, Eduardo J. *Fundamentos del derecho procesal civil*. Buenos Aires: Editorial IbdeF, 4ª ed., 2009.

DIAS, Maria Berenice. *Manual de Direito das Famílias*. 4º ed. São Paulo, Editora Revista dos Tribunais, 2007.

DINAMARCO. Cândido Rangel. *Execução civil*. 3ª ed. São Paulo: Malheiros, 1993.

DINAMARCO. Cândido Rangel. *Instituições de direito processual civil*. Vol. II. São Paulo: Malheiros, 2001.

FADEL, Sérgio Sahione. *Código de processo civil comentado*. Vol. 2. 4ª ed. Rio de Janeiro: Forense, 1981.

FERREIRA, Fernando Amâncio. *Curso de processo de execução*. 3ª ed. Coimbra: Almedina, 2002.

GONÇALVES, Carlos Roberto. *Direito Civil Brasileiro*. vol. 4: responsabilidade civil. São Paulo: Saraiva, 2009.

GUASP, Jaime; ARAGONESES, Pedro. *Derecho procesal civil*. Tomo II – Parte Especial – procesos declarativos y de ejecución. Séptima edición. Navarra: Thomson Civitas, 2006.

LIEBMAN, Enrico Tullio. *Embargos do executado*. Campinas: Bookseller, 2003.

LIEBMAN, Enrico Tullio. *Manual de direito processual civil*. Trad. Cândido R. Dinamarco. Rio de Janeiro: Forense, 1984.

LIEBMAN, Enrico Tullio. *Processo de execução*. 5ª ed. São Paulo: Editora Saraiva, 1986.

LIEBMAN. Enrico Tullio. *Embargos do executado*. 2 ed. 1968.

LIEBMAN, Enrico Tullio. *Processo de execução*. 2ª edição. São Paulo, 1963.

REFERÊNCIAS BIBLIOGRÁFICAS

LIMA, Alcides de Mendonça. *Comentários ao código de processo civil*. Vol. VI, Tomo I. Rio de Janeiro: Forense, 1979.

LIMA, Alcides de Mendonça. *Comentários ao código de processo civil*. 3ª ed. Vol. VII. Tomo II (arts. 586 a 645). Rio de Janeiro: Forense, 1979.

LUISO, Francisco Paolo. *L'execuzione 'ultra partes'*. Milano: Dott. A. Giuffrè Editore, 1984.

MANDRIOLI, Crisanto. *Corso di diritto processuale civile*. Vol. III, Quinta edizione. Torino: G. Giappichelli Editore, 2006.

MARINONI, Luiz Guilherme; ARENHART, Sérgio Cruz. *Execução*. 4ª ed. São Paulo: Editora Revista dos Tribunais, 2012.

MARINONI, Luiz Guilherme; ARENHART, Sérgio Cruz. *Curso de Processo Civil – Execução*. Volume 3. São Paulo, Editora Revista dos Tribunais, 2007.

MEDINA, José Miguel Garcia. *Execução*. Processo civil moderno. N. 03. São Paulo: Editora Revista dos Tribunais, 2008.

MONTELEONE, Girolamo. *Manuale di diritto processuale civile*. Vol. II. Quarta Edizione. Modena: CEDAM, 2007.

MONTELEONE. Girolamo. *Manuale di diritto processuale civile*. Vol. II. L'arbitrato – L'execuzione forzata – I procedimenti speciali. Quarta edizione. Padova: CEDAM.

MONTENEGRO FILHO, Misael. *Curso de direito processual civil*. Teoria Geral dos Recursos. Recursos em Espécie. Processo de Execução. 5ª ed. São Paulo: Editora Atlas, 2009.

MOREIRA, José Carlos Barbosa. A sentença mandamental. Da Alemanha ao Brasil, *RePro*, vol. 97.

MOREIRA, José Carlos Barbosa. Cumprimento e execução de sentença: necessidade de esclarecimentos conceituais. *Temas de direito processual*. 9ª Série. São Paulo: Saraiva, 2007.

MOREIRA, José Carlos Barbosa. *O novo processo civil brasileiro*. 6ª ed. Rio de Janeiro: Forense, 1984.

NERY JR. Nelson. Tempus regit processum: apontamentos sobre direito transitório processual (recursos, cumprimento da sentença e execução de título extrajudicial). *In: Execução Civil* – estudos em homenagem ao professor Humberto Theodoro Júnior. Coord. Ernane Fidélis dos Santos, Luiz Rodrigues Wambier, Nelson Nery Jr, Teresa Arruda Alvim Wambier. São Paulo: Revista dos Tribunais, 2007.

NERY JÚNIOR, Nelson. *Código de processo civil comentado e legislação processual civil extravagante em vigor*. 4ª ed., São Paulo: Ed. R.T.

NEVES, Celso. *Comentário ao código de processo civil*. Vol. VII. Rio de Janeiro: Forense, 1979.

NEVES, Celso. *Comentários ao código de processo civil*. 2ª ed. Vol. VII. Rio de Janeiro: Forense, 1977.

NUNES, Castro. *Da fazenda pública em juízo*. Rio de Janeiro: Freitas Bastos, 1950.

PATTI, Salvatore. *Códice di procedura civile tedesco* (Zivilprozessordnung). Milano: Giuffrè Editore, 2010.

PENTEADO, Luciano de Camargo. *Direito das coisas.* São Paulo: Editora Revista dos Tribunais, 2008.

PINTO, Rui. *Notas ao código de processo civil.* Coimbra: Coimbra Editora, 2014.

PISANI, Andrea Proto. *Lezioni di diritto processuale civile.* Terza Edizione. Napoli: Casa Editrice Dott. Eugenio Jovene, 1999.

PONTES DE MIRANDA, *Comentários ao código de 1939,* vol. XIV.

PONTES DE MIRANDA, *Comentários ao Código de Processo Civil de 1973.* Vol. VIII. n. 228, Rio de Janeiro: Forense, s/d.

PONTES DE MIRANDA, *Comentários ao código de processo civil de 1973.* Vol. V. Rio de Janeiro: Forense, s/d.

PONTES DE MIRANDA, *Comentários ao código de processo civil.* Tomo X. Rio de Janeiro: Forense, 1976.

PONTES DE MIRANDA. *Comentários ao código de processo civil* de 1973. Tomo IX (arts. 566-611). Rio de Janeiro: Forense, 1976.

PUGLIATTI, Salvatore. *Esecuzione forzata e diritto sostanziale,* Milão, 1935.

REIS, José Alberto dos. *Código de Processo Civil português: Anotado,* 3ª ed., Coimbra: Coimbra, 1948.

ROCHA, José de Albuquerque. *Nomeação à autoria.* n. 8. p. 65. in ASSIS, A op. cit.. p. 1281.

RODRIGUES, Fernando Pereira. *O novo processo civil – os princípios estruturantes.* Coimbra: Almedina, 2013.

RUGGIERO, Roberto. *Instituições de direito civil.* Trad. Paolo Capitanio. Vol. 3. Campinas: Bookseller, 1999.

SANTOS, Ernani Fidélis. *Manual de direito processual civil.* 5ª ed. Vol. 1. São Paulo: Editora Saraiva, 1997.

SERPA LOPES, Miguel Maria de. *Exceções substanciais: exceção de contrato não cumprido.* Rio de Janeiro: Livraria Freitas Bastos S.A., 1959.

SOUZA, Artur César. *Contraditório e revelia.* Perspectiva crítica dos efeitos da revelia em face da natureza dialética do processo. São Paulo: Editora Revista dos Tribunais, 2003.

SOUZA, Artur César. *Código de processo civil – anotado, comentado e interpretado.* Vol. II, II e III. São Paulo: Editora Almedina, 2015;

SOUZA, Artur César. *Disposições finais e direito transitório – análise das normas complementares e do direito intertemporal no C.P.C..* São Paulo: Editora Almedina, 2016;

SOUZA, Artur César. *Recurso extraordinário e recurso especial – pressupostos e requisitos de admissibilidade no novo c.p.c. de acordo com a Lei 13.256, de 4/2/2016.* São Paulo: Editora Almedina, 2017

SOUZA, Artur César. *Das normas fundamentais do processo civil – uma análise luso-brasileira contemporânea.* São Paulo: Editora Almedina, 2015;

SOUZA, Artur César. *Recursos no novo c.p.c. – teoria geral de acordo com a Lei 13.256/2016.* São Paulo: Editora Almedina, 2017.

SOUZA, Ernani Vieira, *Enciclopédia Saraiva de Direito.* São Paulo: Saraiva, 1977, v. 36.

TELLES. Inocêncio Galvão. *Manual dos contratos em geral.* Coimbra: Coimbra Editora, 2002.

REFERÊNCIAS BIBLIOGRÁFICAS

THEODORO JÚNIOR, Humberto. *Curso de direito processual civil*. 32ª ed., Vol. I Rio de Janeiro: Forense, 2000.

TORRES, Pedro Pinheiro. *Guia para o novo código de processo civil – correspondência e comparação de normas*. Editora Almedina: 2013.

VERDE, Giovanni; CAPPONI, Bruno. *Profili del processo civile – processo di esecuzione e procedimenti speciali*. Napoli: Jovene Editore, 2006.

WAMBIER, Luiz Rodrigues Coord. *Curso avançado de processo civil*. Vo. 2. Execução. 10ª ed. São Paulo: Ed. Revista dos Tribunais, 2007.

ZANZUCCHI. Marco Túlio. *Diritto processuale civile*, Milão, 1946, Tomo III.

ZAVASCKI, Teori Albino. *Comentários ao código de processo civil*. Vol. 8. São Paulo: Ed. Revista dos Tribunais, 2000.

ÍNDICE

ABREVIATURAS	9
SUMÁRIO	17
NOTA DOS AUTORES	37
TÍTULO 1 – TEORIA GERAL DA EXECUÇÃO	39
CAPÍTULO 1 – TEORIA GERAL DA EXECUÇÃO	41
CAPÍTULO 2 – REQUISITOS NECESSÁRIOS PARA A REALIZAÇÃO DE QUALQUER EXECUÇÃO	125
TÍTULO 2 – RESPONSABILIDADE PATRIMONIAL	169
CAPÍTULO 3 – RESPONSABILIDADE PATRIMONIAL	171
TÍTULO 3 – ESPÉCIES DE EXECUÇÃO	195
CAPÍTULO 4 – DIVERSAS ESPÉCIES DE EXECUÇÃO – CONSIDERAÇÕES GERAIS	197
CAPÍTULO 5 – EXECUÇÃO PARA ENTREGA DE COISA	235
CAPÍTULO 6 – EXECUÇÃO DE OBRIGAÇÃO DE FAZER E NÃO FAZER	251

EXECUÇÃO E CUMPRIMENTO DE SENTENÇA

CAPÍTULO 7 – EXECUÇÃO POR QUANTIA CERTA — 275

TÍTULO 4 – ATOS PREPARATÓRIOS À EXPROPRIAÇÃO — 297

CAPÍTULO 8 – DA PENHORA — 299

CAPÍTULO 9 – DA AVALIAÇÃO — 473

TÍTULO 5 – ATOS EXPROPRIATÓRIOS — 485

CAPÍTULO 10 – ADJUDICAÇÃO — 487

CAPÍTULO 11 – ALIENAÇÃO FORÇADA — 499

CAPÍTULO 12 – SATISFAÇÃO DO CRÉDITO — 567

TÍTULO 6 – OUTRAS ESPÉCIES DE EXECUÇÃO — 579

CAPÍTULO 13 – EXECUÇÃO CONTRA A FAZENDA PÚBLICA — 581

CAPÍTULO 14 – EXECUÇÃO DE ALIMENTOS — 591

TÍTULO 7 – CONTRADITÓRIO NO PROCESSO DE EXECUÇÃO — 607

CAPÍTULO 15 – EMBARGOS À EXECUÇÃO — 609

TÍTULO 8 – SUSPENSÃO E EXTINÇÃO DO PROCESSO DE EXECUÇÃO — 663

CAPÍTULO 16 – SUSPENSÃO DO PROCESSO DE EXECUÇÃO — 665

CAPÍTULO 17 – EXTINÇÃO DO PROCESSO DE EXECUÇÃO — 677

TÍTULO 9 – CUMPRIMENTO DE SENTENÇA — 689

CAPÍTULO 18 – CUMPRIMENTO DE SENTENÇA — 691

CAPÍTULO 19 – CONTRADITÓRIO NO CUMPRIMENTO
DE SENTENÇA — 723

CAPÍTULO 20 – CUMPRIMENTO PROVISÓRIO DA SENTENÇA
QUE RECONHECE A EXIGIBILIDADE DE OBRIGAÇÃO DE PAGAR
QUANTIA CERTA 743

CAPÍTULO 21 – CUMPRIMENTO DEFINITIVO DA SENTENÇA
QUE RECONHECE A EXIGIBILIDADE DE OBRIGAÇÃO DE PAGAR
QUANTIA CERTA 755

CAPÍTULO 22 – CUMPRIMENTO DE SENTENÇA QUE RECONHEÇA
A EXIBILIDADE DE OBRIGAÇÃO DE PRESTAR ALIMENTOS 775

CAPÍTULO 23 – CUMPRIMENTO DE SENTENÇA QUE
RECONHEÇA A EXIBILIDADE DE OBRIGAÇÃO DE PAGAR
QUANTIA CERTA PELA FAZENDA PÚBLICA 801

CAPÍTULO 24 – CUMPRIMENTO DE SENTENÇA QUE
RECONHEÇA A EXIBILIDADE DE OBRIGAÇÃO DE FAZER,
DE NÃO FAZER E ENTREGAR COISA 829

CAPÍTULO 25 – CUMPRIMENTO DE SENTENÇA QUE
RECONHEÇA A EXIBILIDADE DE OBRIGAÇÃO
DE ENTREGAR COISA 845

REFERÊNCIAS BIBLIOGRÁFICAS 851

TÍTULOS DA COLEÇÃO

DAS NORMAS FUNDAMENTAIS DO PROCESSO CIVIL: Uma análise luso-brasileira contemporânea

RESOLUÇÃO DE DEMANDAS REPETITIVAS: Notificação da ação individual, incidente de resolução de demandas repetitivas, recurso especial e extraordinário repetitivo

TUTELA PROVISÓRIA: Tutela de urgência e tutela de evidência

RECURSO EXTRAORDINÁRIO E RECURSO ESPECIAL: Pressupostos e requisitos de admissibilidade

RECURSOS: Teoria Geral

DISPOSIÇÕES FINAIS e **DIREITO TRANSITÓRIO**

DO CUMPRIMENTO DE SENTENÇA E DA EXECUÇÃO

DA PROVA

SENTENÇA – COISA JULGADA

DA COMPETÊNCIA JURISDICIONAL

DOS PROCEDIMENTOS ESPECIAIS

DO PROCESSO DE INVENTÁRIO

DA INTERVENÇÃO DE TERCEIRO

AÇÃO RESCISÓRIA